文明的逻辑

人类与风险的博弈

上

陈志武 著

中信出版集团 | 北京

图书在版编目（CIP）数据

文明的逻辑：人类与风险的博弈：全 2 册 / 陈志武著 . -- 北京：中信出版社，2022.3
ISBN 978-7-5217-3980-0

Ⅰ . ①文… Ⅱ . ①陈… Ⅲ . ①经济学－通俗读物
Ⅳ . ① F0-49

中国版本图书馆 CIP 数据核字（2022）第 028754 号

文明的逻辑——人类与风险的博弈（全 2 册）
著者：　陈志武
出版发行：中信出版集团股份有限公司
（北京市朝阳区惠新东街甲 4 号富盛大厦 2 座　邮编　100029）
承印者：嘉业印刷（天津）有限公司

开本：880mm×1230mm　1/32　印张：28.25　字数：860 千字
版次：2022 年 3 月第 1 版　印次：2022 年 3 月第 1 次印刷
书号：ISBN 978–7–5217–3980–0
定价：152.00 元（全 2 册）

目 录

第三章

迷信的起源与价值

第四章

婚姻起源与变迁的逻辑

第五章

礼制与家秩序的兴起

第六章

宗教兴起与避险逻辑

第 七 章

基督教排斥金融和反犹的历史

引言

人是一种怎样的混合造物啊！

新奇，古怪，混乱，自相矛盾，不可思议！他裁断世上万物，

他是微末的蚯蚓、真理的宝库，

灌满了谬误和不确定性的阴沟，宇宙的光荣和糟粕。

—

法国哲学家　布莱兹·帕斯卡

数万年前的原始人，看到古怪又混乱的人类，怎么也不会想到人类社会某一天会有秩序。可是，我们身处21世纪，这一天就在眼前，所体验和看到的人类社会已井井有条，秩序在战胜混乱，文明在战胜野蛮。疑问可能也在于此：这个文明真实吗？看到古怪混乱的人类已被和平造化，如今有规有矩、协作互助，这足以表明一代代从前的人类肯定做对了什么创举。只是那些“什么”究竟是什么，仍然充满争议、有待回答。

在尝试评估文明变迁史的时候，我们总需要先做一个选择，就是如何度量“进步”和“倒退”：什么情况下文明可被称为“进步”，何时又“倒退”了？也就是说，需要一把评估尺子。一旦选好尺子，就可度量不同文明的进程，也可判断具体文明中每一创新的价值：有的创新带来增值，即“进步”；有的造成减值，即“倒退”。在现有文献中，历史学家、经济学家惯用的尺子是“生产率”（productivity），甚至只有“生产

率”，其他指标都不重要。劳动生产率就是“生产率”的一种：一个人一年劳动下来，能有多少产出、多少收入。一种创举再好，如果不能提升“生产率”、没有抬高每年“人均产出”，即便能改进人类应对风险的能力、使人活得更安心，那也被看成无用之举、非进步之举。“唯生产率”准则应用到当今国家，就是“唯GDP”论，成为只追求GDP（国内生产总值）增速政策的学理基础；而应用到历史分析中，在“唯生产率”史观下，人类发展通常被划分为原始社会、农业社会、工业社会、后工业社会等阶段。本书的贡献是要纠正这种传统史观和文明观，也就是除了“生产率”，我们还要增加一把尺子——人类“风险应对力”（即应对风险的能力），使我们能更完整地解读人类文明化进程。从本书中我们会看到，文明主要是对两种挑战——生产率低、风险应对力差——的反应，在人类历史长河中，风险甚至是文明更重要的催化剂。

“生产率”这把尺子够用吗？

传统的“唯生产率”史观带出了一些著名悖论。在2013年笔者与清华大学同人举办的第一届量化历史讲习班上，著名经济史学者格里高利·克拉克（Gregory Clark）教授称：“人类史上其实只发生了一件事，即1800年前开始的工业革命。只有工业革命之前的世界和工业革命之后的世界之分，所以，人类历史只有工业革命这一件事值得研究，其他都是不太重要的细节。”[1]此言一出，让在场老师和同学为之一震。他之所以这么说，是因为如图1所示，从公元前1000年直到公元1800年的近三千年里，世界上每年人均收入基本没有变动，其间虽然出现过上下波动，但并没改变劳动生产率长久不变之趋势。历史学家安格斯·麦迪森（Angus Maddison）教授在《世界经济千年史》中对全球人均收入的估算，[2]结论也一致：在工业革命之前的两千年里，劳动生产率基本不变。克拉克强调，人类在 19 世纪前的几万年里，一直没能走出“马尔萨斯陷阱”：即使生产率偶尔上升，致使人口增加，结果也会是新增的物质产出按人均一分配，就又回到人均收入的原点；或者，由于自然灾害或人为战争导致人口减少，在总产出不变的情况下，人均收入会增加，接下来生育率就会上升，可是人口增长后人均收入再次减少，劳动生产率还是回到原点。就这样，人类社会围绕同一生产率原点，无聊地重复波动着，没能走出陷阱。直到 1800 年左右工业革命发生后，英国、美国、西欧国家率先走出马尔萨斯陷阱，生产率不断上升，而其他国家则要么继续在马尔萨斯陷阱中挣扎，要么就走向持续衰败，西方和世界其他社会之间的大分流开启（图 1）。

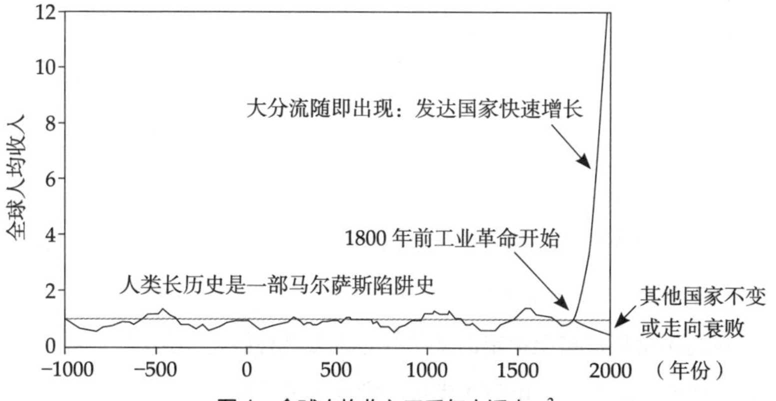

图 1　全球人均收入三千年变迁史[3]

注：1800 年全球人均收入设为 1。

把“唯生产率”史观应用到中国，得出的结论基本一样：根据麦迪森的估算，汉朝时中国人均收入大约为 450 美元（以 1990 年美元算），到清朝道光时的 1820 年，大约为 600 美元，至 19 世纪末期回到 530 美元，1950年落回原点——439美元！[4]也就是说，依据劳动生产率这把尺子，至少从秦汉以来的2000多年里，中国没进步过，甚至还有些许下降。虽然儒家秩序在其间不断完善巩固，深深影响中国人的生老病死等方方面面，但那些努力没有对劳动生产率产生实质影响，因此是无用功！至于其间一个时段叫“汉朝”，另一些叫“隋朝”“唐朝”“宋朝”“元朝”“明朝”“清朝”，整个时段是一年还是2000年之久，这些细节都意义不大，因为这些朝代不管叫什么，都没从根本上改变劳动生产率，不值一提。当然，这些判断很难让人接受，尤其是其间儒家文化的推进、宗族的细化完善、商业市场的扩展，甚至还有科举考试的普及等，即使这些创新与变迁没有提升生产率，那只能说明“生产率”不应该是评估人类创举之价值的唯一标准，不是判断文明进步的唯一准则，因为这些创举要么对文明化进程发挥过长久作用，要么还沿袭至今，长久的存在必有其合理性。这种片面的分析框架必须改变。

以“生产率”研究文明发展史的另一个经典例子，是围绕人类为什么放弃狩猎采集的原始生活、选择定居农耕的问题。历史地理学家贾雷德·戴蒙德（Jared Diamond）的著述很多，其中《枪炮、病菌与钢铁》一书获得美国普利策奖和英国科普图书奖，影响甚广。他在1987年的一篇文章中断言：“农业的发明是自从有人类以来所犯的最大错误，一直到今天我们还没从这错误中走出来!”[5]为什么会有如此“狂言”？其逻辑还是在于“生产率”这一度量人类进步的单一尺子!

在1.1万多年前，美索不达米亚一带（今天的伊拉克、叙利亚等地）首先放弃原始游猎生存方式，选择定居一地，通过驯化植物与动物年复一年重复耕种、饲养，即发明了农业。大约两千年后（距今9000年前），中国的黄河与长江中下游地区也分别独立地发明了定居农耕。在之后的5000年里，墨西哥、秘鲁、北美东北部、非洲撒哈拉沙漠以南等 5 个地方，也分别独立地发明了定居农耕。我们现代人会觉得定居农耕肯定优于原始狩猎采集生活，可是这个结论在当时未必能看到，包括今天世界上还有一些部落族群不放弃游猎生活，仍然认为原始狩猎是上策！

戴蒙德谈道，许多考古证据表明，定居农耕后人均身高明显下降，游猎时期女性平均身高为 1.68 米，定居农耕后反倒降为 1.53 米！男人原来平均 1.75 米，之后平均不到 1.65 米！这说明人均物质消费，即收入下降了（原始社会时期，消费基本等于收入）。[6]之所以如此，第一是由于劳动强度增加了，原来只需要把自然生长的果子野菜摘下、把野生动物游猎到手，一周只需工作 18~20 小时，即可满足消费。但定居农耕者要先花时间把土地整理好，播上种子，长苗后还要一直关照，浇水施肥、防范害虫，然后才收割，一年到头天天忙碌。所以，农耕者的劳动投入远高于原始狩猎者，工作强度大，这当然对身高不利。第二，单位劳动时间的人均产出，即劳动生产率，也在下降。农耕人虽然劳动时间增多，但几千年来都没能走出温饱挑战，一直到工业革命后才解决了温饱问题。这说明，那些多增加的劳动时间和强度并没提升人均产出，额外劳动似乎“白费了”，于是，身高不增反降！第三，营养结构变得单调，这也不利于长身高。道理在于，自然界能够被驯化的植物和动物远比自然生长的少，就像今天农业种植的粮食不外乎水稻、小麦、玉米、大豆等，家养动物也就是牛羊、鸡鸭、猪狗等，比大自然能供应的少很多，因此农耕社会的营养结构变得单调，身高潜力难以完全发挥。比如，今天的中国人和日本人，在食物种类和食物量因收入增长而增加后，新一代的身高明显高于前辈们，就佐证了这个道理！

所以，单纯从生产率判断，定居农耕的发明似乎真的像戴蒙德所说，是人类犯下的最大错误，至今还没醒悟——可是，这是片面分析方法导致的片面结论。

在现有历史研究中，也是出于“唯生产率”视角，学者将知识分为“有用”和“无用”，[7]进而延伸出“生产性”和“非生产性”人力资本。[8]其中，那些对产出（生产率）有帮助的知识才“有用”，具备这种知识技能的人力资本才是“生产性”的。比如，科技、医疗、商业、法律等是有用知识，选修这些专业是获得生产性人力资本，而人文历史、儒家经典、宗教教义等由于不能提升生产率，所以是无用知识，学生不应选修这些专业，公司也不要雇用这些专业的员工。著名经济史学家乔尔·莫基尔（Joel Mokyr）在解释为什么中西方从18世纪末开始经济大分流时谈道：[9]中国在汉朝选择“独尊儒术”，尤其从宋代拓广基于儒家经典的科举体系，激发草根学子将才华花在儒家经典这些“无用知识”上，得到的是“非生产性人力资本”，所以从宋代到晚清洋务运动之前，中国不能出现提升劳动生产率的技术创新；相比之下，西欧从12世纪开始兴办大学，先是培养律师，获得保障商业契约、改善行政管理的有用知识，[10]后来引导青年走上提升生产率的科技探索之路，让欧洲不断积累生产性人力资本，到18世纪末爆发工业革命。单纯基于生产率这把尺子，对有用知识和生产性人力资本的定义当然会如此；但人文知识、儒家经典、宗教教义就真的“无用”，与其相关联的人力资本就无价值吗？

为节省篇幅，这里就不列举更多悖论了。人类为什么在过去1万多年里，逐渐放弃狩猎采集、转为定居农耕，而且至今还保持定居生活？再者，人类过去几千年真的像克拉克教授说的那样，都是在浪费时间，只有工业革命才是带来人类进步的创新？如果只从生产率评估人类创新的价值，就无法解释过去做过的很多创举：迷信、婚姻、家庭、文化、宗教、国家等——这些创举构成本书要谈的“文明”内涵。在随后的章节中，我们会逐步看到，这些发明可能当时并没提升生产率，或者只对生产率的增加有些许贡献，但它们对改进人类的风险应对力、降低暴力频率、促进文明化，都有过显著贡献。

是文明了，还是野蛮了？

首先，人身安全、免于暴力的程度是个体生存福利的基础性指标，也是度量文明化进程的通俗尺子，反面指标则是个体受暴力威胁的程度。如果一个社会的个体始终担心自己被偷、被抢甚至被暴力杀害，惶惶不可终日，即使人均收入极高，也难以想象他们会生活得幸福愉悦。哈佛大学教授斯蒂芬·平克（Steven Pinker）系统汇集了众多历史学家关于暴力史的研究，[11]以大量数据展示出一幅与生产率变迁完全不同的图景：人类从原始社会到农耕社会、工业社会，再到当代，暴力频率和暴力死亡率都大幅下降，文明一直在渐渐战胜野蛮。图 2 给出一般暴力（不包括战争）命案率的大致变化过程，其中，在还没建立国家形态的原始社会，每年每 10 万人中平均有 600 人死于凶杀，[12]也就是 0.6% 的命案率。曼努埃尔·艾斯内尔（Manuel Eisner）发现，到农业社会后期，命案率已经下降了很多，比如到 1300 年的西欧，命案率下降到每 10 万人有 31 人死于凶杀；到 20 世纪，每 10 万人有 0.8 人死于凶杀。[13]在 18 世纪的清朝中国，普通人命案率为每 10 万人有 1.5 个左右死于暴力。[14]也就是说，过去几千年里，人类的一般暴力命案率下降了 99.87%！如果命案只是各种一般暴力的最极端结果，并且每百次暴力事件以命案结束的概率分布基本不变，那么我们大致可以把命案率的下降解读为一般暴力水平的总体下降，命案率低反映的是一般暴力水平低。据此，虽然工业革命前的劳动生产率没有多少变化，但一般暴力显著下降了，说明人类文明显然在进步，否则，现代人可能还会担心身后是否有人要攻击或谋杀自己。

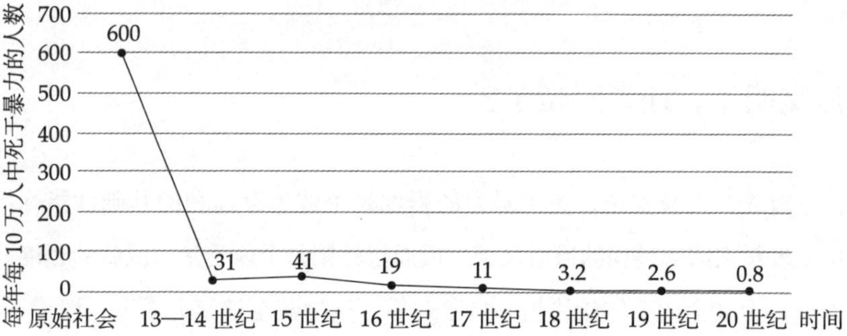

图2 原始社会与西欧自13世纪以来的命案率[15]

其次，在有组织的暴力——战争和大屠杀——方面，历史数据也显示明显的下降趋势。在2007年的一份综述报道中，《经济学人》杂志谈道，在原始社会时期，一年中90%以上男人至少外出打仗一次，25%~30%男人的生命会终于战争或其他暴力，而不是正常死亡。[16]平克总结道，虽然早期战争缺乏系统数据，但在过去几百年，战争频率在显著下降：[17] 16世纪时，差不多年年都有两个或几个国家在相互作战，一年平均有1.5场战争；到18世纪，80%的年份都有国与国在打仗，每年平均0.7场战争；19世纪和20世纪中，只有不到20%的年份有主要国家在打仗，平均每年有0.4场战争。从战争死亡率看，[18]原始社会时期，一年里每10万人中大约有524人死于战争；到16世纪，这一数据降到250人；到20世纪，下降到60人；而到21世纪的前8年，更是降至0.3人。也就是说，从原始社会到今天，战争死亡率下降了99.94%！另外，大屠杀数据也呈直线下降。人类有组织的暴力显然是长期持续减少的。

再次，灾害风险造成的死亡率也在下降。这方面的远古数据很难找到，根据学者对近代数据的整理，[19] 19 世纪 70 年代时，全球每年每 10 万人中有 142 人死于饥荒；到 20 世纪 20 年代，这一数据降到 82 人；20 世纪 70 年代，降到 8.4 人；2010—2016 年，每年每 10 万人中只有 0.5 人死于饥荒。也就是说，在一个半世纪里，人类饥荒死亡率下降 99.65%！如果把旱灾、水灾、火山、地震、泥石流、极端温度等自然灾害加在一起统计，那么 1900 年，全球有 127 万人死于各种灾害，其中 126 万死于旱灾，6000 人死于异常气候等；而到 2019 年，全球 1.17 万人死于各种灾害，不到 1900 年灾害死亡人数的 1%，其中只有 77 人死于旱灾。[20]当然，这些数据反映的都是工业革命之后的历史进程，但从中也可看到，用其他尺子度量人类进程之后，所反映的变迁跟单纯基于生产率的图景是多么的不同，而且这些死亡率指标更贴切地代表了普通人的生存状况。

最后，可以从统治者——君主——面对的生命安全看文明化进展。一方面，对于 1000 年前或更早的普通人暴力死亡数据，没有系统记录可用，但一些社会关于皇帝和国王的生平包括其如何离世的记录还是能找到的，因此，基于这个特殊群体的非正常死亡数据，大致能看出文明化发展趋势，因为一般社会里老百姓面对的暴力风险与皇帝、国王的生命安全度具有一定正相关性，文明化程度高的社会里，不仅国民不用担心暴力威胁，君主也应当更能安逸度日。另一方面，君主生命风险的高低是一个社会制度文明建设的晴雨表，反映其最高权力的制衡和交接机制是否规则化和法治化。艾斯内尔收集了公元 600—1800 年间欧洲 45 个王国、1515 个国王的离世方式数据，[21]以 1 个世纪为基本时段计算其间国王死于非命（非正常死亡）的概率，他发现：公元 7 世纪时，欧洲国王每年有 2.5% 的概率死于非命；到 13 世纪，国王死于非命的概率降到 0.85%；15 世纪，这一概率降为 0.52%；到 18 世纪，这一概率更是降至 0.19%。因此，欧洲在那 1200 年间，国王死于非命的概率下降了

92.31%，这说明虽然那期间劳动生产率没有变，可是政治制度的文明化程度上升了 12 倍，靠暴力夺得统治权的占比越来越低（尽管那个时期，除 18 世纪的英国外，欧洲其他地方都还没有建起现代民主国家）。

笔者和林展对中国自汉代以来各皇帝的离世情况进行过量化研究，[22]时间跨度为公元前 210—公元 1911 年。由于其间多数时候中国总体是统一的，所以君主数量远少于欧洲（尽管时间跨度比艾斯内尔的样本几乎长 1 倍），共有 127 个政权、729 个皇帝。皇帝死于非命的概率自汉代开始，一直上升，中间经过了三国、魏晋南北朝，到北魏、隋朝时期达到顶峰，皇帝一年中有 7% 的概率被人害死（比同期欧洲国王的 2.5% 高出很多）；不过，自唐朝开始，皇帝死于非命的概率有所下降，到元朝、明朝上半叶，降到 3% 左右；至 18—19 世纪的清朝达到最低，皇帝死于非命的概率在 0.5% 上下。所以，自唐初以来的 1300 年间，尽管中国的生产率没有变化，但皇帝死于非命的概率下降了 92.86%，这说明政治文明通过积累经验改良，还是取得了一些进步。当然，如果跟西欧比，还是差距明显。剑桥大学生物统计所把一年死亡概率超过 0.6% 的场景定义为“大战场”（major combat zone），[23]以此标准，到 15 世纪欧洲王室就不再是“大战场”，而在中国，皇帝在朝廷内所面对的死亡风险历来远高于“大战场”，一直要到 18 世纪，皇帝的安全才比“大战场”上的士兵好一点。

因此，到 1800 年前，无论是地球上的普通人，还是身缠万贯的富豪，抑或头戴王冠的君主，人身安全都比几百年前，更比几千年前，高出许多倍。可是，这些文明化进步是生产率指标检测不到的。

风险催生暴力行为

要理解为什么人类暴力经历了长期下降、文明逐步战胜野蛮，我们先要认识暴力背后的驱动力，尤其是暴力行为（包括战争）跟风险事件之间的因果关系。孟子曰："凶岁，子弟多暴。非天之降才尔殊也。其所以陷溺其心者然也。"(《孟子·告子上》) 汉朝司马迁在《史记·货殖列传》中写道："兵旱相乘，天下大屈，有勇力者聚徒而冲击……民不足而可治者，自古及今，未之尝闻。"两位哲人注意到一个共同的现象：收成不好的年份，民众会"不安分"，会被迫行暴行乱。孟子将这一点归咎于心态的变化，司马迁则关注旱灾战乱带给民众的饥荒。两条路径，殊途同归，指向同一结论：暴力冲突与灾害等风险事件有密切关系。

当代犯罪经济学的解释比孟子、司马迁更加具体一些。诺贝尔经济学奖得主加里·贝克尔（Gary Becker）在 1968 年的经典论文中谈道，[24] 违法犯罪一般是理性选择的结果：当犯罪的收益大于犯罪成本时，一些人会选择犯罪，其中收益和成本不只是物质的，也包括主观收益、机会成本和主观成本。如果是这样，个体暴力和群体战争行为都应该跟生存挑战，尤其跟灾害威胁有关，因为在风险威胁到生存时，不仅机会成本很低（活下去的机会不大了），光脚的不怕穿鞋的，而且任何收益可能都足以救命，主观价值极大，亦即，此时暴力的潜在收益会远大于机会成本，犯罪也值得，战争掠夺也可能是活下去的唯一希望。

本书第一章介绍众多学者关于战争起源、平民起义、普通暴力的研究，这些研究发现旱灾等自然灾害时常是主要导火索，验证了前述论断。其中，龚启圣和白营研究了从公元前 220 年至公元 1839 年间北方游牧民族攻打中原汉族的量化历史，[25] 发现旱灾时游牧民族生存艰难，他们攻打中原汉族的概率的确增加了很多，而涝灾时期则相反，游牧草原什么都能生长，此时攻打中原的主观收益极低而成本却不小，发动战争的概率会大大减少。

就国内暴力而言，贾瑞雪分析了 1470—1900 年间中国 267 个府的农民起义与气候灾害的关系，[26]也发现旱灾年份是关键，其间食物短缺、粮价大涨，生存受到挑战，因此暴动的机会成本大减，农民揭竿而起的概率会比平时高出很多，社会动乱也增多。明末的李自成起义就是其中最为经典的例子：如果不是17世纪初期旱灾不断，他的起义不可能多次绝处逢生。[27]此外，在个体暴力层面，笔者和彭凯翔、朱礼军估算了1661—1898年间清代中国的一般命案率，[28]分析表明：一旦一个地区出现灾害，债务纠纷、土地纠纷、家庭纠纷等可能会相应增加，命案率也会显著上升。灾害风险显然是个体间暴力的起因之一。

风险事件催生暴力，在其他国家历史上也是普遍规律。在美洲大陆，文明起落和气候风险关系密切。[29] 8世纪中期，玛雅文明所在的尤卡坦半岛遭遇持续干旱，[30]那时期墓葬的主人死亡年龄显然比以前年轻、营养也差，人口密度由从前的每平方公里200人下降至100人，而浮雕中与战争有关的内容占比也有所上升，可见气候风险的影响有多么强。加州大学伯克利分校和斯坦福大学的三位学者基于世界各国的数据，研究了人类暴力跟自然风险的关系，发现：[31]一方面，人体对气温波动高度敏感，太热或太冷都会刺激个体情绪，甚至挑战生存，引发战争或一般暴力；另一方面，如果降雨量比平常减少（比如旱灾），会导致农业歉收，威胁生存，使个体间暴力（如打人、抢劫、犯罪、杀婴等）显著增加。

总之，不管是历史上还是当代，无论是中国还是世界其他地方，风险事件是暴力的主要驱动力，这一结论非常稳健。主要原因在于，由于缺乏事前避险手段，或者风险发生时没有应对冲击的工具，于是在生存挑战下，一些个体被迫通过暴力求活路；反之，如果人类社会有了事前避险手段或事后应对工具，那就能切断风险到暴力之间的传导机制，使风险事件不再威胁个体与群体的生存，让暴力收益不再高于暴力成本，文明就能胜出。按照这一逻辑，前面谈到的过去几千年尤其近几个世纪人类一般暴力在持续下降、战争频率走低这一事实说明，除非自然风险的发生频率近几个世纪在下降（而更多证据表明的是相反趋势[32]），否则，人类发明的风险应对手段应该是越来越多、越来越好了，或者在人类发明了垄断合法强制力的国家之后（第二章和第十一章），对暴力犯罪的惩治越来越严，使暴力越来越不“合算”，[33]也可能是在建立国家秩序后，战争与防御能力得以加强，降低了入侵者的战争激励，提升了和平机会。[34]

人类自一开始就受到自然风险的折磨，一场旱灾、一次瘟疫、一波地震，都可致众人于死地；即使到了农业社会，也面临“年有余而月不足”的挑战，一年粮食产量可能有余，但年中并非月月充足，青黄不接的月份里民众照样可能饿死。直到18世纪中期，全球人均预期寿命还仅有30岁，所以杜甫才会有“人生七十古来稀”（《杜工部诗·曲江二首》）的诗句。要想克服风险挑战、进而降低暴力，一方面是通过技术创新提高生产率，另一方面是强化人与人之间的跨期合作、互通有无，包括资源共享、风险互摊。可是，怎样使人际跨期互助变得可靠，避免卷款逃跑、虚假欺诈、恶意违约、频搭便车呢？这是人类自古一直希望解决的核心挑战，因为在所有人际关系中，让人最难放心的就是跨期承诺：一旦涉及跨期，只要兑现承诺、履行义务之前还有逃避的时间或空间，造假违约的机会就存在，信任就难以达到百分之百，连亲兄弟也不可掉以轻心。这就要求有规则和秩序，规范跨期承诺，强化跨期信任。本书中的各章节将阐明，在人类文明化历程中，从迷信的创立到仪式、礼节、婚约、家庭、宗族、族谱、宗祠、灵牌的发明，到宗教、教义、教规、礼拜、祷告的推出，到立法、司法、行政之国家体系的建立，再到保险、股票、债券、基金的发明，无不围绕规则和秩序，或为加强人际跨期互信与合作。我们会看到，虽然许多创举并不能提高生产率，但却改善了规则和秩序（law and order），提升了人类跟风险博弈的胜算概率。可以说，在人类历史上，尤其在工业革命之前，是风险催生了文明，如果没有风险挑战，人类可能缺乏压力去创新以建立合作秩序、提升大家的风险应对力，也就难有文明化发展。

因而，在评估文明创新和其他历史变迁时，至少需要两把尺子——“生产率”和“风险应对力”，这与孔子在《论语·季氏》中所言一致：“闻有国有家者，不患寡而患不均，不患贫而患不安。盖均无贫，和无寡，安无倾。”意思是：不应担心财富不多，只需担心财富分配不均；不要担心人少，而要提防民众的不安；财富分配平均，便无所谓贫穷；把未来风险规避好，民众无忧无虑了，就不在乎人多人少，社会就无混乱了。这跟投资理论中既强调回报又强调风险控制的逻辑也一致。在1952年哈里·马科维茨（Harry Markowitz）发表成名作之前，金融行业和投资者普遍只用“回报”这一指标度量投资安排的好坏，不顾风险高低，这跟只用“生产率”判断人类创举的价值一样。但在1952年发表的论文中，[35]马科维茨强调必须将回报跟风险综合考虑：一种投资组合如果预期回报高但风险更高，未必最优；同样地，预期回报低但风险更低的投资组合，未必就不好。比如，市场上的无风险利率为2%，投资组合A的预期回报为20%、风险波动率为40%，而投资组合B的预期回报为15%、风险波动率只有20%，如果只看回报，组合A当然为优，但在综合考虑风险与回报后，显然组合B更优。根据马科维茨的理论，如果一个投资组合是所有同样风险水平（均方差）的组合里预期回报最高的，它就是最优的。也就是说，针对每一项风险水平，有一个相应的最优组合，所以根据投资者风险承受力的不同，最优的投资组合也不同。马科维茨的理论不仅把投资决策数学模型化，开启了量化投资和金融业务数学化的新方式，而且改变了人们对“什么是好的投资组合”的认知，也因为这些贡献，他在 1990 年获得了诺贝尔经济学奖。

在研究文明发展史的过程中，我们需要做类似的调整，不应忽视人类为应对风险所做的创举，因为风险曾经是文明的最重要催化剂。图 3 给出了不同“生产–生活”组合所对应的“劳动生产率”和“生活风险”（或消费风险）。其中，劳动生产率主要取决于生产方式（包括技术），而生活风险主要是消费风险，还包括社会风险和心理风险。它们既受制于生产方式，又取决于社会组织形态、产出分配模式、人际合作方式、文化、制度、市场等因素。有了度量文明进程的这两个维度，我们将“有用知识”的定义进行延伸：只要是对提高生产率或化解风险有益的知识，都是有用知识；相应地，有用的人力资本分为两类——生产性人力资本和“化险性人力资本”（risk-mitigative human capital），后者指的是化解生活风险（包括消费风险、社会风险、心理风险）的技能。

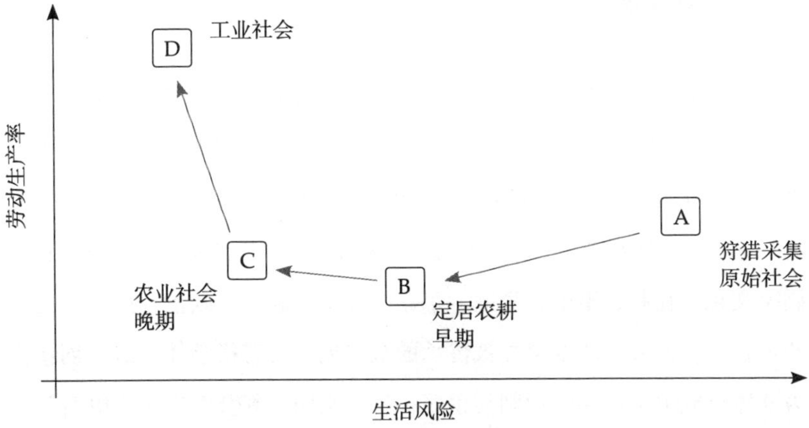

图 3 人类生产–生活方式的变迁历程

注：每种生产–生活方式带来一定的生产率和生活风险（消费波动率）组合。一种创举如果能提高生产率但不增加消费风险，或者不降低生产率但能降低风险，那就是进步。

图 3 大致反映了人类几次大转型所带来的结果：A 点代表原始社会

时期的生产率和生活风险；在进入定居农耕后，人类社会过渡到 B 点（相当于周朝之前的中国），此时劳动生产率下降但生活风险下降得更多；之后，通过强化国家秩序、深化伦理规范和改善人际互助，人类社会从早期定居农耕的 B 点过渡到农业社会晚期的 C 点，在中国这大致是从周初至晚清的时段，其间生产率基本没变，但由于儒家礼制的巩固等，风险应对力提升，因此消费风险下降，生活安全感改善；在此意义上，儒家礼制增强了中国社会的化险性人力资本；而西欧从文艺复兴开始加快往理性和科学的方向探索，重点提升生产性人力资本，从而使工业革命在 18 世纪末发生，带来生产率大跳跃，让西欧社会从 C 点过渡到 D 点，此时生产率提高，消费风险有所下降。随后的章节将具体解释几次转型背后的推手。

风险逼出文明

在本书中，“文明”有两个定义。作为名词的“文明”，指的是特定群体过去所做的一系列创新的集合体，这些创新给那个群体带来了生存秩序。也就是说，文明包括两项内涵——“创新”和“秩序”，包括文化、伦理、制度和技术创新。比如：“儒家文明”是自夏商周以来的各种儒家文化、礼制、婚姻、家庭、宗族、社团、经济、政治、技术等创新的集合，是过去陆续推出并被传承的众多创举的有机整体，这些创新作为整体建成中华社会的规则与秩序；犹太文明、基督教文明、伊斯兰文明、玛雅文明、印度文明、埃及文明等，都是对某个群体或社会的创新集合体的概括性名称，[36]也是由其建立的规则与秩序的统称。

而作为形容词的“文明”，则是暴力与野蛮的反义词。比如：“文明行为”是“暴力行为”“野蛮兽性”“弱肉强食”的对立面，指的是有教养、讲规矩、认道理、行礼仪的行为，“文明社会”即为“无序野蛮社会”的反面。按此义延伸，“文明化”则是“野蛮化”“暴力化”“未开化”的反面，与“规矩化”“秩序化”“和谐化”相近。在中国古代文献中，“文明”可能最早见于《易经·乾·文言》中的“见龙在田，天下文明”，意思是富有内涵、表现光明；到17世纪中后期的清朝，李渔在《闲情偶寄》中说“辟草昧而致文明”，他说的“文明”不仅与“草昧”，即“野”相对立、反映社会的造化程度，更重要的是点出在达到那个状态前需要一个过程，亦即走向造化的“文明化”过程，是动态的含义。在西方文献中，1492年哥伦布发现美洲大陆后，欧洲人与美洲、非洲的原始社会广泛接触，建立殖民地，这些经历把两边的反差凸显出来，使欧洲人对“文明”的概念做了延伸，加入“先进”的生产方式、物质与文化的意思：殖民地社会被视为“不文明”，即落后；而殖民者则是“文明”，即先进。在19世纪，人类学家摩尔根在《古代社会》中把人类历史分为蒙昧、野蛮、文明三阶段。

文明的两个定义并不矛盾，贯穿其间的是“规矩与秩序”。基于此，前文把人类个体暴力和群体暴力的长期下降等同为文明化进步的具体表现。对于人类为什么在去野蛮化的道路上长久持续迈进，平克综述了几种发展趋势，每种趋势都带来文明化进步。[37]一是“和平化过程”（pacification process），即人类从“无政府”部落社会过渡到定居农耕，并在距今5000年前发明国家，由其垄断合法暴力并建立秩序，使一般暴力命案下降近83.33%。二是“文明化过程”（civilizing process），这一个概念由诺贝特·埃利亚斯（Norbert Elias）在《文明的进程》中提出，[38]欧洲在中世纪后期通过组建国家、发展商业，开启了群体行为及个体心理的炼化历程，包括餐桌礼仪、服饰规矩、待人接物等，使人们更加鄙视野蛮粗暴，这个商业化与社会化的过程使欧洲暴力命案下降了 91.67%~98.04%。其他社会也在不同时期经历了文明化发展，中国早在周朝的《仪礼》、《礼记》和《周礼》中就对餐桌、服饰、待人接物等各类礼仪做了规范（见第五章）。三是“人道主义革命”（humanitarian revolution），主要体现在 17 世纪、18 世纪欧洲的启蒙运动和理性时代，知识分子呼唤结束奴隶制、终结决斗和酷刑、停止死刑、阻止媒体与书籍渲染暴力。通过小说、绘画、广播、电视、互联网等媒介的持续努力，到 19 世纪、20 世纪，人们对血淋淋的残暴不再像以前那样麻木，而是不容忍。四是“长久和平”（long peace）趋势，也就是二战结束以来，在联合国、世界银行、国际货币基金组织以及 WTO（世贸组织）及其前身 GATT（关贸总协定）等跨国组织的架构下，基于炮舰的世界无序结束了，取而代之的是基于规则的国际秩序，世界进入战争频率与暴力死亡率双降的和平时期，该过程也包括在全球普及的“人权革命”，重新界定并保护个体的自由与权利。在第一章，我们会更详细地介绍这些发展。

平克对文明化变迁的总结非常系统，让读者对人类的长久发展充满希望，但缺陷在于，这些有关文明进程的总结主要是描述现象，因为“和平化过程”“人道主义革命”“长久和平”显然是其他动因带来的结果，而非文明化“原动力”本身。“人之初，性本善”，只是后来因为生存所迫，人性才被“污染”变坏、变恶。也就是说，如果没有根本性的创举使人在任何时候都是“暴力犯罪收益低于成本”“战争收益低于成本”，那么，即使人类在观念和认知上清楚“文明”的高尚和“野蛮”的卑劣，一旦生存受到风险冲击，还是可能选择野与暴，将人道主义、文明从善、规矩秩序存放于书架上。那么更本源的文明化创举是什么呢？

前文说过，虽然风险不是导致暴力行为的唯一因素，但至少是核心催化因素。按照世界银行的定义，[39]风险是指可能损害个体福祉的不确定事件，例如生病、旱灾、战争、失业、失恋、情绪失控，而不确定性表现在风险的发生时间和冲击规模无法预知，比如农业产出的季节性波动是谁都知道的，但具体一年里的严重性不好预测。对农人而言，如果不存在健康风险或产出不确定性，那他们通常不会出现贫困，正是那些“意外的”大病开支或粮食歉收，才让他们陷入贫困、经历生存危机，甚至选择暴力犯罪。[40]在人类早期，许多应对风险的创举要么还没发生，要么还发展不够，所以一旦出现“异常”事件，就可能把人逼上绝路。后来，随着各种创新的不断推出和深化，人类避险能力、赈灾救急以及缓和情绪冲击的手段不断完善，为文明从善奠定了长久基础，让文明化不再是“空中楼阁”。本书不能概括所有人类创举，而是聚焦几种代表性创新：科技、迷信、婚姻、家庭、宗族、宗教、商业、金融以及国家。

定居农业与文明的开始

与风险博弈是人类从一开始就面对的挑战。从小的例子看，史学家史念海讲过一个考古发现：[41]新石器时代的中原人偏爱临水而居，但不是紧挨河边，而是住在离河几百米的台地上。这不好理解，因为如果只是为生产率，亦即饮水用水，古代人应该选择紧挨河边、湖边居住，走几步路就能得到水，节省时间和体力。对此唯一的解释还是基于风险考虑：离河岸稍高稍远的地方，既方便饮水和农耕，又能防洪避灾（风险），做到收益和防风险两不误。进一步的考古证据表明，随着人类治水能力的提升，洪水风险威胁下降，晚期农人居住的台地也往河边靠近。

第二章谈到一个更神奇的发现，即在今天的沙特阿拉伯西北地区，发掘出两个考古遗址——苏伟密（Shuwaymis）和聚巴（Jubbah），[42]共有超过 1400 幅岩画，其中最早的岩画可追溯到公元前 8500 年。考古人员注意到，在苏伟密的273幅岩画中，52幅有犬；在聚巴的1131幅画中，131幅描绘了犬只。狗是最早被驯化的动物，岩画记录下来的这100多只狗是主人的“战友”：在狩猎者捕猎中型或大型动物时，通常由狗群先往前冲，减少并控制猎物的速度与跑动范围，以方便主人用弓箭射击，同时保护主人，降低主人遇险的可能性；一旦射中，狗群就冲上去撕咬，磨灭猎物的反抗力。之前，原始人基本只能捕猎比自己小的动物，但在发明弓箭和驯化犬只之后，情况改变，他们既能捕猎比自己大的动物、提高生产率，也降低了狩猎风险，一举两得。

不过，研究者观察到：在苏伟密的岩画中，猎人带的狗群规模很大，通常有十几只；而在聚巴的岩画里，猎人一般只带两三只狗。这是为什么呢？答案在气候风险上：苏伟密的雨季很短、水源稀少，气温季节性强、风险高，所以当地人要在短短的雨季内猎获足够多的动物，也就是单次出猎的成功率必须很高，这就要求多用猎狗包抄；相比之下，聚巴人幸运得多，那里全年水源充足，动物出没不仅频繁，而且季节性波动不大，所以他们有的是时间去猎游，一次不成还有下次。换言之，两地的气候差别致使生活风险各异，结果是狩猎方式也不同，反映到岩画中，聚巴的画里只有1/10有犬，画里主人带狗少，而苏伟密含犬的岩画占1/5，猎人带多只狗。不考虑风险的挑战就难以解释这种差别。

那么，如何回答戴蒙德的提问——农人生产率和身高都低于狩猎原始人，人类为何从1万多年前开始陆续发明定居农耕，并且至今还没放弃错误呢？在19世纪时，达尔文认为是由于农业产出（生产率）比狩猎采集更高；可是，根据戴蒙德综合的考古证据，实际情况正好相反。第二种解释认为：气候变暖催生农业，亦即农业都出现在最后一个冰川时期之后，地球平均气温升高，适宜农业生产。[43]但事实上，在最后一个冰川时期，地球上不缺常年气温高的地方，并且数百年不变，可是之前并没有原始社会发明定居农耕。另一种解释说，是因为气候变得更加干燥，不利于游牧狩猎了。[44]安德烈亚·马特兰加（Andrea Matranga）认为，[45]这些基于“变干”“变热”“变冷”等针对“平均气温”或“平均湿度”的解释都站不住脚，因为在农业之前的数万年里，地球上热、冷、干、湿的地方都有，但没催生出农业，而且历史地理证据表明：在农业诞生前后，安第斯山脉气候干冷，中国东部湿润温暖，北美东部潮湿阴冷，撒哈拉以南的非洲则干燥炎热，也就是四种气候类型——干冷、湿热、湿冷、干热——都没有妨碍这些地方从狩猎采集转向农业。

第二章介绍了马特兰加基于过去 2.2 万年全球气候面板数据库的研究，他认为是气候风险的上升逼迫原始人定居下来，发明跨期储存技术（用陶罐储存）和驯化种植。大约两万年前，地轴倾斜度增大，导致各地的冬夏温差上升、跨季降水差增加。从此，在万物不长的冬季，原始人即使从一地迁徙到几十公里之外，也未必能找到食物，所以“靠天吃饭”的“狩猎采集”生活的风险大增，原始人必须尝试新技术：定居一地，驯化植物和动物，春夏秋生产食物，同时发明陶罐储藏食物过冬，也就是通过跨期储藏技术“驯服”风险，提升生存力。采用农业生产方式是气候风险所迫。

因此，农业虽然会导致人均收入下降，却可强化风险应对力，在图 3 中这相当于人类社会从 A 点转至 B 点。对许多人类社会而言，这是效用函数，即福利的提升（至少对于厌恶风险的社群如此）。同样重要的是，在人类定居下来之后，一方面各种储存器和技术，以及房产、土地等跨期保值资产被发明出来，另一方面跨期储存的剩余产出和资产又刺激出对规则与秩序（即文明）的要求，这就催生了私有制和国家等制度，因为如果没有这样的规矩与秩序，就会经常发生偷盗抢劫、财产纠纷和暴力冲突，命案必然频发。一项研究在对1267个社会做了对比分析后发现：[46]由于谷物晒干后可长期储藏，而土豆等根茎作物则不能，因此生产谷物的农耕社会更需要保护私有财产的规则和秩序，它们比种植易腐烂作物的社会更早发展出国家等跨区域的复杂治理结构。由此看到，风险催生定居农耕，后来定居农耕又刺激出文明。

迷信促进秩序，化解暴力

风险催生出了对文明秩序的需求，包括呼唤维护规则的国家组织，但是人类社会是否能或者如何建立国家、“供给”秩序，则是另一回事，这就需要其他创新。其实，每种人类创新一开始都是一个虚构的“故事”（fiction），因此每个文明都是一系列故事的累积，只不过这些故事不是任意编造的，也不一定经得起科学证实，而是在被发明者推出后，人们发现它们对改善生存“有用”、能带来正面价值，所以被保留。日积月累的“有用故事”足够多之后，当地社会就日益秩序井然，甚至物质也日益富足，于是那一堆“故事”的有机集合体就构成“文明”。文明的这个解读虽然听起来不严谨，却能帮助人们认清文明的逻辑。[47]

迷信（supernatural beliefs，superstition）就是这方面的经典例子，都是虚构的故事。就像沿海地区，人们信奉海浪保护神“妈祖”，常去“天后庙”祭拜，但除了存在于人们意识中的神话故事外，无人能证明妈祖的客观存在。笔者小时候在湖南农村长大，常听大人吓唬：“如果做坏事，要被雷公打！”当然，人们见过雷电、听过雷声，确实有人曾被雷劈死，但没人见过雷公，更没人证实过“被雷劈”和“雷公”之间的关系。现代人可能对迷信不屑一顾（虽然第三章会表明，迷信对现代人的生活仍然举足轻重），但迷信是人类对风险和不确定世界的一种反应，各文明差不多都以迷信为起点。李泽厚说，不管东方还是西方，起初的智人都先发明了“巫术”（迷信），然后从“巫”过渡到“史”与“礼”，再到基于理性的科学。[48]在多数情况下，迷信不能改变现实，不影响客观存在，更不能提高生产率，然而却可以给个体带来安心、给社会带来秩序，进而规范个体、促使暴力下降。“迷信是一种方法。通过迷信，人类的某一个群体可以在不确定的环境里营造出一种生活是可预期的假象，借此安慰自己。”[49]巫师就是掌握化险性人力资本的人，帮助人们化解部分心理风险。

当初人类社会要在聚落之上建立国家，由其垄断合法暴力、树立并维护规则，以“供给”秩序，就碰到一个实际挑战：聚落首领和众人为什么会接受国家的权威，听其领导？而且如果张三通过暴力强行建立“张国”，为什么李四不能以更剧烈的暴力在其之上创建“李国”？所以，他们都要靠迷信建立正当性。如果说夏朝是中国疆域上第一个国家的话，那么其创始人——禹的统治合法性就是基于“大禹治水”的神话，说他快速解决了危害中原人半个世纪的水灾。在推翻夏、建立商朝后，汤作为创世帝王又需要虚构故事，否则难有合法性，所以就有“汤祷桑林”的神话，商汤解决了困扰中原人多年的大旱灾，非神莫属。汉朝之后，每位皇帝都有若干神迹和祥瑞。据《史记·高祖本纪》记载，汉高祖刘邦“其先刘媪尝息大泽之陂，梦与神遇。是时雷电晦冥，太公往视，则见蛟龙于其上。已而有身，遂产高祖”。其他传统社会为了建立国家统治，也都曾虚构迷信故事。古埃及的法老、南美洲的印加帝王等，都说自己是太阳神之子或其代理人，欧洲国王也如此。日本皇帝叫“天皇”，也非凡人，是上天派来凡世的统治者。[50]

这种故事可说服百姓，树立统治者的神圣性。迷信可以形成对违规者的威慑，降低王朝治理成本。通过迷信建立国家秩序后，暴力犯罪的成本增加，使犯罪不再“合算”。所以，如图 2 所示：在还没建立国家形态的原始社会，每年每 10 万人中有约 600 人死于暴力凶杀；到建立了国家的农业社会后期，比如 14 世纪的西欧，命案率下降到每 10 万人中有 31 人死于凶杀；到 18 世纪的清朝中国，普通命案率则更低。由此看到，那些君主为神的迷信故事曾经推动人类向文明迈进。

迷信促进秩序、化解暴力的另一方式是通过强化道德规范，促进契约安全和产权秩序。当产权保护不足或存在契约纠纷时，时常会发生冲突，增加交易风险。[51]在现代法治发展之前，各社会就借助迷信来解决契约安全问题。吉卜赛人有关于不洁的迷信，认为盗窃、抢劫等侵犯产权的行为都会使犯者不洁，而其他人接触不洁的人也会倒霉，于是大家都会嫌弃不洁的人，所以不借助暴力，吉卜赛社区也能减少偷盗抢劫的发生。[52]在中国，迷信也是降低契约风险的重要工具，比如在订立合约时，写入“如有相违，人神共殛”“违约者被雷公劈死”等条款。[53]这也是为什么伏尔泰说：“如果上帝确实不存在，那我们需要发明一个。”[54]当然，前提是人们迷信巫术，信则灵。否则，传统社会的道德、产权和契约秩序会难以维持。

在微观层面，迷信对老百姓的身心稳定也甚为关键。风险与不确定性在个体生活中无处不在，所以包括风水、八字、算命、吉日等迷信活动，充斥着社会的各个角落，地方上有众多庙宇、神龛，让人们祭拜以祈求风调雨顺、五谷丰登、健康多子、家庭和睦，有什么需要就有什么神供信奉，如雨神、水神、树神、畜神、虫神、天后、财神、车神等。[55]在不同社会，祭拜方式和供祭物品各异。在中国，人们烧香、烧纸、供酒、供菜，也杀鸡、杀羊，甚至杀猪牛，以取悦鬼神。在墨西哥，当年的玛雅人祭祀活动频繁，节日、丰收、战争等都有祭祀仪式，他们认为人血是敬神的最好礼物，尤其是刚被杀掉之人的心脏和鲜血至高无上，最能讨得诸神欢心，所以信奉人祭。

迷信是早期智人的普遍发明，至今还无处不在，这是为什么？迷信真的是“信则灵”吗？这些都是第三章要重点讨论的内容，我们会看到，迷信虽然不一定能提升生产率，但是能通过影响人的意识，起到“信则灵”的心理保险作用，间接提升人的风险应对力，把人类带上文明之路。虽然在这个意义上，迷信对文明化发展有积极贡献，但它也带来了负面代价，包括阻碍理性进步、催生“猎巫”等愚昧暴力。

婚姻的起源与逻辑

在人类与风险的博弈历史中，既有跨区迁徙、定居农耕和发明储藏手段这样的技术创举，也有迷信“壮胆”“威慑”这样的心术，但这些都没涉及人际合作，没有发挥社会关系的避险潜力。过去数千年中，最突出的文明创举应该是围绕人际跨期合作的文化与制度建设。从逻辑上讲，在给定的物质产出与技术条件下，人际跨期交换也可以甚至更能优化人类生存处境，以有余补不足，以未来补今天，或者以今天补未来，所以如果有个体、群体或地区遭遇风险冲击或其他不幸，那些不受冲击的各方也可以伸出援助之手。

可是，如何实现人际跨期交换，做到既避免失信、赖账和跑路，又不助长懒惰搭便车呢？今天有余者可以补当下不足者，但今后在前者短缺时，后者必须补回，或者无论如何，后者今后必须给予回报。这种跨期交换不一定是个体与个体间直接进行，也可以是通过中介以多对多的方式完成（如有余者将资源投放于放贷机构、商业银行或保险公司，不足者与这些机构进行跨期交换，或者通过之后讲的家族、教会，实现成员间跨期互助，这些组织都被称为中介）。跨期承诺不难设计，却难在执行，因为如果没有机制惩罚欺诈违约、防范搭便车，就无人敢相信这种承诺。

婚姻和家庭是远古时期不同社会做出的回应，亦即借助姻亲网络和血亲网络解决信任问题：血缘关系与生俱来、永恒存在，永恒关系就是信任，而姻缘通过习俗、仪礼和伦理加以强化，也可成为终生难变的承诺关系。在第四章，我们具体讲解人类运用了哪些举措将姻亲做成几乎跟血亲同样牢固的人际关系，以及婚姻如何提升个体的风险应对力，而第五章则专门探讨家和宗族的风险互助功能。姻亲网络、血亲网络在形式和性质上就如同今天的俱乐部，但信任度和凝聚力更强，彼此“抱团取暖”，成员间的交换互助更加可靠。从这个意义上说，婚姻制度和家秩序的演变发展在规范社会秩序的同时，强化了个体应对风险的能力，推进了文明化。

从风险互助和利益互换角度看待婚姻，似乎没有温度，因为现代人倾向于将“婚姻”跟“爱情”“浪漫”联系在一起，甚至画上等号，认为婚姻是爱情的结果。实际上，不管是古希腊、古罗马时期，还是远古东方，人类的婚姻从一开始就是为了解决跨期互助、降低生存风险而构造的，跟爱情并无关系，甚至被认为彼此不兼容。爱情到现代才“征服”婚姻、成为婚姻的核心。[56]比如黄梅戏《夫妻双双把家还》中“我耕田来，你织布；你挑水来，我浇园…… 寒窑虽破，能抵风雨”所表达、强调的就是跨期互助。只是婚姻这个发明跟迷信相比，不完全是虚构的故事，而是有实在的生理和经济基础，比如性关系、婚后生子等。

一个具体实例来自马克·罗森茨魏希（Mark Rosenzweig）跟合作者的研究，他们讲到一个有意思的现象：[57]在印度农村，父母通常将女儿外嫁很远，尤其是收入低、农业产出不确定性高（即风险大）的农村家庭，更倾向于让女儿外嫁到远方。为什么会这样呢？他们发现，这些印度家庭主要还是为了降低收入风险。对于农人，收入风险的空间性尤为突出：一村发生灾害，另一村未必同时遭遇同样的灾害；两村间的距离越远，两地降雨量和其他气候指标的相关性就越低，收入相关性也低。这些特征给农民跨地区分散风险提供了机会。可问题是，一方面传统社会没有发达的保险公司或其他金融机构，另一方面越是相距甚远的村庄间，跨期互换的契约风险就越高。所以，就如同汉代中国的“和亲”策略一样，[58]印度农人在联姻中找到答案：通过女儿远嫁他乡建立跨期交换关系，尤其是女儿越多，可以往不同方向外嫁，以最大化联姻带来的消费保险效果。两位教授的实证研究表明：在自然灾害发生时，与远方村庄联姻的家庭受影响较小。婚姻的确可以提升人们的风险应对力，但前提是必须由长辈包办婚姻，年轻人不能有恋爱自由，因为婚姻不只是当事男女的事，两方的直亲和宗亲都在其中有“生老病死”风险保障的利益。

第四章除了讨论婚姻的化险价值，也重点回答了一个核心问题：婚姻关系也是一种人为跨期承诺，是什么让此契约关系胜过一般契约，并且人类对其的信任程度仅次于血缘关系呢？答案在于各社会都花了大量精力，创新推出了各种针对婚姻的仪式、彩礼和迷信故事，众多伦理规则从多个维度加固婚姻关系，最大化“白头到老”的概率。在中国，儒家的“夫为妻纲”“三从四德”（“在家从父，出嫁从夫，夫死从子”），还有女性“守分”“守节”的妇道规则，这些都是礼制三经典——《仪礼》、《礼记》和《周礼》——要求妻子遵守的，目的是让妻子不可忘记名分或违背婚约，使跨期承诺无比可靠。当全社会普遍遵守这些虚构故事时，建立于婚姻之上的秩序必然稳固，虽然传统婚姻规则多侧重压制妇女的个人权利与自由，代价极大，也未必能提高生产率，但换来了人们的生活安全。

家秩序的建立与化险性人力资本

在原始社会时期，人类只有所谓的“群婚”，也就是没有责任义务约束的松散两性关系，性关系混乱，所以没有“夫妻”“父亲”这样的概念，也难有今天意义上的“家庭”“家族”。到了原始社会晚期，特别是新石器早期，群婚逐步演化成一种多偶的“伙婚”制，[59]即一个女子对多个男子的“一妻多夫”制，男方对女方的责任义务逐步增多，女方对男方的专有关系时间渐渐加长。那时候，男子开始“从妻居”，在传承上子女不属于父亲世系，而归母系。由于人类发展到那一步还没建立足够的规则秩序（无文明），所以谈不上有牢靠和凝聚力强的家秩序。到了定居农耕时期，社会结构由母系向父系、婚姻关系由“一妻多夫”向“一夫多妻”转变，定居下来的人类由激励推演出规则，不仅将婚姻中的责任义务进一步明晰，而且努力为家秩序添砖加瓦。在中国，这相当于夏商和西周时期，在差不多两千年的时间里，一方面建立了早期国家形态，另一方面完成了向父系社会的转型，推出了我们今天熟悉的父系姓氏，创建了后人所称的“礼制”。

第五章会谈到，在各社会，家秩序的建立时间不同，其发展过程与完善程度各异。以中国为例，虽然《仪礼》、《礼记》和《周礼》等儒家经典是对周朝礼制的总结，说明家秩序近3000年前就相当发达，但这套体系从孔子、孟子到汉代董仲舒、宋代程颐和朱熹、明代王阳明等，经过历朝历代无数儒家哲人与践行者的不懈努力，才渗透到社会各角落，全面规范中国人生活的方方面面。到19世纪的晚清和20世纪的民国时期，基于“三纲五常”的名分等级秩序已经把每个人，不分男女还是老少，都牢牢地固定在家庭、宗族和社会结构中的一个位置上，终生不变。这样做当然使个人无自由选择、牺牲个体权利，但好处是使家庭内、宗族内甚至社会中的人际跨期互助变得可靠，降低了成员间的交易成本。

当然，这把我们带回到前面提出的问题：儒家花了两千多年持续完善礼制，可是这些努力并没有提升劳动生产率，这套体系真的有实际贡献吗？第五章和第十章会讲述：在功能上，宗族如同一个“内部金融市场”，[60]而礼制的目的是强化宗族的凝聚力和控制力，以促成族亲间的风险分摊和资源共享，减少族内交换成本及跨期承诺的不确定性，最终是为了提升个体和家庭的风险应对力。按照这一逻辑，随着儒家礼制的深化发展，中国社会应对风险的能力应当逐步提升，暴力逐渐下降，社会秩序持续改善。第五章总结的多项量化历史研究对这些预测做出了肯定的回答，比如儒家文化影响深、宗族发达的时期或地区，人们应对灾害冲击的能力强，农民在灾荒时期的暴动频率会更低、[61]人食人现象也更少，[62]社会秩序井然。由此带来的结果是：儒家的发展促进了人口增长，儒家影响深的地区，其人口密度更高。这印证了孔子所言的“不患贫而患不安”。通过儒家宗族把未来风险规避好了，族人的忧患少了，社会混乱就必然少，此即儒家礼制对文明化的贡献。

第五章我们会讲，儒家追求的是社会和谐稳定、生活安定无忧（低消费风险），希望从图 3 的 B 点转向 C 点，而研读经典和科举体制是实现儒家愿景的具体手段。也就是说，青少年花时间精力精通礼制经典，学会组建家秩序，掌握化解社会风险、生活风险和心理风险的能力，成为和谐社会的工程师，得到的也是“有用知识”，而不是莫基尔教授讲的“无用知识”，[63]只是文科经典提供的是化险性人力资本，非生产性人力资本。所以，研读文科专业也是投资人力资本。

宗教的化险与救助价值

家秩序是最为持久不衰的人类互助共同体，其次是组织严密的宗教社群，宗教对强化人类生存力也贡献很大。犹太教大约形成于公元前6世纪，基督教起始于公元1世纪，伊斯兰教在公元7世纪创立，这些一神教和创立于公元前5世纪的佛教至今还主导世界大多数国家。权威学者爱弥尔·涂尔干（Emile Durkheim）说："宗教就是一组有关神圣事物的信仰与实践的统一体，这些信仰与实践将信众凝聚到一起，组成一个叫'教会'的排他性道德社群。"[64]家庭和宗族能长久持续，这很好理解，因为它们是基于血缘的共同体，但宗教是超越血缘的，是基于对"道德化神"（moralizing gods）的共同信仰，却也能持续上千年甚至两千多年。国家有兴衰但宗教能永恒，这本身就值得我们研究探讨，更何况如果离开宗教，我们就无法理解不同文明在过去两千年的演化历程。

那么在实效上，宗教对人类的贡献如何？作用方式又是什么？前面说过，如果只从劳动生产率指标判断，宗教跟儒家一样，也没能带来正面的影响。不仅从轴心时代（即公元前800年至前200年）直到18世纪末，全球人均收入基本没变，而且一些基于现代数据的研究还表明，[65]信教程度越高的社会，其全要素生产率反而更低。也就是说，宗教甚至对生产率呈负面作用。可是，就如我们对儒家文化的评估一样，一旦考虑风险化解能力，结论就不同了，因为宗教社群也是一个类似"内部金融市场"的跨期合作互助体，包括物质和精神上的互助，共同信仰和相关仪式规范成为强化教友间合作的信任基础。基督教的《圣经》讲得就很直接，"你要谨守遵行我今日所吩咐你的诫命，律例，典章…… 他（神耶和华）必爱你，赐福与你，使你人数增多，也必在他向你列祖起誓应许给你的地上赐福与你身所生的，地所产的，并你的五谷，新酒，和油，以及牛犊，羊羔。你必蒙福胜过万民。你们的男女没有不能生养的，牲畜也没有不能生育的。耶和华必使一切的病症离开你”（《旧约·申命记》7：11–15）。意思是说，只要你信上帝并坚守教规律例，那么物质短缺、不生不育、疾病缠身这些风险都不会跟你有关。

第六章介绍的实证研究也充分支持这一定位。古罗马公元 165 年和 261 年两场大瘟疫中基督徒的经历，[66]以及 19 世纪传教士在清朝中国的赈灾救荒，都具体地展示了宗教的化险与救助价值。拉杰夫·德赫贾（Rajeev Dehejia）等三位教授利用当代美国的数据，[67]分析了收入下降对信教家庭与非信教家庭的消费冲击差异，发现：逆境对信教家庭的冲击显著小于对普通家庭的冲击，信教的化险效果明显。一方面，教义可能淡化信徒对物质的追求，所以他们更在乎精神生活，收入下降对消费的影响低；另一方面，教会为信徒提供应急救济，就跟中国历史上的佛寺一样，一旦百姓因受灾出现饥寒交迫、无家可归的情况，还能去寺里一避，得一碗粥、一席床，此外就是教友间的风险互助互救。也正是因为宗教可以提升信徒的风险应对力，所以生活风险本来就高的地区的人们对宗教的需求也多，信教人口占比会更高。[68] 20 世纪 20 年代之前，基督教在中国的扩散也是基于此。[69]

宗教作为有组织的信仰在人类历史上出现得很晚，[70]但在强化社会秩序、提升化险能力方面贡献突出，并且持续力旺盛。那么，宗教的化险效果是如何取得的，哪些教义、教规和组织技巧发挥了关键作用，背后的逻辑是什么，以及教派竞争又带来哪些后果，等等，这些都是第六章分析和解答的问题。其中，高频率的祷告仪式、极高的信教成本、清晰的教友边界，都是关键的强化教会凝聚力、缓解信息不对称的组织方式，帮助减少逆向选择和“搭便车”风险。虽然宗教在过去未必提高生产率，却通过协助个体化解风险、降低社会暴力，推动了文明化进程。

基督教排斥金融及反犹史

既然宗教能起到实质性避险效果，这就意味着：一方面不同宗教派别之间会展开竞争，比如犹太教、基督教和伊斯兰教之间上千年的竞争；另一方面宗教也会跟宗族、金融市场、国家福利竞争，最大化自己的信众社群。我们可以视宗教组织为一种俱乐部，[71]避险与资源共享是其提供的功能之一：每位信众专注投入其中的资源越多，其他教友会因此受益也越多，所以信众越多越好。依照这一逻辑，宗教的发展就需要解决以下问题：如何激励个体，让他们将更多资源投入此宗教，而非彼宗教或金融市场？为了做到这一点，宗教在提高加入组织的收益的同时，也可以采取手段阻碍金融、宗族和其他宗教的发展，降低信徒从其他途径得到的效用，或者抬高其他途径的成本，使信徒专注此教。

从一开始，基督教和伊斯兰教就阻挡金融的发展，因为金融所提供的风险分摊和资源共享手段具有更多的灵活性和自主性。一般而言，金融都是跨期价值交换，涉及交易双方在今天和明天、未来不同时间点，或者未来不同事件点之间的价值交换。如果正式金融市场足够发达，人们就可以针对各种未来风险事前买保险，比如火灾险、旱灾险、水灾险、疾病险、失业险、人寿险等。这样，即使未来出现不测风云，也可由保险公司赔付；或者，等意外风险发生了，通过借“过桥贷款”，渡过短期难关。因此，金融市场跟宗教组织所实现的跨期交换，具有一定的功能重叠性，只是前者基于“一手交钱，一手交货”的货币化交易（市场交易），而后者基于教友关系和教会中介，不涉及赤裸裸的“利”。两者既可以是互补关系，亦可以是排斥性竞争关系。第六章介绍的实证研究就表明，富有者的信教占比低，部分原因在于他们有金融避险手段，不需要宗教的这种功能。

从历史进程看，远在犹太教成形之前，市场化金融交易就有发展。考古证据表明，[72]在美索不达米亚南部（最早发明定居农耕的地区），至少4500年前跨期借贷就足够流行，以至于催生出楔形文字；大约公元前1776年刻在石碑上的古巴比伦《汉谟拉比法典》甚至明确对借贷利率有上限规定。[73]可见，借贷金融在那时已经普遍，借贷技术在那之后的1000年里传播到古希腊、古埃及、古罗马等。而在东方的中国，《周礼》就有泉府进行放贷和跨期平易物价的安排，表明官府和民间到周朝就已熟知借贷金融。也就是说，在基督教起源之前，借贷金融在西方和中国就普遍发生。可是，借贷金融后来为何停滞不前？

第七章对此问题给出了回答。在西方于公元三四世纪接受基督教后，金融发展几乎完全停顿，原因就在于教会对金融的排斥。基督教（在16世纪新教改革之前，基督教就是天主教）从一开始就敌视有息借贷。通常讲的基督教《圣经》包括《旧约》和《新约》，而《旧约》中《申命记》（23：19–20）强调："你借给你弟兄的，或是钱财或是粮食，无论什么可生利的物，都不可取利。借给外邦人可以取利，只是借给你弟兄不可取利。这样，耶和华你神必在你所去得为业的地上和你手里所办的一切事上赐福与你。"明确禁止对"兄弟"的有息放贷。由于《旧约》是犹太教、基督教和伊斯兰教共同的经书，禁令贯穿于三大一神教。

《旧约》禁止对"兄弟"放贷收息，允许对"外方人"取息，那谁是兄弟，谁是外方人？这十分关键。犹太教的解读是：只有犹太人才是兄弟姐妹，而非犹太人为"外方人"，即陌生人，于是犹太人放贷给基督徒、穆斯林时可合法收息。[74]相比之下，基督教认为只有敌人才是"外方人"，公元4世纪米兰大教堂主教圣安布罗斯（St. Ambrose）写道：

"你可以要求并收取利息的人，是那些你可以正当伤害、可以合法用武以对的人，是那些你在战场上无法战胜但想通过 1% 利息去报复的人，是那些你把他们杀死也不犯法的人。有息放贷者是不用武器而作战的人：他通过收息来报复敌人。因此，那些可以发动正义战争的地方，也是可以做有息放贷的地方。"[75]而敌人之外，不论是否为基督徒，皆是兄弟姐妹，互相帮助是应该的，贷钱收息违背手足原则。伊斯兰教《古兰经》也禁止有息放贷，至今没变。这与儒家主张基于"义"，反对基于市场交易实现人际合作互助十分一致。孔子说"君子义以为质"（《论语·卫灵公》），只有小人才谈钱收利息！这就部分解释了为什么轴心时代之后金融在西方和中国几乎都停止发展。

第七章借助犹太教和基督教对《旧约》中"兄弟"和"外方人"的不同解读以及《新约》有关犹太人的论述，具体解释欧洲社会跟犹太人间近两千年的博弈历史。由于这种不同解读，一直到 16 世纪加尔文新教改革以前，在欧洲基本只有犹太人可以合法放贷收息。延伸看，金融从本质上是"用钱赚钱"的生意，禁止收息等于在基督徒和穆斯林从事金融业务的道路上设置障碍，于是，只有犹太人能合法从事金融（当然也有其他人从事金融，但不能光明正大地做），也因此导致中世纪欧洲普遍反犹（"利益反犹"）。再加上基督教从一开始，就从宗教层面排挤甚至敌视犹太人（"宗教反犹"），这些仇视积累到 11 世纪，欧洲社会就开始暴力驱赶犹太人，[76]甚至反犹文化在一些地区至今还未消失。由此看到，宗教在帮助个体化解风险的同时，也带来巨大代价，包括宗教战争和宗教间的其他冲突。

可能也正是那些宗教竞争产生的持续苦难，造就了犹太民族。犹太人在公元 1 世纪被罗马人彻底赶出耶路撒冷，流浪异国他乡，并被不断驱赶，一方面被迫识字读书，以便自己研习圣经《塔纳赫》，另一方面只能从事金融、商贸和手工业。今天，全球犹太人口不到1500万，占世界人口的0.2%，但他们是如此优秀，在科技、学术、金融、商业、政治、社会和艺术等全球各领域的精英中，无处没有他们的身影。为什么犹太人这么优秀？基督教尤其是改革之后的新教为何对欧洲的历史如此关键？第七章着重讨论基督教与金融和犹太教的竞争，以及犹太人的遭遇和新教改革。

在中世纪，基督教体系的组织结构严密，教会完全掌控了对《圣经》和其他教义的解释权，成为上帝和信众之间的唯一中介，并给教徒设置一生都难以实现的七项圣事。1517年，德国牧师马丁·路德（Martin Luther）发起新教改革，把欧洲分成“天主教欧洲”（继续紧跟罗马教廷的传统基督教）和“新教欧洲”，其中新教（也叫清教，今天的“基督教”有时就指“新教”，以区分于保留传统基督教的“天主教”）又分为“路德宗”“加尔文宗”等派系。新教改革包括以下几方面：一是消除了对罗马教廷和教会的迷信，改为信徒自读《圣经》、直接跟上帝对话；二是基督徒是“因信称义”，即因信耶稣基督为唯一神而实现义、得到救赎。以前，教廷告诉信众只有执行教会规定的礼仪、规条、善行，死后才能入天堂，但马丁·路德说：教廷只代表他们自己的利益，信徒死后进天堂还是下地狱，只取决于他是否真信耶稣基督是唯一神。

再就是承认放贷收息的正当性，让金融得到解放。加尔文通过诠释《新约》，认为耶稣明确谈到，钱的价值不在于被藏起来，而在于流转起来产生收益。加尔文说：“既然出租土地能够收地租、出租房屋能够收房租，为什么放贷货币就不能收利息？”[77]此外，追求商业、发财致富也是正当的，并且是必须的——这完全改变了传统基督教对商业利润、对以货币化交易实现人际互助的敌意。韦伯在《新教伦理与资本主义精神》中提到加尔文教义是新教国家成功的主因，尤其是加尔文的“先决论”

（predestination）激发了资本主义精神：上帝早就选择让一些人上天堂、一些人下地狱，[78]并且这些先决无法改变，但没人知道谁被选中上天堂永生、谁被选中永灭，怎么知道自己是否被选中上天堂呢？答案在于加倍努力发财致富。如果自己能顺利发财致富，那就是被安排永生的信号！财富成功本身不能保证上天堂，但这是被上帝安排永生的必要信号。加尔文教义给信徒带来巨大的信息挑战，激发他们奋发创业、追求事业成功。所以，韦伯认为，加尔文新教伦理是资本主义在近代腾飞的基础。

在实际中，新教改革对基督教文明的影响有多大呢？第七章综述了不少实证研究，在新教改革时期，意大利、西班牙、葡萄牙、法国和奥地利等欧洲南部社会选择继续紧跟罗马教廷，保留天主教，并在后来的殖民时期将天主教输出到南美、亚洲和非洲的不同社会，而德国、北欧国家都转为接受路德宗新教，荷兰、英格兰、苏格兰以及英国后来的殖民地美国、加拿大、澳大利亚等都以加尔文宗新教为主。在分流之前的16世纪初，天主教国家总体比新教国家富有，识字率等人力资本指标都更高，文艺复兴发源地意大利尤其如此；可是，在之后的几个世纪里，意大利等天主教国家的经济停顿不前或增长缓慢，到1700年已经落后于荷兰、英国等新教国家，至1820年时，多数西欧国家都比意大利更加富有。[79]到1850年，意大利、西班牙、法国的文盲率也远高于新教国家，在金融市场发达度、城市化、后来的诺贝尔奖得主数量等指标上也不如后者。天主教国家与新教国家的差距至今如故。

在过去两千年里，佛教、基督教、伊斯兰教在全球扩散，建立道德秩序，规范信众行为，对人类暴力的长期下降、对文明化做出了正面的贡献。但是，宗教在历史上的负面影响也不小，尤其是为了强化信众内部的凝聚力、提升教友社群的俱乐部价值，不同宗教间、教派间不时发生暴力冲突，包括抑制商业和金融的发展。因此，宗教的正面贡献跟负面冲突一起，塑造了我们今天所熟悉的文明和所生活的世界。如果不从人际跨期合作和风险互助的角度去解析宗教的初衷，我们可能难以理解欧洲文明和伊斯兰文明背后的逻辑。

商业市场的避险救急功能

对于16世纪或之后接受了加尔文新教的社会，商业的道德地位不再受到质疑。可是，在其他文明，商业的社会价值未必得到肯定，追逐“利润”的商人可能还是会遭到指责。在中国，可能到周朝初期还不明确排斥商业，但经过春秋战国树立儒家思想后，抑商文化逐步形成，并在公元前4世纪秦国的商鞅变法中成为王政：“夫农者寡而游食者众，故其国贫危。”（《商君书·农战》）孔子说“君子喻于义，小人喻于利”（《论语·里仁》）；司马迁言“利诚乱之始也！夫子罕言利者，常防其原也。故曰‘放于利而行，多怨’。自天子至于庶人，好利之弊何以异哉”（《史记·孟子荀卿列传》），意思是，一旦放行商业，商人会唯利是图、追求利益最大化，社会必将多怨乱序，即商业会破坏文明秩序。与孔子论述相反的，是18世纪美国政治哲学家潘恩的结论：“国与国之间因商业得以互惠，人与人之间亦然。通过这一点，商业把人类团结起来，建立和平的体系。商业……是直接的道德训诫之外，迄今为止最有效的达致普世文明的手段。”[80]他的意思在于：商业交易基于互需、互补、互惠，因此，两人出于相互依赖走到一起做交易，是不会轻易行暴的，更会检点自己的行为，选择“文明”，也就是说，商业发展是文明化进程的助推器。

那么，商业贸易到底是促成规则秩序、降低暴力、带来和平，还是反之呢？在上述两种截然相悖的结论之间，历史经验到底支持哪一方呢？实际上，从对比16世纪以来天主教与新教国家的发展差距中已经看到，一种文明对待商业的态度会显著影响其文明演变的轨迹。这是第八章讨论的话题，立足点还是在于商业市场的救灾救急避险价值。前面谈到，意外风险事件是人际暴力和群体战争的催化剂，而如果跨区商贸能进行，商人将物资从非灾区运至灾区，雪中送炭，缓和灾害对个体、群体或国家的负面冲击，那么商业当然就有助于降低人类暴力，推动文明化。如果这一逻辑推论能得到实证支持，那么商业即使追逐利益最大化，也不应该在道义上遭到否定。

首先，人类学者对南美洲亚马孙雨林中的原住民齐内曼人做了多年的跟踪研究，观察他们的生活是否随市场交易参与度的变化而改变。多年努力收集的数据表明，参与商业市场确实降低了原住民的生活风险，使消费波动率下降：居地离市场较远的齐内曼人相比离市场较近的同族，饱一顿饥一顿的波动性更大，其身体质量指数（BMI）对收入的弹性要高出很多倍！[81]也就是说，难以利用市场交易缓和短期收入冲击的原住民，其身体指标所反映的营养供给波动性要高出很多，说明商业交易的确可以帮助降低生存风险。

其次，是印度铁路带来的变化。19世纪中期之前，印度的商业市场虽然跨地区联通，但由于大多数地方靠马车、驴车或牛背运输，速度慢又容量小，加上每年有4个多月的季风雨季，其间牛马驴都走不动，所以一个地区遭遇灾害引发的饥荒，不能靠跨地区商贸市场来帮助救灾。可是1853—1930年间，印度建成了6.7万公里的铁路网，将各地接入全国一体化的跨区市场，火车一天可行驶600公里，一年四季风雨无阻，运输成本也低。结果，不管在哪里，“只要发生物资短缺，几天内火车就可从外地把货物运到，这种信心和预期本身就可以帮助避免物价过分猛涨，价格稍涨一点就可以吸引外地供货的到来”[82]。就这样，由铁路打通的商业网络大大提升了印度人抗风险冲击的能力。一方面，即使某个地区有旱灾或水灾，当地粮价跟正常气候时期相比也不再有多大上涨，粮食供应平稳，也就是说，铁路带入外部市场后几乎抹平了各地与气候相关的粮价风险、粮食供应风险。[83]另一方面，在铁路连通各地粮食市场之前，地方死亡率跟旱灾水灾显著相关，但在市场连通之后，死亡率对降雨量的敏感系数比之前降低84%，这直接证明了商业对降低生活风险的积极价值。第八章也介绍了非洲、中国清朝的类似经历，印证了“投机倒把”的商业活动的救荒作用。

大运河就是一个具体案例。这个从春秋战国就开始修建的人工河网络，到隋唐时期被南北连通，成为四通八达的交通体系。虽然初衷是为漕运军需以巩固统治，但大运河也带来“意外收获”：客观上将各地区连在一起，形成了跨区域的一体化商业市场，在功能与效果上不亚于由铁路打通的印度商贸网，只是在时间上要早1000多年。在铁路和现代公路之前，水运容量大、成本低，十分有利于跨区“投机倒把”。宋朝之前商人奉行“千里不贩籴”，长程运粮的成本会高得不划算，但是在大运河网络四通八达后，“千里贩籴”变得有利可图，“富商大贾，自江淮贱市粳稻，转至京师，坐邀厚利”（《续资治通鉴长篇·卷六三》）。早期，官府禁止私货上运河，但运河那么多、距离那么长，禁令在操作上不完全可行。所以，隋唐大运河催生了“大运河经济”，造就了多个唐宋以来的商业重镇，包括临清、聊城、济宁、徐州、淮安、扬州、镇江等。

跨区商业网络不只是带来繁荣，在非常时期，如一地遭遇旱灾等风险冲击时，商贩可从无灾区低价进货，批量运至灾区，救济灾民。贩运当然给商人以利润，但其社会效果是救命，让灾民不至于靠暴力求生。这一结论可从清代于1826年逐步废弃运河漕运所带来的后果看出。曹一鸣和陈硕基于江苏、安徽、河南、山东等575县的数据，[84]分析发现：自1826年开始，运河沿线的商镇逐步走向衰败，人口密度渐渐下降，尤其是沿线县应对灾害风险的能力显著下降。也就是说，跟运河废弃之前相比，离运河越近的县在之后发生的民变暴乱次数上升越多，暴乱增幅在灾害年份更加突出。也正是因为运河废弃，苏鲁豫在旱灾年份的饥民增多，等后来的太平军和捻军到来时，众多民众揭竿而起，加入起义队伍，否则，太平天国起义或许难以壮大到那种规模，也更不会持续那么多年。由此表明，在基于运河的跨区市场畅通时，当地人可随时依靠市场平滑产出波动，而一旦失去作为避险手段的商业网络，民众被迫走投无路的频率就会增加，社会秩序不再，暴力动乱就会上升。

总之，孔子关于商业的积怨乱序论述似乎跟各社会的实际经历不符，之前的批评忽视了商业市场的避险救急价值，也疏忽了交易产生的互惠关系对暴力冲动的缓和作用。实证结果更支持康德、潘恩、斯密、孟德斯鸠等关于商业市场的社会价值之论述。

海上丝路的多文明竞争

大运河以及后来的铁路把各地连到一起，形成国内一体化商业市场，海道则跨国界、跨大洲联结各国市场，建立全球化的统一交易体，在更广地理范围和更多人口间分散风险、配置资源，使风险分摊效果达到新高。那么，全球化商业网是如何发展出来的呢？是哪些力量在背后推动？虽然这个体系今天是不可或缺的存在，不会有人去质疑，但当初的推动者未必就清楚其创举的长久价值。近年热议的“海上丝绸之路”（又称“海上丝路”）就是经典案例，其推演发展不是任何人事先主动设计，却也成为不同文明的竞技场，凸显各自特质。

“海上丝路”指的是从广州、泉州、宁波、扬州等中国港口可达的西太平洋、南太平洋、印度洋和阿拉伯海的海上商道，最早始于战国时期的东海、南海沿线，由各越族渔民唱主角，到隋唐成为中国丝绸、海洋奇珍的贸易通道。在公元 7 世纪后期至 8 世纪初，阿拉伯穆斯林商人来到南海后，[85]他们很快取代华商和东南亚商人，成为海上丝路的主角，包括定居广州、泉州等口岸，安家立业，将其发扬光大。[86]阿拉伯商人当道的局面持续了近八百年，一直维持到 16 世纪初天主教葡萄牙人到来之时。当时的葡萄牙才 100 余万人口，但基于国家出资模式和枪炮优势，[87]一来到印度洋、太平洋，就战胜了穆斯林商人，称霸海道，不仅垄断了南亚香料贸易，而且武力维护其对海洋的主权，商船未经许可不可上海道。16 世纪末，代表新教文明的荷兰人初次来到印度洋、南太平洋，[88]经过几十年与葡萄牙人的较量，到 17 世纪中期，人口也是百余万的荷兰人夺得海上丝路的主导权。荷兰人以私营股份有限公司的股份发行融资方式，[89]也就是以更大规模的集资与风险分摊模式，战胜葡萄牙的王室经营模式（即国营模式）。再往后，新教英国人也以同样方式来到海上丝路，与荷兰人一道主宰印度洋、太平洋和大西洋，建立起 18—19 世纪的全球海洋贸易网。

从上面简单勾画的古代海上丝路历史可以看到，自阿拉伯穆斯林商人于 7 世纪末到来之后，代表儒家文明的华商基本不再主导海上丝路，而通常讲的“万邦来朝”贡纳体系主要涉及中国周边贸易，并非世界体系。也正因为此，中国在 20 世纪之前未能参与世界秩序规则的建立。第九章会讲到，这种格局和结果一方面是因为儒家文明源自中原农耕，依附陆地而生，对海洋几无兴趣，定都北方的汉族王朝鲜少主动激励海洋商贸；另一方面是因为儒家文明跟伊斯兰文明、基督教文明的本质区别。首先，儒家文明基于祖先崇拜，鼓励“留守故土”“落叶归根”“父母在，不远游”，而一神教文明督促信众外出传教，真正“四海为家”——“死于异乡者，即为壮烈之死”（伊斯兰教《圣训》），或者“这天国的福音，要传遍天下，对万民作见证”（基督教《新约·马太福音》24：14）。这种差别带来极大的后果：华人不愿去五湖四海探险，更不轻易定居异国他乡，即使到元朝时期，也主要是因朝代更迭才有少数华人逃亡东南亚，在阿拉伯、波斯、印度或东非都无“唐人街”，[90] 15世纪之前官方史料从没提到过海外华侨社区；[91]没有华人居住海外，就无海外华商网络，长距离外贸就做不出规模。相比之下，阿拉伯穆斯林早在7世纪就不顾生命危险前来广州等地，[92]如斯塔克所说，“只有真正的唯一神，能通过宗教圣旨激发出超乎想象的创举”，[93]因传教建立的穆斯林网络成为阿拉伯商人自然的跨国贸易网，后来的葡萄牙人、荷兰人因天主教、新教获得四海为家的网络。

此外，在缺乏正式法治的古代，跨期融资及其他商业契约无法依靠法律得到保障，必须寻找非正式的保障体系，哪个文明提供的跨期承诺保障体系越牢靠，以其为背景的海商就能实现规模融资、从事规模海贸。由于儒家的精力历来集中在基于血缘组建家秩序，淡于建设超血缘的互信体系，华商的融资范围和交易信用一般局限于宗族内部，规模难以做大。相比之下，虽然犹太教、基督教和伊斯兰教并非因长距离贸易而立，但这些一神教通过严密组织和仪礼规范所建立的信仰共同体（第六章），为其信众较好地解决了跨期承诺与跨期信任的挑战，教友间的凝聚力是多神教和无宗教社会难以比拟的，于是穆斯林商人以及后来的新教商人能在血缘网络之外进行贸易融资，[94]获得长期信用，从事大规模贸易。尤其是在这些宗教网络支持下，不仅融资规模比基于宗族的信用安排具有优势，而且风险分摊的范围更加广泛、分散，使阿拉伯商人、欧洲商人能承担更多、更大的航海风险。

从第九章的分析可以看出，一方面是基督教和伊斯兰教这些一神教的传教召唤，激励了一代代信徒越洋探索，意外地为商业全球化铺垫了关键的基础设施，另一方面在古代海上丝路竞争中儒家、伊斯兰教和基督教文明的不同表现，最终可以归结到跨期承诺解决能力和风险分摊能力这两个维度上。从这两个维度解析不同文明的特质，让我们更清楚大航海时代前后全球化秩序演变历程背后的逻辑。

金融驱动现代化和文明化

荷兰人推出的大众资本市场在融资规模和风险分摊上具有如此优势，自然引出一些问题：为什么西欧能走出大众金融市场之路，而其他文明则没有？金融何以提升风险应对力？尤其是前几章告诉我们，从婚姻、家庭、宗族、宗教到商业市场，都能提供一些事前避险和事后救急的功能，为什么还要金融市场？

第十章一开始会谈到，实际上除了利用社会关系解决互助之外，传统社会还开发了像土地、房产，甚至妻妾和子女这样的“避险资产”：在风险冲击下求活路的关键时刻，还可以卖地、卖房，或卖妻卖女，以所得换取粮食，救活家人。[95]但是，不管是基于婚姻家庭宗族，还是基于妻女去解决风险，这些都是以“人”或“人际关系”作为跨期交换的工具载体，不仅带来人的工具化和人际关系的异化，而且交易成本太高，牺牲了人际关系尤其是亲情关系的温情面。虽然土地和房产非人，作为避险载体并无人文代价，但其作为资产的流动性一般太低，而且越是灾荒时期，这些资产和妻妾的价格会越低，使其保险价值大打折扣。[96]此外，商品市场的救急价值是靠跨区域运货实现的，这跟金融靠跨期配置资源的方式实现避险与救急不同。因此，从非人格化、流动性、交易成本、跨期交换等多方面，金融提供了一系列更有效、更精准的风险应对和资源共享手段。[97]第十章会给出许多实例和实证研究结果，更清晰地展现金融促进社会和谐、实现普惠共赢的通道。

至于中西金融大分流，大约可以追溯到轴心时代，从那时起，中国和西方在实现人际合作的方式上就做出了根本不同的选择：中国人选择靠血缘家秩序，西方则选择更多靠社会化合作，[98]使无血缘关系的人也能互助。正如第五章谈到的，早在周朝初期，周公就着手建立礼制、选择靠血缘家秩序解决人际风险互助和资源共享问题；之后，经过孔孟、汉代董仲舒等，不断巩固礼制，让儒家成为官方正统，发展以血缘为本的狭义伦理秩序。在将近3000年里，哲人与士大夫的关注和创造力几乎都用在礼制的建设与完善上，礼与法之间以礼当先，造成历代法典重刑法和行政、轻商法和民法，把商事、民事留给民间特别是宗族去处理，无暇顾及超越血缘的商法制度建设，而那些正式制度又偏偏是外部金融市场发展的必要条件。于是，19世纪洋务运动引进现代金融时，本土缺乏足够可靠的契约执行体系还使现代金融水土不服。[99]

而从轴心时代的古希腊开始，他们就更关注公共秩序（而非私家秩序）的建设；公元前8世纪起，逐步形成基于平民大会、参议院（贵族院）、法律和民选行政长官的独立城邦。柏拉图（前427—前347年）、亚里士多德（前384—前322年）等西方文明的开道者，朝着与孔孟完全不同的方向探寻建构人类社会的答案，将注意力集中在超越血亲家族的公共事务、社会治理与政权制衡问题上。在古希腊文化于公元前6世纪传播到古罗马时，罗马共和国不仅沿袭其参议院、平民大会和行政长官的政体模式，而且到公元前3世纪，也模仿古希腊办起私人银行，由银行家在陌生的存款方与借款方之间担任中介的角色，实现陌生人之间的风险分摊、资源共享。[100]在那个时期的罗马，也出现了从陌生人募集资本的公共合伙公司及其有限责任股份，包括活跃的公众股票市场，[101] 还有相当发达的保险市场。[102]虽然各类金融市场在欧洲进入中世纪后基本消失，到 13 世纪才恢复，尤其在 16 世纪新教改革后，加快在荷兰、英国等加尔文新教国家发展，但在整个演化历程中，陌生人之间通过金融交易实现人际合作的需要，不断刺激欧洲社会改善相应的制度，包括契约法则、商业规序等市场制度及法治体系，以保证社会化风险分摊和资源合作的顺利进行。特别是在基督教于公元 4 世纪成为罗马帝国的国教后，超越血缘的广义道德秩序更是得到推进，为西方人走向社会化合作奠定了更强的基础。

在对比中西的远古选择及由此引发的发展轨迹之后，第十章进一步探讨西方和中国的金融发展历程细节，或者说，由于中国精英太聚焦于完善礼制，忽视超血缘合作制度的发展，所以在融资规模和风险分散能力上都局限于宗族内部，容量有限，在海上丝路竞争中先让位于阿拉伯穆斯林商人，后来也难跟新教荷兰人和英国人竞争，也造就了 18 世纪后期工业革命以来的中西大分流。第十章篇幅比较长，不仅对金融促进文明化及社会和谐的贡献做出解答，也算是一部小小的中西金融简史。

风险、福利与国家的起源

经过轴心时代以来的努力，各主要文明因应对风险挑战而被迫不断演进，分别在几类主要的化险方式——婚姻、家庭、宗族、宗教、商业与金融市场上做出了不同程度的创举，使许多社会在工业革命之前能勉强应对传统风险（以自然风险为主）。可是，工业革命的深化、贸易体系和金融市场的不断发展，也带来一些全新风险：[103]一方面工业化使人们离开农田，进入城市工厂和机关工作，而经济周期引发的生产大起大落带来失业风险；另一方面，更发达的金融和一体化的商业，意味着时常会出现金融危机和产业危机，这些新型风险会威胁现代人的生活。也就是说，虽然市场的发达解决了传统风险的挑战，却也产生了频率低但危害大的人造风险。诸如1929年金融危机及紧跟而来的大萧条（1929—1941年），这种风险冲击是前人没经历过的，这时不仅金融和商品市场的救急赈灾效果有限，而且连血亲与教会网络也“心有余，力不足”，原因在于大萧条期间，银行挤兑频发，导致银行破产，其他资本市场也几乎停止供血，造成大量公司倒闭，失业率一时间超过25%；在系统风险冲击下，族亲、教会和各类慈善机构大多自身难保，于是美国社会呼唤第四类避险救急机制——国家福利，就如大卫·莫斯（David Moss）的书名《当所有其他手段都失败时，政府成为风险的最终管理者》所示，[104]这就是罗斯福新政的背景。在逻辑上，由于国家垄断合法强制力（市场、教会和族亲都没有调动强制力的权力），它可利用征税等手段在不同群体间进行转移分配，包括救急、扶弱、济贫等。

第十一章谈到，人类发明国家的动因源于风险，至少风险是主要推动力之一。比如前面说过，在中国远古，大禹因治水（水灾风险）、商汤因治旱而获得建立国家并成为统治者的合法性，这表明从一开始，建立国家和为民避险是连在一起的。《周礼·地官·大司徒》中提到周朝设有“大司徒”一职，职责就是“保息六，养万民”：“一曰慈幼，二曰养老，三曰赈穷，四曰恤贫，五曰宽疾，六曰安富。”在古希腊，城邦政府有一套应对饥荒等危机的方案，[105]为民避险显然是政府要务之一。印度教《摩奴法典》（*Manusmrti*，成书于公元前2世纪至公元2世纪间）第8章28节规定，国王“必须关照赤贫妇女、无子妇女、无家妇女、忠诚于主的妻子与寡妇，以及病妇”。[106]在第十一章，我们先解读风险是如何催生国家的发明，并回顾中国和其他社会早期政府福利的变迁。然后，从工业革命以来新型风险挑战的角度，剖析为什么现代福利国家在19世纪后期才逐步推出。其实，直到19世纪末，经合组织（OECD）国家花在社会保障（包含工伤残疾险、社会保险、医疗保险、养老保险等）的资金占GDP之比几乎都接近0，只有德国等少数国家例外；而至20世纪末，该比例通常达20%，有些国家甚至超过30%。[107]至于福利国家由先工业化的国家发起，这不奇怪，因为前面说过，工业化给离开农业进城的工人带来与经济周期、金融危机相连的失业等新型生存风险，[108]越早进入工业化的国家，就越早有政治压力推出社保福利。

不过，虽然工业革命可以解释社保福利为什么从19世纪后期开始增加，但还是不能解释为什么政府福利没有更早推出，因为工业革命前各社会也有很多生存风险。尤其让中国读者难以理解的是，中世纪后期的欧洲并没像同期宋朝、明朝政府那样，把荒政作为首要责任之一。为什么呢？第十一章找到的答案主要在于宗教，源于教会与国家的竞争关系，这又是欧洲、伊斯兰中东跟中国不同的地方。19世纪前欧洲也有贫穷和灾害、瘟疫、战争的挑战，扶贫救灾一直是教会的领地，世俗政府不得介入，所以教会反对政府与其竞争。[109]试想，如果政府利用强制力大举征税，借税收救助贫困个体和遭灾民众，那么世俗政府不就能快速消耗宗教组织的俱乐部产品之价值、夺走信众吗？[110]对此，天主教、路德新教、加尔文新教等基督教各派的回应大为不同，所以不同教派主导的欧洲国家走上福利国家的时间和路径都相差甚远。这些细节在第十一章一一推出，其中的许多实证研究表明：政府福利兴起之后，不仅让世俗政府取代了宗教，造成教会地位的萎缩，而且也导致多种社会资源的重新配置，使西方社会从原来以教会为中心转变为以政府为中心。也正是由于教会跟政府间的这种此消彼长的竞争关系，在今天的美国，坚决反对大政府的主要势力不是经济学家，而是教会，尽管欧洲的经历显示，政府福利消除了困扰众多个体的风险挑战，使暴力减少、社会和谐度提升。

文明化秩序之路

钱穆先生曾言："一切问题，由文化问题产生；一切问题，由文化问题解决。"[111]本书核心观点之一是，在每个社会，文化都是作为对某些更深层需求的回应，是内生创造，也在不断应变，并不存在一个特定社会或族群所固有的、永远不会改变的文化元素。诚然，一个群体文化的某些方面可能几千年都没有变化，例如：瓦娜·博康（Oana Borcan）等几位学者发现，[112]较早发明或采用农业的社会也更可能较早形成国家，这意味着某些文明元素的高度持久性，不会轻易改变；路易斯·帕特曼（Louis Putterman）教授利用当今 180 多个国家和地区的数据表明，[113] 1997 年各国人均收入的差距有一半以上可以由一个国家多少千年前就采用农业及其地理因素来解释，这意味着，一个国家今天多富裕、有什么文化和制度特征，在几千年前甚至一万多年前就已经决定了；在某种程度上，正如第二章所展示的那样，一个社会何时采用农业也是由地理因素和生存风险挑战所决定的，一个社会的许多文化元素（各种虚构故事）可能也是由其地理因素和风险因素决定的，而这些因素的存在和影响可能几千年都没改变，所以，该社会相应的文化元素也长久没变。但是，一旦那些地理因素对社会存在和经济成果不再那么重要了（比如，地理因素的重要性通过技术创新被削弱、风险挑战被新的避险手段解决），这些文化元素也会被淘汰或发生变化，以适应未来的新要求。因此，一旦我们把时间轴拉得足够长，可能就没有什么永远不变的文化了。

每种文明都是各种创新的集合，包括文化、社会、制度与金融创新，不只是技术创新。这些创新最初都是虚构的故事，但只要它们持续对当地社会有用，对建立社会的规则和秩序有贡献，就会被逐步纳入该社会的文化元素，成为其文明的一部分。正如我在余下的章节中所强调的，每个社会的文明秩序在很大程度上都是人们为应对生存风险挑战而创新的结果；由于从原始社会到现代，挑战一直在不断变化，因此增强人类风险应对力的最佳文化要素也在不断变化。适合几十人聚落的文化与适合几百人村庄的文化是不同的，而一旦由几百万甚至几千万陌生人组成的城市生活成为新的现实，特别是在互联网时代的地球村，地理距离的意义被大大淡化，所适用的文化元素就更是不同了。因此，支撑每种文明的虚构故事都在随着生存挑战的演变而演变。从多种石器的出现、狗的驯化、定居农耕的起源与扩散、美洲作物的大规模引种，到发明"道德化神"建立道德秩序和国家权威、由巫术迷信作为"壮胆利器"，再到婚姻家庭、血缘宗族、宗教组织、商业网络、金融市场、福利国家、中央银行、财政刺激，这一系列贯穿历史的人间创举，虽然未必提升生产率，但却一一强化了人类应对风险的能力，塑造了我们生存的方方面面。稍许遗憾的是，宗族、宗教、市场和政府福利之间本应该互为补充，以最大化人类应对风险的能力，可是在各社会的历史长河中，这些不同的人际互助与资源共享手段多数时候是相互竞争排斥，宗教排斥市场也排斥宗族与国家福利，宗族排斥金融和宗教，国家也时常阻挡金融，等等。

现在，市场和国家在很大程度上已取代了婚姻、家庭、宗族、教会，来应对自然风险和工业革命带来的人造风险，这种转型已经改变了人类社会。比如，作为社会制度的婚姻和家庭已经发生了根本性的变化，结婚的人少了，离婚率高了，单亲家庭多了，宗族也瓦解了；在各社会，教会的出席率和宗教信仰度也在持续下降，这种情况在金融市场发达、政府福利完善的国家尤其突出。至于近代才出现的金融危机风险（人造风险），英国人在19世纪后期发明了“中央银行”这个“最后贷款人”，[114] “中央银行”成为对抗金融危机的主要工具；经过20世纪美国联邦储备银行体系的完善，“中央银行”已被世界各国采用，这把每个国家转变为“货币国家”。经过20世纪30年代凯恩斯的努力，每个国家也很快成了以积极干预主义为特色的“财政国家”。于是，如果经济危机带来私人需求萎缩，政府就迅速进行干预，加大公共投资和政府支出，以保住总需求。正如2020年新冠病毒危机期间各国政府的大幅救助所表明的那样，财政干预已经成为应对大小经济危机的标准工具。换句话说，工业革命后的三大发明——福利国家、货币国家、财政国家——代表了现代社会应对新型人造风险的全套工具箱。这些发展将文明化进程推向新高，大大减少了暴力和战争的激励。这三驾马车虽然可能解决了金融危机和经济危机风险，但也扭曲了财富分配和收入分配，导致财富更加集中于极少数人手中，强化社会的不满和怨恨，制造社会动荡与政治危机风险，给文明化进程带来新挑战。第十二章将对这些主题做更多展开。

第一章

风险惹的祸

为什么古代人崇尚暴力？

战争跟人类一样古老，而和平是一个现代发明。[1]

—

亨利·梅因

（Henry Maine， 1822—1888年）

2015年5月4日，笔者参加香港亚洲协会举办的一次午餐讲座，由以色列特拉维夫大学伊斯拉埃尔·赫什科维茨（Israel Hershkovitz）教授讲解十字架酷刑的历史，主题是“骨头诉说着昔日的故事：解读耶稣受难的秘密”。过去30余年，赫什科维茨一直研究一个问题：耶稣在十字架上受难的场景在力学上是否可行？公元30年前后，罗马帝国在巴勒斯坦的士兵每天通过十字架处死约500个犹太人。按照罗马占领军的设计，钉在十字架上致死是最残忍的酷刑，意在让受刑者不得速死，而是在十字架上慢慢煎熬至少两天、持续受刑。具体做法是：士兵用十几厘米的长钉，分别穿过受刑者左右手的手背和掌心，然后弯曲成钩，钉在平行木头的后背，以使两只手臂固定不动、贴在木板上，并承受一些身体重量，给掌心与手臂施以压力，让受刑者承受持续的撕痛；另用长钉将受刑者双脚钉在竖立木杆的两边，以支撑身体的部分重量。受难者多数是赤身裸体、面朝外，但妇女是面对十字架被钉上。熟练的士兵能让受刑者在十字架上受罪三四天而不死，受难者一般死于脱水、创伤、疲劳、休克，或者失血过多。见证过现场的犹太人弗拉维奥·约瑟夫斯（Flavius Josephus，公元 37—100 年）在《犹太战争》中记载："他们先是被鞭打，再被各种酷刑折磨，然后被钉在十字架上处死…… 每天都抓 500 个犹太人，不，有时候抓的更多…… 他之所以没有禁止这种残忍的行为，主要原因是希望犹太人看到这种情形，会担心自己今后遭到同样残忍的待遇，因而屈服。于是，罗马士兵们出于对犹太人的愤怒和仇恨，把他们抓到的人，开玩笑似的，一个接一个地钉在十字架上。人数如此之多，以至于没地方可放十字架，也不够十字架钉人了。"[2]

听完一个半小时的讲座，觉得毛骨悚然。在现代人看来，古代人真的不可思议：为什么他们如此残忍，容忍血腥暴力？当然，如果古代人有机会，他们可能会反问现代人：你们为何弱小无能？对于一个社会，如果因风险等原因使暴力成为生存的必要，那么长此以往，其文化就会做出反应，推崇尚武，激励残暴；而一旦暴力不是生存的必要，其文化就会崇尚文明、追求秩序。

古代暴力的多种表现

实际上，罗马帝国时期的世界，残忍程度远不止十字架酷刑。早在公元前 37 年的罗马共和国晚期，希律登上以色列国的王位，开始了罗马统治下的希律王朝。次年，因为嫉妒，希律王杀死妻兄，随即也因嫉妒处死妻子，他的两个儿子亚里斯多布勒斯四世和亚历山大，在成年后也被父亲处死。而在罗马帝国的宫廷内，杀害血亲更是常事。公元 14 年，罗马第一位皇帝屋大维逝世，继子提比略（Tiberius）接位。之后，提比略立儿子为太子，但担心屋大维的血亲后裔夺位，就把屋大维的女婿日耳曼尼库斯（Germanicus）毒死，将其妻和长子流放外地监禁致死，并把他的二儿子处死，才 5 岁的三子卡里古拉（Caligula）因为躲藏没被抓住而幸存下来。可是，提比略自己的儿子后来被卫队长毒死，他失去了接班人，而孙子又太小，于是把名义外甥卡里古拉招到身边，监视其成长。公元 37 年，卡里古拉杀死提比略，夺得罗马皇位，不久后毒死潜在威胁者提比略的孙子。公元 41 年，卡里古拉被亲叔叔联同皇帝卫队长杀害，皇位由亲叔叔克劳狄乌斯夺得。而 12 年后，克劳狄乌斯又被妻子卡尼古拉的妹妹毒死。

罗马帝国共有 78 位皇帝，其中有 35 位被谋杀（大多像卡里古拉和他叔叔那样死于血亲之手）、9 位被处死、9 位死于战场、3 位自杀，死于非命的皇帝占 72%。[3]在公元 395 年罗马帝国分裂后，西罗马比较快就终结了，西罗马有过 15 位皇帝，只有 3 位正常死亡。而东罗马（即拜占庭帝国）一直到 1453 年才结束，有 104 位皇帝，其中 41 位死于非命（3 位死于战场，其他被谋杀或处决），占 39%，这说明东罗马后来在皇权传承、权力制衡等制度文明上有些进步，死于非命的皇帝比例有所下降，[4]但朝廷暴力还是非常高，多半皇帝靠兵变、政变夺得皇位。而西罗马在公元 476 年崩溃，其领地在之后就演变成不同王国，艾斯内尔分析了 600—1800 年间 45 个王国、1515 个国王的情况，死于非命的占 22.4%，[5]这表明皇权传承等制度文明化进程在当年的西罗马地区远高于东罗马。

罗马帝国时期的陌生感也表现在其他方面。古罗马居民分为公民和奴隶两等：公民享有各种自由和权利，而奴隶是主人的财产，没有自由，也没有法律上的人格权利，不需要法律程序也可被处死。据传说，[6]罗马奴隶制始于罗马王国创始人罗慕路斯，他赋予父亲们卖子女为奴隶的权利，后来，战俘是奴隶的主要来源，从公元前 3 世纪到公元 4 世纪，罗马不断向外扩张，胜仗不断，带回外国战俘，给罗马公民提供大量奴隶。除非主人释放，否则奴隶不能获得自由。当时，罗马人享受的奴隶服务之一是角斗比赛——一项现代人难以理解、更难欣赏的现场残杀场景。罗马角斗赛至少可追溯至公元前 264 年，[7]是皇帝和贵族向民众展示势力与财富、纪念胜战、庆典生日，或者在出现政治经济危机时振奋民心的手段。角斗比赛对观众的吸引力在于血腥娱乐，靠生死攸关的刺杀“魅力”振奋古罗马人。比赛开始，由斗士猎杀野生动物，尤其是从异国运来的动物，接着是血淋淋地处决囚犯、将宗教殉道者抛向狮子让其生吃，最后才是象征罗马荣誉与勇气的角斗士出场，进行“杀或被杀 ”的较量，败者通常被当众砍头，鲜血喷飞。特别是古罗马斗兽场（Colosseum）建成后（图 1.1），角斗比赛更是抓住罗马人的魂魄，一场比赛甚至能吸引社会各阶层七八万人蜂拥而至，观赏人与兽的残酷搏斗，

图 1.1　古罗马斗兽场

注：古罗马斗兽场始建于公元 72 年，到 96 年前完成，可容纳近八万观众。主要用于角斗比赛、人兽厮斗、公开行刑，是罗马皇帝通过当众血腥残暴取悦市民的场所。

寻求血腥刺激。古罗马人对角斗士非常迷恋，他们的血甚至被认为是治疗阳痿的良药，而如果新娘能用败下的角斗士长矛梳一次头发，一定会婚后多子，等等。至于角斗士的惨死，因为他们是奴隶，所以被认为不该被同情。

古人的暴力非西方独有，东方中国也差不多。一个例子就是，[8]秦始皇死前传位给长子扶苏，但宦官赵高联合丞相李斯伪造诏书，逼死扶苏，扶持秦始皇的小儿子胡亥继位称帝；胡亥为巩固皇位，先杀死掌控军队的蒙恬、蒙毅兄弟，后将 18 个兄弟和 10 个姐妹杀死；在陈胜、项羽等起义军逼近咸阳之际，赵高趁机篡位，派女婿咸阳令阎乐带人逼在位仅三年的胡亥自杀。另一例子更为离奇，五代时期后梁国太祖朱全忠，原名朱温，为黄巢起义军的将领，后投降唐朝；接着，他继续壮大势力，为自己当皇帝做铺垫；公元 904 年，他杀死唐昭宗，13 岁的太子李柷即位，史称唐哀帝；李柷是朱温控制下的傀儡，朱温则大肆杀害唐宗室，包括害死李柷的母亲；公元 907 年，朱温迫使唐哀帝下诏“禅位”于他；称帝后，他将唐哀帝废为济阴王，并于次年派人将其杀死，结束了唐朝的统治；之后，朱温在一次战争中受伤，准备立二子为太子，但第三子朱友珪闻讯后率亲兵将朱温杀害；公元 912 年朱友珪称帝，封弟弟（朱温第四子）朱友瑱为开封尹、东都留守；次年，朱友瑱杀死朱友珪，夺皇位，是为梁末帝。由此对比，古代中国的宫廷暴力与罗马帝国无异，为了称帝六亲不认。

引言介绍了笔者与林展关于历代中国皇帝死于非命的样本研究，[9]自秦始皇至清宣统的 729 个皇帝中，确定死于非命的占 36.8%，如果加上疑似命案，则比例为 38%；死于非命的皇帝中，37.3% 是大臣和近侍所杀，29.1% 为宗亲和外戚所杀。按朝代时期算（图 1.2），[10]秦汉时期，死于非命的皇帝占 29.6%，远低于同期罗马皇帝的遭遇；即使在最混乱的三国两晋南北朝时期，该比例为52.4%，还是低于罗马皇帝的72%，但稍逊于拜占庭皇帝的命运。不过，中国皇帝的遭遇比公元600—1800年间西欧国王的情况差很多。图1.2显示，南北朝以后，皇帝死于非命的比例在逐步下降，尽管速度较慢，但文明化方向是明显的。

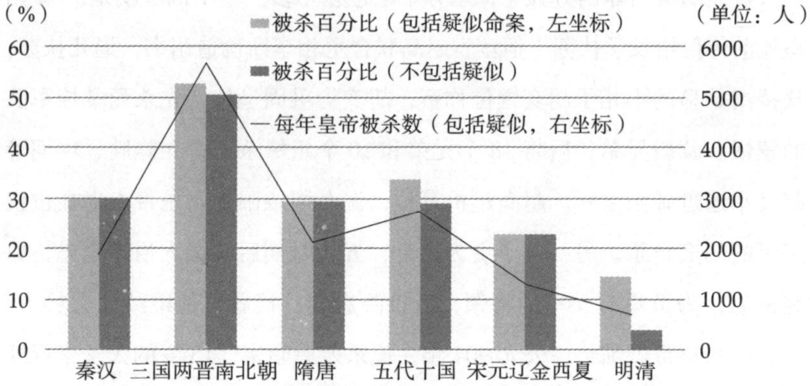

图 1.2　自秦始皇以来皇帝死于非命的概率变迁

在令现代人感到陌生的古代，“人食人”是另一种时有发生的暴力。食人行为是否消失是衡量文明化进程的终极指标之一，也是人伦底线。食人行为分为两大类：一类是“习俗性食人”（customary cannibalism），即食人肉是庆典或祭祀仪式的一部分，在新几内亚等一些部落就有这种习俗；[11]另一类是“饥荒食人”（famine cannibalism），即因为饥荒饿得活不下去而食人的行为，这又细分为“活者食人”（survivor cannibalism，活人食死者）和“谋杀食人”（murder cannibalism，追杀他人以食其肉）。[12]这些描述可能令现代人无法忍受，十分恶心，所以这里免掉更多细节，但我们还是要面对这种历史，以对比今与昔的文明化区别。根据圣经《旧约》的故事，食人行为在远古以色列似乎就存在：

以色列王在城上经过，有一个妇人向他呼叫说，我主，我王阿。求你帮助。王说，耶和华不帮助你，我从何处帮助你。是从禾场，是从酒榨呢？王问妇人说，你有什么苦处。她回答说，这妇人对我说，将你的儿子取来，我们今日可以吃，明日可以吃我的儿子。我们就煮了我的儿子吃了。次日我对她说，要将你的儿子取来，我们可以吃。她却将她的儿子藏起来了。(《旧约 · 列王纪下》6：26–29）

科马克·欧格拉达（Cormac Ó Gráda）列举了大量从远古到现代的欧洲、亚洲、非洲、美洲的食人案例，[13]有的因为战争、饥荒，有的因为敌军围困而走投无路，有的因为神话迷信，其中讲到几起 19 世纪美国、英国和法国的海员食人故事：船沉大海，海员困于孤岛，饥饿之极，只能在“全死”和“一些船员被吃”之间选一。[14]书里有这么一段：

平时，上等人吃熟肉时，乱糟糟的窝棚和厨房离餐厅太远，他是看不到的。但在这饥荒之年，人相食。从乡下来的信说，如果一具尸体躺在那里没有被埋，饥饿之人就会围着它，拿着刀子冲上去，把肉割下当食物吃。死者因为无食而死，活者现在通过吃死人以延长生命。难道你宁可让他们死吗？饥荒迫使之下，人有什么做不出？[15]

在中国，关于商朝人祭人殉的考古证据普遍被接受，比如，胡厚宣先生综合考古证据估算，殷商时代留下的人祭人殉尸首骨头有 3684 具，连同一些散落无法复原的骨骸，总共有 4000 具，涉及人祭和食人的甲骨文卜辞也不少。[16]商人这样做的原因可能很多，其中一点跟古罗马人看待“奴隶”的角度类似，就是不把异族人当人看，所以觉得杀其命、食其肉不构成伦理意义上的暴力。至于食人风俗，可追溯到旧石器时代，延续到近代。[17]由于各朝都经历过天灾和战争引发的饥荒，因此历朝正史几乎都有饥荒食人的记载。周时期，《墨子》记载“楚之南有啖人之国者桥，其国之长子生，则鲜而食之，谓之宜弟”；《汉书·食货志》记载“汉兴，接秦之弊，诸侯并起，民失作业，而大饥谨。凡米石五千，人相食，死者过半”；《资治通鉴》记载，汉献帝时期公元194年，“六月，蝗虫起，百姓大饥，是时谷一斛五十万，豆麦二十万，人相食啖，白骨委积，臭秽满路”。中间其他朝代的记录这里就不一一列举了，有兴趣的读者可以参考相关著作。[18]即使到了19世纪的晚清，《曾国藩日记》同治三年四月廿二日记载：“皖南到处食人，人肉始买三十文一斤，近闻增至百二十文一斤，句容、二溧八十文一斤”；“洪杨之乱，江苏人肉卖九十文一斤，涨到一百三十文钱一斤。”[19]

在朝代时期，非灾荒的食人行为部分是攻城战所致，由于攻方士兵围城断供，城内饥甚，守军就掠民当食粮。据《新唐书·食货》记载，唐“昭宗在凤翔，为梁兵所围，城中人相食，父食其子，而天子食粥，六宫及宗室多饿死”。另外，从唐代《本草拾遗》到明代《本草纲目》，一些中医药方将人体部位作为食用药材，特别是与孝道文化结合之下，演变成子女是长辈的治疾良药，且把子女是否为父母割股割肉等当作是否孝敬父母的试金石。割股行为最早出现于先秦，《庄子·盗跖篇》记介子推割股以止晋文公之饥：“介子推至忠也，自割其股以食文公。”正史最早记述“割股疗亲”的是后晋刘昫（888—947年）等撰写的《旧唐书》，其《隐逸传·王友贞》篇记怀州王友贞，“母病笃，医言‘唯啖人肉乃差’，友贞独念无可求治，乃割股肉以饴亲，母病寻差”。武则天闻此，“令就其家验问，特加旌表”。藏于故宫博物院的北宋二十四孝砖雕，一砖讲“割股奉母”（图1.3）：[20]“唐开元年间，河阳人王武子在外，十年不归，好在其妇至孝。母亲大病，非食人肉不愈，于是，王武子妻割股为羹，母病得治。”本来，不管哪个种族，都会推演出禁止吃人的伦理文化，使人见人肉即心生厌恶，借以保护同类，因为一旦允许甚至激励人吃人，人与人间更多不是想到合作，而是提防对方将自己当作食材。[21]

图 1.3　王武子妻“割股疗亲”（北宋二十四孝砖雕）

注：右边，王武子妻坐屋外的地上，用刀割股；左边，其婆婆坐在屋内床上，儿媳捧钵奉人肉羹。

在笔者与林展、张晓鸣的研究中，我们从地方志、《明实录》、《清实录》中查找 1368—1911 年间所有食人记录，最后统计出全国 267 府 1810 次食人事件，其中，明朝每年平均发生 4.7 次，清朝每年平均发生 1.6 次。[22]图 1.4 给出各年食人事件数，其中，从 15 世纪后期到 17 世纪中期，食人事件高发，1640 年全国有 242 起，1641 年有 139 起，下文我们会看到那是所谓的“小冰期”，其间气温低于往常、旱灾不断；1877

年再出现小高峰，有 66 起食人事件，1878 年有 32 起。但总的趋势是，自 17 世纪中期以来，食人事件发生率越来越低，跟人类其他种类暴力的下降趋势一致。

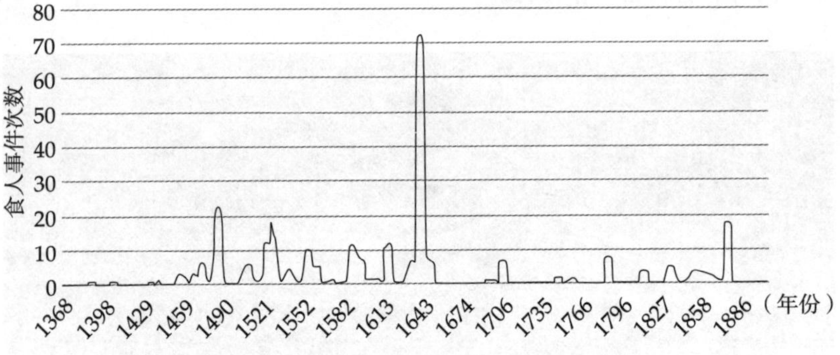

图 1.4 明初至清末历年食人事件次数 [23]

注：图中数据以地方志记录为主，也包括了《明实录》和《清实录》中提到的食人事件。

文明化趋势

从前文看到，人类暴力呈显著的长期下降趋势，文明在逐步战胜野蛮，这跟基于生产率对人类发展的评判截然不同。[24]虽然新闻里经常报道暴力事件甚至战争，但从更长远的历史看，人类文明化进程一直在继续，偶尔出现的短暂倒退并不能阻止人们对文明化和理性化的不懈追求。那么，人类为什么会放弃野蛮暴力、走向文明呢？平克从多方面给出回答，其中，四大历史变迁对人类暴力下降的贡献巨大。[25]

一是“和平化过程”（pacification process）：人类从原始狩猎游牧的“无政府”部落过渡到定居农耕社会，并在大约 5000 年前开始建立城市和国家，由国家垄断合法暴力、建立并维护社会秩序（包括保护私人财产和权益）的过程。[26]这一过程持续数千年，使暴力命案率下降近

83.3%，原因在于原始社会完全靠天吃饭，频繁发生的灾害与饥荒迫使部落间、个体间经常发生冲突，而定居农耕社会发明国家后，虽然在相当程度上还是靠天吃饭，但一方面主动的种植与储存提升了食物供给的稳定性，另一方面由国家垄断暴力所建立的秩序可以减少个体间、群体间的冲突。

二是“文明化过程”（civilizing process）：由诺贝特·埃利亚斯（Norbert Elias）在《文明的进程》中提出，[27]欧洲在中世纪后期通过组建国家和发展商业，开启了群体行为及个体心理的炼化历程，使人们更加鄙视野蛮粗暴，讲究行为举止的规矩。在埃利亚斯看来，文明行为的特点包括：遵守礼仪礼貌，举止恰如其分，制止鲁莽粗暴，以理性战胜情感，甚至对如何穿衣戴帽、如何使用餐具、如何用餐不出声等都有具体的社会规范。中世纪后期，两方面的发展促使欧洲走上“文明化”轨道，之后世界其他地方也启动了类似进程。一方面，逐步结束封建领地割据的状态，建立更大规模的民族国家和统一政权，统一规范商贸与社会治理体制；另一方面，社会尤其是教会开始认可商业利润，也逐渐为有息放贷正名，这就解放了商业。尤其是在国家政权形成之后，贸易秩序在大范围内得到规范一致，为进一步的商业革命奠定了基础制度。商业造化个人，因为商业交易强化个人间、个人与社会间的相互依赖，使每位个体为了各自和共同的利益，必须学会控制情绪、讲究礼仪、表现诚恳、举止规范、用词得当。商业化的社会是一个错综复杂的交易网络，你中有我、我中有你，这种相互依赖起到约束个体言行举止的作用。因此，商业化促使人们有节制、可预期、讲理性，商业化的过程也是文明化的过程，仅这个过程就使欧洲暴力命案下降 91%~98%。

三是“人道主义革命”（humanitarian revolution）：这主要体现在 17 世纪、18 世纪欧洲的启蒙运动和理性时代，知识分子呼唤结束奴隶制、终结决斗和酷刑、阻止媒体与书籍渲染暴力。在17世纪初，主要欧洲国家都有酷刑，17世纪末先是英格兰、苏格兰禁止酷刑，到18世纪末大多数欧洲国家都已效仿，19世纪中期时酷刑基本被禁止。死刑被废止得晚些，在17世纪中期，英国的北美殖民地每年每10万人中大约有3人被处决，到1700年下降到每年1.5人，美国独立后的1800年左右降到每年处决0.2人，到了20世纪被处决的人数就更少了。[28]再就是书籍出版，在15世纪中期印刷机出现后，到16世纪末，印刷成本已下降很多，批量印刷技术逐渐成熟；[29]从17世纪初期开始，英国、法国等每年印书量猛增，读书人口的增长必然使社会普遍的怜悯心上升。读《悲惨世界》《巴黎圣母院》或其他小说，会让读者虽然未曾亲身遭受残暴苦难，也能设身处地感受主人公的痛和苦，这种读书经历多了，对野蛮暴力的容忍度自然降低，文化消费就是这样促进文明化的。相比之下，以前人类对血淋淋的残暴是如此麻木，就连天主教教宗额我略一世在公元6世纪后期列出《七宗罪惩罚》时，其用词让现代人读了也会毛骨悚然："色欲，犯者在硫黄和火焰中熏闷死；贪食，犯者被强迫给老鼠、蟾蜍和蛇吃掉；贪婪，犯者在油中煎熬死；懒惰，犯者被丢入蛇坑被蛇吃；暴怒，犯者被活体肢解；妒忌，犯者被投入冰水之中冻死；傲慢，犯者被车轮绞死！"在13世纪法国经典浪漫小说《兰斯洛特》（*Lancelot*）中，有学者做了统计，[30]书里一共5次描述砍头、8次描述人被战马活活踩死、8次描述人头被破开、3次描述肩膀被撕开等多处血淋淋的场景。[31]中文武侠小说里这类场景更多。但是，到19世纪、20世纪，人们对残暴的敏感度、对古罗马式血腥娱乐的态度已全然不同。

在中国，以前对血淋淋的残暴的容忍度也不低。还是以藏于故宫博物院的北宋二十四孝砖雕为例，其中一个砖刻讲孝子"郭巨埋儿救母"的故事。汉朝郭巨家里贫寒，母亲每次吃饭时必先分给孙子一些，郭巨就对妻子说：儿子分吃母亲的食物不好，使母亲吃不饱，这不行！他还说，儿子可以再生，但母亲只有一个，让母亲饿肚子是不孝，所以决定把儿子埋了，妻也赞同。图 1.5 给出的这幅二十四孝砖雕，给观众展示了活埋幼儿的场景。这幅图据说从魏晋南北朝时期就出现了，之后持续流传，广为传颂了一千多年。另一个砖雕讲的是“刘明达卖儿”，也是二十四孝故事之一。刘明达家里贫困，无法同时供养母亲与孩子，看到老母日渐消瘦后，他决定把孩子卖给正好路过的王将军。图 1.6 是这幅砖雕的照片，展示了刘明达之妻给骑马去卖孩子的丈夫送行的场面。虽然这幅图不如图 1.5 的场面那么残暴，但为了孝道，活埋幼儿、买卖子女、割股割肉等暴力都无所谓，编制并大肆宣传这些故事的人怎么就感觉不到这是对孩子的残暴，难道让长者饿肚不能忍而对小孩施暴就能

图 1.5　郭巨埋儿救母（北宋二十四孝砖雕）

注：左边的郭巨手持铁锹，挖泥坑，活埋妻子怀里抱着的婴儿。

忍？长此以往，这些故事会鼓励活埋幼儿、催生暴力文化，尤其是让施暴人、食人者毫无心理负担。

图 1.6 刘明达卖儿（北宋二十四孝砖雕）

注：刘明达骑在马背上，怀抱幼子，去卖子，以得到粮食解决消瘦母亲的营养不足问题。

20 世纪的“五四运动”是人道主义革命在中国的开始。最为经典的描写是鲁迅的《狂人日记》：[32]“记得我四五岁时，坐在堂前乘凉，大哥说爷娘生病，做儿子的须割下一片肉来，煮熟了请他吃，才算好人，母亲也没有说不行。一片吃得，整个的自然也吃得…… 四千年来时时吃人的地方，今天才明白，我也在其中混了多年；大哥正管着家务，妹子恰恰死了，他未必不和在饭菜里，暗暗给我们吃。我未必无意之中，不吃了我妹子的几片肉，现在也轮到我自己…… 没有吃过人的孩子，或者还有？救救孩子。”他以犀利讽刺的语言，唤醒人们对残酷暴力的敏感，反思自己过往的麻木，给社会带来文明启蒙。1919 年 1 月陈独秀发文，[33]“要拥护那德先生，便不得不反对孔教、礼法、贞节、旧伦理、旧政治；要拥护那赛先生，便不得不反对旧艺术、旧宗教…… 便不得不反对国粹和旧文学”。虽然他的出发点不是启发人道主义，但像鲁迅一样，通过挑战“旧文学”“旧伦理”“旧礼法”，引发对麻木愚昧文化元素的反思和辩论。在效果上，五四时期的启蒙运动类似于欧洲的人道主义革命，降低人们对野蛮暴力的容忍。

四是“长久和平”（long peace）趋势：二战结束以来，在联合国、世界银行、国际货币基金组织以及 GATT 和后来的 WTO 这些跨国组织的架构下，世界经历了战争频率与暴力死亡率双降的持续和平时期。在 1900 年，任何一对国家共同参与的跨国组织数平均为 4 个，1945 年为 10 个，而到 2000 年为 28 个，这说明国际机构在二战后增加了近三倍。[34]结果之一是国际贸易大增，二战之前国际贸易额不到全球 GDP 的 10%，至 2000 年升到全球 GDP 的 360%，国与国之间的相互依赖度达到新高。[35]如今，各国想的是如何多做生意，而不是如何扩军打仗。在二战之前的两个多世纪里，70%~85% 的国际战争以重新划分领土结束，而 20 世纪最后的 40 年里，国际战争一般不涉及领土纠纷；[36] 1950 年时，军人占欧洲人口的 1.5%，而到 2000 年削减了一半，只有 0.75%，军费开支也大减。[37]

在这四大历史趋势的影响下，野蛮暴力大降，文明化显著上升。不过，平克教授的著作也带出一些新问题，因为这些趋势还只是对现象的描述。比如，“人道主义革命”“长久和平”显然是其他动因带来的结果，但不是推动文明化的“原动力”，甚至连“和平化过程”和“文明化过程”都是其他更本源的动因所致。那么，文明化更本源的推动力又是什么呢？换个角度看，为什么和平化过程、文明化过程、人道主义革命和长久和平没有更早发生？在中国，五四运动呼唤结束旧礼制旧伦理、“打倒孔家店”，给社会引进了德先生赛先生、民主自由等现代观念，但光有这些观念，没有解决个体生存挑战的相应手段，到最后人们还是会没有选择，还必须重回“孔家店”和旧伦理。所以，我们还是需要深挖，认清为什么古人会选择野蛮暴力并维护血腥吃人的文化，在此基础上回答为什么后来往文明化之路越走越远，目的是找到驱动文明变迁的本源性逻辑。

另外，平克描述的基本以欧美经历为主，没有太多借助亚洲、非洲、南美的经历。由于在过去数千年里欧美之外的社会也经历了去暴力的文明化发展，非欧美的数据样本既可帮助我们检验假说的广泛成立度，也可能带来对文明逻辑的全新认知。

暴力起因：清朝、汉朝与罗马帝国的故事

要想回答“为什么古人会选择野蛮暴力”这个问题，我们必须先了解暴力的逻辑，也就是驱动人类行暴行凶、发动战争的激励逻辑。暴力有成本和收益，文明也有成本和收益，到底选择野蛮还是文明，取决于谁的净收益更大。诺贝尔经济学奖得主加里·贝克尔认为，[38]人类暴力或违法犯罪一般是理性选择的结果：当暴力的收益大于暴力成本时，他会选择暴力；反之，会选择文明守法。犯罪的逻辑也如此。1938 年，社会学家罗伯特·默顿（Robert Merton）说，[39]“违法者与守法公民的生活目标并无不同。他们只是有不同的手段实现这些目标：非法的与合法的”。现代人跟古代人相比，谁更好或谁更坏应该没有本质上的区别，正如《三字经》讲的“人之初，性本善”，只是在制度环境、伦理文化、社会关系、经济手段发生变化后，现代人的生存选择和古代人完全不同：现代人行暴违法的代价太大，做文明人的激励更高；而古代人在很多时候，如果选择合法守规就无法活下去，甚至即使行暴也不一定能活下去。也就是说，是影响生存的事件，加上所处的经济、社会与制度环境，决定了暴力野蛮的程度。而对于任何社会，在正常时期，暴力的收益与成本应该基本相当，只有在非常状态下这种平衡才会被打破，出现暴力收

益大于暴力成本的局面，这种“非常状态”就是风险事件发生后的状态，或偏离常态的局面。

三个历史案例或许能展示这个逻辑。在晚清 1876 年，传教士李提摩太前往山东赈灾。[40]其住地青州府附近的灾情令人触目惊心：妇女抱着孩子，坐在街上祈求救助；有的母亲在孩子身上插一根麦穗，代表可以出卖；还有的母亲连站起来的力气都没有，只能请求李提摩太的房东帮她从树上捋一把叶子充饥。除此以外，传教士束手无策，只能看着饥民坐以待毙。

6 月 30 日，两位不速之客来到李提摩太府上，一位来自寿光，一位来自益都。这两位熟知儒家礼节的秀才，上门的目的却一点也不符合儒家教诲。他们告诉传教士：由于政府赈灾不力，当地已是饿殍满地，有一大群人已经做好准备，也找好根据地，想请传教士作首领，带大家发起暴动以求生路。

两位客人的目的没有达到。传教士告诉他们：这样做不能“建设性”地解决问题，只会带来更多流血和苦难。李提摩太的拒绝没有为自己招来厄运，同在青州附近的另一位民间领袖就没那么好运。居于鹿皋的丘氏，当年曾带领附近几十个村庄的居民起来反抗太平军。现在，由于他拒绝带领濒临饿死的村民们暴动，村民攻入他家。丘氏自己逃进了青州府，六个亲戚却死于非命。妇女占据了富裕人家，烧火取食，男子组成队伍，逐村劫掠。后来，官府用最严酷的刑罚处决“暴民”，让行暴成本高于收益，才勉强让社会恢复秩序。

为了进一步分析暴力跟风险事件之间的联系，我们再对比两个详尽案例：汉朝中国与罗马帝国。两大疆域无比广阔的帝国，为何会在相近的时间段跌入低谷呢？通过对比分析统治者和平民面临的暴力威胁、冲突频率、生活水准等指标，我们会发现：气候波动等风险事件起了关键的作用。气候波动使生存条件偏离常态：一方面导致战争和暴乱频发，消耗了两大帝国的财力；另一方面，造成食物产出下滑，引发连绵不绝的暴力，在抬高社会各阶层死亡率的同时，也降低了他们的生活水平。

诸多学者近年来热衷于比较汉朝与罗马，绝不仅仅因为二者都是大帝国。吉泽斯基（C. Gizewski）发现：从公元前500年到公元后500年，欧洲和亚洲的历史可大致同步地划分成九个阶段。[41]在前三个阶段中，罗马和汉朝逐渐兴起，在不牺牲中心地区力量的同时扩张自己的势力。第四阶段则是剧烈的冲突，前所未有地强化了国家力量，这时候的罗马当得起“记住，你的技艺是征服世界”的称颂，[42]此时的汉武帝帝国也无愧于“明犯强汉者，虽远必诛”（《汉书·陈汤传》）的万丈豪情。第五阶段的起始点在罗马大致是公元元年前后，在西汉是公元前2世纪至公元前1世纪之间，此时两大帝国依然强盛，但扩张之势已经转缓，地方精英开始崛起，为之后的混乱和分裂埋下了祸根。从第六阶段开始，两大帝国接连瓦解，并在之后很长一段时间内缺乏一个统一的中央政权，汉北面的五胡、西边的蛮族，罗马帝国以北的野蛮人，将局势搅得更加扑朔迷离。在这千年乱局当中，有诸多历史细节值得回味，包括我们前面讲到的罗马皇帝与秦汉皇帝非正常死亡的规律。不过，这里关心的核心问题是：直线距离达7500公里的两个帝国，[43]发展脉络与节奏如此相似，只是巧合吗？

这不是偶然。气候剧变（风险）在两大帝国的兴衰历程中埋下了深深的烙印。我们先看古罗马。历史学家凯尔·哈珀（Kyle Harper）直接把公元前200年至公元150年这段时间叫作“罗马最优气候期”，[44]太阳辐射充足，火山活动微弱。相应地，罗马帝国疆域内也是风调雨顺：温暖、多雨、气候稳定。今天的罗马地区更多是地中海气候，降水集中在10月至次年3月，年内分布不均匀。如图1.7所示，在“最优气候期”的罗马，除3月和8月外，全年都有一定降雨量，[45]温度也偏暖。

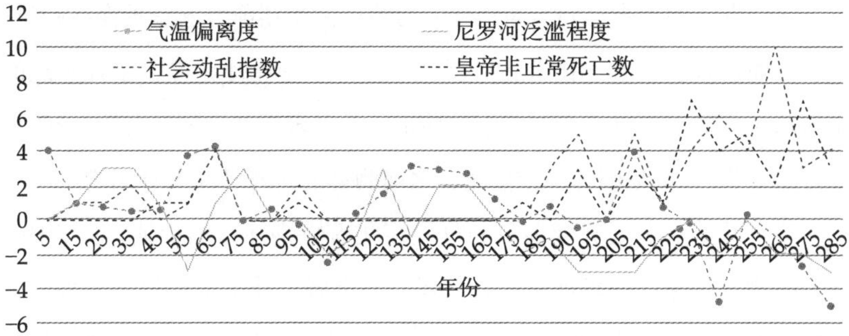

图 1.7 罗马帝国的暴力程度与气候异动 [46]

注："气温偏离度"是法国北部温度在前后共 10 年里偏离正常温度的度数（乘以 100），"尼罗河泛滥程度"是前后 10 年里泛滥程度的均值（泛滥程度越高，对埃及农业越好）。

如图 1.7 所示，大约在公元 150 年后，罗马疆域的气候变得越发不稳定，风险增加，气温和降雨量下降的趋势明显。典型的例子是帝国"粮仓"埃及。埃及农业在很大程度上是"靠水吃水"：尼罗河水泛滥越频繁、越严重，为当地人带来的肥沃淤泥就越多，农作物因而越丰收；反之，越不利。因此，尼罗河是否泛滥、泛滥程度是否高，事关整个帝国的稳定。麦考密克（M. McCormick）等学者整理了从公元前 30 年至公元 629 年间尼罗河的泛滥记录。[47]在"最优气候期"结束前后的公元 156 年，莎草纸文书上第一次出现了类似"没有泛滥的土地"的记述。公元 244 年、245 年、246 年这三年，河流更是连着没有泛滥！政府被迫采取紧急措施，将私人仓储的所有谷物登记造册，并以两倍于平时市场的价格征购粮食。[48]对今日法国、德国、死海沿岸等地历史气候序列的分析，印证了这一变化。[49]

汉朝的气候变化稍早一点。2006 年，王顺兵等学者借助石笋、孢粉、湖底沉积物和历史文献等诸多资料，得出结论：公元元年前后，全国各地气候普遍变冷、变干，[50]如图 1.8 所示。温度方面，北至吉林金川，西到青海湖一带，乃至东南部的台湾，两千年前普遍呈现变冷趋势；降水方面，来自吉林、内蒙古、新疆、江苏、中原地区等多个样本点的序列都支持降水减少、由湿变干的结论。西汉末年刘歆做三统历，“改惊蛰为二月节”，也是因为气候变化，之前测算的时间已经不管用了。[51]

葛全胜等对公元元年前后的气候变化有特别细致的论述，[52]其中提到多种物候现象：西汉前中期，气候颇为温暖。马王堆辛追夫人墓中出土的麻雀骨骼，个头明显比今天要小。根据贝格曼定律，这反映出当时湖南的气候较今天暖和。武帝时期，东方朔在给武帝的上书中提到关中地区的竹林十分繁茂，有“竹箭之饶”，说明当时竹的分布界线比今天要靠北许多。至两汉之际，“阴阳失调”，气候冷暖完全倒转。类似“陨霜杀稼，天下大饥”一类的记载在正史中频频出现。葛全胜著作引用汉武帝之后的《东观汉记》，总结了这段时间的气候特征：“自王莽末，天下旱霜连年，百谷不成。”图 1.8 显示，西汉终结前是一次小降温、旱灾期，而东汉于公元 220 年终结前，有过几十年《再探战国到两汉的气候变迁》所讲到的降温与旱灾期，且灾期在东汉后持续百余年，埋下了“三国分立”的气候种子。

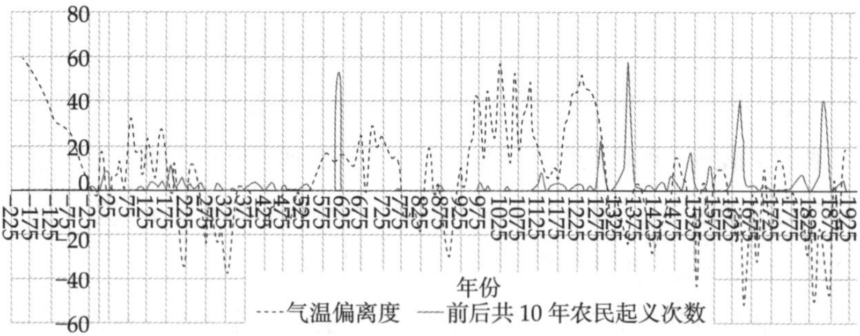

图 1.8 中国历史上的农民起义与气候异动 [53]

注：“气温偏离度”是前后 5 年内长江中下游气温偏离 1850—1950 年间该地区均温的度数，再乘以 100。

气候的剧烈变化通过多个渠道引发了两大帝国内部的争斗。顶层统治者的命运沉浮就是这一变化的剪影。2017 年时，克里斯蒂安·科尼利厄斯（Christian Cornelius）等汇集了两组数据做系统研究：[54]一组是罗马帝国所有皇帝的死因，另一组是利用 7000 多个地点的年轮、冰芯等资料重建的罗马气候。[55]基于两组数据的计量分析[i]发现：罗马北部地区前一年的降水量每减少 19%，在位的罗马皇帝于下一年被杀死的概率上升 13.4%。从图 1.7 中也能看到气候风险催生宫廷暴力，决定是否有人会谋杀罗马皇帝。

皇帝的命运为何受制于帝国的降水量波动呢？蛮族南下是重要的诱因。生活在北部地区的高卢人和日耳曼人，以谷物为主食，但缺乏相应的仓储技术。如亨廷顿（并非我们熟知的那位政治学者）所言，“那些不得不克制自己、满足于较恶劣环境的部落，（在受干旱冲击时）无疑将开始劫掠、屠杀”[56]，因为此时的暴力收益成为活命的唯一希望（亦即，高到无穷大）。数据分析也验证了这一点：罗马以北，前一年的降水量每减少 19%，蛮族当年入侵罗马的概率上升 4%；而前一年蛮族入侵罗马的次数每多一次，罗马皇帝被杀的概率会提高 30%！亚历山大·塞维鲁皇帝（Alexander Severus，公元 208—235 年）爱护人民、品行良好，还向贫民发放无息贷款。在蛮族入侵时，他想花钱买和平。军队认为他太软弱，在军事会议时将他和母亲一起杀死，并推选出新皇帝。[57]当我们把皇帝非正常死亡数据跟气温偏离度、尼罗河泛滥程度做回归分析时，统计显著性在 99% 以上。旱灾风险直接威胁皇帝和帝国的命运。

汉朝又如何呢？前文已经说过笔者与林展整理的中国历代皇帝数据库，其中有汉代各皇帝的信息。[58] 2016 年时，台湾大学陈彦良教授发表了汉代各时段的灾异数据。[59]我们将两组信息结合做统计分析，发现：

汉代各皇帝的统治时间跟在位时年均灾害频次有较强的负相关性：一年中的大雨雹或大地震每多发生一次，皇帝的统治时间平均缩短4.4年。将雨雹和地震分开统计，这一负相关仍然显著。由此可见，在东方的汉帝国，帝位是否安稳同样受制于自然风险事件。当然，这马上让我们想到：如果朝廷和个体有办法应对灾害风险的冲击，历史不就不同了吗？这是本书后面各章节要细谈的话题。

蛮族入侵撼动了罗马帝国的统治根基，对照西汉，北方游牧势力的南进，是否也和气候有密切联系？先看气候变冷变干之前的西汉。《后汉书·南匈奴列传》如此描述当时的朔方地带："无复匹马之踪六十余年。"《汉书·匈奴传》写道："数世不见烟火之警，人民炽盛，牛马布野。"来自当地的湖泊沉积物和冰川沉积物也显示：暖湿是这片地区当时气候的主旋律。沉积物表明湿润天气的孢粉较多，冰川亦处于高点。[60]可是，之后由于气候的变化，农业文化开始衰退，畜牧文化逐渐盛行。[61]到东汉时，以羌族为代表的畜牧文化逐渐对汉帝国造成冲击，对西北边境的态势，《后汉书·西羌传》有如此描写："羌既转盛，而二千石、令、长多内郡人，并无守战意，皆争上徙郡县以避寇难。"

可见，随着气候变干变冷，在边疆地区，汉帝国面临和罗马帝国类似的难题。葛全胜总结了边境"攻守之势异也"的两点因素：首先，气候变化导致该地区农牧收成下降，边境军民给养无法依赖屯田维系，只能靠国家调拨，导致财政吃紧，[62]牧业相对于农业的优势强化，也导致惯于农业生活的内地军民南迁；其次，游牧民族的入侵会占据这些地域，增大移民规模。[63]频繁的冲突和政治动荡也挑战两大帝国的财力：汉朝以公元前30年为分界，财政由充裕转入亏缺；罗马帝国在公元150年后军费开支大增，[64]政府铸造的货币纯度日渐稀薄，货币加速贬值。[65]相应地，罗马帝国北部的降水量每下降19%，当年修筑的公共建筑数量就减少 25.6%。[66]如何在不利的气候条件下应付战争开支，这是两国统治者共同面临的挑战。

统治者因气候风险焦头烂额，老百姓就更难逃出自然的捉弄。不过，怎样度量古代社会中普通人的生活水平呢？身高是最合适的指标。古代社会里剩余财富不多，收入主要用于消费，而消费又决定身体的高度，尤其青年时期的生活状况好坏，包括营养是否充足、有无大病等，都会影响成年后的身高。[67]詹内基尼（M. Giannecchini）等将罗马帝国范围内不同年代的数十个遗址的骨骼数据收集在一起，重建了时人身高的时间序列。有意思的是，从公元前 9 世纪至公元前 1 世纪，男性平均身高为 166.6 厘米；公元前 1 世纪至公元 5 世纪，罗马帝国时期的男性平均身高下降到 164.4 厘米；而公元 5 世纪后的 500 年里，也就是“最佳气候期”期间，男性平均身高回升到 166.9 厘米；女性平均身高则先是 154.3 厘米，罗马帝国时期降到 152.1 厘米，中世纪恢复至 154.5 厘米。[68]

将这些研究结合起来不难发现：罗马帝国各地居民身高水平的起伏，与前面提到的气候风险密切相关。对应冷、干、不稳定气候的，是更差的营养状况和生活水平、更矮的罗马人。这一点也可从其他经济变量中得到印证。近年有不少经济史学家认为，罗马帝国前期的经济繁盛是在近代之前绝无仅有的。按马尔萨斯的经典理论，[69]在古代社会，总体经济发展只会导致人口数量的增加，而非人均生活水平（劳动生产率）的提升。经济史学家认为，工业革命之前，世界各地没有不受困于马尔萨斯陷阱的人群。[70]如果这一论点成立，近代之前，没有哪个社会能同时在人口数量和人均生活水准方面实现增长。

相对这一“铁律”，早期的罗马帝国是个“异类”。真实工资的变化能体现这一点：根据柏曼（A. Bowman）等的统计，在公元 0—150 年间，占人口绝大多数的非熟练工人中，平均名义工资翻了一番，而同期谷物价格涨了 20%，租金则几乎没有变化，地价涨幅相对较大，但也低于 40%。[71]换言之，即使是处于较低阶层的驾驴者、挖掘工等非熟练工人，真实工资也涨了 50% 以上。所以，劳动生产率的确有所上升。

在这一时段，罗马帝国人口也增加很多。刚才说到，在一个处于马尔萨斯陷阱的社会，二者不可能同时达到持续增长，但“最佳气候期”的罗马却实现了突破。据沃尔特·沙伊德尔（Walter Scheidel）等学者的总结，公元 0—200 年间，罗马帝国疆域内人口每年约增长 0.1%，总人口从 4000 万涨到 6000 万。[72]之后，增长率跌回 0.06%，甚至更低。经济史学家保罗·尔德坎普（Paul Erdkamp）在 2016 年发表的研究中，[73]直称前期罗马帝国是“对马尔萨斯的早早告别”：无论从身高，还是基于公元 1—2 世纪数量急剧上升的葡萄榨汁装置（用来酿制葡萄酒），抑或是边缘地区随处可见的精美瓷砖，无不暗示这曾经是个异常富饶的社会。

可是，之后的长期气候波动带来经济衰退，导致社会动荡和冲突频率跟着上升。彼得·图尔钦（Peter Turchin）与合作者整理了罗马帝国内部历次动乱的细节，并构建了社会动乱指标，亦即前后每 10 年中有多少年在帝国内部出现了动乱。[74]如图 1.7 所示，公元 150 年之前，这个指标大多数时候在 2 年以下，意指那时期帝国内部基本和谐，处于太平盛世；而公元 150 年后，这一指标停留在 4 年之上，最高时达到 10 年，也就是说，“最佳气候期”之后，罗马帝国每 10 年中至少有 4 年处于动荡，最糟糕时期是年年动乱。

时代的纷乱会影响生活的方方面面。历史学者们也用其他量化指标做判断，比如出土的窖藏货币数量，以此反映当时社会的稳定程度；[75]在非常时期，个体可能将金银埋入地下以实现避险，即使自己暂时没机会去挖掘，也会告知近亲今后将这笔财富取出。无主窖藏的大量存在，意味着许多人还没来得及交代后事就已经死于非命！据克里斯琴森（E. Christiansen）的统计，[76]罗马境内发现的无主货币窖藏中，来自公元150年前的数量很少，而窖藏数量从公元150年起骤然增加，并在公元250—300年间攀上最高点。气候风险事件带来生存挑战，在帝国内外引发动乱与冲突，在顶层和底层都造成更频繁的死亡。作为古代西方文明至高点之一的古罗马，其风险应对力尽管优于同期其他社会，但总体还很有限，这也是为什么宫廷谋杀、战争冲突和血腥暴力文化仍然流行。第十章会谈到古罗马金融避险工具的话题。

让我们再回到汉帝国。由于国内这方面的研究尚缺，还无法在微观层面对汉代人的生活水准变化给出肯定结论。比方说，时人的身高数据目前还十分零散；收入和物价数据多限于对“典型”汉代农业家庭的分析，抑或是跨朝代的粗糙比较。[77]在人口规模方面，现有著作在推算汉代各时点人口时，常会借助灾异记载做调整。[78]以这些数据论证风险事件与人口规模间的关系，所得结论未必可靠。不过，研究汉代人口变化的主要著作，均承认自然灾害是导致当时人口减少的主因之一。[79]

尽管如此，风险冲击人们的生活并进而催生暴力，仍可透过间接记载得以管窥。汉代鲍宣曾概括过“民亡”和“民死”的七种情形。“民亡”中的第一条是“阴阳不合，水旱为灾”，“民死”中的第六条和第七条分别是“岁恶饥饿”“时气疾疫”(《汉书·鲍宣传》)。前面借助图1.8谈到，西汉后期，气候开始转冷，极端气候事件频发。史书有颇多生民因此涂炭的记录，仅王莽执政年间，就有“陨霜杀菽，关东大饥”“枯旱霜蝗，饥馑荐臻”等多处记录(《汉书·王莽传（下）》与《汉书·食货志上》)。东汉中后期，各类灾异更为凶猛。杨振红总结道，“这一阶段的自然灾害以多种灾害并发为典型特征”，水旱、地震、人疫、牛疫等灾害均频发，[80]迫使众人走向暴力抢劫，诸如“杀人民”(《续汉书·天文志中》)、“百姓饥穷，流冗道路”(《后汉书·孝桓帝纪》)等记载不绝于纸。安帝在位期间无奈下罪己诏，写道：“灾异蜂起，寇贼纵横。夷狄猾夏，戎事不息。百姓匮乏，疲于征发”(《后汉书·孝安帝纪》)。无论是“寇贼”还是“戎事”，都因灾害风险而起。

当自然条件恶化至草根难以糊口时，抢劫、偷窃可能成为唯一活路，暴力在所难免。邓云特对此总结道，“我国历史上累次发生的农民起义，无论其范围的大小，或时间的久暂，实无一不以荒年为背景，这实已成为历史的公例”。[81]汉代官员已熟知这一因果，如魏相所言：“夫风雨不时，则伤农桑；农桑伤，则民饥寒；饥寒在身，则亡廉耻；寇贼奸宄所繇生也”(《汉书·魏相传》)。王莽年间，灾荒初起时，政府尚有能力通过蠲免租税、救助疾病、安葬死者等方式，积极参与救灾；然而，在接连不断的严重灾害面前，即使政府能干，面对如此糟糕的局面也是束手无策。[82]到最后，王莽只能下派官员，教百姓“煮草木为酪”，“诸能采取山泽之物而顺月令者，其恣听之，勿令出税”(《汉书·王莽传（下）》)。即便如此，政府也没能阻止赤眉军首领“以饥馑相聚，起于琅琊”(《汉书·王莽传（下）》)；同期，“南阳荒饥，诸家宾客多为小盗……刘秀……于是乃市兵弩。十月，与李通从弟轶等起于宛”(《后汉书·光武帝纪》)。从图1.8看到，当我们把两汉期间每10年农民起义次数对气温变异做回归分析[ii]时，显著程度超过99%：气温越低，起义次数显著[iii]越多。

最后，我们借助两位历史学家的评论来总结东方汉帝国和西方罗马帝国这两个案例。对汉帝国，“两汉时期灾害的波动与王朝的兴衰走着完全相同的轨迹。若以曲线来表示，两条曲线基本是重合的”；对罗马帝国，“气候从多个方面，造就和瓦解了（罗马）这一历史上最耀眼的文明。罗马几乎是（环境变化）的一面镜子，一把量尺”。[83]如果说古代世界最强盛的两大帝国都无法逃脱自然风险的捉弄，其他社会在更长时段内更加无法摆脱灾害风险的折磨，眼睁睁看着风险事件招致暴力冲突甚至战争，就一点也不奇怪。一旦暴力是经常性的求生手段，其社会文化就自然做出回应，变得更加崇尚残酷暴力；文化就是对生存需要的一种反应，包括罗马人的“血腥娱乐文化”、鲁迅痛批的“吃人文化”，都是顺应社会存在的一种反应。只有在人类创新较好地解决了风险挑战之后，文明才会取代暴力，成为新的社会文化偏好。

风险催生暴力：一般规律

上一节通过对比汉朝与罗马帝国的兴衰、介绍清朝案例，已初步揭示古代社会中风险催生暴力的一些方式。只不过那些是个案，不一定代表普遍规律。本节将扩大到其他朝代或国家，结合近年基于大样本的量化历史研究，进一步阐明人类暴力跟风险的一般性联系。我们会看到，无论是游牧民族入侵的对外战争，还是包括暴动、民变在内的内乱，很多时候是风险事件发生后逼人走投无路所致，这一规律并不因人种、地域或历史时期而异。

两千多年前，《左传》论断，“禹、汤罪己，其兴也勃焉；桀、纣罪人，其亡也忽焉”（《左传·庄公十一年》），意思是禹和汤引咎自责，使王朝勃然兴盛，桀和纣怪罪他人，造成自己的王朝过快灭亡。传统历史观多将王朝兴衰归结于统治者个人的贤明与昏聩。黄炎培等总结出的“历史周期律”为：大凡初始聚精会神；等环境好转，有的因为历时长久，自然惰性发作，形成无法扭转的风气，有的因功业驱使，强求发展，导致失控；最后，都是落个“人亡政息”“求荣取辱”的结局。[84]持有类似观点的不止中国传统史学家。图尔钦在细考西欧诸国的历史后，最终得出的结论是：无论是罗马，还是英、法、俄，各政权都走过了扩张、停滞、危机、萧条的历程。[85]可是，这些都是事后的描述性总结，并没有揭示兴衰背后的本源性驱动因素，尤其是没有给出风险事件所发挥的作用。在缺乏避险手段的传统社会尤其是原始社会里，包括气候风险在内的环境因素深深地塑造了人类的暴力史，也因此影响了王朝兴衰，造就了各个社会的文化。也就是说，前文分析的汉代和罗马帝国的兴衰逻辑具有相当的普遍性。

引言中已谈到，龚启圣和白营收集了从公元前 220 年至公元 1839 年间的中原省份历史数据，研究什么情况下北方游牧民族会攻打中原，[86]以此探究战争暴力的起因。[87]游牧民族入侵集中在长城沿线，他们侧重两个地域：一是人口密集的灌溉农业区，即中原，包括今天的河南、陕西、河北、山东；二是人口稀少的季节性游牧区，包括今天的新疆、青海、甘肃、内蒙古、辽宁、吉林、黑龙江及部分俄罗斯地区。由于资料限制，游牧地区的历史气候数据难以获得，但鉴于农耕区与游牧区之间今天的气候指标相关系数[iv]在 0.9 左右，二位学者用中原农耕区历史上的旱涝情况作为游牧区降水量的代理变量[v]。

具体讲，他们整理了近两千年间、每 10 年里发生旱灾和黄河决堤的年份数：前者反映降水稀少，后者反映降水充沛。他们的分析发现：每 10 年内干旱年份占比较多的时期，往往也是游牧民族频频入侵中原的时段。进一步的统计分析确证：游牧民族进攻中原汉族的频率，随降雨稀少而上升，随降雨充沛而下降。平均而言，10 年中每增加 1 个旱灾年份，北方游牧民族在该 10 年中攻打中原的概率会增加 26%，在更长时间内进攻中原的概率增加 57.6%；相比之下，10 年中每多 1 个水灾年份，游牧民族在该 10 年中攻打中原的概率会少 36.4%，在更长时段进攻中原的概率降低80.6%。怎么解释这一结论呢？持续干旱会破坏草原，万物不长，甚至完全阻断来年草籽萌芽，断绝牲畜口粮，以至于破坏整个食物链，造成饥荒，旱灾对游牧民族的影响大于中原汉族，迫使游牧民族南攻，以获得生存所需。也就是说，灾害使战争的收益远高于成本。而如果降雨量偏多，尤其是涝灾，反而有利于牧草生长，草原食物充沛，游牧民族生存更有保障，战争的边际收益会远低于成本，战争激励消失。这表明，在两千多年的中国历史上，北方游牧民族攻打中原的规律，基本跟罗马帝国受到北边蛮族威胁的规律一样：旱灾发生时，遭到攻打的概率大增。[88]这些结论也支持司马迁的"兵旱相乘，天下大屈"，以及1919年亨廷顿的假说：中亚和东亚北部地区气候变干，是北方游牧民族在西晋末年、北宋后期和明末三个时期大举南下的原因。[89]气候风险影响甚至决定了游牧民族跟中原汉族的冲突史。

当然，在亚洲、欧洲历史上，多次因气候灾害引发游牧文明与农耕文明的战争，但每次冲突未必造成农耕文明改朝换代。那么，还有什么因素影响冲突的结果呢？陈强用量化方法回答了这一问题。[90]具体来说，根据前述王朝周期律，中原王朝会经历由成长到成熟、最后到衰败的历程，因此中原与游牧民族的力量对比，会随着时间推移而下降。"年轻"的中原王朝，革故鼎新、蒸蒸日上，在应对外部冲突中会处于优势；"年迈"的王朝，会老朽虚弱，难以抵御入侵的游牧民族。陈强因此得出假说：中原王朝相对游牧王朝越"老"，力量就越衰弱，越容易被征服。这就是邓云特强调的内部因素，"内力不充，外力就得以侵入"[91]。陈强收集了自公元前221年至公元1911年的数据，发现在前后共47次与游牧王朝的争斗中，中原王朝7次被征服，占比约15%。在控制[vi]降水、中国是否统一、是否处在长城保护下等诸多因素之后，他的分析支持前述假说：中原王朝相对游牧政权越"老"，被征服的概率会越大。这说明，王朝的“历史周期律”有相应的证据做支撑，但是自然风险是朝代衰亡的重要催化剂。

近代之前，人类社会缺乏金融市场，也没有政府福利等手段帮助应对气候、瘟疫等自然风险，因此灾害发生后，除了引发游牧民族攻打农耕王朝，也会激发社会内部冲突，造成动乱。按古代农政的总结，就是“国富民殷，善良自众；民穷财尽，奸宄易生”(《农政全书·卷四十三》)。尤其连年灾荒青黄不接时，无法糊口的农民会变为流民（与贝克尔的犯罪经济学预测一致）；若朝廷荒政不力，流民就会演变为席卷各地的农民起义，甚至推翻王朝统治。

明末的李自成起义即是极典型的例子。[92]李自成出身陕西米脂县贫寒农家，做过僧人、放过羊。21岁时，他在本县驿站当马夫。可是，由于当时中国正处于“小冰期”（图1.8），旱灾频发并持续冲击官方财政，崇祯皇帝迫于财政压力于1628年下令裁撤驿站，李自成因此失业。不久后，李自成因还不起债而坐牢，然后在亲戚帮助下逃出牢狱，跑去杀死债主并投军。第二年，陕西旱灾严重，米价飞涨。米脂当地的饥民“从贼者十之七，邑几空”。[93]李自成在此时发动兵变，招兵自然是一呼百应。如康熙年间《米脂县志》所载：“明末李自成，银川驿之一马夫耳。因裁驿站、饥荒，无所得食。奋臂一呼，卒至土崩，不可救！”[94]之后，尽管屡遭官军打击，通过在山西、河北、河南等省交界处不断转移，起义军保存了有生力量。恰好，河南地区连续四年大旱。当地的情况惨到什么程度呢？“黄埃赤地，乡乡几断人烟；白骨青磷，夜夜常闻鬼哭。触耳有风鹤之声，满目皆荒惨之色。”[95]于是，“欲使穷民之不化而为盗不可为也，欲使奸民之不望贼而附不可得也”。[96]李自成辖部的力量因此迅速扩张。在之后的近20年里，李自成起义军两次几近毁灭，但每次都是更大的旱灾帮了忙，让他东山再起，先后打下西安、甘州，渡黄河直入宁武，最终攻克北京、覆灭明朝。从农民军起事到成事的整个过程中，连接不断的自然灾害起了不可或缺的作用。

与饥荒相连的生存压力，是把自然灾害转变为农民暴动的关键。加州大学圣迭戈分校的贾瑞雪分析了全国 267 个府在 1470—1900 年间气候和农民暴动的关系，[97]结果显示：自 15 世纪以来，每府平均每年有 0.22% 的概率发生农民起义；而在旱灾年份，起义概率会翻几乎 2 倍，至 0.58%；旱灾年粮价平均是涝灾年的 3 倍，由此，旱灾年农民起义的概率是涝灾年的 3 倍。她的研究也验证了自然灾害是社会动乱的重要起因。

从前面讲到的食人事件，我们也可得出暴力跟风险关联的结论。根据笔者与林展、张晓鸣收集的明清食人事件数和同期各府旱灾次数，[98]得出了两指标的跨府空间分布（各府在 1470—1911 年间两指标的总数，还缺少 1470 年之前的府级旱涝数据）：灾荒食人的南北差异明显，北方的河南、山东、河北、山西、陕西，这五省占了全国食人事件总数的 61%，而之所以中原省份在这类暴力中的占比如此高，还是因为其旱灾频率极高，人口密度也不低。以府为基本单位，1470 年后，各府食人事件数与旱灾次数的相关系数为 0.49，高度关联，尤其是河南在旱灾和食人事件上都居于高位。

换成时间序列看，图 1.9 列出了 1470—1911 年间全国每年的食人事件与旱灾次数（都以 5 年移动平均），两个指标的互动程度很高，从 15 世纪后期到 17 世纪中叶旱灾频发年份几乎都伴随食人事件；但是在清朝时期，虽然旱灾也不少，但食人事件明显减少（19 世纪 70 年代的丁戊奇荒除外），这说明清代的避险和赈灾能力好于明代，这些在后续章节会再讨论。从图中看到，食人事件高发期基本都有较多旱灾，这印证了前面关于天灾人祸逼出食人行为的论述。

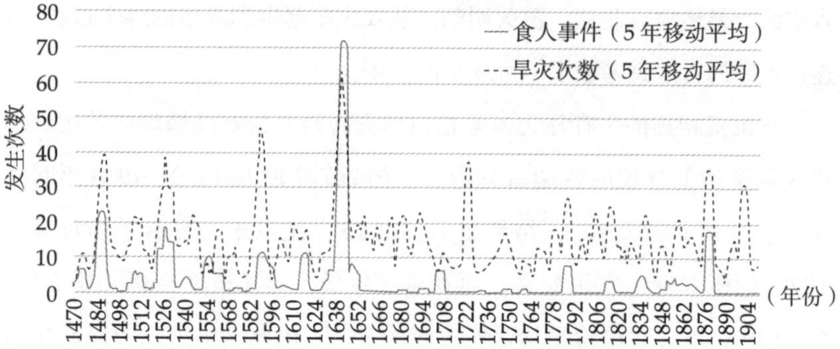

图 1.9 明初至清末每年食人事件与旱灾次数[99]

注：图中数据以地方志记录为主，也包括《明实录》和《清实录》中提到的食人事件。

气候等风险事件催生暴力，这也是世界其他国家的历史铁律。[100]安东尼·麦克迈克尔（Anthony McMichael）对此做了精确的概括：对持续 10 年以内的短气候周期，如厄尔尼诺现象、北大西洋涛动等，社会通常表现出一定的韧性；伴随着持续数十年的中期不利气候周期的，是疾病暴发、贫穷与社会动乱，这些甚至经常导致政权倾覆；而持续百年以上的长期不利气候，经过干旱、饥荒和社会不稳定等途径，通常直接导致文明的衰败。[101]除了来自“旧世界”（欧亚非三大洲）的诸多证据，在美洲大陆，文明的起落也和气候波动关联密切。[102]公元 7—9 世纪，玛雅文明所居的尤卡坦半岛遭遇了持续干旱；[103]大致在公元 750 年前后，当地的大型建筑工程减少或完全停止，那时期的浮雕中与战争有关的内容占比上升。[104]人类学学者对玛雅遗迹中骸骨的研究亦显示，遗骸主人的死亡年龄呈年轻化趋势；比起时间更早的墓葬，这些墓主的营养水平显然更差；在同一时期，半岛人口密度由每平方公里 200 人下降至 100 人，可见气候风险的影响强度。[105]值得注意的是，单纯的“环境决定论”并不可取，比如：在尤卡坦半岛，北部地区的降水量波动幅度（风险度）比南部更大，波动持续时间也更长；然而，跟受冲击较小的南部比，北部地区不仅有更多聚落在危机中幸存，有的还实现了发展。考古学家的研究显示：之所以出现这一“悖论”，可能是因为在压力面前，北部地区在发展专业化生产和市场贸易方面更为成功，也就是说，北方因为发展了更好的避险手段，使其应对风险的“韧性”更高，[106]基于玛雅文明的这些发现已经预示了本书的核心结论。

最近几年学术界对自然风险后果的研究很多，范围覆盖了全球各地。[107] 2015 年，加州大学伯克利分校和斯坦福大学的三位学者系统分析了自然风险和各类暴力间的关系，[108]他们的创举在于将其他学者发表的 55 份研究中所用到的来自世界各国的数据综合一起，做元分析，并发现：气温每提升一个标准差，战争、暴动等群体间暴力事件会上升 11.3%；如果降雨量减少一个标准差，群体间暴力会增加 3.5%。[109]这一普遍规律不仅适用于群体间暴力，而且同样适用于群体内暴力（即个体暴力），如打人、抢劫、犯罪、杀婴等：气温每高出一个标准差，群体内的暴力会上升 2.4%。也就是说，普通人在生活中面临的暴力也会受气候风险的影响。一份基于美国城市数据的研究发现，[110]在 2010—2017 年的洛杉矶，气温高于 29.8℃的日子与其他日子相比，犯罪总数要高 2.2%，暴力犯罪数高出 5.7%。异常高气温对低收入社区的犯罪率的影响尤其明显，因为这些社区的家庭一般没有空调，高温使家暴猛增。这种情况在非洲也很普遍。[111]

在 2017 年的一篇工作论文中，穆拉特·伊贯（Murat Iyigun）等三位学者合作，[112]搜集了 1400—1900 年间欧洲、北非和近东部分区域的所有大规模冲突数据，共计 912 次战争、2787 次战役。他们的计量分析显示：这 500 年间，当下 50 年的平均温度比过去 50 年每降低 0.23 摄氏度，当地发生大规模冲突的概率就会上升 1.1%，而且在统计上非常显著。由于粮食产出对气温和降水的高低非常敏感，人体对气温的敏感度也很高，气温太高或太低既影响产出、挑战生存，又影响人的情绪，刺激他们行暴。

因此，不管是历史上还是当代，不管是中国还是世界其他国家，风险事件是暴力的主要驱动力，这一结论非常稳健[vii]。这也印证了“地理环境决定论”，该理论认为：气候等地理环境决定一地的居民是否好斗、不同聚落间是否发生战争或冲突，进而决定当地的文化，“一方水土，养一方人”。这一脉思想可追溯到至少2000年前，医学缔造者希波克拉底的文集中，有一篇公元前5世纪佚名医生的文章《论空气、水和环境》，第三部分系统阐述了性格特质与气候间的关系：在气候多变的欧洲，人们性格粗犷、鲁莽、勇敢、暴躁而好斗；亚洲地区，气候平稳、空气潮湿，人们不愿多消耗体力，因此变得懦弱而懒散。[113]差不多同一时期，《管子·水地》中有相近论述：“地者，万物之本原，诸生之根菀也。美、恶、贤、不肖、愚、俊之所生也……夫齐之水道，躁而复，故其民贪粗而好勇……燕之水，萃下而弱，沉滞而杂，故其民愚戆而好贞，轻疾而易死。”以今天的视角看，这些论断很难称得上科学，不过，这些先知给后来者以探索的灵感。既然古代甚至到近代，自然风险对人类行为及其文化的决定作用如此大，那么一旦人类创新不断强化风险应对力，削弱风险事件对生存的挑战，久而久之，暴力的收益就会逐渐降低到暴力成本以下，文明就会成为首选。这就是我们接下来要阐明的道理。

结语

这一章谈到两方面的研究证据。一方面是人类的暴力倾向与暴力文化在过去数千年，尤其是近代经历了持续的大幅下降，一般暴力、战争，甚至语言暴力等都经历了显著变化，从原来对血腥残酷表现得麻木转为敏感，人类的确在放弃野蛮、走向文明，突出人性的善良面。另一方面是关于暴力起因的研究。虽然起因很多，而且具体个案有自己独特的缘由，但不管人种和地理位置，有一点是共同的，即风险事件是迫使人类诉诸暴力的主因。汉朝、罗马帝国、玛雅、明朝、清朝等案例，以及许多基于大样本的量化分析都清楚表明，在气候灾害等风险面前，传统社会十分脆弱。在这种时候，无论是高高在上的统治者，还是劳作维生的平民，都可能面对生存挑战，要么自己用暴力才有活路，要么被迫卷入暴力当中。在欧洲历史上北方蛮族攻打古罗马，以及中国历史上游牧民族攻打中原，背后的逻辑大致如此。古代农民起义与其他社会动乱，也常常跟风险冲击连在一起。在正常时期，暴力的收益与成本大致相当，或者前者低于后者，所以暴力、犯罪和战争会比较少，但在风险冲击之下，前者就会高于后者。

既然人类暴力经历了长久持续的显著下降，而又知道自然风险是暴力背后的罪魁祸首，两者加在一起说明，在过去的文明化历程中，要么是自然风险发生率大跌了，要么是人类过去几千年“做对了”很多创新，让“人胜天”了。从前面的图 1.7 与图 1.8 可以看到，至少在过去两千多年，中国、欧洲、中东的气候并没有变得对人类更“友好”，自然环境更多是在恶化。因此，人类持续的创新才是根本的原因，是这些创新降低了暴力的收益，或者抬高了暴力的成本，结果使暴力行为变得“不划算”，或者“不必要”。按照前面所定义的，文明是特定社会过去一系列被证明“有用”的创新的集合体，包括科技、文化、制度、国家、婚姻、家庭、社会组织、商业市场、金融市场在内的各种创新，都增加了人类应对风险的能力，于是自然风险和其他风险虽然照样发生，但对人类生存的威胁已经大大减少，以至于人们不再需要暴力作为救命稻草，人就是这样“胜天”的。另外，通过发明国家，由国家垄断合法暴力并以此建立规则和秩序，民间一般暴力的成本大大增加（因为暴力犯罪会被执法机构制裁），改变了暴力的收益与成本间的平衡。也就是说，暴力长期下降的过程实际上是人类长久主动创新的结果，这些创新把人的生存跟灾害的发生隔离开来，于是灾害虽继续发生，但人类照样可以朝文明化迈进。

其实，不管是旱灾、水灾、地震、瘟疫等，还是其他意外风险事件（比如失业），[114]给个人或者国家带来的冲击往往是短暂的。只要能活过冲击期，个体和社会在未来就有机会弥补挽回，就跟《管子·治国》中所讲的“凡农者，月不足而岁有余”挑战一样。所以，只要能活过冲击期，暴力、违法、战争就都可避免，文明成为赢家。但问题是，怎样度过、活过冲击期呢？这就涉及跨期配置收入与消费的问题：未来有收成但当下没有，如果有办法转移一些未来收成到今天消费，等今后再给予回报，那不是于己于社会都有利，并消化风险带来的生存挑战吗？当然，另一种办法就是提前避险。两种办法都涉及人际跨期价值交换的安排问题。

而跨期价值交换恰恰是现代金融市场所解决的问题，金融工具就是帮助个人、家庭、机构和国家，跟另一方在不同时间、不同空间或事件之间配置收入，缓和风险冲击。[115]可是，金融市场到近代才发展起来，只有近代人才逐步享受金融工具带来的文明化好处。在没有正式金融的原始社会与传统社会里，人类照样需要，甚至更加需要跨期配置收入以规避风险的需要，那他们是怎么解决这种需要的呢？在接下来的章节中，我们从人类如何应对风险的角度，分别解读技术进步、迷信、家族（包括婚姻和家庭）、宗教、国家，以及市场（商品市场与金融市场）的起源和创新，探讨这六类创新是如何强化人类风险应对能力、降低暴力、推进文明发展的。据此，也可以把不同创新（包括文化创新）看成对市场缺失、金融缺失的一种反应，通过文化和社会组织方式解决本该由市场解决的避险问题。这六类应对风险手段的创新贯穿人类历史，此消彼长，又塑造了我们身处其中的社会与文明的具体形态。我们会看到，生产率和风险应对力是判断人类进步的两个最重要维度，前者是解决正常情况下的生活，而后者决定非常条件下的生存。

第二章

风险催生定居农耕与技术创新

衡量一个人的一生是否幸福，
并不是以这个人曾经有过的欢乐和幸福为尺度，
而只能视这个人一生缺少悲哀与痛苦的程度。

—

叔本华
《论生存的痛苦和虚无》

多年前，历史地理学家史念海讲到一个考古发现，新石器时代人偏好临水而居，但不是紧挨河边，而是在离河几百米的台地上。“以台地作为居住地区正是仰韶文化遗址的一个特色…… 龙山文化遗址……一般也多是位于河谷之上或山脚的附近。”[1]为什么呢？如果是为了饮水和用水，亦即为了生产率，古代人应该选择紧挨河边、湖边，走几步路就能得到水，而不是住在几百米外的台地，浪费许多时间与体力。之所以那样选择，还是基于风险的考虑：离河岸稍高稍远的地方，既方便饮水和农耕，又能防洪避灾（风险），做到收益和防风险两不误。史念海从不同考古证据中也发现，随着人类治水能力的提升，洪水风险威胁下降，晚期农民居住的台地也离河边越来越近。这个现象虽然微小，却展示了“唯生产率论”的偏差不足、风险视角的不可或缺，否则就难以理解人类的许多创新和行为选择。

古人面对的风险挑战是实实在在的。《管子·治国》曰：“凡农者，月不足而岁有余者也。”这就是风险的经典表现：农业时期农人可能年末有余，但一年中，有些月份青黄不接。如果活不过这些短缺时期，生产率高、一年有余，那又有什么用呢？农业社会如此，完全“看天吃饭”的原始社会就更是如此了。哲学家叔本华告诉我们，人所追求的不总是欢乐的最高值（即生产率的最大化），更是悲哀和痛苦的最小化。由于悲哀和痛苦取决于“出乎预料”的负面遭遇，所以降低未来风险、提升应对不测风云的能力，甚至比提高生产率更重要。[2]

在探讨文化与社会组织创新之前，这一章重点回答戴蒙德的挑战——“农业的发明是自从有人类以来所犯的最大错误”，[3]具体从风险应对力视角探讨一些技术创新的价值，尤其是那些不一定改进生产率但强化人类福利、促进文明化的技术创新。这些小到烹饪技术，中到农作物的多样化，大到农业的发明和发展，都与风险挑战有着千丝万缕的联系，正是这些革新在实质上减少了人类的生存风险，淡化了暴力倾向。

早期智人的技术探索

距今25万到40万年以前，早期智人在非洲出现。在那之后，一直到1万多年前定居农耕发明为止，我们的祖先从来没有真正“安定”下来，而是靠狩猎得到野生动物跟采摘野菜，过着所谓的原始生活，遵循着“狩猎采集”的生活模式。[4]遗传学研究表明，人类大约在6万年以前走出非洲，往四处扩散；到距离现在1.4万年以前，已经占领了南极之外的世界各大陆。在不间断的迁移过程中，他们保留了狩猎采集的生活方式。实际上，即使到今天，还有位于印度洋孟加拉海湾的北森蒂纳尔岛（North Sentinel Island）这样的原始社会，那里的原住民与世隔绝，继续狩猎采集，任何外人靠近该岛，都会被万箭飞射。在美国阿拉斯加地区，因纽特人至今还在两种生活方式之间来回切换，时而定居、时而狩猎。

当然，人类在狩猎游牧的几十万年中，也并非无所事事、缺乏创新。到 1 万多年前，智人已经掌握了火的使用，发明了弓箭和各式各样的石器，甚至用石头或树枝造出鱼钩，也发明出不同的动物陷阱捕捉器，用自然材料制作简单住所，等等。这些创新改变了早期人制服自然的能力，要么提升了生产率，增加了劳动产出，要么降低了人的生存风险。而且，至少在 3 万多年前，人类就开始在石洞里或石岩上画各种动物，或者制作动物雕塑。[5]

比如，1 万多年以前，在今天的沙特阿拉伯西北地区，已经零星分布着人类定居点。近年来，考古学家在那里挖掘出两个引人注目的遗址——苏伟密和聚巴：[6]两处有超过 1400 幅岩画。其中，最早的岩画作品至少可以追溯到公元前 8500 年，内容是几名身材婀娜的女子和多条狗（图 2.1）。研究人员关注到，狗的形象在 1400 多幅绘画中频繁出现。在苏伟密的 273 幅岩画中，出现犬只的有 52 幅；聚巴的 1131 幅岩画中，出现犬只的有 131 幅。 和今天不同，被岩画记录下来的这几百只狗，并不是充当宠物，而更多是主人的"战友"，参与捕猎中型或大型猎物，帮助提高生产率。包含犬只的典型岩画，内容通常是这样：猎人身边伴随着一定数量的狗，少则三两只，多则十余只（图 2.2）。其中一些狗身上拴着绳子，绳子的另一端连在主人的手腕上（这是人类历史上关于狗绳的最早记录）。主人一只手"牵黄"，另一只手操纵弓箭。捕猎常见的中型猎物瞪羚时，狗群负责控制猎物的速度和跑动范围，既方便主人射击，又保护主人，降低主人生命风险；一旦射中猎物，狗群就会冲上去撕咬，磨灭对方的反抗力。除了瞪羚和羱羊等中型猎物，在苏伟密这个地方，壁画中甚至出现了狗群捕猎狮子的内容！携犬狩猎是创新提高生产率的典型范例，也是降低狩猎风险的有效方法。

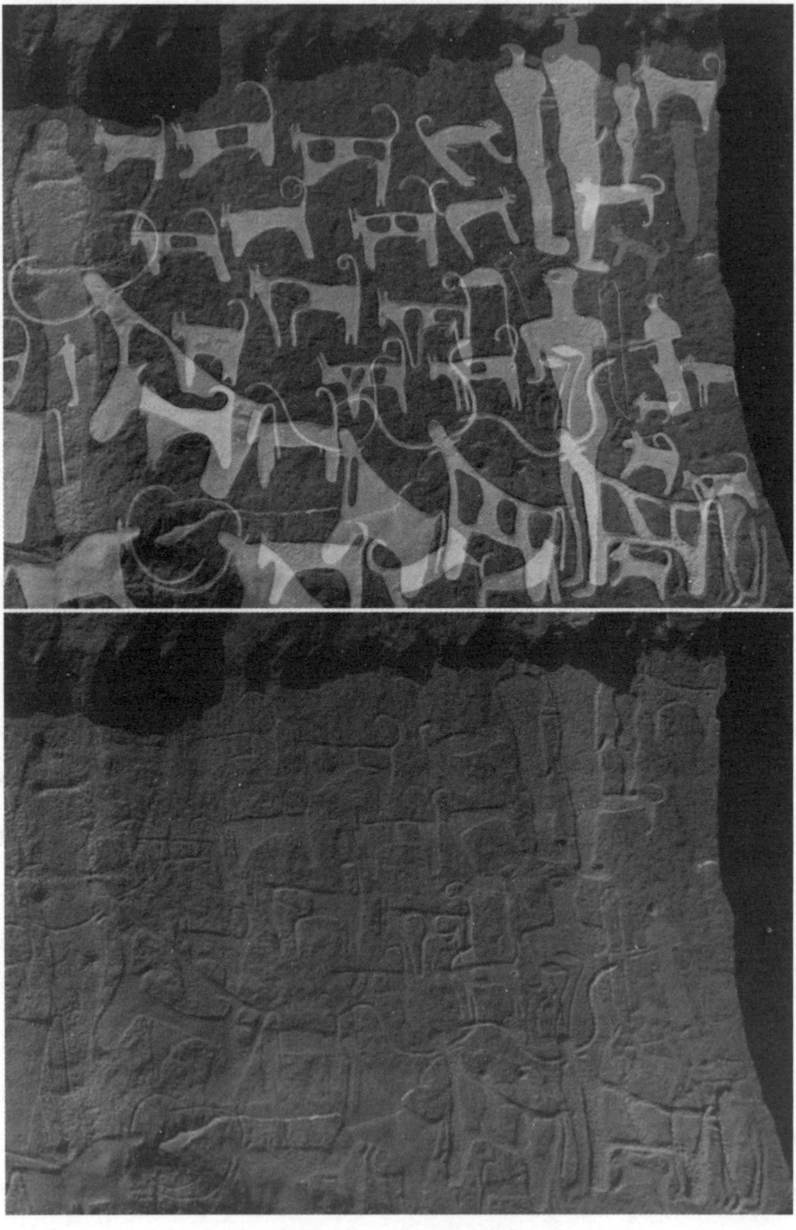

图 2.1　公元前 8500 年阿拉伯地区的岩画 [7]

图 2.2　1 万年前阿拉伯人携犬狩猎[8]

虽然智人在长期探索中不乏发明，但由于原始迁移生活的现实，一旦耗尽周边的动物和野菜，他们就必须迁移，找到另一个还没被狩猎采集过的地区。频繁搬迁的生活大大约束了技术创新的空间。比如，储藏食物的陶罐器具就不合适，太大、太重，不便于搬动；仓库和房屋也不必要，建好不久就得放弃，不值得；同理，住所周边的树木杂草等，不会有动力去清理、收拾。常年流动使人类不屑于建立产权体系，社会秩序也无基础。无恒产，自然无恒心！在那种“无常”状态下，创新的焦点当然是围绕狩猎和采集技术，而不是在“安居乐业”上。于是，弓箭、携犬狩猎这样的技术远在农业之前发明，这不足为奇。

既然频繁迁移的负面后果这么多，原始人为什么不定居下来，在一地“安居乐业”呢？原因在于，在给定条件下，频繁迁移是一种应对风险的最优策略。本来，人类一般只能猎杀比自己小或者和自己差不多大的动物，而且每天能猎杀的动物数也不多；后来有了弓箭、猎狗等，可以追杀更大的动物，能捕杀的动物种类增加，同时猎杀小型动物的速度也加快了。于是，原始人类发现，他们每到一处，耗尽周边资源的速度不断加快。结果，食物的再生速度跟不上人类的消费速度，短缺风险增加。为了降低食物短缺风险，他们就不得不更频繁地迁移。

2003年，保罗·霍尔斯特德（Paul Halstead）与合作者出版了经典之作《坏年经济学》，[9]序言中总结了狩猎采集社会应对风险的四种主要途径：交换、迁移、储存和多样化。[10]将这个分类跟前文为金融所下的广义定义对照，可以发现彼此间的高度关联：对史前人类来说，往不同地方迁移实质上是在跨空间配置生存资源。也就是说，正因为不同地方不会总是在同一个时间短缺物资，而更会在同一时间物资多寡不一，那么降低风险、让大家更好地活下去的办法之一是跨地区运输物资，以实现跨空间交换有无，此即商业；办法之二是物资不动，但人群跨地区从无向有迁移。只要物资流动，或者人群流动，就能实现跨空间的互通有无，两种办法都能降低大家的生存风险。第三个办法是跨时间配置生存资源：建立储藏设备，把食物存起来供未来用，尤其是以防短缺。这跟今天金融交易完成的功用一样：把钱存银行、投资股票或基金，以防患于未然。多样化也是规避食物风险的办法，道理在于，如果萝卜、白菜、豆芽都可彼此替代，那么即使一个地域的萝卜和白菜都短缺，但只要有豆芽就行，反之亦然，这当然也降低生存风险。[11]

可是，在原始社会时期，跨地区的商品市场、跨时间的储藏技术以及跨期交易的金融市场都还没有发明，多样化也是由自然世界给定、不由人类改变，于是迁移就成了管理生存风险的唯一选择。从这个意义上，通过迁移降低食物短缺风险，是早期原始人的聪明选择。许久之前，考古学和人类学家就注意到了风险在史前技术选择中的关键作用。1976年，迈克尔·约基姆（Michael Jochim）建立了广为引用的“狩猎采集者决策模型”，[12]其中包含两个要素：一是保证食物和其他资源的供应不低于一个安全水平（“生存第一”），多样化是达到这一目的的重要手段；二是给定当时群落的居住模式和人口规模，并且在考虑到时间、经历、距离、人身安全、失败率等条件的前提下，在达到上一目标的对策里不要让能量开支超出一定范围。也就是说，对狩猎采集者来说，风险既蕴含在他们的主要约束之中——比如对人身安全和失败率的底线要求必须做到，又构成了他们的决策目标的核心——保证食品等资源的安全，亦即最小化陷于匮乏的风险。[13]

阿拉斯加北部地区因纽特人的经历，是阐明基于风险选择生活方式的绝佳案例。[14]即使到今天，因纽特人还没完全放弃原始生活方式。他们生活在北冰洋沿岸，有着“海之子”的称号。他们获取食物的主要途径是“靠水吃水”：大型哺乳动物弓头鲸占他们能量摄入的一半；此外，他们也猎取海豹以及迁徙时路过附近的海鸟。然而，如果来自海洋的食物出现短缺，因纽特人也会向内陆地区转移，改为“靠山吃山”：用特制的弓箭猎杀流动的驯鹿群。当然，岩羊、松鼠乃至山地平原生长的各类植物，也可作为食物匮乏季节的调剂，食物资源尽可能多样化。

研究者通过冰芯、年轮、文献记载等多种资料，[15]复原了公元950—1900年间阿拉斯加北部的气候数据，并根据气候特征将整个时期分为三段。第一段大致从公元10世纪后期到1150年。在此期间，沿海地区降水多，一年内气候条件波动大（风险高）；而内陆地区则气温温和但干燥，气候波动较小。在这一气候模式之下，两个地区的狩猎效果大致如下：海洋之中，气候频繁波动导致冰川的边沿很不稳定，海豹的出没踪迹很难捉摸，捕猎海豹的难度上了新台阶，食物不确定性高；而邻近的内陆地区，驯鹿群落更加集中，常以大群形式在山地和平原间往来迁徙。从挖掘出的代表这个时段的遗址看，上述基于风险的最优生活策略得到印证：一方面，因纽特人采取了“多样化”的策略，在海洋之神“喜怒”难以捉摸的年代，将取食的重点从海豹转向驯鹿，间或捞取内陆河流中数量相对稳定的淡水鱼；另一方面，由于驯鹿出现的季节集中，错过捕猎季节后，何时再出现大宗食品则很不确定，因纽特人就修建了许多仓储设施，通过储存应对不测风云。此外，有迹象显示：他们在此期间，也不断完善风干食品、贮藏食品的技术，改进跨期配置消费的能力。[16]

到公元1140年左右，形势发生逆转：陆地区域的气候波动变得剧烈，而海洋气候变得稳定。这时，陆地夏季炎热而潮湿，冬季冷酷而凛冽，常有大幅降雪。相比之前的200年，驯鹿种群的规模显著萎缩，狩猎绩效下降且不确定，而海洋地区气候变得更加寒冷。对捕猎海鲸和海豹的因纽特人来说，这是十足的好消息：冰川越多、越稳定，他们接近和猎杀海洋动物就越容易。于是，因纽特人就放弃“纵情山水”，选择“沧海寄余生”：迁移到沿海，以海豹和鲸为主食。相比之前，从12世纪初到14世纪中期的这段时间内，因纽特人在两地之间往复迁徙、多样化捕猎和相互补充的频率都下降了。

再往后的两三百年里，气候波动模式变得更加复杂：陆地区域在经历了一个“过渡时段”后，迈入了一个漫长的干暖时期；而沿海地区整体变得更加寒冷——也因此更适于捕猎，不过，温暖的时段也时有发生。对应长时段的气候稳定，是年内气候波动性上升。因纽特人赖以维生的几种动物，其分布和数量也发生了相应变化：海豹和驯鹿的种群都在扩张，但出没的频率却变得更难捉摸。从考古证据看，当地人很快做出调整以适应新条件：一方面，他们将重点转移到密集狩猎和跨期储存上，集中在驯鹿春秋两季迁徙时的必经之路旁矗起永久性狩猎点，增加猎杀强度；另一方面，他们也有针对性地调整猎手布局。由于沿海渔获的不确定性风险上升很多，“海之子”们调整狩猎地点的安排，废弃那些收获不佳的季节性狩猎点，集中人手和精力，专攻收益较高的狩猎点。根据记录资料，在这段时间，他们向内陆迁移、捕杀驯鹿的次数显著增加。

总之，通过对北冰洋沿岸因纽特人的细致观察，我们了解到：尽管技术原始、绝对生活水平不高，但是以狩猎采集为生的人群，对于风险的变化仍保持高度的敏感和理性，并通过复合使用迁徙、储存、风干、多样化等跨时间、跨空间配置资源的技巧，让族群成功应对了数百年间多次出现的气候剧变。因纽特文化就是这样在跟生存风险博弈中形成、发展的。

那么，原始人后来为什么选择永久定居下来呢？我们还是回到阿拉伯半岛一带的苏伟密和聚巴地区。1 万多年前，阿拉伯半岛的气候开始变化。据两组学者的测算，[17]在 8000 年至 1 万年前，当地气候持续变干，对居民生存至关重要的湖泊水位也持续下降。大致在同一时段，当地居民利用野生动物资源的方式开始改变：不再只是简单猎杀并吃掉野生动物，而是开始驯化绵羊和山羊，形成畜群，并初步学会放牧：在植被生长的季节，往附近植被茂密区域驱赶这些羊群。[18]从这两个遗址出土的、活跃于公元前7000年前后的遗迹中，考古学家们发现了这两类牲畜的骨骼，[19]说明当地人当时的确在驯养绵羊和山羊。

描绘携犬狩猎的壁画以及驯服野生动物的遗迹，二者在位置相近的地区显现，这不是偶然。两个方面的不利因素可能导致了这些新现象的起源：一方面，气候变干且季节性增强；另一方面，之前的捕猎已经导致当地野生动物种群的缩减。此时，如果继续依靠之前较为单一、依赖狩猎采集的生存策略，收获量会逐渐下降，迁移也不再有效，长时间无收获的极端情况亦可能出现。在整体生活水平很低的年代，这样的风险甚至会给整个聚落带来灭顶之灾。因此，在更充分利用现有野生动物资源之外，驯养动物作为不利环境下的补充，应该是当地人必然的选择。[20]

驯狗和驯羊分别是这类避险策略的代表。狗被驯化为狩猎工具，拓宽了当地人猎杀对象的种类，亦提高了每次狩猎的成功率（生产率）、降低了猎人的生命风险。来自苏伟密和聚巴这两个地区的岩画证据（图2.1只是其中之一）深刻地阐明了这一点：犬类的驯化和使用，与当地气候的季节性强弱有密切关系。[21]苏伟密地区水源稀少，季节分明。相应地，岩画中的狗群规模通常很大：当地人要在很短的雨季内捕获足够数量的猎物。在单次出猎的成功率非常重要的情况下，使用十几只猎狗包抄，决策非常合理。相比之下，聚巴地区的环境要好得多，全年水源充足，附近常有动物出没，此时“细水长流”的捕猎策略是上策：聚巴地区的岩画中，只有1/10的画里有犬（苏伟密含犬的岩画占1/5），主人通常只会带两三只猎狗。

如果说猎犬的使用提升了生产率、降低了生命风险，那么山羊和绵羊的驯养则不仅稳定了食物供给，而且抬高了生活水准，增强了对多种风险的抵御能力。无论是日常产奶还是杀掉取肉，这些牲畜都构成了稳定的热量来源，而其皮毛可以制衣，提高时人寒冷中活命的概率。再就是，这些动物身上的骨骼、头角等部位，可以用于制造武器或建设住房。前者提升狩猎能力，发挥和猎犬互补的作用（不要忘了，这些娴熟的猎人能一手牵犬，一手射击），后者则有助于隔绝风沙、猛兽等危险因素，这对史前人类的意义不可小觑。[22]

因此，公元前 8000—前 6000 年，阿拉伯半岛气候的剧烈变迁催生出当地一系列技术革新。阿拉伯半岛的原始人跟因纽特人一样，依据气候风险高低和猎物出没的不确定性大小，摸索出了适合自己的狩猎策略。岩壁上描绘猎犬的不同方式即是体现。同时，当地人还开始尝试驯养绵羊和山羊。实质上，驯服动物等同于驯服不确定性：肉、奶、皮、骨，都能增强原始人在史前环境中的生存力。观照当代生活，无论是早餐那杯热腾腾的奶，还是号称“人类最忠实的朋友”的宠物狗，起源都可追溯到史前人类提升生产率和强化风险应对力的努力。

不过，阿拉伯的苏伟密和聚巴地区以及阿拉斯加因纽特人的表现，会不会只是特例呢？毕竟，只有那些应对自然风险非常成功的群体才可能留下这么多历史记录，乃至一直繁衍到今天，这可能使我们的分析结论充斥幸存者偏差（survivorship bias）。为此，接下来我们利用全球大样本，探讨是什么因素在世界多个地区催生出农业革命并快速扩散到其他社会。

生产率无法解释农业革命

大约在 1.15 万年前，位于今天中东“新月沃地”一带的人走在世界前面，率先放弃游牧狩猎，发明了定居农耕。之后，在约 9000 年前的中国长江与黄河中下游、8500 年前的墨西哥东部地区、5000 年前的秘鲁安第斯地区、4500 年前的非洲西部和北美东部，一共 7 个地方在相距 7000 年的时间内分别独自发明了定居农耕，并逐渐向四周扩散。最迟直至 4000 年前，除大洋洲以外的所有陆地，都基本接受并完成了农业革命。也就是说，相比漫长的狩猎采集时代，世界大多数地方的人在几千年时间内转变了生活方式，成为定居农人：驯种植物、驯养动物、跨期储存食物。[23]回头看，农业革命改变了人类，也是我们所说的主要“人类文明”的起点，其直接结果是开启了引言和第一章谈到的人类暴力长期下降趋势。至于为什么当初 7 个地区分别在不同时候、在完全没有信息沟通或经验交流的前提下独立发明了定居农耕技术，到今天学界还是争论不休。

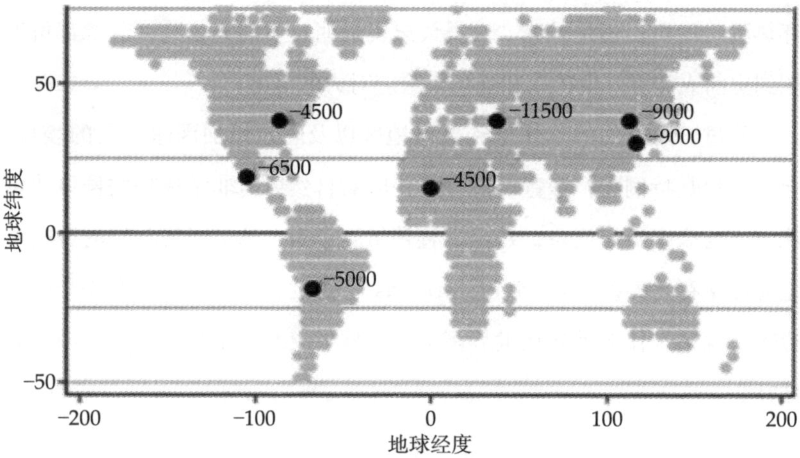

图 2.3 世界上最早发明农业的 7 个地区 [24]

注：各点标注的时间为农业在当地距离今天多少年以前发明。

之所以还在争论，是因为进入农业之后，人类的生活水平反而下降！首先，与原始人相比，农民劳动时间长、劳动强度大。[25]按照戴蒙德的综述，非洲原始游牧部落的人每周只需工作12~19小时，就能猎杀、采集足够多食物，而中国农民没有周中与周末的区分，每天早出晚归下地干活，还不一定保证温饱。农民一天劳动所带来的产出比原始人还低，原因在于，第一，原始人只需花时间采集自然长好的果实，但农人要先整理土地、播下种子、浇水除草、施肥治虫等，辛勤劳动数月之后才能收割，比原始人采集多了好多环节。农民的劳动强度高出数倍，以至于骨骼远不如考古出土的原始人骨骼那么完好无缺。第二，营养结构比以前差。原始人吃各种野生菜草、皮根果实、鱼肉等，种类丰富，而由于能驯养的动物和驯化的植物很有限，农耕人能吃到的蛋白食物和热量食物种类反而更少，营养单调，像今天世界上，肉类就是猪、鸡、鸭、牛、羊、鱼等，而粮食只有大米、大小麦、玉米、红薯、土豆等，比原始时期少很多，缺乏维生素等微量元素。第三，狩猎采集时期，人口密度极低，动物病毒不容易传到人类，人类之间也不易传染，但定居后，人口密度增加，不仅定居一起的人群间相互传染疾病，而且也会感染上家里驯养的动物的病毒，平均寿命缩短。[26]戴蒙德说，美国伊利诺伊和俄亥俄河畔的印第安人在公元1150年前后放弃狩猎采集、改为种植玉米农耕，近年考古学家在那一带挖出那个时期的800多具骨骸，反映了印第安人在转型前后所经历的身体状况变化。考古学家发现，改为农耕后，印第安人体内珐琅质缺陷频率上升50%（说明营养结构恶化）、缺铁性贫血比例增加4倍、骨病变占比多了3倍（由流行病毒所致），并且因经常肩扛重物，脊柱也显著损伤更多。由于这些原因，原始人刚出生时的寿命预期为26岁，而早期农耕人才19岁。[27]

从根据考古资料推算的身高变化也能看出，人类步入农业后生活水平显著下降，男人和女人的平均身高都下降了。卡莱斯·博伊克斯（Carles

Boix）和弗朗西斯·罗森布卢特（Francis Rosenbluth）综合了许多研究，发现在农耕之前，中东男人平均身高为1.72米，进入农耕后下降到1.62米，而中东女人身高从1.6米降到1.54米。[28]这两位学者谈道，即使在当下的美国，其欧洲移民后裔的平均身高仍然跟家庭人均收入显著相关：人均收入高的家庭，其子女长大后个子普遍更高。比如，如果家庭人均消费每年超过1.2万美元（按1985年的美元算），男孩成年后平均身高为1.73米，而家庭人均消费才1000美元的，男孩长大后的平均身高为1.63米。我们知道，人的身高主要取决于两大因素，一是人种与遗传基因，二是成年之前的营养，而营养水平又取决于家庭经济条件。另外，尼古拉斯·迈因策尔（Nicholas Meinzer）收集了德国中世纪早期留下的26所墓地中墓主身高和陪葬品数据，也发现身高跟收入高度正相关。[29]这里，墓主身高反映了其年轻时的消费状况，而陪葬品则反映了其死前的社会地位（比如，是否佩戴长剑）。如果陪葬品奢侈的墓主身高更高，那一方面反映了他的家庭富有、小时候消费高，另一方面从侧面反映了当时的社会流动性低；而如果陪葬品奢侈的墓主跟其他人身高无显著差别，说明孩提时期的生活状况对身高、对后世影响不大。迈因策尔发现，在中世纪早期的德国，有长剑陪葬的墓主比没有长剑的平均高3厘米。这说明身高跟家庭收入状况的确正相关。因此，在没有更详细数据的情况下，同种人的身高变化基本能反映人均收入与消费的变化。

农人身高低于原始人的考古证据表明，定居农耕的发明确实带来劳动生产率的下跌。如果只从生产率判断，就如戴蒙德所称，发明农业是“人类历史上最大的错误，而且至今还没有纠正”。[30]

不仅如此，农业的发明也使得财富差距、社会不平等问题恶化。蒂莫西·科勒（Timothy Kohler）等18位考古学者在一篇论文中，研究了从原始社会逐步进化到半农业，再到全农业以及其他类别社会的过程中，财富差距是如何变迁的。[31]他们用各户房屋面积的基尼系数度量一个社会的财富差距，因为相对于收入以及其他财富指标，房屋大小是考古学家能看到方便客观度量的指标，也可以被理解为家庭各方面财富的总体代理指数。他们的样本包括来自各大洲的63个考古遗址，其中，亚洲、欧洲与非洲大陆的遗址取自1.1万年前到2000年前的不同社会，而美洲大陆的取样则反映3000年前到300年前的社会。由于以前关于人类不平等的量化指标基本以收入为基础，所以以往对人类不平等的估算多以近代为主，比如托马斯·皮凯蒂的《21世纪资本论》研究的是18世纪工业革命以来的收入差距、财富差距变迁的情况。[32]而这18位学者的研究由于是基于房屋面积的，因此所研究的时间段以1.1万年前为起点。

图2.4给出了这18位学者的估算。狩猎采集原始社会的房屋基尼系数为0.17（各原始社会遗址的中位数），到半农业社会为0.27，到农耕社会则上升为0.35。这充分说明，定居农耕的发明带来财富差距的显著

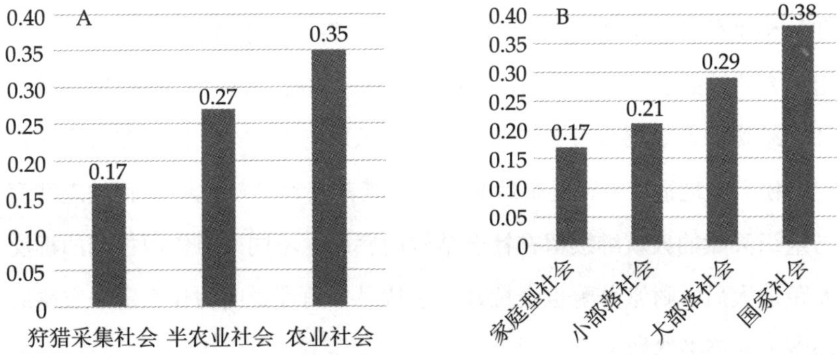

图2.4 从原始社会到农业社会的财富差距变迁 [33]

注：A图反映的是狩猎采集原始社会（5个考古遗址）、半农业社会（20个）、农业社会（38个）的房屋面积基尼系数中位数。B图反映的是不同社会组织形态下的财富基尼系数中位数，其中家庭型社会（1个，只有单个家庭，没有之上的社会组织）、小部落社会（12个，家庭之上的社会组织存在）、大部落社会（33个，社会组织等级多了、阶级多于两个）、国家社会（17个，垄断暴力的国家组织出现了）。

扩大。尤其是，这些作者也注意到，在今天美国类似的财富基尼系数为0.80、中国为0.73，等等。因此，人类每次大的技术进步似乎都带来财富差距的扩大。道理在于，在原始狩猎采集社会里，天生的体力决定收入高低，而智力、情商等其他人力资本对劳动结果没太大影响，所以财富差距不大。在那个基础上，虽然农耕等新技术带来机会与潜力，但新技术又对人力资本提出新要求，并非每个人都能最大化发挥新技术的潜力。由于每个人的自然天赋在体力、智力和情商之间的配置不同，所以新技术实际上把不同人的收入能力进一步拉开，特殊人力资本多的人会看到自己的财富机会增加，而普通人也许也能分享到新技术的好处，但程度会偏低。

从图2.4B中也看到，随着一个社会的人口增长、社会组织结构变得愈加复杂，财富基尼系数也显著上升，尤其是在形成了“国家”的社会里，财富差距最大！在原始社会时期，没有国家，也没有其他复杂的人类组织，连部落都不大，只有人数极少的一个个小社会，因此财富收入和社会地位的人际差别小。可是，定居农耕后，小社会往大社会演变，组织方式就必须创新，否则社会难以治理。然而，每次组织方式创新后，社会结构的等级层数就会增加，或者组织形态更复杂，但并非每个人都能轻松自如地适应变得复杂后的社会，能者成为“人上人”，而缺乏情商与组织天赋的人就继续留在社会结构的底层。不同人对资源控制的程度差距加大后，财富分配也会拉开。这从另一角度说明为什么定居农耕后经济不平等必然加大。

此外，定居农耕后，男女地位也发生了根本性变化，尤其“铁犁”的发明更是带来包括“重男轻女”“厌女症”（misogyny）等性别歧视文化，[34]社会从母系转变为以男性为轴线的传承体系。第四章会更多讨论这些变迁。

农业因气候风险而发明

既然发明农业后的“恶果”这么多，人类为什么还坚持认为这是好事呢？尤其是，如果定居农耕那么糟糕，就不应该看到世界7个不同地区大费周章地进行一项导致自己生活水平“下降”的变革，而且是不约而同分别推出的同样变革！这要么说明人类非理性，要么表明我们仅以生产率评判人类进步的理论有缺陷。

已有的几种解释都不能令人满意。[35]在19世纪，达尔文认为，由于农业产出比狩猎采集更丰盛，所以那些地区选择了定居农耕。然而，前面介绍的20世纪以来的考古证据告诉我们，实际情况正好相反：农业早期的人均产出更低，以致身高下降。第二种假说则将农业的诞生与气候平均变暖联系在一起，认为农业都是出现在最后一个冰川时期之后，世界范围内的平均气温升高，更适宜农业生产。[36]但事实上，在最后一个冰川时期，地球各地不缺常年气温高的地方，而且是千年不变，至少也是数百年不变，可没有看到那些地区的原始人早早发明定居农耕。还有解释说，是因为气候变得更加干燥，不利于游牧狩猎了。[37]马特兰加谈道，[38]这些基于“变干”“变热”“变冷”等针对“平均气温”或“平均湿度”的解释都站不住脚，因为在农业之前的千万年里，地球上热、冷、干、湿的地方都有过，但没逼出农业，而且考古证据表明，在农业诞生前后，安第斯山脉气候干冷，中国东部湿润温暖，北美东部潮湿阴冷，撒哈拉以南的非洲则干燥炎热。干冷、湿热、湿冷、干热四种气候类型都没有妨碍那些地方从游牧转向农业。可想而知，背后一定存在更深刻的原因。

是否存在这样的可能，由于偶然因素，农业先起源于一地，然后再扩散到其他地域呢？现有的证据显示：中东、中国东部等7个地区的农业是相互独立起源的，[39]“一地起源，逐渐扩散”的理论与考古证据不符。既然如此，合理推断引致以下结论：在这数千年间，某个因素在全球范围内发生变化，导致“狩猎采集”不再是达到约基姆模型中理想生存目标的有效方式。[40]

气候是能解释这一历史创举最可能的“嫌疑犯”：[41]除气候变动外，目前还没找到其他因素在四大洲能够导致生产方式的根本变革。不过，即使确定背后的“推手”是气候变化，人类走向农业的路径仍有多于一种的解释。比方说，一种可能是，全球各地的气候大抵在同一时段变得更加适合发展农业——定居并种植作物、豢养牲畜的收益比以前更高，这种方式也明显优于长久以来维持的“狩猎采集”生活方式，因此世界各地不约而同地走上农业革命之路。另一种可能则要“晦暗”许多：气候波动性（风险）增强，导致继续“靠天吃饭”的“狩猎采集”生活风险增大，[42]猎获收益变得无法预测，生存资源难有保障，于是原始人类必须尝试新技术——驯化、养殖、仓储……通过新手段实现资源的跨时间和跨区域配置，以“驯服”风险、提升自己生存的概率。而这些新的试验和成果汇总在一起，逐渐形成了农业生产方式。

因此，气候变化导致生产方式变革的途径至少有两种。但哪种方式更正确呢？莫斯科新经济学院马特兰加的研究，对这一问题做出了开创性贡献。[43]具体来说，在大致两万年前，地轴的倾斜程度增大，导致世界范围内气候季节性增强。这一变化具体表现为两点：一是夏季与冬季温差上升，夏天变得更热，冬天变得更冷；二是旱季与雨季降水差异的增强，旱季更干，雨季更湿。针对这两个维度的变化，马特兰加分别构建了“温度季节性”和“降水季节性”这两个指标。而这两个指标的原始数据来源于过去 2.2 万年的全球气候面板数据库，包括最低、最高气温以及降雨量等，都是基于天文地理数学模型 CCSM5（Community

Climate System Model 的第 5 代）推算的数据，CCSM 由美国全国大气层研究中心研制并维护，该模型最早在 1983 年推出，后来不断改进并扩充成众多气候子模型，第 5 代模型计算完成于 2013 年。图 2.5 显示了从 2.2 万年前至今的气候季节性指数变迁。

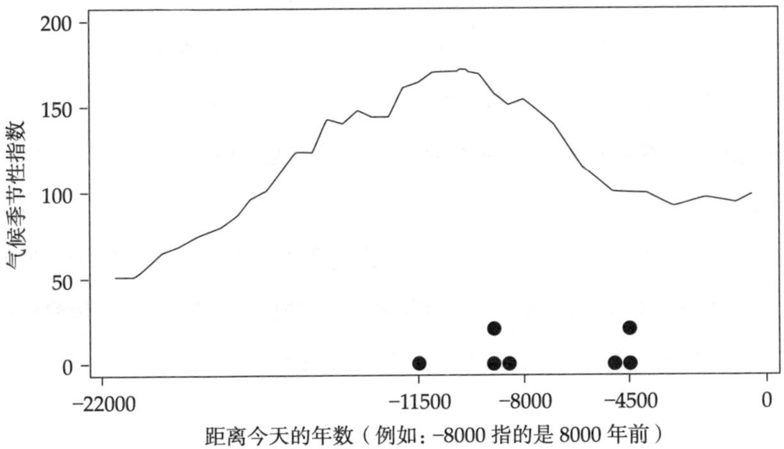

图 2.5 气候季节性的历史变迁 [44]

注：图中黑点代表的是 7 个独立发明农业的时间点。

在农业起源或采纳农耕的时间数据方面，马特兰加汇集了三套数据库：[45]一是综合利用碳 14 同位素标记法和 DNA（脱氧核糖核酸）测序，标定全球范围内农具和驯化作物出现的时间；二是使用考古发掘所得的证据，推测农业在 160 多个国家和地区的起源时间点；三是平哈西（Ron Pinhasi）等通过中东和欧洲 765 个遗址的发掘结果，推测各地农业起源痕迹的时点。马特兰加综合这些数据，构建了目前最完整、反映世界各地农业发轫时间的数据库。

马特兰加将这些数据放在一起做计量分析发现：降水和气温，这二者本身的高低并不显著影响一个地区进入农业的先后，因此前面谈到的第一种途径被否定。与之相反，利用冬夏温差和旱季雨季降水差定义的气候季节性指标，对当地进入农业的时间有非常显著的作用。图 2.6 给出各地区发明或采纳农耕的时间跟气温季节性差别、降雨季节性差别的关系。具体来说，气温季节性差别每提高一个标准差，当地进入农业的时间平均提早 1000 年；降雨季节性差别每提高一个标准差，当地进入农业的时间会提早 300 年。严格的统计分析支持前面提到的第二种途径，亦即气候季节性增强（气候风险增强）能更好地解释为什么农业革命在不同地方发生：气候季节性波动的上升，增加了原始人类的生存风险；定居农耕是时人应对这一风险的反应。特别是通过定居下来，制作各种陶器、坛坛罐罐，跨季储存食物，平滑每天的消费，解决了管子所说的“月不足而岁有余”问题。也因为跨期储存食物是人类主动防范风险的最早创举之一，今天世界各地的博物馆都会展示不同文明最早的陶器，并标明制作年份，以证明每个文明的大致起源时间。陶器的出现代表了原始生活方式的终结，人们不再游猎而是定居下来，开始组建秩序，主动防范风险，向文明化迈进。

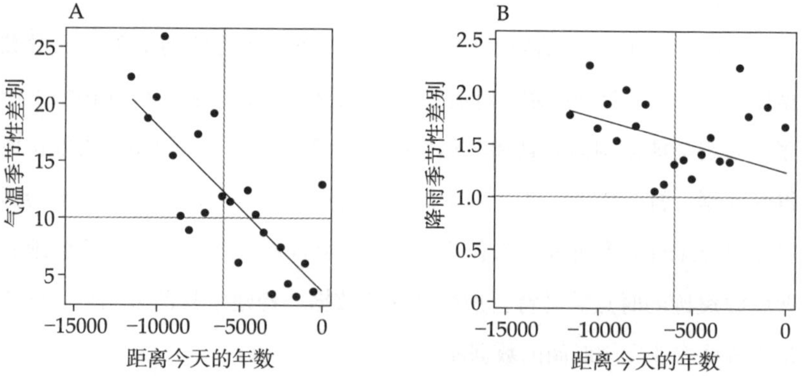

图 2.6 农耕发明或采纳时间跟气候季节性的关系 [46]

马特兰加的探究没有就此止步。即使气候季节性风险催生了农业革命，还有两个问题：首先，既然整个地球同时经历了气候变化，为什么各地走上农业道路的时间会相隔数千年呢？其次，原始人类的这一尝试，真的成功了吗？前面谈到，在走上农业道路的早期，人类生活水准曾经历了长时间倒退。如果这种牺牲没有换来更强的风险抵御能力，那么这一“投资”就难言成功。

对第一个问题，马特兰加的回答是：这取决于一地的狩猎采集者是否有其他方便的避险手段。马特兰加对比了位于今天叙利亚、土耳其和伊拉克交界处的四个遗址社会：阿玛（Jerf el Ahmar）在河边，但任何方向的 100 公里内都是平原；迪尔（Qermez Dere）在陡峭大山的脚下，但周围远距离内也是大平原；格力吉星（Girikiacian）处在平地上，但 5 公里内有不少高低不一的山，且在方圆 50 公里内高山更多；高纳（Gawra）的周边也有不少山，但 40 公里外有更多更高的大山。虽然这四个遗址在 1 万多年前都变得气候季节性很强，而且都有易驯化的各种野生作物，但根据考古证据看，由于地理环境的差异，前两个遗址较早选择了定居农耕，而后两个进入定居农耕的时间晚了 2000 年。为什么？原因在于，对于原始狩猎采集人来说，最理想的情况是在短距离内，既有平原又有高山，这样山上和平地的气候条件不同，在不同季节都生长野生植物与动物，让原始人通过在山上与平原之间迁移就能对冲食物风险（就如前文介绍的因纽特人那样）；而如果 100 公里之内都是平原，气候条件都一样，那么春夏秋冬季节性强化之后，在冬季可能不管走到哪里，都是万物不长，简单迁移不再管用。

由于第一个、第二个遗址的周边地理环境太单调，在气候季节性增强使冬季食物无靠之后，那里的原始人唯有走上定居农耕之路，靠跨季储存食物解决风险挑战。可是，第三个和第四个遗址的地理环境更加多样，虽然气候季节性强化了，但他们能利用高山与平原的气候差，把狩猎采集生活方式多延了2000多年，一直到后来气候季节性波动更加剧烈后，才最终走上定居农耕的道路。马特兰加基于更多考古遗址的统计分析也验证了这一点：[47]如果在5公里到50公里范围内有1000米以上的高山，当地原始人进入农业的时间平均会延迟500年。

针对第二个问题，由于史前人类的详尽消费数据无法获取，直接论证这一点相当难。为此，马特兰加找到一个代理指标：人体骨骼上哈里斯线数量的多少，这反映了每个人发育时期遭遇营养不良的次数。哈里斯线数量越多，说明这个人在成长期遭受的营养不良或疾病次数越多。尤其是，如果一个人在成长期食物很不稳定、经常挨饿，那么他的哈里斯线就越多。根据考古挖掘的骨骼，从狩猎采集到农业社会，史前人类的身高固然下降了，但他们骨骼上的哈里斯线也减少很多，这证明定居农耕使他们的食物少受风险干扰，营养更加稳定。以俄亥俄州的印第安人为例：在狩猎采集年代，他们的平均身高为1.65米，有11条哈里斯线；进入农业后，身高下降到1.62米，但哈里斯线数量平均减少到4条。因此，农业这一技术创新虽然带来人均收入下行，但确实提升了人类抵御气候风险的能力。

总之，以储存食物、驯养动物、驯种植物为特点的农业是为应对风险而诞生的创新，如果只是从生产率角度去衡量，那就如戴蒙德所称，这些创新是糟糕的倒退；可是，如果从风险应对力角度看，结论就完全相反，这些创举把人类从引言图3中的A点转移到B点，为文明起源做了铺垫。今天我们讲的“四大文明古国”：古埃及、古巴比伦（美索不达米亚）、古印度和中华文明，都是率先进入定居农耕，早早建立秩序、发明国家的社会，因为步入定居农耕，不仅带来人口增长、村庄乃至城镇，还有跨期储存和有值资产（土地、房产、陶器等）。于是，财产安全成为新的挑战，社会呼唤产权秩序和权益保护。美索不达米亚最早发明定居农耕，埃及稍后一些（距现在7000年前），因此这两大文明也起源得最早，率先发明城市和国家，也就不奇怪了。根据目前考古已知的证据，美索不达米亚于约5000年前发展了欧亚大陆的第一个城市，那里的苏美尔人发明了楔形文字，将1年分为12个月、定7天为1个星期，发明了60进位法，比如1小时为60分钟、1分钟为60秒等；公元前1776年，巴比伦国王汉谟拉比颁布了人类第一部完整的法典——《汉谟拉比法典》。在公元前4500年左右，古埃及就发明了象形文字，并沿用了4000余年，其间也出现大量城邦，创造了众多辉煌建筑。在中国，无论南北，9000年前因气候波动的增强而推出定居农耕，风险挑战塑造了中华文明的发展路径。[48]印度虽然没有独立发明定居农耕，但是考古证据表明，到距离今天8000~9000年前，美索不达米亚的农耕技术已经传播到印度，驯化的小麦、牛羊等那时在印度多处可见，[49]所以相对于世界多数其他地区，印度也很早进入定居农耕、开启文明化进程。

为什么定居农耕刺激出文明和国家，以前的解释很多。比如，亚当·斯密认为，[50]定居农耕使生产率上升，于是农人有过剩产出，引发对规则和秩序的需求。这一早期解释显然不成立，被近年的考古证据否定。[51]实际上，由于狩猎采集原始人每周工作大约18小时，如果他们愿意像后来的农人那么勤奋、多工作一些时间，他们更能产出很多剩余，可是他们没有这样做，而且没发展出文明秩序。一种可能的解释是，虽然原始人更勤奋工作就能有很多剩余，但由于他们频繁迁徙、不便于携带储藏万物的坛坛罐罐，就无激励获得剩余。而定居下来的农人则面对完全不同的选择，他们不再频繁搬迁，有能力制造陶器储藏剩余产出，也有了跨期储存价值的资产，所以是定居不动衍生出对财产秩序的需求。在一项研究中，约兰·梅萨（Joram Mayshar）等四位学者把1267

个社会按其种植的作物是谷物还是根茎物做了区分，[52]看哪类社会为建立规则秩序（即文明）而更早发展出复杂的社会结构（包括发明国家）：由于大米、小麦、大麦等谷物晒干后可长期储藏，而根茎物不易储存，因此播种谷物的社会可能更需要保护私有财产的产权规则和秩序，应该更早发展文明、建立国家等复杂秩序。这四位学者的系统分析发现：与谷物农耕社会相比（如古埃及、古中国），那些种植易腐烂农作物的农耕社会（如大洋洲的新几内亚），即使到近代，其文明秩序还比较落后，社会结构简单，国家组织松散。

各社会的农业变革出现的早晚，甚至到今天还影响后人如何看待现在与未来、个人与集体的关系：采取农耕生产方式的历史越悠久的区域，因“播种–收获”这一费时费力的生产周期而内生出“安居乐业”、偏好稳定、重视未来的文化，当地人也因此有更低的贴现率，[53]农业带来了更多的人口、更大的村庄甚至城镇，人口密度上升对人际合作提出了高要求，因此居住在这些地域的人群，到今天，其文明仍然秉持集体主义价值，[54]更看重宗族血缘网络。[55]前者深刻影响了当地人在后来的投资取向与经济增长，后者则牢牢框定了其政治制度、社会体制的演变路径。这些长历史背景，一方面对于解释当今各社会的文化观念差异十分重要，另一方面也是理解美国等移民社会中族群关系的起点。在第五章和第十章，我们会再回到这个话题。

新世界作物的保险价值

进入定居农耕后，农人固守一地，这让更多技术创新有了基础。一是围绕提升生产率的农耕技术创新增多。其中，尤其重要的是犁的发明，先是美索不达米亚和埃及的农民在5000多年前开始尝试使用犁，随后中国的犁在3000多年前的商朝出现。早期的犁形制简陋，由原始双刃三角形石器发展起来，被称作“石犁”。西周晚期至春秋时期出现铁犁，开始用牛拉犁耕田。西汉出现了直辕犁，只有犁头和扶手。[56]犁的发展大大提升了农业生产率。正如恩格斯所说：“有了耕犁以后，大规模耕种土地，即田间耕作，从而食物在当时条件下实际上无限制地增加，便有可能了。”有了铁犁，就有牛耕，“家畜用其力补充人类筋力，是具有极伟大意义的新因素”。[57]这既提高产出，又以畜力代替或协助人力，使规模化生产成为可能，农人的劳动生产率大增。在中国，正如珀金斯的研究所指出的，即使到宋代和之后，通过增加肥料投入、改进耕作制度等方式，农业生产仍有相当的发展，精耕细作使亩产量长期呈上升趋势，在清代臻于极致。[58]

二是在农作物与肉动物种类方面的创新。水稻种植技术是中国古代最重要的发明之一，也是中国人今天最主要的粮食品种。到目前为止，考古学者发现的新石器时代稻谷遗存就有130多处，分布在江苏、浙江、安徽、江西、湖南、湖北、广东、云南、山东、河南、陕西等地区，其中最早的是江西万年仙人洞和吊桶环遗址，那里的原始人在距今1万年左右似乎就尝试栽培水稻，探索可重复种植的庄稼，而湖南道县发现了距今1万年的水稻谷壳实物。[59]此外，在距今4000年以前，我们的祖先就开始驯化栽培大豆，到战国时期，北方已经把大豆和小麦作为主粮。

这些发明和发展对社会贡献极大，不仅增加人均产出、使人口数量上升，构成中华文明的核心基础，而且强化了风险应对能力。但是，由于水稻高度依赖水，这使中国在清朝之前的历史上，暴力、内乱和朝代更迭尤其跟旱灾紧密关联，而受水灾的影响相对有限。[60]从这个意义上，哥伦布1492年发现美洲大陆是一个重要的转折点，因为地理大发现之后，西班牙人把玉米、甘薯、土豆等新世界作物带回欧洲，然后再传到中国，这些新粮种所代表的“创新”不仅提升了农业生产率，而且其生长不需要多水，这就强化了中国人抵御旱灾风险的能力，让粮食安全更上一层楼。[61]

玉米的故乡是墨西哥，大约在7000年前由当地土著从一种野生大刍草培育而成。后来的几千年里，玉米、甘薯等一直是美洲印第安人的主要粮食。在大航海时代开始后，玉米先传入欧洲，很快又成为世界三大谷物之一。玉米进入中国经由三条途径：一是从欧洲经波斯、中亚的陆上丝绸之路，于1560年传入陕甘地区；二是由西南陆路经缅甸，于1563年传入云南；三是经南洋群岛，于1572年从海路传入福建。之后，分别从这三处入口往周边扩散，到1768年已经覆盖各省，但有的府县要到1900年后才引种。[62]起初，玉米并没有大量种植，只是作为待客珍品或者点缀品。明代小说《金瓶梅词话》多次提到玉米点心，用以招待客人，甚至有一次西门庆请客，客人对早已习惯的好菜佳肴似乎兴趣一般，但对玉米面煎饼却兴趣甚浓。到18世纪后期，玉米产量仅次于稻麦，在杂粮中居首位。

同样来自墨西哥的甘薯（也叫红薯、番薯）在同一时期进入中国。据陈树平等的介绍，[63]甘薯主要通过云南和广东沿海这两条途径，于16世纪后半期引进，然后开始往周边扩散。但是，跟玉米一样，官方到18世界中叶才鼓励种植甘薯。内森·纳恩（Nathan Nunn）等介绍说，[64]土豆到17世纪末已在欧洲普及，并产生实质的影响。可是中国人不喜欢土豆的味道，所以到19世纪才开始在中国扩散。除玉米、甘薯和土豆外，从新世界引入中国的作物还有西红柿、辣椒、烟草、花生、南瓜等。这些作物对中国和其他欧亚社会的影响很大，称其为人类历史上农业的又一次革命并不过分。

在新传入的作物中，甘薯、玉米和土豆尤其引人注目，原因至少有三。一是能提高生产率，包括每亩产量。据李昕升与王思明的估算，甘薯在南方平均每亩增产高达45%，在北方更是可增产81%！[65]土豆产量也高，玉米比传统作物的产出高10%左右。二是能扩大种植面积。新作物可种植面积比水稻、小麦广泛很多，在山地、沙质土壤上也能种，中国近55%的土地适合种玉米，20%的土地适合种甘薯，而所有能种水稻和小麦的地方都适种玉米、甘薯甚至土豆。三也是更重要的，玉米、甘薯和土豆是"保险性粮食"，[66]对水的依赖度低，在旱灾年份也能生长，在水稻、小麦无法种植的气候环境下也能出力。[67]乾隆二十三年贵州《普安州志·物产志》中写道："有苞谷，苞而生如粱，虽山巅可植，不滋水而生。"

虽然玉米亩产量低于甘薯，但如李昕升和王思明所总结的，玉米有以下优势：[68]耐寒，可以在高纬度或高海拔地区种植，所以适合种玉米的地方远多于甘薯；种植期短，最短只需90天；未熟亦可食，在夏秋青黄不接之时最受青睐；早熟，可以避开夏季水患；跟米饭比，玉米给人更强的耐饥感；玉米棒可随处保存，无须修建专门的粮仓。因此，甘薯和玉米能在时间和空间两个维度上多样化生存资源，起到平滑消费、应对负面冲击的效果，是保险性粮食，还能提升每年的土地生产率和劳动生产率。无怪乎，时人能一口气总结出甘薯的"十三胜"：[69]一亩收数十石、遍地传生、无妨农耕、风雨不能损、凶岁不能灾、虫蝗无所奈何、生熟皆可食，等等。

明朝史学家苏琰在《朱薯颂》中谈道："甲申、乙酉间，漳、潮之交，有岛曰南澳，温陵洋舶道之，携其种归晋江五都，乡曰灵水，种之园斋。甲午、乙未间，温陵饥，他谷皆贵，惟薯独稔，乡民活之薯者十之七八。"这里指的是，1594年（万历二十二年）至1595年间，福建泉州闹灾，粮食歉收，只有甘薯依然丰产，泉州大部分农民靠甘薯充饥，安全度过了自然灾害。[70]乾隆皇帝也颁下谕旨，鼓励民间栽种甘薯："番薯既可充食，兼能耐旱……使民间共知其利，广为栽种，接济民食，亦属备荒之一法。"[71]

新世界作物在明末引进后，由于适应性极强，使全国耕种面积在清朝增加近一倍（其中当然有新开垦稻田的贡献），总产量大增。在1637年时，水稻产量占全国粮食产出的70%，但到1931—1937年下降到36%。[72]新作物产量大增减少了气候对农业的影响，特别是正如上述故事所说，旱灾不至于像原来那样带来大面积饥荒。那么，农民起义发生率是否因此而降低？一般暴力、犯罪等是否也有所下降呢？

从阿图罗·瓦曼（Arturo Warman）基于欧洲的研究看，答案是肯定的。[73]他发现，玉米的抗旱、耐寒、早熟等特征使其避险价值明显，玉米被引进后，欧洲社会的暴力显著下降。2011年，纳恩与合作者发表了一篇论文，[74]研究土豆对欧洲人口的影响。土豆虽然于1492年后很快引种欧洲，但到17世纪末才基本完成在那里的传播历程，可是，并非每个欧洲国家都适合种植。他们发现：1700—1900年，在人口增长速度与城市化进程上，适合种土豆的国家都显著超过不适种土豆的国家，而且，其间欧洲人口增长的26%、城镇化率升幅的27%~34%都归因于土豆，欧洲人也因为土豆身高平均增加半英寸（约1.27厘米）。在2017年，他们完成一项新研究，把样本范围扩大到包括欧洲、北非和近东国家，[75]发现土豆使这些社会在1700年后的两个多世纪里暴力频率持续降低，尤其是一般暴力显著下降。这些发现当然不是偶然，而是因为土豆增强了气候风险应对力，减少了"饥荒"的发生频率，拉低了当地人诉求于暴力的必要性。

上一章谈到，明朝从15世纪后期到17世纪中期处于"小冰期"，旱灾频发，在北方引发许多食人事件，而在18—19世纪的清朝旱灾也不少，但食人事件案发频率显著低于明代。[76]之所以如此，除了清朝官府赈灾幅度加大之外（第十一章），玉米、甘薯、土豆的普遍引种也贡献不小，新世界粮食提升了农民应对灾害风险的能力。

贾瑞雪研究了甘薯对中国动乱频率的影响。[77]她先整理了明清 18 个省份引种甘薯的时间，然后，收集了 1470—1900 年间 267 个府内发生的农民起义、气候条件等信息，分析发现：15 世纪以来，在引种甘薯前，旱灾年份里一个府有 0.8% 的概率发生农民起义，几乎是正常年的 3 倍；但引种后，即使在旱灾年，农民起义的概率也只有 0.2%，下降了 3/4。此外，在引种甘薯前，即使发生小旱灾，农民起义的概率也比平时高两倍多，但引种后，小旱灾几乎不再增加农民暴动的倾向，社会因甘薯而稳定很多。因此，不管是吃稻麦还是甘薯，只要肚子饱了，起义的意愿会显著减少。当她改为以清朝 18 省为基本分析单位时，发现在甘薯引种之后，即使出现旱灾，农民起义的冲动基本跟正常年份无异。另外，因为作物和动物在大水之后仍然还能生长，所以涝灾并不增加农民起义的频率。

陈永伟等考察了玉米对清朝社会治理的影响。[78]他们研究的结果是，尽管玉米在清朝早期遭遇抵制，但对中国的影响基本跟欧洲一致：玉米帮助降低了农民起义频率、减少了暴力，但是由于玉米便于山上旱地种植的特征不仅有利于老百姓，也同样有利于长居深山的叛匪，因此玉米对清朝治乱有过复杂的影响，康熙曾禁止种植玉米等，直到后来乾隆解禁为止。总之，玉米、甘薯的抗旱性帮助“解离”了暴力与灾害风险间原本形影不离的联系。

1500 年时，中国人口大约为 1.3 亿，而到 1900 年膨胀至 4 亿，这种人口增长不仅影响了中国社会的政治、经济、文化与生活方式，而且也深深影响了世界近代史。那么，新世界作物对此增幅有多大贡献呢？陈硕和龚启圣整理了玉米对清朝 267 府人口的影响。[79]由于这些地方引种玉米的年份相差很大，因此他们借助双重差分法（亦即对比已引种玉米的府跟还没种玉米的府，看它们在同期人口变化之差别），分析发现：18 世纪、19 世纪期间，引种了玉米的府人口密度显然更高，人口增长更多；而且种植玉米的时间每多 10 年，人口密度就多涨 5%~6%；仅玉米引种这单一因素，便可解释 1776—1910 年间这些地区人口增长量的 18%~27.2%。在研究设计中，考虑到珀金斯认为从 14 世纪至 20 世纪，中国粮产量增长的 45% 是早稻所致，这两位教授希望知道他们的结论是否受此影响。于是，他们改为仅用北纬 33° 以北的地区作为子样本进行分析，因为早稻生长严重依赖光照，而北方光照时间有限、不具备种植早稻的条件。他们发现，在北方，玉米对人口密度、人口增长的影响同样重要。玉米的"雪中送炭"特征显然强化了风险应对力，促进了人口增长。

到目前，还没有估算甘薯和土豆对 16 世纪后中国人口增长的贡献。龚启圣教授在一次量化历史讲习班谈道，玉米、甘薯和土豆对清代人口增长可能有一半左右的贡献——当然，贡献大小的精确估值还有待更多研究。但就新世界粮食对清朝人口增长的贡献比较大这一点，复旦大学历史学教授侯杨方提出质疑，[80]认为平均产量占比不高的新作物，怎么可能贡献很大？

在 2016—2017 年，根据国家统计局的数据，玉米产量占全国作物总产量的 40% 左右。李昕升和王思明把不同经济史学者的估算总结在一起：在 20 世纪 30 年代的中国，"常年"玉米产量平均占 6.8%、甘薯占 14.2%，一共为 21%；而在清代，1766 年玉米和甘薯产量占比分别为 0.97%、0.36%，1812 年分别为 1.73%、0.64%，1850 年分别为 2.31%、0.84%，之后继续稳定上升。[81]他们的估算跟其他学者出入比较大，比如吴慧的估算是，1812 年玉米、甘薯在粮食消费中占 14.39%。[82]到底谁的估算更为准确，可能还需要后续研究。但是，“常年”产出占比低的新作物之所以对整体人口增长的贡献照样可以大，是因为它们是“保险性作物”“救急作物”，认清这一点很关键。也就是说，在“正常年份”，玉米与甘薯的产量占比可以很低，低得几乎没人注意，也没必要高，靠稻麦这些主粮即可；但是在“非常年”，亦即主粮缺产的旱灾年，农民可以在夏季或更晚追加种植玉米、甘薯与土豆，让这些作物在“活命”关头唱主角，“雪中送炭”！这样，从时间序列看，“保险性作物”的产量跟稻麦产量正好负相关，此消彼长。因此，“常年”玉米、甘薯的产量占比的高低不是衡量“保险性作物”价值的指标，玉米、甘薯产量占比的跨年度“平均值”恰恰不能反映这些作物的价值。

尤其要注意，在任何一年，中国东西南北中各地不可能同时出现旱灾，而是某些地区旱灾，其他地区无灾。所以，虽然全国的新作物产量占比也许年平均只有 3%，可是如果这 3% 的产量都来自受灾省份，那对这些省份就会是一个大数，可以救很多人命！为说明这一点，我们举个例子。假如某年有 10% 的省份经历旱灾，而且这些省的作物产量占全国总产量的 10%，那么在旱灾之下，这些省的玉米、甘薯产出占其粮食产出的 30%，弥补了旱灾对稻麦产量的冲击，而同年无旱灾省份的新作物产出为零；这样一来，玉米、甘薯产量只占全国产量的 3%，但是这些产出集中在旱灾省份，正好解决其救急挑战，保住口粮，能减少或避免饿死人，并确保生育的正常进行。灾荒对人口增长的冲击，不只是因为有人饿死，更是因为处于生育期的壮年难以怀孕生子。在饥荒时期，受儒家文化影响的壮年夫妻上有老、下有小，更可能把有限的粮食给长幼用，自己饿着（比如上一章讲到的二十四孝之“割股疗亲”和“埋儿救母”）；而壮年夫妻是人口增长的主角，他们作为饥荒的最直接受害群体，会最大化打击全社会的怀孕生育能力。在这种时候，有救急作物给壮年夫妻“雪中送炭”，是确保生育率和人口增长的关键，其边际重要性无可置疑。换言之，正如本书强调不能只以生产率也要以风险应对力来判断人类创新的价值一样，我们不应该只看玉米、甘薯占“常年”产出的平均比例有多低，而应该看到新作物是否使每个地区的粮食总产量变得更平稳（降低食物风险）。平滑食物供给，这才是理解新世界作物的要点。[83]

我们也可以从今天的保险产品认识这一道理。以汽车保险为例，假如每年发生车祸的概率为 2%，一旦发生车祸，修车加医疗赔偿为 10 万元，也就是说，每年的车祸预期损失为 2000 元（2% × 10 万元）。由于保险公司有各种运营开支等，它们必须多收 5% 的费用，亦即张三每年交 2100 元保费买汽车保险。那么，如果他错误地把保险品看成“投资品”，并以每年平均投资回报率来评估其是否合算，那这项汽车保险每年的预期回报为–100 元，平均回报率为–5%。由于每年发生车祸的概率为 2%，“平均”50 年发生一次，意思是，张三可能在未来 49 年或更长时间里，年年支付 2100 元保费，但从保险公司得不到一分钱赔付！那么，张三是否应该因为没看到赔付、平均回报为负，而不再买保险呢？不该的，因为保险品的作用在于“雪中送炭”，虽然大多数时候是赔钱，但只要关键时候管用就行。玉米、甘薯、土豆“常年”占比低，这没关系，只要灾害发生时能唱主角，就对个体福利改善、人口增长起到决定性作用。这是我们理解许多人类创新，即文明化发展的关键：或许没帮助提升生产率，但为民众排除或降低了风险冲击的影响。

结语

从携犬打猎到离河边一定距离居住，再到定居农耕、储藏食物、引种新世界粮食等，人类推出了许多技术创新，包括这里无法系统介绍的千千万万种其他技术创新，有一些可以从生产率维度解释其正面贡献，另一些是生产率无法解释的。一旦我们不只以生产率作为标准，而是也考虑是否强化人类的应对风险力，那么一些原来无法解释的进步努力就变得一目了然。定居农耕的发明就是经典一例。从1万多年前开始，先是在中东的新月沃地，后来陆续在世界其他6个地方，分别独立地发明了定居农耕，人们安顿下来，驯种植物与驯养动物，发明跨期储藏技术。从本章看到，定居农业虽然导致劳动生产率下降，但能提升人类应对风险的能力。具体到考古证据层面，虽然狩猎采集者比农民在身高上要高，但原始人骨骼上哈里斯线数量平均为9根，而早期农人平均为4根，这说明狩猎采集者的食物消费波动性比农民大1倍多，在成长期更经常遭遇饥饿。定居农耕使食物消费更有保障，也为文明起源奠定了基础。

再如风干、腌晒、加工等烹调技术，表面看似乎是为了丰富味道，未必提高劳动生产率，但实际上却是很重要的防患未来消费风险的创新，因为处理过的食物更有利于跨期储存、平滑消费，因此也是进步。在定居农耕以及伴其而来的这些创新强化了人类的风险应对力之后，一般自然灾害就不再像狩猎采集时期那样逼迫人类逃命、制造社会动乱了，这就是为什么引言和第一章讲到，农业社会的战争死亡率远低于狩猎采集原始社会。[84]

哥伦布于1492年发现美洲大陆，这是改变人类文明化进程的另一大创举。这一创举除了开启海洋贸易和全球化之外，也因为带给了欧亚前所未有的“保险性作物”，使欧亚社会人口大增、暴力频率下降。就欧洲而言，玉米引进后使其暴力频率下降。纳恩和合作者在两项系统研究中，先是证明1700—1900年间欧洲人口增长的26%是因为引种土豆，然后在另一项研究中进一步用欧洲、北非和近东国家1400—1900年间的数据证明，土豆给这些社会带来了长久的暴力下降，改善了社会秩序。[85]这说明，平克所阐述的人类暴力长久下降趋势，显然离不开新作物的贡献。

而在中国，关于玉米、甘薯、土豆的贡献，最近几年史学家争议较大。学者认为，到19世纪初这些作物的产量还只占粮食总产量的几个百分点，怎么可能对中国的人口增长和社会稳定贡献很大？前文谈到，这种疑惑来自以往只用“常年”“平均产量”评价作物重要性的习惯，这种评价标准适合主粮，但不适用于“保险性作物”。主粮解决“常年”的消费需求，而“保险性作物”是解决“非常年”的需要。只要新世界作物能在“非常年”起到救急救命的作用，即使“常年”的产量占比低，它们对人口增长、社会稳定照样很关键。这些新作物在生产率和应对风险力这两个维度都有贡献。贾瑞雪、陈硕与龚启圣的实证研究表明，甘薯和玉米的确降低了清朝社会的食物风险，使社会更稳定、人口增长更快，这些发现跟美洲作物对同期欧洲的影响一致。有意思的是，这些作物通过稳定社会秩序，间接地为工业革命的到来奠定了基础。[86]因此，美洲作物在世界的传播可以说是农业革命之后的又一次“飞跃”，属于第二次农业革命。

在人类漫长的文明进程中，所创新的硬技术、新品种远不止本章介绍的这些，有的是提升了生产率，但可能更多的是改善了人类应对风险挑战的能力。空调的发明是另一个例子，它可能提升了一些群体的生产率，但更重要的是改善了人类的生活质量、降低了暴力犯罪。在美国，高温的夏天不仅降低劳动产出，而且引发更多暴力犯罪和死亡。五位学者在2015年的一份研究中发现，[87] 1960年之前，全美每年的死亡人数与高温（26.7摄氏度以上）之间显著正相关，但是在1960年后，由于空调的普及，高温期间死亡人数平均每年少1.4万人。空调技术创新显然降低了暴力，延年益寿。

如何评价避险性创新对文明化的价值呢？当代行为经济学研究发现，人类有严重的“损失厌恶”，获得收益的欢乐远低于遭遇等量损失的痛苦。[88] 19世纪，哲学家叔本华在《论生存的痛苦和虚无》中说，“我们对痛苦的敏感几乎是无限的，但对享乐的感觉则相当有限”，他解释道：

> 人和动物之所以表现出不尽相同的情形，首先是因为人想到了过去的和将来的事情——这样，经过思维的作用，所有一切都被增强了效果。也就是说，由于人有了思维，忧虑、恐惧和希望也就真正出现了。这些忧虑、恐惧和希望对人的折磨更甚于此刻现实的苦、乐，但动物所感受的苦、乐则只是局限于此刻的现实。也就是说，动物并没有静思回想这一苦、乐的浓缩器，所以动物不会把欢乐和痛苦积存起来，而人类借助回忆和预见却是这样做的。对于动物来说，现时的痛苦也就始终是现时的痛苦，哪怕这种痛苦无数次地反复出现。[89]

因此，人类对未来风险与不确定性的忧虑和恐惧是加剧现时痛苦的主因，也是区分于动物的地方。而避险性创新虽然不一定提升生产率，但可以帮助人们摊平风险、减少痛苦、增加幸福。只有兼用生产率和风险应对力这两把尺子，我们才能更全面地认知人类过去做过的各种创新。

第三章

迷信的起源与价值

无论是现代国家、中世纪的教堂、古老的城市，

或者古老的部落，任何大规模人类合作的根基，

都在于某种只存在于集体想象中的虚构故事。

—

尤瓦尔·赫拉利

《人类简史》[1]

人若是能用成规来控制所处的环境，

或人的遭遇总是幸运的，便绝不会去相信迷信。

然而，人常常陷于困境，成规无能为力。

又因为人所渴求的好运不是必然的，

人常常因此反复于希望与恐惧之间，甚为可怜。

因此，大部分人是易于轻信的。

—

斯宾诺莎

《神学政治论》[2]

如果说文明是一系列被证明有用的虚构故事的累积，那么“迷信”算是人类最早发明的一类虚构故事，而且为之后的文明化进程奠定了基础，其影响持续至今。记得笔者小时候在湖南农村，常听到大人警告：“要守规矩哦，否则，要被雷公打！”当然，雷暴是客观存在的，但雷公是虚构的，相信雷公存在、认为他奖罚严明，那是迷信。可是，这种迷信对规范小孩甚至大人的行为、建立规则和秩序，效果非常显著：一听到这种威胁，没有小孩不立即改变行为的。没有规矩，不成方圆，由此，迷信是方圆，即秩序的基础。[3]

在人类暴力长期下降趋势的背后，迷信发挥了相当的作用。对于熟悉科学的现代人来说，可能觉得奇怪，迷信不是非理性、反科学的嘛，怎么会在历史上有过积极贡献，甚至在继续发挥作用呢？原因在于，只要人类面对不确定性与风险，只要还有科学没法解释或应对的事与物，那么，迷信就有它的价值。迷信从一开始就是人类对未知环境的一种反应，虽然迷信不一定提升生产率，也不一定改善人的物质生活，但可以从心理上提升人类的风险应对力，也可帮助树立秩序所需要的权威。在本章中，我们就聚焦这个话题，探讨“非理性”迷信背后的“理性”。

迷信包含两个层面的含义。[4]一是信念层面。在信者看来，迷信是颠扑不破的学说。而按照长久沿袭的柏拉图的观点，知识是得到证成的、真实的信念。[5]如果在“证成”和“真”之中的任一维度上偏离知识的定义，那就会构成迷信。因此，迷信既包括没有充分证据证明的信念，也包括当事人笃信不疑、实际却无效果的情形。[6]二是行为层面。当事人仅仅持有“虚假”的知识而不践行，也不足以构成迷信。[7]将这两个层面结合起来，比较全面的定义是：在缺乏足够依据的前提下，相信行为和结果之间存在因果联系（实际可能并不存在），并据此有意识地采取行动，这就是迷信。迷信既反映了人承认自然规律的存在，又反映了通过没有经过验证的知识操纵自然的愿望。因此，迷信和巫术是分不开的。[8]

在李泽厚看来，人类社会不管东方西方，起初的智人都先发明了“巫术”（迷信），然后再从巫过渡到“史”与“礼”，再到基于理性的科学。[9]他说，“巫术礼仪”是极为复杂的整套行为、容貌、姿态和言语。由于它是沟通神明的圣典仪式（holy ritual），不能有一点差错。因此对巫师本人、参加操作者以及整个氏族群体成员，都有十分严格的要求和规范，必须遵循，不能违背，否则便会有大灾难降临于整个群体。巫师操作的细节后来演变为各种方术、技艺、医药等专门之学。其次，人的“吉”“福”，被想象是通过这种巫术礼仪的活动，影响、强迫甚至控制了鬼神和天地而发生的。而且，在迷信活动中，情感因素极为重要，巫师和其他参与者必须具有某种迷狂状态，投入充分且无意识的强烈情感，否则就不灵。

那么，迷信就只为个体的精神需要或灵魂安慰而做，没有利益诉求、物质动机吗？当然不是。试想，几万年前，人类没有文字和科学，不懂自然是怎么回事，更没有预防风险的工具和手段，每天自然世界发生什么，是自己不可预知、不可理解的，而一旦发生却可以决定人的死活，该怎么办呢？一种可能的回应是放弃这世界，不活了。另一种更积极的理性回应，是虚构一套"在当时"能自圆其说的故事，告诉人们旱灾、水灾、雷雨、台风、瘟疫、地震、死亡、疾病、伤残等，都是"天意"，是"上天"对某人某事不满而给予的"报应"，亦即"天谴""天命"。这种"自我迷惑"不仅操作成本低，而且在客观上可以帮助人们被动地接受无处不在的风险，跟当今流行的"心灵鸡汤"异曲同工。此外，风险不仅危及食物供给，即个体生存，也威胁心理安全，带来负面情绪，甚至影响个体的理性判断力，而迷信可以帮助纠正这种判断偏差。这一章将谈到，在发明科学、家庭和金融等避险手段之前，迷信是人类针对风险和不确定性的一种理性反应、一种被动避险手段，并且也有助于稳定社会、降低暴力。

从康熙灾政看国家的起源

古人的许多创新不仅没有提高生产率，而且也是现代人无法理解的。迷信就是这样一种创新，其非理性程度很多时候是一目了然的，但如果没有发明迷信，人类文明可能真的难以起步，比如国家可能就难以起源，由国家建立的秩序也会无从谈起。康熙十八年的京师大地震就是一个经典例子，皇帝的应对措施和逻辑会让现代人匪夷所思。那年七月二十八日（1679 年 9 月 2 日）上午 10 点，京师发生强烈地震，"声如雷，势如涛，白昼晦暝”。震波一直持续到下午6点，地震强度达到八级。之后的十几天内余震不断，并且波及今天的河北、内蒙古、辽宁、山东、河南、山西、陕西、甘肃等省的130余县。[10]京城内，宫殿、民居损坏严重，房屋倒塌不少，“裂地成渠，出黄黑水及黑气”。当时正值夏天，遍地死尸，恶臭满街，惨不忍睹。

早在康熙十二年（1673年），京师就有过一次小地震。对此，康熙感叹“此乃天心垂异，以示警也”，并许诺益加修省，改进朝政。面对康熙十八年更大的地震，康熙认为，这是因为朝廷上下“用人行政，多未允符”，官员们“是非颠倒，措置乖方，大臣不法，小臣不廉，上干天和，召兹灾眚”。震后次日，皇帝连发谕旨，要求部院三品以上及各科道官、省督抚，就“今应行应革事宜”进行反省，并保护百姓，以期“挽回天意”。

《康熙起居注》和《清实录》记载了当时朝政的许多细节，从中可以看到，迷信是康熙灾政的核心理念。震后，康熙召集群臣问道：

“兹者异常地震，尔九卿大臣各官其意若何？朕每念及，甚为悚惕，岂非皆由朕躬料理机务未当，大小臣工所行不公不法，科道各官不直行参奏，无以仰合天意以致变生耶？”[11]

“顷者，地震示警，实因一切政事不协天心，故召此灾变。在朕固应受谴，尔诸臣亦无所辞责。然朕不敢诿过臣下，惟有力图修省，以冀消弭。兹朕于宫中勤思召灾之由，精求弭灾之道，约举大端，凡有六事，尔等可详议举行，勿得仍前，以空文塞责。”[12]

关于京师大地震后康熙及朝廷内的更多言行，这里就不多重复了，有兴趣者可参见王晓葵的综述。[13]从上面的引述已能看出康熙的逻辑，像地震这样的灾异，绝不是所谓的“自然现象”，而是源于执政不当，是上天警示“顷者地震示警，实因一切政事不协天心”，所以文武大员必须认真检讨自责，写成祭天文稿，然后大臣们前往天坛祭拜，以求上天宽恕。此外，通过祭拜向上天报告天朝治理状况，也告示百姓：天子之权乃上天所赐，皇权至高无上，[14]无可挑战。

图 3.1 始建于明朝永乐年间的北京天坛

北京天坛始建于明永乐十八年（1420 年），初名天地坛，于嘉靖十三年（1534 年）改称天坛，专用于祭天，另在北郊建方泽坛，用于祭地。清廷入关后，沿袭明制，祭天拜地仍为最严肃之事。《大清律》规定：“每逢祭祀，于陈祭器之后，即令御史会同太常寺官遍行巡查，凡陪祀执事各官，如有在坛庙内涕唾、咳嗽、谈笑、喧哗者，无论宗室、觉罗、大臣、官员，即指名题参。”[15] 随祭人员无一不是诚惶诚恐，胆战心惊。如乾隆四十七年四月初六，皇帝到圜丘坛举行常雩礼求雨，官员因三件事遭惩办：祭坛祝版上的文字写得不够工整，具服台更衣幄次设的坐褥不够整齐，按规定应悬挂三盏天灯少了一盏。京师大地震后，康熙派大臣往天坛祭拜，当属常规。可是，各官告祭天坛后，似乎上天还不满意，余震续发。

看到这些，康熙决定斋戒，并亲自率诸王、文武官前往天坛祈祷。“前以地震示警，朕恐惧修省，夙夜靡宁，已经遣官虔告郊坛，乃精诚未达，迄今时复震动未已，朕心益用悚惕。兹当虔诚斋戒，躬诣天坛，亲行祈祷。”[16]

康熙帝的逻辑似乎让现代人无法理解：像地震这种自然现象，怎么是上天给朝政的打分评价呢？而且，天坛祭拜真的能取悦上天，终止地震吗？可是，这种基于迷信的灾政逻辑不仅主导中国和世界许多社会数千年，而且更重要的是，这种非理性迷信是现代民主制度出现以前国家秩序得以维系的基础性法理。也就是说，在迷信的“非理性”背后，存在宏大的“工具理性”，因为如果没有这种虚构故事做支撑，传统的文明秩序就难以建立。所以，神坛等祭祀建筑在都城中都举足轻重，朝廷必集中人力、物力、财力，最完美地建造这些建筑。

这些记载清晰折射出王朝的合法性来源和治理方式。皇帝深信灾害的起因是“一切政事不协天心”，这种“天意”“天心”当然为虚构，但却是“国家权力”的合法性来源。[17]在古代社会，没有迷信就没有王朝统治的正当性。夏有大禹治水的神话：禹花十三年时间解决了折磨两代人的水患，他如果不是神，是什么？是神当然就有统治合法性，而禹的儿子启就不需要新神话，其合法性在于他是禹的儿子。后来，汤暴力推翻夏、建立商朝，可是作为创世帝王，汤又面对合法性挑战，否则单靠暴力难以维系统治，治理成本高。所以，他的团队推出“汤祷桑林”的神话，据《吕氏春秋·季秋纪·顺民》记载：“汤克夏而正天下，天大旱，五年不收，汤乃以身祷于桑林曰：余一人有罪，无及万夫，万夫有罪，在余一人，无以一人之不敏，使上帝鬼神伤民之命。于是剪其发，鄽其手，以身为牺牲，用祈福于上帝，民乃甚悦，雨乃大至。则汤达乎鬼神之化，人事之传也。”也就是说，商汤统治的正当性是基于跟夏完全相反的巫术故事：解决了大旱问题，而他的自责求雨逻辑跟三千多年后的康熙几乎一样。汤之后，商代其他帝王就不必新造神话，只要按血统继位就属“合法”。

等到周灭商，就要再造迷信，重建“合法性”。赵鼎新在《东周战争与儒法国家的诞生》中说，“在推翻商朝之初，周朝统治者遭到商朝贵族的强烈敌视和反抗。为了缓解商朝遗民的抵抗并取得他们的合作，周朝建国者创造了‘天命’的说法，试图以此劝告商朝遗民：周之所以代商而立，是因为商朝统治者的暴虐统治使商丧失了‘天命’”。[18]也就是说，商王违背民意、失去民心（即违反天意），所以上天派周王而至。虽然这都是出于宣传王权合法性，但是周王所推动的迷信跟之前的相比，与现代统治合法性的观念更接近，其神话程度也低了一些。到汉时期，“天命观”被董仲舒的“天人感应”进一步系统化，成为之后中国政治思想中的关键要素，以至于汉以来各王朝都基于“天命”找合法性，年年祭拜上天，等等。“既然自然的‘天’不直接使人成为人，天意往往要通过一种世间权威进行表达与实现，那么上达天意下治黎民的君主就掌握着某种‘通天彻地’的权力。”[19]但问题是，几乎谁都可以像周王那样重编故事，说自己“授天命”前来推翻旧王朝、建立新政权。于是，“中国历史上难以计数的农民起义活动，无一例外都带有这一观念的胎记”。[20]第一章介绍的笔者与林展的研究发现，[21]中国历代皇帝有 36.8% 死于非命，其中 66.5% 是死于朝廷内部人之手（包括身边的大臣、宗亲、外戚和近侍），有 7 位皇帝（占所有皇帝数的 2.6%）被农民起义军所杀，这些数据足以证明基于“天命”迷信的王权统治是何等脆弱，给太多人留下“刺破”虚构故事的空间。[22]

从上古到近代，不只是中国历史上王朝统治合法性靠巫术迷信，古埃及的法老、南美洲印加帝王等，也都说自己是太阳神之子，欧洲国王说自己是“天子”。古埃及大约在公元前3100年建立国家，国王被称为“法老”；为了把自己是“神的化身”的故事形象化，法老还给自己修建巨大的陵墓金字塔，强化臣民对其权威的迷信。印加帝王也不惜重金建造太阳神庙，[23]通过宣传让迷信深入人心，建立政权的合法性。印加神庙的主祭坛坐西朝东，殿顶极高，远远能见；神殿墙壁都铺上金箔，太阳神像占据一面内墙，其两旁放着已故先王的遗体，目的是让臣民亲眼看到印加帝王真的是太阳神的后裔。日本也不例外，其皇帝叫“天皇”，表明他非凡人，是上天派到凡世的统治者，与周王的天命观异曲同工。

19世纪末，梁启超在《清议报》将瑞士政治学家伯伦知理（Bluntchli Johann Caspar）《国家论》中的一段论述介绍到中国：[24]

方今国民，苟以文明自许者，莫不以神道政治为诈术诡道，凡政略有此臭味者，概摈斥之以为鄙陋，有害往时未开化之民，以云气雷鸣，验神之喜怒；以飞鸟之去来，神钱之符号，卜事之吉凶，或以巫祝之妄方为神托，此种神怪浅陋，今世之人，岂有信之者哉。近世君主，欲擅其威福，乘民之迷信宗教，托于神者有之，人人知其妄诞，皆曰神既赋人以智识，使人各赖其力，以图生存之道，与其候难知之神意，以决国务，不若出我天禀之思虑，以处理之也。

梁启超不仅把“迷信”一词引入中文，也借助伯伦知理开始讨伐基于“天子”迷信论的王朝体制。可是，基于“天子”“天命”迷信的“国家”治理体系非一个梁启超所能撬动。

正因为如果没有这种迷信，或者人们不接受、不信迷信，诸如“真命天子”之类的说法就无用，皇权、国家权威就不复存在，所以数千年里，精英努力将治理体系精细化，包括司法理论与实践也深受迷信影响。比如，死刑被认为是上天意志的体现，帝王只是代天作罚，行刑时间按天意确定。《礼记·表记》中说，孔子对夏商周君王的治国策略是这样解读的：“子言之：昔三代明王皆事天地之神明，无非卜筮之用，不敢以其私，亵事上帝。是故不犯日月，不违卜筮。”意思是，三代明王事事照天意而行，以此让老百姓相信帝王行动是天意所授，并要求民众“信时日，敬鬼神，畏法令”（《礼记·曲礼上》）。为做到信时日，《左传》建议“赏以冬夏，刑以秋冬”，因为秋季草木凋零，是一派肃杀之气，此时行刑更能顺应天道；[25]西汉规定，行刑在十月至腊月间，立春后就不能再执行了；在唐代，如果不是在秋分至立春之间处决死刑者，则要判一年徒刑；其他朝代也基本如此，只在细节上有少许差别。此外，行刑的具体日期、时辰也有规定：唐时期，行刑不能在大祭祀日、致斋日、朔日、望日、上弦日、断屠日月、二十四节气、假日以及下雨未晴的日子进行；对行刑的具体时辰，白天行刑必须等到午时，夜间行刑必须等到天明。[26]这些规定当然是迷信，因为没有证据表明不如此做就真的有恶果。但在古代，国家靠迷信建立，社会靠迷信治理，有一套一以贯之的“天意”“天道”逻辑。

李泽厚从巫史角度解读中华治理体系的演变，[27]谈到周公在总结反思殷商覆灭的基础上“制礼作乐”，完成“由巫到礼”的转变。也就是说，上天、鬼神的构造在于威慑人，借助迷信给“礼”和治理秩序提供必要的威慑基础。比如，当今社会还常用的诅咒语“做这种恶事，要被雷公劈”“苍天有眼”等，是否管用取决于人们是否相信上天存在、迷信巫术，这就取决于能否成功宣传迷信。只有在巫术迷信具有威慑力的条件下，统治、礼制与道德才有基础，信则灵；否则，国家、礼制与道德只是空中楼阁，无立足之地。在李泽厚看来，夏商周三朝，尽管都有各种专职的巫史祝卜，但仍然由“王”作为最大的“巫”，沟通神界与人世，最终由君王一人体现“巫君合一”（即政教合一）和“人神合一”。夏禹、商汤及至周王，都是集王权与神权、人与神于一身的大巫。之间的关联又充分体现在巫的实践上，商王通过祭祀、操纵甲骨占卜定夺国家大事，而周公甚至直接把《周易》卜筮的应用转化成了解梦工具，流传至今。这一点，可称为巫术的外在理性化，将一个虚构的“天命”故事变成理顺国家秩序的工具。康熙于天坛祭拜天的意义类同，是他作为“大巫”的必需职责，以宣扬巩固“天命”“天意”迷信。

既然“大巫”如此敬畏天意，鬼神对大众的威胁力就自不用说，就给“礼”“义”与治理秩序提供了必要的基础，增加了不礼、违规、作恶的成本。道德伦理没有法官维护，也没有掌握强制力的警察去执行，但我们从小被告知“公正世界”的存在：以德行事之人终将得到奖赏，而逆德之人将遭惩罚，[28]或“善有善报，恶有恶报，不是不报，时候未到”。《太上感应篇》强调，商人借取不还、以次充好、缺斤少两等行为是“取不义之财”，并进一步阐释：取不义之财，犹如“漏脯救饥，鸩酒止渴”，后果是“非不暂饱，死亦及之”！[29]可是，这些规范靠什么执行呢？当有人不再相信公正，并横行残暴、为非作歹、奉行传播“直如弦，死道边；曲如钩，反封侯”“杀人放火金腰带，修桥补路无尸骸”等观念，社会怎么制止呢？“末日审判”的威慑如何兑现？事实上，善人也可能因天灾落难，恶贯满盈者反而可能安度余生。针对这些挑战，人类早就发明了一系列迷信：“苍天有眼”“做这种事，要被雷公劈死”，等等。这就需要人们广泛接受迷信，也是李泽厚“由巫到礼，释礼归仁”

之意，正是这些迷信的威慑力使礼与道德秩序有了可能。没有迷信，就难有道德秩序，所以朝廷需要扩建天坛、地坛等各种神坛。

通过在观念层面增加行善的收益、抬高作恶的成本，迷信使道德治理秩序有了基础。然而，迷信达到这一目的的渠道还不止于观念，也会通过具体刑法。前文说到，古代中国的行刑要随天意而定，在现代以前，世界很多地方的司法行为也要依赖神的旨意。在欧洲，法庭可能把嫌疑人扔到河里，根据浮沉的结果判案，如果沉下去，就说明有罪；同样是欧洲，司铎会让嫌犯光脚走过火红的烙铁，根据其是否受伤做出最终裁决；在非洲，部落首领会让嫌疑人喝下一种配方神秘的液体，是否能洗刷罪愆，取决于嫌疑人最终是否中毒。[30]今天，我们也许觉得这种“司法”愚昧而野蛮，不仅无法分辨清浊，还会误伤无辜。然而，有迷信观念做后盾时，这些断案法的准确率可能高于我们的想象。在中世纪的欧洲，人们普遍信仰上帝；在当时的非洲，人们都相信首领是神灵的化身。如果所有人都确信神可明断忠奸，而又清楚了解溺水的苦痛、烙铁的灼烧或神秘液体的毒性，那么威慑之下，有罪者和无罪者的最优决策大不相同：对于前者，为何不直接认罪，还要多吃一道苦？对于后者，既然自己清白，那神灵必然会庇佑自己。通过观察嫌疑人接受神断时犹豫的程度，法官、司铎或部落首领即可断定嫌疑人是否清白。接着，通过操纵神判的类型和严酷程度，他们可以精准地实现惩恶扬善的目的。[31]

由此看到，虽然迷信不能消除风险，基于巫术的王朝必然内含不稳定性，但是当社会广泛接受迷信，王朝统治和道德秩序就有了相对低成本的基础，国家就不仅能起源，而且治理与维护变得可行。也就是说，迷信带来社会秩序，秩序使未来预期更加可靠、违约风险降低，纠纷和冲突就会减少，暴力和战争的频率也会下降。从这个意义上来说，虽然到周朝，暴力和战争还是很频繁，但跟远古时期相比，周朝应该进步很多，其暴力频率应该大有下降。[32]可惜到目前还没看到对商周时期暴力程度的量化研究，但据平克对其他社会的历史研究的汇总，[33]到19—20世纪，在还没形成国家的27个原始社会中，平均每10万人中一年有550~650人死于战争，而20世纪的现代国家（有政府的社会）里，每10万人口中一年大约有60人死于战争。因此，具有现代政府的国家跟还没建立政府的原始社会对比，战争死亡率相差10倍。另外，平克注意到，根据出土的尸骨判断，在近代澳大利亚、菲律宾、南美洲还遗留的无政府社会（要么是狩猎采集原始社会，要么是半农耕社会），死于暴力（包括战争和一般暴力）的人数占比为24.5%（即每100人中最终有24.5个会死于一般暴力和战争），而即使在战争不断的17世纪欧洲，死于暴力的人口占比也只有2%。[34]可见，虽然王朝国家的合法性源于迷信，但巫术王朝建立的秩序也是秩序，使跨期互助合作比以前牢靠，开启了文明化进程。

当然，迷信化解暴力的通道不只是通过“天子”建立国家的统治权威，还可以通过促进产权秩序和合同安全，减少纠纷冲突风险。以产权为例，当产权界定不清晰或保护不充足时，产生冲突的可能性会相应提高，交易风险因此增加。[35]不同文化发展出了多种解决这类问题的迷信。在欧洲，人们相信修士的诅咒确有威力，能让触怒他们的人倒霉。借助这一观念，修道院得以在缺乏政府保护的情况下守住自己的财产：对意图侵犯产权的人来说，迎接诅咒是必须考量的后果之一。[36]吉卜赛人中流行关于不洁的迷信：如果接触不洁的人，自己也要倒霉，于是，成为不洁的人意味着被整个社区放逐，只能游离在社会的边缘，诸如盗窃、抢劫等侵犯产权的行为都会使犯者变得不洁。结果，哪怕不借助暴力，吉卜赛社区也能对挑起争端的人施加处罚。[37]这些迷信和观念的作用方式就形同阿夫纳·格雷夫（Avner Grief）讲的“多边惩罚机制”

（multilateral punishment mechanism）：[38]通过社区成员拒绝与犯规者合作，实施集体惩罚。在中国文化中，迷信也是解决交易风险的重要工具：在双方交易、订立合约时，常写入“如有相违，人神共殛”“违约者被雷公劈死”等条款，对迷信者而言，这种诅咒远比官府更具威慑力。苏基朗在《刺桐梦华录》中谈道，古代商人为了降低毁约风险，商业契约都会诉诸神的力量，明代的合伙契约范本就包括以下条文：[39]“立合约人某某，窃见财从伴生，事在人为。是以两人商议，合本求利，当凭中见，各出本银若干…… 至于私己用度，各人自备，不许扯动本银，并乱账目。故特歃血定盟，务宜一团和气，苦乐均受，不得匿私肥己。如犯此议，神人共殛。”结尾处的“歃血定盟”“如犯此议，神人共殛”，就是唤起双方对超自然报应的敬畏感，给脆弱的合伙合同提供支持，确保其执行。如果各方对神灵的威慑力无信心，传统社会的产权制度和契约秩序会难以维持。

如果迷信帮助社会维持产权和道德秩序，这也会促成暴力纠纷的下降，强化文明化进程。步德茂在他的著名论述中，[40]对18世纪广东、四川和山东的土地纠纷命案进行了对比研究，其中，广东的土地命案自1736年至1775年前后一直上升，之后逐步下降，而四川在整个18世纪一直上升。步德茂的结论是：之所以广东暴力纠纷先升后降，是由于在18世纪中期两广总督大举鼓励垦荒、明确各地地权边界，在土地权界清晰之后，土地纠纷必然减少，故1775年后广东土地命案数下降。可是，18世纪的四川并没有出现土地产权秩序的改良，因此四川土地命案一直不降反升。所以，即使古代缺乏避险工具，而且自然风险频繁出现，但巫术迷信使社会相对有秩序、更稳定，进而促使一般暴力与战争死亡双双下降。

回头看，康熙应对京师大地震的方式与迷信逻辑，只是夏商周以来国家治理体系的延续，整个统治合法性基于迷信，因此日常理政救灾也必须以具体行为做实迷信，达到一以贯之的效果。邓云特说“民国十四年七月间，湘省亢旱成灾，省当局迎陶、李两真人神像入城，供之玉泉山。不雨，则又向药材行借虎头骨数个，以长索系之，沉入城外各深潭之中，冀蛰龙见之相斗，必能兴云布雨。又无效，则迎周公真人及所谓它龙将军者，并供之于玉泉山庙。仍无影响，则又就省公署内，设坛祭雨……”。[41]邓云特还列举了许多其他官府引神弄鬼的实例，这里就不重复了。迷信给看似不可理喻的混乱世界以某种结构和秩序，带来正面的文明化价值，而一旦迷之过头，代价也会无限放大。

民间迷信

在中国历史上，迷信远不止服务于王朝和国家治理。风险与不确定性在民间生活中无处不在，所以迷信也充斥着社会的各个角落，包括风水、八字、算命、吉日。[42]地方上有众多庙宇、神龛，供奉象征风调雨顺、五谷丰登的神明，其中雨神、水神、树神、畜神、虫神等为祭拜重点。[43]供奉这些神灵，是因为当地人有所求，企盼诸神帮忙应对“超人力”的风险。本节列举一些熟悉的案例，以展示迷信在中国社会的广泛性。比如，虫神掌管各类昆虫，在长江以北，蝗灾常年危及庄稼收成，于是虫神庙尤多。蝗虫繁殖奇快，一出现就遮天蔽日，破坏大片庄稼。惨痛的教训告诉人们，仅“下令捕虫”远远不够，在人力不足以解决问题的情形下，地方官就通过拜虫神祈求超自然力量的帮助。

古人在创新迷信故事上想象力丰富。其一是有关天气的神与庙，如风神、雷神、霜神，源于古时人们对天气变异的反应。正如前说，极端气候风险摧枯拉朽，击伤人畜，古人也认为是上天发怒的结果。《周礼·春官·大宗伯》称“以槱燎祀司中，司命、风师、雨师”。传说中，风神即风伯，又称风师，是人面鸟身的天神，对应二十八星宿中东方七宿之一的箕星，箕星一动，预示着有大风。雷神又称雷首宫，宝诞日是农历正月廿八，在这天，雷州半岛家家户户杀鸡杀猪祭拜，还请来醒狮团和鹰雄团、舞龙团、戏班、年例大巡游等，大舞大乐，祈祷风调雨顺、国泰民安。

其二是畜神，司职保护放养的牲畜，比如马神。它不仅保护马匹，还保护当地所有动物。据谭蝉雪总结，骆驼和马匹乃敦煌人生产、生活及军事不可或缺的交通工具，故春祭马祖，“伏以今月（二月）二十三日马群赛神，付设司桯刺叁束”，设燎坛祭拜，礼毕焚烧柴草。四月驼马入草赛神，五月夏祭先牧，八九月秋祭马社。[44]

其三是树神，司职保护树木。在中国南方，森林是重要产业，树神崇拜非常普遍。《太平御览》云：“卢江舒县陵亭有流水，边有大树，常有黄鸟数千枚巢其头，下有故祠，后见一妇人着绣衣，自称黄祖，能兴云雨。”[45]信仰树神的代表之一是古越人，其先民是先秦时的瓯越、骆越人及汉代的乌浒、南越人，他们信仰万物有灵。长势奇特的树木往往被奉为神明，他们非但不让砍伐，而且建有社公庙，时常祭祀，期望社公保佑一年四季风调雨顺、五谷丰登、六畜兴旺。此外，一些少数民族直接将树神与祖先崇拜连在一起，例如云南彝族有传说，其始祖阿搓在大洪水之后，从竹筒走出，与一松树变成的女性成亲，因此彝族将松树视为始祖而加以祭祀崇拜。如此种种，不一而足。

其四是水神，在汉族神话中，水神是传承最广、影响最大的神祇之一。传说共工与颛顼争夺帝位，不胜，怒而头触不周山，“天柱折，地维绝。天倾西北，故日月星辰移焉；地不满东南，故水潦尘埃归焉”（《淮南子·天文训》）。共工氏死后，人们奉其为水师，其儿子后土被奉为土地神，所谓“苍天在上，后土在下”说的便是他，可见人们对共工父子的敬重。水神在旱季带来祥云喜雨，在洪涝时帮助消除河道淤堵，还掌管龙王、雨神、河神。在农耕地区，祭拜水神的庙宇无处不在。

无论是官府祭祀还是民间对农业神的崇拜，皆体现出古人对自然风险虽有认识，却无有效应对手段，所以不得不虚构各式神灵让人祭拜；尽管这不改变自然世界的风云异动，却给当事人梦幻式慰藉，各行各业都有自己的神就证明了这一点。在商业领域，迷信与农业不同，因为商业成功不靠天地，而靠经验、知识与技能，受主题行为的左右，但也充满不确定性，因此也有求神需求。中国多数行业与商会都有相应的保护神。[46] 1924 年北京调查的 28 家行会中，只有 4 家没有祭拜祖师或保护神的做法。染工、酒商、裁缝、乐匠、理发师、厨师甚至说书先生，都有自己的守护神。

以建筑业为例，行业祖师是鲁班。鲁班生活在公元前 3 世纪，人称公输盘，尊称公输子，是手艺非凡的匠人。他的事迹在两千年中被神化，被许多行业奉为保护神，尤其是建筑业。建房过程中，关键阶段一个小错误都可能导致墙面倒塌，造成伤亡。为避免这种风险，人们借助超自

图 3.2 鲁班庙是祭拜建筑业祖师的场所

然力量。在奠基、上梁前，工匠举行祭祀仪式：首先，梁上挂一条预示好运的红布，接着上香、燃烛、烧纸钱，还供奉食物、酒水；然后，工匠们上梁，点爆竹，结束仪式。造船业在安放龙骨前，或进行其他重要工序时，也举行类似的迷信仪式；完工时，再举行仪式酬谢鲁班爷，通过祈福消除紧张感，也为下一个工程做好铺垫。

早期的医生都是巫师，或者说巫师同时为医生，占卜是治病的主要方法。[47]也就是说，医疗业从一开始就跟迷信分不开。在古代，人类对病是什么、为何生病当然一无所知，只知道莫名其妙的病可以致人死亡，因而正如李泽厚所说，医术由巫术演变而来。华佗是公元2—3世纪的名医，[48]后来被传为神医，演变成医药健康业的保护神，许多地方建有华佗庙。

尤其在古代，远海打鱼、航海是高危职业，出海前无法预知台风暴雨，在海上船员听天由命。因此，渔民、水手每次出海前都举行祭祀仪式，求神保佑，他们对超自然力量的迷信十分虔诚。也正因为远海作业的风险远高于内地种植业，沿海省份都有供奉天后的庙宇，广东、福建、浙江等沿海省份的人比内陆农人更迷信。传说公元10世纪，天后出生于福建一个渔村。还是小姑娘时，她就表现神异，誓不出嫁。她死后不久，有渔民远海遇险，在与风浪搏斗时看到天后的幻影，随即逢凶化吉。从此，天后成为渔业、航运业的保护神。在香港，庆贺天后诞辰是每年参加人数最多的节日盛会之一，在持续三天的庆典中，天后宫热闹非凡：数以万计的船民渔夫从各地涌入，小船主带一只鸡作为供品，富裕船商则带着烤全猪，感谢天后带给他们又一个平安年，并祈祷未来的平安。

财神崇拜则更加普遍流行，是中国各阶层都热衷的迷信，商人中尤其突出。不管是富商巨贾经营的票号钱庄，还是一般店铺，桌上都摆放着精美的神龛，神龛中央挂着财神画像，像前摆放供品（酒食、糖、香

图 3.3 神奇的天后宫

烛等），两侧则摆放象征生意的东西。新伙计加入、解雇旧伙计也通过迷信仪式进行。当然，商人只是这么做，没人去问问财神是否真的喜欢这些酒糖，抑或只是人类自作多情。不过，迷信不在于认真，而在于迷者心态，信则灵。

迷信不专属于古人，即使现今，不但老迷信没有消失，新迷信还层出不穷。清华大学建筑系博士研究生徐腾讲到，2016—2017 年河北易县的奶奶庙给人们提供各种神，几乎是人们需要拜什么神那里就给什么神，连驾车的“车神”都有，这显然是顺应当代人担心驾驶事故而创新的，[49] 车神也因此构成文明的一部分。图 3.4 给出车神尊容。

为研究中国基层信仰活动，哈佛大学杨庆堃教授在 1947 年对北方、东部、中西部、广东共 8 个地方的庙宇做了系统田野考察，[50]发现：察哈尔地区，每村平均有 6.5 座庙；河北望都县，每村平均有 5.7 座庙，每

图 3.4　河北易县奶奶庙中供现代人朝拜的“车神”

88.5 个人就有一座；广东南庆村，平均 30 户有 1 座庙。基层对于迷信的重视，不仅反映在庙宇数量上，也体现在信仰活动开支占家庭总开支的比例上，这一数字甚至高得惊人。比如，杨庆堃发现，1949 年夏天在南庆村，村民们毫不吝啬地花约 500 美元举行庙会、庆祝土地公诞日，却无力募集同等数额的钱修整村里水库，或筹集 1/3 的钱让穷人的孩子读书——宁可牺牲兴修水利和兴办教育的机会，也愿承担巨额开支支持迷信。为什么人们对迷信如此热衷呢？

从地理分布看，杨庆堃考察的 1786 个庙宇中，中西部绥宁、麻城的庙宇占比明显高于其他地方——相对于发达地区，经济落后地区更依赖迷信。就功能组成看，占比最高的一类庙宇是整合社会组织和提供福利的，约占 30%，其次是维系社会规范和道德秩序的。这两类加起来超过一半，说明庙宇在维系家庭宗族、社区关系和福利救急方面起重要作用。按行业分布，跟农业有关的保护神占据多数，高于商业保护神以及其他行业保护神。对于农耕社会，农业神所占比重在预料之中。此外，农业生产“靠天吃饭”，避险去灾的需求当然比较多。再就是，在杨庆堃教授收集的样本中，北方庙宇的神集中在农业神，商业神极少，而东部和广东的社区既有农业神又有商业和其他行业神，这反映了庙宇的行业分布跟当地经济结构相连，“经济需要”决定了庙宇类别：东部和广东的商业发达，因此对相应商业神的需要也多。这本身也证明迷信并非无由而来。

为了研究迷信的目的，杨庆堃教授收集了 500 个烧香者对“为什么烧香”问题的回答，表 3.1 是他的调查结果总结。从表中看到：排名前三的回答是治病、婚姻和出行顺利，分别占受访者的 96.8%、90.2% 和 88%；排名后三位的回答则是收成、家畜和官职，也都占一半以上。显而易见，求神拜佛的最主要目的都涉及不确定性和风险，是对未来不测风云的担忧，迫使人们诉诸迷信。依此，一旦人们能找到更主动的规避风险、解决不确定性的手段，对迷信的需求就可能不存在，至少会减少。另外，排名靠前的迷信初衷都与个人基本幸福最紧密相关。按照马斯洛的人类需求层次理论，前几个分别属于生理需求、归属感、安全需求，而相对靠后的如生意、官职则属于自我实现这一最高层次的需求。

表 3.1 对 500 个进香者抽签目的之调查[51]

功 能	数 量（个）	所占比例（%）
治 病	484	96.8
婚 姻	459	90.2
出行顺利	440	88.0
发 财	424	85.0
诉 讼	391	78.2
子 女	348	70.0
家庭问题	348	70.0

（续表）

功　能	数　量（个）	所占比例（%）
失　窃	346	69.2
搬　迁	308	60.2
生　意	290	58.0
收　成	273	54.6
家　畜	266	53.2
官　职	246	50.0

注：该表反映的是烧香者对“为什么烧香”问卷的回答，一个烧香者可能有多个目的。数据来源于杨庆堃 1947 年的田野调查。

迷信在其他社会

迷信作为人类对未知世界、风险的第一反应，不只是中国社会的普遍存在，在世界各国也都盛行。伯伦知理在《国家论》中说：“方今国民，苟以文明自许者，莫不以神道政治为诈术诡道，凡政略有此臭味者，概摈斥之以为鄙陋，有害往时未开化之民，以云气雷鸣，验神之喜怒。”也就是说，在民主法治国家出现之前，世界各地的王朝就跟从夏到商、从商到周直到清的中国一样，都以某种“命中注定”“天子”迷信为政权提供合法性。古巴比伦的统治者汉谟拉比自称是“月神的后裔”，古埃及的法老自称是“太阳神的儿子”，而中国的君主自称“天子”。这种案例太多，就不一一列举了，但让我们看看其他差异化的迷信表现。

最为极端的可能是曾居住在当今墨西哥的玛雅人，他们有玉米神、死神、水神、雨神等，最高神叫“羽蛇神”，其形象由奎特查尔凤鸟羽毛和响尾蛇组合而成，是风神。在玛雅中心城的中间有一座高大的金字塔神庙，塔顶是剖解活人、祭拜要神的神殿。[52]

玛雅人祭祀活动频繁，节日、丰收、战争等都有祭祀仪式。对于重要的仪式，既有丰富祭品，又举办球赛，然后把赢者涂成蓝色，给他戴一尖顶头饰，再在金字塔之巅，把他仰面放倒在凸起的祭坛祭案上，使他胸腹隆起，同时头和四肢下垂，以便于开膛剖胸。四个祭司分别抓住他的四肢，接下来挖心、放血，祭太阳神、羽蛇神。他们也经常把战场带回来的俘虏当作祭品，砍头挖心献给神。比如 1511 年，西班牙派到玛雅地区的第一艘船上的船长和几位船员，就被玛雅人抓住祭献给了神。[53]也有玛雅部落用箭射死活人，然后把尸体扔进深洞，由神去享用，或者把人活埋，等等。那些烦琐仪式、丰盛祭品、浩大场面，跟玛雅的物质贫乏形成强烈对照。而之所以会这样，是因为玛雅人的迷信特别多，他们认为太阳将走向毁灭，只有人的自我牺牲才能保住太阳，避免大毁灭。玛雅人认为，敬神的最好礼物是人血，尤其刚杀掉之人的心脏和鲜血是至高无上的祭礼，最能讨得诸神欢心。这个习俗至少起始于公元 3 世纪，然后持续到 17 世纪。[54]人祭是迷信，没有证据表明这种做法能带来任何实质结果。

人类学家发现，用活人祭神的风俗在美洲大陆印第安人中比较普遍。除玛雅人之外，墨西哥中央高原的阿兹特克人也以活人心脏敬献太阳神，特别是每次战争胜利后，把英雄的心脏挖出，奉献给战神。这类祭祀在阿兹特克的后期越演越烈，有研究表明，1487 年有 2 万人被挖出心脏奉献给“拯救”了他们的神祇，一些其他部落的人和西班牙海员被杀祭祀。这种迷信习俗最后加快了民族的灭亡。[55]

在西方，希腊神话中的亚山马国王（King Athamas）就是因为一场大饥荒而被国民砍头用于祭神，以向上天赎罪。即使到了中世纪，欧洲还广泛相信巫术存在并组织猎巫杀巫行动。埃米莉·奥斯特（Emily Oster）统计发现，[56]从 13 世纪至 19 世纪，欧洲超过 100 万人因“巫术”

被处死，其中大多数为女性（因被认为是“女巫”），寡妇占比高，尤以16世纪达到高峰。当时，对“巫术”的刑罚数量和速度非常惊人：在德国一个小镇上，一天内400人被处死。各地的巫术审判如火如荼，既有基督教会，又有世俗法庭办理；追杀巫婆的人既有普通人，又有天主教徒、新教徒。猎巫自西南欧开始，后来扩散至北欧和东欧，甚至在美国波士顿郊区的塞勒姆，1692—1693年有200多人被指责为“女巫”，经过审讯后20多人被吊死。[57]

在欧洲的那7个世纪里，猎巫的强度和频率并不相同。中世纪早期很少，天主教廷不认为巫婆跟气候灾害或其他风险有任何关系；从13世纪中叶开始，人们突然普遍接受巫术的存在并相信女巫影响自然的能力；在1398年，巴黎大学神学家著述说，巫术不仅存在，而且是巫婆基于跟撒旦的合约而为；1484年，罗马教宗正式昭示，可以对被证实的巫婆进行暴力惩罚；1487年，天主教会发布手册，告诉人们如何调查巫术行为并处死巫婆。[58]就这样，16世纪到18世纪末又出现一次猎巫高潮，天主教、新教和世俗法庭都参与了。在1450—1750年，欧洲大概发生过10万次巫术大审判，执行过4万~5万次死刑。[59]

奥斯特基于欧洲1520—1770年的历史数据研究发现，大规模猎巫和审巫实际上是用迷信应对气候风险的冲击，女巫则成为风险后果的替罪羊。欧洲猎巫最活跃的时期，恰好与历史上平均气温降低的“小冰期”重合，[60]即14世纪初到18世纪初间的那4个世纪，其间最冷的两段是16世纪90年代和1680—1730年，平均气温比正常时期低2华氏度（约1.1摄氏度，这时的温度足以让泰晤士河以及荷兰运河全部冻结）。气温下降通常伴随频发的旱灾、谷物歉收，同时，冰冷海水阻止鱼类北迁，导致方方面面的食物短缺。当时人们由于无法理解气候灾害为什么发生，就从迷信中找答案，寻找替罪羊，巫婆被认为是这些遭遇背后的始作俑者。

图 3.5 显示了在 1520—1770 年间审巫次数与气温异常程度的关系，两者呈显著负相关：审巫次数低于“正常水平”的时期正好是气温高于平时的“温暖期”，而审巫次数高于正常水平的时期一般是气温偏低的时候。奥斯特的量化历史分析表明，平均气温每降低 1 个标准差，审巫次数增加 0.2 个标准差。因此，当时欧洲迷信的上升跟气候风险强度有显著的直接关系。

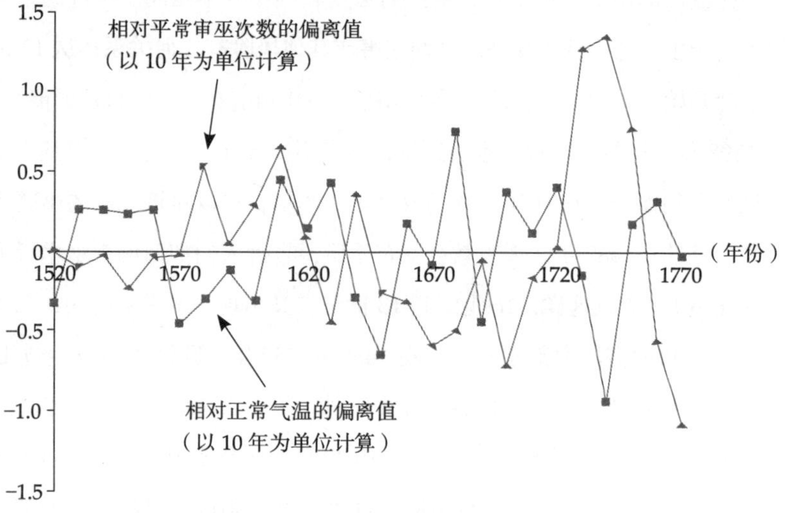

图 3.5　1520—1770 年西欧村庄的平均气温和女巫审判次数 [61]

注：审巫次数基于欧洲 11 个地区，每个地区每 10 年的次数除以该地区正常时期的平均审巫数；气温偏离值按照同样方法计算。

在中世纪，欧洲人的反犹暴力也跟风险冲击高度关联，人们在遭遇灾害等不幸事件时就认为是犹太人所为。尤其在 1348—1350 年的黑死病肆虐时期，欧洲至少 1/3 的人口死亡，这导致了对犹太人的暴力清扫。尼科·沃特兰德（Nico Voigtlander）与约阿希姆·沃斯（Joachim Voth）

对德国、瑞士、法国等当时有犹太人居住的320个城镇做了系统研究，[62]发现14世纪中这些城镇有73%发生过烧死或赶走当地犹太人的事件，只有88个城镇没有把犹太人清光（图3.6反映了中世纪欧洲人对犹太人的态度）。而之所以对犹太人行暴，部分原因是他们认为犹太人是黑死病的始作俑者。这种迷信不仅是14世纪反犹暴力的根源，也长久影响了欧洲各地的文化。这两位学者进一步研究发现，至少在德国，中世纪黑死病肆虐期间杀犹越多的地区，到20世纪二战期间，反犹杀犹也越激烈，这些地方的文化基因就这样因迷信而产生并长久遗留、发酵。

图3.6　黑死病肆虐期间犹太人被火烧的场景 [63]

爱德华·米格尔（Edward Miguel）也系统研究了猎巫现象，[64]他的数据来自当代非洲坦桑尼亚的67个村，跨越11年。米格尔注意到，不仅在坦桑尼亚，在非洲的加纳、肯尼亚、莫桑比克、乌干达、津巴布韦等地也迷信巫术的力量，这让他们似乎能为突如其来的任何厄运找到解释，尤其是能把厄运归罪于具体的人，而不是归结为那些无法理解的、抽象的“自然现象”，并从中得到慰藉。非洲人跟世界其他地区的人一样，认为巫婆能加害于她们讨厌或嫉妒的人；越是在收入、天气和健康随机多变的地区（风险高），人们对巫术的迷信也越认真。“巫术迷信根植于当地的知识和道德体系。当厄运来袭，如失去家畜或粮食歉收，人们便想办法从活着的人或死灵中求得解释。而巫婆又往往能和几乎任何厄运或灾难相关：湖面上突如其来的暴雨，一个健康人的突然死亡，流产或不孕不育，干旱，因蛇咬而死于非命，迷路以及各种各样的疾病……”[65]各种风险或不利事件都跟巫婆连上，然后对巫婆施以暴力。在南非最为贫穷的北方省，1980—2005 年 400 多个妇女被认为是巫婆而被杀。据米格尔介绍，《经济学人》在 2002 年报道，女孩都有可能被指为巫婆——“在金沙萨，有超过 4 万女孩流落街头，其中 80% 因被父母认为是巫婆而被赶出家门”。死亡、歉收、失业甚至噩梦，都被怪罪为巫术所致。在穆吉玛伊（Mbuji-Mayi）小城，一次钻石价格暴跌，之后有几百个孩子被迫流落街头；在南美的安第斯山脉沿线一些与世隔绝的小村落，人们会驱逐甚至处决被怀疑为巫婆的人；比哈尔邦（Bihar）是印度最贫穷的地区，那里也有攻击巫婆的详尽记录。笔者在湖南老家，小时候亲眼看到过，因为村里有人遭遇不幸，小孩们追打“巫婆”，说是巫婆在背后的阴谋设计造成了他人的不幸。

更令人诧异的是，在非洲这些地区，亲戚、亲族、邻居往往是谋杀巫婆的主使，而且很多时候是年轻的晚辈。一个年过七旬、无家可归的老人说，她被亲戚指为巫婆：“我被认作巫婆后，一路逃亡……家里死掉的人太多，整个村庄都传言是我杀了他们。我的孩子开始记恨我，说我是巫婆。我尝试解释，但他们不给我任何机会。我知道如果我不逃跑就会被杀掉。因此，当我孙子偷偷告诉我他们准备杀我的计划后，我当晚就逃跑了。我在这个荒郊野岭住了三年了，虽然我爱我的家人，但我不敢回家，否则必死无疑。”[66]那些没能逃跑的巫婆，许多死于家人的屠刀下。

坦桑尼亚政府也试图阻止这种血腥行为，杜绝杀巫。前总统甚至发表演说：“你们正在杀害无辜的妇女。她们有些是你们的母亲、祖母，或一直照顾你们的老人——她们怎么可能突然变成巫婆？难道你们报答她们的方式，就是杀掉她们吗？”[67]

米格尔对坦桑尼亚乡村的研究发现，旱灾和洪涝年里杀巫数量是正常年份的两倍。正常情况下，每村每年平均有 0.2 位妇女被当作巫婆杀害，尤其是年过 50 岁的妇女在 10 年中有 2% 的概率被杀。一旦旱涝灾害发生，找替罪羊的需要就会增加，迷信驱动的杀巫行为数量就会上升。在这些村落中，饥荒发生频率在所有灾害风险中最高：每村每百年中，平均会发生旱灾 13 次、水灾 6 次、饥荒 18 次。由灾荒引发的杀巫暴力占当地全部暴力的比例接近一半。当地人受教育的年数平均为 4 年，教育水平低导致迷信普遍流行（调查显示，64% 的村民坚信巫术）。频繁的灾害、科学知识的匮乏、金融的缺失，使迷信成为他们对风险的主要回应，跟奥斯特介绍的中世纪欧洲人的做法无异。

另一个晚近例子，是蒙古国从社会主义转向市场经济的过程中，萨满信仰在布里亚特人之中的复兴。[68]这一信仰在当地有悠久历史。据说，萨满具有沟通神灵、控制天气、预知祸福、解说梦境等神奇能力。在社会主义时期，萨满教被认为是蒙古国迈向工业社会的障碍，因而遭到政府取缔，只在极少数女性中秘密流传；另外，国家通过集体农场牢牢掌控着人口，让人们有生活安定可靠的感觉，对迷信的需求不高。20 世纪 90 年代，当地经历了一场经济体制剧变：伴随“休克疗法”急剧私有化改革而来的是大范围破产，以及就地解散给予日常生活保障的集体农场，许多人陷入赤贫。按人类学家的形容，1996 年后这里成了一座座“鬼城”，人们“无所事事，依靠微薄的津贴度日”。连绵数月的大火灾、不时发生的自杀事件……一波波风险事件带来群体性焦虑，安全感缺失成了主旋律。由此，人们坚信，是因为社会主义时期人们疏于崇拜祈神，触怒了神灵，以至于现在被惩罚；只有请掌控巫术的萨满召唤神、举行仪式安抚神，与神灵对话，代替自己接受指责，才可以得到“保障”，规避不幸事件，给自己带来好运。萨满信仰重新兴起，让人们再次获得表面上的安全感。所以，转型期的阵痛大大增加了人们对萨满的需求，导致萨满的供给快速上升。到 20 世纪 90 年代末，虽然经济状况已是相当窘迫，但几乎每个家庭都有自己的萨满。迷信的观念固然荒谬，然而在转型后，政府不提供保障、金融市场又没到位，只有迷信帮助减少人们的焦虑恐惧，迷信似乎达到了心理保险的效果。

迷信的作用

巫术、迷信既然是早期智人的普遍发明，而且至今还在各社会继续存在，我们自然要问：迷信是否真的有效，对人类生活或工作是否有积极价值？从不同社会的经历看到，迷信总是跟不确定的未来、跟风险事件和无法理解的事物相连，因此是对不确定性与风险的一种反应，似乎是缺乏主动避险工具下的一种消极避险。那么，实际的避险绩效如何呢？

这里我们先要区分两类不同的事物：一类是结果取决于当事人行动的事物，另一类是结果跟人的行动无关的自然现象。经验及研究表明，迷信对前类事物的结果有正面影响。比如，运动员对比赛结果起决定性作用，迷信的效果会明显。球王贝利年轻时，在一场发挥神勇的比赛后，将球衣给了球迷；但在下一场比赛中，他发挥得十分糟糕，就认为是换球衣所致。于是，贝利找到朋友，命令他“不惜一切代价”也要把那件球衣找回来。朋友不负所托，很快带回了球衣。贝利马上找回了状态，在接下来的比赛中表现神勇。后来大家才知道，这个朋友其实根本没找到那个球迷，拿回来的球衣就是前一场贝利发挥失常时穿的衣服。[69]即使贝利当时已经是全球最优秀球员，仍然迷信球衣有神奇能力。贝利不是个例。2006 年时，七位学者用保密问卷，在美国大学体育联盟调查了 206 位运动员，发现 10% 的受访者有自己的迷信，穿着特定衣物、特定颜色，赛前做祈祷……各种各样的仪式都有一定比例的拥趸。[70]这种迷信是“信则灵”，起到稳定心理的作用，对结果有益。

水手也爱迷信。最经典的记述莫过于马林诺夫斯基的《西太平洋上的航海者》。[71]以出海航行的独木舟为例，砍树制作独木舟之前，先要实施巫术，把鬼魂从树心里赶走；接下来，搬运木头时，要进行减轻木头重量的仪式；把木头搬到指定地点后，又启动巫术；在把木头挖空的过程中，还有施加在斧头上的巫术；之后，在更精细的工序里，几乎每步都有对应的迷信；安装饰板时，用巫术清除污物，让船速更快；捆扎即将制作好的独木舟时，需要靠巫术让船只坚固又灵巧；为独木舟堵缝时，用专门的巫术驱邪，让独木舟航行更安全；最后，为独木舟上漆的时候，黑漆、白漆、红漆分别对应着三类不同的巫术。每一步巫术有独特的效力，千万不可混淆。只要独木舟是按照这些程序制作的，水手航海时就胆大无惧，运作自如，绩效甚佳。

迷信对土匪也特别重要。在《广东新语》里，屈大均记载了当地匪帮颇为有趣的风俗。[72]每个匪帮都供一尊叫“公王”的铜铸神像，神像穿着铠甲，手持着戟。帮里有个叫“神总”的角色，地位超然：一方面，他每天早晚虔诚供奉神像；另一方面，他又时不时地侮辱这尊神像，来激起“公王”的怒火。做完这些后，他每天给神像供奉一杯浓茶，通过腾起的热气形状，可以预知匪帮的祸福。如果热气是珠花形状，就说明官兵要来剿匪；如果准备出去打家劫舍，而热气又呈向外突出的刀枪形状，就意味这次劫掠将收获丰厚，也不会有风险；反过来，如果热气是向内突出的刀枪形状，那就要再斟酌一下决定了。每次出去掳掠，“公王”要拿一半战利品。由于“神总”是公王的代言人，这一半自然就由他笑纳了。

运动员、水手、土匪，这三个迷信繁盛的群体有一个共同特征：面临的风险非常大。体育比赛充满了偶然性。足球界有句名言：“不到终场哨响，你永远不知道结果是什么。”以弱胜强、黑马崛起……比赛结果的高度不确定性本就是体育赛事的魅力之一。水手，包括靠深海吃饭的渔民，就更是看天吃饭、听天由命了。出海捕鱼，会不会遇到暴风骤雨，一去再不回？到了指定地点，预期的渔汛会不会提早，导致空手而归？驾驶独木舟的人，在平安归来之前都无法预见这一点。最后，土匪更是“把脑袋别在裤腰带上”的营生：会不会遭遇官府清剿？会遇到多强的抵抗？会不会一群人忙活半天，最后空手而归？这些事先都不知道。群体是否迷信，常与所面临的风险大小密切相关。[73]

迷信没有根据并不意味迷信没有用处。诺贝尔经济学奖得主斯蒂格勒曾断言：“一切长期存续的制度都是有效的。”[74]很难想象，对于高风险职业的群体，迷信只是纯粹的“错误”却可以流传多年而不被淘汰。对他们来说，在科学和积极避险工具发明之前，迷信几乎是“刚需”，因为迷信帮助“壮胆”，使他们更可能冷静应对，增加胜出的概率。接下来，我们从三个方面梳理迷信的功用：寻求控制感、化解负面情绪、促进理性决策，这些都具备“弄假成真”的功效。

我们从马林诺夫斯基的《文化论》开始。[75]他研究的新几内亚原住民社会，居民大致从事两类活动：一类是具有一定知识和技术积累、能够支配运用结果以满足自己需求的领域，该领域的不确定性低，理性占主导；另一类则不确定性高、超出理性之外，仅仅依靠既有的知识和技能无法充分把握机会和结果，当地人便转而求助巫术。马林诺夫斯基发现，在环礁包围的内海打鱼，更近似前一种情况：风险低，既安全又可靠，应用标准化的人工技巧便收获颇丰。此时，施行巫术便没有必要。相比之下，临海而居的村庄经常深海打鱼，风险很大，并且渔获非常不稳定，因此深海渔民中盛行繁复的巫术仪式。何时用理性，何时用巫术？当任务确定、可靠且通过理性能掌控时，巫术不会参与；否则，就会诉诸巫术，而且靠巫术可以增加绩效。

下面这个实验实证了“可控则理性-不可控则迷信”二分法的普遍存在。[76]二位学者找来了数十名参与者，随机把他们分为两组：一组从 3 英尺（约 0.9 米）外的地方完成 20 记高尔夫推杆，任务较为简单；一组从 9 英尺（约 2.7 米）外的地方推杆 20 记，任务相对困难。他们可以任选四种颜色的高尔夫球。怎么界定参与者是不是迷信呢？二位学者采用了一个叫“幸运球”的判断标准：如果参与者打进一杆后，又用同样颜色的球继续下一杆，那就是“幸运球”迷信。结果发现，任务的困难程度，还有参与者的高尔夫水平，都影响迷信程度。9 英尺外推球的参与者，迷信比例更高；推杆命中的比例越高，迷信比例就越低。结果和马林诺夫斯基的观察一致：推杆距离远近和参与者水平，是他们能否支配推球结果的两个影响因素。推杆近，水平高，无须选择颜色；反之，则只好“蒙一杆”。

这些研究强调引发迷信行为的内在因素：寻求对外在世界的掌控。社会学家海斯林“细描”了这一点：[77]在访谈出租车司机时，海斯林发现他们爱玩一种复杂的掷骰子赌博。赌戏用两颗骰子，一人掷骰：投掷者先掷一次，如果掷出 7 或 11，他立即获胜；如果掷出 2、3 或 12，他立即失败；如果掷出的是剩下的点数，比如说 5，那这个数字就成为投掷者的“点”，接下来投掷者反复掷骰子，直到出现 7 或“点”为止。如果出现的是“点”，投掷者赢；如果出现的是 7，投掷者输。按理说，掷骰子纯粹是随机行为，但这些司机并不这么想，而是相信，许多口头或肢体语言可以影响点数的走向。比如，坚信投掷时越果断干脆，最后出来的点数越大；越犹豫不决，出来的点数越小。

参赌者特别强调“控制”这个概念。自己投掷时，如果之前扔出来的“点数”是 8，他们会高喊“八一个，八一个”，同时相应调整手劲和姿态，寄希望于控制最终结果；如果是别人投掷，他们会特别注意这个投掷者是不是保持着对骰子的控制。注意，他们并不认为这个人在作弊，相反，他们确实相信，有作弊之外的方法影响投掷的结果。他们不仅相信控制的存在，甚至会在此基础上“理性”地下注。如海斯林所述，如果参与者觉得某个投掷者对骰子的控制很强，那他就会一直跟注，永远不会下注这个人的对手。当然，如果这个投掷者接下来掷出了对自己不利的结果，其他参与者就会意识到这家伙对骰子的“控制力”减弱了，投注也会相应调整。我们知道，无论是投掷前对着骰盅低语，还是投掷时高喊“咒语”，又或者是跟着投掷者之前的历史来下注，都纯属迷信。可是，通过这一套复杂的“理论”，参与者成功地将一个纯粹随机的赌戏，变成了一个“钩心斗角”的“博弈”。参与者不仅能够像模像样地“博弈”，还可以在“博弈”中学习，不停地提升自己。

世界各地的赌徒都有自己的理论。《蝶变》中澳门赌徒和这里颇为相通。[78]以百家乐赌徒为例，其选择看起来颇为“理性”：一方面，到达赌台之后，要观察之前的结果，比如前面几十把牌戏开出了多少个庄、多少个闲、庄和闲各自的顺序如何，赌徒把这些叫作“路”，不同的路，大路小路、好路坏路，对应着不同的投注策略；另一方面，之前开出的牌固然重要，但谁来开牌也很重要。《蝶变》作者是两位人类学家，在澳门访问了不少赌徒。赌徒普遍认为，有些荷官“杀气重”，会破坏赌徒赢钱的手气。如果一些人运气旺，一个晚上在同一张赌台赢了很多钱，赌场就会派出“杀手荷官”对付他们。这个理论，不仅赌徒信，赌场和荷官自己也信。书中采访了一位女性荷官，她明确承认自己“手辣”，说老赌客很不喜欢自己。每当有客人连着赢钱，她和其他几位“杀手”就会被派去。最后，大环境也很重要，有的赌场风水不佳，赌客就要用相应的穿搭去化解。

掷骰子、开纸牌、买彩票……即使是完完全全的随机事件，与人的努力没有半分关系，迷信仍然可以在这种环境下赋予人们以控制感，以此达到“信则灵”。这种迷信体系十分精致，赌徒“路”的模式、荷官分类、赌场风水，见诸专栏，集结成书，还有专家四处讲座。中世纪时，大事小事，皆有巫术可以实现，比如，爱的悸动本是人生中最随机的际遇之一，而中世纪的巫书却声称，有把握让男性收获女性的爱慕，那就是取鸽子血，然后在一条母狗身上画上裸女的形象；接下来，把几个魔鬼的名字写在画像的不同部位，用烟熏这幅画像，再念诵指定的咒语，魔鬼就会扰乱那位女性的心神。按这巫术，她就会日日夜夜思慕这个男人。[79]古代中国，行旅之前先要读日书，吉凶事项都有提醒。游者之所以会远行，是因为他相信，只要自己选了正确的方向和赶路方式，避开危险和不测，自己就能够到达目的地。农民之所以会播种，是因为他相信，只要自己按照一定的程序和步骤翻地、灌溉、施肥，土地里就会长出粮食。在充满风险的世界里，如果没有这样一套信念体系支撑，农民选择不再播种，经济将难以维持；商人选择不再远行，市场和贸易都将因此失去活力。[80]而如果人们接受那些虚构的迷信故事，他们就会相信爱情、旅行、经营……世间诸多偶然都会以人力扭转，世界就不再显得那么不确定，人就心情安宁，暴力减少，社会秩序更可能趋于稳定。早先发明迷信，是文明化进程迈出的第一步。

对于“信则灵”，有人会觉得奇怪：错的就是错的，怎么能用这种谚语为愚昧落后的迷信辩护呢？从经济学角度看，“信则灵”并非没有道理。中国有“望子成龙”的文化，认为龙年出生的孩子更有前途——这当然是迷信：孩子以后发展如何不应该和哪年出生有关系。可是，如果父母坚信龙年出生的孩子更加优秀、是龙种，就会相应地给孩子更多关注、投入更多资源。结果，“望子成龙”的观念自我实现：龙年出生的小孩在学校成绩更好，而实际数据也印证了家长的这种信念。[81]“信则灵”也是在这种机制下自我实现的，迷信改变了实际经济行为。当然，到考大学的时候，这些龙年出生的小孩也要面临更激烈的竞争，可以说是“祸福相倚”了。[82]

战场上的士兵更加需要巫术。有两位经济学家深入刚果研究当地的内战冲突。[83]他们发现：就跟《广东新语》里的匪帮一样，交战的部落各自都有巫师。巫师至少有两种能力，为战士加持已有的巫术，比如空手接子弹、快速医疗，等等；在此之上，巫师还会不停地研发新巫术，用来对付直升机等新武器。每次开战前，巫师都会有针对性地为即将出征的军队“加持”。我们知道，咒语显然不能让肉身凡胎变得金刚不坏。可是，大家为什么还信呢？仍然是“信则灵”的作用。当交战的部落间整体力量差距不大时，士气高低对战争的结局就格外关键。不妨设想，两军对垒，其中一方加持了巫术，相信对方无法击中自己，即使中弹，伤口也能很快愈合。在信念鼓动下，这些士兵自然格外英勇。而没有巫师的一方，在士气上就要吃亏，抵不住不畏死的冲锋。有巫术的一方当然会胜利。胜利次数多了之后，巫术自然显得有效，巫师的地位也会越发崇高。压力之下，没有巫师的部落也会模仿。迷信的绩效就这样出现了。

不过，集体层面的好处还是不能解释为何个体成员都笃信巫术的效力，因为对个人来说，被枪打到还是会受伤，被炸弹炸到还是会死，巫术并不能改变这一点！实际上，刚果案例里的巫师和中国唐朝敦煌地区看面相的人，以及更多的迷信"从业者"，用"行为决定论"框架解决了这个"可信度"的问题。[84]什么是"行为决定论"呢？在刚果，巫师一番念咒之后，还要细细叮嘱战士：不可违反某些禁忌，比如不能吃黄瓜！如果违反，巫术就没效果。就这样，如果真有战士身死，"巫术失效"和"违反禁忌，偷吃黄瓜"都是可能给出的理由，况且已被打死的士兵没法回头做证或为自己辩护。设法将目光引向后者即可维持信誉。当年的义和团也是如此：求神不得、交战死伤，都可归结到违禁。比如，打不下教堂，便说是教堂中多有妇女，又用覆盖人皮、污秽之物坏了法术。[85]在出土文献中，敦煌相师也强调：面相好固然重要，但如果不多施善行，好面相未必带来好运。就这样，算得不准也可归咎于当事人，迷信因此得以自我维持，继续迷住群体。[86]

于是，大到战争，小到日常生活，迷信虽然不从本质上解决问题，但能在一些情况下提升人类表现。有三位心理学家就这个问题做了很多实验，这里举其中两个。[87]第一个是高尔夫球推杆。学者们把参与者分成两组：对第一组，学者把球给他们以后，会说一句"这是之前别人用的球"；对第二组，会跟他们说"这是之前的'幸运球'"。结果，后一组打进的概率明显更高。在第二个实验中，学者先调查参与者有什么幸运物，然后把幸运物图片打印出来。对其中一组，学者先把图片给他们，然后再开始记忆游戏；另外一组则被告知，"出了点问题，图片落在隔壁房间了”，然后开始记忆游戏。结果，第一组的表现更好。这里，无论是幸运球还是幸运物，最终都确实带来了信心。对足球明星贝利来说，穿的球衣究竟是不是那件不重要，重要的是他相信那件球衣会带来好运气。风险让人失去控制感、引起负面情绪、影响认知和决策能力，此时，既然迷信可以帮我们“缓释”部分风险，那我们也不该为“信则灵”感到奇怪：找回控制、平复情绪、运用思考能力，当然会有助于最终结果。在这个意义上，迷信可以帮助稳定社会。

迷信、负面情感与理性决策

为了更深刻地理解迷信的历史意义，我们也可从心理学或行为经济学角度进一步挖掘，通过迷信对“理性决策”过程的影响探讨其正面价值。在经济学里，“理性人”假设至关重要：经济人会权衡利弊、计算得失，最后做出最优的选择。可是，行为经济学有一个经典的论断，叫“作为感觉的风险”。[88]这是什么意思呢？心理学家西摩·爱泼斯坦（Seymour Epstein）说，“有许许多多的证据表明，我们是以两种截然不同的方法认识世界的。第一种方法，依赖直觉、自动启动、自然而然、不靠语词、偏重叙事、偏重实验；第二种方法，依赖分析、深思熟虑、形诸语词、理性冷静”。[89]爱泼斯坦进一步描绘了第一种决策方法：个人在记忆中库存了大量相关事件和相关情感体验，如果所碰到的事件激发起快乐的情绪，人就会借助思维和行动复制这种体验，而如果激发的是负面情绪（比如，碰到风险决策时），人就会调出另一套体验和思维模式。哪怕是由专业人士判断风险，比如请毒物学家判定毒物的风险，请证券分析师判断股票的走势，他们的决策方式仍然跟情感反应有着密切的联系。[90]

风险会激发我们的负面情感，恐惧即是其一。塔隆根人是这方面的一个绝妙的例子——在他们的世界中，距离居住地越远，飘荡的魂灵就越凶恶，对人造成的恐惧就越大。[91]具体来说，树林中有淘气的类人精灵，不会对人造成伤害；远离居住地的大树上有“黑魔”，有时对人怀有恶意；至于树林和灌木丛深处，有着最为可怕的“非人”，它们始终居心不良，愿意走很远的路来加害于人，所到之处伴随着疾病、意外和死亡。因此，除非是月光明亮的满月夜，塔隆根人晚上都关上门窗、躲在家里。如果实在要出门，那就多招呼一些伙伴，打上灯笼一起行走，同时尽量不离村落太远。无论在欧洲、美洲还是非洲，对密林中邪灵的恐惧是共同的。[92]除了对风险的恐惧，我们对这种现象找不到更好的解释。

另一种情绪是焦虑，焦虑与风险之间亦有千丝万缕的联系。面对不确定性，我们很难保持平静：一方面，我们会忍不住期盼，如果最终出来是个好结果，那该是多么幸福呀！这个想象的过程本身可带来快乐。彩票是最好的例子。我们都知道，买彩票的期望收益一定是负的，那为什么还有人去买呢？经济学家给出的解释之一是，彩民掏钱买的就是这个希望——先不论最后中不中奖，只要中大奖的概率是正的，那彩民就可以期盼、想象中奖后的幸福。花钱买入这份快乐是理性的。[93]然而，就像硬币总有两面一样，既然有“一方面”，肯定有“另一方面”。我们既会为可能的好结果欢欣，也会为可能的坏结果而焦虑。[94]一个经典实验是这样的：同样是经历电击这种不快的体验，参与者更期望“来个痛快”——马上遭受电击，而非把电击拖延到三个月之后。原因就是焦虑：在未来三个月内，反复想象自己很快就要遭受电击，本身就是件非常痛苦的事情。[95]

恐惧和焦虑都是我们做决策时应该尝试避免的状态。但是，当我们面对风险时，其影响并不止于心理层面。心理学实验发现：经济不安会降低人们忍耐疼痛的能力，加剧疼痛感！[96]三位经济学家招募了数百名在亚马逊网站购买过止痛药的参与者，把他们随机分成两组。第一组回忆经济不安定的场景，工作不稳定、偿还不了账单，等等；而第二组回忆经济稳定的情况。接着，让两组参与者填一模一样的、衡量自己疼痛程度的问卷。前一组报告的疼痛程度要明显大于后一组！不仅个人的不安会加剧疼痛感，大环境的风险也会如此。同样是把参与者分成两组，一组看到的信息是"你所在的地区失业率全国最高"，另一组看到完全无关的信息；同时，让他们填写反映疼痛程度的问卷。结果，前一组也会感受到更严重的疼痛。那么，为什么不安定和疼痛之间会有联系呢？这几位心理学家又设计了一组实验，结果是：不安定导致了控制感的失落，而控制感的失落会加剧疼痛的感觉。19 世纪哲学家叔本华所言的"衡量一个人的一生是否幸福，并不是以这个人曾经有过的欢乐和幸福为尺度，而只能视这个人一生缺少悲哀与痛苦的程度"（叔本华《论生存的痛苦和虚无》），其道理就在于此。

既然风险带来多方面的痛苦，那么能够化解风险的手段，哪怕只是降低风险对心理的影响，也能相应提升人们的幸福感。[97]迷信即是化解风险带来的焦虑感的一种手段，而操控迷信的巫师就是掌握化险性人力资本的人。2006 年黎巴嫩战争中，以色列北部的扎法特频繁遭受火箭弹袭击。尽管每日轰炸的时间固定，轰炸的地点却并不确定，因此当地人承受着巨大的心理压力。和电击的例子类似，面临轰炸不确定性的焦虑和恐惧，是当地人要尽力化解的情绪。怎么办呢？两位人类学家对此展开深入研究。[98]其中，一位受访者的概括非常精到："男性用他们的仪式和经匣来自我保护，女性则是用赞美诗。"乘坐公交车、照料孩子、独自在家……当地女性无时无刻不在吟诵赞美诗，接近上帝，请求庇佑。这两位学者还做了统计分析，结果发现：吟诵赞美诗确实降低了当地女性的焦虑感，让她们更加平和。相比之下，那些离开扎法特、迁移到以色列其他地方的女性，面临火箭弹袭击的风险客观上降低了，吟诵赞美诗对她们的告慰也相应减少了。

风险会使回忆出现偏倚，负面经历在决策中占据更高权重[99]——对此，除了实验证据外，四位学者在孟加拉国的研究也很有启发：那里的农业收成高度依赖天气，一旦歉收大家就填不饱肚子。这些经济学家发现：[100]到城里打工对农人是很不错的选择，能有效分散农业风险，但他们不太愿意去。为什么？因为进城打工也有风险，处在生存边缘的时候连一点点风险也不愿承担。于是，几位学者随机挑出一些家庭，给他们一小笔钱，补贴他们进城。这个小小的行动取得了很大效果：从第二年以后，尽管已经没有资助，还是有相当一部分家庭选择继续进城，家庭收入因此取得了明显改善，风险应对力也实现了提升！如同《稀缺》一书所言：当挣扎着踩水时，你就没有精力去计算最近的海岸线距离了。[101]

回到爱泼斯坦的论断。面对风险时，我们的决策不知不觉地倾向感性与直觉，而非深思熟虑和理性。丹尼尔·笛福（Daniel Defoe）描写黑死病时期见闻的《大疫年纪事》，尖刻地嘲讽了当时的风气：

因为鼠疫带来的恐惧和不安，人们开始依赖于无数愚蠢而可笑的事情。为了免病消灾，他们反而听从那些另有所图的人。为了预知自己的命运，人们奔走于占卜者、狡猾的同盟者以及占星术士之间。这种愚蠢的行为，使得伦敦的街道顷刻间挤满了魔术师、黑魔术师以及各种旁门左道的人。不仅如此，这些一无所长的人，常常声称自己与恶魔有秘密的来往，进而被大家称为有神奇力量的人。[102]

笛福的嘲讽是针对当时的欧洲人，但类似的现象在历史上周而复始地发生：1910—1940 年的德国，报纸上出现“占星”“神秘”“邪术”的频率，随经济动荡程度而起伏；[103]千百年来的中国，旱魃的谣言正是在灾荒之间广为流布。[104]

综合而言，在面对风险挑战时，人类容易变得恐惧、焦虑和脆弱，而这三种情绪如果不得到控制，会使当事人做决策时无法理性判断，造成更糟的结局。于是，在缺乏其他避险手段时，迷信不仅是人本能的反应，而且也使当事人变得冷静理性，有利于做出客观上更优的决策。人类需要一些手段，在自己和风险之间“隔一层帘子”，让自己喘一口气，想一想再做决定。从这个角度看，尽管迷信本身不理性，不是能经得起检验的真知，但它可以给人以“控制感”，平衡他的心理，规避恐惧焦虑。也就是说，古人发明各种虚构的迷信故事，借助这道非理性的“帘子”，调出人的那套理性决策系统，让人类社会变得更平和，降低暴力的必要性，这是一套以“非理性”达到“理性”的完美发明。

结语

风险无处不在，故迷信也无处不在。在古希腊出土的泥板上，时人的问卜和神谕的回应，内容不外乎饥荒、远行、疾病、战争或商业一类；再看中国古代的方术，或者敦煌出土的各种求卦，占主导的也是一样的迷信内容。[105]还有非洲、美洲、中亚以及其他欧洲、亚洲社会，到处是类似的巫术迷信，甚至连祭祀仪式、供奉物品都相同。比如，在笔者过去数年去过的五大洲各地博物馆中，几乎都有当地的“鬼面具”，虽然具体细节各异，但有一点是相同的：看了吓死人！富于想象力的人类自以为：让人看了恐惧的，必然也会吓走魔鬼！——是不是这样，只有鬼才知道。然而，那不重要，这一事实本身表明：虽然我们说各文明差异大，但是共同内涵其实比我们以往理解的要多，原因在于不管是哪里，人类面对的生存风险和生活不确定性是一样的。或许风险的具体表现形式各异，但风险的实质相同，各社会的人都必须应对这些挑战。于是，跨越长时间、相隔万里的人们，都选择发明迷信以强化风险应对力。无论是寻求掌控，还是征服情绪、找回理性，又或是借迷信建立国家权威、实施统治秩序，这些虚构故事都以我们难以想象的方式增进了人类福祉，促使暴力下降。无论古今，大至文化底色，小至乡村庙宇，风险驱动的迷信给各文明都留下了深深的烙印。

可是，迷信的代价也很大。一方面延伸出猎巫杀巫、人祭血祭等野蛮仪式，另一方面使人类变得麻木懒惰、不思进取、缺乏理性，这就阻碍了进步。尤其是，既然迷信只是避险手段之一，当其他避险手段发展了、丰富了，迷信的重要性会相应下降。在过去几千年里，人类不断地创新，包括科技创新、社会组织创新、市场创新、金融创新，既增加了人对自然和自我的认知、消除了不确定性，又提供了更多的避险选择，使风险应对力大增。此时，面对生产与生活的不确定性，人们不再需要像从前那样膜拜神明，巫术和巫师的寄生土壤已流失很多，迷信在一步步被“革命”。在接下来的各章，我们将探讨其他避险手段是如何发生发展、如何降低人类暴力倾向的，并且会看到，正是不同避险手段的相互交织与竞争，才共同塑造了现代人所身处其中的各个文明。

第四章

婚姻起源与变迁的逻辑

树上的鸟儿成双对，绿水青山绽笑颜。
随手摘下花一朵，我与娘子戴发间。
从今再不受那奴役苦，夫妻双双把家还。
你耕田来我织布，我挑水来你浇园。
寒窑虽破能抵风雨，夫妻恩爱苦也甜。
你我好比鸳鸯鸟，比翼双飞在人间。

—

黄梅戏《天仙配》选段

自从陆洪非于1953年推出新版黄梅戏《天仙配》，这首《夫妻双双把家还》就广为流传，也被看成最经典、最浪漫的爱情歌之一。歌词背后的神话源于西汉刘向的《孝子传》，后来被各朝不断改编。故事讲的是七仙女中最小的七妹，一天跟姐姐们一起观赏人间美景，看到在凡间卖身葬父的董永，被其孝心和憨厚打动，进而动了凡心。大姐看她如此执迷，就抛开天规，帮七妹下到凡间。七仙女下凡后，由土地爷做媒，跟董永结为夫妻。可是，由于董永为葬父已被卖给傅员外家做家奴，因此七仙女需要帮丈夫赎身，便陪同丈夫一起去做工、织布。其间，员外不断刁难七仙女，一次命令她一夜织出十匹上好锦缎。在六位姐姐的相助下，七仙女才完成任务，让董永获得自由，走上“夫妻双双把家还”的路程。可是，就像天下许多故事的结局一样，这时玉帝派来天兵，要把七仙女缉捕归天，而如果七仙女拒绝回归，董永将被碎尸万段。无可奈何之下，七仙女只好向董永说出自己的身份，忍痛回天。这神话盛传两千多年，一直是国人的爱情佳话。

夫妻双双把家还

可是，这个虚构故事是浪漫爱情吗？对很多人来说，一听到“婚姻”，就会不假思索地把它跟“爱情”“浪漫”联想在一起，甚至画上等号。这当然是错觉，因为人类婚姻和家庭从一开始就是为了解决人际跨期互助、降低生存风险而构造的故事，只是跟迷信相比，婚姻和家庭这两个人类发明不完全是虚构的，而是有实在的生理和经济基础，带来的避险与互助实效也是客观的存在。在这一章，我们集中探讨婚姻对提升人类风险应对力和文明化发展的价值，下一章集中讨论家和宗族的贡献。

李海燕在《心灵革命：现代中国爱情的谱系》中谈道，浪漫意义的“爱情”一词到 20 世纪初才出现于中文世界。[1]潘翎指出：“爱情”重点表达的是爱的浪漫情感，跟儒家传统的“仁爱”“仁惠”不同；在中文演变史中，“爱情”最早于 1908 年出现在《辞源》中，但到 1931 年才第一次有“爱情”这个词条。[2]这些事实表明，爱情以前不是婚姻的前提。中国跟其他社会一样，以前当然有过爱，也有过情，但浪漫意义上的“爱情”未必是过去人们日常生活的常态，所以没必要发明类似“爱情”这样的词汇。牛郎、织女七夕相会的神话也很浪漫，但这个故事盛传两千多年、一直为千万人的梦想，本身就说明这只是一种愿景，在现实生活里可望不可即。

斯蒂芬妮·库茨（Stephanie Coontz）在《婚姻简史：爱情怎样征服了婚姻》一书中，[3]就清楚地告诉我们：爱情历来不是人类婚姻的前提，而是到现代才“征服”婚姻、成为婚姻的核心。她谈道：不管是古希腊、古罗马时期，还是中世纪欧洲，由于婚姻都用于政治联姻或物质功利，因此婚姻和爱情历来都是两码事，并被认为彼此不兼容；对于欧洲贵族，婚外情才是爱情的境界，找红颜知己或者浪荡妓女成为时髦；对于中下层人士，这个界限更是清晰，欧洲农民甚至编出诗歌，讽刺挖苦婚姻中的爱情，认为婚姻中有爱情十分荒诞、异怪。笔者从雅典卫城博物馆（Acropolis Museum）看到，古希腊人的婚姻是这样的：

> 婚姻是远古雅典最基本的社会制度之一，它的主要目的是确保合法地繁衍后代，因此不以新郎、新娘间存在情感关系为前提。女孩通常在比较小的时候就嫁给比她年长的男人，而且婚事都由双方长辈包办。婚后，新娘住在丈夫家。婚礼在新娘家里举行，时间通常在结婚月，也就是一月中到二月中的月圆日子。婚礼持续三天，正式婚礼仪式之后一天结束。（引自雅典卫城博物馆展品介绍）

在古代印度，结婚前就爱上对方被看成“破坏性的”（disruptive）、“反社会的”（anti-social）行为，认为“相爱”不是婚姻的正当理由。在1975年一项印度大学生婚姻观问卷调查中，32%的大学生“坚决反对”把爱情作为婚姻的基础，只有18%的大学生“强烈赞成”以爱情为基础的婚姻。[4]库茨还谈道：在中国传统中，只有在媒婆协调下双方父母像谈生意一样谈好条件后，快到婚礼时双方才见面相识，爱情当然不可能是婚姻的前提；结婚后，如果夫妻过度亲热相爱，那会被看成是对家族利益的威胁，长辈（尤其婆婆）会出面阻挡；即使丈夫爱妻子，只要妻子没尽到对父母和其他长辈的孝敬责任，族人也会施压丈夫休妻，将她赶回娘家。即使在今天的中国，个别婆婆看到儿子对媳妇过于爱恋，也可能会跟媳妇过不去，处处设置障碍、制造麻烦。

《夫妻双双把家还》的戏词就值得回味，其反映的婚姻观包括三项跨期承诺、两项利益交换。首先，男女有不同的劳动力优势，男耕女织、男粗女细；其次，通过婚姻结盟组成家，形成“生产单位”，发挥两性各自的劳动优势，以分工组合实现产出最大化、提高生产率。亚当·斯密在1776年的名著《国富论》中，详细阐明了劳动分工提高生产率的道理，并由此开启了现代经济学。[5]不过，在实践中，早在原始社会，类似的男女分工就很明确，妇女留在部落关照老幼、打理衣物、处理饮食，在周边做一些风险低但收益稳定的细活，比如采集野菜果实、抓捕小型动物；而男人则外出打猎，收获很不确定，可一旦成功，就能带回大量的肉食，[6]并承担部落安全的防务重任。在古希腊、古罗马时期，对男女分工的要求也一样，妇女需要男人去犁田，男人需要妇女织布缝衣、处理粮食、烹调饭菜，更需要她们怀孕生子。[7]通过婚姻组成作为生产单位的家庭，实现跨期分工合作，最大化生存能力，这不是中国社会的特殊发明，而是人类社会很早就遵循的普遍适用的规律。所以，《夫妻双双把家还》中包含的人类婚姻的这一要义，实属自然。[8]

其次，戏中唱道，“寒窑虽破能抵风雨”。从字面上看，结婚成家，当然要房，即使房子不好，也能抵挡风雨，但更重要的含义是婚姻带来的风险互助效果。这里，“风雨”指的是未来意外风险。婚姻使两人相依为命，白头到老，其间不管哪方遭遇不幸，另一方都必须无条件帮助，即所谓的“有福共享，有难共担”。更重要的是，通过婚姻成家、生子育女，达到“养儿防老”的目的，家庭就是一个成员间的风险交换平台，或者说“内部金融市场”。只是这个“市场”不是靠货币化契约交易，而是由子女和亲戚作为具体交易载体（儿子同时是养老基金、保险产品、股票、债券等），基于血亲实现跨期承诺。也正因为这个避险功能，婚姻不只是当事男女自己的事，也是长辈、兄弟、姐妹、亲戚和其他利益相关者共同的事。下一章会细谈这个话题。

图 4.1 流传两千多年的牛郎织女七夕相会故事

也就是说，戏词唱的是婚姻的经济与风险交易功能，说的是婚约带来的责任、义务与权利，跟商业契约雷同。当然，如果双方能兑现承诺、白头到老，结果就会是“夫妻恩爱苦也甜”，此即婚姻的第三个目的：实现情感交流、精神愉悦。但这个情感功能是顺带目的，不在第一位。因此，正如库茨所讲，传统婚姻是出于功利的结盟，不是浪漫爱情的结晶。

1992 年出品的对唱歌曲《选择》是另一个例子。由林子祥、叶倩文演唱的这首歌也被当成经典的浪漫爱情歌曲之一。部分歌词是这样的：“…… 我一定会爱你到地久到天长，我一定会陪你到海枯到石烂。就算回到从前，这仍是我唯一决定。我选择了你，你选择了我。这是我们的选择。就算一切重来，我也不会改变决定 ……”整歌是一系列宣誓承诺、利益交换，无浪漫可言，可一旦涉及“选择”，人就会算计功利得失，理性压过情感。

在传统中国的婚礼仪式中，没有宣读誓词这一环节，但《夫妻双双把家还》《选择》中唱的内容就是双方的隐形承诺。在基督教世界，经典的婚礼誓词是这样的：“我（姓名），愿遵照教会的规定，接受你（姓名）作为我合法的妻子 / 丈夫。从今以后，无论是好是坏，是富贵是贫贱，是健康是疾病，是成功是失败，我要支持你，爱护你，与你同甘共苦，携手共建美好家庭，一直到我离世的那天。 我现在向天主宣誓，向你保证，我要始终对你忠实！”——这些内容就跟一份精致的保险契约一样，把双方捆绑在一起，无论将来在何时何地发生何事，也无论将来的收入与健康处境如何，两人都要同甘共苦、白头到老！所以，在基督教社会里，婚姻“风险分担、财富共享”的跨期承诺性质也显而易见。

在印度，婚礼誓词更长，男方和女方要各做出 10 条承诺。比如，丈夫保证“我同意由她来主持家庭，做事情会与她商量”，“我将把我所有收入带回家交给妻子，家庭开支要得到她的同意，我要一直努力保证她的舒适和幸福”，等等；妻子的承诺类似。印度婚姻的经济结盟与风险分担属性也跟《夫妻双双把家还》中唱的类似。

保罗·约翰逊（Paul Johnson）说，在犹太社会，“婚姻是一种社会关系和商业交易，其用意是使社会达到和谐一致，因此婚约必须像商业契约一样写得清清楚楚并且在婚礼时当众宣读，以避免将来出现争执”。他举例说，公元 1028 年 1 月犹太教卡拉派的婚誓大致是这样的：

我是新郎赫兹克，承诺将来保障新娘的衣食住行，并尽我所能保证满足她的其他生活所需。我会与她一辈子真诚相待、相亲相爱，永不压迫打骂她，一定像其他犹太男人一样善待关照她……

我是新娘莎娜，听到了赫兹克的誓言，同意跟他结为夫妻，终生为他的忠贞伴侣。我在上天眼前发誓，会一辈子听他的话、由他支配、为他而为、为他而荣、以爱相待。[9]

其他社会的婚姻内涵这里就不多举了，但跨期利益互换的性质一致。[10]

当然，口头承诺只是跨期交换的蓝图，还需要一套保障承诺能兑现的文化、伦理与规则。哈夫洛克·埃利斯（Havelock Ellis）说，[11]“在从猿人演变成人类的过程中，所迈出的最伟大的一步莫过于男女性习惯的改变，推演出远比一夫一妻更为复杂的婚姻制度。难以想象，除了男女性关系之外，还会有其他更能抓住原始人心理的社会领域，因为如果人类一开始就选择了严格遵守极为简单的一夫一妻制的话，他们就不必挖空心思发挥想象力，琢磨出各种细微周全的男女行为规范了”。

那么，为什么各传统社会的婚姻这么排斥“爱情”、以利当先呢？人类婚姻的起源和发展受什么力量驱动？下面继续从风险应对力角度回答这些问题。我们会看到，各社会推演出的婚姻习俗和行为规范，都是为了加强人际跨期交换的可靠度，提升人类规避风险的能力。

婚姻的起源与变迁

第二章谈到，原始人面对风险挑战时，可有四种避险方式：迁移、储存、多样化和交换。[12]细心的读者可能注意到，到目前，我们重点介绍了前三种方式，即从一个消耗干净的贫瘠地迁移到富饶地、驯养植物动物、制作陶罐储存食物，这些方式是以空间和技术创新规避风险，几乎忽略了第四种方式——人际交换，尤其是不同人之间的跨期食物交换。从逻辑上理解，在给定的物质产出与技术条件下，人际跨期交换也可以，甚至更能优化人类生存处境，以有余补不足，以未来补今天，或者以今天补未来，交换在人类应对风险的历史中发挥了关键作用。老子在《道德经》中说："天之道，损有余而补不足。人之道，则不然，损不足以奉有余。孰能有余以奉天下？唯有道者。"对此，通常的解释是：自然规律是减少有余的以补给不足的，而人类做法却往往不同，是减少不足的以奉献有余的人；那么，谁能减少有余的，以补天下人的不足呢？那当然只有有道的人才可以做到。值得注意的是，老子讲的"有余"和"不足"通常被解释为是针对人际间而言的，这显然是狭义的，因为也完全可以是人的"今天有余，未来不足"或"今天不足，未来有余"，也就是说，这个"补"既可以是在当下的有余者与不足者之间，也可以是在今天跟未来之间。

但挑战在于："天之道"中的"道"是什么？如果是公正的"以有余补不足"，那就不能是外力强制的，而是双方（或多方）自愿的。如果是自愿的、非捐赠的，这种互助交换必然是"跨期性的承诺"，亦即今天有余者补今天的不足者，但今后在前者不足时，后者必须补回，或者无论如何，后者今后必须给予回报。这种跨期交换不一定是特定的人对人、点对点（比如，张三与李四之间的粮食借贷），也可以是通过中介组织以多对多的方式完成（比如，放贷机构、商业银行、保险公司，或者是通过之后讲的家族、教会，来实现成员间的互助，这些都是中介）。当然，跨期交换必须有保障机制，以确保不发生欺诈、违约、赖账、跑路等情况。而这种保障即使在今天已经高度发达的世界，仍然难做，金融交易后卷款逃跑的情况时有发生，熟人间借贷也频繁赖账、发生纠纷。所以，人际跨期价值交换一直是人类面对的挑战（否则，人类社会早就实现完美的人际跨期合作互助，不会那么复杂），人类在远古时期就发明了婚姻和家庭，并以此作为媒介进行人际跨期交换。

人类最初没有婚姻

《周易·序卦传》言："有天地然后有万物，有万物然后有男女，有男女然后有夫妇，有夫妇然后有父子，有父子然后有君臣，有君臣然后有上下，有上下然后礼义有所错。夫妇之道不可以不久也，故受之以《恒》。"虽然从表面看，人类"婚姻"与"家庭"的发展顺序大致如此，但背后的逻辑并非显然。这里，婚姻指的是特定男人与女人间缔结的较为固定的性关系与社会关系，彼此有特定的责任、义务和权利。韦斯特马克给的定义是："婚姻乃经过某种仪式之男女结合，为社会所许可者，此种制度必以社会之许可为其特征，到处皆然。"[13]这个定义的关键是符合社会伦理规范，按照人们能认可、接受的规则建立并维系的男女跨期承诺关系。我们注意到，这里强调的是"社会所许可"，而不是两人"相爱"。而家庭则是成员间的利益共同体，彼此也有依照社会伦理规范的责任、义务和权利，不是"免费的午餐"。二者的差别在于：婚姻是后天选择的结果，是契约关系，可以"休妻"离婚（亦即终止契约），但基于血缘的家庭关系一般是先天确定、不可变的（父系社会的妻子和母亲、母系社会的丈夫和父亲除外，这些角色可变）。清代钱大昕称：[14]"夫父子兄弟，以天合者也；夫妇，以人合者也；以天合者，无所逃于天地之间；而以人合者，可制以去就之义…… 先王设为可去之义，合则留，不合则去。"可见，血缘永远不破，但姻缘则可立可破。

在智人出现后的数十万年中，人类绝大多数时候生活在前婚姻时代。也就是说，盘古开天地之后，虽有男女，但并没有马上发展出规范男女关系的婚姻制度，男女间起初不存在排他性的固定性关系，没有跨期承诺，也就是性关系混乱，正如恩格斯所说“每个女子属于每个男子，同样地，每个男子属于每个女子”。[15]如果非要用“婚姻”一词来讲述人类大多数时期的男女关系，也只能称其为“群婚制”——一群男子和一群女子的自由关系形式。在中国古籍中，亦可找到关于原始群婚的记载，如《淮南子》中“男女群居杂处而无别”，《列子》中“男女杂游，不媒不聘”。我们所熟悉的父系社会亲属关系，如生父、祖父、外祖父，在他们的概念中不存在，因为在性关系混乱之下，无法确认谁为生父。《吕氏春秋》说：“昔太古尝无君矣。其民聚生群处，知母不知父，无亲戚兄弟夫妻男女之别，无上下长幼之道。”《管子》也说，“古者未有夫妻匹配之道”。

随着弓箭等狩猎采集技术的缓慢演进，人类生产能力缓慢上升，原始群落内人口跟着上涨，对周围可狩猎采集的食物需求加大，迫使原始群落逐步分解成不同子群，并分别往不同方向迁移。这时期“公有的人群范围”有所缩小，慢慢发展出基于母系的“血缘家庭”和“血缘家族”，此即最初的广义“小我”。在母系血缘家族内，各成员除了共享劳动果实外，在男女性关系上照样不固定，只是共享范围比以前变小，这就是所谓的“血缘群婚”期。[16]这时期的两性关系已经不像之前那样随意乱交，而是限于血缘群内，并且开始出现一些规则秩序。到距离现在四五万年之前的山顶洞人时期，在中国土地上，血缘群婚进一步演变为“氏族群婚”制，主要体现在禁止兄弟姐妹、父母子女间的性关系，[17]基于母亲的世系社会形成。

不管在血缘群婚还是氏族群婚时期，群内成员都“一起生活、共享资源”。这种公有制共同体，本身就是“以有余补不足”的人际跨期交换平台，成员的违约“跑路”风险低，因为血缘是生前无法选择、死后无法改变的关系，“永恒不变”就是互助关系的保障。

那么，为什么原始社会没有发展出婚姻制度呢？原因在于那时期，人类脱离动物界还不久，狩猎采集的产出低，支配自然、抵抗风险的能力差，只有群居、不通过婚姻与家庭“区分你我”才能生存。也就是说，发明婚姻与家庭等同于发明私有制，[18]而无婚姻与家庭的群居则是公有制。原始群落是一种简单的公有制共同体，成员人数少则几十、多则几百，[19]共同劳动、共同消费（禁止并严惩独享劳动果实的行为）。换个角度看，如果在那时期就推出明确的排他性一夫一妻制、建立一个个小家庭，并且生产与生活都以小家庭私有制为基础，可能很多家庭活不下去。人类学家布鲁斯·温特豪尔德（Bruce Winterhalder）通过建立数学模型，并以狩猎采集社会的产出数据作为参数进行仿真计算发现：[20]由于原始人每人每天的产出太不确定，避免饿死的最好办法不是每个人把自己高产日子的果实储藏下来、留着今后自己吃或由自己的小家独享，而是把每天的收获奉献给群落里的所有成员、一起分享，这样才能把每个人的生存风险降到更低。换言之，集体主义是提升风险应对力的一种手段，是对产出低、风险高的内生反应。在其他相配的集体主义文化规范的支持下，群婚体制使每个人的“忘我无私”境界达到最高，让基于群落实现风险互助的安排变得可靠。从这个意义上来说，原始社会公有制与其说是为了提升生产力，还不如说是为了强化人际“抱团取暖”、最小化生存风险。跟第二章谈到的定居农耕一样，原始公有制的发明也是为了提升风险应对力，集体主义文化的作用即在此。

此外，基于血缘群落的人际跨期交换体系可以避免“逆向选择”（adverse selection）问题（因为没有选择），而逆向选择往往是导致交易市场破裂的重要原因。根据诺贝尔经济学奖获得者乔治·阿克洛夫在1970年发表的经典著作，[21]如果甲公司卖医疗保险并且无法判断哪些人身体健康、哪些人已经身体欠佳，那么身体不好的人更可能去甲公司买保险，最后导致甲公司倒闭，这就是信息不对称条件下会出现的所谓“逆向选择”问题。回到原始社会，试想一下，如果有人在那时期推出“狩猎采集产出保险”公司，那么能力低的原始人更可能去买保险，而能力强的会选择不参与，结果是这种保险市场必然关门。可是，原始人必须无条件地在血缘群内“有福共享、有难共担”，因为加入哪个血缘群是出生前没有选择的，所以逆向选择问题就得以避免。

但是基于血缘的群落体系会带来“道德风险”（moral hazard），也就是说，既然只要是血缘群体的一员就能分享其他成员的收益，谁还有动力去努力狩猎采集呢？关于信息不对称带来的“道德风险”，这是另一位诺贝尔经济学奖获得者肯尼斯·阿罗的贡献。他在1963年发表的著作中，[22]重点以医疗保险市场为例讲明，正因为每个人做了多少健身运动与保养努力是别人无法知道的，买了医疗保险的人很可能从此不再在意饮食健康、停止健身；如果大家都这样搭便车，医疗保险公司当然无法持续。风险与不确定性是导致道德风险的主因。

血缘群落公有制虽然解决了“跑路”违约和逆向选择问题，但带来严重的“道德风险”。可是，由于原始群落人数不多，大家日夜一起劳动、生活，尤其是通过经常举办喜庆筵席、礼仪娱乐活动，他们有充分的时间和机会相互了解、彼此监督，给搭便车者提前警告、督促，确保每位成员竭尽全力。因此，血缘群落有利于那时期的人际跨期交换。不过，原始血缘共同体还不是我们当代人所说的“家”或“家族”，因为那时男女间的性关系还不固定，彼此没有恒定的责任。

原始社会后期开始出现婚姻制度

到狩猎采集社会的后期，特别是到定居农耕时期，食物产出风险进一步下降，氏族群婚演化到一种多偶的“伙婚”体制，[23]就是一个女子对多个男子，并通过仪式建立更加稳定、附带责任约束的婚姻关系。这时期，男子开始“从妻居”，有子女后跟子女及妻子一起居住，但在传承上，子女不属于父亲世系，而是归母系。人类发展到这个阶段，接近现代版本的婚姻秩序开始形成，正如《礼记·曲礼》所称，“夫唯禽兽无礼，故父子聚麀，是故圣人作，为礼以教人，使人以有礼，知自别于禽兽”，通过礼的建立结束类似动物的乱婚无序。只是那时，婚姻以“一妻多夫”制、家庭按母系体制运作。那时的母系家庭中，丈夫没有主导权，恩格斯说，“…… 通常是女方在家中支配一切……不管他（丈夫）在家里有多少子女或占有多少财产，仍然要随时听候命令，收拾行李，准备滚蛋”。[24]

上古中国人的姓，以女字为偏旁部首的居多，比如上古八大姓中，“姬”、“姒”、“妫”、“姚”、“姜”和“嬴”等都是女字部，反映了子女跟母姓，说明中国以前是母系氏族社会。在中国之外，其他狩猎采集后期和新石器早期的社会也普遍实行“一妻多夫”的母系氏族规制。到公元前 6000 年左右，中东犹太部落是“一妻多夫”。[25]到 19 世纪，北美印第安部落还是以“一妻多夫”的母系社会为主。[26]据韦斯特马克介绍，[27]在非洲、印度、澳大利亚、太平洋群岛、南美，基于群婚或“一妻多夫”的母系社会相当普遍。

有两点值得指出。第一，为什么在狩猎采集后期婚姻与家庭制度初步成形？前面谈到，血缘氏族群婚及相应公有制带来严重的道德风险，搭便车问题难以克服，[28]所以，一旦食物风险下降到足够低、产出足够高，人类社会就会选择走出群落共同体这个“大锅饭”，将男女关系固定、赋予相应的责任与义务，并以此建立“小家庭”。迈出这一步之后，男女婚姻关系不只是性关系，更是一种社会关系，彼此拥有对对方的许多权利，这就是私有制的起点，[29]人的生活逐步从部落群居收敛到自己

“私有”的小家庭。正因为婚姻是家庭的基础，而家庭是婚姻出现之后人类生活的“新中心”，所以婚姻不是因为爱情而起源的，而是为了建立作为“生产单位”和“风险交换平台”的家所做。于是，就有了中国的《夫妻双双把家还》中唱的婚姻观、欧洲和印度的婚礼誓词，等等。

第二，为什么是“一妻多夫”制的母系社会，而且子女只清楚母亲的身份，有意不清楚父亲是谁？[30]我们可从应对风险的角度解释。首先，在狩猎采集时期，生存环境恶劣，食物产出低、风险高，生存随时受挑战，尤其是男人外出狩猎，时常被动物咬死或者因其他种种原因不能活着回来。[31]根据《经济学人》于2007年的综述，[32]在一年中，狩猎采集社会90%以上的男人外出参战，25%~30%的男人会死于暴力凶杀。相比之下，妇女在部落周围从事采集活动，收获稳定，遭遇生命危险的可能性低，因此子女归母系更有利于后代的繁衍成长（而归父系的安排会让子女从小无父的概率太高）。韦斯特马克在谈到近代西藏及其他社会时，说之所以它们惯有“一妻多夫”，“不仅是因为这些地区十分贫困，而且还因为丈夫长年累月地在外贩运货物或放牧，妻子一个人留在家中……”，[33]需要几个丈夫，以分散各种风险。其次，男人狩猎需要根据猎物的移动轨迹，随时准备长时间奔袭，如果由他们随身带着需要照料的子女，狩猎会变得笨拙而危险。子女由留在住地的母亲照料，显然是更优的安排，也激励她们更好地关照后代。再者，男性长期在外狩猎，在操作上很难牢靠地确认哪个孩子是自己的血亲，因此在狩猎采集社会中，财产和子女的产权归母系效率更高。此外，之所以不明确生父的身份是更优策略，是因为只要生父的身份模糊，所有跟生母有过性关系的男人都有义务抚养其子女，这样，即使真实生父（匿名）死了，只要母亲的其他丈夫还活着，就不妨碍子女的成长，子女总能得到关照。母系安排是对风险环境的一种反应——女性生存风险小，男性生存风险大。赫拉利在《人类简史》中甚至写道，“像位于委内瑞拉的巴里印第安人社会，他们相信孩子不是生自某个特定男人的精子，而是妈妈子宫里所有积累精子的结合……如果你觉得这听起来实在太蠢，请记得其实直到现代胚胎学研究发展之后，我们才有了确实的证据，证明孩子只可能有一个父亲”。[34]回头看，这种信念——所有与生母发生过性关系的男人都对胚胎成长有贡献——是一妻多夫制内生的伦理，因为这迫使生母的多位丈夫都对孩子负抚养责任，降低孩子的成长风险，同时也让孩子长大后对多位长辈有回报义务。文化就是这样根据需要而内生，给当初虚构的故事赋予理性，接受为其一分子。

定居农耕带来婚姻变革

发明定居农耕后，许多事情出现了质的变化：土地变得值钱，建房激励出现，私有产权开始出现并需要得到保护；人口增长加快，人口密度上升，伦理规范必须到位，以强化社会秩序、稳定人际关系；男女婚姻关系需要更加明确稳定并排他；等等。否则，定居下来并不断扩大的人类社会必然混乱无序，暴力频率反而高于原始社会。在新石器早期，人类还没发明货币，货币化的市场交换还不是选项，他们还是需要借助社会和文化创新实现“以有余补不足”的人际跨期互助。在中国历史上，这相当于夏商周时期。

从“一妻多夫”转向“一夫多妻”

在这个发展阶段，婚姻与家庭制度经历了根本转型，从原来的“一妻多夫”母系社会转变为“一夫多妻”父系男权社会，[35]婚姻关系的责任与义务也被大大强化。在中国，不仅皇帝和高官贵族，而且文人、商人和普通人，都可以“一夫一妻多妾”或者就是多妻，[36]这个状态一直到20世纪才结束。据王利华介绍，从山西襄汾陶寺的夏朝遗址中，考古学家看到，在男性大墓的两侧有多处安葬女性的中墓，表明这是多妻体制下的“异穴并葬”。[37]宋镇豪根据对甲骨文资料的研究发现，[38]商朝时期，商王与贵族显然是多妻，多则有数十位妻子，而在普通人中，或许因为经济收入原因，一妻更为普遍。《礼记·婚仪》中写道：“古者天子后立六宫、三夫人、九嫔、二十七世妇、八十一御妻，以听天下之内治。”加起来，天子有121位妻子。在唐朝，诗人李白娶妻四次，但有多个妾，《襄阳歌》里他就感叹过：“千金骏马换小妾，笑坐雕鞍歌落梅。”白居易、苏东坡等历史名流也多妾。清代胡雪岩妾36人，张作霖妻妾6人，李鸿章妻妾4人（周氏、赵氏、莫氏、冬氏），等等，不胜枚举。1931年时，德国性学家马格努斯·赫希菲尔德（Magnus Hirschfeld）对中国人性生活做了系统调查，总结道：[39]

任何人在中国看到30~50人组成的大家庭一齐用餐的情景，都会大吃一惊……使我不禁对中国婚姻习俗产生浓厚兴趣。据推测，在当今的中国，约30%的男人只有一个妻子；大约50%的男子（其中许多是苦力工）有两个妻子；约10%的男子娶有3~16个妻妾；另有5%的男人据说有6个以上妻妾，有些竟有30多个。据说北洋军阀张宗昌一人就有80个妻妾……我在香港亲眼看到一个乞丐，除了靠讨饭资助他的妻，还养着两个妾。

民国学者陈顾远曾说：[40]“周兴儒继，以妾泛称嫡以外之侧室、副室、偏房等，妾制遂定，而益复杂。”一种解释说，中国历史上的“一夫一妻多妾”跟国外的“一夫多妻”制不同，因为妻的地位与权利高于妾，比如，妾之子首先孝敬父，其次孝敬大妈（父之妻），然后才是自己的生母——这说法不成立，原因在于在任何社会里，"一夫多妻"体制都会对各妻在权利地位上加以区分，否则秩序难以维持。"一夫一妻多妾"与其他社会的"一夫多妻"在实质上是相同的。

古代日本有一夫多妻制，[41]《魏志·倭人传》中有记载，"大人皆四五妇，下户或二三妇"。到近代日本，皇室及贵族则效仿中国，奉行一夫一妻多妾制，男子除正室外尚有多名侧室。在幕府时代，幕府统治者征夷大将军的正妻称为御台所，侧室称侧夫人。"一夫多妻"制在 19 世纪明治维新后废除。在伊斯兰国家里，根据《古兰经》的规定，男性最多可以娶四名妻子，前提是必须对各妻子公平相待并有经济能力照顾好妻子和所生子女（与中国传统文化要求类似）。例如，在巴基斯坦和摩洛哥，男子需要得到首任妻子的同意，才可娶第二妻；一般情况下，一房会同意，因为她跟丈夫一样，可从其他妻子所生子女那里得到保障生活、规避风险的好处。美国早期的摩门教也实行"一夫多妻"制，到 19 世纪 90 年代才正式结束。在公元 4 世纪以前，古希腊与罗马以外的其他欧洲和中东社会都允许一夫多妻。犹太人多妻的历史很久，在《旧约全书》和《新约全书》的故事中，亚伯拉罕和其他男人有多妻，这也是为什么至今还有基督徒认为一夫多妻是上帝的本意。[42]

"一夫一妻"制最早由古希腊人推出，到公元前 1 世纪被罗马人采纳，并在法律上只允许一妻。公元 313 年，罗马皇帝君士坦丁颁布《米兰诏书》，宣布基督教合法，自己也成为基督徒，使基督教逐步成为实质上的罗马帝国国教。[43]这一变化造成了基督教的"罗马化"，意思是在罗马帝国接受基督教后，许多罗马习俗反过来被带入基督教，成为所有基督徒的习俗，包括"一夫一妻"制度。比如，公元 4 世纪教会领袖之一圣奥古斯丁，在他的重要著作中写道："我们这个时代，应与罗马的习惯保持一致，只要妻子在世，就不允许再娶。”[44]从那时起，“一夫一妻”制逐渐在基督教社会扩散，到公元8世纪基本成为各地教会唯一接受的婚姻形式。到近代，随着以基督教为核心的西方文化在世界传播，其他社会也陆续接受一妻制并禁止“一夫多妻”。

1967年，耶鲁大学人类学教授乔治·默多克（George Murdock）汇集849个“社会”（文化意义上）的婚姻情况，[45]发现其中有708个仍然允许“一夫多妻”，4个允许并践行“一妻多夫”，[46]137个只许“一夫一妻”。在地理位置上，今天继续允许“一夫多妻”的社会主要在非洲、中东、南亚和美洲印第安部落。由此也看到，新石器中期逐步推出的“一夫多妻”父系社会，其影响至今还没结束。

从母系社会转向父系男权社会

那么，当初是什么导致母系社会向父系社会转变呢？尤其是，几乎所有选择定居农耕的社会后来都转向父系家庭制，这说明背后有某种共同的驱动力。第二章谈到，从1万多年前开始，7个社会在7000年跨度内分别发明定居农耕，中东人先培植了小麦和豌豆、驯养了山羊，中国人驯化出稻米、小米和猪，中美洲人培植出玉米和豆类，新几内亚人培植了甘蔗和香蕉，等等，它们周边的社会则陆续模仿，使产出风险大大降低。随着驯养动物与植物的普及，男人不再长年外出狩猎，而是也留在家园干活，这等于把男人驯化成“宅男”，男人意外死亡的概率下降，导致前面提到的几个利于母系氏族的因素随之消解，孩子的父亲到底是谁也没有之前那么难以确认，“多夫”体制难以为继。

在新石器早期，男人的农耕体力优势还不明显，采集的食物占比低于女性，这使女性保持高地位。但是，犁耕尤其铁犁出现后，对使用者上半身肌肉力量的要求尤其突出，由于睾酮等雄激素分泌量的差异，女性在这方面很难匹敌男性，男性体力优势得以提升。[47]正如戈登·柴尔德（Gordon Childe）所说，“犁……虽使妇女免于大部分严苛的苦工，但是剥夺了她们对谷物的控制以及由此而产生的社会地位。在野蛮人中，用锄头耕田的多是妇女，但用犁犁田的，则多是男人。在最古老的苏美人及埃及人文献中，用犁犁田的也都是男人”。[48]恩格斯认为，男人体力的重要性超出女性后，婚姻关系与家庭结构的权力中心从女性转向男性，社会从母系转向父系。[49]这也催生了农耕社会的“重男轻女”“厌女症”文化。

近年关于父系与母系社会的对比研究，也可以帮助我们理解农耕社会出现后婚姻与家庭制度的变化。人类学家和经济学家发现：牛是母系社会的“敌人”，鱼是母系社会的“朋友”。[50]先看前一部分。1965年，人类学家戴维·阿伯利（David Aberle）注意到，[51]父系社会和母系社会的分布可谓“泾渭分明”。环地中海区域、欧亚大陆东部等农耕文明较早兴盛的地区，母系社会几乎“绝迹”。即便是零星的母系社会散布在这些区域，位置也一般在高山之上，这些地方不适合耕植，对犁等重体力劳动和灌溉系统的需求较低。实际上，阿伯利惊奇地发现：自己竟然想不出几个既依靠犁耕作又维持着母系继承方式的社会案例。母系继承与犁耕罕有并存，而牛又是犁耕农业中最常见的驱动力。将这两点合起来，就得出：牛是母系社会的“敌人”。

而母系继承与狩猎采集密切相关。基于默多克整理的族群数据库，近代母系氏族的分布可以进一步划分为三个区域：东南亚和太平洋诸岛，非洲中南部，再就是美洲，但多“扎堆”在沿海区域。[52]其中，包括太平洋和美洲的聚落在内，相当多母系社会的周围是浅礁——浅礁为鱼类提供了适宜的生存环境和充足的营养物质，鱼群让狩猎采集部落以捕鱼维生，不需要改为定居农耕。阿里尔·本–艾瑟（Ariel Ben-Aishay）等学者发现：聚落附近10公里内礁的密度每提高1%，该聚落是母系社会的概率就提高1.4%。[53]也就是说，鱼是母系氏族的“朋友”。这些社会以猎鱼为生，其中许多渔民居住在船上，经常在不同海湾之间“游牧”迁移。

在2013年发表的一篇研究中，哈佛大学的三位教授对比了两类社会的性别观念：[54]地理条件“适合犁耕”农业的社会和地理条件“适合移耕”农业的社会。他们发现，相对于对肌肉力量要求低、女性也能耕种的移耕社会，犁耕更会造成典型的“男耕女织”性别分工（如《夫妻双双把家还》中唱的那样），于是早期适合犁耕的社会即使到今天，也还是明显地“男耕女织”，妇女多数在家、极少外出就业，也因此妇女社会地位至今还很低，男权势力强。尤其是在三位教授对比分析美国的移民二代后发现，来自犁耕社会的移民后裔，显然比来自移耕和畜牧社会的移民后裔更加“重男轻女”，歧视女性的倾向性更强。这些研究表明，犁耕农业不仅导致男权父系社会的出现，而且由此产生的“重男轻女”文化至今还难以消除。

哈佛大学教授本杰明·恩克（Benjamin Enke）对近200个社会的“亲族紧密度”（kinship tightness）进行了分析，[55]发现狩猎采集原始社会对血亲网络不是太在意，更多看重部落成员间的合作互助，而不单纯是血亲间的互助，但是粗放农耕社会普遍强调血亲网络的建设，亲族紧密度最高。原因在于，农耕需要不同成员间的深度合作，所以广泛但相对肤浅的人际关系不再够用，关系的紧密与跨期信任更加重要，于是农耕社会更致力于发展紧密的亲族网络。第五章和第十一章会进一步谈到，宗族网络在传统中国就如同“内部金融市场”和“集团公司”，因此族人规模越大越好（前提当然是紧密血亲关系）。在这种偏好下，如果以母系建立血亲宗族，由于只有一位母亲生育后代，其后代人数总会有限；而如果以父系建立宗族，那么在“一夫多妻”安排下，单一父亲可以有更多后裔。也就是说，对于器重宗族人数规模的农耕社会，父系制比母系制更能最大化族内的资源共享与风险分摊效果。

此外，“投资资产”的出现也促成男权体系与私有产权秩序的形成。具体讲，进入定居农耕后，谷物的驯化、种植与储藏，以及动物的驯化及养殖，使土地变得值钱，成为可增值的投资品；定居下来的农民需要盖房居住，使房产既是消费品又是财富载体的投资品。从此，人类开始有最大化剩余收入、积累巨额财富的愿望，一场新的人际竞争就此展开。无论是抢掠财产（包括剩余产出）的欲望，还是保护财产的渴望，都随着资产的到来而增强。[56]财产争斗的上升，意味着武斗能力更加重要，把男女性关系明确并长久稳定下来的愿望也得到加强。在冷兵器盛行的年代（如果石块、木棍也算冷兵器的话），资产的发明就跟犁耕带来的影响一样，使肌肉力量对争斗结果有决定性作用，这进一步提升了男性的相对优势。于是，伴随人类从狩猎采集向农耕演进，在不平等程度上升、暴力多发的同时，母系继承传统也必然渐渐式微。[57]

为了降低利益争夺带来的暴力冲突，人类必须建立更清晰、稳定的私有财产秩序，比如长辈决定一切、唯男性才能作为所有者（妻子和女儿不能拥有财产）、长子继承制等。[58]在所有人类产权中，婚姻关系中包含的许多权利是一些最基本的类别。作为当代实例，2007 年《纽约时报》写道，[59]美国统计局在 2005 年对婚姻权利做了系统统计，发现结婚可以带来 1000 多种权利：[60]婚后财产各拥有一半、配偶退休金分享权、医疗保险分享权、跟配偶生育子女并拥有子女的排他性权利、社保福利分享权、移民权（如果一方是外国公民），等等，不一而足，都是实实在在的产权利益。当然，这是现代美国的情况，原始社会群婚时期就没有这些婚姻权利。只是在定居农耕发明后，各种财富载体（即资产）产权才成为现实，资产和利益才变得复杂，因此针对婚姻与家庭的产权体系必须比以前更明晰，婚姻关系必须更加排他、稳定、持久，父亲身份必须明确，才能建立新的秩序，否则必然是乱序。虽然诺贝尔经济学奖得主道格拉斯·诺斯的著作没有直接涉及婚姻制度的演变历史，但他的产权理论可以帮助我们理解“为什么定居农耕迫使人类婚姻的责任、义务与权利明晰化”。实际上，婚姻与家庭制度就是一套产权体系。[61]

风险挑战决定男女婚姻形态

可是，为什么农耕社会转变为父系传承后，普遍采用“一夫多妻”呢？文献中给出的解读很多，我们在后文会给出一些。在中国，一个原因是“养儿防老”与孝道。《孟子·离娄》云，“不孝有三，无后为大”；《十三经注疏·孟子注疏》对此的解释为，“三不孝”是“阿意曲从，陷亲不义”，“家贫亲老，不为禄仕”，“不娶无子，绝先祖祀”。因此，妻不育，就可纳妾，以免绝后；“一妻多妾”也是为多生子女，降低生存风险。“多子多福”不是因为子孙多了家里热闹，而是在“养儿防老”之下，如果只有独子，那等于“将所有鸡蛋放在一只篮子里”，风险太集中。特别是即使妻能生子，但过去儿童生命风险太高，近 1/3 无法活到二十岁，[62]所以多子才能多生活安全。于是，各朝为纳妾留下空间，比如：宋律为普通人规定，“若年四十无子者，许置一人”；《明律·各例附例》界定，“除亲王得一次置妾十人外，世子郡王额妾四人，二十五岁嫡无出，始许选二人，三十岁，嫡妾皆无出，方许娶足四妾；长子和各将军额妾三人，各中尉额妾二人，三十岁嫡无出，始选一人，三十五岁，嫡妾皆无出，方许各足其数；故嫡室于年限内有子，则不得置妾也。庶人于年四十以上无子者，许选娶一妾，违而娶者笞四十”。[63]

这些足以表明多妻制背后的逻辑，在缺乏金融市场等其他风险保障工具的背景下，一妻制自然与“养儿防老”体系相冲突。另一方面，多妻（或说多妾）也与权力地位挂钩，官位越大，允许的妾数越多。在魏晋南北朝时期，《魏书·临淮王传》说到西晋的规定："诸王置妾八人，郡公侯妾六人，官品令第一、第二品有四妾，第三、第四有三妾，第五、第六有二妾，第七、第八有一妾。"这也间接解释了为什么从母系转为父系社会结构后，婚姻从"一妻多夫"改为"一夫多妻"，相对权力排序决定男女关系中的数量排序。在"养儿防老"体系下，一夫多妻是规避生老病死风险的需要。

婚姻制度创新是对风险和权力的反应。在世界范围内，地理环境风险也决定了一个社会所采纳的婚姻制度。人类学者博比·洛（Bobbi Low）以"病原体压力"解释了为什么一些社会采纳"一夫多妻"。[64]她认为，生态环境中的极端风险对人类演化有重大影响。"病原体压力"指的是一地区环境中有多少种病原体，包括利什曼病、锥虫病、疟疾、血吸虫病、淋巴丝虫病、麻风病等病原。她的研究假说包括两方面。第一，病原体压力越高的社会，越会采用"一夫多妻"制婚姻。对病原体的抵抗力与遗传因素相关，因此病原体越多的地方，选择男性伴侣时必然更苛刻，对身体强壮和体力能力更看重，强壮男人更会配置多位女性，这有利于降低整体社会的生存风险。同时，由于病情肆虐，健康的、适合配偶的男性数量减少，从而"一夫多妻"的男性比例上升。"一夫多妻"之下，强壮男人的后代数量多于在"一夫一妻"下的后代数量，因而多妻制有利于强壮基因的发扬光大，促进适者生存的生物演择规律。再者，在病原体压力高的地方，家庭成员死亡概率高，多妻比单妻更能带来多子，益于分散风险。第二，在病原体压力高的社会里，非姐妹共夫的"一夫多妻"制更为普遍，同时男性从外界社会寻找妻子的行为更为频繁，内婚和姐妹共夫的行为相应减少。原因在于，病原体压力越高，生物多样性强的后代就越有生存优势，存活概率越高。而欲使后代生物多样性强，“一夫多妻”制中男方所娶的应是与自己无亲缘关系的女子，妻姐妹婚不是理想的结合形式。人类所采用的婚姻形式并非偶然，而是一种应对风险的内生选择，以实现生存和福利的最大化。

洛教授在分析不同社会的数据后得出如下结论。首先，热带和亚热带地区炎热潮湿，最适宜病毒的传播，比如疟疾在距离赤道比较近的地区更多发，麻风病和血吸虫病也在热带最为流行，而全球78%盛行“一夫多妻”的社会都在热带地区。当把各社会根据病原体压力按大小分成三组时，[65]在病原体压力最大的组里，超过90%的社会是“一夫多妻”制，每5个男人至少有一个有多妻，平均拥有的妻子数最高；在病原体压力最低的组里，61%的社会是“一夫多妻”制，而且平均拥有的妻子数也最低。病原体压力和“一夫多妻”程度是显著正相关的。其次，按地区划分，在欧亚、非洲、美洲大陆，这个规律都成立：病原体压力越大的社会更会采取多妻制，并且在病原体最多的社会中，非洲男人的多妻程度最高，南美次之，欧亚最低。最后，在病原体数量多的地区，84.4%的社会选择非妻姐妹婚的“一夫多妻”方式，81.1%的社会不会有内婚。总体而言，病原体压力可解释不同社会婚姻形式差别的56%。

由此可见，男女婚姻关系到底采用什么形态，与所在社会面对的风险类型和风险强度息息相关。[66]正是风险环境的多样和变化，才塑造了形形色色的婚姻制度，驱动人类婚姻制度经历从群婚制到多偶制、再到“一夫一妻”制的历史变迁。这种演变历史不是单纯的生产率所能解释的。不同婚姻制度会带来相异的风险应对力。

婚姻真的帮助避险吗？

人类早早看准了男女间生理上的相互吸引与需要，以其为基础发明、发展出婚姻与家庭，实现《夫妻双双把家还》中所唱的那样的分工合作与风险共担。那么，在现实中，愿景是否得到了有效实现呢？爱情会强化还是阻碍婚姻的避险功能呢？

选对象的最佳策略

婚姻促成“男耕女织”的劳动分工，这一点前文已谈。就婚姻的“寒窑虽破能抵风雨”的避险功能，我们可以看几个具体实例。由于婚姻使两方在收入上合二为一，因此最为理想的状态是男女双方的未来收入100%负相关，也就是说，男高时女低，男低时女高；而如果双方收入高度正相关，那么由婚姻带来的组合对双方的避险价值不高。双方收入的相关系数越低（越负），婚姻的避险效果会越好。这就是为什么夫妻最好不就业于同一行业，尤其不要在同一公司，而是在互补性强的不同行业工作。当然，婚姻带来的避险效果也可体现在亲家之间，联姻后两家会有跨期利益交换，因此如果两亲家各自的未来收入是负相关的，经常此消彼长，联姻就使双方更好地应对未来的不测风云。

1989年，马克·罗森茨魏希与奥德·斯塔克（Oded Stark）在一项研究中，发现一个有意思的现象：[67]印度农村的父母通常将女儿外嫁很远，尤其是收入低、产出波动又大的农村家庭，更倾向于让女儿外嫁到远方。此外，他们还发现，在自然灾害发生时，有女儿外嫁远方的家庭受影响较小。这些现象背后的原因是什么呢？显然不是为了提高生产率。

一般认为，在低收入国家，从乡村迁入城市是为了提高收入。然而，根据1981年印度人口普查数据，从乡村移居城市的净人口仅占总人口的2.2%，而乡村之间的迁移则占总人口的30%。其中，80%永久迁居的女性是因为婚姻搬离家乡，婚姻迁居是人口流动最主要的模式。马来西亚也有类似的情况：迁居的女性中，69%是因为结婚，只有13%的男性在结婚时迁居他乡。

另一方面，收入风险的空间性是农业生产的重要特征，意思是一地发生灾害，另一地未必同时遭遇同样的灾害。罗森茨魏希和斯塔克计算得出，在印度农村，两村庄间的距离每增加 100 公里，两地降雨量的相关性就降低 0.073（下降 18%），收入相关性降低 0.083（下降 49%），工资相关性降低 0.038（下降 7%），距离对村庄间经济状况相关度的影响显而易见。这给农民跨地区分散风险提供了机会。问题是，在存在契约风险、逆向选择和道德风险的情况下，人们怎么实现跨区分散风险呢？由谁跟谁进行这种跨期交换呢？传统社会没有正规保险公司或其他金融机构，所以必须寻找其他方式。

答案在于联姻，通过把女儿嫁到远方村庄建立跨期互助关系，尤其是那些本来有亲族关系的村庄。这样做的优势之一是，利用亲族关系，最小化跨期交换的建立成本和执行成本，特别是信息成本；优势之二是，能实现多样化互利，张三家的女儿嫁到李四家，一方面女儿今后会给娘家送一些财物和收入，另一方面在发生意外时，张家和李家会进行互助，帮助彼此平滑消费波动；优势之三是，张家和李家所在的村庄间距离越远，联姻带来的消费保险效果越好。婚姻可以提升风险应对力。

罗森茨魏希和斯塔克收集了 1975—1984 年间三个印度村庄的数据，这些村庄的农业产出风险很高，产出的跨期波动相当明显，收入不稳定是农民一直面对的挑战。从家庭构成看，108 户人家中只有 8 位家长来自外地（在外地出生），然而 94% 的已婚女性非本村出生，49% 的家庭里的已婚妇女超过 2 个，其中只有 2 户的媳妇来自同一村落。这说明外嫁女儿、娶外地媳妇是村庄社会的普遍传统。样本中，婆家村庄与媳妇出生地间的平均距离为 30 公里，其中最远的距离为 47.7 公里，收入的空间相关性受距离的影响程度大约为 63.8%，这表明跨区婚姻能帮助降低风险。

他们的计量结果证明：每多 1 个外嫁女儿，收入下降对食物消费的影响会削弱 15%；每多 1 个外嫁女儿，接受其婆家转移财富的概率增加 75%，而每多 1 个媳妇，接受她娘家转移财富的概率增加 46%；[68]相较而言，在跨区婚配中，女方家庭比男方家庭能获得更多的避险收益；[69]已婚女儿与娘家村庄的距离每增加 1 个标准差（60 公里），收入波动对食物消费的影响会减少 6%。因此，远距离婚姻对降低消费风险有显著的贡献。不过，这一作用集中在相对贫困的家庭，而富有家庭子女的婚姻距离就近得多，哪个父母不想常常看到自己的子女呢？这两位教授发现，家庭财富每高 1 个标准差，收入风险对食物消费的影响就减少 12%，多余财富带来的抵御风险能力是把女儿远嫁 60 公里所带来的保险效果的两倍！富家女儿当然就不必远嫁。此外，在产出风险比较低的村里，规避风险的必要性就少些，外嫁女儿的距离就更近；而如果有多个女儿，父母一般会把她们往不同方向远嫁，这样做似乎与传统直觉相反，因为如果把她们嫁到同一村庄，那会减少交易成本，也会减少信息不对称程度，但那样不利于最大化风险应对力。这进一步证明，在现代金融出现之前，避险动机在婚姻安排中的权重很高，爱情也就成了不可求的奢侈品。于是，婚姻由双方长辈包办、子女无恋爱自由，就不足为奇了，因为只有这样才能确保家族各成员的利益不被牺牲。在避险利益面前，爱情的地位当然很低。

我们一般认为，“嫁富”是女儿婚姻的首要目标，高攀是提升社会地位的捷径。这也是为什么婚姻市场充满逆向选择问题，因为富家长辈会担心别家子女对自家儿女感兴趣，就是源于他们由于贫穷而“攀富”的动机；而且即使财富背景不对等的婚姻发生了，这种怀疑也会使婚姻关系极不稳定、难以持续。罗森茨魏希和斯塔克在分析了 382 户婚姻的情况后，发现婚姻双方的家庭财富显著正相关，这说明财富“门当户对”度高，“攀富”倾向不突出。这与两位教授的数学模型推论十分一致：当避险是婚姻在生子以外的首要目的时，双方家庭最好在财富等基本禀赋上般配（门当户对），否则在未来，一旦富有的一方出现收入挑战时（灾害或其他风险事件），贫穷的亲家可能无法给予帮助，无法兑现跨期交换。更何况贫穷的一方可能频繁出现消费危机，经常需要亲家帮助，使交换严重不对等、难以为继。印度农村婚姻在财富禀赋上“门当户对”，而在收入风险上通过拉开两家的物理距离来降低相关度（最大化彼此风险特征的差异度），这些都印证了避险的确是婚姻的重要驱动力，也是实际效果所在。

中国是否跟印度有别？在中国的婚姻传统中，“门当户对”无疑重要，避险需要也往往是婚姻背后的驱动力（正如《夫妻双双把家还》中所唱的）。随着近代交通和经济的发展，特别是改革开放以来，两个不同趋势出现。首先，新山以康村的通婚圈为研究对象，[70]分析了20世纪以来山东农村的变化。根据康村户口资料及新山的调查，相对于改革开放前，康村的婚嫁距离急剧缩短、通婚区域也快速内卷，通婚村数减少，婚入与婚出在地域上出现较大的不对称性。主要原因是，经济发展后，风险出现的频率下降，人们的收入水平与风险应对力都上升，靠跨区婚姻达到避险的必要性下降，于是通婚圈半径缩小。这也印证了基于印度数据的结论：在收入水平低并缺乏其他避险工具时，人们会通过远嫁女儿来规避收入风险；反过来，这种远嫁需求就逐渐降低，让婚姻得以解放。其次，也有相反的趋势，就是改革开放后，区域间财富差距拉大，于是长距离的跨区婚姻可以带来“攀富”和城市户口价值。比如，江苏省71%的女性婚姻移民（嫁入），分别来自四川（29%）、贵州（16%）、安徽（13%）和云南（13%）等省份，[71]这些婚姻一般不是“门当户对”

的匹配婚姻。由此可见，以避险为目的的正常婚姻倾向于“门当户对”，而其他婚姻则不一定。

既然婚姻的避险功能已经显著，为什么还会在未来改变呢？当然，一方面如前文所谈，这种安排以牺牲年轻人的自由恋爱权为前提，使婚姻离爱情遥远。另一方面，罗森茨魏希在1993年的后续研究中，基于印度农村普查数据发现，[72]一旦跨区婚姻的保险效果太好，会带来两种负面影响：抑制正式借贷市场和新科技的发展。前者很容易理解，因为如果村民都忙于利用婚姻和亲情网络解决跨期风险交换，而且这些还多少管用，就无暇顾及甚至不相信正式金融的避险作用了。后一种影响的通道在于：技术进步增强人口流动性，农户不再被绑定于出生地，这就削弱了跨区婚姻所带来的空间保险作用，同时技术进步使家庭财富增长，直接降低了收入风险对消费的影响（如前面讨论的），减少了对婚姻保险功能的依赖。罗森茨魏希发现：农户对婚姻等传统避险方式的依赖程度越高，其对先进技术的排斥程度就越强，因为他们担心新科技的广泛采纳会降低传统避险方式的可靠度。如果其他农户都因新科技而降低对跨区婚配的需求，则农户自身在婚姻市场上的选择空间也会缩小。因此，他们选择拒绝新科技、坚守旧文化，连移民美国的印度人及其后裔还坚持包办婚姻。[73]

避险婚姻与爱情婚姻：谁更稳？

从实际效果看，包办婚姻（避险婚姻）与自由恋爱婚姻的结果不同。如果是父母帮子女安排对象，会优先考虑自己的养老需求（避险需求）和其他族人的利益；而如果子女自己择偶，会在意自己是否喜欢、是否相爱。[74] 1991年，三位学者对中国7个省6334对夫妻的情况做了系统问卷调查，分析后发现，[75]相比自由恋爱结婚的男性，娶父母包办的妻子带来以下差异：妻子更顺从听话、生更多小孩、有男孩的概率更高、更认同丈夫的孝敬父母责任，但代价是婚姻更不和谐、妻子收入低或者不外出工作。而自由恋爱婚姻中，夫妻和谐度高、感情一般更好。张作霖子女的故事就能佐证这一点，他是北洋政府时期的名将，有过 6 个妻妾、14 个子女，其中 6 个是女儿（图 4.2）。张作霖规定子女婚事都由他包办，就这样，年长的五个女儿的婚姻都由他安排，每个都成了他扩大政治影响力的工具，造成二女儿和四女儿的悲剧，而由于最小的六女儿在张作霖 1928 年离世时才 4 岁，没来得及由父亲包办婚姻，后来能自行结婚，她成为 6 姐妹中生活最完美的一个。[76]这些研究结论解释了为什么各社会在古代都盛行包办婚姻，由长辈包办能确保后辈的婚姻以长辈和其他亲戚的利益为优先，避免后辈把一档婚姻浪费在不一定对亲族利益有用的爱情上。

图 4.2　张作霖的六个女儿

那么，跟功利婚姻比，爱情是否有益于强化婚姻的保险作用呢？前面我们聚焦于婚姻对双方家庭家族的避险价值，我们现在改为聚焦婚姻当事人——丈夫和妻子。前面谈到，就避险而言，最好的匹配是婚姻双方的未来收入完全负相关，一方高时另一方低，反之亦然，即所谓的“异性相吸”。但就爱情而言，双方的出生与成长背景越相似，可能越利于文化与价值观上的志同道合，即所谓的“物以类聚”。格雷戈里·赫斯（Gregory Hess）在他的理论模型中，[77]研究了避险和爱情对婚姻的交互作用，结论是：如果男女双方未来收入的不确定性很低、避险需求不大，那么爱情会主导婚姻决策，而且婚后是否能持续，也取决于他们的爱情能否长久；可是，如果一方未来收入风险高、避险需要大，那么不管爱情本身能持久还是昙花一现，避险需求会占上风并主导婚姻的未来，也就是说，即使双方当初因爱情结婚，只要双方的收入波动高度正相关（比如，在同一公司或同一行业工作），这个婚姻会因为缺乏避险价值而难以维持。只有在财富已经很多、未来收入风平浪静的背景下，爱情才能主导婚姻——这一推论跟前文所谈一致。赫斯也分析了 1978—1994 年间美国 1200 对婚姻的面板数据，发现在实际中，美国人的爱情一般是昙花一现，仅仅靠爱情建立的婚姻难以持久，所以婚姻命运长短的决定因素在于两人的结合是否带来避险价值：双方收入波动的相关度越高（或者两方收入波动率水平相差越大），婚姻的避险价值越低，两人会更早离婚。这完美地验证了西方谚言所说的“患难见真情”（a friend in need is a friend indeed），彼此有避险需求的婚姻才会持续。可是，赫斯也发现，双方收入水平本身的差别并不影响婚姻的持久性。也就是说，丈夫与妻子的收入差距大不会造成离婚，两人的收入是否风险互补才是关键。[78]普通人因为收入风险高，需要利用婚姻达到互保互助，不能奢望追求爱情婚姻，反而更能白头到老。

早在 1981 年，科特利科夫（Kotlikoff）跟合作者推出一个婚姻理论：[79]正因为每人都面临未来风险（包括失业等），一旦遭遇打击，会同时经历物质和情感方面的冲击，所以患难之时，在物质和精神上都需扶助。然而，如果直接到市场上购买情感保险和收入保险，会面对两个挑战。首先，诸如“情感保险”这样的“产品”，到目前还没有便捷且多样化的交易市场，这种市场有待开发，由于“情感”难以标准化或量化，因此也不便于交易、交割；其次，就收入保险而言，尽管市场上已有年金保险品等可供选择，可是由于严重的逆向选择及道德风险问题，这些保险市场还无法充分发展，要么定价太高，要么不够个性化。相比之下，恋爱是双方充分接触、了解的过程，甚至可以婚前同居几年，这些使结婚时彼此在信息和信心上都很充分，逆向选择和道德风险问题不多，因此在物质和情感维度上的相互保险效果更优。在他们的理论中，自由恋爱过程的长度和深度很重要，帮助降低信息不对称、强化信任，爱情是降低逆向选择与道德风险的手段。实际上，根据两位作者的模型估算，婚姻常常比市场发挥更加靠谱的保险作用。

当然，我们也可以在实践中寻找一些场景，其中因为某些变化而大大影响婚姻的保险价值，然后我们检验这一变化前后人们的婚姻决策是否受到显著影响，借此反映保险价值对婚姻决策的影响度。瑞典 1989 年的“未亡人保险”改革法案，就提供了这样一个场景。[80]改革之前，瑞典政府给丧偶的个体提供终身保险。尽管具体支付方案很麻烦，但大体上政府会保障生还的一方，让他 / 她可终生领取不低于之前家庭年收入一半的现金；然而，改革之后的新政要求，对于 1989 年 1 月 1 日或者之后结婚的夫妻，如果发生丧偶，政府只一次性发放一笔保障金，金额是丧偶年收入的 40%。也就是说，1989 年的改革显著降低了婚姻的保险价值。

紧接着，当地人的婚姻决策发生剧烈变化：1988 年底，也就是改革正式生效前的最后一个季度，登记结婚的伴侣数比之前激增了 17 倍多！从长期数据看，当时的年轻人普遍因为改革而提前结婚：但 1989 年伊始，结婚率长期处于低谷，新结婚对数只是之前的一半左右（图 4.3）。直到 1995 年同性婚姻合法化前，结婚率再没回到之前的水平。此外，那场“结婚潮”也的确草率：1988 年第四季度缔结的婚姻，之后离婚的比例明显高于早先。5 年内，这部分婚姻的离婚率比其他时期高出约 2.5%；10 年内，超额离婚率是 5%。显然，保险利益使许多瑞典青年降低了对伴侣契合度的要求，证明利益在婚姻决策中的分量不轻。瑞典是最发达国家之一，国家福利丰厚，保险行业也十分完善。如果连瑞典青年都如此在意婚姻的保险价值，其他国家应该更在意。

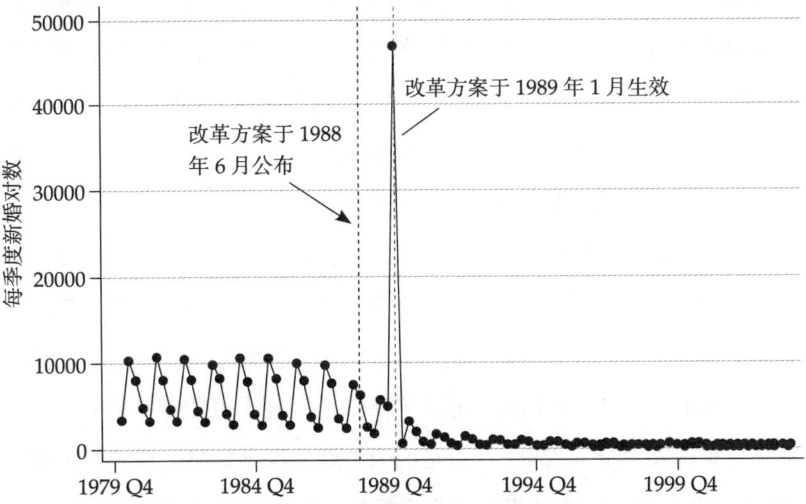

图 4.3 改革前后瑞典每季度新结婚夫妻数量 [81]

注：长虚线为新政策生效日（1989 年 1 月 1 日），“1989 Q4”表示 1989 年第四季度（其他类同）。

这场改革也改变了年轻人择偶的标准。不妨以受教育年数作为技能的度量指标。那么改革之后，高技能男性与低技能女性结婚的概率骤然下降；换言之，在婚姻市场上，男女在改革后都更倾向于和技能水平相当的对象匹配。原因在于，之前由于国家承担了相当部分的保险职能，找对象时不必以避险效果作为考量，可以重点寻找其他维度上的默契；然而，随着国家保险职能的削弱，人们不得不重新依赖婚姻实现经济保障，期待配偶填补一些经济空白。于是，技能相当的男女间相互吸引力增强，互相婚配的概率增加。瑞典改革的经历深刻解释了风险保障在婚姻决策中的分量，[82]也为我们理解人类婚姻起源提供了一个现代案例。

有婚姻做后盾的人更会创业

婚姻保险也带来其他影响，比如，让人更大胆地承担风险、追求与风险相伴的高收益。这主要体现在两个层面，一是教育，二是创业。以医学教育为例，在美国，攻读医学博士通常是大学本科毕业后，再读书四年以上，而拿到医学博士学位之后，还需做两年见习医生并通过一些资格考试，才有望正式做医生、得到稳定的高收入，所以这是一个成本极高、风险不低的长期投资过程。正因为如此，婚姻可以帮助“融资”和“分摊风险”：两个青年结婚成家，然后，妻子（或丈夫）工作、赚得收入养家，为丈夫（或妻子）承担学费并一起负担学生贷款，投资于丈夫（或妻子）的人力资本，这也是《夫妻双双把家还》中所唱的婚姻的一种表现。如果没有婚姻，很多有天赋的年轻人可能因资源有限而无法冒险实现人力资本投资。[83]也正因为婚姻的这种效果，现实中出现了“机会主义”行为，有的男青年自己没钱，干脆先找个家境好的女士结婚，谋求伴侣的金钱去读医学博士，一旦博士学位到手，就上法庭提出离婚。由于美国多数州法律允许“无过错离婚”（也就是只要一方提出离婚，不管另一方是否同意，就能离婚），所以出现了一些颇有争议的离婚案，妻子控诉丈夫要带走“共同婚姻财产”，即丈夫的医生职业。[84]受伤的妻子在法庭上抗辩说，对方获得的学位有她的投资，应属共同财产，要求对方支付相应的补偿；尽管各州法院拒绝认定不可转移他人的学位为共同财产，但在最终判决时，都给女方相应的补偿。在那些相对“吝啬”的州，法官在分割财产时，会从男方份额中扣除女方支付的费用；而相对“慷慨”的州，则把男方未来收入贴现值的40%判给女方。后一种情况更直接地反映了婚姻的“共担风险–共取收益”内涵。[85]从这类案例我们可以看到，婚姻实际上发挥了风险投资的作用。

这一点在创业上比攻读医学博士表现得更突出，因为创业风险奇高。如果缺乏避险机制，很多年轻人会因为担心可能一贫如洗的悲惨前景而不敢创业，这样于己于社会都不利，浪费年轻才华，阻碍社会进步。然而，一旦结婚，在婚约的支持下，如果丈夫或妻子找到政府或其他收入稳定的工作，另一方就可以大胆创业，即使冒险失败，也不至于带来生存挑战。根据贝尔卡伊·厄兹詹（Berkay Özcan）的估计，[86]在排除教育、年龄等因素后，已婚人群选择自雇的概率比未婚人士高出50%，选择创业的比例比单身人士高1.5倍多！由于同样的原因，夫妻共同经营的企业中，其业绩通常较其他企业为佳。[87]

婚姻作为国家和家族企业的扩张手段

婚姻的避险功能也表现在降低战争风险、强化企业间的跨期交易安全上。古代中国、古代中东和中世纪欧洲，都充满了“婚姻外交”实现和平的故事。公元前200年的寒冬，汉高祖刘邦率大军讨伐匈奴，却在白登山被匈奴围困多日，通过贿赂单于阏氏才得以逃脱。回到长安，刘邦很快接受刘敬的建议，把公主外嫁冒顿单于，以“和亲”换来多年和平。之后，“和亲”成为汉代惯用政策，汉惠帝、汉文帝、汉景帝、汉元帝与匈奴和亲多次，以消除战争风险，和亲的人员包括汉武帝时期的刘细君[88]和汉元帝时期的王昭君。王昭君不仅因主动出塞和亲而被后世称赞，而且她出塞后使汉朝与匈奴和好，边塞战火停止半个世纪之久，以至于20世纪的董必武写诗歌颂道："昭君自有千秋在，胡汉和亲识见高。词客各抒胸臆懑，舞文弄墨总徒劳。"唐代和亲至少20次，其中嫁送皇女3位、同宗室女4位、异宗室女7位、异族将领女3位，其中下嫁回鹘者6位、契丹4位、奚国3位、吐谷浑3位、吐蕃2位、拔汗那1位，等等。清朝的和亲政策跟唐朝类似，到乾隆末年为止，下嫁外藩蒙古的公主和格格共有22人，[89]通过满蒙联姻，让边疆番王的继位者成为清皇帝的外甥，从小随母住清宫、与清皇族建立感情，等他们回边疆当权，与清朝关系自然密切。古埃及大约在新王国时期（公元前16—前11世纪）就开始奉行婚姻外交，当时埃及在征服西亚邻邦，军事冲突频繁，和亲外交也自然出现。[90]在欧洲，最有名的婚姻外交莫过于中世纪晚期的哈布斯堡王朝家族，其成员出任过神圣罗马帝国皇帝、匈牙利国王、波西米亚国王、葡萄牙国王、西班牙国王以及意大利、法国、尼德兰、比利时等地的国王或公爵。这个家族之所以到16世纪中期能控制几乎整个欧洲，就在于通过联姻到处撒网，以此给欧洲带来秩序，减少战争风险。

婚姻也常用来强化企业间的跨期合作，提升合约安全，降低企业风险。2008年，香港中文大学范博宏教授跟两位同人做过一项研究，[91]对象是泰国最大的150家上市家族企业，看这些企业掌门人子女和至亲的结婚对象是谁。他们收集了从1991年到2006年的200对婚姻样本，并把这些婚姻分成三类：第一类是政治联姻，即家族企业子女跟官员子女结婚；第二类是商业联姻，对象也是家族企业子女；第三类是既没权力因素，又没商业目的，而是以爱情为基础的婚姻。总样本里，33%的家族企业子女婚姻是政治联姻，商业联姻占46.5%，这两项加在一起占总样本的79.5%，这说明家族企业子女的婚姻不能自由，而是为了家族的未来商业利益（为促成商业联盟或政商联盟），子女婚姻成为对家族未来利益做投资的工具。只有20.5%的家族企业子女婚姻是基于爱情的。有意思的是，当这些上市家族企业公布子女婚姻对象的消息时，如果是爱情婚姻，股市对该家族企业的股票没有反应，甚至还略跌一点，而如果婚姻对象是官员或者其他家族企业的子女，那么股价会涨不少。这说明股市也希望企业掌门人利用联姻去实现企业联盟和政商联盟，扩大家族企业的交易机会和资源空间，降低企业间的交易成本和交易不确定性。当然，虽然联姻能给家族企业带来这些好处，但子女也有情感需要，在子女婚姻被这样利用之后，他们有婚外情的概率必然很高。正因为如此，泰国、香港地区、台湾地区以及其他传统亚洲社会都会默认家族企业主的婚外情，知道这是对他们未必有爱情的婚姻的一种补偿，以此稳住商业联姻或政治联姻。

范博宏教授等研究的亚洲联姻现象，在中世纪欧洲也相当普遍，只是到近代欧洲，尤其是在美国才淡化。迭戈·普加（Diego Puga）和丹尼尔·特雷夫莱（Daniel Trefler）收集了1400—1599年间意大利威尼斯的6959对贵族婚姻样本，[92]分析发现：这些婚姻多发生在当时威尼斯的30个世家之间，这些世家通过联姻，一方面控制了当时的市政委员会（Great Council）席位，主导了城邦政治与规章制定权，另一方面垄断了商业机会，尤其是当时融资量大、风险极高但利润丰厚的长程海洋贸易，[93]每艘商船的大股东之间几乎都有联姻关系。两位学者谈道，在那时期的威尼斯，联姻是跨越家族组织调配金融资本的重要手段，以降低跨期承诺的违约跑路风险，同时也是让世家长久不衰的具体策略。他们注意到，在1261—1296年间控制了市政委员会席位的世家，到1400—1499年间还是相互广泛联姻，掌控威尼斯的政治和商业。在古代中国，类似于威尼斯世家维护豪门地位的策略也不陌生，加州大学伯克利分校的谭凯在一本专著中写道，[94]从出土的唐朝墓志中发现了卢氏的故事：卢氏出身于唐朝东都洛阳的世家，祖先在汉代就成为豪门，到唐朝末期的7个多世纪里，数百位宗男任过各种官位要职、家产万贯；就在卢氏14岁时，出于家世门第的考虑，长辈安排她嫁给一位门当户对的望族年轻人；不幸的是，丈夫年岁不高就离世，但是卢氏仍然有贵族身份，而且有5个孩子，所以接下来，她一方面让儿子们读书、准备科举考试，另一方面忙于安排子女婚事，通过联姻扩大家族势力，避免社会地位掉落的风险；后来，不仅儿子中进士，而且女婿在公元878年成为唐朝宰相。

为什么在今天的亚洲社会子女婚姻还作为商业手段，而在美国等社会这种现象已经很少？答案在于市场的发达程度以及市场信用环境和法治，取决于市场机会是否平等开放。如果各行业机会对谁都平等开放、行政管制少，官商联姻的必要性应该不大，子女婚姻也因此得到解放。如果市场上陌生企业间的交易信用不是问题、跨期合约有保障，那么商家之间就不用通过联姻强化彼此间的信用关系。因此，商业联姻、政治联姻应该是法治不到位、信用机制过于人格化的传统社会的产物，是市场不发达的表现。为验证这一推论，范博宏等人进一步调查了什么行业的家族企业更倾向于政治联姻、商业联姻。首先，他们发现，需要得到政府审批才能进入的行业中（房地产、建筑业、金融业等），93%的家族企业子女婚姻是政治联姻和商业联姻，而房地产与建筑业的家族企业中，96%的子女婚姻是为了商业利益去联姻。反过来看，市场化程度高、竞争公平透明的行业，家族企业子女的爱情婚姻占比也高。因此，在人治色彩浓的传统社会里，政治联姻能帮助降低家族企业的财产风险和契约风险，跟实力强的企业家族联姻，不仅能扩大未来发展空间，也能减少违约风险、降低交易成本。这进一步说明，文化与习俗往往是对风险挑战、不确定性的一种反应，婚姻习俗也不例外。[95]

耶鲁大学人类学教授萧凤霞和她的合作者从田野调查中注意到，[96]在清朝和民国时期的广东，商人货物网络可能散播于多地，而业务每扩展到一地，就需要在当地有信得过的人管理销货，但商人自己不能分身多处，这就带来典型的委托代理问题。于是，一些商人就在各地娶妻妾、成家生子，以在各处建立“信任”基地，由她们和其子女分别管理当地的生意，降低商业风险。

同样由于市场欠发达，日本发明了以婚姻解决家族企业跨代传承的办法，背后的逻辑类似。具体讲，在中国有“富不过三代”之说，日本和其他社会也有类似挑战，核心原因是接班人不好找。如果“任人唯亲”，由亲子接班，儿子可能信得过，但可能缺乏能力和动力，家族企业活不长；而如果到血亲外招人接管家族企业，在能力上可以万里挑一，但招来的接班人可能靠不住、信不过，委托代理问题（即委托方和代理方之间互不信任、利益不一致）会太严重。在过去1个多世纪里，西方社会发展出了职业经理人市场，让家族企业创始人不用任人唯亲，而是通过契约关系以及相配的法治架构，到广泛的社会去招聘，任人唯贤，尤其是通过股票期权激励，解决了受聘职业经理人的信任问题，于是企业创始人的子女可以凭兴趣自由选择职业。但是，职业经理人市场是19世纪以来在美国等发达国家发展的，传统社会还没有做到。

根据加拿大阿拉伯塔大学兰德尔·默克（Randall Morck）教授和同人的研究，[97]在日本，三井集团创始人三井高俊有一句名言“宁可要女儿也不要儿子，因为有了女儿，我可以挑选儿子”。他说，亲子尽管可靠但可能无能，而有了女儿，他可选择女婿并将其收为儿子。于是，他改革了日本家族企业的传承方式，即儿子并不一定成为接班人，企业掌门人会在儿子和公司有能力的年轻人中挑选一个。如果他选中的不是儿子，就让女儿先嫁给被选中的年轻人，等女儿结婚一年后，再举行盛大仪式，把女婿改姓三井，并由女婿宣誓作为三井家的养子，今后是三井家的人，只为三井家族的利益最大化而努力，然后家族公司就由“女婿养子”掌门。在今天的日本，松下集团掌门人松下正治从血缘上跟创始人松下幸之助没有任何关系，三井集团从1673年到现在有几个掌门人不是三井血亲，丰田汽车也这样，等等。正因为一些日本家族企业是出于找继承人的目的而领养别人，绝大多数被领养者是成年人：2000年有80790位日本人被领养，其中79434位是成年人；而2004年被领养的83505位日本人中，82175位是成年人，有许多是40多岁甚至50多岁。[98]这种做法是世界其他社会所没有的，这也说明在日本社会血缘不是唯一重要的。

那么，由“女婿养子”掌门的家族企业表现如何呢？默克教授等人发现，从1962年到2000年，在非创始人管理的日本上市公司中，“女婿养子”管理的公司业绩最好，其次是职业经理人管理的公司，最不好的是创始人亲子管理的公司。因此，“女婿养子”比较好地解决了家族企业传承的问题。“婚姻”加“养子”的“双重关系”，使接班人既靠得住，又最有能力，降低了委托代理风险，其中关键的一点是把家族企业女儿和她的婚姻当成工具，婚姻的前提是这个年轻男士有能力，而不是他跟家族企业女儿有爱情。

总之，婚姻的避险功能不只是帮助解决两人的生老病死挑战，让两人相伴助航、乘风破浪，达到“1+1大于2”的效果，[99]而且还可帮助双方亲家解决风险挑战，协助家族企业规避财产风险、交易风险和政策风险，帮助国家化解外交与战争风险。因此婚姻在多方面帮助人类降低风险、解决不确定性，其总体效果是减少社会中的纠纷和冲突，削弱暴力跟风险之间的关系。当然，人类婚姻的发明不仅通过强化风险应对力使暴力下降，而且婚姻本身也降低了男人的暴力犯罪倾向。因为男性在生理和社会维度上都比女性更有暴力冲动，[100]而结婚之后，一方面养育孩子和家庭的责任增加了男性的同情心，弱化了伤害他人的冲动，另一方面通过妻子在枕头边的影响，男人会被逐步“和平化”。在一份社会学论文中，三位学者跟踪研究了500位波士顿低收入青少年（高风险群体），记录了他们到32岁前的行为数据，分析发现：单身男性有3/4有犯罪行为，而结婚成家的男性中只有1/3有过暴力犯罪，婚姻把犯罪行为削弱了35%，效果显著。[101]所以，男女婚姻作为人类的一种制度创新，促进了文明化进程，到目前还经久不衰。

婚姻规则与伦理

基于血亲解决跨期互助问题，这很好理解，因为血亲是生物性的，终生不变。可是，姻缘关系属后天人为，是基于海誓山盟的跨期承诺，也是人类虚构的“故事”，而且在智人的演变历史中，婚姻这个“故事”出现得很晚。既然如此，为什么人们愿意把这么多避险需要、跨期合作寄托在这个“故事”上，不相信其他人际跨期承诺呢？毕竟即使到今天，在各民族的存在中，血亲和姻亲仍然是社会关系中最重要的两个组建维度。当然，激素、性关系、生育子女是男女婚姻区别于其他契约关系的地方，这些生理因素可能足以使婚姻承诺持续长久。

人类婚姻在动物世界独特吗？

在《人类婚姻史》中，韦斯特马克提出：[102]在自然世界，显然不是所有动物都有人类婚姻这样的排他性两性关系，雄雌的功能分工也未必与人类相同。比如，鱼类似乎就没有基于“白头到老”的“海誓山盟”

两性关系，牛马、爬行动物没有两性婚姻，更不需白头到老，而燕子等鸟类就有，以至于《夫妻双双把家还》中以雄鸟、雌鸟的比翼双飞比拟男女之爱。笔者小时在湖南农村观察到，燕子都是春天来湖南，公母成双成对，飞到农家楼顶下做窝，也是“你耕田来，我织布”式的性别分工，公燕外出搬泥土、找干草，带回家由母燕精细造窝，孵出小燕子后，更是公燕远出找食、防御外敌，而母燕则负责治家、关照子女，好一番夫妻分工场景！并且燕子的“一夫一妻”忠贞度一点都不比人类婚姻少，等等。那么，为什么动物世界里有的有婚姻关系，有的没有？即使有也是千差万别？是什么决定特定动物“婚姻”中的责任义务多少、持续时间长短呢？韦斯特马克的答案是：后代繁衍的需要起决定性作用，动物后代独立生存之前需要关照的时间越长，该种动物“婚姻”关系的排他性就越强，夫妻受到“婚姻”责任义务约束的时间就越久。也就是说，鱼类没有婚姻关系，是因为后代一出生即能独立生活；小马、小牛一出生就可以自己吃草、行路，因此牛马不需要白头到老的公母婚姻；小燕子需要几个月才能长好羽毛和翅膀，所以公母燕子的“婚姻”必须持续几个月，一旦后代能自由飞翔，它们的“婚姻”可能结束；而对于更大的哺乳动物，比如人类，子女需要16年或更长时间才能具备自生能力，其间需要家的温暖和母爱，这就要求人类婚姻“天长地久”，让基于婚姻的家得以持续，为夫妻自己和子女防御风险。

因此，生育后代的自然需求本身就足以使男女婚姻长久。可是，单靠自然因素肯定不能保证婚姻承诺的持续，原因在于夫妻有了共同子女后，虽然不管婚姻是否继续，他们的生活从此永远绑在一起，这是子女促进婚姻持续的方式，但这不妨碍丈夫或妻子跟其他异性发生关系，甚至继续生儿育女，抑或妻子跑回娘家、丈夫再娶，等等。比如，前文谈到，历史上经历过群婚、一妻多夫和一夫多妻时期，这些时期还没有天长地久的排他性“一夫一妻”婚姻，但人类也活下来了，这证明单纯生理因素不足以保证婚姻承诺的长久牢靠。正因为谁都能背诵海誓山盟，婚姻承诺只有再配上相应的伦理道德等行为规范后才会有实质内涵。

在2018年的一次聚会上，一位律师跟笔者说：“去年飞到印度参加一个同事的婚礼，结果发现，从四面八方出席婚礼的亲朋好友有1000多人！婚礼持续四天，又唱歌又跳舞，好不热闹、奢侈。但有必要吗?!”他不知道的是，在传统社会，没有政府发布的结婚证，甚至连契约性质的婚书也没有，婚姻是民间自己的事。在那种情况下，过程、仪式是确保婚姻承诺（责任和义务）不被违反的重要方式：见证婚礼的人越多、仪式越久越浩大，就有越多人牢记他们的承诺，任何一方违约的成本就因此越大，婚姻的跨期避险功能就越牢靠。尤其是不管男方还是女方，如果担心对方违约、背弃婚姻关系，就应该要求对方的所有亲友都参加婚礼，以此增加对方的潜在违约成本，使婚姻牢靠。相反，如果婚礼简化私密，那么将来的违约成本就低，婚姻承诺的约束力就会小。世界上，越是传统的社会，其婚礼一般越隆重、宾客越多。在缺乏正式契约执行机制的条件下，繁复婚俗是人类摸索出的强化婚约的变通办法，是稳住婚姻的文化架构。

在传统中国，婚姻需要经过一系列礼节才能成立，包括“纳采、问名、纳吉、纳征、请期和亲迎”六个环节。首先是纳采，男方父母经媒人向女方父母提亲。如果女家同意，再经媒人询问女方名、年庚、生辰，即问名。随后，男家把女子和儿子的年庚相卜告诉算命先生，由其考察检验，如果两人相配，则回告女家，此谓纳吉。这一步极为神圣，决定了人们对这个婚姻“故事”的信心。在年庚相配的情况下，男家向女家下彩礼，即纳征。第五步是请期，即商量婚礼的日期。最后是亲迎，由新郎用花轿迎娶新娘过门，举办婚宴、闹洞房等仪式。[103]

《大清通礼》强调，只有经六礼，婚姻才算确定、合法。六礼程序在不同地方有所简化，但要点在于：嫁娶是由“父母之命、媒妁之言”决定，结婚男女被排除在决策之外。《孟子·滕父公章句下》言：“丈夫生而愿为之有室，女子生而愿为之有家。父母之心，人皆有之。不待父母之命、媒妁之言，钻穴隙相窥，逾墙相从，则父母国人皆贱之。”意思是：男孩一生下来，父母便希望给他找妻室，女孩一生下，父母便希望给她安排婆家，这样的心情，所有父母都有；但是如果你不等父母的安排、媒人的介绍，就自已钻洞扒缝、互相偷看，甚至翻墙过壁去私自约会、谈恋爱，那就要受到父母和社会上其他人的鄙视；你不待父母之命、媒妁之言，就做下这等勾当，不成体统，会遭到全社会的谴责！孟子当然只从社会秩序、父母的角度看待婚姻，不顾当事男女的喜好与利益，不顾他们的权利，这本身就是从婚姻的工具价值出发，不考虑爱情权利的。这也解释了为什么在中国从前的婚俗中，一般到最后环节男女双方才一见对方真容，而早早就恋爱、亲热，会遭到谴责、被社会鄙视。

传统中，婚姻承诺靠三要素保障。第一是神的认可和迷信，这首先体现在“问名”和“纳吉”阶段，通过对比两人的八字、年庚、相卜，看是否得到神的“认可”；如果算命后认为相配，这不仅让双方觉得符合天意（如同上章谈到的皇帝“天意论”），而且今后，如果哪方变卦违约，将受到天惩、“被雷打死”。正如前文谈到的，对传统社会的人来说，迷信是最具约束力的承诺执行机制，婚约也不例外。特别是，通过在婚礼仪式中加入许多迷信元素，以强化婚姻的不可逆转性：仪式越神圣迷离，婚姻越稳如泰山。根据韦斯特马克在《人类婚姻史》中的介绍：[104]过去在汕头，迎亲过程中，新娘到达新郎家后，必须从点燃的干草火堆上跳过去，以甩掉之前染上的所有邪气，确保婚姻吉利；在老北京，新娘的花轿到达新郎家时，轿子必须抬高，从正烧着的炭火盆上越过，这也是为了驱邪；在白俄罗斯，婚礼前，男女两方家里都要先烧上草火，然后新郎到新娘家，接上她后，在出发前必须骑马从火堆上走过，等到新郎家时，新娘也要从火堆上走一遍，并往火里投几枚硬币；在德国，迈过火堆也是婚礼仪式的必要一环，用意当然不是为了别的。印度自古以来，婚礼仪式就要求新郎用右手握住新娘的右手，朗读《梨俱吠陀》，“让我牵住你的手，为了你我的幸福，让我们夫妻相依为伴，白头到老，蒲伽、阿耶摩、娑维德利及普兰诸神已经把你给了我，替我管理家务”，[105]两人的婚姻是诸神的安排，违者重罚。在波兰、保加利亚等欧洲国家，也有婚礼必须牵手的习俗；在葡萄牙，祭司要用圣带将两人的手牵在一起，那才算数。

第二是纳征，亦即彩礼，彩礼当然确认了婚姻的利益属性，但更见证这门婚事的正式性，使婚姻逆转的难度大大增加。陈顾远在《中国婚姻史》中写道：

> 观于唐、宋、明、清各律对于婚姻之请求，以曾否设定婚书或接受聘财是断，而所谓聘财者并不拘多少，即受绢帛一尺以上亦然，可知其更远于买卖（婚——引者注）形式，而为纯正的婚约关系矣。故纯正的聘娶婚所异于现代志愿婚者，不过属于两族或两家之契约，非尽以男女两方之意志为主已耳。[106]

又如唐代白居易所言，“婚书未立，徒引以为辞；聘财已交，亦悔而无及”。[107]因此，彩礼即聘财，一旦支付，婚约即确定，不可反悔。在非洲部落，婚姻不仅是双方父母包办，而且也是以彩礼的支付为界定婚姻成立的标准。格雷（R. F. Gray）在研究不同非洲部落的婚姻习俗后，[108]

发现整个过程的关键在于彩礼的谈判与支付：只要谈好的彩礼已支付完并得到见证，新娘就必须过户到男方，并且把对新娘的使用与处置权利（资产产权）全部交由男方，而且只有在彩礼都交付完，婚姻才算合法建立（没有见证过彩礼支付的男女关系算是通奸，属非法）。

第三是亲迎和婚宴。在传统中国，迎亲队一路上敲锣打鼓，新婚之夜闹洞房，等等，这些不单纯为了热闹，更是向周围各村、各户、各人宣告：这两家正在结亲，承诺姻缘关系和与此相应的责任义务。就像印度婚宴一样，中国婚宴也是为了让最多人见证这桩婚姻，广而告之，强化婚约牢靠度。自周朝开始，中国人就特别重视亲迎礼仪，有升堂交拜、行交杯酒等习俗，但要求从俭，禁止奢侈；到汉朝，便是“嫁娶者，车骈数里，缇帷竟道，骑奴侍童，夹毂并引；富者竞欲相过，贫者耻其不逮，富者空减，贫者称贷……”，[109]这种嫁娶奢靡虽然被汉宣帝予以控制，但之后又被放松，婚贺奢侈之风得以继续，成为各地习俗。隆重的仪式当然使婚约更稳固、神圣。在尼日利亚南部，新婚夫妇必须告知酋长，并敲响钟声向大众宣告他们的婚事，只有这样婚姻才算正式成立。在摩洛哥，一旦有人给新郎涂上红色，周围便鸣枪不断，音乐四起，众人大喊大叫，这样做一方面是为了驱邪避邪，更是让众人知悉这门婚姻承诺。在欧洲乡村婚礼上，鸣枪放炮也是常见的习俗，在德国，无论是婚礼前夜，还是在新人去婚礼的途中，抑或是婚礼刚结束时，都是枪声大作，不一而足。[110]根据伊斯兰教逊尼派法典，婚庆活动最好由至少 10 位男人在场见证；在印度婆罗门婚礼中，要敬请 5 位大神光临并见证；在罗马的贵族婚礼中，需要请大祭司、朱庇特神祭司和另外 10 位见证人参加。[111]结婚戒指既是让婚姻双方都戴上并牢牢记住自己的承诺，也是向所有人宣告自己已经结婚、不能轻易反悔。戴结婚戒指的习俗至少在古印度、古罗马时期就开始了，由新郎买一对，然后送给未婚妻一只、自己留一只。在基督教于公元4世纪成为罗马国教之后，戴戒指的习俗也向其他基督教社会传播，到中世纪就转变为男女双方互换戒指，戒指成为婚约的象征。通过这些见证与公示，知道这门婚事的人越多、见证人对当事人的重要性越强，婚姻承诺就越可靠。

伦理规范进一步强化婚约

婚姻所含的跨期承诺之所以胜于一般契约，除上述仪式、迷信和彩礼带来的保障外，也因为各社会推演出了多种伦理规则（或曰虚构故事），加固了婚姻契约、最大化“白头到老”的概率。在中国，这些规则主要由周朝所制，成书于东周至西汉期间，被“三经典”——《仪礼》、《礼记》和《周礼》——系统概括，后经多代儒家学者诠释。其中，《仪礼》和《礼记》都谈到女子的“三从”之义，比如《春秋谷梁传》曰，“妇人…… 从人者也；妇人在家制于父，既嫁制于夫，夫死从长子；妇人不专行，必有从也”。于是，“女子既嫁曰妇，妇之言服也，服事于夫也”，“父者子之天也，夫者妻之天也”。[112]在儒家的“三纲五常”之下，夫为妻纲，再经“三从四德 ”的细化，就成了妻子必须遵守的天经地义的规则，不可违背。妇道伦理要求女性“守份”，目的是让妻子不可能违背婚约，使跨期承诺无比可靠，寄托在婚姻之上的各项经济功能与利益互换也就稳固了。正如张五常所说，[113]在经过婚姻过程的“六礼”后，“她的婚姻从经济上和法律上把她同自己的家庭隔绝开来，并将属于她的权利和拥有她的权利转移到接受了她的家庭”，也就是转让于丈夫之手，让她永远不属于自己。在这个意义上，传统婚姻过程跟一般产权交易过程无异，都为产权的转让。正因为婚后新娘的逃走被视为毁约，逃走倾向较低的新娘会得到较高彩礼，因此女孩的父母有动力用道德观念和其他手段驯化自己的“产品”，包括从小就开始对其灌输离婚念头有罪、禁止参加社会活动等观念，连讲给小姑娘听的童话也充满新娘逃走后遇到灾难的吓人情节。

再就是贞洁规则，也是为保障婚姻的避险功能。男女因婚姻而成夫妻，彼此独有跟对方的性关系及生育权利，因此相互负有贞操义务。《史记·秦始皇本纪》记载，秦时期，“有子而嫁，倍死不贞…… 夫为寄豭，杀之无罪”。意思是，妻子如果不忠贞，尤其是有子女后还如此，杀死几次都不过分；而如果丈夫像公猪一样帮别家怀孕生育，杀死他也无罪。因此，对夫妻的贞操要求是对等的。可是，这种要求在秦以后发生改变，贞操只是针对女性“一女不能从二夫”的单方面约束，男可多娶、可纳妾，而女则独守贞，即不失身、不改嫁、“从一而终”，这种不对称约束从汉代以来愈加严格。尤其到宋代，程颐、朱熹强调“存天理，灭人欲”，“饿死事小，失节事大”。以朝廷旌表节妇烈女为例，刘向在《列女传》中记述，早在春秋战国时期，楚王就给两位守节妇女封号为“贞姜”“贞姬”；之后，秦始皇下令为一位寡妇筑造怀清台，表彰贞节。可是，这些旌表只是个别现象，没有成为一种普遍制度。

汉代开始推出一套规则，为婚姻忠贞不二者立牌坊，到隋唐更是树立了一套完整的节烈旌表选拔方式。但在宋以前的各朝代，总共才旌表过 187 次，[114]而且女子守节、殉节现象并不常见，寡妇再嫁行为比较普遍。宋代由于受程朱理学影响，旌表频率增加，表彰内容包括实物赏赐、免赋役，也开始在家族建筑前加上特定标示，就是后来所称的贞节牌坊（图 4.4）。宋朝共表彰过 274 位节妇烈女。朱元璋创立明朝后，加大了强调贞操伦理的力度，并于 1368 年颁布诏书：[115]“民间寡妇，三十以前夫亡守志，五十以后不改节者，旌表门闾，免除本家差役。”明朝期间，共旌表 35829 位节烈妇女。在清朝，雍正上位后，于 1723 年将旌表的最低守志年数从 20 年降至 15 年：“节妇年逾四十而身故，计其守志已逾十五载以上，亦应酌量旌奖。”之后，道光于1824年、同治于1871年再分别把最低守志年数降到10年和6年。由于节烈旌表条件不断下调，以至于到清末，贞节牌坊在全国各村到处可见。清朝旌表的节烈妇女数超过100万，仅在同治元年至十二年间的12年里，朝廷旌表节妇数量超过19万。[116]

图4.4　传统中国的贞节牌坊，用以强化“养儿防老”体系

注：从宋代开始，朝廷加大力度，通过贞节牌坊宣化女子守节的崇高价值，尤其到明清更加夸张，几乎全国各村到处立牌坊。在“养儿防老”体系下，子女的血统纯洁性是关键。如果妻子性混乱，不仅影响谁对其子女有养育责任，也扰乱子女长大后对谁有孝敬责任的问题，造成社会乱序、暴力四起。

为什么贞操义务只针对女性，并如此强调贞洁伦理呢？一方面，正如前文谈到的，是为了减少婚姻的不确定性，让跨期承诺牢不可破；另一方面，在没有金融市场解决生老病死风险需求的条件下，“养儿防老”是家庭与家族成员的最主要依赖，而血亲的纯洁性又是“养儿防老”体系的关键信用基础（众多人的未来保障都靠血缘的正统），如果妻子不守贞节、与他人发生关系，她所生之子使丈夫不愿意养育（因为不敢确信是自己的血亲），而子女长大后也未必对长辈有孝敬之心（因为不能确信谁为自己之父），依此而推，假如社会普遍不在意贞节、男女关系混乱，那么对未来缺乏安全感必然是社会的普遍状态，暴力无序重新成为现实。因此，自汉朝以来，一代比一代更强调贞操伦理，通过降低节烈旌表标准，让全国遍地是贞节牌坊，百姓一抬头即看到高高竖立的牌坊，时刻被提醒遵守贞操伦理。清顺治元年顺天府督学御史曹溶，写奏折建议按明朝旧制褒扬节孝，“恤其子孙，旌其门风，以励风节”。一旦乱伦风险降至最低、婚姻安全可靠，婚姻的避险功能和“养儿防老”体系就有了牢靠基础。最极端的控制手段还有缠足，也就是用残疾限制妇女的跑路能力——相比健全的妇女，小脚女性逃走的可能性更小。对于缠足的女性，作为“买方”的婆家会因此愿意支付更高的“价格”。[117]

仅“三从四德”和贞节操守当然还不够，儒家文化创新持续两千多年未断。“七出”等规则也使婚姻契约比其他契约更牢靠，这里“出”指的是离婚，由丈夫和夫家单方面决定。《孟子·离娄下》曰：“出妻屏子，终身不养焉。”孟子自己就有休妻，《荀子·解蔽》曰：“孟子恶败而出妻，可谓能自彊矣。”也就是说，由于孟子痛恨其妻败德，而将妻休。汉代的《大戴礼记·本命篇》具体把周朝的休妻惯例书写成文，并解释了“七去、三不去”的场景：

妇有七去：不顺父母去、无子去、淫去、妒去、有恶疾去、多言去、窃盗去。不顺父母去，为其逆德也；无子，为其绝世也；淫，为其乱族也；妒，为其乱家也；有恶疾，为其不可与共粢盛也；口多言，为其离亲也；盗窃，为其反义也。妇有三不去：有所取无所归不去，与更三年丧不去，前贫贱后富贵不去。

起初，“七出”只是民间的个人行为，并没成为正式法律，但唐代将其写进《唐律》，“七出”规则基本与《大戴礼记》雷同，只是淡化了“三不出”的应用，“七出”一直执行到清代。

例如，到乾隆五十二年（1787年），江西安义县周元炳30岁，娶刘家明侄女刘氏为妻。[118]后因刘氏为“石女”（即不能生育），被周休并送回娘家。可是，妻母袁氏、妻叔刘家明不肯收回，说听任周元炳将妻嫁到别家。乾隆五十三年五月，周托人为媒，将刘氏嫁于新建县杨以定为妻，得彩礼八千文。接下来，因为彩礼如何分配，周元炳跟刘氏娘家发生冲突，造成命案。

丈夫单方面掌控休妻权，而不是给女方终止婚姻的对等权利，这当然不平等，压迫女性。可是，在推出这种规则的儒家哲人看来，“七出”就跟“三从四德”一样，正是由于牺牲了妇女的选择自由、让丈夫独掌专权，才使得婚姻契约几乎无不确定性（从丈夫的角度而言），基于姻缘进行跨期风险配置才可靠。分析“七出”的细节，我们可以看到，其中的不孝父母、无子、淫乱、恶疾、妒忌、多舌，这六项都跟“养儿防老”风险保障体系关联：前四项都直接威胁“养儿防老”体系，而妒忌心强、多嘴多舌之所以是问题，是因为“养儿防老”要求家庭家族的规模尽可能大，便于分散未来的生存风险，“多子多福”就需要“一妻多妾”，但嫉妒与多舌会威胁“一妻多妾”下的家庭和睦。当然，今天没有丈夫会以这些理由休妻，部分原因是人们对“养儿防老”和姻亲的依赖度越来越低。

在其他农耕社会，婚姻关系也受到类似伦理的约束，要么是婚姻不可解除，要么是丈夫单方面拥有解除权，贞操约束也只针对女性。在远古以色列，丈夫一直掌握休妻的权利，夫妻间的权利结构跟中国社会类似，犹太教规没有给妻子主动离婚的权利，但公元前18世纪的《汉谟拉比法典》规定：丈夫如果无端休妻或休妾，必须给予妻妾一定的金钱补偿。[119]写于公元前13世纪的《旧约·申命记》对夫妻关系和贞操的约束是这样的：

人若娶妻，与她同房之后恨恶她，信口说她，将丑名加在她身上，说，我娶了这女子，与她同房，见她没有贞洁的凭据。女子的父母就要把女子贞洁的凭据拿出来，带到本城门长老那里。女子的父亲要对长老说，我将我的女儿给这人为妻，他恨恶她，信口说她，说，我见你的女儿没有贞洁的凭据。其实这就是我女儿贞洁的凭据。父母就把那布铺在本城的长老面前。本城的长老要拿住那人，惩治他，并要罚他一百舍客勒银子，给女子的父亲，因为他将丑名加在以色列的一个处女身上。女子仍作他的妻，终身不可休她。但这事若是真的，女子没有贞洁的凭据，就要将女子带到她父家的门口，本城的人要用石头将她打死。因为她在父家行了淫乱，在以色列中作了丑事。这样，就把那恶从你们中间除掉。若遇见人与有丈夫的妇人行淫，就要将奸夫淫妇一并治死。这样，就把那恶从以色列中除掉。若有处女已经许配丈夫，有人在城里遇见她，与她行淫，你们就要把这二人带到本城门，用石头打死女子是因为虽在城里却没有喊叫。男子是因为玷污别人的妻 。(《旧约·申命记》22：13–24)

在那时期的以色列，贞节显然是针对妻子的。在中东伊斯兰社会中，男女间的地位不平等、丈夫独享离婚权的局面跟犹太社会一致。对于印度教，婚姻是很神圣的，永远也不能解除；即使妻子与人通奸，丈夫和社会可以剥夺她的一般身份，让其做家庭的奴隶，但却不能让她离婚；《摩奴法典》曰，“妻子并不因被卖或被遗弃而脱离与丈夫的关系”[120]，可见婚姻有多永恒。而在马来半岛，人们似乎没听说过离婚，即使偶尔发生，也是社会不赞成的。在美洲的众多社会，比如巴西，婚姻一般也是终生性的，不存在离婚的事，[121]尤其是有了孩子之后，婚姻是不可以终结的。在巴拉圭等社会，如果妻子在一定时间内不能生育，丈夫也可以结束婚姻。在墨西哥、巴亚卡，妻子如果因跟别人通奸被丈夫遗弃，那么她终生不能再婚，以此提高妻子的忠贞。[122]

财产规则是另一种强化婚约的手段。在传统中国、印度、孟加拉国等地，妇女不可以拥有或者继承财产（包括土地、房产），而是由男性长辈、父亲、丈夫或儿子代为拥有，这当然也限定了妻子的流动性，使她不能从婚约中退出。在美国，也是到 18 世纪独立战争之后才允许妇女拥有或继承财产。英国要到 19 世纪 50 年代才开始让妇女拥有财产，而在 19 世纪中期以前，英国的普通法要求：女性一结婚，她所有的动产（包括现金、金融资产、牲口、家具、衣物）都必须归丈夫所有，而不动产的控制权也归丈夫，同时她没有法律人格，不能到法院提起诉讼或被诉。[123]这里，我们就不一一列出更多传统社会的财产权规则，但这些规则的基本出发点之一是为稳定婚姻秩序。由此看到，婚姻关系的稳定性是以约束、牺牲女性的权利为前提的。

结语

在这一章，我们了解到，智人到很晚才发明婚姻，具体形式和内涵则经历了多个变迁阶段。但是，从起源到后来的演变，婚姻历来不是爱情的结晶，而是为了更好地实现男女在劳动中分工合作，为了给人际风险交换提供必要的信任基础。这是姻缘网络的价值所在，也是各社会的包办婚姻传统背后的逻辑。在缺乏金融市场和其他保障体系的社会里，婚姻不只是当事人个人的事，同时也跟许多其他人的利益息息相关。从中国到印度、非洲、欧洲等地，人们将多项避险需要附加于婚姻之中，使婚姻无限负重，以至于到现代美国因婚姻而得的权利多达1000余种。对于如此负重的人际关系，人类当然不会轻淡为之，而是推出了各类仪式、各种迷信、各项载体，比如“三从四德”、“七出三不出”、贞节伦理，甚至贞节牌坊等，其目的都是强化婚姻这种跨期承诺的可靠性，降低违约（离婚）风险，让人们对未来放心。正因为传统婚姻从一开始就不是爱情的结晶，所以只要跨期利益交换的需求还在，人们就不能说“我们没有感情了，所以离婚”，因此过去的离婚率极低。婚姻的演化提升了人类的风险应对力，同时也驯化了男性的暴力冲动（妻子和为人父都帮助缓和了男人的攻击冲动），两种渠道都带来社会暴力的下降。当然，婚姻只是成家的手段，目的还是在于建立家庭，进而组构宗族。

第五章

礼制与家秩序的兴起

亲亲故尊祖，尊祖故敬宗，敬宗故收族，收族故宗庙严，宗庙严故重社稷，重社稷故爱百姓，爱百姓故刑罚中，刑罚中故庶民安，庶民安故财用足，财用足故百志成，百志成故礼俗刑，礼俗刑然后乐。

——《礼记·大传》

上面这段话很经典，讲出了礼制的出发点、愿景及逻辑。在戴德将战国时期儒家学人的作品整理成《礼记》时，西汉才“独尊儒术”不久，儒家还只是知识精英偏好的一套理论，刚开始付诸实践，离老百姓的生活还十分遥远。等到了 20 世纪初的晚清与民国时期，中国社会则是另一幅图景：不仅遍地是宗祠家庙、贞节牌坊，而且族谱家规、族田义庄、尊祖敬宗等，是草根普遍的现实，儒家秩序已渗透到普通人生活的方方面面，以至于民国时期的实业家卢作孚总结道：[1]

家庭生活是中国人第一重要的社会生活，亲戚、邻里、朋友的关系是中国人第二重要的社会生活。这两重社会生活集中了中国人的要求，范围了中国人的活动，规定了社会上的道德条件、政治上的法律制度…… 人从降生的时候到老死的时候脱离不了家庭的生活，尤其是脱离不了家庭的依赖。你可以没有职业，然而不可没有家庭。你的衣食住都供给在家庭当中。你病了，家庭便是医院，家庭便是看护。你是家庭培育大的。你老了，只有家庭养你，你死了，只有家庭替你办理丧事……家庭也许依赖你成功，却也祷祝并帮助你成功，你须用尽你的力量去维持经营你的家庭。你须为它增加财富；你须为它提高地位；你须为它建筑高大的房屋，布置美丽的花园…… 你为了家庭可以披星戴月，可以手胼足胝，可以蝇营狗苟，可以贪赃枉法，可以鼠窃狗偷，可以杀人越货…… 在一群无干的人中，唯有亲戚显出亲切的情谊；在一群亲戚中，唯有更直接的亲戚显出更亲切的情谊。他们不但有终身往来的关系，而且终其身有缓急时是有相互依赖的关系……有了亲戚邻里朋友可以救济你的困穷。你需要钱的时候，不必去仰赖银行；你需要职业的时候，不必去仰赖职业介绍所；你要避免任何困难或取得任何便利，都只需有亲戚邻里朋友。

经过两千多年的努力，当初通过礼制组建社会的儒家梦想不能说没有实现。

不过，虽然到20世纪初，社会按儒家愿景成功重构了，但是否带来了“财用足”、“庶民安”及“然后乐”呢？引言中谈到，西汉时期中国人均GDP为450美元，到1950年为439美元。[2]也就是说，按照“唯生产率”标准判断，儒家两千年的努力不仅没带来“财用足”，而且劳动生产率还略有下降，“徒劳”两千多年没有进步！——当然，本书讨论至此，我们已经知道“唯生产率”论的片面性。如果要全面评价儒家创举的贡献，我们就必须引入“风险应对力”维度，看儒家礼制和宗族建设是否带来“庶民安”以及广泛的幸福快乐，这就是本章要重点探讨的话题。儒家主导中国社会这么长久，本身就说明这套体系必然有其积极价值，只是以前学界在评估儒家文明时，要么只从定性的文化角度，尤其是从儒家价值坐标来评估，要么就受到“唯生产率”论的约束。

以前，对儒家礼制的关注多是宣传教育，抑或批评，少有经济逻辑分析，更缺乏实证检验。经久不衰的文化体系不会只是为文化而文化，必然因为给所在社会带来价值而被广泛接受、流传下来。20 世纪初，康有为的学生陈焕章试图对儒家做经济学解释，算是一个例外。他于 1904 年中进士后，次年留学美国，分别就读于库克学院和哥伦比亚大学，后著英文著作《孔门理财学》，[3]向西方社会介绍儒家礼制。但是，由于陈焕章在 1911 年出书时经济学本身发展还有限，也没有计量实证方法，加上他的立意在于推广儒家，因此难免留下许多有待回答的问题：儒家礼制的经济逻辑是什么？其伦理规制到底为解决什么问题，实际成本与收益如何？对提升人的风险应对力有何影响？

在上一章，我们谈到人类婚姻的变迁，了解到婚姻从一开始就是为了促成人际互助、分摊风险，只是婚姻所实现的是夫妻间、姻亲间的资源合作，是“横向”分摊风险。在本章，我们把讨论拓展到“家”，尤其是“宗族”，这些是儒家文明所聚焦发展的社会组织和秩序场景，也是其他文明都要首先组构的社会单位。男女结婚后，就成了“家”，在家的基础上人类发明出“家族”“宗族”，这些发明在一开始是半虚构的故事，后来经历了多次演变，不断脱虚向实迈进。家与宗族不只关注“横向”互助关系，更重视“纵向”代际交换，即“长辈”与“晚辈”间的互助与共享，比如父母抚养子女，晚年时从子女处获得转移支付，并享受子女的陪伴和关怀，而子女是今天得到、未来付出。这里，家族（lineage）、宗族（clan）是建立在家之上的血缘共同体，其成员来自同一祖先，但由多个核心家庭（房）组成。在父系社会的中国，“家族”指由“五服”亲属组成的男系共同体，以九代以内为界限，而通常讲的“宗族”则是更广泛的血缘共同体，既包括五服以内的近亲，也包括之外的远亲。秦汉以来，各朝代都有由成百上千户家庭构成的大宗族，官方还时有表彰。[4]本书中，除特别情况外，一般不对家族和宗族加以区分。

接下来，本章主要以儒家文明为例，集中解读家秩序（或称“孔家店”，包括家庭、宗族和与此相关的礼制体系）的演变历程及其经济逻辑，并以量化实证结果证明儒家礼制的历史贡献。在此意义上，本章也算是儒家文明的经济学解释。这一章比较长，先是第一节通过具体例子，展示儒家礼制所要解决的问题，即促成至亲之间及族亲之间的跨期合作，包括风险互助、资源共享，并简单提到中西方就此挑战所做的不同选择：中国选择依赖家秩序，而西方选择社会化方式，解决人际跨期合作问题。既然儒家在轴心时代的选择如此，从第二节至第七节的介绍与分析中我们将看到，自战国以来的一代代儒家学者，花费两千余年的时间，一步步构建礼制规则、完善“孔家店”秩序，通过“孔家店”的一砖一瓦降低族内跨期互助的交易成本，[5]提升族亲交换的可靠性：宗族就如一个内部金融市场，礼制使宗族边界内的交易成本远低于外部市场的交易成本，使族内跨期承诺的安全度更高。本章最后两节集中探讨儒家秩序的历史功效，虽然礼制建设并没有提升生产率，但多项量化历史研究表明，儒家体系在历史上的确改进了中国人的风险应对力，使暴力下降、社会稳定，带来“庶民安”“然后乐”。本章的探讨会告诉我们，如果礼制规制足够牢靠，宗族相比小规模的核心家庭，能在更大范围内调配资源、帮助族人从事多种事业，也可更广地分摊风险（大数定律发挥的空间更大），[6]这也是儒家在历史上做出了贡献的背后原因。正是这些经济逻辑，中华文化推崇“多子多福”“四世同堂”“不孝有三，无后为大”等价值观，这就不足为奇了，大宗大族不只是为了热闹。当然，在18世纪末工业革命开始之后，以血缘宗族为核心的儒家体系就显得局限性越来越大。

家秩序解决什么问题

我们先看儒家秩序希望解决的问题。之前的章节谈到，人类自一开始就需要通过合作才能生存，包括生老病死、抵御灾害、应对暴力、共享资源、投资创业等，都要求互助合作。但是，挑战也偏偏集中在此。盛洪在《论家庭主义》中给出一个典型场景：[7]假定甲家有三个儿子，每个儿子最初有财富 100 元；甲家现在面对孩子上学的问题，但学费为每人 120 元，所以每个儿子最初的 100 元不够。另外，他假定，如果任何儿子不上学，他今后年收入才 10 元；而如果能上学，此后年收入 40 元。显然，人人都应该上学。

但问题是，每个儿子自己的 100 元不够交学费。当然，如果金融市场发达、教育贷款轻松可得，而且利息成本合理，那么每个儿子借 20 元教育贷款就能上学——这是金融市场解放个人的方式，第十章会再回到这个话题。此外，即使金融不发达，只要教育市场发达，不只是给人们以要么付 120 元读书、要么就完全不能读的选择，而是有小学、中学、三年大专、一般大学、名牌大学等多种选择，并且学费从 10 元到 200 元不等，供人们挑选，那么甲家的儿子都可以根据自己拥有的 100 元和偏好去上学，每个人的权利有保障且相互平等、独立自主。

可是，古代没有金融市场，教育行业也不发达。在那种条件下，盛洪谈道，如果整个社会是基于“个人主义”（他的定义是：个人自由与权利至高无上，家庭内权力结构“扁平”，每个人各自为是，父母不能统一调配，更不能强迫子女就范），假如每个儿子都不愿做出牺牲，那么父母就无法强制任何儿子让步，结果三个儿子自顾自。不合作，都不能上学，今后每人年收入 10 元。当然，真正的个人主义社会是否长期如此而不能内生演变出合作机制（比如，合作社），这里暂且不谈，要点在于：必须要有合作机制，不管这种合作是强加的还是自愿的，否则就如这个结果一样，大家都输。这也解释了为什么自顾自的个人主义跟传统社会无法兼容，传统社会不可能内演出个人主义文化，因为那不利于共同生存。

合作解决三个儿子读书问题的方式有多种。

合作方式 A：让其中一个儿子，比如最小的儿子，做出牺牲，不上学，用他的钱供两个哥哥上学，等哥哥上完学并每年得到 40 元收入时，每人拿出 10 元回报老三，这样三个儿子今后每人每年各有 30 元收入。

合作方式 B：由甲家各血亲组成一个大的合作体，即宗族，一起购田置屋并出租，然后用租金收入资助族人子女上学，比如今天给甲家儿子每人补贴 20 元，并要求他们学成后从每年 40 元收益中，交 10 元给共同体。

合作方式 C：如果甲家信某种宗教，加入教会，教会每天得到教友的捐赠，这些捐赠用于支付日常活动开支，剩余的捐赠部分用于购田置屋做投资，部分用于支持教友子女上学，比如给甲家儿子每人 20 元学费援助，学成后，由他们自愿决定是否回馈教会、回馈多少、以何种方式回馈，等等。

合作方式 D：甲家、乙家、丙家等，相互间没有血缘关系，但基于共同利益需要，一起组织一个跨期合作社，即“公司”（可以是股份有限责任公司，也可以为非营利性合作社），平时每家可以出钱从公司买“份子”，公司汇集这些资金做投资，并且根据各家份子多少，在未来 10 年内分别给予贷款或分红支持，比如甲家三个儿子的学费可以从公司借款补充。

合作方式 A、B、C 和 D 都优于前面的“不合作”个人主义结局。但这些安排都涉及跨期合作的执行问题，比如：合作方式 A 中，两个哥哥可能今后“逃跑”，不履行每年支付 10 元给弟弟的承诺，或者经常迟迟不付，等等。这就是为什么盛洪赞成“家庭主义”文化，反对“个人主义”。其中，他定义的“家庭主义”是指：家长对各成员的生活、工作、教育和资源拥有绝对支配权的“家庭利益至上、个人利益在下”的模式，也就是后续介绍的儒家家庭模式。在这种金字塔权力结构下，三个儿子必须无条件听从家长安排，家长的权威能确保两个哥哥不会违约。换言之，有了儒家礼制的支持，老三不用担心哥哥会违约，兄弟间跨期合作就能进行。

而其他合作方式中，今天得到教育资助的家庭，今后也可能不履行义务、“跑路”。尤其是B、C、D的安排中，不仅含有“跑路”不守信的风险，而且还涉及其他各种管理问题，例如，这些共同体拿到各成员的资金后如何开支、怎样投资、何时分红、给谁分配多少收益，还有共同体的规则将来如何修改、由谁修改，等等，这就涉及更多的信任、公平、公正问题；在A之外的安排中，还存在之前谈到的“搭便车”道德风险问题，大家都知道宗族或其他共同体会给予帮助，就没人愿意努力了；在C和D方案中，也存在“逆向选择”问题，特别有需要的人会选择加入，一旦没有需要了，就选择退出共同体。怎么保证这些安排都可执行呢？

所以，有了上述不同的跨期交换安排还远远不够，实际上，我们还能设想出许多其他交易结构。而且不只小孩上学融资需要跨期合作，还有许多其他场景都需要多家多人的相互协助，比如：张三有一个回报极好的创业机会，他的自有资金才1万元，如果找不到20万元额外资本，整个项目就做不成；唐朝的李四发现，从广州进货20万贯丝绸，海运到阿拉伯半岛，卖出能得到200万贯，赚9倍，可是自己只有5万贯资本；宋代的王五家境一般，灾害使全家暂时面对生存挑战，或者因为家人大病需要一笔大额治疗费，或者因为盖房暂时需要一笔资金等，这些需要都是应急，一旦熬过去，今后王五可以归还感恩，所以一笔“过桥贷款”短期援助即可。这些场景都可以按照上面的 A、B、C 和 D 方案，或类似的跨期互助交易安排去解决。可是，光有理想的交易结构肯定不够，还必须有保障跨期承诺得到执行的体制。不管这种保障体制是正式的还是非正式的，只有在跨期承诺的可靠度足够高的条件下，各方才会愿意参与、愿意提供支持。

阿夫纳·格雷夫（Avner Grief）与吉多·塔贝里尼（Guido Tabellini）谈道，[8]至少在过去 1000 多年里，中国人主要依赖基于家和宗族网络的合作模式，也就是上面的合作方式 A 和 B，而欧洲人则主要在血缘网络之外找答案，靠基于共同利益、成于契约的“法人公司”（corporate entity）建立合作体，实现资源共享、风险互助，也就是合作方式 C 和 D。实际上，早在轴心时代（相当于中国的西周至东周时期），周公和孔孟就选择将人际合作集中于宗族内实现，而西方选择更多依靠社会化合作，也就是说，中西方这种“分流”的起点比格雷夫他们讲的要早 1000 多年。正是由于早就出现合作模式选择之别，中国和西方在此后的两千多年里发展出极为不同的社会结构和制度文化：中国不断强化围绕家秩序的礼制建设，西方侧重发展超越血缘、有利于陌生人之间跨期合作的法治与一般性伦理；前者培植的是“小信任”（只在血缘网络之内有信任），后者带来的是“大信任”（陌生人间广泛的信任）。在父系社会里，张三是否属于一个宗族，取决于他是否跟该族有一个共同的男性祖先，这是出生后不能选择的天生结盟；而公司的成员不以血缘为前提，是个人根据利弊判断、自愿加入，也可选择退出。在西方历史上，“公司”既可以是商业企业，也可以是市镇、社区、合作社、教会等；在早期欧洲和后来的北美殖民地，小镇、城市都是单独注册的独立法人公司。关于西方选择社会化合作模式后所带来的发展路径，第十章第五节会更详细地讨论，这里我们继续聚焦儒家文明。

为了最大化合作模式 A 和 B 以及“养儿防老”体系的可靠性，中国哲人与士大夫从周公、孔孟开始，把注意力、创造力几乎都用在家秩序的建设与完善上，包括姓氏体系、名分等级、产权关系、决策权力等，尽管这样做忽视了超越血缘的一般性制度建设。一旦儒家礼制足够发达并渗透到社会的方方面面，在基于父权的“家庭主义”下，家庭内的一切由家长——父亲——说了算，甲家的三个儿子今天当然必须听从父亲安排，这使合作方式 A 的执行没有不确定性；如果父亲因故离世也不会带来问题，因为儒家安排了族内长者掌控大权，包括命令大儿子、二儿子必须付钱给三弟。儒家礼制强化了人们对基于家秩序进行跨期资源配置的信心，也由此给社会带来稳定。

周朝启动礼制建设

既然中国社会选择以血缘家庭和宗族作为人际合作的核心平台，家秩序就必须有足够的凝聚力和竞争力。按照科斯定理，[9]族内交易成本必须比外部交易成本低，族内跨期交换可靠度必须更高，或者说，参与家秩序的净收益必须高于外部，否则族人就不会对血缘网络有兴趣。为了做到这一点，家庭和宗族就必须在边界识别和内部组织上面下功夫，通过族规家法、惩罚戒律、礼仪祭祀等，强化族内合作的收益和外部参与的成本。

我们熟悉的中国的家秩序，大致在距离现在 3000 年前的周初才开始建设，跟亚述、古埃及、印度等其他文明古国启动家秩序建设的时期差不多。之所以在人类发展历程中这么晚才组建家秩序，原因在于先要建立一些基础条件。首先，从婚姻制度的演变看，前一章谈到，在夏朝之前，群婚或者说乱婚时代还没结束，当然无现代意义的“家”可言。4000 多年前，“专偶婚”（即有一定责任与义务承诺的固定男女关系）慢慢出现，男权体制逐渐巩固，家庭结构逐步从母系向父系转变，使家庭权力结构向现代版本发展（参见第四章）。[10]比如，夏朝奠基者禹将王位传给儿子启，象征着以父子继承为特点的父权家庭制度在建立。《史记》称，夏启“始传父爵，乃能光治先君之基业”。[11]在山西襄汾的夏朝遗址——陶寺遗址中，几处男人墓的两侧有规模小一些的女性墓，表明一夫多妻的出现；[12]而在山西夏县东下冯遗址中，考古学者也发现一夫二妇同葬的男性墓。[13]虽然那时期男性地位显著上升，但围绕婚姻和家庭的规则还在摸索之中，至少在夏朝，儒家版本的礼制还无从谈起。

其次，为了建立礼制并使人遵守，就必须有威慑或奖罚体系，也就是经济学里讲的“胡萝卜加大棒”（stick and carrot），“大棒”对应的是惩罚、负激励，而“胡萝卜”是奖励、正激励（图 5.1）。夏商时期的执法与司法体制还在摸索中，连郡县治理体系也要到公元前 676 年才发明，[14]所以在周以前，不能指望有足够细致的正式惩治体系为礼制奠基，家秩序只能依靠“软性威慑”，即靠“伦理道德”做支撑，也就是通常称的“德治”。但伦理道德也要以某种威慑体系为基础，否则只会是空中楼阁，这就涉及李泽厚所言的“由巫到礼，释礼归仁”，[15]即巫史在先，儒家文明在后，巫术迷信是礼制的前提，这一时间顺序很重要。到夏商上古时期，巫术对秩序的贡献主要集中在宏观社会，即“王朝”层面，而不在微观秩序层面，或者说，巫术发展集中在天神，而非祖先神上。在巫术迷信足够发达、对巫的敬畏足够普遍（即天神就是“大棒”）后，祖先崇拜的发展才有基础，就能基于巫的威慑力组建人的“微观”秩序，即家秩序（“如果你冒犯祖先之灵、违犯家法礼仪，必遭上天惩罚”，上天神明是“大巫”，祖先神是“小巫”），此即礼制等到周朝才系统建立的原因之一，也是李泽厚所言的“由巫到礼”、先巫后礼的含义。天神崇拜带来宏观秩序，而祖先崇拜带来微观秩序（礼制），礼制是非理性巫术的“理性化塑建”。陈梦家言：“祖先崇拜与天神崇拜逐渐接近、混合，已为殷以后的中国宗教树立了规矩，即祖先崇拜压倒了天神崇拜。”[16]意思是，尽管天神崇拜发展在先，但经过西周以及孔孟的推动，到后来，祖先崇拜反而比天神的分量更重，其关键在于基于祖先崇拜建立的礼制规范人们的日常生活，这是每月每天、每时每刻的事情，处处显现，比天神更贴近个体的生活。

图 5.1 “胡萝卜加大棒”是礼制秩序的基础

注：制度设计既需要提供正面激励（“胡萝卜”），又必须有惩罚威慑（“大棒”）。

在谈到中西方在轴心时代出现的分流时，李泽厚如此总结：[17]“西方由‘巫’脱魅而走向科学（认知，由巫术中的技艺发展而来）与宗教（情感，由巫术中的情感转换而来）的分途。中国则由‘巫’而‘史’，直接过渡到‘礼’（人文）‘仁’（人性）的理性化塑建。”也就是说，到西周之前，西方世界（包括古埃及、美索不达米亚等两河流域）和东方都依赖巫术，没出现显著“分流”，但从相当于中国春秋时期开始，古希腊、古罗马启动了理性认知革命，将理性逻辑应用于自然世界带来科学，应用于人类社会则带来民主政体，此即自然科学和社会科学之源点。而从那时期开始，中国走向儒家礼制建设之路。

再就是，家秩序需要一个把各代和族人串起来的跨期记忆符号，也就是“姓氏”：王家、李家分别以“王”和“李”命名后代，多少代都不改，否则不便认清子孙后代，更不能让后代识别并敬拜祖宗；血缘关系如果模糊，跨期承诺的实施成本必然高。换言之，固定的姓氏符号是识别家秩序的关键符号，是宗族结构降低跨期交易成本的基础设施。在中国，姓最早起源于母系氏族社会时期，女子称姓，比如姜、姬、姚等，这些姓都以“女”为偏旁。董家遵认为，中国早期的姓基本是从图腾崇拜演变而来，尤其是最早的 12 个“女”部姓都起源于 12 个动物图腾，后来进一步衍生出十二生肖。[18]男子称氏，但在实际中，由于到夏商时期还是“夫从妻居”，子女一般跟母姓，连丈夫到妻方后也改从妻姓。我们常说到的上古帝王尧、舜、禹、启、汤都是名，没有姓氏。对于男子的氏，《白虎通义·姓名》是这样说的：

> 所以有氏者何？所以贵功德、贱伎力。或氏其官，或氏其事。闻其氏即可知其德，所以勉人为善也。或氏王父字何？所以别诸侯之后，为兴灭国、继绝世也。诸侯之子称公子，公子之子称公孙，公孙之子各以其王父字为氏。故鲁有仲孙、季，楚有昭、屈原，齐有高、国、崔，立氏三，以知其为子孙也。王者之后二，称王子，兄弟立而皆封也。或曰王孙上称王孙也。

由此看到，一方面在母权社会时期有基于母系的姓，但在夏商时期经历从母权到父权制度的转变，其间基于功德与事业的男氏开始出现，这就是现代父系姓氏的起源；另一方面，一开始男性的氏是为王公贵族而出现，用以跨期记载父系血缘脉络。据《通志·氏族略》，“三代之前，姓氏分而为二：男子称氏，妇人称姓…… 三代之后，姓氏合而为一”。[19] 亦即，随着父权体制进一步巩固，到了周朝，姓与氏之间的区分已经很模糊。在战国时期，平民也开始有姓氏，经过秦汉的持续演变，今天我们熟悉的、基于父系的姓氏体系基本建立，把中国社会分割成一个个边界清晰的群体，即宗族，为基于男系血缘的跨期信用体系奠定基础。[20]

在多数其他社会，姓氏出现得更晚，由此推断，它们的“家”和“宗族”结构也应该发展得晚，其居民应该较少依赖家秩序解决跨期风险与资源共享。[21] 在西方，古希腊并没有家姓这种跨代记忆符号，我们熟悉的亚里士多德、苏格拉底、柏拉图等，都是单名，没有家姓（surname，or family name），平时人们会以地名和父亲名对个人做区分，比如“雅典的柏拉图的儿子”，不会把“柏拉图”作为其后裔的姓氏并一代代不变地传承。不过，古罗马是个例外，到公元前 1 世纪，普通罗马人已经有家姓这种血缘符号，[22] 但是在西罗马于公元 5 世纪崩溃后，家姓在西方消失，只有个人名字。进入中世纪后，爱尔兰最早推出固定的家姓，是公元 916 年由一个叫“Ó Cleirigh”的人推出的。[23] 公元 1086 年，英国正式推动家姓，但一开始并非把家姓跨代固定，而是后代可随意改动；在 1250—1300 年间，英国人才建立家姓祖传的传统；[24] 到 1400 年，多数英格兰人、苏格兰人有家姓，一直到 18 世纪后期才做到人人有家姓；其间，英格兰国王不断下令，要求所有英人必有家姓，比如亨利八世在 16 世纪初，要求出生儿必须按父姓登记。当时，英格兰人定家姓的方式包括以职业命名（比如，“面包匠”Baker、“铁匠”Smith）、以父亲名命名（比如，“彼得儿”Peterson、“詹姆斯儿”Jameson、“约翰儿”Johnson），也可以根据最早推出家姓的祖先的身体特征起名（比如，“棕色”Brown、“矮个”Short）。这些起源说明，英格兰社会以前对父系血缘家族不很看重，否则他们的家姓不会这么晚才推出，亦不会这么随意。[25]欧洲其他社会推出家姓的时期跟英格兰差不多，意大利各城邦到14世纪还只是贵族有家姓，之后才向普通群体扩散。[26]日本以前只有王公贵族有家姓，到19世纪普通人也造出姓氏，给家庭带来跨代符号。

对比家姓在各社会的起源时期，可以看到它们大致从何时开始注重家族制度的建设。实际上，许多社会推出家姓不是为了强化家秩序，而是为了方便政府征税、征兵、执法与司法。就英格兰而言，由于到14世纪还并非人人有固定的家姓，一般人只有大卫、彼得、詹姆斯等几个基督圣人名，无法分辨谁是谁，这让政府征人头税难上加难，所以14世纪70年代，英王强制每个农民选好家姓并登记注册，以便社会管理；结果，英格兰社会强烈反抗，造成1381年的农民大造反。[27]中西方的姓氏起源时间差也反映出，由于周公选择依赖血缘宗族组建社会、解决人际跨期合作，所以早就有激励普及姓氏这个永久血缘符号，而西方社会则往社会化合作发展，直到中世纪后半期才推动固定的血亲符号。

在1849年以前，菲律宾人基本没有家姓，每人模仿西班牙殖民者给自己一个单名，因此社会结构中家族意识很弱。为了结束这个混乱局面，殖民政府于1849年11月21日下达强制令，不仅要求每家有家姓，而且规定，每个菲律宾人要有与他人不同的全名，[28]以利于政府理顺税收和社会治理。在蒙古等内亚游牧社会，姓氏也出现得很晚，甚至到20世纪才出现。相比之下，汉族中国不仅是世界上较早推出父系姓氏的社会之一，更是为了强化家秩序而推出。即便如此，中国也要到东周才建成相对成熟、接近现代版本的姓氏体系。有了家庭与宗族的符号，周礼就多了一项重要基础设施。

所以，中国社会发展到周朝特别是战国时期，男权父系家庭、天神崇拜与祖先崇拜、跨期血缘符号，即姓氏，都已足够发达，有条件致力于礼制建设、强化家秩序，于是有了周朝“三礼”:《仪礼》、《礼记》和《周礼》。《左传·昭公二十五年》是这样介绍礼制的：“夫礼，天之经也，地之义也，民之行也。天地之经，而民实则之。”《礼记·礼运》写道：“夫礼，必本于天，殽于地，列于鬼神，达于丧、祭、射、御、冠、昏、朝、聘。”李泽厚说“‘礼’仍然保存着‘巫’所持有的与天地沟通、与神明交往从而能主宰万事万物的神圣力量和特质。尽管高度理性化，却仍然是由这种神圣力量和特质来统帅和管领，它在世间却超世间”。[29]可见，如果没有巫术迷信先深入人心、操控人之生活，礼制就难以立足，家秩序在促成族人跨期互助方面的凝聚力和成本优势就会大打折扣。

周朝礼制事无巨细

既然周代建立的礼制对巩固家秩序这么重要，其具体内容包括哪些呢？“三礼”细则很多，其中，许多涉及行为、举止、言论、衣冠：“毋侧听，毋嗷应，毋淫视，毋怠荒，游毋倨，立毋跛……暑毋褰裳 …… 男女不杂坐，不同椸枷，不同巾栉，不亲授，嫂叔不通问”(《礼记·曲礼上》)，“子能食食，教以右手”，“七年，男女不同席，不共食”，“男不言内，女不言外”，“在父母舅姑之所……不敢哕噫、嚏咳、欠伸、跛倚、睇视，不敢唾洟，寒不敢袭，痒不敢搔”(《礼记·内则》)，“子于是日哭则不歌”(《论语·述而》)，等等。规矩之细，涉及社会与个人生活方方面面之多，以至于“若无礼，则手足无所措”(《礼记·仲尼燕居》)，目的当然是使社会井然有序、到处彬彬有礼。“三礼”的细则太多，这里就不一一列出，但至少包括以下多项：

一、人生礼仪：祈子礼，胎教之礼，出生礼，命名礼，保傅礼，冠礼，笄礼，公冠礼，昏（婚）礼，仲春会男女礼，养老礼，丧礼，奔丧礼，祭礼，教世子礼，妇礼。

二、生产礼仪：籍礼，射礼，蚕桑礼，养兽礼，渔礼，田猎礼，献嘉种礼，御礼，货礼，饮食之礼。

三、交接之礼（即宾礼和嘉礼）：士相见礼，乡饮酒礼，燕礼，乡射礼，大射礼，聘礼，公食大夫礼，觐礼，投壶之礼，大盟礼，宗、遇、殷、见之礼，脤膰、贺庆之礼。

四、祭礼：郊礼，禘礼，春祈谷礼，类祭、封禅礼，大雩礼，迎春、迎夏、迎秋、迎冬之礼，祭地、祭日、祭月、祭星、祭司命司中、祭四望、祭山林川泽、祭社稷、明堂祀五帝、四时宗庙之祭，释菜礼，释奠礼，祭先卜礼，占梦礼，祀高禖礼，巫降礼，迁庙礼，衅庙礼，祭五祀、祈桑蚕、祈麦实、尝新荐食礼，蜡祭礼，祭表貉、祃祭，祭在其地无主后者。

五、凶礼：丧礼（以丧礼哀死亡），荒礼（以荒礼哀凶札），吊礼（以吊礼哀祸灾），脍礼（以脍礼哀国败），恤礼（以恤礼哀寇乱）。

六、军礼：大师之礼，大均之礼，大田之礼，大役之礼，大封之礼。

七、其他：宫室落成礼，巡狩礼。[30]

每项礼包括更多细节。比如，针对丧礼，首先是“五服”的要求，《礼记》曰“亲亲，以三为五，以五为九。上杀，下杀，旁杀，而亲毕矣。”这里，“三”指的是父、己、子直系三代；“五”是指祖、父、己、子、孙直系五代；而“九”说的是高祖、曾祖、祖、父、己、子、孙、曾孙、玄孙九代，九代之外就超出五服；“杀”，意思是亲属之间的关系逐渐疏远，由父上推至祖、曾祖、高祖，亲属关系渐疏，即“上杀”，而由子下推至孙、曾孙、玄孙，亲属关系也逐渐变疏，即“下杀”；“旁杀”则是针对横向关系，从亲兄弟旁推到从兄弟，再由从兄弟到二从兄弟、三从兄弟，亲属关系同样是渐疏。

《仪礼》针对亲疏远近的关系，对丧礼服装和守丧期限做了相应的规范，包含居丧期间的服饰、饮食和起居方式。孝子必在墓旁搭草庐而住，寝卧草席，粗茶淡饭，三个月不沐浴、不理发，夫妇不同房，并且言而不语、对而不答、不与人同座；居丧期内，也不可出仕、做官、考试、歌舞、嬉乐、饮酒、嫁娶、赴宴、应酬、庙会、祭祀等，公职者要辞官归籍，在家守制；门第世家则出入不走正门、上下不行中阶；等等。丧服分五等级（故“五服”）：斩衰、齐衰、大功、小功和缌麻（图5.2）。斩衰服最重，是子为父、诸侯为天子、士大夫为君而穿的丧服，用最粗的生麻布制成，不缝边缘，居丧期三年；齐衰轻于斩衰，齐衰服用粗麻布制成，断处缉边；大功又轻于齐衰，大功丧服用熟麻布制成，比齐衰精细、比小功略粗；小功丧服比大功轻，用熟麻布制成，比大功更精细；而缌麻为五服中最轻丧服，用细麻布制成，比小功服更精细，居丧期三月。

那么，丧服五等级该如何运用，谁穿重服、守丧更久呢？《礼记》规定：“服术有六：一曰亲亲，二曰尊尊，三曰名，四曰出入，五曰长幼，六曰从服。”礼制以丧服为基础确定家秩序，遵守六项基本原则：亲亲、尊尊、名、出入、长幼和从服。其中，“亲亲”指的是血缘关系的亲疏，如果死者与自己的血缘关系亲近，则丧服越重，如果较远，则越轻；“尊尊”讲的是君臣从属关系，尊卑关系；“名”说的是外族妇女嫁入本

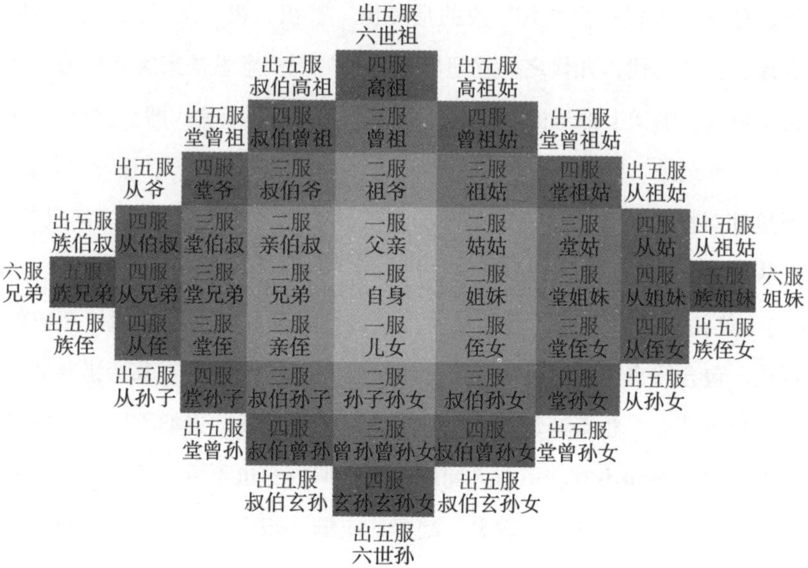

图 5.2 基于《仪礼》丧礼的九族五服图

注：周代推出的丧服分五等级（故“五服”）：斩衰（一服）、齐衰（二服）、大功（三服）、小功（四服）和缌麻（五服）。

族，属名分关系；“出入”涉及本族已嫁、已嫁再回娘家和未嫁的妇女，跟死者属血亲，但因自己为女性而不同，丧服为轻；“长幼”涉及年龄维度，对长者和幼者需要加以区分，如果是未成年死亡者，则要为其降等服丧，尤其是如果死者年龄太小，则无服；最后，“从服”是指自己与死者无直接关系，但因为是与死者有直接关系的人有关系而前来服丧，是更远的关系。下面是这些规则的总结：

先王之制礼也，使疏戚有伦，贵贱有等，上下九代，别为五族。骨肉者，天属也，正服之所经也…… 义立者，人纪也，名服之所纬也。正服者，本于亲亲；名服者，成于尊尊。名尊者服重，亲杀者转轻，此近远之理也。尊崇者服厚，尊降者转薄，此高下之叙也。记曰："其夫属乎父道者，妻皆母道也；其夫属乎子道者，妻皆妇道也。"……校之人纪，嫂非母也，叔非子也。稽之五服，体无正统；定其名分，不知所附。(《通典》卷 92，晋朝傅玄言)

《礼记》进一步要求："从服有六：有属从，有徒从，有从有服而无服，有从无服而有服，有从重而轻，有从轻而重。"也就是说，"从服"也有六项原则：属从、徒从、从有服而无服、从无服而有服、从重而轻、从轻而重。其中，"属从"指的是根据亲属的关系决定丧服，如果自己与死者不是直亲，但眷属是死者的亲属，那就按眷属的关系为其从服（比如，丈夫家成员去世，妻则随丈夫从服；反过来，夫为妻党从服；同理，子女随从母亲，给外戚成员服丧）；"从"是指，虽然自己跟死者无关系，但自己所归附的人跟死者有关系，就需根据所随从的人与死者的关系，去为其从服（比如，臣要为君王的家属从服，下属为上司的亲属从服，妾子为嫡母的家属从服）；"从有服而无服"是指，虽然所随从者有服，本来应为死者从服，可是由于被压降，故不必从服（比如，国君之子本应该为其妻之父母从服，但是作为公子，享受国君之尊，就不必服丧；如果君王还在位，公子免于为其母、其妻服丧）；"从无服而有服"要复杂一些，意思是虽然自己和所随从的人都与死者没关系，但自己也要从无服变有服，比如，公子之妻跟公子之外兄弟无直接关系，公子有国君之尊，不会为远房兄弟服丧，但公子之妻照样该为其远房兄弟服丧；"从重而轻"指的是，自己所随从的人为死者服重，而自己却服轻，比如，妻为其生父母服重（即齐衰），但自己是丈夫，需要降一等服轻，只为岳父母服缌麻；最后，"从轻而重"则反之，自己所随从的人为死者服轻，而本人却服重，比如，国君在位时，公子只为其生母服轻（即练冠、麻和麻衣縓缘，葬后就脱除），国君不在位时公子也只为生母服大功，但是公子之妻必须为公子生母服重（即齐衰）。好是复杂！

五服规矩也是祭祖等其他活动中的礼仪。这些烦琐的礼制在执行时，当然不得松懈，人人必须遵守。据《魏书》第111卷《刑罚志》记载，北魏于387年规定，“犯大逆者，亲族男女无少长，皆斩；男女不以礼交，皆死”。

五服图不仅是决定衰礼、祭祀的服装和行为规矩，而且还决定图中任何两个位置上的个体之间的双边社会关系，包括亲疏、远近和相对地位高低。为了将这种社会关系具体到日常生活的方方面面，汉语还为图中每对双边关系发明了相应的称谓，以清晰表述与每对关系相对应的责任、义务和权利。而在英美社会，不管是父亲的兄弟，还是母亲的兄弟，以及父亲或母亲的姐妹的丈夫等，都以“uncle”通称；父母的姐妹，以及父母的兄弟的妻子等，都以“aunt”通称；父亲的父母、母亲的父母，通称为“grandparents”，不做区分；然后，自己称妻子的兄弟为“brother-in-law”、妻子兄弟的妻子为“sister-in-law”，而妻子称丈夫的兄弟与姐妹也为“brother-in-law”和“sister-in-law”，称丈夫姐妹的丈夫和丈夫兄弟的妻子也分别为“brother-in-law”和“sister-in-law”，等等，称谓很简单，不同的名称很少，没有堂兄堂弟跟表兄表弟、堂姐妹跟表姐妹之别。由于前述原因，西方人不主要靠血缘亲戚网络解决跨期互助、规避风险，所以没必要通过烦琐名称把血缘亲疏远近识别清楚，其亲戚称谓这么简单，以至于中国人不习惯，觉得无法搞清谁是谁（因为西方人不需要清楚谁是谁）。

与此对应的是极为复杂的中国称谓系统（图5.3），“爷爷、奶奶”“外公、外婆”“伯伯、叔叔”“大姑父、小姑父”“大舅、小舅”“大姨父、小姨夫”“伯母、婶婶”“大姑、小姑”“大姨妈、小姨妈”“哥哥、弟弟”“姐夫、妹夫”“堂哥、堂弟”“表兄、表弟”“姐姐、妹妹”“嫂子、弟媳”“堂姐、堂妹”“表姐、表妹”“儿子、媳妇”“女儿、女婿”“侄子、侄媳”“侄女、侄女婿”“外甥、外甥媳”“外甥女、外甥女婿”“孙子、孙媳妇”“孙女、孙女婿”“外孙、外孙媳”“外孙女、外孙女婿”。妻子的伯、叔父母称“伯岳父、伯岳母”“叔岳父、叔岳母”，兄（弟）的岳父母称“姻伯（叔）父、姻伯（叔）母”，子女配偶的父母称“亲家翁、亲家母”，等等，不同名称太多，这里就不一一列出。对于中国社会，这些不同称谓极其重要，因为每个称谓决定了她或他相对于当事人的名分，名分包含了相对的辈分、亲疏、远近信息，这些信息决定了每个人对另一方的责任、义务和权利，进而决定资源的配置关系。比如，张三办婚礼，如果张三是送礼人的堂兄，可能送礼 2000 元；如果是表兄，可能送 1000 元；如果是侄子，送礼 5000 元；如果是外甥，送礼 3000 元；等等。长幼不同、远近不同、性别不同，相应的礼金各异。如果张三、李四需要借钱，也会因他们相对于当事人的关系名称决定对方是否有义务借款、借多少，等等。

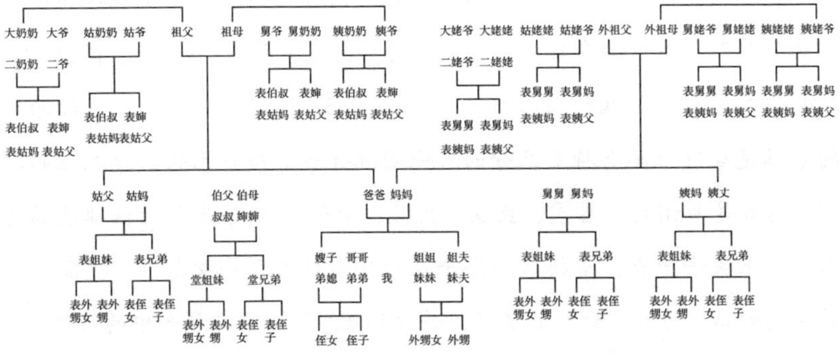

图 5.3　亲戚称谓图

注：这里给出中国人的主要亲戚称谓，不包括连襟等。这与英文里的 uncle、aunt、nephew、niece、brother-in-law、sister-in-law 等少数几个称谓的简单概之形成对比。这种差别反映了中国人依赖血缘宗族，而西方人主要依赖社会化方式实现风险互助和资源共享。本图来自互联网。

周朝的礼制、亲戚称谓体系等，虽然烦琐，而且把每个人固定在社会结构中，从生到死不变，无个人自由与选择权利，但是这种不变恰恰是儒家信任体系得以稳定的原因，给当时族人间的跨期承诺带来可靠预期，形成所需要的风险互助秩序。这套家秩序体系成为周及之后朝代的法律、正义、责任与义务的准则，包括由此定义的“仁、义、智、信”以及伦理道德的内涵。“古之制礼也，经之以天地，纪之以日月，参之以三光，政教之本也”（《礼记·乡饮酒义》）。

儒家名分等级秩序

当然，周朝礼制尽管面面俱到，但由于当时的技术与发展条件所限，还是没法完全解决天灾人祸等风险挑战，因此社会还无法根除暴力，以至于到春秋时期，国与国间战争不断，各国之内则“礼崩乐坏”。赵鼎新谈道，在春秋战国时期，孔子认识到：

> 之所以出现周天子权力被诸侯摄取、诸侯权力被大夫摄取这种国将不国的局面，根子都在当时日益混乱的社会关系之中…… 孔子提出了其思想中两个相互关联的核心概念：“正名”和“仁”。孔子主张达致治世的基础是让每个具有特定名分的人能明确并履行与自己的名分相应的职责。这就是所谓的“君君、臣臣、父父、子子”。孔子不认为法律能够为人们带来太平治世，坚持认为每个人都应当致力于修身养性，提高个人的道德素养，达到“仁”的境界，并以此来规范自己在社会中的行为。[31]

在孔子看来，完善礼制、重建西周的社会与政治秩序，才是解决当时乱局之路，而不是其他。一个人为了达到“仁”，就不能忽视“礼”，只有在个人生活和社会行为中始终遵守礼制，才可能达到“仁”的高度。之所以要“正名”，就是为了建立一套毫不含糊的“名分等级”秩序，这套秩序后来被西汉董仲舒在《春秋繁露》中总结为“三纲”（君为臣纲，父为子纲，夫为妻纲）和“五常”（仁、义、礼、智、信）。“三纲”强调的是永恒不变的主从关系，君为主、臣为从，父为主、子为从，夫为主、妻为从；而“五常”是作为调节规范君臣、父子、兄弟、夫妇、上下尊卑关系的行为准则，礼制是其基础。在战国时期，孟子提出“父子有亲，君臣有义，夫妇有别，长幼有序，朋友有信”(《孟子·滕文公上》)，算是“三纲”的另一种解释。而董仲舒基于“阴阳说”给予其解释：君、父、夫代表天的“阳”面，臣、子、妻为天的“阴”面；“阳”的地位尊贵，是主宰方，而“阴”的地位卑贱，总该被动服从——又一番从鬼神迷信找到合法性的努力。

按照四个维度构建基于“三纲五常”的名分等级秩序：辈分、年龄、性别、亲疏。根据“父为子纲”原则，长辈的名分高于晚辈，并对晚辈有完全的拥有权与支配权，就像拥有财产一样，晚辈就是长辈的投资资产；而晚辈则对长辈不仅顺从，而且孝敬，遵从“孝道”原则，这是对“养儿防老”跨期投资安排的直接保障，也是为降低这种投资的不确定性。在同一辈分中，则以出生时间排序，兄的名分地位高于弟，因此对弟有支配权。这一原则如此严格，即使双胞胎兄弟间出生时间只差不到一分钟，也是早出生几十秒的那个为哥哥，另一个为弟弟，并且由此确定的主从关系终生不变，早出生几十秒的那个永远是“老大”，哪怕弟弟80岁了也必须服从于他。性别维度则很简单，“夫为妻纲”决定了妻子的名分低，女性比男性低；同理，兄弟的名分高于姐妹，也因此可以始终支配后者。

依照“父为子纲”和年龄原则推演，家庭中年龄最大的男性长者

（家长）必然是辈分最高，对家中所有其他成员有支配权和拥有权，包括对家庭财产的所有权和处置权，也有权处置各成员的收入与积蓄、决定他们的婚嫁。他有权打骂、体罚子女和其他晚辈，甚至在体罚儿孙过程中将后者过失致死，也未必遭到刑事处罚。[32]李泽厚评价名分等级秩序时说：

使用一整套“名分”次序的排列制度，来别亲疏，定上下，立尊卑，序长幼，明贵贱，分远近，以确定人们的义务、道德和生活……“名”要求人从混沌无序的原始杂乱中走出来……“名”把差异、区别呼唤出来而形成万物。儒家强调“名”整理出秩序和规范，由之构成一个有明确差异和严密区分的社会统领系统。这就是“礼制”，也是“礼治”。[33]

名分等级对明晰社会秩序如此重要，以至于还催生出其他创新，字辈谱系就是一例。在东晋时期，最后两位皇帝分别叫“司马德宗”和“司马德文”，似乎就有了“德”字辈。到后来成形为礼制的一部分时，“字辈”指的是宗族规定族人取名时必须按辈分统一使用的字谱，通常是规范人名中间的字（也有宗族规范名字中第三个字的偏旁），以表明世系的辈分排行。按字辈取名，让众人一看即知当事人在族内辈分的高低。辈分高尊、低卑，低者必须尊重高者。字辈也帮助区分血缘亲疏，比如，假如是同姓同字辈，就属同宗族，自然亲。唐高祖李渊的22个儿子中，除了6个外（包括次子李世民），其他16个儿子名字的第二个字都是“元”，算是“元”字辈；长子李建成的6个儿子叫李承宗、李承道、李承德、李承训、李承明、李承义，四子李元吉的5个儿子是李承业、李承鸾、李承奖、李承裕、李承度，这一代为“承”字辈。宋太祖赵匡胤为后代安排了13个字辈，加上他自己的“匡”字就有了辈分排序：“匡德惟从世令子，伯师希与孟由宜。”孔子后裔从第 56 代至 105 代的字辈谱为：“希言公彦承弘闻贞尚胤，兴毓传继广昭宪庆繁祥，令德维垂佑钦绍念显扬，建道敦安定懋修肇彝常，裕文焕景瑞永锡世绪昌。”字辈是姓氏之后的另一重要发明，显著强化了中国社会的家秩序结构，因此也进一步降低了族内每个成员对其他族人的责任与义务的模糊性。

名分等级、“三从四德”、孝道文化及其他礼制细则，对每个人的规定到了“事无巨细”的程度。究其目的，仍是规范整个社会的产权秩序、降低人际交易成本，因为社会以家庭为基本单位，家内、族内的产权秩序明确了，社会秩序也就明晰了。而社会中，作为“资产”的人是最基本、最重要的资源，这些资源如何配置、所有权如何安排，对社会稳定、经济稳定都非常关键，所以安排好每个人“属于谁 ”是建立全社会产权秩序的第一步，此即“三纲五常”“三从四德”名分等级的意义所在。想象以下场景：当一个家庭的总收入，需要在年龄不同、性别不同、身份不同的诸多个体间分享时，界定和执行每个人的权利或许十分复杂、成本高昂。如果没有其他制度制约，家庭内很可能盛行暴力争夺收入，或者出现本章第一节所举例子中的挑战。而儒家提供了以下方法来解决这一问题：制定一套明确（也因此易于执行）的名分等级制度，在家庭、宗族中任意两个人间，定下清晰的次序；离供奉的祖先越亲、辈分越高、年岁越长，则对收入和资源的分享层级和份额就越高，并且男性的层级与份额高于女性。一旦收入、资源、权利和机会都按照这个等级差序分配，则争端自消，暴力频率也必然减少。由于这种差序秩序永久不变，彼此信任度高，避险互助就更可靠，违约频率低，争端减少，暴力也由此降低。而如果族人因灾害或其他风险出现应急需求，其他族亲因此也更愿意提供帮助，他们知道受益的族人将来不会逃避回报。

名分等级规范了家秩序，同时也被应用到中国社会的政治与一般社会关系中。在“三纲”中，君臣与父子相对应，由此延伸出，官是父母官，民是子民，官民也成了父母与子女的关系，并由此得出“子民要孝忠官、官要爱民如子”的道德标准。在社会生活中，尊称朋友为“仁兄”、自称为“愚弟”，先生便是“父兄”、学生称为“弟子”，等等，可见名分等级贯穿社会的方方面面。

这就是李泽厚在《中国古代思想史论：试谈中国的智慧》中谈到的，[34]礼制是宗教、伦理、政治的“三合一”，其轴心是针对社会行为的伦理和针对个体行为的道德（私德）。王国维言：“周之所以纲纪天下，其旨则在纳上下于道德，而合天子、诸侯、卿大夫、士、庶民，以成一道德之团体，故知周之制度典礼，实皆为道德而设。”[35]礼制的实效不仅在于规范家与族，而且也将家秩序扩散至全社会。

由此，我们可初步回答格雷夫他们提出的问题，[36]即为什么在过去千年或更长时期里，中国人基于宗族进行跨期合作，而欧洲人则主要依赖“法人公司”？上面的介绍告诉我们：周朝选择基于血缘网络实现人际跨期互助，在那之后的两千多年，儒家士大夫不断创新完善，甚至只专注建设基于名分等级的礼制秩序，以至于除了家秩序外，这个社会没有构建其他跨期信任体系，依赖家秩序进行人际合作成为交易成本最低、不确定性最小的安排，抑或是中国人的唯一选择。由于每个人在名分等级秩序中的位置与生俱来、终生不变，虽然这导致个人既没权利又没自由，但“终生不变”反而使跨期承诺更安全，违约概率更低。

相比之下，古希腊的柏拉图、亚里士多德等西方哲学开道者，在忙着区分国（城邦）与家、公民政治与家庭事务，“强调二者不可混同”，[37]他们致力于探讨如何构建公民政治、如何制约君主权力，而不是为家秩序组建类似礼制的体系。于是，他们发展出个体权利、自由平等、权力制衡这些概念以及相配的制度，比如，就在中国春秋战国时期，罗马共和国（公元前507年—前27年）已建立了参议院和平民大会（相当于下议院），以制衡行政长官权力。而中国哲人则继续忙于为王权背书。西汉董仲舒在“王”这个“三横加一竖”中文字上做文章，强化王权迷信，说“三画者，天地与人也，而连其中者，通其道也，取天地与人之中以为贯而参通之，非王者孰能当是”，[38]忽视了“王”字并非上天发明，而是中国先民所造；其他语言就不一定如此，比如，换成英语的“King”或者“Emperor”，又该如何解释王权的天神性呢？其实，“王”字在一期甲骨文中并非如此，而是以垂直放置的兵器作为“王”字，即“钺”（戉）或者“鏚”（戚）的一个变体，这两种兵器是专门用于斩首的武器，以此象征赋予死亡的权力，即王权，根本不是“取天地于人之中以为贯而参通之”。[39]基于象形文字的形象得出君王特权的天经地义，是自说自话、为王权背书，而非得到独立证据支持的客观存在。这种中西差别，一方面使欧洲比中国更早推演出良性权力制衡制度，到中世纪后半期，欧洲君主命案率已低于中国（第一章）；另一方面，由此带来的非人格化的法治体系，让欧洲人可以依靠基于契约的各类“公司”进行跨期合作，在第十章，我们再回到这个话题。

从思想到实践：礼制的平民化

我们继续聚焦中国。前面谈到的礼制主要还停留在思想层面，在儒家礼制成为现实、完全主导草根秩序之前，还需要操作细节上的创新，这要等待时机。在孔孟之后，第一次这样的历史时机出现在秦汉转型之际。公元前221年，秦始皇完成武力征服战国六雄的目标，随即建立秦朝，统一中国。可是，秦始皇没能区分“打江山”与“治江山”的差别，建立新帝国后，推行法家的刑罚铁腕统治，尤其还“焚书坑儒”，使他失去民心，丧失统治合法性。十余年后，刘邦推翻貌似强大的秦帝国，建立汉王朝。

可是，“刘邦凭着个人的才智与特殊的机缘，在短短五年间成就帝业，开亘古未有之局，但他的统治基础比起商、周、秦等统治家族有数百年历史的情况，是相当薄弱的”。[40]加上刘邦当初打着“灭秦虐政”的口号起义，汉帝国必须与“暴秦”区分，回避法家，否则其统治正当性会大打折扣。项羽评价说“秦王有虎狼之心，杀人如不能举，刑人如恐不胜，天下皆叛之”（司马迁《史记·项羽本纪》）。

于是，汉初反秦弃法呼声极高，汉帝国面对改制压力，这给儒家提供了取代法家、成为国家正统意识形态的机会。司马迁在《史记·郦生陆贾列传》中记载了陆贾跟刘邦的历史性对话，陆贾给高祖推荐《诗经》《尚书》等儒家经典，刘邦则质疑道：“乃公居马上而得之，安事《诗》《书》？”意思是，汉天下在马背上打下，难道还需要领会《诗经》《尚书》吗？这有何用？陆贾反问：“居马上得之，宁可以马上治之乎？且汤、武逆取而以顺守之，文武并用，长久之术也。”也就是说，武力打下的江山，难道你还要用武力去治吗？秦朝短命的教训还不够吗？当年商汤等就是武力夺天下，但以顺民心顺民意的方式去治天下，文武并用，那才是长治久安的治国之道呀！陆贾进一步反问道：“行仁义，法先圣，陛下安得而有之？”如果秦朝当初遵循儒家仁义，推行道德“礼治”，会有那么糟糕的结局吗？一席话启发高祖，高祖即令陆贾将秦亡汉兴以及其他前朝的成败教训，写成政文，呈于皇帝。结果是，“每奏一篇，高帝未尝不称善，左右呼万岁，号其书曰‘新语’”（司马迁《史记·郦生陆贾列传》）。从此，刘邦接受“逆取顺守”为汉朝根本大计，也从此将儒家“礼治”跟专制政体结合一起，失去了春秋时期儒家的独立性和自由思想；也由于对君权的依赖和为王道服务的需要，儒家学人丢去批评或抗议精神，倒退为观念保守主义。

在陆贾之后，董仲舒更是为皇权铺路，《春秋繁露》言：“天之生民，非为王也；而天立王，以为民也。故其德足以安乐民者，天予之；其恶足以贼害民者，天夺之。”意思是，君主之集权是天意天授，任何人都不可质疑王权，但其责任也大，必须为民办事，否则天也会将王权夺回，民间灾异、王朝崩溃就是“天谴”的具体表现。这就是董仲舒的“天人感应”说，他将之前的“天命”观进一步细化，虽然君权是否真的神授、灾异是否真的为天谴，当时人无法客观验证或否定（因此，仍然是巫术迷信），但却更牢固地成为中国王权政治的核心信念，其影响力延续至今。董仲舒的影响之所以比陆贾等同代人要大，也在于之前孔子、孟子关于“唯天为大”的说法太笼统或过于道德化、理论化，离民众生活太远，不具体实用，这使儒家礼制还难以进入民众生活，而董仲舒的论述就改变了这一局面，尤其他对“天”的权威性做了多维度诠释，“天”不只是一个自然运行的物体，更是宇宙中所有秩序与现象的本原和归属，不仅涵盖包罗各物理现象，也决定、主导无形无味无色的“道”。“天者，群物之祖也，故遍覆包涵而无所殊，建日月风雨以和之，经阴阳寒暑以成之，故圣人法天而立道。”[41]就如借助汉字“王”的结构望文生义解释王权的绝对性，董仲舒也借“天”字的笔画展示天的威力：“以元之深，正天之端，以天之端，正王之政，以王之政，正诸侯之位，五者俱正而化大行。”[42]意思是，“天”这个字是由“元”而来，“元”就是“一”、就跟“原”一样，所以天当然是宇宙中所有物与非物的本原。而且，董仲舒进一步诠释，“天”字也包括了汉字“人”于其中，故“天”也是人的本原，是人之所以为人的原因，“人之形体，化天数而成，人之血气，化天志而仁，人之德行，化天理而义，人之好恶，化天之暖清，人之喜怒，化天之寒暑，人之受命，化天之四时。”[43]这里，他还是不顾象形文字是人对客体的理解的反映、是对客体的描述，但不是客体之所以为客体的原因，否则就是变果为因，比如改成英文的“sky”或“heaven”就没这些解释了，都是26个中性字母的组合，没有哪个字母是天使然。但这种自说自话贴近民众、有吸引力，通过吸收道家、阴阳家元素使儒家更接地气。在董仲舒看来，既然上天不能自己作为人亲自治理人世，天意就需要在人世间找到权威代理，由权威代其表达行事，而君主就是这个代理，能够上达天意、下治臣民，拥有天命特权，于是君主应该集权，“天生之，地载之，圣人教之，君者，民之心也，民者，君之体也”。[44]对于董仲舒的论述，葛兆光有更多诠释，这里就不重复了。[45]只是正如前面所说，董仲舒等儒者回避了一个核心但实际的问题：谁能确保某个具体人就是那个“天生之，地载之，圣人教之”的权威代理？每个人都会说自己替天行道。

公元前134年，董仲舒献言汉武帝“推明孔氏，抑黜百家”，皇帝接受并下诏“罢黜百家，表章六经”，让儒家成为唯一正统，启动了“独尊儒术”的历史。董仲舒强调，虽然基于君主的绝对权力“以威势成政”符合宇宙天道，以此执法理政纯属合理，但也必须重视德育宣传，强调“必有教化”，[46]“《春秋》大一统者，天地之常经，古今之通谊也。今师异道，人异论，百家殊方，指意不同，是以上无以持一统；法制数变，下不知所守。臣愚以为诸不在六艺之科，孔子之术者，皆绝其道，勿使并进。邪辟之说灭息，然后统纪可一而法度可明，民知所从矣”。[47]民众之心原本是好的，但君主应该引导教化民众，以凸显善，更重要的是，通过教化把礼制伦理内化到民众的内心深处，让他们一有偏离礼、义、仁或信之行为就深感内疚，以自责而不是外在刑罚规范民众，使他们始终规规矩矩，达到“逆取顺守”的最高境界。董仲舒建议的“教化”既包括教育，也包括大众宣传，从此政治宣传成为王朝“德治”或“礼治”的必要手段。

汉朝是第一个将儒家作为国家主流意识形态的王朝，然后儒家就一发不可收拾，不断发展巩固，虽然因为外族入侵、朝代更迭儒家正统中断过几次，但总体保持了中华文明主轴的地位，尤其在唐宋明清规范中国人的方方面面。而这一历史结局又偏偏离不开秦始皇的贡献。试想，如果不是秦始皇“焚书坑儒”“严刑峻法”导致秦朝短命，汉高祖及其子孙未必会听信陆贾、董仲舒等儒生；如果不是法家带给秦的“血”的教训，儒家不一定有机会走出思想理论、入世现实社会。从这个意义上来说，反倒是秦始皇让儒家“因祸得福”。

不过，虽然儒家在汉代成为正统，但其影响还是集中在国家治理方略与意识形态上，在统治行为与上层建筑上，还没深入影响庶人生活或从根本上改造家秩序。尤其是汉之后，在魏晋南北朝时期，王朝动荡不断，顾不上改革家秩序与社会结构。而起源于隋唐的科举制度是另一个里程碑。公元 587 年，隋文帝推出科举考试选拔官员，但科举制度在隋期间没完全成形，到唐朝才走上正轨。当然，即使到唐朝，由于官员总数少，比如一年需要的九品官数不到 600 人，加上当时的官缺需要以世族权贵后裔为优先，科举选拔的官员数很少，朝廷只计划每年通过科举选 20~30 位才华出众者，且重点关照世族后人；到 755 年后，通过科举考试进入文官体系的人数只占总数的 15% 左右。[48]名额这么少，科举制度并没促使底层社会研习儒家经典，儒家愿景仍然只是少数精英的事。

宋朝改变了这一局面。公元 960 年北宋建立，为了降低世族对权力的把控，朝廷决定将科举制度重点对普通百姓开放，并增加科举选拔的官员数量。[49]包弼德谈道，到 1050 年宋朝大约有 1.27 万名文官，其中一半经科举考试入仕，另外 30% 左右是科举考试中屡战屡败后被特招而入的，其他的有相当一部分是以门荫入官的。[50]到明清时期，科举体制的重要性继续提升，何炳棣估算，清朝举人的45.1%、进士的37.2%为普通百姓出身。[51]从宋代开始，一直到1905年被废除之前，科举是平民进入仕途、实现荣华富贵的最主要通道。

当然，科举这一上升通道深远地改变了中国社会。

第一方面，普通家庭对教育的兴趣大增：上升前景足够可观之后，百姓就有动力供子弟进学堂；如果一次不能中，就多次努力，卖房卖地也愿意，直到考中为止。于是，民间教育需求快速增长，办学成为新潮，不仅政府出资办州学、县学，民人也增办私塾。到12世纪，官方为有子弟读书的家庭减税，[52]以此鼓励。到15世纪中期，福建、浙江、江西和湖南这些南方省，80%到100%的县都有学校；在南宋时期，参加三年一次乡试的人数众多，在福建，仅福州就有2万多人，建宁有1万多人，而江西吉州有1万多人、浙江严州有7000人参加；到1250年，全国考生总数达40万人之多！[53]在相当程度上，今天中国父母偏爱子女读书的传统也起源于此。陈婷、龚启圣与马驰骋的量化历史研究发现，在明清时期进士密度（按平均每万人口算）越多的州府，到2010年时那里的人均上学年数还是更多，也就是说，明清时期每万人口中多中一个进士，那个地区的人在2010年平均多上学0.8年。[54]可见，持续1000多年的科举制度所造就的教育偏好，至今还继续发挥影响，尤其是之前从科举中受惠多的地区，今天在人力资本和人均收入上仍然超前于其他地区。文明就是这样靠一次次创举累积起来的。

第二方面，强化学问的政治化，失去学术自由。科举考试过程的最后一步是殿试，由皇帝亲自面试，所以政治正确是中进士的必要条件。读书、做学问的目的非常明确，就是做官。不难看出，两个传统——学问政治化和教育应试化——跟科举考试有割不断的关系。科举体制使学问不再围绕发现新知识，而是诠释过去的经典，终止知识进步。

第三方面，宋代科举改革拓宽了平民阶层的升迁通道，促成礼制，即“四书五经”下乡，让儒家礼教扎根于普通社会之中。最初推出科举考试时，面对一个实际问题：考什么科目、哪些内容，测哪样技能？在唐朝时，只通过科举选拔少量专职官员，比如文书官，所以诗赋创作能力是考试重点；其次，《礼记·大学》讲道，“欲治其国者，先齐其家；欲齐其家者，先修其身；欲修其身者，先正其心；欲正其心者，先诚其意；欲诚其意者，先致其知，致知在格物”，于是对于招贤做官，粗俗无文者肯定不行，只招纳“文化”之人，而且是对经典、历史、哲学、文学都精通，“修身齐家”达到极致，抱有“治国平天下”梦想的人。

> 夫经籍也者，机神之妙旨，圣哲之能事，所以，经天地，纬阴阳，正纪纲，弘道德，显仁足以利物，藏用足以独善……其王者之所以树风声，流显号，美教化，移风俗，何莫由乎斯道。故曰：其为人也，温柔敦厚，《诗》教也；疏通知远，《书》教也；广博易良，《乐》教也；洁静精微，《易》教也；恭俭庄敬，《礼》教也；属辞比事，《春秋》教也。（《隋书·经籍志》）

因此，在隋唐人看来，科举考试的成功者必须精通“五经”，即《诗经》、《尚书》、《周易》、《礼经》（亦即《礼记》、《周礼》和《仪礼》）和《春秋》；到宋代，再加上“四书”，即《论语》、《孟子》、《大学》和《中庸》。治国理政之士必须符合孔子定义的“君子”标准，既有良好教育、精通“四书五经”、能诗会文，也具备最高境界的德行。由会读能文者做官，让皇帝更有信心实现文治礼治。[55]

唐宋人有个共识，就是诗文创作反映一个人的德行水平，诗格高的人必然人品与心术也高，“大舜云：诗言志，歌永言，圣谟所析，义已明矣。是以在心为志，发言为诗，舒文载实，其在兹乎？诗者，持也，持人情性”（刘勰《文心雕龙》）。这个共识是否站得住脚？陈冬华、李真、杨贤和俞俊利对这个问题做了量化研究：[56]他们首先基于清乾隆二十八年孙洙选编的《唐诗三百首》作为基准，有诗被选入其中的诗作者（77位）都被打分为“诗格优秀”；其次，以《新唐书》中提到的1664位官员作为“官员样本”，这里包括302位科举进士和1362位非进士官员；然后，为每位官员就“德行品格”打分，亦即只要在《新唐书》、《旧唐书》或《唐登科记》中，以忠诚、仁义、功德、信礼、正直或类似词语评价过的官员，其品德就被评为“高尚”（100分），而如果史书中给的评价为奸佞、贪腐、谗陷、曲附、岔狷或类似词语，其品德就为“低下”（0分）；最后，排除朝廷亲属、武官、世袭官员以及个人德行信息缺失的官员，剩下的官员样本有560位，包括133位进士官员、427位非进士官员、入选《唐诗三百首》的35位诗人官员。这四位研究者发现：入选《唐诗三百首》的诗人官员的平均品德分为86，进士官员的平均品德分为74，而非进士官员的品德为67分（图5.4）。他们在考虑其他因素后，详细的回归分析也支持“品德跟诗格高度正相关”的结论。看来，科举考试以“四书五经”定义“文”、以诗赋水平断定德行心术，有一定道理。

在宋代科举改革打开百姓入仕通道并激发平民读书后，由于“四书五经”是科举考试的核心，这导致平民子弟也深读细究儒家经典；即使大多数学子无法获得科举功名，他们散布在各乡各村，成为当地文化人，传授儒家伦理道德，将礼教付诸草根实践中。因此，科举制度打破了“礼不下庶人”（《礼记·曲礼上》）的儒家规矩，对礼制下乡起到关键作用。

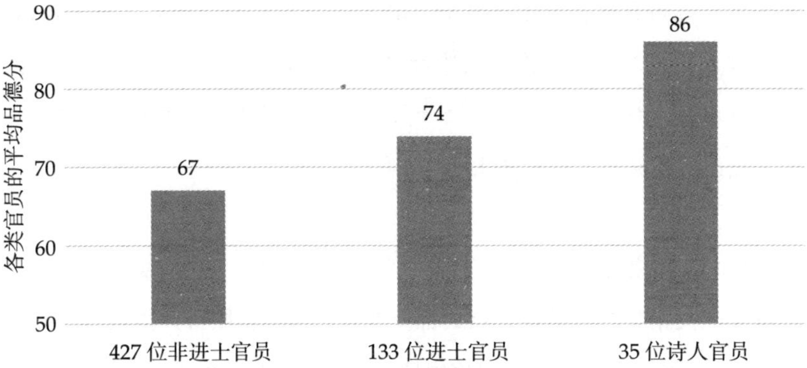

图 5.4 唐代官员的品德心术与诗赋能力的关系 [57]

注：官员样本包括《新唐书》所载的各唐代官员，“诗人官员”以其诗文是否选入清乾隆《唐诗三百首》为准；“品德高尚”官员得 100 分品德分，而“品德低下”官员得 0 分。

礼制基本要件：宗祠、族谱、义庄与祭祖礼仪

宋代围绕家秩序的创举还不止这些。理学家重视将礼制教化下移、推广到庶民生活中。在宋之前，儒家的注意力集中在家的建构上，但对家与家之间的关系——家族、宗族——重视较少；即使有，也只停留在官绅层面，《礼记·王制》写道“天子七庙，诸侯五庙，大夫三庙，士一庙，庶人祭于寝”。宋代开始修补空缺，注重建构平民宗族，包括具体规范日常细节、普及族谱、推广宗祠、规范祭祖时分，让百姓宗族的存在从无形走向有形，巩固地方社会的基础秩序。最为突出的是朱熹的《家礼》（也称《朱子家礼》），这是他吸收了司马光的家仪观点和程颐的宗法思想的综合性著作，详细罗列了冠礼、婚礼、丧礼、祭礼等礼仪，包括衣冠服饰、父母子女、族内关系、接物待人、道德修养。书的序言写道：

凡礼，有本，有文。自其施于家者言之，则名分之守，爱敬之实，

其本也；冠婚丧祭，仪章度数者，其文也。其本者，有家日用之常体，固不可以一日而不修；其文又皆所以纪纲人道之始终，虽其行之有时，施之有所，然非讲之素明，习之素熟，则其临事之际，亦无以合宜而应节，是亦不可以一日而不讲且习焉者也。

当时，国家已颁布正式《政和五礼新仪》，对与皇帝有关的礼仪、与官员和庶人相关的冠婚丧祭仪式都有涉及，但不够跟百姓接地气，特别是官府礼书规定只有品官才可修家庙，不利于礼制下乡。

《家礼》推出了几项创新。一是百姓修宗祠。在程颐、朱熹之前，天子、诸侯、士大夫都可修家庙，以祭祀高祖、曾祖、祖及父四祖先，但庶民只能在住宅里祭祀祖父、父二祖，不可祭祀其他祖先，这当然大大制约了家秩序在民间的发展。《家礼》提倡百姓修宗祠但不能修家庙，以作为折中。家庙为跟居所分开的独立祭祀院，而《家礼》规定的宗祠或祠堂是住所的一部分，“于正寝之东”，但是保留了朝廷的规定：只有品官才能祭祀四祖先，庶人只祭祖父母、父母。二是规定，不分品官庶人，每季度的中月为宗族五服祭祀时间。

《家礼》成书后，民间自己选择性采用。1271年，南宋崩溃，元朝成立，《家礼》难以成为官方正统。朱元璋建立明朝后，洪武二年传令大臣就明朝礼制提出设计；次年呈交的报告《大明集礼·吉礼六·宗庙》是这样概括《家礼》的：

先儒朱子约前代之礼，创祠堂之制，为四龛以奉四世之祖，并以四仲月祭之，其冬至、立春、季秋、忌日之祭，则又不与乎四仲月之内，至今士大夫之家遵以为常。凡品官之家立祠堂于正寝之东，为屋三间，外为中门，中门为两阶，皆三级，东曰阼阶，西曰西阶，阶下随地广狭以屋覆之，令可容家众叙立。又为遗书衣物祭器库及神厨于东，缭以外垣，别为外门，常加扃闭。祠堂之内，以近北一架为四龛，每龛内置桌。高祖居西第一龛，高祖妣次之；曾祖居第二龛，曾祖妣次之；祖居第三龛，祖妣次之；考居第四龛，妣次之。神主皆藏于椟，置于桌上，南向。龛外各垂小廉，廉外设香桌。于堂中置香炉，香合于其上。旁亲之无后者，以其班设主椟，皆西向。庶人无祠堂，惟以二代神主置于居室之中间，或以他室奉之，其主式与品官同而椟。[58]

这些总结翔实，只是把“祠堂”错理解为“家庙”，因为自南宋至明初，所谓“祠堂”都指居“于正寝之东”的祠堂，而不是在住所之外独建的“家庙”；到明中叶后，宗祠规模不断扩大，宗祠也脱离住所而建，宗祠和家庙的区分才逐步消失。[59]这份报告建议朱元璋以《家礼》为明朝正制，皇帝随即采纳。[60]

由此，《家礼》虽出于南宋，但到明初才成为国家典制的一部分，并被官方广泛传播普及，[61]平民也大修宗祠，祭祀祖先。明代也对祭礼做过几次调整，比如洪武十七年，将庶民祭祖由二祖增加到三祖；嘉靖十五年，礼部尚书夏言上奏《令臣民得祭始祖立家庙疏》，允许官民祭祀始祖（一共祭四世祖）、修建家庙，同时要求三品以上祭五世祖，但总体上延续了《家礼》。[62]特别是从明代开始，宗祠建设在南方尤为普遍，粤、闽、赣、浙、皖均兴盛祠堂。据乾隆二十九年的统计，仅江西的 78 个州县，大型总祠就有 89 处（每个总祠一般涵盖全省甚至更广范围内同一族姓的所有人），地方一族独建的宗祠或支祠有 8994 处，几乎覆盖所有村镇。[63]

《家礼》带来的改革对儒家渗透民众生活有多大贡献呢？学者以往对于宗祠和定期祭祀的价值认识不够，因此也影响了对朱熹贡献的评价。

宗族作为一个靠礼仪维系的组织，一开始也是一个虚构的故事，不是客观的存在（只存在于族人的意识中）。如果没有物理载体将它的存在呈现于族人眼前，也没有频繁且定期的拜祖仪式，那么宗族只会是松散、抽象的虚拟存在，族人不会随时随地感觉到宗族，没有具体归属感，因此不容易受到族规约束，宗族也就难以实现族人间的风险分摊和资源共享。就如笔者在耶鲁大学边上的小镇居住十七年，镇内到处是宗教建筑，有基督教堂、犹太教堂、伊斯兰清真寺，特别是天主教堂的屋顶十字架都特别高，数里之外都能一眼望见，目的就是通过教堂的物理存在与处处可见，向信徒时刻提示他是谁、应遵守哪些伦理道德、如何规范言行，也给非信徒宣传自己的教派；而每到周六，我就看到犹太父亲带着儿子，步行前往教堂，参加礼拜，周日则是基督徒汇集教堂做礼拜的时候，伊斯兰教徒的礼拜则更频繁，每天面朝麦加祈祷五次——晨礼、晌礼、脯礼、昏礼、宵礼，每次默读两段到四段《古兰经》。试想：有了这些物理建筑，加上频繁的祈祷周期，信徒怎么可能忘记自己的归属和教义戒律、忽视自己是谁呢？相比之下，佛教有佛寺，但没有硬性要求的常规礼拜，所以佛教就不如上述宗教那样深入信徒每时每刻的生活，影响式微。下一章再回到宗教话题。

在朱熹之前，百姓不能修宗祠家庙，也不频繁祭祖，礼教规范主要靠长辈言传身教，对庶民并非强制约束，所以原先的儒家礼教还不如佛教，无物理载体和频繁仪式将宗族显形化，宗族影响力便可想而知。宋代开始改变，特别是明初之后，《家礼》让平民也有宗祠，至少每三月族人必须汇集祭拜祖先，把宗族更多地带进普通人的生活。[64]在一定意义上，朱熹等理学家或许是因为来自佛教、伊斯兰教的压力而吸取了后者的经验，主张普及祠堂。比如，到 11 世纪中期，福建的建宁就有 912 座佛家寺院；到 1200 年以前，婺州有 400 座寺庙，有些地方还更多，各种类别的神祇庙宇也很多。[65]虽然佛教没有常规礼拜或定期聚集，但那么多佛寺的存在，加上它们给百姓提供的灾害救济，必然促使佛教的影响力上升、社会网络扩大，于是这种介于地方政府与家庭之间的佛教网络，对宗族形成实实在在的挑战。《家礼》鼓励平民立宗祠、定期祭祖，是一种适当的回应，解救并强化了宗族秩序。陈寅恪谈道：

汉晋以降，佛教输入，而以唐惟盛。唐文治武功，交通西域，佛教流布，实为世界文明史上，大可研究者。佛教于性理之学（Metaphysics），独有深造，足救中国之缺失，而为常人所欢迎。惟其中之规律，多不合于中国之风俗习惯。故昌黎等攻辟之。然辟之而另无以济其乏，则终难遏之。于是佛教大盛。宋儒若程若朱，皆深通佛教者，既喜其义理之高明详尽，足以救中国之缺失，而又忧其用夷复夏也。乃求得而两全之法，避其名而居其实，取其珠而还其椟。采佛理之精粹以之注解四书五经，名为阐明古学，实则吸收异教。声言尊孔避佛，实则佛之义理，已浸渍濡染。采佛教之宗传，合而为一。此先儒爱国济世之苦心，至可尊敬而曲谅之者也。故佛教实有功于中国甚大……自得佛教之裨助，而中国之学问，立时增长元气，别开生面。故宋、元之学问文艺均大盛，而以朱子集其大成。朱子之在中国，犹西洋中世之汤玛斯·阿奎那，其功至不可没。[66]

到了清代，宗族的祭祖活动已经非常发达且频繁，类别也多，包括常祭、专祭、特祭、大祭。常祭每月两次，时间分别在朔日和望日，这比宋明以前的祭祀频率高，但还是低于基督教和犹太教的每周一次、伊斯兰的每天五次。专祭是对特定祖先的祭拜，冬至祭始祖，还有高、曾、祖、父祭日。子孙每逢大喜，如婚嫁、生子、中举、升官、发财等，也必须祭祖，这是特祭日。大祭是所有祭祀活动中最重要的，举行时间在除夕、元宵、清明、端午、中秋、重阳、秋分等。[67]

宗祠远不只是凝聚族人的物理象征、祭祖圣殿，更是族人正俗教化、大事聚集的场所，包括婚礼喜事、节日庆典、商议族规、教化族幼，也是宗族的“公堂”，惩治奖励族人的地方。写于元末明初的族规《郑氏规范》约定，[68]每月初一、十五，家长（或族长）都会带领“家众”（也就是族人）到宗祠祭祖，以此教育子女对长辈的“孝”、妻子对丈夫的“敬”、兄弟间的“爱”与“恭”以及其他礼制伦理。有了宗祠，族人可常聚，增加彼此的熟知程度，降低信息不对称，提前纠正“搭便车”的族人。

在两千多年的家秩序建设过程中，家谱（族谱）也很关键。中国最早的家谱是周朝的《大戴礼记·帝系篇》，当时推出嫡长子继承制，需要搞清血脉，因此这个谱系把夏、商、周三代统治者在血缘上关联起来，说启（夏禹之子）、契（商的先祖）和后稷（周的祖先）都是黄帝的子孙，故有统治合法性。不管这个血缘谱系是否为真，还是开了把多代血脉串通起来的先例。周代更为系统完整的家谱是《世本》，记录了自三皇五帝到春秋战国时期历代帝王、诸侯、卿大夫的世系起源与迁徙历程、子系支流图谱以及他们的事迹，该书的结构成为之后家谱的范本。[69]在汉代，族谱有进一步的发展，官府设专职，对族谱统一编制管理，但只为王公贵族服务。至魏晋南北朝，官府设“谱局”，统一规划管理族谱，门第结构凸显，家谱继续是世家大族特权，且连选官、婚配也都视家谱而定，族谱在固化门第结构，而非强化宗族凝聚力。一直延续到隋唐，唐太宗甚至修《氏族志》，按身份等级收入氏族家谱，显形化门第等级。唐末黄巢起义，杀尽南北贵族世家，经过五代十国战乱的进一步冲击，到宋初旧式族谱尚存无几，如《程氏世谱·序》所言，“唐末五代之乱，亡失旧谱，上世次序不可复知”。[70]

到宋代，理学家十分看重普及族谱，《张载集·经学理窟·宗法》写道，“管摄天下人心，收宗族、厚风俗，使人不忘本，须是明谱系世族与立宗子法”。前文谈到，宋代开始，平民由科举入仕的人数大增，他们多无族谱，但身为儒士，又器重敬宗收族，这就刺激出普通人新修族谱的要求。可是，平民难知远祖详情，族谱上延多世不现实，于是为了推动族谱的平民化，欧阳修、苏洵合作，以他们各自家族为范例，推出高祖以下五世的小宗之谱。这种“小宗谱”极适合庶民百姓，因为他们修谱不是为了证明政权统治的合法性，不需佐证是帝王后裔，只是为了敬宗收族，给宗族一种具体的存在感、历史感和归属感，进而凝聚族人、传授族风。从此，族谱不再受官府管制，民人可私修；到明清，族谱不仅普遍，而且罗列的祖先已经超出五世，甚至十几世。族谱除了罗列历代男性族人及功绩，一般也细列族规宗法，明确族人必须遵守的行为规范、奖罚条例，目的一方面是将宗族具体化，另一方面是将儒家礼制从理论落实到草根生活。[71]

族田、学田等族产是宗族扩大凝聚力、增加成员风险应对力的具体手段。《家礼》强调庶民立祠堂时，也应“置祭田”，由祭田收租供祠堂维护、宗族活动之用，巩固家族的经济基础，保证血脉世代相传。在刘翠溶的清代案例中，[72] 1866年（同治五年），衡阳魏氏由族人共出资240万文，放入时称“家庙公”的宗族公帑（即家族信托），用于城里购地、建祠堂；之后“家庙公”剩120万文，成为放贷银，赚取利息，另也购置地产店铺，出租收银，其家谱言“日后继长增高，合族所厚望焉”，这些公款与族产一方面用于族内救急，另一方面用于祠堂维护、祭祀聚集、资助后学；作为族人合作载体的“家庙公”由族亲选出的经理管理，每届任期5年。在另一例中，根据南海黄氏族谱的记载，该族设四个联合集资的合会："长寿社"（1885年为族人送终开支而设，11岁以上男丁及妻妾均须入会，每月付银一分，付满60月为止，成员逝世时家属得棺材银10大圆），"墓祭会"（1905年为筹集扫墓资金而设，每季一会，每会每份交银一圆，12会后即满；平时这些会费用于放贷生息，每年清明分派份金，用于扫墓祭祀），"乡饮社"（支持族人参与隔年一次的乡饮酒礼），"五图集会"（资助族人参加五图集会，该会曾举办两次，以税赋等公共事务为主题）。[73]其他还有以助学、济丧、婚嫁、敬老等为目的的信托公帑，虽然不一定以"堂"命名，但也是族亲跨期合作媒介。

北宋范仲淹首创的义庄也将宗族的功能具体化、大众化。范仲淹出生在苏州，第二年父亲去世，随即母子遭范氏家族遗弃，孤儿寡母生计贫寒。无奈之余，母亲再嫁。1015年范仲淹中进士，入仕之后，经常施予族人亲友。1041—1053年，范仲淹在苏州吴、长洲两县购地千余亩，设立义庄，用佃租收入资助贫困族人，奖励子孙读书、参与科举，特别在族人遭遇灾害等意外风险冲击时，帮助救急。之后，范氏义庄在各地得到推广，到南宋已成宗族组织的普遍服务；[74]到明清，即使族内没有达官贵人，族人也会共同出资，建立义庄，甚至设置"庄屋"储存米谷（通常紧挨祠堂或与祠堂合建一起），防范不测风云，具体实现族人间风险互助。[75]

前述《郑氏规范》就继承了范氏义庄的传统，郑氏拥有至少16顷田产，[76]土地文书上都印有"义门公堂产业子孙永守"字样，以示不允许子孙瓜分或变卖族产，其中一部分作为祭田，一部分为族人婚礼费用的嘉礼庄，其他田产属于义庄，佃租收入用于族内救急和助学。郑氏还规定，不仅族产公有，所有家众的收入和开支在族长的领导下统一管理，各房饮食、日常用品也由公堂统一购买，并分配给各房，而各房和家众自己不可拥有个人财产，不可置田产或安排自己的衣食住。这里，族长显然是前文谈到的盛洪“家庭主义”家长的典范，拥有控制资产、调配收入、安排开支的大权。

家秩序的经济逻辑

有了姓氏、辈分、五服、族谱、祠堂、祭祖、族产、义庄等基本要件，宗族就有了明确的边界和凝聚族人的财产基础：列名于族谱，或配享于祠堂，你就是这个族的人。每次宗族聚会、重修族谱，又或每一场典礼、祭祀祖宗，相当于重新温习宗族的边界，确认族人身份。在此基础上，通过共同居住或频繁相聚等方式，族人可以充分了解彼此，降低成员之间的信息不对称，让他们更清楚谁“靠得住”、谁“靠不住”、哪家喜欢“搭便车”，或者在发现谁好赌、懒惰时，提前给予警告、处罚，成员之间能够建立远较陌生人更牢固的信任关系。因而，在族人间跨期分摊风险、共享资源的过程中，“逆向选择”和“道德风险”问题远比跟外人交易时小，[77]基于关系紧连的团体实现跨期承诺，让人更放心。[78]

像纽带一样紧的宗族除了降低信息壁垒外，身份的确立也为建立声誉机制奠定了基础：如果要惩罚一个失信的人，可以先明确识别他的身份，再让其他可能与其发生往来的个体知晓失信者身份，也让他们了解后者失信的历史。家族的各类活动，包括前面谈到的修谱、祭祀、典礼、辈分等，都能起到框定个体身份的作用。当族人间发生跨期交换（送礼、援助、提携、借贷、融资），双方的族中身份自然承载着各自的声誉。举足轻重的宗族组织能从两方面最大化声誉机制的威力。首先，由于族人间联系密切，失信者的信息会很快传开，如果每个人对此的反应是以后拒绝和这个人做跨期交换，失信者会发现自己陷入“众叛亲离”的困境。相比之下，如果没有发达的宗族，并且社会全由陌生人构成，社会结构松散，那么此类声誉机制的杀伤力便不可能大——一个人的“坏名声”会传播很慢，而且当事人也不会在乎名声。[79]其次，在传统社会中，由于交通不便、生活大抵自给自足等原因，个人生活通常以家族为重心，没有太多其他选择，一个族人被迫退出宗族网络的后果，远不止失去一份“保险单”这么简单，还可能因此丧失得到互助的所有机会，甚至谋生也变得困难。也就是说，家族的确立与巩固，以“双管齐下”的方式消解了人际跨期交换的风险：如果要阻止一个人在跨期交易中欺骗或违约，就需要让欺骗行为的预期收益小于预期损失（即被惩罚的概率乘以被罚带来的成本）。一旦宗族的边界清晰并且“收族”也牢固，那么宗族对失信者的威慑力极大，欺骗与违约带来的好处难以超过其坏处。

事前信任与事后惩罚结合在一起，让宗族成为一种“令人放心的”跨期合作模式。这不仅体现在礼制使宗族势力在中国历史上仅次于皇权，而且家族的威力在世界其他社会也得以体现，包括欧洲安特卫普的钻石、东南亚的橡胶等许多利润丰厚的行业，都掌握在家族手中。以橡胶为例，[80]从原料收购到成品销售之间的产业链节点，都由特定家族的成员牢牢掌控。在族亲间交易时，他们不需要契约：几句话就可以敲定十万、百万规模的交易。同时，如果一些成员判断不准、陷入困境，几句话也能从族中德高望重的“族长”那里得到支援。从这个意义上说，家族既是“内部金融市场”（即“养儿防老”、夫妻互保、族人间的相互保障和资源融通），又在更广阔的范围内解决了信任这一大难题，因此家族也是产业链意义上的“内部贸易市场”[81]。如果没有家族的这些职能，在传统社会的条件下，伴随人际跨期交易的将是频繁的纠纷与暴力冲突，人类因为早期的宗族组织发展而变得更文明。

回到中国的家秩序演变话题。从宋元之后到20世纪之前，家族秩序的创新建设从未停止过，上面谈到的科举、宗祠、家谱、祭祖、族产、义庄等，得到持续完善，使族内交易成本降到极低，信用达到高点，宗族边界变得明显。不过，有的创举强化了宗族凝聚力，另一些则不然。如在 18 世纪，陈宏谋在江西任巡抚期间就大举改革宗族体制。陈宏谋于 1723 年 27 岁时中进士，在四十余年的仕途生涯中，一直注重“敬宗收族”，通过政策强化宗族建设。1741 年他上任江西巡抚，不久遇到江西米荒，贫富冲突四起，而此时，明末清初顾炎武的一段话正好给了他启发：

民之所以不安，以其有贫有富，贫者至于不能自存，而富者常恐人之有求，而多为吝啬之计。于是乎有争心矣。夫子有言，不患贫而患不均。夫惟收族之法行，而岁时有合食之恩，吉凶有通财之义，本俗六安万民。三曰联兄弟，而乡三物之所兴者，六行之条，曰睦，曰恤。不待王政之施，而鳏寡孤独废疾者，皆有所养矣，此所谓均无贫者。而财用有不足乎…… 然后知先王宗法之立。[82]

这段话的意思是：先王之所以推动宗法、建立宗族，是为了让族人间平时和睦相处，发生不幸意外时相互体恤，尤其是让有者支持孤寡独废疾者；如果能做到这样，还会有贫困、财物不足带来动荡与恐慌这样的事吗？所以，强化宗族力量以促使族人跨期互助，这是关键！按我们的术语，发展宗族的目的是实现家族作为“内部金融市场”和“内部贸易市场”的功能。

此外，陈宏谋认为，靠家法族规规范每个人的行为，远比国家规范的效率高、效果好，也可以省掉官府许多麻烦。在 1742 年，陈宏谋以巡抚身份发起江西的宗族制度改革，把惩治违法族人的权力下放到族长：一旦房长发现族人违法，必须报告族长，由后者组织族内长者在宗祠开会，并由宗族对违法者就地惩罚。[83]对族人的惩罚包括：体罚（打板子、下跪），捆绑（绑在宗祠门前示众），开除宗籍，送官究治（送去官府立案判罚），打死、活埋或沉潭淹死（有些宗族施行酷刑）。[84]由此可见，许多国家职权下放到宗族这一层，这当然提升了族内人的失信违约成本，有益于收族。

早在1397年，明律就给族长以正式的法律地位，但规定其责任是组织祭祀活动；到清初，族长的权力责任逐步扩大到包括教化族人、举报族人；到雍正时期，大清律要求族长及时举报族人的违法行为，否则负有连带责任。但是，在陈宏谋之前，族长从来没有正式的司法与执法权。在给予族长执法权的同时，陈宏谋也让地方官给每族委派一位"族正"，代表政府监督包括族长在内一众人的行为，一旦发现违法不究就向官府举报。[85]

陈宏谋的宗法新政使宗族力量在江西大升，任何人离开宗族归属就无法得到安全和风险互助的保障，宗族成为基层秩序的基石。但乾隆帝对此褒贬参半，并没有将陈宏谋的改革推广到其他省，原因在于宗族势力强大之后，族与族的暴力冲突更频繁，这也变成对清政府的威胁。[86]宗法改革一年多后，朝廷将陈宏谋调往陕西做巡抚，陈宏谋先后在十二省做过布政使、巡抚和总督。

西周以来，礼制一直在不断完善，儒家是一个动态创新的体系，到20世纪初，"孔家店"家秩序可谓已深入中国人的血液，是中华文明的基因。民国时期，潘光旦于1926年对中学生和大学生做问卷调查，[87]发现67.2%的学生家族有宗祠，68.1%有族谱，65.6%的男生、65.9%的女生"能不假参考而举其曾祖之名字"，46.5%的男生、34.1%的女生"能不假参考而举其高祖之名字"。从宋代开始平民化的族谱、宗祠、祭拜和礼教，对中国社会文化与伦理的影响可见一斑。而20世纪50年代，特别是“文化大革命”之后，族谱被批被烧、宗祠倒塌、祭祖被禁，到今天，没几个年轻人记得曾祖，更不用说高祖的名字，周代以来建立的“孝悌”家秩序已经渐行渐远。

儒家秩序的历史功效

既然儒家礼制对中国人的文化观念影响如此深，那么对人们的生存状况带来过多大绩效？前文谈到，麦迪森做的估算表明，自汉初以来，中国人均年收入一直在500美元上下波动，在1950年前的两千年里基本没变。[88]当然，麦迪森的估算是以公元元年为起点，而假如以春秋战国为起点，那么西周时期的人均收入也应该在这个水平。[89]也就是说，儒家学人努力这么久、这么多，对劳动生产率没实质影响，似乎并未改变中国人的福利。所以，我们需要换个角度去评估儒家的贡献，即是否提升了中国人的风险应对能力。《论语·学而》云：

> 其为人也孝悌，而好犯上者，鲜矣；不好犯上，而好作乱者，未之有也。君子务本，本立而道生。孝悌也者，其为仁之本与！

这段话的意思为：孝顺父母、顺从兄长而喜好触犯统治者的人是少见的，不喜好犯上而喜好造反的人是没有的；君子专心于根本的事务，一旦根本建立了，治国做人之道就自然来了；孝顺父母、顺从兄长，这才是人的根本啊！当然，前引顾炎武的话对孔子说的做了进一步延伸，如果孝悌做到、礼制遵守、宗族也建好了，那么族人间跨期互助自然会容易，在其他族人出现风险挑战时必然能互通有无。在第一章中，我们曾综述了大量研究：各类风险事件导致的生存压力，是古代发生暴动的重要驱动因素。于是，一旦灾害对生存的挑战被作为内部金融市场的宗族组织冲淡了，族人被逼得走投无路而行暴行抢、发起动乱的概率应该会低。

在实际中，儒家秩序是否真的有此功效呢？以前，孔孟、董仲舒、程颐、朱熹、王阳明、顾炎武以及近代文化学者等，他们关于礼制的社会绩效讨论都只停留在理念、逻辑推理方面，并没有量化实证研究。好在到近年，相关的量化研究开始出现。香港大学龚启圣和马驰骋两位学者于 2014 年发表了一篇论文，[90]他们从《清实录》等历史档案中整理出山东 107 个县在 1644—1910 年的农民暴动次数，分析发现：在清朝期间，山东南部多个县的农民暴动最频、次数最多，其次是东北角、烟台周边的一些县，而山东中部县域农民暴动却不多。同在山东境内，但县际暴动频率差别大。

为了研究礼制是否对百姓生活以及社会秩序有显著影响，龚启圣和马驰骋用每个县的孔庙数、节烈妇女数来度量儒家文化在当地的影响程度：儒家影响力越强的地方，越重视修孔庙、获得节烈旌表，那里的孔庙、烈女会越多。或者，反过来看，即使一个地方本来孔庙不多，但久而久之建多了，儒家文化的影响也会增强。从风险逻辑看，儒家影响深的地方，不仅子女遵守“孝道”的倾向性强，而且宗族会越发达，族人间风险互助程度会越高，尤其在灾荒时期，通过暴力求生存的必要性就越低，农民暴动的频率也应该低。[91]当然，正如孔子的论述一样，这还只是逻辑推理，还需要得到实证数据验证。

我们可以先对比两个县：济南府章丘县和曹州府巨野县。章丘县地处鲁西平原，位于黄河水患和旱灾高发之地，在清代遭受灾荒共计 107 次，远高于全省各县平均数 73 次。然而，章丘紧邻全省政治与文化中心——济南，是儒家士绅与文人聚居之地，不仅是宋代词人李清照的故乡，在清代更是儒家文化兴盛之地，出了 207 名举人，修建孔庙 18 座。

相应地，章丘在整个清代发生的农民叛乱只有3次。对比之下，巨野县虽然同处黄河水患之地，但灾荒频率更低，在清代共发生87次灾荒。但在过去，不少士绅文人逃离此地，文风不兴，清代期间出78名举人，修孔庙10座。相应地，巨野在清代有过30次叛乱！尤其是，巨野也是义和团的前身——大刀会的发源地，在清末水旱灾害频发之际，1897年发生了震惊中外的“曹州教案”，其间大刀会围攻教堂，杀害德国传教士能方济和理加略，导致后来德国占领胶州湾，以至于被19世纪末住在山东的西方传教士称为“盗匪之乡”。相比之下，章丘的孔庙数量远多于巨野，受礼制文化影响更深，在清代期间只有3次叛乱，但巨野却多达30次叛乱！[92]

我们也可以从一次具体灾荒中看各县的不同反应。1855—1867年，黄河改道引发持续水灾。以前，黄河流经山东曹州府，南行至江苏滨海入黄海，后来被改为北行，流经山东西北平原，夺东营入海，也就是今天的黄河入海口。改道过程并非一次成形，而是反复呈“扇形状”扫荡山东鲁西平原。那段时间的黄河水患波及全省71个县，加上同期旱灾和虫灾等引发的饥荒，是整个清代山东暴发饥荒次数最多的时期，平均每年78次饥荒，远多于整个清代年均30次的频率。根据山东巡抚对1855年水灾的统计，灾情达十分（即颗粒无收）的村庄有1821个，灾情九分的村庄有1388个，灾情八分的村庄有2177个，灾情七分的村庄有1001个，灾情六分的村庄有774个。加在一起，灾情在六分及以上的村庄就有7161个。[93]不奇怪的是，那段时期，水患使山东民变达到入清以来的最高峰，平均每年20次，是正常年份叛乱频率的7倍。从地理范围看，在水患波及的71个县中，有63个县发生暴乱，平均每个县4.2起，其中大多位于黄河沿岸的东昌府、曹州府和兖州府。然而，即便面对如此严重的灾荒期，儒家礼制依然发挥了缓解动乱的作用。其间，儒家影响深厚的地区（也就是孔庙数量高于平均数的县）平均每个县爆发叛乱 2.9 次，而儒家影响薄弱地区则每个县暴乱 4.8 次。[94]正如孔子所言，儒家礼制的确使社会更加稳定，民风顺正！

实际上，龚启圣和马驰骋研究发现：农民暴动次数跟孔庙数量是显著负相关的。龚启圣和马驰骋基于山东数据所做的系统量化分析显示：在清代，当遭受农业歉收等灾害冲击时，即使去掉各县的其他影响因素（包括收入水平、起初发达程度、教育水平、社会流动性等），那些儒家影响深厚的县遭遇叛乱的概率要远低于儒家文化影响薄弱的县，平均低 2/5。[95]因此，正如顾炎武所言，发达的宗族结构使族内“雪中送炭”更加频繁可靠。虽然儒家礼教并没提升生产率，但所建立的名分等级秩序提升了风险应对力，使社会更加文明。

当然，另一种解释是，孔庙、节烈妇女数量多的地方会更重视灌输儒家经典，强化宣扬顺从观念，这也会在一定程度上抑制平民的暴力倾向，减少冲突。可是，龚启圣他们的研究指出，儒家秩序尤其在灾荒发生时对暴动的抑制作用更加突出，说明在灾害发生时宗族发挥了避险作用，这是儒家带来社会稳定的主要通道，“填饱肚子活下去”第一重要，而“顺从”教化对暴动的抑制作用应该是次要的。

第一章介绍了笔者与林展、张晓鸣对明清食人历史的研究，[96]发现的一般规律是：1368—1911 年，食人事件主要发生在灾害时期，尤其是 16—17 世纪的“小冰期”。我们进一步的分析表明，实际上，即使在灾害时期，全国各地区的食人频率差别也很大。根据本章的论述，按理说，宗族发达地区的风险应对力会更高，抵御灾害冲击的能力应该更强，所以灾害发生时这些地区的食人事件应该更少，至少比那些宗族不发达的地区会表现更好。为了验证这一假说，我们以各府在明清新修的族谱数量来度量本地的宗族强度，逻辑跟之前一样：修谱越多的地区，收族程度越高，宗族凝聚力会越强。我们通过研究各府在明清期间的食人事件次数和新修族谱数量发现，两者明显呈负相关：宗族发达的地区，所经历的食人事件就越少。更严谨的量化检验证明，这两者不只是相关性，而是有显著的因果关系：宗族发达带来更高的风险应对力，故灾害即使发生，那些地区被迫食人的情况也更少出现。另一项研究表明：[97]清时期所修族谱越多、宗族越发达的地区，到 1959—1961 年大饥荒时期人口死亡率就越低，那里受饥荒冲击饿肚子的人数增幅就越低，说明历史上宗族发达的地区至今仍然保留更强的风险互助能力。这些研究结果进一步证实儒家礼制对中国社会的贡献。

在笔者与彭凯翔、朱礼军对清代全国命案的研究中，[98]我们借助清代命盗重案档案中的黄册统计和题本数据发现：从康熙朝到嘉庆朝末年，全国命案率（不包括战争死亡）一直呈上升趋势，到 1820 年后开始下降；可是，即使在普通命案率达到高峰的 1820 年左右，平均 10 万人中每年只有 1.6 个死于一般暴力，而西欧同时期，每年每 10 万人有 4 个至 8 个死于一般暴力。也就是说，虽然欧洲自中世纪中期开始一般命案率一直在下降、文明化进程在前行，但是到 17—19 世纪，其暴力死亡率还是远高于同期的中国，到 19 世纪末才接近。这项研究说明，相对于西欧，基于儒家礼制的中国底层社会更加井然有序、温情平和，儒家对草根社会的秩序建设功不可没，也印证了前引孔子所言：如果人人对父母尽孝，对兄长顺从，那么他们在社会上就不太会制造动乱，社会中的暴力会低（只是在儒家秩序带来暴力下降的机制上并不如孔子所说，而是通过强化族人互助网络、提升成员的风险应对力所致）。可是，由于儒家士大夫过度聚焦发展家秩序，忽视国家权力的体制建设，以至于到明清时期中国君主死于非命的概率还是高于同期欧洲，[99]这说明儒家文明虽然较早解决了底层社会秩序问题，但没有解决好国家治理、君主权力制衡与交接问题。这也算是轴心时代中西方针对人际合作的不同模式选择所带来的长期后果，那次选择决定了儒家文明与西方文明的不同侧重，由此导出不同发展路径。

儒家礼制的历史贡献也表现在人口增长上。在北宋儒家将创新聚焦于宗族建设之前，中国人口大约为0.34亿（公元1000年左右），到工业革命进入中国之前的1850年，中国人口升至4.27亿，增长11倍。[100]这个历史事实一直困惑学界，因为根据马尔萨斯理论，除非发生类似于工业革命这样的变迁使生产率飞跃，否则会难以支持这么长久的大幅人口增长，因为其间新增的大量人口必然带来“抢食”暴力和战争，进而导致人口重回以前的低水平；尽管在那8个多世纪里，农业亩产量和新开垦土地都有所增加，[101]技术也有所进步，[102]包括16世纪开始引进的新世界玉米、甘薯和土豆也显著改善了粮食供应，[103]但这些还不能完全解释其间人口增长11倍，而且大幅增长并没有伴随比11世纪之前更多的社会动乱和战争，这与马尔萨斯陷阱理论的预测相悖。在笔者与马驰骋还没发表的研究中，我们基于宗族的互助避险价值对此做了解释，背后的逻辑在于：由于发达的宗族提升了个体和家庭应对风险的能力，这会减少灾害带来的死亡率，使社会的总体死亡率下降、平均寿命上升；同时，因为新提升的避险能力使处于生育期的壮年夫妻更能怀孕生子，促进生育率的上升。基于公元976年至1851年间不同时段各府的族谱和人口数据做分析，我们发现：在北宋初期，地区间的宗族发达度差距还不是很大（参见前文）；但是到明代中期以及清代，地区间的宗族发达度差距明显（以基于人口的族谱密度度量），而且宗族势力强的府，人口密度显著更高；另外，宗族强度对各府人口密度的影响远超玉米、甘薯的影响。这些量化历史研究进一步加深了我们对儒家历史贡献的认知。

"养儿防老"的实证绩效

在实践中，"养儿防老"等家内、族内跨期交换是否真的有效？儒家礼制对其改进有多大贡献？对这个问题，前面给出了间接回答，即看宗族发达的地方是否有更强的风险应对力、暴力是否下降，也可以直接回答，比如可以借助现代数据做研究，尽管以现代数据为基础，我们看不到"养儿防老"绩效的历史变迁以及这种变迁跟礼制发展的关系。

那么，父母对子女提供的帮扶、子女对父母的回报究竟有多大？这些不容易估计，但学者们还是想过各种办法。比如，中国计划生育时期的"双胞胎"构成了一个理想的研究场景。由于政府对生育施以严格控制，一个家庭最后生育小孩很大程度上取决于自身无法掌控的"偶然"——第一胎生育是否怀上双胞胎，[104]因此对比双胞胎和单胞胎家庭之间父母之后得到子女回报的金额差，就可以知晓多养一个孩子对父母之后养老、"抚平"收入风险的效果。杰奎琳·奥利维拉（Jaqueline Oliveira）的估计显示：[105]每多一个子女，父母年老后每年从子女得到的回报会相应多1300元，增加的幅度大概是72%；[106]尽管双胞胎增加需要抚养的子女、父母晚年的储蓄额却没有因此明显减少；此外，父母在退休年龄后继续工作的概率也会因子女数的增加而下降。[107]因此，这些证据表明，子女的确帮父母养老以及规避其他生活风险。[108]

在验证父母与子女间的跨期交换关系时，也有学者换个角度去做研究，[109]他们在中国各地做问卷调查，其中由父母回答的两个问题是：第一，有没有给孩子购置房产，如果有，是给哪个孩子；第二，有没有给孩子提供大额现金资助，如果有，是给哪个孩子。如果父母与子女间确实存在相互保险关系，那么退休之后，无收入的父母应该更倾向于让之前给予更多帮助的子女回报、照顾自己。他们的数据表明，事实的确如此：接受过房产或大额资助的子女中，大约 50% 承担起赡养退休父母的主要责任；而在没有接受过此类帮助的子女中，这个比例只有 20% 多。即使剔除性别、教育、年龄等重要因素后，是否赡养父母的最主要决定因素仍然是“之前是否接受过父母的特别资助”。[110]

在笔者与陈劼、何石军的合作研究中，[111]我们借助 2013 年西南财大《中国家庭金融调查》中的数据，分析发现，即使到今天，子女回报父母是普遍现象，但地区差别尤其城乡差异很大。为了进一步理解这些差别背后的驱动力，我们为中国各县建立了两个不同的“儒家影响力指数”：一个指数是 2010 年全国人口普查中每个县“四世同堂”家庭的百分比，四世同堂家族占比越高，说明儒家家秩序观念的影响越深；另一个指数是基于 2013 年《中国家庭金融调查》，每个被访者在回答“为何生小孩？”问题时，在“传宗接代”、“喜欢小孩”、“养儿防老”、“从众跟风”与“其他原因”这五个选项中，以选择“养儿防老”这一项的受访者比例度量当地人的儒家影响程度。基于统计分析，我们得到两个主要结论。第一，从大城市到中等城市、小城市、农村，越往下走，受儒家礼制影响越强。从具体表现看，成年女子中，6% 的城市女性让父母一起住，5.1% 的农村女子这样做，而在成年男子中，14.9% 的城市男子让父母跟自己住，24.4% 的农村男子这样做；在给父母养老支持方面，子女都会回报父母，但在农村，儿子给父母的回报金额比女儿高 46.7%，而在城里，儿子只比女儿多给退休父母支持 26.4%。[112]这些结果表明，在儒家影响仍然很强的农村和小城镇，子女尤其儿子的确给父母养老贡献多，“子女靠得住”：小城镇和农村的文化比城市更传统，儿子给父母的回报更多。当然，其中一个原因是：越是小城镇和农村，其金融发达度和金融可得性越低，那么那里的父母只好“重男轻女”，退休了就越得靠儿子。因果关系也有可能是反过来：因为这些地方“重男轻女”，所以给儿子投入多，今后就必须更靠儿子。文化和需要就是如此交互作用。

不过，我们的第二个研究结果是基于跨城镇的比较（不包括农村），而不是跨城乡比较，因为即使两个城市，存留的儒家礼制影响程度也未必一样。我们的回归分析表明，相比不同城市，在儒家观念较强的地方（不管基于哪个儒家影响力指数），有儿子家庭的平均储蓄率更低。[113]也就是说，如果是一个礼制影响还很强的城市，父母会对儿子的未来孝敬回报更放心，自己储蓄存钱的必要性就少，因此会选择少存钱。陈勐、陈志武与何石军基于跨地区的儒家影响差异得到的这些结论，让我们大致看到，从周代开始系统建立礼制，到汉、唐、宋、明、清，一代接一代不断巩固、扩大家秩序的广度与深度，其实际结果应该是让中国人对未来更安心，提升了跨代保险安排的可靠度。

既然“养儿防老”体系在相应文化支持下有这么好的效果，在缺乏金融市场和政府保障的传统社会，就必然衍生出“多子多福”的哲学。每多生一子，老了退休时每年可多增 72% 的回馈（相对于一个子女而言）！尤其是在抗生素出来之前，婴儿死亡率高，多子就是分散风险，多生才能有“福”，其他传统社会也跟中国一样，都追求子孙满堂的“四世同堂”“五世同堂”大家庭：子孙越众，作为“内部金融市场”的宗族就越宽、越广，内部分摊风险的效果就越好，宗族壮大下去的概率越高。这种偏好在过去“一妻多妾”或“一夫多妻”体制下更得到体现。薛华教授收集了 1300—1850 年安徽安庆府七大宗族的族谱，其中最长的宗谱包括 20 代族人信息（涵盖时段 571 年）、最短的族谱也涵盖 14 代（286 年）。通过研究各宗各成员的信息，薛华发现：1300—1650 年，士绅富贵家庭平均有 2.62~2.76 个儿子，而普通家庭平均有 2.34 个儿子，[114]原因在于富贵家庭有多妻多妾，同时饮食与医疗条件好，故生育多，能实现

"多子梦"，而普通家庭只有一妻甚至连一妻都娶不起。到今天的世界，市场越发达、收入越高的社会，其生育率越低，对大家族的兴趣越淡，它们的人口增长缓慢甚至下降；反之，市场越不发达、金融不到位的落后社会，生育率高，人口增长奇快。[115]而在一国之内，则是越富有的家庭，小孩数量越少，因为财富加上可使用的金融避险工具帮他们对冲了未来风险，不需要靠子女避险；而贫困家庭就只能靠传统办法——多生子女，"养儿防老"——应对未来不测风云，于是越穷越多生。根据克拉克教授的研究，英国只允许一夫一妻，从 13 世纪末到 19 世纪上半期，富有的家庭平均子女数更多（比如 16 世纪上半叶，比起最穷的 1/10 家庭，最富家庭平均多 0.65 个子女，到工业革命前夜的 18 世纪 50 年代，最富家庭还比最穷家庭多 0.34 个子女），显然有"多子多福"偏好。但是在工业革命使收入提升和金融发达后，19 世纪后期开始换位：富家从追求子女数量改为追求子女质量，子女数量越来越少，而贫困家庭继续追求数量，顾不上质量，他们的子女数量开始超过富人。[116]这个生育率的"贫富差距"现象到 20 世纪，特别是二战以后，从发达西方国家扩散到亚洲、拉美，甚至一些非洲和中东国家也如此。[117]

当然，子女孝敬父母的方式不限于物质层面。除物质回报外，父母期待子女在其他方面的关心，包括时常沟通、陪伴，以缓解孤独与焦虑，在行动不便时给予照料，生病时帮助求医，等等。这也是为什么《三字经》要求"父母在，不远游"等儒家教化，以更好地提供精神和护理保险。针对这些也有不少实证研究。比如，在子女选择居住地时，父母住地是重要考虑因素：不远游。北京大学田萌的研究表明：父母住地会大大影响子女的就业和住地选择，"不远游"约束力显著；但是，如果其他兄弟姐妹和父母同住，那么自己移居远方的概率会大大上升。[118]在笔者于 2005 年做的跨城市问卷调查中也可以看到，自己工作生活的地方离父母越远，那么平均工薪收入越高——这也反映了“不远游”的溢价：由于每人都面临“不远游”的约束，只有在收入水平高到足以补偿的情况下，才愿意放弃离父母近的选择，去更远的地方。另外，子女会根据父母的情感需要而调整与父母的联系方式和联系频率：[119]子女住地如果离父母近，就倾向于与父母频繁见面，而如果住地较远，子女给父母打电话或写信的频率会相应更多。再就是，兄弟姐妹越多，单个子女跟父母联系的次数就会越少，这也符合前文说到的：子女多的情况下，父母给每位子女的平均投入会较低，子女长大后给予的孝敬回报也会较少，跨期交换基本对等；在心理层面，子女给年长父母的帮扶越多，对缓解父母焦虑症状的效果会显著更好。[120]

综合而言，只要儒家礼制或其他保障子女不违约的文化体系足够到位，那么子女长大后，父母可以在多方面享受到“反哺”。一方面，在收入下降、陷入焦虑或发生其他负面冲击时，子女会给父母以物质支持和情感抚慰；另一方面，在家庭内部分配养老责任时，先前父母是如何在子女间分配资源和注意力的，也会起关键作用，也就是说，在父母与子女的跨期交换安排中，两方都有隐形的“记账”，使父母的未来回报跟前期投入、子女的未来付出跟前期所得的关系保持匹配。[121]

虽然周初开始的礼制建设并非基于现代经济理论，当时的人也不知道跨期价值交换这样的术语，但儒家礼制的功效还是得到了实证支持。当然，这些绩效的代价也不低，除以牺牲个人自由和个人权利为前提外，还包括让中国错失发展超越血缘的跨期合作体系，因为当家庭、宗族是每个人几乎唯一能依赖的经济合作、感情交融场所时，会让人相信只有血缘关系才可靠，只愿跟血亲做跨期交换，即使创业也只在族内集资（第十章再回到该话题）。

儒家文化长期主导中国社会，至少带来两种后果。第一，外部市场难有发展的机会。市场的特点之一是交易的非人格化，跟陌生人交易，只讲价格高低、质量好坏，而不必认亲情。但儒家只认血亲，不信任无血缘关系的外部“商人”，认为他们别有用心、不可交换，这就表现为弃商、抑商。于是，家秩序内的经济交换功能太强之后，外部市场就失去机会，此消彼长。就以笔者2005年的问卷调查为例，当时我们对北京（大都市）、成都（大城市）、丹东（中等城市）、县城（小城市）和乡村，共1063户主人做了问卷调查，问及他们的经济关系与礼尚往来。其中，从图5.5看到，过去两年每年给亲戚送礼的金额占收入之比在大都市平均为9.2%，大城市为12.7%，小城市为14.6%，农村为15.8%（最高），也就是说，虽然从大都市到大城市、小城市、农村，人均收入逐步下降，但是给亲戚送礼的占比却逐步上升，显然跟预期相反（越穷的人应该越没法送太多礼）。为什么这样呢？原因在于，从大都市到大城市，再到中等城市等，从亲戚处借钱的人数占比越来越高：大都市只有17.8%的人从亲戚处借钱，中等城市有28%的人从亲戚处借钱，而农村有42.8%的人从亲戚处借钱。在收入低的小城镇和农村，之所以亲戚间送礼占比最高，是因为他们最依赖亲戚间的借贷和跨期互助，“礼尚往来”原来有具体目的；一旦像城市一样收入高了、金融更发达了，“礼尚往来”文化在农村和小城镇也会退出舞台、成为历史。[122]相比之下，无论是大都市、小城市还是农村，给亲戚之外的人送礼行为基本一致：都送礼少。而之所以都疏于给非亲戚送礼，就如图5.5所示，是因为城里和乡下，都只有10%左右的人能从非亲戚那里借钱，这进一步证明“礼尚往来”跟跨期交易需要连在一起：一旦两个群体间的跨期交易少了，礼尚往来也不会多。尤其在农村，血缘网络之内的借贷关系远远多于血缘之外的借贷关系，这说明：近三千年的礼制建设的确使宗族内的合作关系更牢靠，但血缘网络外的互助信任显得薄弱。

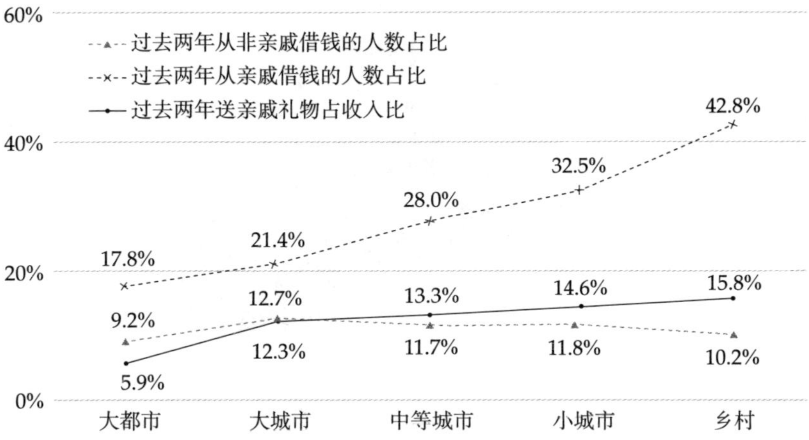

图 5.5　亲戚间送礼与亲戚间借钱的关系[123]

约翰尼斯·布格勒（Johannes Buggle）和鲁边·杜兰特（Ruben Durante）基于欧洲 25 个国家 239 个地区的数据也证实了这一点。[124]为此，他们估算了每个欧洲地区的家庭纽带强度和社会一般人之间的信任度（普遍信任度，generalized trust），图 5.6 给出了这些欧洲地区的情况。其中，家庭纽带越强的地区，其社会普遍信任度就越低。另外，本杰明·恩克（Benjamin Enke）基于全球 1311 个民族（包括非洲、亚洲、欧洲和美洲）做了类似的研究，[125]也发现：血缘网络纽带越强的民族，对外部人的依赖和信任都更低。他们基于 1500—2000 年历史数据的量化分析表明，之所以如此，是因为家庭纽带强的地区，人们更倾向于在家族内部互通有无、跨期合作，所以平时会注重耕耘血缘关系，淡化或忽视与他人的交易合作，使血亲外的信任难有机会培育。或者说，因为跟非亲戚难有利益关系，得不到他们的帮助，所以懒得花时间、精力培养信任。没有对陌生人信任网络的耕耘，自然不会有收获，外部信任体系就不会有进展。

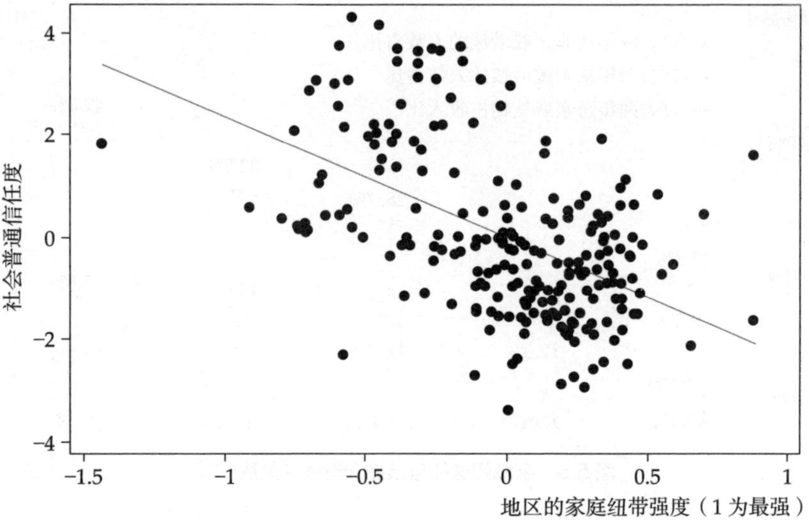

图 5.6 家庭纽带越强，社会普遍信任度越低 [126]

注：数据基于欧洲 25 个国家 239 个地区。

第二，既然陌生人间的市场交易难以腾飞，这样的社会就没机会摸索发展出一套解决商业纠纷、保护契约权益的外部制度架构，合同法、商法以及相关司法架构就难有生长土壤，血缘网络外做交易的成本就无法降低。这也说明为什么中国历代法典侧重刑法和行政，轻商法和民法，把商事、民事留给民间特别是宗族去处理。当利益交换和民事范围主要以宗族为界限时，生计和其他民事与其说是社会问题，还不如说是宗族内的问题，因此儒家礼制的结果是，中国有详细的家法族规，但缺少国家层面的民法、商法（第十章再回到该话题）。可是，非人格化的法律体系偏偏又是现代公司与金融制度所需要的，所以过分依赖家秩序实现跨期交换的后果是，市场和金融都没机会发展，[127]人际分摊风险和共享资源的范围无法走出血缘网络，避险与融资效果受限。

于是，在过去两千多年中，中国人主要依赖家秩序实现跨期合作。

印度种姓制度

本章到目前，主要以中国礼制及其支撑的家秩序的演变，系统讲解文化创新和血缘组织最终使网络内的跨期合作变得可靠，带给社会更多规则与秩序。在中国之外，很多传统社会也高度依赖家庭和宗族，而有些社会却不是。虽然其他传统社会的具体文化与血亲网络制度的细节不同，但在功能效果上并无两样。那么，是什么因素决定一个社会选择血缘网络（即核心家庭和宗族）作为人际合作主体呢？

恩克从各社会历史上对农耕依赖度和病原体压力两个角度，[128]给出一个答案，上一章我们谈到了病原体压力对婚姻形式的影响，而恩克进一步研究了病毒风险对家族模式是否有决定性作用。首先，他将来自五大洲的 1311 个民族根据语言相近程度分成 20 组，然后计算每组社会对狩猎采集原始谋生方式的依赖度（1 为 100% 靠原始生活方式，0 为靠农业和畜牧业），以及每组社会的血缘家族纽带紧密度，并把结果呈现于图 5.7。很显然，越是靠狩猎采集原始方式谋生的社会，其家庭纽带就越弱；反之，越是靠定居农业谋生的社会，对血缘家庭纽带就越重视，宗族网络越紧。原因在于，就如第二章谈到的，定居农耕和畜牧业需要更多的人际合作，收割时节、水利灌溉、保护私有财产、防御外敌等都需要众人合作；相比之下，狩猎采集原始人之间的合作规模就小得多，所以不需要少则几百、多则数千人的宗族为支持背景。人类学田野调查表明，[129]原始社会人更多以小聚落方式生活，而且是跟无血缘关系的人灵活组合，形成小共同体，对血缘依赖度低。也就是说，定居农耕社会普遍重视组建凝聚力强、规模大的家族网络，不只是为热闹，而是为了更牢靠地跨期合作、共同对付风险。

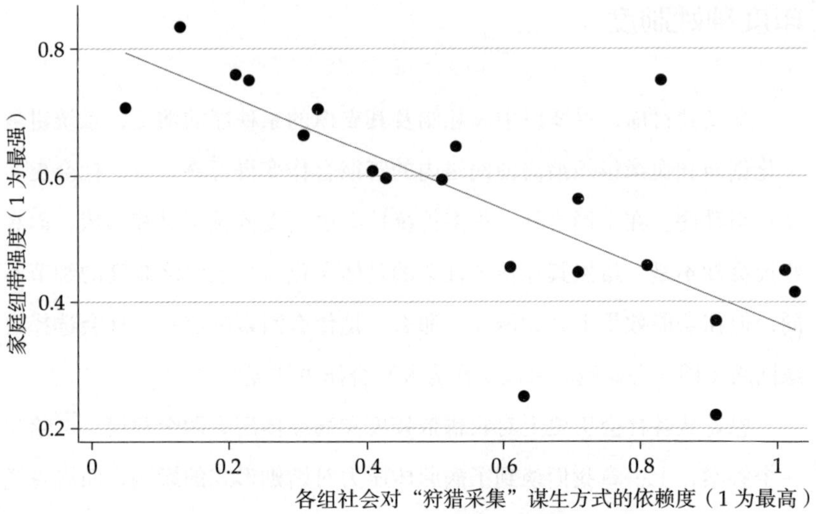

图 5.7 家庭纽带越强，社会普遍信任度越低 [130]

注：数据基于全球 1311 个民族组成的 20 分组，然后计算每组的均值。

此外，恩克还发现，[131]病原体风险高的社会也注重发展大家族，疾病频发的社会里个体对“抱团取暖”的需求高。这些研究结果进一步表明，家庭文化和宗族结构是否得到重视和发展，不是出于审美欣赏，而是由于强化秩序、减少跨期承诺不确定性、降低交易成本的需要，尽管这些宗族制度很多以牺牲个体自由权利为前提。

考虑到篇幅，在本章结束之前，我们看看另外一个传统社会的案例——印度的种姓制度，它虽然跟中国的礼制不同，但功能上有许多共同点。印度种姓制度源于古印度吠陀时代（公元前 16 世纪至前 7 世纪，相当于中国的商周时期），是一种将个体进行等级划分并跨代严守的层级制度。具体讲，它先按四种社会角色对人口进行分工，并配以相应的社会等级地位，确定谁服从于谁的从属关系，然后通过宗教意识形态、行为规范与特定仪式，将这种阶序秩序加以维系。

一般认为，印度人的祖先——雅利安人来自中亚里海地区的阿姆河流域，先以游牧为生，于公元前 2000 年至前 1500 年跨过兴都库什山脉，进入印度河流域与旁遮普，之后又慢慢向东迁入恒河流域。在此过程中，白种的雅利安人征服了当地肤色黝黑的原住民达罗毗荼人，逐渐在南亚次大陆建立起吠陀文明，[132]在那以后推出瓦尔纳（梵文“वर्ण”，英译 varna）体系。“瓦尔纳”原义是颜色，尤其指肤色，[133]但后来在婆罗门教经典文本中特指社会分层体系。婆罗门教是现在印度教的早期版本。

瓦尔纳的分层概念最早出现在婆罗门教《梨俱吠陀》中（公元前 15—前 11 世纪），起初只是把社会人口分为雅利安瓦尔纳和达萨瓦尔纳，分别指白肤色的雅利安人与深棕色的达罗毗荼人，[134]这种基于“洁净与不洁”划分阶层的观念实际上也在区分征服者与被征服者。信奉婆罗门教的雅利安人被认为是洁净的，在宗教意义上是“再生人”；属于其他信仰的被征服者被认为是不洁的，是“宗教不救之人”，因此只能被强制从事“污秽不洁”的职业。[135]当然，早期的瓦尔纳分层是以种族差异出发，然后基于“洁净与不洁”的宗教观点作为进一步分层依据而成的。

公元前 10—前 7 世纪，《原人歌》被附加在《梨俱吠陀》里，首次明确提出了四瓦尔纳的分层概念：众神牺牲了原人普鲁沙并将其分解之后，万物出现，世界诞生了；原人的嘴成为婆罗门（Brahmin），双臂成为刹帝利（Kshatriyas），双腿成为吠舍（Vaishyas），脚成为首陀罗（Shudras）。也就是说，按社会地位，由此产生的所有人被分成四等级：婆罗门阶层地位最高贵，刹帝利次之，吠舍第三，首陀罗人最低贱。再后来，《摩奴法典》等法经把四瓦尔纳与社会职业分工明确对应起来，并将“洁净与不洁”的观念融入职业差别。[136]每个瓦尔纳的行为规范在历史发展中逐渐确定下来，不遵守者将被逐出自己的瓦尔纳，成为“贱民”（the untouchable outcaste），[137]可以说是社会地位最贱的第五层级。四瓦尔纳不仅在社会分工、社会地位上有着先祖的优劣差别，而且这样的阶序是与生俱来、世袭的。

《摩奴法典》说，伟大光辉的创世主为了保护整个世界，给由口、臂、腿和脚出生的不同阶层派定了各自的职业：他把教授吠陀、学习吠陀、祭祀、替他人祭祀、布施和接受布施的工作分派给婆罗门，把保护众生、布施、学习吠陀和不执着于欲境分派给刹帝利，把畜牧、布施、祭祀、学习吠陀、经商、放债和务农业务分派给吠舍，而给首陀罗只派一种业务——心甘情愿地侍候上述三种姓。

概括起来，就是：婆罗门垄断教育文化，教授、解释婆罗门教经典，主持宗教祭祀活动，接受布施；刹帝利原先是武士，掌握军队，后来也包括世俗权力的掌控者；吠舍主要经营农业、畜牧业、手工业与商业，需要向婆罗门与刹帝利缴纳重税；首陀罗不能进行任何宗教活动，必须完全服从上层种姓，为其他三种姓服务，从事被视作低贱、不洁的职业。[138]

瓦尔纳种姓体系的阶序主要是依据“洁净与不洁”的宗教观念搭建。婆罗门教认为沾染“不洁”会导致社会地位下降。“不洁”大体有两类：一是诸如排泄物、精液、经血等源自身体的污秽，二是家庭成员的出生、死亡。这些“不洁”均是暂时性的，可以通过特定方法净化，比如用水冲洗（恒河水的净化力极强）、用牛身上五个部位净化以及触碰金属、让自己手指出血等。在雅利安人巩固统治的过程中，“洁净与不洁”的观念得到进一步发展，上升到以职业为基础的、针对贱民的永久性“不洁”概念。首先，“贱民”或者“不可接触者”一词，与上述其他“不洁”并列出现在《摩奴法典》、《本生》（*Jātaka tales*）等宗教经典中。其次，所有处理暂时性“不洁”的工作都被视为“不洁”，比如收殓、理容、火葬死者、为婴儿剪断脐带、从路上移走死亡动物、清洁厕所等。此外，由于牛在婆罗门教中被视为圣物，信教的婆罗门不能宰杀，但婆罗门却需要牛来净化“不洁”，故宰杀牛、制造牛革也被视为“不洁”。最后，一些与婆罗门生活方式相悖的习惯也被视作某种“不洁”。婆罗门大多食素，故食肉也被视为“不洁”。[139]

根据对“不洁”的这些界定，“洁净与不洁”是婆罗门利用神的迷信力量划分社会等级的工具。这些当然都是虚构故事，但让婆罗门把对自身地位不利的都解释为“不洁”；在界定永久性“不洁”的过程中，贱民身份就被区分出来，并被安排永远做“不洁”的事情。在以出身给人划身份地位方面，种姓制度的逻辑跟儒家对“君子”与“小人”、名分等级秩序的界定是何其相似，以种姓身份的确定性应对外部世界的不确定性。

“洁净与不洁”观念对不同种姓阶层有各种约束，对贱民的行为规范最为严苛。例如，不准与高种姓者居于同一村，不准从公共水井中取水，不准进婆罗门教庙宇，不准进公立学校，不准使用公路，不准参加高种姓参与的集会，不准直视高种姓人的眼睛。类似地，不同种姓之间不允许共餐，因为婆罗门教认为进食时人最易被“不洁”污染，高种姓者甚至不可以在进餐时看见“不洁”。[140]一些地方规定：贱民行走在路上时，必须敲打特定的器具，以提醒附近高种姓人。[141]

为了防止“不洁”跨种姓污染，种姓制度要求同族内婚。如果违犯规定，就被驱逐出瓦尔纳，成为贱民。比如，首陀罗男子与婆罗门女子所生之子被称为旃陀罗（Kandala），与刹帝利女子所生之子为沙特（Kshattri），与吠舍女子所生之子为阿约加瓦（Ayogava），沦为贱民。[142]可是，低种姓女子可以嫁入高种姓男子的家中，而低种姓男子不能娶高种姓女子。[143]

种姓间在拥有财产的权利上也不同：首陀罗没有权利拥有私有财产。在借贷上，不同种姓的借贷方式与利息也各不相同。[144]

当然，以四个瓦尔纳种姓划分印度人口，这些社会单位太大、太抽象。在印度人的现实生活中，人们以更细的社会单位——迦提（jāti）存在。在人口普查与田野调查中，迦提被普遍当作自己所属的社群，而非瓦尔纳。迦提可以被理解为同一种姓下的细分，细分的界限是功能性的：可以基于内婚单位，基于同一主流职业，也可按共餐单位划分；一些迦提因一个职业团体世代延续而形成，另一些由部落逐渐转变而成。这些划分不是静态不变的，可以依据功能、社会分工做调整。在历史上封建王朝拓展疆域的过程中，有些拥有土地的迦提通过向婆罗门赠予土地，获得由婆罗门神化的较高社会等级，并与土地保护者——王权——建立更加紧密的关系，以此稳固自己被提升了的社会地位。这说明，除了宗教意识形态，也可以因为拥有土地或掌握某些高贵职业等经济政治实力，而让自己的迦提获得更高的种姓身份。[145]迦提是在种姓体制的基础上对印度社会结构的进一步细化分层，其效果是强化基于身份等级的分层秩序。[146]

那么，为什么古印度要推出如此限制个人权利、制造不平等的种姓制度呢？关键还是在于远古时期，社会需要建立秩序，即文明，因为没有秩序，人际跨期互助就缺乏执行基础；而在那时期印度的技术与制度条件下，就像商周时期的中国一样，如果给个人以自由权利，秩序就难以建立，或者需要高昂成本才能建立（犹如秦朝中国的铁腕统治），人际合作的交易成本太高。相对而言，基于某种先天元素的等级秩序反倒能提升跨期合作的可靠性。

社会学的身份认同理论认为，一个社群中的个体往往会产生对该社群的集体认同，也会产生一种归属感。[147]中国礼制支持下的宗族就是很好的范例。社群凝聚力的大小，在很大程度上影响个体的社会资本与身份认知，进而影响个体的职业选择和合作可靠度。[148]辛格对旁遮普地区

（Pun jab）两个相似高种姓迦提的男性就业特征进行了分析，[149]发现两个群体的男性都倾向于选择自己迦提经营的传统产业。原因包括两方面：一方面是群体内部能给新加入本迦提行业的成员提供很多社会资本，如经验、人脉网等；另一方面，自己迦提的传统行业与迦提个体的身份认同更加匹配，自小开始的教化让他觉得从事迦提的行业属先天注定。此外，迦提相当于俱乐部，其凝聚力与成员的集体身份认同，使加入这个行业后与迦提其他成员的契约变得可靠，也提升产权安全度和合作紧密度。对集体的归属感，或说集体意识，影响着各成员在压迫中争取集体利益的动力，这是种姓制度、迦提体系的意义之一。

集体意识的强度在不同种姓之间差异显著。三位学者对比了高、低种姓群体如何惩治伤害自己的种姓同胞和违反种姓规章的个体，[150]在收集、分析对犯规者的惩罚次数和惩罚频率的数据后，他们发现，低种姓群体对违规者的惩罚次数显著低于高种姓群体。他们进一步研究指出，该现象背后的原因在于：低种姓者的集体意识明显低于高种姓者。由于低种姓者在意识形态上长期受到歧视，在日常生产与生活中不断受到压迫，低种姓身份并不能为其带来利益、荣誉、自豪，这使他们无意组织集体活动或仪式，也很难让成员产生为同种姓其他个体着想的集体意识。相比之下，越是高种姓的群体，比如婆罗门人，优越的社会地位给他们充分的激励去保护自己所属的集体，通过仪式和活动强化本种姓的身份认同，由此最大化种姓内成员间的跨期合作、分摊风险的能力，提升风险应对力。对高种姓者而言，天生的身份优越给他们带来良性循环。

这些实证研究证明了不自由、不平等的种姓制度能给印度社会带来秩序和好处，尤其使人际合作更稳定可靠，但这些好处在不同人之间的分布畸形，高种姓受益多，而低种姓只有做出过度牺牲的机会，他们一出生就被剥夺基本权利，就被戴上不平等的枷锁。既然如此，为什么种姓制度能够延续近三千年直到今天呢?这种创新或说虚拟故事需要宗教来维系。

一方面，婆罗门教发展到印度教后，仍然强调并巩固婆罗门的至高地位。就跟儒家礼制中的祭祖一样，在印度教中，献祭是一项极为重要且神圣的仪式，也是强化身份认同、神化虚构故事的具体举措。《梨俱吠陀》又把献祭称“业”，属善行的一种，献祭者需向神奉上祭品和祷词，与神沟通，以期得到祈求的结果。献祭可以积累，能促进亡灵进入阎摩居住的王国，最终达到亡灵不死的境界，也是人类自我解救的必经之途。因此，作为印度教的信徒，任何种姓之人如果想要使亡灵进入天界，就必须得依赖独掌祭祀活动的婆罗门，对他们高度尊敬，赋予其至高地位。后来的印度教经典《百道梵书》对吠陀做了进一步注释，细化了献祭仪式的程序，并强调不仅仅是人，神也需通过献祭避免肉身部分毁坏。如此一来，主持献祭的婆罗门便获得了比神明还神圣的宗教地位。[151]此外，自我克制的苦行同样被认为是善行，宗教生活在印度教中具有追求真理的性质，而婆罗门正是以舍弃欲望、刻苦修行、掌握并传授宗教知识的形象生存于世，其至高地位当然不容置疑。[152]

另一方面，印度教的业报、轮回观念赋予不平等的种姓制度以合理性与正义性。《百道梵书》附录——《大森林奥义书》对业报轮回阐释说：在森林中，信仰真理的人死后亡灵走神道，进入梵界，灵魂永生；献祭、苦行的人死后，亡灵走祖道，重新成为人，行为可爱者为婆罗门、刹帝利或吠舍，行为卑污者成为狗、猪、首陀罗。[153]由此可见，一个人当下处于何种地位，完全取决于上世灵魂所积的“业”，是当世无法改变的，故不满、反抗也没有意义。更何况，反抗会加重自己的恶业，死后更难获得解脱，故反抗反而对自己有害。业报轮回观进一步称，全盘考虑前世、现世与来世，每个人都是公平的，如果在当世一人想要获得高一级的种姓地位，那是在企图获取额外的优势，这对整个社会是不公平的，是乱序行为。于是，不平等的种姓制度在业报轮回观下不仅有合理性，更有神圣性和正义性。[154]挑战种姓制度是犯上。印度教和种姓制度就这样互为呼应、彼此支持，通过虚构故事让人们安分、甘愿分工合作，降低暴力，给社会以秩序。

结语

在这一章，我们剖析了人类抵御风险的重要方式——家庭与宗族——的发展历程及其背后的驱动逻辑，也看到虽然中国、印度及其他社会的具体构建方式各异，但相应组织创新与伦理规则逻辑十分一致，就是通过牺牲个人自由权利、把个体固定在一个差序社会结构中以获得秩序，进而降低跨期交换的不确定性、提高人际合作的可靠度。即使在原始社会时期，微观和宏观层面的风险对塑造当时家庭的组织模式也起到关键作用。从更细致的角度看，无论是夫妻之情，还是所谓“天经地义”的父母子女之情，其内容和韧性都取决于应对风险的目的；上升到宗族层面，则是通过礼制划定宗族边界、由仪式强化族内沟通和族员身份、以族规家法和集体惩罚规范族人行为等方式建立信任，系统解决人际跨期交换中的信息不对称、逆向选择和搭便车问题，强化风险应对力。这些是家与宗族的功用所在，也是礼制所要解决的问题。

本章以传统中国为主要案例，梳理了周朝开启的礼制以及之后儒家文化的发展过程。“无规矩不成方圆”，而“方圆”的目的是解决人际交换的安全问题。“三纲五常”名分等级次序以辈分、年龄、亲疏、性别对所有人做“所有权”排序：父亲对子女拥有“专有权”，既控制并分享他们的未来收入，又决定他们的职业、婚姻；兄对弟、夫对妻也有几近绝对的所有权与控制权；等等。无论是家族聚餐，还是见面问好，尊卑不等的个体之间都要遵循一套极其烦琐的礼仪，以反复强化个人扮演的角色。而作为“一家之主”的长者，在整个家族中享有至高无上的权威。[155]在这一强有力的礼制下，产权秩序和跨期风险分担都能以低成本的方式得到执行。无论是夫妻之间分担风险，还是父母子女间、兄弟间、族亲间的跨期交换，身居尊位者对资源（包括对作为资产的卑微者）的配置权毫不含糊。所以，儒家礼制既是一套清晰的产权配置体系，又是一套不谈价格的资源、收入和风险分配体系，这是以前儒家文化研究者所忽视的。在这个意义上，1978年以来的市场化改革与其说是相对于20世纪50年代以来的行政计划经济体系的改革，不如说是相对于周朝以来靠礼制配置资源的体制的改革。儒家礼制与伦理背后的经济意图十分明确：降低界定产权、分摊风险、执行契约的成本，增加跨期互助的可预期性，进而提升人们应对风险的能力。许多实证研究表明：在灾荒时期，宗族强、儒家文化影响深的地区，人口死亡率、命案率、农民暴动频率都更低，社会更和谐稳定；宗族强的地方，每个家庭的子女数量平均更高，明清时期的人口密度也高。从儒家礼制的立意在于社会和谐、生活安定（不在乎是否提升生产率）的角度看，实证结果支持周公和儒家的初衷：尽管儒家体系并没提升劳动生产率，但强化了中国人的风险应对力，使社会更加和谐。在工业革命到来之前，儒家经典和科举体系的贡献也在于此。因而，关于人文历史、儒家经典的专业知识与人力资本并非像莫基尔所说的“无用”，[156]只是这些知识的价值不在于提升生产率，而在于帮助化解风险，以增加个体生活安全、强化社会和谐，研习人文经典所获得的化险性人力资本也有积极价值。

既然儒家宗族有如此优越的功能，为什么宗族影响在近代“节节败退”呢？究其成因，首先是土地的集体化与国有化。以前，族田、义田、学田以及其他私有土地，是家长、族长掌控的核心资源，也是族人生计的重要基础，因此仅这一项就足以凝聚族人于一体。土地改革使宗族失去主要经济基础。

其次，市场的节节“进逼”也是重要原因。[157]劳动力的自由流动使家人、族人分散于各地：距离长远、生活相异，使亲戚间交往困难，相互了解减少，信息不对称程度上升，这导致宗族的存在虚化，削弱了族内的信任基础。[158]现在，即使某族人对同族另一成员失信，后者将相关信息扩散到族内每一位成员，希望惩罚前者，但这种威慑已经远远没有之前可怕，因为家族成员的生活与社交重心都相隔甚远。在族内的信息环境与威慑绩效都发生变化之后，族人间的相互保险和彼此交易不再如以前可靠。

再次，外部金融市场的兴起也是家庭、宗族势力瓦解的“推手”：尽管家秩序可以比较方便地解决信息不对称问题，但个体为此失去自由、丧失权利，承担极高的非经济代价，[159]况且族内规避风险的效率有限。比如，道德风险问题依旧严重。族内借贷通常是低息甚至无息，这会助长部分成员不负责任的行径，将资金投入风险高而收益低的项目。可是，随着外部借贷市场、投资市场、保险市场的发展，族外投资收益越来越高，[160]族人就会转向外部投资渠道——这也意味着作为“内部金融市场”的宗族体系会逐渐瓦解。[161]类似的问题亦存在于家族企业的经营当中，雇族人到家族企业未必优于雇外部员工。总之，无论是要素市场的松动，还是金融市场的繁荣，都会取代《夫妻双双把家还》中婚姻与家庭的“生产单位”和“风险互助”功能，从不同侧面冲击传统的合作和避险体系——宗族，引发风险应对方式之间的替代。

市场尤其是金融市场的广泛发展带来家庭的转型。一旦金融市场取代了家秩序的跨期交换功能，则父母、子女、夫妻、亲戚各关系中功利性的成分会降低，情感的比重会因此上升（虽然对于有的人可能不是这样）。在这个意义上，金融不仅解放婚姻，也把家庭和亲戚网络从利益枷锁中解脱出来，让人与人之间的关系更加纯粹。一旦家庭关系、亲族关系从利益交换中得到解放，原来为强化这些交换关系的安全度而推出的各种束缚个人自由的礼制也就成为多余，人们无须再驯顺忍让，不必从属于名分等级秩序，社会结构变得扁平。一言蔽之，金融解放个人（第十章会再回到此话题）。

以人类学家马林诺夫斯基为代表的功能主义文化理论认为，文化是“一个在满足人的要求的过程中，为应付该环境中面临的、具体特殊的课题，而把自己置于一个更好的位置上的工具性装置”。[162]巴格比将文化定义为“除了在来源上明显属于遗传的，某一社会成员的内在与外在的行为规则”。[163]这里所说的“内在规则”指思想与情感模式。克拉克洪和凯利对此观点做了更详尽的叙述：

所谓文化乃是在历史里为生活而创造出来的一切设计。在这一切设计中，有些是显明的、有些是隐含的；有些是合理的，有些是反理性的，也有些是非理性的。这些设计任何时候都是人的行为之潜在的指导……文化体系虽可被认为是人类活动的产物，但也可被视为限制人类做一步活动的因素。[164]

很显然，特定文化对人类思想、行为的规范性与约束性，正是不同的文化类型和模式得以承袭和发展的重要根源。我们在本章具体地从人类如何应对风险、如何进行跨期合作的角度，解读了中华文明与其他文明中最重要的内涵之一——家秩序——背后的变迁逻辑。在这个意义上，家文化也好，规范人的思想与行为的其他文化也好，都不会是无功能、无目的而来的；而一旦这些功能、目的由其他更好的方式得以解决，特定文化内容就变得多余，必须被改变。好的文化元素可以促进文明，而不好的或者过时的文化则会使文明倒退。

礼制曾经是“五四”新文化运动的主要攻击目标。陈独秀指出，“孔教之精华曰礼教”，“三纲五常”是“孔教之根本教义”。[165]当然，他也指出：

三纲之根本义，阶级制度是也。所谓名教，所谓礼教，皆以拥护此别尊卑明贵贱制度者也…… 吾人果欲于政治上采用共和立宪制，复欲于伦理上保守纲常阶级制，以收新旧调和之效，自家冲撞，此绝对不可能之事。[166]

他又说：

要拥护那德先生，便不得不反对孔教、礼法、贞节、旧伦理、旧政治；要拥护那赛先生，便不得不反对旧艺术、旧宗教；要拥护德先生又要拥护赛先生，便不得不反对国粹和旧文学。[167]

从本章的讨论再回头看，“五四”新文化倡导者的改革理想积极可取，但对于实现理想的经济基础却缺乏深层认知。换言之，自周以来推出礼教，是为了解决在没有金融市场的情况下中国人的跨期合作问题，提升风险应对力，以达到“安身立命”之效果，而如果单方面地打倒“孔教、礼法、贞节、旧伦理”，同时金融市场也还没发展起来，那么人们如何相互分摊风险、跨期互助，个人自由和共和政体的经济基础在哪里呢？如果打破旧的基于礼制的资源配置和风险分摊体系，而又没有足够多的金融产品让个人安排好一生的风险，放弃礼制只会让个人失去安全感。旧道德当然跟现代生活、现代人权不兼容，但现代个人自由与权利又跟市场经济以及金融互为支撑。陈独秀在《孔子之道与现代生活》一文中谈道：[168]

个人独立主义，乃为经济生产之大则，其影响遂及于伦理学。故现代伦理学上之个人人格独立，与经济学上之个人财产独立，互相证明，其说遂至不可摇动。

但是，儒家礼制“以纲常立教。为人子为人妻者，既失个人独立之人格，复无个人独立之财产”，这些是“五四”时期稀有的从个人财产角度谈个人自由的论述，“三纲”之下财产权全部掌控于家长之手，其他成员的人格独立从何谈起？可是，陈独秀还是没有看到，即使子女、妻妾都有财产，他们又如何应对未来风险挑战呢？——那时期的知识分子几乎都缺乏经济学训练，甚至对经济与金融不屑一顾，连胡适也要到1954年才认识到私有财产是个人自由的基础。[169]所以，“五四”时期，他们并不了解实现自由梦想的经济基础是什么。

所以，虽然“五四”知识分子渴求个性解放和人格独立，但对相应的经济基础却缺乏认知，没有意识到：在没有发达金融市场的背景下，中国社会在运动之后很快又会回到立足礼制、崇尚集体的伦理传统，集体价值再次战胜个人价值。[170]新文化运动推动者没能看到，礼制是为中国人的“安身立命”而来，在没有找到其他替代性的“安身立命”机制时就一味打倒旧礼制、旧文化，“个人价值”只会是空中楼阁，旧礼制还会再回来。正因为此，“个人主义”在20世纪一直不能扎根于中国。

第六章

宗教兴起与避险逻辑

中国人也许没看到过关于基督教真理的书面证据，但遇难时得到的帮助，会明确无误地向他们证实宗教的宗旨是什么。

—

李提摩太[1]

1876年春，一场罕见大旱在山东等五省开始，数月无雨，小麦春收落空。为了争取播种玉米，各地农民屈膝跪拜求雨，“雨神”不到，旱灾继续。绝望之下，百姓开始乞讨、逃荒、抢劫，甚至发动暴乱。这就是史称的“丁戊奇荒”，这次饥荒持续两年多时间，致上千万民众死亡。看到惨状，当时身在山东青州传教的李提摩太，一边在家中施舍前往讨饭的乞丐，一边通过教会募集善款，购买食物等物资，设立多个粥厂，救济青州和其他地方的灾民，并在四处建立孤儿院收养孤儿。1877年初，李提摩太给派他来华传教的英国浸礼会写信——“这不是骗取慈善的借口，这是在救命。当我写下这封信的时候，成百上千的人正面临死亡，而在此之前，已经有更多的人离世”，[2]恳请教友捐赠赈灾。此外，他也通过《申报》和《万国公报》发表募捐书《西教士劝捐书——英李提摩太启》，介绍青州灾情，鼓励信众加入赈灾行列，救助灾民。在李提摩太的呼吁下，教会在当时的赈灾努力中表现积极。

前几章一直强调，“在没有金融市场的条件下”，那些礼制创新甚至技术创新是应对风险的“没有办法的办法”，其背后的隐含假设为“金融是解决风险挑战的更好办法”。换言之，家秩序和金融市场既可被看成互补，也可被看成相互替代、彼此竞争的两种风险应对办法。当然，上面引用的李提摩太语录则告诉我们，除了家秩序与金融市场外，宗教在解决人类“生老病死”风险挑战方面，也发挥着极其重要的作用。《圣经》也明确强调这一点：“你要知道耶和华你的神…… 向爱他，守他诫命的人守约，施慈爱，直到千代 …… 所以，你要谨守遵行我今日所吩咐你的诫命，律例，典章…… 他必爱你，赐福与你，使你人数增多，也必在他向你列祖起誓应许给你的地上赐福与你身所生的，地所产的，并你的五谷，新酒，和油，以及牛犊，羊羔。 你必蒙福胜过万民。你们的男女没有不能生养的，牲畜也没有不能生育的。耶和华必使一切的病症离开你。你所知道埃及各样的恶疾，他不加在你身上，只加在一切恨你的人身上。”（《旧约·申命记》7：9–15）

宗教促进人际跨期合作的方式跟家秩序、金融市场不一样。家秩序基于血缘和姻缘，配以礼制及相应仪式，实现族人之间共享资源、分摊风险；正如在后续章节将更详细谈到的，金融市场基于货币化的金融工具，通过“一手交钱、一手交货”的方式实现人际风险交换（金融交易中的“货”并非实物，而是金融契约），只是这种跨期交易需要非人格化的外部法治支持。相比之下，宗教是基于共同的信仰而在信众之间组建非货币化的“内部金融市场”，只要信徒遵行上帝的“诫命，律例，典章”，就会“五谷，新酒，和油，以及牛犊，羊羔”，应有尽有，也不必担忧生育不足或恶疾缠身，“一切的病症离开你”，你就福胜万民。这里我们采用爱弥尔·涂尔干对宗教的定义，“宗教就是一组有关神圣事物的信仰与实践的统一体，这些信仰与实践将信众凝聚到一起，组成一个叫

'教会'的排他性道德社群"。[3]因此，宗教设计的人际合作体系代表着截然不同的愿景，既不依赖血缘，又不基于"谁出价最高"，而是依靠一套共同信仰和相配的行为规范。

那么，作为保险的宗教是如何出现、发展的？宗教带给信徒的实际避险效果怎么样？其成本代价又是什么，人类为其付出了多少？宗教是鼓励金融发展，还是跟家秩序一样排挤了金融市场呢？接下来，我们就来回答这些问题。

宗教的化险绩效

在讨论宗教如何组织以强化信任和凝聚力之前，我们不妨先看看宗教的现实避险效果，是否真能提升个体应对风险冲击的能力。上一章剖析了家秩序是如何强化个体化险能力的，然而宗族力量终究有限：无论是夫妻，还是父母子女，又或是人丁兴旺的宗族，亲人间差异度一般不会太高，族员间能分摊的风险有限。若风险冲击的剧烈程度高或波及范围广，即使是枝叶繁盛的宗族，也未必能完美应对。[4]因此，人类还需要寻找更广泛的风险互助方式，宗教即是答案之一。通过外在的严密组织与内在的意识形态，信徒因共同信仰而相互联结，彼此间提供情感与物质上的互保互助。在诸多社会中，宗教发挥最后一道"安全阀"的作用：如果没有宗教作为缓冲，那些面对生存挑战的社会可能难以解决犯罪与暴力问题。这也意味着，当社会遭遇风险冲击时，新兴宗教可能借势兴起，或者传统宗教得以扩张。我们就从基督徒在古罗马的经历开始说起。

从古罗马到中国，教会借助救灾传教

2015 年时，基督教是世界上最大的宗教，信徒超过 23 亿，占世界

人口的31.2%。该教在公元33年耶稣遇难后，创立于罗马帝国治下的耶路撒冷。起初信徒不多，基督徒由于一方面受到犹太教挤压，另一方面又遭到罗马士兵追杀，被不断驱散，逃亡各地。在公元313年之前的两个多世纪里，基督徒的礼拜聚会只能躲在家里举行，传教效果受限。后来，罗马帝国皇帝君士坦丁成为基督徒，于公元313年颁布《米兰敕令》，使基督教在帝国范围内合法化。从此，礼拜仪式由地下走向阳光，在教堂公开举行，这不仅增加了教会凝聚力，而且使教义影响公开化。在政权与神权合一的罗马传统下，只崇拜一神的基督教很快成为帝国国教。

就在基督教合法之前的公元165年和261年，两场史无前例的瘟疫横扫罗马帝国。[5]据汉斯·辛瑟尔（Hanz Zinsser）等学者考证，[6]造成两次疫病的"罪魁"可能分别是天花与麻疹。由于罗马人之前几乎没有遭遇过这些病毒，加之当时的医者对细菌与病毒一无所知，瘟疫造成大量死亡，死亡人数可能达到总人口的1/4至1/3。[7]一方面，如辛瑟尔所言，"罗马帝国以强大的控制力向其他地区扩张，欲把整个世界纳入罗马帝国的计划，一次又一次地被唯一更为强大的力量——瘟疫——所中断……"；另一方面，由于死亡太多，到处是无人照管的抛荒田地。于是，来自北方的"蛮族"成为其中许多田产的拥有者，在罗马帝国境内大批建立定居点，他们甚至还加入军团。除"蛮族"外，瘟疫也为另外一股势力——基督教——创造了登上历史舞台的机会。

罗德尼·斯塔克教授发现，一个人是教徒还是非教徒，对待病人的态度截然不同。从时人的信札中，可管窥基督徒相互关爱的一面："我们的基督徒兄弟之中，绝大多数人都表现出了极大的爱心和无比的忠诚。他们从来没有只为自己打算，而是时刻想着别人。他们毫不考虑危险，担当下了照顾病人的任务，尽力满足病人的一切需要……"相比之下，非教徒对待病人就冷淡许多，“瘟疫刚一传开，他们就把被传染上的人一脚踢出去，哪怕是至亲的家人，他们也是弃之不顾；在家人还没有死去的时候，就往路边一扔”。[8]在风险来临时，信仰的感召使基督徒之间相互友爱、彼此关照，践行教义（即使这样做确有生命危险），而不受教义约束的普通人，彼此间的联络几近消失。

基督徒与非教徒从瘟疫中幸存下来的比例也显著有别。精确的数字已经难以回溯，但正如威廉·麦克尼尔（William McNeil）所讲，仅仅是简单提供一些水和食物，就能让那些太过虚弱而无法照顾自己的人恢复健康，而不必悲惨死去。[9]即使只有不借助药品的精心照料，也能让死亡率降低至少 2/3。在这一基础上，斯塔克给出估算：即使一开始基督徒与非基督徒的比例是悬殊的 1∶250，一场造成 30% 人口死亡的大瘟疫，加上基督徒呈指数增长的力量，也能让前述比例在百年内达到约 1∶8。如果放弃一些稍显保守的假定，这个比例甚至可以达到 1∶4。实际上，基督徒从瘟疫中幸存的比例高于不信教者，这一事实本身就有利于传教。[10]在瘟疫期间，宗教的传播速度可能比前面描绘的还要更快。

因此，基督教的早期扩散至少部分受益于教会提供的风险互助功能（包括物质和精神层面的），让信众在教义感召下更能互通有无，化解瘟疫冲击。在面对神秘而恐怖的瘟疫时，血缘家庭和家族这一传统避险机制已经难以为继。此时，宗教以意识形态与严密组织在全社会范围内，甚至超越国界聚拢人心，把物质互助与精神支持的范围无限扩大，其风险分摊效果是血缘宗族无法比拟的。虽然基督教在当时的罗马帝国还属非法，但如果没有它，罗马会以大概率陷入冲突与野蛮之中。在历史上，不限于古罗马一地，不只是基督教，亦不只是瘟疫这类风险，宗教是人类合作应对挑战的重要组织形式。[11]

为进一步分析宗教的避险效果，我们先看信教决策跟风险的关系，也就是说，在多大程度上古罗马的经历具有普遍性，风险经历是否强化了信教倾向。在第三章讨论迷信的起源与发展时，我们谈到杨庆堃针对中国社会的调查结果：以农业占主导的地区，对祈雨、禳灾、丰收等神灵的崇拜占绝大多数，而在商业发达地区，财神等商业神灵占比相对更高。这些迷信没有建立教会、教团等固定的社会组织，也没有周而复始的礼拜礼仪，甚至也没确立至高无上的特定崇拜对象，缺乏完整学理体系和严格规约戒律，所以一般过于开放，无组织约束，不是宗教，参与者亦缺乏自觉的宗教意识。[12]然而，如贾二强所述："民间信仰……往往不能一概而论。如民间也有供奉神祇的神庙，民间也并不是没有专职从事祭神活动的人员。历史上，在民间神庙里，时可见到所谓的庙祝……民间信仰与宗教，往往有相当紧密的联系。"[13]因此，尽管杨庆堃统计的内容侧重民间迷信，但其中显示的信仰类型与当地风险结构的关联，亦可从侧面展示宗教信仰决策与风险之间的相关性。也就是说，商人会面对商业风险，所以对商业神灵有需求；农人面对气候风险，所以对雨神、虫神有需求。人们对正式宗教的需求也有类似逻辑。

基督教在中国的扩散历史就跟其提供的避险救灾功用有关。本章第三节谈到的 17 世纪、18 世纪"中国礼仪之争"，以康熙皇帝于 1720 年的谕旨禁止基督教传播而终止，这一禁令一直维持到鸦片战争结束时的 1842 年。《南京条约》之后，传教士重新进入中国，起初节奏较慢，到 1860 年第二次鸦片战争结束时，《北京条约》正式给予基督教在中国的传教自由。此后，来自欧洲和美洲的传教士进入许多地区，发展天主教徒和新教徒。但是，基督教在中国面对许多怀疑和敌意，包括跟儒家祖先崇拜的矛盾，流血教案不断，最后演变成 1899—1900 年间的"义和团”事件，多名传教士与两万多名基督徒被屠杀，教堂和教徒房屋被烧毁。19 世纪中期以来发生的教案和面对的阻力迫使传教士改变策略，一是兴办学校和医院，二是哪里有灾荒，就派传教士带教徒前往赈灾治病，让民众体验到具体好处，改变他们对基督教的态度并接受上帝福音。著名传教士李提摩太说，赈灾是“消除中国人误解、引导他们接受基督教的最理想方式”。[14]从 1876 年开始，传教士组织在李提摩太带领下，几乎参与了华北所有重大灾荒的救援，包括本章开头提到的 1876—1879 年“丁戊奇荒”。此外，1888 年的大涝灾伤及数百万人，且引发大面积霍乱，教会帮助救护几十万灾民。到 20 世纪初，基督教加大赈灾力度，传教士在 1921 年成立的“中国国际赈灾委员会”，一开始就募集了 3000 多万美元的救灾善款。[15]通过赈灾、办学、举医，传教努力取得成功：在 1876 年时，中国有 473 位新教传教士、13035 个新教徒；到 1900 年，有 1500 个新教传教士、8 万多名新教徒，天主教徒更有 72 万之多；到 1922 年，有近 8000 个新教传教士在中国，覆盖了 70% 的县域，全国有 40 多万新教徒。在这个过程中，教会的风险保障与慈善功能发挥了重要作用。

回头看，赈灾不仅使基督教传播更成功，而且也把基督教等宗教跟儒家的区别凸显出来。如前文所说，儒家礼制的宗旨在于建设并完善血缘宗族体系，确保族人之间实现风险互助，但不惠及族外人，其抵御风险尤其重大风险的能力较弱，即使一个数千人的宗族，由于他们一般生活在同村或附近，所以不管内部凝聚力多强，宗族应对灾荒的能力有限。而基督教信众是跨地区、跨国界的，不同地区、不同国家同时遭遇同一风险事件的概率很低，所以在教会建立的超血缘跨期信任体系下，其保险功能是儒家礼制难以达到的：[16]一个侧重血缘内部互助，一个侧重跨宗族、跨空间的保障秩序。

近代美国的教会化险作用

我们也可借助大样本验证宗教信仰跟保险需求间的因果关系。美国提供了合适场景：[17]根据当时的几次普查数据，到19世纪下半期的2700多个县中，有4/5的县农业占产业结构的比例超过一半。也就是说，农业仍是当时美国主导性的经济活动。直到20世纪初，各地农业产值与当地降水波动密切相连。平均而言，一个县当年的月降雨量比正常水平每多增1%，农业总产值就多涨0.5%。进一步看，作物生长季节的降水量对全年农业收成的影响也强——降雨量每多出1%，当年的农业生产率即因此增加0.33%；在作物生产期以外的月份里，降雨多少对当年农业产出并无显著影响。因此，在以农业为主的地方，作物生长期的气候波动大大影响当地人的收入，旱灾挑战生存。

19世纪时，美国各地宗教势力亦颇为强盛。如托克维尔在书信中所言："礼拜日被严格奉行。在礼拜期间，我看见教堂前的街道被挤得水泄不通。法律并不蛮横地要求人们遵行这些事情，但比法律力量更为强大的公共意见，却强迫每个人出现在教堂，心无旁骛地专心礼拜。"[18]根据美国的社会调查，人们确实相信宗教可以起到保险的作用：85%的受访者表示，教团会在自己陷于疾病或遭遇其他困境时提供援助。[19]这两点可能彼此存在联系：宗教之所以蔓延全美，正是因为在风险事件发生时，可为受冲击者提供保障。如果这一点确实成立，在降水风险更大的地区，人们的信教程度应该更高、宗教势力理应更强。

菲利普·阿热（Philipp Ager）和他的合作者通过实证分析验证了这一假说。[20]在研究设计中，他们以当地参与教堂活动的人口占比来度量宗教在当地的影响强度，而在不同年份中，以每年12个月降水量的对数值的方差度量当地农业面临的气候风险强度。在控制收入水平、高程、土质等诸多影响农业产值的变量之后，他们发现：当地降水量的风险每上升一个标准差，参教人口占比会因此多提升 11%（如图 6.1 所示）。接着，两位学者将气候波动的数据做细化，分为作物生长期降水风险和非生长期降水风险两部分，再分别探讨其对宗教参与的影响后，进一步发现：只有作物生长期的降水波动率（即风险）的上升，才会导致当地参教人口占比显著增多；非生长期的降水不确定性变大，并不会促使更多人去信教或提升信教强度。因此，收入或消费方面的风险确实是宗教参与度背后的推手：一个地方的主要人口所面临的收入风险大小，加上教会救困的程度，共同解释了美国各地宗教势力的高低差异以及信教程度的地理分布。斯塔克谈道，当战争、瘟疫、灾害发生或社会动荡时，人们更会发现精神匮乏，也导致对宗教需求的上升。[21]

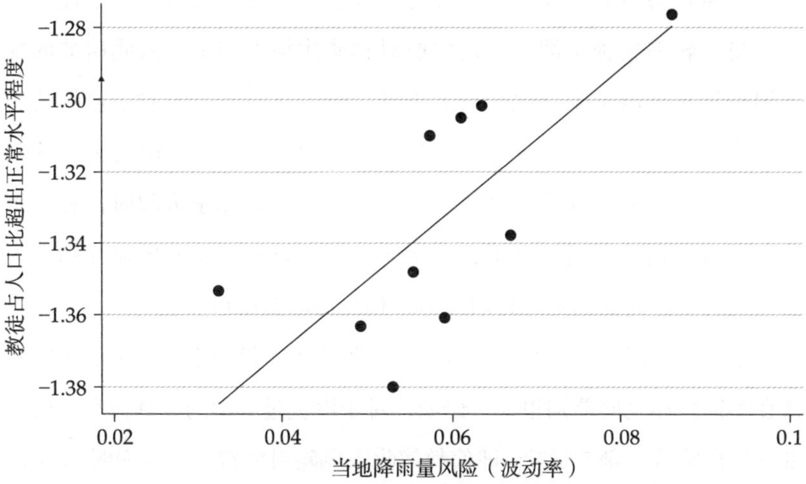

图 6.1　1890 年时美国各州教徒占比与当地降雨量波动性[22]

注：其中，纵坐标反映一州各县的教徒占比超出正常水平的程度，即一州内，各县教徒占比对所在州的固定效应与其他控制变量的回归剩余差的均值，该值越高说明教徒占比越高；横坐标则反映各县降雨量对所在州的固定效应与其他控制变量的回归剩余差的均值。

当然，阿热教授他们的研究致力于解释为什么美国各地信教程度差异大，侧重点放在宏观层面。具体到个人层面，宗教是否真的提升个体和家庭应对风险的能力呢？芝加哥大学的拉杰夫·德赫贾（Rajeev Dehejia）等三位教授同样是利用美国社会调查数据，[23]分析了收入下降时不同类别家庭的消费变化是否存在显著差异，尤其是信教家庭是否更能承受收入风险的冲击。根据对44270个美国家庭在1985—2000年间的经济与信仰等数据的分析，他们发现：收入冲击对信教家庭的消费影响比对不信教家庭低40%——家庭收入每下降10%，不信教家庭的消费会相应削减1.15%，而信教家庭的消费只会下降0.69%。也就是说，在遭遇逆境时，信教家庭消费受到的打击要比普通家庭少40%！这说明信教带来的保险效果非常显著。作者们注意到，宗教带来的消费保险效果主要通过三种通道发生：一是教义可能将信徒的注意力更多转向精神生活，淡化他们对物质生活的追求，因此信徒的物质消费诉求可能本来就比普通人更低，收入风险发生时对信徒的消费影响有限；二是教会本身为信徒提供应急救济，就跟中国历史上的佛寺一样，一旦老百姓受灾害冲击变得饥寒交迫、无家可归时，总还可以去佛寺一避，得到一碗粥、一席床；三是教友之间的风险互助，因为共同的信仰让他们更能跨期互信，相互帮助变得自然。

德赫贾他们对各家庭主人做了进一步分类，发现宗教带来的保险效果在不同群体之间差别很大。比如，对于没上过大学的家庭而言，信教带来的保险效果是52.4%，即信教使收入风险对消费的冲击变弱52.4%；但对于上过大学或读书更多的群体而言，信教带来的保险效果在统计上不显著；对人均年收入不到1.5万美元的家庭，信教带来的消费保险效果高达68.7%，而且统计上非常显著，而对于高收入家庭，信教有一定保险效果，但在统计上不显著。因此，从保险效果看，信教对于受教育不多、收入低的群体格外有价值，带来的消费保障最为显著，这也部分解释了为什么在美国和其他社会里低收入群体的教徒占比高。相比之下，富有家庭在面临未来收入风险时，可以通过事先购买商业保险等金融产品进行规避，不需要通过教会网络，而收入低的家庭可能除教会外并无多少其他选项。当然，这并不意味着富人不会受益于宗教信仰。实际上，哈佛大学的爱德华·格莱泽（Edward Glaeser）教授和同人的研究表明：受教育程度越高的个体虽然不一定需要教会网络提供的收入避险功能，但在教会网络中获得的资源共享作用更大，这些关系网对他们的商业价值高，这也是为什么在许多国家里，在收入高过一定水平的人口中，信教人数占比与受教育程度间呈显著的正相关关系。[24]此外，德赫贾他们发现，虔信程度对宗教保险效果也有影响：那些认可"《圣经》出自上帝之口，不会犯错"以及"《圣经》是人类一切问题的最终答案"说法的家庭，在遭遇收入冲击时，消费下降的幅度也相应更小。

德赫贾等三位学者也发现宗教对幸福程度有"保险作用"：在遭遇收入下降风险时，频繁参与教堂活动的家庭，其幸福程度的下降比不信教家庭要少约65%。这意味着在精神层面，宗教所起的保险效果甚至要高于物质层面的保险效果。不过，在美国，信教带来的幸福感保险效果主要存在于黑人群体，在白人中似乎没有这种作用。这或许是由于历史上美国黑人一直比较贫困，迫使他们历来抑制对物质生活的追求，以至于信教给黑人家庭带来的消费保险不很显著，但帮助保障他们的幸福感 。德赫贾等学者的研究表明，当收入下降时，不信教的黑人家庭会遭遇幸福感冲击，而信教的黑人家庭会因为教友和教会的帮助变得更幸福。在另一项研究中，两位学者利用欧洲多国的社会调查数据，[25]得到了与此几乎一致的结论：在遭遇失业、丧偶等"创伤性"风险冲击时，参与宗教活动多、有自己归属的教会的个体，其幸福感受创伤的幅度明显要比不信教的人更小。在与此相关的另外一项研究里，意梅泽尔等基于多个欧洲国家的数据，[26]回答了一个相反的问题，就是看风险事件是否影响信教决策。他们发现，各类“风险事件”——父母工作不稳定、家庭经济状况糟糕、国家陷入战争等——都会显著增加这个国家的国民信教人口占比，风险事件越多，对宗教保险的需求会越多。这些研究共同说明，前述基于美国的分析不只适用于美国人，在欧洲等地亦成立。

对低收入家庭来说，宗教活动的意义远不只是简单的跨期平滑消费，在应对家庭面临的重要挑战中，比如如何在危机时保障子女的营养与教育开支，以降低下一代受冲击的程度，宗教活动亦可发挥重要作用。在德赫贾等学者的另一项研究中，[27]他们还考察了信教对3~16岁青少年成长的影响。尽管诸如父母离婚、家庭收入下降、领取公共援助等因素都对孩子的长期发展——包括成年后的幸福感、高中完学率、上大学的概率等——有显著的负面影响，但家庭参与宗教活动的程度越高，就越能缓解不利冲击的后果。以父母婚姻破裂为例，如果家庭频繁参加宗教活动，那么对孩子成年后的幸福感的打击程度会减少一半以上，而且这些孩子完成高中、上完大学的概率也会大大提升。[28]

基于其他宗教的实证结论

宗教的保险“功能”并不限于基督教，伊斯兰教等宗教亦发挥类似的作用。莉萨·布雷德斯（Lisa Blaydes）分析了来自埃及开罗的案例，[29]在当地，女性是弱势群体，受教育程度一般较低，工作机会亦少。她集中对比了开罗的两个贫民窟，两区在各方面都接近、地理位置相邻，但其中一个受伊斯兰教影响更深。布雷德斯通过统计分析发现，两个贫民窟的女性状况存在显著的差别：在伊斯兰教影响深的那个贫民窟里，因为有宗教组织安排的专人给予护理等，女性产前护理更好，婴儿死亡率显著更低。

在另一份研究中，陈丹尼尔（Daniel Chen）聚焦于1997—1998年亚洲金融危机对印度尼西亚人信教程度的影响。[30]印尼总人口为2.3亿，其中87%为穆斯林，印尼也是世界上最大的伊斯兰国家。亚洲金融危机期间，印尼的货币——盾对美元的汇率下跌到之前的近1/8，物价相应暴涨。以食品为例，一年之间，价格上涨1.6倍。尽管物价普遍上涨，但劳动工资未必同步同幅度上涨，因此各家庭受到的冲击千差万别：拥有土地并从事农业的农民家庭，因为生产食物，物价猛涨反而让其真实收入上升，从中受益；可是公务员家庭则不同，收入几乎全部来自工资，而工资一般难以随时上调，危机期间这些家庭的真实收入下降最多，实际消费下跌近15%。陈丹尼尔通过分析发现：亚洲金融危机冲击之后，公务员家庭的"信教强度"（即参加读经班的频率）平均上升6%，而农民家庭的"信教强度"平均下降了2%。具体到家庭开支层面，危机期间，家庭人均非食物开支每多降1美元，这个家庭参加集体学经的频率会上升近10%，把小孩转送伊斯兰学校的概率（也反映信教强度）会增加1%以上！这里要注意，在危机之前，印尼家庭人均非食物消费为7.34美元，危机后下降到4.7美元。也就是说，在印尼，遭遇风险事件冲击越多的家庭，其信教强度会显著上升，而受冲击不多的家庭，其信教态度基本不变。同时，陈丹尼尔也发现，宗教也确实能起到保险作用：增加了信教强度的家庭，在4个月内对信贷和政府救济金的需求下降近50%；信教但没有增加信教强度的家庭，对信贷和救济金的需求下降了25%；而不信教的家庭对信贷和救济金的需求则没有变化，保持以往的水平。《古兰经》规定，每个拥有财产和一定收入的穆斯林，每年都要拿出部分收入施舍苦难者、贫困户。[31]因此，教友网络会给患难信徒提供援助，给饥荒家庭提供食物或无息贷款，宗教慈善确实部分起到了"安全网"的作用。另外，在危机期间，能得到正规金融支持（乡村银行、小微贷款等）的家庭，则不会增加信教强度：如果有途径得到信贷，那么经济危机与信教强度之间的关系会低80%。这说明，至少在印尼，作为风险保障的宗教和金融市场之间有着显著的相互替代性，此消彼长。

总之，近年关于宗教的保险作用的研究越来越多。从美国的经历看，宗教参与提升了个体家庭应对各式风险的能力：失业时或者在遭遇其他收入冲击时，教会和教友网络会帮助他们维持一定的消费水平，子女的长期发展也因此更加平稳，免于受到剧烈冲击。家庭风险应对力的增强与暴力减少之间有着密切的联系。第一章谈到，风险事件特别是气候风险容易造成一家人无食无衣，迫使他们寻求暴力以求活路；另外，青少年会因为家境贫困而变得无规无矩，走向犯罪或以暴力报复社会。[32]因此，如果宗教参与能帮助降低风险事件对生存的冲击，也自然能减少暴力的发生频率。实际上，“暴力风险”是宗教可以帮助规避的，因为暴力风险的存在本身也会助长对宗教组织的需求，促进传教。阿萨夫·札什曼（Asaf Zussman）在分析中东地区的调查数据后发现：[33]无论是在以色列实际控制的地区，还是在巴勒斯坦实际控制的地区，当地人虔信犹太教或伊斯兰教的程度，都会随着附近暴力事件频率的上升而上升。也就是说，暴力事件的上升会提升当地人“抱团取暖”的需求，而帮助规避“暴力风险”就成为宗教组织的功用之一。

虽然前文引用的研究是基于美国、印尼、以色列和其他中东国家的，但这些基本规律也适用于其他国家。在文化差异较大的东欧、中亚及中国，学者也观察到类似的效应：无论是面临剧烈转型期的苏联加盟共和国的国民，还是遭遇“留守”等问题的中国农村居民，其消费稳定性和幸福感都会因参与宗教而得到显著提升。[34]阮荣平等学者发现，[35]在中国农村，健康好坏这一与风险密切相关的因素，与当地宗教参与存在显著的正相关；政府在农村地区推进的“新农合”保险，则显著降低了当地家庭参与宗教的比例——这一现象直接实证了宗教的风险保障功能及其可替代性。这些实证结果都支持宗教的初衷，即以“义”而非基于货币化的金融交易去实现人际风险互助（下一章会谈到）。从这个意义讲，只要风险规模和融资量不超出某个范围，作为“内部金融市场”的宗教社群就颇为有效。这也让我们更清楚地看到宗教跟迷信的区别：迷信没有明确的组织，也没有常规礼拜礼仪去减少信友间的信息不对称、强化相互间的信任，所以难以改变风险事件带来的真实后果；而宗教则不同，不只给信众以精神安慰，而且通过组织礼仪和教会活动，给受风险冲击的个人和家庭提供实际的经济援助，增强互信，因此宗教是一种更主动的保险。

宗教与信任网络

宗教作为组织化的信仰，将个体组织起来，建立互信网络，然后在教友陷入困境时相互援助：失业或遭灾的家庭可能因此获得现金或实物援助，垂危的病人得到教友的照料。然而，要想维系如此深入的跨期互助，信任是核心前提：在为其他教友付出时，教徒也期待日后自己受困时可从其他教友和教会获得回报。如果不信任其他教友未来会回报，宗教的化险功效就不可能长期维持。因此，无论哪种宗教，都会将解决教众间的跨期信任问题作为核心要务。一旦建立信任的努力得以成功，宗教的保险功能就不再限于简单的互助，包括贸易互通、暴力互防在内的其他化险需要，亦可在此基础上得以发展。宗教的教义和礼拜等活动的目的即在于此，一神教与多神教的区别也可从这个角度去理解，前者凝聚力强，信任网络更可靠，而后者相差甚远——这一点在第九章的海上丝绸之路历史中得以体现：信一神教的阿拉伯商人后来居上，在比较短的时间内就战胜了华商与东南亚商人，成为海洋商道的主角。

跟第五章讲到的宗族一样，宗教组织在尝试建立信任时，也面临同类问题：[36]

首先，如何识别教律需要约束的对象？如果参与互助者都保持匿名，或流动性甚高以至于无法追踪，则建立信任的努力很难成功——违反隐性跨期“合同”的成本相当低，宗教难以防范搭便车者：需要帮助的人才会信教，否则在需要自己提供帮助时就跑路，即以前说到的“逆向选择”问题。在家秩序中，血缘关系的边界即是天然标记，而宗教的信众范围却远比这复杂。其次，实现边界识别后，树立信任仍然需要各类激励。家庭、宗族成员之间，长期相处能有效缓解信息不对称，降低“道德风险”，但宗教缺乏这样的“先天”优势。然而，借助外在的教义戒律与内在的意识形态灌输，许多宗教仍然取得了空前的成功，教徒网络内部联结的牢固程度与家庭相比甚至可称“有过之而无不及”，犹太教、基督教和伊斯兰教超过千年的历史就是证明。那么，它们是如何成功应对这些挑战的呢？

特定宗教的边界与激励

对第一个问题，上一章引荐的泰兰达的研究仍然适用。[37]家族靠姓氏、家谱及祠堂标记互惠范围，宗教也同理。实际上，宗教的标记通常比家族更明显，相应的识别成本也更低。宗教提示身份、识别身份的方式多种多样：教徒定期礼拜、经常聚居，与世俗住所相区分的宗教建筑样式，胸部佩戴的十字架（基督教标志）、大卫之星（犹太教标志），等等。比如，1160—1270 年，法国建造了 500 多座哥特式教堂，[38]包括举世闻名的巴黎圣母院（图 6.2），当时各地攀比教堂高度，起先盖到 30 米就了不起，后来盖到 40 米甚至追求 50 米高。如果材料承受不住，在建造过程中教堂倒塌了，那就重盖！让教堂顶端的十字架直入天空，方圆数公里都能

图 6.2　著名的巴黎圣母院

注：巴黎圣母院始建于 1160 年，1260 年完工，其十字尖顶直入云间，到 1889 年埃菲尔铁塔建成之前一直为巴黎之最高。下照由爱德华 · 巴尔多斯（Édouard Baldus）摄于 1860 年（收藏于纽约大都会博物馆）。上照为圣母院的内部（Peter Burian 摄于 2012 年，公共图片）。2019 年 4 月维修时不慎被大火所烧，修复工作要持续至 2024 年。

看见，这当然不是无意之举，而是带给那些去教堂做礼拜的信众一种自己能通天的感受，并且让信众不管走到何处，一望即可见高高的教堂和十字架这些物理符号。图 6.3 中的巴塞罗那神圣家族大教堂，于 1882 年开工，至今还在建，按计划，其尖顶十字架的高度要达到巴塞罗那之最。这些物理符号极为重要，因为宗教信仰和相应的教规戒律是抽象无形的，需要物理符号将其有形化，而且要通过这种符号将去教堂礼拜的教徒的内心感受承载下来，让信众一看到符号就唤起参与礼拜的感受，并提醒他们“我是基督徒”“该遵守教义戒律”，等等。久而久之，这些教堂标志不仅成了教义戒律的推广器、内化器、激活器和执行器，而且也起到识别信众边界的作用。[39]

图 6.3 尚未完工的巴塞罗那神圣家族大教堂

注：左图为西班牙巴塞罗那的神圣家族大教堂（Basilica de la Sagrada Familia）的外拍照片，右边为教皇本笃十六世于 2010 年到访并举行礼拜的场景。该教堂由建筑师安东尼奥 · 高迪（1852—1926 年）设计，尽管教堂于 1882 年开工但至今还未竣工（计划 2026 年完工），现已投入使用并被联合国教科文组织选为世界遗产。直到近年之前，该教堂为巴塞罗那的最高建筑，从城内外各处都能一望即见。

大众广告和商业品牌的出现，一般被认为跟工业革命带来的规模生产相关，但是人类最早、可能也最成功的大众品牌应该是基督教十字架。虽然古希腊人也用十字符号，但公元 1 世纪基督教出现后，信徒开始将十字架跟耶稣殉难场景相连，到公元 2 世纪信徒私下以十字架作为基督教符号。在公元 313 年基督教被正式接受为罗马帝国国教之后，十字架更是教派的品牌符号，不仅用以识别信徒身份、提醒教规，告诫信徒耶稣如何为他们受难，更是基督教的大众推广与传播符号。到公元 6 世纪，突出耶稣受难的十字架符号普及开来，[40]立于教堂顶部，佩戴于信徒胸前。

有些教派对信徒的衣着也有规定：禁忌某些颜色，鼓励或要求穿着某种颜色的服饰，或要求佩戴某些标记配饰。将宗教印记直接加诸身体上，文身、剃度、蓄须、打孔等，都是现实中采用过的推广与提示手段。[41]宗教组织通过诸多区隔，以较低成本识别内部信众与外部人员。伊斯兰教除了对男女信徒的服装及颜色有统一规定外，还要求每人做到“五功”：念功——信徒一生必须完全理解“万物非主，唯有安拉，穆罕默德是主的使者”并念诵《古兰经》；礼功——信徒必须做周期性礼拜；课功——穆斯林应慷慨施舍，每年交纳四十分之一的财产用于济贫和慈善；斋功——寡欲清心，以近真主，穆斯林必须在莱麦丹月（伊历 9 月），每日自日升后至日落前进行斋戒；朝功——穆斯林一生如条件允许，有义务到圣地麦加朝觐一次。这些要求将穆斯林跟非穆斯林的边界画得很清晰。

解决教友网络边界的识别问题之后，便是激励问题。宗教组织达到这一目的之手段颇为多样。劳伦斯·扬纳科内（Laurence Iannaccone）的分析可以说明一二，[42]也就是说，我们可以视宗教组织为一种俱乐部，避险是其提供的产品之一：每位信众投入其中的资源越多，其他教友就受益多。如此转换视角后，宗教的激励问题就变为以下形式：如何提高信徒的忠诚度，激励个体将更多资源投入俱乐部，而非其他用途？为做到这一点，宗教在提高加入组织的收益——就像传教士在中国各处赈灾、提供保障等一样——的同时，也可以采取手段提高信众参与其他互助俱乐部的成本，降低信众从其他活动中得到的效用。无论是提高俱乐部成员的收益，还是降低俱乐部之外的效用，都会导致个体的抉择偏向宗教一边，而这又意味着更好的风险保障，形成良性循环。

这正是禁忌等宗教戒律所发挥的作用。许多宗教都限制信众享乐：从满足口腹之欲的美酒、美食到满足生理要求的性行为，再到其他奢靡的享受，通常都为教义所不喜。如果耽于世俗享乐，部分教派甚至会给予实际的惩罚，尤其是对女性违规的惩罚。这些禁忌承担了降低俱乐部之外所获效用的作用，也会引导信众将更多资源与精力投入宗教活动：一方面，因加入后世俗享乐的成本增加，对世俗享乐更看重、对宗教评价较低的个体不会选择信教，最终成为信徒的都是对宗教评价较高的个体，他们也会因此乐于投入诸多资源、忠诚可靠；另一方面，在确定成员之后，戒律使俱乐部之外消费的“价格”上升，这激励信众把更多资源投入宗教活动。禁忌因此实现了激励的目的。禁止有息放贷的逻辑也大致如此：有息放贷被禁后，金融难以发展，规避风险的外部手段会更昂贵，这反过来提升了教徒对教会避险作用的依赖（第七章会再回到这一点）。

在这样的逻辑下，一些宗教甚至采用极端的规训方式考验信徒的忠诚度，与此对应的是极端的排他性互助保险模式。伊莱·伯曼（Eli Berman）分析了极端正统派犹太教（Ultra-Orthodox Jews）的例子。在当代，这个教派基本以反自由的姿态出现：他们生活在自己的社群里，几乎不与外界接触；男性不工作，40 岁以前都在“叶史瓦”（Yeshiva）学校中接受神学教育；女性被鼓励早早嫁人生子，只在本教派内通婚，并生多子，20 世纪 90 年代中期，该教派女子平均每人生 7.6 个孩子。[43]

在 19 世纪及之后，由于经济解放，大多数犹太教教派的宗教活动越来越少，极端正统派反而推出更多严厉的教条，要求教徒花更多时间、精力在宗教礼仪上。伯曼对此的解释是，教派的诸多禁忌是对世俗活动的一种变相征税，如严格的安息日仪式和饮食禁忌，以抵消外界劳动报酬的吸引力。同时由于这一教派的政治影响力，宗教群体会接受不少外界的补助，尤其是针对孩子的津贴，使女性选择多生孩子比选择外出工作更划算。教徒群体内的互助保险可谓无微不至，“没有一个病人是无人照看的，没有一个单身汉会被剩下”；[44]物品的无息借贷多达数十种，免费服务包括为母亲提供产后护理、为病人送食物、照顾老人、帮办葬礼，等等。除了极端正统派犹太教以外，伊斯兰教、印度教和基督教也有极端教派，践行类似的封闭式组织模式和自我牺牲式教规，使信徒更依赖教内保险互助资源，并通过严格的行为要求排除不虔诚的人，避免“搭便车”者混入。斯塔克说：信教成本越高（物质、时间、社交和精神付出），宗教组织的边界越清楚、凝聚力越强，教友间的互助（包括物质与精神维度的）、互信与友情就越深。[45]

宗教组织也可采取直接的激励手段：将互助部分写入教义，作为信众必须遵守的行为。基督教的《圣经》中就有以下箴言，“因为我饿了，你们给我吃。渴了，你们给我喝。我作客旅，你们留我住。我赤身露体，你们给我穿。我病了，你们看顾我……我实在告诉你们，这些事你们既作在我这弟兄中最小的一个身上，就是作在我身上了”（《新约·马太福音》25：40），即帮助其他教友，是在上帝面前立功，提升死后上天堂的概率。在伊斯兰教中，类似教义表述更为直接：“你们当为正义和敬畏而互助”（《古兰经》5：2）。其他宗教的核心经典中亦多见此类表述。图 6.4 中，克瓦族（Kwaio）祖先的灵魂就是每个人的神，他在每时每刻紧盯每个人，惩罚违规者。

图 6.4 所罗门群岛克瓦族祖先的灵魂在紧盯每个人的行为[46]

注：克瓦族人称祖先灵魂为 Adalo，他监视所有人的日常行为并惩罚越轨者。

周期性仪礼与聚会的内化作用

教义本身只是纸上笔墨或口传谕令，并不当然具有约束力。为了激励信众按教义规定的方式行事，宗教需要安排相应的奖励与惩罚，包括通过各种仪礼内化这些惩罚。仍以基督教为例，前引《新约·马太福音》中说“这些事你们既作在我这弟兄中最小的一个身上，就是作在我身上了”，而能够“作在主身上”的教徒，按照原典所言，会得到“承受主的国度中，永远的福气”。与之相反，不遵守教规的人被称为“被咒诅的人”，不仅要离开耶稣，还要“进入那为魔鬼和他的使者所预备的永火里去”（《新约·马太福音》25：40），会下地狱。遵循有难共担的教众将来会得到福报，不遵教规的死后受苦。依照《天主教法典》，违犯教义之人最高可处以“开除教籍”（excommunication）的惩罚，将他与教会隔离，他不再属于信众互保互助网络中的一员，得不到教会所予之的救赎。

类似羁束在其他宗教中亦存在。伊斯兰教鼓励慈善的条例也相当明确：“为主道而施舍财产，施后不责备受施的人，也不损害他，这等人，在他们的主那里，要享受他们的报酬。他们将来没有恐惧，也不忧愁”（《古兰经》2：262）。而如果违犯教规，则受到重罚。比如：对于已婚者，通奸罪（告发者必须有四名见证人，否则为诬陷通奸罪）被判处100鞭刑并处以石刑，而对于未婚者，判处100鞭刑并流放一年；诬陷通奸罪要被处以80鞭刑；酗酒罪要被处以80鞭刑；偷盗罪初犯被断右手，重犯削左足，再犯则监禁；叛教罪则根据轻重，判决鞭笞、监禁或处死；等等。

定期礼拜是内化戒律的具体手段。犹太教和基督教每周至少礼拜一次，天主教徒饭前祈祷，伊斯兰信徒每天面朝麦加礼拜五次（分别在晨、晌、晡、昏、宵五个时段举行）、每周五聚礼一次、一年会礼两次（即古尔邦节和开斋节），等等，礼功仪式提示信众“我是谁”“我应该遵守什么教规戒律”，定期督促信众坚守正道、对过错反省，让他们一刻也不放松对自己的约束，避免犯罪，帮社会减少不安定因素。周期性仪礼虽然抬高信教的成本和门槛，但如前文所说，这也帮助减少“逆向选择”问题，而且也减少教友之间的信息不对称、缓和道德风险问题。相比之下，佛教没有周期性礼拜和定期聚会要求，就比较松散，机会主义行为严重（有需要才去佛寺烧香，无需要了就无影无踪），远不如犹太教、基督教和伊斯兰教那么有凝聚力。

在现实生活中，这些宗教戒律能否奏效呢？阿齐姆·谢里夫（Azim Shariff）和合作者的“独裁者实验”证实了戒律的作用。[47]在实验中，参与者首先两两随机配对；接下来，其中一方会得到10枚硬币，每枚值一元钱，硬币持有者完全自由决定这10元钱在两人中如何分配。也就是说，即使持有硬币的参与者“一毛不拔”，将10元钱全部留给自己，另一方也只能接受。如此决定的分配方案，也成了参与者从实验中可获得的报酬。因此，实验呈现的分配结果反映了参与者的利他程度。研究的参与对象覆盖了各主要宗教：基督教、伊斯兰教、犹太教、佛教以及相信有神论但没有特定宗教信仰的人。

二位学者根据年龄、教育、经济等因素将参与实验的人分成对照组与实验组，使两组成员在基本背景因素上尽量吻合。实验开始前，所有参与者都要完成10道句子改错题。对照组中，这些句子包括的都是家常内容，很普通；而实验组中，这些句子则带有浓厚的宗教气息，包含“上帝”“灵魂”“先知”等字样。比方说，对照组改到的句子可能是“她现在感觉很快乐”，而实验组面对的句子则是“她感受到了上帝的存在”。如果宗教确实有效，相比前一组，实验组在分配时应当更加慷慨。结论确实如此：相比对照组，这些包含宗教内容的句子唤起了更强的宗教氛围，让参与者感受到上帝的影响，而这一感受又显著影响参与者的利他程度！改正普通句子的对照组，分配给对家的均值是1.84元，52%的对照组成员分给对方的只有0元或1元，没有人分给对方5元以上。实验组的结果则截然相反，他们分给对家的均值是4.22元，有64%的参与者留给对方5元或更多！宗教对利他程度的影响极其显著。[48]

以上实验仍有两点局限：首先，个体在实验室中的行为，未必能反映他在真实生活中的实际选择；其次，由于研究者自身资源限制，参加此类实验的通常都是学生。为了解决这一问题，本杰明·佩紫基（Benjamin Purzycki）等9位学者合作，在全世界8个不同社会展开实验，[49]覆盖范围很广。首先，从狩猎采集社会到农业社会，再到已完全现代化的社会，都包括在研究对象中；其次，为了便于比较，信仰基督教或印度教，抑或持祖先崇拜等原始信仰的社会，都被纳入实验中。实验内容和方法跟之前提到的研究类似，不过多了一个环节：参与者选择分给对家多少钱，取决于投掷骰子的结果。由于实验者无法观测到参与者投掷的结果，实际分出多少，全凭参与者个人做主。然而，根据呈现的分配方案偏离随机投掷结果的程度，研究者能够从整体结果中推断利他程度。

实验结果还是论证了前面的观点：控制了物质财富状况等差别后，当地崇奉的宗教神性质，对参与者的分配决策有显著影响。仅仅是有神的存在，对分配的影响微乎其微，统计上亦不显著；然而，如果当地的神关涉道德而又能感知个人行为，确实会让参与者将更多钱分给对方。不过，影响最显著的是既与道德相关又有惩罚能力的神灵：[50]来自这些社会的实验参与者，将钱分给对家的比例在所有社会中最高。[51]这凸显了前述“成本-收益”分析框架的重要性：为了更有效地激励个体之间的合作，宗教需要让个体确信有超人之神灵在盯着他们、在乎他们的行为是否合乎道德，同时也会惩罚那些偏离教义或道德规范的行为。宗教靠教规与戒律的内化，才能实现人际跨期合作、相互保障的功能。

正因为宗教促使个体之间建立信任、便利跨期交换以增强风险应对力，美国各州宗教势力强弱的分布才会与当地降水风险之间关联显著（图 6.1）：气候风险越大，则教会的用处越大，更多人会选择信教。实际上，这一点在世界范围内也成立。根据波特罗等学者的研究（图 6.5）：[52]无论是资源丰裕程度还是气候稳定性，都对当地人是否信仰道德神有显著影响。以资源为例，在最为匮乏的各社会中，有一半的社会信仰道德神；相比之下，在最为丰裕的各社会中，信仰道德神的社会只占大约 1/10。气候稳定性亦有类似作用：在气候最不稳定的各社会中，有 3/4 信奉道德神；资源不足而气候又最不稳定的各社会，几乎全部信仰道德神。这说明处于生存边缘的社会尤其需要宗教的联结作用。如果因人与人之间缺乏信任而无法实现资源的跨时空配置，当地个体就无法独立应对气候变异的冲击。当然，农业社会如此，因为其经济风险主要来自气候不稳定性。对于工业社会，经济风险则多了一个维度——经济周期；相应地，在经济衰退期，收入不确定性增大，当代人对那些能提供互助资源、平滑消费的宗教的需求也会增加。基于 1968—2004 年美国经济周期数据和问卷调查的研究显示，福音派新教徒的信徒规模和宗教参与度都呈现很强的逆周期模式：在经济衰退年份，信众人数年均增长率为 1.52%，其他年份则是 0.98%。[53]

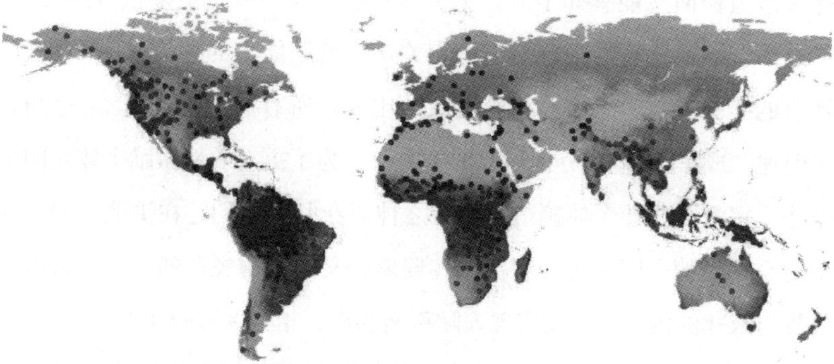

图 6.5　道德神信仰的地理分布 [54]

注：深色点代表信仰道德神灵的社会，浅色点代表信神但不信仰道德神灵的社会。

宗教与家秩序的竞争

为了减少竞争压力，宗教在一些情况下会排斥家秩序。以儒家为例，下一章会谈到，基督教和儒家都主张基于“义”而非市场交易，实现人际跨期合作，“天下皆兄弟”；但是，儒家的“义”以敬拜祖先和“三纲五常”定义，而基督教的“义”是只敬拜耶稣基督和谨守其教义，这是两个不同的体系。从基督教里的“教父教母”制度即可看出这一点。

基督教从公元1世纪中叶到公元4世纪初，一直被罗马帝国当作“邪教”追杀，官方经常派遣“特务”渗透到当时还为地下教会的组织，然后进行镇压，因此信众随时面对危险。为了安全，每位希望受洗、入教的人都要有一位“保荐人”（sponsor），以确保申请人不是暗探特务，而是想真诚入教者。[55]在公元313年基督教被罗马接受为国教之后，信众不再面对被追杀的危险，保荐人的角色从“验证身份”改为辅导准备受洗者，协助新教徒研习《圣经》和教义教规；到中世纪初，还没被洗礼的成年人已经不多，新受洗的主要是儿童，从此，原来的保荐人由一位增加到两位：一男一女，并被改称为“教父”和“教母”。规矩是教父、教母不能跟受洗者有直接血缘关系，用意在于：洗礼日是儿童在基督世界里的诞生日，教父、教母便是他在宗教世界里的父母；基督世界跟生理世界是两个并行但不同的世界，所以教父母必须跟生父母在血缘上区分，避免混淆。教会对教父母、教子教女、生父母三方之间的关系有具体的约束，以保证这两个体系间有一定的“隔离”。[56]在洗礼之后，每位基督徒有两个可以依赖的并行保障体系：一个是基督世界里的教父母体系，另一个是生理世界里的血缘家庭家族。这两个保障体系可以互补，给信徒以更充分的跨期避险与信任。

但这两个秩序有时候会出现竞争排斥。清代发生在中国朝廷与天主教廷之间的“礼仪之争”就是典型实例。[57]基督教最早在唐代于公元635年以“景教”传入中国，但到公元845年，因为唐武宗信奉道教，下令禁止佛教等“异教”，掀起大规模“灭佛浪潮”，即“会昌法难”。到那时，中国已发展的基督信徒还不到3000人。[58]“会昌法难”之后，基督教的传播被终止。第二波基督教传播要等到元朝才出现，那次传播浪潮以1275年马可波罗一家三人抵达中国为起点，到14世纪中期，其间多批传教士已经在北京、泉州等城市发展了几万信众；但在1368年元朝崩溃、明朝建立后，明太祖朱元璋禁止基督教，中断了第二波传播。第三波传教始于道明会葡萄牙传教士达克鲁斯（Gaspar da Cruz，1520—1570年），[59]他于1556年抵达澳门，次年葡萄牙租下澳门作为其传教基地。1578年，澳门的耶稣会认识到了让中国人接受基督教的挑战，决定从印度调来年轻的传教士，其中包括罗明坚（Michele Ruggieri）、巴范济（Francois Pasio）和利玛窦（Matteo Ricci），让他们先学好中文、熟悉儒家文化，再以软方式打开中国社会之门。

第三波传教比之前两次都更成功，除了前人的努力做了铺垫之外，也更因为利玛窦改变了传教方式。之前，葡萄牙、西班牙传教士要求华人受洗者采用西方名字，接受西方生活习惯，这对于自周朝以来惯于礼制的中国人来讲，阻力可想而知，加上儒家“未知生，焉知死”的对宗教淡漠的文化传统，让基督教难以立足中国。利玛窦观察到：

> 中国十分广大，大多读书识字，写好的文章，但对所有外国人敏感，好像所有外国人皆能抢占他们的领土似的，不让任何洋人入境。因此，对传教事业十分不利。我们不能聚焦很多人给他们布道，也不能声明我们来这里是为传扬天主教，只能慢慢地个别地讲道不可。[60]

因此，利玛窦在主管中国耶稣会期间，一方面大量翻译西方的天文与科学著作，把西方科学带入中文世界，实行“学术传教”，激发知识精英的好奇心，[61]由此赢得社会上层的信任，提升中国人对基督教的接受度；另一方面，也极力调和基督教教义跟传统中国习俗间的矛盾，尽量使两者兼容。尤其是，利玛窦通过引证儒家经典，包括借助中国人熟悉的“天”和“上帝”概念，解释天主教里“天主”的存在，要传教士学中文、穿儒服、结交中国朋友，拉近距离，与儒家文化融合。对待中国人的祭天、祭孔、拜祖等礼仪，利玛窦也持宽容态度，认为祭孔是“敬其为人师范”，而祭祖为“尽孝思之诚”，这些非宗教礼仪跟基督教只承认“单一神”不冲突。[62]后来，康熙皇帝将利玛窦顺应中国国情、将基督教“中国化”的务实传教方式称为“利玛窦规则”。[63]

可是，虽然儒家跟基督教在基于“义”而非货币交易解决人际互助这一主张上一致，但毕竟在“义”的内涵上有根本分歧：一个基于血缘、信奉祖先和多个其他神，一个基于信奉耶稣基督为唯一神。这种冲突是“利玛窦规则”改变不了的。1610 年利玛窦离世，接任他做耶稣会中国会长的是龙华民（Niccolo Longobardo，1565—1654 年），之后就出现了“中国礼仪之争”，这场一直延续到 1939 年才完全结束的争议与其说是“文化之争”，还不如说是两种不同体系之争。

起初，这场礼仪之争主要是在葡萄牙控制的耶稣会与西班牙控制的道明会和方济各会之间。由于各修会传教方式与理念不同，在是否允许基督教中国化上，分歧比较大。即使在耶稣会这边，也并非都支持“利玛窦规则”，尤其在后来利玛窦去世后，分歧就更加突出。一位叫陆若汉（Joao Rodrigues）的耶稣会士于 1613 年写信给耶稣会总会长，说利玛窦允许中国信众祭祖拜孔违背天主教教义，是“迁就异教，助修历书，玩弄星象，忘却星象之天主”。[64]而道明会和方济各会就更是反对，其传教士认为祭拜祖先孔子是偶像崇拜，跟基督教“只信一神”冲突；先知摩西在《圣经》里说“因为耶和华你的神乃是烈火，是忌邪的神”（《申命记》4：24），故他们坚持，在此原则问题上不能让步，中国教徒要么放弃祭拜祖先为神，要么放弃信耶稣为神，而不能既是基督徒又祭祖拜孔。一位道明会修道士说“向中国人隐瞒起来的应该是耶稣会士的科学方法，而不是耶稣在十字架上的受难”。[65]两方多次反复向罗马教廷报告，请教廷裁决；教廷多次回复，基本立场是认为祭祖拜孔是异端邪行，禁止教徒如此祭拜。

1705年，教皇派特使来中国，与康熙皇帝商讨主教人选以及教徒礼仪问题。当康熙了解到特使来华的真实目的是要禁止中国教徒祭祖拜孔时，他下令关押、驱逐一些传教士，同时给遵守“利玛窦规则”的传教士发“信票”（即传教许可证），无信票者不可传教。对此，罗马教廷盛怒，1720年再派特使访华，要求康熙皇帝下令禁止基督徒祭祖拜孔；这再次惹怒康熙，致使他当即下令全面禁止基督教，[66]御批曰：

> 西洋人等小人，如何言得中国之大理？况西洋人等，无一人通汉书者，说言议论，令人可笑者。今见来臣告示，竟是和尚道士，异端小教相同，比比乱言者莫过如此。以后不必西洋人在中国行教，禁止可也，免得多事。[67]

显然，在康熙皇帝看来，禁止中国人祭祖拜孔等同于禁止中国人为中国人。在第五章我们谈到，祖先是儒家礼制中被祭拜的“神”，宗祠神坛放的是不同祖先牌位，因此中国人祭拜多神（对应于各祖先）。[68]此外，自汉武帝独尊儒术以来，皇帝每年祭孔，尤其唐太宗于公元627年下诏，“天下学皆各立周、孔庙…… 专祀孔子，尊为先圣，以颜回为先师，配享孔庙”；三年后又下诏，“州县皆特立孔子庙，四时致祭”。[69]从此，各地有孔庙，拜孔也成为儒士、文人、学子的祭神活动。到明清，拜孔更为“国之大典”，在清代升为“三拜九叩”大礼。而这些仪式是前述儒家“家秩序”不可分割的部分，也是礼制牢牢规范中国人生活的原因，因此这些仪式万万不可禁。

以往，学者把“中国礼仪之争”笼统地归结为中西文化之争，[70]但本书分析框架做更深一层的理解，那次争议其实是人际互助的两种不同实现方式之争，一种基于血缘加礼制，一种基于“一神”信仰与教义，这两种方式代表着“人类社会应该如何跨期合作”的两种不同愿景。从这个意义上讲，虽然当初道明会和方济各会的看法很“不务实”、过于死板，但在逻辑上是成立的——基督教的愿景靠的是信徒只拜耶稣基督这个唯一神，所以就有了两种方式间的冲突。但从更深层次看，两者其实可以兼容互补，因为儒家礼制几乎把全部精力放在组建血缘内的家秩序上，关注的是如何建设并巩固血缘宗族，以最大化血亲间跨期交换的安全度，但儒家对宗族之外的跨宗族秩序兴趣不大，少有关注血缘之外如何互助合作的问题，而这恰恰是基督教的关注重点，基督教的初衷就是建立超越血缘的信任秩序。一个重视族内，一个重视族外。

不同宗教间的竞争

宗教从教义戒律到礼拜仪式、教堂寺庙、信众聚会、办班读经等，目的在于促进教友间的互信互助，消解信众内部的暴力冲突，推进文明化进程。这种进步本身巨大，到2015年，全球有23亿基督徒，占世界人口的31.2%，而伊斯兰教有18亿信徒，占世界人口的24%。[71]这两大一神教把世界55%的人分成两大群体，涵盖几乎所有国家，群体内部以共同信仰为信任基础；虽然各教内部的不同宗派间也时有冲突，但总体而言，这些冲突比起没有共同信仰下所可能有的冲突，还是要少得多。难以想象，如果没有基督教将欧洲转变为基本价值观相同的统一体，欧洲各社会间的暴力会是什么样子；同样地，如果不是伊斯兰教，各伊斯兰国家间的冲突可能也会更多。这就是为什么虽然过去两千年的宗教发展虽然没有提升人类劳动生产率，但提升了人类的风险应对力，也将各群体文明化。然而，前面谈到，出于“俱乐部”边界识别的需要，教团需要区分“我们”和“他们”，并区别对待教众与非教众。信任限于教团内部信众之间，但教徒与非教徒之间的互信未必因此而上升，甚至还可能会相反：不同宗教群体间的信任反而下降，甚至变得仇视、发生冲突。

在一项颇具影响力的实验中，威尔·戈维斯（Will Gervais）等三名学者发现：[72]在美国成年人中，信教者对其他教派信徒的信任度要低，而对无神论者的信任度就显著更低；当学者用类似前述办法去唤起实验参与者的宗教感时，信教者对无神论者的偏见还会进一步加重。因此，宗教在降低本教内部暴力的同时，也增加了与外部团体——既包括不信教者，也包括其他宗教的信徒——发生冲突的风险。从更一般角度看，这牵涉到“身份经济学”这一主题：[73]在诸多包括是否互惠、是否惩罚等方面的决策时，个体都会考虑自己和对方的身份；在相同身份者之间，实现互惠合作、互保互防容易，但跟外方身份者则是另一回事。这也解释了为何宗族与宗教组织在建立信任的方式上是如此相似。之前说到涂尔干的定义，“宗教就是一组有关神圣事物的信仰与实践的统一体，这些信仰与实践将信众凝聚到一起，组成一个叫‘教会’的排他性道德社群”，[74]这准确概括了基督教对欧洲、伊斯兰教对中东和北非的转型作用，比如虽然欧洲国家间有国界、名称各异，但基本价值体系都以基督教教义与律例为基础。“教会的根基就在于宗教故事。两个天主教信徒，就算从未谋面，还是能够一起参加十字军东征或者一起筹措资金盖医院，原因就在于他们同样相信上帝化身为肉身，让自己被钉在十字架上救赎我们的罪。”[75]罗德尼·斯塔克（Rodney Stark）认为：一种宗教与其他宗教间的竞争张力越强，其信众内部的凝聚力会越高，教友间的互助支持会既多又可靠。[76]因此，只要不是太激烈，竞争未必是坏事，能提升本教的价值与强度。

一神教统一了信众的价值观和伦理规范，强化了凝聚力，但在减少信众内部暴力的同时，也移动了另一类暴力的“位置”，即宗教之间的冲突甚至战争。[77]穆拉特·伊贯教授在对1400年以来的各场战争做量化研究后，[78]发现以下规律：宗教间战争在16世纪后有所下降，但是比一般战争的持续时间更长、每次死亡人数更多。更早期的著名宗教战争是基督教向伊斯兰教发动的十字军东征。

穆罕默德生于公元570年的麦加，在他40岁开始记写真主的启示——《古兰经》之前，阿拉伯半岛各社会跟古代中国类似：以原始宗教为主，相信万物有灵、灵魂不死，针对大自然、动植物、祖先、精灵和偶像，都配有相应的神并予以崇拜；当然，社会也因此不能团结一致，缺乏凝聚力，难建统一秩序。在这样的背景下，穆罕默德接受真主的启示，建立了伊斯兰教，只拜真主为唯一神，并清除所有其他的神崇拜和偶像崇拜。在7世纪初期，先是妻子和家庭成员相信穆罕默德是真主的代言人，成为他的信徒；之后，穆罕默德发展了更多信徒，派遣他们去各阿拉伯部落传教，使大量居民成为穆斯林；再后，通过组织穆斯林军队，武力强制麦加贵族接受伊斯兰教。到632年穆罕默德离世时，伊斯兰教已经是阿拉伯半岛占统治地位的宗教，基于共同宗教的统一秩序取代了原来基于多个血缘部落、众多神灵的松散多极秩序；在“凡穆斯林皆兄弟”的召唤下，统一秩序使阿拉伯内部的暴力冲突减少。随后在638年，穆斯林占领了圣地耶路撒冷。到8世纪初，穆斯林已占领大马士革、开罗、伊比利亚半岛中部（今天的西班牙）、西西里岛、地中海岛屿等社会，伊斯兰世界的军事、经济、科学和文化都走进鼎盛时期。

耶路撒冷不仅曾是犹太人的家园，也是耶稣基督的诞生地，因此是基督徒的圣地。在穆斯林占领耶路撒冷后，起初，伊斯兰教、基督教和犹太教之间的竞争关系并没妨碍基督徒在那里工作生活，他们还可以建教堂，与其他宗教和平共处，井水不犯河水；在10世纪，大批欧洲基督徒在主教带领下，一同前往耶路撒冷朝圣，最多时一批就达数千人。可是，随着伊斯兰世界的科学、经济和军事实力不断膨胀，11世纪时，矛盾出现激化。公元1009年，埃及法蒂玛王朝下令穆斯林摧毁在耶路撒冷的基督教堂和犹太会堂，封锁基督徒前往耶路撒冷的朝圣路；穆斯林侮辱、迫害基督徒的消息传至西欧，基督教与伊斯兰教的对立不断加剧。尤其是1071年，穆斯林在一场战役中击败东正教（基督教的一个宗派）主导的东罗马，打散其军队；接下来，地中海东岸基督教社会的处境每况愈下，东罗马皇帝于1095年紧急写信求教于教皇乌尔班二世，[79]寻求基督教兄弟的武力援助。当年12月，教廷在法国召开数万人的宗教大会，参加人员包括各大主教、贵族骑士和平民百姓，教皇亲自疾呼西欧教徒前往地中海东岸，收复圣地耶路撒冷，解救同为基督教兄弟的危难，同时告诉信徒，如果他们参加东征成功，就可得到全面救赎。参会者听后群情激愤，呼喊着“上帝意志！上帝意志！”，一场基督教与伊斯兰教的圣战就这样发动，“为上帝而战，为同教兄弟姐妹而战”！会议确立以十字记号为军队徽帜。第一次十字军东征分为两波，第一波由狂热但没有专业训练的下层贫民组成，他们带上孩子、家当和马车，于1096年3月出发。但他们缺乏纪律，沿途抢劫，一些犹太人和匈牙利人等因看起来像“异教徒”而遭到他们杀害，他们自己也在疾病和斗杀的过程中损伤惨重，在到达东罗马首都君士坦丁堡（今天的土耳其伊斯坦布尔）时，只剩一半人左右，后来在与穆斯林突厥人的作战中死伤惨重，几乎全军覆没。另一波则是正规十字军，由欧洲贵族和骑士组成，于 1096 年 8 月从西欧出发，1099 年击败埃及穆斯林士兵，夺回圣地耶路撒冷，并建立十字军耶路撒冷王国。在收复圣地的过程中，十字军大量屠杀耶路撒冷和安提阿两城的异教徒，尤其是穆斯林。那次屠城使穆斯林与基督徒之间结下永久的仇恨。[80]

从 11 世纪末到 13 世纪末的两百余年中，由于穆斯林军队和基督徒十字军之间多次来回争夺耶路撒冷，在不同罗马教皇的号召下，欧洲一共发动 7 次大型十字军东征以及更多次小规模的东征行动，死伤人员和物质损失都难以计数。布鲁斯·谢利（Bruce Shelley）教授说，“在过去的 7 个世纪里，基督徒当然更希望忘记十字军东征的事情，但犹太人和穆斯林不会允许他们忘记”。[81]

结语：宗教与宗教之外

人类发展出宗族和宗教，两种秩序从不同角度帮助人们实现安身立命。当然，组建人际跨期互助网络也可基于其他要素，比如清时期的天地会、袍哥会、同乡会，以及现代的道德会、同善社等。天地会也叫三合会，拜天为父、拜地为母，“天地人”三合一，该社团组织起源于清初康熙、雍正时期，在过去近三百年流行于华南和东南亚地区，其创立之初是为“反清复明”、重回汉族统治，因明太祖年号洪武，故也叫“洪门”。根据田海的著述，[82]“三合会成员之资格，乃是社会生存策略的一部分，它意味着加入一个互助网络，并且共享一种独有的仪式和述事知识体系（包括一套繁杂的入会仪式、一则立会根由、一套特殊的行话和识别暗号）…… 三合会仪式提供了一种强有力的途径，可以将某个充满敌意的环境中预先没有任何相互联系纽带的外人，转化为注定将要互相扶助的局内人”。由此可见，天地会也是基于某种信仰（即“反清复明”）而建立的跨期互助组织，通过复杂仪式和身份识别规则强化号召力、凝聚力，具备宗族与教会的组织元素。袍哥会[83]、青帮、同乡会的立意和组织方式也大致如此，都是因某种共同利益而建立的跨期互助社团。但是，由于这些社团的信仰或宗旨跟当时的需要或议题联系太紧，比如“反清复明”、侨民商业发展，一旦时过境迁，这些需要可能消失、议题生变，于是社团组织的基础也就破裂，使命完成。也正因为如此，很多非血缘、非宗教的社团都是昙花一现，生命力不如血缘宗族和宗教教会，中国宗族、犹太教、基督教都已延续两千年或更久。另有一些道德会、同善社等民间宗教组织具有“准教会式”的制度化组织模式，功能也是建立跨期互助共同体，只是在效果上没能赶上基督教、伊斯兰教等，[84]关键可能还是它们没有很好地解决逆向选择和道德风险问题。

非血缘的正式教会之所以能长久延续，随时向遭遇困境的教友伸出援手，除了严密的教义戒律、识别符号、频繁仪式和奖罚机制外，也因为其立足于信众的精神世界，直面每个人心灵深处最恐惧的终极问题——死后是上天堂，还是下地狱？终极问题永恒不变，不像“反清复明”、世俗利益那么过眼烟云。在这个意义上，“地狱”是西方宗教的最关键创意，是对违犯教义戒律的终极惩罚。同时，《圣经》也给予巨大的正向激励，“你要谨守遵行我今日所吩咐你的诫命，律例，典章……他必爱你，赐福与你，使你人数增多，也必在他向你列祖起誓应许给你的地上赐福与你身所生的，地所产的，并你的五谷，新酒，和油，以及牛犊，羊羔。你必蒙福胜过万民…… 耶和华必使一切的病症离开你。你所知道埃及各样的恶疾，他不加在你身上，只加在一切恨你的人身上”（《旧约·申命记》7：11–15）。一旦教会回答了终极问题，又设计好了

“胡萝卜加大棒”，公众对宗教信仰的需求就存在。尤其是那些生活贫困、产出风险高的社会，需要通过跨期互助平滑风险冲击，否则一旦负面冲击来临，社会崩溃，犯罪的机会成本就下降，抢劫、暴力、战争必然增加，而宗教对于社会能够起到安全阀的作用。宗教在帮助民众渡过难关的同时，也降低社会暴力、助推文明化。正因为宗教的化险效果，灾害风险高的地区通常也是宗教扩散最快、最多的地区，灾害发生频率高的年代往往也是宗教深入人心的时期。

当然，消费、保险等经济保障不是宗教的唯一价值。比如：基督教关于死后上天堂还是下地狱的信仰，让信徒更坦然地面对生命的终结，也为社会奠定规则秩序；生活、工作与世上的一切都是上帝事先安排的“生命观”，使信众达到“逆来顺受”的精神境界。这些精神信仰是金融市场或政府福利所无法替代的。不过，北欧甚至西欧福利国家的兴起导致那里的教堂式微，信众逐减，这也足以证明保险功能在过去的信教决策中举足轻重（第十一章进一步谈福利国家的话题）。[85]

此外，宗教也充满竞争。第一类竞争是不同宗教之间的竞争：既然灾害多、生活贫困的地区对宗教的需求高，那么不同宗教都希望去占领这些群体，进入他们的灵魂深处。因为作为“俱乐部”的各宗教都可帮助人体解决风险挑战，只是化险效果和成本各异，所以宗教在凝聚本教信众的同时，也加剧了与其他宗教群体的冲突。发生在 11—13 世纪的十字军东征，就是宗教之间暴力竞争的极端例子。17 世纪末、18 世纪初发生在中国朝廷与天主教廷之间的“礼仪之争”，是另一个实例，当时教廷担心中国信徒的祖先祭拜违反“一神教”原则，使他们无法全身心投入耶稣基督。恩克教授基于多国数据的实证研究证明：[86]一地区内，血缘网络的紧密程度与当地信仰至高神的民众比例呈显著的负相关，两者的确有排他性竞争关系。也就是说，因为人的资源和精力有限，注入血缘家秩序的资源多了，留给至高神宗教的就会相对少。

第二类竞争是宗教跟其他避险方式的竞争，或者说对其他方式的排挤，不让其他跨期互助体系“抢走客户”。除宗族和宗教外，市场与政府也可承担保障跨期交易、应对负面冲击的职能。既然如此，不同方式之间就不可避免地相互争夺，尽管理性看，它们之间更应该是互补。所以，下一章探讨宗教对金融的排斥历史，包括禁止有息放贷，而第十一章会注重福利国家的崛起以及跟宗教的竞争，尤其是为什么美国等国家的宗教领袖极力反对政府福利。

在宗教竞争史上，基督教与犹太教之间的冲突可能是持续时间最长、影响也最深远的，尤其是中世纪基督教欧洲对犹太人的驱赶、第二次世界大战纳粹德国对犹太群体的清洗，这些反犹暴力所产生的影响到现今世界犹存。下一章就聚焦这个话题，探究宗教改变世界历史背后的逻辑。

第七章

基督教排斥金融和反犹的历史

首先，要烧掉他们的犹太会堂或学校……

这样做是为了尊重我们的主和基督教，

这样上帝能看到我们是真正的基督徒……

第二，我建议夷平和摧毁他们的房子……

第三，我建议夺走他们所有的祷告书和塔木德著作，

这些作品教导的是偶像崇拜、谎言、诅咒和亵渎神灵……

第四，我建议他们的拉比从今以后禁止教学，违者则处死或被惩罚……

第五，我建议犹太人禁止在马路上通行，因为国内没有他们的事情……

第六，我建议禁止让他们放高利贷，

这样所有现金以及银子、金子等财富都要从他们那里拿走……

第七，我建议给年轻、强壮的犹太人一个枷、一把斧子、一把锄头、

一把铁锹、一根绳子或一根纺锤，让他们汗流浃背地谋生……

让我们效仿其他国家，如法国、西班牙、波希米亚等的一般做法，

将他们永远赶出国土……

—

马丁·路德，《论犹太人及其谎言》

在国际政界、商界、学界、法律、艺术、医疗等领域，处处是犹太人的身影。2016 年全球犹太人有 1441 万，[1]占世界人口的 0.2%，其中，660 万居住在以色列，570 万居住在美国（约为美国人口的 2%）。虽然犹太人占世界人口的比例很小，但截至 2009 年，27% 的诺贝尔物理学奖得主、31% 的诺贝尔生理学或医学奖得主、54% 的国际象棋冠军都是犹太人；在美国，21% 的常春藤大学学生、37% 的奥斯卡最佳导演奖得主、38% 的《商业周刊》捐赠排名榜人物、51% 的非小说类普利策作家奖得主均为犹太人。[2]耶鲁大学犹太教授和学生占比很高，以至于除了基督教节日外，只有犹太节日可以放假或请假。全球最有钱的企业家中犹太人占比也很突出，比如 2018 年《福布斯》全球前 200 名富豪中，犹太人有 38 名（占 19%，远超其全球人口 0.2% 的占比），[3]包括脸书创始人扎克伯格、甲骨文创始人埃里森、谷歌两位创始人佩奇和布林。在华尔街，高盛集团、雷曼兄弟、所罗门兄弟等这些人们耳熟能详的金融财团，就如当年影响欧洲政经界的罗斯柴尔德家族一样，也是由犹太人创办并控制。[4]

犹太人口占比这么少，却在各行各业成就非凡，令人敬佩。可是，从上面引用的马丁·路德的言论看，犹太人在历史上的处境并不好。马丁·路德是16世纪欧洲的开明派牧师，新教改革发起人，但他在1543年的著作《论犹太人及其谎言》中，就“基督徒应该如何对待这些被拒绝和被谴责的犹太人”这个问题，居然给出如此充满仇恨和暴力的七条解决方案，既从宗教上侮辱犹太教（“宗教反犹”），又呼吁禁止犹太人从事高利贷并夺走他们的财富（“利益反犹”）。马丁·路德的这些表述在基督教演化史中不属个例，因为在他之前的一千多年中，犹太人就被不断迫害、驱赶；在他之后的几个世纪里，这种局面仍然继续，甚至更为严重，到20世纪纳粹德国推出“最终解决方案”——清洗犹太人。[5]

为什么犹太人的历史会如此沧桑，而今天如此辉煌？基督教与犹太教之间为什么如此水火不容？16世纪中期发生的新教改革是调和，还是强化了两大宗教间的冲突？对后来的世界与金融发展又产生了哪些影响？在这一章中，我们借助量化历史和传统历史研究，以《旧约》和《新约》作为切入点，继续解读宗教互助网络背后的成本与收益，加深理解各文明背后的逻辑。

宗教把信众凝聚在一起，形成互信互助大家庭，提升个体应对风险的能力，促进教友间的和平相处。不过，宗教虽然帮助解决了教友间的跨期承诺问题，但其所强化的“俱乐部”凝聚力和保障功能是以分清“我们”和“他们”的边界为前提的，包括排挤甚至打压其他宗教群体或非信徒社群、排斥其他风险化解手段。上一章谈到的十字军东征，就是基督教跟伊斯兰教之间的排斥性竞争所致。而基督教跟犹太教之间的竞争，以及对犹太人的群体仇视，从基督教一开始创立就发生，“宗教反犹”至今还没完全消失，“利益反犹”也时有出现。基督教跟犹太教的故事不仅深深影响了过去两千年的人类历史，而且从多个维度造就了今天的世界。

宗教排斥金融

基督教跟犹太教的矛盾可能最早源自两方面，一是《旧约》关于放贷是否可收利息的教义解读，二是《新约》关于犹太人当初如何恶待耶稣——基督教所唯一崇拜的神——并让其遇难的教义。而前一缘由造成了基督教排斥有息放贷以及金融与商业，造成基督徒不能合法放贷收息，亦不能从事金融，但犹太人可以做金融，并且使基督徒只能从犹太人那里付息借钱。长此以往，欧洲基督徒就逐步把犹太人和高利贷剥削画等号，形成“利益反犹”。下面，我们就先看“利益反犹”的由来。

人类早期的金融交易

早在人类还没建立家秩序和正式宗教的时候，跨期金融交换就已经出现，只是后来遭前者挤压，停歇多个世纪。我们可以从几方面证明早期借贷金融的存在。首先是考古学者在古巴比伦的美索不达米亚南部发现的证据，这些记载于陶片上的楔形文字凭证大约发生在公元前 2500 年，[6]说明至少 4500 年前跨期借贷就已足够成形。

一方面，文字的发明跟跨期交换有关。根据丹尼斯·施曼特–巴塞特（Denise Schmandt-Besserat）教授的考证，[7]人类文字最早出现在古巴比伦，就是现今的伊拉克一带，这也是第二章谈到的最早发明定居农耕的地区：起先是为了跨时间记录物产的收成与贮存，发明了记数用的陶筹；在公元前 4000 年左右，更加复杂的陶筹与封球开始出现（图 7.1）；

除数字之外，亦出现了原始的文字，这套文字就是后来所说的“楔形文字”。这些发明与跨期交换的需要密切相关：农人在丰收或平常年景将成果送入寺院的仓储，等将来歉收或遭遇特殊需要时，再回到寺院支取储蓄的谷物，得到回报，寺院显然起到在不同农人间跨期平滑收成的中介作用。为了记录收成的进出同时便利农民，寺院就用陶筹记录之前的收入，并且将其纳入封球之中；之后，遇到不景气年份，农民可以在寺院里打开封球，取出之前封入的陶筹，凭此领取相应的产品。也就是说，跨期交换催生的记录需要，是早期文字出现的直接动力之一，而要达到这种催化力度，跨期交易必须足够普遍、价值足够高。

图 7.1　古巴比伦王朝遗存的陶筹（右）与封球（左）[8]

另一方面，考古资料显示，虽然公元前 2400 年以文字记载的借贷契约开始出现，但遗留下来的早期借贷契约过于笼统，细节比较少，日期也不十分清楚。而几百年后，借贷契约就成熟得多，图 7.2 给出马克·文德米路（Marc van de Mieroop）教授提供的公元前 1820 年 7 月的借贷范例，[9]这笔以白银为标的并有利息的贷款发生于古巴比伦吾珥第三帝国时期，距今3800多年。契约说："那比（Nabi-ilishu）的儿子从太阳神（Shamash）和新塔佳（Sin-tajjar）借入9.33克的白银。他保证将在收获季节还本付息，利息根据本金和标准利率计算。见证人如下：（五位见证人的名字一一列出）。阿皮尔辛（Apil-Sin）建造伊南娜神庙那年的7月。"这份借贷契约不仅证明金融交易在距今4000年前就已成形，而且在合约的格式与内容上也跟现代契约类同：既有明确的贷方与借方人名，又有标的额、利息、多位见证人与日期，只是没有明确还款标的到底是白银，还是谷物或其他东西。当然，在文德米路教授提供的公元前1809年借贷契约里就不存在这种模糊性，[10]而是明确说白银借出、芝麻还债。

文德米路教授谈道，[11]在巴比伦历史上，官方为各类放贷设定利率，比如，公元前1815年颁布的《埃什嫩那法典》就明确规定："如果一个商人提供谷物或白银的有息贷款，他将就每300塞拉（sila）谷物向

图7.2　古巴比伦时期的白银贷款契约陶片

注：陶片中的楔形文字写明贷方与借方的人名、贷款金额、利息、见证人与日期。

债务人收取 100 塞拉作为利息（即利率为 33.33%），或者就每 1 谢克尔（shekels，180 粒大麦）白银向债务人收取 36 粒大麦作为利息（即利率为 20%）。”稍后于公元前 1776 年刻在石柱上的《汉谟拉比法典》中，也有相同的规定。由此可见，借贷金融在那时期应该已经很普遍，否则不会在正式法典里都有细则。至于为什么白银贷款利率低于大麦利率，文德米路教授认为，这应该跟大麦价格的季节性波动大有直接关系，因为大多数大麦贷款都发生在青黄不接的春天和早夏，那时的大麦价格奇高，而还贷一般是在秋收时期，大麦价格很低，这种规律完全可预期，所以放贷大麦的一方会要求在白银利率之上加上“溢价利率”，以补偿贷方承担的大麦价格风险（否则，放贷方都会只愿意放贷标的价值稳定的白银，而不会接受以大麦为还贷标的）。笔者在《金融的逻辑》中写道，[12] 20 世纪 30 年代中国的利率也是谷物借贷利率远高于货币利率，原因与此类似。毛泽东在《毛泽东农村调查文集》中写道，20 世纪 30 年代的江西农村，钱利平均为 35%，而谷利在 50% 以上，[13]都高出公元前 19 世纪古巴比伦的利率，但谷利与钱利之间的差值跟古巴比伦相似。

至今还留存的大量借贷契约陶片以及涉及借贷规则的法典与国王令，证明借贷金融在公元前 20 世纪的中东已经很发达。之后，跨期借贷的技术走出美索不达米亚，从公元前 18 世纪至前 10 世纪，传播到希腊等地中海地区；公元前 8 世纪后，借贷交易扩散到古埃及、古罗马，[14]到达今天所说的“西方”。

到罗马共和国时期的公元前 3 世纪，罗马人推出“公共合伙公司”（societas publicanorum），这些公司满足现代股份有限公司的四个基本特征：第一，公司的存在不受个体成员离去的影响，其生命年龄无限，超越个体股东的生命力；第二，公司管理层可以代表公司签约，这些签约的结果跟签约人个人的权利与利益分开，结果由公司承担，也就是作为“法人”的公司与管理层自然人是“隔离”的；第三，出资的股东不必参与公司的管理，而是由“职业经理人”或其他股东管理，由“委托代理”关系约定，股东的责任有限；第四，股份可以转手交易，甚至可以公开交易。当时的罗马公司及其股票交易虽然不能完全跟今天比——至少当时的罗马法律还没发展到今天的成熟度，但离真正的“股市”和“证券市场”或许只有一步或几步之遥。[15]第十章会进一步讨论古罗马的金融发展话题。

就在美索不达米亚的借贷技术传入古罗马的同一时期，周朝中国对借贷也显然不陌生。《周礼·地官·泉府》言，周朝“泉府掌以市之征布，敛市之不售，货之滞于民用者，以其贾卖之物楬而书之，以待不时而买者，买者各从其抵，都鄙从其主，国人、郊人从其有司，然后予之……凡赊者，祭祀无过旬日，丧纪无过三月。凡民之贷者，与其有司辨而授之，以国服为之息……凡国事之财用取具焉，岁终，则会其出入而纳其余”，明确谈到“贷”和“息”。就泉府的角色，明朝万历十七年进士高攀龙在《今日第一要务疏》中解释“臣观古今善理财者，无如周公。而《周官》所立泉府，谓之曰：‘泉者，欲其如泉之流而不滞也。’”，也就是说，泉府的职责就是在社会物资或资金短缺时供货供贷、市场物资过剩时买进收贷，以减少物资与钱财供需的跨期波动。在中国，官方借贷至少始于周朝。到战国时期，《管子·国蓄》云，“春以奉耕，夏以奉芸。耒耜械器，种穰粮食，毕取赡于君。故大贾蓄家不得豪夺吾民矣。然则何？君养其本谨也。春赋以敛缯帛，夏贷以收秋实”，管子说的也是国家在短缺时期向农民贷放粮食、种子和生产工具等，秋收时节收贷。

汉代的《九章算术》是现存最早的中国古代数学著作，[16]也是《算经十书》中最重要的一本，其作者已不可考，一般认为经过西汉的张苍、耿寿昌等各家增补修订，其中一些题在《周礼》中已体现，成书最迟是在东汉前期，比基督教的创立稍早。《九章算术》涉及九大类数学问题，各一章就成“九章”，内容分为246题，涉及算术、初等代数、初等几何等，其中关于一元多次方程的解法是世界上最早记载的。《九章算术》第七卷“盈不足”第二十题为：“今有人持钱之蜀，贾利十三。初返归一万四千，次返归一万三千，次返归一万二千，次返归一万一千，后返归一万。凡五返归钱，本利俱尽。问本持钱及利各几何？”另外，第三卷“衰分”章第二十题问：“今有贷人千钱，月息三十。今有贷人七百五十钱，九日归之，问息几何？”——这些考题都涉及金融交易的定价问题；既然时人能提炼、抽象出这些提问，说明到西汉，借贷不仅已相当成熟、普遍，而且应运而生的金融数学也很发达。

在研究斐波纳契1202年写作的《珠算原理》时，耶鲁大学戈兹曼教授谈道，[17]计算未来不同时间点收入流的贴现值对于金融交易至关重要，虽然这类数学问题源自金融交易，但金融数学的发展又反过来决定金融市场本身的升级发展。当然，难以想象，如果早期的金融业务不是足够普遍，从汉代《九章算术》到斐波纳契《珠算原理》这样跟金融紧连的数学怎么可能出现。

由这些可见，在人类历史上，金融萌芽发生得很早。这更是引出两个新问题：第一，既然借贷金融至少四千多年以前在古巴比伦就已普遍，为什么在罗马帝国（公元前27年至公元476年）之后停顿下来，直到12世纪前没有进一步发展？第二，从《九章算术》考题看，金融数学在中国发展得最早，[18]为什么中国没有早于西方推出正式金融，而是直到晚清洋务运动时期才从西方引进呢？第十章我们再回到金融市场演变史以及为何正式金融先在西方而不是在中国发展的话题，本章接下来重点回答第一个问题。

基督教对有息放贷的禁止

对于第一个问题，答案在于来自宗教和文化层面的阻碍。四千多年前人类最初进行借贷交易时，一般市场还不发达，正式宗教还没形成，人类认知也还没进化到哲学讨论的地步，因此可能还没进化到排斥“货币化交易”的程度，尤其是“用钱生钱”尚不是大问题。可是，一旦借贷金融足够普及、发达，还贷纠纷越来越频繁，甚至引发暴力冲突，向生计艰辛的家庭讨债就变成伦理道德、社会秩序问题，[19]这自然引发哲人介入探讨人类社会该如何建序的根本问题。这就是为什么人类到了轴心时代，犹太文明、古希腊文明、中华文明、印度文明等各主要文明相继起步，其哲人思考相同的问题：人类社会是继续沿原始乱序路径走下去，还是应该重新组织社会，以建立秩序？如果是建立秩序，人际互助、社会关系又该如何建立，是基于货币化交易、基于“利”，还是基于“义”或其他元素建立？两千多年前的轴心时代，各文明找到不同答案，犹太文明找到宗教，儒家文明找到血缘宗族，等等，但这些古老文明有一点是相同的：都选择基于“义”而非基于货币交易（即市场解决方案）建构社会。从各种资料看，那时期的哲人似乎更多关注降低生活风险和乱序风险，而不是关注提高生产率，也就是说，在引言的图3上，更多希望从B点转向C点，而不是在生产率坐标上最大化地上升。

在公元1世纪基督教出现的时候，金融基本都是为活命的消费借贷，且借贷带来的社会问题又集中在利率上，因此放贷利率是高是低就成了道德讨论的焦点。艾曼·里达（Ayman Reda）讲道：“在经济思想这一范畴中，没有比有息借贷更有争议的话题了。”[20]是否应该有利息？如果可以有，利率水平多高才符合伦理道德？如果放出的贷款属于“高利贷”，应该怎么处罚放贷者？等等。[21]

基督教对有息借贷的敌视可谓“源远流长”——其理论根基可一直

追溯到《圣经》的《旧约》，其中，由摩西于公元前 8 世纪写下的《申命记》和《出埃及记》，就明确禁止有息放贷，而摩西是犹太教、基督教和伊斯兰教都敬重的先知，《旧约》是这三大一神教的共同教义。《旧约·出埃及记》（22：25–26）说："我民中有贫穷人与你同住，你若借钱给他，不可如放债的向他取利。你即或拿邻舍的衣服作当头，必在日落以先归还他。"《旧约·箴言》（22：7）云："富户管辖穷人，欠债的是债主的仆人。"对债主的敌意显而易见，但这种敌意跟宗教的初衷——通过建立信仰共同体为信徒提供化险互助——是一致的，因为具有避险功能的宗教和金融是竞争性关系，借贷金融发达了会夺走信徒对本教的资源投入。

《旧约·申命记》（23：19–20）强调："你借给你弟兄的，或是钱财或是粮食，无论什么可生利的物，都不可取利。借给外邦人可以取利，只是借给你弟兄不可取利。这样，耶和华你神必在你所去得为业的地上和你手里所办的一切事上赐福与你。"所以，《圣经》对利息的禁止是明确的，只是把"兄弟"和"外方人"做区分：对兄弟"不可取利"，而借钱给"外方人"可以取息。[22]但是，谁是兄弟，谁是外方人？这个定义成为关键所在。

在犹太教看来，只有犹太人才是兄弟姐妹，而非犹太人都是《旧约》中说的陌生人，亦即"外方人"。于是，犹太人给犹太人放贷时不可收息，[23]但在给非犹太人放贷时可以合法收息。相比之下，基督教认为只有敌人才是"外方人"、陌生人，对敌人榨取利息就类似没有硝烟的战争；而敌人之外的人，不论是否是基督徒，皆是兄弟姐妹，互相帮助是应该做的事情，因此借出多余的钱并收取利息，与手足原则相悖。这等于说，基督徒借钱给几乎所有人都不能收息，但犹太人不受此约束。基督教跟犹太教的这个解读差别影响了过去近两千年的世界历史。由于金融从本质上是"用钱赚钱"的生意，不能收息等于从教义上断绝了基督徒从事金融业务的道路，而犹太人却可以做金融。一直到 16 世纪新教改革以前，在欧洲，基本只有犹太人能合法地从事金融业务，也因此引发了“利益反犹”等经济与社会问题。

基督教的金融伦理经过了较长的细化过程。第一位系统阐释《申命记》中“兄弟”与“外方人”的是圣安布罗斯（St. Ambrose），公元 374—397 年他是米兰大教堂的主教。他写道：“神之法则禁止你在任何情况下从你兄弟处收利息，而这里的‘兄弟’指的是跟你一同共享自然的人、跟你共同继承神的恩典的人，有信仰并遵守罗马法律的所有人。”就谁是“外方人”的问题，他解释说：“你可以要求并收取利息的人，是那些你可以正当伤害、可以合法用武以对的人，是那些你在战场上无法战胜但想通过 1% 的利息去报复的人，是那些你把他们杀死也不犯法的人。有息放贷者是不用武器作战的人：他通过收息来报复敌人。因此，那些可以发动正义战争的地方，也是可以做有息放贷的地方。”[24]

在《圣经》之外，亚里士多德（公元前 384 年—前 322 年）关于有息放贷的论述，也深深影响了欧洲商业伦理，打击了金融发展。在经典著作《政治学》中，他把赚钱的方式分为两种：一种是“自然方式”，包括畜牧、农耕、捕鱼、狩猎等；另一种是“反自然”的“获得金钱的技术”。亚里士多德说：

> 我们的所有财物，每一件都可以有两种用途。财物是同一财物，但应用的方式有别，其一就是按照每一种财物的本分而做正当的使用，另一则是不正当的使用。以鞋为例：同样是使用这双鞋，有的用来穿在脚上，有的则用来交易。那位把鞋交给正在需要穿鞋的人，以换取他的金钱或食物，固然也是在使用“鞋之所以为鞋”，但这总不是鞋的正用，因为制鞋的原意不是为了交换。其他一切财物的情况相同，都可以兼作易

货之用。从前的人们各自所有的各种物品，或者太少或者太多：因此以有余换不足，“交易”原来是自然地发展起来的。[25]

如果交易不是为了满足需要而是为了赢利，那么交易是不自然的。亚里士多德没有认识到，由于劳动分工，专门做中间环节的商人对鞋的价值也有贡献。因为社会最终希望把每双鞋卖给全球范围内最想要穿鞋的人（故使鞋的价值达到最高），但是从浙江温州到旧金山，再由旧金山上岸后运输到别的地方，需要经过层层环节和不同专业分工的人去搬动、运输、储存、维护、分送。然而，亚里士多德只关注商品的自然属性，以自然属性定位什么是顺应自然、什么是反自然的，并由此决定商品的价值。在他看来，中间商们以低价买入、高价卖出，但买卖之间并没把鞋做大、做小或改良，却赚取差价，这种利钱是不自然的，应该被消灭革除。由此衍生出的文化对纯交易行为的看法非常负面，深深影响了后来基督教对商业与市场的态度。

如果说为交易而生产的商业是“不自然的”，做钱的生意就更加反自然了。有息放贷“不再从交易过程中牟利，而是从作为交易的中介的钱币身上取得私利。为了交易方便，人们引用了货币，而钱商竟然强使金钱进行增殖”，这种做法无异于强使父亲怀孕生子，因此“在致富的各种方法中，钱贷确确实实是最不合乎自然的”。[26]亚里士多德这一论述对世界思想的影响至今不衰，其核心在于货币的发明只是为了交易的方便，其自然属性不包含生育力，而钱商却要用钱生钱，故有息放贷是最反自然、最不道德的赚钱方式，应当禁止。相比之下，土地让人类、动物、植物生于其上，所以出租土地、收地租是符合自然的赚钱方式；同理，出租房屋收租金也没问题。

《旧约》和亚里士多德的论述作为西方经济思想的重要源头，通过一代代神学家、思想家的阐释，深深地影响了后来欧洲的商业伦理与经济实践，使排斥“逐利”性商业与金融成为社会的普遍价值观。在伊斯兰教中，《古兰经》保留了《旧约》对有息放贷的限制，影响持续至今日。

基督教传到哪里，排斥金融的伦理就跟到哪里

前面说到，在君士坦丁于公元 313 年颁布《米兰赦令》后，基督教成为罗马帝国的正统，在欧洲和帝国其他属地传播，标志着《圣经》和相关商业伦理全面主导欧洲时代的开始。在公元 325 年的尼西亚会议上，基督教会正式通过禁止有息借贷的教令（这里需要强调：是禁止任何利息，而不只是禁止高利息）。那时期的一位主教——该撒利亚的圣巴西略（St. Basil）说：“那个叩门的有息债主，看着趴在他脚上的贫穷债户，使尽侮辱，满嘴脏话；他对人类同胞无丝毫怜悯之心；虔诚的祷告打动不了他；对他的恳求，得到的只是残酷回应；即使他自己流泪，也还是无动于衷……”[27]

到中世纪，教会对有息放贷的敌意不断上升，对这种行为的惩罚也变得愈发严厉。公元 8 世纪，拉特兰会议将相关惩罚由神职人员拓展到平民，后再进一步延伸到犹太人；里昂会议和维也纳会议还规定，调查放贷行为不力的主教和统治者也要受罚。[28] 13 世纪的神学大师圣托马斯·阿奎那阐释道：[29]“钱不会劳动，人会劳动。如果我们让钱代替我们来赚取更多的钱，我们就没有恰当领会上帝的意图。”因此，作为基督徒，向任何人放贷取息都不可接受。圣托马斯·阿奎那也从所有权的角度论证了取息的罪恶，认为利息是货币的时间价值（这个观点对现代人来说可能不足为奇，但对 13 世纪的人却不然）：如果将时间划分成白天与黑夜，前者表达了“视觉、世界与上帝的光明”，后者则是“休

息和宁静”的时间，二者是末世中两种至善在尘世间的翻版，放贷者出卖的正是这两种最高财富。然而，出卖不属于自己的至高财富，无疑是犯下了盗窃的罪行。[30]为什么有息放贷是一种盗窃行为呢？雅克·勒高夫在《钱袋与永生：中世纪的经济与宗教》是这样解释中世纪的基督教逻辑：

“有息放贷借出金钱从未停止过工作，它不停地制造金钱。非正义的、可耻的、令人厌恶的金钱。这是一个不知疲乏的劳动者……睡着了也如同醒着一般工作！一边睡觉一边工作？这个魔鬼般的令人惊叹的有息放贷 …… 成功地实现了它。正因为如此，有息放贷也是对于上帝所建立的秩序的凌辱与损害。有息放贷既不尊重上帝曾想要在世间以及我们的肉体生命中所建立的自然秩序，也不尊重他建立的历法”。[31]

“事实上，在他出借金钱和带利回收之间，他出卖的不是流逝的时间又是什么呢？然而，时间只归上帝所有。作为时间的盗者，有息放贷者是上帝财产的小偷…… 有息放贷者并没有卖给债务人任何属于他自己的东西。他出卖的只是属于上帝的时间。”[32]

既然如此，有息放贷者该得到怎样的惩罚呢？当然，惩罚应当与罪行相应。中世纪雅克·德乌立（Jacques de Vitry）主教说：

上帝创造了三类人：农民和其他劳动者——以保证其他人有饭吃，骑士——以保护他们，神职人员——以管治他们。但是，魔鬼创造了第四类人，即有息放贷人；这些人不劳而获，他们不会被人惩罚，而是有恶魔等着他们！他们所收利息的多少，就是送去地狱烧他们的柴火量！[33]

而16世纪的马丁·路德给放贷人的答案则更“血淋淋”：

在地球上，除了魔鬼以外，人类没有比有息放贷人更恶的敌人了，因为他希望自己是所有人的上帝……我们用马车拖死拦路强盗、杀人凶手、居屋窃贼，或者砍掉他们的头，那么，我们该如何更狠地用马车拖死、追捕、诅咒、砍头所有的有息放贷人呢？[34]

图7.3　马丁·路德

注：马丁·路德1483年出生在德国，1517年开始挑战罗马教廷，呼吁去掉教廷和教会这些中介，由信徒自读《圣经》，直接与上帝对话。但他也敌视有息放贷者和犹太人，呼吁以暴力惩罚他们。

佛罗伦萨的圣母百花大教堂里，有米开朗琪罗创作的壁画《但丁和〈神曲〉》，这幅画描绘了佛罗伦萨伟大诗人但丁举着他的新书《神曲》。但丁在他光彩夺目的杰作中，把有息放贷者放在了第七层地狱——每个人有个钱袋挂在脖颈上，每个钱袋都有某种颜色和花纹，他们似乎都把自己的钱袋看个不停！对于基督徒而言，违背上帝的意旨、掠夺自己的兄弟，相应的惩罚自然是打入地狱。不过，那还不够！但丁说，哪怕是在地狱里，有息放贷者“还饱望着自己的钱袋”，这说明放贷与一般罪行不同：既然金钱的运动不会停息，那么放贷取息的人每时每刻都在犯罪，因此对他们的惩罚也应当是永无休止的，“他们出卖光明和休息。所以，他们不应当拥有永恒的光明和休息”。[35]与这些伦理相适应，一度辖治欧洲的天主教会，不断推行严惩有息放贷的措施。

不过，虽然教会与舆论都谴责有息放贷，世俗行政与法律也惩罚有息放贷，但有息放贷并没在欧洲消失，只是被迫走进地下，不能阳光化发展。上至罗马教廷高层，下至企业，都各显神通，以“瞒天过海”的方式参与有息借贷，只是他们一般是享受借款，不是赚取利息。雷蒙德·鲁尔（Raymond De Roover）发现，虽然中世纪教规相当严厉，但被罚的多数是小额放贷人，而国际金融家（以犹太人为主）不仅不受惩罚，还因是为教廷服务而自豪，享受着“教皇最钟爱的孩子”的美称，“有息放贷者成了世俗君主，甚至高级神职人员们的至交、侍者。放贷者为他们服务，出借金钱让他们的儿子享受教会特权；至于他们的女儿，则嫁给那些被借款征服的贵族与绅士”。[36]至于商业企业，更是推出诸多复杂的交易方式，以掩盖其中有息借贷的事实。比方说，当时的银行存款尽管名义上不存在利息，但实际上，银行家每年都会向储户送上一笔“礼物”，而储户则会比较各银行赠送“礼物”的价值：如果一家银行在这一项上吝啬，存款会很快流向竞争对手。这是变相的利息。[37]

宗教与金融市场间的竞争逻辑

宗教领袖担心金融会减少信众对教会的专注，减少教会活动参与的频率与热忱。比如，以前在美国和欧洲，周日是礼拜日，不可以开展商业活动，但一项研究表明，在美国各州废除“禁止周日商业活动”的《蓝色法案》（*The Blue Laws*）后，各地参加周日礼拜的人数减少 15%，对教会的捐款更是减少 25% 之多。[38]特鲁斯大学的几位学者对非洲加纳的基督徒做过一项实验，[39]他们给教徒们提供一项“葬礼开支保险”，即投保人离世时的葬礼费用由保险公司支付。结果发现：在控制其他个人因素后，买了这种保险的信徒在此后显著减少对教会的捐赠，参与教会活动的热度也有所下降，而那些没买保险的信徒则一如既往地热衷教会（第十章将再回到人寿保险话题）。

虽然在基督教的起步之初，宗教领袖未必知道这一经济逻辑，但他们能感受到金融对信众忠诚度的威胁。表面上看，以金融交易实现人际跨期合作，需要每人真金白银地支付价格成本，保险公司可以通过提高保费来弥补逆向选择与道德风险带来的潜在损失，而教会的实现方式似乎是“免费”的，难以通过“提价”来弥补，所以容易造成只有那些生存压力大、经常需要支持的人参与教会，而且参加之后，就养成“天天冒险，反正有教会保底”的搭便车习惯。所以，按理说，金融应该比教会更好办一些。但在实际中，教会为了减少这些逆向选择和道德风险挑战，频繁举行礼拜、聚会、聚餐、读经班、礼仪等活动，以此减少信徒之间的信息不对称，强化相互了解，增加互信。这些仪式与活动的作用在第六章讲过，也跟第五章谈到的频繁宗祠活动一样。可是，对于一些个体来说，这些仪式和礼拜会被看成高“代价”的事情，不如金融避险工具“一手交钱，一手交货”那么简单，所以一旦金融放开了、发达了，一些人可能选择退出教会，不再依赖基于信仰的跨期合作。即使只有一小部分信众退出，由于宗教的“俱乐部商品”特征（参加的人数越众，每个成员的收益越大，反之则越小），剩下的信众所能得到的“风险互助”效果会下降，保险收益变低，从而促使更多信众退出，如此下去会造成恶性循环。故而，宗教要排挤金融，以强化信徒对自己的忠诚。

道德风险也可能以另一种方式影响教会对借贷的态度。在教徒范围不断扩大之后，得到教会保障的个体就可以过度冒险了：如果冒险成功，收益全归自己；如果失败，仍然可以到教会寻求生存保障。于是，信众有激励去借高利贷，加大冒险投资。当然，这种道德风险不是教会能承受的。所以，在不一定管得住信徒借钱行为的情况下，教会出于降低道德风险的考虑，也会去压抑金融、禁止有息放贷，至少是减少贷款供给。贾里德·鲁宾（Jared Rubin）注意到，在罗马帝国后期，限制有息放贷的教令几乎与基督教福利体系的扩张同步发生，此消彼长，当时亦有神学家力陈：应将福利给予“真正需要的人”。[40]当然，这个同步性也可能如我们前面说的，是教会希望基于信仰的人际互助体系完全取代金融市场。

宗教与市场在安身立命领域的激烈竞争，也可以解释伊斯兰教对利息的敌视，以至于称放贷者为“受魔鬼点化的人”。[41]一方面，伊斯兰教非常重视慈善：“除施舍之外，你永远不可能达到虔诚的地步”(《古兰经》)。按照教义执行的虔诚布施，“良善意图和行为”都会为信者带来好处。这意味着，伊斯兰教非常注重帮信徒避险，把促进信徒之间的互助放在优先位置。另一方面，教义又排斥金融市场承担类似责任：神鼓励的是“宽恕与慷慨”，魔鬼则鼓动“犯罪与不敬”，而收取利息也是罪过之一。《古兰经》更是直接将二者对立起来：

吃重利的人，要象中了魔的人一样，疯疯癫癫地站起来。这是因为他们说：“买卖恰象重利。”真主准许买卖，而禁止重利。奉到主的教训后，就遵守禁令的，得已往不咎，他的事归真主判决。再犯的人，是火狱的居民，他们将永居其中。真主褫夺重利，增加赈物。真主不喜爱一切孤恩的罪人。(《古兰经》2：275–276)

圣训进一步说：

信道的人们啊！如果你们真是信士，那末，你们当敬畏真主，当放弃余欠的重利。如果你们不遵从，那末，你们当知道真主和使者将对你们宣战。如果你们悔罪，那末，你们得收回你们的资本，你们不致亏枉别人，你们也不致受亏枉。如果债务者是窘迫的，那末，你们应当待他到宽裕的时候；你们若把他所欠的债施舍给他，那对于你们是更好的，如果你们知道。你们当防备将来有一日，你们要被召归于主，然后人人都得享受自己行为的完全的报酬而不受亏枉。(《古兰经》2：278–281）

信道行善的人将以别的方式获得报酬，将来没有恐惧，亦没有忧虑；如果真是信士，就该敬畏神，并且“放弃余欠的利息”，不再做任何钱的生意，不收任何利息。

宗教愿景以“义”而非“利”实现人际风险互助

我们还是回到原本问题：教廷和神学家们为什么坚持攻击“钱生钱”的金融呢？除了前面给出的解释，学者还提出了其他理论，其中之一是寻租。为利率设限跟其他管制政策一样（无息放贷相当于把合法利率上限设置为零），等于为资金的价格制定了“天花板”：一方面，许多潜在的借款人有望以更低价格获取资金（如果能借到的话）；[42]另一方面，如前文所谈，严控利率的规定多用于制裁小额放款人，而有规模的银行家通过跟教会和官方的高层关系、复杂的家族联姻，得以逃脱约束，教会也时常需要这些银行家的借贷服务。[43]因此，这些限制在客观上为已经幸存的银行家扫除了竞争者，让他们享受“得天独厚”的待遇。此外，教规限制越多、越复杂，理解并能规避教令限制的专业人士也越有激励去维持这些管制，以给自己留下“专用”的牟利机会。由于界定“利息”十分困难，至中世纪时，通行的商业合同之复杂已超出专业法官和神职人员的理解范围，[44]而神职人员以及善于“舞文弄墨”的专门律师又偏偏是高喊禁止有息放贷的人，[45]这就为懂行的人提供了套利空间，因此他们会极力支持打击有息放贷。

当然，最为重要的原因来自“义”与“利”的排斥性竞争。前面谈到，在轴心时代的哲人看来，人类社会不应该以市场交易规范人际关系、建立社会秩序，这种思想系统地反映在《旧约》《论语》《政治学》等经典之中。在教会的愿景里，天下皆兄弟姐妹，人与人之间的跨期互助和资源共享，当然应该基于“义”，而不是基于“谁出价最高”（“利”）；相互帮助是每个人的“义”，以“义”行事就是给“耶和华你的神”的回报。《圣经》强调：

> 你的弟兄在你那里若渐渐贫穷，手中缺乏，你就要帮补他，使他与你同住，像外人和寄居的一样…… 你借钱给他，不可向他取利，借粮给他，也不可向他多要……你的弟兄若在你那里渐渐穷乏，将自己卖给你，不可叫他像奴仆服事你。（《旧约·利未记》25：35–39）

这种愿景跟孔孟儒家的哲学相通，都主张基于“义”实现人际跨期合作。孔子曰，“君子义以为质”（《论语·卫灵公》）；又曰，“君子义以为上”（《论语·阳货》）。亦即，君子立身行事应以道义为根本，道义价值重于物质利益，要以“义”规范人类社会秩序，包括利益分配、消费配置、产权秩序、风险互助秩序（第五章讲的礼制）。为什么不能以货币化的市场交易实现互助呢？司马迁解释道：“嗟乎，利诚乱之始也！夫子罕言利者，常防其原也”（《史记·孟子荀卿列传》），意思就是：谋利、求利是一切祸乱的开始！孔子极少讲利的问题，其原因就是防备这个祸乱之根源。孔子曰，“放于利而行，多怨”（《论语·里仁》），意思是追求利益与回报，会招致更多怨恨。[46]《诗经》也说得很明确，“如贾三倍，君子是识”（《诗经·大雅·瞻卬》），商人发横财的事，不是君子不知道或者不会做，而是君子不屑一顾、瞧不起。儒家跟基督教都主张基于“义”实现人际互助，敌视求利之商，这也解释了为什么明末传教士利玛窦说“耶稣心和孔孟者也”，他注意到“五伦五常，吾教与儒教同重矣”，“儒教君子三戒，与吾教上帝十戒，旨有相同者”。[47]

所以，基督教和儒家都排斥靠市场化解决生存挑战，都抑制金融，这是轴心时代文明的共同点。可是，基督教的“义”是定位在坚信耶和华是“你的神”、谨守他的典章律例上的，摩西说“因为耶和华你的神乃是烈火，是忌邪的神”（《申命记》4：24），而儒家的“义”是定位在基于血缘关系的“三纲五常”名分等级秩序之上，所以基督教跟儒家虽然基本愿景相同（排斥商业与金融），但彼此间又相互竞争甚至彼此排斥（第六章的“礼仪之争”）。伊斯兰教里的“义”则是基于遵守《古兰经》、信奉真主为唯一神、承认先知穆罕默德是真主派到人间的最后一位使者，相信真主的全知、全能、公正、本然自立、无始无终、无形无相。

基督教社会对有息放贷的敌视甚至到19世纪的英国还留存不少。[48]当时一些教徒在力推“兄弟互助会”（friendly society），鼓励人们基于友情实现互助，其支持者就诋毁代表市场的营利性储蓄银行：“储蓄银行是自私的，而兄弟互助会是慷慨的；一个只顾自己，另一个为大众；一个是把人关在自己的小家子里，另一个是为整个国家；一个迫使人只顾在自家后院挖个小池，另一个激发人去修建大运河，服务全人类。”[49]另一位也评论道：“人存钱于储蓄银行，是因为自私自利，这永远无法跟兄弟互助会的社会仁义相比：兄弟互助会靠的是兄弟友情，定位于互惠精神，为的是相互支持。”[50]当时的英国人显然不赞成通过营利性的货币化交易实现人际跨期合作。

犹太人的前世今生

在了解基督教对金融的排斥及其变迁历史，尤其是认识到基督教和犹太教对有息放贷的不同立场之后，我们大致能知道犹太人在欧洲的中世纪及之后的遭遇的原因。犹太历史至少始于公元前2000年，就在现在的以色列一带。在公元前970年，所罗门王将北部的一些部落整合在一起，成立以色列王国，建立犹太人的“第一圣殿”（也叫“所罗门圣殿”），开始发展犹太教——人类第一个“一神教”。但在公元前722年，亚述国打败以色列，迫使大批北方犹太人流亡外地。到公元前586年，南部的犹太王国也被巴比伦王国（今伊拉克一带）攻占，最后导致第一圣殿被异族烧毁，犹太民族受尽侮辱。在巴比伦王国的统治下，大批犹太精英被赶出家园，搬往异国。70年后，波斯帝国击败巴比伦，将犹太人解放，还支持犹太教的发展，帮助建造了犹太人的“第二圣殿”。[51]

公元前63年，以色列又被罗马共和国征服，并成为殖民地。起初，犹太王国并不是由罗马直接统治，而是先由马加比家族掌权，后由大希律王夺权，其间还扩建了“第二圣殿”。[52]但在大希律王于公元前4年去世后，以色列由罗马帝国直接统治。

犹太人为什么重视教育？

在罗马帝国统治时期，罗马人敬拜多神，而犹太人信一神教，彼此无法接受对方的信仰。在公元66年，以色列多个地区发生饥荒，动乱四起；犹太人发动起义，攻打罗马军队，史称“第一次犹太罗马战争”。几年内，起义遭镇压，罗马士兵于公元70年烧毁“第二圣殿”，[53]将犹太人赶出耶路撒冷，发誓让他们永远不能重回家园。虽然从古巴比伦时代犹太人就开始出走，但罗马帝国的大镇压，才真正迫使犹太人大规模流亡。在接下来的公元2世纪，罗马皇帝进一步压迫犹太教，犹太人的频繁抵抗也招致更多迫害。公元135年后，罗马军队不再允许犹太人进耶路撒冷城。

应该说，犹太人的经历到这一步还不太独特，因为那时的世界上，民族间时常兵戎相见，许多曾经的民族被他国消灭、驱散流浪。使犹太人与众不同的是，在公元70年第二圣殿被毁时，全球犹太人口约100万，被驱散在西亚和罗马帝国各地，聚集会堂集体礼拜越来越不现实，所以犹太教被迫进行改革，从注重会堂祭祀礼仪转型为注重研修犹太圣经《妥拉》(即《旧约》的前五卷)：所有犹太男人必须自读《妥拉》，并且必须让每个儿子在六七岁时开始上学读书，确保他们长大后也能自读《妥拉》。[54]

这项改革带来两大变化。其一，把原来以文盲农民为主的犹太社群转变为文化人，识字能力也因此提升，奠定了重视教育的犹太传统。在当时，这项改革的价值不明显，但几个世纪后，犹太人成了人类第一个男人识字率几乎为100%的民族，高端人力资本优势无与伦比，为后来犹太人引领各行业尤其各学术领域做了铺垫。比如，根据两位学者的量化估算，在中世纪的西欧，主要是修道院、教会神职人员能读书识字，以至于1500年时西欧多数社会的识字率不到10%，远低于犹太群体。[55]其二，使犹太人具备从事贸易、金融和手工业的技能优势。公元650—1250年，西欧和东欧的犹太人中95%~99%从事手工、商贸与金融业务，中东犹太人也有近90%从事这些非农产业。[56]

在公元70年之前，绝大多数犹太人居住在古以色列一带。从公元70年大流散开始到公元6世纪末，3/4的犹太人转移到美索不达米亚和波斯一带生活，剩下的1/4分散在罗马帝国疆域，包括今天的意大利和欧洲其他地区。但到6世纪末，全球犹太人口仅在100万至120万之间，[57]欧洲人还没有处处感觉到犹太人的影响。

前面谈到，就在罗马帝国摧毁第二圣殿前，耶稣的门徒在耶路撒冷推出基督教，起初以《旧约》为圣经，但在谁是“外方人”、对谁放贷不收息等关键问题上跟犹太教相异。在罗马皇帝君士坦丁于公元313年将基督教合法化后，基督教加快在帝国疆域内扩散，逐步成为欧洲社会的正统。从公元332年开始，教会正式禁止神教人士参与有息放贷；后来在8世纪的查理曼帝国时期，有息放贷禁令延伸到所有人，公元850年正式写进教会律例。到12世纪，教会对有息放贷的敌意进一步升级，严惩放贷者。[58]在教会态度日益强硬的过程中，信众对“用钱赚钱”者的敌意也跟着上升，反犹情绪不断膨胀。

反犹文化的宗教与经济根源

基督教往欧洲各地传播，等于把基督教跟犹太教之间的竞争、对犹太人的仇视也带去各地，包括认为是犹太人当初迫害他们的神——耶稣基督（“宗教反犹”），还有针对有息放贷的敌意（“利益反犹”）。其中，成书于公元4世纪末的《新约》说：

> 我知道你们是亚伯拉罕的子孙，你们却想要杀我。因为你们心里容不下我的道…… 耶稣说，你们若是亚伯拉罕的儿子，就必行亚伯拉罕所行的事。我将在神那里所听见的真理，告诉了你们，现在你们却想要杀我。这不是亚伯拉罕所行的事。（《新约·约翰福音》8：37–40）

其中，“我”指的是耶稣，而“你们”指犹太群众。这里表述耶稣对犹太人的愤怒，指责犹太人要杀害他。这段话使基督徒认为，是犹太人迫害了耶稣。

《新约·马太福音》(27：22)更是讲，总督彼拉多代表罗马帝国决定如何处罚耶稣，问在场的犹太群众：“那称为基督的耶稣，我怎么办他呢？他们都说，把他钉十字架。”其中，“他们”指犹太群众。彼拉多觉得，“说也无济于事，反要生乱，就拿水在众人面前洗手，说，流这义人的血，罪不在我，你们承当吧 。众人都回答说，他的血归到我们，和我们的子孙身上”(《新约·马太福音》27：24–25)。这里，“他”指的是耶稣，“众人”指犹太人。意思是：面对这么多犹太群众的呼喊，彼拉多只好决定叫罗马士兵把耶稣钉上十字架行刑，自己用水洗洗手，表示害死耶稣不是他的责任；而犹太群众安慰他说，你不要担心，耶稣血的责任都由我们和我们子孙来承担。研究反犹历史的学者认为，在《新约》的所有内容中，《马太福音》的这段话最鼓励基督徒仇视犹太人，造成史上最多的反犹暴力。[59]公元398年，基督教还处于发展时期，约翰一世作为君士坦丁堡主教，几次布道的标题就是“反犹太人”“论个子高矮”等，宣讲“犹太人之病”(the Jewish sickness)，谴责犹太人为“恶魔”“野兽”“瘟疫”，措辞激烈的语言加剧了基督徒对犹太人的偏见甚至仇恨。[60]至5世纪，教皇狄奥多西一世颁布了一系列法令迫害犹太人，规定他们不能拥有奴隶、不得新建犹太会堂，也不能担任公职，基督徒跟犹太人结婚或者改信犹太教会被判处死罪，等等。《新约》和教皇、主教对犹太人的仇视语言，既是早期强化基督徒身份识别、巩固信众互助的努力，又是在明晰化基督教教义与伦理规则。

到11世纪末十字军东征之前，基督徒对犹太人的仇视主要停留在教义层面，即“宗教反犹”，[61]并没有变成大范围暴力屠杀或驱赶行动。原因之一是，在基督教发展的前几世纪，犹太人还没形成处处可见的势力。

中世纪前期，基督教在欧洲继续传播，并不断完善其组织结构，而同期，犹太人在忙于建立自己的金融网络。首先，在第二圣殿沦陷后，流散到欧洲的犹太人不能在当地拥有土地，所以不能务农，只好留在城镇，加上他们从那时开始强化教育，使犹太人比欧洲人更有从事商业的人力资本，掌握金融技能优势。其次，前文谈到，由于犹太教对《旧约·申命记》中“兄弟”和“外方人”的不同解读，所以分散于欧洲的犹太人可合法从事“用钱赚钱”的业务。就这样，基督教强化禁止有息放贷的过程，是加速抬高犹太人金融地位的过程，使经常需要借款的教会、国王和家庭更加有求于犹太人。[62]此外，教会为了防范基督徒从事有息放贷，也宁可鼓励犹太人多做金融，就如 13 世纪经院神学大师阿奎那所言：让犹太人去放贷，是“为了避免更大的邪恶”！[63]

到 12—13 世纪，有息放贷、典当借贷就成为欧洲犹太人的主要职业，同时，犹太人也成了欧洲的主要金融家。[64]在当时的意大利、法国、德国、英国、西班牙等地都如此。那时候，约有 150 万犹太人生活在基督教欧洲。[65]

犹太人可以从事有息放贷而基督徒不可以，短期内这还可行，但长此以往必然带来严重后果。一方面，这抑制了竞争，让犹太人享受寡头利润，这个局面一直持续到 16 世纪中期的新教改革；另一方面，这放大了基督徒对犹太人的仇恨，带给犹太人长久的苦难。[66]原因在于，从普通大众到国王，都时有金融需求：个人和家庭可能“年有余但月不足”（管子语），需要“过桥贷款”；国王有时面对战争融资压力，如果融不到“救命钱”，王朝会灭亡，或者为了发展本地经济，也需要资金支持；等等。公元 1084 年，德国斯派尔（Speyer）地区的主教就说：“当我希望把斯派尔从一个乡村建成为城市的时候，我作为主教就想到：如果我把犹太人引进来，就能把城市光景翻千倍！”[67]不过，也由于基督徒不能做有息放贷，欧洲统治者慢慢发展出跟犹太人的相互依赖关系：统治者承诺保护犹太人的安全，而犹太人帮统治者解决融资问题，自愿作为前者的“提款机”。[68]只是这些局面难以长久，因为从普通人到君王，借到钱时会心有感激，但还钱时无人高兴，就跟过去的中国和其他社会一样。所以，在基督教本来就骂“犹太人之病”的背景下，欧洲社会对犹太人开始只是仇恨，后来加上实际利益冲突后，就转变为暴力迫害和驱赶，变成“利益反犹”。

以法国为例，基督教在那里对犹太教的排斥持续一千多年。从中世纪初期开始，居民和国王经常得到犹太人的金融支持；但后来，他们跟犹太社群的关系不断恶化，迫害犹太人的事件时有发生。早在公元629年，国王就要求犹太人改信基督教，否则就被驱逐出境；1009—1065年，几位法国国王分别下令将犹太人强行受洗为基督徒，否则也被驱逐出境或致死，[69]但到那时为止，还主要是宗教反犹。1181年3月14日，新国王菲利浦·奥古斯都一上任，就下令抓捕犹太人并没收他们的钱财，次年干脆限制他们在三个月内离境，这是因利益而反犹的开始。可是，把犹太人驱逐出境后，法国社会不再能得到金融服务，王室也少了通过威胁即可勒索钱财的对象，于是1198年，国王奥古斯都又把犹太人召回巴黎等地，并把他们的金融业务和财产保护起来，条件是他们必须从政府得到放贷许可证、就放贷和贸易所得向朝廷交税，也必须接受政府的利率监管，这等于将犹太人变成国王的摇钱树。[70]13世纪初期，路易九世成为法国国王，他坚守天主教教规，禁止有息放贷，也下令要求各封建领主签字承诺不指使任何犹太人从事有息放贷；1234年，他下令免除所有人欠犹太人债务的1/3；1243年，路易九世再下令把所有做过有息放贷的犹太人驱逐出境，并没收其财产。1306年，国王路易十世又下驱逐令，把近10万犹太人赶出法国，由王室吞没其财产；但9年后，还是因为需要犹太人的金融服务，再次把他们召回，反复无常。之后，在1321年和1396年，法国继续下令赶犹太人出境。[71]

英国的情况也类似。在犹太人被迫害两个多世纪后，国王爱德华一世于1290年下令，将所有犹太人从英格兰和威尔士驱逐出境，之后英国基本看不到犹太人。该驱逐令一直到1657年才被废弃。1421年，奥地利驱逐犹太人。1492年，西班牙大规模驱赶犹太人，迫使16.5万犹太人离境，5万被迫改信基督教。[72] 1496年，葡萄牙也加入驱赶犹太人的行列。德国、匈牙利、意大利等社会，在14世纪到16世纪，都曾多次驱赶犹太人。图7.4示出各国驱赶犹太人的年份以及犹太人流散方向。

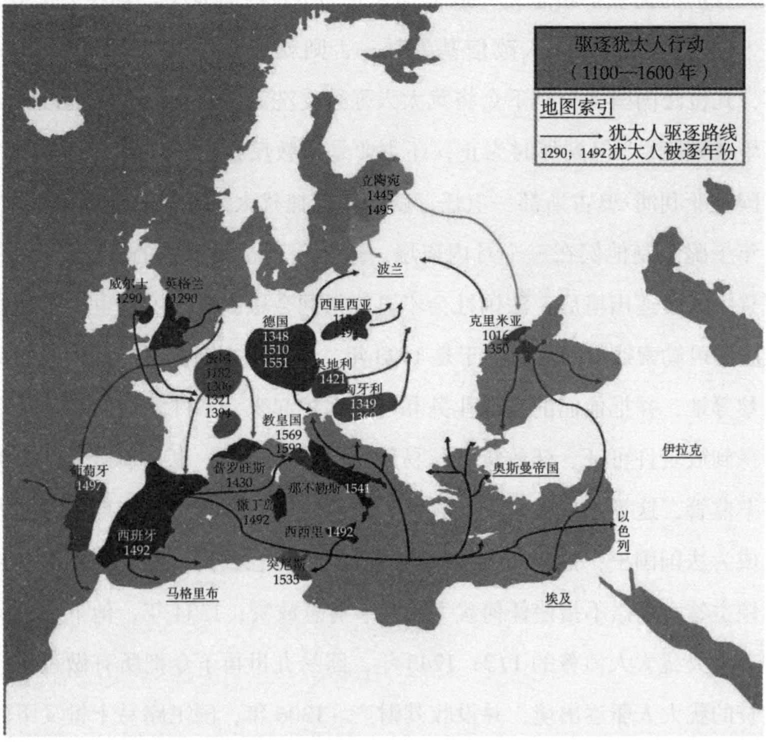

图7.4 欧洲各国驱逐犹太人的年份及犹太人流散方向

暴力反犹的驱动因素

当初,《约翰福音》《马太福音》和其他教义对犹太人的负面宣传，加上犹太人可以有息放贷而基督徒不可以，这两大因素在一千多年里强化了基督徒群体的认同，但也培植了对犹太人的仇恨。那么，为什么对犹太人的暴力迫害会在某些地区、某些时期频繁发生呢？这是近年量化历史研究所回答的问题。前面谈到，1306 年法国驱赶犹太人后，1315 年又召回，条件是他们重返法国后，必须给国王提供金融借贷和财政服务。可是接下来，1315—1321 年欧洲持续寒冷，干旱严重，粮产歉收，欧洲各国面临严重生存危机。[73]遭灾之际，欧洲人四处为不幸寻找替罪羊，犹太人就成为最方便的目标。在法国，长期饥荒使民怨不断积累，1320 年爆发“牧民运动”（Pastoureaux movement），牧民先是攻占巴黎、诺曼底一带的城堡，接下来将暴力扩散到法国南部的十几个地区；各地的欠债者唆使其他基督徒攻击犹太人，夺取他们的食物钱财，说灾荒全是犹太人所致。巴贝尔教授总结道：“那次牧民运动的暴力多半都落在犹太人身上，因为人们把长期饥荒带来的灾难，全部归结为犹太人的错！”[74]

密歇根大学的安德森等三位教授把 1100—1800 年发生的 1366 次反犹事件汇集在一起，[75]研究驱动暴力反犹的共同因素，样本涵盖 936 个基督教地区。他们发现，气候变冷带来的灾荒是催化反犹暴力的主因之一：过去五年里，耕种时期平均气温每多下降一个均方差（相当于 0.3 度），当年出现反犹暴力的概率比平时高 1~1.5 倍。当然，这不是为反犹行为辩护，而是说，仇视态度在一般条件下未必变成暴力行为，可是如果气温变低，一般就会伴随干旱，造成粮食歉收，威胁一般人的生存，在此情形下，积累已久的仇恨心理极易转变成暴力，而仇恨的对象——犹太人，便成为暴力的受害者。他们也发现，气候灾害引发的反犹现象在政府能力弱的地区尤其显著，因为这些地区的政府不能保护犹太人，社会治安更差。正因为这个原因，进一步的量化分析表明，从12世纪到18世纪末的这700年间，随着欧洲市场的跨地区整合程度的上升、金融创新带来的风险规避能力的改善、国家能力的进步，气候灾害时期的暴力反犹频率在逐步下降。这些研究也印证了本书的基本论断：暴力频率的高低是人类社会应对风险能力强弱的"晴雨表"。

不过，12世纪以来的基督徒反犹暴力到底主要是《新约》教义所致，即宗教反犹，还是《旧约》带来的犹太人专有放贷业务所致，即利益反犹呢？萨沙·贝克尔（Sascha Becker）与路易吉·帕斯卡里（Luigi Pascali）的量化研究可以帮助我们解答。[76]这两位教授收集并研究了两千多个德国城镇在1300—1900年的反犹事件。这600年里德国的经历很特殊，因为在1517年以前的两个多世纪，德国各地都信天主教，都不能从事有息放贷，只有犹太人提供金融服务；但是，1517年德国牧师马丁·路德发起新教改革（随后几节再谈细节），结果德国各地被分成两个阵营——南部城镇选择继续跟随罗马天主教，而北部城镇多选新教。新教改革带来两项突出举措：一是允许教徒从事有息放贷，"用钱赚钱"既不违法、又不悖德；二是鼓励教徒自己识字读书，以便自读《圣经》、直接与上帝对话（这跟公元70年第二圣殿被毁后的犹太教改革类似，尽管背景、原因各异）。所以，在接受新教的德国地区，新教徒在技能上跟犹太人接近：他们不仅可合法地从事金融，而且通过自己读书，也具备金融从业所需的高端人力资本。这意味着，在新教地区，新教徒跟犹太人之间出现事业上的直接竞争，变成利益冲突关系。

相比之下，在那些继续紧跟天主教的地区，因教会加码禁止有息放贷，把有息放贷等同"谋财害命"，强化对违规放贷的惩罚，于是天主教徒更加依赖犹太金融。也就是说，天主教徒跟犹太人之间的经济互补关系反而得以加强。由此看来，如果中世纪的反犹暴力主要是因利益冲突所致（利益反犹），那么宗教改革后，新教地区的反犹频率应该高于天主教地区。贝克尔与帕斯卡里的量化分析发现：虽然 1517 年前两类德国地区都有过屠杀犹太人的行为，但是在宗教改革后，新教地区的反犹暴力显然比天主教地区增加更多。即使去掉各地区的地理、历史和其他因素，这一结论仍然显著成立。他们也发现，在那些金融历来由犹太人控制的地区，或者贸易发达故而金融业务量大的地区（因此金融利益大），新教改革后反犹频率尤其上升得多。这说明，解除基督徒从事有息放贷的禁令后，新教徒与犹太人之间新出现的利益竞争关系，激化了他们之间的冲突，反而使暴力反犹更频繁。

当然，新教地区比天主教地区更加反犹，有两种可能的解释：一种是因为新教改革使基督徒与犹太人的关系从专业互补走向专业竞争，强化了利益反犹；另一种通道则与此相反，也就是说，因为基督徒在新教改革之前不能从事金融，必须依靠犹太金融，所以，即使《新约·马太福音》促使基督徒仇视犹太人，他们还是因利益所需而克制对犹太人的仇视，但是改革之后，新教徒自己也能从事金融了，不再依赖犹太人，于是因教义而对犹太人的仇恨得以突出，致使反犹暴力上升。换言之，前一种解释是基于利益冲突，后一种解释是基于教义观念，是宗教反犹。

为了分清哪一种解释更接近现实，贝克尔与帕斯卡里汇总了 1450—1600 年德国各地出版发行的书籍名称，发现：宗教改革后，在新教地区，书名明显反犹的图书数量和占比都比天主教地区增加更多。这说明，基督徒可以做有息放贷后，连反犹观念也得以强化，利益冲突是反犹观念恶化、反犹暴力上升的主要催化剂。从这些量化历史研究看，虽然《新约·马太福音》等教义培植了对犹太人的仇视，但从中世纪初到 11 世纪，宗教仇视并没在欧洲广泛转变为反犹暴力；在那之后，基督徒积累了给犹太债主还债的长久经历，认为自己长期被犹太人“剥削”，憎恨之心膨胀，从12世纪开始，因利益而反犹的暴力广泛出现。从这个意义讲，中世纪后半期以及新教改革以来的反犹暴力的蔓延，可能主要源于基督教和犹太教对《申命记》中“兄弟”“外方人”的不同解读，是这个不同解读造成了长达一千多年的“犹太人可以有息放贷但基督徒不可以”的历史。也就是说，还是基督教排斥金融、主张以“义”解决人际互助挑战，这一主张强化了反犹历史。不过，这个结论需进一步研究，因为《古兰经》也禁止信徒进行有息放贷，所以在历史上，穆斯林也依赖犹太金融，但是他们并没有在中世纪甚至黑死病蔓延期间屠杀犹太人。此外，美第奇银行于1397年在佛罗伦萨创立，在随后近百年发展迅速，为美第奇家族带来巨额财富，但是意大利人并没有因美第奇家族从事放贷而迫害、攻击他们。这些事实说明，反犹暴力应该是宗教教义和利益冲突两类因素的综合作用。[77]

反犹历史的长久影响

沃特兰德与沃斯注意到，[78] 20世纪30年代纳粹党和希特勒在德国兴起的过程中，并非所有地区都支持，那为什么有的地方坚定支持纳粹，而有的地方不支持，甚至反对纳粹迫害犹太人呢？为了回答这个问题，这两位教授收集了德国400多个城镇在中世纪和1920—1945年的数据，包括反犹暴力、人口、投票结果等信息。他们尤其聚焦1348—1350年席卷欧洲的黑死病时期，那次瘟疫导致一半以上的欧洲人死亡，人们当时把责任都归罪于犹太人，说是犹太人往井里放毒才夺走如此多的人命，于是许多地方发生屠杀犹太人的事件。沃特兰德与沃斯分析后发现：1348—1350年黑死病流行期间屠杀过犹太人的城镇，相隔近600年后，在20世纪20年代也更倾向于迫害犹太人（这些城镇迫害犹太人的频率比黑死病流行期间没有迫害过犹太人的地方高出5倍多），1928年选举时纳粹党在这些城镇的得票率比其他地方高1.5倍；在希特勒掌权的20世纪30年代，这些地方进一步驱赶的犹太人比其他城镇多很多。纳粹发动的二战是人类20世纪最黑暗的悲剧，现代世界就这样走不出六百年前留下的烙印！基于“义”解决人际跨期互助的教义主张本能地排斥金融，禁止教徒从事借贷金融，这就为利益反犹埋下了种子，不仅影响中世纪的欧洲史，而且到了20世纪其影响还在。

沃特兰德与沃斯也发现，通商城市的“历史记忆”较短。尤其是，即使一个城镇在黑死病期间屠杀过犹太人，如果在1750年后跟外地商业往来快速增长，那么这个城市在20世纪的反犹倾向就会弱很多：对外开放、贸易往来，可以使一个社会变得宽容，削弱族群间的仇恨。因此，市场整合度的提升可以帮助降低暴力——这也是我们下一章要探讨的话题。

达昆托等三位教授也是利用黑死病流行期间德国各地的反犹暴力数据，[79]但研究的是反犹历史的另一类长久影响，即多年前屠杀过犹太人的地方是否后来更会排斥金融。就如《尚书大传·大战》所言，“爱人者，兼其屋上之乌”，即“爱屋及乌”，其反义是“恨屋及乌”。到中世纪中期，欧洲人已经把金融跟犹太人画上等号。那么，欧洲人是否会因为恨犹太人，进而仇视或怀疑金融呢？达昆托等的量化研究发现，中世纪屠杀过犹太人的德国地区以及20世纪20年代、30年代迫害过犹太人的县，今天它们的金融业还落后于没有屠杀过犹太人的地区，这些县的家庭投资中，投入股票、债券、银行储蓄品种的资金占比更少，利用住房按揭贷款买房子的概率也更低。从他们的问卷调查看，那些屠杀过犹太人的德国地区，今天对金融产品的信任度显著低于其他地区。所以，这些地区因为过去仇恨犹太人，到今天仍然连犹太人最擅长的金融也排斥！根据《纽约时报》2019 年 5 月 21 日的报道，德国的反犹言行至今仍然时有发生，犹太人不敢轻易告诉别人自己的犹太身份，否则会遇到歧视或者更糟。[80]

历史烙印影响当今意大利的方式跟德国不太相同。帕斯卡里教授发现，[81]中世纪有犹太人居住并在当时发展过借贷金融的意大利地区，今天其金融发达度和人均收入都更高。而之所以犹太人留给意大利的长历史影响跟前面介绍的德国的经历正好相反，并且至今还这么显著，其原因还要绕一两道弯。帕斯卡里教授讲到，14 世纪以前，犹太人已经控制了多数意大利地区的放贷业务并由此获得可观财富，他们的处境跟那些因连续不断的战争而越来越穷的天主教信众形成反差，以至于 15 世纪初的牧师——圣贝尔纳迪诺·谢纳（St. Bernardino da Siena，1380—1444 年）——把放贷者比作吸血鬼，他布道说：

> 通常而言，一旦财富和金钱集中在越来越少人的钱包中，那表示这个城市越来越病态了。这就好比人体热量都集中于内脏，而不是分散到手脚和身体其他部位，因为那表明这个人已经岌岌可危，不久将死去。如果说财富过于集中在几人手中会威胁社会健康的话，让钱财集中在犹太人手中就更可怕了！道理很简单，犹太人是所有基督徒的最大敌人，将城市的热量——也就是社会钱财——都流向已经脓肿的躯体，而不是流向社会的心腹——广大群众，那只会导致大出血，加速这座城市的死亡。[82]

15 世纪末，意大利的圣方济各会到各地巡游，呼吁“停止有息放贷对城镇无休止的掠夺”，号召驱逐甚至杀死在当地经营放贷生意的犹太人，同时呼吁组建慈善性互助社银行，以低息向有需要的基督徒放款，借此取代犹太金融。一个社区在建立慈善互助银行后，一般会很快挤走犹太人。颇具讽刺色彩的是，由于这些互助社的贷款利息太低、经营不善，数年后，多数地区又把犹太人请回来，请求协助管理这些生意、发展金融。由此产生的结果是：越是在中世纪有犹太人兴办过放贷金融的地区，后来的互助社银行发展就越好，到今天，这些地区的民间信贷占GDP比重就越高，本地金融和经济就越发达，人均收入也越高。

基于帕斯卡里教授的量化研究，意大利的经历不仅再次证明了历史烙印的长久影响，而且说明赶走犹太人的方式不同，所带来的长久影响也大为不同：德国城镇是屠杀或直接赶走犹太人，留给这些地区的是今天继续对金融的恨，而意大利的一些地区是通过推出公益金融机构跟犹太人竞争，由竞争挤走犹太人，结果是他们把金融技能学过来，让这些地区的金融更发达、收入更高。

不只是今天的德国和意大利对待犹太人的态度需要从长历史根源去理解，其他欧洲社会也一样。在2009年，美国犹太组织“反诽谤联盟”（Anti- Defamation League）对英国、法国、西班牙、奥地利、波兰、匈牙利等国家的公民做问卷调查，[83]这些社会在中世纪都多次迫害、驱赶过犹太人。结果发现，这些国家的反犹观念至今还很强。调查结论有些出乎意料，因为英国在13世纪90年代驱赶犹太人之后，一直到1656年之前，几乎没有犹太人生活在那里，在长达三个多世纪的时间中不存在英国人被犹太人“剥削”的经历，[84]而西班牙在1492年把犹太人几乎全部赶走之后也没有犹太人在那里。但这些都没有阻止一些英国人和西班牙人仇视犹太人，历史烙印难以消除。

经过中世纪近千年对犹太人的迫害、屠杀和驱赶，到15世纪末，全球犹太人口只剩100万左右，一半在西欧各地，近1/3在中东、非洲和亚洲，9万多在波兰、立陶宛和其他东欧国家。[85]沧海桑田，时移俗易。

就在犹太人还被迫害、驱赶的时候，1492年哥伦布发现了美洲大陆，这个“地理大发现”开启了人类新的航海时代，将太平洋、印度洋、地中海和大西洋连入一个统一的海洋贸易网，跨国贸易的长度和深度都得以延伸（第九章会进一步回到该话题）。以前，金融借贷和商贸业务主要在本地进行，跨地区交易量有限。由于海运降低了运输成本，提升了货运容量和速度，增加了运输距离，在大航海时代，经济交易的范围得以扩大、距离得以延长，给世界带来持续多个世纪的第一波全球化时期。[86]随着跨国贸易和远距离金融的兴起，跨地区、跨国界的信任网络就变得非常重要。如果没有信得过的人，跨期跨国交易就没法做。那么，谁具有广泛的跨国信任网络、关系网络，谁就拥有得天独厚的优势。在这样的背景下，分散在世界各地的犹太网络和他们的职业专长，在大航海时代的价值就格外突出，就像在现代中国，人脉网络成就了客家人、温州人一样。

在大航海时代之前，犹太人已经受苦受难一千多年，失去共同的家园，又被到处驱赶，这些不幸经历强化了犹太人的共同纽带与身份认同，使他们之间的信任达到其他宗教和民族难以相比的程度。即使到今天，不管走到哪里，也不管以前是否相识，犹太人之间的信任和兄弟情谊仍然很独特。从这个意义上讲，犹太人过去不断被暴力驱散，却意外地把他们的信任网络铺开到中东、欧洲、美洲甚至亚洲各地。[87]

中世纪，犹太人除了主导金融外，[88]也积累了独特的商贸人力资本优势，比如钻石、黄金、香料、兽皮、烟草、奴隶等商品的运输和买卖。从16世纪开始，部分犹太人选择离开地中海和西北欧的港口城市，跨越大西洋，来到巴西、墨西哥、秘鲁等西班牙与葡萄牙的美洲殖民地，之后又扩展到荷兰、英国、法国在北美的殖民地，包括美国和加拿大，不断扩大连接新旧大陆的贸易与金融网络，从罗马、威尼斯、米兰、阿姆斯特丹、伦敦、巴黎、法兰克福、苏黎世、波尔多，到纽约、波士顿、苏里南、库拉索、巴巴多斯、牙买加、圣保罗等地，到处是犹太人的关系网，这些关系网强化了他们从事全球化交易的便利。就这样，大航海时代开启以来的五个世纪里，犹太男人必须从小读书的宗教传统，加上金融与商贸从业优势，以及遍及世界的犹太网络，让占世界人口比例极低的犹太人给人类知识、科技、金融、商业和政治做出了巨大的贡献。如果离开基督教和犹太教的历史沿革，这些成就与现实就会让人难以理解。

客家人与犹太人的经历对比

我们也可通过中国客家人的经历来理解犹太人的"因祸得福"，在一些方面客家人的经历跟犹太人相似。客家人都为汉族人，祖先从中原逃难到南方，如今在海内外商界、学界和政界，都不乏成功代表。中国历史上有过几次往南方逃难的大迁徙。第一次是公元4世纪西晋"五胡乱华"时期，当时西晋都城洛阳沦陷，部分中原居民逃往闽粤赣边区。接下来，由于南北对峙，更多中原人南迁。那段时期大约有90万北方人南迁，为第一拨客家人。第二拨南迁发生在中唐至五代十国时期。先是唐代"安史之乱"给北方百姓带来灾难，迫使很多人南逃。到唐末黄巢起义以及五代十国时期，战争不断，大批中原人又被迫南逃。在长达两百年的时间里，南逃人数超过第一拨，在百万以上。第三拨南迁发生在1127年北宋沦陷之后。当时，宋朝军队于1121年跟金人联合，进攻辽军，并于1125年灭辽。但紧接着，金人掉转箭头攻打宋朝。两年后北宋都城开封沦陷，赵家皇室被迫南逃，一同逃命的有500万左右的中原人，分别奔向粤闽湘赣浙等地。[89]后来的明末清初战乱、太平天国内战，也进一步导致客家人流散，包括当时的"湖广填四川"，甚至一些客家人迁往南亚，作为劳工前往马来西亚、美国、巴拿马、巴西等地移民。[90]到1994年，在国内生活的客家人有6108万，占汉族人口的5%；在海外，大约有454万客家人分布在80多个国家和地区。[91]

当然，客家人祖先因逃难而离开家园，不是因宗教或者种族歧视被驱赶，但逃难带给他们类似犹太人的经历。在香港科技大学白营的博士论文（2015年）中，[92]他利用北宋沦陷后大逃难人口在南方各地落户的地理分布数据，研究发现：北方难民落户人数比较多的地区（也就是后来客家人比较多的府），2000年时人均GDP和夜晚灯光明亮度都更高，人均受教育年数也高。为什么将近900年前的难民在南方各地的分布对各地今天的发展水平、收入高低还影响显著呢？为了找到答案，白营花了几年时间收集历史资料，量化分析发现，这跟明朝朱元璋重用科举选拔官员的决策关系很大，因为在科举成为普通人最主要的升官发财、出人头地的途径后，客家人比当地人更有激励依靠科举胜出。

就像笔者的老家湖南茶陵县一样，除非新来村里的人能证明其祖先出自本村、现在回来认祖，否则，不会允许一位外方人在本村拥有土地并落户于此。外方人来村里做客几天甚至几个月也许可以，但是如果要待更久，村里人会组织起来把他赶走，如果他还不走就会动用暴力。这就是为什么客家人一般被赶到以前无人住的山上落户，而且即使在不适合耕种或居住的山上，客家人还被驱赶，这导致了客家人和当地人之间的血腥械斗史。特别是19世纪咸丰、同治年间，广东鹤山等地发生持续多年的大规模土客械斗，死伤人数高达数十万。[93]也正因为这个原因，客家人不仅一般住在山上，而且要修建碉堡式土楼用于防卫。

那么，客家人怎么才能让当地人接受并获得安居乐业的永久权利呢？他们发现，让子孙读书、中举人进士是最靠得住的出路！一旦有子孙中举、中进士并做官，客家人的社会地位就自然得到提升巩固，不再被驱赶，这是在当地站稳脚跟的主要办法。[94]而且，客家人每到一地都难以得到耕地，于是不得不另谋出路，重视经商，从事跨地区贸易和金融。因此，至少从南宋开始，客家人比其他族群更重视子孙读书、具有更高的人力资本，重视商贸金融——这两方面跟公元70年第二圣殿被摧毁之后犹太人的做法完全一样，尽管起因不同。长此以往，到八百多年后的今天，客家人仍然保留看重教育和商业的传统，在客家人比较多的地区，私塾数量、平均受教育水平都高于其他地区，那里出来的成功者、科学家、工程师和富商也更多。

从两千多年前开始，犹太人被不断驱赶，后来被迫选择通过读书和经商获得生计。犹太人共同的苦难遭遇和宗教信仰，促使他们在两千多年里铸造了其他宗教和民族所不及的跨期信任网络，提升了犹太人应对风险和调配资源的能力。结果是，到今天，犹太人虽然数量少，却在世界各地出人头地，不仅引领金融界，而且在学界、思想界、商界、政界和艺术界都成就非凡。

新教改革与金融解放

基督教基于“义”解决人际互助和跨期合作的主张，其实效的确得到数据的支持。即使到今天，宗教对提升人们应对风险的能力仍然举足轻重，使社会更有文明秩序、一般暴力更低。但是其代价也很高，除了造成基督教与伊斯兰教、犹太教之间的竞争冲突外，教会还严格规范信徒的精神与信仰世界，将人际关系宗教化，把经济、商业与社会生活都置于宗教管制之下。基督教社会的“义利”之争被14世纪天主教牧师贝尔纳迪诺·谢纳表述得很清楚：“经商的人几乎不能，甚至从来也不能令上帝满意”，[95]对商业的排斥显而易见。也由于教会敌视“用钱赚钱”，金融长期停滞，资本主义难以起步，因为资本主义的前提是承认资本本身创造价值，认可资本收益的合法性。那么，教会跟市场的排斥性竞争到何时开始改变，让商业从宗教的制约下走向世俗，使金融也获得自由解放呢？这就是新教改革带来的变革，新教改革把基督教跟市场的关系从排斥性竞争转向合作互补，并由此影响各大文明。

商业革命触动基督教商业伦理

到11世纪初期，基督教已经深入欧洲，对死后进天堂的盼望和对入地狱的恐惧是信徒普遍的心态，这种心态是基督教成功的基础。那时期正值耶稣受难后的千年日，《新约·启示录》第20章说，那也是魔鬼撒旦被关千年后暂时释放的时候，撒旦会毁灭天地，带来世界末日，每个人都会死并面对基督的终极审判，名字在“生命册”的完全信徒将上天堂，而名字不在其上的则是不完全信徒或者根本就不是信徒，被登记在另一案卷上，将被打入地狱，并根据罪行判定受罚程度。在《新约·启示录》的影响下，信众那时期对地狱的恐慌达到高点，“救赎”愿望异常强烈。教会说，苦修、禁欲可以赎罪，去圣地朝圣也能赎罪，参与圣战更能帮助赎罪，降低下地狱的概率。[96]所以，在1096年第一次十字军东征之前，欧洲沿地中海东岸和经由意大利前往耶路撒冷朝圣的人数出现空前增长。或者说，后来的七次十字军东征，还有更多小规模的东征行动，只是之前为赎罪而朝圣行为的延续。

前往西亚的朝圣与东征行动带来许多意外结果。其中之一是，欧洲人因此体验了丰富多彩的他乡异物，刺激出跨地区贸易，复苏了欧洲人在罗马帝国崩溃后失去的那种互联互通感受；[97]而且如此多的信众远途朝圣，住宿、餐饮和钱币汇兑需求巨大，所谓的欧洲“商业革命”由此开启。[98]到12世纪、13世纪，商业兴起不仅形成新的商人阶层和世俗文化，也催化了贸易金融的发展：[99]需求上升一方面使资金的价格——利率——上涨，另一方面扩大了介入金融交易的群体范围。在一定程度上，这一变化抬升了犹太人的经济地位，增加了欧洲社会对犹太人的嫉妒和憎恨，引发了更多暴力反犹（见上一节）。

十字军东征进一步激发了商业与金融发展，使社会重心从欧洲乡村转向城市，这也挑战了历来基于乡村生活的基督教，迫使教会修正一些教义，尤其是商业伦理。[100]如前文所讲，起初基督教不希望通过“一手交钱、一手交货”的市场交易实现人际互助，认为“天下皆兄弟姐妹”。可是，朝圣和东征开展以来，商业兴起是无法拒绝的客观存在，特别是在威尼斯、热那亚和其他南欧沿海城邦，贸易与金融都得到显著增长，如果教会的商业伦理继续不变，就难以面对现实。压力之下，神学家做出回应，调和现实和教义间的矛盾，不再一味地谴责商业利润、排斥经济关系的货币化。该时期最具代表性的人物是13世纪中期的圣托马斯·阿奎那，他松动了基督教关于商业利润的立场。

阿奎那在其经典著作《神学大全》中谈道，上帝安排的世上之人，天赋能力各种各样，所以人与人之间的专业分工也是上帝的本意，因为这样有益于达到各尽所能的目标；既然有分工，人们之间自然要交换，而交换是善是恶、是否公正，关键在于价格是否公正；只要价格公正、交换让双方受益，商业利润本身就既不该被赞美，也不该被谴责，在道德上是中性的；当然，如果商人用利润支持公益或其他善事，那就更符合道德标准了。阿奎那对赚钱行为表达了务实的中性态度。特别是在他看来，商贸虽然给人提供了行罪的机会，但商业本身不是罪恶的，关键要看商人赚钱的动机：如果他追求利润是为了自用、捐献教会或做其他善事，那么追求利润也是善行。经过阿奎那的宣导，到13世纪后期，基督教会对商业的立场已经有所缓和。

至于用钱赚钱的金融业务，阿奎那从小就深受亚里士多德的影响。他在《神学大全》中谈道，“有些东西的用途必然是消费：葡萄酒因有可以喝的用途而被消费，小麦因有可以吃的用途而被消费…… 有些东西的用途不是消费：例如使用一栋房子就是居住，而不是使它消失”。阿奎那把钱放在消费品一类，“在这类东西中，人们不应将东西的用途与东西本身分离开来。只要你让予人这样东西的用途，也就让予了这样东西本身”。[101]也就是说，房子本身和它的用途可以分开出售，但是葡萄酒却不能这样做，否则就是一样东西被卖了两次，得到的是不义之财。钱也如此，放贷出去的钱，被借贷人用去花掉买东西，这钱就被他“消费”了，而不是用去生长新东西，因此合乎伦理的做法是只要借方还回本金就行，而不应该有利息，放贷取息不公正。但是，阿奎那也说，在有些情况下可以收取利息。比如，如果放贷人承担风险、有可能蒙受一些非自愿的损失，那么利息就是对这种风险的弥补，这种利息符合道德；再如，放贷的人以合伙的形式组建企业，“通过合同把自己的钱交给某个商人或某个手艺人的出借人，并未就此把其钱款的所有权转让给借款者，所有权始终属于他。正如商人或手艺人自担风险用这笔借款经商或制作一样，他也有权期待从这笔钱获利，就如从他自己的财产获利一样”。[102]也就是说，把货币委托给生产者和企业去使用，可以收取超出本金的收益，即利息，因为生产能产出东西甚至利润，应当把利润的一部分给投资者。除此以外，放贷收息不道德，应当禁止。阿奎那的商业伦理比之前的教义靠近了现代金融经济学很多，但教会还是对用钱赚钱有许多禁区。

对于不信教的人，可能难以理解为什么信众那么在意教义的限制。意大利的美第奇家族或许可以解答。乔凡尼·美第奇（Giovanni di Bicci de’ Medici，1360—1429 年）很小就从父亲和亲戚那里知道钱庄业务，在父亲去世后就加入远亲的钱庄工作，积累经验。1397 年，他回到佛罗伦萨，正式成立美第奇银行（Banco di Medici），[103]从此拉开美第奇家族辉煌历史的序幕。在此后的两个多世纪里，美第奇家族不仅是佛罗伦萨的显赫世家，历代不乏银行家、商人和艺术资助者，而且多位后人统治过佛罗伦萨，出了三位罗马教皇（利奥十世、克雷芒七十世、利奥十一世）、两位法国皇后（凯瑟琳·德·美第奇、玛丽·德·美第奇）。美第奇家族曾挥金如土地支持文艺，资助过马萨乔、达·芬奇、米开朗琪罗、波提切利、提香等艺术巨匠，对文艺复兴运动有举足轻重的贡献。可是，正因为是靠办银行、用钱赚钱而发家的，美第奇银行的创始人乔凡尼·美第奇在弥留之际，躺在病床上整日做噩梦，担心自己因违犯教规、靠收息发财而被上帝惩罚，死后下地狱。因此，在去世之前的最后几个月，牧师天天坐在病床边为他祈祷，帮他忏悔赎罪。在当时欧洲的其他社会，也不乏从事有息放贷的银行家，但用钱生钱越成功的人，在弥留之际就越恐惧。

早期商业革命虽然促使教义对商业有所松动，但金融市场和商人诉求还是没有从教会的管制中完全解放，没被归为世俗事务。在阿奎那之后，一个重要的转折点是 1347 年开始席卷欧洲的黑死病。1346 年时欧洲有 4000 多万人口，在接下来的几十年里，至少有 2500 万人死亡。根据沃特兰德和沃斯的估算：[104] 15 世纪和 16 世纪的上半期，瘟疫和旱灾特别频繁；在 1347—1536 年的 190 年，每 7 年欧洲就有一次大瘟疫；在 1536—1670 年，每 15 年有一次瘟疫发生。频繁的瘟疫和灾荒导致欧洲人口减半，特别是北欧受影响最大，经济遭受衰退，但其下降幅度低于人口降幅，于是黑死病后，欧洲人均收入上升。沃特兰德和沃斯进一步推断，人均收入上升造成产业结构从收益低的农业往利润高的产业转移，促使大量人口迁往城市，城市化因此提速。

据欧兹曼（Ozment）的研究，[105]在1517年新教改革开始之后，80%的城市选择放弃天主教，接受新教。之所以城市比农村更容易接受新教，是因为城市居民除了更会独立思考之外，相互住得近，得到信息的速度快、信息量也大，便于交流意见，相互影响更深，而且他们也更有钱、受教育程度更高。因此，自11世纪启动的商业革命和后来的黑死病，使欧洲人尤其城市人不再是乐于听话的羔羊，而是更有独立思考能力的人。这些变化使社会呼唤新的商业伦理，为新教改革做了重要铺垫。

新教改革的起源

在这样的社会背景下，教廷又偏偏要在罗马修建圣彼得大教堂，这需要大量资金。在1517年前后，罗马教廷要求各地教会大规模出售赎罪券（indulgences）。赎罪券从11世纪十字军东征时期开始流行，是教会重要的筹钱方式，它让信徒花钱向教会赎买将来在炼狱（purgatory）的苦刑，减免死后在炼狱等待的时间；信徒甚至也可给已过世的亲人代购赎罪券。按照基督教神学，炼狱介于天堂和地狱之间，是不完全的信徒死后暂居的地方，接受暂时惩罚；如果人在死前只有轻微罪孽或者做了完全的忏悔，那么炼净罪孽之后还能去天堂；否则，会在炼狱里待很久，最后只能去地狱。俗语道："银币叮当落进箱底，灵魂雀跃跳出炼狱。"[106]教会对此的解释是，耶稣基督和圣徒们留下了大量的功德，尤其耶稣在十字架上遭遇的苦难更是功德无量，教会有权把这些功德释放给其他信徒，为他们代赎那些非永恒的罪罚。16世纪初为建造圣彼得大教堂，不仅教会大量销售赎罪券，而且还使用了许多花招，比如，宣称那期间出售的是"全大赦赎罪券"，也就是说，可以把买方过去所犯的各种罪都一笔勾销，将他恢复到初生婴儿那样的纯洁状态！这种"全大赦赎罪券”很罕见，价格奇高，立刻轰动各地。

这些行动激怒了当时德国的马丁·路德，迫使他从1517年开始讨伐罗马教廷及天主教体系，启动终结“欧洲中世纪”的“新教改革”（The Reformation）。马丁·路德出生于1483年，年轻时读书立志做律师。可是，1505年的一天，他走在路上，遇到暴雨被雷电击倒在地，恐慌中向上帝求救：“圣安妮，救救我！如果得救，我会终生做僧侣，奉献给上帝的事业！”[107] 痊愈之后，路德不顾家人的反对，果真放弃做律师的努力，搬进修道院，成为僧侣，天天修行，研习经书。

在教廷为圣彼得大教堂募资之前，路德在布道时就多次批评赎罪券，认为那是教廷的腐败。而到1517年，教廷更是派牧师到德国兜售赎罪券，不管信徒是否在心灵上忏悔，声称只要付钱就能赎罪！这让马丁·路德忍无可忍！1517年10月31日，他刊出著名的《九十五条论纲》，公开反对赎罪券，挑战罗马教廷的权威，其主要论点是：赎罪券最多只能赎买世俗惩罚，但炼狱是不认赎罪券的，因为炼狱是神所加的罪罚，人世间的教廷无权决定！“唯有经历各种苦难，而不是虚假的平安担保，才能有把握进入天国。”他强调，由于赎罪券给购买者一种错误的安全感，其害无穷。

此后，马丁·路德到处演说并参加辩论，也不断遭到教廷的追杀。在1519年跟一位神学家的辩论中，路德说，“主教大会有时也会犯错误。无论教会还是教皇，都无权重立信仰条例。信仰只能源自圣经教义”。[108]在1520年出版的《教会遭到巴比伦式俘虏》（*On the Babylonian Captivity of the Church*）中，马丁·路德强调，是教廷剥夺了基督徒自己直接与上帝对话的权利，因为教廷推出“七件圣事”—— 圣洗、坚振、感恩（圣体）、忏悔、病人傅油、圣秩以及婚姻（《天主教法典》）——来度量基督徒实现“完美人生”的进度，只有完成了这七个里程碑才能是完全的信徒，就这样将信众的人生关注都集中到教会规定的表面礼仪上，而不是努力研习教义经书、与上帝直接对话；教廷让自己站在信徒与上帝之间，声称自己代表上帝，告诉信众上帝是如何说的、该如何解读《圣经》，等等。鉴于此，他呼吁信徒不要听信教皇与教会这些“中间人”的说教，而是自己去读《圣经》、自己与上帝对话，因为教皇和其他神职人员也都是人，充满了私利和腐败！

在另一本经典——《论基督徒的自由》中，马丁·路德系统阐述了“因信称义”：基督徒是因信耶稣基督为唯一神而实现“义”、得到拯救，而不是靠执行教会规定的礼仪、规条、善行，尤其不是靠买赎罪券才获得神的拯救。也就是说，死后是上天堂还是进地狱，不取决于是否遵守教会礼仪和善行，而是取决于是否虔诚信仰耶稣基督、谨守教义，所以基督徒相对于教会的规章礼仪而言是自由的；同时，基督徒因为信而达到富足，必然会借着爱而行出种种善行，甘愿服侍众人，所以又是不自由的。“基督徒是全然自由的万人之主，不受任何人的管辖。基督徒是全然顺服的万人之仆，受一切人管辖。”相形之下，罗马教廷要求的规仪，与是否能成为完全的基督徒无关。基于教会礼仪的善行如果不是以信仰为前提，那么那种善行是表面的，不一定带来救赎；而如果信仰耶稣在先，则不管有没有遵循教会礼仪，信徒自然会主动行善，实现“义”并获得拯救。

马丁·路德对“因信称义”的解说否定了罗马教皇与教廷的权威，认为教廷只代表他们自己的利益，是世俗化的表现。在马丁·路德跟教廷的论战中，各教区信众尤其各城邦国王的立场最为关键：他们是支持教皇还是与马丁·路德站在一起，决定这场争执的结果，如果教廷胜利，马丁·路德会像之前的异己牧师一样被处死。

在这种时候，信众的独立思考能力极为重要。一方面，如前所述，商业革命使欧洲城市化人口上升，文化水平提高，盲目听话的人口占比下降，这对教廷不利。另一方面，到16世纪初，活字印刷机已经推广到欧洲许多地方，使马丁·路德的反教廷书籍在各地大批量印刷，众多教徒都能看到他的解说，这是前所未有的新格局，这也对教廷不利。由于那时候的运输成本高、运输容量小，如果集中于一地印刷，然后把书批量运往各地，那就无法运送太多书，不利于马丁·路德思想的传播；而如果各地分散印刷，就不存在批量运输问题。所以，连马丁·路德也说，大量印刷机的出现是“上帝送来的最高礼物，有了这个礼物才使上帝的福音得以传播”。[109]关于印刷技术对新教改革的贡献，历史学者多有讲解，比如马克·爱德华兹的著作。[110]鲁宾教授收集了公元1500年前后欧洲各地的印刷机数量发现：[111]有印刷机的地区，接受新教的可能性显著高于没有印刷机的地区——印证了之前学者的假说。而另一项研究表明，[112]1517年后，马丁·路德的书籍销售越多的地区，更会抛弃罗马教廷，接受新教。

加尔文新教与金融解放

马丁·路德对教廷的成功挑战，也影响了其他神学家，带出一批宗教改革家。其中，对金融和资本主义发展影响最大的是约翰·加尔文（图7.5）。加尔文生于1509年的法国，后来在多个城市上学、居住，受马丁·路德的影响很深，成长过程中也接触了很多律师和商人，对合约和抵押等法律工具极为熟悉；后来搬迁到瑞士的日内瓦，更是接触到商业和金融。这些经历使加尔文对待商业与金融的态度跟马丁·路德大为不同，后者受农民和修道士的影响极深。这些背景差别使马丁·路德对有息放贷极有敌意，但加尔文却为有息放贷“正名”。[113]《新约》有这样一个故事：

图 7.5 约翰·加尔文 [114]

……好比一个人要往外国去，就叫了仆人来，把他的家业交给他们。按着各人的才干，给他们银子。一个给了五千，一个给了二千，一个给了一千。就往外国去了。那领五千的，随即拿去做买卖，另外赚了五千。那领二千的，也照样另赚了二千。但那领一千的，去掘开地，把主人的银子埋藏了。过了许久，那些仆人的主人来了，和他们算账。那领五千银子的，又带着那另外的五千来，说，主阿，你交给我五千银子，请看，我又赚了五千。主人说，好，你这又良善又忠心的仆人。你在不多的事上有忠心，我要把许多事派你管理。可以进来享受你主人的快乐……那领一千的，也来说，主阿，我知道你是忍心的人，没有种的地方要收割，没有散的地方要聚敛。我就害怕，去把你的一千银子埋藏在地里。请看，你的原银子在这里。主人回答说，你这又恶又懒的仆人，你既知道我没有种的地方要收割，没有散的地方要聚敛。就当把我的银子放给兑换银钱的人，到我来的时候，可以连本带利收回。夺过他这一千来，给那有一万的。因为凡有的，还要加给他，叫他有余。没有的，连他所有的，也要夺过来。把这无用的仆人，丢在外面黑暗里。在那里必要哀哭切齿了。(《新约·马太福音》25：14–30)

加尔文说，从这个《圣经》故事可以看出，耶稣基督对待勤劳获利是赞赏的，不仅没有贬低追求利润最大化的行为，反而高度奖励、祝福；相比之下，第三个仆人拿了一千银子，什么都没去做，既不去投资经营这些钱，甚至也没有“放给兑换银钱的人”去收息，因此他被主人骂为“又恶又懒的仆人”。

加尔文认为，耶稣的话明确告诉我们，不仅经商赚钱值得称赞奖励，放贷收息也是正当的。[115]在加尔文看来，钱的价值不在于被藏起来、不用于投资，而在于产生收益。尤其是关于用钱赚钱，他跟朋友在信中说：“既然出租土地能够收地租，为什么放贷货币就不能收利息？”[116]也就是说，既然可以把货币财富用去买土地和房产，再以此合法收取地租、房租，这与直接将货币资本放贷出去收息，看不出有本质差别。放置不用的货币不能升值，但是借债者并不是置之不用。因此，债务方从他的收益中支付一些利息，这种利息是由借来的货币产出的收益的一部分，显然是正当的。“如果富人想买一块地，但得向另一人借一部分钱，那么借给他钱的那个人在收回本金之前难道不可以获取农田产出的部分收益？这样的事每天都很多，就公正性而言，这里的高利贷并不比买卖更坏”。[117]正因为加尔文的新教学说，韦伯在《新教伦理与资本主义精神》中写道，[118]是新教改革结束了中世纪，为资本主义在近代的腾飞提供了必要的商业伦理。

新教国家与天主教国家的长久对比

在16世纪上半期马丁·路德成功挑战教廷之后，加尔文等修正了基督教的商业伦理，尤其是树立了"用钱赚钱"的道德正当性。那次宗教改革将基督教欧洲分成两大派系：一派是继续紧跟罗马教廷的保守派，后来通称为"天主教"；另一派是"新教"，包括信仰马丁·路德教义的"路德宗"、信仰加尔文教义的"加尔文宗"等。在地理分布上看，意大利、法国、西班牙、葡萄牙、奥地利等欧洲南部国家，基本都继续信天主教，他们也把天主教带到之后在南美、亚洲和非洲开发的殖民地，以至于南美、菲律宾等地今天还以天主教为主；而德国、北欧国家都选择了路德宗新教，荷兰、英格兰、苏格兰以及英国后来的殖民地美国、加拿大、澳大利亚等选择加尔文宗新教。新教国家，尤其是加尔文宗新教国家都得到了金融解放，新教徒从事有息放贷等金融活动不再有道德障碍，不用担心下地狱，从此加入与犹太人的竞争。

回头看，基督教等宗教在创立时，初衷是建立基于"义"的人际互助，但在后来的实践中，一旦宗教体系发达、凝聚力强了，其具体的组织和运行难免受到世俗利益的侵蚀，尤其在没有竞争压力的情况下，既得利益会不断绑架宗教本身。走到一定地步时，改革压力必然会大。16世纪的新教改革就是发生在压力下，并从此改变西方的历史，其长期影响延续至今。

在解释新教改革为什么重塑西方文明之前，我们不妨先对比新教国家与天主教国家自16世纪以来的发展差异。斯坦福大学杨教授将西欧国家分为两组，[119]新教国家组包括丹麦（在1870年，新教人口占99%，括号中的数字均表示1870年该国新教人口占比）、瑞典（99%）、挪威（99%）、芬兰（98%）、英国（91%）、德国（62%）、荷兰（61%）、瑞士

（58%），而天主教国家组包括爱尔兰（1870 年时，天主教徒占 88%，括号中的数字均表示天主教徒人口占比）、法国（95%）、奥地利（91%）、意大利（97%）、西班牙（97%）、葡萄牙（97%）和比利时（95%）。图 7.6 给出 1500 年至 1850 年这两组国家的人均 GDP 表现：在新教改革之前的 1500 年，天主教国家的人均 GDP 为 817 美元（按 1990 年美元算），高于新教国家的 692 美元，前者为后者的 1.2 倍；到新教改革之后的 1600 年，天主教国家还是略高一点，但两者已经很接近；到 1700 年，天主教国家人均 GDP 为 951 美元，明显落后于新教国家的 1088 美元。再往后，新教国家就更是领先，从图 7.7 看到，这个趋势一直持续到 1940 年左右，那时天主教国家的人均 GDP 降到新教国家的 0.6 倍。二战结束之后，通信与交通技术快速发展，欧洲重建，特别是 1957 年欧洲经济共同体的成立以及 1960 年欧洲自由贸易联盟的形成，弱化了国界的含义，打通了天主教与新教国家之间的经贸联系，使资本和劳动力的跨国流动阻力极小，促成两组国家之间的人均 GDP 快速趋同。到 2000 年前，新教国家的人均 GDP 只高出 5% 左右，但还是领先。

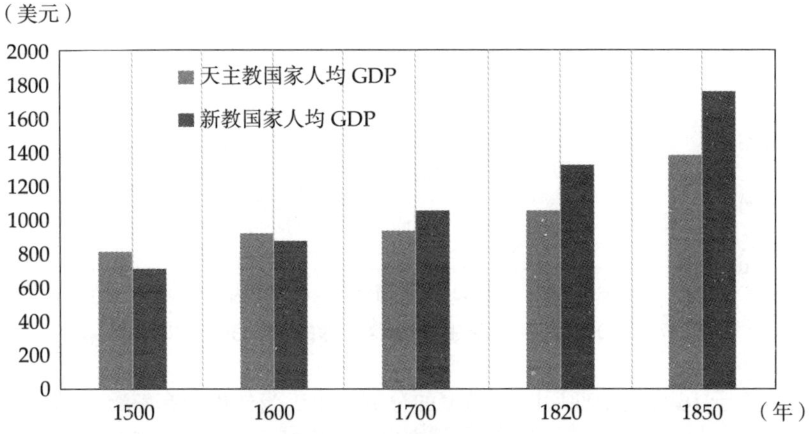

图 7.6　1500—1850 年新教国家与天主教国家的人均 GDP 对比 [120]

注：图中人均 GDP 以 1990 年美元为基础。

天主教国家的增长速度从 16 世纪开始落后于新教国家，这令人极为震惊，因为 1492 年，热那亚人哥伦布在西班牙皇家的资助下发现了美洲大陆，让西班牙得到资源丰富的墨西哥等拉美殖民地，并从那里运回大量金银财宝；紧接着，葡萄牙人发现了巴西，开辟了沿非洲绕过好望角进入印度洋的海上商路，并称雄印度洋 1 个多世纪（第九章会更详细讨论）。在 16 世纪大西洋贸易兴起中，葡萄牙和西班牙是主角，理应在后续世纪中引领欧洲。尤其是文艺复兴发源地意大利，在 1500 年时为欧洲首富，其人均 GDP 为 1100 美元，比排在第二的比利时高出 25%，比当时的荷兰高出 45%。可是，在之后的两个世纪里，意大利经济停滞不前，到 1700 年，荷兰、英国和比利时的人均 GDP 都超过它，到 1820 年多数西欧国家都比它富有。[121] 为什么这些欧洲南部国家从 16 世纪开始落后？这跟它们紧跟罗马教廷有何关系？

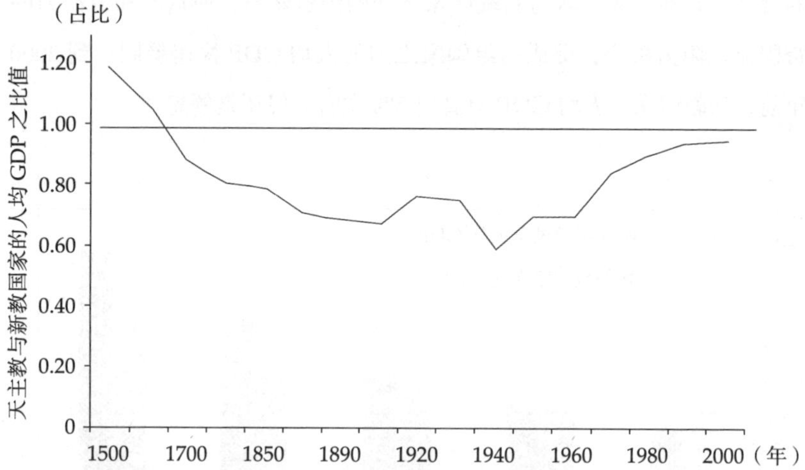

图 7.7　1500—2000 年天主教与新教国家的人均 GDP 之比 [122]

关于 16 世纪中期后欧洲国家的分流历史，当然也别有解释。其中，阿西莫格鲁、约翰逊和鲁宾孙三位教授在他们 2005 年发表的量化历史研究中，[123]从是否参加“大西洋贸易”和是否为“强君主国”两个维度，对欧洲国家做了区分，例如：西班牙和葡萄牙都参与了大西洋贸易，也都是强君主国，而荷兰与英国虽然参与了大西洋贸易，但君权很弱。他们的分析表明：参与大西洋贸易的国家在1500年后比不参加的国家增长得更快，但如果像荷兰和英国那样既参加大西洋贸易又是弱君主国，那么其经济增长会最快。原因在于，君权很弱的国家给市场和民间社会更大的发展空间，市场受到权力的干预少，有更多机会自发形成良性制度，因此弱君权更有利于经济发展。可是，对他们的样本国家做进一步的考察会发现，那些弱君权的国家都是新教国家，而强君权国家都为天主教国家，所以他们的“强君主国”变量基本可以由天主教取代，他们的分析其实也是基于天主教与新教的区分。

除人均GDP外，新教国家的优势也体现在其他指标上。城市化是经济史学者用以判断经济与社会发展进程的指标之一。人口密度反映一个社会的城市化程度，它不仅体现经济增长，也体现社会的组织与治理能力、对资源的使用效率。比如，人口密度越高，对基础设施与社会秩序的要求就更高，资源使用效率也必须更高，否则容易引发治理危机。1600年前后，西班牙平均每平方公里有12人，17世纪增加到17人，20世纪初增至39人，三个多世纪里人口密度翻了两倍多。[124]意大利在1672年的人口密度为36人，到1911年升至115人，也翻了两倍多，而法国的人口密度从1650年的31人增长到1921年的69人，翻了1倍多。此期间，葡萄牙的人口密度变化不大。相比之下，新教国家经历的变化要大得多：英国在1600年每平方公里30人，到20世纪初为每平方公里184人，翻了5倍多；同一期间，荷兰从每平方公里45人上升到205人，增长近4倍。德国人口密度由17世纪末的每平方公里17人，增至1910年的178人，翻了9.5倍。因此，在城市化和人口密度指标上，新教国家也胜过天主教国家。特别是，到20世纪早期，英国、荷兰、德国等新教国家的人口密度，都远超葡萄牙、西班牙、意大利、法国等天主教国家。

从诺贝尔奖得主人数看，新教国家也更加突出。自1901年到1960年的60年里，按各国平均每百万人口得诺贝尔奖的人数计算，瑞士排第一，有2.62位得奖；丹麦排第二，有1.43位得奖；等等。榜单排名前十的国家中，有8个为新教国家，包括瑞士、丹麦、荷兰、瑞典、英国、德国、美国、芬兰。而以天主教为主的奥地利排第三，是因为二战期间，一些犹太科学家逃离德国落户奥地利，法国的情况也类似。总之，在诺贝尔奖、体育比赛奖项方面，新教国家仍然优势显著。[125]

在金融市场发达程度方面，区别更大。根据阿兰·佩雷菲特《信任社会》的介绍，从13世纪到16世纪，意大利的民间借贷市场（世俗地下借贷）比欧洲其他社会更加发达，利率最低，其次是西班牙、葡萄牙、法国等欧洲南部国家，而同期的荷兰和英国的借贷利率较高。但新教改革后，从17世纪初期开始，情况则完全逆转，荷兰和英国的利率变为最低，金融市场发展领先天主教国家，包括超前于意大利。而到1999年，新教国家的资本市场更加发达，股市市值与GDP之比平均为1.5左右，而天主教国家的股市市值平均不到GDP的70%。[126]因此，新教改革之后的4个世纪里，天主教国家的金融发展显然落后，尤其和英国、美国等加尔文宗新教国家相比，相差很远。

为什么新教国家发展更好？

那么，在16世纪新教改革后，到底是什么造成新教国家跟天主教国家的显著分流呢？对这个问题的回答可以帮助我们进一步理解宗教在文明化进程中的作用。

首先，当然是加尔文对“有息放贷”的解放。正因为荷兰、英国在16世纪接受了加尔文宗，并在殖民扩张时期将加尔文宗新教带到美国、加拿大等殖民地，让这些国家也能自由地发展各类金融创新；相比之下，选择继续紧跟罗马教廷的天主教国家，对有息放贷的态度还是负面，甚至比改革之前更排斥。于是，在16世纪之后，新教国家的金融水平逐步超越天主教国家。金融工具的多元化发展给大众提供了教会之外的避险与跨期互助选择，也就是说，在新教社会里，“宗教”与“金融市场”之间不再是排斥性竞争关系，而是合作互补关系，这就提升了他们应对风险与解决融资的能力，由此，金融解放也促进了新教社会其他方面的发展，[127]包括使经济、科学和文化不再受到之前那样的束缚。

R.H. 托尼（R.H.Tawney）在他的名著《宗教与资本主义的兴起》中强调：[128]在新教改革之前，世俗世界里商业和金融都在教会的阴影下进行，而新教改革带来的最大差别是把商业活动和金融交易从宗教管控中解放出来，让商业与金融完全归世俗世界，不再属于教会过问的事情；是商业与金融的世俗化让资本主义先在新教国家兴起，而不是其他。托尼谈道，商业与金融从教会解放经历了一段过程：改革之初，许多改革者也痛恨有息放贷和商人逐利，比如前面就引用了马丁·路德对放贷者的深恶痛绝，但是稍晚一些经过加尔文的诠释，情况开始发生变化，逐步把宗教跟商贸金融领域分离，让商业的归商业、宗教的归宗教；到17世纪中期，商业伦理已不再是新教教会干预的事，市场和金融已经非常自由。相比之下，天主教要等到1962—1965年的梵蒂冈第二次大会，才正式大幅放松对商业与金融伦理的管制。[129]

而韦伯在《新教伦理与资本主义精神》中指出加尔文教义是新教国家成功的主因，[130]认为是加尔文的“先决论”（predestination）启动了资本主义火车头，使新教国家跟天主教社会拉开距离。加尔文教义称，上帝早就选择让一些人上天堂永生、一些人下地狱永死，[131]而这些先决是教会或任何其他组织和个人所无法改变的，包括德行与善行也改变不了，只是我们不知道谁被选中永生、谁被选中永死。那么，怎么可以找到“我是被选中的人之一”的信号呢？加尔文说，如果你在日常生活与工作中经常成功并发财致富，那就是你被安排“永生”的证据！在物质方面是否成功就是验证自己是否遵循上帝意旨、是否被选中永生的信号。他强调，经济成功本身不能保证上天堂，但被上帝安排永生的人必然会获得经济成功，成功就是信号！与此对比，如果一个人不愿努力、不愿工作，那就是他被安排下地狱的信号。

加尔文教义给他的新教信徒带来巨大的信息挑战。为了尽快知道自己是否被选中永生，新教徒一方面要遵循教义而生活、工作，另一方面必须加倍努力发财致富，探求预测自己是否被安排上天堂永生的信号，同时也必须勤俭节约、优化投资，以便让自己的财富不断积累扩大。在1560年《基督教原理》第三卷第14章中，加尔文说道：

那些富有的人，现在心有慰藉的人，喝得酩酊大醉的人，开怀大笑的人，睡在象牙床榻上的人，财富应有尽有的人，他们的宴会有竖琴、诗琴、铃鼓伴奏，还有玉液琼浆，这些人为何要遭诅咒呢？诚然，象牙、黄金和财富皆为上帝的美丽造物，允许甚至是专供人享用的。开怀欢笑、一醉方休、购物置产、奏乐助兴、畅饮美酒，在任何地方都不遭禁。这是确实的。但是，一个大富豪，倘若沉湎于寻欢作乐，醉心于及时享乐，并无休止地追求新的享乐，那么他离健康、正当使用上帝的恩赐就相去甚远了。[132]

加尔文的口号是：让上帝的所有恩赐都产生效益，包括个人的天赋

（即人力资本），但不能滥用上帝的信任。韦伯认为，加尔文的新教伦理不仅解放了金融，而且更激励信徒去发奋努力，追求物质财富的最大化，资本主义精神也因此在新教社会诞生，让这些国家走在天主教国家前面。

关于新教国家领先的第四种解释基于伊拉斯谟和马丁·路德对自读《圣经》的主张。早在 1516 年 2 月，伊拉斯谟就倡导结束教会对《圣经》阐释权的垄断，他挑战道："为何把属于所有人的共同信仰局限在少数几人身上？将教义交由神学家或僧侣等少数人，是不合逻辑的。""那些想禁止无知者阅读译成通俗文本《圣经》的人，我与他们的意见强烈地不同……我期望所有的女子都能阅读《圣经》。"[133]前面谈到，马丁·路德在挑战教廷并开启新教改革时，告诫人们不要听信教廷是上帝在人间的代言人，呼吁信众自己阅读《圣经》并直接跟上帝对话，而不是经过教会这些中间人！那么，信众自己怎么读《圣经》呢？这就要求每个人会读书识字。因此，由于改革的影响，新教社会的文盲率应该很低，受教育程度应该普遍高。这就跟前面谈到的犹太人的经历一样，公元 70 年第二圣殿被摧毁，犹太教被迫要求每人自读《妥拉》，并因此延伸出每个犹太男孩必须从小读书的传统，投资了人力资本。

在新教主张教徒自读《圣经》之后，天主教会则推出"反新教改革"（Counter-Reformation）举措，包括烧书、禁止独立思考、打压科学和科学家，把读书行为看成对教廷的背叛。这些反应使天主教徒不敢读书，也不敢自读《圣经》，甚至不让子女上学。按照兰德斯教授的评论，正由于南欧社会的反改革举措，"让地中海欧洲整个地错过了科学革命的列车"，[134]天主教国家因此落后了。

新教和天主教这两种截然不同的主张，一个要求信徒自读《圣经》，一个反对自读《圣经》，这是否真的造成新教国家与天主教国家之间的教育大分流，并使它们之间的人力资本差别悬殊呢？为了回答这个问题，量化历史学者将研究集中在比较两组国家之间的识字率上。历史学者查阅了欧洲各社会的婚书档案，看个体在婚书上是正式签名，还是只画了个“十”字或干脆声明“不会签字”[135]——这跟中国人以前文盲画押签字一样。如果能签名，就认为他能读书；否则，就是文盲。图7.8引自佩雷菲特《信任社会》，该图显示了在欧洲，每个国家在哪个时期实现了过半的20~30岁男子脱盲。从图中看到，以新教为主的瑞典、丹麦、荷兰、德国以及英国一些地方在1700年以前就达到半数男性脱盲，而英国

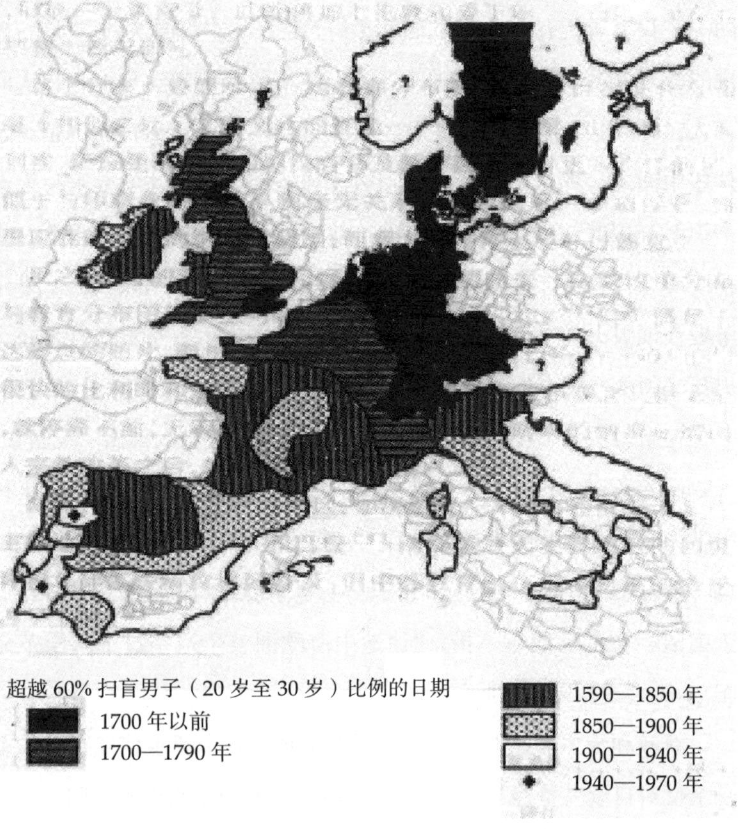

图7.8 欧洲各地区达到年轻人脱盲过半的时间

北部、法国北部、比利时、奥地利是 18 世纪完成半数男性脱盲，意大利、西班牙、法国南部这些天主教社会，则要等到 19 世纪甚至 20 世纪才实现过半男性脱盲！

以瑞典为例，瑞典以路德宗新教为主，教会在 17 世纪发动了多次扫盲运动，到 1700 年超过 80% 的青年能读书写字。[136]而另一个极端是意大利，意大利是文艺复兴的发源地和中心，于 14 世纪、15 世纪翻译、印刷了大量古希腊著作。在新教改革运动之前的 1480 年，意大利比任何其他地区都拥有更多活字印刷机，书籍出版领域活跃，引领着欧洲的文化潮流。可是，在 16 世纪的新教改革中，意大利效忠罗马教廷，让教育倒退。结果，直到 19 世纪末期、20 世纪上半叶，意大利才实现过半年轻男人扫盲的目标。[137]公元 800—1600 年，西方科技发明中有 25%~40% 是意大利人的贡献，而在 1726 年后，他们的贡献率下降到 3%。[138]可见，在新教改革后，意大利倒退严重。

图 7.9 显示，到 1850 年时，欧洲国家文盲率跟新教徒占比之间有显著的负相关关系：新教人口占比越高，文盲率越低。也就是说，由于新教反对教会垄断《圣经》的解释权，主张教徒自读《圣经》，新教社会必然重视教育。到 1890 年，以小学教师占人口比例算，总体上是新教国家的小学老师占比更高，天主教国家落后。[139]

正因为教育决定一国的人力资本高低，新教因为要求自读《圣经》而重视全民教育，天主教反之，16 世纪后期以来，新教与天主教国家之间的人力资本差距不断扩大，造成前面谈到的新教国家发展更快、天主教国家落后的结局。这是基于人力资本对 1600 年以来两组国家分流的解释。[140]

在欧洲政治制度发展方面，议会于 12 世纪首先在西班牙出现，随后从欧洲南部往其他城邦扩散，但从 16 世纪开始出现严重分化。在一本量化历史著作中，三位学者对比了天主教和新教国家的议会制度发展史，

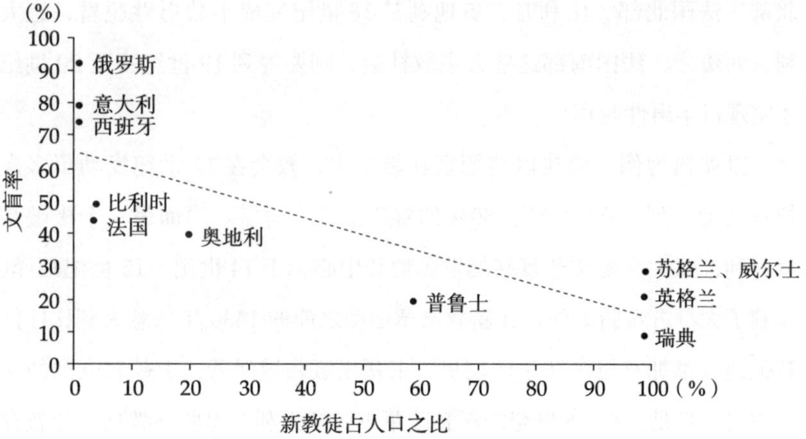

图 7.9 1850 年时欧洲国家文盲率跟新教徒占人口之比的关系[141]

发现：[142]如果以议会每年实际开会次数和对国王的权力制衡程度做评估，那么到 18 世纪末，西班牙等天主教国家的议会已基本不发挥作用，而英国、荷兰等新教国家的议会对王权构成实质性制约。议会权力的差别也导致新教和天主教国家在之后出现分流。

白营和龚启圣在 2015 年发表的论文中，[143]基于 1175 个县的数据，研究了基督教在中国传播两个世纪后所带来的影响，发现：截至 1920 年新教徒越多的县，其城镇化率和总体发达程度越高；相对而言，天主教徒的数量多少对一个县的发展影响并不显著。而新教的影响之所以很显著，也主要是因为他们在当地办学校、开医院，既育人治病又传播知识，影响当地的人力资本发展，此种影响甚至持续到今天。因此，不同宗教伦理和传教方式给欧洲带来的差别，也得到中国经验数据的支持。

在经历了 16 世纪的改革后，基督教世界发生了巨大变化，到今天，虽然天主教和新教之间还存在实质区别，但其边界已经模糊很多。相比之下，其他主要宗教如印度教、佛教、伊斯兰教等，至今还没有经历类似的商业伦理改革，以至于在以这些宗教为主的国家里，金融市场尤其资本市场的发达程度不仅远远低于新教国家，甚至低于天主教国家。

结语

自轴心时代以来，佛教、犹太教、基督教和伊斯兰教在全球扩散，一方面通过信仰在各社会建立跨期诚信秩序，帮助信众化解风险，另一方面减少信众对死亡的恐惧，借助天堂与地狱的差别体系规范行为，以威慑支撑道德秩序。但是，在带来这些积极价值的同时，宗教在历史上也造成高昂代价，尤其是为了强化信仰社群的内部凝聚力，一神教不断将“我们”（信众）与“他们”（非信众）的识别边界明确化，甚至敌对化，也包括采用排斥金融这样的替代互助方式。所以，就有了上一章谈到的 11 世纪至 13 世纪的十字军东征、基督教与儒家的“礼仪之争”，而这一章以基督教禁止有息放贷和宗教反犹作为起点，进一步介绍了宗教对金融的长久抑制，以及由此激化基督徒对犹太人的仇视。基督教、伊斯兰教之所以很早就禁止有息放贷、排斥金融市场，是因为如果个人可以自由借贷，那么他们对教会的依赖就会大大下降。道理在于，宗教提供的服务可以被视作俱乐部商品：每人从中获取的风险保障，取决于其他成员在这个俱乐部中投入的资源多少；当一些成员有外部保障时，投入俱乐部的资源必然因此下降，损害教会对新加入者的吸引力，降低已有成员抵抗风险的能力。于是，唯有排斥外部金融，教会才能维持自己的地位、独显光彩。[144]在认识到宗教的保险作用和其他正面贡献的时候，也不能忽视其背后的代价，否则就难以有全面认知。也正是由于这些负面代价，传统上由宗教实现的保险作用已经逐步被金融市场、政府福利所取代，后续章节会再回到这些话题。

16 世纪加尔文的新教商业伦理改变了基督教与市场之间的关系，二者从原来的排斥性竞争转变为互补合作。尤其将金融议题留给世俗社会，“该撒的物当归给该撒，神的物当归给神”（《新约·马太福音》22：21），使“利息”和“用钱赚钱”不再背负伦理枷锁，新教徒也可成为银行家、金融家，不必担心下地狱。然而，拒绝接受新教继续紧跟罗马天主教的社会，对金融市场的限制仍然存在（尽管因为新教的影响，这些社会也在慢慢放松限制），到 20 世纪才完全松绑。[145] 16 世纪宗教改革之后，在新教国家里，民众的彼此尊重与信任程度显著高于天主教国家，[146]社会稳定度高，普通人识字率也高。总之，由于加尔文的“先决论”和金融解放，16 世纪后，新教国家在金融发展、收入水平、科技创新，甚至体育场上等，都走在天主教国家前面。[147]

以往的著作只从精神信仰和文化角度讨论、解释宗教的发展，很少顾及宗教背后的经济尤其是金融逻辑。如果基于非经济框架，我们可能难以理解宗教跟儒家、金融市场及政府福利之间的竞争张力。从化解风险以提升安身立命能力的视角做解读之后，我们看到，宗教、宗族、市场和政府代表着解决人际跨期互助、跨期信任的四种不同愿景，每种愿景在不同社会和不同历史时期都有坚强的支持者，而每种愿景的支持者都希望自己热衷的解决方式成为主流，于是就有了相互间的排斥性竞争，而不是相互补充。这一章的讨论让我们看到，虽然基于宗教解决风险挑战的方案有其可取之处，但代价也大，并牺牲众多发展机会。

过去近 5 个世纪里，新教和天主教国家之间的大分流显示：率先拥抱市场、解放金融的宗教，在长期发展中胜出。从长远看，市场应该是最高效的应对风险方式，也是人类文明化进程中持续的推动力。接下来的三章将分别讨论人类如何通过发展商品市场与金融市场，更好地应对风险、降低暴力。

附录　计量经济学术语解释

i　计量分析：是利用回归分析、工具变量等统计工具，对真实世界的观察数据进行分析，从而研究变量之间的因果影响关系的分析方法［整合自：Stock, James, and Mark Watson, *Introduction to Econometrics*, 4th Edition, New York: Pearson (2009)］。例如，在科尼利厄斯和埃尔伯恩（Elbourne）的研究中，研究者利用线性回归和逻辑回归方法，构建出罗马北部降水量变化对罗马皇帝在下一年被杀死的概率变化的影响关系，即降水量每减少 19%，罗马皇帝在下一年被杀死的概率会上升 13.4%。

ii　回归分析：是计量分析的一种具体方法，目的是确定变量间相互依赖的定量关系，如某一变量（解释变量、自变量）的变化如何造成另一变量（被解释变量、因变量）的变化。

回归分析可以分为这样几类：根据自变量的个数，分为一元回归分析和多元回归分析；根据因变量的个数，分为简单回归分析和多重回归分析；根据因变量和自变量的关系类型，分为线性回归分析、非线性回归分析，等等。

一个回归分析的经典例子［参见：Stock, James, and Mark Watson, *Introduction to Econometrics*, 4th Edition, New York: Pearson (2009)］：中学班级学生–老师比例对学生成绩影响的研究。经过一元线性回归分析，研究者发现，学生与老师的相对比例每增加 1，学生平均成绩就会下降 2.28 分，而在加入母语是否为英语等反映家庭背景的控制因素后，多元线性模型仍显示学生–老师比例对学生成绩具有负向影响。当然，想知道这种影响究竟是因果关系，还是仅为相关关系，需要做进一步的计量分析。

iii　显著性：反映计量分析中所做检验假设正确与否的概率，常用于判断是否存在因果关系。具体来说，在量化分析的过程中，我们会做出某个假设，并根据分析结果决定是否接受这一假设。由于原假设通常难以 100% 肯定是正确，也难以 100% 否定，所以计量分析都会给出原假设成立（或者不成立）的概率估值，此概率离 0 或者 1 越近，我们拒绝或接受原假设的信心越足。

例如，在对两汉期间每 10 年农民起义次数与气温变异关系的研究中，我们会首先假设两者之间并不存在关系，而后我们通过回归分析发现，气温对起义次数存在负向作用，因此决定拒绝原假设。那么，我们对做出的这个判断有多高的信心呢？如果原假设正确而我们错误拒绝的概率小于 5%，那么我们有"95% 以上的信心"相信我们所做的判断是正确的，这时我们便可以说气温对起义次数具有负作用，而且这一结果显著，如果犯错概率更小，则信心更强；反之，则无法有充分理由决定拒绝，因而结果不显著。一般而言，我们以 5% 和 1% 作为显著性的判断临界点。

iv 相关系数：反映两变量变化方向的关联程度，同时可以消除变量变化幅度的影响。当相关系数为正时，两变量同向变化；为负时，两变量反向变化；为 0 时，两变量无线性相关性。相关系数绝对值越大，反映两变量相关性越强，反之越弱。

此外，在量化研究中，我们通常首先对数据进行相关性分析，在定性地得到变量间相互关系后，再做进一步的定量回归分析。

v 代理变量：在量化研究中，如果某一变量的数据缺失或不易衡量，我们可以选取另一个与它具有高度相关性，而又容易获取并衡量的变量代替，这一代替变量即代理变量。例如文中所举，由于游牧地区历史气候数据史料有限，而中原农耕区历史气候数据十分丰富，且两地区气候指标具有较强相关性，故可以选用中原农耕区历史气候数据作为游牧地区历史气候数据的代理变量。

vi 控制变量：是与研究目的无关但会影响被解释变量的自变量。由于会影响被解释变量，进而影响研究结果，在量化研究中需要考虑并控制这类变量。例如，在第一章提到的一项研究中，学生家庭背景、学校地理位置等因素也会影响学生成绩，但由于这并非研究的重点，所以仅作为控制变量进行控制。

vii 稳健性检验：是在量化研究中，通过扩大样本、分组回归 、工具变量等方法，检验某一结论在其他参数、条件或假设下能否依旧成立。若能继续成立，说明该结论具有较强的普遍规律性、稳健性高，受具体样本数据或研究设计的影响比较小。

注释

引言

1 对此更详细的论述，参见：Gregory Clark. *A Farewell to Alms: A Brief Economic History of the World*. New Jersey: Princeton University Press (2007). 中文版：格里高利·克拉克．告别施舍：世界经济简史．洪世民，译．桂林：广西师范大学出版社，2020.

2 安格斯·麦迪森．世界经济千年史．伍晓鹰，等译．北京：北京大学出版社，2003.

3 Gregory Clark，*A Farewell to Alms*：*A Brief Economic History of the World*. New Jersey：Princeton University Press（2007），Figure1.1.

4 安格斯·麦迪森．世界经济千年史．伍晓鹰，等译．北京：北京大学出版社，2003：表 B–21.

5 Jared M. Diamond. "The Worst Mistake in the History of the Human Race" . *Discover Magazine* (May, 1987), 64–66. 戴蒙德是加州大学洛杉矶分校历史地理学教授，有许多影响深远的著作，以研究大历史而出名．

6 中国的考古研究也有类似结论。王明辉发现，在新石器早期，河南贾湖村墓主男性平均身高为 1.706 米、女性为 1.672 米，而到新石器晚期的河南西坡古人，男性平均身高为 1.686 米、女性身高下降到 1.592 米。不过，虽然平均身高因农业而下降，死亡年龄却有所上升：贾湖人的平均死亡年龄为 28.71 岁，而西坡人为 38 岁。要注意的是，他研究的只是这两地的考古遗址资料，样本不大。王明辉．中原地区古代居民的健康状况——以贾湖遗址和西坡墓地为例．第四纪研究 34.1, 2014：51–59.

7 Joel Mokyr. *A Culture of Growth: The Origins of the Modern Economy*. New Jersey: Princeton University Press (2016), 306. 中文版 ：乔尔·莫基尔 . 增长的文化：现代经济的起源 . 胡思捷，译 . 北京：中国人民大学出版社，2020.

8 Davide Cantoni and Noam Yuchtman. "The Political Economy of Educational Content and Development: Lessons from History" . *Journal of Development Economics* 104(2013): 233–244. 他们的开创性研究表明，不只是人力资本，而且人力资本的类别，对经济增长十分重要。有的知识和技能对产出增长有用，而另一些无用。

9 Joel Mokyr. *A Culture of Growth: The Origins of the Modern Economy*. New Jersey: Princeton University Press (2016), chapter 16. 中文版 ：乔尔·莫基尔 . 增长的文化：现代经济的起源 . 胡思捷，译 . 北京：中国人民大学出版社，2020.

10 Davide Cantoni and Noam Yuchtman. "Medieval Universities, Legal Institutions, and the Commercial Revolution" . *The Quarterly Journal of Economics* 129.2 (2014): 823–887.

11 斯蒂芬·平克 . 人性中的善良天使：暴力为什么会减少 . 安雯 , 译 . 北京 : 中信出版社 , 2015. 本书中，主要引用原版著作：Steven Pinker. *The Better Angels of Our Nature: The Decline of Violence in History and Its Causes*. London: Penguin UK (2011).

12 Steven Pinker. *The Better Angels of Our Nature: The Decline of Violence in History and Its Causes*. London: Penguin UK (2011): 64.

13 Manuel Eisner. "Long-Term Historical Trends in Violent Crime." *Crime and Justice* 30 (2003): 83–142.

14 陈志武、彭凯翔和朱礼军利用清代刑科题本（命案要案档案），估算了 1661—1898 年间清代中国的命案率。Zhiwu Chen, Kaixiang Peng, and Lijun Zhu. "Social-Economic Change and Its Impact on Violence: Homicide History of Qing China" , *Explorations in Economic History* 63 (2017): 8–23.

15 原始社会的平均命案率来自：Steven Pinker. *The Better Angels of Our Nature: The Decline of Violence in History and Its causes*. London：Penguin UK（2011）: 64; 西欧数据来自：Manuel Eisner. "Long-Term Historical Trends in Violent Crime." *Crime and Justice* 30（2003）: Tables 1&2.

16 "Hunter-gatherers：Noble or savage?" . *Economist* (December 19, 2007).

17 Steven Pinker. *The Better Angels of Our nature: The Decline of Violence in History and Its Causes*. London: Penguin UK (2011): 224–229.

18 Steven Pinker. *The Better Angels of Our Nature: The Decline of Violence in History and Its Causes*. London: Penguin UK (2011): 52.

19 Joe Hasell. "Famine Mortality Over the Long Run" . Our World In Data, Global Change Data Lab (March 2018), https://ourworldindata.org/famine-mortality-over-the-long-run.

20 Hannah Ritchie and Max Roser. "Natural Disasters" . Our World In Data, Global Change Data Lab (November 2019), https://ourworldindata.org/natural-disasters.

21 Manuel Eisner. "Killing Kings Patterns of Regicide in Europe, AD 600–1800." *British Journal of*

Criminology 51 (2011) : 556–571.

22 陈志武，林展．真命天子易丧命——中国古代皇帝非正常死亡的量化研究．中国人民大学清史研究所工作论文，2017.

23 这个“大战场”标准引自：Manuel Eisner. “Killing Kings Patterns of Regicide in Europe, AD 600–1800.” *British Journal of Criminology* 51 (2011).

24 Gary Becker. “Crime and Punishment: an Economic Approach” . *Journal of Political Economy* 76(1968):169–217.

25 Bai, Ying, and James Kai-sing Kung. “Climate Shocks and Sino-nomadic Conflict.” *Review of Economics and Statistics* 93.3 (2011): 970–981.

26 Jia, Ruixue. “Weather Shocks, Sweet Potatoes and Peasant Revolts in Historical China.” *The Economic Journal* 124.575 (2014): 92–118.

27 顾诚．明末农民战争史．北京：中国社会科学出版社，1994.

28 Zhiwu Chen, Kaixiang Peng, and Lijun Zhu. “Social-Economic Change and Its Impact on Violence: Homicide History of Qing China” , *Explorations in Economic History* 63 (2017): 8–23.

29 DeMenocal, Peter B. “Cultural Responses to Climate Change During the Late Holocene.” *Science* (2001): 667–673.

30 Iannone, Gyles, ed. *The Great Maya Droughts in Cultural Context: Case Studies in Resilience and Vulnerability.* University Press of Colorado, 2014.

31 Burke, Marshall, Solomon M. Hsiang, and Edward Miguel. “Climate and Conflict.” *Annual Review of Economics* 7.1 (2015): 577–617. 另一些综述见：Blaikie, Piers, et al. *At Risk: Natural Hazards, People's Vulnerability and Disasters.* Routledge, 2014；Dell, Melissa, Benjamin F. Jones, and Benjamin A. Olken. “What do We Learn From the Weather? The New Climate-economy Literature.” *Journal of Economic Literature* 52.3 (2014): 740–98.

32 以中国的自然灾害趋势为例，参见：葛全胜．中国历朝气候变化．北京：科学出版社，2011；邓云特．中国救荒史．北京：北京出版社，1998.

33 国家形态出现之后，国家通过垄断合法暴力，压制其他暴力挑战者，威慑一般暴力的发生，建立公共秩序，这使具备国家形态的社会的暴力频率更低（Douglas C. North, John Joseph Wallis , and Barry R. Weingast. *Violence and Social Orders : A Conceptual Framework for Interpreting Recorded Human History.* Cambridge: Cambridge University Press, 2009. ）。中文版：道格拉斯·诺思，约翰·约瑟夫·瓦利斯，巴里·温格斯特．暴力与社会秩序：诠释有文字记载的人类历史的一个概念性框架．杭行，王亮，译．上海：格致出版社，2013. 参见：Steven Pinker. *The Better Angels of Our Nature: The Decline of Violence in History and Its Causes.* London: Penguin UK (2011): 53.

34 查尔斯·蒂利 (Charles Tilly) 的“战争说”最早发表于 1985 年：Charles Tilly. “War-Making and State-Making as Organized Crime” . In Peter Evans, Dietrich Rueschemeyer, and Theda Skocpol (eds.). *Bringing the State Back in.* Cambridge: Cambridge University Press (1985): 169–191. 更系统的论述见于

其著作：Charles Tilly. *Coercion, Capital and European States, A.D. 990—1992*. New Jersey: Wiley-Blackwell (1992). 中文版：查尔斯·蒂利. 强制、资本和欧洲国家（公元 990—1992 年）. 魏洪钟，译. 上海：上海人民出版社，2012.

35 Markowitz, Harry. "Portfolio Selection". *The Journal of Finance* 7.1 (1952): 77–91.

36 这里将"文化"与"文明"进行区分，前者是生产、工作与生活元素的简单汇集，而后者是"文化"加"秩序"。比如，一群四处流浪的动物也有相互沟通的语言，因此存在自己的文化，但是这些文化元素未必让它们脱离野蛮、建立秩序。而文明不只是一些离散的创新，即文化元素的无机组合，而是作为一个整体给相应的群体带来规则与秩序（即规序）。一个无序、野蛮的社会也有文化，但那是野蛮文化，而非文明。

37 Steven Pinker. *The Better Angels of Our Nature: The Decline of Violence in History and Its Causes*. London: Penguin UK (2011).

38 诺贝特·埃利亚斯. 文明的进程：文明的社会起源和心理起源的研究. 王佩莉，袁志英，译. 上海：上海译文出版社，2009.

39 World Bank. *World Development Report 2000/2001: Attacking Poverty*. Oxford: Oxford University Press (2001): 139. 中文版：2000/2001 年世界发展报告：与贫困作斗争.《2000/2001 年世界发展报告》翻译组，译. 北京：中国财政经济出版社，2001.

40 关于贫困起因的研究很多，其中风险事件是造成贫困和收入差距的主因之一。一些讨论和参考文献见：Eva Ludi and Kate Bird. "Risks & Vulnerability". Swiss Agency for Development and Cooperation Brief No. 3 (September 2007) https://www.odi.org/sites/odi.org.uk/files/odi-assets/publications-opinion-files/5680.pdf.

41 史念海. 河山集：第一集：石器时代人们的居地及其聚落分布. 北京：三联书店，1963：15.

42 关于这两个遗址的内容来自：Maria Guagnin, Angela R. Perri, and Michael D. Petraglia. "Pre-Neolithic Evidence for Dog-assisted Hunting Strategies in Arabia." *Journal of Anthropological Archaeology* 49（2018）: 225–236.

43 Jared M. Diamond. "The Worst Mistake in the History of the Human Race". *Discover Magazine* (May, 1987): 64–66; Bowles, S. and J. Choi. "Coevolution of Farming and Private Property During the Early Holocene," *Proceedings of the National Academy of Sciences of the United States of America* 110（2013）: 8830–8835.

44 Braidwood, R. J. *The Agricultural Revolution*, Scientific American (1960).

45 Matranga, Andrea. "The Ant and the Grasshopper: Seasonality and the Invention of Agriculture." New Economic School working paper (2017).

46 Joram Mayshar, Omer Moav, Zvika Neeman, and Luigi Pascali. "Cereals, Appropriability and Hierarchy". Forthcoming in *Journal of Political Economy* (2017).

47 赫拉利在《人类简史》中说："除了存在于人类共同的想象外，这个宇宙中根本没有神、没有国家、没有金钱、没有人权、没有法律，也没有正义。”（尤瓦尔·赫拉利 . 人类简史 . 林俊宏，译 . 北京：中信出版社，2014：26）

48 李泽厚 . 由巫到礼　释礼归仁 . 北京：生活·读书·新知三联书店 , 2015.

49 段义孚 . 无边的恐惧 . 北京：北京大学出版社 , 2011. 英文原版：Tuan, Yi-Fu. *Landscapes of fear*. Pantheon, 1981.

50 这里我们看到，“天命观”“天意论”“天人感应”等，这些为王朝统治合法性虚构的故事不是思想史学者以往认为的“中国特有的古代思想”，而是在民主政体之前建过国家制度的各社会都有过的，否则国家秩序就难以建立并维系。在过去的地理与技术条件下，基于巫术迷信树立合法性可能是一种治理成本最低的策略（否则，在实证意义上，不会出现各大洲的传统王朝都靠某种版本的“天命”论支撑的现象，这不是巧合）。关于中国这方面思想史的论述，参见：李泽厚 . 由巫到礼 释礼归仁 . 北京：三联书店，2015；葛兆光 . 中国思想史：第一卷 . 上海：复旦大学出版社，1998：第 3–163 页 .

51 道格拉斯·诺思 . 制度、制度变迁与经济绩效 . 杭行，译 . 韦森，译审 . 上海：格致出版社，2014；道格拉斯·诺思 ，约翰·约瑟夫·瓦利斯，巴里·温格斯特 . 暴力与社会秩序：诠释有文字记载的人类历史的一个概念性框架 . 杭行，王亮，译 . 上海：格致出版社 , 2013.

52 Leeson, Peter T. “Gypsy Law.” *Public Choice* 155.3–4 (2013): 273–292.

53 苏基朗 . 刺桐梦华录：近世前期闽南的市场经济（946—1368）. 李润强 , 译 . 杭州：浙江大学出版社 , 2012 : 294.

54 这句话译自：Ara Norenzayan. *Big Gods: How Religion Transformed Cooperation and Conflict*. New Jersey: Princeton University Press (2013): 13. 作者在第二章专门讨论神明信仰对建立道德秩序的重要性，因为对于信者而言，他们会认为神明在时时刻刻盯着自己，所以必须遵守伦理道德。

55 乌丙安 . 中国民间信仰 . 上海：上海人民出版社 , 1992.

56 Coontz, Stephanie, *Marriage, a History: How Love Conquered Marriage*, New York: Penguin Books (2006).

57 Rosenzweig, Mark R., and Oded Stark. “Consumption Smoothing, Migration, and Marriage: Evidence From Rural India.” *Journal of Political Economy* 97.4 (1989): 905–926. 更多细节讨论见本书第四章。

58 关于汉代王昭君、刘细君等出嫁北方匈奴君王，以及其他王朝的类似“和亲”外交，参见：崔明德 . 中国古代和亲通史 . 北京：人民出版社 , 2007.

59 王利华 . 中国家庭史（第一卷）：先秦至南北朝时期 . 广州：广东人民出版社 , 2007 : 28.

60 在金融经济学领域，一个被普遍接受的分析框架是将商业公司组织看成“内部金融市场”，其中有各种子公司、子项目和各种不同部门。由于公司内部的管理架构和规章使内部人之间的信息不对称程度低、契约执行成本低（公司总裁为最高执行长官），所以作为内部金融市场的公司在资源分配和风险分担上，可以比外部金融市场更为有效。宗族在组织安排和规则制定与执行上跟现代公司十分相似，这些在第五章会具体谈到。关于金融文献里的相关研究与参考文献，参见：Jeremy C. Stein. “Internal Capital Markets and the Competition for Corporate Resources”.

The Journal of Finance 52.1 (1997): 111–133.

61 James Kung and Chicheng Ma. “Can Cultural Norms Reduce Conflicts? Confucianism and Peasant Rebellions in Qing China” . *Journal of Development Economics* 111 (2014): 132–149.

62 Zhiwu Chen, Zhan Lin and Xiaoming Zhang. “When People Stop Eating Each Other: Cultural Norms, Risk Mitigation and Cannibalism in Chinese History (1470–1911)” , University of Hong Kong working paper (2020).

63 Joel Mokyr. *A Culture of Growth: The Origins of the Modern Economy*. New Jersey: Princeton University Press (2016): chapter 16. 中文版 ：乔尔 · 莫基尔 . 增长的文化：现代经济的起源 . 胡思捷，译 . 北京：中国人民大学出版社，2020.

64 Emile Durkheim. *Elementary Forms of Religious Life*. London: Oxford University Press (2008), Book One. 中文版：爱弥尔 · 涂尔干 . 宗教生活的基本形式 . 渠敬东，汲喆，译 . 北京：商务印书馆，2011.

65 Dierk Herzer and Holger Strulik. “Religiosity and Long-Run Productivity Growth” . *Journal of Economics, Management and Religion* 1, No. 1 (2020): 1–40.

66 McNeill, William Hardy. *Plagues and Peoples*. Anchor (1976) . 中文版：威廉 · 麦克尼尔 . 瘟疫与人 . 余新忠，毕会成，译 . 北京：中信出版社，2017.

67 Dehejia, Rajeev, Thomas DeLeire, and Erzo F. P. Luttmer. “Insuring Consumption and Happiness Through Religious Organizations.” *Journal of Public Economics* 91.1–2 (2007): 259–279.

68 Ager, Philipp, and Antonio Ciccone. “Agricultural Risk and the Spread of Religious Communities.” Forthcoming, *Journal of the European Economic Association*.

69 Yuyu Chen, Hui Wang and Se Yan. “The Long-Term Effects of Christianity in China before 1920” . 北京大学光华管理学院工作论文，2013.

70 在一项研究中，13 位学者收集了世界 30 个地区、414 个社会在过去 1 万年的基础数据，分析发现：越是复杂的社会（由 51 项指标分别度量社会复杂度），就越依赖“道德化神”信仰维护秩序和强化人际合作；而且在演化时间顺序上，是复杂社会出现在先，组织化宗教在后，就如佛教、基督教出现在轴心时代后期，伊斯兰教更晚，那时印度和两河流域的中东社会已经相当复杂。Whitehouse, Harvey, Pieter Savage, Patrick E. Currie, Thomas E. Feeney, Kevin C. Cioni, Enrico Purcell, Rosalind Ross, Robert M. Larson, Jennifer Baines, John ter Haar, Barend Covey, and Peter Turchin. “Complex Societies Precede Moralizing Gods Throughout World History” . *Nature* 568.7751 (2019): 226–229.

71 Iannaccone, Laurence R. “Sacrifice and Stigma: Reducing Free-riding in Cults, Communes, and Other Collectives.” *Journal of Political Economy* 100.2 (1992): 271–291.

72 参见 Marc van de Mieroop 的“利息的发明”，载于：威廉 · N. 戈兹曼，K. 哥特 · 罗文霍斯特 . 价值起源 . 王宇，王文玉，译 . 北京：万卷出版公司，2010：第一章，第 17–32 页 .

73 参见 Marc van de Mieroop 的“利息的发明”，载于：威廉 · N. 戈兹曼，K. 哥特 · 罗文霍斯特 . 价

值起源 . 王宇，王文玉，译 . 北京：万卷出版公司，2010：第一章，第 24–25 页 .

74 Gilbert Rosenthal, *Banking and Finance among Jews in Renaissance Italy*, New York: Bloch Publishing Company (1962): 43–49.

75 圣安布罗斯的原文著作是 *De Tobia*。这里译自：Benjamin Nelson, *The Idea of Usury: From Tribal Brotherhood to Universal Otherhood*, second edition, Chicago: University of Chicago Press (1969): 4.

76 Robert W. Anderson, Noel D. Johnson and Mark Koyama, "Jewish Persecutions and Weather Shocks: 1100–1800", *Economic Journal* 127.602 (2017): 924–958.

77 Michael Wikes, "Devaluing the Scholastics: Calvin's Ethics of Usury", *Calvin Theological Journal* 38 (2003): 27–51.

78 Weber, Max. *The Protestant Ethic and the Spirit of Capitalism*. Translated by Talcott Parsons. New York: Routledge (1930) : 57.

79 Cristobal Young, "Religion and Economic Growth in Western Europe: 1500–2000", Stanford University working paper (2009).

80 Paine, Thomas, 1737–1809. *Rights of Man*. Edited by Claire Grogan. Peterborough: Broadview Press, 2011. 中文版：托马斯 · 潘恩 . 人的权利 . 戴炳然，译 . 上海：复旦大学出版社，2013.

81 Gurven, Michael, Adrian V. Jaeggi, Chris von Rueden, Paul L. Hooper, and Hillard Kaplan. "Does Market Integration Buffer Risk, Erode Traditional Sharing Practices and Increase Inequality? A Test among Bolivian Forager-farmers." *Human Ecology* 43, No. 4 (2015): 515–530.

82 Johnson, J. *The Economics of Indian Rail Transport*. Bombay: Allied Publishers, 1963.

83 Burgess, Robin, and Dave Donaldson. "Railroads and the Demise of Famine in Colonial India." London School of Economics Working Paper, March 2017.

84 Cao, Yiming, and Shuo Chen. "Robin Hood on the Grand Canal: Economic Shock and Rebellions in Qing China, 1650–1911." Boston University and Fudan University working paper, October 2017.

85 Wang Gungwu. *The Nanhai Trade: Early Chinese Trade in the South China Sea*. Singapore: Eastern University Press (2003)：83.

86 Abu Zayd Al-Sirafi, *Accounts of China and India*. New York: New York University Press (2017), sections 2.2.1 – 2.2.3. 本书阿拉伯原文版大概成书于公元 9 世纪末。

87 Richard J. Garrett. *The Defences of Macau: Forts, Ships and Weapons Over 450 Years*. Hong Kong: Hong Kong University Press (2011): chapter 1.

88 K.N. Chaudhuri. *Trade and Civilisation in the Indian Ocean: an Economic History From the Rise of Islam to 1750*. New York, NY: Cambridge University Press (1985): 83.

89 John Micklethwait and Adrian Wooldridge. *The Company: a Short History of a Revolutionary Idea*. New York: The Modern Library (2003). 中文版：约翰 · 米克勒斯维特，阿德里安 · 伍尔德里奇 . 公司的历史 . 夏荷立，译 . 合肥：安徽人民出版社，2012.

90 朱杰勤 . 华侨史 . 桂林：广西师范大学出版社 , 2011.

91 Wang Gungwu. "Merchants Without Empire: the Hokkien Sojourning Communities" , published in James Tracy. *The Rise of Merchant Empires: Long-distance Trade in the Early Modern World 1350–1750*. New York: Cambridge University Press(1990): 405–407.

92 关于伊斯兰教进入中国的时间，参见：白寿彝 . 中国伊斯兰史存稿 . 银川：宁夏人民出版社，1982 : 第一章；金宜久，主编 . 伊斯兰教史 . 南京：江苏人民出版社 , 2006 : 第 379 页 .

93 Rodney Stark. *One True God: Historical Consequences of Monotheism*. New Jersey: Princeton University Press (2001): 36.

94 苏基朗 . 刺桐梦华录：近世前期闽南的市场经济（946—1368 年）. 李润强 , 译 . 杭州：浙江大学出版社 , 2012 : 234–237.

95 陈志武 , 何石军 , 林展 , 彭凯翔 . 清代妻妾价格研究——传统社会里女性如何被用作避险资产？ . 经济学季刊 18.1, 2018: 253–280；夏明方 . "卖一口，救十口" ——关于妇女买卖的比较研究 . 学习时报 (2004 年 12 月 20 日).

96 Mead Cain. "Risk and Insurance: Perspectives on Fertility and Agrarian Change in India and Bangladesh." *Population and Development Review* 7.3(1981): 435–474.

97 在金融学里，有"最优证券设计"和"最优契约设计"问题，意思是，根据不同的避险需要、资源跨期配置需要，可以最有针对性地设计出相应的成本最低的精准金融契约。比如土地，虽然既可以用于种植，又可以在收成好或灾荒时期卖出个价钱，亦即作为投资资产或避险资产使用，但是正因为用途太多、功能复杂，土地会价格奇高，对于只想寻求避险作用的个体而言太昂贵，穷人更是买不起，不是最优的避险资产。同理，房产、妻妾也未必是最优避险资产。Zhiwu Chen. "Financial Innovation and Arbitrage Pricing in Frictional Economies," *Journal of Economic Theory* 65.1 (1995), 117–135; Franklin Allen and Douglas Gale. "Optimal Security Design" . *Review of Financial Studies* 1.3 (1988): 229–263.

98 格雷夫与塔贝里尼谈道，"至少在过去一千多年里"，中国人主要靠宗族，而欧洲人则更多依赖"法人公司"实现跨期合作，包括教会、市政、公司、行会等注册法人。而本书在第五章和第十章会讨论，这种"分流"的起点比格雷夫他们讲的要早一千多年，要回到轴心时代。Avner Greif and Guido Tabellini. "The Clan and the Corporation: Sustaining Cooperation in China and Europe. *Journal of Comparative Economics* 45.1 (2017): 1–35.

99 Zhiwu Chen, Chicheng Ma, and Andrew J. Sinclair. "Does Confucianism Inhibit Financial Development?" University of Hong Kong working paper (2019).

100 Peter Temin. "Financial Intermediation in the Early Roman Empire." *Journal of Economic History* 64.3 (2004): 705–733.

101 Ulrike Malmendier. "Law and Finance 'at the Origin'" . *Journal of Economic Literature* 47:4 (2009): 1076–1108.

102 C.F. Trenerry. *The Origin and Early History of Insurance Including the Contract of Bottomry*. New Jersey: The Lawbook Exchange LTD. (2010); 150—152.

103 关于工业革命以来人类面对的新型风险，比较系统的讨论来自德国社会学家贝克（尽管他侧重描述现象和其负面影响）。Ulrich Beck. *Risk Society: Towards a New Modernity*. London: Sage Publications (1992). 中文版：乌尔里希·贝克 . 风险社会：新的现代性之路 . 张文杰，何博闻，译 . 南京：译林出版社，2018.

104 David A. Moss. *When all Else Fails, Government as the Ultimate Risk Manager*. Cambridge: Harvard University Press (2002). 关于经济大萧条带来的影响和罗斯福新政的社会背景，更多讨论参见该书。

105 Peter Garnsey., *Famine and Food Supply in the Graeco-Roman World: Responses to Risk and Crisis*. Cambridge University Press, 1989.

106 Ratan Lal Basu and Raj Kumar Sen. *Ancient Indian Economic Thought: Relevance for Today*. New Delhi: Rawat Publications（2008）: 94.

107 Peter H Lindert,. *Growing Public, Volume 1*. Cambridge University Press（2004）.

108 Marco van Leeuwen. "Histories of Risk and Welfare in Europe during the 18th and 19th Centuries." *Europe* 24 (1994): 589–613.

109 Sigrun Kahl. "The Religious Roots of Modern Poverty Policy: Catholic, Lutheran, and Reformed Protestant Traditions Compared". *European Journal of Sociology* 46.1 (2005): 91–126.

110 Anthony Gill and Erik Lundsgaarde. "State Welfare Spending and Religiosity: A Cross-national Analysis." *Rationality and Society* 16.4 (2004): 399–436.

111 引自：钱穆 . 文化学大义（第 7 版）. 台湾：中正书局，1981：第 3 页 . 他还说“我认为今天以后，研究学问，都应该拿文化的眼光来研究。每种学问都是文化中间的一部分”（钱穆 . 从中国历史来看中国民族性及其中国文化 . 香港：中文大学出版社，1979：第 100 页）。

112 Oana Borcan, Ola Olsson, Louis Putterman, "Transition to Agriculture and First State Presence: A Global Analysis", University of Gothenburg Working Paper in Economics No. 741, 2018.

113 Louis Putterman, "Agriculture, Diffusion and Development: Ripple Effects of the Neolithic Revolution", *Economica* 75.300 (2008): 729–748.

114 白芝浩（Walter Bagehot）为中央银行如何充当“最后贷款人”建立了一套系统的理论和具体操作指南。Norman St. John-Stevas, ed., *The Collected Works of Walter Bagehot*, Volume 11, London, The Economist, 1978: 149.

第一章

1 Pinker, Steven. *The Better Angels of Our Nature: The Decline of Violence in History and Its Causes*. Penguin UK, 2011: 189.

2 Flavius, Josephus, E. Mary Smallwood, and Betty Radice. *The Jewish War*. Penguin UK, 1981,Vol 5. 约瑟夫斯在公元 66—73 年间作为将军，带领犹太人军队反抗罗马帝国的统治，后来战败投降并前往罗马，著有《犹太战争》《犹太古史》等。

3 基于一个较小样本的分析，参见：Saleh, Joseph Homer. "Statistical Reliability Analysis for a Most Dangerous Occupation: Roman Emperor." *Palgrave Communications* 5, No. 1 (2019): 1–7.

4 陈志强 . 拜占廷皇帝继承制特点研究 . 中国社会科学 1, 1999: 180–194. 表 7.

5 Manuel Eisner. "Killing Kings Patterns of Regicide in Europe, AD 600–1800." The *British Journal of Criminology* 51, No. 3 (2011). Table 2.

6 William Blair. *Slavery Amongst the Romans. An Inquiry Into the State of Slavery Amongst the Romans.* Edinburgh: Treuttel, Wurtz, & Richter, 1947: 3.

7 Van Langenhoven, Paul. "Roland Auguet, Cruelty and Civilization: the Roman Games." *L'Antiquité Classique 64*, No. 1 (1995): 413–413.

8 本段的两例，均引自：陈志武 , 林展 . 真命天子易丧命——中国古代皇帝非正常死亡的量化研究 . 中国人民大学清史研究所工作论文 . 2017：第二节 .

9 陈志武 , 林展 . 真命天子易丧命——中国古代皇帝非正常死亡的量化研究 . 中国人民大学清史研究所工作论文 . 2017: 表 1.

10 陈志武 , 林展 . 真命天子易丧命——中国古代皇帝非正常死亡的量化研究 . 中国人民大学清史研究所工作论文 . 2017: 图 1.

11 戴蒙德在《自然》杂志的文章介绍了两点：一是他在新几内亚做田野考察时，就有人请假回部落，参加吃人仪式；一是谈到 2000 年在美国亚利桑那发现 900 年前的考古遗址，其中就有当地人食人的证据。Jared Diamond. "Archaeology: Talk of Cannibalism" . *Nature* 407. No. 6800(2000): 25–26.

12 Gráda, Cormac Ó. *Eating People is Wrong, and Other Essays on Famine, Its Past, and Its Future*. New Jersey: Princeton University Press, 2015: 14–15.

13 Gráda, Cormac Ó. *Eating People is Wrong, and Other Essays on Famine, Its Past, and Its Future*. New Jersey: Princeton University Press, 2015: 15–37.

14 欧格拉达谈到"海洋惯例"(custom of the sea)：船员在海上出事后，如果别无援助，可以根据需要采取救生手段，包括杀死船员食其肉。他举的一例是英国 1884 年的一起诉讼案，其中一艘船在南大西洋出事下沉，船员逃上一孤岛，两位船员（Tom Dudley and Edwin Stephens）将另一位船员——17 岁的理查德 · 帕克（Richard Parker）杀死，以食其肉求生；在英国法庭上，两位活下来的船员以"海洋惯例"和"生存必需不受法律约束"做辩护。Gráda, Cormac Ó. *Eating People is Wrong, and Other Essays on Famine, Its Past, and Its Future*. New Jersey: Princeton University Press, 2015: 16. 这个故事源于：Simpson, A.W.B. *Cannibalism and the Common Law: The Story of the Tragic Last Voyage of the Mignonette and the Strange Legal Proceedings to Which it Gave Rise*. Chicago: University

of Chicago Press, 1984.

15 这段译自：Gráda, Cormac Ó. *Eating People Is Wrong, and Other Essays on Famine, Its Past, and Its Future.* Princeton University Press, 2015: 21. 原文出自：Legge, James. *The Famine in China: Illustrations by a Native Artist With a Translation of the Chinese Text.* London: Kegan Paul, 1978: 22–23.

16 胡厚宣 . 中国奴隶社会的人殉和人祭（上篇）. 文物 7，1974: 74–84；胡厚宣 . 中国奴隶社会的人殉和人祭（下篇）. 文物 8，1974: 56–67.

17 陈奇 . 古代食人探源 . 贵州师范大学学报：社会科学版 5，2004: 53–58.

18 有兴趣的读者，参考：郑麒来 . 中国古代的食人：人吃人行为透视 . 北京：中国社会科学出版社，1994；黄文雄 . 中国食人史 . 台北：前卫出版社 . 2005. 其中有许多讨论。

19 郑麒来 . 中国古代的食人：人吃人行为透视 . 北京：中国社会科学出版社，1994: 117.

20 冯贺军 . 北宋二十四孝砖雕（十）王武子妻割股与田真哭荆 . 紫禁城 11, 2010: 20.

21 对此的更多讨论，参见：黄文雄 . 中国食人史 . 台北：前卫出版社，2005.

22 Zhiwu Chen, Zhan Lin and Xiaoming Zhang. "When People Stop Eating Each Other: Cultural Norms, Risk Mitigation and Cannibalism in Chinese History (1470–1911)." University of Hong Kong Working Paper (2020): Figure I.

23 Zhiwu Chen，Zhan Lin and Xiaoming Zhang. "When People Stop Eating Each Other: Cultural Norms，Risk Mitigation and Cannibalism in Chinese History（1470–1911）"，University of Hong Kong Working Paper（2020）: Figure 1.

24 参见引言以及：Gregory Clark. *A Farewell to Alms: A Brief Economic History of the World.* Vol 25. Princeton University Press, 2008. 中文版：格里高利 · 克拉克 . 告别施舍：世界经济简史 . 洪世民，译 . 桂林：广西师范大学出版社，2020.

25 平克说到的另外两大变迁——“新和平”与“人权革命”——这里不谈及，因为冷战结束后的“新和平”到目前还很短，长期可持续性有待观察，而且这个时期对前面谈到的文明化历史的贡献有限，而“人权革命”其实也已经包括在“长久和平”过程之中。Pinker, Steven. *The Better Angels of Our Nature: The Decline of Violence in History and Its Causes.* Penguin UK, 2011.

26 Steven Pinker. *The Better Angels of Our Nature: The Decline of Violence in History and Its Causes.* London: Penguin UK (2011): Chapter 2.

27 诺贝特 · 埃利亚斯 . 文明的进程 . 王佩莉、袁志英，译 . 上海：上海译文出版社，2009.

28 Steven Pinker. *The Better Angels of Our Nature: The Decline of Violence in History and Its Causes.* London: Penguin UK, 2011. Figure 4.

29 关于印刷技术的发展及其广泛影响，参见：Febvre, Lucien and Henri-Jean Martin. *The Coming of the Book: The Impact of Printing, 1450–1800.* London: Verso, 1958. 印刷技术的出现对经济发展、新教改革的成功都贡献很大，参见：Dittmar, Jeremiah. "Information Technology and Economic Change: The Impact of the Printing Press." *Quarterly Journal of Economics* 126.3, (2011): 1133–1172；Rubin,

Jared. "Printing and Protestants: an Empirical Test of the Role of Printing in the Reformation" . *Review of Economics and Statistics* 96.2 (2014): 270–286.

30 Steven Pinker. *The Better Angels of Our Nature: The Decline of Violence in History and Its Causes*. London: Penguin UK, 2011: 17–18.

31 当然，这里我们注意到，文学中的书面暴力一方面反映了社会对残暴的麻木，甚至在间接渲染暴力行为，但另一方面，书面暴力描写也是社会暴力的反映，或许让读者在阅读过程中感受到痛苦并因此反对暴力，所以书面描述可能带来两种作用，关键看作者如何把握平衡点。

32 鲁迅 . 狂人日记 . 新青年 , 4 卷 5 号 , 1918.

33 陈独秀 . 本志罪案之答辩书 . 新青年 , 5 卷 1 号 , 1919.

34 Steven Pinker. *The Better Angels of Our Nature: The Decline of Violence in History and Its Causes*. London: Penguin UK, 2011: Figure 5–25.

35 Steven Pinker. *The Better Angels of Our Nature: The Decline of Violence in History and Its Causes*. London: Penguin UK, 2011: Figure 5–24.

36 Steven Pinker. *The Better Angels of Our Nature: The Decline of Violence in History and Its Causes*. London: Penguin UK, 2011: Figure 5–21.

37 Steven Pinker. *The Better Angels of Our Nature: The Decline of Violence in History and Its Causes*. London: Penguin UK, 2011: Figure 5–20.

38 Gary Becker. "Crime and Punishment: an Economic Approach." *Journal of Political Economy* 76 (1968):169–217.

39 Robert Merton. "Social Structure and Anomie." *American Sociological Review* 3 (1938): 672–682.

40 对当时山东灾荒及赈灾的全面描写，参见：Timothy Richard. *Forty-five Years in China: Reminiscences*. London, TF Unwin, 1916.

41 Gizewski, Christian. "Römische und alte chinesische Geschichte im Vergleich. Zur Möglichkeit eines gemeinsamen Altertumsbegriffs." *Klio* 76 (1994): 271–302. 转引自：Walter Scheidel. *Rome and China: Comparative Perspectives on Ancient World Empires*. Oxford University Press, 2009. 中文版：沃尔特·施德尔 . 罗马与中国：比较视野下的古代世界帝国 . 李平，译 . 南京：江苏人民出版社，2018.

42 对罗马的称颂出自：维吉尔 . 埃涅阿斯纪 . 杨周翰，译 . 南京：译林出版社 , 2016.

43 计算标准是长安城到地中海岸的直线距离，数字引自：Walter Scheidel. "From the 'Great Convergence' to the 'First Great Divergence': Roman and Qin-Han State Formation and Its Aftermath." Princeton/Stanford Working Papers in Classics (2007), available at https://ssrn.com/abstract=1096433.

44 对这一概念的全面解析，参见：Kyle Harper. *The Fate of Rome: Climate, Disease, and the End of an Empire*. Princeton University Press, 2017. 中文版：凯尔·哈珀 . 罗马的命运：气候、疾病和帝国的终结 . 李一帆，译 . 北京：北京联合出版公司，2020.

45 Lehoux, D. *Astronomy, Weather, and Calendars in the Ancient World: Parapegmata and Related Texts in Classical and Near-Eastern societies*. Cambridge University Press, 2007.

46 其中气温与尼罗河泛滥数据均来自：M. McCormick，*et al*. "Climate Change During and After the Roman Empire：Reconstructing the Past From Scientific and Historical Evidence" .*Journal of Interdisciplinary History* 43.2（2012）: 169–220. "社会动乱指数" 指的是前后 10 年中有动乱起义的年份数，数据来自：P.Turchin & S.A. Nefedov. *Secular cycles*. New Jersey：Princeton University Press（2009）. 前后共 10 年的 "皇帝非正常死亡数" 来自：Christian Cornelius and Liam Elbourne. "Droughts of Dismay：Rainfall and Assassinations in Ancient Rome" . Brock University working papers 1703（2017）.

47 McCormick, Michael, Ulf Büntgen, Mark A. Cane, Edward R. Cook, Kyle Harper, Peter Huybers, Thomas Litt et al. "Climate Change During and After the Roman Empire: Reconstructing the Past From Scientific and Historical Evidence." *Journal of Interdisciplinary History* 43, No. 2 (2012): 169–220.

48 Rathbone, Dominic, and Sitta Von Reden. "Mediterranean Grain Prices in Classical Antiquity." *A History of Market Performance: From Ancient Babylonia to the Modern World* (2015): 149–235.

49 McCormick, Michael, Ulf Büntgen, Mark A. Cane, Edward R. Cook, Kyle Harper, Peter Huybers, Thomas Litt et al. "Climate Change During and After the Roman Empire: Reconstructing the Past From Scientific and Historical Evidence." *Journal of Interdisciplinary History* 43, No. 2 (2012): 169–220.

50 王顺兵，葛全胜，郑景云．中国 2 kaBP 前后的气候及其影响．海洋地质与第四纪地质．2006, 26(002):123–131. 值得注意的是，早在 20 世纪 90 年代，通过考证史料中对气候的记载以及相关物候的记录，历史学家已独立发现了相近的结论。参见：王子今．秦汉时期气候变迁的历史学考察．历史研究．1995, (02):3–19.2; 陈良佐．再探战国到两汉的气候变迁．中央研究院历史语言研究所集刊，1996: 323–381。

51 见《汉书·陈汤传·孔颖达疏》。

52 关于更多物候现象，参见：葛全胜．中国历朝气候变化．北京：科学出版社，2011.

53 气温历史数据来自：葛全胜．中国历朝气候变化．北京：科学出版社，2011. "前后共 10 年农民起义次数" 是前后 10 年内中国发生的农民起义次数，数据来自：《中年历代战争年表》编写组．中国历代战争年表．北京：中国人民解放军出版社，2003.

54 Christian Cornelius and Liam Elbourne. "Droughts of Dismay: Rainfall and Assassinations in Ancient Rome" . Brock University. No. 1703.（2017）.

55 两组数据分别来自：Scarre, Christopher, and Toby Wilkinson. *Chronicle of the Roman Emperors: The Reign-by-reign Record of the Rulers of Imperial Rome*. London: Thames and Hudson；Büntgen, U., Tegel, W., Nicolussi, K., McCormick, M., Frank, D., Trouet, V., ... & Luterbacher, J. "2500 Years of European Climate Variability and Human Susceptibility" . *Science*, 331(6017), (2011). 578–582.

56 作者自译。See Huntington, Ellsworth. "Climatic Change and Agricultural Exhaustion as Elements in the Fall of Rome." *The Quarterly Journal of Economics* 31, No. 2 (1917): 173–208.

57 Christian, Cornelius, and Liam Elbourne. *Droughts of Dismay: Rainfall and Assassinations in Ancient Rome.* Brock University No. 1703. 2017.

58 陈志武，林展．真命天子易丧命——中国古代皇帝非正常死亡的量化研究．中国人民大学清史研究所工作论文，2017.

59 陈彦良．两汉灾害高峰期——天灾，人祸与治乱盛衰的关联性分析．台大历史学报 57，2016: 47–116.

60 对湖泊沉积物与冰川的分析，分别参见：崔之久，宋长青．内蒙大青山全新世冰缘现象及环境演变．冰川冻土．No.14.4，1992：325–331；葛全胜，方修琦，郑景云．中国过去 3ka 冷暖千年周期变化的自然证据及其集成分析，2002, 博士论文．

61 胡金明，崔海亭，李宜垠．西辽河流域全新世以来人地系统演变历史的重建．地理科学 No. 5. 22，2002: 535–542.

62 有关汉代财政的整体状况，可见：魏柱灯，方修琦，苏筠．气候变化对中国古代财政平衡的影响．地理科学，No. 9. 35 2015: 1156–1163. 其中，公元前 221 年至公元前 31 年，属财政相对充裕时期；公元前 30 年至公元 440 年，属财政相对匮乏期。这与气候的波动趋势一致。

63 转引自：葛全胜．中国历朝气候变化．北京：科学出版社，2011.

64 Turchin, Peter, & Sergey A. Nefedov. *Secular Cycles.* Princeton University Press, 2009: Figure 7.3.

65 Duncan-Jones, Richard. *Structure and Scale in the Roman Economy.* Cambridge University Press, 2002.

66 对汉朝财政状况的结论，可见：魏柱灯，方修琦，苏筠．气候变化对中国古代财政平衡的影响．地理科学，No. 35.9, 2015: 1156–1163. 对罗马帝国的分析，引自：Christian, Cornelius, and Liam Elbourne. *Droughts of Dismay: Rainfall and Assassinations in Ancient Rome.* Brock University No. 1703. 2017.

67 对这一话题的深入探讨，参见：Steckel, Richard H. "Stature and the Standard of Living." *Journal of Economic Literature* 33, No. 4 (1995): 1903–1940；Steckel, Richard H. "Heights and Human Welfare: Recent Developments and New Directions." *Explorations in Economic History* 46, No. 1 (2009): 1–23.

68 Giannecchini, M., & Moggi - Cecchi, J. "Stature in Archeological Samples from Central Italy: Methodological issues and Diachronic Changes". *American Journal of Physical Anthropology,* 135, No 3, (2008): 284–292, Table 6.

69 对这一观点的现代阐述，可见：Galor, O. *Unified Growth Theory.* Princeton University Press, 2011. 中文版：O. 盖勒．统一增长理论．杨斌，译．北京：中国人民大学出版社，2017.

70 Finley, Moses I. *The Ancient Economy.* University of California Press, 1999. 中文版：M. I. 芬利．古代经济．黄洋，译．北京：商务印书馆，2020；Gregory Clark. *A Farewell to Alms: a Brief Economic History of the World.* Princeton University Press, 2008. 中文版：格里高利・克拉克．告别施舍：世界经济简史．洪世民，译．桂林：广西师范大学出版社，2020.

71 Bowman, Alan, and Andrew Wilson, eds. *Quantifying the Roman Economy: Methods and Problems Vol. I.* Oxford University Press, 2009.

72 Scheidel, W., Morris, I., & Saller, R. P. , eds. *The Cambridge Economic History of the Greco-Roman World.* Cambridge: Cambridge University Press, 2007: 38.

73 Paul Erdkamp, "Economic Growth in the Roman Mediterranean World: An Early Good-bye to Malthus?" *Explorations in Economic History* 60 (2016): 1–20. 对葡萄榨汁及橄榄油过滤等设备数量变化的统计，参见：Marzano, Annalisa. "Capital Investment and Agriculture: Multi-press Facilities From Gaul, the Iberian Peninsula, and the Black Sea Region." *The Roman Agricultural Economy: Organisation, Investment, and Production* (2013): 107–141.

74 Turchin, Peter, & Sergey A. Nefedov. *Secular cycles.* Princeton University Press, 2009. Figure 7.5.

75 Turchin, Peter, and Walter Scheidel. "Coin Hoards Speak of Population Declines in Ancient Rome." *Proceedings of the National Academy of Sciences* 106, No. 41 (2009): 17276–17279.

76 Christiansen, Erik. *The Roman Coins of Alexandria.* Aarhus University Press，1988.

77 迄今为止，对秦汉时期身高研究成果最全面的评述，参见：彭卫 . 秦汉人身高考察 . 文史哲 . No. 6. 351. 2015 : 3. 由于样本数太少，暂时无法对秦汉时期平均身高的变化趋势下确定结论。收入及价格领域，感兴趣的读者可参考：郭浩 . 从家庭的收入与支出谈汉代农民的养老问题 . 农业考古 No.1. 2007 : 73–78；黄冕堂 . 中国历代粮食价格问题通考 . 文史哲 2. 2002 : 33–48.

78 葛剑雄 . 中国人口史 , 第一卷 . 上海 : 复旦大学出版社 , 2002.

79 葛剑雄 . 中国人口史 , 第一卷 . 上海 : 复旦大学出版社 , 2002. 类似论述亦见于：赵文林 , 谢淑君 . 中国人口史 . 北京 : 人民出版社 , 1988.

80 杨振红 . 汉代自然灾害初探 . 中国史研究 , No. 4. 1999 : 49–60.

81 邓云特 . 中国救荒史 . 北京 : 北京出版社 , 1998.

82 曾磊 . 自然灾害与新莽时期的社会动荡 . 河北学刊 30. No. 2, 2010 : 60–64.

83 对汉代的评述，来自：杨振红 . 汉代自然灾害初探 . 中国史研究 , No. 4. 1999 : 49–60. 对罗马的评述，作者自译自：Kyle Harper. *The Fate of Rome: Climate, Disease, and the End of an Empire.* New Jersey: Princeton University Press, 2017. 中文版：凯尔 · 哈珀 . 罗马的命运：气候、疾病和帝国的终结 . 李一帆，译 . 北京：北京联合出版公司，2020.

84 黄炎培 , 林放 , 陈学昭 , 舒湮 . 延安归来 . 上海 : 上海书店 , 1996.

85 Turchin, Peter, & Sergey A. Nefedov. *Secular Cycles.* Princeton University Press, 2009.

86 Bai, Ying, and James Kai-sing Kung. "Climate Shocks and Sino-nomadic Conflict." *Review of Economics and Statistics* 93.3 (2011): 970–981.

87 李军 . 灾害对古代中原王朝与游牧民族关系的影响——以唐代为中心 . 山西大学学报 : 哲学社会科学版 37, No. 4. 2014 : 9–15. 其中总结道："中国传统社会以农立国，农牧分野贯穿历史始终。中原王朝与游牧民族的分合，构成了社会演进的脉络之一。"上至西周，犬戎直入烽火；下至清朝，铁蹄踏遍江南。因此，北方游牧民族攻打中原王朝的历史非常适合我们研究战争的起源。

88 Christian, Cornelius, and Liam Elbourne. *Droughts of Dismay: Rainfall and Assassinations in Ancient Rome*. Brock University No. 1703. 2017.

89 Huntington, Ellsworth. *The Pulse of Asia: a Journey in Central Asia Illustrating the Geographic Basis of History*. Houghton, Mifflin, 1907. 整合东西方证据的分析见：Huntington, Ellsworth. *Civilization and Dimate*. Yale University Press, 1922. 中文版：埃尔斯沃思·亨廷顿 . 文明与气候 . 吴俊范，译 . 北京：商务印书馆，2020.

90 以下内容均见于：Chen, Qiang. "Climate Shocks, Dynastic Cycles and Nomadic Conquests: Evidence From Historical China." *Oxford Economic Papers* 67.2 (2014): 185–204. 值得注意的是，地理学者等也独立地发现了类似规律。比方说，在过去两千年中，游牧政权的南界与当期平均温度呈现极强的相关性。气候变暖，降雨会偏多，则游牧民族倾向北移；气候变冷，旱灾频率会增加，则游牧政权界线向南移动。关于这部分进展，可见：王会昌 . 2000 年来中国北方游牧民族南迁与气候变化 . 地理科学 16. No.3. 1996 : 274–279；李军 . 灾害对古代中原王朝与游牧民族关系的影响——以唐代为中心 . 山西大学学报 : 哲学社会科学版 37, No. 4. 2014 : 9–15. 此外，气候变化也会改变双方的实力对比，进而影响冲突的发生和结果。刘璐等学者发现：冷期时，苦于生存资料匮乏，游牧民族发动冲突的频率增加；然而，冷期也会削弱游牧民族的实力，农耕社会在冲突中获胜的概率在冷期反而会更高。刘璐，苏筠，方修琦，中国西汉至清代北方农牧民族战争及其与温度变化的关联 . 北京师范大学学报 (自然科学版) . No. 4. 2016 : 450–457.

91 邓云特 . 中国救荒史 . 北京 : 北京出版社 , 1998.

92 有关李自成起事及败亡始末，详见：顾诚 . 明末农民战争史 . 北京：中国社会科学出版社 , 1984.

93 顾诚 . 明末农民战争史 . 北京：中国社会科学出版社 , 1984. 原文见《绥寇继略 · 卷一》

94 顾诚 . 明末农民战争史 . 北京：中国社会科学出版社 , 1984. 原文见康熙二十年《米脂县志 · 卷五》。

95 顾诚 . 明末农民战争史 . 北京：中国社会科学出版社 , 1984. 原文见《明德先生文集 · 卷五》。

96 顾诚 . 明末农民战争史 . 北京：中国社会科学出版社 , 1984.

97 Jia, Ruixue. "Weather Shocks, Sweet Potatoes and Peasant Revolts in Historical China." *The Economic Journal* 124.575 (2014): 92–118.

98 Zhiwu Chen, Zhan Lin and Xiaoming Zhang. "When People Stop Eating Each Other: Cultural Norms, Risk Mitigation and Cannibalism in Chinese History (1470–1911)." University of Hong Kong working paper (2020).

99 Zhiwu Chen，Zhan Lin and Xiaoming Zhang. "When People Stop Eating Each Other: Cultural Norms，Risk Mitigation and Cannibalism in Chinese History (1470–1911)"，University of Hong Kong Working Paper (2020) : Figure1.

100 Fagan, Brian. *The Little Ice Age: How Climate Made History, 1300–1850*. New York: Basic, 2000. 中文版：布莱恩 · 费根 . 小冰河时代：气候如何改变历史 (1300—1850) . 苏静涛，译 . 杭州：浙江大学

出版社，2013.

101 McMichael, Anthony J. "Insights From Past Millennia Into Climatic Impacts on Human Health and Survival." *Proceedings of the National Academy of Sciences* 109, No. 13 (2012): 4730–4737. 对近千年间东亚和西欧两地，气候与文明兴衰的历史有进一步兴趣的读者，可参见原文列举的诸多案例。

102 对过去千年间美洲干湿气候与文明兴衰的关联性分析，参见：DeMenocal, Peter B. "Cultural Responses to Climate Change During the Late Holocene." *Science* (2001): 667–673.

103 见上面引用的 DeMenocal 的研究。有关当时旱灾程度的深入讨论，参见：Iannone, Gyles, ed. *The Great Maya Droughts in Cultural Context: Case Studies in Resilience and Vulnerability.* University Press of Colorado, 2014.

104 Demarest, Arthur A., and Don S. Rice. *The Terminal Classic in the Maya Lowlands: Collapse, Transition, and Transformation.* University Press of Colorado, 2005.

105 Gill, Richardson B. *The Great Maya Droughts: Water, Life, and Death.* University of New Mexico Press, 2001.

106 关于这部分内容，详见：Dahlin, Bruce H. "Climate Change and the End of the Classic Period in Yucatan: Resolving a Paradox." *Ancient Mesoamerica* (2002): 327–340.

107 有关该主题的最新综述，参见：Blaikie, Piers, et al. *At Risk: Natural Hazards, People's Vulnerability and Disasters.* Routledge, 2014; Dell, Melissa, Benjamin F. Jones, and Benjamin A. Olken. "What do We Learn From the Weather? The New Climate-economy Literature." *Journal of Economic Literature* 52.3 (2014): 740–98.

108 以下均见于：Burke, Marshall, Solomon M. Hsiang, and Edward Miguel. "Climate and Conflict." *Annual Review of Economics* 7.1 (2015): 577–617.

109 在当代，各类自然风险外的风险也可能引发暴力。比如，主要货币的汇率波动也对世界 97 个国家的暴力冲突有显著影响，详见：Hull, Peter, and Masami Imai. "Economic Shocks and Civil Conflict: Evidence From Foreign Interest Rate Movements." *Journal of Development Economics* 103 (2013): 77–89. 另外，金价的异常波动与印度乡村杀婴之间存在密切联系，详见：Bhalotra, Sonia, Abhishek Chakravarty, and Selim Gulesci. "The Price of Gold: Dowry and Death in India." *Journal of Development Economics* 143 (2020): 102413.

110 Heilmann, Kilian, and Matthew E. Kahn. "The Urban Crime and Heat Gradient in High and Low Poverty Areas". No. w25961. *National Bureau of Economic Research*, 2019.

111 Burke, Marshall B., Edward Miguel, Shanker Satyanath, John A. Dykema, and David B. Lobell. "Warming Increases the Risk of Civil War in Africa." *Proceedings of the National Academy of Sciences* 106, No. 49 (2009): 20670–20674. Bruederle, Anna, Jörg Peters, and Gareth Roberts. *Weather and Crime in South Africa.* No. 739. Ruhr Economic Papers, 2017.

112 Iyigun, Murat, Nathan Nunn, and Nancy Qian. "Winter is Coming: The Long-run Effects of Climate Change on Conflict, *1400–1900*" . No. w23033. *National Bureau of Economic Research*, 2017.

113 Lloyd, Geoffrey Ernest Richard, John Chadwick, and W. N. Mann, eds. *Hippocratic writings.* Vol. 451. Penguin UK, 1983.

114 在本书中，"风险"指的是任何会影响消费或生存的事件。比如失业、灾害、瘟疫、身体受害、气候异常、建筑倒塌、外邦入侵等，都在此列。

115 关于金融的更多讨论，参见：陈志武．金融的逻辑．北京：国际文化出版公司，2009；陈志武．金融的逻辑 2: 通往自由之路．西安：西北大学出版社，2015.

第二章

1 史念海．石器时代人们的居地及其聚落分布．人文杂志 3, 1959 : 41–52.

2 在丹尼尔·卡尼曼和阿莫斯·特沃斯基奠定的当代行为经济学中，这种现象被称为"损失厌恶"，亦即人们获得 100 元的幸福感增量要远低于损失 100 元的悲哀感增量。因此在经济决策中，人们会更努力保住在手的财富与利益，这就要求改善风险应对力。Kahneman, Daniel; Tversky, Amos. "Prospect Theory: An Analysis of Decision Under Risk" . *Econometrica* 47 (2) (1979): 263–291 ; Kahneman, Daniel, and Amos Tversky. "Prospect Theory: An Analysis of Decision Under Risk." In *Handbook of the Fundamentals of Financial Decision Making: Part I*, (2013): 99–127.

3 Jared M. Diamond. "The Worst Mistake in the History of the Human Race." *Discover Magazine*, (May 1987): 64–66.

4 Larson, Greger, et al. "Current Perspectives and the Future of Domestication Studies." *Proceedings of the National Academy of Sciences* 111.17 (2014): 6139–6146, and *The Economist*, "Hunter-gatherers: Noble or Savage?" December 19, 2007.

5 到目前为止，已发现的人类最早的壁画是 3 万年至 3.5 万年之前创作的，是几位法国学者于 1996 年在法国岩洞里发现的。这些都是动物画，包括狮子、山鹿和灰犀牛。Chauvet, Jean-Marie; Deschamps, Eliette Brunel; Hillaire, Christian; Clottes, Jean; Bahn, Paul. *Dawn of Art the Chauvet Cave: the Oldest Known Paintings in the World.* New York: H.N. Abrams, 1996.

6 以下内容见：Guagnin, Maria, Angela R. Perri, and Michael D. Petraglia. "Pre-Neolithic Evidence for Dog-assisted Hunting Strategies in Arabia." *Journal of Anthropological Archaeology* 49 (2018): 225–236.

7 Guagnin，Maria，Angela R. Perri，and Michael D. Petraglia. "Pre-Neolithic Evidence for Dog-assisted Hunting Strategies in Arabia." *Journal of Anthropological Archaeology* 49（2018）：225–236. Figure 6.

8 Maria Guagnin，Angela R. Perri，and Michael D. Petraglia. "Pre-Neolithic Evidence for Dog-assisted Hunting Strategies in Arabia." *Journal of Anthropological Archaeology* 49（2018）：225–236. Figure 4.

9 Halstead, Paul, and John O'Shea, eds. *Bad Year Economics: Cultural Responses to Risk and Uncertainty.* Cambridge University Press, 2004.

10 这几种方法在其他研究中也谈到，如：Marston, John M. "Archaeological Markers of Agricultural Risk

Management." *Journal of Anthropological Archaeology* 30.2 (2011): 190–205; Hodder, Ian. *Entangled: An Archaeology of the Relationships Between Humans and Things*. John Wiley & Sons, 2012., 等等。

11 有关金融学中的证券投资组合理论与考古学理论的联系，可见：Marston, John M. "Archaeological Markers of Agricultural Risk Management." *Journal of Anthropological Archaeology* 30.2 (2011): 190–205.

12 Jochim, Michael A. *Hunter-gatherer Subsistence and Settlement: a Predictive Model*. No. 330.901 JOC. CIMMYT. 1976. 在当代考古学基础上对这一模型的重述，可见：Reitz, Elizabeth J., and Elizabeth S. Wing. *Zooarchaeology*. Cambridge University Press, 2008. 这里我们采纳了后一著作的介绍。

13 值得注意的是，在考察前现代社会时期的东南亚小农时，斯科特归纳的农人行动模式，与这里提到的"狩猎采集"模型几乎完全一致：最小化陷于饥饿的风险，而不是最大化产出。有关这一点的深入分析及相关文献的列举，参见：Scott, James C. *The Moral Economy of the Peasant: Rebellion and Subsistence in Southeast Asia*. Yale University Press, 1977. 中文版：詹姆斯 · C. 斯科特 . 农民的道义经济学：东南亚的反叛与生存 . 程立显 , 刘建等，译 . 南京：译林出版社，2013. 之后跟进这一脉研究的学者浩如星海，恕笔者在此不能尽述。

14 以下内容，参见：Minc, Leah D., and Kevin P. Smith. "The Spirit of Survival: Cultural Responses to Resource Variability in North Alaska." *Bad Year Economics: Cultural Responses to Risk and Uncertainty* (1989): 8–39. 之后，考古学者以类似的视角，做了许多跨时段的比较分析。典型案例之一可见：Kent, Susan. "Variability in Faunal Assemblages: The Influence of Hunting Skill, Sharing, Dogs, and Mode of Cooking on Faunal Remains at a Sedentary Kalahari Community." *Journal of Anthropological Archaeology* 12.4 (1993): 323–385.

15 Minc, Leah D., and Kevin P. Smith. "The Spirit of Survival: Cultural Responses to Resource Variability in North Alaska." *Bad Year Economics: Cultural Responses to Risk and Uncertainty* (1989): 8–39.

16 考古学者很早就注意到烹饪的出现及发展与降低消费风险之间的联系。从这个意义上说，本书提出的基于"控制消费风险"这个来自金融理论的分析框架，也适用于理解"口腹之好"的起源：经过艰苦摸索，史前人类发展出了腌制、熏制或风干等长期保存食物的技法。这些技术与仓储互补，都是在跨期配置消费资源，有效提升了人类在季节性波动强烈的环境中的生存概率和生活质量。有关这方面的更多概述，可见：Reitz, Elizabeth J., and Elizabeth S. Wing. *Zooarchaeology*. Cambridge University Press, 2008.

17 Crassard, Remy, Michael D. Petraglia, Adrian G. Parker, Ash Parton, Richard G. Roberts, Zenobia Jacobs, Abdullah Alsharekh et al. "Beyond the Levant: First Evidence of a Pre-pottery Neolithic Incursion into the Nefud Desert, Saudi Arabia." *PLoS One* 8, No. 7 (2013): e68061; Hilbert, Yamandú H., et al. "Epipalaeolithic Occupation and Palaeoenvironments of the Southern Nefud Desert, Saudi Arabia, During the Terminal Pleistocene and Early Holocene." *Journal of Archaeological Science* 50 (2014): 460–474. 前者测算的范围是公元前 8000 年前后的当地气候，后者测算的是公元前 7000 —前 6000 年的当地气候。

18 有关当地居民利用绵羊与山羊的起源与模式，最全面的分析是：Rollefson, Gary O., and Ilse Köhler-

Rollefson. "Early Neolithic Exploitation Patterns in the Levant: Cultural Impact on the Environment." *Population and Environment* 13.4 (1992): 243–254.

19 这一类证据的汇纂，可见 : Magee, Peter. *The Archaeology of Prehistoric Arabia: Adaptation and Social Formation from the Neolithic to the Iron Age*. Cambridge University Press, 2014.

20 对这一点的分析，除上面 Rollefson 及 Köhler-Rollefson 的著作外，亦见 : Cleuziou, Serge, and Maurizio Tosi. *In the Shadow of the Ancestors: The Prehistoric Foundations of the Early Arabian Civilization in Oman*. Ministry of Heritage & Culture, Sultanat of Oman, 2007.

21 阿拉伯半岛不是孤例。近年来的研究显示：在古代日本，犬的驯化和使用，同样与当地的气候和环境变化有密切联系，具体见 : Perri, Angela R. "Hunting Dogs as Environmental Adaptations in Jōmon Japan." *Antiquity* 90.353 (2016): 1166–1180.

22 关于此类驯化动物对史前人类的多种用途及其意义，详尽的介绍可见 : Mulville, Jacqui, and Alan K. Outram, eds. *The Zooarchaeology of Fats, Oils, Milk and Dairying*. Oxford: Oxbow Books, 2005.

23 Matranga, Andrea. "The Ant and the Grasshopper: Seasonality and the Invention of Agriculture." New Economic School Working Paper (2017). Smith, Bruce D. "Failure of Optimal Foraging Theory to Appeal to Researchers Working on the Origins of Agriculture Worldwide." *Proceedings of the National Academy of Sciences* 111.28 (2014): E2829–E2829.

24 Matranga，Andrea. "The Ant and the Grasshopper：Seasonality and the Invention of Agriculture." New Economic School working paper (2017) . Figure2.

25 Jared M. Diamond. "The Worst Mistake in the History of the Human Race." *Discover Magazine*, (May 1987): 64–66.

26 有关向农业转型的初始时期人类生活水平的变化，可见 : Boix, Carles, and Frances Rosenbluth. "Bones of Contention: the Political Economy of Height Inequality." *American Political Science Review* 108.1 (2014): 1–22; Scott, James C. *Against the Grain: A Deep History of the Earliest States*. Yale University Press, 2017. 值得一提的是，即使是在闲暇等非物质的层面，从现有的证据看，狩猎采集群体也享有更高生活水平。有关这一点，参见 : Sahlins, Marshall. *Stone Age Economics*. Routledge, 2003 . 中文版：马歇尔 · 萨林斯 . 石器时代经济学 . 张经纬，郑少雄，张帆，译 . 北京：生活 · 读书 · 新知三联书店，2019.

27 Jared M. Diamond. "The Worst Mistake in the History of the Human Race." *Discover Magazine*, (May 1987): 64–66.

28 Boix, Carles, and Frances Rosenbluth, "Bones of Contention: the Political Economy of Height Inequality" , *American Political Science Review*, 2014, 108 (1): 1–22. Figure1.

29 Nicholas Meinzer, "Social Mobility in the Eraly Middle Ages." *Explorations in Economic History*, (2017), 64: 111–120.

30 Jared M. Diamond. "The Worst Mistake in the History of the Human Race." *Discover Magazine*,

(May 1987): 64–66.

31 Kohler, Timothy A., Michael E. Smith, Amy Bogaard, Gary M. Feinman, Christian E. Peterson, Alleen Betzenhauser, Matthew Pailes et al. "Greater Post-Neolithic Wealth Disparities in Eurasia Than in North America and Mesoamerica." *Nature* 551, No. 7682 (2017): 619–622.

32 托马斯·皮凯蒂. 21 世纪资本论. 巴曙松, 等译. 北京: 中信出版社, 2014.

33 本图基于 Timothy Kohler，*et al* "Greater Post-Neolithic Wealth Disparities in Eurasia Than in North America and Mesoamerica". *Nature*. 2017 551. 7694（2017），Figure2 中的房屋面积基尼系数制作。

34 恩格斯. 家庭、私有制和国家的起源. 北京: 人民出版社, 2003. 关于这方面的最新研究，参见：Alesina, Alberto, Paola Giuliano, and Nathan Nunn. "On the Origins of Gender Roles: Women and the Plough." *The Quarterly Journal of Economics* 128.2 (2013): 469–530.

35 关于这方面的争论，最详尽的介绍是：Gremillion, Kristen J., Loukas Barton, and Dolores R. Piperno. "Particularism and the Retreat from Theory in the Archaeology of Agricultural Origins." *Proceedings of the National Academy of Sciences* 111.17 (2014): 6171–6177. 由于已有的证据和观点太过纷杂，文章作者甚至使用了"远离农业的起源理论"的表述。

36 Jared M. Diamond. "The Worst Mistake in the History of the Human Race." *Discover Magazine*, (May 1987): 64–66; Bowles, Samuel, and Jung-Kyoo Choi. "Coevolution of Farming and Private Property During the early Holocene." *Proceedings of the National Academy of Sciences* 110, No. 22 (2013): 8830–8835.

37 Braidwood, R. J. *The Agricultural Revolution*, Scientific American (1960).

38 Matranga, Andrea. "The Ant and the Grasshopper: Seasonality and the Invention of Agriculture." New Economic School Working Paper (2017).

39 Purugganan, Michael D., and Dorian Q. Fuller. "The Nature of Selection During Plant Domestication." *Nature* 457.7231 (2009): 843. 此外，这一理论无法解释历史的另一原因在于：当时人类的交往网络十分稀疏，没有充分证据说明为何农业可以在短时间内传遍各大陆。对这一点的简明叙述，可见：John R. McNeill, William H. McNeill, and William McNeil. *The Human Web: A Bird's-eye View of World History*. WW Norton & Company, 2003. 中文版：约翰·R. 麦克尼尔，威廉·H. 麦克尼尔. 人类之网：鸟瞰世界历史. 王晋新，译. 北京：北京大学出版社，2011.

40 Jochim, Michael A. *Hunter-gatherer Subsistence and Settlement: a Predictive Model*. No. 330.901 JOC. CIMMYT. 1976. 在当代考古学基础上对这一模型的重述，参见：Reitz, Elizabeth J., and Elizabeth S. Wing. *Zooarchaeology*. Cambridge University Press, 2008.

41 气候之外，另一影响广泛的假说是 Binford 提出的边缘理论：海平面上升导致人类向内陆迁移。有限区域内人口负载的增加，导致史前人类寻求更有保障的食物来源。笔者对此有两点评述：首先，海平面上升与气候剧烈变化的关联相当密切；其次，从更广的层面上看，Binford 的假说亦可纳入"应对风险的需要推动了农业技术的出现"这一分析框架中。有关边缘理论的原始表述，参见：Binford, Lewis Roberts. "Post-pleistocene Adaptations." *New Perspective in Archeology* (1968): 313–341. 对这一假说及其他农业起源理论的简明评述，参见：Bellwood, Peter. "First Farmers:The Origins of Agricultural Societies." (2005). 中文版：彼得·贝尔伍德. 最早的农人：农业社会的起源. 陈洪波，谢光茂，等译. 上海：上海古籍出版社，2020. Bellwood, Peter. "First Farmers: the Origins of Agricultural Societies." *THESIS ABSTRACTS 63 BACKFILL* (2006): 49. 在微观层面，对史前沿海居民应对风险的方法的叙述，参见：Thompson, Victor D., and John A. Turck. "Adaptive Cycles of Coastal Hunter-gatherers." *American Antiquity* 74.2 (2009): 255–278.

42 之后我们会看到，即使到近代农业社会，产出的季节性波动照样挑战农民的生存。在 18 世纪的英国，一到青黄不接的季节，许多农民遭遇饥饿。既然农业社会都这样，狩猎采集时期的原始人会更加难以应对气候风险。*The Economist*, "Hunter-gatherers: Noble or savage?" December 19, (2007).

43 Matranga, Andrea. "The Ant and the Grasshopper: Seasonality and the Invention of Agriculture." New Economic School working paper (2017).

44 Matrange，Andrea. "The Ant and the Grasshopper：Seasonality and the Invention of Agriculture." New Economic School working paper（2017）: Figure6.

45 这里转引自马特兰加研究，三套数据分别见于：Purugganan, Michael D., and Dorian Q. Fuller. "The Nature of Selection During Plant Domestication." *Nature* 457.7231 (2009): 843; Putterman, Louis, and Cary Anne Trainor. "*Agricultural Transition Year Country Data Set.*" Brown University (2006): 729–48; Pinhasi, Ron, Joaquim Fort, and Albert J. Ammerman. "Tracing the Origin and Spread of Agriculture in Europe." *PLoS Biology* 3.12 (2005): e410.

46 Matranga，Andrea. "The Ant and the Grasshopper：Seasonality and the Invention of Agriculture." New Economic School working paper（2017）: Figure 9.

47 值得一提的是，Ashraf 和 Michalopoulos 同样对气候波动性与农业起源的关系进行了统计分析，结论是气候波动性强弱与农业起源早晚之间呈现"U 形"关系：气候完全没有波动或呈现极端波动，都会导致农业出现的时间更晚；适中的气候波动性，有利于当地更早走上农业革命之路。原因在于：无论是驯化动植物，还是探究其他相关的技术，都需要人类在相当原始的条件下反复进行试验。当气候没有波动时，狩猎采集者没有主动试验的激励；当气候十分极端时，缓慢的改良过程不足以满足应对风险的需要。只有适中的波动性，才能同时为技术试验和创新提供激励和条件。不过，无论是 Ashraf 和 Michalopoulos，还是马特兰加都认可气候波动性与农业起源之间存在密切的联系。Ashraf, Quamrul, and Stelios Michalopoulos. "Climatic Fluctuations and the Diffusion of Agriculture." *Review of Economics and Statistics* 97.3 (2015): 589–609.

48 An, Chengbang, Zhaodong Feng, and Lingyu Tang. "Environmental Change and Cultural Response Between 8000 and 4000 cal. yr BP in the Western Loess Plateau, Northwest China." *Journal of Quaternary Science* 19.6 (2004): 529–535.

49 Jean-Francois Jarrige, "Mehrgarh Neolithic." a paper presented at the International Seminar on the "First Farmers in Global Perspective." Lucknow, India, 18–20 January 2006. Singh, Sakshi, Ashish Singh, Raja Rajkumar, Katakam Sampath Kumar, Subburaj Kadarkarai Samy, Sheikh Nizamuddin, Amita Singh et al. "Dissecting the Influence of Neolithic Demic Diffusion on Indian Y-chromosome Pool Through J2–M172 Haplogroup." *Scientific reports* 6, No. 1 (2016): 1–10.

50 Smith, Adam. *Lectures on Jurisprudence*, edited by R.L. Meek, D.D. Raphael and P.G. Stein. Oxford University Press, 1978.

51 Jared M. Diamond. "The Worst Mistake in the History of the Human Race." *Discover Magazine*, (May 1987): 64–66.

52 Mayshar, Joram, Omer Moavz, Zvika Neeman, and Luigi Pascali. *Cereals, Appropriability and Hierarchy*. No. 2068–2018–1276. 2016.

53 Galor, Oded, and Ömer Özak. "The Agricultural Origins of Time Preference." *American Economic Review* 106.10 (2016): 3064–3103；Fouka, Vasiliki, and Alain Schlaepfer. "Agricultural Returns to Labour and the Origins of Work Ethics." *The Economic Journal* 130, No. 628 (2020): 1081–1113.

54 Olsson, Ola, and Christopher Paik. "Long-run Cultural Divergence: Evidence From the Neolithic Revolution." *Journal of Development Economics* 122 (2016): 197–213. Bentzen, Jeanet Sinding, Nicolai Kaarsen, and Asger Moll Wingender. "Irrigation and Autocracy." *Journal of the European Economic Association* 15.1 (2017): 1–53.

55 Benjamin Enke. "Kinship, Cooperation and the Evolution of Moral Systems. " *The Quarterly Journal of Economics* 134.2 (2019): 953–1019.

56 张芳，王思明．中国农业科技史．北京：中国农业科学技术出版社，2011.

57 恩格斯．家庭、私有制和国家的起源．北京：人民出版社，2003.

58 德·希·珀金斯．中国农业的发展：1368—1968年．宋海文，等译．上海：上海译文出版社，1984.

59 王思明，沈志忠．中国农业发明创造对世界的影响——在2011年"农业考古与农业现代化"论坛上的演讲．农业考古 1. 2012：26–32.

60 水灾也给人们带来冲击，但影响相对短暂温和。参见：Bai, Ying, and James Kai-sing Kung. "Climate Shocks and Sino-nomadic Conflict." *Review of Economics and Statistics* 93.3 (2011): 970–981; Jia, Ruixue. "Weather Shocks, Sweet Potatoes and Peasant Revolts in Historical China." *The Economic Journal* 124.575 (2014): 92–118.

61 参见陈志武、彭凯翔的综述：Chen, Zhiwu and Kaixiang Peng, "Consumption and Living Standards Since the Song Dynasty", in Richard van Grahn and Debin Ma, eds, *Cambridge Economic History of China*, Cambridge University Press, 2022.

62 陈硕和龚启圣二位学者对1500年后各县的县志做了梳理，根据县志中首次提到玉米的年份确定该县引种玉米的时间。Chen, Shuo, and James Kai-sing Kung. "Of Maize and Men: the Effect of

a New World Crop on Population and Economic Growth in China." *Journal of Economic Growth* 21.1 (2016): 71–99.

63 陈树平 . 玉米和番薯在中国传播情况研究 . 中国社会科学 3. 1980 : 187–204; Jia, Ruixue. "Weather Shocks, Sweet Potatoes and Peasant Revolts in Historical China." The *Economic Journal* 124.575 (2014): 92–118.

64 关于"哥伦布大交换"中美洲作物的罗列及其传播的概论参见 : Nunn, Nathan, and Nancy Qian. "The Columbian Exchange: A History of Disease, Food, and Ideas." *Journal of Economic Perspectives* 24.2 (2010): 163–88.

65 李昕升 , 王思明 . 清至民国美洲作物生产指标估计 . 清史研究 3. 2017 : 2017, 107(003):126–139.

66 这是笔者的术语，是相对于传统主粮——水稻和小麦——而言的。由于旱灾年份，水稻小麦不能长，但玉米和甘薯却可以，所以是对传统主粮的补充。见接下来的讨论。

67 明朝徐光启在《农政全书 · 卷二十七》对此有精辟的叙述："凡有隙地，皆可种薯。"他在《甘藷疏序》中写道："岁戊申，江以南大水，无麦禾，欲以树艺佐其急，且备异日也，有言闽越之利甘藷者，客莆田徐生为予三致其种，种之，生且蕃，略无异彼土，庶几哉橘逾淮弗为枳矣，余不敢以麋鹿自封也，欲遍布之，恐不可户说，辄以是疏先焉。"

68 徐光启《农政全书 · 卷二十七》。

69 见于徐光启《农政全书 · 卷二十七》，以及：李昕升 , 王思明 . 清至民国美洲作物生产指标估计 . 清史研究 3. 2017 : 2017, 107(003): 126–139.

70 清朝陈世元在《金薯传习录》中写道："番薯种出海外吕宋，明万历陈季龙贸易其地，得其藤苗及栽培法入中国，时闽中大旱，巡抚金学曾令试为种，收获颇丰，可充谷食之半。"由此可知，当时引进甘薯、玉米等的确跟这些作物的抗旱特点有直接关系。他还介绍了甘薯的 6 种药用价值：治痢疾和腹泻，治酒积和热泻，治湿热和黄疸，治遗精和白浊，治血虚和月经不调，治小儿疳疾。这些当然属夸张之言。

71 陈振汉 , 熊正文 . 清实录经济史资料 · 农业编 . 北京 : 北京大学出版社 , 2012 : 第三章 .

72 He, Bingdi, *Studies on the Population of China, 1368–1953.* Harvard University Press, 1959.

73 Warman, Arturo. *Corn and Capitalism: How a Botanical Bastard Grew to Global Dominance*, Durham: The University of North Carolina Press, 2003. 中文版：阿图洛 · 瓦尔曼 . 玉米与资本主义：一个实现了全球霸权的植物杂种的故事 . 谷晓静，译 . 上海：华东师范大学出版社，2005.

74 Nunn, Nathan, and Nancy Qian. "The Potato's Contribution to Population and Urbanization: Evidence From a Historical Experiment." *The Quarterly Journal of Economics* 126.2 (2011): 593–650.

75 Iyigun, Murat, Nathan Nunn, and Nancy Qian. "The Long-run Effects of Agricultural Productivity on Conflict, 1400–1900". No. w24066. *National Bureau of Economic Research*, 2017.

76 Zhiwu Chen, Zhan Lin and Xiaoming Zhang. "When People Stop Eating Each Other: Cultural Norms, Risk Mitigation and Cannibalism in Chinese History (1470–1911). " University of Hong Kong working paper

(2020).

77 以下内容见 : Jia, Ruixue. "Weather Shocks, Sweet Potatoes and Peasant Revolts in Historical China." The *Economic Journal* 124.575 (2014): 92–118.

78 陈永伟，黄英伟，周羿."哥伦布大交换"终结了"气候—治乱循环"吗？——对玉米在中国引种和农民起义发生率的一项历史考察.经济学(季刊) 2. 2014 : 1215–1238.

79 以下内容见 : Chen, Shuo, and James Kai-sing Kung. "Of Maize and Men: the Effect of a New World Crop on Population and Economic Growth in China." *Journal of Economic Growth* 21.1 (2016): 71–99.

80 侯杨方.美洲作物造就了康乾盛世？——兼评陈志武量化历史研究告诉我们什么？.南方周末，2013.11.2.

81 这里的数据取自：李昕升，王思明．清至民国美洲作物生产指标估计.清史研究 3. 2017 : 107(003):126–139. 表 4, 表 5.

82 吴慧.中国历代粮食亩产研究.北京 : 农业出版社，1985: 192.

83 由此看，在一个地区引种玉米、甘薯后，不仅每年的粮食消费更平稳，其生育数波动性应该也变小，人口增长的波动性降低。这个假说可以通过历史数据检验。

84 见平克教授汇总的各类社会暴力命案率与战争死亡率：Pinker, S. *The Better Angels of Our Nature: The Decline of Violence in History and Its Causes*. New York: Penguin Books, 2011. 尤其是 Chapter 2 和 Figure2–2、Figure 2–3。值得注意的是，他并没有专门对比狩猎采集社会与农业社会，而是对比前者和"国家社会"。在 18 世纪工业革命之前，各农业社会基本都建立了国家，因此都为"国家社会"。从下一章开始，我们陆续介绍定居农耕激发出来的其他创新（包括国家的建立）。

85 Nunn, Nathan, and Nancy Qian. "The Potato's Contribution to Population and Urbanization: Evidence From a Historical Experiment." *The Quarterly Journal of Economics* 126.2 (2011): 593–650; Iyigun, Murat, Nathan Nunn, and Nancy Qian. "The Long-run Effects of Agricultural Productivity on Conflict, 1400–1900". No. w24066. *National Bureau of Economic Research*, 2017.

86 Warman, Arturo. *Corn and Capitalism: How a Botanical Bastard Grew to Global Dominance*. University of North Carolina Press, 2003. 中文版：阿图洛·瓦尔曼.玉米与资本主义：一个实现了全球霸权的植物的故事.谷晓静，译.上海：华东师范大学出版社，2005.

87 Barreca, Alan, Karen Clay, Olivier Deschenes, Michael Greenstone, and Joseph S. Shapiro. "Adapting to Climate Change: The Remarkable Decline in the US Temperature-mortality Relationship Over the Twentieth Century." *Journal of Political Economy* 124, No. 1 (2016): 105–159.

88 Kahneman, Daniel, Paul Slovic & Amos Tversky. *Judgment Under Uncertainty: Heuristics and Biases*. New York: Cambridge University Press, 1982. 中文版：丹尼尔·卡尼曼，保罗·斯洛维奇，阿莫斯·特沃斯基.不确定状况下的判断：启发式和偏差.方文，吴新利，张擘，等译.北京：中国人民大学出版社，2013.

89 叔本华．叔本华思想随笔.韦启昌，译.上海 : 上海人民出版社.2005: 385.

第三章

1 尤瓦尔·赫拉利.人类简史.林俊宏，译.北京:中信出版社,2014: 26.

2 斯宾诺莎.神学政治论.温锡增，译.北京:商务印书馆,2009: 1. De Spinoza, Benedictus. *Theological-Political Treatise*. Hackett Publishing, 2001.

3 Ara Norenzayan. *Big Gods: How Religion Transformed Cooperation and Conflict*. New Jersey: Princeton University Press, 2013. Chapter 2. 该书第二章专门讨论迷信对道德秩序的重要性。

4 “迷信”一词是19世纪末由日文转译进入中文，首先出现在《皇朝经世文新编》和梁启超的《清议报》。起初，“迷信”常与“宗教”连用，指的是与理性主义相悖的信仰世界及心理状态。到后来，“迷信”成为对大众信仰及其仪式实践的专指，代表精英阶层针对民众精神世界的申斥。沈洁.“反迷信”话语及其现代起源.史林2, 2006 : 30–42.

5 Plato. *Theaetetus*. Alex Catalogue, 2001. 自Gettier 1963年的批评之后，当代哲学对“何为知识”这一问题已经有了许多新的看法。这些讨论与“何为迷信”关联不大，本书不再展开。

6 后一层面的定义，参见：Womack, Mari. “Why Athletes Need Ritual: A Study of Magic Among Professional Athletes.” *Sport and Religion* (1992): 191–202.

7 Dömötör, Zsuzsanna, Roberto Ruíz-Barquín, and Attila Szabo. “Superstitious Behavior in Sport: A Literature Review.” *Scandinavian Journal of Psychology* 57.4 (2016): 368–382.

8 Vyse, Stuart A. *Believing in Magic: The Psychology of Superstition*. Oxford University Press, 2013.

9 李泽厚.由巫到礼 释礼归仁.北京:生活·读书·新知三联书店,2015.

10 刘文鹏.1679年京师大地震与康熙朝政权建设.国家清史纂修领导小组办公室编,清史镜鉴.北京：国家图书馆出版社,2011.

11 起居注官库勒纳.王鸿绪，康熙十八年起居注册.

12 康熙十八年七月，皇帝命满汉大学士以下副都御史以上各官集左翼门，由侍卫费耀色赍口传的谕旨。载于《清圣祖实录·卷八十二》，页十八。张廷玉,朱轼.清圣祖实录.北京：中华书局,1985.

13 王晓葵摘录了《清实录》的许多相关内容，并做了讨论，参见：王晓葵.灾害记忆图式与社会变迁——谁的唐山大地震.新史学,2014.

14 据《清朝文献通考》所引:“我朝凡遇水旱，或亲诣祈祷，或遣官将事。皆本诚意以相感格，不事虚文。初立神祇坛，以祷水旱，雩祀既举，礼仪修备。间或遣祷山川，悉准古典。”可见，清朝对灾害有明确的祈祷要求。邓云特（邓拓）在《中国救荒史》中对各朝的祭天求神制度有更多介绍，并说巫术在清代救荒方法中仍占相当的地位。邓云特.中国救荒史.北京：商务印书馆,2011.

15 马建石,杨育棠.大清律例通考校注.北京：中国政法大学出版社,1992.

16 张廷玉,朱轼.清圣祖实录:卷八十四.北京：中华书局,1985.

17 韦伯认为统治合法性可以有三种来源：传统型（来自传统的神圣性和传统受命实施权威，包括神话故事、长子继承），法理型（来自法律制度，包括得到被统治者的认可，即民主选举），魅力型（来自英雄化的非凡个人以及由他创建的制度，包括非凡成就）。传统中国王朝起初靠武力建立（魅力型），然后转为靠传统型加迷信神话延续。现代民主制度属法理型。韦伯．经济与社会．林荣远，译．北京：商务印书馆．1997: 239–241.

18 赵鼎新．东周战争与儒法国家的诞生．夏江旗，译．上海：华东师范大学出版社，2006: 35. 关于天命观，最早见于战国时期的《逸周书·里商哲解》和《逸周书·克殷解》。

19 葛兆光．中国思想史，第一卷．上海：复旦大学出版社，1998: 241.

20 赵鼎新．东周战争与儒法国家的诞生．夏江旗，译．上海：华东师范大学出版社，2006: 35.

21 陈志武，林展．真命天子易丧命？——历史中国皇帝命案的量化分析与东西方比较．香港大学工作论文，2017.

22 纽约大学 Svolik 教授收集了 1946—2008 年间 316 位威权国家领导人的样本，发现其中 205 位是被统治阶层内部人推翻甚至被杀头的，占比达到 65.9%，这个比例与中国历史上谋杀皇帝的身边人占比类似。他尤其发现，民主国家领导人中死于非命的比例远低于王朝君主死于非命的比例，基本印证了两千多年前亚里士多德在《政治学》第五卷第一章所说："平民政体（democracy, 即民主政体——引者加）还是比寡头政体（即威权政体）更加安定和平稳。因为在寡头政体中存在两重祸根：或者是寡头之间结党互斗，或者是寡头们与平民之间拼死相争；然而在平民政体中就只有平民与寡头之间的斗争……平民政体比寡头政体更加接近由中产阶层组成的共和政体，而这样的政体是最为安定的一类政体。"也就是说，基于"君权神授"的王朝，迷信很容易刺破，而民主政体中，统治者是民选，统治阶层内部没什么好斗的，因为即使他们把总统杀掉也无济于事。Svolik, Milan, *The Politics of Authoritarian Rule*, Cambridge: Cambridge University Press 2012.

23 De la Vega, Garcilaso. *The Incas: The Royal Commentaries of the Inca*. New York: The Orion Press. 1961.

24 关于梁启超介绍伯伦知理著作的背景和引文，参见：川尻文彦．梁启超的政治学——以明治日本的国家学和伯伦知理的受容为中心．洛阳师范学院学报，30. No. 1. 2011: 1–9. 也可参见：沈洁．"反迷信"话语及其现代起源．史林 2. 2006 : 30–42.

25 基于迷信治理的类似论述不少。《礼记·月令》强调："孟秋之月，命有司，修法治，缮图圄，具桎梏……戮有罪，严断刑。"

26 姜晓敏．中国古代死刑的文化透视 // 中国政法大学监狱史学研究中心编．中国监狱文化的传统与现代文明．北京：法律出版社，2006.

27 李泽厚．说巫史传统．上海：上海译文出版社，2011；李泽厚．由巫到礼　释礼归仁．北京：生活·读书·新知三联书店，2015.

28 Lerner, Melvin J. *The Belief in a Just World*. Springer, 1980. 9–30.

29 唐大潮，等注．太上感应篇．北京：中国社会科学出版社，1996.

30 更细致深入的分析，可见：Leeson, Peter T. "Ordeals." *The Journal of Law and Economics* 55.3 (2012):

691–714；Leeson, Peter T., and Christopher J. Coyne. "Sassywood." *Journal of Comparative Economics* 40.4 (2012): 608–620.

31 有关神判法的更多分析，参见：Leeson, Peter T. "Ordeals." *The Journal of Law and Economics* 55.3 (2012): 691–714. 对"无政府状态下，如何借助迷信实现良好治理"这一问题的阐述，参见：Leeson, Peter T. *Anarchy Unbound: Why Self-governance Works Better Than you Think.* Cambridge University Press, 2014.

32 从笔者跟张晓鸣对大样本考古数据库的初步研究结果看（待发表），周朝墓主的平均死亡年龄和平均身高都显著高于夏（或商）朝早期，这一发现支持我们这里所讲的基于"巫术迷信"建立国家秩序所带来的积极效果，尽管这种秩序的基础是迷信。

33 Pinker, S. *The Better Angels of Our Nature: The Decline of Violence in History and Its Causes*. Penguin UK, 2011. Figure 2–3, 51–52.

34 Pinker, S. *The Better Angels of Our Nature: The Decline of Violence in History and Its Causes*. Penguin UK, 2011: 50.

35 道格拉斯·诺思 . 制度、制度变迁与经济绩效 . 杭行，译 . 韦森，译审 . 上海：格致出版社，2014；道格拉斯·诺思，张五常等 . 制度变革的经验研究 . 罗仲伟，译 . 北京：经济科学出版，2003；道格拉斯·诺思，约翰·约瑟夫·瓦利斯，巴里·温格斯特 . 暴力与社会秩序：诠释有文字记载的人类历史的一个概念性框架 . 杭行，王亮，译 . 上海：格致出版社，2013.

36 Leeson, Peter T. "God Damn" : The Law and Economics of Monastic Malediction." *The Journal of Law, Economics, & Organization* 30.1 (2012): 193–216.

37 Leeson, Peter T. "Gypsy law." *Public Choice* 155.3–4 (2013): 273–292.

38 Greif, Avner. "Reputation and Coalitions in Medieval Trade: Evidence on the Maghribi Traders." *The Journal of Economic History* 49, No. 4 (1989): 857–882. Greif, Avner. "Contract Enforceability and Economic Institutions in Early Trade: The Maghribi Traders' Coalition." *The American Economic Review* (1993): 525–548.

39 苏基朗 . 刺桐梦华录：近世前期闽南的市场经济（946—1368）. 李润强，译 . 杭州：浙江大学出版社，2012: 294.

40 步德茂 . 过失杀人、市场与道德经济：18 世纪中国财产权的暴力纠纷 . 北京：社会科学文献出版社，2008.

41 邓云特 . 中国救荒史 . 北京：商务印书馆，2011: 231. 这段引文来自民国十四年七月二十二日《申报》。

42 今天在中国，股民普遍偏爱代码以"8""9"结尾的股票，远离"4""5"结尾的倒霉股，就是这方面的一个例子。

43 有关这一点的深入叙述，参见：乌丙安 . 中国民间信仰 . 上海：上海人民出版社，1992.

44 这些节日中最盛大的是一年一度的赛马神，"六月七日赛马神……细供叁百分，次了（料）壹百分……胡饼壹百，又灌长（肠）麸面贰斗"。此次共耗面达十二石五斗四升四合，按当时每日人均二升面的定量，可供 627 人食用。谭蝉雪 . 敦煌祈赛风俗 . 敦煌研究 . No. 4. 1993: 61–67.

45 大姚县彝族传说，其祖先是由人的精血和杜鹃花树结合而成。拉祜族的苦聪人传说，他们的祖先是由树根蜕变而成。维吾尔族则有神树母亲的传说，根据《乌斯传》，乌古斯汗娶了树洞中的姑娘为妻，生三子，繁衍而成维吾尔族。台湾高山族泰雅人传说其始祖是天地初开之时，由大树生出男女二人，他们结婚而繁衍了其族类，等等。徐君 . 试论树神崇拜 . 宗教学研究 . No. 1. 1994: 57–64.

46 关于各行业神的更多介绍，参见：李乔 . 行业神崇拜 : 中国民众造神运动研究 . 北京 : 中国文联出版社 , 2002.

47 即使到笔者小时候的 20 世纪六七十年代，在湖南乡下，很多病还是靠巫师占卜、“魔法”治疗。当然这是治不好的，但乡亲们在不可知的“病魔”面前也找不到其他招数。

48 陈寅恪 . 三国志曹冲华佗传与佛教故事 . // 寒柳堂集 . 北京 : 三联书店 , 2001.

49 见 : 徐腾 . 他奶奶的庙！一个清华博士的野路子研究和暗中观察，看完笑趴下了 . 经典文学读书文摘 . 2017 : 8.9（https://mp.weixin.qq.com/s/pVUhV1yKP5VUnNZgdzssbA ）。

50 以下内容均引自：杨庆堃 . 中国社会中的宗教 : 宗教的现代社会功能与其历史因素之研究 . 范丽珠，等译 . 上海 : 上海人民出版社 , 2007.

51 杨庆堃 . 中国社会中的宗教 : 宗教的现代社会功能与其历史因素之研究 . 范丽珠，等译 . 上海 : 上海人民出版社 , 2007.

52 Sharer, Robert J., and Loa P. Traxler. *The Ancient Maya* (6th ed.). Stanford University Press, 2006.

53 Juan de Dios González. “Gonzalo Guerrero, Primer Mexicano Por Voluntad Propia” (Gonzalo Guerrero, First Mexican by his Own Free Will). *Inventio: la génesis de la cultura universitaria en Morelos* (in Spanish). Cuernavaca, Morelos, Mexico: Universidad Autónoma del Estado de Morelos 4 (2008): 23–26.

54 Sharer, Robert J., and Loa P. Traxler. *The Ancient Maya* (6th ed.). Stanford University Press, 2006.

55 Sharer, Robert J., and Loa P. Traxler. *The Ancient Maya* (6th ed.). Stanford University Press, 2006.

56 Oster, Emily. “Witchcraft, Weather and Economic Growth in Renaissance Europe.” *Journal of Economic Perspectives* 18, No. 1 (2004): 215–228.

57 Jess Blumberg. “A Brief History of the Salem Witch Trials: One Town’s Strange Journey From Paranoia to Pardon.” The *Smithsonian Magazine* (October 23, 2007).

58 Leeson, Peter T., and Jacob W. Russ. “Witch Trials.” *The Economic Journal* 128.613 (2018): 2066–2105.

59 Robin Briggs. *Witches and Neighbours: the Social and Cultural Context of European Witchcraft*. New York: Viking, 1996.

60 第一章谈到，明末李自成起义受益于中国北方经历的接连不断的干旱“小冰期”，这是北半球当时经历的同一气候变化。

61 Emily Oster. “Witchcraft, Weather and Economic Growth in Renaissance Europe” . *The Journal of Economic Perspectives* 18.1（2004）: Figure1.

62 Voigtländer, Nico, and Hans-Joachim Voth. "Persecution Perpetuated: the Medieval Origins of Anti-Semitic Violence in Nazi Germany." *The Quarterly Journal of Economics* 127, No. 3 (2012): 1339–1392.

63 原图刊登于 1493 年的 *Liber Chronicarum*. 这里转引自：Voigtländer Nico，and Hans-Joachim Voth. 'Persecution Perpetuated：the Medieval Origins of Anti-Semitic Violence in Nazi Germany.' *The Quarterly Journal of Economics* 127，No.3（2012）：1339–1392.

64 Miguel, Edward. "Poverty and Witch Killing." *The Review of Economic Studies* 72, No. 4 (2005): 1153–1172.

65 Miguel, Edward. "Poverty and Witch Killing." *The Review of Economic Studies* 72, No. 4 (2005): 1153–1172.

66 Miguel, Edward. "Poverty and Witch Killing." *The Review of Economic Studies* 72, No. 4 (2005): 1153–1172.

67 Miguel, Edward. "Poverty and Witch Killing." *The Review of Economic Studies* 72, No. 4 (2005): 1153–1172.

68 对下列内容的详尽讨论，可见：Manduhai Buyandelgeriyn. "Dealing With Uncertainty: Shamans, Marginal Capitalism, and the Remaking of History in Postsocialist Mongolia." *American Ethnologist* 34.1 (2007): 127–147. 这个现象当然不只蒙古国有，其他社会在经历转型后，也都因为不确定性的增加而失去安全感，结果也诉求于迷信。对转型期当地居民应对风险办法的进一步阐释，可见：Manduhai Buyandelgeriyn. "Post-post-transition Theories: Walking on Multiple Paths." *Annual Review of Anthropology* 37 (2008): 235–250.

69 来自《每日电讯报》相关新闻页面：http://www.telegraph.co.uk/sport/football/teams/arsenal/4805924/Top-10-Football-superstitions-to-rival-Arsenals-Kolo-Toure.html.

70 Burke, Kevin L., Daniel R. Czech, Jennifer L. Knight, Lisa A. Scott, A. Barry Joyner, Steven G. Benton, and H. Keith Roughton. "An Exploratory Investigation of Superstition, Personal Control, Optimism and Pessimism in NCAA Division I Intercollegiate Student-athletes." *Athletic Insight* 8, No. 2 (2006): 1–28.

71 以下内容，见于：Malinowski, Bronislaw. *Argonauts of the Western Pacific: An Account of Native Enterprise and Adventure in the Archipelagoes of Melanesian New Guinea*. Routledge & Sons, Limited, 1961. 中文版：布洛尼斯拉夫 · 马林诺夫斯基 . 西太平洋上的领航者 . 万秀英，译 . 北京：商务印书馆，2017.

72 屈大均 . 广东新语 . 北京 : 中华书局 , 1985.

73 以下研究印证了这一观察。Felson 和 Gmelch 在美国和爱尔兰调查了数百名大学生。问卷包含以下内容：首先，询问他们在参加考试、赌博、生病、进行体育比赛等活动之前，感受到的不确定程度和焦虑程度；其次，询问是不是相信巫术可以改变运气，以及巫术能不能降低焦虑；最后，询问他们采用巫术的比例。结果，学生们普遍把赌博、体育比赛的不确定性程度排在考试和生病之前——这也是采取巫术行动的比例排序。也就是说，学生自己感觉到的不确定性越强，采用巫术的学生比例就越高。有关这一研究，参见：Felson, Richard B., and George Gmelch. "Uncertainty and the Use of Magic." *Current Anthropology* 20.3 (1979): 587–589.

74 Stigler, George J. "Law or Economics?" *The Journal of Law and Economics* 35.2 (1992): 455–468.

75 以下内容引自：Malinowski, Bronislaw. *A Scientific Theory of Culture and Other Essays*. Psychology Press, 2001.

76 这里讲的"可控"是指结果是否存在确定性，"有把握"：如果结果确定性大，则属于可控，跟上面谈到的结果是否受到人行为的影响不同。Wright, Perry B., and Kristi J. Erdal. “Sport Superstition as a Function of Skill Level and Task Difficulty.” *Journal of Sport Behavior* 31.2 (2008): 187.

77 以下内容请见：Henslin, James M. “Craps and Magic.” *American Journal of Sociology* 73.3 (1967): 316–330.

78 刘昭瑞，霍志钊．蝶变．北京：商务印书馆，2017.

79 Kieckhefer, Richard. *Magic in the Middle Ages.* Cambridge University Press, 2000. 你可以在这本书中找到更多这方面的有趣例子。

80 Hafer, Carolyn L., and Robbie Sutton. “Belief in a Just World.” *Handbook of Social Justice Theory and Research.* New York: Springer, (2016): 145–160.

81 无论是在中国还是在身居美国的亚裔群体中，这一现象都存在，具体见：Johnson, Noel D., and John VC Nye. “Does Fortune Favor Dragons?.” *Journal of Economic Behavior & Organization* 78.1–2 (2011): 85–97; Mocan, Naci H., and Han Yu. “Can Superstition Create a Self-fulfilling Prophecy? School Outcomes of Dragon Children of China”. No. w23709. *National Bureau of Economic Research*, 2017.

82 Sim, Nicholas. “Astronomics in Action: the Graduate Earnings Premium and the Dragon Effect in Singapore.” *Economic Inquiry* 53.2 (2015): 922–939.

83 以下内容见：Nunn, Nathan, and Raul Sanchez de la Sierra. “Why Being Wrong Can be Right: Magical Warfare Technologies and the Persistence of False Beliefs.” *American Economic Review* 107.5 (2017): 582–87.

84 上引 Nunn 和 Sanchez de la Sierra 的研究述及了这一点。敦煌的情况，参见：郑炳林．晚唐五代敦煌占卜中的行为决定论．敦煌学辑刊 1, 2003 : 1–11.

85 张鸣．华北农村的巫觋风习与义和团运动．清史研究 4, 1998 : 82–90.

86 对这类“技巧”全面而不失幽默的阐释，参见：Pratkanis, Anthony R. “How to Sell a Pseudoscience.” *Skeptical Inquirer* 19.4 (1995): 19–25.

87 以下内容引自：Damisch, Lysann, Barbara Stoberock, and Thomas Mussweiler. “Keep Your Fingers Crossed! How Superstition Improves Performance.” *Psychological Science* 21.7 (2010): 1014–1020.

88 Loewenstein, George F., et al. “Risk as Feelings.” *Psychological Bulletin* 127.2 (2001): 267.

89 Epstein, Seymour. “Integration of the Cognitive and the Psychodynamic Unconscious.” *American Psychologist* 49.8 (1994): 709. 对这一点最引人入胜的阐释，参见：Kahneman, Daniel. *Thinking, fast and slow.* Macmillan, 2011. 中文版：丹尼尔·卡尼曼，思考：快与慢．胡晓姣，李爱民，何梦莹，译．北京：中信出版社，2012.

90 关于毒物学家和分析师的研究，参见：Slovic, P., et al. “Influence of Affective Processes on Toxicologists' Judgments of Risk.” Unpublished study, Decision Research, Eugene, OR (1997); Ganzach, Yoav. “Judging Risk and Return of Financial Assets.” *Organizational Behavior and Human Decision Processes* 83.2 (2000): 353–370. 更多此类研究，参见：Slovic, Paul, et al. “Risk as Analysis and Risk as Feelings: Some Thoughts About Affect, Reason, Risk, and Rationality.” *Risk Analysis* 24.2 (2004): 311–322.

91 对塔隆根人及其恐惧的人类学描写，参见：Nydegger, William Frank, and Corinne Nydegger. *Tarong:*

an Ilocos Barrio in the Philippines. Vol. 6. Wiley, 1966.

92 对“自然恐惧”的探讨，参见：Tuan, Yi-Fu. *Landscapes of Fear*. Pantheon, 1981. 中文版：段义孚 . 无边的恐惧 . 徐文宁，译 . 北京：北京大学出版社，2011. 更一般的叙述，参见：Harrison, Robert Pogue. *Forests: The Shadow of Civilization*. University of Chicago Press, 2009.

93 Forrest, David, Robert Simmons, and Neil Chesters. “Buying a Dream: Alternative Models of Demand for Lotto.” *Economic Inquiry* 40.3 (2002): 485–496.

94 二者可以统一到所谓“预期效用”的分析框架之下，参见：Loewenstein, George. “The Pleasures and Pains of Information.” *Science* 312.5774 (2006): 704–706；理论方面的分析，参见：Caplin, Andrew, and John Leahy. “Psychological Expected Utility Theory and Anticipatory Feelings.” *The Quarterly Journal of Economics* 116.1 (2001): 55–79.

95 有关这一实验的细节，参见：Loewenstein, George. “Anticipation and the Valuation of Delayed Consumption.” *The Economic Journal* 97.387 (1987): 666–684.

96 Chou, Eileen Y., Bidhan L. Parmar, and Adam D. Galinsky. “Economic Insecurity Increases Physical Pain.” *Psychological Science* 27.4 (2016): 443–454.

97 迷信的赌徒与不迷信的赌徒，虽然去赌场的客观预期损失一样，但迷信的赌徒获得的快感可能更高。如果去赌场的目的本来就是“好玩”“快感”，那么迷信带来的主观“收益”就更高。

98 Sosis, Richard, and W. Penn Handwerker. “Psalms and Coping With Uncertainty: Religious Israeli Women's Responses to the 2006 Lebanon War.” *American Anthropologist* 113.1 (2011): 40–55.

99 对这一系列研究的综述，参见：Mathews, Andrew, and Colin MacLeod. “Cognitive Vulnerability to Emotional Disorders.” *Annual Review of Clinical Psychology*.1 (2005): 167–195.

100 实验细节及更多相关的结论，参见：Bryan, Gharad, Shyamal Chowdhury, and Ahmed Mushfiq Mobarak. “Underinvestment in a Profitable Technology: The Case of Seasonal Migration in Bangladesh.” *Econometrica* 82.5 (2014): 1671–1748. 此外，也可参见另一个经典心理学实验：Whitson, Jennifer A., and Adam D. Galinsky. “Lacking Control Increases Illusory Pattern Perception.” *Science* 322.5898 (2008): 115–117.

101 Mullainathan, Sendhil, and Eldar Shafir. *Scarcity: Why Having too Little Means so Much*. Macmillan, 2013. 中文版：塞德希尔·穆来纳森，埃尔德·沙菲尔 . 稀缺：我们是如何陷入贫穷与忙碌的 . 魏薇，龙志勇，译 . 杭州：浙江人民出版社，2018.

102 Defoe, Daniel. *A Journal of the Plague Year*. Vol. 9. D. Estes & Company, 1904.

103 对这一题目详尽的定量分析，参见：Padgett, Vernon R., and Dale O. Jorgenson. “Superstition and Economic Threat: Germany, 1918–1940.” *Personality and Social Psychology* Bulletin 8.4 (1982): 736–741.

104 Ter Haar, Barend J. *Telling Stories: Witchcraft and Scapegoating in Chinese History*. Vol. 71. Brill, 2006.

105 Eidinow, Esther. *Oracles, Curses, and Risk Among the Ancient Greeks*. Oxford University Press, 2007；李零 . 中国方术考 . 北京：东方出版社，2000.

第四章

1 李海燕谈道，中文里的情感表达主要是通过“情”这个词，而不是浪漫主义的“爱”。李海燕 . 心灵革命 : 现代中国爱情的谱系 . 修佳明，译 . 北京：北京大学出版社 , 2018.

2 潘翎发现，“爱情”一词是清末翻译家林纾发明的，在翻译欧洲小说时，林纾把爱与情结合在一起，以表达爱的浪漫情感意义，跟“父爱”“母爱”“亲情”相区分。Lynn Pan. *When True Love Came to China*. Hong Kong: University of Hong Kong Press, 2015.

3 Coontz, Stephanie. *Marriage, a History: How Love Conquered Marriage*. New York: Penguin Books, 2006.

4 Coontz, Stephanie. *Marriage, a History: How Love Conquered Marriage*. New York: Penguin Books, 2006: 18.

5 亚当 · 斯密用扣针制造业作为案例讲明专业分工带来的效益，“一个人抽铁线，一个人拉直，一个人切截，一个人削尖线的一端，一个人磨另一端，以便装上圆头……装圆头、涂白色，乃至包装，都是专门的职业。这样，扣针的制造分为十八种操作。有些工厂，这十八种操作，分由十八个专门工人担任 …… 我见过一个这种小工厂，只雇用十个工人，因此在这一个工厂中，有几个工人担任二三种操作。这样一个小工厂的工人虽很穷困，他们的必要机械设备虽很简陋，但他们如果勤勉努力，一日也能成针十二磅。以每磅中等针有四千枚计，这十个工人每日就可成针四万八千枚，即一人一日可成针四千八百枚。如果他们各自独立工作，不专习一种特殊业务，那么他们不论是谁，绝对不能一日制造二十枚针，说不定一天连一枚针也制造不出来”。 分工合作带来的生产率提升显而易见，可是，怎样组织不同人日复一日齐心协力、共同合作呢？这就需要创新跨期承诺的执行机制。亚当 · 斯密 . 国富论 . 唐日松，等译 . 北京：华夏出版社 , 2005.

6 根据现有的估算，在典型的狩猎采集社会中，男性大致猎获了人均热量消耗的 68%、蛋白质消耗的 88%；女性采集得到的热量约占 32%、蛋白质占 12%。不过，前者的不确定性远高于后者，男人从事的是“高风险、高收益”活动。有关这一点的深入分析，参见：Kaplan, Hillard, et al. “The Embodied Capital Theory of Human Evolution.” *Reproductive Ecology and Human Evolution* (2001): 293–317.

7 Coontz, Stephanie. *Marriage, a History: How Love Conquered Marriage*. New York: Penguin Books, 2006: 67.

8 诺贝尔奖得主贝克尔在其经典著作中也谈到婚姻带来的劳动分工作用。Becker, Gary Stanley. *A Treatise on the Family*. Harvard University Press, 1991. 中文版：加里 · 斯坦利 · 贝克尔 . 家庭论 . 王献生，王宇，译 . 北京：商务印书馆，1998.

9 Johnson, Paul. *A History of the Jews*, New York: Harper Perennial, 1987: 201.

10 关于不同社会的婚姻演变历史，最系统的著作是 1891 年爱德华 · 韦斯特马克的《人类婚姻史》(*History of Human Marriage*)，最新的中文版为：爱德华 · 韦斯特马克 , 人类婚姻史 . 李彬，译 . 北京 : 商务印书馆 , 2015.

11 Ellis, Havelock. *Studies in the Psychology of Sex*. Vol. 6. Philadelphia: F.A. Davis Company, 1911: 423.

12 Halstead, Paul, and John O'Shea, eds. *Bad Year Economics: Cultural Responses to Risk and Uncertainty*. Cambridge University Press, 2004.

13 这段话引自民国时期岑步文翻译的版本，但这个版本已无法找到，这里的译文源自：陈顾远 . 中国婚姻史 . 北京 : 商务印书馆 , 2014: 3. 现代翻译版为：爱德华 · 韦斯特马克 . 人类婚姻史 . 李彬，译 . 北京 : 商务印书馆 , 2015.

14 钱大昕 . 潜研堂集 . 上海 : 上海古籍出版社 , 1989: 108.

15 恩格斯 . 家庭、私有制和国家的起源 . 马克思恩格斯全集 , 第 4 卷 . 北京 : 人民出版社 , 1995.

16 王利华 . 中国家庭史 , 第一卷 : 先秦至南北朝时期 . 广州： 广东人民出版社 , 2007: 22–24.

17 王利华 . 中国家庭史 , 第一卷 : 先秦至南北朝时期 . 广州： 广东人民出版社 , 2007: 25–27. 也见：爱德华 · 韦斯特马克 . 人类婚姻史 . 李彬，译 . 北京 : 商务印书馆 , 2015.

18 恩格斯 . 家庭、私有制和国家的起源 . 马克思恩格斯全集 , 第 4 卷 . 北京 : 人民出版社 , 1995:45.

19 Stephanie Coontz, *Marriage, a History: How Love Conquered Marriage*. New York: Penguin Books, 2006: 39.

20 Bruce Winterhalder, "Open Field, Common Pot: Harvest Variability and Risk Avoidance in Agricultural and Foraging Societies," in Elizabeth Cashdan, ed., *Risk and Uncertainty in Tribal and Peasant Economies*, Boulder: Westview Press, 1990: 82.

21 该经典著作为：George, Akerlof. "The Market for 'Lemons': Quality Uncertainty and the Market Mechanism." *Quarterly Journal of Economics* 84, No. 3 (1970): 488–500.

22 Arrow, Kenneth J. "Uncertainty and the Welfare Economics of Medical Care." *American Economic Review* (1963): 941–973.

23 王利华 . 中国家庭史 , 第一卷 : 先秦至南北朝时期 . 广州 : 广东人民出版社 , 2007: 28.

24 恩格斯 . 家庭、私有制和国家的起源 . 马克思恩格斯全集 , 第 4 卷 . 北京 : 人民出版社 , 1995:45.

25 Barton, George Aaron. *A Sketch of Semitic Origins: Social and Religious*. Macmillan, 1902.

26 Stites, Sara H., *Economics of the Iroquois*, Berkeley: University of California Libraries (1905).

27 爱德华 · 韦斯特马克 . 人类婚姻史 . 李彬，译 . 北京 : 商务印书馆 , 2015: 20–21.

28 Arrow, Kenneth J. "Uncertainty and the Welfare Economics of Medical Care." *American Economic Review* (1963): 941–973.

29 恩格斯 . 家庭、私有制和国家的起源 , 马克思恩格斯全集 , 第 4 卷 . 北京 : 人民出版社 , 1995.

30 有的母系社会甚至推出理论说，在妇女怀孕期间，只要跟她有过性关系的男人，都对胚胎的成长有贡献，因此在子女出生后有作为"父亲之一"的责任与权利。爱德华 · 韦斯特马克 . 人类婚姻史 . 李彬，译 . 北京 : 商务印书馆 , 2015: 201. 第 4~5 章有更多介绍和讨论。

31 Kaplan, Hillard, et al. "A Theory of Human Life History Evolution: Diet, Intelligence, and Longevity", *Evolutionary Anthropology: Issues, News, and Reviews* 9.4 (2000): 156–185. 在 2009 年的后续研究中，他和合作者进一步总结了膳食结构、家庭组成与财富分配间的协同演进关系。关于这一点，可见：Kaplan, Hillard S., Paul L. Hooper, and Michael Gurven. "The Evolutionary and Ecological Roots of

Human Social Organization." *Philosophical Transactions of the Royal Society B: Biological Sciences* 364.1533 (2009): 3289–3299.

32 The Economist, "Hunter-gatherers: Noble or Savage?" *Economist* (December 19, 2007).

33 爱德华·韦斯特马克 . 人类婚姻史 . 李彬，译 . 北京 : 商务印书馆 , 2015: 1155.

34 尤瓦尔·赫拉利 . 人类简史 : 从动物到上帝 . 林俊宏，译 . 北京 : 中信出版社 , 2014: 40.

35 恩格斯 . 家庭、私有制和国家的起源 . 马克思恩格斯全集 , 第 4 卷 . 北京 : 人民出版社 , 1995:45. V. Gordon Childe, *What Happened in History*, London: Penguin Books, 1942.

36 根据王跃生对清代刑科题本 1910 件档案的研究，在 18 世纪的中国，有妾家庭占 2.31%，由于这些涉及婚姻命案的家庭以中下层为主，说明纳妾不只是豪门贵族的特权，在一般人中也很普遍，而且全国各地都有。虽然有法律禁止平民在 40 岁以后纳妾，但现实中并没得到严格执行 (王跃生 . 十八世纪中国婚姻家庭研究 : 建立在 1781—1791 年个案基础上的分析 . 北京 : 法律出版社 , 2000: 78)。但是，刘翠溶对明清时期 49 个家族的研究发现，有的宗族里已婚女子中高达 35% 是妾，也有的家族里妾占已婚女性的 20%，但平均占比为 3.5%。刘翠溶 . 明清时期家族人口与社会经济变迁 . 台北 : 中央研究院经济研究所出版 , 1992: 46–47.

37 这里引自：王利华 . 中国家庭史 , 第一卷 : 先秦至南北朝时期 . 广州 : 广东人民出版社 , 2007: 64–65. 他依赖的考古证据来自：高炜，等 . 关于陶寺墓地的几个问题 . 考古 No. 6. 1983.

38 宋镇豪 . 夏商社会生活史 . 上海 : 上海文艺出版社 , 2001: 141–189.

39 Hirschfeld, Magnus. *Men and Woman: The World Journey of a Sexologist*. New York: G. P. Putnam's Sons, 1935.

40 陈顾远 . 中国婚姻史 . 北京 : 商务印书馆 , 2014: 51–53.

41 曹永洁 . 古代日本人的两性意识 . 北京社会科学 , No. 5. 2016 : 85–93.

42 Luck, William F. *Divorce and Remarriage: Recovering the Biblical View*. Harper & Row, 1987.

43 Coontz, Stephanie. *Marriage, a History: How Love Conquered Marriage*. Penguin, 2006: 87.

44 St. Augustine, Bishop of Hippo, *Treatises on Marriage and Other Subjects (The Fathers of the Church, Volume 27)*, Catholic University of America Press, 1st edition, 1955: 31–34.

45 Murdock, George P. *Atlas of World Cultures*. Pittsburgh: University of Pittsburgh Press, 1967.

46 当然，这里有"生存者偏差"(survivorship bias) 问题，因为我们只能看到活下来的社会，看不到被淘汰了的社会 (种族)。由于真正能生育的只有女性，让一个女性拥有多位男性，在实际效果上导致社会的整体生育率下降 (相对于"一夫一妻"制而言)，"一妻多夫"社会的家庭一般小于"一夫多妻"社会的家庭规模。长此以往，这种社会的人口注定下降，而不是上升，增加灭种的概率。因此，只有 4 个"一妻多夫"社会存活到现在。

47 恩格斯较早意识到"铁犁"与男性优势地位间的联系，参见：恩格斯 . 家庭、私有制和国家的起源 . 马克思恩格斯全集 , 第 4 卷 . 北京 : 人民出版社 , 1995:45. 近年来的新研究很多，可见：Alesina, Alberto, Paola Giuliano, and Nathan Nunn. "On the Origins of Gender Roles: Women and the Plough." *The Quarterly Journal of Economics* 128.2 (2013): 469–530；Jayachandran, Seema. "The Roots

of Gender Inequality in Developing Countries." *Annual Review of Economics* 7.1 (2015): 63–88；Alesina, Alberto, Paola Giuliano, and Nathan Nunn. "Traditional Agricultural Practices and the Sex Ratio Today." *PloS one* 13.1 (2018): e0190510；Murdock, George P., and Caterina Provost. "Factors in the Division of Labor by Sex: A Cross-cultural Analysis." *Ethnology* 12, No. 2 (1973): 203–225.

48 V. Gordon Childe. *What Happened in History*. London: Penguin Books, 1942.

49 恩格斯 . 家庭、私有制和国家的起源 . 马克思恩格斯全集 , 第 4 卷 . 北京 : 人民出版社 , 1995.

50 这句话的前一半是戴维·阿伯利对世界范围内母系社会分布做比较研究得出的结论，具体见：Aberle, David F. "Matrilineal Descent in Cross-cultural Perspective." *Matrilineal kinship* (1961): 655–727. 关于鱼的后半句，出自论文：Ben-Yishay, Ariel, Pauline Grosjean, and Joe Vecci. "The Fish is the Friend of Matriliny: Reef Density and Matrilineal Inheritance." *Journal of Development Economics* 127 (2017): 234–249.

51 以下内容出自阿伯利的研究 : Aberle, David F. "Matrilineal Descent in Cross-cultural Perspective." *Matrilineal kinship* (1961): 655–727.

52 Murdock, George P. *Atlas of World Cultures*. Pittsburgh: University of Pittsburgh Press, 1967.

53 Ben-Yishay, Ariel, Pauline Grosjean, and Joe Vecci." The Fish is the Friend of Matriliny: Reef Density and Matrilineal Inheritance." *Journal of Development Economics* 127 (2017): 234–249.

54 Alesina, Alberto, Paola Giuliano, and Nathan Nunn. "On the Origins of Gender Roles: Women and the Plough." *The Quarterly Journal of Economics* 128.2 (2013): 469–530.

55 Benjamin Enke. "Kinship, Cooperation, and the Evolution of Moral Systems" , *The Quarterly Journal of Economics* 134.2 (2019): 953–1019.

56 近年来，不同学科的学者都注意到了这一点，并相应探索农业、不平等与暴力的协同演化。有关以上结论，可见：Scott, James C., *Against the Grain: a Deep History of the Earliest States*. Yale University Press, 2017.Bowles, Samuel, and Jung-Kyoo Choi. "Coevolution of Farming and Private Property During the Early Holocene." *Proceedings of the National Academy of Sciences* 110.22 (2013): 8830–8835.

57 有学者认为"一夫一妻"制度的出现和兴起也与此有关，如：Osmond, Marie W. "Toward Monogamy: A Cross-cultural Study of Correlates of Type of Marriage." *Social Forces* 44.1 (1965): 8–16. 不过，学术界就这一点尚未达成共识。

58 在 19 世纪中期以前的美国、古代欧洲、当代伊斯兰社会、20 世纪以前的中国等社会，妻子甚至所有女性都不能拥有财产，这在根本上带来各方面的男女不平等。Peter A.E. Koudijs, Laura Salisbury. "Marrying for Money: Evidence from the First Wave of Married Women's Property Laws in the U.S." Stanford University Graduate School of Business Working Paper No. 3811 (2016).

59 Dalton Conley. "Spread the Wealth of Spousal Rights." *New York Times* (May 20, 2007).

60 在中国，婚姻权利也很多，而且到近年，由于房地产调控政策的各种新规，推演出了许多新的婚姻权利。比如，夫妻是一家，单身成年人也算一家，而每家只能通过按揭购一套房。于是，在限购规则下，不少人通过离婚获得多购一套房的资格，购房后再复婚并将房产集中过户到夫妻中的一方，然后再离婚、再购房，这个过程可以不断重复下去。笔者亲自听到的因限购造成的离婚复婚次数最多的是 17 次。另外，零点财经论坛的沉雁 2018 年 12 月 26 日的一篇文章很有意思（《人性是如何崩溃的：我和丈母娘结婚了！》，https://mp.weixin.qq.com/s/DbeUa4AbXb7w9D374R6Dxw），"这几天有一个图片很热刷，一位女婿晒他是如何继承丈母娘财产的。丈母娘有价值千万元的房产，如果按照正常程序继承转让，必须缴纳 80 万元的税款，女婿如果以和丈母娘结婚的方式过户房产，只需要工本费 80 元。在 80 元和 80 万元的权衡下，女婿坚决选择了与女儿离婚之后，与丈母娘结婚过户房产，之后再与丈母娘离婚，再与女儿结婚"。连这位女婿自己在微博中都说"虽然有违人伦，可是 160 元 vs 80 万元，一个是几包烟的钱，一个是 4 年的工资。反正是假的，这个人伦也就违了"。可见，许多婚姻权利是因为各种合理与不合理的政策法规所致，这些法规扭曲了伦理道德规则，削弱了婚姻的严肃性。

61 道格拉斯·诺斯，约翰·瓦利斯，巴里·温格斯特．暴力与社会秩序：诠释有文字记载的人类历史的一个概念性框架．上海：格致出版社，2013. 诺斯的许多其他著作也可参考，帮助我们从产权理论理解婚姻与家庭背后的演变逻辑。Cheung, Steven NS. "The Enforcement of Property Rights in Children, and the Marriage Contract." *The Economic Journal* (1972): 641–657.

62 尤瓦尔·赫拉利．人类简史：从动物到上帝．林俊宏，译．北京：中信出版社，2014.

63 陈顾远，中国婚姻史．北京：商务印书馆，2014: 56–57.

64 Low, Bobbi S. "Marriage Systems and Pathogen Stress in Human Societies." *American Zoologist* 30.2 (1990): 325–340.

65 Low, Bobbi S. "Marriage Systems and Pathogen Stress in Human Societies." *American Zoologist* 30.2 (1990): 325–340. Figures 1, 2.

66 也有学者认为，病原体施加的选择压力对集体主义还是个人主义价值观、暴力倾向、宗教性、是否采取民主制度等结果都有影响。有关讨论，可见：Thornhill, Randy, and Corey L. Fincher. *The Parasite-stress Theory of Values and Sociality: Infectious Disease, History and Human Values Worldwide.* Springer, 2014；Fincher, Corey L., and Randy Thornhill. "Parasite-stress Promotes In-group Assortative Sociality: The Cases of Strong Family Ties and Heightened Religiosity." *Behavioral and Brain Sciences* 35.2 (2012): 61–79.

67 这部分内容主要来自：Rosenzweig, Mark R., and Oded Stark. "Consumption Smoothing, Migration, and Marriage: Evidence From Rural India." *Journal of Political Economy* 97.4 (1989): 905–926.

68 这里的部分估算引自：Rosenzweig, Mark R. "Women, Insurance Capital, and Economic Development in Rural India." *Journal of Human Resources* (1993): 735–758. Table 3.

69 这跟中国农村的情况不同。在中国，由于"养子防老"更强调儿子照顾父母的责任，媳妇跟丈夫一起必须首先孝敬他的父母，所以平均而言，媳妇给予婆家的财务支持高于给她娘家的支持。Chen, Yvonne Jie, Zhiwu Chen, and Shijun He. "Social Norms and Household Savings Rates in

China." *Review of Finance* 23.5 (2019). Table 11.

70 新山 . 婚嫁格局变动与乡村发展——以康村通婚圈为例 . 人口学刊 1, 2000 : 32–36.

71 杨云彦 . 我国人口婚姻迁移的宏观流向初析 . 南方人口 4, 1992 : 39–42. 也可参照：谭琳，苏珊，萧特 ."双重外来者"的生活——女性婚姻移民的生活经历分析 . 社会学研究 2, 2003 : 75–83.

72 Rosenzweig, Mark R. "Women, Insurance Capital, and Economic Development in Rural India." *Journal of Human Resources* (1993): 735–758.

73 Patricia Drey. "India's Arranged Marriage Traditions Live on in U.S." *The New York Times* (May 7, 2003).

74 多年前一位学生告诉笔者：大学期间，寒暑假回老家，母亲总给她安排多位小伙子相亲；看到她每次都不喜欢后，母亲就问她到底喜欢什么样的男生；在她列举了各种要求之后，她母亲不高兴并说，"其他什么都列出了，就是漏掉了最重要的一项"！ 她纳闷："漏掉了什么最重要的要求呢？" 母亲大声回答："必须孝敬老人！" 大学毕业不久，她跟母亲挑选的小伙子结婚了。

75 Huang, Fali, Ginger Zhe Jin, and Lixin Colin Xu. "Love, Money, and Parental Goods: Does Parental Matchmaking Matter?" *Journal of Comparative Economics* 45.2 (2017): 224–245.

76 有关介绍，参见：袁璐坡 . 张作霖六个女儿的幸与不幸 . 名人传记月刊 12. 2015 : 47–50；高远 . 张作霖的十四位子女今何在 . 侨园 1, 1995 : 38–39.

77 有关这一分析的细节，参见：Hess, Gregory D. "Marriage and Consumption Insurance: What's Love Got to Do With It." *Journal of Political Economy* 112.2 (2004): 290–318. 有趣的是，社会学实证研究也印证了这一结论，比如：McClintock, Elizabeth Aura. "Beauty and Status: The Illusion of Exchange in Partner Selection?" *American Sociological Review* 79.4 (2014): 575–604.

78 这个理论和实证研究结论跟叔本华的哲学一致。叔本华在《人生的智慧》(叔本华 . 人生的智慧 . 韦启昌，译 . 上海 : 上海人民出版社 , 2005) 的 11~12 页和其他多处谈到，外在富有的子弟 (无收入风险者) 更会无聊，因此他们想尽办法利用外在财富去掩盖内在的自我贫乏，包括寻欢作乐、追求情爱，可是这些都会昙花一现，最后还是无法对冲无聊。而物质贫乏的普通人 (未来收入风险高者) 反倒不会无聊，因为有贫乏痛苦的人需要时时辛苦劳作，无闲暇感到无聊。赫斯的研究表明，由于普通人需要利用婚姻达到收入保险，他们的婚姻不能以爱情为前提，于是更能持续长久。

79 以下分析，参见：Kotlikoff, Laurence J., and Avia Spivak. "The Family as an Incomplete Annuities Market." *Journal of Political Economy* 89.2 (1981): 372–391. 类似的分析也可以在以下经典著作中找到：Becker, Gary Stanley. *A Treatise on the Family*. Harvard University Press, 1991. 到目前为止，这一领域的最全面总结见：Browning, Martin, Pierre-André Chiappori, and Yoram Weiss. *Economics of the Family*. Cambridge University Press, 2014. 在这本专著中，他们将"分担风险"列为家庭的五个基本职能之一，与"抚养后代""专业分工""利用规模收益"等并列。

80 以下分析，参见：Persson, Petra. "Social Insurance and the Marriage Market." *Journal of Political Economy* 128, No. 1 (2020): 252–300.

81 Persson, Petra. "Social Insurance and the Marriage Market." Forthcoming in *the Journal of Political Economy*, Figure 3.

82 在上面引用的赫斯的研究中，他发现：收入相关程度高的夫妻，婚姻破裂的时间也会更早。这印证了对冲风险职能在婚姻中的权重极高。

83 一项研究借助 19 世纪中期美国各州推出妻子有权拥有财产的法案后的变化，看婚姻的"资本共享"(pooling of capital)效应。之前在美国各州，婚后妻子的所有财产都归丈夫拥有并控制，但在各州分别推出改革之后，妻子的婚前财产可以继续由妻子单独拥有，从而改变婚姻的"资本共享"功能。Peter A.E. Koudijs, Laura Salisbury. "Marrying for Money: Evidence from the First Wave of Married Women's Property Laws in the U.S." Stanford University Graduate School of Business Working Paper No. 3811 (2016).

84 此处分析引自：Borenstein, Severin, and Paul N. Courant. "How to Carve a Medical Degree: Human Capital Assets in Divorce Settlements." *The American Economic Review* (1989): 992–1009.

85 Borenstein, Severin, and Paul N. Courant. "How to Carve a Medical Degree: Human Capital Assets in Divorce Settlements." *The American Economic Review* (1989): 992–1009.

86 Özcan, Berkay. "Only the Lonely? The Influence of the Spouse on the Transition to Self-employment." *Small Business Economics* 37.4 (2011): 465.

87 Belenzon, Sharon, Andrea Patacconi, and Rebecca Zarutskie. "Married to the Firm? A Large-scale Investigation of the Social Context of Ownership." *Strategic Management Journal* 37.13 (2016): 2611–2638.

88 公元前 105 年，汉武帝以黄金、绸缎和大量牛羊为嫁妆，将刘细君以"公主"之名送乌孙王和亲。当时的乌孙国位处今天的伊犁河流域，为西域大国。刘细君嫁去不久，乌孙王去世。她随即上书汉武帝，请求归汉，但被拒。接下来，她被转房为新乌孙王之妻。在《黄鹄歌》中，刘细君是这样表达自己感受的："吾家嫁我兮天一方，远托异国兮乌孙王。穹庐为室兮毡为墙，以肉为食兮酪为浆。居常土思兮心内伤，愿为黄鹄兮归故乡。"崔明德 . 中国古代和亲通史 . 北京：人民出版社，2007.

89 崔明德 . 中国古代和亲通史 . 北京：人民出版社，2007: 500–506, 631–688.

90 王海利 . 古埃及"只娶不嫁"的外交婚姻 . 历史研究 6. 2002. 有意思的是，王海利教授谈道，从一开始，古埃及人就采取了一种较为特殊的"只娶不嫁"立场，也就是说，埃及只娶外邦公主，但不外嫁自己的公主。但这种结论更可能是历史资料局限所致，因为当前的研究都是基于古埃及的国王墓、公主墓出土的楔形文书。由于古埃及是幸存者、被征服的邻邦是消亡者，埃及王室娶过来的外籍公主比较容易被记录留下，而外嫁他邦的埃及公主则无记录，于是基于今天还存在的古埃及墓志做判断时，更容易得出"只娶不嫁"的结论。

91 这部分研究结果引自：Fan, Joseph P. H., Yupana Wiwattanakantang, and Pramuan Bunkanwanicha, "Why Do Shareholders Value Marriage?", *SSRN Electronic Journal*, March 2008.

92 Puga, Diego and Daniel Trefler. "International Trade and Institutional Change: Medieval Venice's Responses to Globalization." *Quarterly Journal of Economics* (2014): 787–802.

93 第九章会专门谈到长距离海洋贸易的风险和风险应对手段创新，包括宗教仪式和股份有限公司等等。

94 谭凯. 中古中国门阀大族的消亡. 胡耀飞，谢宇荣，译. 北京：社会科学文献出版社, 2017: 15–17.

95 相比之下，在今天的美国，盖茨、巴菲特等企业掌门人不会要求女儿去为了家族利益嫁人。前文说到，中世纪的欧洲社会跟这里谈到的泰国情况类似，子女婚姻也是利益工具，但是随着市场机制的深化发展、政府管制的减少，企业家子女的婚恋被逐步解放。市场化就这样把自由权利还给个人。

96 Siu, Helen F., ed. *Merchants' Daughters: Women, Commerce, and Regional Culture in South China.* Vol. 1. Hong Kong University Press, 2010:6.

97 Mehrotra, Vikas, Randall Morck, Jungwook Shim, and Yupana Wiwattanakantang. "Adoptive Expectations: Rising Sons in Japanese Family Firms." *Journal of Financial Economics* 108, No. 3 (2013): 840–854.

98 Mehrotra, Vikas, Randall Morck, Jungwook Shim, and Yupana Wiwattanakantang. "Adoptive Expectations: Rising Sons in Japanese Family Firms." *Journal of Financial Economics* 108, No. 3 (2013): 840–854.

99 还有一个有趣的视角：婚姻在提升个体风险应对力的同时，也在减缓整体经济与社会的波动。整个社会的结婚率越高，受极端冲击而遭遇破产的个体占比就越小。婚姻在为个体提供一道"安全网"的同时，也因此提高了整个社会的风险应对力，使社会更稳定。Halla, Martin, and Johann Scharler. "Marriage, Divorce, and Interstate Risk Sharing." *The Scandinavian Journal of Economics* 114.1 (2012): 55–78. 他们发现，对离婚法条的修改，会通过这一渠道传导成整体经济、整个社会的波动。

100 Steven Pinker. *The Better Angels of Our Nature: The Decline of Violence in History and Its Causes.* London: Penguin UK, 2011: 104–106.

101 Sampson, Robert J., John H. Laub, and Christopher Wimer. "Does Marriage Reduce Crime? A Counterfactual Approach to Within - individual Causal Effects." *Criminology* 44, No. 3 (2006): 465–508.

102 爱德华·韦斯特马克. 人类婚姻史. 李彬，译. 北京：商务印书馆, 2015. 第一卷, 第一章.

103 关于婚姻过程的详细介绍，参见：陈鹏. 中国婚姻史稿. 北京：中华书局, 1990；郭松义. 伦理与生活——清代的婚姻关系. 北京：商务印书馆, 2000.

104 爱德华·韦斯特马克. 人类婚姻史. 李彬，译. 北京：商务印书馆, 2015. 第二卷, 第二十五章.

105 爱德华·韦斯特马克. 人类婚姻史. 李彬，译. 北京：商务印书馆, 2015: 874–875.

106 陈顾远. 中国婚姻史. 北京：商务印书馆, 2014, 73. 当然，这一解释还是没有说明聘娶婚为什么不是买卖婚，因为既然婚姻决策中男女双方不参与、他们的情感不发挥任何作用，而是由双方父母决定，这些父母除了像交易一样权衡利益得失之外，还有其他什么因素使其跟交易相区分呢？

107 陈顾远 . 中国婚姻史 . 北京 : 商务印书馆 , 2014: 124.

108 Gray, R. F., "Sonjo Bride Price and the Question of African 'Wife Purchase'" . *American Anthropologist* 62 (1960): 34–57. 格雷发现，非洲不同部落采用的妻子转让（再嫁）模式不同。一种是 Sojo 部落模式：一旦妇女出嫁，只有丈夫才能决定妻子是否改嫁转让，改嫁之后其再嫁的决定权由新丈夫掌握，在这一过程中丈夫是妻子作为资产的产权所有者并会追求价格最大化。而 Tsonga 等部落则采用另一种模式：每次妻子转让都必须经过娘家，亦即妻子被象征性地送回娘家，由娘家把她再嫁给新丈夫，彩礼也先由新丈夫付给娘家，由娘家再转付给前夫。前一种模式是丈夫坐庄，而后一种是由娘家坐庄，但彩礼支付是交易成立的唯一标准，这一点是共同的。

109 陈顾远 . 中国婚姻史 . 北京 : 商务印书馆 , 2014: 127.

110 爱德华 · 韦斯特马克 . 人类婚姻史 . 李彬，译 . 北京 : 商务印书馆 , 2015: 924.

111 世界各地婚礼仪式内容很多。更多细节介绍，参见：爱德华 · 韦斯特马克 . 人类婚姻史 . 李彬，译 . 北京 : 商务印书馆 , 2015. 第二卷，第二十四、二十五章 .

112 陈顾远 . 中国婚姻史 . 北京 : 商务印书馆 , 2014: 137.

113 Cheung, Steven NS. "The Enforcement of Property Rights in Children, and the Marriage Contract." *The Economic Journal* (1972): 641–657.

114 这些统计数字来源于：董家遵 . "历代妇女节烈的统计" // 鲍家麟 . 中国妇女史论集 . 台北 : 稻香出版社 , 1992.

115 这里关于各朝代的节妇烈女旌表规则，来自：郭松义 . 清代妇女的守节和再嫁 . 浙江社会科学 1. 2001 : 124.

116 清代节妇数据出处同上，来自：郭松义 . 清代妇女的守节和再嫁 . 浙江社会科学 1. 2001 : 124.

117 称这一点为中国传统文化的特色，或许并不妥当，因为许多社会都有类似的偏好。以下研究给出了更广泛的事例与相关分析：Mariani, Fabio. "The Economic Value of Virtue." *Journal of Economic Growth* 17.4 (2012): 323–356.

118 该命案引自：王跃生 . 清代中期婚姻冲突透析 . 北京 : 社会科学文献出版社 , 2003: 111.

119 爱德华 · 韦斯特马克 . 人类婚姻史 . 李彬，译 . 北京 : 商务印书馆 , 2015: 1248.

120 爱德华 · 韦斯特马克 . 人类婚姻史 . 李彬，译 . 北京 : 商务印书馆 , 2015: 1256.

121 爱德华 · 韦斯特马克 . 人类婚姻史 . 李彬，译 . 北京 : 商务印书馆 , 2015: 1227.

122 爱德华 · 韦斯特马克 . 人类婚姻史 . 李彬，译 . 北京 : 商务印书馆 , 2015: 1242.

123 英国的这些背景介绍，参见：Hazan, Moshe, David Weiss, and Hosny Zoabi. "Women's Liberation as a Financial Innovation." *The Journal of Finance* 74, No. 6 (2019): 2915–2956.

第五章

1 卢作孚 . 中国的建设问题与人的训练 . 上海 : 生活书店 , 1923: 4–9.

2 安格斯 · 麦迪森 . 世界经济千年史 . 伍晓鹰 , 等译 . 北京：北京大学出版社 , 2003 : 表 B–21.

3 Chen Huan-Chang. *The Economic Principles of Confucius and His School*, Volumes I and II. Honolulu: University Press of the Pacific, 1974. 中文版：陈焕章 . 孔门理财学 . 北京 : 商务印书馆 , 2015.

4 关于大族共居这一现象，参见：邢铁 . 家产继承史论 . 昆明 : 云南大学出版社 , 2011.

5 虽然家族和宗族的边界基于血缘关系而定，但科斯关于公司边界的交易成本理论也适用于宗族的作用和优势。在既定的宗族边界下，族人的血亲关系和定期祭祖仪式及其他聚会，使他们之间的信息不对称程度远低于一般市场上陌生人间的不对称程度，由此在族人间进行跨期互助与风险分摊，违约概率和交易成本都会远低于市场交易。本章侧重点也在于探清礼制与族规的哪些细则帮助降低交易成本。关于科斯的经典论文，参见：Coase, R. H. "The Nature of the Firm." *Economica* 4, No. 16 (1937): 386–405.

6 王日根对此类组织及其功效有深入的阐述，详见：王日根 . 明清民间社会的秩序 . 长沙 : 岳麓书社 , 2003.

7 盛洪 . 论家庭主义 . 新政治经济学评论 4, No. 2. 2008.

8 Avner Grief and Guido Tabellini. "The Clan and the Corporation: Sustaining Coorperation in China and Europe." *Journal of Comparative Economics* 45.1 (2017): 1–35.

9 Coase, R. H. "The Nature of the Firm." *Economica* 4, No. 16 (1937): 386–405.

10 王利华 . 中国家庭史 . 第一卷 . 先秦至南北朝时期 . 广州：广东人民出版社 , 2007: 64.

11 《史记 · 孝文本纪》(卷 10) 集解引张晏之言。

12 高炜 , 高天麟 , 张岱海 . 关于陶寺墓地的几个问题 . 考古 6. 1983 : 531–536.

13 中国社会科学院考古研究所 . 夏县东下冯 . 北京：文物出版社 , 1988: 113.

14 赵鼎新 . 东周战争与儒法国家的诞生 . 夏江旗，译 . 上海：华东师范大学出版社 , 2006: 676.

15 李泽厚 . 由巫到礼　释礼归仁 . 北京：三联书店 , 2014.

16 陈梦家 . 殷墟卜辞综述 . 北京 : 中华书局 , 1988: 562.

17 李泽厚 . 由巫到礼　释礼归仁 . 北京：三联书店 , 2014: 13.

18 董家遵，卞恩才 . 中国古代婚姻史研究 . 广州：广东人民出版社 , 1995:154–188.

19 王利华 . 中国家庭史 . 第一卷 . 先秦至南北朝时期 . 广州：广东人民出版社 , 2007: 42–45.

20 关于中国姓氏的演变历史与考古证据，见徐复观的《中国姓氏的演变与社会形式的形成》，载于：徐复观全集：两汉思想史 . 北京：九州出版社 , 2013: 264–310.

21 Doll, Cynthia Belvins. "Harmonizing Filial and Parental Rights in Names: Progress, Pitfalls, and Constitutional Problems." *Howard LJ* 35 (1991): 227.

22 Gill, N.S. "Ancient Names – Greek and Roman Names"，in ThoughtCo (https://www.thoughtco.com/ancient-greek-and-roman-names-119924) (2008).

23 "The Origins of Irish Surnames"，*The Irish Times*，April 9, 2016. https://web.archive.org/web/20160409124022/http://www.irishtimes.com/ancestor/magazine/surname/index.htm.

24 Gregory Clark, *The Son Also Rises: Surnames and the History of Social Mobility*, Princeton: Princeton University Press, 2014: 73.

25 Doll, Cynthia Blevins. “Harmonizing Filial and Parental Rights in Names: Progress, Pitfalls, and Constitutional Problems” . *Howard Law Journal* 35 (1991): 227. 66–67.

26 Scott, James C. *Seeing like a State: How Certain Schemes to Improve the Human Condition Have Failed.* Yale University Press, 1998: 66–67. 中文版：詹姆斯 · C. 斯科特 . 国家的视角：那些试图改善人类状况的项目是如何失败的 . 王晓毅 , 译 . 北京：社科文献出版社，2004.

27 Scott, James C. *Seeing like a State: How Certain Schemes to Improve the Human Condition Have Failed.* Yale University Press, 1998: 68. 中文版 : 詹姆斯 · C. 斯科特 . 国家的视角：那些试图改善人类状况的项目是如何失败的 . 王晓毅 , 译 . 北京：社科文献出版社，2004.

28 Scott, James C. *Seeing like a State: How Certain Schemes to Improve the Human Condition Have Failed.* Yale University Press, 1998: 69. 中文版 : 詹姆斯 · C. 斯科特 . 国家的视角：那些试图改善人类状况的项目是如何失败的 . 王晓毅 , 译 . 北京：社科文献出版社，2004.

29 李泽厚 . 由巫到礼　释礼归仁 . 北京 : 三联书店 , 2014: 51.

30 邹昌林 . 中国古礼研究 . 北京 : 文津出版社 , 1992: 155.

31 赵鼎新 . 东周战争与儒法国家的诞生 . 夏江旗，译 . 上海 : 华东师范大学出版社 , 2006: 104–105.

32 Olga Lang, *Chinese Family and Society*. New Haven: Yale University Press, 1946: 26–27.

33 李泽厚 . 由巫到礼 释礼归仁 . 北京 : 三联书店 , 2014: 53.

34 李泽厚 . 中国古代思想史论 : 试谈中国的智慧 . 北京 : 人民出版社 , 1985.

35 王国维 . 殷周制度论 , 王国维文集 , 第 4 卷 . 北京 : 中国文史出版社 , 1997: 43.

36 Avner Grief and Guido Tabellini. “The Clan and the Corporation: Sustaining Coorperation in China and Europe.” *Journal of Comparative Economics* 45.1 (2017): 1–35.

37 李泽厚 . 由巫到礼　释礼归仁 . 北京 : 三联书店 , 2014: 55.

38 董仲舒 . 春秋繁露 , 卷十一 . 上海 : 上海古籍出版社 . 1985: 794.

39 吴其昌 . 金文名象疏证 · 兵器篇 , 武汉大学文哲季刊 , Vol 5. 3. 1936. 林沄 , 说“王” , 考古 6. 1965 : 311–312.

40 林聪舜 . 儒学与汉帝国意识形态 . 上海 : 上海人民出版社 , 2017: 54.

41 班固 . 汉书 , 卷五十六 , 董仲舒传 . 北京 : 中华书局点校本 , 1962: 2515.

42 董仲舒 . 春秋繁露 , 卷六 , 二端第十五 . 上海 : 上海古籍出版社 , 1985: 780.

43 董仲舒 . 春秋繁露 , 卷十一 , 为人者天第四十一 . 上海 : 上海古籍出版社 , 1985: 793.

44 董仲舒 . 春秋繁露 , 卷十一 , 为人者天第四十一 . 上海 : 上海古籍出版社 , 1985: 793.

45 葛兆光 . 中国思想史 , 第一卷 . 上海 : 复旦大学出版社 , 1998: 236–244.

46 董仲舒 . 春秋繁露 , 卷十一 , 为人者天第四十一 . 上海 : 上海古籍出版社 , 1985: 793.

47 引自董仲舒的第三次《举贤良对策》。班固 . 汉书 , 卷五十六 , 董仲舒传 . 北京 : 中华书局点校本，1962: 2523.
48 包弼德 . 历史上的理学 . 王昌伟，译 . 杭州：浙江大学出版社，2010: 30.
49 Chen, Ting, James Kai-sing Kung, and Chicheng Ma. "Long Live Keju! The Persistent Effects of China's Civil Examination System." *The Economic Journal* (2020).
50 包弼德 . 历史上的理学 . 王昌伟，译 . 杭州：浙江大学出版社，2010: 31.
51 Ho, Ping-ti. *The Ladder of Success in Imperial China*. New York: Columbia University Press, 1962: 114–116.
52 包弼德 . 历史上的理学 . 王昌伟，译 . 杭州：浙江大学出版社，2010: 33.
53 包弼德 . 历史上的理学 . 王昌伟，译 . 杭州：浙江大学出版社，2010: 35.
54 Chen, Ting, James Kai-sing Kung, and Chicheng Ma. "Long Live Keju! The Persistent Effects of China's Civil Examination System." *The Economic Journal* (2020).
55 关于这个话题的更多讨论，参见：包弼德 . 历史上的理学 . 王昌伟，译 . 杭州：浙江大学出版社，2010: 39–51.
56 陈冬华，李真，杨贤，俞俊利 . 诗歌，道德与治理——基于唐代科举的量化历史实证研究 . 文学评论丛刊 1，2017：38–55.
57 陈冬华、李真、杨贤、俞俊利 .《诗歌、道德与治理——基于唐代科举的量化历史实证研究》.《文学研究》3.1，2017：38–55，表 3.
58 常建华 . 明代宗族祠庙祭祖礼制及其演变 . 南开大学学报（哲学社会科学版 3），2001：60–67.
59 刘黎明 . 祠堂，灵牌，家谱 / 中国传统血缘亲族习俗 / 中国民俗文化系列：中国传统血缘亲族习俗 . 成都：四川人民出版社，1993:14.
60 常建华 . 明代宗族祠庙祭祖礼制及其演变 . 南开大学学报（哲学社会科学版 3），2001：61.
61 常建华 . 明代宗族祠庙祭祖礼制及其演变 . 南开大学学报（哲学社会科学版 3），2001：60–67.
62 刘黎明 . 祠堂，灵牌，家谱 / 中国传统血缘亲族习俗 / 中国民俗文化系列：中国传统血缘亲族习俗 . 成都：四川人民出版社，1993: 16–17.
63 刘黎明 . 祠堂，灵牌，家谱 / 中国传统血缘亲族习俗 / 中国民俗文化系列：中国传统血缘亲族习俗 . 成都：四川人民出版社，1993: 19.
64 第四章谈到，从宋代开始，程颐、朱熹强调贞节，打击寡妇再嫁，并推动官方旌表节妇烈女，到处立贞节牌坊，尤其是清朝皇帝不断降低旌表寡妇所需要的守节年数，导致全国众多家族都立牌坊。其道理跟“祠堂”“家庙”这种物理结构的作用一致，更显形且时时刻刻地提示人们应该遵守的礼制规则。
65 包弼德 . 历史上的理学 . 王昌伟，译 . 杭州：浙江大学出版社，2010: 215–216.
66 这段话引自吴宓在 1919 年的日记，记录了他和陈寅恪于 1919 年在哈佛大学的一次谈话。吴学昭 . 吴宓与陈寅格 . 北京：清华大学出版社，1992: 12.
67 刘黎明 . 祠堂，灵牌，家谱 / 中国传统血缘亲族习俗 / 中国民俗文化系列：中国传统血缘亲族习俗 . 成都：四川人民出版社，2003: 54–55.

68 井上彻，钱圣音．中国的宗族与国家礼制：从宗法主义角度所作的分析．上海：上海书店出版社，2008: 67.

69 刘黎明．祠堂，灵牌，家谱 / 中国传统血缘亲族习俗 / 中国民俗文化系列：中国传统血缘亲族习俗．成都：四川人民出版社，1993: 170–172.

70 刘黎明．祠堂，灵牌，家谱 / 中国传统血缘亲族习俗 / 中国民俗文化系列：中国传统血缘亲族习俗．成都：四川人民出版社，1993: 180.

71 Hui-Chen Wang Liu. "An Analysis of Chinese Clan Rules: Confucian Theories in Action." In David S. Nivison and Arthur F. Wright, eds. *Confucianism in Action*. Stanford: Stanford University Press, 1959: 63–96.

72 此段引用的其他清代案例都来自：刘翠溶．明清时期家族人口与社会经济变迁．台北中研院经济研究所 1992 年版，1992: 295–297.

73 刘翠溶．明清时期家族人口与社会经济变迁．台北中研院经济研究所 1992 年版，1992: 296–297.

74 梁庚尧．中国社会史．上海：东方出版中心，2016: 260–262.

75 关于范氏义庄及其推广的细节，参见：Denis Twitchett. "The Fan Clan's Charitable Estate, 1050–1760". In David S. Nivison and Arthur F. Wright, eds. *Confucianism in Action*. Stanford: Stanford University Press, 1959: 97–133.

76 井上彻，钱圣音．中国的宗族与国家礼制：从宗法主义角度所作的分析．上海：上海书店出版社，2008: 65–66.

77 参见第四章中关于逆向选择和道德风险的讨论。

78 类似的理论分析较早见于 Janet Tai Landa 的博士论文，先后分散于两本专著中出版：Landa, Janet Tai. *Trust, Ethnicity, and Identity: Beyond the New Institutional Economics of Ethnic Trading Networks, Contract law, and Gift-exchange*. Ann Harbor: University of Michigan Press, 1994. Landa, Janet Tai. *Economic Success of Chinese Merchants in Southeast Asia: Identity, Ethnic Cooperation and Conflict*. Berlin: Springer, 2016. 关于这一点的实证研究，可见：Moscona, Jacob, Nathan Nunn, and James A. Robinson. "Keeping it in the Family: Lineage Organization and the Scope of Trust in Sub-Saharan Africa." *American Economic Review* 107.5 (2017): 565–71.

79 类似的想法较早出现于前引 Janet Tai Landa 的著作。这种契约保障体系类似于格雷夫谈到的中世纪地中海"马格里布犹太商帮"的多边惩罚机制：Greif, Avner. "Contract Enforceability and Economic Institutions in Early Trade: The Maghribi Traders' Coalition." *American Economic Review* 83.3(1993) : 525–548. 至于较新的理论分析，可见：Ambrus, Attila, Markus Mobius, and Adam Szeidl. "Consumption Risk-sharing in Social Networks." *American Economic Review* 104.1 (2014): 149–82.

80 同见于前引 Janet Tai Landa 的两本著作。

81 一个相关的例子是：欧洲历史上有过自治的城市，这些城市相当于更大版本的"宗族"，但不是基于血缘建立；当地的"社会资本"存量因此更高，居民间彼此更加信任。在这些地区，由家族控制的企业占比亦较低。有关这一点，参见：Amore, Mario Daniele. "Social Capital and Family Control." *Explorations in Economic History* 65 (2017): 106–114.

82 陈宏谋 . 从政遗规 . 上海 : 中华书局 , 1936.

83 Rowe, William T. "Ancestral Rites and Political Authority in Late Imperial China: Chen Hongmou in Jiangxi." *Modern China* 24, No. 4 (1998): 378–407.

84 冯尔康 . 中国古代的宗族和祠堂 . 北京 : 商务印书馆 , 2013: 125.

85 Rowe, William T. "Ancestral Rites and Political Authority in Late Imperial China: Chen Hongmou in Jiangxi." *Modern China* 24, No. 4 (1998): 378–407. 另外，就族正制的背景，也参考：常建华 . 清代宗族"保甲乡约化"的开端——雍正朝族正制出现过程新考 . 河北学刊 28, No. 6. 2008: 65–71.

86 Rowe, William T. "Ancestral Rites and Political Authority in Late Imperial China: Chen Hongmou in Jiangxi." *Modern China* 24, No. 4 (1998): 378–407.

87 李文海 , 夏明芳 , 黄兴涛 . 民国时期社会调查丛编 : 社会保障卷 . 福州 : 福建教育出版社 , 2004: 298–302.

88 这方面的收入估算，参见麦迪森的著作：Angus Maddison. *The World Economy: A Millennial Perspective.* OECD Development Centre Studies, 2001. 中文版：安格斯 · 麦迪森 . 世界经济千年史 . 伍晓鹰，等译 . 北京：北京大学出版社，2003.

89 主要原因在于，麦迪森以及其他经济史学者在估算古代尤其远古时期的人均收入时，基本按照"为了让一个人生存下来，大概需要多少卡路里热量和蛋白质的摄入，然后依次倒推出每人每年的收入必须有多少"。因为在早期、中期农耕社会，基本没有剩余和太多财富积累，所以这种基于"生存底线"的收入倒推法比较合适。

90 Kung, James Kai-sing, and Chicheng Ma. "Can Cultural Norms Reduce Conflicts? Confucianism and Peasant Rebellions in Qing China." *Journal of Development Economics* 111 (2014): 132–149.

91 本书第一章总结了大量关于人类暴力与战争起因的研究，其中谈到气候灾害和其他风险事件往往是战争和一般暴力的导火索。而之所以如此，是因为在缺乏事先保险安排和事后救济手段的前提下，一旦灾害发生，人们会被逼迫得走投无路，暴力就成为唯一的活路。反之，如果人们应对风险的能力高，即使灾害发生，行暴收益也会低于成本，不存在行暴的激励。

92 这些数据都来自马驰骋教授和他与龚启圣的论文。

93 李文海 , 程啸 , 刘仰东 , 夏明方 . 中国近代十大灾荒 . 上海 : 上海人民出版社 , 1994: 44.

94 Kung, James Kai-sing, and Chicheng Ma. "Can Cultural Norms Reduce Conflicts? Confucianism and Peasant Rebellions in Qing China." *Journal of Development Economics* 111 (2014): 132–149.

95 Kung, James Kai-sing, and Chicheng Ma. "Can Cultural Norms Reduce Conflicts? Confucianism and Peasant Rebellions in Qing China." *Journal of Development Economics* 111 (2014): 132–149.

96 Zhiwu Chen, Zhan Lin and Xiaoming Zhang. "When People Stop Eating Each Other: Cultural Norms, Risk Mitigation and Cannibalism in Chinese History (1470–1911)" , University of Hong Kong working

paper (2020).

97 Jiarui Cao, Yiqing Xu, and Chuanchuan Zhang. “Clans and Calamity: How Social Capital Saved Lives during China's Great Famine” , School of Economics working paper, Central University of Finance and Economics (2020).

98 Chen, Zhiwu, Kaixiang Peng, and Lijun Zhu. “Social-economic Change and Its Impact on Violence: Homicide History of Qing China.” *Explorations in Economic History* 63 (2017): 8–25.

99 这些结论来自：陈志武，林展．真命天子易丧命？——历史中国皇帝命案的量化分析与东西方比较．香港大学工作论文 (2017). 其中比较了中国皇帝与欧洲国王的非正常死亡概率。欧洲国王的数据来自：Manuel Eisner. “Killing Kings Patterns of Regicide in Europe, AD 600–1800.” *British Journal of Criminology* 51 (2011).

100 曹树基，陈意新．马尔萨斯理论和清代以来的中国人口．历史研究 1, 2002: 41–54.

101 Perkins, Dwight H. *Agricultural Development in China 1368–1968*. Edinburgh: Edinburgh University Press, 1969. 中文版：德·希·珀金斯．中国农业的发展 1368—1968 年．宋海文，等译．上海：上海译文出版社 .1984.

102 Loren Brandt. *Commercialization and Agricultural Development: Central and Eastern China, 1870 —1937*. Cambridge: Cambridge University Press, 1989.

103 Chen, Shuo, and James Kai-sing Kung. “Of Maize and Men: the Effect of a New World Crop on Population and Economic Growth in China.” *Journal of Economic Growth* 21, No. 1 (2016): 71–99.

104 对这一点的深入讨论，参见：Rosenzweig, Mark R., and Junsen Zhang. “Do Population Control Policies Induce More Human Capital Investment? Twins, Birth Weight and China's ‘One-child’ Policy.” *The Review of Economic Studies* 76.3 (2009): 1149–1174.

105 Oliveira, Jaqueline. “The Value of Children: Inter-generational Support, Fertility, and Human Capital.” *Journal of Development Economics* 120 (2016): 1–16. 研究已经处理了生育双胞胎概率与年龄有关的问题、以谎报或药物方式“制造”双胞胎的现象等一系列可能的偏误。

106 另一独立的研究显示：子女对父母的转移支付，会随着父母的收入不同而变动。父母的收入每降低 1 元，子女给予的转移支付相应增加 0.26 元。这从侧面佐证了前述估计结果。关于这一点，参见：Cai Fang, John Giles, and Xin Meng. “How Well Do Children Insure Parents Against Low Retirement Income? An Analysis Using Survey Data From Urban China.” *Journal of Public Economics* 90 (2006): 2229–2255.

107 有关这一点，另一种可能的解释是：子女数较多时，父母更可能放开工作，去帮忙抚养孙子、孙女。这一情形同样体现了家庭内部的互助，不过此时帮助的方向恰恰反了过来。

108 关于子女的养老作用，从 1991 年贝克尔出版《家庭论》开始，经济学文献就很多，但是这些著作的侧重点都放在子女和家庭“是否带来养老或避险效果”，而不是探讨“什么文化规范才让子女和家庭的避险效果达到最优”。很显然，上一章和本章的重点是回答“家秩序”的哪些内容发挥了哪些作用、又是如何建起来并发展到今天、为什么中国人依靠家秩序而非其他等，找到儒家礼教背后的逻辑。贝克尔著作的中文版：加里·贝克尔．家庭论．王献生，王宇，译．北京：商务印书馆，1998. 这方面的最新研究可以参考：Oliveira, Jaqueline. "The Value of Children: Inter-generational Support, Fertility, and Human Capital." *Journal of Development Economics* 120 (2016): 1–16.

109 这段分析主要基于：Henretta, John C., et al. "Selection of Children to Provide Care: The Effect of Earlier Parental Transfers." *Journals of Gerontology Series B* 52 (1997): 110–119.

110 笔者知道这样一个真实故事。刘教授就职于某大学，到耶鲁大学访问时，讲到他的经历。2004 年，他在上海的内弟结婚，要花 120 万元买 150 平方米的房子。内弟小王和未婚妻年收入加一起 18 万元，手头积蓄 30 万元，所以买房还缺 90 万元。一种可能是小王从银行按揭贷款，如果借 30 年期、年息 5％的按揭，小王今后月供 4832 元，他们当然能支付，但占小王夫妻未来年收入的 1/3。所以，他们不愿按揭，觉得月供包袱大，小王父母也觉得不能让年轻夫妻背上这么重的包袱！他的父母年纪 60 出头，已退休，手头有 60 万元养老用的积蓄。就这样，小王父母拿出 60 万元积蓄，刘教授夫妇把手头仅有的 20 万元积蓄也贡献出来，另一位亲戚出 10 万元，给小王买上了 150 平方米的房子。当然，这样的故事在中国很普通。只是这种安排改变了小王大家庭的关系和性质。第一，刘教授后来一想起这事就恼火，自己收入不高，自己住的房子还不到 70 平方米，凭什么把所有积蓄供内弟买大房子？第二，小王父母本来可以靠自己的 60 万元养老钱独立生活，有自己的尊严，但是把钱都给儿子后，养老就只能靠儿子了，儿子与媳妇没有别的选择，必须赡养父母。再者，正因为小王这么容易就得到 90 万元帮助，无法感受到靠劳动养活自己的责任，看似“免费午餐”只会培养惰性。

111 Chen, Yvonne Jie, Zhiwu Chen, and Shijun He. "Social Norms and Household Savings Rates in China." *Review of Finance* 23, No. 5 (2019): 961–991.

112 Chen, Yvonne Jie, Zhiwu Chen, and Shijun He. "Social Norms and Household Savings Rates in China." *Review of Finance* 23, No. 5 (2019): 961–991. Table 11.

113 Chen, Yvonne Jie, Zhiwu Chen, and Shijun He. "Social Norms and Household Savings Rates in China." *Review of Finance* 23, No. 5 (2019): 961–991. Table 4, Table 5.

114 Shiue, Carol H. "Human Capital and Fertility in Chinese Clans, 1300–1850." University of Colorado at Boulder, unpublished manuscript (2008). Table 5.

115 这方面的全球数据，很容易在 www.gapminder.org 网站上查到。比如打开网站后，以金融发达程度或市场发达程度指标作为横坐标，平均每位妇女的生育数作为纵坐标画图，就可以看到严格的负相关关系。

116 Clark, Gregory, and Neil Cummins. "Malthus to Modernity: England's First Fertility Transition, 1760–1800." *Available at SSRN 1635030* (2010). Table 4.

117 关于子女数量与质量的最优搭配问题，最早由贝克尔和合作者提出，后来带来许多这方面的研究。Becker, Gary S., and H. Gregg Lewis. "On the Interaction Between the Quantity and Quality of Children." *Journal of Political Economy* 81, No. 2, Part 2 (1973): S279–S288； Becker, Gary S., and Nigel Tomes. "Child Endowments and the Quantity and Quality of Children." *Journal of Political Economy* 84, No. 4, Part 2 (1976): S143–S162.

118 Tian, Meng. "Children's Migration Decisions and Elderly Support in China: Evidences From CHARLS Pilot Data." *Frontiers of Economics in China* 7.1 (2012): 122–140.

119 Gruijters, Rob J. "Intergenerational Contact in Chinese Families: Structural and Cultural Explanations." *Journal of Marriage and Family* 79.3 (2017): 758–768.

120 Cong, Zhen, and Merril Silverstein. "Intergenerational Support and Depression Among Elders in Rural China: Do Daughters - in - law Matter?" *Journal of Marriage and Family* 70.3 (2008): 599–612.

121 需要指出，尽管这里反复强调父母会出于养老目的做选择，但这并不代表我们认为自利是父母的唯一动机。实际上，已有经济学家尝试讨论过“自利”和“利他”的比重。以“上山下乡”为背景，他们发现：当有多个子女时，父母更倾向于将禀赋较低的子女送到农村吃苦，把禀赋较高的留在城里。然而，等下乡插队的孩子回归城里、操办婚礼时，父母赠予他 / 她的财物价值会多于留在城里的孩子。这充分说明了父母的决策动机是混杂的，既有效率的考量，又有无私的利他。有关以上分析的细节，参见：Li, Hongbin, Mark Rosenzweig, and Junsen Zhang. "Altruism, Favoritism, and Guilt in the Allocation of Family Resources: Sophie's Choice in Mao's Mass Send-down Movement." *Journal of Political Economy* 118.1 (2010): 1–38. 在某些场景——比如著名的“坏孩子定理”中——自利和利他并无截然不同的区分。关于这一点，请见：Becker, Gary Stanley, and Gary S. Becker. *A Treatise on the Family*. Harvard University Press, 1991. 中文版：加里 · 斯坦利 · 贝克尔 . 家庭论 . 王献生，王宇，译 . 北京：商务印书馆，1998. 当然，更重要的是，正因为传统社会缺乏金融市场，人类不得不把亲子关系、婚姻关系、家庭关系用在自利的避险与其他经济目的上，而不一定强调感情；但是，一旦金融市场发达了，这些自利需要就可以由市场解决，家庭关系得以解放、被完全定位在感情上。

122 人类学者关于礼尚往来对传统社会的重要性的研究很多。虽然他们并不强调礼尚往来对人际跨期交换的“滋润”作用（或者说礼尚往来的目的性），但他们的数据一般都显示，具体群体间是否有频繁的礼尚往来取决于他们之间的经济关系是否多。比如，这里图 5.5 显示：亲戚间的礼尚往来和借贷关系在农村最多、在大都市最少，并非因为都市人跟农村人有本质区别，而是因为都市人有其他解决跨期合作的办法，不再主要依赖亲戚，所以没必要花费那么高比例的收入在礼尚往来上。相关人类学文献有：阎云翔 . 礼物的流动 . 李放春，刘瑜，译 . 上海：上海人民出版社，1999. 还可参考其中参考文献，以及：Landa, Janet Tai. *Trust, Ethnicity, and Identity: Beyond the New Institutional Economics of Ethnic Trading Networks, Contract Law, and Gift-exchange*. Ann Arbor: University of Michigan Press, 1994.

123 数据来源是笔者 2005 年对北京（大都市）、成都（大城市）、丹东（中等城市）、县城（小城市）和乡村，共 1063 户做的问卷调查。

124 Buggle, Johannes, and Ruben Durante. "Climate Risk, Cooperation, and the Co-evolution of Culture and Institutions." *CEPR Discussion Papers* No. 12380, (2017).

125 Enke, Benjamin. "Kinship, Cooperation, and the Evolution of Moral Systems." *The Quarterly Journal of Economics* 134, No. 2 (2019): 953–1019.

126 Buggle, Johannes, and Ruben Durante. "Climate Risk, Cooperation, and the Co-evolution of Culture and Institutions", *CEPR Discussion Papers* No. 12380（2017）. Figure A7.

127 家庭与宗族组织的盛行，本身可能阻碍市场的发展，因为族内信任固然强韧，但造成族人缺乏建立对外部人信任的体系。然而，市场的建设又需要较高水平的外部信任作为根基。家体系对信任的负面作用，参见：Ermisch, John, and Diego Gambetta. "Do Strong Family Ties Inhibit Trust?" *Journal of Economic Behavior & Organization* 75.3 (2010): 365–376；Moscona, Jacob, Nathan Nunn, and James A. Robinson. "Keeping It in the Family: Lineage Organization and the Scope of Trust in Sub-Saharan Africa." *American Economic Review* 107.5 (2017): 565–71. 另一个可能的原因是：强家庭纽带的存在，挤出了个人对金融——尤其是保险市场的需求，阻碍了后者的发展。关于儒家宗族与金融的相互竞争与排挤，参见：Zhiwu Chen, Chicheng Ma, and Andrew J. Sinclair. "Banking on the Confucian clan: Why Did China Miss the Financial Revolution?" University of Hong Kong working paper (2020); 以及 Costa-Font, Joan. "Family Ties and the Crowding Out of Long-term Care Insurance." *Oxford Review of Economic Policy* 26.4 (2010): 691–712. 第六章和第十章会深入讨论这个话题。

128 Enke, Benjamin. "Kinship, Cooperation, and the Evolution of Moral Systems." *The Quarterly Journal of Economics* 134, No. 2 (2019): 953–1019.

129 Blumberg, Rae Lesser, and Robert F. Winch. "Societal Complexity and Familial Complexity: Evidence for the Curvilinear Hypothesis." *American Journal of Sociology* 77 (1972): 898–920；Hill, Kim R., Robert S. Walker, Miran Bozicevic, James Eder, Thomas Head-land, Barry Hewlett, A. Magdalena Hurtado, Frank Marlowe, Polly Wiessner, and Brian Wood. "Co-Residence Patterns in Hunter-Gatherer Societies Show Unique Human Social Structure." *Science* 331 (2011), 1286–1289.

130 Enke Benjamin. "Kinship，Cooperation，and the Evolution of Moral Systems". *The Quarterly Journal of Economics* 134.2（2019）. 953–1019. Figure II.

131 Enke, Benjamin. "Kinship, Cooperation, and the Evolution of Moral Systems." *The Quarterly Journal of Economics* 134, No. 2 (2019): 953–1019. Table III, Figure III.

132 李达南 . 漫谈印度的种姓制度 . 外交学院学报 3, 2002: 69–73. 欧东明 . 印度教与印度种姓制度 . 南亚研究季刊 3. 2002: 64–69; 沈贾贾 . 浅析古印度法的种姓制度 . 法制与社会 31. 2014: 18. Singh, Hira. "The Real World of Caste in India." *The Journal of Peasant Studies* 35, No. 1 (2008): 119–132; 吴晓黎 . 如何认识印度"种姓社会"——概念 , 结构与历史过程 . 开放时代 . No. 5. 2017: 199–213.

133 Dumont, Louis, *Homo Hierarchicus: the Caste System and Its Implications*. London: George Weidenfeld

and Nicolson (1970); 吴晓黎 . 如何认识印度“种姓社会”——概念，结构与历史过程 . 开放时代 No. 5. 2017: 199–213.

134 吴晓黎 . 如何认识印度“种姓社会”——概念，结构与历史过程 . 开放时代 . No. 5. 2017: 199–213.

135 Dumont, Louis, *Homo Hierarchicus: the Caste System and Its Implications*. London: George Weidenfeld and Nicolson (1970); 李达南 . 漫谈印度的种姓制度 . 外交学院学报 3, 2002: 69–73. 李秋红 . 印度种姓制度的再认识 . 社科纵横：新理论版 2, 2011: 211–212.

136 欧东明 . 印度教与印度种姓制度 . 南亚研究季刊 3, 2002: 64–69; 吴晓黎 . 如何认识印度“种姓社会”——概念，结构与历史过程 . 开放时代 . No. 5. 2017: 199–213.

137 李秋红 . 印度种姓制度的再认识 . 社科纵横：新理论版 2, 2011: 211–212.

138 Singh, Hira. “The Real World of Caste in India.” *The Journal of Peasant Studies* 35, No. 1 (2008): 119–132; Dumont, Louis. *Homo Hierarchicus: the Caste System and Its Implications*. London: George Weidenfeld and Nicolson, 1970; 李秋红 . 印度种姓制度的再认识 . 社科纵横：新理论版 2, 2011: 211–212.

139 Dumont, Louis, *Homo Hierarchicus: the Caste System and Its Implications*. London: George Weidenfeld and Nicolson (1970).

140 Dumont, Louis, *Homo Hierarchicus: the Caste System and Its Implications*. London: George Weidenfeld and Nicolson (1970); 欧东明 . 印度教与印度种姓制度 . 南亚研究季刊 3, 2002: 64–69.

141 Dumont, Louis, *Homo Hierarchicus: the Caste System and Its Implications*. London: George Weidenfeld and Nicolson (1970)

142 李秋红 . 印度种姓制度的再认识 . 社科纵横：新理论版 2, 2011: 211–212.

143 对 DNA 数据的研究也发现，在长历史中，印度人跨种姓结婚的比例很低，平均每代只有 1%~2% 的人跨种姓流动，而且基本遵守了种姓制度下的“单向婚嫁”规则，主要是女性从低层嫁给高层种姓男性。Wooding, Stephen, Christopher Ostler, BV Ravi Prasad, W. Scott Watkins, Sandy Sung, Mike Bamshad, and Lynn B. Jorde. “Directional Migration in the Hindu Castes: Inferences From Mitochondrial, Autosomal and Y-chromosomal Data.” *Human Genetics* 115, No. 3 (2004): 221–229.

144 沈贾贾 . 浅析古印度法的种姓制度 . 法制与社会 31, 2014: 18.

145 Singh, Hira. “The Real World of Caste in India.” *The Journal of Peasant Studies* 35, No. 1 (2008): 119–132; 吴晓黎 . 如何认识印度“种姓社会”——概念，结构与历史过程 . 开放时代 . No. 5. 2017: 199–213.

146 关于迦提的细节，这里就不多谈，参见：Gupta, Dipankar. *Interrogating Caste: Understanding Hierarchy and Difference in Indian Society*. Penguin Books India, 2000.

147 关于这一理论，参见：Anderson, Benedict, *Imagined Communities : Reflections on the Origin and Spread of Nationalism*. New York: Verso,2006；Akerlof, George, and Rachel Kranton, “Economics and Identity”, *The Quarterly Journal of Economics* 115.3 (2000): 715–753.

148 就这个话题基于海外华侨经历的研究，参见：Landa, Janet T. *Trust, Ethnicity, and Identity: Beyond the New Institutional Economics of Ethnic Trading Networks, Contract Law, and Gift-exchange*. University of

Michigan Press, 1994; Landa, Janet Tai. *Economic Success of Chinese Merchants in Southeast Asia: Identity, Ethnic Cooperation and Conflict*. Springer, 2016.

149 Singh, Indervir. "Social Norms and Occupational Choice: the Case of Caste System in India." *Indian Journal of Economics and Business* 11, No. 2 (2012): 431–454.

150 Hoff, Karla, Mayuresh Kshetramade, and Ernst Fehr. "Caste and Punishment: The Legacy of Caste Culture in Norm Enforcement." *The Economic Journal* 121, No. 556 (2011): F449–F475.

151 屈大成 . 古印度吠陀时代之业论 . 南亚研究 3 , 2011: 136–149.

152 欧东明 . 印度教与印度种姓制度 . 南亚研究季刊 3, 2002: 64–69.

153 屈大成 . 古印度吠陀时代之业论 . 南亚研究 3 , 2011: 136–149.

154 欧东明 . 印度教与印度种姓制度 . 南亚研究季刊 3, 2002: 64–69.

155 值得注意的是，在实际中，位居中心的个体不仅享受着最大权利，也相应承担了更多的保险义务——在均衡情况下，相比网络边缘人，位处中心者要投入更多资源来保险他人。关于这一点的理论分析，可见：Ambrus, Attila, Wayne Y. Gao, and Pau Milán. "Informal Risk Sharing With Local Information." 2017.

156 参见引言的讨论以及：Mokyr, Joel. *A Culture of Growth: the Origins of the Modern Economy*. Princeton University Press, 2016. 中文版 ：乔尔 · 莫基尔 . 增长的文化：现代经济的起源 . 胡思捷 , 译 . 北京：中国人民大学出版社，2020：第 16 章 .

157 对中国家庭组织演变与"个人兴起"的观察分析，可见：Ji, Yingchun. "Asian Families at the Crossroads: A Meeting of East, West, Tradition, Modernity, and Gender." *Journal of Marriage and Family* 77.5 (2015): 1031–1038.Yan, Yunxiang. *The Individualization of Chinese Society*. Oxford University Press, 2009. 中文版：阎云翔 . 中国社会的个体化 . 陆洋，等译 . 上海：上海译文出版社，2016.

158 这也可以解释 Alesina 等学者的观察：家族纽带越强的地方，对劳动力的管制越严格。后者有助于维持前者的稳定，保护家秩序的完整性。相关细节，参见：Alesina, Alberto, et al. "Family values and the regulation of labor." *Journal of the European Economic Association* 13.4 (2015): 599–630.

159 代价也以其他形式出现。比如，基于多国数据的研究揭示：家族纽带较强的地区，女性在职场上参与度低，在高层政治中所占的比例也低。Alesina, Alberto, and Paola Giuliano. "Family Ties and Political Participation." *Journal of the European Economic Association* 9.5 (2011): 817–839；Alesina, A., and P. Giuliano. "Family Ties, *Handbook of Economic Growth*, Vol. 2." (2014): 177–215. 中文版 : 菲利普 · 阿吉翁 , 史蒂夫 · 杜尔劳夫 , 主编 . 增长经济学手册 . 第 2A 卷 . 冯科 , 胡怀国 , 译 . 北京：经济科学出版社，2019. 如果女性在当地产业结构中有明显的比较优势，她们的地位会因此改善。有关这一点，可见：Qian, Nancy. "Missing Women and the Price of Tea in China: The Effect of Sex-specific Earnings on Sex Imbalance." *The Quarterly Journal of Economics* 123.3 (2008): 1251–1285；Xue, Melanie Meng. "High-value Work and the Rise of Women: The Cotton Revolution and Gender Equality in China." *Available at SSRN 2389218* (2016).

160 Ayyagari, Meghana, Asli Demirgüç-Kunt, and Vojislav Maksimovic. "Formal Versus Informal Finance: Evidence From China." *The Review of Financial Studies* 23.8 (2010): 3048–3097.

161 对此所做的理论分析，参见：Lee, Samuel, and Petra Persson. "Financing From Family and Friends." *The Review of Financial Studies* 29.9 (2016): 2341–2386.

162 庄锡昌，顾晓鸣，顾云深，等编 . 多维视野中的文化理论 . 杭州 : 浙江人民出版社 , 1987: 371.

163 菲利普 · 巴格比 . 文化：历史的投影 . 夏克，李天纲，陈江岚，译 . 上海：上海人民出版社 , 1987: 114.

164 殷海光 . 中国文化的展望 . 北京：商务印书馆 , 2011: 34.

165 陈独秀 . 宪法与孔教 . 新青年 2, No. 3. 1916: 11–1.

166 陈独秀 . 吾人最后之觉悟 . 青年杂志 1, No. 6. 1916: 10.

167 陈独秀 . 新青年罪案之答辩书 . 新青年 6, No. 1. 1919: 1.

168 陈独秀 . 孔子之道与现代生活 . 新青年 2, No. 4. 1916.

169 胡适去台湾之后，看到《自由中国》杂志于 20 世纪 50 年代初连载殷海光翻译的哈耶克《通往奴役之路》，才意识到自己过去对个人自由之经济基础的认知盲点，参见：林建刚 . 胡适反对计划经济 . 经济观察报 , 2013 年 5 月 24 日 .

170 关于个人主义思潮在"五四运动"时期的兴起和之后的发展，见杨念群 . 五四前后"个人主义"兴衰史——兼论其与"社会主义""团体主义"的关系 . 近代史研究 2, 2019: 1. 关于儒家现代转型的讨论，参见：任剑涛 . 当经成为经典：现代儒学的型变 . 北京 : 社会科学文献出版社 , 2018.

第六章

1 Richard, Timothy. *Forty-five Years in China*. New York: Frederick A. Stokes, 1916: 125.

2 陈静 . 被排斥的外来者：青州赈灾中的英国浸礼会与江南士绅 . 江苏社会科学，No. 4. 2017: 241–251.

3 Durkheim, Emile. *Elementary Forms of Religious Life*. Oxford: Oxford University Press, 2008. 中文版：爱弥尔 · 涂尔干 . 宗教生活的基本形式 . 渠敬东，汲喆，译 . 北京：商务印书馆，2011. 一本集中讨论一神教间的冲突历史的著作是：Iyigun, Murat. *War, Peace & Prosperity in the Name of God: The Ottoman Role in Europe's Socioeconomic Evolution*. Chicago: University of Chicago Press, 2015.

4 令人印象深刻的例子之一是唐末黄巢起义对名门望族的毁灭性打击。从整体看，与贵族活动紧密关联的墓志数量在公元 880 年之后骤降为之前的 1/10，后再降到不足 1/20；在家族层面，如卢氏、裴氏等绵延数百年的家族，亦在这次劫乱中死伤殆尽。有关这段历史的详尽叙述，参见：Tackett, Nicolas. *The Destruction of the Medieval Chinese Aristocracy*. Harvard University Press, 2014. 中文版：谭凯 . 中古中国门阀的消亡 . 胡耀飞，谢宇荣，译 . 北京：社会科学文献出版社，2017.

5 有关这部分历史的详尽记述，参见：Stark, Rodney. *The Rise of Christianity: A Sociologist Reconsiders History*. Princeton, N.J.: Princeton University Press, 1996; Harper, Kyle. *The Fate of Rome: Climate, Disease, and the End of an Empire*. Princeton, N.J.: Princeton University Press, 2017. 中文版：凯尔·哈珀．罗马的命运：气候、疾病和帝国的终结．李一帆，译．北京：北京联合出版公司，2020. 进一步的理论阐释，参见：Stark, Rodney, and Roger Finke. *Acts of Faith: Explaining the Human Side of Religion*. Berkeley: University of California Press, 2000.

6 以下所引的辛瑟尔言论及观点，参见：Zinsser, Hans. *Rats, Lice and History*. Boston: Little, Brown and Company, 1935. 中文版：汉斯·辛瑟尔．老鼠、虱子和历史：一部全新的人类命运史．谢桥，康睿超，译．重庆：重庆出版社，2019. 部分转引自：Stark, Rodney. *The Rise of Christianity: A Sociologist Reconsiders History*. Princeton, N.J.: Princeton University Press, 1996.

7 这一估计来自：McNeill, William Hardy. *Plagues and Peoples*. Oxford: Blackwell, 1976. 中文版：威廉·麦克尼尔．瘟疫与人．余新忠，毕会成，译．北京：中信出版社，2017.

8 Stark, Rodney. *The Rise of Christianity: A Sociologist Reconsiders History*. Princeton, N.J.: Princeton University Press, 1996.

9 一手出处为：McNeill, William Hardy. *Plagues and Peoples*. Oxford: Blackwell, 1976. 这里转引自：Stark, Rodney. *The Rise of Christianity: A Sociologist Reconsiders History*. Princeton, N.J.: Princeton University Press, 1996.

10 当然，基督教作为强调频密定期聚会的会众宗教，信徒之间应该比非信徒之间更会传染瘟疫，所以信徒的感染率会更高。但是，考虑到一般瘟疫病毒主要靠人体自我应对，正如麦克尼尔所说，简单给病人提供一些水、食物和关照，就能大大提升康复的概率。因此，信徒的更高感染率和更高康复率之间，哪一因素更强会决定信徒和非信徒的相对遭遇结果。斯塔克显然认为信徒总体胜出。但我们没法找到具体数据去验证，这里我们接受斯塔克的判断，原因是那次瘟疫的确扩大了基督教的传播，就如前述 19 世纪李提摩太在中国的传教经历一样。

11 教会救济的特点在于其救济网点数量众多。仅在 18 世纪、19 世纪的英格兰与威尔士，就有“数以千计”的教会慈善机构；在其他宗教社会，这个数字也不小。有关这方面的统计，参见：Loch, C. S. “Poor Relief in Scotland: Its Statistics and Development, 1791 to 1891.” *Journal of the Royal Statistical Society* 61, No. 2 (1898): 271–370. 对西欧教会救济工作的全面评估，参见：Lindert, Peter H. “Poor Relief Before the Welfare State: Britain Versus the Continent, 1780–1880.” *European Review of Economic History* 2, No. 2 (1998): 101–140.

12 乌丙安在《中国民间信仰》中为宗教信仰与民间信仰的分野划出的一系列界限，至今仍被广泛沿用。乌丙安．中国民间信仰．上海：上海人民出版社，1996.

13 贾二强．唐宋民间信仰．福州：福建人民出版社，2002.

14 顾卫民．基督教与近代中国社会．上海：上海人民出版社，1996：289.

15 Chen, Yuyu, Hui Wang, and Se Yan. “The Long-Term Effects of Protestant Activities in China.” *In MPRA Paper* 53531. Munich: University Library of Munich, Germany, 2014.

16 在中世纪欧洲，教会收入的 1/4 至 1/3 都用于扶贫救急。Kahl, Sigrun. "The Religious Roots of Modern Poverty Policy: Catholic, Lutheran, and Reformed Protestant Traditions Compared" . *European Journal of Sociology* 46, No. 1 (2005): 91–126. 在中国历史上，当民众面对饥荒或其他风险冲击而无路可走时，佛寺往往是最后可去的避难所，也可在那里得到一碗粥充饥。

17 有关美国各县的产业结构、降水与收成的细节，参见：Ager, Philipp, and Antonio Ciccone. "Agricultural Risk and the Spread of Religious Communities." *Journal of the European Economic Association* 16, No. 4 (2017): 1021–1068.

18 Berger, Peter L., Grace Davie, and Effie Fokas. *Religious America, Secular Europe?: A Theme and Variation.* Burlington, VT: Ashgate, 2008. 中文版：彼得 · 伯格，格瑞恩斯 · 戴维，埃菲 · 霍卡斯 . 宗教美国，世俗欧洲? 主题与变奏 . 曹义昆，译 . 北京：商务印书馆，2015.

19 Glaeser, Edward L., and Bruce I. Sacerdote. "Education and Religion." *Journal of Human Capital* 2, No. 2 (2008): 188–215.

20 Ager, Philipp, and Antonio Ciccone. "Agricultural Risk and the Spread of Religious Communities." *Journal of the European Economic Association* 16, No. 4 (2017): 1021–1068.

21 Stark, Rodney. *Why God?: Explaining Religious Phenomena*. West Conshohocken: Templeton Press, 2017: 214–215.

22 Ager，Philipp，and Antonio Ciccone. "Agricultural Risk and the Spread of Religious Communities." Forthcoming，*Journal of the European Economic Association.* 附图 3.

23 Dehejia, Rajeev, Thomas DeLeire, and Erzo F. P. Luttmer. "Insuring Consumption and Happiness through Religious Organizations." *Journal of Public Economics* 91, No. 1–2 (2007): 259–279.

24 关于这一点，可见：Glaeser, Edward L., and Bruce I. Sacerdote. "Education and Religion." *Journal of Human Capital* 2, No. 2 (2008): 188–215.

25 Clark, Andrew E., and Orsolya Lelkes. "Deliver Us From Evil: Religion as Insurance." In *Papers on Economics of Religion 06/03*, edited by Department of Economic Theory and Economic History of the University of Granada. Granada, 2006.

26 Immerzeel, Tim, and Frank van Tubergen. "Religion as Reassurance? Testing the Insecurity Theory in 26 European Countries." *European Sociological Review* 29, No. 3 (2013): 359–372.

27 Dehejia, Rajeev, Thomas DeLeire, Erzo F. P. Luttmer, and Josh Mitchell. "The Role of Religious and Social Organizations in the Lives of Disadvantaged Youth." In *The Problems of Disadvantaged Youth: An Economic Perspective*, edited by Jonathan Gruber. Chicago and London: The University of Chicago Press, 2009: 237–274.

28 宗教在子女求学过程中的作用亦不可忽视。同样是利用美国大范围社会调查数据，Iyer 等三位学者发现：参与宗教能有效缓解中学生可能遭遇的焦虑等心理问题，这跟第二章谈到的迷信对渔民的作用类似。具体见：Fruehwirth, Jane Cooley, Sriya Iyer, and Anwen Zhang. "Religion and

Depression in Adolescence." *Journal of Political Economy* 127, No. 3 (2019): 1178–1209.

29 关于这一案例的详尽阐释，参见：Blaydes, Lisa. "How Does Islamist Local Governance Affect the Lives of Women?" *Governance* 27 No. 3 (2014): 489–509.

30 这一段引用的分析结果，来自：Chen, Daniel L. "Club Goods and Group Identity: Evidence from Islamic Resurgence During the Indonesian Financial Crisis." *Journal of Political Economy* 118, No. 2 (2010): 300–354.

31 关于伊斯兰教的"天课"要求，参见：米寿江，尤佳．中国伊斯兰教简史．北京：宗教文化出版社，2000：37.

32 有关这一领域文献的综述，除本书第一章外，参见：Wisner, Ben, Piers Blaikie, Terry Cannon, and Ian Davis. *At risk: Natural Hazards, People's Vulnerability and Disasters*. 2nd ed. Abington: Routledge, 2004.

33 关于这一分析，参见：Zussman, Asaf. "The Effect of Political Violence on Religiosity." *Journal of Economic Behavior & Organization* 104(C) (2014): 64–83. 在另一相关研究中，Cohen - Zada 与其他二位学者合作，实证分析了以色列地区的宗教氛围强度对民众政策倾向的影响。结论如下：当犹太教传统节日来临时（此时，宗教氛围更加浓厚），当地人对"土地换和平"项目的支持率会下跌，主张采取强硬手段回应的人口比例上升。三位学者深入分析了可能导致这一现象的各种渠道，发现"宗教唤起风险意识"这一解释最有说服力，或者说宗教组织的功能之一是提升大家共同防御风险暴力的能力。相关细节，参见：Cohen - Zada, Danny, Yotam Margalit, and Oren Rigbi. "Does Religiosity Affect Support for Political Compromise?" *International Economic Review* 57, No. 3 (2016): 1085–1106. 与之相关的另一研究，在第一章已做过征引：爆发战争时，当地妇女会更加频繁地念诵赞美诗。Sosis, Richard, and W. Penn Handwerker. "Psalms and Coping with Uncertainty: Religious Israeli Women's Responses to the 2006 Lebanon War." *American Anthropologist* 113, No. 1 (2011): 40–55.

34 用类似方法对苏联各加盟共和国国民所做的分析，参见：Lelkes, Orsolya. "Tasting Freedom: Happiness, Religion and Economic Transition." *Journal of Economic Behavior & Organization* 59, No. 2 (2006): 173–194.; Popova, Olga. "Can Religion Insure against Aggregate Shocks to Happiness? The Case of Transition Countries." *Journal of Comparative Economics* 42, No. 3 (2014): 804–818. 对中国农村居民的分析，参见：阮荣平，郑风田，刘力．宗教信仰，宗教参与与主观福利：信教会幸福吗？中国农村观察，2011（2）：74–86.

35 郑风田，阮荣平，刘力．风险，社会保障与农村宗教信仰．经济学（季刊），2010．9（3）：829–850.

36 在众多分析宗教话题的路径中，笔者选取的是理性选择分析框架。近年来的研究表明，这种分析范式对现实中的宗教现象有很强解释力；同时，基于这一方法得到的分析结果也易于通过实证得到检验。Chen, Daniel L., and Daniel M. Hungerman. "Economics, Religion, and Culture: A Brief Introduction." *Journal of Economic Behavior and Organization* 104 (2014): 1–3.; Iyer, Sriya. "The New

Economics of Religion." *Journal of Economic Literature* 54, No. 2 (2016): 395–441. ; Kuran, Timur. "Islam and Economic Performance: Historical and Contemporary Links." *Journal of Economic Literature* 56, No. 4 (2018): 1292–1359.

37 此处分析细节，参见：Landa, Janet T. *Trust, Ethnicity, and Identity: Beyond the New Institutional Economics of Ethnic Trading Networks, Contract Law, and Gift-Exchange*. Ann Arbor: University of Michigan Press, 1994.

38 Shelley, Bruce L. *Church History in Plain Language*. 4th ed. Nasville, Tennessee: Thomas Nelson, 2013: 192–194.

39 关于宗教符号的作用的更多论述，参见：Durkeim, Emile. *Elementary Forms of Religious Life*. Oxford: Oxford University Press, 2008. 中文版：爱弥尔 · 涂尔干 . 宗教生活的基本形式 . 渠敬东，汲喆，译 . 北京：商务印书馆，2011.

40 Stott, John. *The Cross of Christ*. Nottingham: Inter-Varsity Press, 2006: 27.

41 更多实例，参见：Irons, William. "Religion as a Hard-to-Fake Sign of Commitment." Chap. 13 in *Evolution and the Capacity for Commitment*, edited by Randolph M. Nesse. New York: The Russell Sage Foundation, 2001: 292–309.

42 Iannaccone, Laurence R. "Sacrifice and Stigma: Reducing Free-Riding in Cults, Communes, and Other Collectives." *Journal of Political Economy* 100, No. 2 (1992): 271–291.

43 Berman, Eli. "Sect, Subsidy, and Sacrifice: An Economist's View of Ultra-Orthodox Jews." *The Quarterly Journal of Economics* 115, No. 3 (2000): 905–953.

44 Berman, Eli. "Sect, Subsidy, and Sacrifice: An Economist's View of Ultra-Orthodox Jews." *The Quarterly Journal of Economics* 115, No. 3 (2000): 905–953.

45 Rodney Stark. *Why God?: Explaining Religious Phenomena*. West Conshohocken：Templeton Press, 2017: 148.

46 Norenzayan, Ara. *Big Gods: How Religion Transformed Cooperation and Conflict*. Princeton: Princeton University Press, 2013: 25.

47 Shariff, Azim F., and Ara Norenzayan. "God is Watching You: Priming God Concepts Increases Prosocial Behavior in an Anonymous Economic Game." *Psychological Science* 18, No. 9 (2007): 803–809. Norenzayan 在自己的专著中综述了更多相关研究，参见：Norenzayan, Ara. *Big Gods: How Religion Transformed Cooperation and Conflict*. Princeton: Princeton University Press, 2013.

48 宗教氛围对彼此信任的影响，在以下现实研究中也得到了实证。Clingingsmith 等三位学者，利用巴基斯坦穆斯林朝觐签证的抽签结果（随机抽取，只有幸运抽到签证的才能赴圣城麦加参与朝觐），检验了宗教对个体信任程度的影响。结果发现：参与朝觐显著提升了穆斯林信任他人的程度。Clingingsmith, David, Asim Ijaz Khwaja, and Michael Kremer. "Estimating the Impact of the Hajj: Religion and Tolerance in Islam's Global Gathering." *The Quarterly Journal of Economics* 124, No. 3 (2009): 1133–1170.

49 关于这一研究，参见：Purzycki, Benjamin Grant, Coren Apicella, Quentin D. Atkinson, Emma Cohen, Rita Anne Mc-Namara, Aiyana K. Willard, Dimitris Xygalatas, Ara Norenzayan, and Joseph Henrich. "Moralistic Gods, Supernatural Punishment and the Expansion of Human Sociality." *Nature* 530, No. 7590 (2016): 327–330.

50 值得注意的是，类似的规律在更广的范围内也成立。利用世界价值观调查数据，Atkinson 和 Bourrat 发现：在国家层面，大众相信至高神存在的人数占比，与最近一个月内以下负面行为发生的比例负相关——撒谎、逃票、乱扔垃圾、婚内出轨、逃税、接受贿赂、毁坏公物，等等。细致分析，可见：Bourrat, Pierrick, Quentin D. Atkinson, and Robin I. Dunbar. "Supernatural Punishment and Individual Social Compliance across Cultures." *Religion, Brain & Behavior* 1, No. 2 (2011): 119–134. 此外，有关宗教信仰与信任程度的数据荟萃性分析，可见：Shariff, Azim F., Aiyana K. Willard, Teresa Andersen, and Ara Norenzayan. "Religious Priming: A Meta-Analysis with a Focus on Prosociality." *Personality and Social Psychology Review* 20, No. 1 (2016): 27–48.

51 一个相关实例是银行贷款的违约率，这些交易涉及实际金钱，金额也比实验大很多：在斋月等宗教节日期间，巴基斯坦各地银行的贷款违约率显著下降。Baele, Lieven, Moazzam Farooq, and Steven Ongena. "Of Religion and Redemption: Evidence from Default on Islamic Loans." *Journal of Banking & Finance* 44 (2014): 141–159. 此外，与前述实验类似的结论，在移居他国的基督徒和穆斯林中也成立，参见：Warner, Carolyn M., Ramazan Kılınç, Christopher W. Hale, Adam B. Cohen, and Kathryn A. Johnson. "Religion and Public Goods Provision: Experimental and Interview Evidence from Catholicism and Islam in Europe." *Comparative Politics* 47, No. 2 (2015): 189–209.

52 有关这一研究，参见：Botero, Carlos A., et al. "The Ecology of Religious Beliefs." *Proceedings of the National Academy of Sciences* 111, No. 47 (2014): 16784–16789.

53 David Beckworth. "Praying for a Recession: the Business Cycle and Protestant Religiosity in the United States." *SSRN Electronic Journal 1103142* (January 2009). Available at SSRN: https://ssrn.com/abstract=1103142.

54 Botero, Carlos A., Beth Gardner, Kathryn R. Kirby, Joseph Bulbulia, Michael Gavin, C., and Russell Gray, D. "The Ecology of Religious Beliefs." *Proceedings of the National Academy of Sciences* 111, No. 47 (2014): 16784–16789, Figure 1.

55 Peter Cramer, *Baptism and Change in the Early Middle Ages c. 200 – c. 1150*. Cambridge Studies in Medieval Life and Thought. Cambridge: Cambridge University Press, 1993: 179.

56 关于这几方之间的关系及其历史演变，参见：Peter Cramer, *Baptism and Change in the Early Middle Ages c. 200–c. 1150*. Cambridge Studies in Medieval Life and Thought. Cambridge: Cambridge University Press, 1993, 179；Sydney W. Mintz and Eric R. Wolf, "An Analysis of Ritual Co-parenthood", *Southwestern Journal of Anthropology* 6, No. 4 (1950): 341–368.

57 在民间族谱里，时常写有禁止信教的族规宗法，有的只是提醒不要信教，有的则不仅禁止而且对违反者进行惩罚，参见：Liu, Hui-chen Wang. "An Analysis of Chinese Clan Rules: Confucian

Theories in Action". In *Confucianism in Action*, edited by David S. Nivison and Arthur F. Wright. Stanford, Calif.: Stanford University Press, 1959: 92.

58 汉斯–约雅金·克里木凯特.基督教在唐代中国的衰落(第五章);汉斯–约雅金·克里木凯特.达·伽马以前中亚和东亚的基督教.林悟殊,译.台北:淑馨出版社,1995.

59 关于这三波传播的介绍,参见:蒋栋元.利玛窦与中西文化交流.北京:中国矿业大学出版社,2008:7–15.

60 转引自:蒋栋元.利玛窦与中西文化交流.北京:中国矿业大学出版社,2008:44. 而他是引自:利玛窦.利玛窦书信集(下册).台北:光启出版社与辅仁大学出版社,1986:219.

61 蒋栋元谈道,利玛窦在各地举办钟表、三棱镜等西方科技品展览,借此讲授西洋学术,引发广泛的社会兴趣,也借此启发更多人对基督教的好奇。蒋栋元.利玛窦与中西文化交流.北京:中国矿业大学出版社,2008:46–47.

62 蒋栋元.利玛窦与中西文化交流.北京:中国矿业大学出版社,2008:16–33,44–47.

63 顾裕禄.中国天主教的过去与现在.上海:上海科学出版社,1987:37.

64 蒋栋元.利玛窦与中西文化交流.北京:中国矿业大学出版社,2008:35–37.

65 Cummins, J. S. "Two Missionary Methods in China: Mendicants and the Jesuits." *Archivo Ibero-Americano Madrid* 38, No. 149–152 (1978): 33–108. 引自:蒋栋元.利玛窦与中西文化交流.北京:中国矿业大学出版社,2008:37.

66 蒋栋元.利玛窦与中西文化交流.北京:中国矿业大学出版社,2008:16–33,35.

67 故宫博物院编《康熙与罗马使节关系文书》影印本,第 11 通,这里引自:蒋栋元.利玛窦与中西文化交流.北京:中国矿业大学出版社,2008:36.

68 关于中国社会的迷信与宗教,参考第二章,以及:杨庆堃.中国社会中的宗教:宗教的现代社会功能与其历史因素之研究.范丽珠,等译.上海:上海人民出版社,2007.

69 范小平.中国孔庙.成都:四川文艺出版社,2004:序言.

70 比如,参考:蒋栋元.利玛窦与中西文化交流.北京:中国矿业大学出版社,2008. 和其中的许多参考文献,以及:黄一农.被忽视的声音:介绍中国天主教徒对"礼仪问题"态度的文献.清华学报 新竹,1995,25(2):137–160.

71 Conrad Hackett and David McClendon. "Christians Remain World's Largest Religious Group, but They are Declining in Europe". Washington, DC: Pew Research Center (2017), April 5, 2017. https://www.pewresearch.org/fact-tank/2017/04/05/christians-remain-worlds-largest-religious-group-but-they-are-declining-in-europe/.

72 Gervais, Will M., Azim F. Shariff, and Ara Norenzayan. "Do You Believe in Atheists? Distrust is Central to Anti-atheist Prejudice." *Journal of Personality and Social Psychology* 101, No.6 (2011): 1189.

73 对这一点的实证探讨,可见:Chen, Yan, and Sherry Xin Li. "Group Identity and Social Preferences." *American Economic Review* 99, No. 1 (2009): 431–457. ; Binzel, Christine, and Dietmar Fehr. "Social

Distance and Trust: Experimental Evidence from a Slum in Cairo." *Journal of Development Economics* 103 (2013): 99–106. 就一个全面的综述，参见：Akerlof, George A., and Rachel Kranton. "Identity Economics." *The Economists' Voice* 7, No. 2 (2010): 1–3.

74 Durkheim, Emile. *Elementary Forms of Religious Life*. Oxford: Oxford University Press, 2008. 中文版：爱弥尔·涂尔干 . 宗教生活的基本形式 . 渠敬东，汲喆，译 . 北京：商务印书馆，2011. 一本集中讨论一神教间的冲突历史的著作是：Iyigun, Murat. *War, Peace & Prosperity in the Name of God: The Ottoman Role in Europe's Socioeconomic Evolution*. Chicago: University of Chicago Press, 2015.

75 尤瓦尔·赫拉利 . 人类简史 . 林俊宏，译 . 北京：中信出版社，2014：26.

76 Stark, Rodney. *Why God?: Explaining Religious Phenomena*. West Conshohocken: Templeton Press, 2017: 148–149.

77 迄今为止，对于这一点最为出色的分析，参见：Turchin, Peter. *Ultrasociety: How 10,000 Years of War Made Humans the Greatest Cooperators on Earth*. Chaplin, Connecticut: Beresta Books, 2015. 中文版：彼得·图尔钦 . 超级社会：一万年来人类的竞争与合作之路 . 张守进，译 . 太原：山西人民出版社，2020.

78 Iyigun, Murat. *War, Peace & Prosperity in the Name of God: The Ottoman Role in Europe's Socioeconomic Evolution*. Chicago: University of Chicago Press, 2015: 18–21.

79 Shelley, Bruce L. *Church History in Plain Language*. 4th ed. Nasville, Tennessee: Thomas Nelson, 2013: 195–198.

80 黄洋，赵立行，金寿福 . 世界古代中世纪史 . 上海：复旦大学出版社，2005.

81 Shelley, Bruce L. *Church History in Plain Language*. 4th ed. Nasville, Tennessee: Thomas Nelson, 2013, 197.

82 田海 . 天地会的仪式与神话 . 李恭忠，译 . 北京：商务印书馆，2018：3–5.

83 王笛 . 袍哥：1940 年代川西乡村的暴力与秩序 . 北京：北京大学出版社，2018.

84 关于中国民间宗教的组织、形式及其变迁，参见：马西沙，韩秉方 . 中国民间宗教史 . 北京：中国社会科学出版社，2004.；陈进国 . 救劫：当代济度宗教的田野研究 . 北京：社科文献出版社，2017.

85 关于宗教与福利国家之间的竞争关系，本书第十一章会有更详细讨论。也可参见：Scheve, Kenneth, and David Stasavage. "Religion and Preferences for Social Insurance." *Quarterly Journal of Political Science* 1 (2006): 255–286.

86 Enke, Benjamin. "Kinship Systems, Cooperation, and the Evolution of Culture." *The Quarterly Journal of Economics* 134, No. 2 (2019): 953–1019.

第七章

1 Dashefsky, Arnold, and Ira Sheskin (eds.). "World Jewish Population, 2016." *American Jewish Year*

Book 2016.

2 Brooks, David. "The Tel Aviv Cluster." *New York Times* 12 (2010).

3 Alan Gallindoss. "Jews Make-Up 19% of Forbes 200 World's Richest List." *Jewish Business News*, March 7, 2018.

4 关于罗斯柴尔德家族的介绍，参见：Niall Ferguson. *The House of Rothschild (Volume 1): Money's Prophets: 1798–1848*. New York: Penguin Books, 1998. 中文版：尼尔·弗格森．罗斯柴尔德家族（上卷）．顾锦生，译．北京：中信出版社，2012.

5 Johnson, Paul M., *A History of the Jews*, New York: Harper Perennial, 1987. 接下来关于犹太人历史的介绍，也主要来自该书。

6 参见 Marc van de Mieroop 的“利息的发明”，载于：威廉·N. 戈兹曼，K. 哥特·罗文霍斯特．价值起源．王宇，王文玉，译．北京：北京联合出版传媒公司，2010: 17–32.

7 Schmandt-Besserat, Denise. *Before Writing: From Counting to Cuneiform*. Austin: University of Texas Press, 1992.

8 http://sumerianshakespeare.com/30301.html.

9 参见 Marc van de Mieroop 的“利息的发明”，载于：威廉·N. 戈兹曼，K. 哥特·罗文霍斯特．价值起源．王宇，王文玉，译．北京：北京联合出版传媒公司，2010: 21.

10 参见 Marc van de Mieroop 的“利息的发明”，载于：威廉·N. 戈兹曼，K. 哥特·罗文霍斯特．价值起源．王宇，王文玉，译．北京：北京联合出版传媒公司，2010: 21–22.

11 参见 Marc van de Mieroop 的“利息的发明”，载于：威廉·N. 戈兹曼，K. 哥特·罗文霍斯特．价值起源．王宇，王文玉，译．北京：北京联合出版传媒公司，2010: 24–25.

12 陈志武．金融的逻辑．北京：国际文化出版公司，2009: 111–123.

13 毛泽东．毛泽东农村调查文集．北京：人民出版社，1982: 145–148.

14 参见 Marc van de Mieroop 的“利息的发明”，载于：威廉·N. 戈兹曼，K. 哥特·罗文霍斯特．价值起源．王宇，王文玉，译．北京：北京联合出版传媒公司，2010: 32.

15 参见 Ulrike Malmendier 的“罗马股票”，载于：威廉·N. 戈兹曼，K. 哥特·罗文霍斯特．价值起源．王宇，王文玉，译．北京：北京联合出版传媒公司，2010: 33–44. 更多介绍，见 Malmendier, Ulrike. "Law and Finance" at the Origin" ." *Journal of Economic Literature* 47, No. 4 (2009): 1076–1108.

16 这一段的历史背景介绍主要来自：李俨，杜石然．中国古代数学简史．北京：中华书局，1964: 39–43.

17 参见戈兹曼的“斐波纳契与金融革命”，载于：威廉·N. 戈兹曼，K. 哥特·罗文霍斯特．价值起源．王宇，王文玉，译．北京：北京联合出版传媒公司，2010: 第七章．

18 关于中国早期金融的介绍，见：威廉·戈兹曼．千年金融史：金融如何塑造文明，从 5000 年前到 21 世纪．张亚光，熊金武，译．北京：中信出版社，2017: 第 8 章．

19 关于借贷引发的纠纷和暴力冲突，很难找到先秦中国或轴心时代其他国家的具体案例。但根据作者和林展、彭凯翔对清朝刑科题本档案的研究，即使到18世纪、19世纪的中国，还有许多借贷引发的命案和其他暴力冲突，参见：陈志武，林展，彭凯翔．民间借贷中的暴力冲突：清代债务命案研究．经济研究，No. 5. 2014. 该文分析了刑科题本记录较详细的近5000起借贷命案。

20 Reda, Ayman. *Prophecy, Piety, and Profits: A Conceptual and Comparative History of Islamic Economic Thought.* Springer, 2017.

21 Wood, Diana. *Medieval Economic Thought.* Cambridge University Press, 2002. 有关利率问题的中文文献很多，刘秋根总结道："虽然在中国古代各个朝代……官府都有法定利率，但高利贷者很少遵守，官府似乎也没有强制执行的手段和办法。因此，要从某种具体利率来判断何种借贷属于高利贷确有困难。"他同时认为：这也是国内学者在研究借贷时，避免使用"高利贷"一词的原因之一。对这一问题的进一步分析，参见：刘秋根．明清高利贷资本．北京：社会科学文献出版社，2000. 此外，在古代中国，高利贷在日常生产流通中发挥着切实的作用，这是相关争执长期不休的另一原因。对这一点的阐述，参见：方行．清代前期农村的高利贷资本．清史研究，No. 3. 1994: 1–12.; 秦海滢．中国古代借贷研究述论．中国史研究动态 2, 2014: 44–52.

22 本段中引用的《申命记》言论，如无特别注明，均转引自：Reda, Ayman. *Prophecy, Piety, and Profits: A Conceptual and Comparative History of Islamic Economic Thought.* Springer, 2017.

23 Gilbert Rosenthal. *Banking and Finance among Jews in Renaissance Italy*. New York: Bloch Publishing Company, 1962: 43–49. 另外，参见：Johnson, Paul M., *A History of the Jews*, New York: Harper Perennial, 1987: 173–177.

24 这两段文字译自：Benjamin Nelson, *The Idea of Usury: From Tribal Brotherhood to Universal Otherhood*, second edition, Chicago: University of Chicago Press, 1969: 4.

25 亚里士多德．政治学．吴寿彭，译．北京：商务印书馆，1997: 第一卷第九章．

26 亚里士多德．政治学．吴寿彭，译．北京：商务印书馆，1997: 149–150.

27 Westen, Tracy A. "Usury in the Conflict of Laws: The Doctrine of the Lex Debitoris." *California Law Review* (1967): 123–252.

28 除扩张惩治范围外，有息放贷者的各项权利也在逐渐被削夺。比如，拉特兰会议和里昂会议先后规定：放贷者不可埋入基督徒墓地，他们所立的遗嘱也没有效力，财产甚至可能被没收。有关教会惩治放贷者的历史概述，参见：Koyama, Mark. "Evading the 'Taint of Usury': The Usury Prohibition as a Barrier to Entry." *Explorations in Economic History* 47.4 (2010): 420–442.

29 转引自：Long, D. Stephen. *Divine economy: Theology and the market.* Routledge, 2002.

30 雅克·勒高夫．钱袋与永生：中世纪的经济与宗教．周嫄，译．上海：上海人民出版社，2007.

31 雅克·勒高夫．钱袋与永生：中世纪的经济与宗教．周嫄，译．上海：上海人民出版社，2007: 29.

32 雅克·勒高夫．钱袋与永生：中世纪的经济与宗教．周嫄，译．上海：上海人民出版社，2007: 41.

33 雅克·勒高夫．钱袋与永生：中世纪的经济与宗教．周嫄，译．上海：上海人民出版社，2007.

34 Johnson, Paul M., *A History of the Jews*, New York: Harper Perennial, 1987: 242.

35 雅克·勒高夫.钱袋与永生:中世纪的经济与宗教.周嫄，译.上海:上海人民出版社,2007.

36 有关放贷者与当时教会的勾连，参考：De Roover, Raymond. "The Scholastics, Usury, and Foreign Exchange." *Business History Review* 41.3 (1967): 257–271.

37 关于当时规避利息的各种制度安排，见前引：Koyama, Mark. "Evading the 'Taint of Usury': The Usury Prohibition as a Barrier to Entry." *Explorations in Economic History* 47.4 (2010): 420–442. 无论是合伙制还是远期合约，都被时人用来掩盖付息的安排。中国以前也不乏类似手段，参见：刘秋根.明清高利贷资本.北京：社会科学文献出版社,2000.

38 Gruber, Jonathan, and Daniel M. Hungerman. "The Church Versus the Mall: What Happens When Religion Faces Increased Secular Competition?" *The Quarterly Journal of Economics* 123.2 (2008): 831–862.

39 Auriol, Emmanuelle, Julie Lassebie, Amma Panin, Eva Raiber, and Paul Seabright. "God Insures Those Who Pay? Formal Insurance and Religious Offerings in Ghana." *Quarterly Journal of Economics* (2020).

40 有关这一分析的细节，参见：Rubin, Jared. "Institutions, the Rise of Commerce and the Persistence of Laws: Interest Restrictions in Islam and Christianity." *The Economic Journal* 121.557 (2011): 1310–1339.

41 本段中与伊斯兰法相关的内容，如无特别注明，均转引自：Reda, Ayman. *Prophecy, Piety, and Profits: A Conceptual and Comparative History of Islamic Economic Thought*. Springer, 2017. 其中部分翻译参考了以下著作：马坚.古兰经.北京：中国社会科学出版社,1981.

42 在19世纪，美国各州限制利率法规的起落恰恰佐证了这一点：每当州内经济形势困难、融资成本高企时，当地工商企业就会游说州议会、设立利率天花板，以获取成本低廉的资金。有关细节研究，参见：Benmelech, Efraim, and Tobias J. Moskowitz. "The Political Economy of Financial Regulation: Evidence From US State Usury Laws in the 19th Century." *Journal of Finance* 65.3 (2010): 1029–1073.

43 Gerald Posner. *God's Bankers：A History of Money and Power at the Vatican*. Reprint edition. New York: Simon & Schuster, 2015. 该书介绍了近几个世纪梵蒂冈跟银行家的复杂关系，包括很多案例。

44 Gwen Seabourne. "Controlling Commercial Morality in Late Medieval London: The Usury Trails of 1421." *Journal of Legal History* 19.2 (1998): 116–142. 类似现象在依然严格管制有息放贷的伊斯兰国家亦存在：由于历史上规制利率的学说甚为复杂，不借助专门的教法委员会的意见，银行很难避免"触雷"。熟知相关规条的教法学者，因此获得了丰厚的报酬。有关这一点，可见：Çokgezen, Murat, and Timur Kuran. "Between Consumer Demand and Islamic Law: The Evolution of Islamic Credit Cards in Turkey." *Journal of Comparative* Economics 43.4 (2015): 862–882.

45 一些实例和讨论，参见：Mark Koyama. "Evading the 'Taint of Usury': The Usury Prohibition as a Barrier to Entry." *Explorations in Economic History* 47.4 (2010): 420–442.

46 儒家对利、对商的敌意也不是不曾松动过。比如，西汉时期《盐铁论》就对商业的贡献有所肯定；到了南宋，永嘉学派作为儒学中的一个流派，提出"事功"学说，强调"义利"并举、农商一体，反对重农轻商，其学说一方面是对永嘉（今浙江温州）当时商业发达的一种反应，为其存在找到道德支持，另一方面促进重商的浙江文化发展，给后来温州经济奠定思想基础。不过，虽然两千多年里儒家内部的思潮出现过分化，但儒家的“重义轻利”“重农轻商”正统基本没变。关于永嘉学派代表叶适的介绍，参见：叶坦 . 叶适经济思想研究 . 中国社会经济史研究 3, 1991: 25–33.

47 蒋栋元 . 利玛窦与中西文化交流 . 北京 : 中国矿业大学出版社 , 2008: 66.

48 关于教会与神学家态度的变迁过程，参见：Benjamin Nelson, *The Idea of Usury: From Tribal Brotherhood to Universal Otherhood*, second edition, Chicago: University of Chicago Press, 1969. 他在书中给出很多细节。

49 J.W. Cunningham, *A Few Observations on Friendly Societies, and Their Influence on Public Morals*. London: Ellerton and Henderson, 1817: 6.

50 John T. Becher, *The Antipauper System: Exemplifying the Positive and Practical Good Realized by the Relievers and the Relieved under the Frugal, Beneficial, and Lawful Administration of the Poor Laws Prevailing at Southwell*, London : Simkin and Marshall, 1828: 31.

51 Johnson, Paul M., *A History of the Jews*, New York: Harper Perennial, 1987: 69–78.

52 Goldenberg, Robert. *The Origins of Judaism: From Canaan to the Rise of Islam*. Cambridge University Press, 2007: 121.

53 Goldenberg, Robert. *The Origins of Judaism: From Canaan to the Rise of Islam*. Cambridge University Press, 2007: 124–130.

54 Maristella Botticini and Zvi Eckstein. *The Chosen Few: How Education Shaped Jewish History, 70–1492*, New Jersey: Princeton University Press, 2012. 中文版：波提切尼，埃克斯坦 . 被选中的少数：公元 70—1492 年，教育如何塑造犹太历史 . 杨阳，等译 . 上海：上海辞书出版社，2021.

55 Maristella Botticini and Zvi Eckstein. *The Chosen Few: How Education Shaped Jewish History, 70–1492*, New Jersey: Princeton University Press, 2012: 109–110. 中文版：波提切尼，埃克斯坦 . 被选中的少数：公元 70—1492 年，教育如何塑造犹太历史 . 杨阳，等译 . 上海：上海辞书出版社，2021.

56 Maristella Botticini and Zvi Eckstein. *The Chosen Few: How Education Shaped Jewish History, 70–1492*, New Jersey: Princeton University Press, 2012: 34, Table 1.5. 中文版：波提切尼，埃克斯坦 . 被选中的少数：公元 70—1492 年，教育如何塑造犹太历史 . 杨阳，等译 . 上海：上海辞书出版社，2021.

57 Maristella Botticini and Zvi Eckstein. *The Chosen Few: How Education Shaped Jewish History, 70–1492*, New Jersey: Princeton University Press, 2012:3–4 and chapter 1. 中文版：波提切尼，埃克斯坦 . 被选中的少数：公元 70—1492 年，教育如何塑造犹太历史 . 杨阳，等译 . 上海：上海辞书出版社，2021.

58 Becker, Sascha O., and Luigi Pascali. “Religion, Division of Labor, and Conflict: Anti-Semitism in Germany over 600 Years.” *American Economic Review* 109, No. 5 (2019): 1764–1804.

59 Fredriksen, Paula, and Adele Reinhartz, eds. *Jesus, Judaism, and Christian Anti-Judaism: Reading the New*

Testament After the Holocaust. Westminster John Knox Press, 2002: 91.

60 Wendy Mayer and Pauline Allen, *John Chrysostom: The Early Church Fathers*, London: Routledge, 1999: 113, 146.

61 现有的反犹历史文献中，把反犹行为分为基于教义的“宗教反犹”，基于经济利益的“利益反犹”或“经济反犹”，基于人种的“民族反犹”，等等。Edward Flannery. *The Anguish of the Jews: Twenty-Three Centuries of Antisemitism*. New York, NY: Paulist Press, 2004.

62 Johnson, Paul M., *A History of the Jews*, New York: Harper Perennial, 1987: 205.

63 Becker, Sascha O., and Luigi Pascali. “Religion, Division of Labor, and Conflict: Anti-Semitism in Germany over 600 Years.” *American Economic Review* 109, No. 5 (2019): 1764–1804.

64 Maristella Botticini and Zvi Eckstein. *The Chosen Few: How Education Shaped Jewish History, 70–1492*, New Jersey: Princeton University Press, 2012: 201–247. 中文版：波提切尼，埃克斯坦 . 被选中的少数：公元 70—1492 年，教育如何塑造犹太历史 . 杨阳，等译 . 上海：上海辞书出版社，2021.

65 Johnson, Paul M., *A History of the Jews*, New York: Harper Perennial, 1987: 164.

66 Anderson, Robert Warren, Noel D. Johnson, and Mark Koyama. “Jewish Persecutions and Weather Shocks: 1100–1800.” *The Economic Journal* 127, No. 602 (2017): 924–958.

67 Robert Chazan, *Reassessing Jewish Life in Medieval Europe*. Cambridge: Cambridge University Press, 2010: 101.

68 Salo W. Baron, *A Social and Religious History of the Jews*, Volume 12. New York: Columbia University Press. 1967: 198–199.

69 Norman Golb, *The Jews in Medieval Normandy: a Social and Intellectual History*. Cambridge: Cambridge University Press, 1998.

70 Norman Golb, *The Jews in Medieval Normandy: a Social and Intellectual History*. Cambridge: Cambridge University Press, 1998. 正如 Baron 所说，“很多犹太人和基督徒都清楚，犹太人之所以在西方国土上被接受，除了宗教教义原因外，就是统治者看到可以从他们身上捞很多油水”，参见：Salo W. Baron, *A Social and Religious History of the Jews*, Volume 12. New York: Columbia University Press. 1967: 198.

71 Rebecca Rist. *Popes and Jews, 1095–1291*. Oxford: Oxford University Press, 2016: 67.

72 Rhea Marsh Smith. *Spain, A Modern History*. Ann Arbor: The University of Michigan Press, 1965: 125.

73 关于法国的这段经历，引自：Anderson, Robert Warren, Noel D. Johnson, and Mark Koyama. “Jewish Persecutions and Weather Shocks: 1100–1800.” *The Economic Journal* 127, No. 602 (2017): 924–958.

74 这段经历的更多细节，参见：Barber, Malcolm. “The Pastoureaux of 1320.” *The Journal of Ecclesiastical History* 32, No. 2 (1981): 143–166.

75 Anderson, Robert Warren, Noel D. Johnson, and Mark Koyama. “Jewish Persecutions and Weather Shocks: 1100–1800.” *The Economic Journal* 127, No. 602 (2017): 924–958.

76 Becker, Sascha O., and Luigi Pascali. “Religion, Division of Labor, and Conflict: Anti-Semitism in Germany

Over 600 Years." *American Economic Review* 109, No. 5 (2019): 1764–1804.

77 相关讨论，也可参见：D'Acunto, Francesco, Marcel Prokopczuk, and Michael Weber. "Historical Antisemitism, Ethnic Specialization, and Financial Development." *The Review of Economic Studies* 86, No. 3 (2019): 1170–1206.

78 Voigtländer, Nico, and Hans-Joachim Voth. "Persecution Perpetuated: the Medieval Origins of Anti-Semitic Violence in Nazi Germany." *The Quarterly Journal of Economics* 127, No. 3 (2012): 1339–1392.

79 D'Acunto, Francesco, Marcel Prokopczuk, and Michael Weber. "Historical Antisemitism, Ethnic Specialization, and Financial Development." *The Review of Economic Studies* 86, No. 3 (2019): 1170–1206.

80 James Angelos. "The New German Anti-Semitism. " *The New York Times* magazine (2019), May 21, 2019.

81 这项研究来自：Pascali, Luigi. "Banks and Development: Jewish Communities in the Italian Renaissance and Current Economic Performance." *Review of Economics and Statistics* 98, No. 1 (2016): 140–158. 另外，也可参考：D'Acunto, Francesco, Marcel Prokopczuk, and Michael Weber. "Historical Antisemitism, Ethnic Specialization, and Financial Development." *The Review of Economic Studies* 86, No. 3 (2019): 1170–1206.

82 Pascali, Luigi. "Banks and Development: Jewish Communities in the Italian Renaissance and Current Economic Performance." *Review of Economics and Statistics* 98, No. 1 (2016): 140–158.

83 Anti-Defamation League, *Attitudes towards Jews in Seven European Countries*. New York: Anti-Defamation League, 2009.

84 Glassman, Bernard, *Anti-Semitic Stereotypes without Jews: Images of the Jews in England, 1290–1700*. Detroit: Wayne State University Press, 1975. 书中写道："将近四世纪之久，英国人几乎没有跟任何有血有肉的犹太人接触过，但他们还是觉得犹太人等同于恶魔，负有任何可以想到的罪行。"

85 Maristella Botticini and Zvi Eckstein. *The Chosen Few: How Education Shaped Jewish History, 70–1492*, New Jersey: Princeton University Press, 2012: 267. 中文版：波提切尼，埃克斯坦 . 被选中的少数：公元 70—1492 年，教育如何塑造犹太历史 . 杨阳，等译 . 上海：上海辞书出版社，2021.

86 安格斯 · 麦迪森 . 世界经济千年史 . 伍晓鹰 , 等译 . 北京 : 北京大学出版社 , 2003.

87 关于中世纪犹太网络的变迁历程，参见：Botticini, Maristella, and Zvi Eckstein. *The Chosen Few: How Education Shaped Jewish History, 70–1492*. Princeton University Press, 2012: chapter 7. 中文版：波提切尼，埃克斯坦 . 被选中的少数：公元 70—1492 年，教育如何塑造犹太历史 . 杨阳，等译 . 上海：上海辞书出版社，2021.

88 关于中世纪后期犹太放贷业务的细节分析，参见：Maristella Botticini and Zvi Eckstein. *The Chosen Few: How Education Shaped Jewish History, 70–1492*, New Jersey: Princeton University Press, 2012, chapter 8. 中文版：波提切尼，埃克斯坦 . 被选中的少数：公元 70—1492 年，教育如何塑造犹太历史 . 杨阳，等译 . 上海：上海辞书出版社，2021.

89 *Bai Ying*. "Economic Legacies of North-to-South Migration in China during 1127–1130." PhD Dissertation at Hong Kong University of Science and Technology, 2015.

90 吴松弟．中国移民史，第 4 卷．福州：福建人民出版社，1997.

91 钟声宏，黄德权．中国大陆客家人居的空间分布及群体的特质．广西民族研究，2007, No. 4. 2007: 80–85.

92 Bai Ying. "Economic Legacies of North-to-South Migration in China during 1127–1130." PhD Dissertation at Hong Kong University of Science and Technology, 2015.

93 刘平．被遗忘的战争：咸丰同治年间广东土客大械斗研究．北京：商务印书馆，2003: 第一章、第五章．

94 根据清代吴敬梓的讽刺小说《儒林外史》而出的故事范进中举，就说明了相关背景。故事中，范进因科举考试多年不中，甚至穷到一家无米下锅的程度，岳丈更是对他又是羞辱又是谩骂，可是范进中举的消息一到，不仅岳丈对待他的言语和行为发生了 180 度转向，而且邻居对范进更是前呼后拥，乡绅赠银送屋。科举成功前后，家庭与宗族的社会地位可谓是天壤之别。

95 阿兰·佩雷菲特．信任社会．邱海婴，译．北京：商务印书馆，2005: 93.

96 沈敏华，程栋．论欧洲十字军东征的文化背景．社会科学 12, 2001: 53–57.

97 Fremantle, Richard. *God and Money: Florence and the Medici in the Renaissance*. LS Olschki, 2005: 29–30.

98 Robert Lopez. *The Commercial Revolution of the Middle Ages*. London: Cambridge University Press, 1976: 56–147.

99 阿兰·佩雷菲特．信任社会．邱海婴，译．北京：商务印书馆，2005: 第二章．

100 Fremantle, Richard. *God and Money: Florence and the Medici in the Renaissance*. LS Olschki, 2005: 29–36.

101 阿兰·佩雷菲特．信任社会．邱海婴，译．北京：商务印书馆，2005: 106.

102 阿兰·佩雷菲特．信任社会．邱海婴，译．北京：商务印书馆，2005: 107.

103 保罗·斯特拉森．美第奇家族：文艺复兴的教父们．马泳波，聂文静，译．北京：新星出版社，2007: 102；Fremantle, Richard. *God and Money: Florence and the Medici in the Renaissance*. LS Olschki, 2005.

104 Voigtländer, Nico, and Hans-Joachim Voth. "Gifts of Mars: Warfare and Europe's Early Rise to Riches." *Journal of Economic Perspectives* 27, No. 4 (2013): 165–86.

105 Ozment, Steven. *The Reformation in the Cities: The Appeal of Protestantism to Sixteenth-Century Germany and Switzerland*. New Haven: Yale University Press, 1975.

106 Shelley, Bruce. *Church History in Plain Language*. Zondervan Academic, 2013: 250.

107 Shelley, Bruce. *Church History in Plain Language*. Zondervan Academic, 2013: 248.

108 Shelley, Bruce. *Church History in Plain Language*. Zondervan Academic, 2013: 251.

109 Becker, Sascha O., Steven Pfaff, and Jared Rubin. "Causes and Consequences of the Protestant Reformation." *Explorations in Economic History* 62 (2016): 1–25.

110 Mark U. Edwards. *Printing, Propaganda, and Martin Luther.* Berkeley: University of California Press, 1994.

111 Rubin, Jared. "Printing and Protestants: an Empirical Test of the Role of Printing in the Reformation." *Review*

of Economics and Statistics 96.2 (2014): 270–286.

112 Dittmar, Jeremiah, and Skipper Seabold. "Media, Markets, and Institutional Change: Evidence From the Protestant Reformation." *CEP Discussion Paper* 1367 (2015).

113 阿兰·佩雷菲特.信任社会.邱海婴，译.北京：商务印书馆，2005: 第9章.

114 照片来自互联网。

115 大卫·霍尔，马修·伯顿.加尔文与商业.石松，译.成都：四川人民出版社，2015: 87–90.

116 Wikes, Michael, "Devaluing the Scholastics: Calvin's Ethics of Usury", *Calvin Theological Journal* 38 (2003): 27–51.

117 大卫·霍尔，马修·伯顿.加尔文与商业.石松，译.成都：四川人民出版社，2015: 93.

118 马克斯·韦伯.新教伦理与资本主义精神.于晓，陈维纲，译.上海：三联书店，1987.

119 Young, Cristobal. "Religion and Economic Growth in Western Europe: 1500–2000." *Manuscript. Stanford: Stanford University. Retrieved from http://www. stanford. edu/ cy10/public/Religion_and_Economic% 20Growth_Western_Europe. pdf* (2009).

120 数据来自：Angus Maddison. *The World Economy: Historical Statistics*. Paris: OECD Publishing（2003）. 本图基于：Cristobal Young, "Religion and Economic Growth in Western Europe: 1500–2000", Stanford University working paper（2009）.

121 Young, Cristobal. "Religion and Economic Growth in Western Europe: 1500–2000." Manuscript. Stanford: Stanford University. Retrieved from *http://www. stanford. edu/ cy10/public/Religion_and_Economic% 20Growth_Western_Europe. pdf* (2009).

122 Cristobal Young, "Religion and Economic Growth in Western Europe: 1500–2000". Stanford University working paper（2009）, Graph 4.

123 Acemoglu, Daron, Simon Johnson, and James Robinson. "The Rise of Europe: Atlantic Trade, Institutional Change, and Economic Growth." *American Economic Review* 95, No. 3 (2005): 546–579.

124 阿兰·佩雷菲特.信任社会.邱海婴，译.北京：商务印书馆，2005: 620–621.

125 阿兰·佩雷菲特.信任社会.邱海婴，译.北京：商务印书馆，2005: 673–675, 659–672.

126 La Porta, Rafael, Florencio Lopez-de-Silanes, and Andrei Shleifer. "The Economic Consequences of Legal Origins." *Journal of Economic Literature* 46, No. 2 (2008): 285–332. Table VII.

127 阿兰·佩雷菲特在《信任社会》中通过许多不同指标对比了新教和天主教国家，尤其见他在附录中的大量表格。

128 Tawney, R. H. *Religion and the Rise of Capitalism: A Historical Study*. New York: Harcourt Brace & Co. 1926: 192–279. 中文版：理查德·H.托尼.宗教与资本主义的兴起.沈汉，等译.北京：商务印书馆，2017.

129 Young, Cristobal. "Religion and Economic Growth in Western Europe: 1500–2000." Manuscript. Stanford: Stanford University. Retrieved from *http://www. stanford. edu/~cy10/public/Religion_and_*

Economic% 20Growth_Western_Europe. pdf (2009).

130 Weber, Max. *The Protestant Ethic and the Spirit of Capitalism*. Translated by Talcott Parsons. New York: Routledge, 1930.

131 Weber, Max. *The Protestant Ethic and the Spirit of Capitalism*. Translated by Talcott Parsons. New York: Routledge, 1930: 57.

132 阿兰·佩雷菲特 . 信任社会 . 邱海婴，译 . 北京 : 商务印书馆 , 2005: 132–133.

133 阿兰·佩雷菲特 . 信任社会 . 邱海婴，译 . 北京 : 商务印书馆 , 2005: 81.

134 Landes, David S. *The Wealth and Poverty of Nations: Why Some are So Rich and Some So Poor.* New York: W.W. Norton, 1998: 180. 中文版 : 戴维 · S. 兰德斯． 国富国穷 . 门洪华 , 等译 . 北京：新华出版社，2012. 关于反新教改革的更多讨论，参见：阿兰·佩雷菲特 . 信任社会 . 邱海婴，译 . 北京 : 商务印书馆 , 2005: 第 19 章。

135 托德 . 欧洲的发明 . 巴黎：门槛出版社 , 1990.

136 阿兰·佩雷菲特 . 信任社会 . 邱海婴，译 . 北京 : 商务印书馆 , 2005: 73.

137 阿兰·佩雷菲特 . 信任社会 . 邱海婴，译 . 北京 : 商务印书馆 , 2005: 72.

138 阿兰·佩雷菲特 . 信任社会 . 邱海婴，译 . 北京 : 商务印书馆 , 2005: 75.

139 阿兰·佩雷菲特 . 信任社会 . 邱海婴，译 . 北京 : 商务印书馆 , 2005: 596. 统计表 1.

140 Carlo M. Cipolla. *Literacy and Development in the West.* Harmondsworth: Penguin Press, 1969. ; Becker, Sascha O., and Ludger Woessmann. "Was Weber Wrong? A Human Capital Theory of Protestant Economic History." *The Quarterly Journal of Economics* 124, No. 2 (2009): 531–596, 该文也证明新教主要是通过提高识字率促进长期经济增长和社会发展。就人力资本对经济增长的贡献，参阅经典研究：Mankiw, N. Gregory, David Romer, and David N. Weil. "A Contribution to the Empirics of Economic Growth." *The Quarterly Journal of Economics* 107, No. 2 (1992): 407–437.

141 本图来自阿兰·佩雷菲特《信任社会》第 602 页。

142 Van Zanden, Jan Luiten, Eltjo Buringh, and Maarten Bosker. "The Rise and Decline of European Parliaments, 1188–1789 1." *The Economic History Review* 65, No. 3 (2012): 835–861.

143 Bai, Ying, and James Kai-sing Kung. "Diffusing Knowledge While Spreading God's Message: Protestantism and Economic Prosperity in China, 1840–1920." *Journal of the European Economic Association* 13, No. 4 (2015): 669–698. 他们在文中也列出许多相关参考文献。

144 值得注意的是，宗教与市场之间的冲突并不限于这一渠道。在同时存在宗教与市场两种救济渠道时，教会面临严重的道德风险问题：个体可以去借贷市场借入资金，投资于高风险项目。一旦成功，个人独享所有成果；而一旦失败，还可以向教会寻求保障。如此策略行为将导致教会财源不堪重负。有学者认为：这一理论可以同时解释罗马帝国后期基督教对利息态度的转变。这部分的细节，参见：Glaeser, Edward L., and Jose Scheinkman. "Neither a Borrower nor a Lender be: An Economic Analysis of Interest Restrictions and Usury Laws." *The Journal of Law and Economics* 41.1

(1998): 1–36; Reed, Clyde G., and Cliff T. Bekar. "Religious Prohibitions Against Usury." *Explorations in Economic History* 40.4 (2003): 347–368.

145 类似的情节也出现在改革缓慢的伊斯兰教地区：由于《古兰经》中"不得收取利息"的限制到今天还没改变，伊斯兰教地区的银行仍需要花费高额开支聘请"教法委员会"，以确保在发行信用卡时，收取相关费用的名目和手段不会触犯伊斯兰教的戒律。对这一案例的详细分析，参见：Çokgezen, Murat, and Timur Kuran. "Between Consumer Demand and Lslamic Law: The Evolution of Islamic Credit Cards in Turkey." *Journal of Comparative Economics* 43.4 (2015): 862–882.

146 Tabellini, Guido. "Culture and Institutions: Economic Development in the Regions of Europe." *Journal of the European Economic Association* 8.4 (2010): 677–716.

147 Becker, Sascha O., and Ludger Woessmann. "Was Weber Wrong? A Human Capital Theory of Protestant Economic History." *The Quarterly Journal of Economics* 124, No. 2 (2009): 531–596. 以下分析也大大增强了这些解释的说服力：在天主教宗派中，持有"类似"新教主张的派别所控制的地区，其长期经济增长速度同样要快于其他信奉天主教的地区。一方面，英国的西多会鼓励教徒勤勉工作、努力积累财富。有学者发现，在英国，历史上有西多会修道院的地区，之后数百年内的经济增速都会因此更快。有关这一点，参见：Andersen, Thomas Barnebeck, et al. "Pre - reformation Roots of the Protestant Ethic." *The Economic Journal* 127.604 (2017): 1756–1793；另一方面，荷兰的天主教兄弟会鼓励教徒学习阅读、自主理解并讨论《圣经》。与新教类似，兄弟会势力密集的地区，之后数百年内同样有着更快的经济增长率。有关这一点，参见：Akçomak, i. Semih, Dinand Webbink, and Bas Weel. "Why Did the Netherlands Develop so Early? The Legacy of the Brethren of the Common Life." *The Economic Journal* 126.593 (2016): 821–860.

文明的逻辑

人类与风险的博弈

下

陈志武——著

中信出版集团 | 北京

图书在版编目（CIP）数据

文明的逻辑：人类与风险的博弈：全 2 册 / 陈志武著 . -- 北京：中信出版社，2022.3
ISBN 978-7-5217-3980-0

Ⅰ . ①文… Ⅱ . ①陈… Ⅲ . ①经济学－通俗读物 Ⅳ . ① F0-49

中国版本图书馆 CIP 数据核字（2022）第 028754 号

文明的逻辑——人类与风险的博弈（全 2 册）
著者：陈志武
出版发行：中信出版集团股份有限公司
（北京市朝阳区惠新东街甲 4 号富盛大厦 2 座　邮编　100029）
承印者：嘉业印刷（天津）有限公司

开本：880mm×1230mm 1/32　印张：28.25　字数：860 千字
版次：2022 年 3 月第 1 版　印次：2022 年 3 月第 1 次印刷
书号：ISBN 978–7–5217–3980–0
定价：152.00 元（全 2 册）

目　录

第八章

商业市场与文明化

第九章

海上丝路与全球化的兴起

第十章

金融市场与文明化发展

第十一章

风险、福利与国家的起源

第十二章

文明化进程走向何方

第八章

商业市场与文明化

贸易带来的自然结果是和平。

相互贸易的两个国家，因此互惠且相互依存。

原因在于：一方有购买的利益，且另一方也有出卖的利益，

而所有的同盟都是基于彼此需要的。[1]

—

孟德斯鸠

不管是在当代中国，还是在历史上，总能看到这样的现象：商业历来发达的江浙地区，通常是秩序井然，规则意识强，民风平和，命案率、暴力率低，抢劫事件少，历史上人食人的情形少有发生，而市场欠发达的内陆省份则不然。[2]一般的看法是，那些“鱼米之乡”生活富有，所以违法犯罪少，规则与秩序当然更好。这在一定程度上当然正确，但这些地方之所以富有并文明有序，不仅仅因为是“鱼米之乡”，还由于那里地势相对平坦，远在火车、汽车和飞机运输技术到来之前，就建立了河流运输，甚至到处修建人工河，让跨区商业四通八达，是商业造就了那里的规则与秩序。

那么，商业贸易真的能促成规则秩序，降低暴力，带来和平吗？这正是孟德斯鸠和本书引言所引潘恩的论述要点。他们讲的大意是：因为商业交易基于互需、互补、互惠，所以贸易中的两人甚至两国之间不会发生暴力，相互依赖成为其行为的制约，促使双方选择“文明”。故而，正如亚当·斯密在《国富论》中论述的一样，每个社会都应当崇尚并发展商业。只是在斯密之后，关于市场交易的价值基本都集中在“市场交换促进专业分工，进而促进生产率”这一要点上，忽视了商业市场的避险备灾价值，这是本章和第九章希望补上的一课（本章和第九章注重跨地区的商业贸易，第十章集中于跨时间的金融市场）。

谈到商业时，我们不可避免地面对道德指责。正如第六章、第七章所讨论的，各个社会、各宗教在历史上都曾否定追逐“利润”的“黑心”商人，进而否定商业的社会价值。《论语·里仁》中写道，“子曰：君子喻于义，小人喻于利”；朱熹曾说，“义利之说，乃儒者第一义”；[3]司马迁在《史记·孟子荀卿列传》中写道，“利诚乱之始也！夫子罕言利者，常防其原也。故曰‘放于利而行，多怨’。自天子至于庶人，好利之弊何以异哉”，意思是说，一旦放行追求利益最大化的商业，社会将多怨乱序。

孔子所言跟孟德斯鸠、潘恩的观点当然相悖。到底哪一方经得起实证检验呢？基于江浙“鱼米之乡”的观察是否站得住脚呢？接下来，我们就从商业市场的“救灾”“救急”价值这一维度对此做出回答。根据第一章所谈，意外风险事件是人际暴力和群体战争的催化剂，而如果商业贸易能缓和风险事件对个体、群体或国家的负面冲击，那么当然就有助于减少人类暴力、推动文明进程、带来和平。如果这一逻辑推论能得到实证支持，那么商业尽管追逐利益最大化，也不应该在道义上遭到否定，因为提升民众福祉、实现文明良序才是第一要义。

前面几章已经论证家庭、宗族与宗教在文明化进程中的作用。可是，基于家庭宗族的互助互保有其局限性，因为族人一般居于同村或附近，共享共当难以对冲肆虐全区的风险；宗教的地域局限性虽少，但教友中的核心信任网络也一般集中于本地。此外，这些社会组织亦有弊端：无论是宗族间的械斗，还是宗教派系间的冲突，都是人类历史中重要的内容。当信任与互惠限于一隅，文明化进程未必总能一帆风顺。所以，人类还需要其他避险安排——商业市场即是其中之一。

当灾害发生时，救急办法之一是人口迁移，即从受灾地迁往无灾地区。或者，人不流动让物品流动，由商人将物资从非灾区贩运至灾区，也可缓和生存挑战——此即跨地区商贸缓解灾情的机理。根据罗森智维（Mark R. RosenZweig）等针对印度农村的研究，[4]两村之间的距离越远，其同时遭遇同样风险的概率就越低，这个规律在其他社会也成立。因此，在本章我们将看到，跨地区商品流动一般能降低灾害的负面冲击，是重要的化险手段。无论是早期的以物易物商业，还是之后基于货币化交易的市场，都可缓和风险事件的破坏性。熟悉湖南粮食市场的人可能会说，广东缺粮时，商贩从湖南运走大米，造成湖南米价上涨，这虽然帮了广东，但害了湖南本地人。[5]这一逻辑通常被用来为湖南设置路障、禁止大米出湘找理由——但这未必站得住脚，因为禁运不仅牺牲湖南农民和广东消费者的利益，而且湖南境内的消费者在其他省份短缺粮食的情况下，本应为稀缺资源支付更高的价格，否则就有悖道义原则。

从齐内曼人的经历谈起

关于文明化与商业的关系，人类学者做了大量田野调查。直到今日，玻利维亚边境的亚马孙雨林中，原住民——齐内曼人（Tsimane）仍然与外界保持相当程度的隔绝。[6]不过，他们与外界，或者说与商业市场的接触在逐渐增加：有时会在雨林中遇到外部社会的伐木工和农人，并与他们进行商品交换；此外，齐内曼人也逐渐习惯了定期外出、到附近集镇购买少量商品的生活模式。根据里卡多·哥多伊（Ricardo Godoy）等学者的田野统计：[7]在调查前的一个月中，大致有一半齐内曼人接触过伐木工人，接触过外界市场的人数占比也在50%左右。不过，当地人从外界购买的商品种类相对单一，大多是需求迫切的食品。按价值计算，肉类在当地人买入的食品中占55%，蔗糖约占20%；非必需类商品占比很小，糖果占购买价值的比例不到10%；食品以外的消费比重更低，以奢侈品为例，调查中只有一人曾外出购置奢侈品，其价值相比食品可忽略不计。

在过去数十年，人类学家们细致观察了齐内曼人逐步接触市场的过程。[8]和其他保持原始生活的社会一样，该地原住民面对的场景相当不确定：捕猎行动一无所获的概率在40%~65%。[9]正如之前章节所述，如何确保食物供应的安全稳定，是齐内曼人时刻需要思考和解决的问题。除饥饿外，伤病也属于普遍存在的风险因素：根据迈克尔·古尔文（Michael Gurven）等学者的测算，[10]在接受学者调查前的3个月中，75%的齐内曼人曾遭遇过"需要卧床疗养"的疾病，病情持续时间平均为8天。也就是说，每一时刻有大致10%的原住民处于暂时不能劳动的状态。此外，盗窃等犯罪现象也普遍存在。为了化解这些负面冲击，齐内曼人建立了广泛的物资分享和互助网络：亲戚间相互分享猎获，即使非亲属之间彼此也会帮工。[11]正如前文所谈，在商业市场进入他们的生活之前，当地人更多依赖类似家族的组织安排，来实现相互保险的目的。

许多学者认为接触商业市场会给原始社会带来负面影响。代表人物之一是涂尔干，他认为，市场在重塑社会的集体意识（common consciousness）的同时，无法完全替代集体意识在维持社会平衡方面的作用。[12]因此，市场在破坏原有的信任网络与分享纽带的同时，它所提供的保险可能无法完全弥补其破坏过去体制后所造成的损失。[13]然而，进一步观察转型中的原始社会后，学者们证否了这一"源远流长"的思辨。哥多伊等学者通过分析从多次田野调查中收集的数据，得出以下结论：参与商业市场确实降低了原住民的消费风险，使消费波动率下降。居住地离市场较远的齐内曼人与离市场较近的同族相比，饱一顿饥一顿的波动性更大，其身体质量指数（BMI）对收入的弹性大致要高出20倍！[14]首先，难以利用市场的原住民，其营养状况对负面冲击的敏感度要高得多，这说明商业交易的确有助于降低生存风险；其次，原有的人际分享网络并未因商业市场而“土崩瓦解”——实际上，因外部市场获得高收入的齐内曼人，不仅自己的消费得到更好保障，而且会比其他人更频繁地援助同族人，援助金额也平均更高。[15]

不过，物质层面的指标未必能完整刻画幸福感的变化，相比前者，我们可能更加看重后者。市场在带来更丰富的物质与更稳定的营养的同时，也会通过其他途径影响和裹挟其中个体的情绪。弗洛伊德的观察堪称这类分析的经典：[16]人类确实因相互合作而拥有了前所未有的力量——以科技改造世界，使人类免受自然力量的侵害；以法治取代暴力，作为调节人际关系及社会关系的总和。这两点贯穿历史，构成了人类文明化进程的核心。分工、合作与交易，是达到这两项目的的重要手段。道理在于：为了顺利地合作，人类必须建立起心理上的反作用结构，以抑制所谓“人对人是狼”的进攻性本能；[17]按照弗洛伊德的说法，合作抑制进攻性这一“人类本性中不可摧毁的特点”，将“始终跟随着文明的发展”。如果这种相互攻击的本能无法得到满足，人们就会感觉到“不舒服”。一言以蔽之，“文明人已将自己部分幸福的可能性，换成了部分的安全”。

尽管这一分析在后来被反复引用，[18]针对齐内曼人的实证研究并未发现接入市场会降低当地人的幸福感。人类学家记录了当地居民微笑和放声大笑的次数，以此反映当地人的幸福感。[19]同时，他们还统计了齐内曼人在外工作获酬的数量，以及在市场上购置货物的总金额。分析显示：与上一段中的预测相反，幸福感跟这些反映市场化程度的指标都没有负相关关系。此外，市场化既不会导致愤怒的情绪上升，也不会为当地人带来更多的焦虑。[20]

因此，通过分析齐内曼人的市场化案例，我们看到：商贸市场在提升原住民应对风险的韧性的同时，并没有显著损害传统的互惠网络，也没有降低当地人的幸福感。老子在《道德经》中写道，“天之道，损有余而补不足”，市场交易是一种基于自愿实现“损有余而补不足”的方式，这里的“不足”既可以是因劳动分工产生的主动结果，也可以是因风险所致的被动结果。在这个意义上，市场提供的是跨空间人际交换，就是一种避险救急功用。

笔者、彭凯翔和朱礼军在2017年发表的研究中，[21]根据中国第一历史档案馆清代刑科题本以及学者对清朝命盗重案的归类统计，估算了清时期的一般命案率：1661年每10万人有0.6人死于非命，1821年每10万人有1.5人死于非命，到1898年这一数字再降回至0.6人。清朝期间，各省命案率差别较大：四川命案率最高，每年每10万人有1.7人死于非命；贵州第二，1.5人；山西1.4人；陕西1.21人；直隶0.98人；广东0.88人；广西0.87人；福建0.81人；云南0.78人；湖南与湖北都为0.77人；江西0.7人；河南0.67人；山东0.49人；安徽0.48人；甘肃0.45人；浙江0.44人；江苏的命案率最低，为0.39人。为了找到跨省命案率差距的驱动因素，笔者等人基于1744—1849年的面板数据做了进一步分析，发现灾害事件是最重要的驱动因素，受旱灾等风险冲击的地区更可能发生命案和其他暴力；但是，如果当地的商业网络发达、跨区贸易畅通无阻，从而使一省之内粮食市场高度一体化（而不是相互隔离），那么即使这些地区遭遇灾害冲击，暴力命案率也未必上升很多，至少这些市场发达的省份，在遭灾时暴力升幅会低于遭遇同样灾害的其他省。

这说明市场整合度高的地区更有能力应对风险冲击。这也是为什么市场历来更发达的江苏、浙江和安徽，其社会和谐度高、暴力冲突少、人际关系更文明。

他们注意到，即使在全国层面，市场整合度的变化也会影响总体命案率。在乾隆初期的 1740 年，全国各府的粮价方差系数（coefficient of variation）大约为 0.8；但乾隆掌权期间，各级政府权力不断扩张，干预市场的行为增加，尤其是在地区之间设立路卡，惩罚“投机倒把”者，甚至没收商人跨地贩运的粮食，导致各地市场相互隔离；到 19 世纪初，府际粮价方差系数上升到 1.2。也就是说，全国粮食市场的整合度相对于 1740 年大幅下滑，这期间全国命案率从 1740 年的每 10 万人中不到 1 人死于非命，上升到 1820 年清时期的最高水平。[22]从 19 世纪初开始，清政府权力不再扩张，变成不断削弱，使跨区粮食贩运逐步恢复，府际粮价方差系数下降，跨区市场一体化程度重新上升，结果全国命案率呈下滑趋势。这些量化历史分析说明，商贸自由有助于暴力下降、带来社会良序。

我们也可以从另一角度审视商业市场的避险作用。薛华教授在她 2004 年发表的论文中，[23]将清朝的灾政分为事前储粮（常平仓、社仓）和事后政府救济（第十一章再更详细地讨论这个话题）。她发现，在 1749—1831 年，中央政府以往给予救济越多的省份，当地事前备灾的积极性就越低，人均储粮越少，也就是说，政府的救济明显减少了当地人的自发避险激励，挤出了民间动力；同时，粮食市场整合度越高、跨地区商业越发达的省份，其人均备灾储粮也越少，这充分表明：如果一个地区跟其他地区的粮食市场高度整合、跨区粮食贩运畅通无阻，那么即使该地区发生灾害、出现粮食和其他物品短缺，当地人也可以依靠商人的“投机倒把”来弥补不足，平滑灾害冲击，在商业市场发挥的避险作用之下，当地人不必靠大量储粮防患未然。

商贸市场的避险作用与“永久和平”

对于今天的多数国家来说，一场旱灾、水灾或其他自然灾害在一个地区发生，我们不用担心那里是否会发生暴动、大规模抢劫或其他暴力，更不用担心人相食。原因倒不一定是现代人比古人变好了，而是因为今天的商业网络四通八达，铁路、公路、航空和海路运输容量大、成本低而且速度快，商品的异地运输不再是挑战。商贸的跨地区、跨国界发展给人类带来前所未有的“共患难”能力，是市场边界的延伸提高了人类应对风险的能力，促使文明发展、暴力下降。

这一命题的最好证据之一是印度铁路带来的深刻变化。历史上的印度跟中国十分相似，超过 80% 的人口靠农业谋生，[24]因此农业产出稳定与否，对其社会稳定至关重要。而农业又依赖自然的“恩赐”，以至于当地人称农业为“面对季风的赌博”：[25]风调雨顺，就有饭吃；气候异常，就是饥荒。仅 1860—1930 年，饥荒就导致 1500 万印度人死亡。[26]在第一章中，我们已经细致讨论过暴力与生存危机间的密切联系：如果在自然面前连基本生存都难以保障，我们就无法期待暴力止息，文明化进程只会阻塞。但是，铁路系统的建立改变了印度的历史。

19 世纪中期之前，印度人的运输手段跟当时的中国农村一样：如果靠海或河边，就依赖水运，否则，就靠马车、驴车、牛背。可是，绝大多数村庄不靠海或足够大的河，而马车和驴车又要求修足够宽的马路，这个条件是多数地区难以满足的。所以，他们主要靠公牛运输，由牛拖小车，或者靠牛背驮货物。[27]如果碰上比较好的天气，并且路况也比较适宜，那么牛车一天能走 20 公里至 30 公里，跟农民肩挑货担能走的里程差不多。遗憾的是，那时期印度好的泥路不多，尤其是季风雨季每年持续 4 个多月，驴车、牛车几乎走不动。所以，当地人一般用小牛或人工扛货，速度慢、距离短、容量小，由此形成的商贸网络规模小、覆盖范围窄，对人们的帮助有限。在印度，有三条河流水系——印度河、恒河以及布拉马普特拉河（Brahmaputra）——用作长途水运，但水运也存在显著不足：在气候好时，顺流也许一天能航行 65 公里，但逆流而行一天 15 公里就不错了；在季风雨季期间，远途水运基本停止。由于印度没有像中国一样从秦汉时期就实现大一统，所以也不存在长途运输漕粮的必要，也就不必修筑长途运河（下一节再谈这个问题）。印度在英殖民时期的 19 世纪初修建了一些地方运河，但也受到雨季和速度的限制。因此，历史上的印度，商贸网络有限，当一地发生灾害，即使其他地区物资充沛，也未必能及时运到灾区，所以饥荒频发。

相比之下，铁路对印度而言更加可取：一天可行驶 600 公里或更远，一年四季风雨无阻，盗匪威胁小，货物损坏率也低；从成本看，火车的每吨运输费分别比路运、河运、海运运费便宜 80%~83%、67%~80%、60%~75%。[28]虽然在 1832 年就有人建议印度修建铁路，但直到 1853 年印度的第一条铁路才在孟买建成通车，当时主要是为了英殖民统治的军事需要，而非异地贸易。之后，印度铁路建设一发不可收拾，1860—1930 年全印度铁路网线的变迁历程是：1860 年时，除少数城市周边的短途铁路外，全印度可以用“一片空白”来形容；1900 年前后是重要分界线，各主要区域间都建成了相连接的线路；至 1930 年，当地的铁路网已经发展到了相当密集的程度，全网有 6.7 万多公里铁路。如今，印度有 7000 多个火车站，7 万多火车头，每天运送 1800 万旅客、200 多万吨货物，铁路雇用 140 余万员工，铁路网跟 1930 年时几乎一样。[29]

覆盖面如此广的铁路网打通了各地间的贸易联系，形成了跨印度的统一市场，关键是速度快、容量大、成本低，大大提高了商品市场的普惠性。按理说，印度农民生活对大自然恩赐的依赖度应该降低很多，饥荒死亡率跟自然灾害的关系应当显著削弱。实际是否如此呢？罗宾·布格斯（Robin Burgess）与戴夫·唐纳森（Dave Donaldson）的研究表明：[30] 印度饥荒死亡率的确因铁路运输网络的完善而明显下降——在全境通车后，几乎再没有在和平时期发生过大规模饥荒（唯一的例外是 1906 年）。约翰逊（J. Johnson）这样总结铁路（即商业市场）对提升印度人应对风险能力所做的贡献：

铁路在运输物资并满足受饥荒冲击地区民众的生存需要方面，做出了至关重要的贡献。抛开铁路对运输成本的影响不算，一旦人们知道，只要发生物资短缺，几天内火车就可从外地把货物运到，这种信心和预期本身就可以帮助避免物价过分猛涨，价格稍涨一点就可以吸引外地供货的到来。比如，1884 年，印度北方遭遇严重饥荒，远在几百公里外的南方火车站就有不少火车装满粮食，快速运往北方，到那里去卖个好价。哪里有物资短缺，引发价格上涨，就足以通过火车把物资从相对丰裕的地区吸引过来。[31]

当然，前提是没有“打击投机倒把”制度限制物资的跨地区流通。所以，只要跨地区贸易不受阻，铁路就可以帮助提升市场的救灾救急作用。

具体而言，根据印度 239 个地区在 1861—1930 年的历史数据，布格斯与唐纳森从几个角度深入分析了铁路接入市场对这些地区抗风险能力的影响。[32]首先，他们以粮价波动来度量铁路接入市场的影响：如果一地区与其他地区粮食市场是隔离的，那么当地歉收必然导致粮价猛涨，粮价必然对降雨量高度敏感；反之，如果该地区跟其他地区市场因铁路而一体化了，只要不是各地区同时都遭遇旱灾，粮价就不会再像以前那样对本地降雨量敏感。根据布格斯与唐纳森的估算，铁路接入外部市场之前，降雨量对粮价的影响系数大致是 –0.428，也就是说，种植季节的累计降雨量每减少 1 米，粮价就多涨 42.8%，此即“靠天吃饭”的含义；但是，在铁路通入一地区后，粮价对降雨量的敏感度就下降到之前的 1/30，只有 –0.014！进一步的统计检验显示，铁路接入外部市场后，当地降雨量的多少不再对粮价有显著的影响！也就是说，即使有旱灾或水灾，当地粮价也不再跟正常气候时期有统计上的显著差别，这意味着铁路带入外部市场几乎完全抹平了各地与气候相关的粮价风险、粮食供应风险。[33]就以我们熟悉的香港地区为例：如果香港跟内地、台湾地区和其他市场都完全隔离，那么香港如果发生干旱，粮食与蔬菜必然短缺、粮价必涨，如果大丰收，粮价必然大跌，由此带来极高的粮价波动；而如果香港跟广东、湖南等市场都通过铁路连在一起，即使香港发生天灾，其粮食供应也不会成问题，粮价未必大涨，年复一年的粮价波动不会太大。这也是亚当·斯密在《国富论》中所讲的道理。

就这一维度，基于非洲的档案数据也得出类似结论：市场贸易在灾害等风险事件发生时，发挥弥补物资短缺、降低粮价波动进而平抑风险的重要作用。诺贝尔经济学奖得主阿马蒂亚·森（Amartya Sen）曾经和让·德勒兹（Jean Drèze）对非洲国家在旱灾期间的粮价波动做过研究。[34]他们发现，在允许粮食自由贸易、市场相对发达的博茨瓦纳，1982—1987 年旱灾期间，由于商品市场活跃且充满竞争，粮食会通过商人贩运流入受灾地区，因而不同区域间的食物价格基本相当，灾区食品价格上升相对温和，没有发生大型饥荒。也就是说，以前有灾害就有饥荒，在跨地区市场一体化后，一地即使有灾害歉收，也未必带来饥荒，一体化的市场把灾害跟饥荒的关系削弱，甚至隔断。与之相反，肯尼亚在1984年的旱灾中，由于国内不同区域间的粮食贸易被严格限制，尽管政府尝试从国外购买粮食直接供应灾区，灾区粮食价格仍然剧烈上涨，东部省份涨幅甚至高达272%，引发暴乱，而非受灾区（如西部省份）由于无法通过市场出售多余粮食，甚至在东部饥荒的同时出现食品价格下降的情况。从这里我们看到，只要运输手段足够有效、异地贸易足够开放，自由市场带来的信号就可以使粮食从充裕低价地区自发地流向短缺高价地区，从而缓解灾害带来的粮食短缺风险，避免饥荒及与其相连的暴力冲突。正如上一节中薛华基于清代中国数据所发现的，跨地区商贸市场的抗灾救急作用甚至超过了政府的社会保障机制。

其次，布格斯与唐纳森以当地人口的死亡率来度量铁路对印度的影响，[35]他们发现，在铁路带进外部市场前，印度各地的死亡率对降雨量颇为敏感——种植季节的累计降雨量每减少1米（旱灾），将因歉收导致当地死亡率升高0.118个百分点（每1万人口多死11.8人）；但是有了铁路之后，与降雨量有关的气候灾害对当地死亡率的影响不再显著，死亡率对降雨量的敏感系数比之前降低84%，减小到0.02。[36]从某种意义上说，有了前面关于“跨地区市场降低气候灾害对当地粮食供应的冲击”的结果，铁路使旱灾对死亡率的影响下降，这一结论在预料之中。

另外，布格斯与唐纳森也发现，铁路引入后，当地农民每公顷土地的实际收入显著上升，而且在全国层面，铁路覆盖的地区越多，其农产品的净出口量就越大。因此，铁路带来的市场一体化，不仅通过跨地区交换使风险得以在更广泛范围内分摊平抑，而且也提供大量就业机会、提高人均实际收入，由此再一步增强人们自身的抗风险能力，减少暴力发生的可能性。前面章节谈到，在工业革命前的农业社会，可获取的生存资源的增长速度远低于人口增速，当由此导致的生存资源匮乏积累到一定程度，极容易引发动乱、战争等暴力事件，落入“马尔萨斯陷阱”。而市场扩大带来的劳动力分流，虽然不能像技术进步那样从根本上提升资源开发利用效率，但也可在很大程度上缓解人口压力，让人们通过正常生计就能解决生活所需，使暴力行为的主观成本上升、收益下降，从事暴力的意愿自然削弱。正所谓“谋生有术”，谁愿“为贼”？在清代康乾盛世时期，经过人口繁衍以及乾嘉道年间的西部移民浪潮，巴蜀地区的人口大增，与之相随的是人口压力日益增长。然而，在接下来的19世纪，一方面是运河沿岸地区的“大盗不止”（见下一节），另一方面是巴蜀地区在人口压力之下并没有爆发激烈动乱。龚义龙经过研究发现，[37]商业市场的发展，包括小商小贩、手工业等“移民的行业经营”扩大，对劳动力进行了自然分流，从而有效缓解了当地的人口压力。可见，市场为人们提供了谋生手段，对抵御风险、减少暴力具有重要意义。

当然，从19世纪开始，铁路不只是在印度出现并拓广，在美国、英国、中国、日本、韩国、非洲和拉美等各个国家和地区相继被广泛采用。19世纪的铁路运输和蒸汽轮船，加上20世纪初开始的汽车运输、二战开始的飞机运输，把世界各国的多个角落纳入一个全球化的贸易市场，在更广阔的范围内、更多人群之间进行市场交换，更有效地实现以有余补不足，增强了各社会应对风险的能力。

除运输技术外，近年许多研究发现，新的通信技术也深化了市场的跨地区整合，进而削弱了各地物资供应跟当地自然条件、气候灾害的关系，以至于今天不管走到哪里，基本的生活品供应，甚至连各种品牌都相当雷同，减少了商品价格的地区差异，压低了同一地方的商品价格波动。比如：电报的出现将各地棉花市场紧密整合在一起，显著降低了棉花价格的波动，让棉花生产者和消费者都面对更小的风险，能更好地安排未来，为市场参与者带来了约10%的福利改进；[38]手机的引入降低了各地热带鱼市场的价格波动，同样显著地提升了参与者的福利状况；[39] 互联网的到来把更多边缘地区纳入全球化的商业市场，显著提升了非洲等各国企业参与全球市场的程度，在增加企业利润的同时，降低民众的收入风险，改善劳动就业安全。[40]

过去，许多国家以国家安全、社会稳定为由，禁止一些物品的进口或出口，对此人们也觉得合情合理。只是没有太多人去问：对贸易自由的限制是会帮助提升社会稳定，还是会降低社会稳定、使社会更加无序呢？阿马蒂欧等三位学者基于以色列数据的研究，[41]帮我们找到了答案。由于以色列人与巴勒斯坦人冲突多年，从 2008 年开始，以色列禁止一系列军民两用的物资出口到巴勒斯坦的约旦河西岸地区，理由很简单：防止这些物资用于武器制造，威胁以色列安全。为了研究出口限制到底带来何种结果，三位学者收集了 3 万多家制造业等企业在 1999—2014 年的数据，包括不同社区的政治暴动与经济指标。由于这些受禁物资对某些制造业的影响很大，导致大量相关企业倒闭，而对其他行业的影响有限，所以各社区遭遇的就业和收入冲击大为不同。研究发现：2008 年的出口新政，使那些受冲击比较大的社区在此后发生更多的政治暴动，这些暴动包括大规模暴力游行、与警察发生武装冲突、暗杀以色列或巴勒斯坦政客。他们的研究表明，本意是保护社会秩序的贸易限制政策，使商品贸易不再自由，导致一些行业企业破产，增加了失业，结果是事与愿违：社会秩序反而会崩溃。

商贸市场以及自由贸易促进文明有序的案例还有很多，这里就不多举例了。[42]不过，前面探讨的是商业市场对个体应对风险能力、人际暴力的影响。我们也可将视线聚焦于宏观，审视贸易市场对国家之间暴力的影响。既然跨区域贸易对社会个体有积极价值，这种好处也应该在国家之间成立，即能制止国家间的战争，因为战争会中断其贸易互惠关系，让双方付出高昂代价。最早注意到这一点的是康德。在《永久和平论》中，他写道："渔人和牧人的生活跻入农夫的生活以后，这时候已经发现了盐和铁，这或许是各个民族贸易往来所广泛寻求的最早的物品。由此，他们先是被带入一种彼此之间的和平关系，再进一步，甚至和远方的人们之间也有了相互的了解、交往和和平的关系。"[43]按照康德的逻辑，大自然本来就让人类可以在世界的每一个角落生活，先是通过战争等手段将人类驱逐到各个方向，甚至"最不堪的角落"，然后再迫使人类彼此间进行互通有无的交换，被迫建立或多或少的和平关系。而各民族间的这种贸易交换，是保障持久和平、推动文明秩序的手段之一。

早在春秋时期，中原华夏人面对北方胡人的威胁，就曾通过经济交易实现和平。胡人以游牧为生，偏好现货，不在意土地类不动产，而中原人以农耕为生，更在乎可用于耕种的土地。于是，晋国大臣魏绛建议：由晋国给戎人和狄人以现货，供其吃喝，他们给汉族农民以土地，由其播种，各尽所需（《国语·晋语·卷七》）。在晋悼公采纳并委托魏绛与胡人谈成交易后，晋国得到多年和平，不再担心戎狄挑战，将精力专注于内政和往南扩张，以至于《左传·襄公十一年》对悼公评价道："夫和戎狄，国之福也；八年之中，九合诸侯，诸侯无慝，君之灵也……"贸易早在春秋时期就被当作控制北方胡族的政策工具，而到了战国时期、汉代，跨国贸易不仅是获得边疆和平的武器，也是实现对外扩张的主动手段。[44]在最近的一项研究中，何石军、栾笑扬注意到明代"隆庆和议"的影响，[45]那次和议带来的变化可以算作"贸易促进和平"命题的完美试验。也就是说，在朱元璋打败元朝、建立明朝之后，蒙古人退居北方草原，重过游牧生活，在秋季和干旱年份遇到食物问题挑战时，还会被迫向南进攻中原汉族，以获得生存物资（见第一章）；到隆庆五年（1571 年），明朝与蒙古右翼领袖达成开放边境贸易、制止暴力入侵的协议，但“隆庆和议”只适用于蒙古右翼地区，蒙古左翼地区不在其辖区。通过整理《明实录》和《万历武功录》中的军事冲突记载，何石军他们发现：相比于“隆庆和议”之前的20年，蒙古右翼地区在1571—1597年入侵南部汉族的次数从原来的167次下降到42次，尤其在生存挑战高的秋季和旱灾年下降幅度更大，而没有得到边境贸易权的左翼地区，其入侵南部汉族的次数从原来的82次上升到240次。[46]因此，开放贸易给蒙古右翼和与其相邻的汉族地区带来和平。

近代现实是否确实如此呢？为了验证贸易与和平间的关系，菲利普·马丁（Philippe Martin）等三位学者收集了1870—2000年间的数据，[47]包括每年世界贸易总额与全球GDP之比（反映世界范围内贸易深化的程度）以及国与国之间暴力冲突的频次。如图8.1所示，在1920年之前，世界范围内贸易额占全球GDP的比重与战争（定义为导致1000人或更多人死亡的武装冲突）频率之间没有呈现显著的关联；不过，1920年之后，二者明显呈“分道扬镳”之势——一方面各国之间的贸易依存度越来越高，另一方面战争频率在不断下降。在本书的引言里，我们引述了平克教授等学者的分析：1800年以来，主要国家之间的战争频率总体越来越低，16世纪以来，每年死于战争的人数逐步下降（虽然不是每年都更低，但趋势如此），尤其在20世纪的二战之后，这两个趋势更加显著，21世纪初达到人类历史上最和平境界，这一时期可能也最接近康德所称的“永久和平”时期。而之所以有如此大的文明化进步，显然跟19世纪的第一轮商贸全球化、20世纪中期以来的第二波全球化有关，包括欧盟的建立也发挥了关键作用。1957年欧洲国家签署的《罗马条约》，奠定了欧洲经济共同体的基础；1991年的《欧洲联盟条约》（亦称《马城条约》），正式建立了我们熟悉的欧盟一体化市场，至今涵盖27个成员国，允许各国之间的劳动力、商品、服务和资本完全自由流动，要求各成员国接受一致的贸易与财经政策、法规，1999 年开始使用的欧元使其中 19 个成员国采用同一货币，由此也使它们的财政与金融政策趋向一致，将欧洲统一市场整合到新高。欧盟建立的初衷是从一战、二战中汲取教训，通过多国市场的一体化来强化彼此之间的依赖度，增加成员国发动战争的潜在代价，以此威慑、制约各成员国的暴力冲动。从图 8.1 可以看到，康德“永久和平”的经济逻辑得到了各国实际经历的支持。

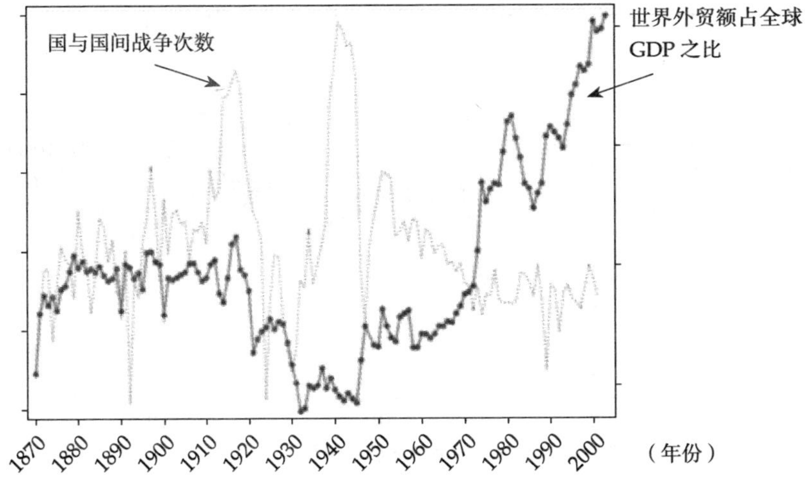

图 8.1　1870—2000 年世界外贸额占全球 GDP 之比与国际战争频率 [48]

马丁等三位学者的深入分析，揭示了贸易与战争间的关联：首先，战争确实会打断贸易的发展。如图 8.2 所示，两国之间开战前三年，彼此间的贸易额就开始下降，开战次年更会比它们之间的正常贸易额低 36%。此外，战争对贸易关系的负面影响会一直持续到 15 年以后。因此，在贸易依存甚深的两个国家间，战争的代价将尤为高昂——贸易的锐减会在十年内减损两国国民的福利，给彼此的就业、收入和应对风险能力构成实质性伤害。其次，和这一推断一致，双边贸易和“永久和平”

之间确实存在密切的联系。具体而言，两国贸易额占各自 GDP 的比重之和（反映了双方依赖对方的程度）每增高 1%，四年后双方发生战争的概率会因此多降 9%。[49]在控制附近区域是否有战争在进行、是否有共同语言、是否有共同宗主国、是否积极对外殖民，以及是否属于同一自由贸易联盟等诸多因素之后，贸易额比重之和对未来战争概率的影响很显著：贸易相连度越高，两国间未来战争的概率越低。

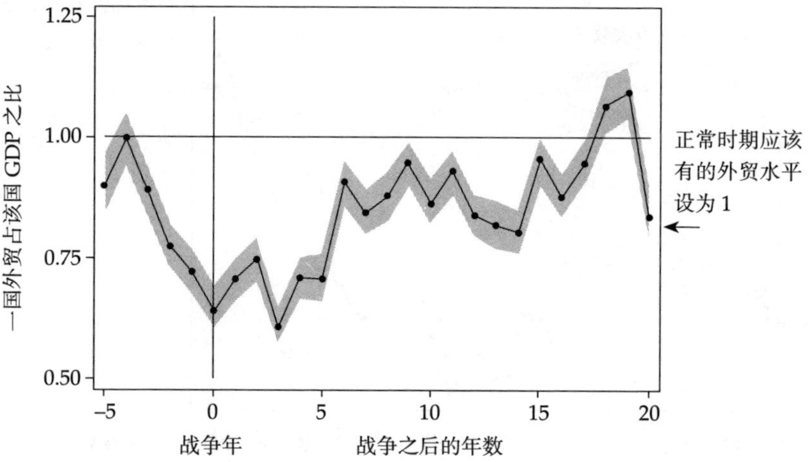

图 8.2 战争前后对外贸易额与其 GDP 之比的变动 [50]

其他学者从多个侧面检验了以上结论，总体还是支持康德的论述：贸易与和平二者确实显著关联。以黑格勒（Hegre）等研究者 2010 年发表的研究为例，[51]他们在前人的基础上，控制了更多干扰因素——两国间距离、人口数量、民众满意度、是否为社会主义国家、民主指数、公民组织数量等，同时除了实际导致伤亡的战争这一指标，还分析了国家间贸易依存度对“武力使用”（未必导致伤亡）的影响，结果和之前一致：贸易依存度每上升 1 个百分点，两国间发生暴力冲突的可能性下降

8~9个百分点。一言以蔽之，当民众无法借助跨区、跨国市场对抗风险时，暴力会上升；当民众能充分利用市场时，暴力会下降，就业与收入机会也会增多，这些好处对一国领导层决定是否对另一国发动武力攻击甚为关键，因为战争会伤及贸易关系，进而冲击国内民众利益，甚至引发国内动乱。正如康德所言：为“永久和平”提供保证的因素并非微不足道，而恰好是大自然这伟大的艺术家自身。[52]

接下来我们会看到，虽然从唐朝开始的海上丝绸之路为跨亚洲市场一体化打下了一些基础（见第九章），欧洲从公元10世纪以来的商业革命也推动了跨欧亚市场的逐步形成，但工业革命以来的两百多年里，从蒸汽轮船到铁路、汽车、飞机等一波接一波的运输技术变革，大大加快商业市场跨区、跨国的拓展和深化，带来更高层级的全球化；由此，一方面把一国自然灾害对其民众生存的挑战压缩到前所未有的低水平，使国内暴力持续下降，另一方面也大大提升了一国对他国发动战争的代价，借此抑制战争冲动。就这样，过去几个世纪，文明化进程得以加速。商业市场当然不是文明进步的唯一因素，但一定是根本推动力之一。

既然商贸网络这么重要，它们又是如何形成的？在下一节和第九章，我们将借助几个案例，进一步阐明商业在文明化进程中的作用（市场退则暴力起，暴力起则文明衰；反之，市场进则暴力息，暴力息则文明兴）也借此了解今天我们习以为常的跨地区商贸市场的由来。

大运河及其备灾价值

大运河家喻户晓，也在中华文明发展史上地位非凡，虽然是因为官方漕运而建，但在跨地区商贸的发展史中发挥了关键作用。对身居运河两岸的民众而言，运河可能是一个饱含酸甜苦辣的历史遗产，尤其在

1826年之后，这个遗产带给他们数十年的“多事之秋”——运河商业的倾颓引发了连绵不绝的暴力和内战。

运河的起源与发展

曾经的大运河全长2700公里，地跨北京、天津、河北、山东、河南、安徽、江苏、浙江8个省市，通达海河、黄河、淮河、长江、钱塘江五大水系。自春秋战国，各政权修建地区性运河，目的是利用水运运量大、成本低的优势，运送漕粮军需；即使到隋唐系统地连接大运河，也不是为了商业便利。实际上，不只是中国大运河，世界历史上多数长距离商贸网络都是因其他动因而意外形成。

春秋时期，多国林立，竞相争霸，战争不断。吴王夫差意图北上伐齐，称雄中原，可是江淮之间水路不通，只有经长江入海再北上。在时人看来，如此绕道，航程长、风险高、难有胜算。但在当时，为了缩短路程并增加北伐的胜算，吴王决定人工开凿连通江淮的水道。《左传》记载，哀公九年“秋，吴城邗，沟通江、淮”。也就是说，公元前486年，吴国在今扬州附近筑邗城，连通长江和淮河，全长近400公里。[53]两年后，吴国大败齐国，又欲与晋国争霸，增修了黄沟运河，连通泗水与济水，组成中原东西往来的主要军事航道。战国时期，魏惠王于公元前360年至前352年，在黄河与淮河之间挖建鸿沟，形成了黄淮平原上以鸿沟为干流的水运交通网。[54]

秦始皇为南征百越，于公元前221年开凿沟通湘、漓二水的灵渠，打通长江和珠江两大水系。从此，黄、淮、江、珠四大水系都有运河相连，黄河流域的船可经水路抵达岭南。西汉有更多修河举措，包括漕渠由长安引入渭水，直通黄河。[55]班固在《西都赋》中说，漕渠“泛舟山东，控引淮、湖，与海通波”。东汉建都洛阳，开通“阳渠”运河，让东方漕船直抵洛阳城。东汉末期，曹操为北上消灭袁氏残余势力，在黄河以北开挖了白沟、平虏渠、泉州河与新河四条运河。[56]

到隋朝之前，全国已开凿了大量地方性运河，覆盖大半个中国：北达华北平原，西达关中，南到广东，东达江苏，都有运河。这些运河与天然河流一起，能通达全国多数县府，只是水路未必顺畅。但是，根据全汉昇等学者的研究，[57]大一统帝国都定都北方，比如长安、洛阳或汴京（开封），而“鱼米之乡”则集中于南方，尤其东南方，造成政治中心与经济中心分离。到隋朝时期，朝廷为打通经济中心与政治中心，将工作重心放在连通地方运河上，尤其是贯通南北的大运河。隋文帝疏浚古运河——漕渠和邗沟，隋炀帝致力于修通四段——通济渠、邗沟、永济渠、江南运河，唐朝在隋的基础上继续拓展南北大运河，这些运河连接后史称“隋唐大运河”，流经今八个省市。[58]

北宋为了靠近隋唐大运河，定都汴京，之后还以汴京为中心，增修汴河、惠民河、金水河、广济河与大运河打通。如果说大运河在“隋唐水道交通上的地位，比江河等水运要居较高的地位”，并成为国家支柱，那么到北宋则“成为建国之本”。[59]南宋行都定在临安（杭州），政治中心与经济中心重合，这时期长江以北的运河因宋金对峙不能用，基本被废弃。1 个多世纪后，元朝定都大都（今北京），又需南方漕粮，故再次重整大运河。从 1282 年起，元廷先后对山东、河南境内的运河改道，避开河南，截弯取直，缩短 900 余公里，形成如今纵贯南北约 1794 公里的大运河格局。

明初建都南京，漕粮北运任务变轻。但永乐年间迁都北京后，大运河的意义再次凸显，1441 年 2 月起对其进行大整修。明代对大运河百余年的治理，为明清大运河的繁荣奠定了基础。明代后期，每年漕运粮食约 400 万石，运河上漕船有 3000 余艘、各类商船有万余艘。[60]清代定都北京，基本沿用明代方法治理大运河，靠南方漕粮维护帝国。

大运河时代的商业繁荣

虽然修建大运河的出发点是强化统治，但也带来“意外收获”：客观上促进了沿途商品贸易的发展。水运容量大、成本低的特点，不仅便利朝廷，也有利于“投机倒把”，使本来无法实现的长距离贸易变得可行。宋之前商人奉行“千里不贩籴”，因为运粮千里之外，成本高得不合算；但是，在大运河网络四通八达后，“千里贩籴”变得有利可图，“富商大贾，自江淮贱市粳稻，转至京师，坐邀厚利”（《续资治通鉴长编·卷六三》）。起初，朝廷时有禁止私货上运河，但运河那么多，距离那么长，短途民船怎能管控！沿线的商贸促进了杭州、嘉兴、扬州、淮安、济宁等沿岸城市的发展。[61]宿州在唐代设州时才8000多户人家，10世纪后期增加到13万户，在全国州府中仅次于汴京，以至于苏东坡在《南乡子·宿州上元》中称宿州为“淮南第一州”。

日本汉学家宫崎市定论述道：中国从古代至中世纪，是内陆中心的时代；从宋代开始，变为“运河中心”的时代。也就是说，运河大大推动了沿岸商品贸易的发展，进而带来“运河时代”。在《宋史·地理志》收录的人口超10万的近50个宋代城市中，位于运河沿线的有15个，几乎占1/3，其中处于运河网络中心的汴京，人口达百万之巨。宋代孟元老在《东京梦华录·卷五》中如此描述当时的汴京：“人烟浩穰，添十数万众不加多，减之不觉少”；“自州桥南去，当街水饭、爊肉、干脯……肚肺、鳝鱼、包子、鸡皮、腰肾、鸡碎，每个不过十五文……香糖果子、间道糖荔枝、越梅、𨰾刀紫苏膏、金丝党梅、香枨元，皆用梅红匣儿盛贮；冬月，盘兔、旋炙猪皮肉、野鸭肉、滴酥水晶脍、煎夹子、猪脏之类，直至龙津桥须脑子肉止，谓之杂嚼，直至三更”。州桥夜市显然繁华热闹，一派繁荣景象。当时，这一带建有许多仓储库房（时称“塌房”），汴河上货船驶至码头后，在此靠岸卸货、入仓储，后将物资集散出去，由此就有了人来人往的场景，而这一切功劳非大运河莫属。

北宋张择端的《清明上河图》更是展现了运河带来的繁华，背景也是开封。画中的汴河，大小船只29艘，要么纤夫牵拉，要么船夫摇橹；有上有下，也有的停靠码头，正在卸货，好是忙碌。运河虹桥下，船夫们忙于让船只安全穿过，或用竹竿撑河岸，或用长竿钩桥梁，或放慢划船桨，都为不让船撞桥；桥上岸边，不乏好事者等着看意外，但更多是忙碌的商贩行人，有脚夫、车夫，还有轿夫、马夫，或肩扛货物，或鞭策马车，赶往集市；还有车轿里的富豪、马背上的官宦，各自奔波在河岸或路上。画卷中，街边满是香料店、医药铺、茶水馆、饭菜堂，顾客进进出出，画面甚至能让人听到商贩的叫卖声，或是讨价还价，可能还有人争吵。《清明上河图》将运河时代的商业革命生动地展现在我们眼前。

史念海在《隋唐时期运河和长江的水上交通及其沿岸的都会》一文中谈道，因运河而繁荣的都市还包括商丘、邯郸、徐州、淮安、扬州、镇江等。尤其是扬州，当地物产丰富，包括粮食、海产、盐、铁、铜器等，又为运河与长江汇合处，是古代水上交通枢纽，大半个中国的漕运和商旅经扬州前往长安及北方其他地方。到唐代，长江航运最上游可达今天的成都，沿途各地货物可船运至扬州，再由扬州经运河运至北方；而南到广州的货物，可经今北江船运而上，过韶关，至湖南郴州，经湘水再转长江，也可由江西赣州，经赣水转入长江，再运至扬州。因此，粤湘赣沿线区域都在扬州可达之范围；至于苏南、杭州、越州以及闽中福州、建州等，就更能经江南运河或长江支流轻松到达扬州了。水运覆盖如此广泛的扬州，繁荣昌盛，不成为古代经济中心也难。唐人说“扬一益二”，[62]即扬州的繁荣全国第一，益州（今成都）因长江贸易排第二。王赓武说，[63]唐之前，中国以都城经济最为繁荣，但从唐开始，扬州虽不是首都，其繁荣度甚至超越长安和陪都洛阳。到明清，还有临清、德州、聊城、济宁等城镇的商业也因运河而起。

四通八达的运河将相互分隔的各地连在一起，意外地形成覆盖大半个中国的一体化商业市场。在明代，长江航运和海运尚不发达，运河是全国最主要的商品流通干线，比如全国八大钞关中，除长江上的九江关外，其余七个都在运河上，万历年间，这七关的商税收入占朝廷总商税的 92.7%。[64]清初，运河七关仍然保留，并大体沿袭明代的税额。据许檀统计，康熙年间，运河关税占全国关税总额的比例过半；19 世纪上半叶虽有下降，但仍占 30% 左右。[65]至少到 19 世纪 20 年代前，运河沿途始终在区域经济中举足轻重。[66]这些数字说明运河承载的商品贸易量极为惊人，远超官方漕运量。据廖声丰统计，乾隆二十五年，仅计到达浒墅、扬州、淮安三个关口的船只，便有米船、麦船、豆船 54722 只，杂货船 66741 只；若计沿途船只总数，当不下 30 万之巨。[67]在运河时代，“舟行附载南省百货，若遇行走迅速，货物流畅，商贾居民咸资其利”，[68]“若停运一年，将南方之货物不至，北方之枣、豆难消，物情殊多不便”。[69]

跨地区商业网络不只是带来繁荣，在非常时期，如一地遭遇旱灾等风险冲击时，商贩可从无灾区低价进货，批量运至灾区，雪中送炭，救济灾民。这种贩运当然带来“投机倒把”利润，但其社会效果是救命，让灾民不至于靠暴力求生，此即商业市场的避险价值。

运河废弃导致商业网络败落

在中国历史上，跨地区商贸真的推动了文明化进程吗？我们可以通过运河的经历验证这一命题，即当既有的跨地区商贸发生中断时，习惯于依赖该网络应对风险的社会在之后会经历什么变化?

运河废弃带来的后果可以帮助回答这一问题。到18世纪后期，黄河连年决口泛滥，冲击与其相连的运河段，并带入大量泥沙，日积月累之下，运河河床渐渐抬高，甚至把河水倒灌回黄河。至道光初期，因年久失修，运道明显太浅，一些河段甚至接近“死河”。1824年冬更是雪上加霜，中国第四大淡水湖——洪泽湖大堤决口，湖水漫溢，使运河水量大降、水位过低，漕运与商货持续受阻停顿，威胁皇城生命线。次年，为解决漕运挑战，协办大学士、户部尚书英和呈奏《筹漕运变通全局疏》，指出解决漕运危机的唯一办法是“暂雇海运，以分滞运，酌折额漕，以资治河”，并建议雇民间商船运送漕粮，也准许船商携带私货，意思是漕粮运输应该国营民营都可以，同时通过允许私货，给船商更多激励。这一建议得到安徽巡抚陶澍的支持，陶澍在《筹议海运折子》中说，英和之议是“诚识时之要着，目前筹运之策，无逾于此”。[70]

在紧迫情况下，道光皇帝权衡众议，决定试点海运，并借机调换江南要员，由主张海运的陶澍和琦善分别接替江苏巡抚、两江总督。接着，陶澍、琦善等人推出《海运兑收章程》《大通查米章程》，并在上海设海运总局，在天津设收兑局，允许应募船商免税载运私货二成，调动商船积极性。海运试点从1826年初开始，限于江苏苏州、松江、常州、镇江与太仓四府一州的漕粮，共召集1562只商船，分两批从黄浦江经吴淞口驶向大海，将163万石漕粮海运至天津，再转运北京通州。[71]试点历时8个月，所有船只安然无恙，途中漕粮“颗粒无损”，运输效率高、速度快，比漕运节省银米各10万，皇帝也满意。[72]于是，陶澍在1826年再呈奏《海运章程》，建议扩大漕粮海运规模并常态化，但户部并未积极响应。次年，两江总督也奏请朝廷加大海运，但皇帝另有想法。在道光看来，当时认可海运只是“权宜之计”，运河多处不畅，只好试试海路；一旦河道淤塞清除，就应回到以漕运为主的路线，不打破王朝惯例。同时，海运也受到漕运既得利益集团的阻扰，尤其是饭碗受到威胁的漕运官员和兵丁极力抵制。

1826 年成功试点后，一直等到 1846 年，道光才正式将海运作为南粮北运的辅助性政策。1852 年，咸丰帝将漕粮海运的范围扩大到整个江苏和浙江；由于江浙漕粮占全帝国总量的比例过半，这就意味着运河的官方重要性全面下降。[73]次年，咸丰把湖南、湖北、江西、安徽的漕粮改折，也就是说，老百姓不用以粮作税，而是交银两或其他等值物即可，进一步减低漕运的重要性。加上 1855 年黄河改道北上，不再南下夺淮入海，使江苏境内运河水量不足，漕船运行艰难。那时期蒸汽轮船技术开始引入，提升了海运优势，让漕运缺乏继续存在的理由。至 1901 年，清廷正式废弃漕运总督职位，结束了大运河漕运历史。

虽然 1826 年后的 20 年里道光没进一步放宽海运，但客观上，那次成功试行增强了人们对海船的兴趣，使一些船商转向帆船海运，导致大运河地位持续下降。这可从两方面看到：首先，1826 年后，漕运量逐年下跌。据曹一鸣和陈硕的整理，[74]从乾隆初到 1826 年之前，每年漕运量在 300 万石左右，1823—1825 年每年近 330 万石，但自 1826 年起下滑，到 1840 年下降到约 270 万石，1850 年进一步降到 240 万石左右。其次，由于漕运对朝廷的贡献在下降，官方每年用于河道清淤的费用也越来越少，漕政渐渐收缩。据倪玉平从时任两江总督陶澍的奏报中所查，[75]江南“河工用银”在 1826 年（道光六年）为 869 万两，1832 年为 673 万两，1833 年为 314 万两，1834 年为 226 万两，1835 年为 294 万两，1836 年为 275 万两。虽然河工用银不只是维护运河，但显然以此为主。

正由于漕运从 1826 年开始衰落，曹一鸣和陈硕以 1826 年为“废弃运河”的起点，基于浙江、江苏、安徽、河南、山东、河北共 6 省 575 县的数据，研究了运河时代的逐渐终结给沿线社会带来的影响。最直接的后果应该是，昔日与运河连在一起的商贸网络因河道淤塞的增加而渐渐遭到瓦解，数百年因运河而发展的沿途城市与乡村被逐步冷落。据曹一鸣和陈硕统计，[76] 1820 年时，相比当时中国境内的其他地区，运河沿线的人口密度要高出 45%；但在 1826 年后，伴随运河城市衰落的是人口的流失。以临清关所在的临清州为例，18 世纪末，当地有 20 万左右常居人口；至 20 世纪初，人口下降到不足先前的 1/4。而有“中国运河之都”之称的苏北淮安市，遭遇更惨，由于其拥有全国第四大淡水湖——洪泽湖，位于古淮河旁，早在吴王夫差开辟第一条运河时就选择以此为起点，后来在各朝漕运中淮安向来是要冲，历史上与扬州、苏州、杭州并称运河沿线“四大都市”，明清驻有漕运总督府、江南河道总督府等；在运河时代结束后，其他三都市因长江和海运继续保留发达地位，而淮安却兴于运河、终于运河，在 19 世纪中期后逐渐衰落。与淮安经历形成鲜明对比的是上海、天津等，这些城市因海运兴起而昌盛。[77]

运河商业网络的衰落也带来许多其他问题，包括社会变得不稳定，动乱或民变数量大幅增加。图 8.3 给出曹一鸣和陈硕的样本中 575 县每年加总的动乱次数。从 1650 年到 1825 年，平均每年发生 1.37 次暴动、起义或民变；1826 年至 1911 年，这一指标翻了近 6 倍，达 10.47 次。1861 年时，6 个省的动荡创造了清代峰值，共发生 65 次动乱，这也正值中国历史上伤亡规模最大的动乱之一——太平天国运动。[78]应该说，太平天国以及捻军的兴起跟运河废弃有着相互推动的关系，稍后我们再回到这一点。

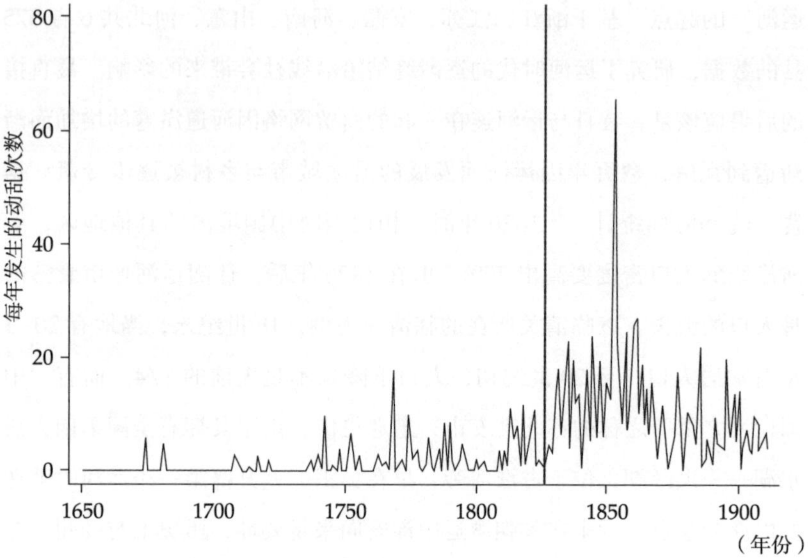

图 8.3 清时期运河沿岸地区历年的动乱次数 [79]

注：1826 年大运河正式废弃（图中的竖线）。

前面是 6 省的总体趋势。图 8.4 给出样本中各县在 1826 年之前和之后的动乱次数，颜色越深说明动乱次数越多（最深颜色的县至少有 6 次，最浅的为 0 次）。首先可以看到，1826 年后大多数县的颜色变深，说明动乱增加是普遍现象。其次，除河南东南部县域以外，主要是运河沿线地区的颜色加深，这大致告诉我们：从 1826 年开始，运河沿线的动乱增幅比远离运河的地区更大。当然，不排除个别县因为当地的特殊因素而表现例外，但这并不否定一般性规律。运河废弃后，沿线的商业和社会生态受到冲击，在找到新的均衡之前，动乱难以避免，或者说，频繁动乱是寻求新的经济与社会平衡点过程中的必然。

在进一步的细化研究中，曹一鸣与陈硕对比了运河沿岸县域跟其他县所经历的变化：在 1826 年前，运河沿岸县平均每年每县有 0.0048 次

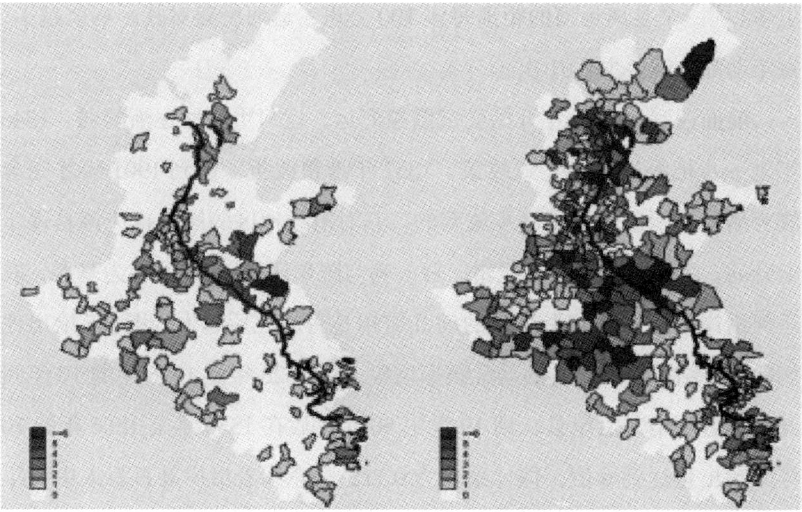

运河废弃之前　　运河废弃之后

图 8.4　废弃运河之前后各地的动乱次数对比 [80]

注：图中黑色线为大运河；周边各县中，颜色越深，说明其动乱次数越多；左图为 1826 年废弃运河之前年份的动乱次数，右图为废弃之后的动乱次数。

动乱，不在运河沿岸的县平均每年有 0.002 次，而在 1826 年后，这两个频率分别上升到 0.0288、0.0166。也就是说，沿岸县平均每年多发 0.024 次动乱，而非沿岸县只多发 0.0146 次。[81]当然，或许因历史、地理、气候等原因，沿岸县和非沿岸县在 1826 年之前就有差别，所以为了排除这些因素对两组县在 1826 年后带来的影响，他们进一步扣除这些“固定效应”。在控制了各县的气温、旱涝、地形、距黄河距离等诸多因素后，曹一鸣与陈硕发现：大运河的逐步弃用对沿岸县的影响远大于对非沿岸县的影响，前者的动乱频率升幅显著更高。[82]此外，在改用“每个县跟运河的距离”或“每个县内的运河长度”（而不是沿岸县和非沿岸县的二元分类）来度量每个县跟大运河的关系之后，结论不变：县内运河长度越多以及离运河距离越近的县，运河废弃后受冲击就越大，动乱频率上升更多！[83]一个县离运河的距离每多100公里，运河废弃对其影响就越小，每年动乱数就会少0.01次。

前面谈到，1826年开始尝试漕粮海运，运河重要性逐渐削弱，1846年进一步把海运作为正式政策，1852年漕粮改折，但到1901年才完全放弃漕运，因此运河是逐步放弃的，其对沿线地区的影响也应该是逐步上升的。为实证检验这一逻辑，曹一鸣与陈硕还是以1826年为基点，看运河沿岸县相对于非沿岸县的动乱增幅是否越往后越大。图8.5给出他们的估算结果：沿岸县的动乱频率增幅，从1826年至1836年的10年间开始显著超出非沿岸县，到19世纪50年代后在1856年至1866年的10年间超出量达到峰值，估计系数为0.11，这意味着沿岸县百万人中每年的动乱数比非沿岸县多增加0.12（$e^{0.11}-1$）次！运河废弃对离其近的地区影响最大。

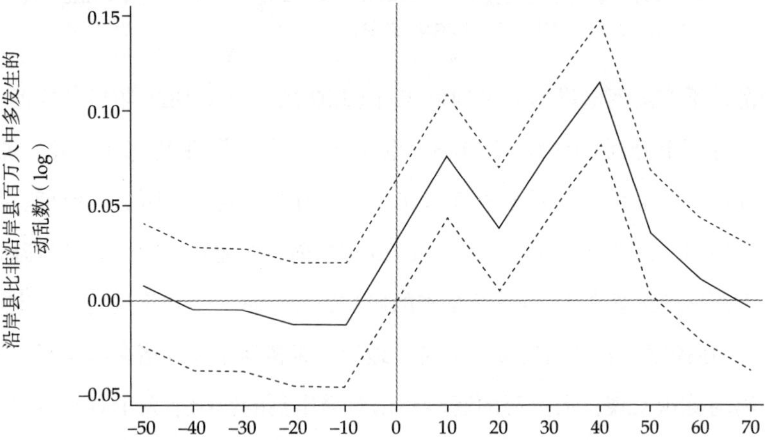

图8.5 运河沿岸县每年动乱次数超出非沿岸县情况[84]

注：被解释变量为各县每百万人中起义数量的对数值。0点为运河废弃的起点1826年。实线反映的系数以10年为单位估算而得。比如，与横坐标“40”对应的系数为0.11，指的是1826年后的40年，即1856—1866年的10年间沿岸县每年比非沿岸县百万人中多发生的叛乱次数。虚线代表的是95%可信度的系数值。

运河废弃减少沿线民众的避险手段

那么，为什么沿岸县受运河废弃的冲击最大呢？过去，“漕河全盛时，粮船之水手，河岸之纤夫，集镇之穷黎，借此为衣食者不低数百万”。[85]“各丁于开运时多带南物，至通售卖；复易北货沿途销售，即水手人等携带梨、枣、蔬菜之类，亦为归帮时糊口之用”，[86]运河对沿途生计之重要性可见一斑。可是，一旦运河被废，正如临清、淮安、徐州等运河城镇的衰落所示，与其相连的商贸网络必然败退：沿线民众的商贸收入与就业机会减少，苦难增加，不满上升。时人对此总结道：“自咸丰初年河徙漕停，粤氛猖獗，无业游民听其遣散，结党成群，谋生无术，势不得流而为贼。”[87]“无业”与“为贼”间，当有直接的因果联系。这印证了暴力水平跟市场发达与否之间千丝万缕的联系：“谋生无术，势不得流而为贼”；反之，商贸市场发达的地方或时期，创业与就业机会就越多，百姓更会安居乐业，社会秩序越发井然。这印证了犯罪经济学的预测：一旦无业者增多或者收入机会减少，犯罪的机会成本就下降，相对收益增加，选择犯罪的激励上升，此时社会动乱会增多。[88]

运河废弃也削弱了当地人应对风险的能力，其道理跟布格斯与唐纳森基于印度铁路、阿马蒂亚·森与德勒兹基于非洲跨地区市场的研究结论类似。[89]在漕运废弃后，河工逐减，河道淤积增加，一些旧有的水利灌溉设施被迫废弃，冲击沿线粮食生产，[90]这部分解释了为何在1826年后长江以北尤其山东粮食歉收频率增加。[91]在运河废弃导致收入机会减少、无业人数增加的同时，饥荒频率又上升，两相重叠，“揭竿而起”的风险自然增加。以当时活跃于山东地区的幅匪为例，时人有言：“运道便阻，南漕改折，或由海运，游民益无可仰食；又逢北黄河连岁溃决，饥民亦累万，转相勾结，则幅度又涨。”[92]此外，原来在运河商贸网络还存在时，即使一地发生歉收，也可以通过异地贩运粮食，救济灾民，免得饥民靠抢劫或动乱求生存；[93]但在运河废弃后，这条市场救急通道被堵死，进一步削弱了百姓对抗风险的能力，提升了动乱频率。曹一鸣与陈硕的分析证明，在运河废弃后，尤其在旱灾等风险发生时，沿岸县的动乱频率比非沿岸县上升更多。

通过对比济南府齐河县与泰安府东平州的经历，我们可以更具体地看出区别。两县都在山东，但齐河县不在运河边，虽然1650—1826年有过41次粮食歉收，但只在1818年发生过一次民变，动乱与歉收次数之比为1 ∶ 41；而在1826—1910年的85年中，有72年出现粮食歉收，几乎年年遭遇灾害，可只分别在1836年和1862年的灾害下有过动乱（共2次），[94]在其他的70个灾害年里，齐河能相对平安地度过。也就是说，因齐河县离运河比较远，运河废弃对齐河人应对风险的能力几乎没有影响。而东平州的情况却不同，它正处大运河上，区内拥有戴村坝——京杭大运河的心脏工程，俗称“中国第一坝”，历来受益于大运河。1650—1826年东平州有30年遭遇粮食歉收，只在1818年经历了民变；而在1826—1910年，有63年发生歉收，但经历了7次动乱。也就是说，东平州动乱与歉收次数比由运河废弃前的1∶30上升到7∶63，增加3倍多。值得注意的是，不管是齐河县还是东平州，发生动乱的年份多为灾害年，并非每次歉收都会带来民变，关键要看当地人是否有足够多的应对风险手段：异地运输通道是否受阻，宗族网络是否可靠，收入机会是否充裕，财富积累是否充足，等等。对于不在运河边的齐河县，1826年前后在风险应对能力上无明显差别，可是对于东平州，运河废弃带来多方面的冲击，减弱了当地人应对风险的能力。

从备灾避险以及犯罪经济学角度看，如果不是先前开始废弃运河，或许太平天国和捻军起义不会那么声势浩大，挑战清帝国的统治。1851年，太平天国和捻军分别在广西、河南发动起义，起因跟运河无关。但由于运河废弃让苏、鲁、豫地区产生众多饥民，有许多人加入太平军或捻军，让起义队伍得以壮大。以捻军为例，1851 年，张乐行不负流亡饥民之众望，牵头组捻，后称“捻军”（在淮北方言里，“捻”是“一股一伙”的意思，“入捻”如同入股）。开始时，捻军只是类似会员制的抢劫或勒索帮伙，不成气候；可是，1852 年皖北大旱，大批饥民入捻，势力顿时壮大。次年，太平天国北伐军路经安徽、河南时，与捻军联盟，更多饥民揭竿而起，加入起义队伍。1855 年黄河决口，更是让大量苏北、鲁南、皖北民众成为饥民，入捻人数一下超过 10 万，以至于捻军不得不建立青、红、黑、白、黄“五行旗军制”，以便于指挥调动。1856 年，捻军首领张乐行接受太平天国天王洪秀全册封，让捻军与太平军融为一体，一方主战黄河与运河流域，一方主攻长江流域，并驾齐驱，共同对付清廷。之后几年，捻军攻占苏北、鲁南等多个地区，尤其是 1860 年夺下苏北清江浦（淮安），抢占户部皇仓和工部四大船厂，同年攻打山东济宁、河南开封，威胁清帝国的统治。1864 年太平天国被镇压后，捻军将太平军余部与其合并，重组成 10 余万人的骑兵部队，继续跟清军作战到 1868 年，其间多次攻破数万湘军、淮军的围剿，以致曾国藩被朝廷撤免钦差大臣。捻军之所以在极盛之时有 20 万之众，跟各地有大量饥民高度相关，可以说无饥民就难有捻军。张乐行的家乡——涡阳张老家村当时的捻军歌谣就唱得很清楚：“亳州城子四方方，捻子起手涡河旁；杀财主，打官府，大户小户都有粮。想老乐，盼老乐，老乐来了有吃喝；他打仗，咱跟着，一齐同把清妖捉。”因此，虽然捻军的出现跟运河废弃无关，但正如前面所说，运河废弃使沿线地区失去收入与就业机会，包括过去有助于当地人救急的商贸网络也随之衰落，让更多自然灾害转变成制造大量饥民的饥荒。饥民越多捻军就越容易壮大，捻军越壮大运河就越受阻，接下来又产生更多饥民，如此恶性循环下去。捻军充斥着运河废弃所致的饥民，这就不足为奇了："因潜运不行，身皆失业，故此作敌，一号为捻匪。"[95]虽然太平天国和捻军加快了"漕运转海运"的速度，但如果不是早在1826年就开始的运河废弃过程，太平军和捻军势力是否能如此浩大，还真的难说，历史难以假设。[96]

从19世纪后半期洋务运动开始，现代技术陆续进入中国，漕运转海运、铁路、公路甚至空运是必然，转型不可避免。但是通过运河废弃带来的后果，我们也看到了市场在化解风险、减少冲突中所扮演的角色。与齐内曼人、印度人、非洲人得到更多跨区商贸的支持不同，运河民众被从互惠商贸中切割出来，失去既有的避险手段，于是自然灾害比从前更易演变成饥荒。19世纪中后期，淮安以北的运河沿线饥民频增，起义造反、暴力抢夺成为更多民众的唯一选择，太平天国、捻军、小刀会等就有了广泛基础。脱离市场，即是疏离文明化进程。[97]这些结果跟基于印度、非洲的数据一起，验证了西汉桑弘羊在《盐铁论》"义利之辩论"中关于商业的精辟论述（当然，他关于国营垄断盐铁与工商的论点，另当别论）：

> 管子云："国有沃野之饶而民不足于食者，器械不备也。有山海之货而民不足于财者，商工不备也。"陇、蜀之丹漆旄羽，荆、扬之皮革骨象，江南之楠梓竹箭，燕、齐之鱼盐旃裘，兖、豫之漆丝絺纻，养生送终之具也，待商而通，待工而成。故圣人作为舟楫之用，以通川谷，服牛驾马，以达陵陆；致远穷深，所以交庶物而便百姓。[98]

民众所需"养生送终之具"，要"待商而通，待工而成"，靠商"服牛驾马，以达陵陆"。否则，即使土地肥沃、平常物丰货足，一碰突发风险，照样民不聊生。

交易与美德

本章一开始就谈道，“市场退则暴力起，暴力起则文明衰；市场进则暴力息，暴力息则文明兴”。通过分析市场兴衰与暴力落涨间的关联，我们已经验证了这一因果链条。然而，市场在文明化进程中发挥的作用，可能更加微妙：在减少社会和国家层面冲突的同时，互惠互利的交易本身也在改变着人，内化行为伦理。典例之一是塞缪尔·里卡德（Samuel Ricard）的论述：

通过互惠，商业将不同的人连接在一起；是商业，用利益替代了道德和体魄方面的激情……是商业，让人学会深思熟虑，学会遵循礼仪，学会审慎行事且在言语和行事中把握尺度。知晓成功的必备条件是智慧与诚实后，人会因此远离罪恶。即使做不到这一点，他也会尽力展现出体面与认真，以免别人对现在或将来的他做出负面的判断。[99]

商业交易不仅仅是冷冰冰的计算和算计。反复的接触与交流，会显著改变两个或更多群体间熟悉彼此的程度与开展互动的方式。在前面的章节中，我们从多个角度分析了类似家族或宗教的组织如何在个体间建立信任，市场的机理亦与之相似：如果双方经常交易，彼此都会更加熟悉对方，阻碍合作的信息不对称问题会因此减轻；此外，如果交易带来的福利改进对大家都重要，每人会如里卡德所推崇的方式行事并将其内化到个体的价值系统，尽力展现出“体面与认真、智慧与诚实”。这样，互惠互利的交易才能一直维持下去。尽管家庭和宗教也可以实现类似的目的，但市场却能在更广阔范围内树立信任——能够享受这一制度“红利”的，不再限于具备明确的血缘、谱系或教派标记的少数成员内。此外，市场还可让人容忍多样性，在分配利益时更加注重其他人的感受。甚至在更宏观层面上，正是在市场交易中，人们逐渐形成了公平、诚信、自由、法治等精神，为民商法及法治发展奠定了基础。在这个意义上，无论是社会还是个体层面，市场发展都推动了文明化进程。

这些理论是否切合实际？为了验证这一点，约瑟夫·亨里齐（Joseph Henrich）等学者在15个不同形态的社会做了一系列实验，[100]这些社会中既有仍然保持隔绝、较少参与市场交易的齐内曼人（就是第一节讲到的齐内曼人）和哈萨达人，[101]也有高度市场化的美国密苏里州居民。对于前一类参与者，他们每日摄入的所有热量中，不到10%来自市场购买；而对于后一类参与者，其食物几乎百分之百来自市场。从孑遗的狩猎-采集社会到最发达的资本主义国家，这组实验跨越的社会类别非常广阔。在15个社会中，学者们做了两种实验：一是独裁者博弈，这一实验在第六章已有介绍，主要衡量当地居民的利他程度；二是公共品博弈，每个参与者要么选择“搭便车”，即自己不出力，享受他人的合作成果，要么选择积极合作，即奉献自己手上的资源，其他人也因此得利。如果只有一个人选择搭便车，他的收益会因此增加；然而，如果大部分人都如此行事，所有人只得到很低收益。

实验结果显示：市场整合程度更深的社会，居民的表现更接近我们对“文明”的定义。也就是说，当地居民从市场购买的食物热量占比越高，他们将资源与他人共享的比例就越高——尽管他们本可以“一毛不拔”，将钱全部留给自己。市场整合程度更低、几乎不依赖外界生存的齐内曼人和哈萨达人，分出去的资源平均只占总额的1/4，在15个社会中处于最低水平；市场化程度居中的社会，如斐济，参与者平均将1/3的资源分给他人；最依赖市场的美国密苏里，当地参与者并没有“见钱眼开”，恰恰相反，他们选择和他人分享接近一半的资源！[102]这一发现跟世界慈善基金会的“世界捐赠指数”（World Giving Index）的评估结果一致，该指数根据各国捐赠数据对其进行打分，其2019年发布的报告称，“美国连续十年排名第一，是世界上最慷慨解囊的国家”，[103]而美国又是世界上最市场化的社会。在另一组实验中，研究者重点看每个人是否选择跟他人合作（而不是独裁者博弈中的是否与他人分享资源），结果发现：商业市场越发达，参与者选择“合作”——而非“搭便车”——的人数相较于平均值越高。齐内曼和哈萨达这两个部落的人，平均只有35%的参与者选择合作；而市场相当发达的洛杉矶人，这一比例则是48%。[104]

实验只能覆盖数量有限的个体。为解决这一局限，尼克拉斯·伯格伦（Niclas Berggren）等学者借助定量方法，进一步探查了世界范围内商业市场化程度与信任、节制等特质之间的关联。[105]他们以常用的“世界经济自由度”指数来度量“商业自由程度”：若一国对信贷和劳动力市场的管制相对宽松，外汇交易也相对自由，且私有财产保护及相关法律得到有效贯彻，那么该国在商业自由程度上的得分会相对更高。信任指标依据一国居民对世界价值观调查中直接针对信任的问题——“你是否赞成以下看法：大部分人都值得信任？”——给出肯定回答的人数占比，反映当地整体信任水平；节制指标则依据对世界价值观调查中的三个问题——“你是否能容忍不同性取向的人？”“你是否能容忍其他种族的人？”“教育下一代学会容忍，是否非常重要？”——给出肯定答案的人数占比，同样反映了当地社会的容忍水平。

统计分析显示：一国的商业市场自由度对其社会的总体信任度、容忍水平有显著影响。以信任为例：一国商业自由度每提升一个单位（即图8.6中的横轴数值每增加1），该国居民认为“大部分人都值得信任”的占比会提高5个百分点。由图8.6可以看出，像乌干达等市场发育尚不充分的国家，社会信任也处于较低水平，而丹麦、挪威、瑞士等市场相当发达的国家，人们相互信任的程度也较高。对容忍的分析亦有类似结论：商业自由的社会，居民对“他者”的宽容程度也相应更高；一国商业自由指数每提升1个单位，该国居民中宽容同性恋的占比相应增加7个百分点。无论是信任还是宽容程度，都是导致暴力下降的重要驱动因素：从中世纪到近代欧洲，仇杀多因不宽容而生！[106]商业市场通过提高这两种特质在社会中的“存量”，亦催化文明社会的降临。[107]

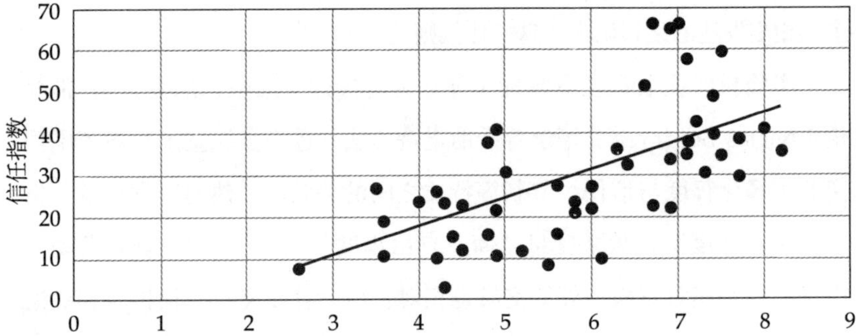

图 8.6 商业自由与信任指数[108]

注：横轴指的是各国商业（经济）活动自由程度（0~10，10 为最自由），纵轴为各国信任指数（100 为最高）。

因此，尽管传统学者认为商业腐蚀道德，“对自利的强调，使得提供公共品与合作更为艰难”，[109]而实验结果却恰恰相反：相比于甚少依赖商业市场的社会，身处发达市场的居民不仅更为利他，而且在面临更多回报诱惑时，更可能选择合作。这两种倾向都促成人类暴力的长期下降。一方面，如果个体更加关注他人的福利，更不会施暴于别人，也厌恶别人这么做。在利他程度很高的社会，如福柯所描述的“表演式行刑”中的残酷暴力，[110]很难为大众所接受。另一方面，合作频率的上升会减少暴力所带来的收益，因为启动暴力需要承担合作破裂的代价。当社会普遍合作时，这一代价相当高昂，就如格雷夫研究的“多边惩罚机制”一样（第九章就此做更详细讨论）。[111]这些认知表明，从印度铁路到中国大运河商贸网、海上丝路、印度洋和大西洋贸易网络，再到当今的全球化体系，两千多年的商业发展都对人类暴力的下降做出了贡献。

结语

在这一章，通过分析不同历史时段、不同地域的各种案例，我们系统阐释了商业市场在增强风险应对能力、削减暴力、促进文明化方面的积极作用。齐内曼人在接触到市场交易后，在更大范围内互通有无、平抑风险，逐渐摆脱了完全受制于自然的被动生活。印度人因为铁路网线的拓展，从不断跨区整合的货物贸易中，过上越来越风雨无妨的稳定生活。而隋唐以来的大运河府县，因为运河带动的商业革命，既能分享到更好的收入机会，又能在遭受灾害冲击时通过跨地区运输物资，更好地规避饥荒。历史上，决策者也不乏反市场的举措，结果是刺激了暴力上涨。在清代的运河沿线漕工和居民被迫从市场互联中脱离后，生活变得更加动荡，尤其是灾害时期得不到相应的跨区贸易支持，结果就是一些人被迫舞刀弄枪，走向社会暴动。

回头看，不管是明代末期李自成起义的前后，还是19世纪的清代、20世纪的民国时期，之所以旱灾、水灾和其他造成粮食歉收的风险事件容易引发动乱，甚至朝代更迭，原因之一还是跨地区商贸市场没有形成，或者是政府干预、设置路障使异地贩运无法进行，使商业的救急作用无法发挥。19世纪英国外交官在记载他们在晚清中国的经历时谈道，当时从天津到北京的240里路程，即使在好季节按最好的路线走，即先坐船到通州，后乘马车完成剩下的20公里，也要花4天时间；如果愿意辛苦地连夜赶路，或许 3 天能抵达。[112]而每年 11 月后的四个月里，河水冻结不通，只能全程走泥路，那就需要更多天。当然，这还是当时首都北京跟重镇天津间的情况。在更广阔的中国大地，即使短短 100 公里、200 公里路程，路上的时间也可能会漫长得难以逾越，尤其外地道路和沟渠时常失修，经常中断。在那样的交通条件下，如果还要载重粮食和其他生存物资，运输会是无法承受之重。由此看到，在现代铁路和公路交通出现之前，一旦一些地区发生灾荒，即使其他地方粮食充裕，粮商也未必能在几天甚至十几天送到救急，更何况还可能有官府设置路障、禁止粮运的政策。在这个意义上，历史上暴力抢劫和动乱频繁也就不足为奇，所以关键还是要保证货物畅通、商业无阻。换个角度看，现代交通的发展从根本上提升了商业市场的范围和流通速度，市场的救急治灾能力达到空前程度，这也解释了为什么人类暴力在近代下降得尤其快。

在个体层面，商业交易让人变得更加文明、平和：商业社会中的个体更加慷慨，信任度更高，也更宽容与己不同之人。商业历来发达的江浙，与市场欠发达的内陆省份在规则秩序与民风素养方面的差距，也足以佐证这些结论。在人类文明化进程中，商业市场扮演了无可替代的角色。

直到此处，我们主要从“暴力下降”维度来定位文明这一概念。然而，无论是作为学术概念还是日常用语，“文明”包含许多其他含义。比如，艺术的创作与发展，常常也被视为人类文明进步的重要标志之一，说明人们在脱离蒙昧粗野，开始追求美。尽管常有诸如“金钱玷污艺术”一类的言论出现，泰勒·科文（Tyler Cowen）发现：[113]无论是艺术发展还是艺术中心的形成，都与商贸繁荣进步密切相连。换言之，即使从更广义角度理解文明，“商业市场带来文明”这一论点依然成立。更何况，即使从“艺术发展等同文明进步”这一维度判断，商业的效果最终也会从促成“暴力下降”得以体现。

第九章

海上丝路与全球化的兴起

死于异乡者，即为壮烈之死。

—

公元1303年泉州阿拉伯裔墓碑，伊斯兰教《圣训》[1]

这天国的福音要传遍天下，对万民做见证。

—

《新约·马太福音》24:14

达利瞰出生于纽约，是一位对冲基金富豪。一年前，他跟笔者说，现在关于中国的书籍虽然很多，但没有一本从长历史角度解释中国经济为何在短短四十年改革开放中取得辉煌成就，所以他在写宋代以来的中国经济史以期回答这个问题、填补研究空白。他接着问："为什么 16 世纪西方出现荷兰东印度公司、英国东印度公司，去探险海外贸易，而中国却固守本土？"——极好的问题！我回答说："因为中国人不信一神教，没有唯一神激发他们远离故乡，去四海为家，探寻、征服未知世界；也因为中华文明源自农耕、根于土地，对海洋无兴趣；甚至即使参与了海洋贸易，也缺乏唯一神帮他们建立跨期信用体系，最优分摊航海风险。"对于这个回答，许多人可能难以理解，达利瞰也不例外。在这一章，我们就借助海上丝路的演变史来具体解释这个回答背后的逻辑，从中折射出儒家文明、伊斯兰文明和基督教文明的各自特色，也借此了解今天人们习以为常、帮助世界各地互通有无并分摊风险的全球化体系是如何来的。

中西方的差别跟文明，尤其跟一神教有什么关系？简单讲，本章的讨论会告诉我们：如果要进行海外探索或发展远洋贸易，首先需要“自己人”愿意远离家乡，移居异国他乡，四处拓展信任网络。就这一点，穆斯林没有障碍，伊斯兰教《圣训》就鼓励信徒到远方定居传教，“死于异乡者，即为壮烈之死”（元朝泉州阿拉伯裔墓碑），“学问，虽远在中国，亦当求之”，[2]在这种激励下，阿拉伯人于唐朝初期就冒险来到广州、泉州，既传教又经商；基督教也号召信徒四海为家，传播上帝福音，“这天国的福音，要传遍天下，对万民作见证”（《新约·马太福音》24：14），“你们要去，使万民作我的门徒，奉父子圣灵的名，给他们施洗。凡我所吩咐你们的，都教训他们遵守，我就常与你们同在”（《新约·马太福音》28：19–20）。相比之下，儒家不鼓励个人远行，礼制非宗教，即便说我们祭拜祖先为神，这些神也只是我们陈家、王家、李家专有的神，与他家无关，同时儒家鼓励的是“千年归故土”，“父母在，不远游”。更何况，伊斯兰教的唯一神在清真寺祭拜，基督教的唯一神在教堂祭拜，不管天下何方，穆斯林只要到清真寺就找到精神归宿，基督徒到教堂也找到精神家园，天下教堂一样；而儒家人的“祖先神”和宗祠只在故乡，异国他乡无法复制，更无法圆华人的“精神梦”。中华文明跟一神教文明的这些关键区别，决定了早期华人对海外探险、侨居异国他乡无兴趣，以至于郑和下西洋这样的航海探索必然是昙花一现，华人在20世纪之前不会主动参与组建世界秩序。

如前章谈到的，今天的全球化贸易体系已经四通八达，让人类不再担心物资短缺，即使一地发生灾害，也不用恐慌，因为全球供应链体系几乎能使各国跨期合作、实现风险互助。可是，对于这个世界体系是怎么来的，不同文明在其间发挥了哪些作用等这样的问题，以前少有从宗教尤其一神教的角度进行解读，所以本章希望通过聚焦海上丝绸之路的发展历程来补这一课。在笔者看来，没有比海上丝路更好的对比不同文明的场景：长程海上贸易所需资金量大、风险高、规模效应突出，因此对资源汇集能力、风险分摊能力、跨期信用网络的依赖度极高，哪个文明能最有效地组织调配资源、化解风险和解决人际信任挑战，哪个文明就能在海上丝路中胜出。如果说海上丝路起步于春秋战国，那么一直到唐朝初期为止，海道主要还是由南越人、闽越人、瓯越人、于越人以及东南亚商人主导。可是，等到阿拉伯穆斯林商人于公元 7 世纪后期来到南海，他们很快取代华商，成为海上丝路的主角，这个局面一直维持到 16 世纪初天主教葡萄牙人到来之时。而从 16 世纪初开始，葡萄牙人基于国家出资模式和枪炮优势，战胜穆斯林商人，成为印度洋、南海、东海的主导者；到 17 世纪中期，代表新教文明的荷兰人以私营股份有限公司的股份发行融资与风险分摊模式，战胜葡萄牙的国营模式，夺取了海上丝路的主导权；稍后英国人也以同样方式来到海上丝路，并与荷兰人一道主宰了印度洋、太平洋和大西洋。在古代海上丝路近两千年的发展过程中，不同文明分别在不同时期加入，相互竞争较量，各期以不同文明胜出。因此，分析海上丝路的主导权几次易手背后的原因，不仅可以回答达利瞰的问题，也可以帮助我们加深对当今世界体系的认知。

海上丝路之初

我们还是从中国海上贸易的源头——或者说早期阻力——说起。第二章谈到，华夏人在 9000 年前放弃原始生活、进入定居农耕时，生活在黄河中下游，即“中原”，今河南一带。在古代中国，“外贸”关系都是相对中原帝国而言的，且以陆路运输（包括河运）为主，跟古希腊、古罗马不同：地理决定了古希腊的“外贸”必然基于“海路”。从这个意义上讲，中国古代“海上丝路”实为外部驱动，非农耕中原人的主动行为。这种“外部驱动”也在于华夏文化不认同商业的道德价值、排斥商业，如前引《论语·里仁》中孔子所说的“君子喻于义，小人喻于利”，司马迁在《史记·孟子荀卿列传》中所写的“利诚乱之始也！夫子罕言利者，常防其原也。故曰‘放于利而行，多怨’”。在抑商的价值取向下，朝廷不会主动挖掘海路的商业潜力；即使有商业，也是不情愿的。

但是，由于人类的自然需要，现实中的商业不可能根除。到春秋战国时期，中原与胡族的陆路商贸达到一定规模。“匈奴处沙漠之中，生不食之地，天所贱而弃之”，[3]独立生存艰难；尤其在旱灾年份，胡族更是别无生路，要么攻打他族，[4]要么依靠跟盟国的跨空间交换。由此，外贸为胡族所需，反观之则是汉族牵制胡族之手段，是外部驱动的贸易。例如，公元前569年，晋国以商贸实现与戎狄的和平，确保疆域完整；到战国时期，特别是后来的汉武帝时期，外贸不只是中原王朝实现边疆和平之工具，更是往外扩张的策略。战国时期的陆路贸易跟胡族很近，甚至拓展到东胡（今朝鲜）；[5]近年东北地区发掘的战国墓葬遗物中，[6]有来自中原的青铜器。那时期，中原帝国跟西南蛮夷的经贸往来也应该不少，在反映战国时期四川的考古证据里，不但发现了中原风格的产品、铭文和铁器，而且发现了秦国的铜钱，这是土著蛮夷人与外部的汉族之间有贸易交换的可靠标志；[7]另外，云南和湖南的西汉墓葬以及内蒙古汉时期鲜卑人的墓葬遗物里，都找到像铜印、铜镜、铜灯、漆器这样的纯中原物品。[8]到公元3世纪末之前，卓氏、程郑等中原商人垄断了与西南蛮夷的贸易，而今甘肃境内的商人乌氏则通过跟北方戎王的丝绸贸易建立其富商地位；汉代史学家班固的祖先也是靠北方边境外贸发财；等等。这些足以证明中原国家早期陆上外贸的存在和发展，使其尝到商贸之甜头。

自汉代，始于长安、沿塔里木盆地和帕米尔高原，经今伊朗、伊拉克和叙利亚到达地中海的“陆上丝绸之路”简称（“陆上丝路”）逐步出现。但值得指出的是，首先，虽然陆上丝路发挥了连通欧亚商业与文化的重要作用，但即使到唐宋，也并没有想象中的从长安直达土耳其或罗马的“大马路”，也没有中原与西亚间的直接商业往来，而是像接力赛一样在中间存在漫长的交易链，靠一环扣一环的中间媒介；其次，由于古代陆地运输容量小、丝路交易链条长，以至于除了像丝绸这样体积小、质量轻且价值高的奢侈品外，能上路的商品种类很少，贴近大众生活的日常用品难以加入陆上丝路，即所谓的“千里不贩籴”。再次，正如韩森（Valerie Hansen）所言，[9]陆上丝路贸易的总量小，断断续续，且以小规模本地贸易为主，长途贸易占比低，对沿线民众生活影响有限。粗略想象一下，商贩手牵载货骆驼，夏天走过40余摄氏度高温的吐鲁番火焰山，冬天穿过气温-40摄氏度的帕米尔高原，除奢侈品外，有多少物品值得如此辛劳！古代陆地外贸，在规模上无论如何无法跟如今的火车、汽车或飞机相提并论。

所以，如果要发展更具规模的外贸，就必须靠海路。可是，对于“以农为本”的中原国家，一是对海没感觉甚至谈海色变，二是“贵五谷而贱金玉”，[10]轻视商业，即使为了边疆安全、出于对外关系需要而做些陆路贸易，也是规模有限。[11]这些文化观念与价值取向基本预示了之后华商在海上丝路的竞争中难以保持主动权的结局。

那么，海洋元素最终是如何进入中华文明的呢？这个过程当然漫长。据王赓武的研究，[12]在周朝中期以前，中原人对海或海洋产品缺乏商业兴趣；改变这一历史的是公元前6世纪的齐国，当时管子不仅主张与东南吴越做河运贸易，包括交易青铜器、铁器和丝绸，而且激励民间开发海鲜和海盐产业，此举结果之一是齐国都城临淄在之后两个世纪里一直是重要的贸易中心。公元前5世纪，齐国跟吴国、越国出现海上贸易，开启了北方王国参与海贸的历史。公元前4世纪后，由于相信东海有长生不老仙人地，燕王、齐王相继派遣船队寻找，之后秦始皇也痴迷追寻东海不死之药，[13]刺激了一定的航海探索，但没带出更大规模的海上贸易，没推演出尚海文化。

不过，即使当初齐与吴越的海上贸易，也主要由东南越族人推动，算是早就熟悉海洋的越族文化的延伸。到春秋战国时期，南方沿海都属华夏帝国外的“南蛮”之地，包括吴国和越国（于越，今江苏南部和浙江北部）以及其他越族部落或王国——瓯越（浙江南部）、闽越（今福州一带）、南越（今广东、广西东南）和雒越（今越南、广西南部），史称“百越”。因地理位置，越族人亦农亦渔亦商，海也是越族文化的根基，这与基于农耕的华夏文明形成对比。在陆路开发有限的古代，海路给越族带去天然优势：早早打通南到越南、北到江苏与山东的跨区贸易网。经海道，他们给北方人运去象牙、珍珠、龟甲、翡翠等奢侈品，而回程时，带回越人喜欢的丝绸和其他手工品。公元前334年楚国大败越国，并将于越人并入其版图，从此战国“七雄”之一才有以海文化为特色的民族融入，启动海洋元素进入华夏文化的历程。

王赓武谈到，一直到春秋战国，南海王国作为蛮夷，都不在中原人的视线之内。古代中国史书基本由北方史官所著，所以鲜有笔墨于南蛮事务，对他们的海上贸易更是漠视；即使提及南蛮属地，也只是因为某个行为影响到中原王朝的治理或利益。因此，虽然百越与中原间老早就有海上贸易，但除考古证据外，也难有史料记录，更别说贸易规模数据了。这种局面到公元前221年才改变，那年秦国击败六雄、创立秦朝，随即秦始皇派50万大军兵分五路，征伐瓯越、闽越、南越和雒越；到公元前214年，百越王国被攻下并纳入秦版图。于是，司马迁在《史记·货殖列传》中谈道，“番禺，亦其一都会也，珠玑、犀、瑇瑁、果、布之凑”；班固在《汉书·地理志》中也顾及南海，“粤地处近海……中国往商贾者多取富焉”，激发了华夏人对南海的好奇。此后，南海事务在史书的出现频率增加，而且也因为秦朝修通灵渠运河连通长江和珠江两大水系，南疆与中原的商业往来增加，海洋文化与农耕文化间相互影响的机会增多。

秦征服百越后，兵驻南海尉、桂林尉等四处，但各越族社会继续自治。公元前210年，秦始皇病逝，秦帝国陷入混乱，瓯越、闽越、南越等纷纷独立。公元前206年，汉取代秦，但并没立即讨伐越族王国，而是发展与它们的贸易关系，变相激励航海事业；公元前111年，汉武帝收复南越国等沿海疆域，扩展汉帝国版图。王赓武注意到，[14]春秋以来，越族跟中原汉族的融合断断续续，至此已进行3个多世纪，产生的影响表现在几方面：第一，《史记》《汉书》《淮南子》等提到南海事务的频率增加了，但都不直谈商贸，只是有些内容间接反映商业交往，说明官方扩张版图的目的不在于商贸，不在于海外贸易；第二，由于早年的吴国、越国等被纳入华夏帝国，它们带入的海文化元素开始对中原产生影响；第三，汉朝此时的航海能力已比较强，比如公元前138年，汉军船只从长江口出发，运送士兵和军需前往今浙江温州，帮瓯越攻打闽越，随即把大量瓯越人迁徙至长江以北和黄河平原，而二十几年后，汉舰又从杭州湾出发到福州，攻下闽越都城，尤其在公元前111年汉军攻下番禺时，南越王带领残余数百人上船，南逃安南（越南古称），招致汉军组织舰队紧追，最后在东京湾（今广西以南的北部湾）将其抓获。不过，虽然那时商船可达马来半岛或更远，海上贸易潜力不小，但朝廷因抑商价值导向，无意挖掘这种潜力。如今，还未发现越族或汉族商船那时到过安南以南的证据。

到汉武帝时期，虽然海上丝路并没拓展到今越南以南，但沿海与内地贸易还是有所发展的，刺激了对一些奢侈品的需求，各地长途商贸网也在延伸，以至于坚持“以农为本”的儒家精英大为不满。在公元前87年汉武帝离世后，针对其政策的反思讨论紧接而来，于是就有了《盐铁论》。《盐铁论》涉及几乎所有的国家治理话题，可就是没谈及海洋战略、南海贸易、南越政策等话题。最后，陆地农耕思维胜出，难有海洋观念影响朝政的空间，海洋元素无法深入华夏精英内部，中国错失了走向海洋帝国之路的机会。

不过，民间的海上探索仍在继续，至公元前最后几十年，海上丝路已延伸到印度洋，到达印度南部。公元2年，印度派使节来汉朝纳贡，[15]双方正式建立商贸关系；从王莽时期到东汉初期的几十年里，西域陆上丝路中断，海路成为外贸的唯一通道。有记载表明，公元2世纪，印度两次经由海路来汉纳贡。[16]

在三国时期，吴国疆域覆盖今江苏、浙江、福建、广东至安南。由于北边是魏国，吴国无法由陆路与西方外贸，只能经海路；加上吴王孙权出身浙江宁波，对航海不陌生，所以公元220—280年的60年成为海上贸易的黄金时期，不仅海上丝路拓展到印度洋东岸多国，甚至到达西亚，而且印度人、马来人、扶南（今泰国、柬埔寨和越南南部）人、锡兰人纷纷来交州、广州买卖，商品种类也增多。可是，吴国很快被西晋征服，中原农耕文化再次成为主角，航海事业又告一段落。之后3个世纪里，战争不断，王朝频繁更替，海贸艰难前行。

海上丝路兴盛与阿拉伯商人的到来

公元581年，隋朝建立，定都长安，并于589年攻下南朝陈，将分裂近3个世纪的中国再次统一。此时，又有一个选择机会：发展海路商贸，还是继续依附陆地？本来南朝在160年时间里，积累了丰富的渔业与海贸经验，留给隋朝充分的海洋强国基础。可是，隋文帝生于西魏（今陕西、甘肃），自幼与海无缘，其选择不需多想。如前章所述，隋文帝出于军事和漕粮运输目的而在584年启动运河改造，其子隋炀帝继续。在短短26年内，他们开浚了西抵长安、北达涿郡、南至余杭的大运河，将中国深深套入内陆河运轨迹，培植出依附运河的各类利益群体，以至于此后多次有关漕运还是海运的争论中总是漕运胜出，于是有了第八章谈到的运河史。

以农为本的偏好不只让隋文帝选择运河，而且还让他积极阻挡海运。征服南朝之后，隋文帝对南方船民甚为不信，于开皇十八年（598年）下谕旨，“吴、越之人，往承弊俗，所在之处，私造大船，因相聚结，致有侵害。其江南诸州，人间有船长三丈以上，悉括入官”（《隋书·卷二·帝纪第二·高祖下》），限制民船长度，抑制航海贸易，以企收编南方商民。可是，海贸受限导致洋货短缺，物价猛涨。公元604年，隋炀帝继位，又偏偏热衷奇珍异物，意外地带动海贸发展；次年，他命官员四处征收奇珍，交予皇室，“课天下州县，凡骨角齿牙，皮革毛羽，可饰器用，堪为氅毦者，皆责焉”（《隋书·卷二十四·食货志》）。在官府搜寻压力下，百姓即使到处找寻无果，也得以高价从富商那里买存货，供皇帝欣赏！据《续世说·第九卷》记载，隋炀帝对南海名香很是痴迷，“每至除夜，殿前诸院，设火山数十，尽沉香木根也，每一山焚沉香数车……以甲煎沃之，焰起数丈，香闻数十里。一夜之中，用沉香二百余乘，甲煎二百余石，房中不燃膏火，悬宝珠一百二十以照之，光比白日”。皇帝喜好引至上下效仿，洋货奇贵，激发商贾他国求货，航海事业蓬勃兴旺。

但好景不长。从公元611年开始，起义四起，包括闽粤等地极不平静，而西北、东北边疆也战事不断，先是对付吐谷浑人，后又应对突厥、高丽人的讨伐。公元618年，李渊推翻隋朝，开启唐朝历史。

唐之初，海洋贸易有短暂停顿，但在平乱之后的百余年里，社会持续稳定，人口增长，大量土地得以开发，商贸不断上升。虽然唐在隋之基础上进一步完善了大运河，使海运重要性再次下降，可是由于唐经济繁荣，运河经济尤为昌盛，这使长安、洛阳、扬州和江南城市对南海奢侈品的需求大增，因此即使朝廷漠视海洋贸易，海上商业照样兴旺。这一时期的海上丝路见证了许多新发展：一些从前没来过中国的中南半岛国家和印度洋国家首次来唐纳贡，包括爪哇阿陵国（Ho-Ling）、盘盘国、婆利国、丹丹国，而多个印度邦国、锡兰等恢复了与中国的正式商贸关系，贡纳访问频繁。[17]

至公元8世纪，海上丝路已相当发达，蕃船、蕃商时常云集广州、扬州等港口，南海、印度洋、阿拉伯海沿线的各类商品能经海路到达中国各地市场。公元8世纪初，鉴真大和尚看到的广州港是这样一幅图景：“江中有婆罗门、波斯、昆仑等船，不知其数，并载香药珍宝，积载如山，其舶深六七丈。师子国、大石国、骨唐国、白蛮、赤蛮等往来居住，种类极多”（《唐大和尚东征传》）。据说，师子国（斯里兰卡古称）的商船最大，阿拉伯船的航程远。这里，婆罗门、昆仑、大石国、骨唐国、白蛮、赤蛮，分别是印度、南海诸国、阿拉伯（唐宋时期称“大食”“大石”）、南海洲岛蛮夷、欧洲白人国、非洲黑人（或印度红种人）国。

公元713年前后，唐在广州设市舶使，专门管理海洋贸易事务，其职责与今海关相似，包括“纳舶脚”，即征关税：“南海舶，外国船也，每岁至安南、广州…… 至则本道奏报……市舶使籍其名物，纳舶脚，禁珍异，蕃商有以欺诈入牢狱者”。[18]市舶使的设立虽带来行政管制、限制贸易自由、增加蕃商交易成本的负面影响，但也有其积极意义：一方面说明朝廷正式重视海上贸易，特别是“纳舶脚”给朝廷增加收入，带来官府和蕃商间的利益兼容；另一方面市舶使给蕃商提供了一个对口的服务机构，便于他们进出口岸、居住广州。之后，唐又在泉州、杭州设立市舶使。

该时期另一个突出变化是，阿拉伯人和波斯人来到中国，并逐步取代南部沿海诸国商贾，主导海上丝路。波斯人至少在公元671年由海道抵达广州，据《大唐西域求法高僧传》记载，那年义净大和尚，“随至广府，与波斯舶主期会南行”，即搭波斯商船，前往印度取经；而阿拉伯人早在651年就来唐朝贡，那年“八月乙丑，大食国始遣使朝献”（《旧唐书·卷四·高宗本纪》），《旧唐书》和《册府元龟》有39次大食国朝贡记载，但无论如何，阿拉伯人最晚于758年前数年已乘海船至广州。[19]这可从758年阿拉伯人和波斯人发动广州叛乱证实：“癸巳，广州奏大食国、波斯国兵众攻城，刺史韦利见弃城而遁”（《旧唐书·卷十·肃宗本纪》），“大食、波斯围州城…… 二国兵掠仓库，焚庐舍，浮海而去”（《资治通鉴·卷二百二十》）。那次劫城并非大食和波斯国派兵所为，而是居住和来往广州的阿拉伯与波斯海商不满其待遇而发动的，或许是市舶使的“纳舶脚”太猛、官员太恶劣，逼其叛乱，这些海商完事即“浮船”逃往安南。这次叛乱可能也与安史之乱（755—763年）有关。无论如何，广州叛乱证明，至8世纪中期阿拉伯与波斯海商在华时间应该已经很久，社群也发展到足够大。当时在广州和其他港口，设有穆斯林商人居住的“蕃坊”，这些区由市舶使管理，给蕃商足够空间保留其生活习俗，包括置房定居、娶妻生子，其子弟还可入“蕃学”，也能去怀圣寺（图9.1）礼拜；发生纠纷时，则按治外法权处理。唐律《名例律》第四八条规定："诸化外人，同类自相犯者，各依本俗法；异类相犯者，以法律论。"意思是：如果穆斯林商人间发生纠纷，遵照伊斯兰法律解决；而如果是穆斯林跟华人冲突，则依据唐律。

图 9.1 广州怀圣寺

注：怀圣寺为中国最早的清真寺之一，具体建成时间存在争议，大约首建于唐朝，后修于元朝和清朝，位于今广州越秀区光塔路，为当年蕃商居住地"蕃坊"的中心。

阿拉伯与波斯商人的反抗并没带来朝廷的政策调整，其遭遇也未得到改善。公元 760 年，江苏与浙江发生"刘展之乱"，起因是：朝廷命令原都统李垣设法除掉时任淮南、江南和浙西三道节度使刘展，刘知悉后与其弟发动兵变；之后，兵马使田神功率部前往平叛，其间田神功部队趁乱打劫扬州，屠杀阿拉伯、波斯蕃商数千。“田神功，冀州人也，家本微贱……上元元年……至扬州，大掠百姓商人资产，郡内比屋发掘略遍，商胡波斯被杀者数千人”，[20]这些说明该时期扬州有许多波斯与阿拉伯海商常年居住。

之后，唐朝由盛而衰，从北到南叛乱不断，商人安全感不再，海上丝路衰退严重。为激活海贸，792 年宰相陆贽批复岭南节度使奏疏，说道：“远国商贩，惟利是求，绥之斯来，扰之则去。广州地当要会，俗号殷繁，交易之徒，素所奔凑，今忽舍近而趋远，弃中而就偏，若非侵刻过深，则必招怀失所。”[21]大意是：蕃商是来逐利的，待遇合适则来，骚扰过多则去；广州是众商向往之地，而今天他们却舍近求远，不来广州而去安南，如果不是你们刁难过多、课税太重，或者其他关照不周，那怎么可能！针对地方官虐待蕃商问题，公元 834 年唐文宗有类似谕旨：“南海蕃舶，本以慕化而来…… 深虑远人未安，率税犹重，思有矜恤，以示绥怀。其岭南、福建及扬州蕃客，宜委节度观察使常加存问，除舶脚收市进奉外，任其来往通流，自为交易，不得重加率税。天下诸州府，如有冤滞未伸，宜委御史台及出使郎官察访闻奏。”[22]海贸下滑带来经济压力，朝政被迫调整，之后从 9 世纪初期开始，广州、扬州、泉州有了新的通商自由，税负下减，蕃商权益有所保障，海上丝路再现活力。

可是好景没能持久。公元 875 年，盐商黄巢在山东菏泽发动民变，随后扫遍河南、湖北，再沿长江南下，攻打浙江、福建；到公元 879 年 9 月，起义军攻克广州，接下来又夺桂林，控制岭南与安南。在攻打广州的过程中，黄巢军焚烧房屋，抢劫财宝，滥杀无辜。对此，公元 9 世纪阿拉伯商人旅行记《中国印度见闻录》介绍说：“……最后，他终于得胜，攻破城池，屠杀居民。据熟悉中国情形的人说，不计落难的中国人在内，仅寄居城中经商的伊斯兰教徒、犹太教徒、基督教徒、拜火教徒，就共有十二万人被他杀害”，[23]而当时广州总人口大约 20 万。那次屠杀的多为阿拉伯与波斯商贾及家属，给海上丝路主力以致命打击，海路贸易在一个多世纪里难以翻身。起初，黄巢军队准备立足广州，但一场大瘟疫导致 1/3 起义军死亡，其残余只好北伐；此后几年，黄巢攻下都城长安和洛阳，滥杀世家豪门，令唐朝国力大伤。最后，唐帝国于公元 907 年灭亡。

阿拉伯商人何以主导海上丝路

前面看到，阿拉伯商人（以下“阿拉伯商人”或“穆斯林商人”统称“阿拉伯波斯商人”）唐初来华，到 10 世纪末，已遭遇数次洗劫甚至屠杀。那时期，由阿拉伯和波斯到中国一趟来回，历时两年多，海上风云莫测，海盗频现，货价涨跌，不管途中还是在广州等地居住，都是生命危险和财产风险并存。这自然带出疑问：首先，他们为什么愿冒如此风险来中国，甚至定居异国他乡呢？答案肯定不是唐文宗说的“南海蕃舶，本以慕化而来”那么简单，也不完全是宰相陆贽的“远国商贩，惟利是求”。其次，在阿拉伯商人于 7 世纪后期来华之前，安南、扶南、马来等传统蕃商已与南越、闽越、雒越商贸，在将近一千年里一直与华商一道主导南海贸易，可是阿拉伯商人（包括他们在华出生的后裔）在短短一个世纪后就取代华商，成为海上丝路的绝对主角，[24]他们是如何做到的呢？再者，如果把海上丝路贸易分成三段业务——阿拉伯（或其他国）与广州间的海运、广州港货物集散、广州与内地间的水运加陆运，那么据王赓武所言，至少到宋代前，海运业务是由阿拉伯商人主导（海上丝路段），而华商主要从事港口货物集散和国内运输业务。当然，海运比港口业务及内陆河运的风险更大，而利润率又不一定相匹配的高，那为什么华商将海上丝路让位给阿拉伯人呢？这些问题涉及中华文明、伊斯兰文明以及早期东南亚文明的比较特质，因此在进一步讨论海上丝路后续发展之前，本节先回答这些疑问，这也是理解朱元璋14世纪决定禁海、停止华商参与海上丝路的关键。

我们可以先从贸易融资和风险分摊的角度，对比不同文明来回答上面的问题。以广州–阿拉伯间的贸易为例，这当中至少有两种做法。其一是“自有资本”模式：张三用自己5万贯资本，在广州买下丝绸、青瓷，运至阿拉伯卖掉，用所得现金进货当地象牙等洋货，返回广州再卖，依此来回循环。在这整个过程中，只要货真价实，就不存在跟其他商家的跨期承诺，即合约执行问题，但海上气候风险、海盗风险、价格风险全由张三承担。当然，张三也可以跟其他船员合伙，每人出资一部分；由于出资人都一同出海，全程参与海运经营，因此不存在委托代理风险问题。

其二是“集资贸易”模式，包括赊账经营、连财合伙：李四自出资本5万贯，从广州供货商处进价值25万贯的丝绸、陶瓷（即赊账20万贯，相当于先借货而非借现金），并保证两年后从阿拉伯回来时，返还所赊20万贯（外加利息）；李四到阿拉伯卖掉丝绸、陶瓷，得到售金，后用其中5万贯从阿拉伯象牙商处得到价值25万贯的象牙（也赊账20万贯），运回广州卖出，依此往返重复。当然，自出资本不一定为20%，也许是40%、80%或其他，这取决于跨期信用环境：信用环境好、赖账概率低，李四自有资本的占比要求就越低；反之，则越高，像张三那样就是100%的自有资本。李四也可以不赊账，而是跟其他人合伙，其他富人只出资给李四但不参与出海贸易，等李四团队回程时一起分红，这种安排带出许多委托代理等跨期承诺问题。另外，北宋朱彧说：“海舶大者数百人，小者百余人，以巨商为纲首、副纲首、杂事。”[25]由于李四的贸易规模是张三的5倍，需要大海舶，还要雇用数百经理、伙计、杂事、保安，人数比张三多三四倍，张三或许雇族人即可，但李四无法只雇血亲，这就涉及大量委托代理、利润分成、风险处置、劳资合约等契约关系；如果李四在广州和阿拉伯都自雇团队做库存、分销，那么其员工规模更庞大，契约关系更加多维复杂，需要资本也更多。

长期而言，张三难以跟李四竞争，因为在集资贸易模式下，即使李四自有资本有限，贸易规模照样可以通过杠杆放大，单位贸易成本低，同时由于风险在多方分摊（赊账方、多个出资方），李四自己所担风险可控；长程海贸风险高，尤其需要集资贸易模式，[26]而自营模式只适合短途小规模贸易；而且集资贸易模式不仅让自有资本少、海贸能力强的人大有作为，也让有资本但无经验、无时间的人能够参与分摊海上贸易风险并分享利润。

可是，集资贸易模式需要可靠的契约执行与信用环境，因为这些跨期赊账、长期融资、风险分摊、雇用关系、委托代理等安排，都是契约关系，高度依赖跨期信用，而自有资本模式并不依赖太多与他人的跨期承诺，在家族内部处理即可。这也是为什么跨期信用保障体系越差的社会，就越是只能像张三那样从事短距离、小规模贸易。在古代海上丝路上，华商和南洋商人更多采用自有资金模式，而阿拉伯商人以集资模式为多，他们以伊斯兰教做后盾，比靠佛教、道教、儒家亲缘及地缘同乡会做后盾的华商与南洋商人，有更强的商帮网络提供跨期信用及契约执行支持。也就是说，伊斯兰教在其中的纽带作用甚为关键，这跟格雷夫研究的中世纪马格里布犹太商人网络十分类似。[27]

朱彧在《萍洲可谈》中是这样介绍1119年的广州海洋贸易的：“广人举债总一倍，约舶过回偿，住蕃虽十年不归，息亦不增。富者乘时畜缯帛陶货，加其直与求债者，计息何啻倍蓰。”[28]从他的描述看，当时的广州海洋贸易一是为长期出海贸易借钱（十年不归），二是借的不是现金而是货物，即赊账，三是由蕃商经营。穆斯林蕃商有这样经营长途贸易的传统。乌多维奇讲，在伊斯兰传统中，赊账买卖很早就有（即李四的集资贸易模式），而且也是《古兰经》允许的，“赊账销售绝对是贸易的特点之一，这可从先知穆圣的陈述中找到证据：‘除非你们在本地相互间做贸易’，否则，如果是长途贸易，你不赊账卖货就难以做成”。[29]因为先知穆罕默德经商出身，《古兰经》对此类交易安排所言，实属经验之谈。当然，李四式的赊账贸易比较原始，而朱彧介绍的蕃商做法还涉及一种叫“结会合伙”（commenda）的融资安排，这是阿拉伯穆斯林商人、中世纪犹太商人和意大利商人都采用的一种模式。[30]也就是说，如果还以李四为例，在远洋贸易前，从其他投资者（结会合伙人）处融资 20 万贯，加上自己的 5 万贯，给供货商付款 25 万贯直接进货“畜缯帛陶”，而不是向供货商赊账 20 万贯，这等于由李四和结会合伙人承担所有海上贸易风险，供货商不承担风险；整个海上贸易行程由李四负责，结会合伙人不参加，等李四从阿拉伯回广州，再与他们按比例分配利润；而如果发生亏损，结会合伙人就承担损失（没有分红）。相比之下，这些贸易融资和风险分摊手段，给阿拉伯商人带来极大优势，因为华商未能做到。

苏基朗说，在跨区贸易还不繁荣、商业资本不发达的古代中国，华商一般采用自有资本模式，即家族贸易模式，最多只有简单合伙（各出资合伙人同时也是贸易经营者，没有控制权与资本权的分离）；[31]即使到宋朝，内河贸易模式也大致如此，斯波义信给出 12 世纪末的多个合伙贸易范例：在湖南湖北的河路上，有着广泛的合伙米商网络，其业务包括大米运输、加工、批发和分销产业链；杭州茶贩跟 30 多位常熟人和苏州人合伙，做运河贸易；福建长乐人与浙东人合伙，从事东海沿线布料贸易；等等。[32]在海洋贸易中，到宋后期，一些华商也逐步从阿拉伯商人那里学会集资贸易模式，只是华商结会合伙人不愿意承担海贸风险并让经营方只有有限责任（即如果海路上发生翻船或贸易出现亏损，作为经营者的李四必须赔偿给结会合伙人带来的损失，这等于去掉了结会合伙的关键内涵，说明信用环境欠发达）。[33]尽管如此，无证据支持宋元时期"杠杆"集资经营成了华商的主流海贸模式。由于苏基朗、斯波义信所举的宋元案例多源于泉州、广州，[34]而这些港口的长程海贸又主要是阿拉伯波斯商人及其后裔所做（下一节再回到此点），所以这些学者的集资贸易案例或许不是宋元时期的华商所为，而是穆斯林商人所做。

让我们回到前面的问题。之所以在海上丝路，阿拉伯商人、华商和东南亚商人表现出不同的竞争优势，是因为对于长程海洋贸易而言，跨期承诺是否可信、可靠是决定性的挑战：谁解决得好，谁就能利用集资经营模式做大规模并分散风险，胜出的概率就高。在现代法治和正式国际法出现之前，各社会都尝试过推出民间治理秩序，找到非正式的强化跨期信用的办法，但成效各异。

首先，在跨洋贸易中，为了建立集资经营模式所要求的信用体系，就必须在中国、阿拉伯甚至沿途港口都有自己信得过的人或牢靠的商帮网，且商帮成员最好人众面广，因为当李四从供货商那里赊账 20 万贯，供货商又要从他们的供应商那里赊账，供应链上一环扣一环，都要依赖跨期承诺支持。也就是说，如果华商要在海上丝路占上风，其商帮网不仅要遍及广州及内地港口，还必须有足够多华商在阿拉伯、印度、马来等贸易港扎根，熟悉当地风俗，有当地人脉资源。同样地，如果穆斯林商人想主导海上丝路，他们也必须有足够多同帮成员长久扎根广州、扬州、泉州等地，形成中国港口、印度洋港口与阿拉伯港口间的同帮互动互助。于是，挑战就来了：阿拉伯人于 7 世纪来到中国传教，在广州、扬州、泉州、长安等地落户扎根，建立当地的穆斯林社会，但直到宋元之前，即使有华商到访过南洋、印度洋，也没有侨居阿拉伯、印度甚至南洋的华商（极少数因战争逃亡南洋的除外），没有海外华人商帮网。

这个差别源于宗教。第六章谈到，如果把儒家祖先崇拜看成宗教，那么这是多神教：每个宗族祭拜多个祖先，且族族各异，家庙宗祠即为每个宗族的神庙。比如，中国今天有 14 亿人口，假如每个宗族平均 140 人，分别祭拜 10 位祖先神，那么全国就有 1000 万个宗祠神庙（“文革”期间“破四旧”时大部分被毁），1 亿位祖先神。这些神和庙是各宗族专有，非共享，所以中国人今天即使侨居美国、欧洲、阿拉伯，他的心和精神归属仍在老家，因为作为他宗教信仰的物理载体——祖坟和宗祠只在老家有，是独一无二的，不可在侨居的他乡复制。所谓“落叶归根”，道理就在于此：只有眼见祖坟、身至家祠，心才圆梦。徐承尧在《歙风俗礼教考》一文中写道：“歙俗之美，在不肯轻去其乡，有之则为族戚所鄙，所谓‘千年归故土’也，可见歙人安土重迁。”[35]正因为“众神”均在故乡，所以不能移民迁徙，即便移民也心留故乡，无法在侨居社会扎根立命；在恋土情结下，至唐末，还无华人迁居阿拉伯、波斯、印度或东南亚的记载。贾志扬谈到，宋代史料多处记录华商去马来半岛等南洋港口之事，但唐史档案却无处提到，说明在 10 世纪之前华人不愿迁徙那么远。[36]唐早期虽有法师去印度、斯里兰卡取经，但只是旅行，没有定居扎根。根据朱杰勤的《东南亚华侨史》，海外最早的华人居民记载是阿拉伯旅行家马素提的 943 年旅行记：在苏门答腊（今印尼），见到华人耕种，[37]他们是黄巢起义失败后逃亡到那里的华侨，算是海外华侨史的起点。此外，由于每个宗族的祖先神各异，也就不存在能召唤所有华人的唯一神，社会凝聚力自然低；即使秦始皇试图以暴力将国人凝聚一起，也会如汉代陆贾所言，“居马上得之，宁可以马上治之乎？”（《史记·郦生陆贾列传》）。

但是，穆斯林阿拉伯人就无此障碍，真主安拉是他们唯一敬拜的神，不管到哪里都去同样的清真寺祭拜，这跟儒家多神多庙形成鲜明对照。因此，穆斯林无论迁徙到何处，只要当地有清真寺，就有精神上的“安土”。也就是说，对于一神教信徒（穆斯林、基督徒、犹太教徒）而言，至少在精神上能“四海为家”，移民他国后更容易在新地方找到精神归属。这就是为何阿拉伯人到广州后建了“怀圣寺”（图 9.1），到泉州修了“清净寺”（图 9.2），扬州有仙鹤寺，杭州有凤凰寺，等等。清真寺既是礼拜之场所、精神之家园，也是处理伊斯兰教事务、聚集信众之堂。[38]因而，穆斯林商人比华商更具流动性，能生根他乡，建立由自己人布局的跨全球商业信用网。这是一神教文明区别于“祖先神”文明的关键维度之一。

图 9.2 泉州清净寺

注：泉州清净寺，初名圣友寺，也称艾苏哈卜大清真寺，始建于公元 1009 年北宋时期，后于元、明、清和 20 世纪多次整修、扩建。该寺不仅见证伊斯兰教进入中国的途径，而且表明穆斯林商贾早期在泉州定居生活以及在当地的影响。

其次，一神教下，圣训具有至上号召力，甚至能激励信徒做出超乎想象的行动。斯塔克说：

> 多神教社会也许能武力征服他国，但是在一神教之前，人类社会，比如罗马帝国、朝代中国甚至古代埃及，都没有通过上帝圣旨鼓动过军队，所以它们无法像伊斯兰军队或像在教廷号召下的十字军东征那样，做出那么轰动的创举。当然，不少东征十字军以及伊斯兰征服者带有非宗教意图，甚至有些根本不信教。但是，如果不是受到唯一神圣旨的召唤，信众一致的大规模创举根本就不可能发生。只有真正的唯一神，能通过宗教圣旨激发出超乎想象的创举，其中最突出的莫过于不远万里为上帝传教！传教义务是一神教所固有的。[39]

古代海上丝路上，阿拉伯人于唐初冒险来广州、扬州、泉州，[40]既非“本以慕化而来”，又不完全是“远国商贩，惟利是求”，而主要是响应先知穆罕默德的圣训召唤，来华传播伊斯兰教。近年，大量葬于泉州的宋元时期的阿拉伯人的墓碑被发掘出来，逝者要么自己是移民，要么是移民蕃商之后裔，从其碑文可以看出其来华动因之一二，其中一修建于1303年的墓碑上写道：“至高无上的真主说：‘凡在大地上的，都要毁灭；唯有你的主的本体，具有尊严与大德，将永恒存在……’先知（愿他平安）说：‘死于异乡者，即为壮烈之死’……”，[41]其他墓碑也有类似表述。显然，穆圣之《圣训》召唤信徒去异国他乡传播伊斯兰教——“死于异乡者，即为壮烈之死”，于是阿拉伯人不远万里，冒险来华定居。这种圣训，与儒家鼓励固守故土——“父母在，不远游”，对照鲜明。另外一组相关圣训——“学问，虽远在中国，亦当求之”，[42]也激发阿拉伯人来华，至少增加他们的好奇。传统中国没有宗教鼓励人们移民他乡，所以到明朝之前，华商缺乏跨越南海、印度洋和阿拉伯海建立信用网络的华侨基础。[43]

再次，由于伊斯兰教、儒家礼制和佛教的不同，阿拉伯商人、华商和东南亚商人在解决契约执行的效果上差异较大，伊斯兰礼仪与规制更好地解决了逆向选择、搭便车和道德风险问题。对于长程海上贸易，除了海运风险外，最大挑战在于跨期承诺的可靠性（利润共享、成本分担、借贷赊账、远期交易等），即另一方是否“跑路”违约的问题。格雷夫谈到，[44]在中世纪的地中海，马格里布犹太商人通过商人联盟（traders' coalition，或叫“商帮”），辅以犹太文化和犹太教规制，建立多边惩罚机制，很好地解决了跨期承诺问题。其中，多边惩罚机制是指，当跨期承诺关系中一方违约时，商帮的其他成员今后都不会相信违约者，不再跟他交易，对其实施集体惩罚；相比之下，双边惩罚机制的威慑力有限，因为如果张三跟李四进行跨期交易，即使李四违约，也只有张三今后不再与其交易，其他人可能照样与李四交易。因此，多边惩罚机制更有效。可是，多边惩罚机制难以建立或执行：张三指控李四违约，其他成员如何相信张三呢？如果其他成员参与惩罚李四，他们的激励在哪儿？如果李四贿赂部分成员，该如何处置？等等。犹太商人基于共同的宗教，较好地解决了这些挑战，阿拉伯与波斯的穆斯林商人也是如此。

历史上，华商跟阿拉伯商人一样，也建立过商帮、同乡会，只不过是基于血缘、地缘或道教、佛教，东南亚商人也有过自己的商业联盟。组建商帮不难，难的是建立真正有效解决跨期承诺的商帮团体。我们可从组织方式和文化观念两方面将他们做对比。

对于阿拉伯商人，他们利用与伊斯兰教连在一起的组织化资源建立商帮，以《古兰经》《圣训》等教规为基础，信教是加入商帮的前提：成员能利用穆斯林商圈做贸易，得到稳定的贸易流量、优惠的赊账信用、更低的交易成本，等等。[45]第六章第二节讲到的宗教边界识别、周期仪礼、频繁聚集，尤其是每天面朝麦加礼拜五次、每周五到清真寺聚礼一次、每年大型会礼两次、按教规着装和净身，使信教门槛和成本极高、信徒识别清晰、违规惩罚威严。斯塔克讲：信教成本越高（包括物质、时间、社交和精神付出），宗教团体的凝聚力就越强，教友间的互助（包括物质与精神互助）、互信与友情就越深。[46]严密的组织与频繁的活动将逆向选择、道德风险降至极低。也就是说，如果只为穆斯林商帮的好处，去“假装信伊斯兰教”，代价太高，而穆斯林商帮借助清真寺的高频聚集、持续交流，帮助降低成员间的信息不对称，便于较早识别搭便车行为。同时，《古兰经》《圣训》对商业合伙、交易契约等的具体规制，本身就强化穆斯林商人间的跨期承诺可靠度。所以，在教义和具体组织行为的双重保障下，阿拉伯商人在海上丝路的成功，跟之后犹太商人在地中海和大西洋贸易中的成功异曲同工。在商业文化上，当年的穆斯林也有优势：伊斯兰教发源地——阿拉伯半岛，西边是地中海，东边是波斯湾海岸，南边又是红海，至少自公元前1000年当地居民就开始海上贸易，也长久从事陆上贸易，[47]伊斯兰教创始先知穆罕默德以经商起家，[48]所以伊斯兰教比其他宗教、农耕文化更加鼓励并保护商业，[49]与抑商的儒家对比鲜明。

华商也利用自己的文化资源结帮，如商帮、会馆、公所。[50]相比之下，由于华人商帮缺乏严密组织的宗教做支撑，顶多靠道教、佛教或迷信支起，可是道教、佛教和迷信只有教义，缺乏具体的严密组织，也没有强制性的高频礼拜聚集要求（如每天、每周或每月礼拜），信教成本低或者无成本，结果华人商帮的逆向选择和搭便车风险比较严重，至少比穆斯林商帮、犹太商帮更加滋生机会主义。第八章谈到，泰兰达通过研究南洋华侨案例发现，[51]基于血缘和地缘纽带的商帮最为关键：在当地缺乏正式法治的社会里，商业契约难靠司法体系保证，而只能靠商帮提供的非正式执行体系，也就是格雷夫所称的多边惩罚机制。由于这些华侨商帮、同乡会是基于利益“需要”，而非基于宗教或其他“非功利”信念组成的联盟，其必然的结果是：有需要的人才参加，一旦无此需要就选择退出，故逆向选择严重。另外，这些帮会没有每天每周必须做礼拜与聚集的要求，“做会员”的成本低，导致成员间信息不对称严重，不利于提前发现搭便车者，也使得“多边惩罚”难以执行。蔡洪滨、周黎安、吴意云应用商帮“多边惩罚机制”框架，[52]研究了明清徽商和晋商商帮治理的异同与效益，结果发现：徽商以血缘宗族关系为基础，主要在宗族子弟中选拔经理伙计，靠族规家法、儒家礼制治理企业和商帮内部的跨期承诺关系；而晋商侧重地缘关系，遵循避亲举乡原则聘用经理伙计，以正式号规约束雇用关系，靠奖金和股俸激励商帮成员；为了支持这两种不同的商帮治理模式，徽商祭拜孔子、朱子，兴建文公祠，推崇儒家文化，而晋商朝拜关公，多修关庙。有意思的是，他们发现，尽管两组商人群体的信仰不同，规则与做法各异，他们总体在明清时期都很成功。

实际上，华侨商帮、徽商、晋商等都融合了儒家、道教、佛教的教义，也因此保有后者的局限性。宋代李昌龄在其道教经典《太上感应篇》中言：“祸福无门，惟人自召；善恶之报，如影随形”；而商人借取不还、以次充好、缺斤少两等获取不义之财的行为，则“取非义之财者，譬如漏脯救饥，鸩酒止渴，非不暂饱，死亦及之”；“凡人有过，大则夺纪，小则夺算。其过大小，有数百事，欲求长生者，先须避之”，等等。第三章谈到，对中国人最具威慑力的契约条款是：“如果违约，则被雷公劈死。”[53]这些“因果报应”观是传统中国契约秩序的基础。苏基朗说，“在现存上千计的中国古代契约中…… 与其说是契约还不如说是契据…… 因为交易契约类文件是用来证明所有权的”，[54]比如，一般土地买卖交易格式是“今恐人心无信 / 无凭，立此……为照”，[55]重点在于见证交易发生了，但对被卖的土地状况以及双方的承诺细节都不涉及。在商业合伙契约中，也有类似基于迷信的威慑条款：“立合约人某某……是以两人商议，合本求利…… 所获利钱，每年面算明白，量分家用，仍留资本以为渊源不竭之计…… 不许扯动本银，并乱账目。故特歃血定盟……如犯此议，神人共殛。”[56]其中，“歃血定盟”是经典的跨期承诺仪式，“如犯此议，神人共殛”是合伙承诺的神圣性所在，两者都是靠唤起对超自然报应的迷信，来确保合伙合同的执行。可是，这样的契约秩序是基于道教的“报应论”，而道教提供的只是一套教义，没有具体的定期礼拜与高频聚集等组织化要求，并不能很好地解决逆向选择和搭便车问题，也没有具体的“组织”去惩治违教行为，于是对于不迷信这些“雷公”“报应论”的成员，这种契约秩序就无实质约束力。总体而言，道教、佛教等多神教，过于松散、缺乏组织、信教成本低，所以以其为基础的商帮就难以达到“多边惩罚机制”的效果，机会主义和搭便车行为必然盛行。

虽然徽商、晋商以及南洋侨商都“因地制宜”地内生出适合本地的商帮模式，这些模式对于解决短距离、小范围的跨期承诺，肯定比没有儒家礼制与道教文化资源的早期社会显得有效，可解决一些跨期承诺问题，但一旦扩展到长程海洋贸易并与一神教文明竞争，其竞争力就显得有限，难以与穆斯林商帮相比。第一，基于血缘宗亲的信任体系，其人数范围有限，毕竟没有哪个宗族的成员数可与伊斯兰教、基督教和犹太教的信众数相比，地理分布也窄；第二，依靠抑商的儒家文化来组织商帮，本身就是矛盾，在道义上排斥商业的文化怎么能通过商会组织就达到商业的最大化发展呢？

古代东南亚商人所能依赖的文化资源，比华商、印度商人的选择更少，所以在唐宋时期，他们更不是阿拉伯商人的竞争对手。早期跟雒越、南越人进行海上贸易时，东南亚商人主要采取类似上面张三的自营小贩模式，做小本生意：在本地市场买少量海货，由小船运到安南，卖给安南小贩，再由后者散销到其他地区。即使到16世纪，印尼、马来海商也基本从亲戚、朋友或当地有钱人那里借小额本金，做小贩生意。[57]在商帮组织上，东南亚社会既没有像中国那样在漫长历史中演进出类似儒家礼制那样的社会组织体系，也没有像印度那样建立一套种姓制度。安南是个例外，自汉代开始就接受了儒家并以此组织社会和商业。在宗教方面，到公元3世纪，也是因为跟印度和中国南海的贸易，佛教逐步传到今泰国、柬埔寨、老挝、马来半岛、瓜哇岛等地；至公元8世纪，佛教才在那些社会全面铺开，建起许多佛寺，[58]但如前面所说，佛教虽对多边惩罚机制商帮的形成有些帮助，但效率十分有限。或许正是由于东南亚社会在古代缺乏商业所需要的文化资源，华人从元代开始逐步移民到泰国、马来、印尼、菲律宾之后，很快就控制了它们的商业，[59]局面至今不变。

出于以上原因，自公元8世纪始，海上丝路基本是阿拉伯与波斯商人的天下，其次是华商。这个局面一直维持到15世纪末葡萄牙人来到印度洋时才结束。[60]而此格局也预示了唐代以来的中国历史演变。

宋元海上贸易与蒲寿庚世家的兴起

北宋初，朝廷试图直接管控海上贸易，一方面官方自己从事外贸，另一方面关税进朝廷，而不是留给地方官府。公元971年广州市舶司设立，对进口品征10%的关税，并且官方对进口品有优先购买权，只有官府无兴趣的进口货才可转卖私人商贩。[61] 985年，朝廷禁制华商出海贸易（《宋史·卷五》），但不禁蕃商进出中国；两年后，朝廷甚至遣派官员多次造访南洋诸国，说服它们加入贡纳贸易体系，960—1022年南洋国总共来宋贡纳88次，[62]其中，三国朝贡次数最多：阿拉伯（大食）21次，苏门答腊岛（三佛齐）16次，印度（天竺）10次，次数多少基本反映了其海商与宋的贸易分量，以阿拉伯商船为最多。在朝廷限制性举措下，华商的海上贸易参与度进一步下降。不过，989年朝廷改变了政策，“自今商旅出海外蕃国贩易者，须于两浙市舶司陈牒，请官给券以行，违者没入其宝货”（《宋会要辑稿·职官·卷四四之二》），准许民间“商旅”出海贸易，前提是必须先得到官方许可证（“券”），而且只能由指定港口进出。1167年，朝廷再规定华商船舶出海不得超过一年。[63]不过，禁令实效有限，正如绍兴七年宋高宗言，“市舶之利最厚。若措置合宜，所得动以百万计”（《宋会要辑稿·职官·卷四四之二》），利益之下，官方限制阻挡不住民间海商。

宋期间，海上货运主角是阿拉伯商人，但参与者比之前更加多样化，不仅有三佛齐商人和印度商人，华商也直接参与长途海运，这是区别于唐及之前的一大变化。当然，1167年后，为了把出海时间控制在一年内，华商一般避免去印度洋，尤其不会去阿拉伯、波斯港口。此外，华商的发展也得益于中国造船能力的加强，特别是从11世纪后期开始，宋廷面对北方金人的巨大威胁，加大造船产能，最多时全国有43个造船厂，[64]虽然这是为了扩大水军实力，但也给海商带来溢出效应，使华商船舶容量增加，远洋能力提升。这时期，与朝鲜、日本的海上贸易也得到空前发展。

随着宋代经济走向繁荣，贸易货物的种类结构也发生变化。之前以奢侈品为主，从中国出口的主要是丝绸、陶瓷，从南洋、阿拉伯进口的是象牙、珍珠、龟甲、翡翠等；但到宋中期，出口品扩展到包括食品饮料和金属制品，而进口商品包括香料、香木、香水、药品、布料等普通日用品。海洋贸易跟大众生活贴近许多，走向平民化。

宋代之所以比其他朝代更鼓励海上贸易，一是因为北方陆上丝路不通，二是因为其财政开支需要。特别是南宋时期，疆域比北宋少 1/3，户口更少，开支却超过北宋。其间，除最早设立的广州市舶司外，其他市舶司或市舶提举司包括杭州（989 年设）、明州（992 年设，今宁波）、澉浦（1074 年设，今上海）、泉州（1087 年设）、密州（1088 年设，今诸城）、秀州（1113 年设，今嘉兴）以及南宋高宗增加的温州和江阴市舶司，它们都为官府创收。北宋前期，关税岁入 50 万贯上下，占朝廷开支的 3% 左右，1102—1110 年升至 110 万贯，南宋早期关税岁入更是达 200 万贯，相当于朝廷岁出的 10%。[65]在各市舶司中，广州贡献最大，南宋绍熙年间的《备对》言："三州市舶司所收乳香三十五万四千四百四十九斤，其内明州所收惟四千七百三十九斤，杭州所收惟六百三十七斤。而广州所收者则有三十四万八千六百七十三斤。是虽三处置司，实只广州最盛也"，占比 98%！所以，宋高宗说，"市舶之利最厚……岂不胜取之于民？朕所以留意于此，庶几可以少宽民力尔"（《宋会要辑稿·职官·卷四四之二》），拓展海洋贸易增加财政收入，这不胜过向百姓征税吗？

也正由于关税收入如此重要，宋廷对海上丝路主角——阿拉伯商人特别关照。据《宋会要辑稿·职官·卷四四》记载，绍兴七年宋高宗诏令广州知州连南夫，好好解决"市舶之弊"，后"南夫奏至，其一项，'市舶司全藉蕃商来往货易。而大商蒲里亚者，既至广州，有右武大夫曾纳利其财，以妹嫁之。里亚因留不归'。上今委南夫劝诱里亚归国，往来干运蕃货，故圣谕及之"。可见，为保障关税收兴旺，皇帝令知州劝蒲里亚不要因中国妻子而留广州，而是返阿拉伯海运货物。蒲姓是阿拉伯名 Abu 或 Abdullah 的中文音译，当时在广州、泉州有许多蒲姓阿拉伯商及后裔，包括巨商蒲希密（船王，多次献给宋太宗大礼）、[66]蒲罗辛（香料海商）。[67]皇帝过问蒲里亚之事，足以表明阿拉伯商人在当时外贸地位之重。公元1178年，周去非著《岭外代答·卷三》："诸蕃国之富盛多宝货者，莫如大食国。其次，阇婆国。其次，三佛齐国。其次，乃诸国耳。"白寿彝说，"宋时，在中国的巨商，不限于大食商人。但就巨商有名可考者之多及其地位之重要来说，不能不说以大食商人为第一。这一点，也可以使我们看出大食商人在蕃商之中居有领导的地位"。[68]

在宋元时期，最出名的阿拉伯裔海商莫过于泉州的蒲寿庚。他生于1205年，卒于1290年，其先祖自阿拉伯到南洋定居经商，一段时间后迁至广州。因经营成功，蒲氏在宋时期成为广东最大的香料海商，富甲两广。南宋定都临安后，泉州比广州更靠近都城，海洋贸易逐步转向泉州，到12世纪中后期，泉州取代广州，成为东方第一大港。1165—1173年，泉州市舶司收入已经超过广州。[69]许多定居广州的阿拉伯商人也将经营中心移至泉州，使永久居住泉州的穆斯林大增，并陆续修建了圣友寺、清净寺等7处清真寺，[70]还有一处供阿拉伯裔安葬的公墓。[71]那时期，蒲氏家族的一支——蒲寿庚之父蒲开宗，也举家迁到泉州，继续从事海上香料贸易。

蒲氏虽然祖上来自阿拉伯，但到蒲开宗时已相当汉化，成为世家。两个儿子中，大儿子蒲寿宬"厌铜臭而慕瓢饮"，其诗作作品包括《心泉学诗稿》。他履历不凡，先是在临安御林军中任指挥官，享有威望；之后，宋末1271年，任梅州知州，政绩突出，尤其在1274年抗击海盗的过程中贡献突出，在朝廷内外都获得良好声誉，使其在闽南士大夫圈的人脉大涨。[72]

二子蒲寿庚从小耳濡目染父亲经营，长大后接过祖业，并将其进一步发扬光大。时人在13世纪是这样评价的（《桐江集·卷六》）："泉之诸蒲，为贩舶作三十年，岁一千万而五其息，每以胡椒八百斛为不足道”，蒲寿庚经营30年后，年贸易量做到千万贯，可见其业务地位之高。王磐在《藁城令董文炳遗爱碑》中说：“泉州太守蒲寿庚者，本西域人，以善贾往来海上，致产巨万，家僮数千。南海蛮夷诸国莫不畏服。”其家产规模也可从1973年考古挖掘的商船反映出，那年在泉州湾后渚港发现一艘沉船，长34米、载重200余吨，船舱遗存大量药材、铜铁钱、陶瓷，以及4700多斤贵重香料——降真香、檀香、沈香、沉香、龙涎香等。考古学家将其鉴定为宋代货船，大约1276年前后从南洋回航沉没，并认为船主是蒲寿庚。[73]

南宋末年，泉州一带海盗作乱，劫掠往来船舶，政府水军左翼军抵挡不力。为保商路畅通，蒲寿庚兄弟组织私人武装船队，击退海寇。因此功劳，1274年朝廷任命蒲寿庚为泉州提举市舶使，掌管海上贸易。两年后，蒲寿庚又升任福建广东招抚使，总管东海与南海的海舶事务，真可谓掌控海上大权。至此，蒲氏有财、有势、有官，又有私人武装和广泛交际网，以至于执掌泉州的不是南宋官府，而是蒲氏家族。

就在蒲氏蒸蒸日上之际，南宋则在风雨飘摇之中。1276年，元军南下攻占都城临安，俘获5岁小皇帝赵恭宗。文天祥和张世杰等大臣护送另立的小皇帝及皇族，匆忙逃往福建，打算建都泉州。这时候掌控泉州的蒲寿庚极为关键，流亡政府特别笼络他，让其掌握福建与广东的军事、民政和海贸权。元廷也早已熟悉蒲家在泉州的势力，元军统帅伯颜在1276年2月派使者到泉州招降蒲寿宬、蒲寿庚兄弟。

蒙古人长于陆战，水军不如宋。而蒲氏私人船舶武装强大，无论对南宋朝廷，还是对短于海战的元军，蒲家都是必须争取的关键对象。对于蒲家而言，元军南下气势汹汹，如果负隅顽抗，结果只能是自己家财散尽，让泉州陷于兵乱，且会让新王朝打击海外贸易。苏基朗认为，[74]

蒲寿庚在考虑是否降元时，背后地方精英集团的支持，尤其是同为阿拉伯裔商人的支持，特别关键，因为1276年他才刚刚被任命为福建广东招抚使，对当时官府和军队的实际控制应该有限。那时泉州地方精英分为两个阵营：一是保宋派，主要是皇族宗室、士大夫和一些权势人士；另一阵营是数量更大的权势和富商家族，他们要么是阿拉伯等外族后裔，要么跟外裔群体关系密切，愿跟蒙元合作。如果不是后一阵营，包括泉州知州田真子及其掌控的左翼军的支持，蒲寿庚难以单方面投奔蒙元。蒲寿宬及盟友的支持在中间也起了关键作用。

权衡之下，蒲寿庚于1276年投降蒙元，并将蒲氏海船武装及泉州地方军交于元军，帮其攻下宋军余部。在抵抗投降军的过程中，保宋派"受到了毁灭性打击，他们没有毁灭在蒙古人手中，而是毁在了外国裔泉州人和第二阵营的地方精英手中。当保宋大军围攻泉州城时，降元军队屠杀了数千皇族宗室、其他支持南宋政权的地方精英"，[75]这笔账深深地影响了明代开国皇帝朱元璋，这是后话。

对于蒲寿庚的选择，元帝忽必烈给予重赏，授予其闽广大都督、兵马招讨使和泉州市舶使头衔；1277年，让他任江西行省参知政事（相当于副省长）；之后，他还出任过一系列省长级职务，直到1284年升任泉州行省平章政事（省长官）为止。在众多投降蒙元的人物中，蒲寿庚是唯一被持久重用者，差不多直到他离世前。其子蒲师文历任正奉大夫宣慰使、左副都元帅、福建道市舶提举，蒲师武做到福建行省参知政事，蒲师斯任过翰林太史院官，蒲崇谟于1313年中进士，后任中书院平章政事。两位阿拉伯裔女婿中，亚兀纳任过地方要职，另一位叫佛莲，"泉南有巨贾南蕃回回佛莲者，蒲氏之婿也。其家富甚。凡发海舶八十艘……见在珍珠一百三十石"（《癸辛杂识·续集卷下》），拥有80艘海船、130石珍珠，财富非同小可。

元朝期间，外裔穆斯林在泉州的社会、政治与经济中的权力地位得到进一步提升，更是成为主角。除蒲氏家族和亲戚外，泉州还有其他阿拉伯、波斯、印度等规模庞大的外裔居民。元政府称阿拉伯和波斯裔为“色目人”，即“有色眼睛之人”，并特别重用他们（其地位仅次于蒙古族，高于汉族）。《元史·成宗本纪》写道，“各道廉访司必择蒙古人为使。或缺，则以色目世臣子孙为之，其次参以色目、汉人”；《元史·武宗本纪》写道，“……甲戌，以宿卫之士比多冗杂，遵旧制，存蒙古色目之有阀阅者，余皆革去”；《元史·选举志》写道，“蒙古、色目人，愿试汉人、南人科目，中选者，加一等注受”，意为色目人如果考汉族人科举试题，则优先一等；《元史·刑法志》写道，“诸色目人犯盗，免刺”。元廷对穆斯林色目人的偏袒显而易见。白寿彝对《元史·宰相表》《新元史·宰相年表》做统计发现，[76]元时阿拉伯裔右丞相者 1 位、左丞相者 3 位、平章政事者 11 人，加上另外右丞和左丞者各 1 人，在中央政府任宰执职位者共 16 位色目人，其占中央高官之比远超阿拉伯波斯裔占全国人口之比；而地方政府宰执级别的色目人（如丞相、平章政事、参知政事等），共 32 人，也是占比超常高。尤其在闽南，地方官府中色目人占据绝大多数要职，据罗香林的研究，[77]元时期，大多数泉州市舶使为色目人，包括蒲氏、陈江丁氏、荣山李氏、燕山苏氏、清源金氏，都是当地穆斯林政要世家。[78]

有蒲寿庚等阿拉伯裔掌管泉州市舶使，元朝很快恢复跟东南亚诸国、阿拉伯与波斯的海洋贸易关系。如果说源于农耕、依附土地的汉族文化排斥商业、畏惧海洋，那么以草原游牧为生的蒙古人当朝后，是否对海洋更无感觉，比汉族朝廷更加抵触海上贸易呢？答案是：未必。原因在于，元廷可能反倒不像农耕汉族那样对海上贸易明确反对，尤其是当初元军在说服蒲寿庚投降时，可能给予其支持海洋贸易的承诺；再者，元廷需要海上贸易带来的财政收入。于是，海上贸易在元时期超过南宋，达到鼎盛，泉州更是巩固了其东方第一港之地位。马可·波罗于 1291 年在旅行日记里写道："刺桐（今泉州）是世界最大的港口之一，大批商人云集于此，货物堆积如山，买卖盛况令人难以想象。"[79]泉州之所以能巩固其海上丝路地位，蒲寿庚和泉州其他阿拉伯后裔世家扮演了关键角色，而这也预示了海上丝路后来的结局——明代海禁。

以往，文献中谈到蒲寿庚家族以及其他泉州、广州阿拉伯后裔世家的案例时，多从"本以慕化而来"或者"远国商贩，惟利是求"角度一笔带过，认为阿拉伯人和其他外族当然应该向往中国、来华定居扎根，而少有问道：为何在宋代和更早没有华人定居南亚、西亚甚至非洲，并在异国他乡像蒲氏那样出人头地？从前文的讨论中可以看到，一旦这样提问考究，就折射出不同文明之特质，尤其宗教在其中的作用。

明朝禁海与海盗袭击

经过十六年奋战，朱元璋于 1368 年推翻蒙元，建立封建时期最后一个汉族大一统王朝——明朝。他生于安徽农家，家境普通，从小种田，深受儒家礼制教化，包括重农抑商偏好。起初，明廷恢复明州（宁波）、泉州和广州市舶司，以协调海上事务，但三处市舶司实际更似外交机构，接待朝贡使团，而不是促进以往的海船贸易；到 1374 年，朝廷干脆撤销了三处市舶司。其间在 1371 年，朱元璋发出禁令，"禁濒海民不得私出海"，"申禁人民无得擅出海与外国互市"，[80]只有市舶司管控的朝贡贸易才算合法；明代王圻在《续文献通考》中解释道，"贡舶者，王法之所许，市舶之所司，乃贸易之公也；海商者，王法之所不许，市舶之所不经，乃贸易之私也"。在之后近两百年里，皇帝每隔几年又推出禁海细则，[81]包括要求将海船改为不宜深海航行的平头船，《大明律》规定：

"若奸豪势要及军民人等，擅造三桅以上违式大船，将带违禁货物下海，前往番国买卖，潜通海贼，同谋结聚，及为向导劫掠良民者，正犯比照已行律处斩，仍枭首示众，全家发边卫充军。其打造前项海船，卖与夷人图利者，比照将应禁军器下海者，因而走泄军情律，为首者处斩，为从者发边充军"；1394 年，明太祖甚至禁用蕃香蕃货，"禁民间用番香、番货…… 敢有私欲番互市者，必置之重法"；[82]法律还对沿海地区的大家族有特别规定：哪怕仅以货物入股、并未亲身参与贸易，也要判以流放重刑。海禁被明太祖定为基本国策，后续皇帝不得变改。

至此，朱元璋终结了自春秋战国以来断断续续发展的海上丝路历史——至少让中国不再参与海外世界的发展，走向闭关锁国。他为什么这样做呢？这一直困扰着历史学者。以往的解释包括：明初百废待兴、粮食短缺，需举国之力兴办农业，以农为本；为了社会稳定，必须防范沿海百姓和陈友谅、张士诚、方国珍等流亡残余与蒙元海外势力联合攻明；[83]禁民出海，但不禁官方，是为了让官方垄断海贸利润、增加军费；为防范倭寇骚扰；[84]等等。在朱元璋的决定中，这些原因可能都发挥了作用，但有一项原因多被忽视，就是他对蕃商，尤其对蒲寿庚所代表的色目海商的不信任，甚至仇视。前面我们花很大篇幅介绍了阿拉伯与波斯海商是海上丝路的晚来者，但由于伊斯兰教的组织方式与凝聚力使其商帮"多边惩罚机制"更为有效，阿拉伯商人快速成为公元 8 世纪以来的海上丝路主角。阿拉伯人、波斯人及其在华后裔通过海洋优势积累财富，在泉州、广州等地的社会地位炫耀招眼；13 世纪中期和 14 世纪，东方第一港——泉州的经济与武装都掌控在蒲寿庚和其他色目世家之手，在 1276 年关键时刻蒲寿庚和同盟决定降元，使宋帝国的最后希望成为泡影。加上色目人是蒙元统治的坚强同盟、尽享政治与社会特权，这些因素造成朱元璋等人对其憎恨，刺激他们也揭竿而起、纷纷反抗蒙元政权。

朱元璋对“倾宋倒元”的蒲寿庚尤其深恶痛绝，建立大明王朝后，诏令蒲氏子孙不得读书入仕。[85]皇帝对近百年前离世之人如此诏令惩罚，历史上并不多见，这足以证明朱元璋对蒲氏及异族痛恨之深。诏禁的结果是，蒲氏族人迁移他乡，改姓埋名另谋生计。1357—1366年间发生于泉州并蔓延闽南的“亦思巴奚”叛乱（最后四年，蒲寿庚的女婿亚兀纳为叛军首领），先是以波斯裔为主的伊斯兰军帮助元朝官府平息民变，后转变为穆斯林派系间的冲突，[86]最终被福建副平章政事陈友定的军队平定。那次战乱不仅加剧了汉族对外裔的仇恨，而且将泉州穆斯林商人群体几近毁尽，所以在明太祖诏禁蒲氏子孙后，泉州穆斯林商基本被清光，海上丝路所依赖的跨国穆斯林海商网络遭到摧毁。

那么，朱元璋禁海跟其对外族的态度有何关系？如前所说，从唐到宋，尤其到元时期，海上贸易跟阿拉伯穆斯林商人几乎画等号，他们是海上丝路的绝对主角。第七章谈到，达昆托等三位教授研究中世纪黑死病期间德国各地的反犹暴力数据发现：[87]700年前屠杀过犹太人的地区，至今还排斥金融。原因就如《尚书大传·大战》所言，“爱人者，兼其屋上之乌”，其反义是“恨屋及乌”：到中世纪中期，欧洲人已把金融跟犹太人画上等号，恨犹太人就转变成仇视、怀疑金融，而且至今如此。同理，在唐宋元时期，阿拉伯商人跟海洋贸易画等号，明太祖因憎恨阿拉伯裔而禁海。

当然，海上丝路连通东海、南海、印度洋和阿拉伯海沿途各国之市场，让跨区域跨国界互通有无、共担风险达到顶峰，其效果应该超出印度铁路网对改善民众应对风险能力的贡献。[88]在明太祖终止海上贸易之后，其影响是否跟清朝废弃大运河一样，带来当地暴力上升呢？尤其是明时期猖獗的海盗冲突现象，到底是“倭寇”所为，还是禁海政策所致？前面说到，历史学者一般认为明太祖禁海是为了堵截倭寇入侵，此解释本身也需进一步验证。下面就简单介绍这类研究。

龚启圣和马驰骋通过统计《明实录》历年的海盗袭击记载，[89]研究了明代的真实海盗袭击历史。从图9.3可以看出，1550—1567年是厉行海禁时期，这也“恰好”是海盗高峰期。为什么会是这样？背后的逻辑是什么呢？其实，这还是“压迫”和“反压迫”力量较量的反映，也是第八章说到的商路断绝与暴力上升间密切关联的另一表现。在海禁时期，海商们被迫走私（不能光明正大地从事海洋贸易），甚至暗中联合官绅一起走私。[90]在1550年前后，朝廷严格执行海禁，在沿海掀起清剿运动：官军频繁在海上巡逻，攻占港口岛屿，拆除贸易设施，逮捕或杀害中外海商。在浙江双屿岛上，1548年末就发生了葡萄牙史书所称的“血浴”事件，数千人死亡。[91]尤其在嘉靖朝（1522—1566年），海禁为史上最严，逼迫海商按捺不住，与地方官府相联合，武装反抗缉私官军，发起了一场海禁与反海禁的战争。

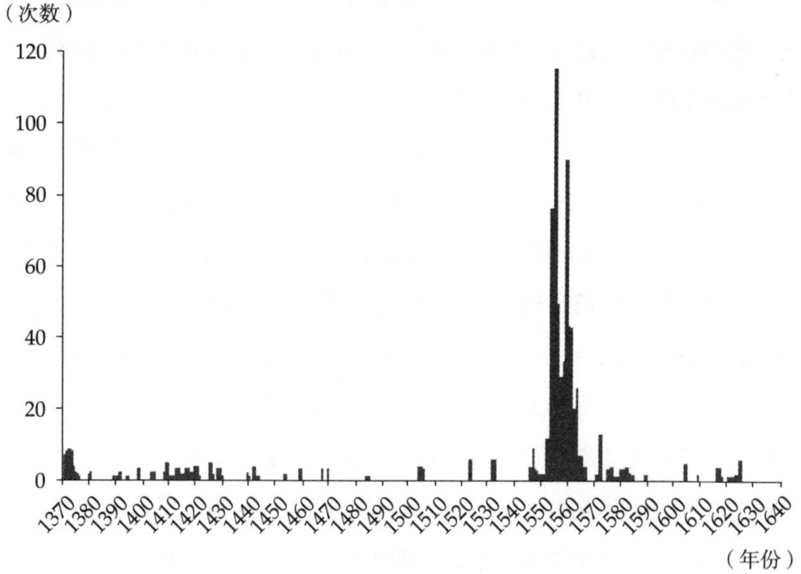

图9.3 明代历年海盗袭击次数 [92]

从图中可以看到，无论是1550年之前，还是1567年之后，每年海盗袭击都在20次以下；然而，在16世纪五六十年代，尤其是16世纪50年代后期与16世纪60年代前期，每年有40次以上的海盗袭击；最极端时，一年有120起海盗劫掠记录！这约20年间另一值得注意的现象是，海盗袭击多发生于贸易中心周围。以当时跨国贸易中的主要大宗商品——丝绸为例，[93]相比其他城镇，丝绸生产城镇周边的海盗袭击频率显著更高。图9.4显示，1550年前和1567年后，两类城镇受海盗袭击的频次并无显著区别；但1550—1560年，产丝城镇被海盗袭击的次数陡然上升到其他城镇的2倍以上；两类城镇间的差距最高时，甚至达到6倍。

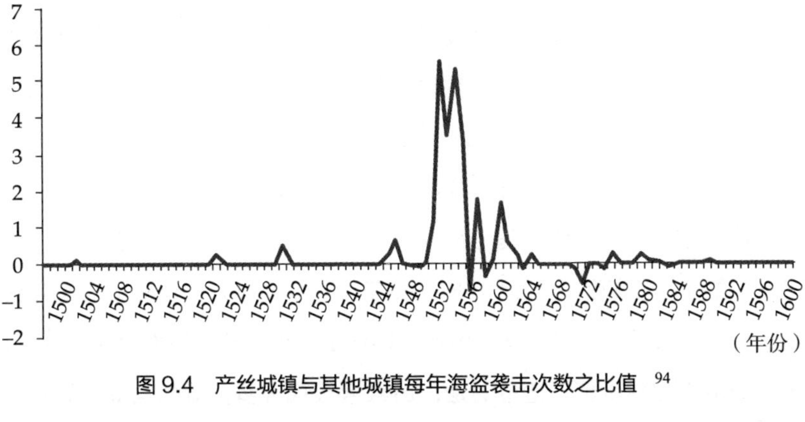

图9.4　产丝城镇与其他城镇每年海盗袭击次数之比值 [94]

借助量化历史方法，龚启圣和马驰骋估算了海禁与海盗袭击间的关系：持续近20年的高压海禁，显著提高了以下三类城镇遭受海盗袭击的频率：一是如前所述，出产丝绸的城镇；二是历史上曾充当过贸易港角色的城镇；三是城市化程度较高的地区（在20世纪50年代以前，这常常也意味着经济更发达的地区[95]）。以城市化指标为例，在控制地理环境、有无饥荒、海军守备、人口密度等诸多因素后，当地城市人口占比每多 1 个百分点，海禁导致的海盗进攻次数就多增 13 个百分点——在市场越发达的地区，长途商贸因海禁被中断后，所遭遇的经济冲击就越重，反抗强度也越高。这些证据表明，海盗暴力上升是因为受海禁政策冲击的海商失去生路所致，这些人主要是沿海本地商人，而非“倭寇”或其他外国人。[96]在明朝强硬执行海禁政策、暴力清海之前，“海盗”首领的身份几乎都为商人。

在谈论海域暴乱成因时，有明朝官员认为“其事主于朝廷而不主于蛮夷”（此处蛮夷指日本），“乃中国自为寇也”。[97]所谓“寇与商同是人也，市通则寇转而为商，市禁则商转而为寇，始之禁禁商，后之禁禁寇”（《筹海图编·卷十一》），严酷海禁断绝了商业市镇里人们的生计，堵截了百姓赖以平滑物资短缺风险的途径，当地人被迫群起为盗——被剥夺商业市场通道后，这些人被赤裸裸地暴露在生存风险之前，反抗成了唯一活路。按照犯罪经济学的话说，被海禁断绝生计后，时人犯罪机会成本极低，而犯罪的总收益又高，因此暴力抗争自然增多。[98]

严厉禁海表面是终止海上商路，实质是断送民众生路，引发暴力上升。[99]之后，隆庆帝（公元 1567—1572 年）放开海禁，让海上贸易合法化，[100]于是盗转而为商，暴力消退，印证了“市通则寇转而为商”，[101]凸显了商业市场的价值。遗憾的是，1644 年改朝为清，新朝廷重推朱元璋海禁政策。到乾隆二十二年，朝廷下令关闭沿海各口岸，仅留广州一口通商，让中国再次与海外世界无关。等到 19 世纪道光帝被迫再谈海运话题，中国已经错失近五百年的海上主动发展机会，而且西方海洋大国已经来到国门口，逼迫天朝开门。

大航海时代与现代跨国贸易体系

16 世纪初，葡萄牙人来到印度洋和太平洋并很快取代阿拉伯商人，成为海上丝路的主导者。这就带出一个疑问：既然穆斯林商人具备那么多组织优势，为什么到 16 世纪他们的身影在海上丝路消失？尤其是 17 世纪后，信奉天主教的葡萄牙商人和西班牙商人也不再主导海洋贸易，改由信奉新教的荷兰人与英国人主导，后者与以新教为主的美国一道建立起我们今天熟悉的全球化体系，这个演变过程又折射出不同文明的哪些特色呢？正因为今天的全球贸易网络对解决人类生存挑战、提升各社会的风险应对力、降低暴力等贡献巨大，这一节就聚焦海上丝路的后续演变。

伊斯兰世界的转型

伊斯兰教于公元 7 世纪初创立后，信众不只是在海洋贸易上表现出色，而且在科学与技术等领域，[102]包括数学、物理、化学、天文、生物、医学等领域，也引领世界，创造过伊斯兰文明的黄金时期。应该说，在公元 750 年之前，伊斯兰社会的科学贡献还不突出，可是在之后的一个世纪里，阿拔斯王朝遵循教义召唤，“我的主啊！求你增加我的知识”（《古兰经》20：114），出资将能找到的各国哲学与科技著作译成阿拉伯文，到处兴建图书馆，创办研究机构，鼓励信众探索科学知识。于是，8—12 世纪，在政府和民间商人的双重资助下，伊斯兰科学创作达到鼎盛，超越其他文明，[103]这跟穆斯林商人引领海上丝路的时期同步。

那为什么伊斯兰文明从 12 世纪开始由盛转衰呢？根据钱尼（Eric Chaney）教授的量化研究，[104]主要原因在于伊斯兰教“逊尼派复兴”

改革，也就是说，公元1055年，逊尼派的塞尔柱土耳其人征服了白益王朝的巴格达，启动史称“逊尼派复兴”的改革运动，这场运动一直进行到两百年后，核心是强化宗教领袖对社会的政治控制权。在那次改革中，争论主要发生在传统派和理性派之间，传统派认为：伊斯兰信徒必须信仰真主是唯一神和《古兰经》，不能用理性去质疑，强调宗教信仰的目的在于为社会建立秩序尤其是道德秩序、树立统治者的地位；[105]当初，先知穆罕默德引领了麦加、麦地那社会，之后由他的追随者治理社会、带来秩序，所以应该回归那种宗教领袖即政治统领的状态。而理性派认为：信徒应该基于理性去反思、质疑一切，不能盲目迷信宗教领袖所言，而是自己与上帝直接对话，[106]这就如16世纪基督教新教改革时马丁·路德所推动的一样（第七章）。其中一位理性派代表阿布·拉泽（Abu Bakral-Razi）就强调：所有像伊斯兰教、基督教这样的“天启教”（revealed religion）都说，上帝通过在人类中挑选的唯一代言人，即“先知”（基督教的耶稣，伊斯兰教的穆罕默德），将福音（伦理规则、人际秩序、神明旨意）传于人间；但这种信念没有道理，因为如果上帝真的要将其本意完整地传于人间，他不应该只选一个代言人，而应该直接讲给天下所有人，以避免唯一代言人的扭曲甚至滥用特权[107]——所以在这位理性派看来，那些基于天启论的宗教都不可信。针对这些挑战，传统派回应道：天下所有人在食物营养和生育权利上都平等，但在知识和能力上因天赋不同而各异，所以上帝要挑选具备特殊天赋的先知，通过先知代表其建立秩序、治理社会、引导文明，否则人间会混乱无序、暴力丛生。由此，传统派将宗教等同于社会治理手段，认为其不该成为人们用理性科学方法攻击的对象。传统派对伊斯兰教的这种解读，强化了宗教领袖在世俗政治中的权力，弱化了世俗精英的影响。[108]

“逊尼派复兴”运动以传统派胜利而告终，理性派被压倒，[109]开启了重构伊斯兰社会的历程。公元1064年，尼札姆·穆勒克成为塞尔柱王朝的宰相，掌控帝国行政大权近30年，利用国家资源修建大量伊斯兰学校、编撰伊斯兰法典等；更重要的是，这些学校以宗教研究与宗教教育为重心，取代聚焦科学研究的旧学校。这样，一方面削弱了基于科学方法质疑宗教的理性派影响，打击了独立思考，另一方面强化了对民众的宗教教化，给他们灌输正统教导和世界观，使其顺服于宗教领袖的政治统治。建伊斯兰学校的初衷不是从事原创性研究或发现新知识，而是注重对《古兰经》《圣训》及各类神学经典的诠释，[110]巩固统治者之权力，其作用类似于汉代以来的儒家私塾，重点在于为统治者诠释儒家经典，而非发现新知。

钱尼教授以量化方法研究了“逊尼派复兴”运动对伊斯兰文明的影响，[111]由于哈佛大学图书馆藏的历代伊斯兰书籍是全球各大学中最丰富的，他将其馆藏穆斯林作者的著作按出版年份、类别（科学类、宗教类还是其他）做划分，然后计算各时期科学类书籍占比、宗教类书籍占比。从图9.5中可以看到，公元7世纪期间，科学类书籍占3%，8世纪也为3%，9世纪上升至7%，10世纪为10%，11世纪为11%，之后逐步下降，12世纪降为5%，14世纪再回归之前的3%，这个占比一直持续到18世纪末。所以，伊斯兰文明的科学研究从12世纪开始由盛至衰。另一方面，在哈佛图书馆的收藏中，公元9世纪出版的宗教书籍占11%，10世纪占12%，11世纪为16%，12世纪为23%，13世纪上升到28%，14世纪为25%，而其中的大量宗教书籍只是对之前经典的诠释，属衍生品。[112]由此看到，逊尼派成功地将伊斯兰世界从追求理性与经济繁荣转型为追求宗教信仰的正统，强化教义教规对个人和社会的规范。

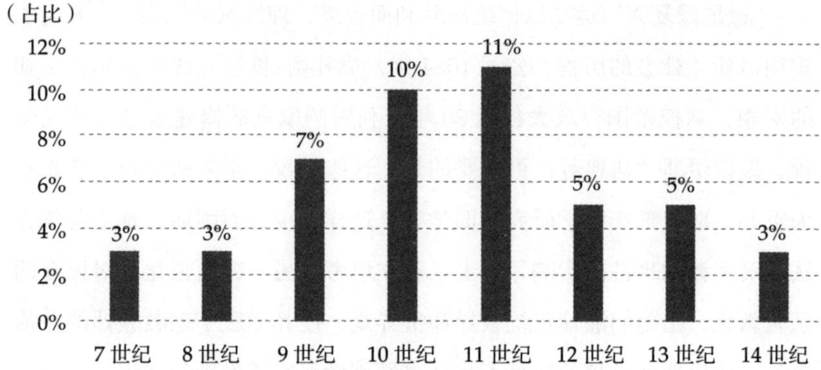

图 9.5　伊斯兰出版书籍中科学类著作占比 [113]

那次改革对伊斯兰世界的学术伤害延续至今。据莫基尔教授的研究，[114]仅 2005 年一年，17 个阿拉伯语伊斯兰国家所发表的科学论文总数，低于哈佛大学一所大学当年发表的科学论文总数；虽然伊斯兰国家人口在 2010 年占世界人口的 23%，但他们在全球发表的 1150 万篇学术论文中只贡献了 2.5%。

"逊尼派复兴"运动的结果，不只是伊斯兰文明从人类科学的领航者位置退下，也逐步使穆斯林商人不再是南海、印度洋和地中海上的佼佼者，[115]让位给信奉基督教的欧洲商人。从这个意义讲，到明太祖 14 世纪后期禁海时，伊斯兰文明的竞争力已经在走下坡路。此外，世俗政治体制质量也逐步退化，钱尼教授以君主执政时间的长短度量一国政体之质量，[116]发现 12 世纪以来，伊斯兰国家政体动荡程度上升，君主平均执政时间持续下降；而之所以如此，一是"逊尼派复兴"使政教合一，二是从 9 世纪后，伊斯兰政权普遍从中亚雇来"马穆鲁克"奴隶士兵为其维护统治，[117]因为奴隶士兵来自异国他乡、本地无根基，对国王尤其忠诚，帮其收税、打仗、维护秩序，这些都使宗教领袖作为统治者的权力更加集中，增加了其他人政变夺权的激励。

欧洲人来到印度洋

就在伊斯兰世界走下坡路之时，基督教欧洲在走向强盛。第六章谈到，《新约·启示录》第 20 章告诉信众，公元 11 世纪耶稣受难千年日即为世界末日，天地毁灭，人人将面对基督的终极审判。教会说，朝圣帮助赎罪，参与圣战更能赎罪，于是欧洲各地基督徒从公元 10 世纪开始，踊跃前往耶路撒冷朝圣，甚至加入十字军东征。这些朝圣运动带来的意外收获是：启动了欧洲的商业革命，因为众多信徒的长途朝圣旅行一方面带来各种服务需求，使沿途经济得到发展，另一方面让他们体验到沿途的异乡异物，激发跨区域贸易。这些经历进一步印证了斯塔克所说："只有真正的唯一神，能通过宗教圣旨激发出超乎想象的创举"。[118]罗伯特·洛佩兹（Robert Lopez）称，至 13 世纪初，因朝圣而激发的欧洲跨区商贸网已如此广泛，互通有无程度之高，即使一地区发生自然灾害，也鲜有大规模饥荒出现。[119]

另一影响历史进程的事件是，1275 年，威尼斯人马可·波罗跟随父亲、叔叔一行到中国传教（参见第六章），周游中国十七年后，1295 年回到意大利，写下《马可·波罗游记》，生动讲述了在中国和印度的所见所闻。这本书很畅销，成为西方人系统了解东方的第一本书，也从此影响欧洲大众文化，激发了无数西方青年对中国的向往。

由此，至中世纪后期，许多西方青年渴望去东方探险。可是，那时打通东西方的陆路太远、要费时好几年，而地中海经陆路到红海、印度洋的海道又被阿拉伯穆斯林海商控制，十字军东征后基督教与伊斯兰教之间的仇恨使传统海道对欧洲人禁行，他们必须探索新的航路。怎么办呢？公元 15 世纪末期，意大利热那亚人哥伦布有个猜想，认为从大西洋往西航行可以更快到达东方。在西班牙王室资助下，哥伦布带着三艘船组成的探险队，于 1492 年 8 月由西班牙启航，在大西洋上向西航行两个月后，到达美洲大陆。他喜出望外，以为真的快速到了印度，甚至把当地人叫作“Indians”（印度人，也因此中文如今还称他们为“印第安人”）——虽然这个惊喜是个错误。可无论如何，他们发现了新大陆，开启了大西洋贸易史。

一石激起千层浪，这一消息很快传遍欧洲，使西班牙的劲敌——葡萄牙深感压力，担心落伍。1497 年 7 月，葡王室派遣瓦斯科·达伽马（Vasco da Gama，1469—1524 年），组织四艘船、170 名水手，朝另一方向寻求通往印度的海路：由里斯本出发，沿大西洋海岸线向南，绕过非洲好望角，入印度洋，经莫桑比克等地，于 1498 年到达印度西南部的卡利卡特（半个多世纪前，郑和下西洋停泊过的地方）。这次航行途中，葡萄牙船队受到穆斯林商人的敌意排挤，但达伽马清楚自己人数有限，尽量避免正面冲突。在卡利卡特 3 个月后，眼看要与穆斯林发生冲突时，他选择赶紧返回葡萄牙。1499 年 9 月船队回到里斯本时，只剩下两艘船、54 名活着的水手，其他 2/3 的水手死于病毒感染和沿途武力冲突。

第一次成功航行后，葡萄牙王室于公元 1500 年派出由 13 艘海船组成的第二支探险队，以卡布拉尔（Pedro Alvares Cabral）为领队，势力比之前大很多。这次，船队火炮装备精良，尽是亚洲人难以应对的热兵器：

每艘葡萄牙大帆船乘载三十人，下有四门重型火炮，上有六门旧式小炮，其后甲板和舰首共放置了十座旋转炮，当中两门旧式小炮向船尾发射。各货船的武装中，甲板下装有六把枪、在尾楼甲板装有两把手枪，上面还有八门旧式小炮和多座旋转炮，桅杆前再装有向前发射的两门小炮，而主要货船的火炮装备还会更重。[120]

出航前，国王给卡布拉尔指示：一是夺取海上见到的所有阿拉伯商船及其货物，因为他们是天主教的敌人；二是带去给卡利卡特国王的问候，不要伤及印度人的船和物；三是要求卡利卡特国王将所有穆斯林赶走；四是运回大量香料。[121]武装船队一到印度卡利卡特港，就立即遭到阿拉伯穆斯林商人围攻，50 名葡萄牙水手被打死。愤怒之下，卡布拉尔下令回击，烧毁 10 艘阿拉伯货船，打死船上 600 余名商人与水手，战斗进行了两天两夜。等他的船队满载香料返回里斯本时，获利丰厚，葡萄牙王室欢喜不已！

接下来的 20 年，葡萄牙全面布局印度洋，建立从东非海岸到波斯湾与印度要港、中国澳门、日本长崎港的海防要塞网。1505 年，葡王派遣阿尔梅达（Francisco de Almeida）带船队去非洲，先是炮轰索法拉港（Sofala），从阿拉伯商人手里夺下这一关键商业港，再进攻基尔瓦港（Kilwa），这两个港口曾是阿拉伯商人在东非经营金银、珍珠、香水、陶瓷的重地。阿尔梅达在那里建立海防要塞，然后前往印度康坎海岸（Konkan）、阿拉伯红海亚丁港（Aden），也建立要塞，控制其海域。葡王对于控制亚丁港尤其重视，他在写给阿尔梅达的信中说："没什么比在红海出口附近建立要塞更重要…… 通过关闭红海出口，让阿拉伯人再也无法运入香料，也让印度人知道除了跟我们做贸易外，别无选择！"[122]公元 1510 年，阿尔伯克基（Afonso de Albuquerque）带领的武装船队在印度夺得果阿（Goa），建成葡萄牙在印度西海岸的最主要殖民地港口，负责处理印度与非洲、波斯湾的马匹及其他商品贸易；1511 年，夺取马六甲海峡，控制印度洋和南中国海间的关键要道；1515 年，进一步抢占波斯湾的出海口——霍尔木兹港，建立海防要塞，掌控波斯商船进入阿拉伯海、印度洋的必经海口。至此，葡萄牙人通过武力，将印度洋最有价值的港口都囊括手中。1516 年，佩雷斯特罗（Rafael

Perestrello）从马六甲启程去中国，做试探性贸易之旅，在获得丰厚利润后，次年再组建正式葡萄牙船队前往广州，希望打通与明帝国的贸易关系，但葡萄牙船员在广州的粗暴行为招致武力冲突，双方各死伤数人，葡萄牙人被赶出广州；1522 年他们转往泉州 、宁波及周边诸岛，一方面定居传教，另一方面开辟丝绸茶叶商道，但与明廷关系一直紧张，1548 年还在双屿岛上发生清剿葡萄牙人的"血浴"事件，数千人死亡。[123]最后，明廷于 1557 年做出妥协，同意将澳门作为葡萄牙人的商贸与居住基地。[124]

努力进一步巩固和扩张后，如图 9.6 所示，到 1580 年葡萄牙人建立的海洋帝国网已经覆盖阿拉伯海、印度洋、南太平洋和西太平洋。一个人口不到 140 万、经济资源贫乏、在欧洲历史上被边缘化的小国，却能称雄两大洋的海道，连当地海商也不得不年年缴费，从其处购买商船通行证，否则会被禁入海，连赢利最好的香料贸易也多半留给葡萄牙人专营。为什么葡萄牙能征服这么多传统古国，就连阿拉伯和波斯海洋强国也被迫屈服呢？首先，印度、中国等这些传统亚洲帝国都是依附土地农耕而起，对海洋、海战不屑一顾，给欧洲人留下巨大空间。其次，虽然西亚的阿拉伯和波斯人长于海运，曾经称雄海上，但在葡萄牙人到来之前，印度洋和太平洋的海道不在任何国家的主权控制之下，也无海军巡逻，海洋完全开放，商船自由航行，除防范海盗外，船员不用担心与其他商队的武力冲突。因此，过去的海商武装准备不多，而葡萄牙人一到，就与穆斯林商人开战，武力强夺港口和海道，终结了之前的无武装海洋贸易时代。再者，葡萄牙人有热兵器枪炮优势。虽然中国在公元 9 世纪发明火药、13 世纪发明火枪，但这些技术于 14 世纪传到欧洲后，得到快速改进，[125]至 16 世纪初葡萄牙人来到印度洋、南海时，其枪炮实力太强。按照加雷特（Richard J. Garrett）的说法，到亚洲的葡萄牙人这么少，如果不是枪炮优势，他们怎么可能不被击败，更别说占据两大洋之海道了。[126]炮舰差距不仅让亚洲国家难以防守自己的海岸与港口，也无法护卫本国出海的商船。

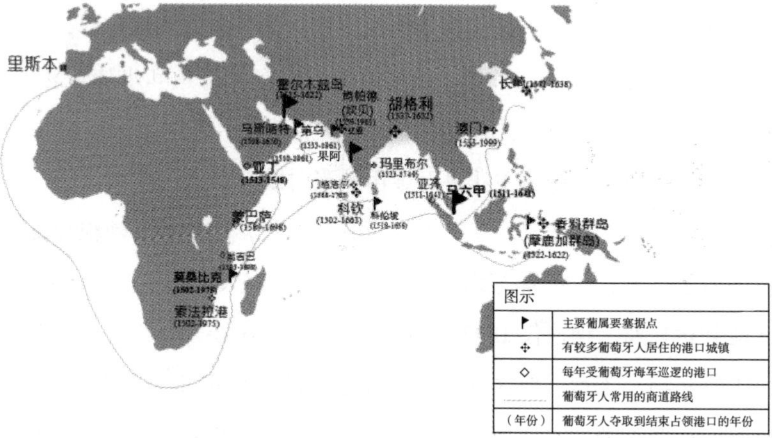

图 9.6　葡萄牙海上帝国布局（1580 年）[127]

葡萄牙人信奉天主教，阿拉伯商人信奉伊斯兰教，在组织力和凝聚力维度上不相上下。但是，穆斯林商人的海上贸易是私人行为，非君主或国家所为，所以他们需要依赖商帮提供的跨期信用，通过贸易金融做大规模，而葡萄牙船队航行是国王派遣、由王室出资的国家行为，是军事扩张与商业利益的组合。比如，1500 年卡布拉尔船队、1505 年阿尔梅达船队都由王室出资，而不是从里斯本商人间做贸易融资。正因为此，葡萄牙人来到印度洋，其背后的融资能力、风险分摊范围和武装支持力度，都强于私自而为的阿拉伯商人和其他亚洲民商群体。在 1505 年，葡王宣布印度洋香料贸易由葡萄牙皇家专营[128] ——意味着印度洋及西太平洋贸易的丰厚收益基本由葡王室独享。

荷兰人与英国人何以后来者居上

16 世纪初，葡萄牙人取代穆斯林商人，成为阿拉伯海、印度洋与西太平洋海路的新主人。1641 年，荷兰人从葡萄牙人之手夺取马六甲海峡的控制权，标志着海上丝路易主。那时，荷兰人口约 150 万。

荷兰人的长程海运技能源于地理因素。荷兰地处北海南岸，天然资源缺乏，土地贫瘠不利种植，很早就被迫以海上捕鱼和水陆贸易谋生。1586—1593 年，意大利托斯卡纳经历多年旱灾，饥荒持久，出生率大降，[129]导致托斯卡纳君主花百万金币从当时欧洲最大的粮食市场——阿姆斯特丹——购置大量小麦、黑麦及其他谷物，但是数万吨粮食要从波罗的海港口出发，穿越波罗的海，绕进北海，经大西洋南下，入地中海，才能到达托斯卡纳，仅 1593 年就海运了 1.6 万吨小麦、黑麦，这在当时可不是一项小工程。但这种运输量对荷兰海商不是问题，[130]在他们的努力下，托斯卡纳的灾害冲击得以缓和，出生率重新回升。那次经历再次佐证了跨区商贸提升人类应对风险能力的命题。

灾荒之下，运费再高，托斯卡纳也不得不支付，这让荷兰海商赚得盆满钵满，而且他们将粮食运到意大利卸货，回程时从托斯卡纳或里斯本购进二手亚洲香料，转销阿姆斯特丹等北欧市场可再赚一笔，由此获得亚洲香料的高利润。在托斯卡纳灾情过去后，从波罗的海往地中海运粮的利润率下降，这就迫使荷兰海商重找出路。虽然荷兰人之前没有直接去印度洋进行长途贸易，但他们打听到，从欧洲进货皮革、羊毛、棉纺等商品，销往东方，然后回程载上亚洲香料，卖到欧洲市场，会比来往波罗的海与地中海更赚钱！[131]于是，从 1593 年开始，荷兰商人借助从地中海贸易积累的利润，相继参股组成不同股份有限公司，分别探索前往西非、然后东非、进而东印度群岛的海道，挑战葡萄牙人对印度洋香料贸易的垄断。

1595—1602 年，荷兰各地冒出多家东印度贸易公司，共组织了 16 批船队，带着发财梦前往印度洋。其中，仅 1598 年就有 22 艘商船离开荷兰，但后来只有 12 艘回来，其他毁于途中。[132]早期尝试中除个别公司赢利外，其他都损失惨重，如果算上所牺牲的船员生命，损失就更重。在荷兰王子和政府干预下，1602 年多家公司合并为一，组建为后来著名的“荷兰东印度公司”（VOC）。[133]这家公司在政治和军事上，代表荷兰国家利益，得到武装支持，但它又是一家商业企业，完全由享有有限责任的股东出资，由管理团队经营，目的是赚钱分红和股价升值；公司的出资方和管理方不是同样的人，而是按照所有权和经营权分离的方式运营。

荷兰东印度公司随即派船队前往印度洋，船队得到的指示是：“不管在哪里，只要看到葡萄牙人和西班牙人就攻击”，[134]挑战葡萄牙对海上丝路的垄断。荷兰东印度公司的第一场胜仗是 1605 年在印尼攻下葡萄牙驻地——安波纳岛（“香料群岛”之一），该岛成为该公司的第一个亚洲总部；次年，进攻葡萄牙的马六甲要塞，但遭遇大败，死伤惨重；在东非也未能攻下葡萄牙的重要海港——莫桑比克等。经过 30 余年的重整后，至 1641 年 1 月，荷兰东印度公司终于攻克马六甲这一关键要塞，1656 年、1663 年再分别夺取印度南部的葡萄牙属科伦坡港和科钦港。至此，荷兰人取代葡萄牙对印尼群岛、锡兰以及除果阿以外的印度港口的控制，全面垄断香料、糖料、胡椒贸易。其间，荷兰东印度公司还陆续在波斯、莫桑比克、孟加拉国、泰国、印尼、马里塔斯、柬埔寨、越南、日本长崎、中国台湾建立殖民地或贸易据点。其中，台湾于 1624 年被荷兰人占领，后于 1662 年被郑成功收复。

这个结局自然引出问题：同是西欧小国，同为海洋强国，皆有坚船利炮，荷兰人为何能制胜葡萄牙人和西班牙人，称雄阿拉伯海、印度洋与西太平洋？其中的经验与教训不仅能帮助我们理解如今的世界秩序和全球化商业网的来历，也能加深我们对制度文明的认知。尤其是考虑到在16—17世纪中期葡萄牙与西班牙分别从亚洲、美洲运回大量金银财宝，但从17世纪中期开始，两国每况愈下，先是让位给荷兰，后来由英国、美国接连称雄，这些映射出的背后规律都值得了解。我们可从两大方面剖析：一是贸易融资与风险配置，这又涉及跨期承诺问题；二是治理结构，即分权还是集权治理。

第七章谈到，16世纪正值新教改革时期，葡萄牙与西班牙继续紧跟天主教，而荷兰、英国选择加尔文新教，这一宗教差别影响了这两组国家的海洋贸易模式选择。天主教文化历来以教廷集中控制一切为特色（所以才导致马丁·路德的新教改革），于是如前所说，葡萄牙和西班牙都由君主出资进行海上扩张，利润全归王室，风险也由王室承担。但新教文明下的荷兰人从一开始，就是自下而上地从事海上贸易，不指望王室或政府出资，而是商人自筹，即当初阿拉伯穆斯林商人碰到过的集资问题。当然，荷兰商人也可以像后者那样，通过赊账或结伙模式融资、分摊风险，但穆斯林商人在之前败给葡萄牙人，已经证明那种融资模式的竞争力不如国营模式。尤其是，当初穆斯林商人不需要重型武装，但葡萄牙控制海上丝路后，热兵器武装成为必需，所以荷兰商人必须找到规模更大的融资手段。16世纪后期，荷兰商船主要穿越于波罗的海与地中海之间，路途来回几周时间，小船加少数船员即可，所需资金少、风险低；但是亚洲贸易来回时间至少也要一年半，风险大，需要大船和众多船员，每只船的资金投入要多3倍左右。[135]

荷兰人的创新在于推出“股份有限责任公司”及其股票交易市场（第十章再谈古罗马时期的早期股份有限公司及其股权交易），[136]即私人可出资参股，股东责任以所出资本为上限，利润由股东分享。股份有限责任公司跟传统合伙企业组织的区别在于以下三方面。

第一，传统企业一般是无限责任，而股份有限公司是有限责任。也就是说，即使公司经营失败、亏损巨大，股东的损失最多不超过已注入公司的资本。“有限责任”这一点至关重要，是现代公司制度的核心原则之一，因为这等于把公司跟股东在人格上、财务上、责任上进行隔离，既保护了股东，让股东个人不至于受累于公司，也保护了公司，使其不受累于股东的债务和行为。“有限责任”派生出公司在法律面前作为独立法人的身份，使公司跟自然人一样，享受法律的保护。相比之下，传统企业因为跟自然人股东捆绑在一起，没有独立的法律人格，其生命力有限、跟创始自然人的生命连在一起，所以有“富不过三代”之说。

第二，正因为在有限责任下公司具有独立的法律人格，所以它能有独立的章程和各种行事规则，聘用职业经理人，实现经营权与所有权的分离，股东享有财产权和收益权，但掌握经营权的可以是跟股东无血缘关系的职业经理。这样，公司经营团队可以在大范围去招聘，应聘者不一定与股东有血缘关系，让公司更可能找到最称职的管理人。

第三，传统家族企业或合伙企业的股权一般不能自由买卖，而股份有限公司的股份可以在自然人或法人之间进行交易转让。有了股权交易，股东就可选择“用脚投票”，产生股权价格，这种股权交易定价等于对公司经营决策的外部评估：好的决策会受到投资者欢迎，其股价上涨；坏的决策会立即招致抛售、受市场惩罚，股权交易就成了公司决策及其前景的晴雨表。相比之下，传统家族企业的股权因为不被交易，也就没被评估定价，即使管理者出现严重错误，也没有机制迫使其纠正。

在以上特点之下，公司制度让大量外部投资者放心出资，扩大融资范围和规模。有了这种创新，荷兰东印度公司能达到的融资规模可远超葡萄牙王室与西班牙王室，更远超之前的穆斯林商帮。无怪乎 20 世纪初美国著名经济学家、哥伦比亚大学前校长尼古拉斯·巴特勒（Nicholas Murray Butler）教授说，“股份有限责任公司是近代人类历史中单项最重要的发明。如果没有它，连蒸汽机、电力技术发明的重要性也得大打折扣”。[137]钱德勒认为，正是由于股份有限公司这一工业组织创新，美国从19世纪开始才发展出非人格化的工业资本主义，法人公司带来技术革命，将生产与销售的规模和范围推向新高。[138]早在19世纪晚清洋务运动时期，薛福成在《论公司不举之病》中评论道：

西洋诸国，开物成务，往往有萃千万人之力，而尚虞其薄且弱者，则合通国之力以为之。于是有鸠集公司之一法。官绅商民，各随贫富为买股多寡。利害相共，故人无异心，上下相维，故举无败事。由是纠众智以为智，众能以为能，众财以为财。其端始于工商，其究可赞造化。尽其能事，移山可也，填海可也，驱驾风电、制御水火，亦可也。有拓万里膏腴之壤，不藉国帑，藉公司者，英人初辟五印度是也；有通终古隔阂之途，不倚官力，倚公司者，法人创开苏彝士河是也。西洋诸国，所以横绝四海，莫之能御者，其不以此也哉？[139]

可见，薛福成认识到，西方之所以强大，在于他们有汇集大量资本、“集中力量办大事”的方式，即股份有限公司。他说，“公司不举，则工商之业无一能振；工商之业不振，则中国终不可以富，不可以强”。两位学者在分析荷兰东印度公司的档案及其股票交易数据后，[140]发现：荷兰东印度公司股票的持续活跃交易（二级股票市场）对公司的规模融资需求至关重要，因为在荷兰东印度公司股票流动性极高的情况下（即不需支付高额交易成本也能随时出手），众多投资者愿意将大量资本投于荷兰东印度公司，也可将股票作为抵押进行衍生贷款融资等，其股票流动性越高，所能带来的融资面越广、融资量越大。

通过发行股份有限责任公司的股票融资，不仅提升集资量，而且帮助在众多投资者间分摊风险，这也是荷兰东印度公司成功的关键，其股东遍及荷兰，甚至远到德国汉堡和科隆、比利时安特卫普。[141]股权融资，即“众筹”模式，带来的“总体风险大，人均风险小”的分摊效果，是王室独揽一切的国家融资模式所不及的，更超越穆斯林商人的贸易金融模式。虽然王室可以比任何个人和家族都富有，但还是难以胜过众人财富之和，更何况集权在手的君主难以避免腐败和决策失误，也受国与国战争的冲击。在荷兰人来到印度洋之前，西班牙国王菲利普二世于 1580 年征服葡萄牙，将其归于西班牙治下，因此一直到 1640 年葡萄牙恢复独立以前，葡萄牙控制的阿拉伯海、印度洋和西太平洋实际在西班牙控制下，西班牙王室的财政状况直接影响葡萄牙对印度洋的掌控程度。而在此期间，西班牙王室分别于 1575 年、1596 年、1607 年、1627 年、1647 年、1652 年和 1662 年多次国债违约，[142]财政破产，甚至在 1599—1628 年多次往银币中掺假，以给王室创收。[143]在欧洲“三十年战争”（1618—1648 年）期间，西班牙耗资巨大，结果大败于法国手下（1636—1659 年），[144]无暇顾及印度洋事务。这些状况凸显了国家经营海外贸易的风险，给荷兰夺取印度洋与西太平洋的制海权提供了可乘之机。当资金来源过于集中，哪怕出资方是皇家王室，也未必能源源不断，风险未必是其单方面能承受的。“众筹”分摊风险是荷兰战胜葡萄牙的关键优势之一。此外，众多股东参与股份有限公司的重要投资决策，可以减少赔本投资决策的频率，降低亏损风险，而君主出资并集权决策的模式更容易犯错误，加大失败风险。

英国加入大西洋、印度洋和西太平洋贸易竞争的方式跟荷兰类似，不是由皇家出资发起，而是民间通过股份有限责任公司股权融资进行。第一个这类公司是1555年成立的“莫斯科公司”（The Muscovy Company），[145]设立目的是组建船队，探索从大西洋往北穿过俄罗斯、走向中国与印度的航线，最后以失败告终。1584年成立的“弗吉尼亚公司”（The Virginia Company），从700多个股东处融到大量资金，招股书声称，公司成立的目的是开发北美，展开横跨欧洲、非洲、亚洲与北美间的贸易，并扩大英国在美洲的势力，与西班牙抗衡。该公司后来建立了今天美国的弗吉尼亚州等殖民地。其他诸如“马萨诸塞公司”（The Massachusetts Company，开发了今天美国的马萨诸塞州）、“宾夕法尼亚公司”（开发了今天美国的宾夕法尼亚州）、“非洲公司”等海洋探险公司，均是那个期间在英国成立，在发展北美殖民地中唱主角。其中最成功的要算1599年成立的“英国东印度公司”（The East India Company），其创始股东80人，选举15人组成董事会。但公司总裁人选，伊丽莎白女王坚持要一位她信得过的公爵担任，但股东们坚持说：“我们不要一位绅士，而要一位跟我们同类的人担任总裁。”结果，商人股东们赢了。到1600年12月，英国东印度公司股东增至218人，并正式得到了印度洋和太平洋贸易的专营权；1601年2月，公司第一批船队驶向印度，两年半后回到伦敦时，给投资者带来丰厚回报，为公司之后的多次增资扩股奠定了基础。[146] 1639年，英国东印度公司夺取印度东岸港口——马德拉斯，后来将其拓展为欧洲人在印度控制的最重要货物港口。1661年，在压力之下，葡萄牙将孟买的控制权移交给英国东印度公司。到18世纪初，该公司所代表的英国势力取代荷兰，称雄印度洋，并成为印度国内最强的政治与经济势力。此后的一个多世纪中，英国东印度公司继续在印度洋和太平洋大显身手，与法国和葡萄牙的力量较量，一直到1873年该公司被英国政府取消为止。

当然，荷兰和英国依赖“股份有限公司”众筹及股票交易为海上探险分摊风险，但问题是这些跨期承诺靠什么执行？尤其是由大众交易的证券是非人格化金融契约，对执行机制的要求远比人格化金融契约高。正如笔者在其他论文中所谈到的，[147]这涉及宪政对权力制衡的问题，因为为了保证证券发行方和投资方的权利平等，立法、执法和司法必须是中立的；而如果像葡萄牙、西班牙那样，君主是海上贸易的最主要受益者并通过其参与的公司发行股票融资，那么代表国家权力的立法、执法和司法机构就难以中立公允，作为个体的投资人就会对自己的权益感到不安全。这也是为什么由君主经营海上贸易的葡萄牙和西班牙难以模仿荷兰、英国，改为由股权金融为海外扩张融资。拉斐尔·拉波尔塔（Rafael La Porta）等基于现代国家的证券市场发展经历，[148]研究发现：新教国家（司法一般按判例法）的资本市场比天主教国家（司法基于成文法原则）的更发达。这一发现跟本书第七章的结论一致，道理在于，新教国家的权力分散度高，立法、行政和司法的相互制衡多，彼此干涉少，而天主教国家沿袭了教廷控制一切的文化传统，让权力集中掌握在君主之手，尤其在现代民主法治体系建立之前的16—19世纪，这些国家的君主普遍享有绝对权力。也因为这种差异，荷兰、英国的海上贸易由民间通过股权融资自发而为，葡萄牙、西班牙由君主出资按国营模式进行。

这种差异不仅导致荷兰和英国在印度洋、太平洋和大西洋后来居上，而且对两组国家的后续发展影响深远。图9.7给出这四个国家自1500年以来的人均GDP（按1990年美元计）变迁。1500年时，英国、荷兰、西班牙和葡萄牙的人均GDP不相上下，到1870年时英国的人均GDP是葡萄牙的3.2倍、西班牙的2.3倍，荷兰的人均GDP也为后者的2倍以上。对此，传统解释是，从哥伦布1492年发现美洲大陆后，欧洲国家从美洲、印度洋和太平洋殖民地掠夺，靠炮舰维持的压榨模式使欧洲崛起，但实际并非如此简单。如果说西班牙与葡萄牙如此，会更为贴切，西班牙抢先占领墨西哥等所在的自然资源丰富、气候温和的中美洲和南美，使其沦为殖民地，为欧洲种植棉花、蔗糖，夺走金银矿藏，而葡萄牙则占下巴西、东非、波斯、印度和马来半岛，致力于为王室摄取财富，而不是发展当地社会，这就是德隆·阿西莫格鲁（Daron Acemoglu）和詹姆斯·罗宾逊（James Robinson）所称的"攫取式"（extractive）殖民模式。[149]等英国人、荷兰人于16世纪后期赶到美洲时，只能到气候相对恶劣、资源缺乏的北美，他们无法靠采矿金银摄取财富。这两组国家的海上贸易治理模式也不同，西班牙、葡萄牙船队都为其王室效劳，由王室集权治理，但王室身在欧洲，对各殖民地社会本身的兴趣有限，所以榨取财富是首务；而英、荷由商人以股份有限公司方式运作，各公司经营属地，分权治理，他们为了股东利益而有激励开发当地社会，更呈现"包容性"（inclusive）发展。也就是说，在一定程度上，天主教与新教在集权与分权治理理念上的差别，加上王室出资与股权融资的不同做法，带来上述长期发展结果的分流。

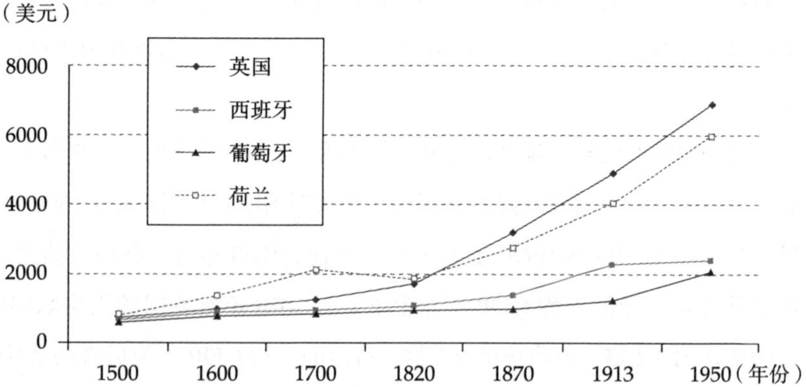

图9.7 大西洋贸易国的人均GDP变迁[150]

为进一步解释这些长期分流的起因，阿西莫格鲁、西蒙·约翰逊（Simon Johnson）和罗宾逊三人在 2005 年发表的研究报告中，[151]对比了西欧、北欧、东欧和亚洲国家自 1500 年以来的经历，发现以下几点。第一，西欧国家人均 GDP 增长高于东欧和亚洲国家。第二，在西欧国家中，哥伦布地理大发现之后，参与大西洋或印度洋贸易的国家，增长幅度高于没有参加海洋贸易的国家（比如意大利、德国、瑞士、比利时、瑞典、丹麦、挪威）。1500 年时，大西洋贸易国的平均城市化率为 10.1%（低于其他西欧国家的 11.4%），但到 1850 年升至 24.5%，远高于其他西欧国家的 17%。以人均 GDP 做对比，结论一样：1500—1820 年，大西洋贸易国人均 GDP 翻了两倍，而西欧其他国家则只累计增长 30%！第三，在参与大西洋或印度洋贸易的欧洲国家中，君主权力在 1500 年前就受到一定制约的国家（英国、荷兰），在之后的发展速度高于君主享有绝对权力的国家（西班牙、葡萄牙、法国），前者的海上贸易靠民间股份有限公司进行，后者由君主操控，靠国家经营。

在熟悉第八章关于跨区市场促进收入增长并改善风险应对力的证据之后，前两个结论属预料之中。但对于第三个结论，阿西莫格鲁等给的解释是这样的：由于英国、荷兰的君主权力在 1500 年前就相对受制约，参股大西洋、印度洋贸易公司的股东众多（包括二级证券市场买股票的投资者），这种包容性模式让非贵族的中产阶层也能分享海上贸易利润，培养新富，而这个群体珍惜私人财产，不希望被王室随意征税或以其他方式变相剥夺、侵占。因此，包容性发展海贸的结果是增加君权制约，促成良性制度创新，使行政和司法更加中立，提升跨期承诺的可靠性和可信度。具体到英国的场景，阿西莫格鲁等估算，1575 年前的海贸公司平均获利甚微，1576—1600 年每家公司年均获利 4 万英镑，1601—1650 年上升到 20 万英镑，1701—1750 年增至年均 170 万英镑。对于当时的英国人而言，拥有1万英镑个人财富就算相当富有，新富阶层主要通过对议会的影响来跟王室进行博弈。1629年，当时的国王查理一世一气之下解散议会，由他在无议会约束下统治英国。随即，他开始加税，引发商人阶层的不满，1642年爆发英国革命。1660年查理二世复辟，1685年他的弟弟詹姆士二世继位，试图恢复王室的各种专制特权，包括掌控贸易专营权，随后引发1688年的光荣革命。其间，除了詹姆士二世被赶下台以外，议会还得到恢复，并由新议会请荷兰籍王子——威廉三世与妻子玛丽（詹姆士二世的女儿）——联合成为英国国王，从此王权被关进笼子，王室财政与国家财政分离，征税权等由代表公民利益的议会掌控。[152]世界第一个宪政法治国家就这样诞生，为大众证券市场的深化发展奠定了更好的制度基础。

相比之下，大西洋与印度洋贸易并没改变葡萄牙、西班牙的政治格局。如果有，那也是因为从北美运回的财宝和从亚洲贸易带来的利润都归王室，强化了王室的集权，而不是催化良性制度变革。于是，从18世纪开始，世界贸易秩序和海上商路由大英帝国主导，这个格局持续到20世纪初美国称雄世界为止。

海上丝路历史的启示

第八章的齐内曼人、印度铁路、清代中国等例子，佐证了一个基本道理：跨区商贸市场有助于收入增长，也有利于平滑民众的消费风险，使灾害不至于造成动乱。中国古代海上丝路是一个“不情愿”发展起来的南海贸易网络，于战国时期启动，但到西汉才出现于正史记载中，之后的汉族王朝罕有主动推进；海上丝路在元朝达到鼎盛，但在明初朱元璋时退出。这些“不情愿”和海禁，导致在20世纪之前中国没能参与世界秩序的组建。

再回头看，古代海上丝路在当时提供了互通有无的通道与平台，给时人以福利，但给后世留下的长久影响是什么呢？相对而言，可能给中国留下的比较多，比如伊斯兰教、基督教、阿拉伯航海术、伊斯兰科学、扶兰音乐，都经海上丝路来到中国，至今还影响深远，佛教也因海路在中国扩散得更广更深。而对于沿途国家，古代海上丝路给朝鲜、日本和越南留下了儒家文化、佛教，但相比之下，中国给印度洋、阿拉伯与波斯、东非的沿途国家留下的似乎有限。[153]也就是说，如果把明代之前基于海上丝路的贸易网络叫作古代中国的“朝贡帝国体系”，把哥伦布发现美洲大陆之后发展的大西洋与印度洋贸易网络叫作近代西方的“市场帝国体系”，那么我们今天所生活和依赖的世界基本来自后者，而非前者；海上丝路给中国留下的影响，多于中国给沿线其他国家的影响。我们可从几方面理解古代海上丝路带来的经验和教训。

其一，从古代中国的角度看，海上丝路只是商品交换，其他不多。华商在广州、泉州把丝绸陶瓷卖给阿拉伯商人、波斯商人等，也在中国港口从蕃商那里购进舶来品，至于他们怎么运来，又如何将丝绸陶瓷运走、卖到哪儿，都是蕃商之事，华商在宋代以前似乎介入甚少；“南海蕃舶，本以慕化而来”，在这种“外商来华、有求于我”的心态下，海上丝路更多是“单边的”，是外方主动、主导，而中方是被动回应，无兴趣认知、了解对方。这一特点至今仍然存在，当下一些中国公司去非洲、拉美、中亚、西南亚，员工多居住在自建小区，甚至封闭式自居，说中文，食中餐，不与当地社会来往，也漠视他们的文化。如果只是纯商品交换与投资交易，而无其他交流，那么最终难给当地社会留下文化等非物质维度的影响。以往，学者根据甲国商品在何时已经卖到了乙国，就判定甲国文化在那时就影响了乙国，这种判断显然未必总成立，因为如果物品是乙国商人去甲国买进，甲国人从没直接去乙国，那么甲国输出的只有物品，而物品只有工具价值，甲国未必对乙国有文化等维度的影响，甚至也不了解乙国的文化风情。韩森教授说，一位学者检查了1000件制于7世纪至13世纪且至今还留存欧洲的丝绸品，虽然都注明“中国制造”，但实际只有一件真正从中国进口，其他都产于拜占庭帝国，[154]难以想象这些丝绸品因为有“中国制造”的标签就能将中华文明带到欧洲。

其二，儒家文明源于农耕、立足宗族，所以强调安土重迁，免居异国他乡；而伊斯兰教则反之，《圣训》强调“死于异乡者，即为壮烈之死”，鼓励信众外出传教。由于儒家文明与伊斯兰文明的这种差异，一直到9世纪末期黄巢起义失败、余部逃亡东南亚以前，没有华人定居南亚或更远异国，即使到元朝，也主要是因朝代更迭而被迫逃亡的少数华人居住东南亚，在阿拉伯、波斯、印度或东非都无“唐人街”。[155]根据王赓武的研究，在15世纪初期之前，官方史料从没提到过海外华侨社区，15世纪初提到两个华侨社区：一个是在爪哇岛的东北海岸，居住着一些明初逃离泉州的穆斯林商人（包括已经汉化的阿拉伯裔）；另一个在苏门答腊，主要是来自广东和福建的华商。而这两个华侨社区都是因为朱元璋禁海之后出海经商，不能或者不敢再回乡，只好定居海外。尽管到16世纪末，海外华侨社区已经不止这两个，但王赓武认为，当时华侨村最多几百华人，规模不会更大。[156]如果禁海之前华商几乎都避免移民他乡，就无中华文明的载体去影响其他国家，所以古代海上丝路兴盛期间中国只给沿线社会留下有限的长久影响，就不足为奇。相比之下，蕃商早就经海上丝路来华安家定居，至唐宋，阿拉伯裔、波斯裔人数众多，蕃坊旺，清真寺多；其子孙后代不仅在宋元时期成为泉州等地的精英，而且所带来的宗教与文化至今影响如故。[157]以往的习惯说法是，蕃商后裔都被汉化，可是这种说法只讲了一半，另一半是穆斯林蕃商及其后裔通过融入中国社会，也深深影响了中华文明，[158]反倒是因为华人没能利用海上丝路移居中东、西亚、非洲、印度、锡兰，未能在那里留下中华文明的影响。这一基本事实决定了海上丝路的长久影响格局。[159]

其三，从隋唐开始，中华帝国强盛，长安、洛阳、开封、杭州以及大运河沿线城市经济繁华，奢侈品需求旺盛，而东南亚及印度、锡兰甚至阿拉伯、波斯的需求相对较少。经济实力的不对称也造成了更多蕃商来华，而不是华商移居他乡，这使基于地位差序的贡纳贸易体系成为可能，中华帝国朝廷高高在上，蕃国在下，故有唐文宗“南海蕃舶，本以慕化而来”之姿态。在地位不对等的贡纳体系下，华商对他国社会不屑一顾，他国居民也会难以了解中华文明，更无法受其影响，所以海上丝路一旦结束，除了已舶去之物，难留下其他的中国痕迹。

古代海上丝路的结局如此，除了农耕文明对商业和海洋的排斥外，缺乏组织严谨、奖罚分明的一神教也是核心原因。比如，郑和在1405—1433年七次下西洋，一直是学者、政客的热门话题。但关于郑和历史性创举的动因，至今众说纷纭。七次下西洋显然与海洋贸易、与商业无关，明宪宗时兵部车驾郎中刘大夏说：“三宝下西洋，费钱数十万，军民死且万计，纵得奇宝而回，于国家何益？”[160]《明史·郑和传》列出的正式理由也值得怀疑：寻找建文帝和宣扬大明威德。其背后的宗教原因一般很少被谈到。[161]作为穆斯林，郑和的祖父和父亲都到过麦加朝圣，按伊斯兰教规，只要身体和经济条件允许，每个成年穆斯林必须在一生中去麦加朝圣一次，这也是郑和的毕生梦想，此或为他下西洋的核心驱动力。从这个意义讲，正因为传统中国社会没有一神教，要等到一个伊斯兰化的郑和才做出这种历史性创举，就如斯塔克所言：“只有真正的唯一神，能通过宗教圣旨激发出超乎想象的创举。”[162]虽然公元7世纪前期玄奘法师、7世纪后期义净大和尚去印度取经，其创举可能不如郑和下西洋宏大，但也是被宗教驱动而为。这些因宗教信仰引发的创举的确与缺乏宗教传统的中华文明形成对照，也让受后者熏陶的历史学者难以理解。

唐初以来，海上丝路曾经是中华文明与伊斯兰文明的竞争场，凸显了新兴的伊斯兰教在建立跨血缘跨时空的信任体系、解决长程信用挑战方面，比聚焦血缘的儒家文明更有优势，能更好地解决贸易金融发展难题。在朱元璋实行海禁后，尽管中国人口多、市场大，但贡纳贸易体系不再有生命力。也由于中国选择闭关，世界体系在此后的发展就基本与中华文明无关，以至于1840年鸦片战争迫使中国打开国门以来，我们还难以影响外部世界体系。

结语

经过两千余年的建设，海上贸易网络到20世纪已经跨各大洋、各大陆，渗透到地球的各个角落，将商业市场的救急价值与资源整合能力推到前所未有的高度。由于海洋贸易的路程长、风险高和规模大之特点，在过去两千年里，这也成了中华文明、印度文明、伊斯兰文明和基督教文明相互磨合与竞争的最主要场所：先是阿拉伯穆斯林商人从公元7世纪后期开始，因为贸易金融与跨期承诺体系的优势战胜华商、东南亚商人和印度商人，成为后来居上的海贸主导者，后是天主教葡萄牙人因为国家出资模式和枪炮优势，挤走穆斯林商人，称雄阿拉伯海、印度洋和西太平洋；再到后来，新教徒荷兰人以私营股份有限公司的“众筹”股权金融，既能大规模融资又能大范围分散风险，战胜葡萄牙的国营模式，后来与新教徒英国人一道赶走西班牙人，主宰印度洋、大西洋和太平洋，建立新的世界体系。多轮更迭中，频现西方坚船利炮的光影，但同样重要的是融资手段的一步步创新，不仅提升融资容量与实力规模，而且强化大航海风险的分摊能力，哪个文明能在解决这些挑战方面走在前面，就会在海道竞争中胜出。

海上丝路上的竞争结果是各文明的内在体制潜力的表现。从这个意义上看，虽然犹太教、基督教和伊斯兰教因不同初衷而立，但这些一神教通过严密组织和仪礼规范所建立的信仰共同体，为其信众较好地解决了跨期承诺与跨期信任的挑战，这种凝聚力是多神教或无宗教社会所难以比拟的，于是就有了这些文明在过去1000多年分别引领航海时代、建立全球化秩序的历史。尤其跟基于祖先崇拜的社会鼓励"留守故土"相对比，一神教文明督促信众真正"四海为家"——"死于异乡者，即为壮烈之死"（伊斯兰《圣训》），或者"这天国的福音，要传遍天下，对万民作见证"（《新约·马太福音》24：14）——以宗教力量驱动全球贸易网络的扩张。正因为宗教的这些贡献，人文历史、宗教教义等就并非"无用知识"，因为研习这些"非生产性"知识所获得的人力资本虽然不直接影响生产率，但可以帮助强化人类社会的风险化解能力，这种化险性人力资本照样助推文明化进程。[163]

如果说第一次世界大战前是第一轮全球化，那么到二战后，基于规则的世界秩序出现，由此开启第二轮全球化，使各国贸易依存与风险互助程度更上一层楼，促成康德所称的"永久和平"的国际社会的到来。二战以后的大半个世纪或许是人类历史上最为平和的时期：大规模战争罕有，死于战争和一般暴力的人数占比亦创历史新低。这一结局跟跨区跨国商业市场的充分发育之间，可谓是"焦不离孟，孟不离焦"的关系。

从第八章到本章，我们关注的是商品市场的建立及其避险价值，还没涉及专注跨期交易的市场——金融市场，那是第十章的焦点。

第十章

金融市场与文明化发展

单纯地谴责土地所有者或即使是高利贷者为邪恶的人是不够的。

当农村需要外界的钱来供给他们生产资金时，

除非有一个较好的信贷系统可供农民借贷，否则地主和高利贷是自然会产生的。

如果没有他们，情况可能更坏。[1]

–

费孝通

费孝通先生讲出一个常识：哪怕看起来可恨的高利贷金融，实际也可能带来不可替代的社会价值，包括金融的救急救荒作用。在1985年至2002年间，美国参议院有位议员叫菲利普·格拉姆（Philip Gramm），他来自得克萨斯州，一生致力于为穷人推动普惠金融，推动了许多放松金融管制的法律颁布。他之所以为穷人呼吁放松金融管制，就是因为小时候的经历：格拉姆出生在美国南方的佐治亚州，家境很贫困，父亲残疾没收入，母亲同时做两份工作，才有钱既照顾到残疾丈夫，又勉强抚养三个孩子。当时他的家境那么艰难，生活风险高，正规银行都不愿意给他母亲贷款买房子，到最后，高利贷金融是唯一选择，就这样，他母亲买下了自己的房子。格拉姆后来自嘲地说：[2]“我母亲得到贷款，利率比一般水平超出一半，这是多么残酷的剥削呀！可是，据我所知，自从亚当夏娃以来，在母亲家族里，她是第一个拥有自己房子的人！”意思是，人们当然可以去指责高利贷金融，骂放高利贷的人剥削、心黑，但是母亲知道：虽然要支付高利息才能借到钱买房，但至少她还能借到钱，能买上自家的房！

像格拉姆这样的家庭，收入低，在正常情况下勉强能过，一旦有短暂失业或突发性开支（风险事件），他们就需要临时性“过桥”贷款以渡过难关，这就是金融的价值之一。而如果教会或者监管者为了方便，禁止“非正规”金融、禁止高利贷，受害的就是这些中低收入老百姓。抑制金融供给，不等于解决了社会面对的挑战，社会需求还在，最后只是断绝了中低收入阶层的出路。

第七章谈到，借贷金融至少在5000年前的古巴比伦、3000年前的周朝中国就有，可是在轴心时代各文明对“如何组织社会”做出选择后，除了古希腊和古罗马，其他文明基本都停止发展金融，即使古罗马也在进入中世纪后停止发展金融。从那以后，围绕金融的争议一直不断，甚至到2008年金融危机后，包括美国在内的社会还是对金融口诛笔伐。这说明整个社会对金融的认识还不全面，尤其对金融在扶贫、救急、解放个人、解放妇女这些方面的作用还认识不足。

在本章，我们先通过历史案例和当代研究，探讨金融的避险价值和社会作用，然后回到第五章介绍的格雷夫与塔贝里尼的论断：[3]至少过去1000多年，中国人主要靠宗族，而欧洲人则更多依赖“法人公司”（教会、市政、公司、行会等注册法人）实现跨期合作。在实践中，这种中西差别又体现在中西金融大分流上，本章第五节至第七节的讨论会告诉我们，中国社会对儒家宗族的过度依赖遏制了对金融发展的需求，其影响至今犹存，而西方从古希腊、古罗马开始就发展金融，靠银行、保险和股份公司等金融工具实现社会化合作。通过对比不同的金融演变路径，我们进一步深入对儒家文明和西方文明的解读。

金融的救急与扶贫价值

第二章谈到，哥伦布发现美洲大陆后，玉米、红薯、马铃薯（土豆）等新世界作物传到欧亚大陆，带来普遍的人口增长。其中，最典型的受益者可能莫过于爱尔兰。到 18 世纪至 19 世纪，爱尔兰人还比较穷，经济高度依赖农业，当时关于爱尔兰的游记中，反复出现“乞讨的贫民及衣衫褴褛的农民”这样的表述。[4]在他们的食物结构中，美洲作物——马铃薯——占 1/3，这也是近 40% 爱尔兰人的唯一口粮！[5]之所以在爱尔兰从中产阶级到“衣衫褴褛的农民”，食物都以马铃薯为主，是因为同样获取 1 卡路里热量，马铃薯的价格只是其他谷类作物的 1/3。[6]马铃薯的帮助这么大，以至于虽然爱尔兰人很穷，但其人口在 1750—1845 年照样年均增长 1.3%，高于同期西欧其他国家，英国与芬兰增长率为 1%，法国只有 0.4%！[7]

当然，食谱如此单调也蕴含极大风险，与“多样化分散风险”的原则背道而驰：一旦马铃薯歉收，个体就难有替代性食物。1845 年开始的疫病造成马铃薯广泛减产，给爱尔兰带来极大灾难。当时，农人对马铃薯晚疫菌（*P.infestans*）造成的晚疫病束手无策：真菌的孢子随风飘扬至薯株叶片，随后深入植株内部；等植株本身呈现症状时，就会快速枯萎，收成无可挽回。[8]晚疫病凭借每天 50 英里（约 80 公里）的速度，[9]很快传遍爱尔兰全境：1845 年，马铃薯因此减产 30%~40%；1846 年，灾情最为惨重，减产幅度达 75%。这直接导致爱尔兰大饥荒，其中 1847 年最惨，被历史学者称为“黑暗的 1847 年”。直到 1851 年，“恶魔”才逐渐销声匿迹，马铃薯产量恢复到灾前水平。[10]这次饥荒导致爱尔兰人口减少了 1/4，其中一半是由于死亡，另一半则是向外逃荒。[11]

在那次灾害期间，家庭和亲缘固然起到一定的扶助作用，但由于左邻右舍都种植马铃薯，亲缘避险途径无法应对冲击范围如此广泛的灾害。在跨区域市场方面，尽管爱尔兰的黑麦、燕麦等大宗粮食在平常情况下与附近其他粮食市场整合密切，价格波动的方向及幅度都很相似，但科马克·奥格拉达（Cormac O’Grada）指出：一旦发生灾情，那里的粮商就“对风险厌恶过度”，加上到处大骂“发国难财”的道德指责，进口粮食难卖好价，贩粮积极性受压，难有大量外地粮食及时运抵灾区。[12]在宗教及国家救济方面，调拨的开支亦不敷大灾之急。以当时的主要赈济手段——“以工代赈”的工坊为例，大部分工坊都面临资金缺口，工人连满足基础营养的工钱都拿不到，相当部分人死于频发的传染病。[13]

图 10.1 反映爱尔兰大饥荒惨状的绘画 [14]

在灾荒面前，遍布爱尔兰的小额贷款机构起到了“解燃眉之急”的作用。[15] 19 世纪 40 年代，爱尔兰有 300 多家此类金融机构在各地开展业务：每年放出近 50 万笔贷款，覆盖 30 万名客户。按比例计算，从此类机构借贷的家庭占当时爱尔兰总家庭数的约 1/5。这些贷款数额小、借期短，因此许多低收入农人依靠借款，购买种子及牲畜。泰勒·古德斯皮德（Tyler Beck Goodspeed）给出如下实例：按时人记述，购入一头猪崽只需 20 先令，出售成猪的价格则是 45 先令，因此即使手上完全没有资财，农民也可先向小额金融机构借款 45 先令，其中 20 先令购置幼猪，剩余的资金足够购买种子、饲料，满足日常开销与还款需求。[16] 最终，出售成猪的得利，即使在还清债务之后，也足以让一个成年人生活一个月。当然，一家可以养多头猪。这些小额金融机构通过发放生产性贷款，可为出资人带来 5% 的年回报。灾荒来临之时，农民被迫改种其他作物，抑或将生产重点转向养猪畜牧，但前提是有资本支持。在粮食无着的情况下，能否获得及时贷款援助以购粮食荒、筹资生产，攸关农人性命。这是金融救急救荒的方式之一。

金融机构的纾解幅度有多大？为估计这一点，古德斯皮德收集了两方面的数据：[17]首先，当时的爱尔兰政府设立了针对小额贷款机构的监管部门，其年报记载了借贷机构的基本信息；其次，饥荒暴发后，政府成立了专门的救荒委员会，汇纂各地灾情及救援信息。根据这两类历史资料的统计分析显示，借贷机构确实发挥了救援灾民、恢复生产的作用。[18]第一，相比不存在小额贷款机构的地区，有贷款机构经营的地区在 1841—1851 年人口减少的幅度要低 40%，而之所以有这一效应，一方面是因为贷款使灾民免受饥馑，渡过难关，另一方面是因为贷款使灾民没有必要逃荒他乡。第二，灾荒后，有金融借贷的地区比无贷款机构的地区，在禽畜保有量上显著更高，[19]其中在家禽一项，有金融供给的地区要高出 40%~60%，每家养猪数高一倍多。第三，广泛存在的金融机构便于农民改变以马铃薯为主的生产方式。古德斯皮德对前述数据的分析还发现，1845—1846 年灾荒肆虐期间，有金融借贷的地区能更快调整粮食种植结构，它们种植马铃薯以外作物的耕地面积，平均比无金融支持的地区高 5%~8%；至 1851 年，这一差距更加显著，达到 28%~39%！实际上，1845—1850 年，当地贷款机构的放贷总额每增加 1%，马铃薯以外作物的种植面积相应增加约 3%。也就是说，金融市场不仅帮助更多人在大灾中幸存，还增强他们在灾荒之后面对未来风险的韧性——多样化经营需要资本。如果不是这些小额金融机构的支持，大部分爱尔兰农民都掏不出购置猪崽所需的 20 先令。如果当时不是这些金融机构的帮助，当地可能出现更加严重的暴力，包括人食人频率会更高，[20]更多人会逃荒移民。金融的普惠性对社会稳定起到支柱性作用。

19 世纪中期的爱尔兰大饥荒，具体展示了金融的救急避险价值，尤其是当一个社会受到系统性风险冲击时，基于血亲、基于宗教的人际跨期交换网络，甚至跨区域商贸网络，可能都难以单方面解决个体的生存挑战，还需要定位于跨期交换的金融发挥关键作用。

爱尔兰大饥荒中金融的作用并不独特，而是历史上和当下的普遍规律。胡金焱、张博和范辰辰研究了 1470—1900 年中国的经历，[21]看各省的金融发达程度是否影响其居民应对气候灾害的能力。他们首先收集了这 430 年内，各时期各省的典当行数量，以此度量各省的金融供给度。在近代金融业发展之前，去典当行典当是最重要的融资手段之一，发挥了类似爱尔兰小额贷款、后面讲到的美国“领薪日贷款”的作用：通过提供抵押，农民或手工业者可获取借款，以度过青黄不接或本金不足的困难时期。此外，他们还收集了其间各省逐年的旱涝程度与农民起义次数的数据。如果金融业确实帮助当地纾解了负面冲击，那么在典当行数量多的地区，农民起义跟旱涝灾害之间的关系应当更加微弱：既然农民可以通过典当借贷渡过灾害难关，他们就不必冒着身殁的风险发动起义。

三位学者的统计分析验证了这一假说：在控制并排除当地人口密度、城镇化率、进士数量、农业适种程度及美洲作物比例等社会与地理因素后，旱灾的出现确实增加当地农民起义的频率，而涝灾对起义频率的影响并不明显；但是，若当地存在较多典当行，则旱灾对起义频率影响的增幅会显著更小，证实了金融提升抗灾能力的效果。[22]为什么金融可以起到如此作用？当旱灾来临，粮食短缺，粮价上涨会超出普通人的支付能力，威胁农民生存，迫使他们揭竿而起。胡金焱等学者还发现：典当行分布较密集的省份，旱灾来临时，粮价涨幅更小。原因在于，虽然旱灾使粮食总体稀缺，但如果当地人通过典当行能直接当回口粮，粮食市场的价格就会少涨，缓和灾害带来的冲击。[23]

伯吉斯等对印度的研究亦有类似的结论：[24] 1957—2000 年，印度各地异常高温会导致当地农民的死亡率显著上升；然而，如果当地农村有商业银行并提供金融支持，那么异常气温导致的死亡率升幅明显更低。他们发现，之所以银行服务有这一效果，是因为在作物种植季节的高温天数越多，收成就会越低，歉收与饥荒概率增加，而如果有银行提供过桥贷款等金融支持，歉收未必导致众多家人饿死，或迫使他们暴力偷抢。因此，这个效果还是归结到金融帮助摊平意外冲击带来的短期影响上。

在今天美国，有一种叫“领薪日贷款”（payday loans）的业务，跟当年爱尔兰的小额金融类似，但就如前面格拉姆议员讲的那样，这种金融的救急价值至今仍被忽视，时常引发社会和政客的谩骂。[25]“领薪日贷款”一般是个人在距领薪日还有 10 天左右就没钱了，需要借钱渡过难关才发生的借贷，所以这种贷款的期限一般在 10 天到 15 天，金额在 300 美元左右，但放贷机构会收费 50 美元。该收费如果折算成年化利率，相当于 400% 以上的年利率。尽管如此，由于这类贷款的借款额通常不多、期限极短，借款人支付的利息绝对数额不大。借贷过程比较简单，借款人无须提供诸多证明财产的文件，也无须出具抵押，只需带上近几月的工资单、个人支票和最近银行账单（当然，前提是借方有工作，也有银行账户，否则不行），到“领薪日贷款”店，写上350美元的个人支票、支票签名日写成十几天后的领薪日，即可借走300美元。如果到领薪日还不了钱，借款人就必须再回贷款店办理续贷，并再付50美元收费，等等。

靠“领薪日贷款”的人有很大惯性。据美国“社会责任放贷研究中心”（Center for Responsible Lending）的统计，[26]这些人平均一年贷款8~13次，91%的领薪日贷款是给一年借贷5次以上的人。美国全年领薪日贷款总额在400亿美元左右，为4000多万美国人提供服务，占美国总人口的15%。类似“领薪日贷款”的金融服务在英国也扮演着重要角色，著名的领薪日贷款公司The Money Shop在英国有几百个连锁分店；2009年，有120万英国人共借过410万笔领薪日贷款，平均每笔额度293英镑，总额12亿英镑。[27]

正因为领薪日贷款所含的利息高，即使在今天资本主义最发达的美国社会，要求禁止领薪日贷款、打倒黑心商人的呼声仍然普遍，全美50个州中有15个州的法律禁止领薪日贷款及其他高利贷业务，其中有4个州是在2006—2012年收紧高利贷法律的。[28]即使是金融市场发达的纽约州，政府对此类贷款仍是厉行禁止：[29]《纽约刑法》规定，在没有法律授权或允许的情况下，收取超过25%的利息即构成重罪。此外，2010年美国国会授权建立的消费者金融保护局，还巨细无遗地监察这一贷款市场：从申领、发放及归还贷款的程序到之后催收的步骤及手段，都在其强管之列。这个现象本身值得思考，既然有15%以上的美国人不得不有时依赖领薪日贷款，说明这种金融对社会有贡献，但大众又同时支持禁止领薪日贷款。为什么会这样？这似乎像流行的一个说法，“端起碗来吃肉，放下筷子骂娘”。

我们可以简单分析为什么禁止领薪日贷款会导致犯罪率上升。假如张三的工资都是月底才发，可是由于意外开支，这次到月中就青黄不接了，怎么办呢？第一种办法是找亲戚朋友借，但这样会搅乱亲情友情关系，更何况借一次也许可以，借两次或更多次就另当别论了；第二种办法是去银行借过桥贷款，但如果张三的收入或信用记录不好，经常需要月中借款，正规金融机构就不会搭理他，此路不通；第三种办法是找领薪日贷款公司；但如果领薪日贷款业务被法律禁止，在做守法人的三种途径都不通的情况下，张三为了活下去就只剩第四条路，即抢银行或偷盗打劫。简单分析告诉我们，金融可以帮助老百姓搭桥救急，减少犯罪的收益，此即金融导致暴力犯罪下降的作用机理。

这个逻辑推论也得到阿代尔·莫尔斯（Adair Morse）教授的研究支持。[30]她收集了加利福尼亚州1301个社区的个人借贷、收入、偷盗、抢劫、疾病及房屋贷款法院拍卖等详细数据，样本期为1996—2002年（共7年），这些社区中有的允许领薪日贷款业务，有的不允许；然后，她对比了这两类社区在受到洪水、飓风、泥石流、森林大火、山崩、地震等自然灾害冲击时，在住房贷款违约率、偷盗率、疾病发生率等方面的差别，看哪一组表现更好。分析发现：在一个社区受自然灾害冲击后，其房屋按揭贷款违约率会上升72%，但是如果社区内有领薪日贷款等高利贷服务，违约率会少增一半，只比平时高出36%，每千户人家要少1.22户申请住房贷款破产，因此在本来会因为灾害破产、失去住房的人家中，有一半因为能借到贷款而保住了自家房子。领薪日贷款对犯罪率等指标亦有类似的效应：遭遇灾害的地区，如果没有高利贷服务，偷盗等犯罪率会相应增加13%；然而，如果当地有高利贷机构提供服务，犯罪率只会提高10%（少增约30%），每千户人家中要少3户发生偷盗。因此，在面临风险冲击时，灵活的金融选项让部分居民免于陷入极端贫困以致铤而走险的境地。再者，虽然自然灾害会增加社区的发病率、死亡率、吸毒酗酒率，但在有高利贷服务的社区，这些比率的增幅都更小。

面对自然灾害以外的风险，金融市场同样具有缓冲作用。在哥伦比亚当地的一场庞氏骗局破灭后，受波及地区的抢劫及盗窃发生率显著上升。尽管如此，如果当地存在数量较多的金融机构，或者小额贷款的成本较低，都会显著削弱骗局破灭引起的犯罪率增幅。[31]近年有诸多经济学家合作，在发展中国家开展小额贷款试验。他们向穷人提供低成本的少量贷款，以资助他们兴办实业、接受教育或应对疾病等冲击。一系列实验结果显示：这些贷款显著提升了当地人的消费、健康等福利指标，也减少了焦虑等负面现象的发生频率。[32]

为什么像领薪日贷款这样看起来这么“吃人”的高利贷会有这种社会价值？这涉及金融产品的主要功能之一，即帮助个人平摊短期冲击所带来的压力，将短期大额开支平摊到未来更长时间去分别支付，使个人或家庭渡过难关、继续正常生活，而不必偷盗或行暴抢劫。高利贷就是这样减少犯罪，让好人在面对生活挑战时，也有机会继续做好人。健全的金融市场之于社会稳定，就如空气之于飞鸟。

金融缺失导致农民卖地

在过去没有金融供给的社会里，不只是有更多的偷窃、抢劫、暴力，苦难的形态还有许多种。其中一个经典的例子就是穷苦人家被迫卖地或者鬻妻卖女，导致土地往富人集中，土地分配结构恶化，带来更多的农民暴动起义。为了从金融缺失的角度解读古代农民的苦难，我们先看看一些流行的传统说法。早在西汉时期，晁错在《论贵粟疏》（出自《汉书·食货志》）中写道：

今农夫五口之家，其服役者不下二人，其能耕者不过百亩，百亩之收不过百石。春耕夏耘，秋获冬藏，伐薪樵，治官府，给徭役；春不得避风尘，夏不得避暑热，秋不得避阴雨，冬不得避寒冻，四时之间，亡日休息…… 勤苦如此，尚复被水旱之灾，急政暴虐，赋敛不时，朝令而暮改。当其有者半贾而卖，亡者取倍称之息，于是，有卖田宅、鬻子孙以尝责者矣。

也就是说，在水旱之灾时，有农人被迫卖地、卖子女求生。

五口之家，治田百亩，自战国以来，就是人们看到的农民生计基本图画。那“耕者不过百亩，百亩之收不过百石”该如何理解，所反映的情况有多富裕呢？据鲁西奇介绍，[33]汉武帝以前的“亩”相当于今 0.2882 亩，过去的百亩大约是今天的 28.82 亩。汉代一石相当于今天的 27 斤左右。五口之家，种田百亩，亩产一石，年收成相当于今天的 2700 斤。如果人均口粮每月一石半（今 40.5 斤），则五口之家全年需要口粮九十石。田赋以三十税一计算，这五口之家需要交税 3.3 石，外加人头税赋 10 石（每人 2 石）。这样，该家庭就已经入不敷出了，其他如穿衣、节令祭祀、人情来往、疾病丧葬、结婚生育之类开支，就无从说起了。这里讲的是正常年份剩余不多，碰到灾害冲击就难了。所以，就有了以往将农民苦难跟被迫卖地连在一起。

黄仁宇说，“东汉之覆亡，‘兼并’占一个重要的因素。兼并一行，失田的农民若不成为流民，即为富家大室之‘奴’之‘客’，甚至整个家庭成为‘部曲’，地方官员对其富室大户无法应对”。[34]钱穆认为，“正因为土地私有，耕者有其田，才有了自由买卖，才开始兼并，才使贫者无立锥之地”。[35]

那么，到底是土地可以买卖本身，还是其他因素导致农民苦难？亦即，如果在特定情况下连土地都不可以卖，农民的福利会更高，还是更低呢？这是值得思考的问题。人类在进入定居农耕之前，连土地、房屋这样的避险资产选项都没有（因为原始游牧社会，土地不属于私人财产，原始人没有“地产房产”这种跨期投资工具可用，也没有私有产权体系），于是一旦出现灾害，苦难可想而知。进入定居农耕社会后，虽然保险等正式金融并没有马上出现，但私有产权开始建立，以前不是投资品的土地变成了跨期储存价值甚至还可能升值的投资载体，这时土地既是消费品，可用于生产粮食，又是投资品，可带来长久收益；房屋也如此，既可以住（消费品），又可以之后在需要资金时转卖（投资品）。因为土地的可交易买卖，农耕社会的人比原始游牧人幸运。

随着土地交易市场的出现、土地变现方法的增多，土地也同时成了避险资产，即通过拥有土地，未来如果遭遇灾害冲击，可以将部分或全部土地变现，求得一家人存活所需的资金。同理，住房可作为避险资产使用。粮食也有类似的三种属性：作为消费品供人们食用，作为投资品（种子）用于下一期生产，也可作为保险品囤积起来，供灾荒时使用。由此可见，在定居农耕出现后，消费品、投资品、保险品得以丰富，选择多了，农人可更主动地跨期配置资产和规避风险。从进化意义上讲，土地、房屋甚至金银财宝增加了人类避险工具的选择，让农人根据需要卖地求生，这是好事，是巨大进步，福利因此提升了。

必须强调，土地可买卖是其具备避险资产属性的前提。也就是说，禁止土地买卖（因为认为土地买卖导致农民苦难），等于废掉土地的避险价值。农民苦难源自收入低下以及避险工具缺失，而非土地的自由买卖本身。传统的认识需要纠正。

在分析支持证据之前，我们可以看看金融产品设计对避险成本的影响。换言之，如果金融市场发达、金融产品设计得精准，甚至低收入群体也有财力买好自己的保险组合，精准规避未来风险。假如每人在一年中染上某种疾病的概率为一亿分之一，且一旦罹祸需要花 1 亿元医治费，那么每人每年的期望损失是 1 元（即一亿分之一的概率乘以 1 亿元损失）。如果一家保险公司在全国范围内销售这种疾病的精准保险产品，那么每人一年的保费为 1.05 元，一家三口人只需付 3.15 元，就能为全家得到保险。与之相比，如果没有这种精准保险，而是靠银行存款达到保险效果，那么一个三口的人家需要存够 3 亿元，才能实现高枕无忧。这一方面说明，如果金融产品不发达，只有银行，那么整个社会就不敢消费，都必须不断存钱；另一方面说明，金融产品的精准设计极其重要，可以大大降低避险的成本。土地作为避险品在效率上甚至低于银行储蓄，因为后者的流动性更好，而如果在没有金融市场的条件下，连土地也禁止买卖，农民就更无法事先规避未来风险了。

从一些案例可大致看出农民卖地的原因。基于《清代广东土地契约文书汇编》中收集的土地契约，[36]急卖土地主要有以下四种情况。其一，是生活所迫，应急卖田。如乾隆八年（1743 年）香山县孙梅景断卖田契，称“因无银争山米饭应用”；乾隆四十年（1775 年）东莞县陈廷瑀断卖田契，称“因家务紧迫，无银应用”；嘉庆十五年（1810 年）新会县李瑀基绝卖田契，“因急凑用”；道光十七年（1837 年）高州县张作楫卖田契，“因岁荒，口粮谨逼，无钱使用”；咸丰五年（1855 年）朝应活卖田契，“因为年月凶荒，家计无算”。其二，应付官府赋役。如雍正十年（1732 年）宝安县何明仞卖田，“因钱粮紧迫，无银应纳”；嘉庆十年（1805 年）东莞县卫平齐断卖地，“因需银应纳粮务”；道光十四年（1831 年）新安县陈观英等断卖田契，“因粮务紧迫，无银应用”；光绪八年（1882 年）东莞县李平翰断卖田地，“时岁亏歉，并粮务紧迫，无银应纳”；光绪十五年（1889 年）东莞县罗爱棠断卖田，“因此田近在海边，洪水冲沙压，无银修筑，并粮务紧迫需银急用”。其三，因婚丧或疾病，需款急用。康熙三十一年（1692 年）宝安县张凤祥活卖地，“因弟圣元身故，无银应用”；道光二十一年（1841 年）乐昌县李沉祯断卖水田，“因祖妻病重”，需银治病；光绪十七年（1891 年）东莞县莫氏断卖田，“因丈夫茂英去世，无银殡葬，需银急用，挂借银两未还”。其四，因经商需本或亏本，需要出卖土地。嘉庆十五年（1810 年）东莞县刘茂澜卖田契，“因生意淡泊，填账项需银应用”；道光二年（1822 年）东莞县植溢林断卖田，“因生意无本”，卖田取钱做生意。

如果金融发达，可以避免为生意本钱而卖地。而其他三种卖地场景基本都属于应急需要，在金融发达的社会里，这些要么可通过专项保险产品更好地解决，要么利用过桥贷款平摊支付压力，避免卖地。但是，因为这些清代家庭无法得到金融支持，只好卖地。将土地作为避险资产使用，至少让他们能渡过难关（优于鬻妻卖女，见下一节）。

当然，比起金融保险和过桥贷款，田地作为避险资产的不利之处也在于：容易出现挤兑。因为一旦众人主要依赖土地规避未来不测风云，当灾害发生时，可能众多家庭同时要卖地变现，即挤兑，导致地价大跌，损害土地的避险价值。1877 年 4 月 16 日《申报》载，山东青州“地亩尚有得主，然值钱百千仅出十千”。第六章说到的传教士李提摩太那时正在青州，他曾记载，山东灾区的田地即使只卖原价的 1/3，也很难找到买主，部分地区只能按原价 1/4 卖。历史上这类例子太多。可见，灾荒之年，太多家庭被迫卖地，供过于求，造成地价低贱，还不一定有买家。

正因为饥荒之年难找买家，如果富裕之户愿意买进土地、给贫困户提供土地变现机会，这无疑给贫困户带来福利，提升土地的避险价值。否则，如果富人也不愿买或者被限制买，灾民们在为了免于饿毙而卖地时，所能得到的地价只会更低。清道光时期，周天爵说，“饥年田亩必贱，民以田易命，安问贵贱。而有力殷户，往往以此大富”，[37]趁灾荒之年发大财，这激励富有之户出面增加对土地的需求、给土地提供流动性，帮助纠正供求不平衡，稳住甚至抬高土地价格。董传岭对晚清山东的研究发现，[38]章丘县东矾硫村的太和堂，在1761—1837年，共积累土地199.24亩，平均每年买进2.62亩；1854—1905年，因灾害与动乱频率高，平均每年增持6.3亩，每年购持土地量是清前期的2.4倍，共积累316.68亩。因灾荒导致的卖地行为加剧了土地向少数家庭集中，这是不好的结局，但从另一方面看，在没有其他救急求生手段的情况下，有人出面作为土地交易的买方，使患难家庭能够卖地（而不是无人问津），这也是增加福利的举措。

农民被迫卖地跟灾害的关系紧密，而历史上又偏偏灾害不少。据邓拓《中国救荒史》统计，[39]自公元前1766年（商汤十八年）至公元1937年，在中国，水、旱、蝗、雹、风、疫、地震、霜、雪等大灾害共发生过5258次，平均每六个月一次，其中旱灾1074次，平均三年多一次，水灾1058次。灾害之间时常相互关联，交叉危害，如大旱之后，常有蝗灾，水旱灾后常有疫病肆虐。据邓拓介绍，1931年江淮大水灾后，便继之以大疫病，国民政府救济水灾委员会报告书曾说，“水灾之后又有疫病，且因疫而死者其数比较淹饿而死者为众”；1934年，华北、华中各省曾一度受水旱大灾侵袭，随后又有蝗灾的致命损害。在缺乏避险手段的情况下，天灾、瘟疫和疾病风险是将农民打入赤贫困境的主因。

那么，如果有了更多金融支持，农业社会真的可避免被迫卖地吗？

基于印度与孟加拉国的比较研究帮我们做出回答。米德·凯恩（Mead Cain）在印度选择三个村庄（Aurepalle，Shirapur，Kanzara）作为研究对象，其中 61.6% 至 71% 的家庭都是以种田为生，人口规模在 930 人与 2711 人之间，旱灾是当地的最大风险；他在孟加拉国选了一个对比村（Char Gopalpur），人口规模为 2043 人，59% 的家庭种田，水灾对其庄稼危害最大。[40]这些村庄都以农业为主，土地至关重要，超过 80% 的家庭为自耕农。凯恩分别收集了各村在二战结束后分出来的新家庭的起始土地拥有量，以此计算各村的起始土地分配基尼系数（不平等程度）：印度三村二战后的土地基尼系数分别为 0.76、0.61 和 0.72，平均为 0.69，而孟加拉国村庄为 0.60。然后，凯恩收集了 1980 年前各户的土地拥有量，据此算出 1980 年前的土地分配基尼系数：印度三村分别为 0.62、0.47 和 0.60，平均为 0.56，而孟加拉国村庄为 0.69。也就是说，以二战结束后新分出的家庭作为起点，到 1980 年前，印度各村的土地分配变得更加扁平，不平等程度下降，而孟加拉国村庄反而恶化，土地分配不平等程度上升。

表 10.1 给出一些细节。在孟加拉国村庄里，20 世纪五六十年代的无地贫农中，只有 43% 到 1980 年前成为有地户，57% 继续无地，而在印度农村，当初的无地贫农中有 56% 变成有地户，44% 继续无地；同时，在孟加拉国的自耕农中，当初的小农（拥有土地 0.01~0.92 公顷）和中农（拥有土地 0.93~2.18 公顷），有超过一半在 1980 年前失地，分别只有 26%、42% 增地，但在印度，只有 15% 的小农和中农失地，分别有 44%、59% 保持小农和中农地位。仅就无地农和小农的经历看，印度农村的土地分配结构在二战后的几十年里显著改善，无地农民占比减少，而孟加拉国则两极分化加剧：有 65% 的小农、55% 的中农失地，与印度的情况形成反差。

表 10.1　二战后至 1980 年前印度与孟加拉国农村土地分配的变迁 [41]

	二战后土地拥有量变动	二战后的农户类型		
		无地贫农	小农	中农
孟加拉国农村	增地	43%	26%	42%
	不变	57%	10%	3%
	失地	0%	65%	55%
印度三村庄	增地	56%	41%	26%
	不变	44%	44%	59%
	失地	0%	15%	15%

之所以孟加拉国农民遭遇更差，主要在于受灾害冲击时，印度农民得到的金融支持相对更多，应对冲击能力更强，被迫卖地的局面少有发生，而孟加拉国的情况相反，每次灾害都会引发农民失地。图 10.2 给出两国农村在各时期的平均每户卖地次数跟灾害的关系，印度三村庄农户的卖地频次在二战以后基本没有变化：尽管在 1952—1953 年、1957—1958 年、1960—1961 年、1963—1964 年、1965—1966 年间，尤其在 1970—1973 年分别经历了大旱灾，但并没有逼迫更多农户卖地。[42] 可是在孟加拉国农村，当地人在 1943 年经历大饥荒、1968—1974 年经历多年大水灾、1974—1975 年经历大饥荒，这些灾害每次都导致农户卖地次数高升。表 10.2 将两国农民的卖地用途做了对比。其中，孟加拉国农民卖地时，65% 是为买粮求生或治病而为，14% 是为购买生产资料或其他投资，很少是为子女婚姻或教育卖地；相比之下，印度农民卖地时，占比 28%，即最多的用途是生产性投资，只有 18% 是为解决吃饭等生存所需，为子女婚礼、子女教育的卖地行为分别占 15% 和 13%。由此可见，两国农民卖地决策背后的动因大为不同：孟加拉国农民更是因灾荒所迫，而印度农民则多因正常的资源配置所为。

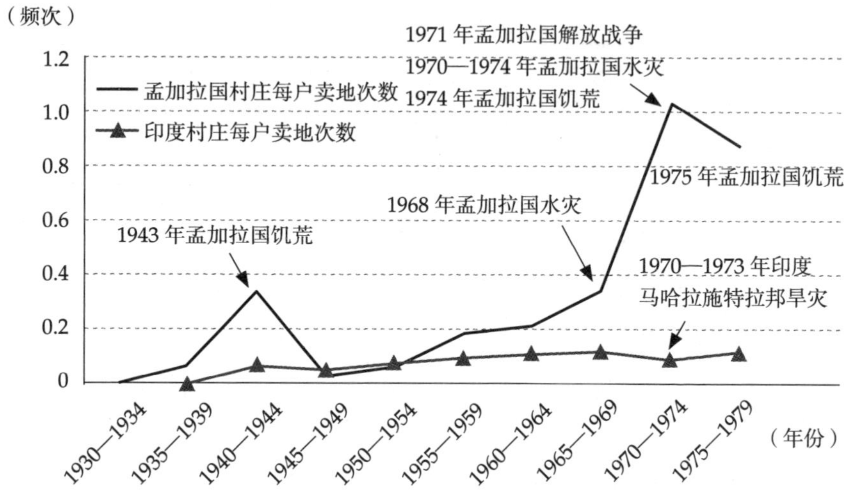

图 10.2 印度与孟加拉国农村平均每户每五年的卖地频次[43]

表 10.2 印度与孟加拉国农民卖地所得之用途对比[44]

卖地用途	孟加拉国村庄		印度村庄	
	卖地次数	占比	卖地次数	占比
食物或治病	155	65%	11	18%
生产投资	33	14%	17	28%
子女婚礼	6	3%	9	15%
子女教育	1	0%	8	13%
还父亲债务	2	1%	2	3%
还其他债	4	2%	4	7%
其他用途	38	15%	10	16%

金融是否可获得，对印度和孟加拉国农民的土地分配影响很大，这也系统验证了上面基于清代中国的个案结论。印度农村金融并不高度发达，但相对比孟加拉国村庄要好。首先，印度的这三个村庄都信仰印度教，不禁止有息放贷，这些村附近都有正规信贷机构，包括信用合作社、

土地开发银行、国家银行分支，[45]在关键时候给农民提供“过桥贷款”。据一项对印度农村的调查，[46] 1972—1973 年旱灾时 55% 的贷款来自正式金融机构，正常年份这个占比达 83%；然而，孟加拉国 90% 的居民为穆斯林，伊斯兰教禁止有息放贷，金融机构在农村不能合法经营，农民在遭遇灾荒时得不到过桥贷款。其次，正因为有息放贷在印度村庄合法，贷款利率更低，而在孟加拉国，放贷者只能在地下进行，即使农民能偶尔找到放贷者，利息也非常高（信贷资金因禁止而稀缺，风险溢价高）。据凯恩的调查，[47]在印度三村庄，贷款年利率在 36% 至 60% 之间，而在孟加拉国村庄，地下借贷年利率为 120% 至 240% 之间，是印度农村的 2~6 倍。

在孟加拉国农村，有一种贷款不违反伊斯兰法，即土地种植权抵押贷款。其做法是：张三从李四处借款 100 卢比，同时把一块地的种植权临时给予李四，由李四去种植，等到张三还完 100 卢比本金（不能多于本金），才能把种植权从李四那里收回。在这种借款安排中，种植权的价值相当于贷款利息，算是“以货易货”，但交易安排让借款人在一段时间内失去种植机会，等于降低其走出灾荒冲击的概率。对于拥有大量土地的农民来说，种植权抵押贷款的负面影响可能较小，然而对于土地不多的农民，此种安排威胁甚大，会迫使他们选择卖地。由于伊斯兰教义的限制，一些孟加拉国农民还是使用这种抵押贷款，其中，用于种植权抵押的土地占小农土地持有量的 16%，中农的 8%，富农的 6%。[48]在印度，由于法律禁止，不存在土地种植权抵押贷款，农民们能幸运地使用效率高、利率低的借贷市场。

通过对比印度和孟加拉国的经历，我们看到，土地私有和兼并买卖并非必然导致土地分配过于集中，因为这两国都是土地私有，也都允许土地兼并买卖，是否存在缓解风险冲击的金融市场才是问题的关键。那么，假如在孟加拉国连土地买卖也被禁止，苦难冲击下的农民会如何活下去呢？

从金融缺失看旧社会鬻妻卖女

在讨论如何发展金融市场以改善金融可得性之前，我们再讲一种因金融缺失带来的苦难：农业社会的鬻妻卖女现象。理论上，在农耕社会，除了土地、房屋这些跨期价值载体外，金银器皿、玉器珠石、古董赏玩、书法字画、绸缎布料也都可以作为避险资产，因为这些有价财物今天有市场，今后也可交易，具备了跨期金融属性。可是，这些奢侈品对普通农家可望而不可即，太贵重，而且针对天灾瘟疫风险的避险精准度低。在没有更精准便宜的金融保险品的旧社会，贫苦人家无法事先安排保险，只好听天由命地等着灾害到来。潘光旦说，“荒年来了，家里的老辈便向全家打量一过，最后便决定说，要是媳妇中间最年轻貌美的一个和聪明伶俐的十一岁的小姑娘肯出卖的话，得来的代价就可以养活其余的大小口子，可以敷衍过灾荒的时期”。[49]这里，女性被用作灾期求活路过程中可变现的资产，成为传统中国应对风险的一种工具。[50]

现代人会难以接受以女性作为避险资产，清代法律也明文禁止妻妾买卖，[51]但在现实中，不仅中国长期有买卖妻妾、租妻典妻的传统，[52]而且早在公元前1776年的古巴比伦《汉谟拉比法典》明确规定了“为了归还丈夫欠债，可以卖妻”；[53]著名古希腊历史学家希罗多德（约公元前484—前425年）在《历史》中谈到古巴比伦（公元前1894—前729年）拍卖新娘的事情，[54]当时那里在市场的广场举办一次盛会，拍卖年轻女子，谁出价最高就卖给谁。在最早步入现代社会的英国，卖妻习俗一直持续到19世纪末，最晚近的例子发生在1892年。[55]在非洲，买妻卖妻的现象也不陌生。[56]近在2009年的印度，一些人还因为长年旱灾、歉收而负债累累被迫卖妻。[57]传统男权社会似乎都曾有甚至至今还有这种习俗。

据汤普森介绍，[58]在19世纪末之前的英国，“买卖妻子……是高度仪式化的，必须公开并用公众认可的礼节来操作”，其过程大致分两步：第一，用缰绳扎在妻子身上，带她到公开市场上，呼唤有兴趣的购买者前往，然后公开竞价拍卖，出价最高者得；第二，价格确定后，到市场旁边的公共酒吧中，在证人见证下交钱、签署买卖合约，之后由买方牵着缰绳，把买到手的妻子带回。[59]汤普森强调，在这个过程中最为关键的是：缰绳、公开拍卖、付钱，否则就不合法，买主甚至会被指控强奸。程序和仪式是合法性的关键。

关于中国历史上买卖妻妾的流程，19世纪20年代流传于河北定县的秧歌戏《耳环记》，以戏剧形式再现的流程是这样的：[60]第一，有一个公认的卖妻市，买卖双方及当地人都知道其位置；第二，卖主一般大声吆喝：“你们谁买媳妇来！”；第三，被卖者身上插一根黄白草棍或类似物品，作为待售标记；第四，买卖双方经过一番激烈讨价还价，谈好价格；第五，卖方把草棍和妻子交给对方，收到财礼，交易完成。

由此看到，中国北方的卖妻仪式与当年的英国惊人地相似。为什么过去在没有相互交流的情况下，相距如此之远的中国和英国能推演出类似的程序呢？当然，退一步讲，为什么东方、西方、非洲等曾经有甚至仍然有卖妻的传统呢？从本书的讨论中我们可以看到，之所以传统社会几乎都曾经有这种“风俗”，甚至连程序都大同小异，[61]其背后必然有共同的深层需求驱动，即在缺乏金融市场的情况下，儿女、妻妾是传统贫苦阶层的避险工具。而鬻妻卖女程序则是妇女作为资产的转让过程，财礼即资产价格。

为了实证检验以上推论，最理想的情况是收集历年各地的妻妾买卖量和交易价格信息，然后直接研究妻妾交易量与价在正常年和灾害年之间的差别，判断在实际中“女性被用作避险资产”的程度，但到目前为止，没有学者找到过任何社会的全样本妻妾交易统计资料，尤其是找不到各地每年的妻妾买卖量的信息。所以，在陈志武、何石军、林展与彭凯翔的研究中，[62]他们以妻妾价格作为妻妾买卖量的代理变量。具体而言，他们搜索了中国第一历史档案馆保存的清代刑科题本档案，这些档案记录了清代各地的重案要案细节（通常是命案），其中涉及男女婚姻的题本有 73216 件，包含财礼或妻妾价格信息的样本为 3119 个。他们借助价格测度妻妾市场上的供求关系，以两种指标——各府每年的降雨量和平均粮价——测度灾害程度：风险事件发生时，粮食供应短缺，粮价上升，也就是，粮价反映了灾害的冲击程度。

基于他们收集的妻妾买卖案例，表 10.3 对比了旱灾年份与非旱灾年份的价格。首先，每石粮价在旱灾年份的确更高，比在其他年份高 0.34 两银（20.48%），而妻妾价格低 3 两银（14.56%），说明旱灾一般会迫使更多家庭卖妻卖女，跟前文推断一致。其次，如果把寡妇再嫁的题本案例也加进来，那么旱灾年份的妻妾价格比其他年份低 3.9 两（18.39%），表明在清代法律禁止寡妇再嫁的情况下（见第四章），还再嫁寡妇是不易之事，只有在生存受到严重威胁时才会如此。

在控制其他影响因素做系统回归分析后，他们发现：基于全样本（包括正常婚嫁的财礼），粮价对妻妾价的影响系数为−3.6，说明灾荒越严重（由高粮价反映）的年份，妻妾价格越低；而如果将样本缩小到妻妾买卖和寡妇再嫁的案例，那么粮价对妻妾价格的影响系数上升到−5.4；如果进一步将样本缩小到只包括妻妾买卖交易，那么粮价的影响系数上升至−6.2，妻妾买卖的价格对粮价最为敏感，也就是说，卖妻妾卖女儿

表 10.3　旱灾对各府粮价和妻妾买卖价格的影响[63]

项目		非旱灾年份均值	旱灾年份均值	旱灾年价差
买卖妻妾样本	粮价（银两）	1.7 [1.58]	2.04 [1.74]	0.34
	买卖妻妾价格（银两）	20.6 [14.6]	17.6 [12.4]	–3
	样本量	969	74	
买卖妻妾与寡妇再嫁样本	粮价（银两）	1.66 [1.53]	2 [1.72]	0.34
	买卖妻妾与寡妇再嫁价格（银两）	21.2 [15.3]	17.3 [11.1]	–3.9
	样本量	1583	101	

注：妻妾价格基于刑科题本记录的财礼，中括号内是中位数，“非旱灾年份”指涝、偏涝、正常和偏旱年份。

的决定跟灾害冲击的关系最紧密。因此，在缺乏其他避险救急工具的传统社会，女性除胜任其他角色外，还在现实中被当作避险资产使用。[64]也正是这个原因，在金融等跨期工具发达之前，农耕社会都有卖妻的传统。

如果一旦发生风险事件就只好通过卖出家庭成员获得“救命钱”，那为什么必须是卖妻妾或女儿，而不是卖丈夫或儿子呢？这涉及交易成本、交易是否确定的问题。首先，在第四章谈到，自从人类进入农耕、男人不再外出游猎谋生，特别是铁犁使用后，生产劳动中男女地位变得不对称，男人体力优势突出，由此导致母系社会解体、父系社会形成；而在父系社会里，家庭里的男性长者是主人，拥有家内各成员、资产和大权，以至于卖丈夫无异于卖所有者自己；特别是在传统中国的“三从四德”儒家规则下，妇女“在家从父，出嫁从夫，夫死从子”，妻子是丈夫拥有并支配的“资产”，婚嫁的过程就是作为资产的妇女的产权转让过程。[65]其次，如果被卖掉的是男人而不是妇女，那么其交易成本、交易不确定性会远高于卖妻女；也就是说，在父系社会里，儿子一出生就被告知“你是王家人，永远只为王家的一切”，周围社会也不断给他灌输强化这种观念，以至于如果他被卖到李家做儿子或做上门女婿，会觉得自己是失败者、是耻辱，不会饶恕自己，一有机会就逃回王家，即这个“卖儿”交易随时会破裂，交易不安全；相比之下，女孩自出生开始，就被不断灌输“长大后要嫁到别人家，会是他家人”，长此以往，她对被转移或被卖给他家不会强行抵触，所以，嫁女卖妻安排中反悔、违约的概率较低，交易成本低。当然，这些交易成本与不确定性差异，都是父系社会内生的文化所致。于是，一旦发生生存危机，更可能是“女性被用作避险资产”，而不是“男性被用作避险资产”卖掉。笔者与同人在刑科题本档案中看到过几起儿子被卖的案例，其价格都远低于妻妾或女儿被卖的情况，原因在于潜在买方“不敢买”“要不起”。

从这个意义上讲，儒家要求妇女“三从四德”，使女性在家顺从父亲、出嫁顺从丈夫，明确了女性作为资产的产权归属，降低了转让交易中的不确定性，使其成为更理想的避险资产。[66]这也是为什么非洲部落、传统中国、印度、英国等男权社会，都推演出了男娶女嫁规则、妻妾买卖细则：子女初婚由父母包办，妻子买卖由丈夫包办，[67]寡妇再嫁由婆家掌控，[68]等等。这些交易规则都是产权归属安排所推演而来。

由此看到，传统社会的许多苦难、性别歧视和不当习俗，是因缺乏应对风险挑战的工具而致。一旦金融市场发达，信贷和保险产品等都丰富可得，个人尤其是女性就可以从这些工具角色中得到解放，相应的文化习俗也能被改变。为了终结男女不平等，金融市场必须发展到位。

如何发展金融市场以降低借贷成本?

金融对于消除百姓苦难这么重要，就把我们带回“为什么各社会没有更早发展金融”这个问题。关于金融市场所需要的制度与文化环境，这里不打算详细讨论，但我们可以从一个视角探讨：如何发展金融，降低借贷利率，同时让借贷资金更加易得？这涉及金融发展的基础问题，因为跨期借贷是最原始也是最基本的金融，如果连借贷金融发展都挑战重重，更高级的金融发展就必定更困难。在第七章我们看到，基督教出于“天下皆兄弟姐妹”而禁止有息放贷，“金钱的利息，就是灵魂的毁灭”（圣利奥教皇言），[69]结果金融市场发展艰难，一直到16世纪新教改革之后，金融才甩开包袱，在荷兰、英国领先发展。

传统社会“解决”高利贷问题的惯用办法是：由官方给借贷设定法定利率上限。其思路大致是这样：如果借贷利率太高，官方就通过强制力自上而下设置上限。[70]中国历史上，类似美国禁止“领薪日贷款”的管制性政策几乎从没停止过，各朝不仅设置利率上限，也在文化上打压放贷人。比如，汉代规定“一本一利”，即利率不超过100%，并禁止“以利为本”，即反对“利滚利”的高利贷行为。表10.4列出隋唐以来的官方放贷和民间放贷利率的法定上限和实际水平。

表10.4 公元6世纪以来中国官定利率上限与实际利率[71]

年份	官方放贷		民间放贷	
	法定上限	实际利率	法定上限	实际利率
600—650年	84%	96%	72%	72%~120%
650—728年	84%	84%	72%	72%~120%
728—960年	60%	60%	48%	72%~120%

（续表）

年份	官方放贷		民间放贷	
	法定上限	实际利率	法定上限	实际利率
960—1260 年	60%		48%~60%	50%~70%
1260—1368 年			36%	36%~60%
1368—1644 年			36%	60%
1644—1700 年			18%~36%	36%~60%
18 世纪			10%~36%	24%
19 世纪			24%	

从表中可以看到，民间放贷的实际利率基本都高于法定上限。也就是说，一方面，不切实际的利率政策阻碍金融发展，因为如果一厢情愿的法定利率低于市场均衡水平太多，人们即使有资金也不会放贷；如果官方认可的金融交易是市场参与者所不愿做的，而市场参与者愿意做的交易又只能在“地下”进行，正规金融市场就无法起步。另一方面，人们只好想方设法违规，比如贷方只出借 80 元，但在借款合同上写成借 100 元，最后一共还 110 元，于是名义上只有 10 元利息（10%），没有违规，但实际利息为 30 元，利率为 37.5%，这样做既避免了法律风险，又能确保拿到回报。这种“地下钱庄”方法在当今中国，尤其东南沿海的民间借贷中，仍然广泛使用。这说明一厢情愿的利率上限并不能解决高利贷问题。

利率上限政策的初衷是保护穷人和其他借款方，但实际效果可能是牺牲他们的利益，并将金融打入地下。对贷款机构而言，利率不是影响最终利润的唯一因素。既然无法收取高利息以弥补风险，金融机构为了维持收益，只好通过精选借款人以降低贷款风险：更严格的借款人资质审查、要求更多抵押资产、缩短放款期限、减少放款金额等，都是可能的选项。然而，贷款条件变严，所损害的恰恰是穷人的利益：他们常常贷款资质低，缺乏抵押资产，还款能力差，难以让放贷人放心。就如本章开始时引用参议员格拉姆所讲的，低收入群体（或者中小企业）之前本来可以通过支付较高利率得到借款，可是限制利率等监管政策出台后，反而堵死这一救命渠道；同理，废除宗教对有息放贷的限制，反倒改善了低收入群体的金融可得性、提升了他们的福利。[72]

19 世纪秘鲁独立前后的经历也佐证了这一道理。之前，秘鲁是西班牙的殖民地：信奉天主教的宗主国禁止贷款取息，相应法律在殖民地亦有效力。秘鲁于 1821 年独立并于三年后建立统一国家，于 1833 年废除宗主国的禁止有息放贷法律，放开借贷业务，后于 1835 年设置 1% 的月息上限，1837 年将月息上限调高至 2%，到 1838 年 11 月则完全解除有关利率上限的法律，全面放开金融。秘鲁国家档案馆现藏 1169 份签订于 1825—1849 年、经过公证的借贷合同，路易斯·泽加拉（Luis Felipe Zegarra）对各笔借贷的细节做了整理，包括借贷双方信息、借款数额与期限、有无抵押等内容，并将借款人身份分为“精英”和“非精英”，其中“精英”需满足两个条件：一是纳税量必须超过一定数额，二是任公证员、律师、医生、军官、官员等高收入职位。[73]他的量化分析显示：虽然废除利率限制使利率水平比之前上升 17 个百分点，但之前的借贷交易中，精英占借款人的比例超过 40%，而之后精英占比下降到 5% 左右，低收入普通人成为金融服务的主要受益方；此外，从借款总额看，普通人的占比也比之前上升 20 个百分点。换句话说，解除放贷管制后，普通人得到金融服务的机会显著改善：得到所需贷款的可能性上升，贷款条件也不再像以前那么苛刻。因此，尽管宗教和监管者常以保护普通人之名插手金融，但实证结论是，让金融市场自由生长才是对边缘人群更优、更普惠的安排。[74]

早在公元前6世纪的古希腊，就有过值得深思的历史教训。公元前8世纪，雅典就进入奴隶社会，即使一些人起初不是奴隶，也因债滚债逐步沦为奴隶。到公元前594年，贵族与平民间的矛盾已异常尖锐，眼看随时会爆发革命，推翻贵族统治。在那种背景下，贵族出身的梭伦（公元前638年—前559年）出任雅典行政长官，并于公元前594年推出一系列改革，以缓和社会矛盾，[75]其中第一项就是废除所有旧债，通过法律禁止借款人以自身为抵押借钱，也禁止卖身为奴，让此前因无法还债而成奴隶者恢复自由。此后，为了改变世袭贵族独霸国家领导权的局面、给平民一些话语权，梭伦将雅典公民依照财富分为四个等级：拥有大量土地的巨富贵族为第一等，拥有中等规模土地的富人为第二等，没有太多土地但收入足够高的中产者为第三等，所有其他贫困人口为第四等。他还推出法律，让第一等、第二等公民有机会作为行政官员，改变之前只有世袭贵族才能做官的传统，扩大做官资格的范围，但第三等、第四等公民仍无权做官；同时，继续保留贵族院（相当于参议院），唯一等公民才有权参与，另外成立新的“四百人议会”（相当于众议院），负责审批需要交由公民大会讨论的议案，其四百名议员分别由各部落抽签选出，任何公民都有资格，不设等级限制，抽签以突出公平；再就是，各级公民都有权作为司法审讯的陪审员，每年从公民中抽签挑选6000人，以此进一步扩大公民的参与度。梭伦改革对人类民主发展的贡献巨大，从亚里士多德到恩格斯都认为他是“民主之父”，为人类社会建立文明秩序开辟了新路。[76]

但梭伦改革也带来许多意外后果，为后来雅典重回暴政埋下种子。一方面，虽然梭伦把各种债务一笔勾销，给穷人立即带来好处，他们不需再为还债担忧，但在雅典政府开启以权终结跨期契约的先河之后，借贷承诺不再可信，人们有钱也不愿借出，贷款供给大减、借贷利率大增，而与此同时，平民可能遭遇的天灾风险并没减少，应急借贷需求一如既往，导致平民总体福利不升反降。另一方面，以前穷人在借债时，即使没有地产，也可以通过以人为担保保障借贷，但在法律禁止以人担保后，雅典平民就像19世纪的秘鲁人一样，要么无法借到贷款，要么就要以土地抵押或者支付很高的利息！[77]不久，希腊人群起抗议看似保护穷人的政策，背后的逻辑与前文介绍的案例何其相似。[78]

既然管制利率的政策在效果上适得其反，那么该如何发展金融，使借贷利率“自然”下降并真正惠及百姓呢？首先，正如前文多处强调过的，无论是借贷还是其他金融，其交易的标的是金融契约，是一种跨期承诺，而不是有形有色有味的商品，金融交易的契约本质决定了它对法治、诚信、信息环境的高度依赖。[79]实物商品的物理属性可帮助减少其交易风险，而金融契约不具备这些便利，所以金融交易风险比实物交易风险更高。如果契约得不到法治保护，金融产品就一文不值，无人愿意放贷，借贷利率必然奇高；如果信息环境异常浑浊、缺乏起码的诚信，出资方就无法判断金融契约的真实价值，即使有钱也不愿意放贷或冒险投资，利率也必然高。按此逻辑，解决高利贷、增加借贷资金供给的出路就不是自上而下设立利率上限，而是强化法治，增加契约执行的可靠度，发展金融交易的制度与文化环境，保护投资人的权益——只有这样才能使投资者有安全感，愿意投资放贷，风险溢价才会低，借贷利率才会下降。

我们可借助1934年民国政府中央农业试验所收集的信息来解析上面的推断。[80]当时该所对全国22省871县几万户乡村家庭的经济状况做问卷调查，包括有无借贷、借贷金额、利率、资金来源、合约种类等。在调查结果中，各地没有年利率低于10%的借贷发生。整体看，借贷利率多分布于20%~40%，平均借贷利率为33.6%，超过一半的借贷利率高于30%。从地域分布看，沿海省份的利率普遍较低，在27%左右；中部和西南地区高出不少，均值为33%；西北地区最高，借贷利率平均为40.6%。在第一类和第三类省份间，最极端的对比是浙江与宁夏：前者的金融较发达，平均利率只有21%，而后者的平均利率高1倍多，达49.6%。尤其是，宁夏样本中没有一笔借贷的年利率低于30%，而浙江98.9%的民间借贷的利率在10%到30%之间，只有1.1%的借贷有高于30%的利率。

为什么宁夏的借贷利率为全国最高？部分原因是收入低，以生存必需的消费借贷为主，另一原因是，宁夏以回民占多数，而伊斯兰教明确禁止有息借贷，所以如果某人愿意放贷并要求利息，就会受到其他回民谴责，社会压力与宗教惩罚抬高借贷交易风险：债务方受到社会的保护多，赖账的可能性增加，并且赖账时放贷方还难以正面讨债（如果去讨债，周围人更可能谴责放贷人）。从放贷方的角度讲，如果所处的社会偏袒借款方、敌视放贷方，进而提升贷款血本无归的概率，他们当然会选择回避放贷，只有在一种情况下放贷会发生：交易风险的溢价补偿格外高，即利息非常高。也就是说，在当地社会对出资方极为不利甚至怀有敌意的环境下，借贷市场只会出现这样的情况：要么没有借贷发生，要么利率格外高（风险溢价高）——过去的宁夏、陕西大致如此。蒂穆尔·库兰（Timur Kuran）与同人对土耳其伊斯坦布尔市1602—1799年的借贷研究，[81]也佐证了这一点。他们发现，由于伊斯坦布尔的伊斯兰法院偏袒地位高者和穆斯林，所以放贷方以变通办法借资给地位高者时，利率平均为22.7%，而贷给普通人时只收15.2%的利率；如果贷给穆斯林借款人，利率为19.6%，贷给非穆斯林则收17.1%的利率；贷给男士收19.5%的利率，贷给女士收16.6%的利率。那里的放贷人清楚，一旦发生债务纠纷并起诉到法院，如果借方是普通人、非穆斯林或女士，他们得不到法院的偏袒，用不着通过高利率弥补贷方的额外败诉风险。

我们可进一步分析各省利率高低的决定因素，以此寻找解决问题的切入口。首先，可以把各省人均耕地面积的多少作为间接度量其商业文化发达程度的代理指标。一个省的人均耕地面积越多，其社会环境更可能重农抑商，金融市场会越受排斥；相反，诸如徽州这样的地区，耕地相对于人口颇为稀缺，经商成为无奈的选择；商业发展后，对金融的需求相应上升，金融交易的环境也得到改善。图 10.3 给出 1934 年各省平均利率与 1914 年时人均耕地面积间的关系，该图表明，人均耕地面积越多的省份，其借贷市场越不发达，借贷利率更高。对这一结果，我们大致可这样理解：判断一个地方的商业文化是否发达的指标之一，是看该地人们对“投机倒把”的价值是否认同——人们越是能理解“投机倒把”对社会的贡献，该地方的商业文化就越发达。当商人以每斤 2 元的价格在湖南衡阳买进大米，运到广州以 5 元卖出时，湖南人可能没法接受，认为那种暴利是不劳而获，不认同这种商业对衡阳和广州两地的贡献。以是否生产了看得见、摸得着的“物质”来判断经济活动是否创造了价值，这是农耕社会最为经典的价值观：商业是跨空间、跨时间配置物资，但不生产商品，因此所赚利润为不义之财；即使这种异地贸易促使衡阳农民收入增加、广州居民粮食充裕，增加两地人的效用价值和幸福感，也不算。当然，如果一个地区连商品贸易所创造的价值都无法接受，那么对更抽象的金融交易的价值创造就会更无从谈起，保护金融投资者所要求的法治秩序也缺乏建立的基础，于是借贷的利息回报就更被认定为不劳而获。当一个社会的商业文化不发达时，整个社会反而会更同情、保护不还债的人，而不是保护投资者——放贷者这一方。在农耕文化环境下，借贷契约的违约风险必然高（因社会更偏袒债务方），就如同 17 世纪、18 世纪的伊斯坦布尔的经历一样。[82]故而，人均耕地面积多的农业省，商业文化难以发展，借贷利率会更高。

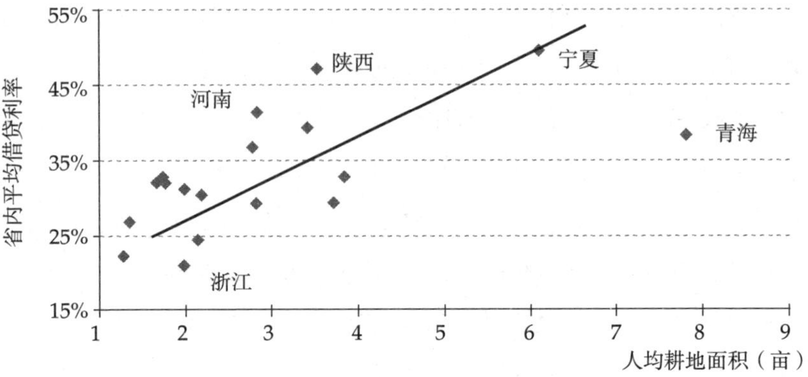

图 10.3　中国各省人均耕地面积与平均借贷利率（1934 年）[83]

在另一项研究中，笔者与彭凯翔、袁为鹏一道，以各省在 1914—1918 年间的凶杀、盗窃与抢劫案（以下简称“杀盗劫案”）占全省刑事诉讼案的百分比，度量当地私人财产与契约权益的安全度（或说，契约秩序的好坏），估算其对之后民间借贷利率的影响。[84]图 10.4 给出两者的关系：一省的杀盗劫案占比每上升 1 个百分点（民风与契约秩序更差），那里在 1933—1934 年时的借贷利率会因此高 22.86%，因此财产权益是否安全、产权是否可靠，对借贷利率水平的影响高度显著。[85]此外，当地正式金融机构的多寡也对借贷利率影响显著：前者每增加 1 个，后者就多下降 0.3%。因此，发展金融市场所需要的制度与文化、增加竞争，才是引导借贷利率和其他资金成本下降的根本办法，而诸如设置利率上限那样的政策是一厢情愿，治标不治本。

路易吉·古伊索、保拉·萨皮恩扎和路易吉·津加莱斯三位学者基于“社会资本”研究了意大利各地区的金融发展差别，[86]分析表明：在意大利不同地区，卖方是否愿意接受买方的个人支票（还是只认现金）、人们投资安排中的股票等证券占比多高（还是更认银行存钱和投资房产），差别很大。为什么各地金融发达程度差异大呢？他们注意到，在不同意大

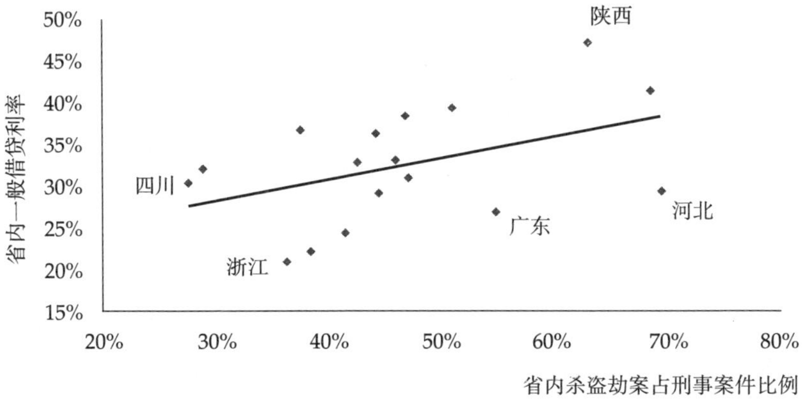

图 10.4　中国各省杀盗劫案占比与通行借贷利率（1933—1934 年）[87]

利社区，“社会资本”，即社会关系牢靠度、人际互信程度，高低不一；尤其意大利南部，在血缘亲情网络之外人们之间几乎没有互信，这对于本质为跨期价值交换的金融应该十分不利。在研究设计中，三位学者以各地区参与诸如“是否建核电站”“是否允许离婚”等公共政策公投的选民占比，来度量社会资本水平：参与公共政策或公益项目投票的人数占比越高，说明那里的人对社会公益（或“集体利益”）更在乎，社会资本就越高。基于 1989—1995 年对意大利不同地区 23330 个家庭的问卷调查，他们发现：当地的法治越可靠，卖货方就更会接受个人支票、投资组合中股票等证券投资就越多、财富中现金占比越低，金融就越发达；但是，如果聚焦法治不可靠、司法效率低的地区，那么一地区的社会资本、人际信任度越高，则当地人对个人支票和证券金融的接受度也会越高。

也就是说，发展金融的上策是建立好的法治体系，降低金融契约的违约概率，确保交易安全；如果一个地区还没有建立好可靠的法治体系，则社会资本水平高也有一定的替代作用，因为社会资本作为“非正式制度”，也能帮助降低跨期承诺的违约风险，为金融交易提供替代制度土壤。从这个意义上，高社会资本就如同格雷夫讲的“多边惩罚机制”：[88]当社会中各成员都在乎“集体利益”，把不守信行为看成对公共秩序的威胁，那么整个社会的监督就如同多边惩罚机制，可发挥对正式司法的替代作用，金融也可以有一定的发展。

前面介绍的都是基于一国之内不同地区间的对比，研究利率和金融发展的决定性因素。基于跨国数据的研究结论也类似：可持续的均衡利率和金融发展水平的高低，不是自上而下一厢情愿决定的，而是取决于基础制度和社会文化是否有利于保护投资方的权益。在金融交易中，一旦资金投放出去，投资方就处于额外被动地位，承受血本无归的风险，包括所投项目的经济风险和交易契约的执行风险。世界银行和哈佛大学的四位学者发现，[89]如果以私人领域债务总额与GDP之比度量一国的金融发达程度，那么根据1999—2003年88个国家的数据做分析，在控制人均GDP和GDP规模因素后，投资者权益（债权人权益）保护好、对债务违约的司法处置效率高、办案所需天数少、违约处置成本低的国家，其金融市场就更发达。[90]为了进一步解释这一结论，他们聚焦债务市场，而发展债务市场的关键在于债务契约的执行机制是否可靠并有效，这既涉及司法公正与司法效率，也涉及行政权力是否被关进了笼子。对这88个国家所做的详尽分析表明，英国及保留了其判例法传统的前英国殖民地国家（同时也是保留了加尔文新教的国家），在债务违约司法处置效率、债务破产案件的处置速度与成本、债权人权益保护等各项指标上，都优于继承了德国成文法和法国成文法系的国家，也因此，前者在债务市场、证券市场等金融发展维度上都更加领先。这些规律都值得金融市场设计者及政策制定者关注。

金融在西方的兴起

虽然非正式制度可以起到弥补性作用，但正式制度是金融发展的关键，契约执行制度的优劣决定金融发展潜力是否得以实现。那么，这类制度为什么在西方先演变出来，而在中国等传统社会没有做到呢？这个问题只有回到更早的原点才能回答。第五章介绍了格雷夫与塔贝里尼的论断，[91]即至少在过去 1000 多年里，西方与中国在实现人际合作的方式上存在根本区别：中国人主要靠宗族，欧洲人则更多依赖“法人公司”实现跨期合作，包括教会、市政、公司、行会等注册法人，使无血缘关系的人也能做到社会化互助。这种差别可以通过对比中国的“堂”与西方的“公司”看到。

对于中国社会，源于祭祖祠堂的“公堂”（简称“堂”）就相当于西方的“法人”，既持有土地与房产等族产、经营管理企业，又可以在法律意义上签约、起诉或被诉，而族人都是堂的“股东”，有权分享族产所生利益。[92] 因此，堂是族人汇集资源、跨期合作、分摊风险的具体载体，在功能上与西方以法律及契约做支持的“公司”相似。曾小萍（Madeleine Zelin）注意到，四川自贡的清代盐商，其企业基本都建立在宗族之上，以至于她干脆称其为“作为公司的宗族”（lineage as corporation）。[93]在西方人于近代来到亚洲之前，这两种合作载体间的对比并不明显，可是在 19—20 世纪英国治下的马来西亚和香港，围绕华人的“堂”是否可像英人公司那样拥有财产、传承利益、享有“法人”身份，曾经发生过一系列诉讼案。由于英人法院不承认华人之“堂”等同“法人公司”，最后在 1920—1937 年，香港的“堂”被迫注册为英国法律下的“公司”，合二为一。[94]

中国选择宗族，西方选择社会化合作——实际上，这种“分流”的起点比格雷夫他们讲的要早1000多年，在轴心时代就开始不同。第五章谈到，早在周朝初期，周公就着手建立礼制、选择靠血缘家庭与宗族建立基础秩序，解决人际风险互助和资源共享问题；后来到孔子、孟子时期，尤其到汉朝等，更是不断巩固礼制，普及家秩序，让儒家成为官方正统，发展以血缘为本的狭义伦理秩序。在将近3000年里，中国哲人与士大夫把注意力、创造力几乎都用在礼制的建设与完善上，包括姓氏体系和名分关系，“礼”与“法”之间以“礼”当先，无暇顾及超越血缘的一般性法治制度建设。到19世纪后期引进现代金融市场时，本土仍然缺乏支持金融交易的正式制度，尤其是没有足够可靠的契约执行体系。

在笔者与马驰骋、安德鲁·辛克莱（Andrew Sinclair）的研究中，[95]我们以中国各地区的数据为基础，检验以下假说：受儒家礼制影响强的地区，宗族内部关系顺、凝聚力强，族人间通过“堂”即可实现风险互助、资源共享，对外部金融的需求不高，金融发展的动力不足，长此以往，金融所需的制度就难以内生。也就是说，金融市场跟发达宗族之间是排斥性的替代竞争关系，至少在20世纪后期工业革命技术深入中国、带来规模生产与规模商业、致使融资量大增之前，基于宗族这个“内部金融市场”就足以解决多数避险和融资需求。[96]按照这个逻辑，儒家影响强的地方，即使在现代金融引进以后，他们对金融也未必有那么大的需求。在具体研究中，我们用1900—1927年全国各地区的现代银行数量、2010年时家庭是否从银行贷款以及贷款金额，来度量现代金融在这些地方的被接受程度和发达程度；另外，用清朝时期各地的族谱数量度量礼制文化在当地的影响强弱（族谱越多，影响越深）。分析发现：在控制了很多其他地方因素的影响后，儒家礼制影响越强的地区，1927年时的现代银行数量显著更少，2010年时人均贷款额以及当地私人贷款总额占GDP比重都显著更低，说明即使到今天，这些地区的居民利用现代金融的程度仍然偏低。因此，近3000年前中国选择宗族并长期细化儒家礼制，结果使宗族与名分等级秩序得以发达，让中国人借助血缘信任体系解决族亲间的跨期互助，这个体系对工业革命前的社会是成功的，但代价是超越血缘的契约执行制度和其他正式制度失去了发展机会，金融市场就缺乏演进的基础。

而在轴心时代的古希腊，公元前8世纪开始逐步形成独立的城邦（polis），基于平民大会、参议院（贵族院）、法律和民选行政长官管理公共事务。这些早期经历与东方中国是如此不同，以至于柏拉图、亚里士多德等西方文明的开道者，朝着与孔孟完全不同的方向寻找建构人类社会的答案：他们把注意力集中在超越血亲的公共事务、社会治理与政权制衡问题上。在公元前4世纪探讨的是不同政体——君主制（Monarchy）、贵族制（Aristocracy）、共和制（Polity）、僭主制（Tyranny）、寡头制（Oligarchy）与民主制（Democracy）——的利弊优劣，关注的是个体之上的公共秩序与社会关系。[97]也就是说，孔子是从父与子、夫与妻、君与臣的“正名”这种微观层面开始，自下而上地构建社会秩序：只要父亲与儿子都做好跟自己名分相对应的事，丈夫与妻子也做好自己名分所要求的事，那么因为天下每位男人肯定是别人的儿子，甚至还是父亲，而妇女则在“三从四德”下既有名分又总有归属，社会在名分等级安排下就必定井然有序，[98]“国家”只是血缘家秩序向社会的延伸。相比之下，柏拉图、亚里士多德是自上而下构建社会秩序：只要选择合适的政体，将公共事务治理好，包括个人权利、社会资源、公共产品、权力来源、权力制衡问题，那么在统一的公共秩序下，社会便可能井然有序，也有望内生出陌生人间跨期交易所需要的正式制度。这是两种全然不同的出发点。

在亚里士多德之后的一段时期内，西方跟中国在风险互助方式上的分流还不明显。即使到公元前3世纪马其顿治下的埃及托勒密王朝，一位臣民还给国王写信，抱怨中国人也熟悉的“不孝子女”问题。他写道：

尊敬的托勒密（Ptolemy）国王：

先请接受来自科太希科留斯（Ctesicles）的问候！我深受狄奥尼修斯（Dionysius）和我女儿尼克之害！因为虽然我以前呕心沥血把她抚养大…… 到如今，我已视力衰退、重病缠身，她却不关照我，不给我基本生存必需。当我在首都亚历山大港告她，希望找回正义时，她却拿来一份国王阁下签署过的书面保证，承诺每月给我20块达克码钱币的生活费…… 现在，我女儿受那个畜生狄奥尼修斯的坏影响，不顾我年老病重，不再兑现她对我的赡养承诺！……[99]

这说明，到那时期，西方人规避生老病死风险的方式跟中国人差不多，对“养儿防老”的依赖度也相当高，孝顺也很重要。只不过从那以后，中国往礼制和宗族的路上越走越远，西方则往另一条路迈进，在大社会中建立人际合作互助体系。

这种差距在地中海另一岸的古罗马尤其明显。大约从公元前8世纪后期开始，许多希腊人移居西西里岛及其他意大利南部地区，带去希腊城邦的治理模式与文化思想。[100]在这些影响下，罗马共和国自公元前509年建立后，逐步发展出基于罗马参议院（Senatus Romanus）、平民大会（Concilium Plebis）和行政长官的政体，前两者负责立法与部分司法，后者负责行政，沿袭古雅典的权力制衡模式。起初，罗马人之间也常有非正式的熟人间借贷交易，帮助救急或支持亲友扩大生产或从事海上贸易；[101]但在古希腊于公元前4世纪有了银行后，[102]到公元前3世纪中期，古罗马也出现私人银行，使借贷业务走向专业化：[103]众多储户将资金存放于银行（相当于借给银行），然后由银行家（argentarii）汇集在一起，分别放贷给需要资金的个人或企业，其中银行赚取放贷与存款之间的利率差。这里，由于银行家是存款方与贷款方的中介，他们不仅承担其中的放贷风险，为亏损负责，也让存款与贷款两方不必直接接触，不需要相互认识。换言之，从实际效果看，通过银行这个中介，存款方与贷款方尽管彼此不认识、不接触，但却在进行跨期合作，实现风险分摊、资源共享。其中，“存款”与“贷款”是具体的金融工具，“银行”则是格雷夫与塔贝里尼讲的促成跨期合作的具体“法人”。[104]到公元前1世纪、罗马帝国（公元前27年—公元476年）初期，从首都罗马到其治下的希腊、埃及等地，已经有大量的吸收存款并从事放贷的商业银行，业务高度关联，以至于当时的作家、哲学家兼政治家马尔库斯·西塞罗（Marcus Cicero，公元前106年—前43年）警告说：

> 许多人在亚洲投资血本无归的同时，罗马也因停止支付而出现了信贷崩溃。事实上，如果一个国家中许多人失去财产和财富，不可能没有更多人深陷财产毁灭境况中…… 如果我告诉你们，就如你们亲眼所见——信贷和金融体系在罗马广场上运营，却把这么多资本投放于亚洲，收益也取决于来自亚洲的回报；只要一个出现亏损，就必定会影响其他，并导致整个信贷金融体系崩溃——你们相信我吗？[105]

公元前1世纪的罗马银行体系显然已经比较复杂，涉及的大众和地理范围极广，如果没有相应的契约法治和公共治理体制支持，是难以稳定有序的。

商业公司及其有限责任股份是古罗马发展出的另一种实现人际跨期合作的典型方式。马尔利克·马尔门迪尔（Ulrike Malmendier）注意到，[106]在罗马共和国期间，罗马人保留了古希腊的传统——不允许政府官僚体系太庞大，他们认为官僚体系越庞大，其自我持续性就越强，权力扩张冲动也越大。政府职员少，导致一些公共事务外包给私人企业，比如在公元前5世纪，征收税款、军队供给（马匹、军械等）、建筑工程、楼房维护、礼仪服务甚至公园天鹅的喂养等，都外包给“公共合伙公司”（societas publicanorum）。[107]由于有些外包业务需要雇用大量员工、投入大量资金（比如收税、军需服务），这就需要在血缘网络外汇集大量资本进行合作，成功后一起分享果实。可是，这种大范围融资合作需求碰到法律障碍，因为正式的罗马法律只允许合伙企业（societas）存在，不仅合伙人享受不到有限责任，企业的债务同时也是合伙人的债务，而且一旦有合伙人离世或者合伙人之间出现纠纷，企业就要解散，这些特点对于跨越血缘汇集大量资本并长期合作极为不利。[108]好在古罗马法律基本与后来英国的判例法类似：成文法律不多，也不注重抽象观念，而是根据手头的具体问题，由审判官和陪审员邀请法学家组成法学专家团，给具体问题提出专家意见；专家意见日积月累，就成为之后具有法律效果的惯例。[109]正是出于这样的“判例法”背景，古罗马法学界于公元前5世纪在合伙企业基础上，推出“公共合伙公司”，并做了以下调整：第一，公共合伙公司可以发行股份，股份持有人不一定是公司的“合伙人”，因此股份是有限责任证券，是实现人际合作的具体工具，持有人最多损失所投入的资本（责任到此为限）；第二，股份可以在二级市场转让买卖，拥有流动性，发展出公众股票市场；[110]第三，就算股份持有人离世或发生其他变化，公司也照常继续；第四，公司由执行总经理全权代表，以公司名义签署契约、决策业务、管理运营。到公元前3世纪的古罗马，以公司这个载体实现人际跨期合作已经相当普及，时人马库斯·卡托（Marcus Cato，公元前234年—前149年，军人、参议员、史学家）曾经说：如果任何人想找人合作融资从事海洋贸易，他们应该先组建一个公共合伙公司，等公司股东数达到 50 人时，他也会出资认股作为第 51 个股东。[111]当然，跨期合作融资的范围越是广泛，参与股东越众，所引发的纠纷与问题频率也会越高，治理体制就必须同时发展，否则公众证券交易就难以迈进。古罗马股权融资市场与判例法传统之间的关系，也帮助验证上一节谈到的基于当代数据得到的结论：[112]判例法内在的灵活性，让法律与时俱进，解决现实社会遇到的新问题，包括金融市场带来的问题。

保险金融是社会化合作避险所不可或缺的工具。人类最早的保险品也源于古希腊，[113]当时海商推出“船底借贷合约”（Bottomry contract），意思是海商以其商船“自船底以上的船身和货物作抵押担保”借贷，合约规定：如果发生大浪或其他不可控风险导致翻船且货物流失，那么作为借方的海商不需偿还债务，风险由贷方承担；否则，海商必须还款付息。显然，这种合约不只是让海商借款融资，还有两层跨期合作：普通借贷加海运保险，其效果还是实现不同人之间的资源共享和风险分摊。大约在公元前 6 世纪或 5 世纪，这种金融契约传到罗马共和国，包括针对这类金融交易的规则也被纳入罗马判例法，之后罗马人对其中一些细节做了调整，比如：如果借方损失是由于货物折旧、商品贸易亏损、船员违法导致商品没收等所致，那么损失不在所保范围之内。[114]到公元前 215 年，攻占西班牙的罗马军队需要供给，负责承运的民营合伙公司只需支付一定保费，即可从政府那里买到运输保险。根据西塞罗的记述，至少到公元前 50 年，私营保险公司就已经存在，所交易的保险契约包含了今天保险合约的三大要素：所保全的标的、触发赔付的风险事件、需支付的保费，都得明确无误。[115]

除了运输保险，其他保险也在古罗马演变发展。至公元 1 世纪初，古罗马有各种互助会或俱乐部，在功能上跟前述清朝南海黄氏的“长寿社”“墓祭会”“乡饮社”类似，要么在成员离世时给其亲属支付送终费用甚至生活费，要么资助其他大额开支或者退休金等。[116]当然，二者的区别在于，南海黄氏的各种社只给黄氏族亲开放，建于血缘信任之上，而罗马的这些互助会不限于族亲，是社会化互助社。至少不晚于公元2世纪，由这些互助社演变出正式的人寿年金（life annuity）和其他寿险产品，包括“定期寿险”（即如果投保期限内受保人不幸离世，其受益人就得到一笔保单中约定的投保额）和“终身寿险”（没有固定的保险期限，到受保人离世时，受益人得到投保额的支付，保险期才结束），古罗马寿险产品的发达程度几乎与今天无区别。这些保险产品是极为重要的金融创新，尤其是人寿年金，由于一般人很难知道自己到底会活到哪年，这种不确定性给存钱投资带来挑战：如果按自己活到70岁规划储蓄投资，万一活到120岁，那剩下的50年难有经济保障；而如果按活到100岁规划，万一只活到60岁，会造成存钱太多的结局。人寿年金较好地解决了这个挑战：在退休之前逐年支付保费，退休之后每年从保险公司获得年金，一直到受保人离世为止。也就是说，寿命风险由保险公司承担，而保险公司通过对千千万万人出售类似人寿年金产品，将个体受保人风险进行分摊。保险产品虽然是投保人跟保险公司做的交易，但本质上保险公司只是一个中介，为社会不同个体间的风险互助提供交易工具，是促成陌生人跨期合作的又一个“法人公司”。

公元200年左右，罗马法学家乌尔比安（Ulpian，172—228年）推出寿命预期表，[117]列出各年龄男人与女人的寿命预期，比如30岁男人预计还能活30年、31岁的能活29年，等等，依此预期表为人寿年金保险产品做定价。例如，张三今年30岁，如果所买的人寿年金从50岁开始每年支付10万元，那么保险公司预计给他支付10年、共100万元的年金（当然，实际中，他可能活到80岁，也可能活到45岁，这是保险公司承受的风险），在罗马帝国时期，张三大概给保险产品先付100万元保费。乌尔比安推出的人寿年金定价方法虽然在今天看来过于简单，但在当时无疑推动了罗马帝国保险业的发展，因为如果没有寿命预期表，与人寿有关的保险品就难以定价，其作用跟第七章提到的汉代《九章算术》中的金融数学类似，区别在于：《九章算术》关注的是借贷引发的金融定价问题，而乌尔比安关注的是更深化的保险金融。

到公元3世纪，罗马帝国不仅在商业银行、人寿保险、资本市场和其他金融已经有相当的发展，给罗马人提供了靠"法人公司"实现人际合作的许多选择，而且这些社会化合作方式也催生了相应制度的演变，包括契约法则、商业规序等市场制度及法治体系，使西方朝着与中国完全不同的方向迈进。特别是在基督教于公元4世纪成为罗马帝国的国教后，超越血缘的广义道德秩序更是得到推进，为西方人走向社会化合作奠定了更强的基础。

不过，公元476年，西罗马崩溃，欧洲进入中世纪，教会开始主导社会，各类金融市场被停止（如第七章谈到，教会排斥靠货币化解决人际互助），包括银行也因教会禁止有息放贷而萎缩。在接下来的几个世纪里，欧洲的人际合作主要通过教会这个中介。比如，古罗马时期的人寿年金保险，由修道院（而不是保险公司）间接提供：信徒张三退休时跟修道院签约，承诺自己离世时房产转让于教会，同时修道院承诺在张三有生之年每年给予生活费，为其养老，也承担其送终费用。[118]在功能上，此安排与人寿年金等同。如在第六章看到的，教会也通过其他方式促成信众间的风险互助与资源共享。

到12世纪，在威尼斯、佛罗伦萨、热那亚等意大利城邦，金融重新复兴。背景是这些城邦政府经常财政短缺，需要靠负债维系。以威尼斯城邦为例，为了向有钱家庭借债，市政府于1157年出资500万金元，成立“威尼斯银行”，负责处理发债、支付年息和其他债务服务。[119]这算是罗马帝国之后欧洲第一家公立银行，到1797年法国拿破仑入侵才停业。13世纪中期，威尼斯、佛罗伦萨等已有不少商业银行，这些银行既吸收公众存款、提供跨区信用汇票，也从事商业放贷，[120]再现古罗马基于银行的社会化资源整合。当时，这些银行为了绕开教会对有息放贷的禁止，推出了创新手法。比如，一项贷款分为两份合约完成：一份是零息贷款合约，另一份是保险合约，以规避债务投资带来的损失或还债延期风险，因此利息通过保险费实现；又如，“租金出售”合约：银行付千万元给房主，签约买断其房屋未来10年或永久的月租收入，或从地主手里购来其地产的数年或永久地租收益，这种交易表面看是收入买卖，不是简单意义上的有息放贷，尽管本质上与有息放贷无异。[121]在中世纪的意大利，最有名的银行是第七章谈到的美第奇银行，[122]美第奇银行跟教廷关系近并成为教廷的服务行，这带来两方面好处：一是教会对美第奇银行的“用钱赚钱”业务网开一面，不一定按教义严格要求（什么交易为所禁的有息放贷、什么不是，由教会认定）；二是由美第奇银行负责从伦敦、巴黎、马德里等各欧洲城市收集“教区税”（Tithes），然后运往教廷所在地——罗马，美第奇银行从中赚取大量货币套利与商品差价利润，比如美第奇银行在伦敦提到1万英镑教区税后，立即在当地购买等值的羊毛，运到罗马后，再出售并换成罗马本币，由此赚到的利润一般在20%以上。[123]

1167年，威尼斯政府根据各居民家庭财富的多少，给90户强行摊派短期公债；1171年又按5%的年利率强行发债；等等。[124]多次做下来，他们发现，靠短期债务到期再借、一次次借新还旧的做法，不仅成本高，而且难以奏效，因此必须推出长期债，把利息和本金归还压力平摊到未

图 10.6　中世纪的威尼斯城邦开办债券市场

注：1262 年，威尼斯城邦组建了一只长期基金，取代众多短期公债，然后将基金的份额以证券方式分售给投资者，这种证券（债券）可自由交易，由此形成早期的公众证券市场。

来许多年，逐年支付。1262 年，威尼斯城邦政府把众多短期公债合到一起，组建了一只意大利文称 Mons 的长期基金，然后将基金的份额以证券方式分售给投资者，这种证券的意大利文名字叫 Prestiti，可以在公众市场上自由转手交易。[125]这一创新本质上是将城邦政府未来的税收流进行证券化，基金份额相当于长期债券，这算是现代资产证券化、公众证券市场及公众基金的前身。当然，第七章说到，16 世纪新教改革前，基督教会禁止有息放贷，于是 Prestiti 证券推出后引发神学界的争议：证券投资者赚得的回报是否为有息放贷所得，甚至是高利贷？争议持续多年，但由于城邦政府的财政赤字，又不能终止公债融资，一些神学家在技术细节上找到理由：有息放贷都有还本付息的期限，而 Mons 发行的证券是没有到期日的，其持有人可以随时在市场上卖出，因此这种证券投资不是有息放贷，不在《旧约》的禁止之列；或者，把购买公债基金证券的行为看成付税，而还本付息只是“退还预付之税加成本”（repayable taxes），这种投资收益因而也不违反《圣经》。[126]这些解读虽然为公众债券市场的出现开道，但争议一直持续到新教改革时期，反映了当时金融发展之艰难。

起初，威尼斯城邦的公债证券只有本地人可以买卖，到 14 世纪中期，外国人也可参与交易，并成为西欧人欢迎的投资品种。类似的政府融资手法在佛罗伦萨、热那亚也出现了，还很快传往西欧其他城邦。

大约在 1260 年，法国北部的加来（Calais）等城邦也是出于公共设施及战争融资需要，向公众发行人寿年金、有期年金。也就是说，古罗马时期由保险公司发行的年金保险产品，到中世纪，因城邦财政吃紧，由政府重新推出，变成城邦的融资工具。至 15 世纪，这些工具也被德国和西北欧洲的其他城邦广泛采用。[127] 1489 年，西班牙王室因战争开支所迫，向法人和个体发行“永续年金”（perpetual annuity），每年按本金的 10% 给持有人支付酬金。此次发行量如此大、永久支付负担如此重，以至于女王伊莎贝拉下令：从此以后，禁止王室接班人发售任何永续年金。[128] 人寿年金作为融资手段之所以对那些城邦有吸引力，部分原因在于虽然受保人到底能活多少年是不确定的，给定价带来挑战，但这恰恰使人寿年金跟有息放贷区分开来，所以这类保险与投资品不存在违反《旧约》的嫌疑，教会难以指责。

在 1425 年，出于财政压力，佛罗伦萨城邦开始发行“嫁妆基金”（Monte delle Doti）：居民去市政机构登记女儿的年龄等信息，并付现金（或以市政公债作为支付），为女儿买下嫁妆基金份额，等女儿出嫁时可领取嫁妆费。[129] 这一创新从两方面帮市政府减轻债务负担：一是由于父母可用手中持有的市政公债支付嫁妆基金的买价，而一般女儿都是十几年、二十几年后才结婚，等于让城邦轻易延长公债期限；二是由于 20%~25% 的女儿在未来不会结婚，等于帮政府减免同样比例的债务责任（女儿不结婚，政府就不需付嫁妆费）。到 15 世纪 70 年代，佛罗伦萨市政债务总量超过 1000 万金元，而嫁妆基金负债占其中的 60%。

在股份发行和交易方面，第九章已经介绍，到 16 世纪中期，由于大西洋和印度洋航海贸易的催化，荷兰人、英国人分别推出私人股份有限公司，发售股票为海洋贸易融资及分摊风险，进一步还原古罗马留下的社会化合作工具，重启股票市场的发展。有了这样的人际合作手段，“由是纠众智以为智，众能以为能，众财以为财…… 尽其能事，移山可也，填海可也，驱驾风电、制御水火，亦可也”。[130] 1531 年，期货和期权交易分别在荷兰的阿姆斯特丹交易所、比利时的安特卫普证券交易所出现，为时人提供农作物和外汇价格走向的投机或避险工具，扩大人们配置资源、规避风险的工具选择。[131]

从这些简史中我们看到，虽然自中世纪初开始欧洲人放弃了金融市场，改为以教会为主要媒介实现社会化互助，但到了 12 世纪，各城邦由于战争及公共开支不断增加，被迫在教义里找漏洞，为恢复金融寻求教会放行。于是，至 15 世纪，从商业银行到人寿保险、嫁妆金融、大众债市，都一一恢复，股票交易到 16 世纪也再现。虽然中世纪金融的复兴是政府推动的结果，古罗马金融是民间私人而为，但在效果上，都是给个体提供了实现社会化合作的各类工具。据两位历史学者的研究，[132]在 1425 年的佛罗伦萨，最富有的 1/20 家庭大约把 36% 的财富投资于市政公债（包括人寿年金、嫁妆基金、送终基金），而其最富有的 1/10 家庭所持有的公债占佛罗伦萨公债总量的 85%。由此可见，到 15 世纪初，佛罗伦萨人通过金融工具实现的社会化合作已经达到相当的程度，而且财富的金融化程度也相当高。

设计并推出这些金融工具固然重要，但更重要的是，在将这些工具推向社会之后，必然引发一系列制度的创新，因为金融交易只有在相配的体制支持下，才可以避免招致社会危机。至中世纪末，一些西欧城邦的公债规模已相当高，给投资者带来极大风险，甚至威胁金融工具作为人际合作载体的可信度。比如：在 1470 年，佛罗伦萨的公债是其国内生产总值的 3 倍，之后引发公债危机；几十年后，威尼斯也遭遇公债崩盘。[133]这些金融危机加上第十二章将谈到的西欧国债问题，迫使各城邦进行体制改革，一方面约束政府财权与税权，另一方面改善金融市场所需要的信用环境与契约执行体系，以强化跨期承诺的可靠度、降低交易成本、扩大市场能力。持续的体制革新为此后西方金融的进一步深化发展铺路，这当然也使西方与中国的金融大分流越走越远。

美国的金融革命

作为 17 世纪初才开始建立的殖民地，美国十三个州基本沿袭了宗主国英国的做法，人际合作多借助法人公司，比如哈佛大学（1636 年成立）、耶鲁大学（1701 年成立）、银行、教会、市政、公路和运河，这些公益事务实体都是注册的公司，营利性商业多由个体户经营，公司化商业组织出现较晚。1776 年美国从英国独立，与英国奋战多年后，18 世纪 80 年代开始建国，商业企业由个体户向股份有限公司的转型到后来才开始加快。

美国社会的金融化过程堪称“金融革命”，因为近两百年连续不断的金融创新，使美国成为史无前例的高度依赖金融媒介实现人际风险互助、资源共享的社会。我们先看一些量化指标的变迁。1800 年时，美国人口 530 万，全社会流通货币大约为 2800 万美元（相当于当年 4.8 亿美元 GDP 的 5.8%），[134]也就是说，人均流通货币 5.28 美元，足以说明美国那时的货币化程度之低。原因在于美国在建国之初，人口稀少但幅员辽阔，98% 的人都居住于自家农场，生活自给自足，需要与他人交换的极少物品以货易货即可，货币需求极低。百年之后的1900年，全美流通货币增长83.5倍，上升至23.66亿美元（等于206亿美元GDP的11.46%），人均货币31美元，其间普通人生活的货币化程度翻了5倍。到2010年，美国流通货币升至9451.38亿美元（为当年14.99万亿美元GDP的6.3%），人均3058美元，比1900年增加约98倍，说明美国人的生活离自给自足已经很远，高度依赖市场交换、社会化合作。由此看到，建国后的两个世纪里，美国货币化程度显著上升，如今，美国人的生活如果没有货币，真可谓寸步难行。在1950年推出信用卡之后，[135]虽然总体货币化水平在继续加速，但支付手段被快速电子化，物理货币逐步退出，[136]所以流通货币占GDP之比从1900年的11.46%下降到最近的6.3%。

当然，流通货币是最基础的金融资产，除此以外还有银行汇票、借贷、债券、股票、基金、保险等金融资产。实际上，美国建国后所经历的广义金融化变迁，比货币化更加突出。图10.7给出1900年以来各时间点的全美金融资产规模（不含金融衍生品资产）。其中，1900年时金融资产规模约600亿美元，到1945年超过1万亿美元；二战后，美国金融资产规模差不多每10年翻番，至次贷危机之前的2006年底，达到128.5万亿美元。如此大规模的金融资产说明，金融市场作为美国人之间，甚至美国人与国际社会之间实现资源汇集和风险分摊的中介，使社会化合作互助的广度和深度都达到前所未有的水平。

金融资产规模的上升本身未必代表金融化的提升，因为只要经济规模增加，即使金融化水平没变，也会有更高的金融资产规模。所以，图10.8把每年的金融资产总值除以当年的GDP，以度量相对金融化水平：每创造1美元GDP，有多少美元金融资产在经济体内存在和流转。从图中可以看到，1900年时，与1美元GDP对应的是3.2美元金融资产，到1929年美国的金融化水平升到4.1；从二战结束一直到1979年，金融化水平基本维持在4.2左右，但是新一轮全球化于1980年开启之后，美国的金融创新又进入快速通道，到2006年，与1美元GDP对应的是9.7美元的金融资产，美国人工作与生活的金融化程度达到历史新高。

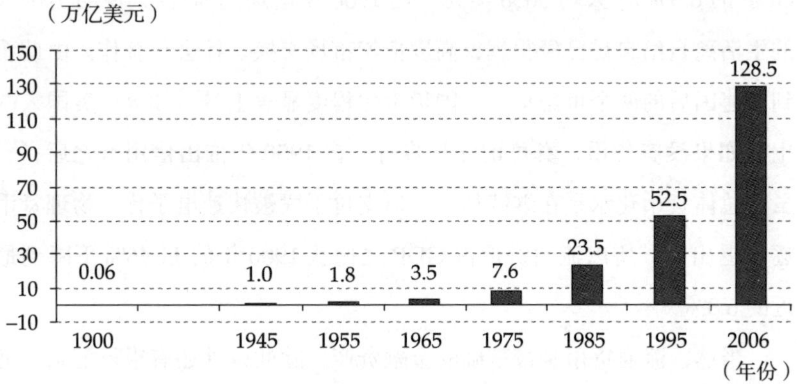

图 10.7　美国历年金融资产规模（不含金融衍生品）[137]

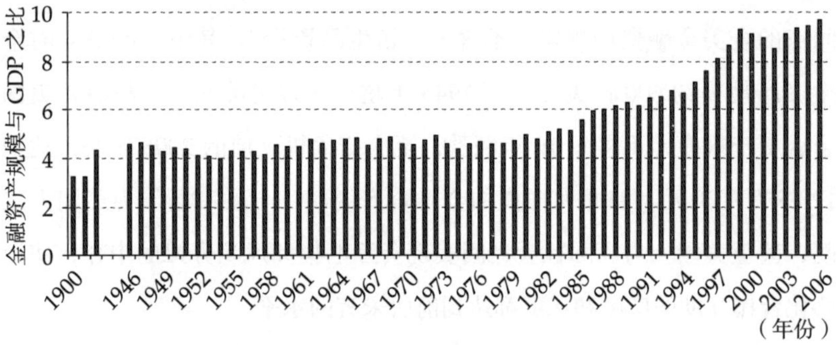

图 10.8　美国历年金融化变迁 [138]

那么，是什么催化了美国金融业的发展呢？这里，我们只介绍几个突出的方面。一开始，美国从欧洲尤其英国传承了已相当成熟的银行和保险业，而其公众证券市场跟当年的古希腊、古罗马以及中世纪后期的意大利城邦的情况类似，也因政府负债太多而兴起：独立战争时期各州及华盛顿的大陆军欠债太多，以至于美国第一任财政部长亚历山大·汉密尔顿（Alexander Hamilton）不得不借用英国的国债融资经验，于1790年推出著名的债务重组计划，将所有债务换成可自由交易换手的3只国债，开启了美国的公众证券市场（第十二章再回到国家融资话题）。[139]

有了公众证券市场，股份公司就有途径发行股票，汇集社会财力并在大范围内分散企业发展风险。到1800年，全美有335家商业股份有限公司，大约2/3在新英格兰地区。其中有219家付费桥梁、付费马路、付费河道公司，36家水利和救火公司，67家银行和保险公司，只有6家制造公司。这说明美国起初的股份公司以公用事业为主，[140]而且到18世纪末工业革命还没来到美国。这些公司的股票在纽约、费城等街头交易。不过，到1899年，全美制造业产出的66.7%为股份公司所创造，到1919年这个比重升到87%，1930年更是达到94%；采矿、批发、零售、餐饮、娱乐等其他行业也经历了类似的公司化转型。在美国，物品的生产与销售、服务的供给从前都是由无数默默无闻的小作坊提供，到20世纪早期转变为主要由少数人严格管理的现代股份公司代替，足见股份有限公司这个合作载体在19世纪对美国经济转型的影响之深。[141]

早期的上市公司，规模有限，股权分散度也不高。1813年成立的代表性制造业公司——“波士顿制造公司”（Boston Manufacturing Company），创立时有11位股东，到1830年股东数升至76位，持股比重最多的为8.5%，董事们一共持股22%，股权已相当分散；20年后，股东数升至123位。[142]发展至1902年，在主要上市公司中，美国电话电报公司、宾夕法尼亚铁路公司和美国钢铁公司的股东数分别为1.2万、2.8万和2.4万，到1931年分别上升至64.2万、24.1万和17.5万，股权分散度达到新高；而全美股东数在1900年为440万，到1928年上升为

图 10.9 美国独立早期的华尔街

注：1790 年，汉密尔顿将各类零零散散的政府债务置换成三只国债，将债券交易的资源都聚焦于三只国债之上，由此做出高流动性的“公众证券市场”，启动“美国金融革命”的历程。从此，债券、股票和其他金融证券成为创业创新公司募集资本并分散风险的工具，也是社会化跨期合作的主要载体。

1800 万。[143]像美国电话电报公司，居然有 64.2 万互不相识的人愿意将自己的本钱投放一起，做跨期合作，由公司管理层全权支配，资源汇集与风险分摊的范围达到前人无法想象的程度，也是基于血缘宗族的体系永远做不到的。在这个意义上，到 20 世纪初，美国真正实现了薛福成所言的股市“纠众智以为智，众能以为能，众财以为财”的境界。

股市的效果不只在聚集资金和分散风险上，其普惠性和促平等的特点也很明显。我们可从股东职业背景的分散度审视这一点。以 1842 年的“魅力迈克”（Merrimack）公司为例，其 390 位股东中，80 位从事行政管理（精英），其余股东分别为 68 位女性、52 位退休商人、46 位商人、45 位制造业主和机械工程师、40 位学生和一般员工、23 位律师、18 位医生、15 位农民、3 位机构投资者，[144]几乎代表了社会的各职业和阶层。

为了给出全美股权投资者的背景全貌，图 10.10 根据联邦税务局的报税信息，将纳税人按其年收入高低分成五组，然后计算各收入组在 1929 年的股票分红所得占全美上市公司股息分红总额之百分比。从图中可以看到，年收入超过 100 万美元的最富有组（513 人），总共得到那年股票分红总额的 5.74%，而最低收入组得到股票分红总额的 26.28%。也就是说，股市不是富人独享的投资场所，上市公司通过将其股权细分成百万股甚至数亿股，让普通收入群体也能参与认购，作为股东。这一方面让公司从千千万万投资者处汇集财力、将风险分摊于他们之中，另一方面也让他们分享公司发展带来的收益。

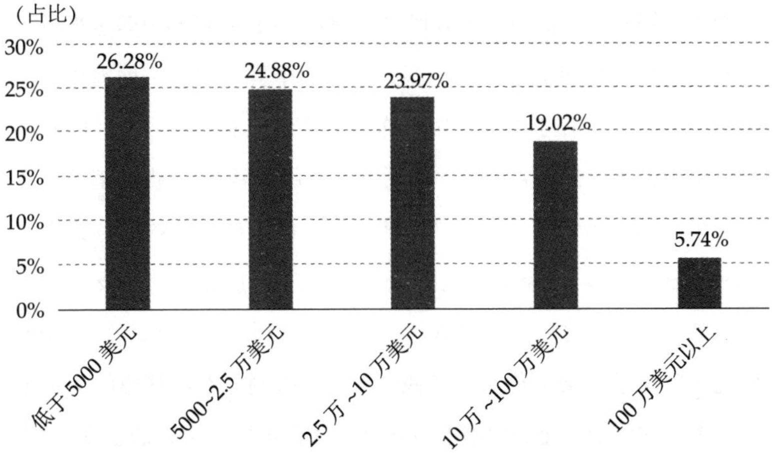

图 10.10　1929 年美国股票分红总额在各收入组的分配 [145]

在第九章我们看到，股份有限公司和股票交易于 16 世纪在荷兰和英国复兴。可是，在 18 世纪初期，英国和法国出现股市泡沫。1720 年，英国的“南海公司”（South Sea Company）泡沫、法国的“密西西比公司”（Mississippi Company）股票泡沫相继破灭，结果法国股市崩溃，而英国则因议会通过的1720年《泡沫法案》，使任何新公司几乎都不能向公众发行股票，[146]英国股市从此沉寂，这个局面一直等到1856年议会通过《股份有限公司法案》才结束。[147]也正是这个原因，英国和其他欧洲国家在18世纪上半期就把股市大发展的机会留给了后来的美国（尽管不是有意而为），以至于等英国1856年重启股市时，美国资本市场已经远远走在前面，包括工业革命的引擎也已经从英国转移到美国。

除证券市场、银行和保险外，美国也在退休基金、公募基金等行业做出诸多创新，尤其跟大众生活息息相连的消费金融更是凸显美国特色。前面谈到，金融提供的是一系列促成人际资源合作与风险分摊的工具，那么对于低收入群体、年轻人而言，他们可能未来收入充裕，但今天缺钱（因为年轻时收入低或者突发风险），而一些长者可能为养老准备了积蓄，希望有较高但可靠的投资回报，在这两个群体间的一种理想合作安排是：长者将积蓄存于银行，银行作为中介给他们保证回报，同时将积蓄贷款给年轻人、低收入群体，由后者“先用，后还”，提前消费。在美国，最早推出“借钱消费”或“赊账消费”的大概是纽约的一家零售公司Cowperthwaite & Sons，它于1812年左右开始让客户只支付部分首付即可拿走家具，之后分期付款。[148]据伦德尔·卡尔德（Lendol Calder）的研究，[149]由于社会文化对“借钱消费”的抵制，看似理想的消费金融经历了漫长的演变，至20世纪20年代末才被美国社会普遍接受，“借钱消费”才成为美国文化的一部分。

让多数美国人感受到借钱消费之好处的是缝纫机。这是第一件进入美国家庭的工业革命产品，或说是第一个家庭“大件”，这发生在19世纪50年代。在那之前，美国人家里一般有木制家具、金属餐具、厨房用具、古董装饰等，没有所谓的现代工业品，更没有今天人们熟悉的电话、电冰箱、电烤箱、微波炉、电扇、电视、汽车、电脑等，这些都是19世纪后期或更晚的发明。在家用缝纫机出现之初，都是妇女手工制造衣服，一件衬衣需要缝 2 万针，大约需要一天半时间。为给 4 口之家的每个人做好多件衣服，做母亲的经常被搞得眼睛发花、腰酸背痛。而有了缝纫机之后，一件衬衣不到一小时即可缝好，生产率提升 12 倍左右。[150]可是，缝纫机起初每台价格为 300 美元，当时一般美国家庭年收入在 500 美元左右，只有有钱家庭才买得起这种奢侈消费品。到 1855 年，一台缝纫机要价 65~150 美元，相当于普通家庭年收入的 1/7 至 1/3。尤其是那时候，妻子一般在家里不工作，在丈夫看来，虽然缝纫机把做衣服的时间减少了 90%，但让妻子节省时间后，多余的时间做什么呢？所以，一般家庭都不愿花那么多钱去买这么个大件。

1856 年，最大的缝纫机制造商——辛格公司（I.M. Singer）的市场营销总监爱德华·克拉克（Edward Clark）想出一招：“我们为什么不让美国家庭先用上缝纫机，然后分期付款呢？”[151]最初，首付款 5 美元；然后，每月付 3~5 美元，到付完为止。克拉克的金融创新今天看很简单，但这么简单的想法在执行之后，使该公司当年的销售翻了三倍，该公司在之后 20 年共销售了 26 万多台缝纫机，远超其他缝纫机公司的销售总和。接下来，钢琴公司等制造商也按分期付款金融手段促销，让本来只有富有家庭才消费得起的钢琴、小提琴等，进入许多中低收入家庭，其子女也能从小学钢琴、小提琴。

在这些消费金融安排中，有积蓄的长者、有剩余的富有家庭以及机构投资者把钱存在银行，他们不用知道银行将资金委托给辛格公司、钢琴公司等，由这些制造商和零售商将这些汇集的资金支持“先买后付”的消费者。由此带来的变革之一是，金融不只是给遭遇风险冲击的家庭“救急”“救难”（见第一节至第三节），而且也帮助降低高收入跟中低收入家庭的消费差距，使大件消费品不再由富人独享，促进消费机会平等。

1850年时，美国人只有2%的收入花在耐用消费品上，随着分期付款模式的推广，到1880年，这个占比升至11%；从那以后，耐用消费品生产每年按4.7%的速度增长，远高于耐用工业品的增长速度。[152]到20世纪初，私人汽车蓬勃发展，一开始也只有富人才买得起，1917年出现了10家左右的汽车按揭贷款公司，1919年通用汽车公司也推出自己的汽车销售贷款公司，专门为客户提供“先买后付”的分期付款购车服务；到1925年，销售贷款公司增加到1600多家，[153]大大促进汽车行业的发展，让普通家庭都能买得起汽车。后来，私人飞机、游艇等也都有过类似的成长经历。

消费金融（或说家庭金融）的社会价值也可通过一个简单例子看到。假如张三今年28岁，刚拿到金融博士学位并在纽约找到一份好工作，未来40年每年收入预期为30万美元，这些未来收入的折现总值就是张三的人力资本，即1200万美元。那么，即使张三今天没有流动资产，有了这1200万美元的人力资本，也应该很富有了。可问题是，他出身草根，手头无钱，如果没有金融帮他将一些未来收入提前变现，他依旧很穷，碰到风险冲击也会束手无策。由于人力资本不能直接用于抵押（因为人不能被变卖），所以就需要借助其他物品变现，如缝纫机、钢琴、汽车“先买后付”金融，还有住房按揭贷款。尽管实际上张三是靠未来收入支付按揭贷款的月供，但因为房产可以抵押，他通过按揭可立即在纽约买下价格250万美元的房子，等于将其人力资本的20%多先用上。而如果没有住房按揭贷款，张三可能要通过月月存钱，等上至少15年才能买到房，到自己年长、子女大了才住上自己的房子，就如本章开始时参议员格拉姆讲的那样。

从张三的例子可以看到，在没有消费金融的社会里，年轻时是一辈子中收入最低、流动财富最少但却最需要花钱的时候，而年长时正好反过来：最不需要花钱，花钱得到的效用低，但偏偏是收入高、流动财富最多的时候。消费金融就是通过给年轻人、年长者、资金稀缺者、资金充裕者，提供社会化合作工具，去改变这种局面。其效果是缩短未来收入跟今天收入的差距，让张三方便地配置一辈子中不同时期的收入，平滑各年龄段的消费，使他不至于在最能干也最需要花钱的时候没钱花，而到年长了、花钱需求低的时候却偏偏钱多了。

金融发展对美国社会和经济有哪些影响呢？18 世纪后期到 19 世纪末，既是银行等金融机构在全美各地扩张、开枝散叶的时期，又是美国城市化进程最快的一段时间。两位学者收集了 1790—1870 年全美各州的金融发展与人口增长数据，[154]以检验一州的城市化速度是否曾受惠于金融业的广泛渗透。作者选取了以下两个指标度量当地金融市场的发达程度：有无银行，银行资本金总值。他们的量化分析显示：18 世纪末一州的银行资本金总值每增加 10%，1810—1870 年当地城市人口的年增速因此会加快约 0.1%。因此，金融市场发展与城市崛起之间确实存在显著的联系：城市化进程部分受益于金融机构的扩张。

类似的结论在同时期的英国也得到支持。亚历克斯·特鲁（Alex William Trew）和合作者以"本地银行职员数"衡量当地金融的发达程度，[155]分析发现：在英国不同地区之间，1817 年金融市场发达程度越高，那么 1881 年时，当地的城市人口密度越高，而且 1817 年时当地就职于金融机构的人口占比每上升 10%，1881 年时那里就职于工业部门的人口会因此上升 11%。也就是说，当地经济在后来 64 年的工业化转型会加快，工业产值的占比会上升更多。金融的深入发展，也与当地全要素生产率（TFP）的提高存在显著关联：1817 年时当地金融从业者越多，1881 年时各产业的生产率都会因此显著提升。他们还发现，19 世纪初金融从业人口占比高的地区，不仅会加快本地在之后几十年的工业化进程，还会加快临近城镇的工业化速度，为后者带来显著的溢出效应。一言以蔽之，金融不仅促进城市的崛起，也助推了催生近代文明的最重要变革——工业革命——的起飞。

总之，美国从建国以来，先是继承西欧的传统金融行业，然后逐步将资本市场、消费金融、保险金融和银行金融都推向新高。一方面，这丰富了企业发展的资本支持，让创业创新风险分散在千千万万投资者之中，为美国成为创新型国家奠定基础，[156]正如熊彼特所言："信贷的本质功能，在于帮助企业家将经济纳入创新的轨道。"[157]另一方面，个体间的社会化合作和风险互助因此达到前所未有的深度与广度。在金融得到全面发展之后，个人和社会应对风险冲击的能力自然今非昔比，这也是暴力在 19 世纪、20 世纪持续下降的主因之一。

现代金融来到中国

美国虽然是 18 世纪 80 年代才开始建国，但由于其传承了古希腊、古罗马和基督教文明的文化资源和制度基础，金融在美国不仅没有水土不服，而且很快被发扬光大，抬升了个体应对风险的能力。相反，现代金融进入中国的经历远没那么顺利。前文谈到，早在轴心时代中西方的选择大为不同，中国选择靠血缘宗族解决风险互助与资源共享，从西汉开始，专注发展儒家礼制和血缘为本的伦理道德，到 19 世纪 40 年代中国被迫打开国门时，人们看到的是一个几乎所有人际合作都依赖血缘网络的社会，在后来的洋务运动时期，即使引进现代金融，也是水土不服。[158]

中国早就有基于集市的商业市场网，[159]但如前文所说，由于在轴心时代选择依赖血缘建立社会关系，这造成中国法律传统一直侧重刑事和行政（即公法），以维护朝廷的统治为中心，轻民事商事（即民法）。[160]以清代为例，彭凯翔与林展在对《大清律例》做统计后发现，在总共2354条律例中，只有120条涉及民事、31条涉及商事，两类加总只占6.4%，其主体在行政（814条）、刑事（669条）、用刑和司法（446条）等，[161]足见中国法制传统中的公法为主、民法甚微的特点，即使法律涉及个人间的合同纠纷和契约权利，一般也是因为这些事务影响到帝国的政治。所以，《大清律例》基本是一部执政法，与西方法律渊源的《罗马法》相反。琼斯（William C. Jones）说，“罗马法主要关注的是民法，而在中国，这仅仅是当其影响到皇帝的利益的时候才被考虑”。[162]容闳是第一位留美中国学生，1854年从耶鲁大学毕业，很快回中国投入洋务运动，1865年着手翻译帕森斯的《合同法》（*Parsons on Contracts*），后来他在回忆录中说，“我想这本著作对中国人应该是有用处的。在翻译这本书时，我有幸得到一位中国学者的帮助……他最终说服了我不要再继续翻译下去，理由是像这样的书，即便全部翻译出来了，中国人是否需要它，是很值得怀疑的，因为中国法庭很少涉及合同诉讼”。[163]此外，在中国历朝金字塔式治理体系中，知县是皇权在最底层的代表，职权包括行政和司法，判案只是其诸多权力之一，没有专职法官——这一特色注定了晚清金融洋务运动的宿命。

在传统中国，如果张三买羊肉后发现得到的是狗肉，以欺诈违约将卖方“告”到县太爷处，县太爷对商事“细故”会顾不上。民事纠纷一般由宗族解决，商事主要由风俗习惯、礼制道德规范，或由行会商帮解决，再就是个体自我防范，或诉诸暴力；如果是跨地区纠纷，就可能求助于武林镖局。在那种社会环境下，人们为了降低交易契约的不确定性、降低交易成本，只好依赖“关系”，包括血缘、朋友、熟人关系，以关系作为信任基础，减少纠纷。如果交易价值不大，声誉压力足以规范交易行为，特别在人口流动少的社会里，“关系”和习俗能达到相当的契约执行效果。

可是，如果市场的地理范围不断扩大、交易价值超过一定规模，声誉与习俗机制所能发挥的作用就会不足。这就要求有独立的外部契约执行机制，靠正式、非人格化的法治保障交易契约，否则就难以为继。

由于金融交易买卖的是跨期承诺，因此比一般商品交易对执行机制的要求更高。在鸦片战争打开国门、中国重启远洋贸易之前，由于生产规模与市场广度都有限，基于上述“关系”的金融，即“关系金融”（relationship finance）或“人格化的金融”（personalized finance）基本够用，其交易以及契约执行的基础是“关系”。[164]传统社会的“熟人”借贷，还有后来的钱庄、当铺和票号，都属于关系金融：金融机构规模小，从本地吸收存款或投资，然后又投放到本地居民和企业，各方都为熟人，甚至世世代代都在同一地方生活。由于礼制支持下的宗族互助和关系金融就够用，对外部金融的需求有限，因此对支持外部金融的法治体系的需求也低，“非人格化”的民商法体系难以发展。

1842年五口通商开埠后，长途外贸快速上升，这不仅带动上海等口岸城市的经济发展，而且促使通商口岸与内地贸易的增长，市场的地理范围不断外延，加快各地区的行业分工。山西第一家票号——日升昌票号——创办于1823年左右，[165]但更多票号及各地分号出现在19世纪后半期，1850年后全国新建的分号有54家，为1850年前的两倍，[166]票号行业显然受益于通商之后内外贸易的上升。跨区贸易从根本上推动了票号、钱庄等关系金融的发展，但很快也暴露其局限性，因为票号业务的规模与范围扩大到一定程度后，东家与掌柜之间、票号与分号之间、分号与客户之间的委托代理或契约执行问题，就变得越来越复杂，不是只靠“关系”就能解决，也超出清朝正式司法的能力。

开埠后一段时间内，贸易宗族让山西票号受益，但前提是设立在租界并以租界司法规制的外资银行还不是太多，来自它们的竞争压力还不大。可是，在19世纪后半期，随着外资银行的增多，票号与钱庄越来越难以应对它们的竞争：票号与钱庄受关系金融和清朝商法不到位的制约，难以做出规模，毕竟非正式的契约执行架构无法支持越来越长的委托–代理链；而外资金融有来自租界司法体制的支持，[167]能做出规模，也能应对来自长距离海外贸易的风险挑战。因此，票号与钱庄在晚清的衰败，主因在于清朝契约执行制度上的缺陷，或者说是因为祖先在轴心时代选择聚焦发展礼制与宗族，忽视公共领域的法治建设。

除了贸易上涨这一因素外，19世纪60年代开始的洋务“强国”运动也挑战关系金融的能力。洋务运动旨在追赶西方工业技术，仿造洋枪洋炮，实现富国强兵梦。[168]但洋务项目需要大量资金，而且风险高，关系金融难以胜任。“公司一事，乃富国强兵之实际。”[169]薛福成说，股份有限“公司不举，则工商之业无一能振；工商之业不振，则中国终不可以富，不可以强”。[170]洋务派引进“股份有限公司”这一新型企业组织，通过向大众售股，广泛集资并分摊风险。1872年成立的轮船招商局是首次尝试，目的在于模仿西人自办轮船运输（见第八章关于河运与海运的讨论），其股份可在民间自由转让，认股不认人。实际上，不只是跟西方技术有关的洋务需要汇集大量资本，在传统的“无限责任”票号和钱庄受到冲击后，华商需要建立现代“股份有限制银行”，才能跟西方银行在同一平台上竞争，可是这也要大量资本，少则500万两银，多则数千万两。[171]

但问题是，对于不习惯西方法治的中国社会来说，这种公司股权安排带来挑战：一方面，外部股东如何放心让公司管理层支配控制他们投在公司的资产？另一方面，在一个只习惯“无限责任”，即“老子还不了，儿子还”的社会，以前没有发展出与“有限责任”相配的司法与行政体系，怎样保证公司股东的责任是“有限的”？当初金融进入美国时，他们没有这种挑战，不存在水土不服，而现代金融在19世纪后期出现于中国时，局面完全不同，所面对的是一个缺乏商法传统的社会。虽然股票和其他现代金融是让千千万万陌生人实现人际合作互助的完美工具，但晚清不具备所需的契约执行体系和高效公正的法治生态。

证券市场上的投资者（出资方）和证券发行公司（用资方）之间，一般互不相识、相隔遥远，像平安集团总部在深圳，而其百万股东有的在深圳、上海，有的在黑龙江、新疆，他们之间以及他们与平安集团之间的交易是“非人格化的”（impersonal），不以“关系”为基础，这种金融在英语里有时被称作“arm's-length finance”（“保持距离型金融”），意思是投资者和用资方之间保持距离，无直接熟人关系。[172]当出资方和用资方间存在距离时，公正的产权保护和契约执行架构就至关重要；否则，“保持距离型金融”就无法发生，或者即使短期内能够发生，也无法长久持续。“有限责任”是“保持距离型金融”的普遍特征，是外部投资者愿意参与的基本条件（如果外部股东对公司的亏损或“惹的祸”有无限责任，他们不会愿意投资做股东的），但是这也带来道德风险：万一用资方不负责任乱用钱或者随意决策，怎么办呢？所以，“有限责任”需要多方制度加以制衡。

到洋务运动时期，清朝没有相应的证券法、公司法、契约法或商法。为了让社会对“保持距离型金融”有足够的信心和信任，洋务官员采用“官办”“官督商办”等，[173]以官政信用做隐性担保——这可能是当时唯一可行、能解近渴的办法，否则投资者不会参股，金融市场难以发展，追赶西方的“富国强兵”效果无法达到——由官府给金融交易做隐形担保，从晚清洋务运动开始，至今还没结束，现在被称为“刚性兑付”。[174]在容闳的建议下，直隶总督李鸿章于1872年推出中国第一个现代公司——轮船招商局，[175]他在奏折中说：“用蒸汽船海运米粮是最小目标。该举措将为帝国带来荣耀，亦为未来数百年奠定商业、财政和军力基础。”[176]创办之初，李鸿章从直隶军费中拨付13.5万两白银，以年息7%贷款给轮船招商局。但是，尽管有官府贷款垫底且给外部股东保证每年10%的股息回报，民间商人当初承诺认购至少10万两白银的股本，可实际只有1万两入股；结果，李鸿章自己投入5万两白银。[177]1873年到1883年，官府每年向轮船招商局贷款8万两到10万两的资金，所给予的贷款总额是其间股本总额的2.2倍多。[178]在另一代表性案例中，1896年盛宣怀的中国通商银行规划从私人手中筹资700万两白银，以修建北京至汉口的铁路；但那次计划很快失败，盛宣怀和张之洞最终意识

图10.11　轮船招商局的货轮

注：股票作为社会化跨期合作的工具，在传统中国缺乏所需的法治体制，众人无从置信，以至于逼出“官督商办”，由官府隐形担保，开启“刚性兑付”先河。1872年，李鸿章领头建立中国第一家“官督商办”股份有限公司——轮船招商局，向华商发股融资、分摊风险。虽然认购商人无几，但也是金融洋务运动的里程碑。

到像这样的大项目，如果官府不拿出建设资金，除了借外债就别想从民间融到所需资金，私人投资者是不会相信他们的。1898 年，盛宣怀在给皇帝的奏折中说，“铁路局当初计划从民间筹资修建铁路。但华商往往只在项目已建成并有实实在在盈利之后才愿意投钱 …… 华商以及百姓购股之事，实属少见。他们或许在完工之后购股投资，但别指望他们在新项目之初就投资”。[179]

在轮船招商局和其他晚清“官督商办”股份有限公司中，“官督”意味着官方任命和撤换管理层主要总监，对企业运行和财务甚至是日常管理都可能干预。在轮船招商局的例子中，李鸿章对公司的日常管理做了超过 400 项的书面指令，[180]使公司既非 100% 官府衙门，又非真正的商业企业。因为官府授予的特权，轮船招商局在 19 世纪 80 年代早期开始赢利，导致一些官员呼吁将招商局国有化，但呼声被李鸿章顶回。在这个意义上，有官府介入股份有限公司的确给私人投资者以产权保护，使其他人不能轻易剥夺赢利的公司资产。在缺乏独立司法保障时，私有产权（无论是投在公司的，还是在个人或“堂”的名下）只好依赖官权保护。[181]遗憾的是，官府权力又恰恰是私有产权的威胁所在，形成矛盾。

轮船招商局成立后的十年内，15 家股份有限公司分别上市（图 10.12 给出每年新发行股份的公司数），包括采矿、制造和交通等产业。它们的股票在上海街头和茶楼交易。由于缺乏信息披露和相配套的会计规则，关于这些公司的财务盈亏和事业发展的信息极少，故而股民缺乏甄别公司好坏的基本依据。时人在《申报》描述道：“今华人之购股票者，则并不问该公司之美恶，及可以获利与否，但有一公司新创，纠集股份，则无论何如，竞往附股。或十股、廿股、数十股、数百股，唯恐失之。其有派股不及者，则悻悻然见于其面。”[182]在缺乏充分且可靠信息的条件下，加上监管和司法的空缺，股票市场就成了完全的投机场所，无基本面可供参照。

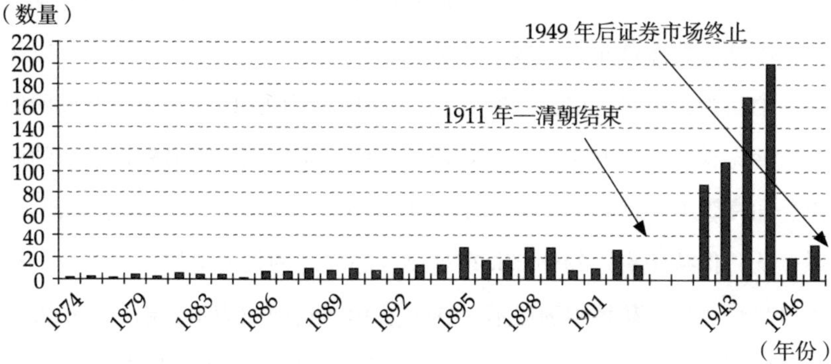

图 10.12　晚清到民国时期历年新上市公司数量 [183]

1882 年，投机狂热制造出清朝第一次股市泡沫。那年，许多股票价格翻倍，[184]时人形容当时股市之繁荣道："气运之转，机会之来也"，[185]"上海近来公司之多如此，则将来隆隆日上夫岂让于泰西哉？"[186]就在泡沫接近顶点之时，第一家股票交易所公司——上海平准股票公司——在 1882 年 9 月成立，将股票交易从街头和茶楼转移到交易所内，同时将股票交易的程序、结算和杠杆等规则明确化。

伴随股市泡沫而来的是 1883 年的股灾，1883—1884 年股价平均下跌 70% 有余。[187]一些蓝筹公司如轮船招商局、开平煤矿、平泉铜冶厂，其股价比 1882 年的高点至少暴跌 80%。股灾如此严重，以至于为投机者提供杠杆配资的许多钱庄和银行纷纷倒闭，在上海和其他口岸城市引发重大金融危机。[188] 股灾之下，广大商民从热炒股票和现代股份公司，快速转变为对其恐惧厌恶，也引发了一场关于公司制度和证券金融是否"水土不服"的大检讨。"泰西公司之账公而显，中国公司之账私而隐……其收支各账则惟公司之司事诸人知之，各股友皆浑然不知也。"[189]"夫公司之设，学西法也，（中国）乃学其开公司，而不学其章程……但学其形似，而不求夫神似。”[190]传统中国的企业会计实践侧重现金收支记账，忽视资产折旧等成本，适合于东家监督伙计，以及少数合伙人间的相互监督，不适合股东数量多、股权分散并股权频繁换手的股份公司，[191]以至于韦伯认为：中西方在会计规则上的差别，尤其是15世纪意大利发明的复式簿记法，使资本主义出现在西欧，而不是中国。[192]另外，晚清的股份公司高管多有官府背景，“官督商办”下公司跟官方有许多说不清的关系，让“保持距离”的外部股东难以放心自己的权益会被排在首位，造成股份公司模式移植中国后不再有效。由于行政权力不受制约、私人权益保护不到位和信息披露不规范，“保持距离型金融”难以推进。

中国证券市场的下一波发展出现在1894—1895年中日甲午海战之后，那次战败冲击了国家信心，引发一轮对中国文化和国家前途的大讨论，再次探寻富国强兵之路。这一回，因为战争赔款使政府资金短缺，甚至难以支付国防开支，所以要靠私人资本唱主角，创办新型工业企业，纯粹的私营股份公司开始出现。这时期，也有官商合办的公司：官府直接入股而不是给予贷款。比如，1898年成立的户部银行就采用这种模式（1908年更名为大清银行），1903—1907年一些铁路公司也采用这种模式。图10.12显示，1895年有29家、1898—1899年分别有28家新股份公司上市售股。这种势头在1900年义和团运动后被中断。

义和团运动后，爱国知识分子又讨论了一个核心问题：为什么中国办不好股份有限公司和一个能为洋务提供资本的股票市场？讨论的结果把症结归到法律制度上，包括没有公司法和破产法。湖广总督张之洞在《劝学篇·农工商学》中写道：“商非公司不巨，公司非有商律不多。华商集股设有欺骗，有司罕为追究，故集股难；西国商律精密，官民共守，故集股易。”[193]

压力之下，清廷于1904年颁布了中国历史上第一部公司法——《公司律》。当然，对习惯于以礼制道德为商业契约执行主体的中国人来说，运作并接收“非人格化的”法治，自然不是一两天就能做到的事。《公司律》颁布之后的4年间，全国只有227家公司正式登记注册，其中99家在江苏和上海。[194]可见，尽管用意是以《公司律》为华商公司融资经营提供便利，但并没有多少人将这部法律当回事，水土不服仍然是现实。[195]如果没有相配的政体和司法，单单一部《公司律》显然不够。不过，这是朝正确方向迈出的重要一步。

到1911年清朝结束，尽管路途坎坷，但中国有了近40年股份有限公司和股票市场的实践经验，超过480家公司公开发行了股票（图10.12），涉及行业涵盖了制造、电力、采矿、纺织、铁路、轮船运输、银行和其他金融服务。这段试错经历使精英认识到将官府跟商业分开的必要性，也了解到洋务不只是机器设备，而且股市也不只是一个交易场所，软性制度同样重要。曾任两江总督的郑观应说，“华商公司不能振兴，由于有剥商之条，无保商之政…… 当道不知商情，不恤商艰。若是公司擅请当道设立，稍得利益者，即委员督办，岁须报效”；时人陈炽说，“商律者，保商之政也”，“不定商律，何以护商”？[196]

回头看，通过“官办”“官督商办”“官商合办”为洋务公司提供政府信用，可能解决了当时的近渴，否则，洋务工矿企业难以获得社会的信任和资本。但是，官府信用的存在也同时扼杀了民间自发产生信用机制与契约执行机制的动力，让民间社会注意力不是放在建立并执行民间行规上，而是放在如何打通官府权力上，结果是滋生腐败。

有意思的是，1911年清朝结束，民国成立。之后近20年里，中国军阀林立，国家权力衰弱，而这期间恰恰是中国近代证券发展史上的“黄金年代”。1912—1927年，社会兴办的资金万元以上的新式工矿公司1984家，投入资本总额达4589万元；这也是新型现代银行出现的黄金期，新建银行 311 家，投入资本总计 11943 万元。[197] 1921 年，通泰盐垦五公司成功发行中国第一笔公司债券，价值 500 万元。这期间也发展出来一大批专营股票、债券的证券公司，上海福州路、汉口路、九江路旁证券公司林立。这些金融中介是实现社会化跨期合作的中流砥柱。

为什么“无政府状态”的北洋政府时期反而使金融发展得最快？原因很多，其中之一是那期间政府信用低，“官办”或“官督商办”的路走不通，官府也顾不上管制市场或干预经济。在那种环境下，一方面，华商必须自发形成行规，组建行会为市场交易创建制度环境，比如，上海钱业公会、上海股票商业公会、银行公会、信托业公会等对相应行业的准入、退出和处罚都有详细规则，维护市场的诚信秩序。另一方面，当时的不同租界均有自己的法院或仲裁机构，因此除了民国法院外，金融交易双方还可选择其他法院作为裁决机构，这反过来促使各法院相互竞争，其结果是给上海等地提供了越来越可靠、公正的契约纠纷解决机制。马德斌教授尤其谈到，[198] 上海公共租界在当时尤其突出，它几乎跟中世纪威尼斯城邦一样，貌似一个以纳税人为股东的有限公司，“工部局”是其小政府，税收财源坚实，其下市政机构包括警察、监狱、卫生、教育等，提供方方面面的公共服务，还有“上海公审会廨”解决契约纠纷、处理刑事案件。马德斌通过分析发现，正是这个 23 平方公里的高度自治小社会及其中立的执法体系，使它成为北洋时期多数金融机构的所在地，带动全国的金融发展。从图 10.12 可以看到，20 世纪 40 年代每年新上市的公司数量空前高涨。1949 年后，证券市场很快中止，到改革开放后的 1990 年重新启动。

保险金融在中国的经历也不轻松。中国原来没有保险业，第一家保险公司是 1805 年来到中国的英国“谏当保安行”，由于那时清廷只允许外国人在广州经商，所以那家保险公司设在广州，专为来往于广州的外国商船提供运输保险。第一家出现在中国的人寿保险公司是英国的“标准人寿保险公司”，1846 年进入，也是给住在广州、上海等口岸城市的外国人服务。早期只有洋行保险公司，一直到 1865 年才出现中国人创办的保险公司——“上海义和公司保险行”，经营的是水运保险；1875 年，在李鸿章的支持下，轮船招商局推出仁和保险公司。在之后的几十年里，更多华商保险公司相继成立，但发展较慢，到 1949 年也只有 60 多家国内保险公司。[199]保险自 19 世纪进入中国以来，一直受到文化上的挑战，因为中国人历来不愿谈及不幸之事，认为那不吉利。比如，没人愿意听保险销售员说“如果你家发生火灾”“如果你明天出车祸”，不吉之语会吓跑客户，更别说销售了，尤其是人寿险，“如果你哪天死了……”这样的话是绝对大忌。[200]

从洋务运动以来的经历可以看到，现代金融进入中国并不是一帆风顺，不能像 1790 年后的美国那样为金融提供发扬光大的制度与文化土壤。但是，试错与摸索还是带来进展。这里，我们不妨回到前面谈到的“高利贷”问题，以利率变化作为评判的尺码。从表 10.4 中，我们已经看到，唐末以前，民间借贷利率一直维持在 100% 左右，宋明下降至 60% 上下，清初进一步降至 50%，到 18 世纪下降到 27%，而 19 世纪至 20 世纪中期，民间借贷利率在 24%~26%，[201]这说明 19 世纪开埠甚至洋务运动之后，非正式的民间借贷市场没有显著改善。相比之下，西欧的民间借贷利率在 17 世纪一般都在 10% 以下，到 18 世纪降至 8% 以下。[202]

不过，正式金融还是改善明显。在 18 世纪，银行给最好商户的贷款利率在荷兰大约为 3%，英国为 4%~5%，[203]而同时期，中国钱庄票号的商业利率平均为 39.2%，[204]与西欧相距甚远。图 10.13 对比了 1800—1940 年上海与伦敦的正式金融市场，展示其利率变化趋势。其中，上海选择的是钱庄及后来银行间的日拆利率，这反映风险相对最低的钱庄或银行间隔夜借贷利率（借贷期限最短），而伦敦选择的是银行贷给最好商户的3月期贷款利率。如果两国的金融发达程度一样，那么上海钱庄日拆利率应该显著低于伦敦一级商贷利率，可是实际情况相反，前者一直更高，这说明伦敦的正规金融一直比上海更发达。[205]可是，19世纪初期以来，上海钱庄银行日拆利率呈显著下降趋势，向伦敦一级商贷利率逼近，甚至在1920年前后两者几乎重叠，这说明尽管到20世纪40年代中国金融市场还没能完全达到“纠众智以为智，众能以为能，众财以为财”，尤其在实现民间普惠金融方面，还有漫长的路要走，但洋务运动的确促进了正规金融的进步。

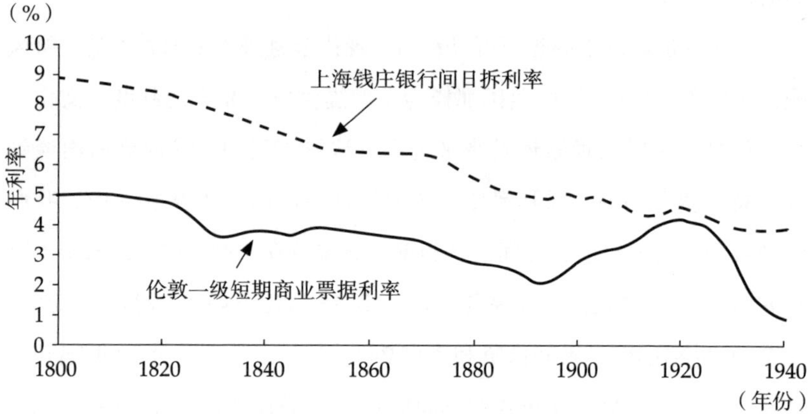

图10.13 上海钱庄日拆利率与伦敦银行贷款利率比较 [206]

从资本化体制看中西大分流

在结束探讨金融对文明化进程的贡献之前，我们最后谈一下这些年时髦的话题——中西大分流。2000年，彭慕兰（Kenneth Pomeranz）

出版著作《大分流：欧洲、中国及现代世界经济的发展》，[207]此书的核心命题为：在工业革命之前，中国和以英国为代表的西欧社会之间不存在本质区别，但以 19 世纪初为起点，出现人均收入等维度的“大分流”（the great divergence），英国等先行工业化国家的生活水准发生腾飞。“大分流”命题引发大量跟进研究，因为分流既大又猛，以至于人口刚过千万的英国在 1840 年鸦片战争中战胜人口 4 亿之众的中国：这种分流是发生于一夜之间，还是长期“微分流”的累积？彭慕兰给出的解释说，由于中国和英国都受人均土地制约，而之所以工业革命发生在英国，是因为英国有大量便宜的煤炭和多处殖民地带给它的土地，让其种植诸如棉花等农产品，分流跟两国的经济、政治与产权制度无关。[208]此后，彭慕兰与加州学派同人列举了“工业革命前中西无本质区别”的个案证据，说明市场经济的主要特征到 17 世纪、18 世纪的中国已逐步形成：劳动力流动于地区之间和城乡之间，不受官府管制；[209]土地既能作为生产要素，又能作为资产流动，被买卖或抵押借债；资本能跨行业、跨地区投资，入股铜矿、煤矿、盐井，[210]或购买土地房屋；在管理安排上，也有所有权和经营权的分工，委托代理造就百年老店；[211]明清中国，官府对私有财产、商业契约有明确的保护，包括解决借贷与商贸纠纷；[212]等等。

加州学派从史料中挖掘明清个案现象，启发新的研究，对明清历史研究贡献很大。他们发现的现象也印证了本书一开始就谈到的人类共性，即只要是人的社会，就有激励去钻研各种新策略，包括体制变革和商业创新，以最大化自己和亲人活下去的概率。所以，中国社会也不例外，商人会充分利用有利可图的机会（不管是进行商业贸易，还是投资创业），也会努力推演出各种促进人际合作、增加交易安全的机制（包括习俗、商帮、行会）。从这个意义上，如果从工业革命前的中国和西欧社会找不到共同元素，那反倒奇怪。从方法论角度看，重要的不是能否在中西找到相同的现象，而在于“量”和结果：在中国和英国都有劳动力、资本和商品跨地区流动，不等于两个社会就无本质区别；在中国和英国都有官员腐败，不等于它们同等地腐败，因为任何一个社会都有腐败。以“个案等于全部”（例如，“只要玉堂酱园解决好了所有权与经营权分离的问题，就证明清代解决了委托代理问题”）为准则，去论证中西在工业革命前的异同，这种方法值得商榷。1800 年后中西出现“大分流”本身说明，它们在之前就应该存在本质区别，只是那些区别的后果在以前还没能凸显。格雷夫与塔贝里尼说过：[213]至少在过去 1000 多年，中国人主要靠宗族，而欧洲人则更多依赖“法人公司”实现人际跨期合作，这就是本质区别之一。从上一节我们看到，在 18 世纪，荷兰的银行给最好的商户贷款利率为 3%，英国为 4%~5%，而同期中国钱庄票号的商业利率平均为 39.2%；到 18 世纪末，上海钱庄间的日拆利率几乎是伦敦银行给最好商户贷款利率的两倍（图 10.13）。这些对比表明，两方到 18 世纪的金融发达度、跨期信用体系和资本化能力是天壤之别，由此折射出截然不同的制度背景。由于金融在现代经济（即工业革命以来的经济）中发挥核心作用，解释大分流的答案理应在金融发展所需要的制度之中。

彭慕兰说，虽然 18 世纪或更早中国的利率远高于西欧，但中国“不太可能存在资本严重短缺，或缺乏调动资本所需要的制度。即使在英国，多数早期工业项目是靠创业者自己和亲戚的资金启动的，而不是靠金融机构支持；中国 2% 最富群体得到的社会总收入之比，跟英格兰、威尔士的情况几乎无异。所以，难以想象中国企业的融资途径会跟英国相差甚远”。[214]也就是说，尽管英国的资本成本低、资本市场更发达，但未必对英国的创业与创新有实质性影响，英国人像中国企业家一样靠亲戚融资创业、发展。彭慕兰和加州学派同人的这种猜测，是基于对资本市场的狭义理解，尤其是对资本化的认知不足。熟悉资产定价理论的学者都知道，利率作为资本的价格，是资本供给与需求关系的反映，也是资本调动能力的总结：利率低，说明资本调动能力强，资本供给相对于需求更加丰富。而之所以英国、荷兰的利率在18世纪比中国低那么多，原因在于第五节到第七节谈到的：由于中西方在轴心时代的不同选择，西欧国家在工业革命之前就推演出增强陌生人之间跨期信用的制度体系，通过不同金融工具实现大范围内的资源互助合作，[215]而中国因为对礼制宗族的过度专注，忽视了民商法等资本化所要求的体制发展。也就是说，中西在体制上的大分流早在轴心时代就开始了，只是在农业时期基于血缘宗族的人际合作基本够用，体制大分流的影响还不显而易见，但到了长距离贸易和技术变革改变资本的重要性之过程中，超血缘的人际合作体制对生活水准的后果才得到凸显，于是有了19世纪以来的人均收入大分流。也正因为此，如果希望认清中西方在18世纪或更早时期的本质差别，不应该把对比的重点放在农业上，而应该放在资本化生态体制上。

为更好地理解资本化的作用，我们需要区分财富、资本和货币。其中，货币是流动性最好、用作支付工具的通货，所有有价物及收入流都是财富，而资本是流动的、能增值的产权。一般而言，财富量多于资本量，资本又多于货币，三者间的差距取决于体制环境，尤其是跨期信用和法治体制。各农业社会都有货币和财富，但由于制度缺陷，不一定有很多资本。资本化能力差的社会里，除了货币之外，没有其他资本。以今天的房地产为例，中国城市里现在每一套房都对应着房产证，即产权证，上面记录所有者的名字、身份证号等信息。张三的房产证所代表的产权当然是财富；如果法律禁止房屋买卖，那么房产证只代表财富，不能变成资本，也不能成为货币；而如果房子可以买卖但不能做抵押资本化，那么房产证所代表的财富可以变成货币，但资本价值有限。当然，如果国家出台新法律让每份房产证只标明所对应的房产，不需写明所有者名字和身份证号，谁持有房产证谁就是房子的主人，那么房产证就完全跟货币等同了，甚至在房地产吃香的时期，房产证会是比货币更受欢迎的支付手段。近些年在中国，许多创业者和其朋友以房产证作为入股公司的资本，这样，房子自己照住，但房产证成了流动的资本，帮助公司抵押借贷或做其他交易——这就是财富被资本化的具体方式之一，不是只有公司股权上市交易才是资本化（未来收入流的资本化）。[216]此外，土地、厂房、收藏品、未来收入流等，都可以用类似方式变成产权，流动起来成为资本。

但是，财富和未来收入流的资本化，不是把产权证和交易契约设计好了就大功告成，因为房产证作为产权，只有得到相应保障才能流动起来；如果缺乏体制保障，这种产权不会有人愿意接受，不可靠的产权就不是资本。比如，如果房产开发商经常一房多卖，张三付完房款、得到房产证后，发现李四、王五也有同一房子的房产证，那么发生纠纷后，他们去法院起诉。这时候，法院是否会受理诉讼，受理后是否会有公正法律和公平司法程序保护各方权益，举证规则是否合理，法官是否会受到权力干预、是否会受贿等，都至关重要。如果人们对民商法和司法没有信心，那么房产证就如废纸，即使可以买卖流转，也不会有资本价值，因为人们不敢把房产证接受为资本。这就是 19 世纪以前中国和英国之关键区别所在，资本化能力不只表现在英国有上市交易的股份有限公司、中国没有股票市场。当然，资本化能力强的社会，资本供应会多，资本成本（即利率）就会低。前面说到，彭凯翔与林展的统计表明，《大清律例》的 2354 条律例中，只有 120 条涉及民事、31 条涉及商事，两类加总只占 6.4%，足见清代民商法还不到能支持各类财富与未来收入流资本化的程度，更何况到 19 世纪还不存在专门法院和专职法官，民商诉讼也由肩负多项职能的知县判案。

明清官府判案的公允性和可信度，也多受争议。邱澎生谈道，“至少自16世纪以来，有些商业书即劝商人避免兴讼，甚至还劝商人出门在外要减少自己的好奇心，尽量别旁观衙门审案，以免遭受无妄之灾”。[217]时人如此担心官府对私人身家财产和契约权益的威胁，以至于明清商业书籍奉劝商人“是官当敬，凡长宜尊”，成书于16世纪的《买卖机关》解释道，“官无大小，皆受朝廷一命，权可制人，不可因其秩卑，放肆慢侮。苟或触犯，虽不能荣人，亦足以辱人”。[218]从商业书中的告诫，可见商人对明清司法所可能给予契约权益的可靠保护度，鲜有信心。从而，产权的流动以及人际跨期交易范围就难以超出血缘网络，资本化无法在广泛范围实现。

近年引起大家普遍兴趣的是哥伦比亚大学曾小萍教授对晚清自贡盐商的研究。[219]她发现，在19世纪初期的四川自贡，官府不干涉商业，营商环境相当自由，商人们自己通过商帮、会馆建立并执行契约规则。起初，盐商基本靠族人间集资，成立以“堂”命名的宗族企业，比如“王三畏堂”“李四友堂”“胡慎怡堂”等，经营规模有限。1850年太平天国起义割断湖广等地区与华东海盐的通道，迫使湖广另谋盐路，于是给自贡盐商带来黄金发展期，盐产量从1850年的1.12亿磅（约0.5亿千克）增长到光绪年间的3.9亿磅（约1.8亿千克），增加近3倍。[220]然而，虽然机会来临，但扩大生产规模并非易事：一方面需要大量资本，但凿井风险大，资金投入往往四五年不回本，甚至一些盐井因产量稀少而关闭，使投资血本无归；另一方面需要技术革新，否则难以达到规模效应、提升产出。令曾小萍惊喜的是，自贡盐商接受了挑战，依靠中国文化元素解决了集资扩张与风险分摊的需要，而且在凿井技术上实现了奇妙突破。首先，宗族堂是各主要盐商企业的基础，持股人以族亲为主，只有少量外部资金参股；如前所述，这种堂在功能上跟西方公司类似，区别在于股东有“无限责任”，其契约保障以礼制和族规为基础。其次，具体的盐井开采和销售管理通过一种叫“大关”的合股企业承担，这里“大关”类似现在的控股公司，旗下可针对每口盐井项目再设“子大关”等；每个大关在股东中或从外面雇用“职业经理人”（包括总经理“承首人”），以薪酬和少许股份为激励，由职业经理人管理旗下业务，并按季报或年报向股东提供财务和运营情况；[221]因此，在融资与运营安排中，资产的管理权与所有权是分开的。再者，大关和其他无限责任合股企业的股份，可在不同人之间转让，一般情况下，股权出售前其他股东有优先认购权，只有其他股东无购买意愿时，才可卖于他人。

在1个世纪左右的发展历程中，自贡盐商的融资范围以族亲为主，但也通过以上安排，从血缘网络之外，甚至跨省融资扩张，广泛分摊风险，而且其管理结构也接近现代公司。故而，曾小萍说，这些融资与管理创新都在中国传统文化的框架下发生，说明之前关于现代公司及资本主义跟儒家不兼容的论断站不住脚。她的研究跟彭慕兰关于山东玉堂酱园的案例一样，[222]得到加州学派的欢呼，也加深我们对中国商业史的认识。但是，有几个细节值得思考，因为在笔者看来，自贡盐商的例子恰恰表明加州学派关于“工业革命前中西无本质区别”的论断不成立。第一，自贡盐商兴起于19世纪初期，快速发展于1850年太平天国之后，在时间顺序上是工业革命起步之后。如果说自贡盐商的融资与管理创新是中国历史上的首次，这本身就说明工业革命之前的中国与西欧存在本质差异：早在公元前5世纪，古罗马就推出“公共合伙公司”，其融资、管理与股权交易安排跟公元19世纪自贡盐商的做法，几无差别；[223]而16世纪的荷兰东印度公司、英国东印度公司、弗吉尼亚公司等，则是更近代的对照。[224]第二，无限责任的好处是让外部股东不得不关注公司的决策和运营，不足在于使企业过于保守、不愿冒险，也减少外部投资者的兴趣，抑制资本供给；到20世纪初，自贡盐商的企业组织与融资模式渐渐式微，被洋务运动时期引进的股份有限公司取代。第三，不受制约的权力是清代中国与西欧的更根本区别，迫使自贡盐商自19世纪末逐步走向衰败。1877年丁宝桢任四川总督，将井盐产出全部改由官府统一收购、统一运输、统一销售；到1880年，官运垄断川盐在云贵、湖广的全部市场，夺走大量盐商的业务，小盐场尤其难以为继。相比之下，英国自1688年光荣革命之后，商人不再面对这类权力威胁。[225]最后，跟彭慕兰研究的山东玉堂酱园一样，曾小萍收集的成功案例也有一特点：需要子孙科举成功或者买官，为"宗族堂"的身家财产和契约权益提供保护，这又回到邱澎生教授谈到的商人"是官当敬，凡长宜尊"问题。道光时期，王朗云始创"王三畏堂"，鼎盛时资产过百万银两，为盐场首富；在丁宝桢任总督期间，王朗云因反对川盐官运而入牢；坐牢期间，王只好捐款7万两，清廷随即给他加封按察使二品官，他不仅出狱，且买得身家安全。李四友堂、胡慎怡堂、颜桂馨堂等都靠捐官，获得财产与契约权益的保护伞。

这些案例表明，设计股份融资结构和委托代理安排，应该是商人在面对发展机遇时能自然想到的，但是这些设计能否得到所在社会的体制支持，或者即使能自发发展几十年，最后能否持续下去，此即区分中西社会的关键所在。玉堂酱园、自贡盐商等案例恰恰折射出工业革命之前中西社会的本质区别，而不是佐证它们本质上无异。中西大分流不是等到19世纪才发生的。

结语

从本章可以看到，金融的救荒救急作用不仅在现代社会重要，对传统社会更加重要，可以给人们提供救命的途径。表面看，似乎是土地私有让旧时的地主富农有机会在灾害时大量收购土地，引发农民憎恨，进而导致起义。深入探讨小农被迫卖地背后的具体境况会发现，是金融等避险工具的缺乏造成农民只好把土地、房屋、妻妾、子女当成避险工具，在遇到风险威胁一家生存时，不得不靠卖地、卖房或卖妻女求生。从这个意义上讲，地主富农在灾荒时愿意出钱买地，对社会有益，因为这些购买抑制土地价格暴跌（否则，灾荒时只有卖方但无买方）。土地私有不是罪魁祸首，缺乏应对风险事件的金融市场才是问题的关键。如果农民拥有更为有效的保险和跨期调配资源的手段，风险挑战不必靠卖地卖妻解决，就像二战后的印度农村一样，灾荒也不一定带来土地的进一步集中，农民起义也可以避免。

按照这一逻辑，我们能更好地理解传统社会的其他行为，比如，津巴布韦农民为何靠变卖牲畜应对旱灾冲击。[226]津巴布韦是撒哈拉非洲诸国中市场功能较发达的国家，自然风险较大，常年遭受旱灾。1992 年，津巴布韦发生了 20 世纪以来最严重的旱灾，在通常的雨季时节，河流与水库悉数干涸，农作物和牲畜大量死亡，城市里的食物供应也严重短缺，价格疯涨。尽管政府提供了赈济计划，但远远不能达到平滑消费的效果，农民必须通过私人避险机制获得现金，购买食物。变卖牲畜是当地人应对旱灾冲击最为重要的方法，那年，超过 2/3 的家庭变卖了牲畜。调查显示，自 1983 年以来，津巴布韦平均每户拥有的耕牛数总体呈增长趋势，而 1992 年旱灾期间，耕牛损失和变卖的数量却很大。这也显现了牲口作为避险资产的局限性，因为旱灾期间本是牲口发挥避险价值的时候，不少耕牛却会在那时死亡，多个农民同时变卖耕牛也使其市场价格下跌。不过，由于他们没有金融工具可供选择，加上耕牛市场在平常年份也交易活跃，这使耕牛作为避险资产有了一定的流动性。1994 年，一次调查以那些在1992年受旱灾冲击较小的农户为对象，研究了他们所具备的共同特征，结果发现：约30%的被访者是因为不靠农业获得收入，其次有23%的被访者是因为拥有大量牲畜储备，远超过因子女少而受影响小的被访者，只有5%的被访者靠存款抵御旱灾风险。因此，除了离开农业就业外，变卖牲畜是津巴布韦农民应对旱灾风险的主要方式。不过，对其他一些发展中国家的农民而言，养育牲口可能过于昂贵，以此规避灾害风险不太现实。例如，坦桑尼亚超过半数的农户没有牲畜，因为养一头耕牛的花费占全年谷物收入的五分之一。[227]因此，对于农户而言，发展正规金融和保险市场是避险上策。

金融市场增强了个体应对风险的能力，使风险发生时个人从暴力中能得到的主观收益降低，因此促使暴力下降，进而推进文明化。此外，前文谈到，传统社会之所以鬻妻卖女，也通行包办婚姻等（第四章），是因为在缺乏金融的条件下，个人尤其是女性、婚姻被当作避险工具，而有了发达的金融之后，女性和婚姻得到解放，个人权利得到伸展。总之，无论是从削弱暴力冲突这一维度，还是从更加广义的维度定义文明，金融市场都蕴含了推动文明化的逻辑。金融市场跟家庭、宗族、宗教以及上两章谈到的商品市场一样，其存在与发展都是文明化进程的推动力。

当然，金融虽是好东西，但发展起来不容易。在轴心时代，西方选择注重公共秩序和社会化合作的建设，使他们逐步建立的法治体系和契约执行架构极有利于陌生人之间的跨期互助，而金融只是促成人际跨期合作的具体工具。西欧从古希腊、古罗马时期就开始发展各类金融，中世纪后期重启金融市场；美国虽然到18世纪后期才独立，但很快引领人类的金融革命，丰富了人际社会化合作的金融工具选择。而由于两千多年前中国选择了不同的道路，所建立的社会秩序和体制更多是基于血缘礼制，因此到19世纪后半期主动引进现代金融和其他洋务时，不具备这些人际互助工具所需要的体制土壤，结果是水土不服。其他发展中国家在引进并发展金融市场的过程中，经历与中国大致类似，都在继续探索之中。

伴随着宗族与宗教的逐渐后退，市场在避险和其他人际互助中扮演的角色越发重要。与市场并驾齐驱的，还有国家：尤其是跨入21世纪后，国家在个人与社会生活中扮演的角色越发重要。在讨论利息的过程中，我们已经看到了金融与政府之间可能存在的张力；在接下来的两章中，我们则会从“福利国家”和“金融治国”的角度，分别剖析国家角色演变背后的避险逻辑：第十一章将阐明国家如何协助个体规避风险，实际上，这既是国家起源的诱因，又是近现代福利国家崛起的原因；第十二章将侧重讨论金融市场对于国家履行职能的重要作用，包括金融市场在大国兴衰与朝代更替历史中所扮演的角色。

第十一章

风险、福利与国家的起源

近十年的长者，不仅没分享到该有的劳动果实，而且没得到该有的就业之份。由于多年遭遇经济衰退，加上举国冒险投机带来的银行倒闭、保险公司破产，结果是，连他们的终生积蓄也成泡影，而宗亲也无力以助。[1]

–

美国国会议员查尔斯·科尔登（Charles Colden）在国会的发言

1935 年美国经济大萧条期间，众议员科尔登在国会如是说，立意是要求通过《社会安全法》，为长者提供退休养老保障，此即史称的“罗斯福新政”创举之一。该立法标志着美国联邦政府往福利国家迈出了一大步。他的讲话虽然不长，但指出至关重要的一点：虽然如前面各章所谈，人类历史上发明并精细化了三类应对风险的方式——宗族、宗教与市场，其中，市场又分为商品市场与金融市场——但在面对诸如 1929 年金融危机引发的大萧条（1929—1941 年）这种风险冲击时，可能不仅金融和商品市场的救急赈灾效果大打折扣，而且连血亲与教会网络也“心有余而力不足”，原因在于大萧条期间，银行挤兑频繁，全美 9000 多家银行破产，其他资本市场也几乎停止供血，造成大量公司因缺乏资本而倒闭，失业率一时间超过 25%。在如此系统风险冲击下，族亲、教会和各类慈善机构大多自身难保，救助亲朋教友成为难以实现的奢求。所以，当时的美国社会呼唤第四类避险救急机制——国家福利，[2]此即罗斯福新政的实质。由于国家垄断的合法强制力，政府不同于市场，也不同于教会和族亲，可利用征税等强制手段在不同群体间进行转移分配，包括救急、扶弱、济贫等，至少理论上可以这么做。

当然，如此定位国家或“政府”，在人类历史上不是新发明。无论是中国还是西方，建立国家以庇佑民众福利的思想可谓源远流长。早在《周礼》中，便记有“大司徒”一职，其职责是“保息六，养万民”。大司徒的六项具体职责是，“一曰慈幼，二曰养老，三曰振穷，四曰恤贫，五曰宽疾，六曰安富”，[3]几乎覆盖此前谈到的各类负面冲击；在西方，早在古希腊时代，各城邦已形成了一套惯用的应对饥荒等危机的方案。[4]近代以来，国家在这一领域的作用越发突出，比如直到 19 世纪末，经济合作与发展组织（OECD）国家投入社会保障（包含工伤残疾、社会保险、医疗保险、养老保险等多类）的资金占 GDP 比例均接近 0%，而至 20 世纪末，这项比例通常达到 20%，许多国家甚至超过了 30%。[5]学术界普遍称这一趋势为“福利国家的兴起”。[6]

为何国家会在福利方面下如此大的功夫？以西欧为例，据马尔科·范莱文（Marco Van Leeuwen）总结，政府开启广泛济贫运动——常被视为近代福利体系的滥觞——背后有多重动因。[7]首先，济贫可以稳定社会秩序。直至工业革命早期，欧洲社会仍然视通行的社会分层为神圣谕令：既然社会分工由上帝指派，那么阶层划分自有其合法性，不应人为变更。不过，在那之后，政府通过给予穷人财货，增强了他们对现行秩序的认同；给予孩童成长及医疗护理保障，出资让其就读公办学校，则可强化下一代对已有秩序的认可。而对于富庶、地位显赫的家庭，援助也可使其避免地位过快下滑。其次，每逢物价上涨，舆论都会担忧中下层是否将发起暴动。有句话以前颇为流行：“劳动的阶级，即是危险的阶级。”[8]

在前面章节中，我们也谈到粮价波动与暴力间的密切联系。因此，政府援助帮助减少价格波动，等同于缓解社会冲突的诱因，这对政府显然有吸引力，尤其政治家可借国家财力为自己获得政绩，多得选票，何乐不为？最后，天花、鼠疫等疾病的广泛流行，也迫使政府采取措施，以应对草根民众受到的健康威胁。[9]

从建立福利国家的动机看，无论是意求减少暴力冲突、增强社会稳定，还是防控疾病，都与风险应对密切相关，而不是为了提升生产率。也就是说，如果只从生产率角度解读，就会难以理解现代福利国家兴起的意义，而从风险应对力看，结论就大为不同。接下来，我们先追溯历史，探究早期的气候灾害是如何促成国家的形成的，避险赈灾是国家起源的主要催化剂之一。换言之，从相对平等但秩序松散的狩猎–采集社会走向阶层分明且秩序森严的国家，本身就是对抗风险使然：如果没有规矩，何成方圆？如果不能秩序化，就难有文明化。其次，具体到政府在避险赈灾中发挥的作用，据《周礼》记载，早在3000年前的周朝，就有泉府具体承担这种职责，这将是第二节关注的话题，我们会借助古代中国的政府救荒赈灾实践，探讨国家履行福利职能的具体方式和经历。第三节把我们从古代带回近代，探讨现代福利国家是如何在西方兴起，尤其从两个角度——工业化给人类带来的新风险、宗教改革所产生的再认识——分析福利国家的形成过程。在中世纪的欧洲，社会资源由教会掌控，避险赈灾主要是教会承担；新教改革之后，则出现了扶贫救灾从教会主导转向政府主导的过程，这尤其在德国和其他路德宗新教社会更为突出，那次福利的世俗化转型改变了世界。第四节则聚焦国家与宗教间“此消彼长”的竞争关系：当金融市场兴起，教会抨击利息，阻挡其发展；当国家要提供福利时，宗教也对世俗力量“满脸不快”。这背后的逻辑是什么？在实证经验上，又能找到哪些证据呢？认清国家与教会间的张力，对于理解文明化发展轨迹和当今世界格局极为重要。[10]如果说在新石器时代后期，国家因应对气候风险、解决水利挑战而起源，那么在近代欧洲，是战争风险，加上教会淡出扶贫救急，造就了现代国家。也就是说，不管远古还是近代，国家皆因风险而塑造。

国家因应对风险而产生

每种组织通常承载着多重功能，哪一种才是其核心功能呢？追溯起源才可帮助我们找到答案。国家也是一种组织，其之所以特殊，是因为它垄断合法暴力，可以此制止其他暴力威胁、建立秩序，也可借助强制力调动人力、物力，“集中力量办大事”，或按照某种规则在居民间配置资源、分摊风险，等等。针对人类国家的起源，众说纷纭。比如，有学者认为国家的起源与农业密切相关，理由在于：首先，农耕作为一种新技术，在满足已有人口的基本生存需求之外，还创造了剩余产品，这会从两方面促进社会分化。首先，剩余产品为形成更加精细的分工提供了基础。除了单调的狩猎采集或种植外，社会还可供养纺织者、工匠、艺人。为了协调不同职业与行业间的合作与交换，社会需要少数精英充当领导阶层，国家的雏形由此而生。[11]其次，剩余产品的存在，孕育了相关的暴力冲突。仓储的存在，意味着抢夺有利可图；潜在抢夺者的出现，意味着聚落需要持有武力，以维持一定的财产秩序。尽管武力可以保护自己的收成，通过相互威慑形成秩序，但在同一聚落内部，居民也会因掌控暴力的程度差异而发生分化。掌握最强武力并最敢使用暴力的人，也因此成为新兴国家的统治者，[12]即所谓的“丛林法则”。最近，有学者在这个基础上进一步细化研究，[13]提出并非所有发明农耕或采用农耕的社会都推演出秩序，即文明、建立国家形态，还需要看当地的农作物是什么属性；如果像非洲马达加斯加的农作物产出那样易腐烂、不能跨期储存，那么那种农业社会未必能催生文明秩序和国家。也就是说，在以谷物为主要农作物的社会里，谷物易存易运的特点导致谷物剩余容易被掠夺，因此跨期储存的可能带来对财产保护的需求，就需要由精英收税并建立维护私有财产的秩序，从而产生基于复杂等级差秩的国家。与此相反的是以根茎为主食的部落（比如马达加斯加），由于根茎一旦收割会很快腐烂，且根茎含水量高也重，跨区运输的成本高，由此获得能量的效率太低，因此强权者掠夺的兴趣不大，建立产权秩序的必要性低，那些社会就无激励建立国家形态。这四位作者根据全球各社会所产农作物的属性和建立国家的时间做研究，发现农作物易腐烂的社会的确很晚才进入文明化、组建国家。

然而，这些基于农耕的解释未必站得住脚。至少有三方面的反驳：第一，尽管农业确实可能催生国家的发明，但能解释这一相关性的理论不止一种。在第三章中，我们谈到气候季节性波动增加后，催生了农业的发明，也促使农业往他处扩散。因此，有可能是气候的异常波动同时导致农业和国家的兴起。[14]第二，反向因果也是颇有说服力的假说——不是农业造就了国家，而是国家选择了农业。谷物的生产期相对固定，成果易于观测，产出亦便利度量和运输。因此，在位的精英倾向于强迫辖区内的民众，以农业生产替代狩猎采集。[15]第三，这也是更根本性的批评——剩余是否会在农业替代狩猎-采集之后自然产生，很值得怀疑。相比狩猎-采集的生产方式，农业在生产力方面并不优越。根据马歇尔·萨林斯（Marshall Sahlins）的估算，尽管狩猎-采集社会的生产中确实不存在多少剩余，但他们平均每天只工作 2 小时多一点。[16]因此，只要这些居民愿意，他们还是可以产出更多，制造剩余。即使农耕带来生产力的提高，也未必会导致剩余。根据马尔萨斯理论，增加的生产力会被更快增加的人口吸收。[17]第三章说到，考古学者近年发现，进入农业后，居民的生活指标——比如说反映生活水准的身高——反而遭遇了普遍的下降，[18]这说明农业并没有提升生产力，不一定有实质性剩余。因此，将国家兴起与农业及剩余产出关联的传统说法并无根据。

试图解释国家起源的其他早期学说也经历了类似挑战。[19]这方面的学说有很多，最终需要收集地球上各社会的样本，通过系统的量化历史分析，才可以分清哪一种或几种学说站得住脚。罗伯特·卡内罗（Robert Carneiro）较早注意到，能够在早期孕育出国家的地域——比如尼罗河谷、底格里斯–幼发拉底河畔和秘鲁沿岸，都是“农业发展受限制”的地区。如何定义“受限制”呢？山脉、海洋或沙漠的存在，都制约了当地以农维生的人类开垦耕地的程度；相反的例子是南美亚马孙，广袤的原始丛林的存在，几乎为农业的发展提供了无限的空间。对于前者，生存面临着现实的威胁，无论是人口增加、耕地不足，还是遭遇天灾、口粮告急，逼仄的地形都限制了他们避险的手段：可供迁移的去处有限，可去的地域多被其他聚落占据，而集约耕种及多样化种植等手段，所能提供的保障亦有限度，因此向外发动战争、抢夺他人领土，成为应对生存危机的主要手段。相比之下，在农业发展几不受限的亚马孙，应对生存危机的手段无须如此复杂：采撷森林中的多类果实，借助刀耕火种开启新的耕地，即可满足食物需求。[20]卡内罗在此基础上提出假说：[21]动员与组织的要求，使领导权和资源开始向少数人集中，催生了最早的国家。

卡内罗的学说是否正确？马丁·索利齐（Martin Solich）和马塞尔·布莱德莫莱（Marcel Bradtmöller）选取了多个典型的狩猎–采集部落遗址，对其社会内部的历史变动做了全面比较分析。[22]在距今16000~36000 年前那段时期，这些社会内部的变动与气候变迁间呈现密切关系。例如，在 28500~31500 年前，这些社会遭遇了很长一段的冷冻期：相比最高点，气温平均降低近3摄氏度。在同一时段里，不同部落居民的墓葬开始分化：少量墓主的坟茔中，开始出现绘画等复杂装饰。同时，相对复杂的小饰品亦出现了，典型代表之一是蚌或犬骨制作的小珠子。无论是墓葬的分化，还是装饰品的现身，都被认为与社会内部的阶层分化有密切联系，或者说让社会分层有更多表现的方式。[23]在同一时期，这些狩猎-采集社会的生产方式，也越发“趋近”于农业社会：一方面，当地居民越发倾向于定居生活而非频繁迁徙——待在同一地点的时间延长、迁移频率下降；另一方面，多样化、用途专业化的建筑比例也在上升。尽管他们对比研究的对象主要限于欧洲，其他考古学者对非洲的研究亦发现：气候的剧烈变化、灾害风险的上升，可能导致了社会内部分工复杂程度增加；同一时期，带有赭色染料的石器也开始在遗址中出现，这表明社会内部可能出现了地位的分化。[24]

实际上，相比卡内罗的学说，基于风险框架的解释更加全面，也就是说，国家的起源是为强化居民应对风险的能力，让受众更能“抱团取暖”。前面已经谈到，气候季节性风险的增加能很好地解释农业的发明和扩散。从狩猎采集迈向农业，未必是先民有意的选择。然而，由于自然环境恶化（即风险波动增加），原本的狩猎采集或游牧产出不再稳定，口粮波动不断，他们在向适宜生存的地区聚拢移民，增加搜寻范围、拓宽可食种类的同时，也开始向原始农业进发：存储并尝试栽培种植、改良土壤、发展灌溉，等等。[25]因此，在气候波动较大的地区，我们既可看到石器类型的拓展，以及觅食方式的多样化（比如，开始尝试捕鱼），也可观察到原始农业的痕迹。[26]伴随生存手段多样化的是职业的多样化，以及建筑设施的多样化。与此同时，无论是仓储的建设与保护，还是集中捕猎季节性强的畜群或鱼群，都要求社会形成更加紧密的组织与互助合作，这就呼唤更为复杂的规则与秩序。[27]

人类最早的城邦在美索不达米亚南部兴起的历史，就是这么一个过程。[28]距今8000年到9000年以前，美索不达米亚平原上已出现人类部落的活动踪迹。这时候的气候非常适宜人类生存：温和潮湿，夏季台风带来稳定的降雨和广布的湖泊，今伊拉克北部的干谷和乌尔-斯查特河沿岸的冲积平原，给当地带来丰富的鱼类资源。当时，居民在采集、放牧、农耕之间来回切换，小规模分散定居在今天的波斯湾南部和整个阿拉伯半岛。到了距今约6300年至8000年的欧贝德时期（Ubaid Period），全球海平面上升，加上季节性降雨也增加，造成海水往内陆多入侵200公里以上，[29]低地被淹没，理想的淡水居住环境向内陆后缩，这导致人口和土地的关系紧张，产出风险抬高。在这样的情况下，各部落划分领地、争夺资源，竞争升级。

灌溉农耕技术的进步应该是这场竞争中的关键。胜出者往往是因掌握了更好的农田灌溉技术，从而产出平稳、吸引更多居民的聚落。这些聚落因人多势众抢占了更理想的位置，之后进一步吸引有野心的人加入，如此延展下去。对于不那么有野心的人来说，由于大聚落掌握的农耕技术和生产管理方式带来稳定的产出，加入大集体的收益高于屈居人下的损失，因此他们也会加入。由此，聚落像雪球一样越滚越大，人口从之前平均50人至200人，涨到2000人至3000人。同时还产生了更复杂的社会管理层级，从上到下一层管一层，一个标志就是在埃利都地区出现了象征秩序和等级的层叠式寺庙。

到了距今约5000年至6300年的乌鲁克时期（Uruk Period），人类第一个国家形态的城市社会在美索不达米亚诞生。这一时期的人口和灌溉农业一同扩张，出现了密布的水利系统。社会层级变得更复杂，出现了管理者、手工业者和其他专业人员。由巫神精英们组成的统治阶级掌控着经济、社会、文化的各个方面。海洋运输的进步也提高了人们交换资源的便利性，而舶来品成为地位的象征（买得起就是本事），进一步加强了社会等级感。在文明的中心——乌鲁克瓦卡地区（Uruk-Warka），城市人口上万，文字伴随着交税欠税、跨期赊账、仓储记账而在人类历史上第一次出现。[30]防卫着乌鲁克城的城墙高高矗立，一方面象征着城邦在扩大、人口在涌入、社会组织变得复杂，另一方面也表明城邦内外之间的财富差异、生存差距在加大，被进攻掠夺的风险也大。[31]发生在距今 3500~5500 年前的另一次全球干旱期，除继续造就美索不达米亚之外，也催生了其他主要文明，包括非洲撒哈拉中部利比亚费赞地区的加拉曼特文明（Garamantian civilization）、在尼罗河谷兴起后产生古埃及王国的涅伽达文明（Naqada civilization）、印度河萨拉斯瓦蒂河流域的哈拉帕文明（Harappan civilization）、中国的龙山文化、秘鲁沿海的北

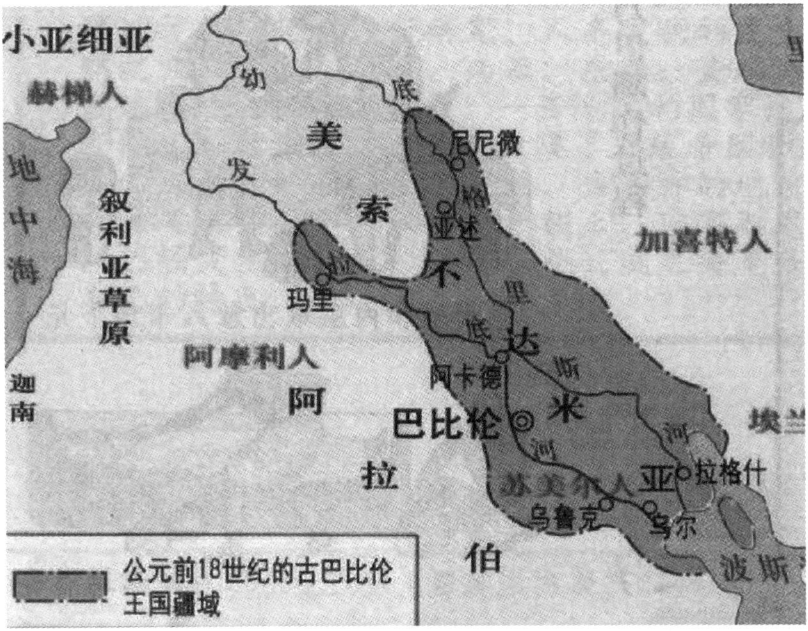

图 11.1　人类第一个国家因治理水利风险于 5000 多年前在美索不达米亚诞生

齐科文明（Norte Chico civilization），都大致在这一时期形成，而且发展轨迹都如出一辙：在气候风险逼迫下，人口向河流沿岸集中，放弃游牧或狩猎采集，社会从扁平结构走向等级分层结构。[32]

人类学家曾经描述过巴西南部的一个原始部族：一年中，他们平常分散成小团体，过着接近狩猎–采集的生活；待雨季来临，他们聚集成规模较大的部落，在酋长的指导下侍弄土地、种植作物、修建房屋。哪些成员能担任酋长呢？就是在风云莫测的世界里，过去预测和指点相对准确的人！[33]按两位学者的说法：酋长充当的角色，类似于一个小型“福利国家”的首领。[34]

中国夏朝建立的故事也类似。史书充斥着“大禹治水”的神话，讲述禹是如何把困扰中原人半个世纪的水灾治好的，以此为禹建立夏朝这个国家并作为首王而找到合法性。这说明国家的第一功能是为民除灾赈灾，降低居民的风险挑战。也就是说，至少在中国传统观念中，政府为民消灾救灾从一开始就是国家存在的理由。

如果穷尽各种已知的避险手段都无济于事，风险还是威胁生存，那么卡内罗说的就将变成现实：部落转变为国家，国家发动战争。[35]从这个意义上讲，战争也可被视作最后的避险手段。就中国国家的起源，亦有学者将其与4000年前的小冰期相连，认为战争是连接二者的渠道。[36]具体说，在夏朝建立之前，当时整个北半球经历小冰期，极端天气频发，中原南部洪水不断（故“大禹治水”），西部和北部低温缺水，导致五大新石器文化迅速衰落（包括马家窑文化、齐家文化、龙山文化、良渚文化等）。[37]只有第二阶梯和第三阶梯交接的中原地区是理想家园，于是人口向中原中心地区迁徙，导致人口压力大增，只能通过战争缓和；在战争刺激下，以夏朝的建立为标志的中华文明形成。

虽然这一解释强调了暴力作为有组织的避险手段的作用，但结合前面美索不达米亚南部国家的故事和其他资料，会发现这与其他避险手段可以归入同一框架下理解，因为战争也是做出利弊评估决策的结果。在不同聚落的竞争中，战争能力高的族群往往也有更强的规避风险的手段，其避险技术伴随攻城略地的胜出而被积累下来，带来稳定的经济产出、更大的人口规模和复杂的社会组织，最终促成国家的形成。

植物考古学家也发现，中原文明在各大文明中脱颖而出，不仅是因为相对优越的地理位置，还因其品种多样的农作物减轻了自然灾害带来的生存风险，使农业产出更趋稳定。对十五处考古遗址的采样发现，与其他文明通常只种植一两种作物不同，黄河中游地区人们的主食囊括粟、黍、水稻、小麦、大豆。[38]社会组织形态的演变跟应对风险的挑战高度关联。

当然，正如我们在本书中一直强调的，战争应该是无可奈何的选择，因为尽管战争能帮助一聚落或国家降低风险对生存的冲击，然而另一聚落可能因此遭受暴力死伤和苦难，这与文明化进程互斥。这也是为什么从前面各章节可以看到，从原始社会走到现代，都伴随着其他避险手段的逐渐成熟，需要以暴力求生存的场景在逐渐减少，暴力频率在不断下降。

关于国家的起源，查尔斯·蒂利（Charles Tilly）提出过著名的“战争说”，[39]即“战争缔造国家、国家制造战争”。他的学说跟我们这里强调的“风险说”有矛盾吗？蒂利讲道，统治精英为了发动战争，需要管控社会、动员大量财力与人力，这种需求就催生了现代国家机器：通过建立更加复杂高效的国家动员机制，为战争提供持续保障，因此战争与国家之间是相互依赖、互相成就的。

在分析中，蒂利创造性地将国家这一政治组织与其他人类组织，如黑帮、海盗等，进行类比，认为这些组织间只存在暴力使用程度的区别；

在统治精英起初通过暴力占有一定疆域之后，为了维持疆域，会对初级暴力机构不断改进，形成功能细分化、权力集中化的政治形态，目的在于进一步发动战争，尤其是持续性的战争；这就需要长期且稳定的财政支持，迫使政府一方面扩张官僚组织与征税机构，创造新的财政、审计与会计工具，以强化税收汲取能力，另一方面也要与资产拥有者合作，获取信贷资源；因此，发动战争、汲取资源和积累资本三者的交互作用，塑造了现代国家。

当然，在发动战争对外扩张、缔造国家以及汲取资源的过程中，政治精英对内也尽力铲除地方武装，形成对暴力的垄断，由此还派生出政府对社会规则与秩序的管理功能，建立司法和警察，保护民众，以免民众受到其他武装力量的骚扰，解决内部冲突。国家出售“保护”这一公共服务，而民众给政府以资源（税赋），现代国家的运转就这样得以制度化。

蒂利进一步分析道，由一个组织（国家）垄断暴力对民众也是一种福利提升，因为民众与其同时向不同暴力组织购买“保护”，不如集中从一家购买，因为暴力的产生具有规模效应，单一组织对暴力的垄断越高，提供暴力的成本就越低，民众需要支付的“保护费”也越低；当然，这也取决于民众与政府的讨价还价，甚至是武装对抗，如果民众没有讨价还价机会，结论就未必再成立。

蒂利基于现代欧洲国家的起源与演变对其理论佐证，看起来似乎有别于我们这里关于国家起源的风险学说，但实际不矛盾，因为“风险”对于农业社会可能是气候风险，对于中世纪后期的欧洲可能是战争风险，到工业化时期是经济周期风险（后面第三节讨论），而帮助民众事前提防风险、在其受冲击时给予保护，这都是国家回馈民众的福利品。

夏朝的故事或许离我们太远，一个更近的案例发生在 19 世纪巴基斯坦北部、喀喇昆仑山脚下的混扎（Hunza）地区，[40]那里的主要作物是小麦。由于降水稀少、可耕地不多，村落的粮食安全几乎全靠季节性冰山融化下来的雪水。在 19 世纪，一位叫米尔（Mir）的人通过改进设计和材质，成功建设起复杂而有效的灌溉网。由此，不少之前无法耕种的土地也可产出粮食。建设过程中，米尔要求当地劳动力，要么定期参加建设，要么为劳力提供食物。完工后，米尔既掌控水利中枢，又得到新耕地的分成，并用其中的一部分赏赐自己的追随者，建立起一支武装力量，帮其维护统治秩序。也由于他垄断了水权，当地居民再难违背他的意志——否则，性命攸关的灌溉随时可能中断。此外，掌控水利网让他完全清楚每户农田的产出信息，可精准征税。就这样，米尔通过修建灌溉工程解决水利风险、为民消灾，这让他空前强化了统治权力，将松散的社会整合成阶层森严的专制国家。之后，他带领混扎向外扩张，征服了附近多个地区。[41]米尔的经历证明：国家作为垄断暴力的组织一旦形成，的确更能发动战争；但是，这个国家是因消除旱灾风险，不是因战争而起源。

在原始狩猎–采集时期，人类完全靠天吃饭，生存难以自控，所以逐步改为定居农耕。但是，农耕带来人类对雨水或雪水的依赖，除非水源安全稳定，否则生存照样受风险刁难。这给少数精英提供了修建水利、掌控水权的机会。水利灌溉网通过跨空间、跨时间的再分配，将农业用水的供给跟不稳定且季节性强的雨水分隔开来，大大平滑了农作物产出。可是，其建设和管理需要投入大量人力物力，也需要平衡协调各方利益，这就呼唤具备集体动员及协调力的组织介入，对国家的需求由此而生。巴基斯坦的米尔就是利用了这种需求。

当然，这种需求也可作为巩固殖民统治的机会。也是 19 世纪，荷兰政府从荷兰东印度公司接管东印度群岛（今印度尼西亚）后，由于淡水供应极不稳定，1848 年至 1850 年间爪哇发生严重饥荒。为了稳定水稻产出，1854 年殖民政府成立了专管水利系统的“公共工程局”，从荷兰找来一大批水利工程师，于 19 世纪 90 年代开始修建包含 19 个大型工程、覆盖 40 万公顷农田的水利灌溉网，该灌溉网于 1920 年全面完工。荷兰殖民政府通过这些举措，建立起相对稳定的“现代殖民国家”（modern colonial state），管理部门庞大，与宗主国相对独立地运行。[42]

前述讨论似乎给人这样的印象，即国家建设灌溉工程、防范旱灾的举措，使农人命脉更多掌控在政府手中，权力过度集中于当权者。这是个别现象，还是一般规律呢？

古代数据比较难找到，但让内特·本特森（Jeanet Bentzen）等三位学者借助现代数据来验证这一假说。[43]具体而言，他们借助联合国粮农组织的数据库，计算全球各地的“灌溉农业适种指数”：如果以灌溉农业代替当地原有的雨水农业（从被动农耕转变为主动农耕），作物产出会增产多少？——这一指标衡量以强制力调动资源、修建供水风险管理系统所可能带来的收益：在类似巴基斯坦混扎这样的地区，这一指标值应该较高。[44]接下来，他们从 Polity IV 数据库获取全球各国政体的“民主程度指数”，指数越高说明该国民主程度越高、集权程度越低。在控制离赤道距离、海拔高度、气温、降水量、油气储藏量、最近可通航河流的长度等诸多因素后，他们发现灌溉农业指数与民主程度之间呈显著负相关；在进一步控制 1500 年时各国的人口数量、2000 年时人均 GDP、是否曾是殖民地、疟疾易感染程度后，统计分析结果基本不变。因此，为民除灾、应对风险的水利工程需求，的确影响了原始社会向国家的转型历程，是国家起源的重要催化剂，而且也塑造了当今各国政体的权力分配模式：在集体动员所带来的避险收益高的社会，权力的分配直到今天仍然更集中。一个社会面对的种植风险不仅影响了宏观政体的选择，还带来微观层面上个体观念的差异。

在同一研究中，本特森他们借助“世界价值观调查”中涉及集体主义及个人主义的相关问题的答案，分析发现：适宜发展灌溉农业的国家，当地居民在观念上更倾向于集体主义。[45]在第三节、第四节，我们会看到，工业化带来的经济风险（人造的非自然风险）和由此要求的政府避险济贫福利，进一步塑造了现代国家，使国家在提供福利公共品上走得更远。

治灾之道：“一国兴亡之所系”

既然国家的起源与应对风险密切相关，除了水利工程之外，国家还以什么手段实现备荒救灾呢？古代中国王朝对此十分清楚，为臣民避凶排险是自身合法性的重要来源，也是检测其顺“天意”的指标。《礼记·王制篇》的标准是：“国无九年之蓄，曰不足；无六年之蓄，曰急；无三年之蓄，曰国非其国也。三年耕必有一年之食，九年耕必有三年之食，以三十年之通，虽有凶旱水溢，民无菜色。”《礼记》的备灾标准虽然没有朝代做到过，但对各代朝政的影响不浅。

在实践中，《周礼·地官·泉府》介绍了周朝的做法：“泉府掌以市之征布、敛市之不售、货之滞于民用者。”意思是，政府由泉府这个部门负责征税理财，同时在货物供给太旺、物价太低时，泉府从市场购入并储存；等到货物短缺、供给不足时，再出售，以此跨期稳供给、平物价。据《越绝书》记载，春秋战国时期，吴在国都修仓库储存粮食备荒，而楚国胜越国之后，春申君在吴邑增修东、西二仓储粮，也是为灾荒而备；《孟子·尽心篇》说，“孟子劝王发棠邑之仓，以赈贫穷”。从汉宣帝大规模兴建常平仓开始，各朝代都有建仓备灾之政。[46]隋朝开始设社仓，从大城市到各州县都建，开皇五年（585 年）工部尚书长孙平奏请建立社仓，以备水旱凶饥："请令诸州百姓及军人劝课，当社共立义仓。收获之日，随其所得劝课出粟及麦，于当社造仓窖贮之，即委社司执账检校，每年收积，勿损败。若时或不熟，当社有饥馑者，即以此谷赈给。"[47]而由朝廷维护的常平仓则主要功能在于平滑粮价，"谷贵则下价出卖，物贱则加价收籴"，与社仓相配合。据记载，唐代贞观年间，洛阳常平仓有 32 座仓窖，窖口直径达 15 米、深 10 米，共储存粮食高达 2127.84 万公斤。[48]到唐时期，中国已建立了对民众开放的全国性仓储系统。[49]

北宋王安石将常平法进行改革，放弃呆板的"谷贵则下价出卖，物贱则加价收籴"，于 1069 年推出"青苗法"（也说"常平新法"），即在每年夏秋两收前，农民可从官府借贷现钱或谷粮，以对冲"青黄不接"之挑战，至夏收或秋收时还本，另取息 2 分；[50]借贷金额按借户资产分五等，一等户可借 15 贯，五等户 1 贯；为降低违约概率，也要求借户贫富搭配，以 10 户为保，相互监督检查。王安石的"青苗法"相当于由官府从事第十章谈到的金融救急作用，实现政府为民救急的角色。推行后，不仅增强农民度过凶荒年月的能力，也让贫困户不至于在青黄不接的季节受高利贷的盘剥，为民解困。可是，在全国推广后，抱怨四起：要么是地方官强行摊派借贷任务，让不需要者也向官府借贷，要么是随意抬高利息，取息三四分，甚至外加其他勒索。1086 年朝廷宣布停止"青苗法"，重回传统的常平仓法。[51]实际上，在中国历史上，王安石不是第一个推动官府放贷救助平民百姓的，周朝泉府做过，汉文帝、汉和帝等人也做过，唐太宗贞观二十二年，因各州水旱，官府实行"贷种粮"，唐玄宗、唐德宗也分别做过，只是因为与"青苗法"失败类似的原因，一直没成为可持续制度，[52]也因一旦收息二分，必有抱怨（只要付息，必有不满），而不收又不可持续。

在随后的朝代里，预防风险和赈济灾害的“荒政”一直是国家尤其地方治理的重要部分，到清代达到效率和完备度的顶峰。在17世纪，清朝有一套中央严格管控的常平仓、社仓和义仓三位一体备荒体系，全国1300多县每年需上报常平仓的储备和分发详情，由各省巡抚汇总，上报户部奏销；各县令必须记录每10天的粮食最高与最低价格，上报省府，由省府每月汇总送户部；一旦出现大范围粮价异常波动，皇帝可迅速了解情况，组织赈济。[53]

至少自周朝开始，历代朝廷都致力于备灾救荒。基于两千多年经验的积累，清代荒政体系在实际运行中，效果如何呢？我们先看一个实例。丁戊奇荒是清代最严重且影响最广的灾害，也因发生时间较近而资料最为丰富，第六章从基督教进入中国的角度谈到过那次经历，但这里我们从政府作为“风险的最终管理者”的角度，对其再做审视。1872年始，山西遭遇异常气候，一些地区六月逢旱，一些地区冬季无雪。[54]之后三四年里，情况并无好转。至1876年，山西全境遭逢大旱，部分地区“自秋至冬无雨雪”；干旱之后，又接连遭遇“陨霜杀稼”，作物遭灾严重，一些地区“夏无麦，秋禾半”，还有些地区“夏无麦，秋薄收”。据郝平统计，那年山西全境共有39个县遭灾，占总数的39%。1877年，情况更严重，有些地区自三月或五月后，再没见过雨雪；相比之下，作物绝收已属次要，人丁饮水都难保，“许多村缺水喝，旱干井水……十一月无雨雪，腊月天冻饿毙，人死千万”。同样依据郝平的统计，这一年，山西有92个县遭灾（各年份的遭灾县占比，见图11.2）。1878年的收成仍然不佳，直到1879年、1880年，史籍中才批量录得“岁稔”“岁大熟”的记录，灾情才逐渐消退。

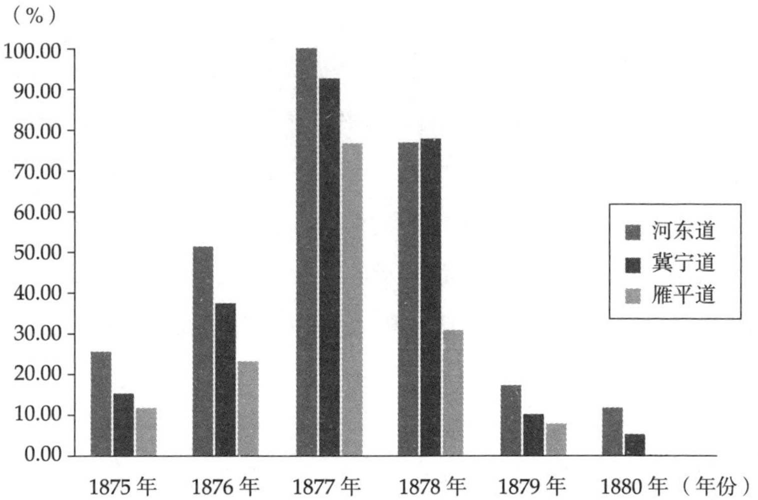

图 11.2 光绪元年至光绪六年（1875—1880 年）间山西各县受灾的比例 [55]

伴随罕见大旱的是粮价飞涨。以山西永济地区的粮价为例：1876 年春季时，每斗麦价约 300 文，与灾前水平相仿；寒霜糟蹋庄稼后，市场很快对此做出反应，1877 年春季，每斗麦价从 300 文涨到 500 文，再从 500 文涨到 750 文，比灾前翻了一倍有余，夏季收成惨淡之势已成，粮价继续飞涨，达到每斗 1200 文，是灾前的 4 倍，到冬季更是飙升至每斗 3000 文，是之前的 10 倍；1878 年粮价到达顶峰，春季时每斗 3650 文，为灾前的 12 倍以上；到 1879 年，粮价开始逐步回落，降至 1300 文左右，但仍是灾前的数倍。附近的辽州，米价经历了相似变化：灾前，每斗大致 400 文，到受灾最重的 1877 年、1878 两年，上涨至最高时的 3350 文，为之前的 8 倍多。对粮价的这番走势，郝平评述道，“光绪四年（1878 年）的粮价实属罕见，可算作百年一遇或更长”。[56]对当时社会而言，这是一场非常剧烈的负面冲击。

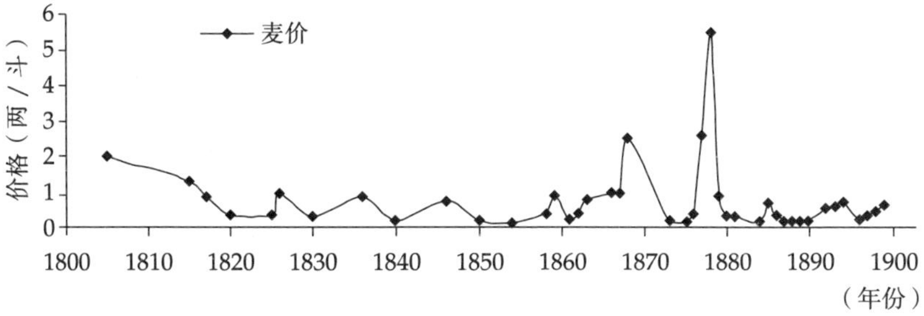

图 11.3　整个 19 世纪山西荣河县的粮价走势（1878 年附近是“百年一遇”的高点）[57]

粮价飞涨的背后是粮食短缺和百姓饥荒。早在 1877 年，山西当地已是“多数百姓断粮。饿殍遍地，兼之瘟疫、虫蝗等灾害，人民无以为生，多数逃亡”。到 1878 年，英国大使在报告中如此描述：“……如果大家能目睹那些无以数计的逃荒者奄奄一息地躺在京城的城门口或大街上，如果大家能够亲历京城肆虐的流感，就一定会相信：报道的所谓灾荒惨状绝不是夸大其词。”据传教士记载，当时的山西居民，食谱竟是如此的“丰富”，“蒲根、麦秸、高粱、黍、玉米、榆树皮、蒺藜、胡藜、蒿子、伯牙、段叶、杨、桃、梨、杏、桑、柿子树的树叶、马茨、茨代、苦苣、甜苣、干泥巴”；另一份记载则说，“村庄之口粮，大半皆系柿树皮、柳树皮、果树皮、麦糠、麦秆、谷草、草根。与死人之骨、骡马等骨碾细食之。杂有微搅米面者，不上十分之一。更有食尸骸者，且有畏官严究，不敢食他人之尸骸，而暗食同气连枝者，亦复不少”。[58]

之所以叫“奇”荒，就在于其规模和严重性远非一般避险手段所能缓解。除粮食外，各种资产的价值也大幅缩水。原本在传统社会最保值的土地，平均贬值到原来的 1/3，“田亩银三钱，绮衣一袭，不能易一饱”，更不用说器皿、奢侈品了。[59]李提摩太回忆录中记载了一个沂源县的小地主，他拥有五百亩田地，原本每亩实价是50银元到100银元，但在1876年7月想卖田换粮时，每亩只能卖2.5银元；在绝望中，他全家服毒自杀。还有家庭把房屋拆下当废柴出售，每斤卖一两文钱。[60]还有人把家藏的古籍字画像废纸一样卖给收荒人，用来换取食物。[61]卖儿鬻女是穷人常见的避险手段（见第十章），奇荒中有成千上万女子被卖到南方，然而在当时的汉口市场上，18岁至28岁的妙龄女孩价格也不过6000~9000文。如果是男孩，则可能根本没人肯出资购买。与之相对应的是疯涨的粮价。按卖一女儿得6000文、每斗粮价2000文计算，只够一个四口之家吃半个月；[62]而根据陈志武等的统计，清代平均妻妾价格在20两银左右，按平时粮价，这够四口之家吃一年。[63]

出现这一状况的原因之一是旱灾波及的区域太广，时间太长。除山西之外，这次旱灾还波及山东、直隶、河南、陕西等多省，整个华北几乎都深陷其中。河南有些地方长达四五季颗粒无收，陕西孝义厅“秋收十不获一”。[64]在直隶，某些府县死亡率高达百分之四五十；顺德府唐山县还由于饥荒发生了教案。[65]这意味着靠商贸市场近距离调配粮食难以奏效。灾荒刚开始时，山西、河南的灾区还可以依赖陕西贩运供应，但到第二年，干旱蔓延至陕西，而此时陕西农民早已将余粮高价卖给山西与河南，于是陕西也出现粮荒，粮价飙升。即使附近有些省份有粮食，但在当时的交通和治安条件下，内陆运粮通道也并非坦途。从奉天、江苏等地海运来的粮食到达天津，“从天津经由获鹿、穿过固关到山西的道路难以通行。道路上车辙纵横，又使得无数载有商粮或救济粮的手推车、牲畜举步维艰”，山西境内的陆路运输完全中断。[66]加上乞丐盗匪充斥于途，运粮要冒生命危险。[67]于是，灾民只能外出逃荒、长途流徙。“许多山东人逃到满洲，山西难民逃到长城以北，直隶和河南的流民逃往江苏、安徽和山东。史料记载，数十万难民奔走于途中。自杀和瘐毙不绝于途。”[68]

从前文可以看到，在奇荒冲击下，家庭、宗族保障机制难以发挥作用，因为族人都遭遇同样冲击；而基督教教会还没渗透得足够广，佛寺资源有限，也无法提供大量赈灾物资；市场运输也受阻。所以，责任就落到作为“风险的最终管理者”即政府的肩上，一场由国家协调全国资源的救灾行动势在必行。1877 年中，曾国荃就任山西巡抚，代表朝廷全方位赈灾。首先是调拨财物，他先奏请截留京饷 20 万两，[69]后又经反复拉锯，成功调来江鄂漕米 6 万石以救饥。在山西得到允准后，河南援例截留京饷 10 万两。之后，曾国荃又广泛蠲免各地应纳的钱粮。

捐输是清政府在赈灾中常见的筹款手段。由于灾害洗劫了山西大部分财富，这次捐输任务落到其他省。曾国荃在直隶、安徽、江西、四川、浙江、湖南、两广设立捐局，几乎涵盖当时所有具备经济实力的省份，由捐局出售数千个虚职官衔，也就是通常说的“卖官”，为赈灾筹资。江浙两省加收商业厘金用作赈款，抽税对象从漕运到茶肆，不一而足。江西和湖广贡献的赈捐都在 40 万两以上。福建巡抚丁日昌是广东揭阳人，揭阳是著名侨乡，他从南洋、香港、新加坡、小吕宋、暹罗、越南的侨商那里募集数十万捐款和借款。最终，通过各类手段，曾国荃共得到捐输款项约 328 万两。此外，来自其他省份的物资还有粮食近 5 万石、棉衣 2.5 万余件、牲畜 1200 多只，等等。借助这些物资，曾国荃在山西各地展开赈济：设立粥厂供粥，发放大米、麦和钱物。当地若有常平仓、社仓、义仓，则开仓救济；若没有或者仓储已空，则迅速调配粮食入库。从这些细节可以看到，在大灾冲击下，国家调动资源的能力是宗族、宗教和市场都难以相比的。[70]

此外，由官府组织从没被旱灾波及的地区大量购入粮食。曾国荃派专人到河北、云南、内蒙古、辽宁等地采购粮食。“奉天的锦州、牛庄，宁夏的中卫，山西北部的包头、归化，河南南部的赊旗镇及东部的周家口、三河尖，河北的樊城，安徽的颍州等处，都是当日各灾区广购粮食的地点。”为了解决运输问题，在李鸿章主持下，各省建立筹赈局和转运局，山西粮供由浙江、江苏和奉天的筹赈局负责运至天津，再由他在直隶的转运局分水陆二路层层接力入晋。省与省之间也不乏协作，如陕西和山西相邻，虽然同样被旱灾波及，但山西灾情远甚陕西，两地粮食差价高达60%。“所有船只都被征用，向山西和直隶河沿地区运送物资，手推车和马车也加入了运输。”除解决饥荒外，曾国荃还需要控制瘟疫的横行：一方面，分散设立赈济点，并区隔领取赈济者，以防疫病交叉传染；另一方面，向基层广泛发放医药，医治染病者。灾情缓和之后，曾国荃又通过多项政策鼓励生产，包括打井以拓宽水源、向农人发放银两，供他们购买种子。[71]

“丁戊奇荒”的赈灾举措在中国历史上是否具有代表性？邓拓将救荒政策分为两大类：[72]第一类是消极的救荒政策，包括“治标”（分赈济、调粟、养恤、除害）和“灾后补救”（分安辑、蠲缓、放贷、节约）；第二是积极的救荒政策，包括改良社会条件（分“重农”及“仓储”）和改良自然条件（分“水利”及“林垦”）。曾国荃的救灾举措几乎涉及了邓拓分类中的每一侧面。在另一研究清代救荒实践的经典著作中，魏丕信将救济政策大致归为调配赈济、增加供给、调控价格与加强生产四类，[73]这些也是曾国荃的做法（除有意不干预价格外）。因此，规模空前的“丁戊奇荒”，可看作历史上国家救荒策略的“剪影”。[74]

曾国荃的救荒行动对纾解山西灾情、拯救生命，贡献巨大。尽管如此，截至1878年，旱灾仍造成约700万人死亡。之所以如此，原因很多，包括前述的朝廷及地方财力不足、备荒不够。以常平仓为例，1875年时的山西，储粮远远不够，无法应对灾荒救济需要；同时，山西地势险峭、路途遥远，造成商品市场整合程度低下，限制了市场及时发挥作用，[75]也因此曾国荃才如此注意不去挫伤粮商的积极性。

那么，为什么灾荒之前常平仓等储粮不足呢？这涉及国家福利政策带来的道德风险问题，也是为什么虽然国家通过强制力能够大规模调动资源赈灾，但并非每个国家、每个朝代都选择大力推动政府福利。在一份富有启发性的研究中，薛华（Carol Shiue）分析了清代1740—1820年中央赈灾、省内商品市场整合度和各省人均粮食仓储量之间的关系。[76]她发现，在18个省份中，过去朝廷给予一个省的赈灾援助越多，该省的常平仓、社仓和义仓的总体人均粮食仓储量就越低，道德风险显著。也就是说，既然灾害来临时国家会救济，本地努力预防的动力就不高。薛华注意到，各省得到朝廷救助的频率不完全取决于该省灾害发生频率或人均田亩税水平。比如，直隶人均田亩税在18个省中排第11位，但得到中央的救灾援助次数却排第1位（在1740—1820年得到过477次）；而山西、甘肃人均税赋分别排第3位、第18位，但得到中央的救助次数分别排第10位、第4位；只有江苏在两项指标上都排第2位，相对一致。[77]既然得到朝廷赈灾支持的次数不完全取决于税赋贡献多寡，自然给地方官府在决定本地备灾仓储时以很大的权衡空间，与其花力气储备，还不如下功夫在朝廷公关上。一旦政府能下拨援助，会改变荒政游戏规则，降低地方自救的积极性。

此外，跨区商贸市场也影响地方官府的仓储备荒选择：市场发达、整合较好的地区，政府备灾的积极性会较弱。薛华以两个指标度量各省的跨区市场整合度：18世纪中期至19世纪初省内各府之间的粮价相关系数，以及“临近运输河流的辖区数多少”。由于在现代公路、铁路和空运出现之前，水运是主要的规模运输工具，因此靠近运输河道的府县越多，或跨府粮价相关系数越高，说明那个省的跨区粮食运输越畅通、市场整合度越好，依赖市场的救荒能力就越强。在图 11.4 中，薛华根据跨区市场整合度高低，将保有相关历史数据的 10 个省分成三组，然后计算每个省在每个时间段的人均粮食仓储量。从图中可以看到，在 1749 年到 1831 年间的任何时间点上，跨区市场整合度最高的省，包括江苏、安徽与江西，其人均仓储量平均最低；市场整合程度居中的湖北、广东、浙江、广西，人均仓储量亦居中；市场整合度最低的福建、湖南及贵州三省，人均仓储量最高。这佐证了市场与政府在应对风险职能上的彼此替代作用：如果在灾情发生时商人能便捷快速地从其他地区运来粮食，本地政府就不必储粮备荒太多。当然，前提是灾害不能太猛烈、道路安全不能失控，像"丁戊奇荒"这样的大旱，打击面广，灾情时间长，异地运输也不安全，市场就解决不了灾荒的挑战；而如果太多依赖政府救助，又会带来道德风险、官府腐败等后患。所以，对任何社会而言，理想的安排还是多维度、多角色的：家庭、宗族、宗教、市场和政府福利都齐全，相互竞争，也相互补充。

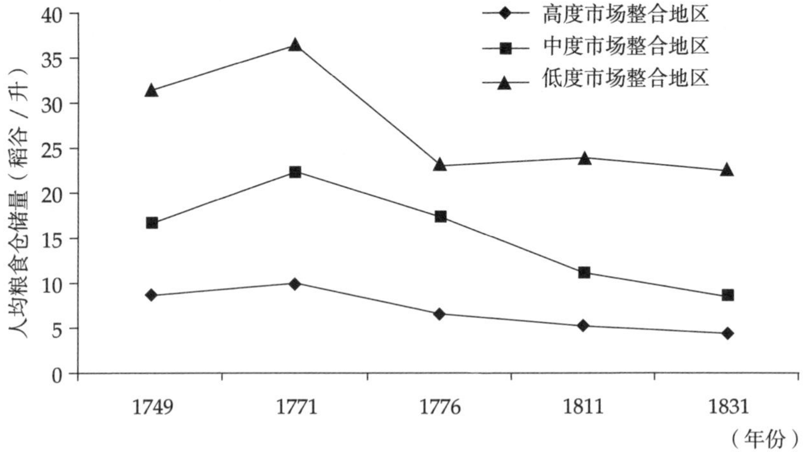

图 11.4 市场整合度高低与人均仓储量 [78]

在实践中，不只是政府和市场间在应对灾害风险上存在竞争和替代的关系，而且政府与宗教之间也存在彼此竞争，这一点我们在下两节详细讨论。此外，宗族与政府在备灾救荒角色上也存在相互竞争替代的张力。周致元总结了明朝徽州宗族组织的备灾救荒经历，包括建立仓储、减免租金、赈济灾民、掩埋遗骨、捐购粮食以及施医放药。[79]对比前述政府备灾救灾实践，可以发现：宗族和政府采取的措施相当一致。周致元总结说，“在徽州这样一个山高林密的地区，由于宗族制度的逐步完善，宗族社会保障功能的加强，很大程度上弥补了官府社会调控功能的欠缺。因而，宗族在明中后期的徽州的社会救济方面，有着很独特的作用”，而至明朝中后期，随着官僚体系的腐败加深，官府救荒体系也逐渐丧失调控功能，宗族的避险角色更加凸显，当地大兴祠堂建设，使人们的生活在明中期后走上全面宗族化的轨道。当然，周致元论述中的偏差之处在于把宗族救助和政府救助的优先顺序搞混，因为在正常社会里，政府福利应该是对宗族互助的补充，作为民间自救的宗族互助应当在先，政府福利在后，先靠自己，然后才靠其他。

工业化催生福利国家

在原始社会时期，人类生存风险源自自然，无“金融危机”“经济危机”这些人造风险；进入定居农耕后，因为跨期储存技术、婚姻家庭、血缘宗族以及宗教的发明和演进，许多天灾可以逐步应对，特别是到新石器后期，为了更主动地治理旱涝风险，需要水利灌溉，从而催生国家形态；等到国家逐步完善，大规模动员资源的能力上升，更是将多数自然风险对人类生存的冲击加以控制。这就是为什么在平克总结的众多研究里，国家形态的社会在暴力命案率上远低于不具备国家形态的原始社会（本书引言和第一章），国家形态下既有更好的规则与秩序，也具备更强的资源调配能力，就像前面介绍的清代中国一样。但是，那些风险应对措施都是针对自然风险，是前工业化时代的创新；就如农业革命深深改变了人类生存状况一样，工业革命也在多个维度再造人类社会，带来全新的生存风险。

在工业革命以来的发达社会，人们关注的似乎不再是天灾风险，部分原因是在前述宗族、宗教、市场和政府福利的多重防护之下，一般天灾冲击基本能得到快速制止；现代人更多担忧的是“人祸”风险，包括1929年金融危机后的十余年经济大萧条、1987年股灾、1997—1998年亚洲金融危机、2000年互联网泡沫破灭、2008年金融危机、2010—2012年欧债危机。即使像2020年新冠病毒疫情危机，或许最可怕的不是病毒本身，因为其杀伤力远不如1916—1918年西班牙大流感，但互联网和全球化下的各国政府联合救市行动、超常规增加货币供应，给全球经济埋下巨大隐患，深藏新的金融危机和经济危机风险。新的生产方式、新的市场、现代全能政府，带来古代人类没有经历过的全新风险，[80]“人造风险”成为主要挑战，这就促使各国在避险手段上进行创新。其中，最为突出的是国家的避险救灾角色在不断扩张，推演出更加万能的福利国家，但由此又带出更新的风险，这个循环仍在进行。在这一节，我们就重点探讨现代福利国家兴起背后的风险逻辑。

由于现代福利国家在19世纪起源于西欧，我们这里就聚焦西欧。表面看，“扶贫”可能被认为是推出福利国家的主因，但实际上，在19世纪之前，贫困是欧洲和其他社会的普遍现象，或者说贫困历来就有，甚至更严重。可到那时或者更早，西欧社会并没有政府推出的社会保障，[81]即使有也极少。原因之一在于，西欧原来也是以农业为主的社会，农人虽然经不起瘟疫、灾害、战争等风险的冲击，容易被打入贫困，但只要他们有土地种植，或自有或租佃田地，就不存在失业的挑战，多数情况下还可以继续种植养殖、勉强活下去。也就是说，土地本身就是一种保障。但是，工业化发展改变了这一传统生产和生存方式，工人不再有地，因此不再有土地的保障属性给予垫底支持。1500 年时，欧洲仅有 30% 的人受雇于他人，靠薪酬吃饭（不像自耕农、佃农或自雇者那样自己是生活的主人），到 1800 年这个比例上升至 67%。[82]在英国，农人占劳动就业之比在 1700 年为 56%，1820 年下降到 37%，到 1890 年更是降到 16%；美国的经历类似，1820 年农业占整个劳动就业的 70%，到 1890 年降至 38%。[83]人们从农村移往城市、从以农业为生改为以工业谋生之后，生存风险虽然不再跟四季气候循环，不再与天灾紧密关联，但靠薪酬吃饭的风险在于失业：工业周期或经济周期的循环风险，以及金融市场的疯狂波动，都可能造成企业倒闭或是大量裁员；尤其是跟有地农民不同，在城市靠薪酬谋生的无产者，一旦失业，就全家断绝生路，没有自留地为其提供最后的保障。也就是说，工业革命带来的后果不只是农业社会看天吃饭、工业社会靠市场吃饭，前者是天然风险，后者是人为风险，而且农民可以通过土地得到一定的避险保障（第十章），但靠薪酬吃饭的工人无产者失业后则无保障。[84]正是在这样的背景下，马克思出版了其经典著作《资本论》。

1883 年，公理会牧师安德鲁·默恩斯（Andrew Mearns）和威廉·普雷斯顿（William Preston）走访了伦敦的贫民窟并做了记录：

……我们进门看到一个约莫十二岁的女孩。“你妈妈呢？”“在精神病院。”“她在那儿多久了？”“十五个月。”……“你爸呢，在工作吗？”另一个坐在桌前糊火柴盒的孩子答道：“他三个星期没有工作了，但今早他得到了一份两天的短工。”……这里有个小厨房，但完全没有烟灰，他们没有吃的，也几乎没有衣服可穿。[85]

类似关于城市赤贫阶层的调查陆续涌现，[86]引起英国社会的大讨论，迫使人们从之前经济快速增长的沾沾自喜中醒悟过来。工人运动风起云涌，高失业率震惊了统治阶层，他们首次承认失业并不是懒惰所致，而是因为经济或行业的下行压力，同时现有的失业保障等济贫体系并没有做到位，需要国家提供更多帮助、出台干预政策。1885 年皇家专门委员会成立，调查贸易与经济萧条问题；1900 年英国工党成立，1905 年第一个《失业工人法案》出台，同年另一个皇家专门委员会成立，调查原济贫法案是否合理。[87]当然，工人面对的不只是失业风险，也包括劳动过程中产生的工伤风险，因为动力机械下的工作环境比农业更容易产生工伤，于是英国于 1880 年推出《雇主责任法》，1897 年通过《工人补偿法》，1908 年通过《养老保险法》，给老年人提供保障，等等，一系列法案使英国走上政府解决民众风险的挑战之路，直到 20 世纪 60 年代建成完整的福利国家。[88]荷兰的情况类似，1901 年推出《社会保障法》，其中包含工伤保险、失业保障等内容；其他西欧国家，至少部分是因工业化转型，从 19 世纪后半期开始建设福利国家。

工业化带来的变化远远不只是机械化生产和工人大军的兴起，更包括将规模化生产和公司化商业带向新高，把大量有产者转变为无产者、使他们加入薪酬劳动者的行列。钱德勒谈到的是 19 世纪末、20 世纪初期发生在美国制造业的规模化趋势，[89]竞争与吞并的结果是各行各业都只剩少数寡头，赢者通吃。由于后来的电视、电脑技术的变革，这一新现实在 20 世纪后半期显得尤其突出。沃尔玛、麦当劳这些美国公司就是典型。本来在欧洲、亚洲、美洲，夫妻杂货店是各社会的传统零售形态，杂货店虽然不会让创业的夫妻成为富豪，但至少让他们成为小规模有产者，不需要靠别人的薪酬谋生，可是这一局面被沃尔顿改变。1962年，在美国阿肯色州的小镇，沃尔顿开了第一家“沃尔玛超市”，以“天天平价”为基本立足点。随即，沃尔玛开始在其他小镇扩张，到1969年共开了18家规模相当大的分店，全部在人口低于2.5万的小镇；到21世纪初，全球有近1.2万家大型沃尔玛超市，每周有一亿多顾客光顾。[90]在沃尔玛的扩张过程中，它把千千万万的夫妻杂货店全部挤垮，迫使那些夫妻进入就业大军，原因在于沃尔玛的公司化规模实在太大，在进货时的砍价能力太强，夫妻杂货店没法与之相比；另外，这种规模使沃尔玛从1964年开始建立自己的物流体系，避开中间批发商，直接跟生产厂商谈价、进货，牢牢稳住其“天天平价”的优势。同样地，麦当劳于1953年成立之后，通过千篇一律地复制、遍地开花建分店，[91]今天在全球有近4万家分店，其规模优势给它带来两种结果：进料价格比任何其他餐馆都低，单位收入的运营成本也更低。其结果也是：把众多传统餐饮业的业主挤垮，让他们转变为无产者，加入工薪就业大军。

麻省理工学院的戴维·奥托（David Autor）等五位学者对1970年以来各发达国家的主要行业做了细致研究，[92]发现：从日本到美国、英国、奥地利、意大利、法国、德国、西班牙等，各国劳动收入占GDP比重都在逐步下降，资本收入占GDP比重在上升。为了解释这种趋势，他们发现：具体到行业层面，并购重组越多、业务往少数大公司集中的行业，其员工工薪支出占销售收入之比就下降得越多。也就是说，通过并购重组，到最后各行业胜出的赢家越来越少，所剩就业机会就越来越少，因此所节省的劳工成本就越多，行业收益更加往资方倾斜。

虽然上述研究反映的是20世纪的变迁，但生产、销售和服务的公司化与规模化后果在19世纪就已经出现，只是其显现程度在那时还没达到顶峰。由此看到，工业化带来的变化不仅表现在更多人进入城市变成无产者，从事工业就业，经历更高的失业与工伤风险，而且人们面对越来越窄的就业前景，尤其对于人力资本偏低的个体而言，工业化加全球化使他们的竞争力格外低落，这些趋势随着人工智能的推进可能会更加突出。早期工业化社会在19世纪推出福利国家，算是对这些变化的一种反应，给不断失势的老百姓一种避险补偿。

工业化一般促使人口城镇化，而城镇化带来人口密度上升，给流行病提供土壤，因此健康风险也成为新的挑战。[93]工业革命之前，尽管会有鼠疫等流行病，但对于像英国这样的欧洲国家，除了伦敦和几个大区的商业中心外，绝大部分人口稀疏地分布在乡村，人口密度极低，各地交流也不频繁，疫病的传播规模一般比较有限，但工业化改变了这一局面。1801年时，伦敦有80万人口，整个英格兰和威尔士只有13个人口超过2.5万的市镇；而到1841年，伦敦人口增加到百万，人口超过2.5万的市镇增加到40个，其中两个的人口超过25万。[94]涌入城市的人们挤在各式贫民窟，这些贫民窟一般缺少流畅的下水道系统或清洁的供水，卫生状况可想而知。当时没有什么市政服务，靠私人募捐资金清洁街道，所以富人区比较清洁，但贫民区的卫生问题严重。由此产生的结果是，19世纪30年代英国乡村死亡率约为每千人18.2，城市则为每千人26.2，造成这一反差的主因是城市的卫生和流行病。[95]其中，1831—1832年、1848—1849年、1853—1854年、1866年分别暴发霍乱病毒，[96]对城市的冲击远高于乡村。

1831年英国政府设置中央卫生署，之后建立1200多个地方分局；1832年通过了《霍乱法案》，支持地方卫生局推出防疫措施。1842年济贫法委员会委员埃德温·查德威克（Edwin Chadwick）发表著名的《英国劳动人口卫生状况报告》（*Report on The Sanitary Condition of the*

Labouring Population of Great Britain），收集并分析了城市平民生活环境的数据，公共健康被正式提上政治议程。由于这个报告，英国在1848年推出《公共健康法》。虽然建立现代公共卫生系统是个既漫长又艰辛的过程，但英国在19世纪取得了巨大进步：1861年英国的死亡率大约是22‰，人均寿命为40岁；至1901年，死亡率降至15‰，人均寿命延长至50岁。除了霍乱，肺结核和感冒也是当时常见的流行病，对这三种疫病的公共卫生投入算是当时政府福利的重要组成部分，给死亡率的下降贡献了1/4至3/4。[97]

从以上分析可以看到，新的生产方式——工业化——虽然大大提升了生产力，使人类物质供应不断丰富，解决了人类的一般温饱，但也带来新风险，即乌尔里希·贝希（Ulrich Beck）所言的“风险社会”，[98]这些威胁生存的风险与传统风险的不同之处在于：第一，不再是天然的外生风险，而是人类社会自生的；第二，传统农业社会的风险一般是局部的、地区性的，比如不可能全国各地同时发生地震、旱灾、水灾，但诸如金融危机、经济危机、环境污染、水源短缺、大流行病这样的人为风险，是影响全社会甚至全球的系统性风险，以至于传统的避险手段如家庭、家族、市场或宗教组织并不能系统地解决这些风险带来的问题。在这个背景下，最早工业化的西欧社会，也是最早通过推出福利国家做出回应的社会，是生产方式的转型催生了福利国家。

出于前述原因，西欧开启了世俗政府介入民众经济生活、为个体承担诸多风险之先河，[99]到20世纪，世界其他国家也陆续效仿，由此促使各国的暴力发生率下降。2006年印度政府推行的《乡村就业保证法案》可以帮助我们理解这一点，该法案虽然不是针对工业化带来的影响，但政府福利的道理是一样的。法案规定：当灾荒发生时，政府必须雇用村民修筑工程，工资不得低于法定标准，雇用时间最长为100天。一旦农业收成不佳，农民即可凭此法条，向政府寻求雇用机会。蒂埃莫·费策尔（Thiemo Fetzer）的研究发现，[100] 法案有效地帮助村民解决了气候风险的冲击：对于地处季风气候区的农民，农业产出高度依赖季风气候是否正常；法案执行后，尽管农业产出依然跟季风季节的气候显著相关，但农民的收入受“季风季节是否正常”的影响显著下降，家庭消费额与季风气候间的相关性也因法案而大幅下降。最后，他也发现，有了印度政府的福利项目后，季风气候风险增加暴力频率的程度大为削弱，尤其是暴力频率不再跟收入波动显著相关。这意味着，在政府提供的收入保险降低农民受灾害风险干扰之后，即使有灾害发生，村民也不必通过行暴、抢劫等犯罪行为去找活路，社会秩序因此改善，助推了文明化进程。

国家与宗教间的张力

前文谈到，工业革命之前贫困和灾害早就是各社会的普遍现象，但一直到19世纪中后期，欧洲政府基本不承担济贫救灾的角色，这跟古代中国、美索不达米亚等传统农业文明的做法不同。让中国人难以理解的是，中世纪欧洲并没像同期宋朝、明朝政府那样，把荒政作为首要责任之一。为什么呢？答案主要在于宗教，源于教会与国家的竞争关系，这也是欧洲跟中国截然不同的地方。如第六章所说，李提摩太知道，去灾荒之地传教、让清朝人直接感受上帝福音之善，是最有效的传教方式；同理，教会早就明确济贫救灾对于巩固宗教地位、凝聚信众的重要性。所以，在19世纪之前的欧洲，济贫救灾一直是教会的领地，世俗政府不得介入。试想，如果政府利用强制力大举征税，借税收救助贫困个体和遭灾民众，那么世俗政府不就能快速消耗宗教组织的俱乐部产品之价值，夺走信众吗？当然，各教派有所不同，但我们可以从这一逻辑解读不同社会走上福利国家的顺序先后和路径差异。

基督教传统里扶贫救急不是政府的事

在 16 世纪新教改革之前的欧洲，“贫困”被教会神圣化：贫穷是光荣，财富是负罪；穷人是耶稣基督的挚友，在上帝面前具有优势，而富人是上帝要惩罚的对象。因此，只有通过教会在两者之间调剂，给富人以捐赠救助穷人的机会，以得到上帝的拯救、死后上天堂永生，而穷人则在得到救助时以及在施者离世时，为其灵魂祈祷，借此回报施者，最大化施者得到拯救的概率。“因为我饿了，你们给我吃。渴了，你们给我喝。我作客旅，你们留我住。我赤身露体，你们给我穿。我病了，你们看顾我……我实在告诉你们：这些事你们既作在我这弟兄中最小的一个身上，就是作在我身上了”(《新约·马太福音》25：35–40)。在教会的解说下，帮助贫困者、不幸者是神圣仁慈，上帝乐见，不应由世俗政府或其他组织进行，非教会莫属。[101]当然，这种信念也与第六章的宗教避险作用吻合，由教会垄断济贫救灾，凸显信仰的价值。R. H. 托尼概括说：

> 在公众感受中，贫穷以及教会救贫方式具有几近半神话的魅力，认为穷人是上帝的朋友。说得好一点，穷人被认为更像最后殉难的耶稣基督……说得不好一点，人们觉得穷人的祷告更管用，所以，虽然有罪者知道会被诅咒，但还是愿意施舍一点面包给乞丐，由乞丐替其祷告，以期免于下地狱：今天付出一点，未来回报千倍！[102]

贫困被如此神圣化之后，一些欧洲人甚至选择捐出全部财富，“自愿贫穷”。[103]最为经典的是天主教修道会——方济各会（Franciscans），该修道会由方济（St Francis）创办于1209年。方济出生于商人家庭，但放弃所有家产、断绝亲属关系，全心投入修道和传教事业中。建立方济各会后，每位入会的修道士也必须将所有财物捐给穷人，像耶稣基督一样靠布施行乞，过贫穷生活。方济相信，只有这样才能脱俗，专心信仰并投身于基督的事业。[104]方济各会对西欧社会影响巨大，而且于1289年受罗马教廷的派遣，其会士来到当时的元朝中国传教（第六章）。

由此可以看到，新教改革之前的基督教（之后的天主教），强调贫富之间通过教会实现转移支付、互通有无，但不强调工作的义务，接下来会看到这与新教截然不同。有了将贫困神圣化的故事，加上方济各会等修会的造势宣传，中世纪的欧洲自然不会施压世俗政府推出社会福利，济贫救灾成为教会的专属。当然，欧洲人的生活也因此离不开教会，教会地位得到稳固。甚至到19世纪初还不乏保守声音："在救济穷人方面，最好的机构是教会而非国家。基于对当地环境的了解，教会救济结合了生活援助与谋生教导。教会不会通过在公开场合给予救济的方式来羞辱受援者……教会既可以保持给予者的利他热情，又可以让受施者感受到温暖。"[105]

回到16世纪，在新教改革后，西欧在"世俗政府是否该提供济贫福利"上出现分化。选择不接受新教而继续忠诚于罗马教廷的天主教国家，包括意大利、西班牙、葡萄牙和法国南部，在济贫救急立场上继续反对政府介入，坚持由教会主导，认为施舍穷者、不幸者是富人修行赎罪的方式，不能堵住罪人的救赎之路；即使大街、教堂满是行乞之人，只要他们不扰乱秩序，就不该阻止；而如果流民乞丐威胁公共安全，应该做的是通过立法维持秩序，而不是去消除贫困。方济各会的信教方式一直在一些天主教社会流行。另一极端则是法国国王路易十三（1601—1643）时期，首席大臣黎胥留曾说"如果人民活得太舒服的话，就不可能规规矩矩地完成他们的职责”，[106]这也代表政府不干预贫困的一种立场。

工业革命到来之后，迫于工业化带来的新风险（第三节），法国于19世纪逐步推出政府福利，但其他天主教国家，包括西班牙和葡萄牙在南美洲的前殖民地社会，一直到20世纪才推出。[107]

加尔文新教国家也不积极济贫

16世纪宗教改革后，接受加尔文新教（加尔文宗）的西北欧国家，包括英国、荷兰、瑞士以及后来的英国殖民地美国、加拿大、澳大利亚、新西兰等，也反对政府介入福利，但原因跟天主教不同。天主教将贫穷神圣化、正面化，而加尔文教义强调勤奋工作，把贫困归因于个人努力不足，是个人失败的表现。第七章谈到，根据加尔文的“先决论”，人生前已被上帝安排好，有的被安排最终上天堂永生，有人被安排下地狱，而努力工作是提前发现自己的安排的具体方式，所以，应该努力工作；如果劳动带来成功、使自己富有，那就是被安排上天堂的信号，而如果工作带来失败、贫困，就更应加倍努力，去最大化证明自己不是被安排下地狱，或者劳动本身就是对被安排下地狱的人的惩罚。[108]所以，在加尔文新教看来，努力工作是第一要义，只有劳动才能取悦上帝，贫穷不是光荣，世俗政府不应该通过福利救济去改变上帝的先决。[109]

勤奋才能得到救赎、上天堂，个人对自己负责，而不是靠他人施舍或者政府救济——这跟天主教的施舍修行才获得拯救大为不同。在加尔文教义下，不管是基于先决论还是工作论，贫穷要被处罚（要么因先决有罪所以贫困，要么因懒惰所致），政府不应该救助。这就是为什么从17世纪初到19世纪中叶，信奉加尔文宗的英国推出的《济贫法案》（*Poor Law*），出发点不是让政府解决贫困或者替民众避险赈灾，而是借助法案规范制约穷人的行为，让满街乞丐不至于造成乱序，并且这些法律主要由教会督促执行，国家不提供资金或以其他方式直接参与。在加尔文看来，济贫应该只是教会的私人行为，不应是政府行为，因为既然上帝已选择一些人上天堂，就应该给这些人证明自己被选的机会，有财富施予他人本身就是证明。

美国的经历可以让我们具体看到教义对政策的影响，也就是说，以加尔文新教为主的社会是否真的抵制政府福利。从英国人于 17 世纪初来到北美开始，直到 19 世纪初，来自英国、荷兰、德国等地的欧洲移民基本都是新教徒，尤其以加尔文新教为主。[110] 2012 年美国社会新教徒人口占比首次低于一半，但也有 48%。[111] 由此足见新教对美国一直以来的深刻影响，个人奋斗、自我责任，这些文化元素给其带来创业创新活力，奠定了资本主义的基础。20 世纪初之前，美国没有工伤、失业、养老、医疗等政府福利。由于其联邦制，即使联邦政府不推动福利，各州政府也有权自己推出，但问题是如何推出，如果没有足够多选民的支持，州政府也难通过福利法案。整个 19 世纪的美国，工业化进程极快，机械化生产扩展到众多行业，工伤事故频率也越来越高。

但在 1910 年前，联邦和地方政府都没有提供工伤保险。一旦发生工伤，工人可以去法院起诉，要求雇主赔偿，前提是必须能举证证明是雇主的过失造成工伤。可是，法庭举证要求有三道关：第一，如果造成工伤的机器或生产环境在工人签约受雇时就如此，那么签约等于接受了工伤风险，工资中已包含了对这些风险的补偿，雇主不承担额外责任；第二，如果工人不按程序操作，由此对工伤事故有所“贡献”，雇主也无赔付责任；第三，如果是工友过失造成工伤事故，每位工人负有责任，但雇主无过失，不负责赔偿。[112] 所以，当时的法院判决逻辑和举证要求对工人十分不利，据 1907 年伊利诺伊州州长的一份统计报告，当时法院判给工伤死亡矿工的平均赔偿为 294 美元，其中大部分用于支付律师费。[113] 1913 年前发生的一次工伤案引起美国社会的轰动，一位叫莎拉·尼斯利（Sarah Knisley）的女工手臂被研磨机齿轮割断。事发之前她已告诉雇主，按照州法律，研磨机齿轮必须封住，可雇主还是不作为，齿轮继续暴露。尼斯利手臂割断事故后，雇主拒绝付赔。于是，她告到法院，而法院判她败诉、雇主无责任，理由是尼斯利在接受雇用时就知道有齿轮割臂的风险，而且在雇主无动于衷后，还继续工作，说明她甘愿接受了这一情况。[114]

类似案例充斥着那时期的美国媒体，给各州政客以行动的压力。其中谈到，工伤事故很多时候并非工人的过失，而是机器故障或者车间条件欠佳、灯光不明，如果要求伤者提供证据，通常不易；况且，就如法官对尼斯利案的判决，让雇主反而有激励拒绝投入资源改善工作条件，因为只要工人不离职、继续工作，那么就算他们接受了这种风险，即使出现事故，雇主也无责任。这种逆向激励让美国大众十分愤慨，由此带来的政治压力改变了美国历史，催生出美国第一种政府福利，即 1910 年纽约州最先推出工伤保险，本州工人都可享有；1911 年，加利福尼亚州、伊利诺伊州、堪萨斯州、马萨诸塞州、新罕布什尔州、新泽西州、内华达州、俄亥俄州、华盛顿州和威斯康星州也分别立法推出；随后其他州陆续跟进，最晚推进的几个州是佛罗里达州（1935 年）、南卡罗来纳州（1935 年）、阿肯色州（1939 年）和密西西比州（1948 年）。有意思的是，在越晚推出政府工伤保险的州，即使最后有了这种福利，遭遇工伤的工人平均能得到的补偿也会很低：比如，纽约州的补偿平均为工伤发生前工资的 2.18 倍，加利福尼亚州和马萨诸塞州为伤前的 1.55 倍，而阿肯色州、密西西比州、南卡罗来纳州、佛罗里达州，补偿分别只是伤前工资的 0.13 倍、0.23 倍、0.15 倍、0.27 倍，[115]表现出相当的不情愿；在今天的美国政治中，这些州基本都是坚定的共和党州，选民普遍反对大政府，反对政府福利。

那么，是什么因素导致各州这么大的差异呢？肯尼斯·思科伍（Kenneth Scheve）和戴维·斯塔萨维奇（David Stasavage）的研究发现：[116]虔诚信教的人口占比越高，尤其是新教人口占比越高的州，通过立法推出工伤保险的年份就越晚，即使后来推出了，给予工伤补偿的金额也不会太多；而天主教人口占比越高的州，则反之，因为美国天主教会认为工人不应该为工伤负责，应该无条件地得到工伤福利，这与强调自我责任的加尔文新教的主张大为不同。不同教派的主张带给美国各州十分不同的工伤保险发展历史。

1929年的股灾引发金融危机和此后的大萧条，给已经经历了工业化重造的美国社会进一步加压，生活安全感在压力测试之下跌至新低，国家替民众避险解困的要求再次提上日程。1933年罗斯福上任总统之后，大举推动“罗斯福新政”。其中，1935年的《社会保障法案》给公民提供失业保险、退休保障以及贫困低保，建起美国社会的经济安全网。由此，虽然美国不像传统农业国家那样因“治水”工程（规避气候风险）而起源，但到20世纪30年代，还是补增了国家的避险功能。不过，教会对此未必认同。1936年，《文学摘要》（*Literary Digest*）杂志对2.1万美国人做了问卷调查，结果发现：70.22%的新教牧师都反对罗斯福“失业保险”等政府福利。那次调查结果显然与前述两位教授的结论一致，[117]新教徒反对政府干预个体的经济生活。对此，米勒解释道：“30年代跟20年代一样，最强有力的论点在于：教会应该拯救个体灵魂，协助他们上天堂，而不是支持政府把天堂带到地球人世间。”[118]

而在实际效果上，罗斯福新政开始之后，美国命案率从1933年的每10万人口有9人死于暴力，逐步下降到1955年的每10万人口有4.5人死于暴力。[119]世俗政府提供避险解困后，的确促使暴力下降、文明化提升。

路德新教主张政府福利

路德新教对待政府扶贫救急的态度跟加尔文新教大为不同，尤其跟天主教正好相反：穷困不是光荣，行乞应该禁止，施舍不是寻求救赎之道；勤奋劳动才是光荣，也是义务，但政府有责任救济值得救济之人。德国和北欧国家（瑞典、丹麦、挪威）都以路德新教为主（马丁·路德是德国人），也是欧洲最早推动福利国家的社会。

第七章谈到，路德发动新教改革时强调，基督徒“因信称义”，因信仰耶稣基督为唯一神、守其教义，所以能得到上帝的恩赐，而不是靠听从教会礼仪或善行施舍得到拯救。他尤其认为，像天主教之前宣导的有罪之人可通过慈善捐赠减免在炼狱的时间，快入天堂，就跟赎罪券一样无任何作用，这些宣导是教会被世俗利益腐蚀的表现；乞丐也不比其他人靠近耶稣，行乞与“勒索”无异！尤其那些身强力壮还行乞的人，那些因欺诈、懒惰而贫穷的人，就更不值得怜悯，更要被处罚。路德在主张禁止行乞的同时，认为社会尤其世俗政府有义务援助那些值得救济的穷人，比如与教会合作建立并管理扶贫救急系统。在 1521 年，路德提出方案：由地方政府在教会布置捐款箱，每周将捐款汇总，然后根据标准识别“值得救济”和“不值得救济”的穷人，按小孩数量、行为规范、节俭程度以及开支预算，决定给申请救助者发放援助。路德的扶贫原则是：“任何人都不可靠他人的血汗劳动活着，而自己闲置懒惰！”[120] 1522 年，纽伦堡市推出扶贫法案，就如此执行路德的方案，其他市政也陆续模仿。德国市政在提供济贫福利的同时，也建立“劳动屋”（workhouse），安置身强力壮的穷人，让他们以劳动换取吃住，培养自食其力的习惯。此后，政府把靠自愿捐赠改为靠扶贫税，由纳税居民共同承担扶贫责任。到 16 世纪末的德国，世俗救急扶贫项目由市政上升到领地王国层面；到 1794 年，普鲁士王国通过立法，确保所有无法自足的公民都能吃饱喝足、营养充沛。1808 年，普鲁士中央政府要求各市政按照统一方式组建社会福利机构。一系列举措使普鲁士政府福利覆盖面不断上升：1750 年时，柏林市每 82 位居民有一位享受福利；至 1801 年，每 14 位居民有一位得到政府福利。[121]

1871 年俾斯麦统一德国后，作为首任宰相，他按照路德教义建立全面福利国家。先是将原来的普鲁士福利体系与其他邦国做统一化调整，之后于 1883 年通过《工人健康保障法案》，为因病失去收入的工人提供工资保障；1884 年推出《工伤保险法案》，补贴因工受伤的工人；1889 年又推出《老年与残疾保险法》，为工人提供养老与残疾风险保障。1890 年俾斯麦离任之后，继任者继续完善福利体系，于 1911 年推出《全国保险法》，把以前针对蓝领工人的福利保障推广到白领员工，达到全民福利，另加寡妇养老保障，等等。[122]这些福利推出后，德国人的经济安全显著改善，比如，《工人健康保障法案》使死亡率下降、城市人均寿命上升。[123]

在路德新教国家中，不只是德国早于其他国家推进社会保险福利，比如丹麦也不落后。丹麦在 1834 年宪法中写明：政府对贫困人口负有最终的责任，国家有义务救济贫困、解除风险对公民的冲击。路德新教国家的做法不仅与天主教会的主张相悖，而且遭到天主教精英的批评。[124]

宗教与国家之间的竞争

进入现代以来，一个趋势比较明显：宗教在欧洲尤其北欧逐渐式微，而美国、南美、南欧甚至英国则照样虔诚信教。美国总统选举时期，如果候选人不公开表明自己是虔诚基督徒，胜选的概率会微乎其微。图 11.5 给出一些国家到 1995 年时每周至少去教堂一次的人口占比，以此度量宗教信仰在各国的重要程度。其中，丹麦、芬兰、瑞典、挪威、德国这些路德新教国家，分别只有 3.1%、3.9%、4.1%、5%、13.5% 的人口每周去教堂礼拜，而美国、英国、荷兰等加尔文新教国家，分别有 43.9%、33.2%、28.3% 的人每周去教堂；另一端是天主教国家，爱尔兰、菲律宾、墨西哥、哥伦比亚、秘鲁、意大利、葡萄牙、巴西、西班牙等，分别有 76.8%、70%、46.4%、45.8%、42.9%、40.7%、37.5%、36.3%、35.9% 的人每周去教堂。对比之下，三组基督教社会如今虔诚信教程度差别很大，尤其是，虽然基督教历经近两千年主要在欧洲发展起来，可是时至今日，反倒是 16 世纪才逐步开发的新世界国家，远比曾经的欧洲宗主国更加虔诚信教，更多人频繁到教堂礼拜。这该如何解释？跟福利国家的兴起有何关系？

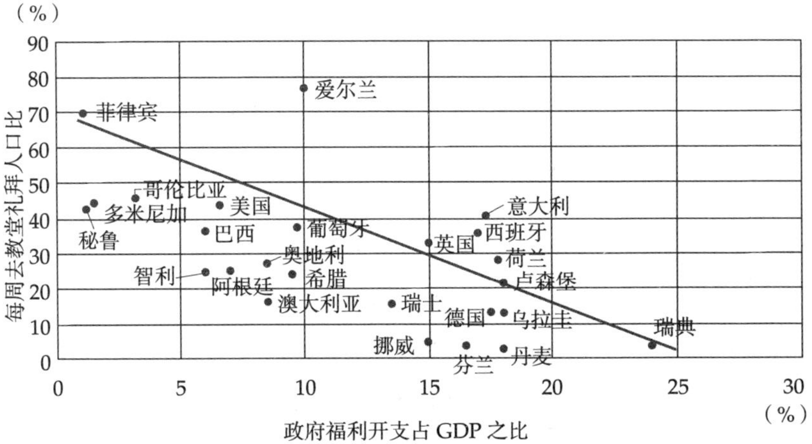

图 11.5　各国福利开支占 GDP 之比与每周去教堂礼拜人口比 [125]

前文说到，天主教和加尔文新教虽然缘由不同，但都反对世俗政府替个体避险济贫，而路德新教则相反，从 16 世纪开始，鼓励世俗政府提供社会福利。因教义带来的政策差异，是否长久影响了教会的社会地位？也就是说，回头看，天主教、加尔文宗、路德宗之间，谁的主张保住了本教的影响力，谁的主张使其逐步丧失信众？

为了理清这些问题，我们还是回到国家与宗教的竞争关系上。既然前几章谈到，宗族、市场在促进个体避险上都可与宗教相互替代，同为避险提供方的政府，盖当同此道理：宗教与政府间应该也有“此消彼长”关系——在个体遭遇灾害时补偿钱物，失业时给予援助和安慰，罹患疾病时提供医疗资源，等等。那么，投入更多资源的一方，势力将会扩张；资源少的一方，受众和影响力将因此萎缩。在宗教与政府的竞争中，至少在中世纪欧洲，教会一直是赢家，世俗政府几乎没有提供避险济贫的空间。但从路德新教开始，特别是近代工业化之后，福利国家逐步抬头，两者的地位发生转变。

图 11.5 给出截至 1995 年各国福利开支水平与宗教虔诚度之间的关系：政府福利开支越多的社会（相对于 GDP），每周去教堂礼拜的人口占比越低，教会影响力就越小；反过来，虔诚信教的居民越多，其世俗政府对福利开支的投入就越少，政府就“越小”。[126]政府福利跟信教虔诚度间的“此消彼长”负向关系，得到多位学者严谨分析的支持，已成为相关学术研究的共识。[127]这说明，从维护教会地位角度看，中世纪基督教会、16 世纪后的天主教、20 世纪的美国新教徒对政府福利的排斥，是有道理的。如果天主教和加尔文新教不阻止政府福利的扩张，那么这两大教派就会重复路德新教在北欧的经历，眼看着教会失去影响力。也就是说，德国和北欧国家大力推动政府福利的结果是，个体的经济风险都被政府规避，那么宗教的避险价值就成为多余，信教的必要性消失。因此，至少从经济角度看，大政府是对教会的威胁。

除了政府福利会削弱人们对宗教的依赖之外，政府在其他方面的开支也可能减少个体对宗教的需求。比如，20 世纪许多国家推出公办教育，由政府出资办学、免费或者低学费让各阶层子女上学、获得人力资本，这是积极的贡献。可是，丹尼尔·汉格曼（Daniel M. Hungerman）基于加拿大义务教育法的量化研究发现：[128]公办教育的法定年限每延长1年，个体信奉宗教的概率便下降4%。无怪乎，部分神职人员对政府充满警惕——以英国为例，教会“几乎是永不停息地批评政府所做的每件事”，“他们对英国政府保有持久的敌意……对政府怀着几乎是下意识的反感”。[129]在美国，三位神学家在著作中断言：“《圣经》反对大政府。人类政府的角色是有限的——它不是我们面对的所有问题的万能解。当尝试解决人类面对的每个问题时，政府就是在想法取代上帝。指望政府解决我们所有的问题（贫困、医疗、教育等），那只能是偶像崇拜（拜错了神），不会有好结果。”[130]由此看到，美国和英国之所以能长期维持“小政府、大市场”，并非市场派经济学家努力的结果，而是因为教会领袖的持续警惕和行动。相比之下，西欧，尤其是路德新教占统治地位的北欧，在国家和宗教的竞争过程中，国家自19世纪逐步占了上风，[131]尤其是政府可以不断加税，其资源远多于教会，结果是：教会和市场逐渐让位于政府。北欧的经验一直影响着美国的宗教领袖们。

当然，图11.5和其他相关研究都是基于大样本，难以看到教会与国家间竞争的具体过程；同时，负相关不等于因果关系。下面，我们不妨看三个细节案例——美国、乌拉圭和德国——的经历。就美国而言，之前已介绍了思科伍和斯塔萨维奇基于44个州的工伤保险样本的研究，[132]这里我们再细看一下大萧条期间政府救助和教会救助之间的关系。

前面说到，20世纪30年代初大萧条到来时，失业人口猛增、生活水平剧降，迫使新上任的罗斯福总统推出“新政”。如图11.6所示，1932年后，政府福利开支占国民总收入之比从起初几乎为零上升至1939年的4.5%，为困难民众提供赈济，为孩童、长者和伤残人士提供援助，政府还推行众多“以工代赈”项目，以缓和失业影响。汉格曼通过整理新政时期的历史数据发现：在美国各州，政府为实施“新政”所投放的资源每增加1美元，当地教友向教会的捐款就减少2.9美分。[133]尽管这个系数值看起来不大，但考虑到政府开支的数量级，可解释大萧条后期宗教在美国暂时衰微的相当部分。实际上，新增加的政府福利开支几乎可以解释其间宗教捐款下降的100%！图11.6中，政府福利救助与宗教救助几乎是完美地“此消彼长”，前者替代了宗教的避险职能：有了更多政府救助后，每位教友就减少给教会捐赠，教会进而不能在救助方面发力。

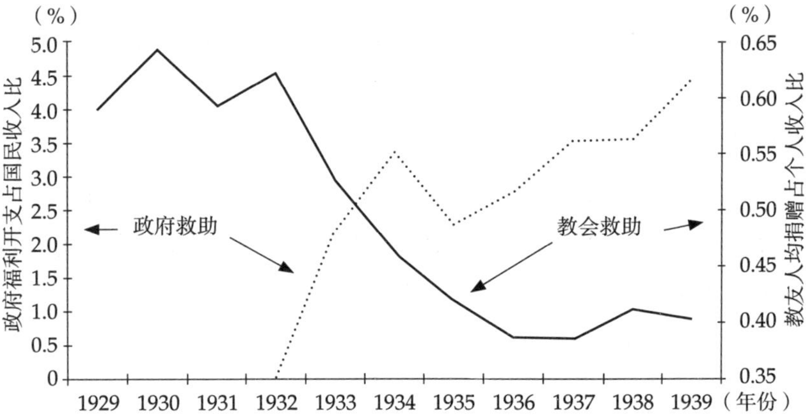

图11.6　大萧条期间美国政府救助与教会救助的变迁[134]

“罗斯福新政”之后，“此消彼长”关系依然成立。如图11.7，汉格曼收集的1940—2000年的数据表明，[135]政府福利占国民总收入之比与教友人均捐款间，仍然显著负相关：二战结束时，联邦政府为抚恤老兵、恢复经济，将福利开支增加到接近国民收入的60%，同一时期教会人均捐款亦为历史最低；1950年之后，政府福利长期居于低位，在国民收入的20%上下徘徊，同期的教友人均捐款则翻了一倍多，从1.3美元增加至最高点的近2.8美元。当然，以1956年为例，国民总收入为3240亿美元，其中20%，即648亿美元用于政府福利，人均福利开支达383.4美元，远高于教友人均2.8美元的捐赠，这也足以解释教会对福利国家的恐惧，难与后者竞争。1996年联邦政府改革了福利法，[136]缩减享受福利政策的范围：之前，食品券、医疗保险以及为低收入群体提供的保障项目不仅覆盖所有满足条件的公民，还覆盖非公民的外国居民；改革之后，只有公民才能享受这些福利。对各州数据的分析显示：当地政府福利开支因改革削减的幅度愈大，那里的人均教会捐款就增加愈多。这一变化在对风险最为敏感的年龄群体——长者当中最为显著：他们的教会捐款增幅最大。

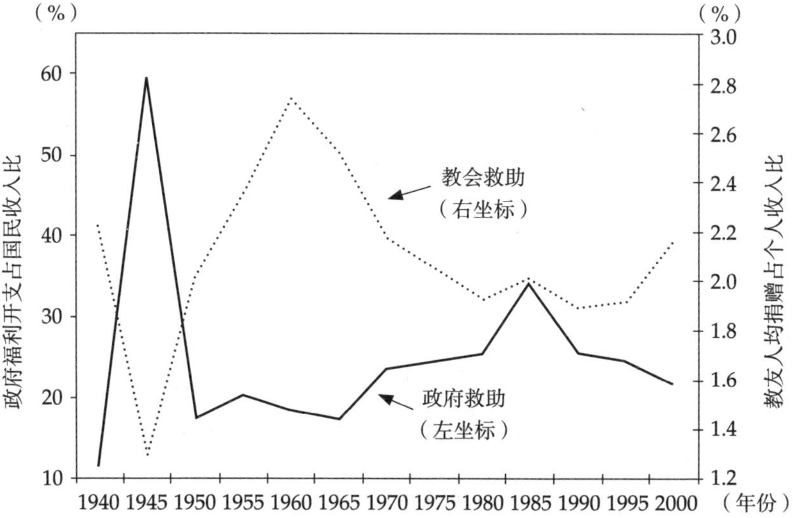

图 11.7　美国政府福利与教会捐赠的变迁 [137]

笔者在刚开始研究人类如何应对风险的话题时，本以为只要金融市场足够发达了，各种风险就可以通过金融工具的组合得到解决，可是后来看到美国的情况，似乎令人费解，因为美国有最发达的金融市场，但在发达国家中，美国的宗教信仰程度又几乎最高，尤其远高于北欧，并且教会与政府之间的竞争还一直激烈。笔者后来进一步分析发现，发达的金融市场总体上让中高收入群体能充分规避未来风险，但低收入群体可能望尘莫及，他们要么依赖宗教避险（见第六章的实证研究），要么依靠政府福利。这个群体难有剩余收入利用金融避险，因而暴露在风险之中。也就是说，在国家与宗教的角力中，低收入群体是双方争夺（或说救助）的关键受众。一旦福利国家全覆盖了这个群体，宗教的受众会所剩无几，只剩那些需要或者希望从教会得到精神支持的个体，这就是为什么教会感到福利国家是最大的威胁，[138]北欧的经历证明了这一点。

基于美国的社区调查显示：收入在贫困线以下的人群中约 65% 接受了某种形式的政府救助；有意思的是，在低收入人群中，虽然接受教会救助的人数占比（22%）低于接受国家福利的占比（36%），但低收入群体还是认为宗教救助比国家福利更有用。[139]低收入群体之所以倒向宗教一边，而不是偏向国家，是因为宗教福利的提供方式更人性化、[140]更具排他性，也就是教会一般只给教徒提供援助；相反地，国家并不会筛选受益者，只要满足援助条件的公民都能得到（于是，没人感激国家）。这样一来，在给定的福利资源条件下，穷人信教所能分到的福利更多（能同时得到两份——国家福利和教会福利）。在政府福利和宗教福利分开的国家里（如美国），穷人对教会的偏好会更突出。[141]当然，前提是政府福利不能太高：政府福利越高，教会福利的边际价值越低。

还有一类佐证宗教与政府间“此消彼长”关系的证据。20 世纪 90 年代，美国媒体报道了部分教会的性丑闻，导致这些教会的信众人数大大减少，其中一部分投靠其他教会，更多教众因此变得不再虔诚信教，转向世俗化。比起丑闻流布之前，各地民众更愿给主张增加政府福利的民主党投票，从依赖教会避险转向“大政府”。[142]

乌拉圭是另一个有意思的案例。跟多数其他拉美国家一样，乌拉圭也是西班牙前殖民地，到2006年，其300万公民中，47.1%信天主教，11.2%是新教徒，[143]但这些年信教的人口不断下降。安东尼·吉尔（Anthony Gill）和埃里克·伦斯高（Erik Lundsgaarde）指出，[144]乌拉圭人中自认为不信教的人占26%，每周去教堂礼拜的人口只占13.2%，远低于其他拉美国家（墨西哥46.4%、哥伦比亚45.8%、多米尼加44.3%、秘鲁42.9%、巴西36.3%、阿根廷25.4%）。之所以如此，是因为如图11.5所示，乌拉圭的政府福利开支占GDP的18%，远高于其他拉美国家（其他拉美国家都不到7%）。也就是说，虽然乌拉圭很早就以天主教为主，但由于在20世纪跟北欧路德新教国家一样，大举实施国家福利，使政府代替教会给人们提供安身立命的经济保障，慢慢地乌拉圭人对教会兴趣下降，教堂礼拜频率显著低于其他拉美人。吉尔与伦斯高认为，政府福利开支奇高是乌拉圭区别于其他拉美国家的关键，这一差别导致乌拉圭人不如其他拉美人那么虔诚信教，除此之外难以解释乌拉圭的与众不同。

国家福利的兴起，不仅因为世俗政府在为民避险上取代了宗教组织，造成教会地位萎缩，而且也因为这导致多种社会资源的重新配置，从原来以教会为中心转变为以政府和世俗社会为中心，导致教会势力进一步收敛。前面谈到，在欧洲，福利国家源于马丁·路德的新教教义。比如，新教改革之前，天主教会是沟通尘世和神明的唯一中介，天下都掌于其手，连世俗国王也只有教会加冕后才获得合法性，所以世俗国家必须向教会减免税收、让渡资源，甚至分享一部分政治权力，教会对关键职位的任命有发言权甚至否决权。新教改革后，天主教会本身的合法性受到质疑，同时又有来自新教的竞争。在新教与天主教的较量中，世俗国王的选边变得十分重要，国家的议价能力大大提高，尤其对于新教这个需要拓展自己地盘的后起之秀，它需要给世俗国王更多实惠，才能求得支持和联盟。[145]为此，新教甚至支持世俗领主接管天主教修道院财产，认为这样可以防止天主教职员私吞教产，[146]等等。而路德倡导的世俗政府取代教会给大众提供济贫救急福利，就进一步把社会资源转向政府，对教会的长久地位不利。

杰里迈亚·迪特马尔（Jeremiah Dittmar）和拉尔夫·梅森哲（Ralf Meisenzahl）的研究精彩阐释了这个过程。[147]他们谈到，从 16 世纪早期开始，一些德国城邦响应路德的号召，陆续采纳“教堂条例”法，该法要求世俗政府扩大社会福利，将原来被天主教会控制的公共物品转移到政府手中，这些公共物品既包括学校、救济所、医院等，也包括原本为教会服务的人员转到世俗职业（比如，由传教士、僧侣改做市议员、行会领袖），固定资产投资从建教堂改为多建行政楼、写字楼，等等。这些转变打破了世俗精英和宗教精英之间的旧平衡。“教堂条例”还要求政府建立公费教育系统，给所有人提供免费义务教育，一方面这使更多人可以像路德号召的那样，自读《圣经》、与上帝直接对话，另一方面也大大提升世俗公务员的人力资本，培养更多世俗精英，强化政府官员管理监督行政机构的能力，抬高政府福利和其他公共物品的水平。据达维德·坎托尼（Davide Cantoni）等人的研究，那些公办大学毕业生更多投入到了世俗工作当中，分布在政府部门、教育界、商界、艺术界、医学界等，而不再把教会神职作为首选。[148]福利国家的兴起，就这样造成教会势力在多方面的衰退，社会整体格局不再以教会为轴心。图 11.8 对比了 16 世纪初期采纳了“教堂条例”的城市和没有采纳的城市，展现了它们在公费新建学校、新建福利设施的差别：采纳“教堂条例”的城市，政府掌控的资源显然增长更多，政府的职能被大大加强。

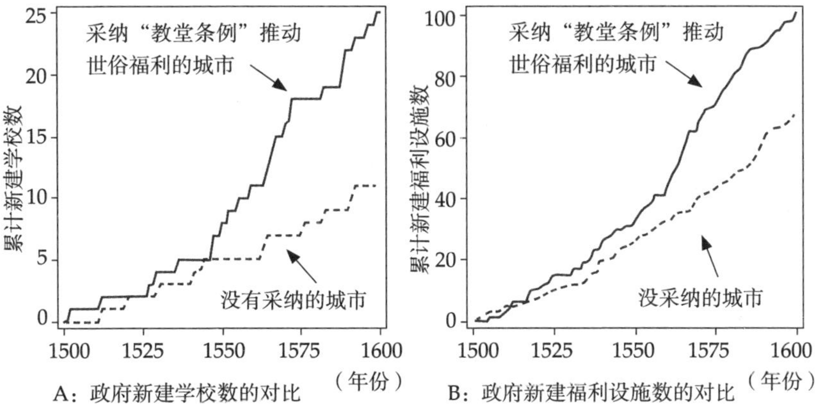

图 11.8　世俗政府权力的变迁——世俗福利强化政府势力 [149]

通过对大萧条期间与之后的美国、当代乌拉圭、新教改革以来的德国的细节分析，我们看到，图 11.5 所反映的国家与宗教间的“此消彼长”关系并非单纯的相关性，而是背后因果关系的表现。历史上，一直到 16 世纪新教改革前的欧洲，宗教包揽一切，势力强大，世俗国家处于相对被动甚至微弱的地位；而之后，随着福利国家的兴起，世俗政府的力量逐渐占上风，教会在竞争中渐渐让位，尤其在路德新教国家中被边缘化。

结语

在这一章中，我们介绍了国家在协助个体应对风险上发挥的作用：上溯至远古社会，气候风险、外敌风险催生了国家的起源；近代以前，国家已经通过多种方式来纾解国民受到的负面风险冲击。中国周朝以来的“荒政”即是一个典型的例子。步入近代的欧洲，工业化带来全新的风险，即人造的经济风险和健康风险，致使社会资源的配置权和控制权从传统的以教会为中心，转变到以世俗国家为中心，具体表现为福利国家的兴起，使政府所承担的为民避险济贫功能更为多样。正因为国家的起源和发展是由风险挑战所驱动，其效果丰富、改善了民众应对风险的能力，降低了个体遭遇风险时的损失，减少了靠暴力求生存的必要。这就具体解释了为什么“有国家组织”的社会的暴力死亡率远低于还没建立国家的原始社会，[150]国家的发明是人类文明化进程中迈出的关键一步。

不过，随着政府避险角色的扩张，不仅道德风险增加，搭便车现象变得严重，而且其他传统避险安排也受到威胁，包括取代家庭、宗族、市场和教会的角色，人类社会格局因此被再造。以宗教为例，政府福利开支与宗教信奉程度之间，呈显著“此消彼长”的规律，而且国家与教会间的这种竞争，至今还在美国、南美、欧洲和世界其他地区进行。

当然，福利国家集资源于政府之手，扩大政府职能后，也带来全新的风险，即国家财政风险、国债风险和货币贬值风险。这样的风险虽然在政府福利扩大之前就有，但在程度和影响力上早已今非昔比，这在西欧和拉美国家尤其明显。因此，在个体的部分风险挑战转由政府承担后，国家如何化解风险成为新挑战。那么，国家该如何规避风险，当风险出现时又如何应对？国家跟个体相比较，个体可以通过婚姻、家庭、宗族和宗教组织分摊风险、互通有无，而国家之间可以合并（类似婚姻），也可以形成某种风险互助体（类似个体的宗族），比如欧元区（货币与一定程度的财政联盟）或者基于共同价值观的多维度联盟（类似个体的宗教），比如当年的华沙条约国家联盟，还可以像个体那样，利用金融市场发债融资，所以国债市场至关重要。但是，在现代国家主权体系下，国家资产（如领土、国宝、文物、建筑）都不能作为发债的抵押资产，虽然税收流可以作为还债的基础，但债权人不能在发生债务违约时夺得税收流的控制权。基于同样的道理，国家间的风险互助联盟也大打折扣，就像欧元区，由于财政权在国家主权保护之下由各成员国自主把握，使货币联盟随时面对解体风险。由此看到，正如人类文明化历史中其他创新所展示的，世俗国家通过福利项目替个体解决一些风险挑战之后，的确消除了困扰众多个体的部分问题，使整体社会效用增加、暴力减少、文明进步，但剩下的问题只是从众多个体转移到政府手中，叠加成国家层面的新风险挑战，所以，文明化进程有待继续。

第十二章

文明化进程走向何方

“天下没有免费的午餐。”

–

无名氏

从工业革命到现在，一代代的科技创新已经大大提升了生产率，使人类生存状况焕然一新，物理距离不再是一种障碍，整个地球像一个紧密相连的村庄。也正因为工业革命以来的技术成功如此全面深入地改造了世界，以至于克拉克等历史学者对公元1800年之前人类两千余年的努力不屑一顾，因为在此期间劳动生产率并没发生根本变化，人类社会一直未能走出马尔萨斯陷阱。可是，通过本书的各章节我们看到，从迷信、宗教、婚姻、家庭、宗族、市场到国家等都有过显著的完善发展，这些创举虽然没能直接提升生产率，但却改进了人类应对风险的能力，到今天，大多数自然风险已经不再能威胁人类生存。这就像空调技术把人类生活的室内气温跟外部环境隔离开，室外或许高温酷热，但室内可以调节到让人体感到舒适的任何温度，自然风险对人的生存冲击也可降到极低。由于风险应对力的改进如此之大，如今，暴力的收益显著低于其代价，让文明不断战胜野蛮，成为人类的首选。

但是，正如第十一章所言，自工业革命以来，在技术、商业和金融发展到基本解决了自然风险挑战之后，金融危机、经济危机、财富差距、失业贫困等新型人造风险不断走向前台，困扰现代社会，并催生出以三驾马车——福利国家、货币干预（中央银行）、财政干预（财政国家）——为特色的现代政府。可是，天下没有免费的午餐，本书所关注的这些创举在解决了自然风险冲击的同时，也给文明化进程带来全新的挑战。

人类婚姻的未来走向

第四章说到，婚姻不是因为爱情而发明，而是定居农耕社会为促进男女劳动分工、实现资源共享、风险分担以及生子传承所演变出来的。可是，到了今天，各类市场尤其是金融市场已经非常发达，国家福利和契约制度也日益完善，人们不再需要借助婚姻实现避险或达到资源共享。《时代》周刊在 2010 年报道，[1] 1960 年时，美国 18 岁以上的成年人中，有 27% 过着单身生活（包括从未结婚、丧偶和离婚），73% 过着结婚生活，家庭平均有 3.3 人，5% 的小孩由单身母亲所养；但到了 2010 年，48% 的成年人是单身，也就是未婚人数接近一半，而一家平均有 2.6 人，超过 41% 的小孩由单身母亲所养！ 1960 年时，二十几岁的青年中，已婚的占 2/3，但到 2010 年，已婚的占比不到 1/4。1960 年时，87% 的小孩跟父母住，到 2010 年，只有 64% 的小孩跟亲生父母住，单亲家庭越来越多。这种趋势并非美国独有，瑞典 54.7% 的小孩由单身母亲所养，这个比例在立陶宛、意大利分别为 29.2%、20.7%。中国的趋势也类同，根据民政部的数据，1978 年时全国每天有 800 对夫妻离婚，而到 2017 年每天有 1.198 万对夫妻离婚。

婚姻的性质在改变。尤其是2017年5月美国最高法院判定：同性婚姻在全美合法，任何州都不可以禁止。根据盖洛普（Gallup）的民意调查，1996年时27%的美国人支持同性婚姻，到2018年支持率上升到67%！[2]西欧也是这种趋势，同性婚姻在荷兰、比利时、西班牙、挪威、丹麦、瑞典、葡萄牙、英格兰、法国、芬兰等国都合法；在巴西、阿根廷、哥伦比亚、乌拉圭等南美国家，在澳大利亚以及新西兰，同性婚姻也合法。[3]

为什么这么多社会对结婚的兴趣日益淡化，并支持同性婚姻？没有婚姻的人类世界是我们想要的吗？这些新趋势让各国的保守派感到恐慌，深感危机。前文说过，在人类早期到农耕社会，金融市场与其他市场不发达，国家福利和宗教互助组织都还没出现，人们只好依赖血缘和姻缘这两个体系解决风险挑战，尤其是依靠“养儿防老”。而这两个体系中，子女是关键，越多越好，但子女必须是血缘纯正的“亲骨肉”！所以，婚姻约束里必须包括性关系的垄断权，妻子不仅必须能生育，还必须绝对贞洁，所谓“不孝有三，无子为大”“饿死事小，失节事大”。也就是说，在没有金融和其他血缘外避险工具的时期，婚姻的第一要务是生子，因此利益婚姻只能在异性男女之间，同性违背婚姻的本意，必须禁止。男女性关系也只为生育，不以生育为目的之情欲不被伦理规则制定者所接受。人们对单身、不结婚就生子、性生活不为生子、婚后不生子或者结婚后离婚，都不能容忍。

但是，今天不一样了。如今，可选择的金融产品丰富，基于市场配置资源的手段众多，政府福利保障越来越可靠，宗教团体也提供最后的救济保障，现代人不仅不再需要“养儿防老”，而且婚姻也不是安身立命的唯一选择。换言之，风险保障、经济功能正在从传统的婚姻与家庭中剥离，交由市场和政府去实现，这就解放了婚姻，使婚姻从侧重经济利益转型为侧重感情，让爱情战胜婚姻。同理，一旦市场与国家福利取代了婚姻家族的风险保障功能，生育就不再是婚姻的第一要务，甚至结婚也可以选择不要小孩，因此，在利益婚姻转型为感情婚姻之后，婚姻就不必限定在异性之间。也正因为这一逻辑，许多异性恋、同性恋伴侣只是同居，不寻求结婚，或者一辈子单身。

而之所以同性恋者要求同性婚姻合法，是因为美国有1000多种婚姻权利（第四章），婚姻权利在其他国家也不少。那么，既然异性恋者和同性恋者都一样遵照法律交税、尽到公民义务，他们从政府得到的公共服务和福利保障也应该相同，不能因性偏好不同而各异，否则就有失公平正义。换言之，由于历史遗留的“婚姻利益”太多，就不得不给同性恋者一组源于异性婚姻的“婚姻权利”。

在一次电视访谈中，曾经听一位上海女士说：“以前要丈夫，一是为了有收入保障，但我的收入比老公高；二是为了有未来风险保障，但我有金融保险和投资；三是为了有人干体力活，搬煤、搬东西什么的，但现在什么都可以网上下单、送货上门；四是为了稳定的性生活、生孩子，现在还非要通过结婚才有吗？”人类婚姻看来要继续演变，这让许多人担忧。

如果婚姻在变化，家庭、宗族内涵也必然跟着变，规模变小，凝聚力变弱，这使得宗族的风险互助与资源共享能力每况愈下。正如第五章谈到的，在历史上，各社会通过家族宗族的严密组织与维护，家族势力的传承延续能力一直很强。一项研究发现，[4]在意大利的佛罗伦萨地区，1427年富有的姓氏在历经584年后，到2011年仍然更可能富有，从事高收入的银行等金融职业；世家的长久延续力说明从前的家族凝聚力必须强，否则跨代传承能力不会显著。但是，那种延续力是以过去的人口跨区流动少为前提的，而工业革命以来，尤其是20世纪

图 12.1　范仲淹（宋代世家）纪念馆

注：历史上不乏著名世家，曾经影响极盛，但如今多以博物馆、纪念馆的形式留存。本照片中，范参义公祠原为苏州范氏族人祭祀祖先之地。第五章介绍过，该宗族的发起人——范仲淹（989—1052 年）为北宋官员、思想家、文学家，历任知县、知州、参知政事等职，但更以创建“范氏义庄”而流芳百世，为强化宗族建设奠定基础。范仲淹也因《岳阳楼记》“先天下之忧而忧，后天下之乐而乐”，留名至今。

的交通和信息技术发生根本变化后，在全球范围内，人口跨地区、跨国界流动大大增加，族人分住不同国家、不同地区的现象日益普遍，从根本上瓦解了血缘互助网络；加上城市化带来的城镇地产价格奇高，昔日的宗祠和其他凝聚族人的物理符号都难以为继。学者们基于佛罗伦萨的历史数据还发现，今天收入的代际相关系数比 1427 年时降低了近一半。所以，虽然家秩序还在发挥一些效能，可趋势显然：渐渐式微。

公司的力量

从第五章、第十章了解到，在中国，一直到19世纪鸦片战争之前，宗族是仅次于国家的第二大力量，佛教等宗教组织最多是排第三的社会力量，而企业这样的商业组织只是宗族的附属，甚至连企业也以祠“堂”命名（如清代自贡盐企“王三畏堂”“李四友堂”“胡慎怡堂”，[5]这些既表示宗族，又表示相连的共同企业），根基于宗族，不是独立的存在。在法治不健全的其他传统社会，由于缺乏独立于血缘网络的信任体系，商业组织也基本跟血缘关系网相连。[6]

可是，在今天中国社会的家族、宗族已几乎名存实亡的背景下，洋务运动以来的商业尤其是金融市场的发展逐步推演出全新的市场主体——股份有限公司（第十章），这些公司既不依附于血缘宗族，又不依附于国家，而是具有自己独立法律人格的商业组织，并且有些公司的规模和权力是任何当代和传统宗族所无法比拟的，甚至真的是“富可敌国”，这是古代人做梦也想不到的。比如，腾讯虽然是马化腾跟同人创办，也被许多人看成马化腾的延伸，但实际上既非马化腾家族拥有，也不是国有企业，又非任何其他个人或宗族拥有，而是属于千千万万个人、家庭和机构投资者的共有公司。根据2021年1月18日股票收盘价，腾讯公司市值为6.3万亿港元，相当于8020亿美元，只低于世界上前18个经济大国的GDP，排在印尼、土耳其、荷兰之后，但超过沙特、阿根廷等170多个其他国家和地区。即使以腾讯2019年的收入3773亿元人民币为参照，[7]也只低于74个国家和地区的GDP，高于剩下100多个国家和地区的经济规模。此外，阿里巴巴集团的市值为6587亿美元，也是民营公司，富可敌国，等等。因此，跟古代相比，今天的中国是一幅完全不同的场景：力量最大的当然是国家（国有企业也是其一部分），力量次之的是这些民营现代公司，而宗族、宗教等其他传统组织的影响力在继续消退之中。

图 12.2　腾讯公司位于深圳的全球总部大厦

注：在中国，今天醒目的不是曾经的宗族祠堂，而是一栋栋高楼大厦。与之相应的是，现代法人公司取代昔日依附于血缘网络的家族企业。

当然，中国经历的变迁只是人类总体趋势的体现，而非特例。第九章谈到，至少自中世纪开始，商业市场不断跨地区拓展，提升市场实现人际风险互助与资源共享的能力。在这个长距离贸易的演进过程中，荷兰人、英国人于 16 世纪加入海洋贸易行列，但他们的做法与众不同：采用股份有限公司，向千千万万投资者发行股票融资、分摊长程贸易风险。只是在推出此创举时，他们可能没想到，公司这种跨血缘的商业组织将来会成为市场主体，全然改变世界。在此，不妨再回顾晚清薛福成在《论公司不举之病》中所说，“西洋诸国，开物成务，往往有萃千万人之力，而尚虞其薄且弱者，则合通国之力以为之。于是有鸠集公司之一法。官绅商民，各随贫富为买股多寡。利害相共，故人无异心，上下相维，故举无败事。由是纠众智以为智，众能以为能，众财以为财”。[8]也就是说，有了纠集公司这个办法，不管官绅还是商人、普通百姓，都可根据贫富而适当出资入股，这样众人的利益都捆绑在一起，就人无异心、上下相维了。

不过，在薛福成感叹公司之厉害的19世纪末，西方公司“纠众智以为智，众能以为能，众财以为财”的能力其实还没达到他讲到的程度。到19世纪中期，在美国公司里，股东数量最多的也就是2500个左右；至1902年，股东数量最多的三个上市公司——美国电话电报公司（AT&T）、宾夕法尼亚铁路公司和美国钢铁公司——分别有1.2万、2.8万和2.4万股东，它们的股东到1931年分别上升到64.2万、24.1万和17.5万，股权才真正高度分散。[9]在1900年时，全美有440万股市投资者，1929年有1800万股民，而到今天，52%的美国家庭直接或间接持有股票、股权基金，[10]也就是近1.5亿居民跟股市利益相关联。所以，今天，公司集“众财以为财”的能力真是史无前例。

在集“众智以为智，众能以为能”方面，19世纪的公司最多雇用上万员工，而今天的沃尔玛在全球有雇员220万人，[11]亚马逊雇用100多万人，[12]富士康雇用的工人则更多。这是古代人想不到的商业组织规模。

截至2021年1月15日，苹果公司市值为2.1万亿美元，只低于全球前7大经济体的GDP，亚马逊和微软市值都是1.6万亿美元、脸书市值为7159亿美元，等等。这些公司的力量不仅在于经济规模与社会影响，更在于其独立性，甚至可以与总统叫板。在美国败选总统特朗普煽动支持者于2021年1月6日冲击美国国会后，脸书、推特等社交媒体公司决定关停特朗普的账号，禁止他发布言论，对此连总统也无法应对。[13]而在 2020 年 12 月 7 日，特朗普召集相关公司高管参加白宫的“新冠病毒疫苗峰会”，但邀请立即被领头开发疫苗的两家公司——辉瑞和莫德纳（Moderna）的 CEO 拒绝，[14]之后两家公司也未因此受到白宫的报复，足见现代公司的力量。

国家作为人造组织，至少在 5000 多年前就出现（第三章、第十一章），而股份有限公司作为人造的商业组织，才出现不到 500 年。可是，这么短的时间内，公司的力量就在向国家靠拢。原因有多个方面。首先，公司创立的目的比国家单纯，就是通过商业达到赢利赚钱，以利润最大化为目标。正因为这一点，发展公司比发展国家容易，世界上成功的公司远多于成功的国家。其次，公司可以跨越国界到处投资、经商，改变众多社会的生活，而在现有主权体系之下，国家之间不能跨界渗透，因此跨国公司比多数国家在全球的影响力更大。最后，虽然主权国家的政府掌握立法权、司法权和行政权，理论上可以随便压制公司，权力大于后者，可是公司可以选择从一个国家迁往他国，以此平衡国家权力。

自中世纪商业革命以来，市场与金融逐步发展的结果，不仅是以非人格化的市场交易取代了原来基于血缘和其他社会关系实现互助的方式，而且还推演出股份有限公司这种超越血缘的市场主体，并以此大大改变人类景观。今天，在美国、中国及许多其他社会，两种人造组织的资源调配能力最强，首先是国家，其次是公司，而家族和其他社会组织的力量在持续衰退。

金融市场带来危机风险

金融工具增多、金融市场深化发展，给人类提供了更加丰富的避险选择，让人类可以精准安排可以想到的未来风险，这当然是好事。可是，这也带来金融市场内在的问题。自然风险的特点是，两地相隔的距离越远，同时发生同样风险事件的概率一般越低。比如，湖南跟河北相距甚远，不太会同时遭遇旱灾、水灾，而中国、中东、欧洲和美洲同时经历同一旱灾冲击的概率会更低。相比之下，金融市场所隐含的系统风险是人造的，具有截然不同的属性，特别是在现代通信技术和交通技术之下，各地、各国的金融市场紧密相连，一地区的银行或保险公司发生破产，通过其交易对手的关系可以快速传导至全国甚至全球的金融体系。2008 年源于美国住房按揭贷款危机的金融危机，就冲击了世界各国的各类金融市场，影响了几乎所有经济与社会。金融风险不仅传导性强，而且由于金融交易的标的是看不见、摸不着的跨期契约，这种跨期性和无形性既带来巨大的“逃跑”违约空间，又给各参与方巨大的想象空间，给造谣者、误导者、欺诈者提供机会，致使金融市场容易发生层层叠加式（cascading）恐慌，也就是金融学里讲的“跟风式”交易行为和连锁反应所导致的市场崩盘风险。[15]金融危机这种纯粹的人造风险虽然不源于大自然，可是其重创实体经济和人类社会的能力不亚于自然风险。在这个意义上，金融市场的发明和发展或许解决了自然风险对生存的挑战，但同时制造了一个全新且杀伤力也不低的魔鬼——金融危机。

第十章说到，古罗马先于中国和其他社会发展出了银行与公众证券市场，[16]靠外部金融交易实现人际合作。而目前所知的人类最早的金融危机也发生在那里，这似乎不足为奇，因为没有金融的其他社会当然不会有金融危机。在罗马帝国第一任皇帝奥古斯都的执政期（公元前 30 年至公元 14 年），尤其是前半期，他挥金如土地装潢都城罗马，包括建造阿波罗神庙、朱利乌斯神庙、庞贝大剧院，以取悦罗马市民，并完成四通八达的帝国公路网（即所谓的“条条大路通罗马”）。不但朝廷到处挖金矿银矿、加铸货币、扩大流动性，而且银行及其他金融机构也大量低息放贷，[17]在高高的金融杠杆下，土地与房价暴涨，经济一片繁荣。可是，从公元前 9 年至公元 32 年间，金币银币发行量大约只有之前的 1/20，加上大量金属货币随占领军外流至罗马帝国的各属地，造成罗马本土的流动性严重紧缩，信贷利率高涨，地价持续下跌。在此局面下，公元 33 年，罗马参议院通过议案，要求所有放贷者（包括银行及其他金融机构）在 18 个月内调整放贷结构，必须有不低于 2/3 的资金投放于土地，并为贷款利率设置上限。[18]该法律的用意当然是为保住地价，但实际效果却是迫使放贷者加速抽回先前的贷款，包括土地、商业和个人贷款；对于那些无钱还债的借方，银行甚至去法院诉讼，逼迫借方卖地还贷。[19]在抽贷压力之下，借方别无选择，只好甩卖土地和其他资产或终止商业投资，导致土地和其他资产价格暴跌，各类资金链冻结，甚至有钱在手的富人也变得格外保守，不再愿意放贷。抽贷危机带给罗马社会一片慌乱，经济收缩严重。

当然，古罗马的信贷危机与以金融资产暴涨暴跌为特色的现代金融危机有些不同，因为那次金融恐慌主要是罗马参议院的决议所致，以抽贷为导火索。但那次危机对社会的打击面同样较大，因为据彼得·德明（Peter Temin）的判断，“到公元 1 世纪，从地位高贵到底层的罗马人都参与了一对一的放贷和借贷”；[20]当金融服务面非常广泛时，金融的普惠性得以体现，但代价是一旦发生金融危机，其打击面也会很广泛。

17 世纪初荷兰的郁金香泡沫是金融史学者关注较多的历史案例。1593 年郁金香传入荷兰，由于其土壤和气候特点，荷兰很快成为郁金香的主要栽培地之一，并培育出各种新奇珍品。1634 年开始，市场对郁金香的需求逐渐增加，尤其是珍品的价格上涨更快，最贵时一株郁金香球茎相当于 110 盎司黄金，按今天的金价算等于 22 万美元。[21] 1636 年 10

月在新一季栽培入土之后，次年春季才开花交割的郁金香，以“期货”的形式一直在持续进行交易。其中，期货合约的卖方承诺次年三四月郁金香花开时交货，而期货买方承诺那时将付款取货，两方发生交易时不支付现金，但都有义务在期货到期时进行交割，而未来交割的价格（即期货价）会每天根据行情的变化调整。因此，郁金香期货是典型的金融合约，在到期交割郁金香之前给投机者提供了广阔的想象与炒作空间。在1637年1月初至2月初的一个月时间里，一些郁金香品种的期货价格飙升30~100倍，而到1639年初，同类价格跌回到高点的1%不到。[22]不过，由于参与投机郁金香的人数比较少，泡沫破裂所冲击的人数不多，对社会和经济的打击有限。[23]此外，由于郁金香的培植期有限，几个月之后总能知道真实结果，所以不管一些人如何炒作郁金香期货，也难以长久叠加式地将泡沫无限吹大。

1720年发生在英国的“南海泡沫”（The South Sea Bubble）是历史上影响更广的金融危机。其间炒作的是股票，因为股票无期限，未来需要兑现的承诺十分模糊（发行公司即使赚钱，也不一定必须分红；如果不赢利，就无义务分红），所以这类金融证券的不确定性大，想象空间远超郁金香，也因此更容易造成叠加式泡沫和挤兑危机。第十章谈到，英国于16世纪后期开始有股票市场，为海上贸易融资。1711年，“南海公司”创立并发行股票，其目的之一是让投资者以英国政府债券换取南海股票，借此增加政府公债的吸引力、降低政府融资成本；[24]二是从事英国与南美洲间的贸易，特别是后来获得从非洲贩运黑奴卖往南美的专营权。由于创立时正值英国与西班牙打仗，而西班牙和葡萄牙又控制了整个南美，南海公司因此在南美贸易业务上难有赢利机会，但其通过不断制造假新闻和贿赂政客得到一些特权，制造了一个个题材故事，使股价越炒越高，尤其是公司高管想出一招：给议员和官员或者他们的关系户一些股权，由他们持有，等股价上涨后可以随时卖回给公司，赚取利润，这就让政客有激励特别关照南海公司。到 1720 年 1 月初，南海公司股价为 128 英镑，3 月底升至 330 英镑，5 月底超过 500 英镑，7 月 1 日达到最高点 950 英镑，[25]在 6 个月里翻了 6.42 倍。在南海泡沫不断膨胀之时，众多其他股票也跟着猛涨。这一方面吸引创业者建立公司并发行自己的股票，另一方面使从绅士到农民各社会阶层普遍卷入炒股运动，形成十足的羊群效应！[26]就在社会享受股市繁荣之际，英国议会为了制止金融欺诈和虚假繁荣，于 1720 年 6 月底通过著名的《泡沫法案》（准确讲，应该叫《反泡沫法案》），要求任何新的股份有限公司成立前，必须先由议会立案通过或者由皇家特批。法案一出，众多投资者便抛售股票，造成股价掉转方向，开启持续下跌的历程。到 1720 年底，南海公司等股票跌回到年初的价位以下。由于南海泡沫、法国密西西比公司（Mississippi Company）股票泡沫和荷兰股票泡沫发生于同一年，这些国家的公司股价涨幅均在 1 倍至 8 倍之间，然后也都在两三个月之内跌回原位，[27]所以 1720 年的泡沫算是人类第一次全球性金融泡沫。正因为参与炒股热潮的不只是英国人，还有法国人、荷兰人等欧洲居民，于是股价大跌造成的财富损失冲击了欧洲多国的经济与社会，致使众多股民倾家荡产。

当然，1780 年工业革命以来，各类金融市场在美国、英国、法国、德国等西方国家得到了快速发展，也被中国、日本、印度等传统社会引进，使金融市场在各经济体和社会中更加举足轻重，金融解决风险挑战与资源配置的方式在逐渐取代血缘网络、宗教网络的角色。但是，与此同时，金融危机的频率和渗透面也不断走向新高。[28]以中国为例，在现代金融于 19 世纪引入之后，作为新型风险的金融危机也跟着到来，这精准地印证了“金融并非免费午餐”的判断。第十章谈到，1840 年鸦片战争后，先是英国公司将保险业务引入中国，接着是洋行股票于 19 世纪 60 年代在上海问世，零散的股票交易在茶馆进行，但并没有立刻引起主流社会的注意。之后，在洋务运动的大趋势下，第一只华商股票——轮船招商局——于 1872 年底在“官督商办”安排下开始交易；[29]紧接着是江南制造局、开平煤矿等更多现代工业企业与矿业企业相继成立，并向大众发行股票，成为洋务运动的新型融资手段，股票交易越来越火。到 1882 年，“炒股”成为上海等现代城市居民的热潮，9 月 2 日《申报》评论说：“今华人之购股票者，则不问该公司之美恶，及可以获利与否，但有一公司新创、纠集股份，则无论如何，竞往附股。”[30]当时人们不管公司类型或好坏，是股就炒，展现了典型的叠加式羊群效应。到 1883 年，上海经历了中国历史上第一次现代意义上的金融危机——股市崩盘，股民血本无归，众多为投机者提供杠杆炒资的钱庄与票号相继倒闭，也导致清代首富胡雪岩破产。在金融恐慌下，产业企业的资金供给严重不足，给刚刚尝试洋务的中国经济和社会带来动荡。[31]那次股灾带来一段时间的反思和探索，洋务派还是看到，尽管金融市场有风险，但还是需要发展证券市场，改变中国企业的资源配置和家庭规避风险的手段。1918 年第一个股票交易所在北京成立，1919 年上海证券物品交易所成立，1920 年上海股票商业公会改组为上海华商证券交易所；到 1921 年底，仅上海开设的各种交易所就有 140 多家，在汉口、天津、广州、南京、苏州等城市也设立了 52 家交易所。[32]然而，银钱业看到当年的交易所泡沫以及信托公司泡沫如此疯狂，为了自己的资金安全，开始收缩贷款，抽紧银根，迫使许多投机者抛售股票，造成股价狂跌，进而致使大量钱庄倒闭、交易所关门、信托公司破产，一波比 1883 年影响更深远的叠加式金融危机再现于中国。

图 12.3 股票交易于 1872 年引入上海

注：股份有限公司及股票交易作为洋务运动的举措之一，试图改变华商创业融资方式，借此走出对宗族汇集资源、分摊风险的依赖。而在股市等现代金融引入后，1883 年上海迎来中国历史上第一场金融危机。

而在 19 世纪初以来的美国，大大小小的金融危机每隔十年左右发生一次，加上欧洲和其他国家的历次金融泡沫，实在太多，这里就不一一列举了，有兴趣的读者可以细读查尔斯·金德尔伯格（Charles Kindleberger）关于人类金融危机史的著作，[33]以及莱因哈特与罗格夫针对过去两个多世纪政府公债危机与银行危机的详细统计分析。[34]其中，影响最深的莫过于 1929 年股灾引发的大规模金融危机。那次危机之前，美国及西方社会通过资产泡沫制造了一波波虚假繁荣，金融杠杆带来虚假繁荣，繁荣进而刺激更高的杠杆，就这样一层叠一层地推高泡沫，直到 1929 年 10 月泡沫破灭为止。游戏一旦刹车，就导致银行挤兑，大量银行倒闭，进而造成企业资金链断供，众多企业被迫关门，大量工人失业。在危机开始后，美国经济持续衰退了四年，到 1939 年经济规模才恢复到危机之前的水平。[35]由于那次金融危机不只是冲击美国，还将整个西方社会甚至远在东方的中国，也一起拖下水，多国的失业率超过 25%，众多家庭收入中断，全球进入大萧条。[36]在政治上，危机为希特勒在德国建立法西斯体制铺垫了基础，最后将全人类推向第二次世界大战，给各社会带来重创。[37]

从南海股票泡沫到 1929 年金融危机等多次金融危机，都因股市而起，尤其是 2008 年金融危机起源于次级住房按揭贷款及相关的金融衍生品市场，这就引发不少质疑：股票交易、金融衍生品市场跟通过保险、银行、基金等金融工具实现的人际合作互助与资源共享有什么关系？如果剔除股市和金融衍生品，只保留保险、银行这些传统金融业务，不就能减少金融危机风险吗？且不说罗马帝国在公元 1 世纪经历的金融危机与银行体系的关联，我们必须看到，包括股票、债券、银行、基金、保险和金融衍生品在内的金融体系是一个整体，互为支持。金融衍生品虽然不一定被个人、家庭或企业直接使用，但可以帮助银行规避风险、优化贷款期限，扩大金融机构所能提供的信贷资金，也可降低它们所要求的贷款利息，让个人、家庭和企业受惠。同理，不同的衍生品市场方便保险公司优化风险结构，增加产品种类，降低保险价格。也就是说，今天之所以金融市场在许多方面取代了传统迷信、宗教、婚姻、家庭、宗族以及其他社会关系所发挥的化险作用，是因为几百年的金融创新——包括发达的金融衍生品丰富了金融市场。因此，只要我们接受以金融手段取代基于社会关系的传统化险安排（比如，“养儿防老”、宗族互助、教友互助），由此衍生出的金融危机可能是一种不可避免、时有发生的新型风险。这等于说：金融工具让人类更好地化解自然风险，却制造出金融危机这种人造风险。那么，除了尽可能降低金融市场的人造风险外（工业革命以来的经历表明，金融危机不可能完全消除），人类该如何应对呢？

现代国家之能量

早在公元 33 年的金融危机时，罗马皇帝给出的答案是：在钱荒高峰时，政府抽调 1 亿金元，由五位参议员组成放贷委员会，向急需流动性的银行和其他放贷者提供 3 年期零息贷款。[38]也就是说，由国家提供大量流动性，让大家不致竞相贱卖抛售土地资产，止住金融恐慌。那次政权干预很有效，危机快速得到制止。等到 1720 年南海股票泡沫时，不是英国王室干预，而是议会的《泡沫法案》导致众投机者抛售股票，引发金融恐慌；尽管那次议会挤泡沫的过程给社会带来震荡，但总的结果还是积极的，促成一场投机性金融泡沫终结。

早期金融危机的终结过程中似乎都有政府的身影。只是在工业革命之前各社会对金融的依赖度不高，金融危机不经常发生，所以金融危机风险并没有重塑国家权力。但是，从 19 世纪开始，特别是 1929 年大萧条以来，金融危机变得越加频繁，国家权力就不断往金融和经济领域扩张。如果说自然灾害风险和战争风险在古代催生了国家的起源，工业化带来的失业风险促成福利国家的出现（第十一章），那么金融危机风险强化了现代国家的经济管制权力。这主要体现在两方面：中央银行作为“最后贷款人”（lender of last resort）管控金融风险（货币国家），财政部作为投资者和消费者管控经济萧条风险（财政国家）。

对绝大多数国家来说，中央银行甚至连商业银行都是20世纪的事情，所以在20世纪以前，它们既没有中央银行发挥最后贷款人的角色稳定金融市场，也没有把货币发行和金融监管权集中在政府之手，传统的政府没有中央银行和货币政策这些工具。英国是最早推出中央银行的国家之一，在1694年成立英格兰银行之初，其目的是帮助英国政府发行国债，为国家融资。但是，随着英国金融尤其是银行在18世纪的不断发展，金融资产价格的大幅波动时常导致商业银行挤兑或倒闭，于是从业者越来越感到有必要建立"最后贷款人"，以便在关键时刻由最后贷款人挺身而出，消除挤兑恐慌。他们看到，金融恐慌之所以导致金融危机，是因为人们都知道流动的货币是有限的，一旦商业银行和其他放贷人都感到前景不妙或害怕承担风险、决定收紧钱袋，把手中资金守住不放，市场上还流动的资金就必然急剧减少，而偏偏此时很多机构和个人又需要资金（因为被讨债或其他原因），于是只能被迫贱卖资产，否则得不到货币现金，这就造成挤兑恶性循环；此时，如果有一个机构能像罗马皇帝那样愿意无条件地提供资金，让资金断链的银行都能得到支持、避免贱卖，恶性循环不就可以停止吗？托马斯·埃希顿（Thomas Ashton）这样描述当时的看法，"早在经济学家写下危机处置规则之前，人们就认识到，应对金融危机的办法在于由某个权威机构（英格兰银行或者政府自己）发放银行家、商人和大众都认可的救急货币。一旦这样做了，恐慌也就没了"。[39]

在18世纪，英格兰银行的最后贷款人角色还不显著，但在亨利·桑顿（Henry Thornton）对最后贷款人逻辑做初步阐述之后，[40]英格兰银行在19世纪上半期逐步胜任这个角色，在金融恐慌时投放大量流动性，即货币。只是因为没有更系统的理论支持，英格兰银行还是羞羞答答地执行稳定金融系统的责任。[41] 1825年、1857年、1866年和1890年，英国经历了多次银行挤兑潮，沃尔特·白芝浩（Walter Bagehot）于1873年出版了著名的《伦巴第街》，强调英格兰银行应该发挥更积极的“最后贷款人”角色，并奠定现代中央银行的理论基础：

> 金属货币的重大缺陷在于，其发行量不能应急多造……如今纸币可以无限量地印刷，而且要多急，就可以多快地供应，原则上我们看不出会有人反对在关键时刻急速印刷大量纸币，以满足应急需求……印纸币的权力的确容易被滥用……这种权力只有在罕见又很特殊的时刻使用。[42]

白芝浩的“最后贷款人”理论后来广泛影响了学界、议会和政府阶层，但是否真的给英格兰银行这种干预权，一直争论到1890年，其间经历过几次金融恐慌，都是靠英格兰银行放宽货币才稳住。从此，英格兰银行赢得了利用货币管控金融体系的道德基础，其他国家也效仿成立中央银行，这给现代政府提供了干预经济、管控市场的关键手段：由中央银行调节货币的松紧。为了防范道德风险，避免商业银行从此不再避险、随便放贷（因为它们会认为“反正有中央银行保护”），桑顿和白芝浩提醒，在中央银行解救金融危机时必须做到6点：[43]（1）目的是保护总货币存量，而不是救单个金融机构；（2）让无偿还能力的金融机构破产；（3）只支持健康的金融机构；（4）对贷款加以惩罚性利率；（5）要求好的抵押品；（6）在危机发生之前，就公布什么情况下央行会通过流动性救急，让市场形成准确的预期。英格兰银行对其“最后贷款人”职责执行得如此牢靠，通过流动性干预，使英国自1890年至2008年免于银行危机冲击。

虽然白芝浩关于央行的行动指南如此周到，但在具体执行中，央行

“何时”放水（即货币）、放“多少”水、针对“谁”放、惩罚性利率该是多少，等等，并非那么好掌握，而这些恰恰是出现问题、导致争议的地方。在美国建国初期，虽然美国第一银行是名义上的“最后贷款人”，但在实际中一旦碰上钱荒，却主要是财政部出来救急，由财政部把资金存放在受挤兑冲击的银行，供给流动性并稳定信心，比如 1801 年、1818 年、1819 年就如此。[44]可是，除非联邦政府有大量财政盈余或者能快速发行大量国债（该权力受国会立法的限制），财政部能提供的紧急流动性支持十分有限，不如能印刷货币的中央银行来得方便。也是因为一系列金融恐慌（尤其是 1907 年的危机）所迫，国会在 1912 年制定法案，于 1913 年参照英格兰银行建立自己的中央银行——联邦储备银行（简称“美联储”），责任是稳定物价（稳定货币）、最大化就业和调控长期利率。

美联储运行不久，就在 20 世纪 20 年代面临巨大考验，当时美国股市、债市和房市投机盛行，一片虚假繁荣。1929 年 10 月 28 日，股市暴跌 13%，次日再跌 12%。由于很多股民通过杠杆配资炒股（即自己只出投资额的一部分，剩余的从券商或银行借款），大跌之下，贷款方立即向投机者讨债，逼迫后者抛售股票或其他资产，造成股价进一步下跌，形成叠加型恐慌，整个金融体系出现资金冻结。此时，业界需要“最后贷款人”提供大量应急货币。可是，由于美联储内部的矛盾，总部不允许纽约联储投放太多流动性。经过不断谈判，纽约联储在 10 月投放 1.6 亿美元，11 月投放 2.1 亿美元，12 月投放 1.55 亿美元。[45]虽然在美联储干预下金融体系到年底暂时稳定，但公认的看法是，由于 1929 年美联储出手太晚、投放流动性太少，股市危机才演变为不可收拾的金融危机，进而带来经济与社会大萧条。多年后，弗里德曼和同人的权威研究估算，[46]那次股灾引发美国 1/3 的银行倒闭，总货币存量紧缩 35%。他们认为，如果美联储当初放水更多并更早，大萧条完全可以避免。[47]

或许由于大萧条的教训，1987年再次发生股灾时，刚上任两个月的美联储主席格林斯潘毫不犹豫地放水救市。当年10月19日股市大跌20%，美联储次日清早就声明："随时准备提供流动性，以支持经济和金融系统。"[48]实际上，他们立即给市场提供了巨量流动性，以至于两天内标普500指数回升到258点，比股灾之前的282点只低8.5%，对于在前五年翻了2倍多的股市来说，这只属于小调整。在美联储干预下，股市很快平静下来并恢复到从前水平，因此实体经济没有受到实质性冲击。等到1998年长期资本管理公司倒闭，产生新一轮金融市场恐慌时，格林斯潘治下的美联储一方面大放流动性稳住市场，另一方面召集华尔街各大金融机构高管，联合救助长期资本管理公司，结果也是快速平息了一场金融危机。从那以后，人们真切相信，自金融取代家庭、家族和宗教等传统风险分摊与资源互助方式之后，终于找到了治理金融危机风险的办法，即碰到金融恐慌就由中央银行紧急印钞票，扩充总货币存量。这个信念一直持续到2008年发生更大的金融危机时，才被动摇。[49]

在进一步探讨2008年金融危机之前，有必要了解一下现代政府处置危机的另一种创新——凯恩斯革命，即以财政刺激经济的政策工具。从第十一章介绍的中国历朝灾政、欧洲近代兴起的福利国家，我们已经知道，古代政府最多是在灾害时期对贫困家庭提供援助，是反应性的举措，而不是去主动操控经济或市场。但1929—1932年金融危机带来的恶果改变了这一历史，这四年间工业生产在美国下降46%，在英国下降23%，在德国下降41%，物价普遍下跌30%左右，失业率也大幅恶化。[50]看到这种局面，凯恩斯给出的解释是：这是因为私人部门（包括企业、个人和家庭）的总需求不足，所以才有企业停产关门、解雇员工，失业大增，个人与家庭收入下降；而要改变这种局面，让经济进入高生产与高就业的新均衡，就必须由政府进行“逆周期”干预，即在私人部门总需求下降时由政府大幅增加财政开支（哪怕是由政府负债为之，也在所不惜），而在市场需求旺盛时政府就不动。也就是说，政府不能在此时无所作为，而是要以积极的“财政国家”姿态出场，发挥平滑总需求的作用。这些理论在凯恩斯 1936 年出版的经典著作《就业、利息和货币通论》中得到阐述。[51]由于凯恩斯的学说形成于大萧条中期，没能对早期的美国和其他国家政府产生影响。1933 年罗斯福就任美国总统，着手推动著名的“罗斯福新政”，新政包括建立全国社保基金和其他福利，同时启动大量基础设施建设，通过政府投资与开支提振总需求，开启由政府之手刺激经济的先河。在凯恩斯看来，罗斯福政府的投资力度还做得不够，否则，大萧条不会持续到二战之前才结束。

在美联储干预型货币政策和凯恩斯主义积极财政政策两驾马车的护航下，美国自二战结束以来，特别是格林斯潘担任美联储主席后，经济运行的确更加平稳，金融恐慌引致经济危机的传导机制被卡住。根据美国国家经济研究局（NBER）的模型，[52] 1854—1919 年的 65 年间美国经历了 16 次经济衰退（平均每年 0.25 次），平均每场衰退时间（从经济产出峰值下降到低谷的历程）为 22 个月，接着的复苏扩张平均持续 27 个月；1919—1945 年衰退 6 次（平均每年 0.23 次），每场平均衰退 18 个月，之后复苏扩张 35 个月；1945—2019 年衰退 11 次（平均每年 0.17 次），每次 11 个月，复苏扩张期增长到 63 个月。由此看到，从 19 世纪后期到 21 世纪初期，经济衰退的频率一直在下降，衰退时间在缩短、冲击越来越小，而复苏扩张时间持续延长，[53]图 12.4 也展示了这一结论。因此，19 世纪以来的创举似乎为人类找到了解决金融危机风险的办法。

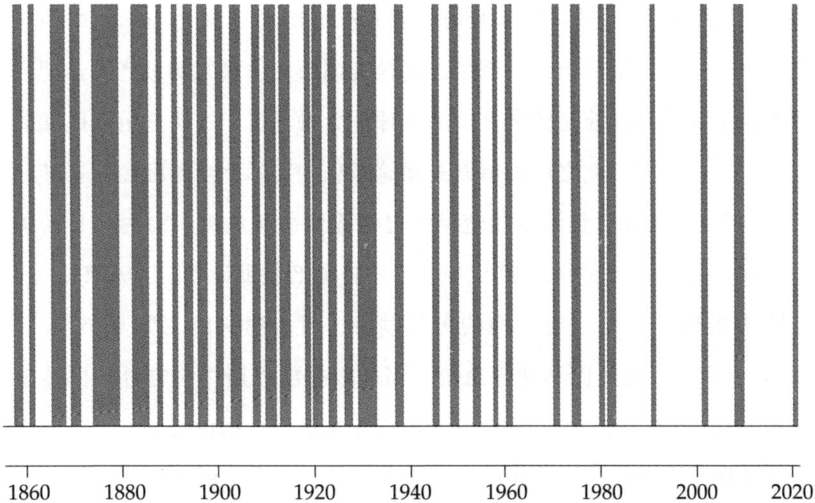

图 12.4　美国自 1855 年以来的经济衰退发生历程 [54]

注：每一柱形代表一次经济衰退，柱形的宽度代表美国 GDP 从峰值走到低谷的月数（衰退持续时间）。经济衰退指数是基于美国国家经济研究局的模型。

可遗憾的是，天下没有免费午餐。在格林斯潘担任美联储主席期间，以货币放水解救金融恐慌很快成为惯例手法，比如：在 2001 年“9 · 11”恐怖袭击事件发生后，美联储将利率从 3.5% 降到 3%；[55]次年安然财务欺诈事件发生后，又将利率从 1.25% 降到 1%；[56]等等。这样，货币政策成了解决各种挑战（不只是金融危机）的工具。但是，这些干预也带来代价。由于格林斯潘的低利率政策维持时间太久，孕育了极大的房价泡沫。[57]在 2007 年达到顶峰后，泡沫开始破裂，引发“次级贷款”危机（subprime crisis）。次年 3 月，华尔街第五大投资银行——贝尔斯登因为涉足住房按揭贷款证券太多，出现流动性告急，美联储当即给予援助，但几天后该公司还是难以为继，被迫低价出售给摩根大通。至 2008 年 9 月初，先是两家最大的国有住房按揭证券化公司——房利美、房地美——因流动性危机被联邦政府接管；9 月 15 日，又是华尔街第四大投资银行——雷曼兄弟破产倒闭，这是美国历史上最大的破产案，把金融恐慌推向顶峰，演变成全方位的全球性金融危机。这次危机规模如此之大、打击范围如此之广，单靠美联储降息（实际上当时已经把基准利率降到零）、无针对性地发放流动性已经无法缓解危机。10 月 3 日，国会通过美国史上最大的 7000 亿美元“不良资产救助计划”（TARP），用于购买银行等大型金融机构的无流动性、没人愿买的“坏资产”。等到 2009 年 1 月底奥巴马就任总统，当即根据凯恩斯主义方针，再推出 8310 亿美元的财政救助计划，除了给许多家庭直接提供援助外，还通过大量基建等政府投资，扩大内需，提振经济。在史无前例的美联储和财政部双重干预下，不仅金融危机得到平息，而且所谓的经济“大衰退”（Great Recession）也只持续了 18 个月。

可是，救助成功以巨大代价为前提，除了直接救助成本外，也带来极大的道德风险，使从业者和市场参与者今后更不担心风险（反正遇到挑战时有政府保护）。同样严重的是这些救助举措拉大了美国社会的财富差距。[58]从 1989 年第 3 季度开始，美联储每季度对美国家庭金融与财富状况做抽样调查，然后计算各组家庭占全美家庭财富的百分比。图 12.5 分别给出历年各季度里财富最高的 10% 美国家庭和其他家庭的变化情况，在 1989 年时最富组家庭财富占总财富的 60.8%，而剩下 90% 的美国家庭的财富占总财富的 39.2%，到 2019 年底，最富组家庭财富占 69.7%（历史最高点），其他家庭财富一共占 30.3%。也就是说，自格林斯潘积极干预政策以来（继任者都沿袭了类似货币手段），虽然干预举措削弱了金融危机给社会的冲击，使经济衰退的频率变低、持续时间变短，但却使富人更富的趋势得以加强，占人口 90% 的大众从财富蛋糕分享到的比重越来越低。由此，如果说 2011 年“占领华尔街”运动、2016 年特朗普利用民粹主义当选总统等都是财富差距恶化所致的话，美联储和联邦财政刺激政策显然是重要推动力。

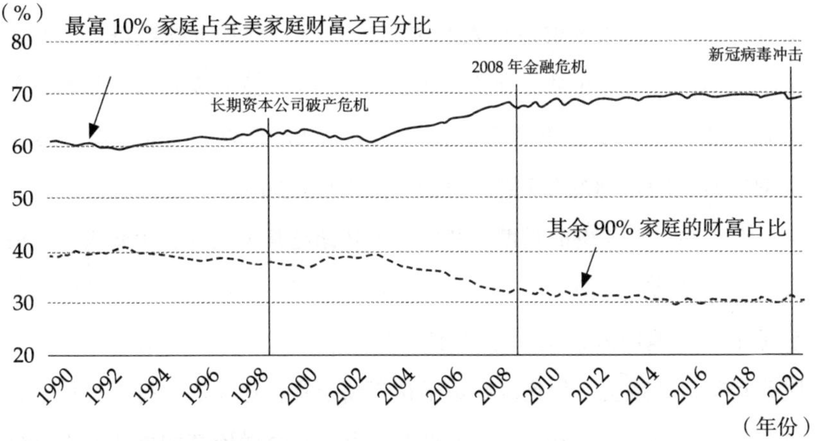

图 12.5　美国最富 10% 家庭与其他家庭的财富占比变迁 [59]

从图 12.5 的细节可以看出这一观察背后的逻辑。1998 年长期资本管理公司危机发生于第三季度，当季使最富组的财富占比从危机之前的 62.7% 下滑到 62%，而其他 90% 家庭的财富占总财富之比从 37.3% 上升至 38%，但这一短暂变化迅速被美联储的救市行动扭转，很快回到富人更富的轨道。2008 年金融危机发生后，最富组的财富占比在第四季度受挫，从之前的 67.9% 下滑到 66.8%，但在美联储和财政部大刀阔斧的干预后，其占比在次年一季度又回升为 67.5%。2020 年 2 月下旬新冠病毒疫情在美国暴发，引发金融市场全面恐慌，到 3 月下旬股市最低时比 2 月高点损失近 35%，导致最富组的财富占比从 2019 年底的 69.7% 跌至 68.5%。此时，一方面，美联储于 3 月 3 日将基准利率降到几乎为零，承诺通过“量化宽松”（quantitative easing）给市场提供无上限的流动性支持，从3月到12月共放水2.7万亿美元，还史无前例地推出多项帮助家庭、企业和地方政府的优惠贷款计划；[60]另一方面，国会于3月通过了2.4万亿美元的两项新冠病毒疫情救助法案，包括给中低收入群体每人发送1200美元、增加失业救济金额并延长救济期限、给中小微企业提供无息贷款等。[61]按照麦肯锡的估算，美国在2020年11月前的疫情救助总投入为GDP的12.1%，是2008年金融危机救助计划的2.5倍，[62]而且年末还在协商新一轮大规模救助举措。在这些史无前例的救助，特别是美联储超常宽松的货币政策下，最大的受益者是金融市场，美国股市在2020年3月中旬探底之后，几乎是不回头地回升，从8月10日到年底各项股票指数不断创新高。[63]股票和其他金融资产价格因政策干预不断走高，这使那些持有大量金融投资的个人和家庭尤其受益，而没有或者少有金融资产的群体就难以分享其好处——此即美联储货币干预和财政刺激政策导致富者更富的机理。

据美联储的问卷调查，1989年时美国最富有的1%家庭，其财富的17.8%投于股票和共同基金，2019年底这个投资占比为43.2%；而对于财富较少的一半美国家庭，其财富的50%以上在住房，2019年底股票和共同基金只占他们财富的2.4%。可见，当股市和其他金融市场创新高时，主要是富有家庭受益。由于美联储以金融市场是否存在恐慌性暴跌作为干预决策的判断标准，而金融资产又主要是富有家庭持有，于是美联储的货币干预政策在制止金融危机蔓延的同时，也重点保住了富有阶层的利益，低收入群体只是间接受益者。由于在2020年新冠病毒危机中，货币干预和财政刺激双管齐下，虽然财政救助比无限量化宽松更直接地针对中低收入群体，因此不如美联储的行动那么造成富者更富。可是，由于病毒的流传规律不以货币与财政政策的变动而变动，过度的量化宽松与财政救急照样改变不了病毒的扩散，只有疫苗和保持社交距离才可制止病毒传播，但如今的美国政府和美联储还是不断地加码干预，使金融资产的价格持续膨胀。按照沙伊德尔的总结，在人类历史上，大瘟疫是拉平财富差距的四骑士之一（其他三骑士是大规模战争、暴力革命和朝代更迭），[64]这是因为每次大瘟疫都造成资产价格暴跌，给拥有资产的富人带来伤害，而资产贫乏的普通人家则受损有限。但在 2020 年，美联储和美国政府的行动改变了这一规律，使金融资产价格反倒在疫情中不断创新高，继续让富者更富。

虽然前文借助美国的经历介绍了现代政府是如何回应金融危机风险的，但二战结束后，白芝浩的中央银行模式和凯恩斯财政干预方略也被其他国家广泛采用，尤其 2008 年金融危机期间，各国央行行长和财政部长一致行动，跨国界同时降息或推出财政刺激方案。比如，英国、加拿大、意大利、德国、日本、韩国等国家，其央行都从金融机构购买大量流动性低的资产、放松流动性，或者由政府接管破产银行，通过发行国债增加政府基建投资以扩大内需，其间发达国家的国债增量平均为 GDP 的 25.1%。[65]到 2020 年新冠病毒危机时，央行降息、货币放水和财政刺激是全球各国的普遍行动。据麦肯锡估算，[66]仅新冠病毒在全球扩散的头两个月内，各国就共推出 10 万亿美元的财政救助，是 2008—2009 年金融危机期间全球救助额的 3 倍，其中德国、法国、英国等西欧国家提供 4 万亿美元的财政救助，相当于当年马歇尔计划的 30 倍，而这些金额还不包括各央行的货币政策救助。这些史无前例的政府举措在缓解短期危机冲击的同时，也给各国带来后遗症，比如财富差距进一步扩大，民怨上升，给民粹主义政治火上浇油。

如前面所说，在商业市场、金融市场和福利国家取代传统的家庭、宗族和宗教，让人类不再受自然风险困扰之后，由此产生的金融危机、经济危机、失业贫困等人造风险，如今通过央行放水、财政干预和政府福利三驾马车得到缓解，甚至被有效控制。当然，20世纪的这些创举将人类带上全新的历程，即国家权力不断扩大的历程，从原来的“福利国家”（welfare state）扩展到包括“货币国家”（monetary state）、“财政国家”（fiscal state）。在这个扩展过程中，无论是传统的市场经济国家，还是新型的社会主义国家，一方面，各社会的更多资源集中在政府手中，由国家部门调配，而不是由市场配置；另一方面，连一向以“小政府”定位的美国和英国，其政府权力与规模比它们在自己历史上的任何时期都更多、更大。在三驾马车推动下，人类在一个陌生的道路上探索着。

宗教之前景

如果婚姻、家庭和家族渐渐式微，而国家和作为市场主体的公司在走向强势，那么宗教在遵循何种趋势呢？根据美国皮尤研究中心的调查，相对于2010年的信教人口，[67]到2050年全球基督教信徒将从21.7亿（占世界人口的31.4%）增长到29.2亿（占世界人口的31.4%不变），穆斯林人数从16亿（占世界人口的23.2%）上升至27.6亿（占世界人口的29.7%），而佛教等其他宗教人口要么保持稳定，要么有少许增长。也就是说，未来几十年里，基督教和伊斯兰教两大群体的总人口占比会从2010年的54.6%上升到61.1%，信教人口的绝对数和相对数都会增加。对于宗教领袖来说，这趋势肯定让他们感到欣慰。

不过，我们可以看看细节，这些细节会预示一个稍微不同的长久趋势。在加拿大的魁北克省，20世纪50年代时95%的居民每周去教堂，而到近年只有5%的人每周到教堂做礼拜，尤其是年轻的一代更会选择远离宗教。[68]之所以半个多世纪里，魁北克经历了这么大的变化，一方面受益于二战以来金融市场的深化发展，可供选择的避险风险与投资工具越来越精细，金融替代了宗教的避险作用，这跟第六章所谈的一致；[69]另一方面，魁北克政府从20世纪50年代以来，大力推动政府福利、社会保障、公办医疗、公办教育，由世俗政府胜任这些以前由教会提供的公共服务。结果教会对居民生活的影响快速减少，人们去教堂的必要性、对信教的需求自然下降，就如第十一章谈到的那样：政府在福利、社保、扶贫方面的财政开支越多，居民的信教虔诚度就越低，两者是一种此消彼长关系。[70]由此带来的直接后果之一是，截至2018年4月，魁北克一共关掉547家教堂，它们被改造为商店、餐馆、会堂，甚至健身会所、美容中心。[71]

虽然美国比西欧国家、加拿大在宗教和政府福利方面更加保守，但美国人的宗教虔诚度也在下滑，在2000年至2019年间，11%的教堂被关停，自称为"基督徒"的人口减少1300万，占总人口之比从77%降低到65%；信教比例的代际差也很明显，75岁以上的美国人中84%称自己为基督徒，50~75岁的群体中76%的人为基督徒，而00后只有49%的人说自己是基督徒，40%说自己"什么宗教都不信"。[72]2000年以来，明尼苏达州的路德宗教堂大约有150家被关停，剩下的1050家教堂中有1/3的信徒人数不到50个；那里的天主教教堂则从2000年的720家减少到639家。[73]在美国不同的天主教区，纽约2014年宣布要关掉1/3的教堂，[74]芝加哥计划在2016年后的15年里关闭100家教堂，[75]波士顿2004—2019年关闭了70家教堂，[76]各地的许多教堂都因礼拜人数的持续下降而难以为继。由此看到，自20世纪30年代罗斯福新政以来，加上从1987年开始的格林斯潘货币新政，美国政府的社会福利和货币救急举措使其权力空前强大，对美国人生活的渗透与援助也达到历史新高，这在本质上也带来世俗政府取代教会的作用，减少居民的信教需求，尽管美国的宗教界呼吁"《圣经》反对大政府。人类政府的角色是有限的——它不是我们面对的所有问题的万能解。当尝试解决人类面对的所有问题时，政府就在想法取代上帝。指望政府解决我们所有的问题（贫困、医疗、教育等），那只能是偶像崇拜（拜错了神），不会有好结果”，[77]但由于上两节谈到的人造风险——金融危机和经济危机——以及美国政府做出的回应，“大政府”似乎也是美国难以扭转的趋势，这势必造成宗教的持续衰退。实际上，加拿大、美国在大萧条以来的经历只是重复了马丁·路德新教改革时期开启的先例，为了赢得世俗领主和国王的支持、让新教改革走向成功，他主张由世俗政府取代教会向社会提供扶贫、救灾服务（第十一章）。[78]这样做的后果之一便是导致多种社会资源的重新配置，从原来由教会掌控资源变为由政府掌控，使政府权力扩大、教会势力缩小。[79]最终，许多信众必然离开教会。

英国作为现代政府管制金融与干预经济的双重工具——中央银行和凯恩斯主义——的发源地，宗教信仰的衰退比美国要早几十年，自 20 世纪初就已开始。[80]到近年，基督教影响力已经下滑如此之多，以至于大主教在 2014 年称英国为“后基督教国家”（Post-Christian country），如今圣诞平安夜时只有 4% 左右的英国人参加英格兰大教堂的圣诞弥撒。[81]荷兰、瑞典、丹麦、德国、法国等西欧国家以及澳大利亚、新西兰等发达国家，[82]都因其居民能通过金融市场和政府福利应对各类风险，不再需要教会的避险互助功能，因而导致教众人数、信教虔诚度持续下降。根据皮尤研究中心的预测，2010—2050 年，欧洲的基督教人口会从 5.5 亿减少到 4.5 亿（其中，2382 万是因为不再信教），占人口比重从 3/4 下降到 2/3，而美国的基督徒占比将从 78% 降至 66%（其中，2770 万是因为不再信教）。[83]

既然发达国家的趋势是宗教逐渐式微，为什么前面说到全球的信教人数与占比至少在 2050 年前会继续上升呢？这主要是因为人口占比极大的发展中国家所致，即撒哈拉以南的非洲、中东及北非、拉美和亚太国家（其中，只有少数国家如日本、韩国属于发达国家），这些地区人口占世界人口的 85%，而欧洲、北美和大洋洲的发达国家人口只占 15%。由于发展中国家在金融、商业、政府福利等多方面都还不发达，因此依照第五章、第六章的结论，这些社会中的个体还必须在金融与政府福利之外寻求安身立命保障。也就是说，他们对家族和宗教的避险需求依然很高：一方面，他们继续需要靠家庭与家族网络实现风险分摊、资源共享，“多子”才能多福；另一方面，仍然需要广大的教友群，才可拓展风险互助范围、提升风险应对力。所以，在这些社会加入发达国家行列之前，对宗教的需求依旧很高。图 12.6 更具体地展现了这一结论（基于 2015 年 182 个国家和地区的数据）：一国的“人类发展指数”（human development index）越低，其出生率（每千人口的新生小孩数）则显著越高。其中，由联合国开发计划署推出的人类发展指数度量了一个社会的市场、金融、法治、福利、社保等多维度发展水平。皮尤研究中心按地区组给出的数据也支持这一结论：撒哈拉以南的非洲平均每位妇女生育 4.8 个小孩，中东与北非平均每位妇女生 3 个，拉美国家平均每位妇女生 2.2 个，亚太国家平均每位妇女生 2.1 个，而北美和欧洲平均每位妇女分别生 2 个、1.6 个。[84]

换言之，由于世界人口的大多数生活在市场欠发达、政府福利少的社会，而他们偏偏既需要信仰宗教，又需要多生小孩，因此，在未来几十年里，人类信教总趋势才会继续走强。皮尤研究中心报告也认为，尽管亚非拉的总人口是欧洲与北美的 5 倍多，但在未来，那里脱离宗教的人数远低于欧洲，更低于北美。

之所以笔者认为世界更长久的趋势是信教人口下降，是因为发展中国家最终也会发展好金融和其他市场、推出政府福利，重复欧洲和北美

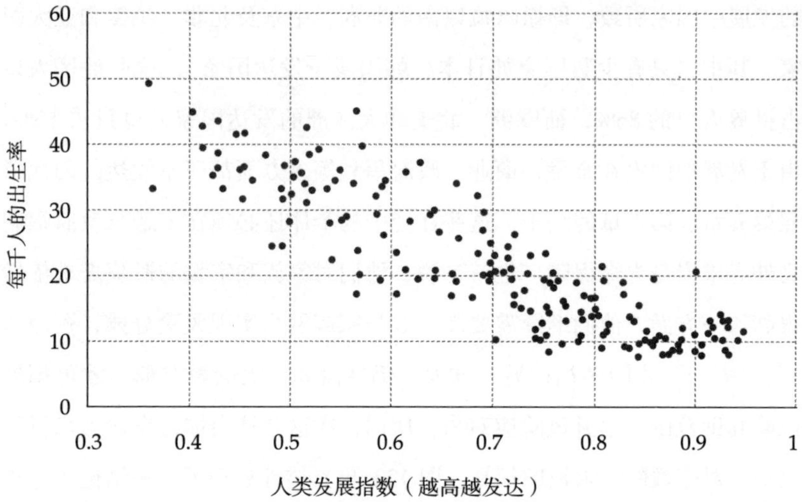

图 12.6 出生率与人类发展指数间的关系 [85]

之路，用市场和福利取代基于血缘和宗教的避险互助方式，并且在人口的“数量”和“质量”之间更多选择质量。第七章、第九章、第十一章所剖析的欧洲历程说明，一旦在血缘之外找到提升风险应对力的更好方式，社会结构和生育决策一般会发生变化。这是文明化逻辑所决定的。发达国家的今天会是发展中国家的明天，它们的人口增速和信教强度最终也会双双下降。一般看法是，现代世俗化教育使越来越多的人退出宗教[86]——可是，这只是部分原因，质疑迷信、排斥宗教的世俗化观念不是放弃信教的充分条件。人们只有在找到宗教之外的避风港之后，才会将质疑宗教的观念付诸实践、转变成放弃宗教的行动；在生存风险的挑战被解除、未来不确定性被规避之后，才能实现不从属于迷信的选择。

当然，在本书中，包括这里对未来的展望，是基于对宗教的“功能主义”解读。也就是说，我们的视角集中在信教的风险分摊与资源互助效果上，不谈及宗教的精神价值以及终极关怀意义（死后是上天堂还是下地狱的问题）。虽然宗教对精神世界的作用不是本书关注的内容，但是毫无疑问，宗教在丰富信众的精神世界、增加精神安全，尤其是帮助教徒坦然面对无法回避的死亡等问题上，功不可没；在人类文明化历程中，宗教提供的“道德化神”（moralizing gods）对于建立规则秩序、道德秩序的作用，更是不可替代。[87]只是，我们也可以反过来看宗教在过去的成功，借此理解过去成功背后的关键推动力以及当下发生的宗教式微之因。

首先，如果我们将宗教定义为“组织化的迷信”（organized religion, organized superstition），以此区别于一般迷信（第六章），那么正如我们在第三章所说，在宗教出现之前和之后，迷信实际上也提供了很多神（雷公、天王、太阳神、雨神、土地公、妈祖等），帮助人类社会建立秩序、树立伦理道德（就如在中国引入佛教之前，并没有组织化、定期礼拜的宗教，但那些五花八门神的迷信也促成了社会秩序的形成，包括国家组织的建立）。所以，组织化的宗教并非社会秩序、伦理道德的必要条件，甚至暴力威慑也足以建立秩序（尽管那样做的成本太高）。更何况，宗教对社会秩序的这种贡献可能不足以激励个体信教。

其次，组织化的宗教帮助丰富了个体的精神世界、提升了个体的精神安全，但参加大规模社会化的宗教未必是实现精神价值的最优方式。如第六章谈到，组织化宗教提供的“俱乐部产品”包括风险分摊、资源互助和跨期信用，因此清规戒律必须严密苛刻，清晰识别俱乐部边界，同时信众人数越多、范围越广，其俱乐部价值就越大，跨期信用网络也越广泛。比如，温州基督教商人去非洲、欧洲、南美做生意，[88]只要当地有基督教信众圈子，他们就可以依靠当地教友的信任、支持，将温州商业网扩大到那里。从物质利益角度看，这就是“俱乐部越大越好”的含义。可是，从教会提供的精神援助与归属角度看，虽然商旅他乡的温州信徒可以从非洲、欧洲信众社群中得到归属感与精神慰藉，但吸引人的精神网络可能更应该是基于坦诚交往与深度互信，基于包容理解，而非冷冰冰的清规戒律。换言之，个体在寻求精神与心理支持时，可能需要的不是众多一面之交，而是几个深交挚友。一个最有代表性的例子就是近年出现的“世俗”宗教组织，比如“周日聚堂”（Sunday Assembly）于2013年1月在伦敦成立，其立意就是为那些已经退出组织化宗教但又希望得到传统宗教提供的社群归属感的人，提供一种替代性“精神家园”，通过周日的聚会，会员在不受清规戒律和上帝信仰的约束下，也可获得同样的精神归属。[89]到2019年底，“周日聚堂”在英国、美国等不同国家建立了48个分会堂。按照宗教学者琳达·伍德赫德（Linda Woodhead）的说法，“一股新力量在摒弃全球普遍性宗教，代之以适宜自己的新宗教…… 新创之神是你自己的神，而非他人替你造的神”。[90]也就是说，在个体摒弃传统组织化宗教后，个性化的神才利于重塑他们的精神家园，伍德赫德称此转型为“精神革命”（spiritual revolution）。不过，判断这场革命是否会长久成功，还为时尚早，就像“周日聚堂”在起初几年热过之后，目前只剩一些余热。但是，这至少代表一种新方向。

在现代金融和现代政府到来之前，组织化宗教之所以持久不衰，在世界各地成功不断，不只是因为给信众提供了精神世界里的“俱乐部产品”，更是由于在生存风险、信任网络的物质世界里提供了看得见、摸得着的实在好处。对此，19世纪传教士李提摩太说得精准：“中国人也许没看到过关于基督教真理的书面证据，但遇难时得到的帮助，会明确无误地向他们证实宗教的宗旨是什么。”[91]伍德赫德说，“不管是过去，还是将来，如果宗教的好处对信众的主观说服力十分充足——让你感到上帝的确在帮你成事——那么，这种宗教必胜”。[92]也正因为此，自从基督教、伊斯兰教这些开放性一神教创立以来，它们为信众提供的风险分摊、跨期互信这些物质性利益，易于识别，这对于扩大其信众人数与范围起到了关键作用。而在现代金融与现代政府取代组织化宗教、接过这些互助与共享功能之后，宗教的功能就聚焦在精神世界与社群归属这些维度上。可是，这些维度上的贡献不如生存物质上的贡献那么易于度量，灾害时期“雪中送炭”的教会让人终生难忘，而精神上的帮助即使有也难以衡量。所以，在现代之前，人类文明化需要的是“大众”宗教，地理范围越广、人数越众，俱乐部产品也就越具吸引力；在现代金融与现代政府高度发展后，以精神产品（spiritual goods）为重心的宗教更会走向“小众”，至少会淡化清规戒律、放松宗教的组织化程度。实际上，欧洲和北美退出基督教会的人，除少数外，大部分人并没有成为“无神论者”，他们只是退出基督教的“组织化”部分，不归属于教会（unaffiliated），即不再参加教堂礼拜、读经和教会的其他仪式与活动，不受清规戒律约束，但还是相信上帝的存在或者感受到神的威慑力，在行为上继续自觉遵守某些基督教伦理。在某种意义上，他们是从组织化宗教转向一般迷信，放弃教会提供的世俗利益，但保留基督教的部分精神世界。这样做的结果是传统宗教组织的衰落。

结语

在人类上万年的文明化探索中，生存风险经历了多次转型，而每次又因风险挑战催生出新的创举，给文明秩序添砖加瓦。先是自然风险开启早期文明化，气候风险迫使人类放弃狩猎采集的原始生活，发明各类迷信与定居农耕；接下来，也是自然风险，催生了婚姻、家庭、私有财产、国家，还有家族、宗族，并将无组织的松散迷信转型为组织化宗教，这些创举加在一起，大大提升了人类的风险应对能力，促成暴力的持续下降。而到了中世纪后期，特别是欧洲新教改革之后，金融市场终于提速发展，给人类提供更多的分摊风险、实现人际合作的工具，逐步取代过去基于婚姻、家庭和宗教的避险互助安排，但由此也开启了人造风险——金融危机风险——的时代，在工业革命发生后更多的人造风险——失业风险、经济危机风险——也随之而来，重构人类社会的生存场景。为了应对人造风险，19 世纪发明了“福利国家”和作为“最后贷款人”的中央银行（货币国家），20 世纪 30 年代演变出以凯恩斯主义为指导的“财政国家”。到二战之后，尤其格林斯潘货币新政以来，现代政府的这三驾马车——福利国家、货币国家和财政国家——堪称成熟，被多国复制，这一方面让金融危机、经济危机等人造风险似乎得到抑制，另一方面又衍生出不断恶化的财富差距、收入差距等新挑战——制造政治动荡风险，包括民粹主义政治在美国、英国、法国、意大利、巴西、墨西哥、印度等国家盛行，威胁世界既有的体制，呼唤新的创举。

与此同时，婚姻、家庭、宗教等传统组织与生活方式在逐渐式微，人们也在探究新的出路。

这些新挑战又会引发哪些创举呢？如今，无论在北美还是亚洲、欧洲，打开电视和其他媒体，或者参加论坛研讨会，看到、听到的建议多以“政府应该……”，而不是以“民间应该……”的句子开头，把责任和出路都推向政府，[93]而不指望民间自做创举。长此以往，文明化进程只会延续工业革命以来的趋势——资源与权力更多集中于现代政府之手。这对人类文明化进程和风险应对能力是祸还是福？

后记

本书的构思大约始于2005年，到2022年出版，中间的准备、写作和完稿经历了16年多。当初，写这部书的念头源自几方面的观察。首先是文化，人人都谈文化、谈历史、谈习俗，也谈文明，但包括文化研究学者在内，一般只描述现象，比如礼制、孝道、家文化、养儿防老、四世同堂、锣鼓迎亲、新婚闹洞房、风水迷信、八字算命等，强调这些文化习俗如何如何，可就是没有太多追问这些文化背后的逻辑是什么，更没有认知到一旦这些文化习俗所解决的问题有了更好的现代解决方式，传统文化的意义可能就不复存在，等等。无论在中国、印度，还是在欧洲、非洲、美洲，不仅文化内涵一直在变，文明化也在迈进中，关键在于我们是否找到了适当的分析范式，去解构文化与文明的历史逻辑。

其次，就是以往历史学者，包括经济史和文明史学者，都习惯性地以“生产率”判断人类各种所作所为的价值，也用这把尺子判断人类是否在进步；这种“唯生产率”视角是如此根深蒂固，以至于如果任何举措不能带来生产率的提升，那就是无用功。可是，另一方面，在学者们讨论儒家文化、基督教文化、印度教文化等各大文明体系的时候，虽然这些文明在工业革命之前的近两千年并没能从根本上提升劳动生产率，他们又说这些文明的贡献是如何如何的大——这显然充满逻辑矛盾。

或许是因为过去那么多年我一直从事金融的研究、教学和实践，所以，习惯性地重视对风险的关注，毕竟不管是金融学术研究还是具体实务，处处需要考虑风险这一维度，在课堂上我也会不断提醒学生："不能只顾投资回报而忽视风险。"实际上，经济学里的"生产率"跟金融学里的"投资回报"相对应，"产出风险"跟"回报风险"相对应。如果在金融学里我们接受了"回报和风险"是同一有机体的两个维度，那么，在评估文化和物质创新举措的文明化价值时，我们就不应该只看这些举措是否提升了生产率，而是也要看是否帮助改善风险应对力——金融强调风险的这一背景跟前面的两种观察相结合，就有了本书的分析框架和由此带出的"文明的逻辑"，也就是基于风险维度的文明变迁逻辑。人类的许多创新虽然对生产率没有直接贡献，但却改善了人类应对风险的能力。此即贯穿全书的基本命题。

当然，由于以往从生产率解读文明进程的著作很多，本书就不重复，而是专注讨论驱动人类文明进程的风险逻辑，意在弥补缺失的重要一课。正因为人类的许多创举（包括儒家文化、基督教、伊斯兰教、犹太教和许多迷信以及福利国家）如果不从风险角度去解读就难以看到其贡献，我希望本书能为各位同人提供认知人类文明变迁的更全面逻辑框架，尤其是让各位了解到，正是这些提升风险应对力的创举，才使得人类一般暴力和战争暴力长久持续下降，走向文明。

在写作过程中本人得到过许多同人和同学的帮助。特别是朱悦、毕然、林展、李利明、郭靖琦帮助整理了书中的不同章节，或者搜集相关参考文献、提出各种建议和意见，或者帮助完善文字和图表。袁为鹏、彭凯翔、马驰骋、马德斌、何石军、陈衡、王永钦、陈纯菁、William Goetzmann、Andrew Sinclair、Jared Rubin、Norm Yuchtman、Luigi Pascali 等各位同人给作者提供了很多宝贵意见，或帮助修正文稿。此外，张晓鸣、陈景舒、李亚伦、宿家瑞、王怡璎、赵宇恒、段理、陈英伟等同学，也给予了作者大量的帮助，查找文献，协助充实书中内容。在此，一并感谢！近年本人先后在耶鲁大学、香港大学任教，以及在北京大学、清华大学兼职，其间与许多同人进行过交流讨论，感谢他们的贡献。

在本书的出版过程中，中信出版集团的黄维益作为总协调人，联系责任编辑、美术编辑和其他编审，精心策划方方面面，使本书最终能顺利出版；中信出版集团商业家的编辑团队花费几个月时间细心编辑各章各节。其间，也得到我侄女陈琳的全程协助。这里特别感谢！

最后，感谢一直与我同行的爱妻王蓓，是她一如既往的支持才使本书成为可能！

陈志武

2021 年 6 月 22 日于香港大学

注释

第八章

1 Montesquieu, Charles de Secondat, baron de, 1689–1755. *Montesquieu: The Spirit of the Laws*. Translated and edited by Anne M. Cohler, Basia Carolyn Miller and Harold Samuel Stone. *Cambridge Texts in the History of Political Thought*. Cambridge: Cambridge University Press, 1989.

2 关于各省在 1744—1849 年的命案率，参见：Chen, Zhiwu, Kaixiang Peng , and Lijun Zhu. "Social-Economic Change and Its Impact on Violence: Homicide History of Qing China." *Explorations in Economic History* 63 (2017): 8–25，Table A.1. 而在笔者与林展、张晓鸣对 1470—1911 年的人食人数据的研究中，该类事件也是在江浙等商业更发达的省份发生频率最低，参见：Chen, Zhiwu, Zhan Lin, Xiaoming Zhang. "When People Stop Eating Each Other: Cultural Norms, Risk Mitigation and Cannibalism in Chinese History (1470–1911)". The University of Hong Kong working paper (2020).

3 朱熹 . 朱子全书 . 朱杰人，严佐之，刘永翔，主编 . 修订本 . 上海：上海古籍出版社，2010：1082.

4 Rosenzweig, Mark R., and Oded Stark. "Consumption Smoothing, Migration, and Marriage: Evidence from Rural India." *Journal of Political Economy* 97, No. 4 (1989): 905–926.

5 这方面的历史例子很多，见郭松义的《清代的粮食贸易》(刊于平淮学刊 . 第 1 辑，中国商业出版社出版，1985)。其中讲到，乾隆七年，淮扬受灾严重，粮食告急，江西拨运谷物 40 万石，而该省又"早晚二禾收成歉薄"，结果市场上米粮供应大减，当地米价高于往年；另有，嘉庆十九年，安徽和州、桐城、合肥、无为等州县，也是传统产米地区，因豫东灾荒，运粮过多，以致安徽州县存贮减少，米价急剧上涨；等等。

6 以下有趣的事实可以反映这一群体与外界的隔离程度：无论欧美和亚洲，还是玻利维亚境内的城市地区，居民对音律的偏好都高度一致——他们认为和谐音程更加悦耳，不和谐的音程则显得相对刺耳。然而，起码到 2016 年时，齐内曼人仍对二者一视同仁：当实验者邀请他们评价两类音程时，他们认为二者同样悦耳。这一点说明：即使是文化中较易传播的部分，迄今为止也还没有对当地造成显著的影响。有关音律的实验研究，请见：McDermott, Josh H., Alan F. Schultz, Eduardo A. Undurraga, and Ricardo A. Godoy. "Indifference to Dissonance in Native Amazonians Reveals Cultural Variation in Music Perception." *Nature* 535, No. 7613 (2016): 547–550.

7 这些数据反映的是截至 2005 年的情况。具体细节，可见：Godoy, Ricardo, Victoria Reyes-García, Tomás Huanca, William Leonard, R., Vincent Vadez, Cynthia Valdés-Galicia, and Dakun Zhao. "Why do Subsistence-Level People Join the Market Economy? Testing Hypotheses of Push and Pull determinants in Bolivian Amazonia." *Journal of Anthropological Research* 61, No. 2 (2005): 157–178.

8 有关齐内曼人的调查及研究信息仍在持续更新。感兴趣的读者，不妨浏览这个网站：http://icta.uab.cat/Etnoecologia/index.php. 对齐内曼人相关研究的综述，可见：Godoy, Ricardo, Victoria Reyes-García, Elizabeth Byron, William Leonard, R., and Vincent Vadez. "The Effect of Market Economies on the Well-Being of Indigenous Peoples and on Their Use of Renewable Natural Resources." *Annual Review of Anthropology* 34, No. 1 (2005): 121–138.

9 Gurven, Michael, Hillard Kaplan, and Maguin Gutierrez. "How Long Does It Take to Become a Proficient Hunter? Implications for the Evolution of Extended Development and Long Life Span." *Journal of Human Evolution* 51, No. 5 (2006): 454–470.

10 Gurven, Michael, Jonathan Stieglitz, Paul L. Hooper, Cristina Gomes, and Hillard Kaplan. "From the Womb to the Tomb: The Role of Transfers in Shaping the Evolved Human Life History." *Experimental Gerontology* 47, No. 10 (2012): 807–813.

11 值得注意的是：在市场进入之前，齐内曼人原有的风险分担体系的运作效率并不低。在哥多伊等学者历时近 15 个月的考察中，尽管当地遭遇了多次灾害，齐内曼孩童的食物消费并没有受到显著的影响。有关这一点，参考：Godoy, Ricardo, Victoria Reyes-García, Vincent Vadez, William R. Leonard, and Elizabeth Byro. "How Well Do Foragers Protect Food Consumption? Panel Evidence from a Native Amazonian Society in Bolivia." *Human Ecology* 35, No. 6 (2007): 723–732.

12 Durkheim, Emile. "The Division of Labor in Society." In *Inequality*, edited by David Grusky. Classic Readings in Race, Class, and Gender. Glencoe, IL: Routledge, (2018): 55–64.

13 论证类似观点的研究很多。典例之一是：Lesorogol, Carolyn K. "Transforming Institutions among Pastoralists: Inequality and Land Privatization." *American Anthropologist* 105, No. 3 (2003): 531–541.

14 Godoy, Ricardo, Victoria Reyes-García, Tomás Huanca, William Leonard, R., Vincent Vadez, Cynthia

Valdés-Galicia, and Dakun Zhao. " Why Do Subsistence-Level People Join the Market Economy? Testing Hypotheses of Push and Pull Determinants in Bolivian Amazonia." *Journal of Anthropological Research* 61, No. 2 (2005): 157–178. 商业市场有助于缓冲风险这一发现，也在以下研究中得到了佐证：Gurven, Michael, Adrian V. Jaeggi, Chris von Rueden, Paul L. Hooper, and Hillard Kaplan. "Does Market Integration Buffer Risk, Erode Traditional Sharing Practices and Increase Inequality? A Test among Bolivian Forager-farmers." *Human Ecology* 43, No. 4 (2015): 515–530.

15 Gurven, Michael, Adrian V. Jaeggi, Chris von Rueden, Paul L. Hooper, and Hillard Kaplan. "Does Market Integration Buffer Risk, Erode Traditional Sharing Practices and Increase Inequality? A Test among Bolivian Forager-Farmers." *Human Ecology* 43, No. 4 (2015): 515–530.

16 以下分析，参见：Freud, Sigmund. *Civilization and Its Discontents*. Translated and edited by James Strachey. New York and London: WW Norton & Company, 2005.

17 原文为拉丁文 Homo homini lupus，出自 Plautus 的戏剧 *Asinaria*。

18 截至本书写作时，根据 Google Scholar 的统计，弗洛伊德的著作《文明及其缺憾》引用数已经超过了 17000 次。对相关理论后续发展的总结，可见：Fourcade, Marion, and Kieran Healy. "Moral Views of Market Society." *Annual Review of Sociology* 33, No. 1 (2007): 285–311.

19 关于这一研究的细节，请见：Godoy, Ricardo, Elizabeth Zeinalova, Victoria Reyes-García, Tomás Huanca, Holly Kosiewicz, William R. Leonard, and Susan Tanner. "Does Civilization Cause Discontentment among Indigenous Amazonians? Test of Empirical Data from the Tsimane' of Bolivia." *Journal of Economic Psychology* 31, No. 4 (2010): 587–598. 之后，亦有学者主张：在分析原住民幸福感这一议题时，应考虑当地独特的文化因素。加入这一考量后的统计分析，得到了类似结论：当地人幸福感与消费商品数额之间一般不存在负相关关系。有关这一研究，请见：Reyes-García, Victoria, Clarence C. Gravlee, Thomas W. McDade, Tomás Huanca, William R. Leonard, and Susan Tanner. "Cultural Consonance and Psychological Well-Being. Estimates Using Longitudinal Data from an Amazonian Society." *Culture, Medicine, and Psychiatry* 34, No. 1 (2010): 186–203.

20 另一值得注意的要点是：实证研究的结论与通常观感相反，即市场并没有导致齐内曼人变得漠视生态。Guest, Greg. "Market Integration and the Distribution of Ecological Knowledge within an Ecuadorian Fishing Community." *Journal of Ecological Anthropology* 6, No. 1 (2002): 38–49. 有关这一题目的全面论述，参见：Godoy, Ricardo, Victoria Reyes-García, Elizabeth Byron, William Leonard, R., and Vincent Vadez. " The Effect of Market Economies on the Well-Being of Indigenous Peoples and on Their Use of Renewable Natural Resources." *Annual Review of Anthropology* 34, No. 1 (2005): 121–138.

21 Chen, Zhiwu, Kaixiang Peng, and Lijun Zhu. " Social-Economic Change and Its Impact on Violence: Homicide History of Qing China." *Explorations in Economic History* 63 (2017): 8–25.

22 见第 19 页上的 Figure 8。Chen, Zhiwu, Kaixiang Peng, and Lijun Zhu. " Social-Economic Change and Its Impact on Violence: Homicide History of Qing China." *Explorations in Economic History* 63 (2017): 8–25.

23 Shiue, Carol H. "Local Granaries and Central Government Disaster Relief: Moral Hazard and Intergovernmental Finance in Eighteenth- and Nineteenth-century China." *Journal of Economic History* 64, No. 1 (2004): 100–124. 这里引用的结论主要来自该论文的 Figure 1 和 Figure 2。

24 Burgess, Robin, and Dave Donaldson. "Railroads and the Demise of Famine in Colonial India". London School of Economics working paper, March 2017.

25 Burgess, Robin, and Dave Donaldson. "Can Openness Mitigate the Effects of Weather Shocks? Evidence from India's Famine Era." *American Economic Review* 100, No. 2 (2010): 449–453.

26 这是一个保守估计。部分学者认为，实际饥荒死亡人数可能达到了 3400 万。有关印度饥荒与死亡的进一步讨论，见：Davis, Mike. *Late Victorian Holocausts: El Niño Famines and the Making of the Third World*. London and New York: Verso Books, 2002.

27 Donaldson, Dave. "Railroads of the Raj: Estimating the Economic Impact of Transportation Infrastructure". *American Economic Review* 108, No.4–5 (2018): 899–934. 本段内容主要来自该文的介绍。另外，针对印度的传统运输手段，Dave 也提供了不少参考文献。

28 Johnson, J. *The Economics of Indian Rail Transport*. Bombay: Allied Publishers, 1963.

29 Donaldson, Dave. "Railroads of the Raj: Estimating the Economic Impact of Transportation Infrastructure". *American Economic Review* 108, No.4–5 (2018): 899–934.

30 Burgess, Robin, and Dave Donaldson. "Railroads and the Demise of Famine in Colonial India". London School of Economics Working Paper, March 2017.

31 Johnson, J. *The Economics of Indian Rail Transport*. Bombay: Allied Publishers, 1963.

32 此处分析细节，参见：Burgess, Robin, and Dave Donaldson. "Railroads and the Demise of Famine in Colonial India". London School of Economics Working Paper, March 2017,Table 2.

33 值得注意的是，粮价波动的减缓说明消费者抵御风险的能力因火车接入市场而提升，但也部分降低了粮食生产者抵御风险的能力——当地种粮者现在无法再通过提价来弥补减产的损失。有关这类讨论，参见：Newbery, David M. G., and Joseph E. Stiglitz. "Pareto Inferior trade." *The Review of Economic Studies* 51, No. 1 (1984): 1–12. 最终的福利变化，取决于两种不同利益群体之间的权衡。针对这一点，布格斯与唐纳森检验了降雨量对当地居民真实收入的影响，发现敏感系数同样因铁路网的到来而下降，让农民离"旱涝保收"更近。因此，总体来看，跨地区市场确实提升了当地居民抵御风险的能力。

34 Drèze, Jean, and Amartya Sen. *Hunger and Public Action*. Oxford: Oxford University Press (1991).

35 Burgess, Robin, and Dave Donaldson. "Railroads and the Demise of Famine in Colonial India." London School of Economics Working Paper, March 2017, Table 5.

36 原文排除了传染病等其他可能的影响渠道。

37 龚义龙 . 试析清代巴蜀地区的人口压力及其缓解途径 . 中国经济史研究，(1) 2012：89–100.

38 Steinwender, Claudia. " Real Effects of Information Frictions: When the States and the Kingdom Became

United." *American Economic Review* 108, No. 3 (2018): 657–696.

39 Jensen, R. "The Digital Provide: Information (Technology), Market Performance and Welfare in the South Indian Fisheries Sector." *The Quarterly Journal of Economics* 122, No. 3 (2007): 879–924.

40 Hjort, Jonas, and Jonas Poulsen. "The Arrival of Fast Internet and Employment in Africa" . *American Economic Review* 109, No. 3 (2019): 1032–1079.

41 Amodio, Francesco, Leonardo Baccini, Michele Di Maio. "Security, Trade, and Political Violence" . *Journal of the European Economic Association* (2020):1–37.

42 有关贸易市场跟价格波动、福利改进的一般性分析，参见：Allen, Treb, and David Atkin. "Volatility and the Gains from Trade." National Bureau of Economic Research Working Paper No. 22276, May 2016. Available at NBER: https://www.nber.org/papers/w22276；Donaldson, Dave. "The Gains from Market Integration." *Annual Review of Economics* 7, No. 1 (2015): 619–647.

43 Kant, Immanuel. "Perpetual Peace: A Philosophical Sketch." Translated by H. B. Nisbet. In *Kant, Political Writings*, edited by Hans Reiss. Cambridge: Cambridge University Press, 1970.

44 Ying-Shi Yu. *Trade and Expansion in Han China: A Study in the Structure of Sino-Barbarian Economic Relations*. Berkeley: University of California Press, 2021.

45 何石军，栾笑扬 . 气候冲击、边境互市与蒙汉冲突：来自明代隆庆和议的证据 . 武汉大学经济学院工作论文，2020.

46 何石军，栾笑扬 . 气候冲击、边境互市与蒙汉冲突：来自明代隆庆和议的证据 . 武汉大学经济学院工作论文，2020：表 1 和表 4.

47 Martin, Philippe, Thierry Mayer, and Mathias Thoenig. "Make Trade Not War?" *The Review of Economic Studies* 75, No. 3 (2008): 865–900.

48 Martin, Philippe, Thierry Mayer, and Mathias Thoenig. "Make trade not war?" *The Review of Economic Studies* 75, No. 3 (2008): 865–900，Figure 1.

49 值得注意的是，尽管双边贸易对减少彼此间冲突有相当好的影响，但马丁等人也发现多边贸易却未必如此：除彼此贸易的部分外，两国跟其他国家的贸易额占其 GDP 的比重之和（衡量了两国对其他国家的依赖程度）上升越多，那么这两国彼此间发生战争的概率会更高。这一现象可以这样理解：当甲、乙两国跟其他国家的贸易越强时，甲、乙对另一方的重要性就下降，彼此发生战争的概率因此更高。在控制前述诸多因素后，这一结果依然稳健。有关这一点，参见：Martin, Philippe, Thierry Mayer, and Mathias Thoenig. "Make Trade Not War?" *The Review of Economic Studies* 75, No. 3 (2008): 865–900. 按照我们前面谈到的逻辑，贸易在增强国家间彼此依赖的同时，也增强了各国应对经济冲击及发动战争的能力，这会鼓励它们去冒险发动战争。这既可以解释这里观察到的现象，又可解释为什么 1920 年之前，一段时期内全球化的推进对暴力下降的作用不显著。关于这方面的论述，参见：Harrison, Mark, and Nikolaus Wolf. "The Frequency of Wars." *The Economic History Review* 65, No. 3 (2012): 1055–1076.; Gleditsch, Kristian

Skrede, and Steve Pickering. "Wars are Becoming Less Frequent: a Response to Harrison and Wolf." *The Economic History Review* 67, No. 1 (2014): 214–230.

50 Martin, Philippe, Thierry Mayer, and Mathias Thoenig. "Make trade not war?" *The Review of Economic Studies* 75, No. 3 (2008): 865–900，Figure 4.

51 更细分析，参见：Hegre, Håvard, John R. Oneal, and Bruce Russett. "Trade Does Promote Peace: New Simultaneous Estimates of the Reciprocal Effects of Trade and Conflict." *Journal of Peace Research* 47, No. 6 (2010): 763–774.

52 Kant, Immanuel. "Perpetual Peace: A Philosophical Sketch." Translated by H. B. Nisbet. In Kant, *Political Writings*, edited by Hans Reiss. Cambridge: Cambridge University Press, 1991.

53 潘镛 . 隋唐时期的运河和漕运 . 西安：三秦出版社，1987：1–4.

54 邹逸麟 . 试论我国运河的历史变迁 . 历史教学问题，3，1982：52–57.

55 潘镛 . 隋唐时期的运河和漕运 . 西安：三秦出版社，1987：26–30.

56 邹逸麟 . 试论我国运河的历史变迁 . 历史教学问题，3，1982：52–57.

57 全汉昇 . 唐宋帝国与运河 . 重庆：商务印书馆，1946.

58 邹逸麟 . 试论我国运河的历史变迁 . 历史教学问题，3，1982：52–57.

59 白寿彝 . 中国通史 第六卷、第七卷 . 上海：上海人民出版社，1999.

60 白寿彝 . 中国通史 第九卷 . 上海：上海人民出版社，1999.

61 史念海 . 隋唐时期运河和长江的水上交通及其沿岸的都会 . // 山河集 第七集 . 西安：陕西师范大学出版社，1999.

62 史念海 . 隋唐时期运河和长江的水上交通及其沿岸的都会 . // 山河集 第七集 . 西安：陕西师范大学出版社，1999.

63 Wang, Gungwu. *The Nanhai Trade: Early Chinese Trade in the South China Sea*. 2nd ed. Singapore: Eastern University Press (2003), 69–70.

64 （清）刘锦藻 . 清朝续文献通考 卷 18.

65 许檀 . 明清时期运河的商品流通 . 历史档案，1，1992：80–85.

66 廖声丰 . 浅论清代前期运河地区的商品流通——以运河榷关税收考察为中心 . 中国经济史研究，2014，1: 40–51. 关于清代区域经济发展的全面总结，也可参见：陈桦 . 清代区域社会经济研究 . 北京：中国人民大学出版社，1996.

67 廖声丰 . 浅论清代前期运河地区的商品流通——以运河榷关税收考察为中心 . 中国经济史研究，1，2014: 40–51。

68 （清）刘锦藻 . 清朝续文献通考，考 8325.

69 （清）贺长龄，修 . 魏源，纂 . 清经世文编，卷 48.

70 英和与陶澍的奏折内容，均引自：倪玉平 . 陶澍与清代"东南三大政". 江苏社会科学，1，2008.

71 Hinton, Harold C. "The Grain Tribute System of the Ch'ing Dynasty." *The Journal of Asian Studies* 11, No. 3 (1952): 339–354.

72 倪玉平. 陶澍与清代"东南三大政". 江苏社会科学，1，2008.

73 Cao, Yiming, and Shuo Chen. "Robin Hood on the Grand Canal: Economic Shock and Rebellions in Qing China, 1650–1911." Boston University and Fudan University Working Paper, October 2017.

74 Cao, Yiming, and Shuo Chen. "Robin Hood on the Grand Canal：Economic Shock and Rebellions in Qing China, 1650–1911." Boston University and Fudan University working paper, October 2017: 50. See Figure B3.

75 倪玉平. 陶澍与清代"东南三大政". 江苏社会科学，1，2008.

76 Cao, Yiming, and Shuo Chen. "Robin Hood on the Grand Canal: Economic Shock and Rebellions in Qing China, 1650–1911." Boston University and Fudan University working paper, October 2017. 这一段中提到的其他所有相关数据，亦引自这篇研究。

77 倪玉平. 清代漕粮海运与社会变迁. 上海：上海书店出版社，2005.

78 有关太平天国战争造成的伤亡数，较新的估计为 7100 万人。具体细节与相关综述，参见：李楠，林矗. 太平天国战争对近代人口影响的再估计. 经济学（季刊），14（4），2015：1325–1346.

79 Cao, Yiming, and Shuo Chen. "Robin Hood on the Grand Canal: Economic Shock and Rebellions in Qing China, 1650–1911." Boston University and Fudan University working paper (2017): Figure 4.

80 Cao, Yiming, and Shuo Chen. "Robin Hood on the Grand Canal: Economic Shock and Rebellions in Qing China, 1650–1911." Boston University and Fudan University working paper (2017): Figure 5.

81 Cao, Yiming, and Shuo Chen. "Robin Hood on the Grand Canal: Economic Shock and Rebellions in Qing China, 1650–1911." Boston University and Fudan University working paper, (2017): 37. See Table 2.

82 Cao, Yiming, and Shuo Chen. "Robin Hood on the Grand Canal: Economic Shock and Rebellions in Qing China, 1650–1911." Boston University and Fudan University working paper, (2017):38. See Table 3 .

83 Cao, Yiming, and Shuo Chen. "Robin Hood on the Grand Canal: Economic Shock and Rebellions in Qing China, 1650–1911." Boston University and Fudan University working paper, (2017): 39. See Table 4.

84 Cao, Yiming, and Shuo Chen. "Robin Hood on the Grand Canal: Economic Shock and Rebellions in Qing China, 1650–1911." Boston University and Fudan University working paper (2017): Figure8.

85 （清）贺长龄，修. 魏源，纂. 清经世文续编，卷 49.

86 （清）贺长龄，修. 魏源，纂. 清经世文编，卷 46、47.

87 引自《太平天国史料丛编简辑》第 1 册。

88 Becker, Gary. "Crime and Punishment: An Economic Approach." *Journal of Political Economy* 76, No. 2 (1968):169–217.

89 Burgess, Robin, and Dave Donaldson. "Railroads and the Demise of Famine in Colonial India." London

School of Economics working paper, March 2017.; Dreze, Jean, and Amartya Sen. *Hunger and Public Action*. Oxford: Oxford University Press, 1991.

90 有关运河废弃前后当地劳动力市场及粮食市场的相应变化，参见：叶美兰，张可辉．清代漕运兴废与江苏运河城镇经济的发展．南京社会科学，9，2012：137–143.

91 Kung, James, and Chicheng Ma, "Can Cultural Norms Reduce Conflicts? Confucianism and Peasant Rebellions in Qing China" *Journal of Development Economics* 111 (2014): 132–149.

92 转引自：戴鞍钢．清代漕运兴废与山东运河沿线社会经济的变化．齐鲁学刊，4，1988：89–93.

93 这跟印度基于铁路的商贸网络和非洲粮食市场发挥的作用类似，分别见：Burgess, Robin, and Dave Donaldson. "Railroads and the Demise of Famine in Colonial India." London School of Economics working paper, March 2017.; Drèze, Jean, and Amartya Sen. *Hunger and Public Action*. Oxford: Oxford University Press, 1991.

94 本段引用的粮食歉收和动乱数据均来自：Kung, James Kai-Sing, and Chicheng Ma, "Can Cultural Norms Reduce Conflicts? Confucianism and Peasant Rebellions in Qing Chin." *Journal of Development Economics* 111 (2014): 132–149.

95 贺长龄．皇朝经世文编 卷 46、47. 北京：中华书局，1992.

96 对"漕运转海运"的社会经济后果的更多论述，参见：高元杰．20 世纪 80 年代以来漕运史研究综述．中国社会经济史研究，1，2015: 93–107.; 倪玉平．清代漕粮海运与社会变迁．上海：上海书店出版社，2005.

97 有关暴力和战争的长久影响，参见：Li, Nan, and Debin Ma. The Legacy of War: "The Long-term Effect of Taiping Rebellion on Economic Development in Modern China." SHUFE and LSE working paper, 2015. 他们的研究发现，太平天国运动的影响一直持续到了 21 世纪。

98 在《盐铁论·卷一·本议第一》中，桑弘羊进一步解释了商业的功用："古之立国家者，开本末之途，通有无之用，市朝以一其求，致士民，聚万货，农商工师各得所欲，交易而退。《易》曰：'通其变，使民不倦。'故工不出，则农用乏；商不出，则宝货绝。农用乏，则谷不殖；宝货绝，则财用匮。"而代表儒家的贤良文学派则曰，"国有沃野之饶而民不足于食者，工商盛而本业荒也；有山海之货而民不足于财者，不务民用而淫巧众也。故川源不能实漏卮，山海不能赡溪壑"，意思是以农为本才是关键，商业非本业，对民众帮助不大。从本文的讨论看，儒家代表显然没有区分正常和非常时期（风险发生时），忽视了商业的救急价值。

99 原文来自：Ricard, Samuel. Traité général du commerce, Volume 1. Amsterdam: D. J. Changuion, 1781. 转引自：Hirschman, Albert. "Rival Interpretations of Market Society: Civilizing, Destructive, or Feeble?" *Journal of Economic Literature* 20, No. 4 (1982): 1463–1484.

100 以下引证的研究的细节，参见：Henrich, Joseph, Robert Boyd, Samuel Bowles, Colin Camerer, Ernst Fehr, Herbert Gintis, Richard McElreath, *et al.* "'Economic Man' in Cross-Cultural Perspective: Behavioral Experiments in 15 Small-Scale Societies." *Behavioral and Brain Sciences* 28, No. 6

(2005): 795–815.; Henrich, Joseph, J. Ensminger, R. McElreath, A. Barr, C. Barrett, A. Bolyanatz, J. C. Cardenas, *et al.* "Markets, Religion, Community Size, and the Evolution of Fairness and Punishment." *Science* 327, No. 5972 (2010): 1480–1484.

101 以下例子足以阐明哈萨达人与外界隔绝的程度：一般而言，个体的日常决策都会体现出"禀赋效应"——对同一物品，自己拥有时愿意出售的价格，要高于没有此物时愿意入手的价格。不同国家的学者做了大量重复实验，验证了这一效应的广泛存在。然而，Apicella 等学者 2014 年发表的研究显示：禀赋效应在哈萨达人中不存在，这是到现在为止仅有的反例。其中细节，参见：Apicella, Coren L., Eduardo M. Azevedo, Nicholas A. Christakis, and James H. Fowler. "Evolutionary Origins of the Endowment Effect: Evidence from Hunter-Gatherers." *American Economic Review* 104, No. 6 (2014): 1793–1805.

102 Henrich, Joseph, J. Ensminger, R. McElreath, A. Barr, C. Barrett, A. Bolyanatz, J. C. Cardenas, *et al.* "Markets, Religion, Community Size, and the Evolution of Fairness and Punishment." *Science* 327, No. 5972 (2010): 1480–1484.

103 Charity Aid Foundation. *CAF World Giving Index: Ten Years of Giving Trends*. London: Charity Aid Foundation, 2019: 5.

104 Henrich, Joseph, Robert Boyd, Samuel Bowles, Colin Camerer, Ernst Fehr, Herbert Gintis, Richard McElreath, *et al.* "'Economic Man' in Cross-Cultural Perspective: Behavioral Experiments in 15 Small-Scale Societies." *Behavioral and Brain Sciences* 28, No. 6 (2005): 795–815.

105 有关市场化与信任的关联分析细节，参见：Berggren, Niclas, and Henrik Jordahl. "Free to trust: Economic Freedom and Social Capital." *Kyklos (Basel)* 59, No. 2 (2006): 141–169.；有关市场化与节制的关联研究，参见：Berggren, Niclas, and Therese Nilsson. " Does Economic Freedom Foster Tolerance?" *Kyklos (Basel)* 66, No. 2 (2013): 177–207.; Berggren, Niclas, and Therese Nilsson. "Globalization and the Transmission of Social Values: The Case of Tolerance." *Journal of Comparative Economics* 43, No. 2 (2015): 371–389.

106 比如中世纪的杀犹现象，参见：Anderson, Robert Warren, Noel D. Johnson, and Mark Koyama. "Jewish Persecutions and Weather Shocks: 1100–1800." *The Economic Journal* 127, No. 602 (2017), 924–958. 杀巫猎巫现象，参见：Oster, Emily. "Witchcraft, Weather and Economic Growth in Renaissance Europe" . *The Journal of Economic Perspectives* 18, No. 1 (2004): 215–228.

107 赫希曼（Hirschman）有一学说：近代化前后，驱动人类行为的因素发生了根本变化。之前，捍卫荣誉和身份的激情是促使人们行动的重要激励；之后，对利益的追求替代了"头脑发热"，成为日常生活举止的重要考量。与前一点相关的，是频繁的决斗与复仇；与后一点相关的，则是容忍与合作。市场带来的这一转型，无疑也是暴力下降背后的重要驱动力之一。有关这一论说，参见：Hirschman, Albert. *The Passions and the Interests: Political Arguments for Capitalism before Its Triumph*. Princeton: Princeton University Press, 1977. 中文版：阿尔伯特·赫希曼．欲望与利益：资本主义胜利之前的政治争论 . 冯克利，译 . 杭州：浙江大学出版社，2015.

108 Niclas Berggren and Henrik Jordahl. "Free to Trust: Economic Freedom and Social Capital." *Kyklos* 59，No. 2 (2006): 141–169，Table A3.

109 Hirsch, Fred. *Social Limits to Growth.* Routledge (Taylor & Francis e-Library), 2005. 对类似观点的全面总结，可见：Hirschman, Albert. "Rival Interpretations of Market Society: Civilizing, Destructive, or Feeble?" *Journal of Economic Literature* 20, No. 4 (1982): 1463–1484.

110 有关酷刑在近代前欧洲的普遍使用，见：Foucault, Michel. *Discipline and Punish:The Birth of the Prison.* New York: Vintage, 2012.

111 Greif, Avner. "Reputation and Coalitions in Medieval Trade: Evidence on the Maghribi Traders.' *Journal of Economic History* 49, No. 4 (1989): 857–882. ; Greif, Avner. "Cultural Beliefs and the Organization of Society: A Historical and Theoretical Reflection on Collectivist and Individualist Societies." *Journal of Political Economy,* 102, No. 5 (1994): 912–950.

112 Mayers, William Frederick. *The Treaty Ports of China and Japan: A Complete Guide to the Open Ports of Those Countries, Together with Peking, Yedo, Hongkong and Macao.* Edited by Nicholson Belfield Dennys and Charles King. London: Trübner, 1867: 484. 这里引自：李明珠 . 华北的饥荒：国家、市场与环境退化（*1690—1949*）. 石涛，李军，马国英，译 . 北京：人民出版社，2016：284.

113 关于艺术与商业之间的密切联系，参见：Cowen, Tyler. *In Praise of Commercial Culture.* Cambridge: Harvard University Press, 2000.

第九章

1 福建省泉州海外交通史博物馆 . 泉州伊斯兰教石刻 . 福州：福建人民出版社，1984:17–18.

2 金宜久，编 . 伊斯兰教史 . 南京：江苏人民出版社，2006: 378. 这段圣训的英文版为 "Seek knowledge even if in China, for the seeking of knowledge is incumbent upon every Muslim." 这是否为穆圣原话，还有争议。关于其争议，参考：Faruq, Abd-Allah Uma. "Seek Knowledge in China: Thinking beyond the Abrahamic Box." *Nawawi Foundation Paper. http://www. sa-adah. org/wp-content/uploads/2014/11/China. Paper_. indd_1. pdf (accessed on February 21, 2018)* (2006). 亦参考其中的文献。

3 见《盐铁论 · 卷七》，《备胡 · 第三十八》。

4 Bai, Ying, and James Kai-sing Kung. "Climate Shocks and Sino-nomadic Conflict." *Review of Economics and Statistics* 93.3 (2011): 970–981.

5 Ying-Shi Yu. *Trade and Expansion in Han China: A Study in the Structure of Sino-Barbarian Economic Relations.* Berkeley: University of California Press, 2021：4-9.

6 中国科学院考古研究所 . 新中国的考古收获 . 北京，1961.

7 Ying-Shi Yu. *Trade and Expansion in Han China: A Study in the Structure of Sino-Barbarian Economic*

Relations. Berkeley: University of California Press, 2021：8.

8 Ying-Shi Yu. *Trade and Expansion in Han China: A Study in the Structure of Sino-Barbarian Economic Relations*. Berkeley: University of California Press, 2021：110-111.

9 芮乐伟 . 韩森 . 丝绸之路新史 . 张湛，译 . 北京 : 北京联合出版公司 , 2015: 249–250.

10 汉代晁错奏疏汉文帝的《论贵粟疏》中所言，出自《汉书 · 食货志》。

11 根据韩森介绍，在唐时期，陆上丝路贸易量在很大程度上取决于官方支持的程度，而不是民间长途商贸的结果。唐朝增加驻军、加派军需时，沿途贸易则兴；一旦撤军，沿途即衰。芮乐伟 . 韩森 . 丝绸之路新史 . 张湛，译 . 北京 : 北京联合出版公司 , 2015: 134–141.

12 Wang Gungwu. *The Nanhai Trade: Early Chinese Trade in the South China Sea*. Singapore: Eastern University Press, 2003: 1–5. 这里，关于南海贸易起源部分的内容，主要来自王赓武的著作。

13 Ying-Shi Yu. *Trade and Expansion in Han China: A Study in the Structure of Sino-Barbarian Economic Relations*. Berkeley: University of California Press, 2021：chapter 7.

14 Wang Gungwu. *The Nanhai Trade: Early Chinese Trade in the South China Sea*. Singapore: Eastern University Press, 2003: 7–11.

15 Wang Gungwu. *The Nanhai Trade: Early Chinese Trade in the South China Sea*. Singapore: Eastern University Press, 2003: 19.

16 Ying-Shi Yu. *Trade and Expansion in Han China: A Study in the Structure of Sino-Barbarian Economic Relations*. Berkeley: University of California Press, 2021：167.

17 Wang Gungwu. *The Nanhai Trade: Early Chinese Trade in the South China Sea*. Singapore: Eastern University Press, 2003: 72.

18 李肇，撰 . 唐国史补 · 卷下，“狮子国海舶”条。.

19 Wang Gungwu. *The Nanhai Trade: Early Chinese Trade in the South China Sea*. Singapore: Eastern University Press, 2003:83.

20 见《旧唐书 · 卷一二四 · 列传》第七十四，另见《新唐书 · 卷一百四十一 · 列传》第六十六记载：“邓景山，曹州人也……景山逆击不胜，奔寿州，因引平卢节度副使田神功讨展。神功兵至扬州，大掠居人，发冢墓，大食、波斯贾胡死者数千人。展叛凡三月平”。

21 陆贽 .“论岭南请于安南置市舶中使状”，全唐文 . 卷四七三 4828.

22 见《钦定全唐文 · 卷七十五 · 太和八年疾愈德音》。

23 Abu Zayd Al-Sirafi, *Accounts of China and India*. New York: New York University Press, 2017: sections 2.2.1 – 2.2.3. 本书的阿拉伯原文版大概成书于公元 9 世纪末，在此后的一千多年里，英文等翻译、重印多次，成为最早向西方介绍中国和印度的书籍之一。

24 Wang Gungwu. *The Nanhai Trade: Early Chinese Trade in the South China Sea*. Singapore: Eastern University Press, 2003: 96–98, 113–114.

25 朱彧 . 萍洲可谈 , 卷二 . 北京： 中华书局 , 1995: 26.

26 Ron Harris. *Going the Distance: Eurasian Trade and the Rise of Business Corporation, 1400–1700*. New Jersey: Princeton University Press (2020). 本书作者认为，正是因为长程贸易的风险高与融资大之特点，现代股份有限责任公司才得以兴起。

27 格雷夫通过一系列论文推出其理论，并以此解读中世纪犹太商人的成功，包括：Greif, Avner. "Reputation and Coalitions in Medieval Trade: Evidence on the Maghribi Traders." *The Journal of Economic History* 49, No. 4 (1989): 857–882; Greif, Avner. "Contract Enforceability and Economic Institutions in Early Trade: The Maghribi Traders Coalition." *The American Economic Review* (1993): 525–548; Greif, Avner. "Cultural Beliefs and the Organization of Society: A Historical and Theoretical Reflection on Collectivist and Individualist Societies." *Journal of Political Economy* 102, No. 5 (1994): 912–950.

28 朱彧 . 萍洲可谈 , 卷二 . 北京：中华书局 , 1995.

29 Udovitch, Abraham L. "Credit as a Means of Investment in Medieval Islamic Trade." *Journal of the American Oriental Society* 87, No. 3 (1967): 260–264.

30 Lopez, Robert S., and Robert Sabatino Lopez. *The Commercial Revolution of the Middle Ages, 950–1350*. Cambridge University Press, 1976: 76–77.

31 苏基朗 . 刺桐梦华录 : 近世前期闽南的市场经济 : 946—1368. 李润强，译 . 杭州 : 浙江大学出版社 , 2012: 234.

32 斯波义信 . 商业在唐宋变革中的作用 . 文史哲 3，2009: 15.

33 苏基朗 . 刺桐梦华录 : 近世前期闽南的市场经济 : 946—1368. 李润强，译 . 杭州 : 浙江大学出版社 , 2012: 237.

34 苏基朗 . 刺桐梦华录 : 近世前期闽南的市场经济 : 946—1368. 李润强，译 . 杭州 : 浙江大学出版社 , 2012: 235–237；斯波义信 . 宋代商业史研究 . 稻禾出版社 , 1997: 436–463.

35 许承尧 . 歙事闲谭 . 合肥：黄山书社 , 2001. 有人会说："今天美国、澳大利亚、欧洲等地有很多华侨，他们不是也能远离故土居住吗？" 今天的情况当然与中世纪甚至清时期不同：一是由于生活所迫，一些华人不得不强迫自己适应他乡（如黄巢起义失败、北宋沦陷、南宋战败、蒙元崩溃后的逃亡）；另一原因是到当代，特别是经过 20 世纪中期以来的去儒家化宣教，人们祖先崇拜、"故土" 观念等都不如从前，城市化后的中国人已经不受这些儒家观念制约，四海漂游不再有文化上的障碍。尽管如此，相比而言，中国移民还是比欧洲移民、中东移民更难以认同自己在新国家的身份。

36 John Chaffee. *The Muslim Merchants of Premodern China: The History of a Maritime Asian Trade Diaspora, 750–1400*. London: Cambridge University Press, 2018: 58.

37 朱杰勤 . 东南亚华侨史 . 北京：高等教育出版社 , 1990:10.

38 关于清真寺在中国的建立演变过程，参见：白寿彝 . 中国伊斯兰史存稿 . 银川 : 宁夏人民出版社 , 1982：跋 "重建怀圣寺" .

39 Rodney Stark. *One True God: Historical Consequences of Monotheism*. New Jersey: Princeton University Press, 2001: 36.

40 关于伊斯兰教具体哪年进入中国的，众说纷纭，难有共识。一说是唐贞观二年（628 年），这不可信，因为那时伊斯兰教还正在发展。相对共识比较高的说法是，唐永徽二年（651 年）伊斯兰教来到中国。白寿彝 . 中国伊斯兰史存稿 . 银川：宁夏人民出版社，1982，第一章；金宜久，编 . 伊斯兰教史 . 南京：江苏人民出版社，2006: 379.

41 福建省泉州海外交通史博物馆 . 泉州伊斯兰教石刻 . 福州：福建人民出版社，1984:17–18.

42 金宜久，编 . 伊斯兰教史 . 南京：江苏人民出版社，2006: 378.

43 清朝之前的华侨主要因国内战乱、灾害、朝代更迭而逃难至南洋，到 19 世纪因大量华工到南美、北美、大洋洲等，才有了南洋之外世界多数地方的华侨，为 1978 年后改革开放的成功奠定基础：如果没有之前意外形成的全球华侨网，中国近年将难以成为世界贸易大国。关于华侨的历史，参见：朱杰勤 . 华侨史 . 桂林：广西师范大学出版社，2011.

44 Greif, Avner. "Reputation and Coalitions in Medieval Trade: Evidence on the Maghribi Traders." *The Journal of Economic History* 49, No. 4 (1989): 857–882; Greif, Avner. "Contract Enforceability and Economic Institutions in Early Trade: The Maghribi Traders' Coalition." *The American Economic Review* (1993): 525–548.

45 Chaudhuri, K. *Trade and Civilisation in the Indian Ocean: An Economic History from the Rise of Islam to 1750*, Cambridge: Cambridge University Press, 1985; Kuran, Timur, and Scott Lustig. "Judicial Biases in Ottoman Istanbul: Islamic Justice and Its Compatibility with Modern Economic life." *The Journal of Law and Economics* 55, No. 3 (2012): 631–666.

46 Rodney Stark. *Why God? Explaining Religious Phenomena*. West Conshohocken: Templeton Press, 2017: 148.

47 关于阿拉伯海上商业的更详细介绍，参见：George Hourani. *Arab Seafaring in the Indian Ocean in Ancient and Early Medieval Times*. New Jersey: Princeton University Press, 1991.

48 金宜久，编 . 伊斯兰教史 . 南京：江苏人民出版社，2006.

49 《古兰经》第 4 章 29~30 节写道："信道的人们啊！你们不要借诈术而侵蚀别人的财产，惟借双方同意的交易而获得的除外……谁为过分和不义而犯此严禁，我要把谁投入火狱。"

50 邱澎生 . 当经济遇上法律：明清中国的市场演化 . 台北：联经出版公司，2018: 331–335.

51 Landa, Janet T. *Trust, Ethnicity, and Identity: Beyond the New Institutional Economics of Ethnic Trading Networks, Contract Law, and Gift-Exchange*. University of Michigan Press, 1994.

52 蔡洪滨，周黎安，吴意云 . 宗族制度、商人信仰与商帮治理：关于明清时期徽商与晋商的比较研究 . 管理世界，8，2008: 87–99.

53 苏基朗 . 刺桐梦华录：近世前期闽南的市场经济：946—1368. 李润强，译 . 杭州：浙江大学出版社，2012: 292, 也参见本书第三章的讨论。

54 苏基朗 . 刺桐梦华录 : 近世前期闽南的市场经济 : 946—1368. 李润强，译 . 杭州 : 浙江大学出版社 , 2012: 293.

55 张传玺 . 中国历代契约会编考释 . 北京 : 北京大学出版社 ,1995: 519–696.

56 苏基朗 . 刺桐梦华录 : 近世前期闽南的市场经济 : 946—1368. 李润强，译 . 杭州 : 浙江大学出版社 , 2012: 294.

57 J.C. Van Leur, *Indonesian Trade and Society: Essays in Asian Social and Economic History*. The Hague: van Hoeve, 1955. 该书对此有详细介绍。Evers, Hans-Dieter. "Traditional Trading Networks of Southeast Asia." *Archipel* 35, No. 1 (1988): 89–100. 借助当代与古代东南亚商人网的对比，该文谈到他们的贸易网络方式。

58 Jerry Bently. *Old World Encounters: Cross-Cultural Contacts and Exchanges in Pre-Modern Times*. New York: Oxford University Press, 1993.

59 Landa, Janet T. *Trust, Ethnicity, and Identity: Beyond the New Institutional Economics of Ethnic Trading Networks, Contract Law, and Gift-Exchange*. University of Michigan Press, 1994.

60 George Hourani. *Arab Seafaring in the Indian Ocean in Ancient and Early Medieval Times*. New Jersey: Princeton University Press, 1991: 83.

61 苏基朗 . 刺桐梦华录 : 近世前期闽南的市场经济 : 946—1368. 李润强，译 . 杭州 : 浙江大学出版社 , 2012: 44.

62 John Chaffee. *The Muslim Merchants of Premodern China: The History of a Maritime Asian Trade Diaspora, 750–1400*. London: Cambridge University Press, 2018: 65–66，其中 Table 2.1 给出朝贡分布细节。

63 《宋会要辑稿 · 职官 · 卷四四》，引自：John Chaffee. *The Muslim Merchants of Premodern China: The History of a Maritime Asian Trade Diaspora, 750–1400*. London: Cambridge University Press, 2018: 92.

64 John Chaffee. *The Muslim Merchants of Premodern China: The History of a Maritime Asian Trade Diaspora, 750–1400*. London: Cambridge University Press, 2018: 81.

65 这一段内容引自：John Chaffee. *The Muslim Merchants of Premodern China: The History of a Maritime Asian Trade Diaspora, 750–1400*. London: Cambridge University Press, 2018: 85–87.

66 白寿彝 . 中国伊斯兰史存稿 . 银川 : 宁夏人民出版社 , 1982:118.

67 "诸市舶纲首，能招诱舶舟，抽解物货，累价及五万十万贯者，补官有差。大食蕃客蒲罗辛贩乳香，值三十万贯"，因此而授予他"承信郎"官衔。白寿彝 . 中国伊斯兰史存稿 . 银川 : 宁夏人民出版社 , 1982:122.

68 白寿彝 . 中国伊斯兰史存稿 . 银川 : 宁夏人民出版社 , 1982:122.

69 苏基朗 . 刺桐梦华录 : 近世前期闽南的市场经济 : 946—1368. 李润强，译 . 杭州 : 浙江大学出版社 , 2012: 73–74.

70 Nancy Steinhardt. *China's Early Mosques*. Edinburgh: Edinburgh University Press, 2016. chapter 2.

71 苏基朗．刺桐梦华录：近世前期闽南的市场经济：946—1368. 李润强，译．杭州：浙江大学出版社，2012:54.

72 苏基朗．刺桐梦华录：近世前期闽南的市场经济：946—1368. 李润强，译．杭州：浙江大学出版社，2012:117.

73 庄为玑，庄景辉．泉州宋船香料与蒲家香业．厦门大学学报(哲学社会科学版), 1978(Z1):170–177.

74 苏基朗．刺桐梦华录：近世前期闽南的市场经济：946—1368. 李润强，译．杭州：浙江大学出版社，2012: 116–123.

75 苏基朗．刺桐梦华录：近世前期闽南的市场经济：946—1368. 李润强，译．杭州：浙江大学出版社，2012:123.

76 白寿彝．中国伊斯兰史存稿．银川：宁夏人民出版社，1982:179–183.

77 罗香林．蒲寿庚研究．香港：中国学社，1959: 90–94. 引自：苏基朗．刺桐梦华录：近世前期闽南的市场经济：946—1368. 李润强，译．杭州：浙江大学出版社，2012:126.

78 关于这些世家的细节，见：John Chaffee. *The Muslim Merchants of Premodern China: The History of a Maritime Asian Trade Diaspora, 750–1400*. London: Cambridge University Press, 2018: 146–157.

79 马可·波罗．马可·波罗游记．北京：中国文史出版社，2008.

80 这三段引语，分别见于《明太祖实录》卷二七、卷七十及卷一三九。

81 李金明．明代海外贸易史．北京：中国社会科学院出版社，1990.

82 《明实录·太祖洪武实录》卷二三一，洪武二十七年正月甲寅。

83 王天有，高寿仙．明史：多重性格的时代．北京：中信出版社，2017: 82–83.

84 晁中辰．明代海禁与海外贸易．北京：人民出版社，2005.

85 张中复．从“蕃客”到“回族”：泉州地区穆斯林族群意识变迁的历史省察 // 洪丽完，主编．国家与原住民：亚太地区族群历史研究．台北：中央研究院台湾史研究所，2009: 284.

86 苏基朗．刺桐梦华录：近世前期闽南的市场经济：946—1368. 李润强，译．杭州：浙江大学出版社，2012: 134–137.

87 D'Acunto, Francesco, Marcel Prokopczuk, and Michael Weber. “Historical Antisemitism, Ethnic Specialization, and Financial Development.” *The Review of Economic Studies* 86, No. 3 (2019): 1170–1206.

88 参见前面第七章第二节的讨论，以及：Burgess, Robin, and Dave Donaldson. “Railroads and the Demise of Famine in Colonial India.” London School of Economics working paper (2017).

89 以下分析的细节，参见：Kung, James Kai-Sing, and Chicheng Ma. “Autarky and the Rise and Fall of Piracy in Ming China.” *The Journal of Economic History* 74.2 (2014): 509–534.

90 海禁期间，除部分官府对海上贸易“睁一只眼闭一只眼”外，有官员甚至“知法犯法”，主动投身海贸。仅《明实录》就有多处记录兴化、永宁、漳州等地官员，收受走私货物贿赂，或雇人出海贸易。对这部分案件的整理，可见：晁中辰．明代海禁与海外贸易．北京：人民出版社，2005.

91 Subrahmanyam, Sanjay. *The Portuguese Empire in Asia, 1500–1700: A Political and Economic History.* New York: John Wiley & Sons, 2012. 中文版：桑贾伊·苏拉马尼亚姆．葡萄牙帝国在亚洲（第二版）．巫怀宇，译．桂林：广西师范大学出版社，2018.

92 Kung, James Kal-Sing, and Chicheng Ma. “Autarky and the Rise and Fall of Piracy in Ming China.” *The Journal of Economic History* 74, No.2（2014）: 509–534.

93 有关丝绸在当时东亚贸易网络中的地位，可参考：Disney, Anthony R. *A History of Portugal and the Portuguese Empire: Volume 1, Portugal: From Beginnings to 1807. Vol. 1*. Cambridge University Press, 2009.

94 Kung, James Kai-Sing, and Chicheng Ma. “Autarky and the Rise and Fall of Piracy in Ming China.” *The Journal of Economic History* 74, No.2（2014）: 509–534.

95 有关这一点，参见：Jedwab, Remi, and Dietrich Vollrath. “Urbanization Without Growth in Historical Perspective.” *Explorations in Economic History* 58 (2015): 1–21.

96 这一时段的海盗，绝大多数不属于另一个“耳熟能详”的群体——倭寇，即不是日本人（“倭”）。有关商人与倭寇这两种身份的“重叠”，可见：林仁川．明代私人海上贸易商人与“倭寇”．中国史研究 4，1980: 94–108; 范中义，仝晰纲．明代倭寇史略．北京：中华书局，2004.

97 引文分别出自《明经世文编》卷二六六及卷二一八。

98 Gary Becker. “Crime and Punishment: an Economic Approach”. *Journal of Political Economy* 76(1968):169–217.

99 明廷应该明白这一道理，《后汉书·孟尝传》中对孟尝的评价中就说道：“州郡表其能，迁合浦太守。郡不产谷实，而海出珠宝，与交阯比境，常通商贩，贸籴粮食。先时宰守并多贪秽，诡人采求，不知纪极，珠遂渐徙于交阯郡界。于是行旅不至，人物无资，贫者饿死于道。尝到官，革易前敝，求民病利。曾未逾岁，去珠复还，百姓皆反其业，商货流通，称为神明。”意思是，州郡表扬孟尝之才能，升其为合浦太守。本郡不产粮，但海里出产珍宝，与交阯交界，互相通商，购买粮食。之前的宰守官吏们多为贪婪污浊之人，奸商滥采珍珠，导致珠贝无法生存，都跑往交阯海域。因此商人不来买卖，当地人穷物少；贫穷之下不少百姓饿死路边，社会混乱。孟尝到任后，改革先前敝政，弄清对百姓不利和有利的地方。结果，不到一年，原来离开的珠贝全返回合浦海域，百姓也重操旧业，商货又流通了，社会重返良序。孟尝真是神明，他把犯罪经济学掌握应用到极致。

100 但与日本的贸易不在合法范围之内。有关1567年政策变动的详细介绍，可参阅：Von Glahn, Richard. *Fountain of Fortune: Money and Monetary Policy in China, 1000—1700.* University of California Press, 1996.

101 林仁川．明清私人海上贸易的特点．中国社会经济史研究，3，1987.；冷东．明代潮州海盗论析．中国社会经济史研究，2，2002.

102 Toby Huff. *The Rise of Early Modern Science: Islam, China and the West.* Cambridge: Cambridge University

Press, 2003: 48.

103 见前两个注释的参考文章以及：Sabra, Abdelhamid Ibrahim. “Situating Arabic Science: Locality Versus Essence.” *Isis* 87, No. 4 (1996): 654–670.

104 Eric Chaney. “Religion and the Rise and Fall of Islamic Science” . Harvard University Working Paper (2016).

105 虽然伊斯兰教和儒家在内涵上十分不同，但在基本主张上，伊斯兰传统派跟西汉董仲舒何其相似，都反对理性质疑教义，要求为了社会秩序而无条件地接受。有关内容见第五章和董仲舒《春秋繁露》。

106 Crone, Patricia. “Post-colonialism in Tenth-century Islam.” *Der Islam* 83, No. 1 (2006): 2–38.

107 Crone, Patricia. “Post-colonialism in Tenth-century Islam.” *Der Islam* 83, No. 1 (2006): 2–38.

108 这跟第三章谈到的李泽厚“从巫过渡到礼、再过渡到基于理性的科学”的论述，逻辑类似，参见：李泽厚 . 由巫到礼 释礼归仁 . 北京 : 生活 · 读书 · 新知三联书店 , 2005.

109 Makdisi, George, and D. S. Richards. “*Islamic Civilization 950–1150.*” A colloquium published under the auspices of the Near Eastern History Group, Oxford, the Near East Center, University of Pennsylvania (Papers on Islamic history) (1973): 155–168.

110 Sonja Brentjes. “Patronage of the Mathematical Sciences in Islamic Societies.” in E. Robson and J. Stedall, eds., *The Oxford Handbook of the History of Mathematics.* Oxford: Oxford University Press, 2009: 319.

111 Eric Chaney. “Religion and the Rise and Fall of Islamic Science” . Harvard University Working Paper (2016): Appendix Table 1.

112 Eric Chaney. “Religion and the Rise and Fall of Islamic Science” . Harvard University Working Paper (2016): Appendix Table 1.

113 Eric Chaney. “Religion and the Rise and Fall of Islamic Science” . Harvard University Working Paper (2016)，Appendix Table 1.

114 Joel Mokyr, *Book Review on Rulers, Religion, and Riches: Why the West Got Rich and the Middle East Did Not* (by Jared Rubin), EH.Net (April 2017).

115 George Hourani. *Arab Seafaring in the Indian Ocean in Ancient and Early Medieval Times.* New Jersey: Princeton University Press, 1991: 83.

116 Blaydes, Lisa, and Eric Chaney. “The Feudal Revolution and Europe's Rise: Political Divergence of the Christian West and the Muslim World Before 1500 ce.” *American Political Science Review* 107, No. 1 (2013): 16–34.

117 Lapidus, Ira M. “The Evolution of Muslim Urban Society.” *Comparative Studies in Society and History* 15, No. 1 (1973): 21–50.

118 Rodney Stark. *One True God: Historical Consequences of Monotheism.* New Jersey: Princeton University Press, 2001: 36.

119 Rodney Stark. *One True God: Historical Consequences of Monotheism*. New Jersey: Princeton University Press, 2001:76–77.

120 Gaspar Correa. *Three Voyages of Vasco da Gama, and his Viceroyalty*. Translated by Henry Edward John Stanley. New York: Cambridge University Press, 2011:367. 引自：Richard J. Garrett. *The Defences of Macau: Forts, Ships and Weapons over 450 years*. Hong Kong: Hong Kong University Press, 2011: 1.

121 Chaudhuri, K. *Trade and Civilisation in the Indian Ocean: An Economic History from the Rise of Islam to 1750*, Cambridge: Cambridge University Press, 1985: 68.

122 Chaudhuri, K. *Trade and Civilisation in the Indian Ocean: An Economic History from the Rise of Islam to 1750*, Cambridge: Cambridge University Press, 1985: 68.

123 Subrahmanyam, Sanjay. *The Portuguese Empire in Asia, 1500–1700: A Political and Economic History*. New York: John Wiley & Sons, 2012. 中文版：桑贾伊·苏拉马尼亚姆．葡萄牙帝国在亚洲（第二版）．巫怀宇，译．桂林：广西师范大学出版社，2018.

124 John E. Wills, Jr. "Relations with Maritime Europe, 1514–1662," in *The Cambridge History of China: Volume 8, The Ming Dynasty, 1368–1644:* Part 2, edited by Denis Twitchett, John King Fairbank, and Albert Feuerwerker. New York: Cambridge University Press, 1998: 343–344. 中文版：崔瑞德，牟复礼，编．剑桥中国明代史 下卷．杨品泉，等译．北京：中国社会科学出版社，2006.

125 Joseph Needham. *Gunpowder as the Fourth Power, East and West*. Hong Kong: Hong Kong University Press, 1985.

126 Richard J. Garrett. *The Defences of Macau: Forts, Ships and Weapons over 450 years*. Hong Kong: Hong Kong University Press (2011): chapter 1.

127 Chandhuri. K. *Trade and Crvilisation in the Indicn Ocean: an Economic History from the Rise of Islam to 1750*. Cambridge: Cambridge University Press(1985): 70.

128 Chaudhuri, K. *Trade and Civilisation in the Indian Ocean: An Economic History from the Rise of Islam to 1750*, Cambridge: Cambridge University Press, (1985): 68–71.

129 Alfani, Guido. "The Famine of the 1590s in Northern Italy. An Analysis of the Greatest 'system shock' of Sixteenth Century." *Histoire & mesure* 26, No. XXVI-1 (2011): 17–50. 尤其是 Figure 1 反映的出生率变化。

130 Funnell, Warwick, and Jeffrey Robertson. *Accounting by the First Public Company: The Pursuit of Supremacy*. Routledge, 2013: 46.

131 Funnell, Warwick, and Jeffrey Robertson. *Accounting by the First Public Company: The Pursuit of Supremacy*. Routledge, 2013: 44–45.

132 Funnell, Warwick, and Jeffrey Robertson. *Accounting by the First Public Company: The Pursuit of Supremacy*. Routledge, 2013: 48.

133 Chaudhuri, K. *Trade and Civilisation in the Indian Ocean: An Economic History from the Rise of Islam to 1750*,

Cambridge: Cambridge University Press, 1985: 83.

134 John Micklethwait and Adrian Wooldridge. *The Company: a Short History of a Revolutionary Idea*. New York: The Modern Library, 2003: 20.. 中文版：约翰·米克勒斯维特，阿德里安·伍尔德里奇．公司的历史．夏荷立，译．合肥：安徽人民出版社，2012.

135 Oscar Gelderblom and Joost Jonker. "Completing a Financial Revolution: The Finance of the Dutch East India Trade and the Rise of the Amsterdam Capital Market, 1595–1612". *The Journal of Economic History* 64.3 (2004): 641–672.

136 在古罗马时期就发展出类似的公众股份公司，但在罗马帝国崩溃、欧洲进入中世纪后，这类商业组织也不再沿用，直到16世纪新教改革、中世纪结束后，因为航海贸易而在荷兰和英国再现。更多讨论，见第十章。

137 这段话原文："The limited liability corporation is the greatest single discovery of modern times. Even steam and electricity would be reduced to comparative importance without it." 这段话引自：John Micklethwait and Adrian Wooldridge. *The Company: a Short History of a Revolutionary Idea*. New York: The Modern Library, 2003: xxi.. 中文版：约翰·米克勒斯维特，阿德里安·伍尔德里奇．公司的历史 夏荷立，译．合肥：安徽人民出版社，2012.

138 Alfred Chandler. *Scale and Scope: The Dynamics of Industrial Capitalism*. Cambridge: The Belknap Press of Harvard University Press, 1990. 中文版：艾尔弗雷德·钱德勒．规模与范围：工业资本主义的原动力．张逸人，等译．北京：华夏出版社，2006.

139 陈志武，李玉．制度寻踪．公司制度卷．上海：上海财经大学出版社，2009.

140 Oscar Gelderblom, and Joost Jonker. "Completing a Financial Revolution: The Finance of the Dutch East India Trade and the Rise of the Amsterdam Capital Market, 1595–1612." *Journal of Economic History* (2004): 641–672.

141 Oscar Gelderblom and Joost Jonker. "Completing a Financial Revolution: The Finance of the Dutch East India Trade and the Rise of the Amsterdam Capital Market, 1595–1612". *The Journal of Economic History* 64.3 (2004)：649. Oscar Gelderblom, and Joost Jonker. "Completing a Financial Revolution: The Finance of the Dutch East India Trade and the Rise of the Amsterdam Capital Market, 1595–1612." *Journal of Economic History* (2004): 641–672.

142 Carmen Reinhart and Kenneth Rogoff. *This Time is Different: Eight Centuries of Financial Folly*. Princeton: Princeton University Press, 2009: 86–87. 中文版：卡门·莱因哈特，肯尼斯·罗格夫．这次不一样：八百年金融危机史．綦相，刘晓锋，刘丽娜，译．北京：机械工业出版社，2020.

143 James Mcdonald. *A Free Nation Deep in Debt: The Financial Roots of Democracy*. New York: Farrar, Straus and Giroux, 2003: 136. 中文版：詹姆斯·麦克唐纳．债务与国家的崛起：西方民主制度的金融起源．杨宇光，译．北京：社会科学文献出版社，2021.

144 Geoffrey Parker. *The Thirty Years' War*. New York: Routledge, 1997: 153.

145 这一段的内容主要来自：John Micklethwait and Adrian Wooldridge. *The Company: a Short History of a Revolutionary Idea*. New York: The Modern Library, 2003: 18–22. 中文版：约翰·米克勒斯维特，阿德里安·伍尔德里奇 . 公司的历史 . 夏荷立，译 . 合肥：安徽人民出版社，2012.

146 John Micklethwait and Adrian Wooldridge. *The Company: a Short History of a Revolutionary Idea*. New York: The Modern Library, 2003: 21–24.. 中文版：约翰·米克勒斯维特，阿德里安·伍尔德里奇 . 公司的历史 . 夏荷立，译 . 合肥：安徽人民出版社，2012.

147 Zhiwu Chen. "Capital Markets and Legal Development: The China Case" . *China Economic Review* 14.4 (2003): 451–472. 陈志武 . 金融的逻辑 . 北京 : 国际文化出版公司 , 2009: 180–210.

148 Rafael La Porta, Florence Lopez-de-Silanes, Andrei Shleifer, and Robert Vishny. "Law and Finance," *Journal of Political Economy* 106 (1998): 1113–1155.

149 Daron Acemoglu and James Robinson. *Why Nations Fail: The Origins of Power, Prosperity, and Poverty*. New York: Random House, 2012. 中文版：德隆·阿西莫格鲁，詹姆斯·罗宾逊 . 国家为什么会失败 . 李增刚，译 . 长沙：湖南科学技术出版社，2015.

150 Angus Maddison. *The World Economy: A Millenial Perspective*. Paris: OECD Development Centre (2001), Table B21. 中文版：安格斯·麦迪森 . 世界经济千年史 . 伍晓鹰，等译 . 北京：北京大学出版社，2003.

151 Acemoglu, Daron, Simon Johnson, and James Robinson. "The Rise of Europe: Atlantic Trade, Institutional Change, and Economic Growth." *American Economic Review* 95, No. 3 (2005): 546–579.

152 关于那两次英国革命的总结，参见：Acemoglu, Daron, Simon Johnson, and James Robinson. "The Rise of Europe: Atlantic Trade, Institutional Change, and Economic Growth." *American Economic Review* 95, No. 3 (2005): 546–579.; North, Douglass C., and Barry R. Weingast. "Constitutions and Commitment: the Evolution of Institutions Governing Public Choice in Seventeenth-century England." *The Journal of Economic History* 49, No. 4 (1989): 803–832.

153 Wang Gungwu. *The Nanhai Trade: Early Chinese Trade in the South China Sea*. Singapore: Eastern University Press, 2003: 96–98, 111–114.

154 芮乐伟 . 韩森 . 丝绸之路新史 . 张湛泽 . 北京 : 北京联合出版公司 , 2015: 23. 她引用的研究是 : Anna Muthesius, "The Impact of the Mediterranean Silk Trade on Western Europe before 1200 A.D." in *Textiles in Trade: Proceedings of the Textile Society of America Biennial Symposium, September 14–16, 1990, Washington, DC*. Los Angeles: Textile Society of America (1990):126–135.

155 朱杰勤 . 华侨史 . 桂林 : 广西师范大学出版社 , 2011.

156 Wang, Gungwu. "Merchants Without Empire: the Hokkien Sojourning Communities." *The Rise of Merchant Empires: Long-distance Trade in the Early Modern World* : 1350–1750. Cambridge University Press,1990: 405–407.

157 基于亚洲、非洲的历史大数据，三位学者证明了伊斯兰教传播跟古代商路的关系。尤其是以伊斯兰教于 7 世纪兴起之前就存在的主要商路为参照（包括海上丝路、陆上丝路），离这些商路越近的社会，信伊斯兰教的人口比就越高，今天那里的居民信仰伊斯兰教的虔诚度越高，参见：Michalopoulos, Stelios, Alireza Naghavi, and Giovanni Prarolo. "Trade and Geography in the Spread of Islam." *The Economic Journal* 128, No. 616 (2018): 3210–3241. 当然，反过来看，伊斯兰教信众多的地方，其跨区贸易越发达，反映了伊斯兰教对贸易的促进作用，参见：Chaudhuri, Kirti N., and K. N. Chaudhuri. *Trade and Civilisation in the Indian Ocean: an Economic History From the Rise of Islam to 1750*. Cambridge University Press, 1985; Kuran, Timur, and Scott Lustig. "Judicial Biases in Ottoman Istanbul: Islamic Justice and Its Compatibility With Modern Economic Life." *The Journal of Law and Economics* 55, No. 3 (2012): 631–666.

158 费正清 . 费正清中国史 . 张沛，张源，顾思兼，译 . 长春：吉林出版社，2015：第五章、第六章。

159 Wang Gungwu. *The Nanhai Trade: Early Chinese Trade in the South China Sea*. Singapore: Eastern University Press, 2003: 96–98, 111–114.

160 严从简 , 余思黎 . 殊域周咨录 . 北京：中华书局 , 1993: 307.

161 从宗教动因探讨郑和下西洋的研究不是很多，参见：谈谭 . 郑和下西洋动因新探 . 世界宗教研究 , 2(2005).

162 Rodney Stark. *One True God: Historical Consequences of Monotheism*. New Jersey: Princeton University Press, 2001: 36.

163 参见引言里关于莫基尔"有用知识"与"无用知识"，以及"生产性人力资本"与"非生产性人力资本"之区分的讨论。Joel Mokyr. *A Culture of Growth: The Origins of the Modern Economy*. New Jersey: Princeton University Press (2016). 中文版：乔尔·莫基尔 . 增长的文化：现代经济的起源 . 胡思捷，译 . 北京：中国人民大学出版社，2020.

第十章

1 费孝通 . 江村经济 . 上海：上海人民出版社，2006.

2 Eric Lipton and Stephen Labaton. "Deregulator Looks Back, Unswayed" , *The New York Times* (November 16, 2008).

3 Avner Greif and Guido Tabellini. "The Clan and the Corporation: Sustaining Cooperation in China and Europe" . *Journal of Comparative Economics* 45.1 (2017), 1–35.

4 Cormac O'Grada. *The Great Irish Famine*. New York: Cambridge University Press (1995) .

5 Austin Bourke. "*'The Visitation of God?' The Potato and the Great Irish Famine*." Lilliput Press Ltd (1993).

6 Cormac O'Grada. *The Great Irish Famine*. Cambridge University Press (1995) .

7 Joel Mokyr and Cormac O'Grada. "New Developments in Irish Population History, 1700—1850." The

Economic History Review 37.4 (1984): 473–488.

8 对这一疫病的深入介绍，参见：Maarten J. Zwankhuizen, Francine Govers, and Jan C. Zadoks. "Development of Potato Late Blight Epidemics: Disease Foci, Disease Gradients, and Infection Sources." *Phytopathology* 88.8 (1998): 754–763.

9 有关"50 英里"这一数字的估计，引自：Tyler Beck Goodspeed. *Famine and Finance: Credit and the Great Famine of Ireland*. Springer（2017）.

10 有关爱尔兰马铃薯每年的受灾烈度的考订及统计，参见：Cormac O'Grada. *Black'47 and Beyond: The Great Irish Famine in History, Economy, and Memory*. Princeton University Press (2000).

11 这一估计引自：Tyler Beck Goodspeed. "Microcredit and Adjustment to Environmental Shock: Evidence From the Great Famine in Ireland." *Journal of Development Economics* 121 (2016): 258–277.

12 有关爱尔兰粮食市场与欧洲其他地区市场的整合程度的定量分析，以及对当地市场的负面特征的评述，参见：Cormac O'Grada. "Markets and Famines in Pre-industrial Europe." *Journal of Interdisciplinary History* 36.2 (2005): 143–166.

13 尽管如此，这已是当时的政府和教会所能提供的最有效的救济手段。对此类救济机构的介绍及评述，参见：Cormac O'Grada. "Famine in Ireland, 1300–1900." University College Dublin working paper (2015).

14 图片来自公共网页：htps://www.irishcentral. com/roots/histor/why-we-should-call-it-the-great-hunger-and-not-the-irish-potato-famine.

15 有关此类金融机构的深入介绍，参见：Tyler Beck Goodspeed. "Microcredit and Adjustment to Environmental Shock: Evidence From the Great Famine in Ireland." *Journal of Development Economics* 121 (2016): 258–277,; Tyler Beck Goodspeed. "Environmental Shocks and Sustainability in Microfinance: Evidence From the Great Famine of Ireland." *The World Bank Economic Review* 32.2 (2016): 456–481.

16 一般的借款周期是 20 周。在此期间，农民需要每周偿还本金的 1/20。到期之后，农民还需额外偿还一笔利息。

17 关于此处分析的细节，参见：Tyler Beck Goodspeed. *Famine and Finance: Credit and the Great Famine of Ireland*. Springer（2017）.

18 我们并非主张贷款机构是完美的解决方案——实际上，与救济及粮食市场相近，借贷机构发挥的作用同样有限。1845—1846 年，借贷机构倒闭的概率上升了 24%。倒闭的现象在灾前利润率较低的机构中更加明显。这说明在部分区域，灾情已超出了当时的金融市场能够缓冲的程度。然而，在救亡及兴产方面，金融确实发挥了独特的作用。如果当时爱尔兰的金融市场更加发达，损失或许可以因此降到更低的程度。有关借贷机构本身在饥荒中面临的冲击，可见：Tyler Beck Goodspeed. "Environmental Shocks and Sustainability in Microfinance: Evidence From the Great Famine of Ireland." *The World Bank Economic Review* 32.2 (2016): 456–481.

19 禽畜不仅可以食用，也有助于农民开展种植以外的生产活动，使生产方式多样化。这一点与我们在第二章展开的分析一致。此外，保有的禽畜数量更多，从侧面反映出当地家庭受饥荒冲击更轻。

20 Cormac O'Grada. *Eating People is Wrong and Other Essays on Famine, its Past and its Future*. Princeton: Princeton University Press (2015).

21 此处的分析细节，参见：胡金焱，张博，范辰辰 . 气候冲击、民间金融与农民起义——典当的避险作用 . 金融研究 8，2016: 68–84.

22 值得注意的是，原文作者还按"政府是否救灾"这一指标对原数据样本分别进行了分析。结果显示：典当行缓解旱灾风险的效应，仅在"政府没有出手"救灾的样本中显著；政府实施救灾的地区，典当行的这一效应不明显。这也从侧面反映了在对抗风险的角色上，政府与金融市场间彼此替代的关系。有关这一点，本书第十一章会进一步探讨还可见：胡金焱，张博，范辰辰 . 气候冲击、民间金融与农民起义——典当的避险作用 . 金融研究 8，2016: 68–84.

23 传统思想一般将高利贷等同于压迫，认为高利率在很大程度上应归咎于经济以外的强制能力。我们的研究却发现：至少在中国，事实并非如此。首先，在发生命案的清代借贷冲突中，利率越高，贷方在冲突中被打死的概率越高。这与超经济强制力假说不一致——如果这一假说确实成立，高利率的放贷人应该掌控更多暴力，在冲突时身亡的概率也该更低。其次，在旱涝年份，利率的平均值反而比平常年份更低。如果强制力一说成立，在灾荒年份，放款人理应有能力收取更高贷款利率，而实证数据却恰恰相反。有关这些分析的细节，见：陈志武，林展，彭凯翔 . 民间借贷中的暴力冲突 : 清代债务命案研究 . 经济研究 49. No.9，2014: 162–175。

24 有关这一点，参见：Robin Burgess, Olivier Deschenes, Dave Donaldson, and Michael Greenstone. "Weather and Death in India: Mechanisms and Implications of Climate Change." London School of Economics working paper (2017) .

25 Adair Morse. "Payday Lenders: Heroes or Villains?" *Journal of Financial Economics* 102(1) (2011), pp. 28–44.

26 这里引用的社会责任放贷研究中心的统计数据，来自：Adair Morse. "Payday Lenders: Heroes or Villains?" *Journal of Financial Economics* 102(1) (2011): 28–44.

27 Marie Burton. "Keep the Plates Spinning: Perceptions of Payday Loans in Great Britain" . *Consumer Focus* (2010).

28 Neil Bhutta, Jacob Goldin, and Tatiana Homono. "Consumer Borrowing After Payday Loan Bans" . Federal Reserve Board working paper (2014).

29 有关纽约州政府及联邦政府下属消费者金融保护局对领薪日贷款的监管细节，见：陈璐 . 美国发薪日贷款监管状况 . 金融法苑，2017.

30 Adair Morse. "Payday Lenders: Heroes or Villains?" *Journal of Financial Economics* 102(1) (2011): 28–44.

31 有关这一点参见：Darwin Cortés, Julieth Santamaría, and Juan F. Vargas. "Economic Shocks and Crime: Evidence From the Crash of Ponzi Schemes." *Journal of Economic Behavior & Organization* 131 (2016):

263–275.

32 有关这一点参见：Banerjee, Abhijit, et al. "A Multifaceted Program Causes Lasting Progress for the Very Poor: Evidence From Six Countries." *Science* 348.6236 (2015): 1260799. 关于此类发展项目与当地原有借贷市场的交互作用，可参见：Robert Cull, Asli Demirgüç-Kunt, and Jonathan Morduch. "Microfinance Meets the Market." *Journal of Economic Perspectives* 23.1 (2009): 167–92.

33 鲁西奇．编户齐民：汉代农民的生活与社会．桂林：广西师范大学出版社，2015.

34 黄仁宇．赫逊河畔谈中国历史．北京：三联书店，1997：67.

35 钱穆．中国历代政治得失．北京：三联书店，2001：18.

36 罗志欢，李龙潜．清代广东土地契约文书汇编．济南：齐鲁书社，2014. 这一段的总结都基于其中的地契案例。

37 周天爵．周文愚公尺牍（卷上），《与刘次白书》，清道光年间．

38 董传岭．晚清自然灾害与乡村社会研究：以山东为例．北京：北京文史出版社，2014.

39 邓拓．中国救荒史．北京：商务印书馆，2011.

40 这一段的内容主要引自：Mead Cain. "Risk and Insurance: Perspectives on Fertility and Agrarian Change in India and Bangladesh." *Population and Development Review* 7.3(1981): 435–474.

41 Mead Cain. "Risk and Insurance: Perspectives on Fertility and Agrarian Change in India and Bangladesh" . *Population and Development Review* 7.3（1981）: Table 5.

42 Mead Cain. "Risk and Insurance: Perspectives on Fertility and Agrarian Change in India and Bangladesh." *Population and Development Review* 7.3(1981): 455.

43 Mead Cain. "Risk and Insurance: Perspectives on Fertility and Agrarian Change in India and Bangladesh." *Population and Development Review* 7.3(1981): Figure 2.

44 Mead Cain. "Risk and Insurance: Perspectives on Fertility and Agrarian Change in India and Bangladesh." *Population and Development Review* 7. 3（1981）: Table 7 and Table 8.

45 Mead Cain. "Risk and Insurance: Perspectives on Fertility and Agrarian Change in India and Bangladesh." *Population and Development Review* 7.3(1981): 462–464.

46 N.S. Jodha. "Role of Credit in Farmer's Adjustment Against Risk in Arid and Semi-arid Tropical Areas of India" , ICRISAT Economics Program Occasional Paper No. 20,Patancheru, Andhara Pradesh, India (1978): Table 1.

47 Mead Cain. "Risk and Insurance: Perspectives on Fertility and Agrarian Change in India and Bangladesh." *Population and Development Review* 7.3(1981): 462–464.

48 Mead Cain. "Risk and Insurance: Perspectives on Fertility and Agrarian Change in India and Bangladesh." *Population and Development Review* 7.3(1981): 463.

49 潘光旦．潘光旦文集．第 11 卷．北京：北京大学出版社，2010：130.

50 夏明方．"卖一口，救十口"——关于妇女买卖的比较研究．学习时报，2004–12–20.

51 岸本美绪谈到，清代刑律规定在四种情况下可以合法卖妻：一是通奸之妻，二是背夫逃亡之妻，三是情愿出卖为婢之妻，四是因贫困而不得已。第四种情况显然使许多妻妾买卖得到法律上的认可。岸本美绪．妻可卖否？———明清时代的卖妻、典妻习俗．契约文书与社会生活(1600—1900)，2001.

52 潘光旦．潘光旦文集．第 11 卷．北京：北京大学出版社，2010.；夏明方．“卖一口，救十口”——关于妇女买卖的比较研究．学习时报，2004-12-20.；赵晓华．晚清饥荒中的妇女买卖——以光绪初年华北大旱灾为中心，中国史研究 5，2008.

53 Etan Levine, “Biblical Women's Marital Rights”, in American Academy for Jewish Research: *Proceedings of the American Academy for Jewish Research*, Vol. 63 (1997—2001): 87–135.

54 希罗多德．历史．周永强，译．西安：陕西师范大学出版社，2008.

55 汤普森．共有的习惯．沈汉，王加丰，译．北京：商务印书馆，2002：第七章．

56 R.F. Gray. “Sonjo Bride Price and the Question of African 'Wife Purchase'”. *American Anthropologist* 62(1960): 34–57.

57 Sara Sidner, “Farmers sell wives to pay debts in rural India”, *CNN* (October 23, 2009).

58 汤普森．共有的习惯．沈汉，王加丰，译．北京：商务印书馆，2002：第七章．

59 汤普森提供的案例之一是：“一个叫罗德尼·霍尔的劳动者，习惯于懒散和放荡……他带着妻子来到镇里，用一根缰绳围着她的身子，目的是把她陈列在公共市场上，让出价最高的人来买。把妻子带进市场并付了人头税后，他领着妻子在市场转，转了两圈，遇见一个日子过得和他一样的人，后者用 18 便士和 1 夸脱淡啤酒买他的妻子。”在另一个发生于 1847 年的例子中，买卖妻子的过程大致是：星期三市场传呼员宣布说，巴罗的乔治·雷的妻子 11 点钟将放在巴顿市场上。拍卖时间一到，卖妻人与其妻子一起出现了，一根新缰绳扎在妻子的腰上。在旁观者的呼声中，“货物”开始被拍卖，击槌卖定。案例见：汤普森．共有的习惯．沈汉，王加丰，译．北京：商务印书馆，2002：第七章．其他关于英国卖妻传统的介绍，见：Samuel Menefee, *Wives for Sale: An Ethnographic Study of British Popular Divorce.*, New York：St. Martin's Press, 1981.

60 更多细节，参见：夏明方．“卖一口，救十口”——关于妇女买卖的比较研究．学习时报 2004-12-20.

61 关于婚礼过程与婚姻规则，见本书第四章的讨论。

62 详尽的计量论证过程，参见：陈志武，何石军，林展，彭凯翔．清代妻妾价格研究——传统社会里女性如何被用作避险资产？．经济学季刊 18. No.1，2018：253–280.

63 陈志武，何石军，林展，彭凯翔．清代妻妾价格研究——传统社会里女性如何被用作避险资产？．经济学季刊 18.1（2018），253–280，表 4.

64 关于详尽的计量论证过程，参见：陈志武，何石军，林展，彭凯翔．清代妻妾价格研究——传统社会里女性如何被用作避险资产？．经济学季刊 18. No.1，2018：253–280.

65 基于“产权分析框架”对婚嫁过程尤其儒家秩序的解读，参见：陈志武，何石军，林展，彭

凯翔 . 清代妻妾价格研究——传统社会里女性如何被用作避险资产？ . 经济学季刊 18. No.1，2018：253–280；Steven N.S. Cheung. “The Enforcement of Property Rights in Children, and the Marriage Contract” , *The Economic Journal*, 82.326（1972）: 641–657.

66 Steven N.S. Cheung. “The Enforcement of Property Rights in Children, and the Marriage Contract” , *The Economic Journal*, 82.326（1972）: 641–657.

67 有的社会对妻子作为资产的产权安排不是这样。比如，在非洲的 Tsonga 等部落，卖妻权不在丈夫之手，而是由妻子娘家先将她买回去，然后再由娘家卖于下一丈夫。这样做对娘家的资金要求比较高，至少需要短期的过桥资金，参见：R.F. Gray. “Sonjo Bride Price and the Question of African 'Wife Purchase'” . *American Anthropologist* 62(1960): 34–57.

68 在传统中国，一般的规则是寡妇再嫁的财礼（价格）归婆家，但这个产权归属不总是得到遵守。在清代刑科题本中，有许多命案是因为娘家要求分享寡妇再嫁的财礼而发生的，参见：陈志武，何石军，林展，彭凯翔 . 清代妻妾价格研究——传统社会里女性如何被用作避险资产？ . 经济学季刊 18. No.1，2018：253–280.

69 原文为拉丁文（Fenus pecuniac, funus est animae），转引自：Jacques Le Goff. *Your Money or Your Life: Economy and Religion in the Middle Ages*. New York: Zone Books (1990) .

70 一些研究表明，缺乏诚信的社会更倾向于政府管制金融（包括借贷利率），但政府管制越多，会促长社会信任下降、交易风险溢价上升，于是借贷利率反而会更高，参见：Philippe Aghion, Yann Algan, Pierre Cahuc, and Andrei Shleifer. “Regulation and Distrust” . *Quarterly Journal of Economics* 125.3 (2010): 1015–1049；Casey Mulligan and Andrei Shleifer, “The Extent of the Market and the Supply of Regulation,” *Quarterly Journal of Economics* 120.4 (2005): 1445–1473.

71 这里的利率数据分别来自：Lien-sheng Yang. *Money and Credit in China: A Short History.* Cambridge: Harvard University Press (1971): 95; Sydney Homer and Richard Sylla, *A history of interest rates*. 3rd Ed. New Brunswick：Rutgers University Press (1996): 612–613.

72 相关的理论分析，可见：Rudolph C. Blitz and Millard F. Long. “The Economics of Usury Regulation.” *Journal of Political Economy* 73.6 (1965): 608–619.

73 此处的分析细节，参见：Luis Felipe Zegarra. “Usury Laws and Private Credit in Lima, Peru: Evidence From Notarized Records.” *Explorations in Economic History* 65 (2017): 68–93.

74 类似的结论在多个历史场景中都得到了验证。比如，Temin 和 Voth 借助霍尔银行的档案发现：英国对银行施加利率限制后，贷款者中拥有爵位的比例显著上升，参见：Peter Temin and Hans-Joachim Voth. “Interest Rate Restrictions in a Natural Experiment: Loan Allocation and the Change in the Usury Laws in 1714.” *The Economic Journal* 118.528 (2008): 743–758.

75 有关这些背景，参见：Carl Hampus Lyttkens. Economic Analysis of Institutional Change in Ancient Greece: Politics, *Taxation and Rational Behaviour*. Routledge（2012）.

76 参见：亚里士多德 . 雅典政制 . 上海：上海人民出版社，2011；恩格斯 . 家庭、私有制和国家的

起源 . 北京：人民出版社，2018.

77 Carl Hampus Lyttkens. Economic Analysis of Institutional Change in Ancient Greece: Politics, *Taxation and Rational Behaviour.* Routledge (2012) .

78 历史上类似的经验很多。参见：游海华 . 市场 · 革命 · 战争 . 北京：中国社会科学出版社，2015. 李金铮 . 民国乡村借贷关系研究 . 北京：人民出版社，2003.

79 关于制度环境决定何种金融可行，参见：Raghuram G. Rajan and Luigi Zingales. "Which Capitalism? Lessons Form the East Asian Crisis" . *Journal of Applied Corporate Finance* 11.3 (1998): 40–48. 就证券金融发展对法治的依赖，参见：Bernard S. Black. "The Legal and Institutional Preconditions for Strong Securities Markets" . *UCLA Law Review* 48.4 (2001): 781–855.

80 这部分内容的更多细节，参见：陈志武 . 金融的逻辑 . 北京：国际文化出版社，2009：第九章 .

81 Timur Kuran and Jared Rubin. "The Financial Power of the Powerless: Socio-Economic Status and Interest Rates under Partial Rule of Law" . Duke University ERID Working Paper No. 175 (2016): Table 4.

82 更多细节讨论，参见：Timur Kuran and Jared Rubin. "The Financial Power of the Powerless: Socio-Economic Status and Interest Rates under Partial Rule of Law" . Duke University ERID Working Paper No. 175 (2016).

83 本图来自：陈志武 . 金融的逻辑 . 北京 : 国际文化出版社，2009：图 2. 各省人均耕地面积基于 1914 年的数据，引自：苑书义，董丛林 . 近代中国小农经济的变迁 . 北京 : 人民出版社，2001.

84 此处分析的细节，参见：Zhiwu Chen, Kaixiang Peng, and Weipeng Yuan, "Robbery, Social Order and Interest Rates in Modern China"，Yale School of Management working paper (2010).

85 将"利率"对"产权纠纷类案件占比"做回归分析，结果亦显著，参见：Zhiwu Chen, Kaixiang Peng, and Weipeng Yuan, "Robbery, Social Order and Interest Rates in Modern China"，Yale School of Management working paper (2010).

86 Luigi Guiso, Paola Sapienza, and Luigi Zingales. "The Role of Social Capital in Financial Development" . *American Economic Review* 94.3 (2004): 526–556.

87 Zhiwu Chen, Kaixiang Peng, and Weipeng Yuan, "Robbery, Social Order and Interest Rates in Modern China. " Yale School of Management working paper (2010) : Figure 4.

88 Avner Greif, "Reputation and Coalitions in Medieval Trade: Evidence on the Maghribi Traders" , *Journal of Economic History* XLIX (1989): 857–882; Avner Greif, "Contract Enforceability and Economic Institutions in Early Trade: the Maghribi Traders' Coalition" , *American Economic Review* 83.2 (1993): 525–548; Avner Greif, "Cultural Beliefs and the Organization of Society: a Historical and Theoretical Reflection on Collectivist and Individualist Societies" , *Journal of Political Economy* 102 (1994): 912–950.

89 Simeon Djankov, Oliver Hart, Caralee McLiesh, and Andrei Shleifer. "Debt Enforcement around the World" . *Journal of Political Economy* 116.6 (2008): 1105–1149，Table 9.

90 关于一国金融发展水平的决定因素，有不少经典研究，基本结论跟这里介绍的一致：司法公正、司法效率、社会文化对借贷的态度、投资者权益保护（债权人利益保护）、行政权力、司法传统等，都有显著的影响，参见：Simeon Djankov, Caralee McLiesh, and Andrei Shleifer. "Private Credit in 129 Countries." *Journal of Financial Economics* 84 (2007): 299–329；Rafael LaPorta, Florencio Lopez-de-Silanes, Andrei Shleifer, and Robert Vishny. "Legal Determinants of External Finance." *Journal of Finance* 52.3 (1997): 1131–1150；Rafael LaPorta, Florencio Lopez-de-Silanes, Andrei Shleifer, and Robert Vishny. "Law and Finance." *Journal of Political Economy* 106.6 (1998): 1113–1155；Ross Levine. "Law, Finance, and Economic Growth." *Journal of Financial Intermediation* 8.1 (1999): 36–67.

91 Avner Greif and Guido Tabellini. "The Clan and the Corporation: Sustaining Cooperation in China and Europe. *Journal of Comparative Economics* 45.1 (2017): 1–35.

92 David Faure. *China and Capitalism: a History of Business Enterprise in Modern China*. Hong Kong: Hong Kong University Press (2006): 37–42; David Faure. "The Lineage as Business Company: Patronage versus Law in the Development of Chinese Business" . in Raj Brown (ed.), *Chinese Business Enterprise, Critical Perspectives on Business and Management*. London: Routledge (1995): Vol. 1, 82–106.

93 Madeleine Zelin. *The Merchants of Zigong: Industrial Entrepreneurship in Early Modern China*. New York: Columbia University Press (2008): 84–94. 中文版：曾小萍 . 自贡商人：近代早期中国的企业家，董建中，译 . 南京：江苏人民出版社，2014.

94 Stephanie Po-Yin Chung. "Chinese Tong as British Trust: Institutional Collisions and Legal Disputes in Urban Hong Kong, 1860s—1980s" . *Modern Asian Studies* 44.6 (2010): 1409–1432.

95 Zhiwu Chen, Chicheng Ma, and Andrew J. Sinclair. "Does Confucianism Inhibit Financial Development?" University of Hong Kong working paper (2019).

96 在 1997—1998 年亚洲金融危机之前，"亚洲四小龙"的经济增长引发学者对儒家文化与经济增长关系的兴趣，这些儒家社会也能实现快速增长，于是一些学者认为：儒家并不妨碍经济发展。相关内容参见：Ming-Yih Liang. "Confucianism and the East Asian Miracle" . *American Economic Journal: Macroeconomics* 2.3 (2010): 206–234. 可是，现有文献没有注意到，到亚洲金融危机之前，这些经济体还没有今天意义上的大规模现代公司，而主要是基于家族、宗族内部融资而创办的企业，外加外部银行融资。我们这里强调的是，只要公司规模有限、所需资本量不大，那么作为内部金融市场的宗族（"堂"）所发挥的资源整合能力就差不多够用。David Faure. *China and Capitalism: a History of Business Enterprise in Modern China*. Hong Kong: Hong Kong University Press (2006).

97 柏拉图 . 理想国 . 郭斌，张竹明，译 . 北京：商务印书馆，1986.；亚里士多德 . 政治学 . 吴寿彭，译 . 北京：商务印书馆，1965.

98 赵鼎新 . 东周战争与儒法国家的诞生 . 夏江旗，译 . 上海：华东师范大学出版社，2006：第十章 .

99 Peregrine Horden and Richard Smith. *The Locus of Care: Families, Communities, Institutions and the Provision of Welfare since Antiquity*. New York: Routledge Press (1998): 1.

100 Carl Lyttkens. *Economic Analysis of Institutional Change in Anicent Greece: Politics, Taxation and Rational Behavior*. New York: Routledge (2013)：34.

101 Dennis Kehoe. *Investment, Profit, and Tenancy: The Jurists and the Roman Agrarian Economy*. Ann Arbor: University of Michigan Press (1997)：45–54.

102 Carl Lyttkens. *Economic Analysis of Institutional Change in Anicent Greece: Politics, Taxation and Rational Behavior*. New York: Routledge (2013): 10.

103 考虑到古罗马的一些其他制度也源自希腊，私人银行在罗马的出现比雅典晚 1 个世纪，这个顺序就不令人吃惊了，参见：Peter Temin. "Financial Intermediation in the Early Roman Empire." *Journal of Economic History* 64.3 (2004): 705–733.

104 Avner Greif and Guido Tabellini. "The Clan and the Corporation: Sustaining Cooperation in China and Europe. *Journal of Comparative Economics* 45.1 (2017): 1–35.

105 Peter Temin. "Financial Intermediation in the Early Roman Empire." *Journal of Economic History* 64.3 (2004): 724.

106 Ulrike Malmendier. "Law and Finance 'at the Origin'" . *Journal of Economic Literature* 47:4 (2009): 1076–1108.

107 Ulrike Malmendier. "Law and Finance 'at the Origin'" . *Journal of Economic Literature* 47:4 (2009): 1084–1086.

108 Max Kaser. *Roman Private Law, Third edition*. Translation by Rolf Dannenbring. Durban: Butterworths (1980).

109 Max Kaser. *Roman Private Law, Third edition*. Translation by Rolf Dannenbring. Durban: Butterworths (1980); Ulrike Malmendier. "Law and Finance 'at the Origin'" . *Journal of Economic Literature* 47:4 (2009): 1083–1084.

110 Ulrike Malmendier, "Roman Shares", in William Goetzmann & Geert Rouwenhorst (eds), The *Origins of Value, the Financial Innovations that Created Modern Capital Markets*. New York: Oxford University Press (2005): 31–42. 中文版：威廉 · N. 戈兹曼，K. 哥特 · 罗文霍恩特 . 价值起源 . 王宇，王文玉，译 . 北京：北京联合出版传媒公司 . 2005.

111 Ulrike Malmendier. "Law and Finance 'at the Origin'" . *Journal of Economic Literature* 47:4 (2009): 1089.

112 Rafael LaPorta, Florencio Lopez-de-Silanes, Andrei Shleifer, and Robert Vishny. "Legal Determinants of External Finance." *Journal of Finance* 52.3 (1997): 1131–1150；Rafael LaPorta, Florencio Lopez-de-Silanes, Andrei Shleifer, and Robert Vishny. "Law and Finance." *Journal of Political Economy* 106.6 (1998): 1113–1155.

113 关于保险合约在古希腊起源并传到古罗马的过程，参见：C.F. Trenerry. *The Origin and Early History*

of Insurance Including the Contract of Bottomry. New Jersey: The Lawbook Exchange LTD. (2010): 80–85.

114 关于古罗马对保险契约的改进细节，参见：C.F. Trenerry. *The Origin and Early History of Insurance Including the Contract of Bottomry*. New Jersey: The Lawbook Exchange LTD. (2010): 82–84.

115 C.F. Trenerry. *The Origin and Early History of Insurance Including the Contract of Bottomry*. New Jersey: The Lawbook Exchange LTD. (2010): 114–115.

116 C.F. Trenerry. *The Origin and Early History of Insurance Including the Contract of Bottomry*. New Jersey: The Lawbook Exchange LTD. (2010): 137.

117 Geoffrey Poitras. *The Early History of Financial Economics, 1478–1776: From Commercial Arithmetic to Life Annuities and Joint Stocks*. Cheltenham and Northampton: Edward Elgar (2000): 32. 更系统的讨论，参见：C.F. Trenerry. *The Origin and Early History of Insurance Including the Contract of Bottomry*. New Jersey: The Lawbook Exchange LTD. (2010): 150–152.

118 Karl Borch, Agnar Sandmo, Knut Aase. *Economics of Insurance*. Amsterdam: North-Holland（1990）: 232.

119 James Gilbart. *The History and Principles of Banking*. London: Longman, Rees, Orme, Brown, Green and Longman, Paternoster-Row (1834).

120 Noble F. Hoggson. *Banking Through the Ages*. New York, Dodd, Mead & Company（1926）.

121 M.M. Postan. *Medieval Trade and Finance*. Cambridge: Cambridge University Press (1973): 14–16.

122 Richard A. Goldthwaite. *Banks, Places and Entrepreneurs in Renaissance Florence*. New York: Routledge (1995).

123 Tim Parks. *Medici Money: Banking, Metaphysics, and Art in Fifteenth-Century Florence*. New York: W. W. Norton & Company (2006). 中文版：帕克斯 . 美第奇金钱 . 王琴，译 . 北京：中信出版社，2007.

124 James Macdonald. *A Free Nation Deep in Debt: The Financial Roots of Democracy*. New York: Farrar, Straus and Giroux (2003), 73–74. 中文版：詹姆斯·麦克唐纳 . 债务与国家的崛起：西方民生制度的金融起源 . 杨宇光，译 . 北京：社会科学文献出版社，2021.

125 Geoffrey Poitras. *The Early History of Financial Economics, 1478–1776: From Commercial Arithmetic to Life Annuities and Joint Stocks*. Cheltenham and Northampton: Edward Elgar (2000): 35–36.

126 James Macdonald. *A Free Nation Deep in Debt: The Financial Roots of Democracy*. New York: Farrar, Straus and Giroux (2003):74–76. 中文版：詹姆斯·麦克唐纳 . 债务与国家的崛起：西方民生制度的金融起源 . 杨宇光，译 . 北京：社会科学文献出版社，2021.

127 Geoffrey Poitras. *The Early History of Financial Economics, 1478–1776: From Commercial Arithmetic to Life Annuities and Joint Stocks*. Cheltenham and Northampton: Edward Elgar (2000): 54–55.

128 Sidney Homer and Richard Sylla. *A History of Interest Rates*, third edition. New Jersey: Rutgers University Press (1996): 108.

129 这里关于嫁妆基金的内容，引自：James Macdonald. *A Free Nation Deep in Debt: The Financial Roots of Democracy*. New York: Farrar, Straus and Giroux (2003): 88–90. 中文版：詹姆斯·麦克唐纳 . 债务与

国家的崛起：西方民生制度的金融起源．杨宇光，译．北京：社会科学文献出版社，2021.

130 引自晚清薛福成《论公司不举之病》，重刊于：陈志武，李玉，编．制度寻踪（公司制度卷）．上海：上海财经大学出版社，2009.

131 Oscar Gelderblom and Joost Jonker. "Amsterdam as the Cradle of Modern Futures and Options Trading, 1550–1650", in William Goetzmann & Geert Rouwenhorst (eds), *The Origins of Value, the Financial Innovations that Created Modern Capital Markets.* New York: Oxford University Press (2005): 189–205. 中文版：威廉·N. 戈兹曼，K. 哥特·罗文霍恩特．价值起源．王宇，王文玉，译．北京：北京联合出版传媒公司 .2005.

132 David V. Herlihy and Christiane Klapisch-Zuber. *Tuscans and their families: A Study of the Florentine Catasto of 1427.* New Haven: Yale University Press (1985), Figures 4.1 and 4.2, pages 99–102. Originally published in France as *Les Toscans et leurs familles. Une étude du Catasto florentin de 1427*, c1978. p. 103.

133 James Macdonald. *A Free Nation Deep in Debt: The Financial Roots of Democracy.* New York: Farrar, Straus and Giroux (2003): 92–94. 中文版：詹姆斯·麦克唐纳．债务与国家的崛起：西方民主制度的金融起源．杨宇光，译．北京：社会科学文献出版社，2021.

134 U.S. Bureau of the Census. *Historical Statistics of the United States, Colonial Times to 1970*, Part 2. Washington: U.S. Dept. of Commerce, Bureau of the Census (1975), Series X 420–423. 本段的人口和货币数据均来自该出版资料。

135 Christine Layton. "History Of The Credit Card". creditcardprocessingspace.com (2013), February 14, 2013.

136 David Evans and Richard Schmalensee. *Paying with Plastic: The Digital Revolution in Buying and Borrowing*, second edition. Boston: MIT Press (2005): 30–31. 中文版：戴维·埃文斯，理查德·斯默兰．银行卡时代：消费支付的数字化革命．中国银联发展战略部，译．北京：中国金融出版社，2008.

137 1900 年的数据来自：R.W. Goldsmith. *Financial Structure and Development.* New Haven: Yale University Press (1969). 1945 年和之后的数据均来自 Board of Governors of the Federal Reserve System. The Financial Accounts of the United States Z. 1, various years.

138 1945 年前的数据来自：R.W. Goldsmith. *Financial Structure and Development.* New Haven: Yale University Press (1969). 1945 年和之后的数据均来自：Board of Governors of the Federal Reserve System. *The Financial Accounts of the United States Z.* 1, various years.

139 James Macdonald. *A Free Nation Deep in Debt: The Financial Roots of Democracy.* New York: Farrar, Straus and Giroux (2003): 301–306. 中文版：詹姆斯·麦克唐纳．债务与国家的崛起：西方民主制度的金融起源．杨宇光，译．北京：社会科学文献出版社，2021.

140 Adolf Berle & Gariner Means. *The Modern Corporation & Private Property.* New Brunswick: Transaction Publishers (2003), 11. 中文版：伯利，米恩斯．现代公司与私有财产．甘华鸣，罗锐韧，蔡如海，译．北京：商务印书馆，2005.

141 Adolf Berle & Gariner Means. *The Modern Corporation & Private Property.* New Brunswick: Transaction Publishers (2003): 14. 中文版：伯利，米恩斯 . 现代公司与私有财产 . 甘华鸣，罗锐韧，蔡如海，译 . 北京：商务印书馆，2005.

142 Adolf Berle & Gariner Means. The *Modern Corporation & Private Property.* New Brunswick: Transaction Publishers (2003): 11–12. 中文版：伯利，米恩斯 . 现代公司与私有财产 . 甘华鸣，罗锐韧，蔡如海，译 . 北京：商务印书馆，2005.

143 Adolf Berle & Gariner Means. *The Modern Corporation & Private Property.* New Brunswick: Transaction Publishers (2003)；Tables VII and VIII. 中文版：伯利，米恩斯 . 现代公司与私有财产 . 甘华鸣，罗锐韧，蔡如海，译 . 北京：商务印书馆，2005.

144 Adolf Berle & Gariner Means. *The Modern Corporation & Private Property.* New Brunswick: Transaction Publishers (2003)：12–13. 中文版：伯利，米恩斯 . 现代公司与私有财产 . 甘华鸣，罗锐韧，蔡如海，译 . 北京：商务印书馆，2005.

145 Adolf Berle & Gariner Means. *The Modern Corporation & Private Property.* New Brunswick: Transaction Publishers, (2003): 60. 中文版：伯利，米恩斯 . 现代公司与私有财产 . 甘华鸣，罗锐韧，蔡如海，译 . 北京：商务印书馆，2005.

146 John Micklethwait and Adrian Wooldridge. *The Company: a Short History of a Revolutionary Idea.* New York: The Modern Library (2003): 28–33. 中文版：约翰 · 米克勒斯维特，阿德里安 · 伍尔德里奇 . 公司的历史 . 夏荷立，译 . 合肥：安徽人民出版社，2012.

147 John Micklethwait and Adrian Wooldridge. *The Company: a Short History of a Revolutionary Idea.* New York: The Modern Library (2003): 49–51. 中文版：约翰 · 米克勒斯维特，阿德里安 · 伍尔德里奇 . 公司的历史 . 夏荷立，译 . 合肥：安徽人民出版社，2012.

148 Edwin R.A. Seligman. *Economics of Installment Selling,* volume 1. New York: Harper & Brothers (1928): 14–15.

149 Lendol Calder. *Financing the American Dream: A Cultural History of Consumer Credit.* Princeton: Princeton University Press (1999): 中文版：伦德尔 · 卡尔德 . 融资美国梦：消费信贷文化史 . 严忠志，译 . 上海：上海人民出版社，2010.

150 Lendol Calder. *Financing the American Dream: A Cultural History of Consumer Credit.* Princeton: Princeton University Press (1999): 162–163. 中文版：伦德尔 · 卡尔德 . 融资美国梦：消费信贷文化史 . 严忠志，译 . 上海：上海人民出版社，2010.

151 Lendol Calder. *Financing the American Dream: A Cultural History of Consumer Credit.* Princeton: Princeton University Press (1999): 164. 中文版：伦德尔 · 卡尔德 · 融资美国梦：消费信贷文化史 . 严忠志，译 . 上海：上海人民出版社，2010.

152 Lendol Calder. *Financing the American Dream: A Cultural History of Consumer Credit.* Princeton: Princeton University Press (1999): 147. 中文版：伦德尔 · 卡尔德 . 融资美国梦：消费信贷文化史 . 严忠志，

译 . 上海：上海人民出版社，2010.

153 Lendol Calder. *Financing the American Dream: A Cultural History of Consumer Credit.* Princeton: Princeton University Press (1999): 191–192. 中文版：伦德尔·卡尔德 . 融资美国梦：消费信贷文化史 . 严忠志，译 . 上海：上海人民出版社，2010.

154 此处分析的细节，参见：Howard Bodenhorn and David Cuberes. "Financial Fevelopment and City Growth: Evidence From Northeastern American Cities, 1790–1870" . National Bureau of Economic Research working paper 15997 (2010).

155 Alex William Trew and Stephan Heblich. "Banking and Industrialization." Forthcoming, *Journal of European Economic Association.*

156 基于美国当代的数据表明，不同行业对资本的依赖度不一样，像高科技、生物医药等都高度依赖资本投入。正因为各国金融市场发达程度不同，那些资本市场不发达的国家就无法跟资本市场发达的国家在高科技行业竞争，至少二战后 55 个国家的经历证明了这一点，参见：Raghuram G. Rajan and Luigi Zingales. "Financial Dependence and Growth" . *The American Economic Review* 88.3(1998): 559–586.

157 Joseph Schumpeter. *The Theory of Economic Developments: An Inquiry into Profits, Capital, Credit, Interest, and the Business Cycle.* Cambridge: Harvard University Press (1961). 中文版：约瑟夫·熊彼特 . 经济发展理论 . 何畏，易家详，等译 . 北京：商务印书馆，2020.

158 参见第 10 章第五节开头的讨论以及：Zhiwu Chen, Chicheng Ma, and Andrew J. Sinclair. "Does Confucianism Inhibit Financial Development?" University of Hong Kong working paper (2019).

159 William Skinner. "Marketing and Social Structure in Rural China: Part I" . *The Journal of Asian Studies* 24.1 (1964): 3–43.

160 Jerome Alan Cohen, Fu-mei Chang Chen, and R. Randle Edwards. *Essays on China's Legal Tradition.* New Jersey: Princeton University Press (1981). 也参见：瞿同祖 . 瞿同祖法学论著集 . 北京：中国政法大学出版社，1998：403.

161 彭凯翔，林展 . 从例的修订看清代治理模式：以《大清律例》《会典事例》为主的分析 . 河南大学经济学院工作论文，2020：表 4.

162 William C. Jones. "Trying to Understand the Current Chinese Legal System," in C. Stephen Hsu, ed., *Understanding China's Legal System: Essays in Honor of Jerome A. Cohen.* New York: New York University Press (2003): 13.

163 容闳 . 容闳自传：我在中国和美国的生活 . 石霓，译 . 上海：百家出版社，2003：153.

164 在一项有名的研究中，芝加哥大学两位教授认为：工业革命之前甚至在工业革命早期，由于契约执行体系不完善、司法效率低且成本高，"关系金融" 会是上策；但在技术革命足够成熟、投资与生产规模都巨大之后，情况就不同，关系金融就不再够用。Raghuram G. Rajan and Luigi Zingales. "Which Capitalism? Lessons Form the East Asian Crisis" . *Journal of Applied Corporate*

Finance 11.3 (1998): 40–48.

165 黄鉴晖 . 山西票号史 . 太原：山西经济出版社，2002：55–56.

166 黄鉴晖 . 山西票号史 . 太原：山西经济出版社，2002：203.

167 Debin Ma. "The Rise of a Financial Revolution in Republican China in 1900–1937: a Survey and New Interpretation". *Australian Economic History Review* 59.3 (2019): 242–262.

168 Albert Feuerwerker. *China's Early Industrialization: Sheng Hsuan-Huai (1844–1916) and Mandarin Enterprise*. Cambridge: Harvard University Press (1970): chapter 4. 中文版：费维恺 . 中国早期工业化：盛宣怀（1844—1916）和官督商办企业 . 虞和平，译 . 北京：中国社会科学出版社，1990.

169 引自晚清陈次亮《公司》，重刊于：陈志武，李玉，编 . 制度寻踪（公司制度卷）. 上海：上海财经大学出版社，2009.

170 引自薛福成《论公司不举之病》，重刊于：陈志武，李玉，编 . 制度寻踪（公司制度卷）. 上海：上海财经大学出版社，2009.

171 黄鉴晖 . 山西票号史 . 太原：山西经济出版社，2002：472.

172 Raghuram G. Rajan and Luigi Zingales. "Which Capitalism? Lessons Form the East Asian Crisis". *Journal of Applied Corporate Finance* 11.3 (1998): 40–48.

173 Albert Feuerwerker. *China's Early Industrialization: Sheng Hsuan-Huai (1844–1916) and Mandarin Enterprise*. Cambridge: Harvard University Press (1970): 8–16. 中文版：费维恺 . 中国早期工业化：盛宣怀（1844—1916）和官督商办企业 . 虞和平，译 . 北京：中国社会科学出版社，1990.

174 朱宁 . 刚性泡沫：中国经济为何进退两难 . 北京：中信出版社，2016.

175 Albert Feuerwerker. *China's Early Industrialization: Sheng Hsuan-Huai (1844–1916) and Mandarin Enterprise*. Cambridge: Harvard University Press (1970): Chapter 4. 中文版：费维恺 . 中国早期工业化：盛宣怀（1844—1916）和官督商办企业 . 虞和平，译，北京：中国社会科学出版社，1990.

176 这段话不是原文，而是译自：Chi-kong Lai. "The Qing state and merchant enterprise: The China Merchants' Company, 1872–1902," in Jane Kate Leonard and John R. Watt, eds., *To Achieve Security and Wealth: the Qing Imperial State and the Economy, 1644–1911*. Ithaca: Cornell University Press (1991): 142.

177 Albert Feuerwerker. *China's Early Industrialization: Sheng Hsuan-Huai (1844–1916) and Mandarin Enterprise*. Cambridge: Harvard University Press (1970): 99. 中文版：费维恺 . 中国早期工业化：盛宣怀（1844—1916）和官督商办企业 . 虞和平，译 . 北京：中国社会科学出版社，1990.

178 Chi-kong Lai. "The Qing State and Merchant Enterprise: The China Merchants' Company, 1872–1902," in Jane Kate Leonard and John R. Watt, eds., *To Achieve Security and Wealth: the Qing Imperial State and the Economy, 1644–1911*. Ithaca: Cornell University Press (1991).

179 这里引文非原文，译自：Albert Feuerwerker. *China's Early Industrialization: Sheng Hsuan-Huai (1844–1916) and Mandarin Enterprise*. Cambridge: Harvard University Press (1970): 237. 中文版：费维恺 . 中国早期工业化：盛宣怀（1844—1916）和官督商办企业 . 虞和平，译 . 北京：中国社会科学出

版社，1990.

180 Albert Feuerwerker. *China's Early Industrialization: Sheng Hsuan-Huai (1844–1916) and Mandarin Enterprise*. Cambridge: Harvard University Press (1970): Chapter 5. 中文版：费维恺 . 中国早期工业化：盛宣怀（1844—1916）和官督商办企业 . 虞和平，译 . 北京：中国社会科学出版社，1990.

181 彭慕兰 (Kenneth Pomeranz) 介绍过清代山东济宁“玉堂酱园”的故事。该企业由戴玉堂在 1714 年创办，由于其孙辈管理不善，1816 年卖给冷长连和孙玉庭。冷家和孙家约定双方亲戚都不可以直接参与玉堂酱园的经营，只雇外人掌柜，即所有权和经营权必须分离。1905 年冷氏退出公司，由孙家全资拥有并经营；1949 年后经公私合营，成为国有企业，运营至今。因此，彭慕兰认为：中国即使没有可靠法治和政府权力制衡，也照样能做到所有权与经营权的分离，而且企业也能百年不死。不过，细节告诉我们，玉堂酱园之所以能经营存活两个多世纪，是因为孙玉庭很特殊，他父亲中举人做官，他自己 1775 年中进士，在湖南、山西等地做过布政使，在广西、广东等地做过巡抚，还任过云贵总督、湖广总督、两江总督等，以及大学士；他的儿子、孙辈有多位进士，任职户部尚书、兵部尚书等多种职位。正是因为孙家的大官世家背景，在官权保护下，玉堂酱园才能平步青云，两百多年来一帆风顺，这是一般商人可望而不可即的。相关内容参见：Kenneth Pomeranz. “'Traditional' Chinese Business Forms Revisited: Family, Firm, and Financing in the History of the Yutang Company of Jining, 1779–1956” . *Late Imperial China* 18.1 (1997): 1–38.

182 购买股份亦宜自慎说 . 申报 .1882–09–02. 这里引自：李玉 . 晚清公司制度建设研究 . 北京：人民出版社，2002：22.

183 本图的晚清数据来自：William Goetzmann, Andrey Ukhov and Ning Zhu. “China and the World Financial Markets 1870—1930: Modern Lessons From Historical Globalization. ” Yale School of Management working paper ,2001. 民国时期数据来自：朱荫贵 . 抗战时期的上海华商证券市场 . 刊登于吴景平，主编 . 上海金融中心地位的变迁：中国金融史集刊 . 上海：复旦大学出版社，2005.

184 李玉 . 晚清公司制度建设研究 . 北京：人民出版社，2002：18–24. 还可参见：William Goetzmann, Andrey Ukhov and Ning Zhu. “China and the World Financial Markets 1870–1930: Modern Lessons From Historical Globalization” . Yale School of Management working paper (2001).

185 矿务以用人为最要论 . 申报，1882–12–06. 这里引自：李玉 . 晚清公司制度建设研究 . 北京：人民出版社，2002：20.

186 公司多则市面旺论 . 申报，1882–08–24. 这里引自：李玉 . 晚清公司制度建设研究 . 北京：人民出版社，2002：20.

187 William Goetzmann, Andrey Ukhov and Ning Zhu. “China and the World Financial Markets 1870–1930: Modern Lessons From Historical Globalization” . Yale School of Management working paper (2001).

188 李玉 . 晚清公司制度建设研究 . 北京：人民出版社，2002：23–29.

189 中西公司异同续说 . 申报，1883–12–31. 这里引自：李玉 . 晚清公司制度建设研究 . 北京：人民出版社，2002：33.

190 书织布局章程后 . 申报，1887–07–30. 这里引自：李玉 . 晚清公司制度建设研究 . 北京：人民出版社，2002：29.

191 关于中西方会计方法的对比研究，参见：Debin Ma, Richard Macve and Weipeng Yuan. "The Development of Chinese Accounting and Bookkeeping Before 1850: Insights From the Tong Tai Sheng Business Account Books (1798–1850)" . *Accounting and Business Research*. 47.4 (2017): 401–430; K.W. Hoskin, Debin Ma, and Richard H. Macve. "Contesting the Indigenous Development of 'Chinese Double-entry Bookkeeping' and Its Significance in China's Economic Institutions and Business Organization Before c.1850" . London School of Economics/University of Essex working paper (2015)；马德斌，袁为鹏 . 商业账簿与经济史研究：以统泰升号商业账簿为中心 (1798—1850). 中国经济史研究 2，2010. 曹树基，李锦彰，王国晋 . 同一账，记两簿：清代丰盛泰号账本的复式簿记 . 上海交通大学历史系工作论文，2020.

192 马克斯·韦伯 . 新教伦理与资本主义精神，于晓，陈维纲，译 . 北京：三联书店，1987.

193 李玉 . 晚清公司制度建设研究 . 北京：人民出版社，2002：101.

194 Albert Feuerwerker. *China's Early Industrialization: Sheng Hsuan-Huai (1844–1916) and Mandarin Enterprise*. Cambridge: Harvard University Press (1970): Table 1 and Table 3. 中文版：费维恺 . 中国早期工业化：盛宣怀（1844—1916）和官督商办企业 . 虞和平，译 . 北京：中国社会科学出版社，1990.

195 William Goetzmann and Elizabeth Koll. "The History of Corporate Ownership in China: State Patronage, Company Legislation, and the Issue of Control" , in William Goetzmann & Geert Rouwenhorst (eds), *The Origins of Value, the Financial Innovations that Created Modern Capital Markets*. New York: Oxford University Press (2005); 中文版：威廉·N. 戈兹曼，K·哥特·罗文霍斯特 . 价值起源 . 王宇，王文玉，译 . 北京：万卷出版公司，2010. 还可参见：William C. Kirby. "China Unincorporated: Company Law and Business Enterprise in Twentieth Century China," *Journal of Asian Studies* 54.1 (1995): 43–63.

196 这里三句话引自：李玉 . 晚清公司制度建设研究 . 北京：人民出版社，2002：100–101.

197 杜恂诚 . 北洋政府时期的经济 // 许纪霖，陈达凯，主编 . 中国现代化史 · 第一卷 · 1800—1949. 北京：学林出版社，2006：286.

198 Debin Ma. "The Rise of a Financial Revolution in Republican China in 1900–1937: a Survey and New Interpretation" . *Australian Economic History Review* 59.3 (2019): 242–262.

199 颜鹏飞，主编 . 中国保险史 . 上海：上海社会科学院出版社，1989. 赵兰亮 . 近代中国金融法制演进与市场变迁研究 ———以保险法规的创制与政府对保险业的监管为中心 // 上海金融中心地位的变迁 . 上海：复旦大学出版社，2005：45–59.

200 关于保险业尤其人寿险在中国的经历的更多介绍，参见：Cheris Shun-Ching Chan. *Marketing Death: Culture and the Making of a Life Insurance Market in China*. New York: Oxford University Press (2012): 19–41. 中文版：陈纯菁 . 生老病死的生意：文化与中国人寿保险市场的形成 . 魏海涛，

符隆文，译 . 上海：华东师范大学出版社，2020.

201 陈志武，彭凯翔，袁为鹏 . 清初至二十世纪前期中国利率史初探——基于中国利率史数据库（1660—2000）的考察 . 清史研究 4.2016：表 3.

202 Paul Schmelzing. "Eight Centuries of Global Real Interest Rates, R-G, and the 'Suprasecular' Decline, 1311–2018" . Bank of England Staff Working Paper No. 845 (2020): Figure VIII.

203 Kenneth Pomeranz. *The Great Divergence: China, Europe, and the Making of the Modern World Economy.* New Jersey: Princeton University Press (2000): 178. 中文版：彭慕兰 . 大分流：欧洲、中国及现代世界经济的发展 . 史建云，译 . 南京：江苏人民出版社，2004.

204 数据引自：陈志武，彭凯翔，袁为鹏 . 清初至二十世纪前期中国利率史初探——基于中国利率史数据库（1660—2000）的考察 . 清史研究 4，2016：表 3.

205 陈志武，彭凯翔，袁为鹏 . 近现代利率史研究报告 . 河南大学经济学院工作论文，2016.

206 上海钱庄日拆利率来自：中国人民银行上海市分行 . 上海钱庄史料 . 上海 : 上海人民出版社，1960. 英国伦敦一级短期商业票据利率来自 Sidney Homer and Richard Sylla. *A History of Interest Rates.* New Brunswick: Rutgers University Press（1996）: Table 23 and Table 61, 该利率反映 3 月期一级商业票据贴现率。

207 Kenneth Pomeranz. *The Great Divergence: China, Europe, and the Making of the Modern World Economy.* New Jersey: Princeton University Press (2000). 中文版：彭慕兰 . 大分流：欧洲、中国及现代世界经济的发展 . 史建云，译 . 南京：江苏人民出版社，2004.

208 关于大分流的研究很多，见综述文章及其中参考文献：Loren Brandt, Debin Ma, and Thomas Rawski. "From Divergence to Convergence: Reevaluating the History Behind China's Economic Boom" . *Journal of Economic Literature* 52.1 (2014): 45–123.

209 李中清 . 中国西南边疆的社会经济（1250—1850）. 林文勋，秦树才，译 . 北京：人民出版社，2012.

210 邱澎生 . 当经济遇上法律：明清中国的市场演化 . 台北：联经出版公司，2018：第四章 .

211 前文介绍的玉堂酱园故事就是彭慕兰重点依赖的案例，参见：Kenneth Pomeranz. "'Traditional' Chinese Business Forms Revisited: Family, Firm, and Financing in the History of the Yutang Company of Jining, 1779–1956" . *Late Imperial China* 18.1 (1997): 1–38.

212 邱澎生 . 当经济遇上法律：明清中国的市场演化 . 台北：联经出版公司，2018：第五章、第六章。

213 Avner Greif and Guido Tabellini. "The Clan and the Corporation: Sustaining Cooperation in China and Europe" . *Journal of Comparative Economics* 45.1 (2017), 1–35.

214 Kenneth Pomeranz. *The Great Divergence: China, Europe, and the Making of the Modern World Economy.* New Jersey: Princeton University Press (2000): 180. 中文版：彭慕兰 . 大分流：欧洲、中国及现代世界经济的发展 . 史建云，译 . 南京：江苏人民出版社，2004.

215 见前几节的讨论。另外，参考前引著作，例如：John Micklethwait and Adrian Wooldridge. *The Company: a Short History of a Revolutionary Idea*. New York: The Modern Library (2003). 中文版：约翰·米克勒斯维特，阿德里安·伍尔德里奇．公司的历史．夏荷立，译．合肥：安徽人民出版社，2012; Ron Harris. *Going the Distance: Eurasian Trade and the Rise of the Business Corporation, 1400–1700*. New Jersey: Princeton University Press (2020)；Avner Greif and Guido Tabellini. "The Clan and the Corporation: Sustaining Cooperation in China and Europe". *Journal of Comparative Economics* 45.1 (2017): 1–35.

216 赫尔南多·德·索托．资本的秘密，丁海生，译．北京：华夏出版社（2007）．陈志武．金融的逻辑．北京：国际文化出版公司，2009：第五章．

217 邱澎生．"是官当敬，凡长宜尊"？明清商业书与18、19世纪重庆商人的风险问题．上海交通大学历史系工作论文，2020.

218 程宇春．士商类要：卷2 买卖机关．邱澎生．"是官当敬，凡长宜尊"？明清商业书与18、19世纪重庆商人的风险问题．上海交通大学历史系工作论文，2020：3.

219 Madeleine Zelin. *The Merchants of Zigong: Industrial Entrepreneurship in Early Modern China*. New York: Columbia University Press (2008). 中文版：曾小萍．自贡商人：近代早期中国的企业家．董建中，译．南京：江苏人民出版社，2014.

220 Madeleine Zelin. *The Merchants of Zigong: Industrial Entrepreneurship in Early Modern China*. New York: Columbia University Press (2008): 24. 中文版：曾小萍．自贡商人：近代早期中国的企业家．董建中，译．南京：江苏人民出版社，2014.

221 Madeleine Zelin. *The Merchants of Zigong: Industrial Entrepreneurship in Early Modern China*. New York: Columbia University Press (2008): 54. 中文版：曾小萍．自贡商人：近代早期中国的企业家．董建中，译．南京：江苏人民出版社，2014.

222 Kenneth Pomeranz. "'Traditional' Chinese Business Forms Revisited: Family, Firm, and Financing in the History of the Yutang Company of Jining, 1779–1956". *Late Imperial China* 18.1 (1997): 1–38.

223. Ulrike Malmendier. "Law and Finance 'at the Origin'". *Journal of Economic Literature* 47:4 (2009): 1076–1108.

224 见第九章及：John Micklethwait and Adrian Wooldridge. *The Company: a Short History of a Revolutionary Idea*. New York: The Modern Library (2003)．中文版：约翰·米克勒斯维特，阿德里安·伍尔德里奇．公司的历史．夏荷立，译．合肥：安徽人民出版社，2012. Ron Harris. *Going the Distance: Eurasian Trade and the Rise of the Business Corporation, 1400–1700*. New Jersey: Princeton University Press (2020).

225 关于光荣革命给英国带来的影响，参见：Douglass C. North and Barry R. Weingast. "Constitutions and Commitment: The Evolution of Institutions Governing Public Choice in Seventeenth-Century England". *The Journal of Economic History* 49.4 (1989): 803–832；Daron Acemoglu, Simon Johnson, and

James Robinson. "The Rise of Europe: Atlantic Trade, Institutional Change, and Economic Growth" . *The American Economic Review* 95.3 (2005): 546–579.

226 Bill Kinsey, Kees Burger, and Jan Willem Gunning. "Coping with Drought in Zimbabwe: Survey Evidence on Responses of Rural Households to Risk." *World Development* 26.1 (1998): 89–110.

227 Stefan Dercon. "Wealth, Risk and Activity Choice: Cattle in Western Tanzania." *Journal of Development Economics* 55.1 (1998): 1–42.

第十一章

1 引自 Congressional Record (House), April 16, 1935: 5804.

2 David A. Moss. *When all Else Fails, Government as the Ultimate Risk Manager*. Cambridge: Harvard University Press (2002). 关于经济大萧条带来的影响和罗斯福新政的社会背景，更多讨论参见该书。

3 有关大司徒部分的引用，均见于《周礼 · 地官 · 大司徒》。对中国古代类似思想源流的探究，参见：王文素 . 中国古代社会保障研究 . 北京：中国财政经济出版社 , 2009.

4 应对措施主要包括以下五个方面：开辟土地及集约耕作，发动战争，强制移民，进口食物，开仓放粮。相关细节可见：Peter Garnsey,. *Famine and Food Supply in the Graeco-Roman World: Responses to Risk and Crisis*. Cambridge University Press, 1989.

5 相关统计及趋势变动见：Peter H Lindert,. *Growing Public, Volume 1*. Cambridge University Press (2004) .

6 对相应论点的概括见：Asbjørn Wahl and John Irons. *The Rise and Fall of the Welfare State*. London: Pluto Press (2011) .

7 此处引用，以及对早期济贫法案的思想渊源的系统总结，均源自：Marco HD Van Leeuwen,. "Logic of Charity: Poor Relief in Preindustrial Europe." *Journal of Interdisciplinary History* (1994): 589–613.

8 Jeffry Kaplow,. *the Names of Kings: the Parisian Laboring Poor in the Eighteenth Century*. Basic Books (1927).

9 值得注意的是，在原论文中，范莱文还提出了济贫方案背后的道德驱动力。具体而言，时人主要从以下两方面谴责穷人：一是生活懒散，二是在家庭生活中不知节制、生育太多。因此，在救济穷人时，政府通常也会附加其他旨在"改进"这两方面的措施。有关这一论述，参见：Marco HD Van Leeuwen,. "Logic of Charity: Poor Relief in Preindustrial Europe." *Journal of Interdisciplinary History* (1994): 589–613.

10 由于主题及篇幅所限，本章不讨论福利国家与经济增长的相互关系。这方面的论述，不妨参考：Peter H Lindert,. *Growing Public: Further Evidence*. Cambridge University Press (2004) .

11 有关此类学说的细节，参见：Vere Gordon Childe,, and Glyn Edmund Daniel. *Man Makes Himself*. New York: New American Library (1951) .

12 有关此类学说的细节，参见 Carles Boix,, and Frances Rosenbluth. "Bones of Contention: The Political

Economy of Height Inequality." *American Political Science Review* 108.1 (2014): 1–22.

13 Joram Mayshar, Omer Moav, Zvika Neeman & Luigi Pascali . "The Origin of the State: Land Productivity or Appropriability?" Hebrew University of Jerusalem Working Paper (2019).

14 对这一学说的量化历史研究，参见：Andrea Matranga,. "The ant and the Grasshopper: Seasonality and the Invention of Agriculture." New Economic School Working Paper (2017) .

15 这一学说近年来颇为流行。对其深入论述，可见：Joram Mayshar, Omer Moav, and Zvika Neeman. "Geography, Transparency, and Institutions." *American Political Science Review* 111.3 (2017): 622–636. James Scott. *Against the Grain: A Deep History of the Earliest States*. Yale University Press (2017). 令人震惊的是：直至 19—20 世纪，这一关联仍然在统计上保持显著！有关这一点，参见：Stephen Haber,. "Rainfall and Democracy: Climate, Technology, and the Evolution of Economic and Political Institutions." Stanford University and NBER Working Paper, Draft of August 24 (2012).

16 对史前居民"优裕生活"的介绍，参见：Sahlins, Marshall. *Stone Age Economics*. Routledge (2017) . 中文版：马歇尔·萨林斯．石器时代经济学．张经纬，郑少雄，张帆，译．北京：生活·读书·新知三联书店，2019.

17 关于马尔萨斯理论在工业革命前的人类社会是否普遍适用，其实证研究证据，参见：Quamrul Ashraf, and Oded Galor. "Dynamics and Stagnation in the Malthusian Epoch." *American Economic Review* 101.5 (2011): 2003–2041.

18 对此颇具代表性的评述，参见：Jared M Diamond,. *The Worst Mistake in the History of the Human Race*. Oplopanax Publishing (2010) . 对进入农业社会前后的身高统计分析，可见：Carles Boix,, and Frances Rosenbluth. "Bones of Contention: The Political Economy of Height Inequality." *American Political Science Review* 108.1 (2014): 1–22.

19 对其他早期理论的列举与驳斥，可见：Robert L. Carneiro,. "A Theory of the Origin of the State: Traditional Theories of State Origins are Considered and Rejected in Favor of a New Ecological Hypothesis." *Science* 169.3947 (1970): 733–738.

20 这不是说亚马孙的部落间不会发生冲突。实际上，他们经常厮杀：复仇、争夺女性……都可能成为诱因。然而，卡内罗指出：与农业发展受限的地区不同，在类似亚马孙这样的地域发生的冲突中，胜利方几乎不会掠夺战败方的土地；相比之下，农业受限的地区，战败方的土地几乎必然落入胜利方之手。对原始部落间冲突的进一步研究，参见：Lawrence H. Keeley,. *War Before Civilization*. Oxford: Oxford University Press (1997) .

21 值得注意的是，针对这一阐释也存在相关的批评。例如，罗伯特·艾伦 (Robert Allen) 指出：类似尼罗河谷这样的地形，确保了征税制度能够有效运转。假定周边全是可耕的平原，一旦统治者压迫民众，他们可轻易地逃离；然而，在狭长河谷外，如果全是难以维生的沙漠，民众只能选择集中在有限的地域。此时，只需较少的武力，就足以保证税收的上缴与徭役的征发。有关分析，参见：Robert C. Allen,. "Agriculture and the Origins of the State in Ancient Egypt."

Explorations in Economic History 34 (1997): 135–154.

22 此处分析的细节，参见：Martin Solich,, and Marcel Bradtmöller. "Socioeconomic Complexity and the Resilience of Hunter-gatherer Societies." *Quaternary International* 446 (2017): 109–127.

23 亦有学者认为：饰品肩负了“发出有能力支付”信号的职能，有助于显示权势与武力、威慑对方，在不需诉诸武力的情况下解决部落内部的矛盾。有关这一点，参见：Steven L. Kuhn,. “Signaling Theory and Technologies of Communication in the Paleolithic.” *Biological Theory* 9.1 (2014): 42–50.

24 有关这一进展，参见：Richard Potts, et al. “Environmental Dynamics During the Onset of the Middle Stone Age in Eastern Africa.” *Science* 360.6384 (2018): 86–90. Alison S. Brooks,, et al. “Long-distance Stone Transport and Pigment Use in the Earliest Middle Stone Age.” *Science* 360.6384 (2018): 90–94.

25 Martin Solich,, and Marcel Bradtmöller. “Socioeconomic Complexity and the Resilience of Hunter-gatherer Societies.” *Quaternary International* 446 (2017): 109–127. 值得注意的是，另外两位年轻学者进一步刻画了原始农业产生的条件。若当地气候波动程度相对较低，已有的避险手段已足以应对，则推出原始农业的激励不高；若当地的气候风险相当剧烈，同时又不存在试验农业的空间，那么农业也不会在当地产生。因此，原始农业常发轫于气候波动适中的地区。有关这一点，参见：Quamrul Ashraf and Stelios Michalopoulos. “Climatic Fluctuations and the Diffusion of Agriculture.” *Review of Economics and Statistics* 97.3 (2015): 589–609.

26 另一支持“气候风险变化催生国家”学说的证据是：狩猎–采集社会逐步复杂化的时期，通常伴随着较长距离的商品贸易——第八章、第九章谈到的另一种应对风险冲击的手段——的发展（尽管跟近现代长距离商贸无法比拟）。无论是前面提到的对多个考古遗址的比较研究，还是前引注释中对非洲地区的探究，都发现了这一现象。有关前一点，可参见：Sarah L. R. Mason, Jon G. Hather, and Gordon C. Hillman. “Preliminary Investigation of the Plant Macro-remains From Dolní Věstonice II, and Its Implications for the Role of Plant Foods in Palaeolithic and Mesolithic Europe.” *Antiquity* 68.258 (1994): 48–57；对非洲地区的研究，参见：Brooks, Alison S., et al. “Long-distance Stone Transport and Pigment Use in the Earliest Middle Stone Age.” *Science* 360.6384 (2018): 90–94.

27 一个代表性例子是捕猎定期出没的水牛群的印第安人，酋长仅在此时握有超然的生杀大权；另一例是生活于原始状态中的因纽特人，在狩猎对象不同的夏季与冬季，部落内部的组织形式存在显著差异，集权现象在夏季更加普遍。相关的深入分析，参见：David Wengrow, and David Graeber. “Farewell to the ‘Childhood of Man’: Ritual, Seasonality, and the Origins of Inequality.” *Journal of the Royal Anthropological Institute* 21.3 (2015): 597–619.

28 这一部分资料若无特殊说明，主要来源于：Douglas J. Kennett, and James P. Kennett. “Early State Formation in Southern Mesopotamia: Sea Levels, Shorelines, and Climate Change.” *Journal of Island & Coastal Archaeology* 1.1 (2006): 67–99；Frank Hole,. “Environmental Instabilities and Urban Origins.” *Chiefdoms and Early States in the Near East: The Organizational Dynamics of Complexity* 18 (1994).

29 在该地区，海水入侵从距今约 15000 年前就开始了，时快时慢，随着海岸线后退，今天的波斯湾逐渐形成。由于最后那次冰期结束后，海面上升，引发海水入侵，很可能加速了历史的变迁，成为《圣经》中关于挪亚方舟神话故事的源头。具体见：James T. Teller, et al. "Calcareous Dunes of the United Arab Emirates and Noah's Flood: the Postglacial Reflooding of the Persian (Arabian) Gulf." *Quaternary International* 68 (2000): 297–308.

30 关于文字的发明跟跨期记账、借贷赊账的关系，参见：威廉·戈兹曼 . 千年金融史 . 张亚光，熊金武，译 . 北京：中信出版社，2017：第一章 .

31 在这一时期的末尾，一次全球性大旱袭来，许多离河流较远的地方无法耕作，导致美索不达米亚南部之外的乌鲁克聚落都被抛弃，唯有乌鲁克瓦卡地区聚落突然以十倍计速度扩张，致使资源紧张，带来频繁战争，城市防御工事升级，进入捷姆迭特那色时期（Jemdet Nasr Period）。在经历了又一轮旱灾冲击、生存环境恶化带来文明竞争后，古阿卡德王朝和古巴比伦王朝初见曙光。这次发生在距今 3500~5500 年前的干旱期由全球季风变弱所致，早期降水量极不稳定，有学者认为从欧贝德到乌鲁克的转化也受其催化，因为欧贝德的聚落较小而分散，乌鲁克时期的大城市则集中在雨量丰沛的高地上。更重要的是，这段干旱期既奠定了今天各大沙漠的格局，也催生了亚非季风带上和南美洲北部诸多古国。相关内容见：Nick Brooks,. "Cultural Responses to Aridity in the Middle Holocene and Increased Social Complexity." *Quaternary International* 151.1 (2006): 29–49.

32 具体论述分析，可见：Nick Brooks,. "Cultural Responses to Aridity in the Middle Holocene and Increased Social Complexity." *Quaternary International* 151.1 (2006): 29–49. 关于新石器时期中国的龙山文化、仰韶文化等聚落遗址靠河岸的分布规律，可见：史念海 . 河山集 · 第一集 · 石器时代人们的居地及其聚落分布 . 北京：三联书店，1963：13–16.

33 Levi-Struass 最早记录了这一部族的物资和权力分配模式。其中细节，参见：Claude Levi-Strauss,. "The Social and Psychological Aspect of Chieftainship in a Primitive Tribe: The Nambikuara of Northwestern Mato Grosso." *Transactions of the New York Academy of Sciences* 7.1 Series II (1944): 16–32. 在很多社会，这些酋长都是有卡里斯玛魅力或有宗教权威的"先知"，国家权力的兴起往往与意识形态的"造神运动"交织进行。比如，古代营造大型水利工程往往会同时建造庙宇、树立碑刻，称颂统治者的丰功伟业，以及树立在农业管理秩序上的新权威，吸引内陆游牧者和往来旅客臣服。在第二章，我们谈到中国夏朝因"大禹治水"这样的神话建立，成汤因"桑林求雨"而建成商朝。对古代也门的案例分析，参见：Michael J Harrower. "Is the Hydraulic Hypothesis Dead Yet? Irrigation and Social Change in Ancient Yemen." *World Archaeology* 41.1 (2009): 58–72.

34 David Wengrow, and David Graeber. "Farewell to the 'Childhood of Man': Ritual, Seasonality, and the Origins of Inequality." *Journal of the Royal Anthropological Institute* 21.3 (2015): 597–619. 同一研究中，他们指出"（一些史前人类的）迁徙、活动与社会生活，都高度依赖气候与资源的季节性变

化"，"文化暴发与社会分层的证据，常密集分布于自然条件出现剧烈变化的时期"。

35 关于风险冲击、技术进步与国家兴起的统一分析框架，亦见：Ernesto Dal Bó, Pablo Hernández, and Sebastián Mazzuca. "The Paradox of Civilization: Pre-Institutional Sources of Security and Prosperity." National Bureau of Economic Research working paper 21829 (2015) .

36 有关这一点，参见：吴文祥，刘东生 . 4000a. BP 前后降温事件与中华文明的诞生 . 第四纪研究 21.No.5，2001: 443–451.

37 这部分古代气候学的实证分析，参见：Cheng-Bang An, et al. "Climate Change and Cultural Response Around 4000 cal yr BP in the Western Part of Chinese Loess Plateau." *Quaternary Research* 63.3 (2005): 347–352.

38 赵志军 . 中华文明形成时期的农业经济发展特点 . 中国国家博物馆馆刊 1，2011: 19–31.

39 蒂利的学说最早发表于 1985 年：Charles Tilly. "War-Making and State-Making as Organized Crime" . In Peter Evans, Dietrich Rueschemeyer, and Theda Skocpol (eds.). *Bringing the State Back in.* Cambridge: Cambridge University Press (1985): 169–191. 更系统的论述见于其著作：Charles Tilly. *Coercion, Capital and European States, A.D. 990–1992.* New Jersey: Wiley-Blackwell (1992). 中文版：查尔斯·蒂利 . 强制、资本和欧洲国家（公元 990—1992 年）. 魏洪钟，译 . 上海：上海人民出版社，2007.

40 对这一例子的详细书写，参见：Habib Sidky. "Irrigation and the Rise of the State in Hunza: A Case for the Hydraulic Hypothesis." *Modern Asian Studies* 31.4 (1997): 995–1017. Wittfogel 最早提出了类似观点：水利的兴修与国家兴起间存在密切的联系，尤其是管理大型工程需要国家官僚系统的统筹能力甚至是专制政体。有关这一点，见：Karl August Wittfogel,. *The Hydraulic Civilizations.* Chicago: University of Chicago Press (1956).

41 在另一个更为极端的案例中，Harner 等学者发现：美洲大陆阿兹特克帝国内部高度集中的权力结构与残忍惊悚的食人仪式，很可能也是应对环境风险的一种手段。借助相关的制度及仪式，少数精英阶层得以在饥荒来临、社会成员广泛死亡的情况下食用肉类以维持生命。有关这一点，参见：Michael Harner,. "The Ecological Basis for Aztec Sacrifice." *American Ethnologist* 4.1 (1977): 117–135. 对这一论点的后续讨论，参见：George Pierre Castile. "Purple People Eaters? A Comment on Aztec Elite Class Cannibalism a la Harris-Harner." *American Anthropologist* 82.2 (1980): 389–391.

42 关于这段历史可见：Wim Ravesteijn,. "Controlling Water, Controlling People: Irrigation Engineering and State Formation in the Dutch East Indies." *Itinerario* 31.1 (2007): 89–118.

43 Jeanet Sinding Bentzen,, Nicolai Kaarsen, and Asger Moll Wingender. "Irrigation and Autocracy." *Journal of the European Economic Association* 15.1 (2017): 1–53.

44 此处分析细节，参见：Jeanet Sinding Bentzen,, Nicolai Kaarsen, and Asger Moll Wingender. "Irrigation and Autocracy." *Journal of the European Economic Association* 15.1 (2017): 1–53.

45 另一相关的证据是：适宜发展灌溉农业的地区，当地居民在科研及创造方面的表现相对落后。前述的体制及文化证据是可能的影响渠道之一，也可能是这些社会更可能重农而轻视科技等非农。有关这一点，参见：Johannes Buggle,. "Irrigation, Collectivism and Long-run Technological Divergence." No. 17.06. Université de Lausanne, Faculté des HEC, DEEP, 2017.

46 对历史上常平仓制度发展演变的概述，可见：邓拓．中国救荒史．北京：北京出版社，1998. 对清代常平仓的全面论述，参见：张岩．试论清代的常平仓制度．清史研究 4，1993: 28–39. Pierre-Etienne Will and Bin Wong. *Nourish the People: The State Civilian Granary System in China, 1650–1850.* University of Michigan Press, (1991) .

47 载于《隋书·食货志据》. 转引自：王德毅．朱熹的社仓法及其对元明的影响．国际社会科学 33，3，2016:116–123.

48 考古发掘及测算，参见：赵晓军．古代仓窖储粮计量问题研究——以洛阳战国与隋唐官仓为例．中国国家博物馆馆刊．No.8，2016:29–44.

49 具体与其他国家的对比讨论，可见：Masayuki Tanimoto, and R. Bin Wong. *Public Goods Provision in the Early Modern Economy: Comparative Perspectives from Japan, China, and Europe*. Berkeley: University of California Press (2019) .

50 为这二分息，王安石在《答曾公立书》中做了符合现代经济学逻辑的辩解，这里不妨回顾一下："政事所以理财，理财乃所谓义也。一部《周礼》，理财居其半，周公岂为利哉！……然二分不及一分，一分不及不利而贷之，贷之不若与之。然不与之而必至于二分者，何也？为其来日之不可继也。不可继则是惠而不知为政，非惠而不费之道也，故必贷。然而有官吏之俸，辇运之费，水旱之逋，鼠雀之耗。而必欲广之，以待其饥不足而直与之也，则无二分之息可乎？则二分者亦常平之中正也，岂可易哉！公立更与深于道者论之，则某之所论，无一字不合于法。而世之哓哓者不足言也。"简单说，如果不收这个利息，"青苗法"放贷就无法承担成本，也就无以为继。

51 刘德．青苗法之得失及其原因探略．广西民族学院学报（哲学社会科学版），1993：二期：70–72.

52 邓云特．中国救荒史．北京：商务印书馆，2011：320–323.

53 Pierre-Etienne Will, and Bin Wong. *Nourish the People: The State Civilian Granary System in China, 1650–1850.* Ann Arbor：University of Michigan Press (1991) .

54 此处有关清代山西"丁戊奇荒"的论述，如无特别注明，均引自：郝平．丁戊奇荒：光绪初年山西灾荒与救济研究．北京：北京大学出版社，2012. 其中涉及的各处材料，如无特别注明，亦转引自此书。对"丁戊奇荒"过程的概述，也见于：赵矢元．丁戊奇荒述略．学术月刊 2，1981: 65–68.

55 郝平．丁戊奇荒：光绪初年山西灾荒与救济研究．北京：北京大学出版社，2012.

56 以上数据及评述，均引自：郝平．丁戊奇荒：光绪初年山西灾荒与救济研究．北京：北京大学出版社，2012.

57 郝平 . 丁戊奇荒 : 光绪初年山西灾荒与救济研究 . 北京：北京大学出版社，2012.

58 以上对灾情的描述材料，均引自：郝平 . 丁戊奇荒 : 光绪初年山西灾荒与救济研究 . 北京：北京大学出版社，2012. 在同一研究中，郝平还从多个角度总结了当地的惨状，除食用各种“异物、杂物”以外：一是饥民四处逃荒；二是家庭将子女卖为奴隶；三是妇女逃荒中抛弃子女，或妇女自己被出卖，所谓“人命不如鸡犬”；四是因担忧左邻右里抢食亲人尸体，家中有人去世时，既不敢号哭，也不敢举行葬礼；五是四处捡拾骡粪等物，以求换取口粮；六是在山西各地的道路上，满是飘零的头发（头发不会随肉体一起腐坏）和横陈的尸骨；九是村庄中人烟寥落，以至于狼群等凶兽横行，“搏人而噬”，官府悬赏捕猎，但还有能力猎取的人几乎没有。

59 关于贱卖资产换取粮食的记载，在地方志中层出不穷，资产贬值程度因各地的灾情而不同，但类似程度的贬值在当时并非个案。如王正基《辽州荒年纪》中载“良田每亩数百钱，崇楼广厦仅易米一二升而已”。转引自：韩祥 . 晚清灾荒中的银钱比价变动及其影响——以“丁戊奇荒”中的山西为例 . 史学月刊 5，2014:79–92.

60 灾荒在短期内降低了贫富差距，如当时旅居天津的弗雷泽博士（Dr. Frazer）所说：“曾经富裕美满的家庭也变得穷困潦倒，朝不保夕。”相关内容参见：Lillian M. Li,. *Fighting famine in North China: state, market, and environmental decline, 1690s–1990s*. Stanford: Stanford University Press（2007）. 中文版：李明珠 . 华北的饥荒：国家、市场与环境退化（1690—1949）. 石涛，李军，马国英，译 . 北京：人民出版社，2016.

61 原文出自《文水县志》，转引自：韩祥 . 晚清灾荒中的银钱比价变动及其影响——以“丁戊奇荒”中的山西为例 . 史学月刊 5，2014:79–92.

62 以上资料来源于：何汉威 . 光绪初年 (1876—1879) 华北的大旱灾 . 香港 : 香港中文大学出版社，1980.

63 成年人一年口粮大概是 20 斗，这部分的统计和估算源于：陈志武，何石军，林展，彭凯翔 . 清代妻妾价格研究——传统社会里女性如何被用作避险资产？ . 经济学季刊 18. No.1，2018：253–280.

64 何汉威 . 光绪初年 (1876—1879) 华北的大旱灾 . 香港 : 香港中文大学出版社 .1980.

65 引自李明珠 (Lilliam Li) 根据传教士赈济委员会资料和县志的整理。见前引：*Fighting Famine in North China: State, Market, and Environmental Decline, 1690s–1990s*. Stanford: Stanford University Press（2007）. 中文版：李明珠 . 华北的饥荒：国家、市场与环境退化（1690—1949）. 石涛，李军，马国英，译 . 北京：人民出版社，2016.

66 何汉威 . 光绪初年 (1876—1879) 华北的大旱灾 . 香港 : 香港中文大学出版社 ,1980.

67 伴随灾情的还有日益动荡的治安和加剧的暴力活动。一个极端的例子是，在京城天子脚下，也出现了络绎不绝的盗窃抢劫，甚至出现局部农民起义。仅 1877 年一年，就有京师城内储存漕米的太平仓、北新仓、南新仓先后遭到洗劫，有些匪徒携带洋枪，内外串通，仓米一到手就运往米店销赃。更有朝廷大员如工部主事潘国祥、户部员外郎张汝霖的住宅遭到盗劫。详见：冬烘刚．“丁戊奇荒”期间的京师赈济与治安，北京历史文化研究 16，2012.

68 Lillian M Li,. *Fighting Famine in North China: State, Market, and Environmental Decline, 1690s–1990s*. Stanford: Stanford University Press（2007）. 中文版：李明珠．华北的饥荒：国家、市场与环境退化（1690—1949）. 石涛，李军，马国英，译．北京：人民出版社，2016.

69 据郝平论述：之后，因 20 万两实在不足——摊到山西各县，每县平均只有 2000 两，曾国荃又奏请截留 20 万两的厘金以救灾。然而，因为经费吃紧，朝廷拒绝了这一主张。朝廷无法给予充足的财力支持，可能也是丁戊奇荒造成惨痛损失的原因之一。造成预算吃紧的根本原因之一是对金融市场的了解与重视不足。对这一长期困扰中国古代政府财政运行的问题，我们会在第十二章中做重点分析。

70 应当注意到，这场声势浩大的全国性救灾虽然大大减轻灾区负担、救助灾民，但对清廷和其他省，可谓是重大财政冲击，机会成本巨大，尤其是挪用了北洋和南洋军费以及洋务运动经费。由于同时期的左宗棠西征（1876—1878 年）也需要大量经费，清财政本来就吃紧。在“丁戊奇荒”的三年（1876—1878 年），灾区平均每年财政减收 160 多万两，加上这些筹拨赈款至少有 250 万两、赈粮总数 100 多万石，中央和地方财政都是“多不宽裕，且有陵工、甘饷”。左宗棠西征军费得到清廷保护，且为之借外债 1500 万两。因为洋务建设被认为“不急”，洋务经费让位于救灾，以致李鸿章的海防建设在 19 世纪 70 年代后期陷入停滞，洋务厂矿迟迟不能投入运营，洋务运动可谓“高开低走”。更多分析，参见：朱浒．赈务对洋务的倾轧——“丁戊奇荒”与李鸿章之洋务事业的顿挫．近代史研究 4，2017:60–77. 关于国家该如何应对财政冲击，我们在本章后续讨论。

71 以上列举的山西及其他省份采取的各项救灾措施，参见：郝平．丁戊奇荒：光绪初年山西灾荒与救济研究．北京：北京大学出版社，2012. 何汉威．光绪初年 (1876—1879 年) 华北的大旱灾．香港：香港中文大学出版社，1980. 对救灾政策的梳理，参考：夏明方．清季“丁戊奇荒”的赈济及善后问题初探．近代史研究 2，1993: 21–36.

72 邓拓对古代救荒政策的归纳，参见：邓拓．中国救荒史．北京：北京出版社，1998.

73 关于魏丕信的分析，参见：Pierre-Etienne Will,. *Bureaucracy and Famine in Eighteenth-Century China*. Stanford University Press（1990）. 中文版：魏丕信．十八世纪中国的官僚制度与荒政．徐建青，译．南京：江苏人民出版社，2006. 夏明方对中国古代的荒政做了全面归纳，参见：夏明方．救荒活民：清末民初以前中国荒政书考论．清史研究 2，2010: 21–47.

74 有关救荒过程中政府力量与其他力量的交互作用，参见：Lilian Li. *Fighting Famine in North China: State, Market, and Environmental Decline, 1690s-1990s*. Stanford University Press（2007）. 中文版：李明珠．华北的饥荒：国家、市场与环境退化（1690—1949）. 石涛，李军，马国英，译．北京：人民出版社，2016.

75 这并不意味着市场在灾荒中没有发挥重要作用。当时北方粮食交易集中于黄河沿岸的各贸易口岸。山西大旱期间，各口岸的粮食价格对灾情变动颇为敏感，随短缺程度而变化。然而，由于山路曲折难行，入晋运输队只能白天、夜晚岔开赶路，大大影响速度。有关细节，参见：郝平．丁戊奇荒：光绪初年山西灾荒与救济研究．北京：北京大学出版社，2012.

76 此处分析的细节参见：Carol H Shiue,. "Local Granaries and Central Government Disaster Relief: Moral Hazard and Intergovernmental Finance in Eighteenth-and Nineteenth-century China." *The Journal of Economic History* 64.1 (2004): 100–124.

77 Carol H. Shiue,. "Local Granaries and Central Government Disaster Relief: Moral Hazard and Intergovernmental Finance in Eighteenth-and Nineteenth-century China." *The Journal of Economic History* 64.1 (2004): 100–124，Table 1.

78 Carol H Shiue,. "Local Granaries and Central Government Disaster Relief: Moral Hazard and Intergovernmental Finance in Eighteenth-and Nineteenth-century China." *The Journal of Economic History* 64.1 (2004): 100–124.

79 有关徽州地区宗族与政府救灾实践的梳理，参见：周致元．明代徽州官府与宗族的救荒功能．安徽大学学报：哲学社会科学版 30. No.1，2006: 107–112. 对这种替代关系，学界也有理论分析：Gary S Becker and Kevin M. Murphy. "The Family and the State." *The Journal of Law and Economics* 31.1 (1988): 1–18.

80 关于工业社会、后现代社会的“新风险”及其对人类存在的再造，参见社会学著作：Ulrich Beck. *Risk Society : Towards a New Modernity*. London: Sage (1992): chapter 1. 中文版：乌尔里希·贝克．风险社会：新的现代性之路．张文杰，何博闻，译．南京：译林出版社，2017. 该书对工业革命以来尤其是 20 世纪发达社会的各种风险现象多有描述，但并没有更深入剖析背后的起因。

81 Sigrun Kahl. “The Religious Roots of Modern Poverty Policy: Catholic, Lutheran, and Reformed Protestant Traditions Compared” . *European Journal of Sociology* 46.1 (2005): 91–126.

82 Marco van Leeuwen. “Histories of Risk and Welfare in Europe during the 18th and 19th Centuries.” *Europe* 24 (1994): 589–613.

83 这些数据均来自：Angus Maddison. *The World Economy: A Millennial Perspective*. Pris: OECD (2001), Table 2–24. 中文版：安格斯·麦迪森．世界经济千年史．伍晓鹰，等译．北京：北京大学出版社，2003.

84 这部分分析见：Marco van Leeuwen. “Histories of Risk and Welfare in Europe during the 18th and 19th Centuries.” *Europe* 24 (1994): 589–613. Paul Johnson. “Risk, Redistribution and Social Welfare in Britain from the Poor Law to Beveridge.” in Martin Daunton (ed). *Charity, self-interest and welfare in the English past*. London: UCL Press (1996): 225–248.

85 译 自：Andrew Mearns and William C. Preston. *The Bitter Cry of Outcast London: An Inquiry Into the Condition of the Abject Poor*. London: James Clarke & Company (1883).

86 影响力较大的类似著作，还包括 1889 年出版的：George Sims. *How the Poor Live and Horrible London*. London: Good Press (1889).

87 Derek Fraser. *The Evolution of the British Welfare State: a History of Social Policy Since the Industrial Revolution*. Macmillan International Higher Education (1992).

88 参见上引著作，以及：Marco van Leeuwen. "Histories of Risk and Welfare in Europe during the 18th and 19th Centuries." *Europe* 24 (1994): 589–613.

89 Alfred Chandler. *Scale and Scope: The Dynamics of Industrial Capitalism. Cambridge:* The Belknap Press of Harvard University Press (1990). 中文版：钱德勒 . 规模与范围：工业资本主义的原动力 . 张逸人，等译 . 北京：华夏出版社，2006.

90 有关沃尔玛和其创始人的细节经历，参见其官网：https://corporate.walmart.com/our-story/our-history.

91 有关麦当劳的发展史，参见其官网：https://www.mcdonalds.com/us/en-us/about-us/our-history.html.

92 David Autor, David Dorn, Lawrence F. Katz, Christina Patterson, John Van Reenen. "The Fall of the Labor Share and the Rise of Superstar Firms" . MIT working paper (2019).

93 这部分资料主要源于：Derek Fraser. *The Evolution of the British Welfare State: a Fistory of Social Policy Since the Industrial Revolution*. London: Macmillan International Higher Education (1992).

94 数据引自：Derek Fraser. *The Evolution of the British Welfare State: a History of Social Policy Since the Industrial Revolution*. London: Macmillan International Higher Education (1992).

95 基于 19 世纪法国和比利时城市数据的量化分析也表明，从农村到城市的新移民起初死亡率低于城市原居民，但这个优势会在约 15 年后消失；一个地区的工业就业率和人口死亡率呈正相关，原因在于城市拥挤的居住条件和恶劣的工作环境，使健康风险增加，消耗新移民的人力资本。具体可见：Lionel Kesztenbaum and Jean-Laurent Rosenthal. "The Health Cost of Living in a City: The Case of France at the End of the 19th Century." *Explorations in Economic History* 48.2 (2011): 207–225；Tina Van Rossem, Patrick Deboosere, and Isabelle Devos. "Death at Work? Mortality and Industrial Employment in Belgian Cities at the Turn of the Twentieth Century." *Explorations in Economic History* 66 (2017): 44–64.

96 约翰 · 斯诺医生通过分析病例分布地图，发现霍乱通过水源传播，成为流行病学的开端。这个著名的事件发生在 1854 年宽街霍乱暴发的过程中。

97 Jeffrey G. Williamson. *Coping With City Growth During the British Industrial Revolution*. Cambridge: Cambridge University Press (2002).

98 Ulrich Beck. *Risk Society : Towards a New Modernity*. London: Sage (1992). 中文版：乌尔里希 · 贝克，风险社会：新的现代性之路 . 张文杰，何博闻，译 . 南京：译林出版社，2017.

99 George E. Rejda. *Social Insurance and Economic Security*. New York: Routledge (2015).

100 Thiemo Fetzer. "Social Insurance and Conflict: Evidence From India." Job Market Paper, November 14 (2014).

101 Sigrun Kahl. "The Religious Roots of Modern Poverty Policy: Catholic, Lutheran, and Reformed

Protestant Traditions Compared” . *European Journal of Sociology* 46.1 (2005): 91–126.

102 R.H. Tawney. *Religion and the Rise of Capitalism: A Historical Study*. New York: Harcourt Brace & Co (1926) . 中文版：理查德·H. 托尼 . 宗教与资本主义的兴起 . 沈汉，等译 . 北京：商务印书馆，2017.

103 Sigrun Kahl. “The Religious Roots of Modern Poverty Policy: Catholic, Lutheran, and Reformed Protestant Traditions Compared” . *European Journal of Sociology* 46.1 (2005): 95.

104 Augustine Thompson, O.P. *Francis of Assisi: The Life*. Ithaca: Cornell University Press (2013) .

105 Frances Gouda,. *Poverty and Political Culture: The Rhetoric of Social Welfare in the Netherlands and France, 1815–1854*. Rowman & Littlefield (1995) .

106 转译自：Gaston V Rimlinger. *Welfare Policy and Industrialization in Europe, America, and Russia*. In H. Hauser, *La Pensee et l'Action Economiques du Cardinal de Richelieu*. Paris: Presses Universitaires (1944): 145.

107 Anthony Gill and Erik Lundsgaarde. “State Welfare Spending and Religiosity: a Cross-national Analysis” . *Rationality and Society* 16.4 (2004): 399–436.

108 Weber, Max. *The Protestant Ethic and the Spirit of Capitalism*. Translated by Talcott Parsons. New York: Routledge (1930) : 57.

109 这里，在加尔文教义中，先决论与工作论之间显然有矛盾，因为既然每个人出生之前就被选定是上天堂还是下地狱，个人的结局是不由自己是否勤奋工作而决定的；如果这样，人活着时就无激励去勤奋工作，尤其对于数次努力都以失败和贫穷而告终的人来说。相比之下，工作论又强调，上帝只看重勤奋工作的人、只让勤奋者得到拯救，对懒惰者，即贫困者做出处罚，贫困是懒惰的表现，贫困者死后会被打入地狱。也就是说，不管是富人还是穷人，只要不勤奋工作，最后都会被处罚、打入地狱。Sigrun Kahl. “The Religious Roots of Modern Poverty Policy: Catholic, Lutheran, and Reformed Protestant Traditions Compared” . *European Journal of Sociology* 46.1 (2005): 106–107.

110 Sydney E. Ahlstrom. *A Religious History of the American People*. New Haven: Yale University Press (1972).

111 由于不信教人数的增加，美国新教人口占比在近年逐步下降。2007 年时 53% 的美国人为新教徒，到 2012 年降到 48%。参见：BBC News. “US Protestants No Longer a Majority – study” . BBC News (October 10, 2012). https://www.bbc.com/news/world-us-canada-19892837.

112 Kenneth Scheve and David Stasavage . “The Political Economy of Religion and Social Insurance in the United States, 1910–1939” . *Studies in American Political Development* 20 (Fall 2006): 132–159.

113 Howard s. Erlang~r, William Roth, Allynn Walker, Ruth Peterson. “Disability Policy: The Parts and the Whole” . Discussion Papers #563–79, Institute for Research on Poverty, University of Wisconsin – Madison (1979): 6.

114 James Weinstein. “Big Business and the Origins of Workmen's Compensation” . *Labor History* 8 (Spring 1967): 158.

115 这些数据参见：Kenneth Scheve and David Stasavage. “The Political Economy of Religion and Social

Insurance in the United States, 1910–1939” . *Studies in American Political Development* 20 (Fall 2006): Table 1.

116 Kenneth Scheve and David Stasavage . “The Political Economy of Religion and Social Insurance in the United States, 1910–1939” . *Studies in American Political Development* 20 (Fall 2006): Table 2.

117 Kenneth Scheve and David Stasavage. “The Political Economy of Religion and Social Insurance in the United States, 1910–1939” . *Studies in American Political Development* 20 (Fall 2006): 140.

118 Robert Moats Miller. *American Protestantism and Social Issues, 1919–1939.* Santa Barbara: Greenwood Pub Group (1958): 126.

119 Steven Pinker. *The Better Angels of Nature: Why Violence Has Declined.* London: Penguin Books (2011): Figure 3–10. 中文版：斯蒂芬·平克．人性中的善良天使：暴力为什么会减少．安雯，译．北京：中信出版社，2015.

120 这一段内容主要引自：Sigrun Kahl. “The Religious Roots of Modern Poverty Policy: Catholic, Lutheran, and Reformed Protestant Traditions Compared” . *European Journal of Sociology* 46.1 (2005): 102–105.

121 Sigrun Kahl. “The Religious Roots of Modern Poverty Policy: Catholic, Lutheran, and Reformed Protestant Traditions Compared” . *European Journal of Sociology* 46.1 (2005): 105.

122 关于德国福利国家的演变历史，参见：Michael Stolleis. *Origins of the German Welfare State: Social Policy in Germany to 1945.* Berlin: Springer-Verlag (2013).

123 Stefan Bauernschuster, Anastasia Driva and Erik Hornung. “Bismarck's Health Insurance and the Mortality Decline” . IZA Institute of Labor Economics discussion paper series, Bonn, Germany (2018). 关于类似举措对法国巴黎人均寿命的影响，参见：Lionel Kesztenbaum and Jean-Laurent Rosenthal. “The Health Cost of Lving in a City: The Case of France at the End of the 19th Century.” *Explorations in Economic History* 48.2 (2011): 207–225.

124 Sigrun Kahl. “The Religious Roots of Modern Poverty Policy: Catholic, Lutheran, and Reformed Protestant Traditions Compared” . *European Journal of Sociology* 46.1 (2005): 106.

125 Anthony Gill and Erik Lundsgaarde. “State Welfare Spending and Religiosity: A Cross-national Analysis” . *Rationality and Society* 16.4 (2004): 399 -436, Figure 1.

126 Anthony Gill and Erik Lundsgaarde. “State Welfare Spending and Religiosity: A Cross-national Analysis.” *Rationality and Society* 16.4 (2004): 399–436.

127 关于信教程度与国家福利支出间的负向联系的更多跨国分析，参见：Kenneth Scheve and David Stasavage . “Religion and Preferences for Social Insurance” . *Quarterly Journal of Political Science* 1.3 (2006): 255–286；Tim Immerzeel and Frank Van Tubergen. “Religion as Reassurance? Testing the Insecurity Theory in 26 European Countries.” *European Sociological Review* 29.2 (2013): 359–372.

128 相关细节见：Daniel M Hungerman,. "The Effect of Education on Religion: Evidence From Compulsory Schooling Laws." *Journal of Economic Behavior & Organization* 104 (2014): 52–63.

129 引自《每日电讯报》对“教会批评英国福利改革”的报道。原链接：https://www.telegraph.co.uk/news/religion/10654828/Church-of-England-bishops-do-not-speak-for-own-flock-on-welfare-study-suggests.html.

130 Phil Fernandes,, Rorri Wiesinger, and Eric Purcell. *God, Government, and the Road to Tyranny: A Christian View of Government and Morality*. Camarilo, CA: Xulon Press（2003）: 20.

131 关于西欧不同的福利国家模式，参见：Gosta Esping-Andersen,. *The Three Worlds of Welfare Capitalism*. Princeton University Press, 1990.

132 Kenneth Scheve and David Stasavage. “The Political Economy of Religion and Social Insurance in the United States, 1910–1939” . *Studies in American Political Development* 20 (Fall 2006): 132–159.

133 这里一个自然的问题是：由于大萧条时期个体、企业和教会收入普遍下降，是否是这些经济因素，而非政府福利的增加（竞争挤出效应），导致教会救助减少？就这点，汉格曼他们收集了各州主要教会的详细数据和工具变量，对因果关系进行检验，结果还是支持世俗政府对教会的竞争挤出效应。更多细节见：Jonathan Gruber and Daniel M. Hungerman. “Faith-based Charity and Crowd-out During the Great Depression.” *Journal of Public Economics* 91.5–6 (2007): 1043–1069.

134 Jonathan Gruber and Daniel M. Hungerman. “Faith-based Charity and Crowd-out During the Great Depression” . *Journal of Public Economics* 91.5–6 (2007): 1043–1069, Figure 1.

135 Daniel M Hungerman,. “Are Church and State Substitutes? Evidence From the 1996 Welfare Reform.” *Journal of Public Economics* 89.11–12 (2005): 2245–2267.

136 对福利法改革的分析细节，参见：Daniel M Hungerman,. "Are Church and State Substitutes? Evidence From the 1996 Welfare Reform." *Journal of Public Economics* 89.11–12 (2005): 2245–2267.

137 Daniel M Hungerman,. “Are Church and State Substitutes? Evidence From the 1996 Welfare Reform” . *Journal of Public Economics* 89. 11–12 (2005): 2245– 2267, Figure 1.

138 Phil Fernandes,, Rorri Wiesinger, and Eric Purcell. *God, Government, and the Road to Tyranny: A Christian View of Government and Morality*. Camarillo, CA: Xulon Press（2003）.

139 这部分统计见：Robert Wuthnow,. *Saving America?: Faith-based Services and the Future of Civil Society*. Princeton: Princeton University Press (2009).

140 在 2000 年发表的一份调查研究中，作者发现：60% 的教堂设有济贫厨房，为流浪街头或行乞者供饭；52% 提供旧衣，44% 安排教友去医院看望住院教友；等等。R. Cnaan, G. Yancey. “Our Hidden Safety Net” . In E. Dionne and J. Diioulio (Eds.). *What's God Got To Do with the American Experiment?* Washington, DC: Brookings Institution Press (2000).

141 而在欧洲，虽然路德新教国家等把福利资源分给地方教会，由教会去派发，表面看这使国家和宗教间相互合作，竞争关系相对不尖锐，但低收入群体都清楚资源来自国家的税收，不是教会的收入，因此穷人就倾向于支持福利国家，而且他们的政府福利太高，使得教会福利与信教成本相比不划算。关于这些的进一步分析，可见：John D Huber., and Piero Stanig. "Church-state

Separation and Redistribution." *Journal of Public Economics* 95.7–8 (2011): 828–836.

142 Angela K Dills and Rey Hernández-Julián. "Religiosity and State Welfare." *Journal of Economic Behavior & Organization* 104 (2014): 37–55；Daniel M Hungerman,. “Substitution and Stigma: Evidence on Religious Markets From the Catholic Sex Abuse Scandal.” *American Economic Journal: Economic Policy* 5.3 (2013): 227–253.

143 数据来自乌拉圭国家统计局：https://web.archive.org/web/20130927091848/ http://www.ine.gub.uy/enha2006/flash/Flash%206_Religion.pdf.

144 Anthony Gill and Erik Lundsgaarde. “State Welfare Spending and Religiosity: A Cross-national Analysis”. *Rationality and Society* 16.4 (2004): 399–436.

145 对于开启新教改革的路德来说，挑战罗马教廷之后，他是否能成功是完全未知的，关键看他能得到多少基督教教区和信徒的支持。而要最大化信徒的支持，他必须说服一些城邦领主站到他这一边并与教廷决裂，否则路德就会跟之前挑战教皇的神职人员一样被处死。为了得到更多世俗领主的支持，新教在早期不得不让出一些权力给领主或国王。更多讨论见：Sascha O. Becker，Steven Pfaff，Yuan Hsiao，and Jared Rubin. “Ideological Entrepreneurs and the Diffusion of Radical Innovation Martin Luther's Personal Ties and the Spread of the Early Reformation”. Monash University working paper (2019).

146 具体分析见：Davide Cantoni, Jeremiah Dittmar, and Noam Yuchtman. “Religious Competition and Reallocation: The Political Economy of Secularization in the Protestant Reformation.” *The Quarterly Journal of Economics* 133.4 (2018): 2037–096.

147 Jeremiah E. Dittmar, and Ralf R. Meisenzahl. “Public Goods Institutions, Human Capital, and Growth: Evidence from German History.” *The Review of Economic Studies* 87.2 (2019): 959–996.

148 Davide Cantoni, Jeremiah Dittmar, and Noam Yuchtman. “Religious Competition and Reallocation: The Political Economy of Secularization in the Protestant Reformation.” *The Quarterly Journal of Economics* 133.4 (2018): 2037–096.

149 Jeremiah E Dittmar, and Ralf R Meisenzahl. “Public Goods Institutions, Human Capital, and Growth: Evidence from German History”. *The Review of Economic Studies* 87.2 (2019): 959–996, Figure 1.

150 见第一章，以及：Steven Pinker. *The Better Angels of Nature: Why Violence Has Declined*. London: Penguin Books (2011), Figure 2–3. 中文版：斯蒂芬·平克 . 人性中的善良天使：暴力为什么会减少 . 安雯，译 . 北京：中信出版社，2015.

第十二章

1 《时代》周刊于 2010 年 11 月刊登两篇报道，分析现代婚姻和家庭的发展趋势，包括：Belinda Luscombe, “Who Needs Marriage? A Changing Institution.” *TIME magazine* (November 18, 2010);

Richard Stengel, "All in the Family." *TIME magazine* (November 18, 2010).

2 Aamer Madhani, "Poll: Approval of Same-sex Marriage in U.S. Reaches New High." *USA TODAY*, (May 23, 2018) (https://www.usatoday.com/story/news/nation/2018/05/23/same-sex-marriage-poll-americans/638587002/).

3 到 2018 年 6 月，全球有 27 个国家将同性婚姻合法化，参见：Elisa Tang, "Here Are the 27 Countries Where Same-sex Marriage is Officially Legal." *ABC News* (June 22, 2018) (https://abcnews.go.com/GMA/Culture/27-countries-sex-marriage-officially-legal/story?id=56041136).

4 Guglielmo Barone and Sauro Mocetti. "Intergenerational Mobility in the Very Long Run: Florence 1427–2011" . Bank of Italy, Regional Economic Research Division working papers No. 1060 (2016). 他们发现，跟 1427 年时收入处于最低 10% 的穷人的后裔相比，那时收入在前 10% 的富人的后裔，到 2011 年时，收入仍然要高出 5%；而依据财富指标，类似的差距是 12%。

5 曾小萍 . 自贡商人：近代早期中国的企业家 . 董建中，译 . 南京：江苏人民出版社：2014：第四章 .

6 Amore, Mario Daniele. "Social Capital and Family Control." *Explorations in Economic History* 65 (2017): 106–114.

7 温婷 . 从两个"破千亿"看懂腾讯 2019 年财报 . 上海证券报，2020–03–19.

8 陈志武，李玉，编 . 制度寻踪（公司制度卷）. 上海：上海财经大学出版社，2009.

9 Adolf Berle & Gariner Means. *The Modern Corporation & Private Property*. New Brunswick: Transaction Publishers (2003), Tables VII and VIII. 中文版 . 伯利，米恩斯 . 现代公司与私有财产 . 甘华鸣，罗锐韧，蔡如海，译 . 北京：商务印书馆，2005.

10 Kim Parker and Richard Fry. "More Than Half of U.S. Households Have Some Investment in the Stock Market" . Pew Research Center Fact Tank report, March 25, 2020. https://www.pewresearch.org/fact-tank/2020/03/25/more-than-half-of-u-s-households-have-some-investment-in-the-stock-market/.

11 Walmart. "Company Facts" . January 2020. https://corporate.walmart.com/newsroom/company-facts#:~:text=Walmart%20employs%20more%20than%202.2,million%20in%20the%20U.S.%20alone.

12 Jay Greene. "Amazon Now Employs More Than 1 Million People" . *The Washington Post*. October 30, 2020.

13 Kate Conger, Mike Isaac and Sheera Frenkel. "Witter and Facebook Lock Trump's Accounts After Violence on Capitol Hill" . *The New York Times*. January 6, 2021. https://www.nytimes.com/2021/01/06/technology/capitol-twitter-facebook-trump.html.

14 Joe Walsh. "Pfizer And Moderna Steer Clear Of White House Vaccine Summit" . *Forbes*. December 7, 2020. https://www.forbes.com/sites/joewalsh/2020/12/07/pfizer-and-moderna-steer-clear-of-white-house-vaccine-summit/?sh=4f26e1946f3d.

15 关于银行业和金融市场中存在的"一石激起千层浪"风险，经济学理论和实证研究很多，参见以下论文及其参考文献：Allen, Franklin and Douglas Gale. "Bubbles and Crises" . *The Economic*

Journal 110 (2000): 236–256; Calomiris, Charles and John Mason. "Contagion and Bank Failures During the Great Depression: The June 1932 Chicago Banking Panic". *American Economic Review* 87 (1997): 863–883; Diamond, Douglas and Philip Dybvig. "Bank Runs, Deposit Insurance, and Liquidity". *Journal of Political Economy* 91 (1983): 410–419; Hirshleifer, David and Siew Hong Teoh. "Herd Behavior and Cascading in Capital Markets: A Review and Synthesis". *European Financial Management* 9, No. 1 (March 2003): 25–66.

16 Ulrike Malmendier. "Law and Finance 'at the Origin'". *Journal of Economic Literature* 47:4 (2009), 1076–1108.

17 Tenney Frank. "The Financial Crisis of 33 A. D.". *The American Journal of Philology* 56:4 (1935), 336–341. 作者谈到，从公元前 30—前 27 年，大约新发行 10 亿金元货币，并使利率从原来的 12% 降到 4%（第 338 页）。本段接下来的讨论也源自该文。

18 在罗马共和国和帝国时期，官方合法利率上限一般为 12%（月息 1%），参见：Temin, Peter. *The Roman Market Economy*. Princeton: Princeton University Press (2013)：170.

19 Temin, Peter. *The Roman Market Economy*. Princeton: Princeton University Press (2013): 141–142.

20 Temin, Peter. *The Roman Market Economy*. Princeton: Princeton University Press (2013): 171.

21 Peter Garber. "Tulipmania". *Journal of Political Economy* 97, No. 3 (June, 1989): 535–560. 这里的价格引自第 537 页。

22 Peter Garber. "Tulipmania". *Journal of Political Economy* 97, No. 3 (June, 1989): 535–560，Table 2.

23 关于荷兰郁金香泡沫的经济与社会影响面，目前还有争议。最早介绍那段历史的学者认为其影响面和对荷兰社会的打击程度比较广，因为到 1636 年荷兰各地都有郁金香交易场所，社会各阶层都参与投机，参见：Mackay, Charles. *Memoirs of Extraordinary Popular Delusions and the Madness of Crowds*. London: Richard Bentley (1841). 但是近年，学者对历史档案进一步研究认为，情况并非如此，郁金香泡沫的社会参与度很低，只是少数人参加郁金香期货投机，尤其是荷兰当时人口不到 200 万，参见：Goldgar, Anne. *Tulipmania: Money, Honor, and Knowledge in the Dutch Golden Age*. Chicago: University of Chicago Press (2007); Peter Garber. "Tulipmania". *Journal of Political Economy* 97, No. 3 (June, 1989): 535–560.

24 关于南海泡沫的背景细节，参见：Larry Neal. *The Rise of Financial Capitalism: International Capital Markets in the Age of Reason*. Cambridge: Cambridge University Press (December 2010)：89–101.

25 Larry Neal. *The Rise of Financial Capitalism: International Capital Markets in the Age of Reason*. Cambridge: Cambridge University Press (December 2010)：101, Figure 5–3.

26 Helen Paul. *The South Sea Bubble: An Economic History of its Origins and Consequences*. London: Routledge (2010)：chapter 5.

27 Frehen, Rik and Goetzmann, William N. and Rouwenhorst, K. Geert. "New Evidence on the First Financial Bubble". *Journal of Financial Economics*, Vol 108, No. 3 (June 2013): 585–607.

28 关于金融危机的发生频率，可以参见：卡门．莱因哈特，罗格夫．这次不一样：八百年金融危机史．綦相，刘晓峰，刘丽娜，译．北京：机械工业出版社，2012. 特别是，他们在图 16.5 给出亚洲国家自 1800 年以来平均每国每年的危机次数：19 世纪上半期，每国平均每年有 0.35 次金融危机，到 20 世纪初期达到平均每年 1 次左右，到 20 世纪末期还是有 0.6 次上下；图 16.6 给出拉美国家的经历：19 世纪上半期每国平均一年有 0.6 次左右的危机，但到 20 世纪最后 30 年里，平均每年近 2 次危机。

29 参见第十章以及：李玉．晚清公司制度建设研究．北京：人民出版社，2002. 关于本段接下来话题的更多讨论，也见其中的参考文献。

30 引自：李玉．晚清公司制度建设研究．北京：人民出版社，2002：第 22 页．

31 关于 19 世纪中国股市尝试的经验以及对当代资本市场发展的教训，参见：William N. Goetzmann, Andrey D. Ukhov and Ning Zhu. "China and the World Financial Markets 1870–1939: Modern Lessons from Historical Globalization" . *The Economic History Review* 60, No. 2 (May, 2007): 267–312.

32 张春廷．中国证券市场发展简史（民国时期）．证券市场导报，2001 年第 5 期：45–52.

33 Charles P. Kindleberger. *Manias, Panics, and Crashes: A History of Financial Crises.* 4th edition. New York: John Wiley & Sons (2000)：141–144，211–213. 书中列出欧洲从 18 世纪以来的主要金融危机。中文版：查尔斯·P. 金德尔伯格，罗伯特．Z. 阿利伯．疯狂、惊恐和崩溃：金融危机史（第七版）．朱隽，叶翔，李伟杰，译．北京：中国金融出版社，2017.

34 卡门·莱因哈特，罗格夫．这次不一样：八百年金融危机史．綦相，刘晓峰，刘丽娜，译．北京：机械工业出版社，2012.

35 卡门·莱因哈特，罗格夫．这次不一样：八百年金融危机史．綦相，刘晓峰，刘丽娜，译．北京：机械工业出版社，2012：图 14.7，14.8.

36 卡门·莱因哈特，罗格夫．这次不一样：八百年金融危机史．綦相，刘晓峰，刘丽娜，译．北京：机械工业出版社，2012：图 14.7，表 16.2.

37 关于大萧条的更全面讨论，参见：John Kenneth Galbraith. *The Great Crash 1929*. New York: Mariner Books (2009)．中文版：约翰·肯尼斯·加尔布雷斯．1929 年大崩盘．沈国华，译．上海：上海财经大学出版社，2017.

38 Tenney Frank. "The Financial Crisis of 33 A. D.". *The American Journal of Philology* 56:4 (1935)：337. 也参见：M. K. Thorton and R. L. Thornton. "The Financial Crisis of A.D. 33: A Keynesian Depression?" *Journal of Economic History* 12.3 (1990): 655–662.

39 笔者译自：Thomas Ashton. *Economic Fluctuations in England, 1700–1800*. Wotton-under-Edge, HK: Clarendon Press (1959)：111.

40 Henry Thornton. *An Enquiry into the Nature and Effect of the Paper Credit of Great Britain*. London: Frank Cass (1962): 38.

41 这里关于中央银行作为“最后贷款人”的演变历程，主要引自：Charles P. Kindleberger. *Manias, Panics, and Crashes: A History of Financial Crises*. 4th edition. New York: John Wiley & Sons (2000)，chapter 10. 以下类同。

42 译自：Charles P. Kindleberger. *Manias, Panics, and Crashes: A History of Financial Crises*. 4th edition. New York: John Wiley & Sons (2000), 163. 原文载于：Norman St. John-Stevas, eds. *The Collected Works of Walter Bagehot*. Volume 11. London: The Economist (1978): 149.

43 Thomas Humphrey. “Lender of Last Resort: The Concept in History”. *Federal Reserve Bank of Richmond Economic Review* (March/April 1989): 8–16.

44 Charles P. Kindleberger. *Manias, Panics, and Crashes: A History of Financial Crises*. 4th edition. New York: John Wiley & Sons (2000): 169.

45 Charles P. Kindleberger. *Manias, Panics, and Crashes: A History of Financial Crises*. 4th edition. New York: John Wiley & Sons (2000)：177.

46 Milton Friedman and Anna Schwartz. *A Monetary History of the United States, 1857–1960*. Princeton: Princeton University Press (1963). 中文版：米尔顿·弗里德曼，安娜·J. 施瓦茨. 美国货币史（1867—1960）. 巴曙松，等译. 北京：北京大学出版社，2009.

47 Milton Friedman and Anna Schwartz. *The Great Contraction, 1929–1933*. New ed. Princeton: Princeton University Press (2008). 中文版：米尔顿·弗里德曼、安娜·J. 施瓦茨. 大衰退（1929—1933）. 雨珂，译. 北京：中信出版社，2008.

48 Carlson, Mark. “A Brief History of the 1987 Stock Market Crash with a Discussion of the Federal Reserve Response”. Washington, D.C.: *Federal Reserve Board report* (2006).

49 Jeffrey Sachs. “The Roots of America's Financial Crisis”. *Project Syndicate*, Mar 21, 2008. https://www.project-syndicate.org/commentary/the-roots-of-america-s-financial-crisis?barrier=accesspaylog

50 Jerome Blum, Rondo Cameron, Thomas G. Barnes. *The European world: a history*. 2nd ed. Boston: Little, Brown and Company (1970): 885.

51 约翰·梅纳德·凯恩斯. 就业、利息和货币通论. 辛怡，译. 北京：商务印书馆，2005.

52 National Bureau of Economic Research. “US Business Cycle Expansions and Contractions”. NBER (2020). https://www.nber.org/research/data/us-business-cycle-expansions-and-contractions.

53 关于经济周期的变迁的更多讨论，参见：Knoop, Todd A. *Recessions and Depressions: Understanding Business Cycles*. Westport: Praeger Publishers (2004).

54 Federal Reserve Bank of St Louis, https://fred .stlouisfed.org/series/USREC.

55 Federal Reserve Board of Governors. “Monetary Policy Report to the Congress”. February 27, 2002. https://www.federalreserve.gov/boarddocs/hh/2002/February/FullReport.txt.

56 “Economic Outlook Hearing before the Joint Economic Committee, Congress of the United States”. U.S. Government Printing Office. November 13, 2002. http://www.house.gov/jec/hearings/11–13–02.pdf.

57 在 2005 年的一篇采访文章中，耶鲁大学经济学教授、诺贝尔经济学奖得主罗伯特·席勒（Robert Shiller）谈到，在 20 世纪 90 年代末期的互联网泡沫于 2000 年破裂之后，从 2001 年开始美联储不断降息，于是把投机风潮转移到房地产市场，酝酿成持续上涨的房价。虽然那次采访时房地产泡沫还没有破裂的迹象，但他预估不久将会发生。当然，那是两年多以后的事情。参见：Jonathan R. Laing. “The Bubble's New Home”. *Barron's*, June 20, 2005.

58 McIntire, Mike. “Bailout Is a Windfall to Banks, if Not to Borrowers”. *The New York Times*, January 17, 2009.

59 数据来源于美联储自 1989 年 3 季度以来的消费者金融调查（每季度一次），图中两组家庭占总财富的百分比以每季度末为准。数据来自：Federal Reserve Board of Governors. *Survey of Consumer Finances and Financial Accounts of the United States* January 2021. https://www. federalreserve .gov/releases/21/dataviz/dfa/.

60 Jeffrey Cheng, Tyler Powell, Dave Skidmore, and David Wessel. “What's the Fed Doing in Response to the COVID-19 Crisis? What More Could It Do?” *Brookings Institution Report*. December 11, 2020. https://www.brookings.edu/research/fed-response-to-covid19/.

61 William G. Gale and Grace Enda. “More Economic Relief and Stimulus: Why and How”. *Brookings Institution Report*. December 16, 2020. https://www.brookings.edu/research/more-economic-relief-and-stimulus-why-and-how/.

62 Ziyad Cassim, Borko Handjiski, Jörg Schubert, and Yassir Zouaoui. “The $10 Trillion Rescue: How Governments Can Deliver Impact”. *McKinsey & Company Monthly Highlights*, June 5, 2020. https://www.mckinsey.com/industries/public-and-social-sector/our-insights/the-10-trillion-dollar-rescue-how-governments-can-deliver-impact.

63 Hamza Shaban and Heather Long. “The Stock Market is Ending 2020 at Record Highs, Even as the Virus Surges and Millions Go Hungry”. *Washington Post*. January 1, 2021.

64 Walter Scheidel. *The Great Leveler: Violence and the History of Inequality from the Stone Age to the Twenty-First Century*. Princeton: Princeton University Press (2017). 中文版 . 沃尔特·沙伊德尔 . 不平等社会：从石器时代到 21 世纪，人类如何应对不平等 . 颜鹏飞，等译 . 北京：中信出版社，2019.

65 Luc Laeven and Fabian Valencia. “Resolution of Banking Crises: The Good, the Bad, and the Ugly”. International Monetary Fund working paper (August 2012). 见其中的 Tables A.1 – A.3 以及 Table 4。

66 Ziyad Cassim, Borko Handjiski, Jörg Schubert, and Yassir Zouaoui. “The $10 Trillion Rescue: How Governments Can Deliver Impact”. *McKinsey & Company Monthly Highlights*, June 5, 2020. https://www.mckinsey.com/industries/public-and-social-sector/our-insights/the-10-trillion-dollar-rescue-how-governments-can-deliver-impact.

67 Pew Research Center. “The Future of World Religions: Population Growth Projections, 2010–2050: Why Muslims Are Rising Fastest and the Unaffiliated Are Shrinking as a Share of the World's

Population". *Pew Research Center Report.* April 2, 2015.

68 Dan Bilefsky. "Where Churches Have Become Temples of Cheese, Fitness and Eroticism". *The New York Times*, July 30, 2018.

69 Chen, Daniel L. "Club Goods and Group Identity: Evidence from Islamic Resurgence During the Indonesian Financial Crisis." *Journal of Political Economy* 118, no. 2 (2010): 300–354. 此外，本书第七章专门讨论宗教与金融的此消彼长竞争关系。

70 Daniel M Hungerman,. "The Effect of Education on Religion: Evidence From Compulsory Schooling Laws." *Journal of Economic Behavior & Organization* 104 (2014): 52–63；Jonathan Gruber and Daniel M. Hungerman. "Faithbased Charity and Crowd-out During the Great Depression." *Journal of Public Economics* 91.5–6 (2007): 1043–1069.

71 Dan Bilefsky. "Where Churches Have Become Temples of Cheese, Fitness and Eroticism". *The New York Times*, July 30, 2018.

72 Daily Kos. "U.S. Decline of Christianity Continues At Rapid Pace". *Church and State*. February 9, 2020.

73 Jean Hopfensperger. "As churches close in Minnesota, a way of life fades". *Star Tribune*. July 8, 2018.

74 Religion News Service. "One Third Of New York Catholic Churches Will Merge Or Close As Fewer Attend Mass". *HuffPost*. November 5, 2014.

75 "Archdiocese May Close Nearly 100 Churches in Next 15 Years". *Curbed Chicago*. February 9, 2016.

76 Ottolini, Meghan. "Closed Churches Become Condos, Dollar Tree, Hockey Rinks". *Boston Herald*. November 28, 2019.

77 Phil Fernandes,, Rorri Wiesinger, and Eric Purcell. *God, Government, and the Road to Tyranny: A Christian View of Government and Morality*. Camarilo, CA: Xulon Press（2003）: 20.

78 Sascha O. Becker, Steven Pfaff, Yuan Hsiao, and Jared Rubin. "Ideological Entrepreneurs and the Diffusion of Radical Innovation Martin Luther's Personal Ties and the Spread of the Early Reformation". Monash University working paper (2019).

79 Davide Cantoni, Jeremiah Dittmar, and Noam Yuchtman. "Religious Competition and Reallocation: The Political Economy of Secularization in the Protestant Reformation." *The Quarterly Journal of Economics* 133.4 (2018): 2037–096.

80 Green, S. J. D. *Religion in the Age of Decline: Organisation and Experience in Industrial Yorkshire, 1870–1920*. Cambridge: Cambridge University Press（1996）: chapter 9, 351.

81 Peterson, Paul Silas. *The Decline of Established Christianity in the Western World: Interpretations and Responses*. London: Routledge（2017）: chapter 1, 1–30.

82 一份针对欧洲 22 个国家 16~29 岁青年的调查发现，没有宗教归属的占比在捷克为 91%、瑞典为 75%、英国为 70%、法国为 64%，等等，而每周去教堂礼拜的青年占比在比利时为 2%、匈牙利与奥地利为 3%、德国为 6%、法国为 7%、英国为 17%。相关内容参见：Stephen Bullivant.

"Europe's Young Adults and Religion: Findings from the European Social Survey (2014–16) to inform the 2018 Synod of Bishops" . Benedict XVI Centre for Religion and Society, St Mary's University, Twickenham, UK, Report 2018.

83 Pew Research Center. "The Future of World Religions: Population Growth Projections, 2010–2050: Why Muslims Are Rising Fastest and the Unaffiliated Are Shrinking as a Share of the World's Population" . *Pew Research Center Report*. April 2, 2015.

84 Pew Research Center. "The Future of World Religions: Population Growth Projections, 2010–2050: Why Muslims Are Rising Fastest and the Unaffiliated Are Shrinking as a Share of the World's Population" . *Pew Research Center Report*. April 2, 2015.

85 来源于：https://www.gapminder.org/data/.

86 Paul Silas Peterson. "Causes of the Decline: Historical, Empirical and Theoretical Perspectives" , in Paul Silas Peterson, ed. *The Decline of Established Christianity in the Western World Interpretations and Responses*. New York : Routledge, 2018: chapter 2.

87 Norenzayan, Ara. *Big Gods: How Religion Transformed Cooperation and Conflict*. Princeton: Princeton University Press, 2013.

88 曹南来 . 建设中国的耶路撒冷：基督教与城市现代性变 . 香港：香港大学出版社 , 2013 年 . 曹教授在著作中通过案例和田野调查，介绍了温州商人走出去背后的宗教支持，他们借助遍及全球的基督教网络以及各地教友群给予的帮助，在世界多处落户并建立自己的商业网。

89 Faith Hill. "They Tried to Start a Church Without God. For a While, It Worked" . *The Atlantic*. July 21, 2019.

90 译　自：Sumit Paul-Choudhury. "Throughout History, People's Faith and Their Attachments to Religious Institutions Have Transformed, Argues Sumit Paul-Choudhury. So What's Next?" *BBC Future*, August 2, 2019. 伍德赫德的更系统论述，见其合作著作：Paul Heelas and Linda Woodhead. *The Spiritual Revolution: Why Religion is Giving Way to Spirituality*. London: Wiley-Blackwell, 2005.

91 Richard, Timothy. *Forty-five Years in China*. New York: Frederick A. Stokes, 1916: 125.

92 引译自：Sumit Paul-Choudhury. "Throughout History, People's Faith and Their Attachments to Religious Institutions Have Transformed, Argues Sumit Paul-Choudhury. So What's Next?" *BBC Future*, August 2, 2019.

93 最近的两个例子来自：托马斯 · 皮凯蒂 . 21 世纪资本论 . 巴曙松，陈剑，余江，周大昕，李清彬，汤铎铎，译 . 北京：中信出版社，2014；Anthony B. Atkinson. *Inequality: What Can Be Done?* Cambridge: Harvard University Press, 2015. 他们都是从政府的角度寻求解决收入差距扩大问题的方案。这种思维模式已经是近代文明化进程中的典型范式。

参考文献

- Aberle, David F. "Matrilineal Descent in Cross-cultural Perspective." *Matrilineal kinship* (1961).
- Acemoglu, Daron, Simon Johnson, and James Robinson. "The Rise of Europe: Atlantic Trade, Institutional Change, and Economic Growth." *American Economic Review* 95, No. 3 (2005).
- Acemoglu,Daron and James Robinson. *Why Nations Fail:The Origins of Power, Prosperity, and Poverty*. New York: Random House, 2012.
- Ager, Philipp, and Antonio Ciccone. "Agricultural Risk and the Spread of Religious Communities." *Journal of the European Economic Association* 16, No. 4 (2017).
- Ağir, Seven. "The Rise and Demise of Gedik Markets in Istanbul, 1750–1860." *The Economic History Review* 71.1 (2018).
- Aghion, Philippe , Yann Algan, Pierre Cahuc, and Andrei Shleifer. "Regulation and Distrust" .*The Quarterly Journal of Economics* 125.3 (2010).
- Ahlstrom, Sydney E. *A Religious History of the American People*. New Haven: Yale University Press (1972).
- Akçomak, i. Semih, Dinand Webbink, and Bas ter Weel. "Why Did the Netherlands Develop So Early? The Legacy of the Brethren of the Common Life." *The Economic Journal* 126, No. 593.
- Akerlof, George, "The Market for "Lemons" : Quality Uncertainty and the Market Mechanism." *The Quarterly Journal of Economics* 84.3 (1970).
- Akerlof, George , and Rachel Kranton. "Identity Economics." *The Economists' Voice* 7, No. 2 (2010).
- Akerlof, George, and Rachel Kranton. "Economics and Identity." *The Quarterly Journal of Economics* 115.3

(2000).

_ Aldrete, Gregory S. *Floods of the Tiber in Ancient Rome*. John Hopkins University Press, 2007.

_ Alesina, Alberto, and Paola Giuliano. "Family Ties and Political Participation." *Journal of the European Economic Association* 9.5 (2011).

_ Alesina, Alberto, and Paola Giuliano. "Family Ties." *Handbook of Economic Growth*. Vol. 2. Elsevier, 2014.

_ Alesina, Alberto, and Paola Giuliano. "The Power of the Family." *Journal of Economic Growth* 15.2 (2010).

_ Alesina, Alberto, et al. "Family Values and the Regulation of Labor." *Journal of the European Economic Association* 13.4 (2015).

_ Alesina, Alberto, Paola Giuliano, and Nathan Nunn. "On the Origins of Gender Roles: Women and the Plough." *The Quarterly Journal of Economics* 128.2 (2013).

_ Alesina, Alberto, Paola Giuliano, and Nathan Nunn. "Traditional Agricultural Practices and the Sex Ratio Today." *PloS one* 13.1 (2018).

_ Alfani, Guido. "The Famine of the 1590s in Northern Italy. An Analysis of the Greatest 'System Shock' of Sixteenth Century." *Histoire & mesure* 26, No. XXVI–1 (2011).

_ Alison S. Brooks,, et al. "Long-distance Stone Transport and Pigment Use in the Earliest Middle Stone Age." *Science* 360.6384 (2018).

_ Allen, Franklin. and Douglas Gale. "Bubbles and Crises" . *The Economic Journal* 110 (2000).

_ Allen, Franklin. and Douglas Gale. "Optimal Security Design" . *Review of Financial Studies* 1.3 (1988).

_ Allen, Pauline. *Evagrius Scholasticus, the Church Historian*. Peeters Pub & Booksellers, 1981.

_ Allen, Robert C. "Agriculture and the Origins of the State in Ancient Egypt." *Explorations in Economic History* 34 (1997).

_ Allen, Treb, and David Atkin. Volatility and the Gains from Trade. Forthcoming, *Econometrica*.

_ Al-Sirafifi, Abu Zayd. *Accounts of China and India*. New York: New York University Press, 2017.

_ Ambrus, Attila, Markus Mobius, and Adam Szeidl. "Consumption Risk-sharing in Social Networks." *American Economic Review* 104.1 (2014).

_ Ambrus, Attila, Wayne Y. Gao, and Pau Milán. "Informal Risk Sharing With Local Information." 2017.

_ Amodio, Francesco, Leonardo Baccini, and Michele Di Maio. "Security, Trade, and Political Violence." *Journal of the European Economic Association* (2020).

_ Amore, Mario Daniele. "Social Capital and Family Control." *Explorations in Economic History* 65 (2017).

_ An, Chengbang, Zhaodong Feng, and Lingyu Tang. "Environmental Change and Cultural Response Between 8000 and 4000 cal. yr BP in the Western Loess Plateau, Northwest China." *Journal of Quaternary Science* 19.6 (2004).

_ Andersen, Thomas Barnebeck, et al. "Pre‐reformation Roots of the Protestant Ethic." *The Economic Journal* 127.604 (2017).

- Andersen, Thomas Barnebeck, Jeanet Bentzen, Carl - Johan Dalgaard, and Paul Sharp. "Pre - Reformation Roots of the Protestant Ethic." *The Economic Journal* 127, No. 604 (2017).
- Anderson, Benedict, *Imagined Communities : Reflections on the Origin and Spread of Nationalism*. New York: Verso, 2006.
- Anderson, Robert Warren, Noel D. Johnson and Mark Koyama. "Jewish Persecutions and Weather Shocks: 1100–1800." *The Economic Journal* 127, No. 602 (2017).
- Anderson, Siwan. "The Economics of Dowry and Brideprice." *Journal of Economic Perspectives* 21.4 (2007).
- Angelos, James. "The New German Anti-Semitism." *The New York Times Magazine*, May 21, 2019.
- Anti-Defamation League, *Attitudes towards Jews in Seven European Countries*. New York: Anti-Defamation League, 2009.
- Apicella, Coren L., Eduardo M. Azevedo, Nicholas A. Christakis, and James H. Fowler. "Evolutionary Origins of the Endowment Effect: Evidence from Hunter-Gatherers." *American Economic Review* 104, No. 6 (2014).
- Arrow, Kenneth J. "Uncertainty and the Welfare Economics of Medical Care." *American Economic Review* (1963).
- Ashraf, Quamrul and Oded Galor. "Dynamics and Stagnation in the Malthusian Epoch." *American Economic Review* 101.5 (2011).
- Ashraf, Quamrul, and Stelios Michalopoulos. "Climatic Fluctuations and the Diffusion of Agriculture." *Review of Economics and Statistics* 97, No3 (2015).
- Ashton, Thomas. *Economic Fluctuations in England, 1700–1800. Wotton-under-Edge*, HK: Clarendon Press (1959).
- Atkinson, Anthony B. . *Inequality: What Can Be Done?* Cambridge: Harvard University Press, 2015.
- Auriol, Emmanuelle, Julie Lassébie, Amma Panin, Eva Raiber, and Paul Seabright, "God Insures Those Who Pay? Formal Insurance and Religious Offerings in Ghana" . *The Quarterly Journal of Economics* 135, No. 4 (2020).
- Autor, David David Dorn, Lawrence F. Katz, Christina Patterson, John Van Reenen. "The Fall of the Labor Share and the Rise of Superstar Firms" . *MIT working paper* (2019).
- Ayyagari, Meghana, Asli Demirgüç-Kunt, and Vojislav Maksimovic. "Formal Versus Informal Finance: Evidence from China." *The Review of Financial Studies* 23.8 (2010).
- Baele, Lieven., Moazzam Farooq, and Steven Ongena. "Of Religion and Redemption: Evidence from Default on Islamic Loans." *Journal of Banking & Finance* 44 (2014).
- Bagnall, Roger S., and Bruce W. Frier. *The Demography of Roman Egypt*. Vol. 23. Cambridge University Press, 2006.

_ Bai Ying. "Economic Legacies of North-to-South Migration in China during 1127–1130." *PhD Dissertation at Hong Kong University of Science and Technology*, 2015.

_ Bai, Ying, and James Kai-sing Kung. "Climate Shocks and Sino-nomadic Conflflict." *Review of Economics and Statistics* 93.3 (2011).

_ Bai, Ying, and James Kai-sing Kung. "Diffusing Knowledge While Spreading God's Message: Protestantism and Economic Prosperity in China, 1840–1920." *Journal of the European Economic Association* 13, No. 4 (2015).

_ Banerjee, Abhijit, et al. "A Multifaceted Program Causes Lasting Progress for the Very Poor: Evidence From Six Countries." *Science* 348.6236 (2015).

_ Barber, Malcom. "The Pastoureaux of 1320." *The Journal of Ecclesiastical History* 32, No. 2 (1981).

_ Baron, Salo Wittmayer. *A Social and Religious History of the Jews*. 2nd (Revised and enlarged) ed. Vol. XII: Late Middle Ages and Era of European Expansion (1200–1650): Economic Catalyst, New York: Columbia University Press, 1967.

_ Barone, Guglielmo and Sauro Mocetti. "Intergenerational Mobility in the Very Long Run: Florence 1427–2011". Bank of Italy, *Regional Economic Research Division working papers* No. 1060 (2016).

_ Barreca, Alan, Karen Clay, Olivier Deschenes, Michael Greenstone, and Joseph S. Shapiro. "Adapting to Climate Change: The Remarkable Decline in the US Temperature-mortality Relationship Over the Twentieth Century." *Journal of Political Economy* 124, No. 1 (2016).

_ Barton, George A. *A Sketch of Semitic Origins: Social and Religious*, Norwood: Norwood Press (1902).

_ Basten, Christoph, and Frank Betz. "Beyond Work Ethic: Religion, Individual, and Political Preferences." *American Economic Journal: Economic Policy* 5, No. 3 (2013).

_ Basu, Ratan Lal and Raj Kumar Sen. *Ancient Indian Economic Thought: Relevance for Today*. New Delhi: Rawat Publications（2008）.

_ Bauchet, Jonathan., and Godoy, Ricardo. "What Do Trade and Markets Do to Indigenous People? Testing Hypotheses from Heredotous to Hirschman with Panel Data from the Amazon." *Journal of Anthropological Research* (under review), 2018.

_ Bauchet, Jonathan., Eduardo A. Undurraga, Rebecca Zhang, and Ricardo A. Godoy. "Market Engagement and Indigenous People: Testing Hypotheses from the Western Intellectual Tradition." *Journal of Anthropological Research* 76, No. 2 (2020).

_ Bauernschuster, Stefan , Anastasia Driva and Erik Hornung. "Bismarck's Health Insurance and the Mortality Decline". *IZA Institute of Labor Economics discussion paper series*, Bonn, Germany (2018).

_ Beck,Ulrich. *Risk Society : Towards a New Modernity*. London: Sage (1992).

_ Becher, John T. *The Antipauper System Exemplifying the Positive and Practical Good, Realized by the Relievers and the Relieved, under the Frugal, Beneficial, and Lawful, Administration of the Poor Laws, Prevailing at*

Southwell and in the Neighbouring District. London: W. Simkin and R. Marshall, 1828.

- Becker, Gary S. "Crime and Punishment: An Economic Approach." *Journal of Political Economy* 76, No. 2 (1968).
- Becker, Gary S. *A Treatise on the Family*. Harvard University Press (1991).
- Becker, Gary S., and H. Gregg Lewis. "On the Interaction between the Quantity and Quality of Children." *Journal of political Economy* 81, No. 2, Part 2 (1973).
- Becker, Gary S., and Kevin M. Murphy. "The Family and the State." *The Journal of Law and Economics* 31.1 (1988).
- Becker, Gary S., and Nigel Tomes. "Child Endowments and the Quantity and Quality of Children." *Journal of Political Economy* 84, No. 4, Part 2 (1976).
- Becker, Sascha O., and Ludger Woessmann. " Was Weber Wrong? A Human Capital Theory of Protestant Economic History." *The Quarterly Journal of Economics* 124, No. 2 (2009).
- Becker, Sascha O., and Luigi Pascali. "Religion, Division of Labor and Conflict: Anti-Semitism in Germany over 600 Years." *American Economic Review* 109, No. 5 (2019).
- Becker, Sascha O., Steven Pfaff, and Jared Rubin. "Causes and Consequences of the Protestant Reformation." *Explorations in Economic History* 62 (2016).
- Becker, Sascha O., Steven Pfaff, Yuan Hsiao, and Jared Rubin. "Ideological Entrepreneurs and the Diffusion of Radical Innovation Martin Luther's Personal Ties and the Spread of the Early Reformation" . *Monash University working paper* (2019).
- Beckworth, David. Praying for a Recession: The Business Cycle and Protestant Religiosity in the United States (January 20, 2009).
- Belenzon, Sharon, Andrea Patacconi, and Rebecca Zarutskie. "Married to the Firm? A Large - scale Investigation of the Social Context of Ownership." *Strategic Management Journal* 37.13 (2016).
- Bellwood, Peter. "First Farmers: The Origins of Agricultural Societies." Wiley-Blackwell(2005).
- Benjamin, Daniel J., James J. Choi, and Geoffrey Fisher. "Religious Identity and Economic Behavior." *Review of Economics and Statistics* 98, No. 4 (2016).
- Benmelech, Efraim, and Tobias J. Moskowitz. "The Political Economy of Financial Regulation: Evidence from U.S. State Usury Laws in the 19th Century." *Journal of Finance* 65, No.3 (2010).
- Bently,Jerry. *Old World Encounters: Cross-Cultural Contacts and Exchanges in Pre-Modern Times*. New York: Oxford University Press, 1993.
- Bentzen, Jeanet Sinding, Nicolai Kaarsen, and Asger Moll Wingender. "Irrigation and Autocracy." *Journal of the European Economic Association* 15.1 (2017).
- Ben-Yishay, Ariel, Pauline Grosjean, and Joe Vecci. "The Fish is the Friend of Matriliny: Reef Density and Matrilineal Inheritance." *Journal of Development Economics* 127 (2017).

- Berger, Peter L., Grace Davie, and Effie Fokas. *Religious America, Secular Europe?: A Theme and Variation.* Burlington, VT:Ashgate, 2008.
- Berggren, Niclas, and Henrik Jordahl. "Free to Trust: Economic Freedom and Social Capital." *Kyklos (Basel)* 59, No. 2 (2006).
- Berggren, Niclas, and Therese Nilsson. " Does Economic Freedom Foster Tolerance?" *Kyklos(Basel)* 66, No. 2 (2013).
- Berggren, Niclas, and Therese Nilsson. "Globalization and the Transmission of Social Values: The Case of Tolerance." *Journal of Comparative Economics* 43, No. 2 (2015).
- Berle,Adolf and Gariner Means. *The Modern Corporation & Private Property.* New Brunswick: Transaction Publishers (2003).
- Berman, Eli. "Sect, Subsidy, and Sacrifice: An Economist's View of Ultra-Orthodox Jews." *The Quarterly Journal of Economics* 115, No. 3 (2000).
- Bernard S. Black. "The Legal and Institutional Preconditions for Strong Securities Markets" . *UCLA Law Review* 48.4 (2001).
- Bhalotra, Sonia, Abhishek Chakravarty, and Selim Gulesci. "The Price of Gold: Dowry and Death in India." *Journal of Development Economics* 143 (2020).
- Bhutta, Neil, Jacob Goldin, and Tatiana Homonoff. "Consumer Borrowing After Payday Loan Bans." *The Journal of Law and Economics* 59.1 (2016).
- Bilefsky,Dan. "Where Churches Have Become Temples of Cheese, Fitness and Eroticism" . *The New York Times,* July 30, 2018.
- Binford, Lewis Roberts. "Post-pleistocene Adaptations." *New Perspective in Archeology* (1968).
- Binzel, Christine, and Dietmar Fehr. "Social Distance and Trust: Experimental Evidence from a Slum in Cairo." *Journal of Development Economics* 103 (2013).
- Blaikie, Piers, et al. *At Risk: Natural Hazards, People's Vulnerability and Dasters.* Routledge, 2014.
- Blair, William. *Slavery Amongst the Romans. An Inquiry Into the State of Slavery Amongst the Romans.* Edinburgh: Treuttel, Wurtz, & Richter, 1947.
- Blaydes, Lisa, and Eric Chaney. "The Feudal Revolution and Europe's Rise: Political Divergence of the Christian West and the Muslim World Before 1500 ce." *American Political Science Review* 107,No. 1 (2013).
- Blaydes, Lisa. "How Does Islamist Local Governance Affect the Lives of Women?" *Governance* 27, No. 3 (2014).
- Blitz, Rudolph C., and Millard F. Long. "The Economics of Usury Regulation." *Journal of Political Economy* 73.6 (1965).
- Blum,Jerome., Rondo Cameron, Thomas G. Barnes. *The European World: a History.* 2nd ed. Boston:

Little,Brown and Company (1970).

_ Blumberg, Jess. "A Brief History of the Salem Witch Trials: One Town's Strange Journey From Paranoia to Pardon." *The Smithsonian Magazine* (October 23, 2007).

_ Blumberg, Rae Lesser, and Robert F. Winch. "Societal Complexity and Familial Complexity: Evidence for the Curvilinear Hypothesis." *American Journal of Sociology* 77 (1972).

_ Bodenhorn, Howard, and David Cuberes. "Financial Development and City Growth: Evidence From Northeastern American Cities, 1790–1870" . Forthcoming, *Journal of Urban Economics.*

_ Boix, Carles., and Frances Rosenbluth. "Bones of Contention: the Political Economy of Height Inequality." *American Political Science Review* 108.1 (2014).

_ Borcan, Oana. , Ola Olsson, Louis Putterman, "Transition to Agriculture and First State Presence: A Global Analysis" , *University of Gothenburg Working Paper in Economics* No. 741, 2018.

_ Borenstein, Severin., and Paul N. Courant. "How to Carve a Medical Degree: Human Capital Assets in Divorce Settlements." *American Economic Review* (1989).

_ Botero, Carlos A., Beth Gardner, Kathryn R. Kirby, Joseph Bulbulia, Michael Gavin, C., and Russell Gray, D. "The Ecology of Religious Beliefs." *Proceedings of the National Academy of Sciences* 111, No. 47 (2014).

_ Botticini, Maristella, and Zvi Eckstein. *The Chosen Few: How Education Shaped Jewish History, 70–1492.* Princeton and Oxford: Princeton University Press, 2012.

_ Bourke, Austin. *"The Visitation of God?" The Potato and the Great Lrish Famine.* Lilliput Press Ltd, 1993.

_ Bourrat, Pierrick., Quentin D. Atkinson, and Robin I. Dunbar. "Supernatural Punishment and Individual Social Compliance across Cultures." *Religion, Brain & Behavior* 1, No. 2 (2011).

_ Bowles, Samuel, and Jung-Kyoo Choi. "Coevolution of Farming and Private Property During the Early Holocene." *Proceedings of the National Academy of Sciences* 110, No. 22 (2013).

_ Bowman, Alan, and Andrew Wilson, eds. *Quantifying the Roman Economy: Methods and Problems.* Vol. 1.Oxford University Press, 2009.

_ Braidwood, Robert J. "The Agricultural Revolution." *Scientific American* 203, No. 3 (1960).

_ Brandt, Loren . *Commercialization and Agricultural Development: Central and Eastern China, 1870—1937.* Cambridge: Cambridge University Press, 1989.

_ Brandt，Loren, Debin Ma, and Thomas Rawski. "From Divergence to Convergence: Reevaluating the History Behind China's Economic Boom" . *Journal of Economic Literature* 52.1 (2014), 45–123

_ Branas-Garza, Pablo, M¡Ximo Rossi, and Dayna Zaclicever. "Individual's Religiosity Enhances Trust: Latin American Evidence for the Puzzle," *Journal of Money, Credit and Banking* 41, No. 2–3 (2009).

_ Brentjes, Sonja . "Patronage of the Mathematical Sciences in Islamic Societies." in E. Robson and J. Stedall, eds., *The Oxford Handbook of the History of Mathematics.* Oxford: Oxford University Press, 2009.

_ Briggs, Robin. *Witches & Neighbours: the Social and Cultural Context of European Witchcraft.* New York:

Viking, 1996.

_ Brooks, Alison S., et al. "Long-distance Stone Transport and Pigment Use in the Earliest Middle Stone Age." *Science* 360.6384 (2018).

_ Brooks, David. "The Tel Aviv Cluster." *The New York Times*, January 11, 2010.

_ Brooks, Nick . "Cultural Responses to Aridity in the Middle Holocene and Increased Social Complexity." *Quaternary International 151.1 (2006).*

_ Browning, Martin, Pierre-André Chiappori, and Yoram Weiss. *Economics of the Family*. Cambridge University Press, 2014.

_ Bruederle, Anna, Jörg Peters, and Gareth Roberts. "Weather and Crime in South Africa." No. 739. *Ruhr Economic Papers*, 2017.

_ Bryan, Gharad, Shyamal Chowdhury, and Ahmed Mushfiq Mobarak. "Underinvestment in a Profitable Technology: The Case of Seasonal Migration in Bangladesh." *Econometrica* 82.5 (2014).

_ Buggle, Johannes Christoph, and Ruben Durante. "Climate Risk, Cooperation, and the Co-Evolution of Culture and Institutions." *CEPR Discussion Papers* No. 12380, 2017.

_ Buggle, Johannes Christoph. "Irrigation, Collectivism and Long-run Technological Divergence." No. 17.06. *Université de Lausanne, Faculté des HEC*, DEEP, 2017.

_ Bullivant, Stephen . "Europe's Young Adults and Religion: Findings from the European Social Survey (2014–2016) to Inform the 2018 Synod of Bishops" . *Benedict XVI Centre for Religion and Society*, St Mary's University, Twickenham, UK, Report 2018.

_ Büntgen, Ulf, Willy Tegel, Kurt Nicolussi, Michael McCormick, David Frank, Valerie Trouet, Jed O. Kaplan et al. "2500 Years of European Climate Variability and Human Susceptibility." *Science* 331, No. 6017 (2011).

_ Burger, Michael. *The Shaping of Western Civilization: From Antiquity to the Enlightenment.* Toronto: University of Toronto Press, 2008.

_ Burgess, Robin, and Dave Donaldson. "Can Openness Mitigate the Effects of Weather Shocks? Evidence from India's Famine Era." *American Economic Review* 100, No. 2 (2010).

_ Burgess, Robin, and Dave Donaldson. "Railroads and the Demise of Famine in Colonial India." *London School of Economics working paper*, March 2017.

_ Burgess,Robin , Olivier Deschenes, Dave Donaldson, and Michael Greenstone. "Weather and Death in India: Mechanisms and Implications of Climate Change." *London School of Economics Working Paper* (2017) .

_ Burke, Kevin L., Daniel R. Czech, Jennifer L. Knight, Lisa A. Scott, A. Barry Joyner, Steven G. Benton, and H. Keith Roughton. "An Exploratory Investigation of Superstition, Personal Control, Optimism and Pessimism in NCAA Division I Intercollegiate Student-athletes." *Athletic Insight* 8, No. 2 (2006).

_ Burke, Marshall B., Edward Miguel, Shanker Satyanath, John A. Dykema, and David B. Lobell. "Warming

Increases the Risk of Civil War in Africa." *Proceedings of the National Academy of Sciences* 106, No. 49 (2009).

- Burke, Marshall, Solomon M. Hsiang, and Edward Miguel. "Climate and Conflict." *Annual Review of Economics* 7.1 (2015): 577–617.
- Burton, Marie . "Keep the Plates Spinning: Perceptions of Payday Loans in Great Britain" . *Consumer Focus* (2010).
- Buyandelgeriyn, Manduhai. "Dealing With Uncertainty: Shamans, Marginal Capitalism, and the Remaking of History in Postsocialist Mongolia." *American Ethnologist* 34, No. 1 (2007).
- Buyandelgeriyn, Manduhai. "Post-post-transition Theories: Walking on Multiple Paths." *Annual Review of Anthropology* 37 (2008).
- Cai, Fang, John Giles, and Xin Meng. "How well do Children Insure Parents Against Low Retirement Income? An Analysis Using Survey Data From Urban China." *Journal of Public Economics* 90 (2006).
- Cain, Mead . "Risk and Insurance: Perspectives on Fertility and Agrarian Change in India and Bangladesh." *Population and Development Review* 7.3(1981),.
- Calder, Lendol . *Financing the American Dream: A Cultural History of Consumer Credit.* Princeton: Princeton University Press (1999).
- Calomiris, Charles and John Mason. "Contagion and Bank Failures During the Great Depression: The June 1932 Chicago Banking Panic" . *American Economic Review* 87 (1997).
- Cameron, A. *Agathias*. Clarendon Press, 1970.
- Cantoni,Davide and Noam Yuchtman. "Medieval Universities, Legal Institutions, and the Commercial Revolution" . *The Quarterly Journal of Economics* 129.2 (2014).
- Cantoni,Davide and Noam Yuchtman. "The Political Economy of Educational Content and Development: Lessons From History" . *Journal of Development Economics* 104(2013).
- Cantoni, Davide Jeremiah Dittmar, and Noam Yuchtman. "Religious Competition and Reallocation: The Political Economy of Secularization in the Protestant Reformation." *The Quarterly Journal of Economics* 133.4 (2018).
- Cao, Yiming, and Shuo Chen. "Robin Hood on the Grand Canal: Economic Shock and Rebellions in Qing China, 1650–1911." *Boston University and Fudan University working paper*, October 2017.
- Caplin, Andrew, and John Leahy. "Psychological Expected Utility Theory and Anticipatory Feelings." *The Quarterly Journal of Economics* 116.1 (2001).
- Carlson, Mark. "A Brief History of the 1987 Stock Market Crash with a Discussion of the Federal Reserve Response" . Washington, D.C.: *Federal Reserve Board Report* (2006).
- Carneiro, Robert L. "A Theory of the Origin of the State: Traditional Theories of State Origins are Considered and Rejected in Favor of a New Ecological Hypothesis." *Science* 169.3947 (1970).

- Cassim, Ziyad. Borko Handjiski, Jörg Schubert, and Yassir Zouaoui. "The $10 Trillion Rescue: How Governments Can Deliver Impact" . *McKinsey & Company Monthly Highlights*, June 5, 2020.
- Castile, George Pierre. "Purple People Eaters? A Comment on Aztec Elite Class Cannibalism a La Harris - Harner." *American Anthropologist* 82.2 (1980).
- Chaffee,John. *The Muslim Merchants of Premodern China: The History of a Maritime Asian Trade Diaspora, 750–1400*. London: Cambridge University Press, 2018.
- Chandler,Alfred. *Scale and Scope: The Dynamics of Industrial Capitalism*. Cambridge: The Belknap Press of Harvard University Press, 1990.
- Chaney,Eric. "Religion and the Rise and Fall of Islamic Science" . *Harvard University Working Paper* (2016).
- Charity Aid Foundation. *CAF World Giving Index: Ten Years of Giving Trends*. London: Charity Aid Foundation, 2019.
- Chaudhuri, K. *Trade and Civilisation in the Indian Ocean: An Economic History from the Rise of Islam to1750*, Cambridge: Cambridge University Press, 1985.
- Chauvet, Jean-Marie, Eliette Brunel Deschamps, and Christian Hillaire. *Dawn of art: the Chauvet Cave: the oldest known paintings in the world*. Harry N. Abrams,1996.
- Chazan, Robert. *Reassessing Jewish Life in Medieval Europe*. Cambridge: Cambridge University Press, 2010.
- Chen, Daniel L. "Club Goods and Group Identity: Evidence from Islamic Resurgence During the Indonesian Financial Crisis." *Journal of Political Economy* 118, No. 2 (2010).
- Chen, Daniel L. "Islamic Resurgence and Social Violence During the Indonesian Financial Crisis." In *Institutions and Norms in Economic Development*, MIT Press, edited by M. Gradstein and K. Konrad, 2007.
- Chen, Daniel L., and Daniel M. Hungerman. "Economics, Religion, and Culture: A Brief Introduction." *Journal of Economic Behavior and Organization* 104 (2014).
- Chen, Qiang. "Climate Shocks, State Capacity and Peasant Uprisings in North China During 25–1911 CE." *Economica* 82, No. 326 (2015).
- Chen, Qiang. "Climate Shocks, Dynastic Cycles and Nomadic Conquests: Evidence From Historical China." *Oxford Economic Papers* 67.2 (2014).
- Chen, Shuo, and James Kai-sing Kung. "Of Maize and Men: the Effect of a New World Crop on Population and Economic Growth in China." *Journal of Economic Growth* 21.1 (2016).
- Chen, Ting, James Kai-sing Kung, and Chicheng Ma. "Long Live Keju! The Persistent Effects of China's Civil Examination System." *The Economic Journal* (2020).
- Chen, Yan, and Sherry Xin Li. "Group Identity and Social Preferences." *American Economic Review* 99, no. 1 (2009).
- Chen, Yuyu, Hui Wang, and Se Yan. "The Long-Term Effects of Protestant Activities in China." In *MPRA Paper* 53531. Munich: University Library of Munich, Germany, 2014.

_ Chen, Yvonne Jie, Zhiwu Chen, and Shijun He. "Social Norms and Household Savings Rates in China." *Review of Finance* 23, No. 5 (2019).

_ Chen,Zhiwu . "Financial Innovation and Arbitrage Pricing in Frictional Economies," *Journal of Economic Theory* 65.1 (1995).

_ Chen,Zhiwu. "Capital Markets and Legal Development: The China Case" . *China Economic Review* 14.4 (2003).

_ Chen, Zhiwu Chicheng Ma, and Andrew J. Sinclair. "Banking on the Confucian Clan: Why Did China Miss the Financial Revolution?" *University of Hong Kong Working Paper* (2020).

_ Chen,Zhiwu Chicheng Ma, and Andrew J. Sinclair. "Does Confucianism Inhibit Financial Development?" *University of Hong Kong Working Paper* (2019).

_ Chen, Zhiwu and Kaixiang Peng, "Consumption and Living Standards Since the Song Dynasty" , in Richard Van Grahn and Debin Ma, eds, *Cambridge Economic History of China*, Cambridge University Press, 2022.

_ Chen, Zhiwu, Kaixiang Peng, and Lijun Zhu. "Social-Economic Change and Its Impact on Violence: Homicide History of Qing China." *Explorations in Economic History* 63 (2017).

_ Chen,Zhiwu. Kaixiang Peng, and Weipeng Yuan, "Robbery, Social Order and Interest Rates in Modern China"，*Yale School of Management working paper* (2010).

_ Chen, Zhiwu, Zhan Lin, and Xiaoming Zhang. "When People Stop Eating Each Other: Cultural Norms, Risk Mitigation and Cannibalism in Chinese History (1470–1911)." *University of Hong Kong working paper*, 2020.

_ Cheng-Bang An, et al. "Climate Change and Cultural Response Around 4000 cal yr BP in the Western Part of Chinese Loess Plateau." *Quaternary Research* 63.3 (2005).

_ Cheng，Jeffrey , Tyler Powell, Dave Skidmore, and David Wessel. "What's the Fed Doing in Response to the COVID-19 Crisis? What More Could It Do?" *Brookings Institution Report.* December 11, 2020.

_ Chester, David K., and Angus M. Duncan. "Responding to Disasters within the Christian Tradition, with Reference to Volcanic Eruptions and Earthquakes." *Religion* 40, No. 2 (Religions, Natural Hazards, and Disasters) (2010).

_ Cheung, Steven NS. "The Enforcement of Property Rights in Children, and the Marriage Contract." *The Economic Journal* (1972).

_ Chi-kong Lai. "The Qing State and Merchant Enterprise: The China Merchants' Company, 1872–1902," in Jane Kate Leonard and John R. Watt, eds., *To Achieve Security and Wealth: the Qing Imperial State and the Economy, 644–1911*. Ithaca: Cornell University Press (1991).

_ Childe, Vere Gordon, and Glyn Edmund Daniel. *Man Makes Himself.* New York: New American Library, 1951.

- Childe,Vere Gordon. *What Happened in History*, London: Penguin Books, 1942.
- Chou, Eileen Y., Bidhan L. Parmar, and Adam D. Galinsky. "Economic Insecurity Increases Physical Pain." *Psychological Science* 27.4 (2016): 443–454.
- Christian, Cornelius., and Liam Elbourne. *Droughts of Dismay: Rainfall and Assassinations in Ancient Rome*. Brock University working paper No. 1703. 2017.
- Christiansen, Erik. *The Roman Coins of Alexandria*. Aarhus University Press，1988.
- Chung, Stephanie_Po-Yin . "Chinese Tong as British Trust: Institutional Collisions and Legal Disputes in Urban Hong Kong, 1860s—1980s" . *Modern Asian Studies* 44.6 (2010).
- Cipolla, Carlo M. *Literacy and Development in the West*. Harmondsworth: Penguin, 1969.
- Clark, Andrew E., and Orsolya Lelkes. "Deliver Us from Evil: Religion as Insurance." In *Papers on Economics of Religion 06/03*, edited by Department of Economic Theory and Economic History of the University of Granada. Granada, 2006.
- Clark, Gregory. *A Farewell to Alms: a Brief Economic History of the World*. Vol. 25. Princeton University Press, 2008.
- Clark,Gregory *The Son Also Rises: Surnames and the History of Social Mobility*, Princeton: Princeton University Press, 2014.
- Clark, Gregory, and Neil Cummins. "Malthus to Modernity: England's First Fertility Transition, 1760–1800." *Available at SSRN 1635030* (2010).
- Cleuziou, Serge, and Maurizio Tosi. *In the Shadow of the Ancestors: The Prehistoric Foundations of the Early Arabian Civilization in Oman*. Ministry of Heritage & Culture, Sultanat of Oman, 2007.
- Clingingsmith, David, Asim Ijaz Khwaja, and Michael Kremer. "Estimating the Impact of the Hajj: Religion and Tolerance in Islam's Global Gathering." *The Quarterly Journal of Economics* 124, No. 3 (2009).
- Cnaan, R. G. Yancey. "Our Hidden Safety Net". In E. Dionne and J. Diioulio (Eds.). *What's God Got To Do with the American Experiment?* Washington, DC: Brookings Institution Press (2000).
- Coase, R. H. "The Nature of the Firm." *Economica* 4, No. 16 (1937).
- Cohen, Jerome Alan. , Fu-mei Chang Chen, and R. Randle Edwards. *Essays on China's Legal Tradition*. New Jersey: Princeton University Press (1981).
- Cohen - Zada, Danny, Yotam Margalit, and Oren Rigbi. "Does Religiosity Affect Support for Political Compromise?" *International Economic Review* 57, No. 3 (2016).
- Çokgezen, Murat, and Timur Kuran. "Between Consumer Demand and Islamic Law: The Evolution of Islamic Credit Cards in Turkey." *Journal of Comparative* Economics 43, No. 4 (2015).
- Cong, Zhen, and Merril Silverstein. "Intergenerational Support and Depression Among Elders in Rural China: Do Daughters - in - law Matter?" *Journal of Marriage and Family* 70.3 (2008).
- Conger, Kate Mike Isaac and Sheera Frenkel. "Twitter and Facebook Lock Trump's Accounts After

Violence on Capitol Hill" . *The New York Times*. January 6, 2021.

- Conley,Dalton. "Spread the Wealth of Spousal Rights." *The New York Times* (May 20, 2007).
- Coontz, Stephanie, *Marriage, a History: How Love Conquered Marriage*, New York: Penguin Books, 2006.
- Corno, Lucia., Nicole Hildebrandt, and Alessandra Voena. "Age of Marriage, Weather Shocks, and the Direction of Marriage Payments." *Econometrica* 88, No. 3 (2020).
- Correa, Gaspar. *Three Voyages of Vasco da Gama, and his Viceroyalty*. Translated by Henry Edward John Stanley. New York: Cambridge University Press, 2011.
- Cortés, Darwin., Julieth Santamaría, and Juan F. Vargas. "Economic Shocks and Crime: Evidence From the Crash of Ponzi Schemes." *Journal of Economic Behavior & Organization* 131 (2016).
- Costa-Font, Joan. "Family Ties and the Crowding Out of Long-term Care Insurance." *Oxford Review of Economic Policy* 26.4 (2010).
- Cowen, Tyler. *In Praise of Commercial Culture*. Harvard University Press, 2000.
- Cramer, Peter. *Baptism and Change in the Early Middle Ages c. 200 – c. 1150*, Cambridge Studies in Medieval Life and Thought. Cambridge: Cambridge University Press, 1993.
- Crassard, Rémy, et al. "Beyond the Levant: First Evidence of a Pre-Pottery Neolithic Incursion Into the Nefud Desert, Saudi Arabia." *PLoS One* 8.7 (2013).
- Crone, Patricia. "Post-colonialism in Tenth-century Islam." *Der Islam* 83, No. 1 (2006).
- Crosby, Alfred W. *The Columbian Exchange: Biological and Cultural Consequences of 1492*. Greenwood Publishing Group, 2003.
- Cull, Robert, Asli Asli Demirgüç-Kunt, and Jonathan Morduch. "Microfinance Meets the Market." *Journal of Economic* Perspectives 23.1 (2009).
- Cummins, J. S. "Two Missionary Methods in China: Mendicants and the Jesuits." *Archivo Ibero-Americano Madrid* 38, No. 149–152 (1978).
- Cunningham, J.W. *A Few Observations on Friendly Societies, and Their Influence on Public Morals*. London: Ellerton and Henderson, Johnson's Court, 1817.
- D'Acunto, Francesco, Marcel Prokopczuk, and Michael Weber. "Historical Antisemitism, Ethnic Specialization, and Financial Development." *Review of Economic Studies* 86, No. 3 (2018).
- D'Acunto, Francesco, Marcel Prokopczuk, and Michael Weber. *The Long Shadow of Jewish Persecution on Financial Decisions* (November 2015).
- Dahlin, Bruce H. "Climate Change and the End of the Classic Period in Yucatan: Resolving a Paradox." *Ancient Mesoamerica* 13.2 (2002).
- Dal Bó, Ernesto, Pablo Hernández, and Sebastián Mazzuca. "The Paradox of Civilization: Pre-Institutional Sources of Security and Prosperity." *National Bureau of Economic Research working paper* 21829 (2015).
- Damisch, Lysann, Barbara Stoberock, and Thomas Mussweiler. "Keep Your Fingers Crossed! How

Superstition Improves Performance." *Psychological Science* 21.7 (2010).

- Dashefsky, Arnold, and Ira Sheskin (eds.). "World Jewish Population, 2016" . *The American Jewish Year Book.* Dordrecht: Springer (2016).
- De la Vega, Garcilaso. *The Incas: The Royal Commentaries of the Inca.* New York: The Orion Press, 1961.
- De Roover, Raymond. "The Scholastics, Usury, and Foreign Exchange." *Business History Review* 41,No. 3 (1967).
- De Spinoza, Benedictus. *Theological-political Treatise.* Hackett Publishing, 2001.
- Defoe, Daniel. *A Journal of the Plague Year.* Vol. 9. D. Estes & Company, 1904.
- Dehejia, Rajeev, et al. "The Role of Religious and Social Organizations in the Lives of Disadvantaged Youth." *The Problems of Disadvantaged Youth: An Economic Perspective.* University of Chicago Press, 2007.
- Dehejia, Rajeev, Thomas DeLeire, and Erzo F. P. Luttmer. "Insuring Consumption and Happiness through Religious Organizations." *Journal of Public Economics* 91, No. 1–2 (2007).
- Dehejia, Rajeev, Thomas DeLeire, Erzo F. P. Luttmer, and Josh Mitchell. "The Role of Religious and Social Organizations in the Lives of Disadvantaged Youth." In *The Problems of Disadvantaged Youth: An Economic Perspective*, edited by Jonathan Gruber. Chicago and London: The University of Chicago Press, 2009.
- Dell, Melissa, Benjamin F. Jones, and Benjamin A. Olken. "What Do We Learn From the Weather? The New Climate-economy Literature." *Journal of Economic Literature* 52.3 (2014).
- DellaPergola, Sergio "World Jewish Population, 2016." In *American Jewish Year Book 2016*, edited by Arnold DashefskyIra and M. Sheskin. Basel: Springer International Publishing, 2016.
- Demarest, Arthur A., and Don S. Rice. *The Terminal Classic in the Maya Lowlands: Collapse, Transition, and Transformation.* University Press of Colorado, 2005.
- DeMenocal, Peter B. "Cultural Responses to Climate Change During the Late Holocene." *Science* (2001).
- Dercon, Stefan . "Wealth, Risk and Activity Choice: Cattle in Western Tanzania." *Journal of Development Economics* 55.1 (1998).
- Deryugina, Tatyana. "The Fiscal Cost of Hurricanes: Disaster aid Versus Social Insurance." *American Economic Journal: Economic Policy* 9.3 (2017).
- Diamond, Douglas and Philip Dybvig. "Bank Runs, Deposit Insurance, and Liquidity" .*Journal of Political Economy* 91(1983).
- Diamond,Jared M. . "The Worst Mistake in the History of the Human Race." *Discover Magazine*, (May 1987).
- Diamond,Jared M. "Archaeology: Talk of cannibalism" . *Nature* 407. No. 6800(2000).
- Dills, Angela K., and Rey Hernández-Julián. "Religiosity and State Welfare." *Journal of Economic Behavior & Organization* 104 (2014).

- Disney, Anthony R. *A History of Portugal and the Portuguese Empire: Volume 1, Portugal: From Beginnings to 1807.* Vol. 1. Cambridge: Cambridge University Press, 2009.
- Dittmar, Jeremiah E, and Skipper Seabold. "Media, Markets, and Institutional Change: Evidence from the Protestant Reformation" . *CEP Discussion Paper* No. 1367, 2015.
- Dittmar,Jeremiah E , and Ralf R Meisenzahl. "Public Goods Institutions, Human Capital, and Growth: Evidence from German History" . *The Review of Economic Studies* 87.2 (2019).
- Djankov, Simeon., Oliver Hart, Caralee McLiesh, and Andrei Shleifer. "Debt Enforcement around the World" . *Journal of Political Economy* 116.6 (2008).
- Doll, Cynthia Belvins. "Harmonizing Filial and Parental Rights in Names: Progress, Pitfalls, and Constitutional Problems." *Howard LJ* 35 (1991).
- Dömötör, Zsuzsanna, Roberto Ruíz - Barquín, and Attila Szabo. "Superstitious Behavior in Sport: A Literature Review." *Scandinavian Journal of Psychology* 57.4 (2016).
- Donaldson, Dave. "Railroads of the Raj: Estimating the Economic Impact of Transportation Infrastructure" . *American Economic Review* 108.4 (2018).
- Donaldson, Dave. "The Gains from Market Integration." *Annual Review of Economics* 7, No. 1 (2015).
- Drey,Patricia . "India's Arranged Marriage Traditions Live on in U.S." *The New York Times* (May 7, 2003).
- Drèze, Jean, and Amartya Sen. *Hunger and Public Action.* Oxford: Oxford University Press (1991).
- Dumont, Louis, *Homo Hierarchicus: the Caste System and Its Implications.* London: George Weidenfeld and Nicolson (1970).
- Duncan-Jones, Richard. *Structure and Scale in the Roman Economy.* Cambridge University Press, 2002.
- Durkheim, Emile. "The Division of Labor in Society." In *Inequality*, edited by David Grusky. Classic Readings in Race, Class, and Gender, 55–64. Glencoe, IL: Routledge, 2018.
- Durkheim, Emile. *Elementary Forms of Religious Life.* Oxford: Oxford University Press, 2008.
- Edwards, Mark U. *Printing, Propaganda, and Martin Luther.* Berkeley: University of California Press, 1994.
- Eidinow, Esther. *Oracles, Curses, and Risk Among the Ancient Greeks.* Oxford University Press, 2007.
- Eisner, Manuel. "Killing Kings Patterns of Regicide in Europe, AD 600–1800." *British Journal of Criminology* (2011).
- Eisner, Manuel. "Long-term Historical Trends in Violent Crime." *Crime and Justice* 30 (2003).
- Ellis, Havelock, *Studies in the Psychology of Sex*, Volume 6, Philadelphia： F.A. Davis Company, 1913.
- Engels, Friedrich. *The Origin of the Family, Private Property and the State.* Penguin UK, 2010.
- Enke, Benjamin. "Kinship Systems, Cooperation, and the Evolution of Culture." *The Quarterly Journal of Economics* 134, No. 2 (2019).
- Epstein, Seymour. "Integration of the Cognitive and the Psychodynamic Unconscious." *American Psychologist* 49.8 (1994).

_ Erdkamp, Paul. "Economic Growth in the Roman Mediterranean World: An Early Good-bye to Malthus?" *Explorations in Economic History* 60 (2016).

_ Ermisch, John, and Diego Gambetta. "Do Strong Family Ties Inhibit Trust?" *Journal of Economic Behavior & Organization* 75.3 (2010).

_ Esping-Andersen,Gosta. *The Three Worlds of Welfare Capitalism*. Princeton University Press, 1990.

_ Evans, David and Richard Schmalensee. *Paying with Plastic: The Digital Revolution in Buying and Borrowing*, second edition. Boston: MIT Press (2005).

_ Evers, Hans-Dieter. "Traditional Trading Networks of Southeast Asia." *Archipel* 35, No. 1 (1988).

_ Fagan, Brian. *The Little Ice Age: How Climate Made History, 1300–1850*. New York: Basic, 2000.

_ Fan, Joseph P. H., Yupana Wiwattanakantang, and Pramuan Bunkanwanicha, "Why Do Shareholders Value Marriage?" , *ECGI-Finance Working Paper* 227 (2008).

_ Faruq, Abd-Allah Uma. "Seek Knowledge in China:Thinking beyond the Abrahamic Box." *Nawawi Foundation Paper*. http://www. sa-adah. org/wp-content/ uploads/2014/11/China. Paper_. indd_1. pdf (accessed on February 21, 2018) (2006).

_ Faure, David. "The Lineage as Business Company: Patronage versus Law in the Development of Chinese Business" . in Raj Brown (ed.), *Chinese Business Enterprise, Critical Perspectives on Business and Management*. London: Routledge (1995).

_ Faure,David. *China and Capitalism: a History of Business Enterprise in Modern China*. Hong Kong: Hong Kong University Press (2006).

_ Federal Reserve Board of Governors. "*Monetary Policy Report to the Congress*" . February 27, 2002.

_ Felson, Richard B., and George Gmelch. "Uncertainty and the Use of Magic." *Current Anthropology* 20.3 (1979).

_ Ferguson, Niall. *The House of Rothschild (Volume 1): Money's Prophets: 1798–1848*, New York: Penguin Books, 1998.

_ Fernandes, Phil, Rorri Wiesinger, and Eric Purcell. *God, Government, and the Road to Tyranny: A Christian View of Government and Morality*. Camarillo, CA: Xulon Press, 2003.

_ Fetzer, Thiemo. "Social Insurance and Conflict: Evidence From Lndia." *Job Market Paper*, November 14 (2014) .

_ Feuerwerker,Albert . *China's Early Industrialization: Sheng Hsuan-Huai (1844–1916) and Mandarin Enterprise*. Cambridge: Harvard University Press (1970).

_ Fincher, Corey L., and Randy Thornhill. "Parasite-stress Promotes In-group Assortative Sociality: The Cases of Strong Family Ties and Heightened Religiosity." *Behavioral and Brain Sciences* 35.2 (2012).

_ Finley, Moses I. *The Ancient Economy*. University of California Press, 1999.

_ First International Resources, LLC. *"Attitudes Towards Jews in Seven European Countries."* New York: Anti-

Defamation League, 2009.
- Fischer, Claude. "A Crime Puzzle: Violent Crime Declines in America." *Retrieved April* 20 (2010): 2012.
- Flannery, Edward H. *The Anguish of the Jews: Twenty-Three Centuries of Antisemitism*. 2nd ed. New York: Paulist Press, 2004.
- Flavius, Josephus, E. Mary Smallwood, and Betty Radice. *The Jewish War*. Penguin UK, 1981.
- Forrest, David, Robert Simmons, and Neil Chesters. "Buying a Dream: Alternative Models of Demand for Lotto." *Economic Inquiry* 40.3 (2002).
- Foucault, Michel. *Discipline and Punish: The Birth of the Prison*. New York: Vintage, 2012.
- Fouka, Vasiliki, and Alain Schlaepfer. "Agricultural Returns to Labour and the Origins of Work ethics." *The Economic Journal* 130, No. 628 (2020).
- Fourcade, Marion, and Kieran Healy. "Moral Views of Market Society." *Annual Review of Sociology* 33 (2007).
- Fraser, Derek. *The Evolution of the British Welfare State: A History of Social Policy Since the Industrial Revolution*. Springer, 1973.
- Fredriksen, Paula and Adele Reinhartz, (2002). *Jesus, Judaism, and Christian Anti-Judaism: Reading the New Testament After the Holocaust*. Louisville: Westminster John Knox Press (2002).
- Frehen, Rik and Goetzmann, William N. and Rouwenhorst, K. Geert. "New Evidence on the First Financial Bubble" . *Journal of Financial Economics*, Vol 108, No. 3 (June 2013).
- Fremantle, Richard. *God and Money: Florence and the Medici in the Renaissance*. LS Olschki, 2005.
- Freud, Sigmund. *Civilization and Its Discontents*. Translated and edited by James Strachey. New York and London: W. W. Norton & Company, 2005.
- Friedman, Milton and Anna Schwartz. *A Monetary History of the United States, 1857–1960*. Princeton:Princeton University Press (1963).
- Friedman, Milton and Anna Schwartz. *The Great Contraction, 1929–1933*. New ed. Princeton: Princeton University Press (2008).
- Fruehwirth, Jane Cooley, Sriya Iyer, and Anwen Zhang. "Religion and Depression in Adolescence." *Journal of Political Economy* 127, No. 3 (2019).
- Fuller, Dorian Q., Robin G. Allaby, and Chris Stevens. "Domestication as Innovation: the Entanglement of Techniques, Technology and Chance in the Domestication of Cereal Crops." *World Archaeology* 42.1 (2010).
- Funnell, Warwick, and Jeffrey Robertson. *Accounting by the First Public Company: The Pursuit of Supremacy*. Routledge, 2013.
- Galbraith, John Kenneth . *The Great Crash 1929*. New York: Mariner Books (2009) .
- Gale, William G. and Grace Enda. "More Economic Relief and Stimulus: Why and How" . *Brookings*

Institution Report. December 16, 2020.

_ Gallindoss, Alan. "Jews Make-Up 19% of Forbes 200 World's Richest List." *Jewish Business News*, March 7, 2018.

_ Galor, Oded, and Ömer Özak. "The Agricultural Origins of Time Preference." *American Economic Review* 106.10 (2016).

_ Galor, Oded. *Unified Growth Theory*. Princeton University Press, 2011.

_ Ganzach, Yoav. "Judging Risk and Return of Financial Assets." *Organizational Behavior and Human Decision Processes* 83.2 (2000).

_ Garber, Peter . "Tulipmania" . *Journal of Political Economy* 97, No. 3 (June, 1989).

_ Garnsey, Peter. *Famine and Food Supply in the Graeco-Roman World: Responses to Risk and Crisis*. Cambridge University Press, 1989.

_ Garrett,Richard J. *The Defences of Macau: Forts, Ships and Weapons Over 450 Years*. Hong Kong: Hong Kong University Press (2011).

_ Gervais, Will M., Azim F. Shariff, and Ara Norenzayan. "Do You Believe in Atheists? Distrust is Central to Anti-Atheist Prejudice." *Journal of Personality and Social Psychology* 101, No. 6 (2011).

_ Gettier, Edmund L. "Is Justified True Belief Knowledge?" *Analysis* 23.6 (1963).

_ Giannecchini, Monica, and Jacopo Moggi - Cecchi. "Stature in Archeological Samples From Central Italy: Methodological Issues and Diachronic Changes." *American Journal of Physical Anthropology* 135, No. 3 (2008).

_ Gilbart，James . *The History and Principles of Banking*. London: Longman, Rees, Orme, Brown, Green and Longman, Paternoster-Row (1834).

_ Giles, John, and Ren Mu. "Elderly Parent Health and the Migration Decisions of Adult Children: Evidence From Rural China." *Demography* 44.2 (2007).

_ Gill, Anthony, and Erik Lundsgaarde. "State Welfare Spending and Religiosity: A Cross-National Analysis." *Rationality and Society* 16, No. 4 (2004).

_ Gill, N.S. "Ancient Names – Greek and Roman Names"，in ThoughtCo (https://www.thoughtco.com/ancient-greek-and-roman-names-119924) (2008).

_ Gill, Richardson B. *The Great Maya Droughts: Water, Life, and Death*. University of New Mexico Press, 2001.

_ Gizewski, Christian. "Römische und alte Chinesische Geschichte im Vergleich. Zur Möglichkeit Eines Gemeinsamen Altertumsbegriffs." *Klio* 76 (1994).

_ Glaeser, Edward L., and Bruce I. Sacerdote. "Education and Religion." *Journal of Human Capital* 2, No. 2 (2008).

_ Glaeser, Edward L., and Jose Scheinkman. "Neither a Borrower nor a Lender Be: An Economic Analysis of Interest Restrictions and Usury Laws." *The Journal of Law and Economics* 41, no. 1 (1998).

- Glassman, Bernard. *Anti-Semitic Stereotypes without Jews: Images of the Jews in England, 1290–1700*. Detroit: Wayne State University Press, 1975.
- Gleditsch, Kristian Skrede, and Steve Pickering. "Wars are Becoming Less Frequent: a Response to Harrison and Wolf." *The Economic History Review* 67, No. 1 (2014).
- Godoy, Ricardo, Elizabeth Zeinalova, Victoria Reyes-García, Tomás Huanca, Holly Kosiewicz, William R. Leonard, and Susan Tanner. "Does Civilization Cause Discontentment among Indigenous Amazonians? Test of Empirical Data from the Tsimane' of Bolivia." *Journal of Economic Psychology* 31, No. 4 (2010).
- Godoy, Ricardo, Victoria Reyes-García, Elizabeth Byron, William Leonard, R., and Vincent Vadez. "The Effect of Market Economies on the Well-Being of Indigenous Peoples and on Their Use of Renewable Natural Resources." *Annual Review of Anthropology* 34, no. 1 (2005).
- Godoy, Ricardo, Victoria Reyes-García, Tomás Huanca, William Leonard, R., Vincent Vadez, Cynthia Valdés-Galicia, and Dakun Zhao. "Why Do Subsistence-Level People Join the Market Economy? Testing Hypotheses of Push and Pull Determinants in Bolivian Amazonia." *Journal of anthropological research* 61,No. 2 (2005).
- Godoy, Ricardo, Victoria Reyes-García, Vincent Vadez, William R. Leonard, and Elizabeth Byron. "How Well Do Foragers Protect Food Consumption? Panel Evidence from a Native Amazonian Society in Bolivia." *Human Ecology* 35, no. 6 (2007).
- Goetzmann, William N. *Money Changes Everything: How Finance Made Civilization Possible*. Princeton University Press, 2017.
- Goetzmann, William N ,Andrey Ukhov and Ning Zhu. "China and the World Financial Markets 1870—1930: Modern Lessons From Historical Globalization. " *Yale School of Management working paper* ,2001.
- Golb, Norman *The Jews in Medieval Normandy: a Social and Intellectual History*. Cambridge: Cambridge University Press, 1998.
- Goldenberg, Robert. *The Origins of Judaism: From Canaan to the Rise of Islam*. Cambridge: Cambridge University Press, 2007.
- Goldgar, Anne. *Tulipmania: Money, Honor, and Knowledge in the Dutch Golden Age*. Chicago: University of Chicago Press (2007) .
- Goldthwaite,Richard A. . *Banks, Places and Entrepreneurs in Renaissance Florence*. New York: Routledge (1995).
- Goodspeed, Tyler Beck. "Environmental Shocks and Sustainability in Microfifinance: Evidence from the Great Famine of Ireland." *The World Bank Economic Review* 32.2 (2016).
- Goodspeed, Tyler Beck. "Microcredit and Adjustment to Environmental Shock: Evidence From the Great Famine in Ireland." *Journal of Development Economics* 121 (2016).

_ Goodspeed, Tyler Beck. *Famine and Finance: Credit and the Great Famine of Ireland*. Springer, 2017.

_ Gouda, Frances. *Poverty and Political Culture: The Rhetoric of Social Welfare in the Netherlands and France, 1815–1854*. Rowman & Littlefield, 1995.

_ Gráda, Cormac Ó. *Eating People is Wrong, and Other Essays on Famine, its Past, and its Future*. New Jersey: Princeton University Press, 2015.

_ Graeber, David. *Debt: The First 5000 Years*. Penguin UK, 2012.

_ Granit, Karen. "Jews Dominate Forbes Rich List." *Forbes*, September 24, 2010.

_ Gray, R. F., "Sonjo Bride Price and the Question of African 'Wife Purchase'" . *American Anthropologist* 62 (1960).

_ Green, S. J. D. *Religion in the Age of Decline: Organisation and Experience in Industrial Yorkshire, 1870–1920*. Cambridge: Cambridge University Press (1996) .

_ Greene，Jay . "Amazon Now Employs More Than 1 Million People" . *The Washington Post*. October 30, 2020.

_ Greif, Avner. "Contract Enforceability and Economic Institutions in Early Trade: The Maghribi Traders' Coalition." *The American economic review* (1993).

_ Greif, Avner. "Cultural Beliefs and the Organization of Society: A Historical and Theoretical Reflection on Collectivist and Individualist Societies." *Journal of Political Economy,* 102, No. 5 (1994).

_ Greif, Avner. "Reputation and Coalitions in Medieval Trade: Evidence on the Maghribi Traders." *Journal of Economic History* 49, No. 4 (1989).

_ Greif, Avner and Guido Tabellini, "The Clan and the Corporation: Sustaining Coorperation in China and Europe" , *Journal of Comparative Economics* 45.1 (2017).

_ Gremillion, Kristen J., Loukas Barton, and Dolores R. Piperno. "Particularism and the Retreat From Theory in the Archaeology of Agricultural Origins." *Proceedings of the National Academy of Sciences* 111.17 (2014).

_ Gruber, Jonathan., and Daniel M. Hungerman. "Faith-based Charity and Crowd-out During the Great Depression." *Journal of Public Economics* 91.5–6 (2007).

_ Gruber, Jonathan, and Daniel M. Hungerman. "The Church Versus the Mall: What Happens When Religion Faces Increased Secular Competition?" *The Quarterly Journal of Economics* 123, No. 2 (2008).

_ Gruijters, Rob J. "Intergenerational Contact in Chinese Families: Structural and Cultural Explanations." *Journal of Marriage and Family* 79.3 (2017).

_ Guagnin, Maria, Angela R. Perri, and Michael D. Petraglia. "Pre-Neolithic Evidence for Dog-assisted Hunting Strategies in Arabia." *Journal of Anthropological Archaeology* 49 (2018).

_ Guest, Greg. "Market Integration and the Distribution of Ecological Knowledge within an Ecuadorian Fishing Community." *Journal of Ecological Anthropology* 6, no. 1 (2002).

- Guido,Alfani. "The Famine of the 1590s in Northern Italy. An Analysis of the Greatest 'System Shock' of Sixteenth Century." *Histoire & mesure* 26, no. XXVI-1 (2011).
- Guiso, Luigi., Paola Sapienza, and Luigi Zingales. "The Role of Social Capital in Financial Development" . *American Economic Review* 94.3 (2004).
- Gupta, Dipankar. *Interrogating Caste: Understanding Hierarchy and Difference in Indian Society*. Penguin Books India, 2000.
- Gurven, Michael, Adrian V. Jaeggi, Chris von Rueden, Paul L. Hooper, and Hillard Kaplan. "Does Market Integration Buffer Risk, Erode Traditional Sharing Practices and Increase Inequality? A Test among Bolivian Forager-Farmers." *Human Ecology* 43, No. 4 (2015).
- Gurven, Michael., Hillard Kaplan, and Maguin Gutierrez. "How Long Does It Take to Become a Proficient Hunter? Implications for the Evolution of Extended Development and Long Life Span." *Journal of Human Evolution* 51, No. 5 (2006).
- Gurven, Michael, Jonathan Stieglitz, Paul L. Hooper, Cristina Gomes, and Hillard Kaplan. "From the Womb to the Tomb: The Role of Transfers in Shaping the Evolved Human Life History." *Experimental Gerontology* 47, No. 10 (2012).
- Haber, Stephen. "Rainfall and Democracy: Climate, Technology, and the Evolution of Economic and Political Institutions." *Stanford University and NBER Working Paper*, Draft of August 24 (2012)
- Hackett, Conrad, and David McClendon. *"Christians Remain World's Largest Religious Group, but They Are Declining in Europe."* Washington, DC: Pew Research Center, April 5, 2017.
- Hafer, Carolyn L., and Robbie Sutton. "Belief in a Just World." in *Handbook of Social Justice Theory and Research?* Edited by Clara Sabbagh,and Manfred Schmitt.Springer,2016
- Halla, Martin, and Johann Scharler. "Marriage, Divorce, and Interstate Risk Sharing." *The Scandinavian Journal of Economics* 114.1 (2012).
- Halstead, Paul, and John O'Shea, eds. *Bad Year Economics: Cultural Responses to Risk and Uncertainty*. Cambridge University Press, 2004.
- Hampus, Carl Lyttkens. *Economic Analysis of Institutional Change in Ancient Greece: Politics, Taxation and Rational Behaviour*. New York:Routledge,2012.
- Hansen, Valerie. *Negotiating Daily Life in Traditional China*. Berghahn Books, 1995.
- Harden, Peregrine and Richard Smith, *The Locus of Care: Families, Communities, Institutions and the Provision of Welfare since Antiquity*. London and New York: Routledge Press,1998.
- Harner, Michael. "The Ecological Basis for Aztec Sacrifice." *American Ethnologist* 4.1 (1977).
- Harper, Kyle. *The Fate of Rome: Climate, Disease, and the End of an Empire*. Princeton, N.J.: Princeton University Press, 2017.
- Harrison, Mark, and Nikolaus Wolf. "The Frequency of Wars." *The Economic History Review* 65, no. 3

(2012).

_ Harrison, Robert. Pogue. *Forests:The Shadow of Civilization.* University of Chicago Press, 2009.

_ Harris, Ron. *Going the Distance: Eurasian Trade and the Rise of Business Corporation, 1400–1700.* New Jersey: Princeton University Press (2020).

_ Harrower, Michael J . "Is the Hydraulic Hypothesis Dead Yet? Irrigation and Social Change in Ancient Yemen." *World Archaeology* 41.1 (2009).

_ Hasell, Joe . "Famine Mortality Over the Long Run" . *Our World In Data, Global Change Data Lab* (March 2018).

_ Hazan, Moshe, David Weiss, and Hosny Zoabi. "Women's Liberation as a Financial Innovation." *Journal of Finance* 74, No. 6 (2019).

_ Hegre, Håvard, John R. Oneal, and Bruce Russett. "Trade Does Promote Peace: New Simultaneous Estimates of the Reciprocal Effects of Trade and Conflict." *Journal of Peace Research* 47, no. 6 (2010).

_ Heilmann, Kilian, and Matthew E. Kahn. "The Urban Crime and Heat Gradient in High and Low Poverty Areas" . No. w25961. *National Bureau of Economic Research*, 2019.

_ Helen，Paul. *The South Sea Bubble: An Economic History of Its Origins and Consequences.* London: Routledge (2010).

_ Henretta, John C., et al. "Selection of Children to Provide Care: The Effect of Earlier Parental Transfers." *Journals of Gerontology Series B* 52 (1997).

_ Henrich, Joseph, et al. "Markets, Religion, Community Size, and the Evolution of Fairness and Punishment." *Science* 327.5972 (2010).

_ Henrich, Joseph, J. Ensminger, R. McElreath, A. Barr, C. Barrett, A. Bolyanatz, J. C. Cardenas, *et al.* "Markets, Religion, Community Size, and the Evolution of Fairness and Punishment." *Science* 327, no. 5972 (2010).

_ Henrich, Joseph, Robert Boyd, Samuel Bowles, Colin Camerer, Ernst Fehr, Herbert Gintis, Richard McElreath, *et al.* "'Economic Man' in Cross-Cultural Perspective: Behavioral Experiments in 15 Small Scale Societies." *Behavioral and Brain Sciences* 28, No. 6 (2005).

_ Henslin, James M. "Craps and Magic." *American Journal of Sociology* 73.3 (1967).

_ Herlihy,David V. and Christiane Klapisch-Zuber. *Tuscans and Their Families: A Study of the Florentine Catasto of 1427.* New Haven: Yale University Press (1985).

_ Herzer,Dierk and Holger Strulik. "Religiosity and Long-Run Productivity Growth" . *Journal of Economics, Management and Religion* 1, No. 1 (2020).

_ Hess, Gregory D. "Marriage and Consumption Insurance: What's Love Got to Do With It." *Journal of Political Economy* 112.2 (2004).

_ Hilbert, Yamandú H., et al. "Epipalaeolithic Occupation and Palaeoenvironments of the Southern Nefud

Desert, Saudi Arabia, During the Terminal Pleistocene and Early Holocene." *Journal of Archaeological Science* 50 (2014).

_ Hill, Kim R., Robert S. Walker, Miran Bozicevic, James Eder, Thomas Head-land, Barry Hewlett, A. Magdalena Hurtado, Frank Marlowe, Polly Wiessner, and Brian Wood. "Co-Residence Patterns in Hunter-Gatherer Societies Show Unique Human Social Structure." *Science* 331 (2011).

_ Hill,Faith. "They Tried to Start a Church Without God. For a While, It Worked" . *The Atlantic*. July 21, 2019.

_ Hinton, Harold C. "The Grain Tribute System of the Ch'ing Dynasty." *The Journal of Asian Studies* 11, No. 3 (1952).

_ Hirsch, Fred. *Social Limits to Growth*. Routledge (Taylor & Francis e-Library), 2005.

_ Hirschfeld, Magnus. *Men and Woman: The World Journey of a Sexologist*. New York: G. P. Putnam's Sons, 1935.

_ Hirschman, Albert O. "Rival Interpretations of Market Society: Civilizing, Destructive, or Feeble?" *Journal of Economic Literature* 20.4 (1982).

_ Hirschman, Albert. *The Passions and the Interests: Political Arguments for Capitalism before Its Triumph*. Princeton: Princeton University Press, 1977.

_ Hirshleifer, David and Siew Hong Teoh. "Herd Behavior and Cascading in Capital Markets: A Review and Synthesis" . *European Financial Management* 9, No. 1(March 2003).

_ Hjort, Jonas, and Jonas Poulsen. "The Arrival of Fast Internet and Employment in Africa." *American Economic Review* 109, No. 3 (2019).

_ Ho, Ping-ti. *The Ladder of Success in Imperial China*. New York: Columbia University Press, 1962.

_ Ho,Ping-ti. *Studies on the Population of China, 1368–1953*. Cambridge: Harvard University Press, 1959.

_ Hodder, Ian. *Entangled: An Archaeology of the Relationships Between Humans and Things*. John Wiley & Sons, 2012.

_ Hoff, Karla, Mayuresh Kshetramade, and Ernst Fehr. "Caste and Punishment: The Legacy of Caste Culture in Norm Enforcement." *The Economic Journal* 121, No. 556 (2011).

_ Hoffman, Philip T., et al. "Real Inequality in Europe since 1500." *The Journal of Economic History* 62.2 (2002).

_ Hoggson,Noble F.. *Banking Through the Ages*. New York, Dodd, Mead & Company (1926) .

_ Hole, Frank. "Environmental Instabilities and Urban Origins." Chiefdoms and Early States in the Near East: *The Organizational Dynamics of Complexity* 18 (1994).

_ Homer, Sydney. and Richard Sylla, *A History of Interest Rates*. 3rd Ed. New Brunswick：Rutgers University Press (1996).

_ Hopfensperger，Jean . "As Churches Close in Minnesota, a Way of Life Fades" . *Star Tribune*.

July 8, 2018.

_ Horden,Peregrine. and Richard Smith. *The Locus of Care: Families, Communities, Institutions and the Provision of Welfare since Antiquity*. New York: Routledge Press (1998).

_ Hoskin, K.W., Debin Ma, and Richard H. Macve. "Contesting the Indigenous Development of 'Chinese Doubleentry Bookkeeping' and its Significance in China's Economic Institutions and Business Organization before c.1850" . *London School of Economics/University of Essex working paper* (2015).

_ Hourani,George. *Arab Seafaring in the Indian Ocean in Ancient and Early Medieval Times*. Princeton: Princeton University Press, 1991.

_ Howard s. Erlang~r, William Roth, Allynn Walker, Ruth Peterson. "Disability Policy: The Parts and the Whole" . *Discussion Papers #563–79, Institute for Research on Poverty*, University of Wisconsin – Madison (1979).

_ Hu, Anning. "Providing More but Receiving Less: Daughters in Intergenerational Exchange in Mainland China." *Journal of Marriage and Family* 79.3 (2017).

_ Hu, Jinyang, Chicheng Ma, and Bo Zhang. "History, Culture and the Rise of Informal Finance in China." (2017).

_ Huang, Fali, Ginger Zhe Jin, and Lixin Colin Xu. "Love, Money, and Parental Goods: Does Parental Matchmaking Matter?" *Journal of Comparative Economics* 45.2 (2017).

_ Huber, John D., and Piero Stanig. "Church-state Separation and Redistribution." *Journal of Public Economics* 95, No. 7–8 (2011).

_ Huff,Toby. *The Rise of Early Modern Science: Islam, China and the West.* Cambridge: Cambridge University Press, 2003.

_ Hull, Peter, and Masami Imai. "Economic Shocks and Civil Conflict: Evidence From Foreign Interest Rate Movements." *Journal of Development Economics* 103 (2013).

_ Humphrey, Thomas. "Lender of Last Resort: The Concept in History" . *Federal Reserve Bank of Richmond Economic Review* (March/April 1989).

_ Hungerman, Daniel M. "Are Church and State Substitutes? Evidence from the 1996 Welfare Reform." *Journal of Public Economics* 89, No.11–12 (2005).

_ Hungerman, Daniel M. "Substitution and Stigma: Evidence on Religious Markets From the Catholic Sex Abuse Scandal." *American Economic Journal: Economic Policy* 5.3 (2013).

_ Hungerman, Daniel M. "The Effect of Education on Religion: Evidence From Compulsory Schooling Laws." *Journal of Economic Behavior & Organization* 104 (2014).

_ Huntington, Ellsworth. "Climatic Change and Gricultural Exhaustion as Elements in the Fall of Rome." *The Quarterly Journal of Economics* 31, No. 2 (1917).

_ Huntington, Ellsworth. *Civilization and Climate*. Yale University Press, 1922.

- Iannaccone, Laurence R. "Sacrifice and Stigma: Reducing Free-Riding in Cults, Communes, and Other Collectives." *Journal of Political Economy* 100, No. 2 (1992).
- Iannone, Gyles, ed. *The Great Maya Droughts in Cultural Context: Case Studies in Resilience and Vulnerability.* University Press of Colorado, 2014.
- Immerzeel, Tim, and Frank van Tubergen. "Religion as Reassurance? Testing the Insecurity Theory in 26 European Countries." *European Sociological Review* 29, No. 3 (2013).
- Irons, William. "Religion as a Hard-to-Fake Sign of Commitment." Chap. 13 in *Evolution and the Capacity for Commitment*, edited by Randolph M. Nesse. New York: The Russell Sage Foundation, 2001.
- Iyer, Sriya, Jane Fruehwirth, and Anwen Zhang. "Religion and Depression in Adolescence." Forthcoming, *Journal of Political Economy.*
- Iyer, Sriya. "The New Economics of Religion." *Journal of Economic Literature* 54, No. 2 (2016).
- Iyigun, Murat, Nathan Nunn, and Nancy Qian. *Winter is Coming: The Long-run Effects of Climate Change on Conflict, 1400–1900.* No. w23033. National Bureau of Economic Research Working Paper, 2017.
- Iyigun, Murat. *War, Peace & Prosperity in the Name of God: The Ottoman Role in Europe's Socioeconomic Evolution.* Chicago: University of Chicago Press, 2015.
- Jacoby, Hanan G., and Ghazala Mansuri. "Watta Satta: Bride Exchange and Women's Welfare in Rural Pakistan." *American Economic Review* 100.4 (2010).
- Jarrige, Jean-Francois, "Mehrgarh Neolithic" , paper presented in the International Seminar on the "First Farmers in Global Perspective," Lucknow, India, 18–20 January 2006.
- Jayachandran, Seema. "The Roots of Gender Inequality in Developing Countries." *Annual Review of Economics* 7.1 (2015).
- Jedwab, Remi, and Dietrich Vollrath. "Urbanization Without Growth in Historical Perspective." *Explorations in Economic History* 58 (2015).
- Jennings, R. C. "Loans and Credit in Early 17th Century Ottoman Judicial Records: The Sharia Court of Kayseri， Anatolian ." *Journal of the Economic and Social History of the Orient* 16, No. 2–3 (1973).
- Jensen, R. "The Digital Provide: Information (Technology), Market Performance, and Welfare in the South Indian Fisheries Sector." *The Quarterly Journal of Economics* 122, No. 3 (2007).
- Ji, Yingchun. "Asian Families at the Crossroads: A Meeting of East, West, Tradition, Modernity, and Gender." *Journal of Marriage and Family* 77.5 (2015).
- Jia, Ruixue. "Weather Shocks, Sweet Potatoes and Peasant Revolts in Historical China." *The Economic Journal* 124.575 (2014).
- Jochim, Michael A. "Hunter-gatherer Subsistence and Settlement: a Predictive Model." No. 330.901 *JOC. CIMMYT.* 1976.
- Johnson,Paul . "Risk, Redistribution and Social Welfare in Britain From the Poor Law to Beveridge." in

Martin Daunton (ed). *Charity, Self-interest and Welfare in the English Past.* London: UCL Press (1996).

_ Johnson, J. *The Economics of Indian Rail Transport.* Bombay: Allied Publishers, 1963.

_ Johnson, Noel D., and John VC Nye. "Does Fortune Favor Dragons?" *Journal of Economic Behavior & Organization* 78, No. 1–2 (2011).

_ Johnson, Paul M., *A History of the Jews*, New York: Harper Perennial, 1987:

_ Jones, William C. "Trying to Understand the Current Chinese Legal System," in C. Stephen Hsu, ed., *Understanding China's Legal System: Essays in Honor of Jerome A. Cohen*. New York: New York University Press (2003).

_ Juan de Dios González. "*Gonzalo Guerrero, Primer Mexicano por Voluntad Propia*" [*Gonzalo Guerrero, First Mexican by his Own Free Will*]. Inventio: la génesis de la cultura universitaria en Morelos (in Spanish). Cuernavaca, Morelos, Mexico: Universidad Autónoma del Estado de Morelos 4 (2008).

_ Kahl, Sigrun. "The Religious Roots of Modern Poverty Policy: Catholic, Lutheran, and Reformed Protestant Traditions Compared" . *European Journal of Sociology* 46, No. 1 (2005).

_ Kahneman, Daniel, Paul Slovic & Amos Tversky. *Judgment Under Uncertainty: Heuristics and Biases*. New York: Cambridge University Press, 1982.

_ Kahneman, Daniel. *Thinking, Fast and Slow.* Macmillan, 2011.

_ Kahneman, Daniel; Tversky, Amos. "Prospect Theory: An Analysis of Decision under Risk" . *Econometrica* 47 (2) (1979).

_ Kant, Immanuel. "Perpetual Peace: A Philosophical Sketch." Translated by H. B. Nisbet. In *Kant, Political Writings*, edited by Hans Reiss. Cambridge: Cambridge University Press, 1991.

_ Kant, Immanuel. *Perpetual Peace:A Philosophical Sketch*. Cambridge University Press, 1970.

_ Kaplan, Hillard S., Paul L. Hooper, and Michael Gurven. "The Evolutionary and Ecological Roots of Human Social Organization." *Philosophical Transactions of the Royal Society B: Biological Sciences* 364.1533 (2009).

_ Kaplan, Hillard, et al. "A Theory of Human Life History Evolution: Diet, Intelligence, and Longevity", *Evolutionary Anthropology: Issues, News, and Reviews* 9.4 (2000).

_ Kaplow, Jeffry. "*The Names of kings: The Parisian Laboring Poor in the Eighteenth Century.*" Basic Books,1927

_ Karl Borch, Agnar Sandmo, Knut Aase. *Economics of Insurance*. Amsterdam: North-Holland (1990) .

_ Kaser,Max . Roman Private Law, Third edition. Translation by Rolf Dannenbring. Durban: Butterworths (1980) .

_ Keeley, Lawrence H. *War Before Civilization*. Oxford University Press, 1997.

_ Kehoe,Dennis . *Investment, Profit, and Tenancy: The Jurists and the Roman Agrarian Economy*. Ann Arbor:University of Michigan Press (1997).

- Kennett, Douglas J. and James P. Kennett. "Early State Formation in Southern Mesopotamia: Sea Levels, Shorelines, and Climate Change." *Journal of Island & Coastal Archaeology* 1.1 (2006).
- Kent, Susan. "Variability in Faunal Assemblages: The Influence of Hunting Skill, Sharing, Dogs, and Mode of Cooking on Faunal Remains at a Sedentary Kalahari Community." *Journal of Anthropological Archaeology* 12.4 (1993).
- Kesztenbaum , Lionel. and Jean-Laurent Rosenthal. "The Health Cost of Living in a City: The Case of France at the End of the 19th Century." *Explorations in Economic History* 48.2 (2011).
- Kieckhefer, Richard. *Magic in the Middle Ages*. Cambridge University Press, 2000.
- Kindleberger, Charles P. *Manias, Panics, and Crashes: A History of Financial Crises*. 4th edition. New York: John Wiley & Sons (2000).
- Kinsey,Bill. Kees Burger, and Jan Willem Gunning. "Coping with Drought in Zimbabwe: Survey Evidence on Responses of Rural Households to Risk." *World Development* 26.1 (1998).
- Knoop, Todd A. *Recessions and Depressions: Understanding Business Cycles*. Westport: Praeger Publishers (2004).
- Kos,Daily. "U.S. Decline of Christianity Continues At Rapid Pace" . *Church and State*. February 9, 2020.
- Kohler, Timothy A., Michael E. Smith, Amy Bogaard, Gary M. Feinman, Christian E. Peterson, Alleen Betzenhauser, Matthew Pailes et al. "Greater Post-Neolithic Wealth Disparities in Eurasia than in North America and Mesoamerica." *Nature* 551, No. 7682 (2017).
- Kotlikoff, Laurence J., and Avia Spivak. "The Family as an Incomplete Annuities Market." *Journal of Political Economy* 89.2 (1981).
- Koyama, Mark. "Evading the 'Taint of Usury': The Usury Prohibition as a Barrier to Entry." *Explorations in Economic History* 47, No. 4 (2010).
- Koudijs, Peter A.E., Laura Salisbury. "Marrying for Money: Evidence from the First Wave of Married Women's Property Laws in the U.S." *Stanford University Graduate School of Business Working Paper* No. 3811 (2016).
- Kuhn, Steven L. "Signaling Theory and Technologies of Communication in the Paleolithic." *Biological Theory* 9.1 (2014).
- Kuijt, Ian. "What Do We Really Know About Food Storage, Surplus, and Feasting in Preagricultural Communities?." *Current Anthropology* 50.5 (2009).
- Kung, James Kai-Sing, and Chicheng Ma, "Can Cultural Norms Reduce Conflicts? Confucianism and Peasant Rebellions in Qing China" *Journal of Development Economics* 111 (2014).
- Kung, James Kai-Sing, and Chicheng Ma. "Autarky and the Rise and Fall of Piracy in Ming China." *The Journal of Economic History* 74, no. 2 (2014).
- Kung, James Kai-sing, and Chicheng Ma. "Can Cultural Norms Reduce Conflicts? Confucianism and

Peasant Rebellions in Qing China." *Journal of Development Economics* 111 (2014).

_ Kuran, Timur, and Scott Lustig. "Judicial Biases in Ottoman Istanbul: Islamic Justice and Its Compatibility With Modern Economic Life." *The Journal of Law and Economics* 55, No. 3 (2012).

_ Kuran, Timur. "Islam and Economic Performance: Historical and Contemporary Links." *Journal of Economic Literature* 56, No. 4 (2018).

_ Kuran, Timur. *The long Divergence: How Islamic Law Held Back the Middle East.* Princeton: Princeton University Press, 2011.

_ Kuran,Timur. and Jared Rubin. "The Financial Power of the Powerless: Socio-Economic Status and Interest Rates under Partial Rule of Law" . *Duke University ERID Working Paper* No. 175 (2016).

_ Laeven, Luc and Fabian Valencia. "Resolution of Banking Crises: The Good, the Bad, and the Ugly" . *International Monetary Fund working paper* (August 2012).

_ Laing, Jonathan R.. "The Bubble's New Home" . *Barron's*, June 20, 2005.

_ La Porta, Rafael., Florencio Lopez-de-Silanes, and Andrei Shleifer. "The Economic Consequences of Legal Origins." *Journal of Economic Literature* 46, No. 2 (2008).

_ La Porta, Rafael. Florence Lopez-de-Silanes, Andrei Shleifer, and Robert Vishny. "Law and Finance," *Journal of Political Economy* 106 (1998).

_ Landa, Janet Tai. *Trust, Ethnicity, and Identity: Beyond the New Institutional Economics of Ethnic Trading Networks, Contract Law, and Gift-Exchange*. Ann Arbor: University of Michigan Press, 1994.

_ Landa, Janet Tai. *Economic Success of Chinese Merchants in Southeast Asia: Identity, Ethnic Cooperation and Conflict.* Springer, 2016.

_ Landes, David S. *The Wealth and Poverty of Nations: Why Some are So Rich and Some So Poor.* New York: W.W. Norton, 1998.

_ Lang, Olga. "*Chinese Family and Society.*" New Haven:Yale University Press, 1946.

_ Lapidus, Ira M. "The Evolution of Muslim Urban Society." *Comparative Studies in Society and History* 15, No. 1 (1973).

_ Larson, Greger, et al. "Current Perspectives and the Future of Domestication Studies." *Proceedings of the National Academy of Sciences* 111.17 (2014).

_ Layton,Christine . "History Of The Credit Card" . *creditcardprocessingspace.com* (2013), February 14, 2013.

_ Le Goff, *Jacques. Your Money or your Life: Economy and Religion in the Middle Ages*. New York: Zone Books, 1998.

_ Lee, Samuel, and Petra Persson. "Financing From Family and Friends." *The Review of Financial Studies* 29.9 (2016).

_ Leeson, Peter T. "'God Damn' : The Law and Economics of Monastic Malediction." *The Journal of Law,*

Economics, & Organization 30.1 (2012).

_ Leeson, Peter T. "Gypsy Law." *Public Choice* 155.3–4 (2013).

_ Leeson, Peter T. "Ordeals." *The Journal of Law and Economics* 55.3 (2012).

_ Leeson, Peter T. *Anarchy Unbound: Why Self-governance Works Better than You Think*. Cambridge University Press, 2014.

_ Leeson, Peter T., and Christopher J. Coyne. "Sassywood." *Journal of Comparative Economics* 40.4 (2012).

_ Leeson, Peter T., and Jacob W. Russ. "Witch Trials." *The Economic Journal* 128, No. 613(2015).

_ Lehoux, Daryn. *Astronomy, Weather, and Calendars in the Ancient World: Parapegmata and Related Texts in Classical and Near-Eastern Societies*. Cambridge University Press, 2007.

_ Lelkes, Orsolya. "Tasting Freedom: Happiness, Religion and Economic Transition." *Journal of Economic Behavior & Organization* 59, No. 2 (2006).

_ Lerner, Melvin J. *The Belief in a Just World*. Springer, 1980.

_ Lesorogol, Carolyn, K. "Transforming Institutions among Pastoralists: Inequality and Land Privatization." *American Anthropologist* 105, no. 3 (2003).

_ Levine, Etan. "Biblical Women's Marital Rights" , in American Academy for Jewish Research: *Proceedings of the American Academy for Jewish Research*, Vol. 63 (1997—2001).

_ Levine, Ross . "Law, Finance, and Economic Growth." *Journal of Financial Intermediation* 8.1 (1999).

_ Levi - Strauss, Claude. "The Social and Psychological Aspect of Chieftainship in a Primitive Tribe: The Nambikuara of Northwestern Mato Grosso." *Transactions of the New York Academy of Sciences* 7.1 Series II (1944).

_ Li, Hongbin, Mark Rosenzweig, and Junsen Zhang. "Altruism, Favoritism, and Guilt in the Allocation of Family Resources: Sophie's Choice in Mao's Mass Send-down Movement." *Journal of Political Economy* 118.1 (2010).

_ Li, Lilian. *Fighting Famine in North China: State, Market, and Environmental Decline, 1690s-1990s*. Stanford University Press, 2007.

_ Li, Nan, and Debin Ma. "The Legacy of War: The Long-term Effect of Taiping Rebellion on Economic Development in Modern China." *SHUFE and LSE working paper*, 2015.

_ Liang, Ming-Yih . "Confucianism and the East Asian Miracle" . *American Economic Journal: Macroeconomics* 2.3 (2010).

_ Lichand, Guilherme, and Anandi Mani. "Cognitive Droughts." *University of Zurich, Department of Economics, Working Paper* 341 (2020).

_ Lichand, Guilherme, and Anandi Mani. "Insurance as Peace of Mind? " 2018.

_ Lindert, Peter H. "Poor Relief Before The Welfare State: Britain versus The Continent, 1780–1880." *European Review of Economic History* 2, No. 2 (1998).

- Lindert, Peter H. *Growing Public, Further Evidence*. Cambridge University Press, 2004.
- Lipton, Eric and Stephen Labaton. "Deregulator Looks Back, Unswayed" , *The New York Times* (November 16, 2008).
- Liu, Hui-chen Wang. "An Analysis of Chinese Clan Rules: Confucian Theories in Action" . In *Confucianism in Action*, edited by David S. Nivison and Arthur F. Wright. Stanford, Calif.: Stanford University Press, 1959.
- Lloyd, Geoffrey Ernest Richard, John Chadwick, and William Neville Mann, eds. *Hippocratic Writings*. Vol. 451. Penguin UK, 1983.
- Loch, C. S. "Poor Relief in Scotland: Its Statistics and Development, 1791 to 1891." *Journal of the Royal Statistical Society* 61, No. 2 (1898).
- Loewenstein, George , et al. "Risk as Feelings." *Psychological Bulletin* 127.2 (2001).
- Loewenstein, George. "Anticipation and the Valuation of Delayed Consumption." *The Economic Journal* 97.387 (1987).
- Loewenstein, George. "The Pleasures and Pains of Information." *Science* 312.5774 (2006).
- Logan, John R., and Fuqin Bian. "Family Values and Co-residence With Married Children in Urban China." *Social Forces* 77.4 (1999).
- Long, D. Stephen. *Divine Economy:Theology and the Market*. London and New York: Routledge, 2000.
- Lopez, Robert. *The Commercial Revolution of the Middle Ages*. Cambridge: Cambridge University Press, 1976.
- Low, Bobbi S. "Marriage Systems and Pathogen Stress in Human Societies." *American Zoologist* 30.2 (1990).
- Luck, William F. *Divorce and Remarriage: Recovering the Biblical View*. Harper & Row, 1987.
- Luscombe, Belinda "Who Needs Marriage? A Changing Institution." *TIME magazine* (November 18, 2010).
- M. McCormick，et al. "Climate Change During and After the Roman Empire：Reconstructing the Past From Scientific and Historical Evidence" . *Journal of Interdisciplinary History* 43.2（2012）.
- Mackay, Charles. *Memoirs of Extraordinary Popular Delusions and the Madness of Crowds*. London: Richard Bentley (1841).
- Ma, Debin., Richard Macve, and Weipeng Yuan. "The Development of Chinese Accounting and Bookkeeping Before 1850: Insights From the Tong Tai Sheng Business Account Books (1798–1850)" . *Accounting and Business Research*. 47.4 (2017).
- Ma,Debin. "The Rise of a Financial Revolution in Republican China in 1900–1937: a Survey and New Interpretation" . *Australian Economic History Review* 59.3 (2019).
- Maddison, Angus. *The World Economy: Historical Statistics*. Paris: Development Centre Studies, OECD

Publishing, 2001.

_ Madhani, Aamer "Poll: Approval of Same-sex Marriage in U.S. Reaches New High." *USA TODAY*, (May 23, 2018).

_ Magee, Peter. *The Archaeology of Prehistoric Arabia: Adaptation and Social Formation From the Neolithic to the Iron Age*. Cambridge University Press, 2014.

_ Makdisi, George, and D. S. Richards. *"Islamic Civilization 950–1150."* A colloquium published under the auspices of the Near Eastern History Group, Oxford, the Near East Center, University of Pennsylvania (Papers on Islamic history) (1973) _ Malinowski, Bronislaw. *A scientific theory of culture and other essays*. Psychology Press, 2001.

_ Malinowski, Bronislaw. *Argonauts of the Western Pacific: An Account of Native Enterprise and Adventure in the Archipelagoes of Melanesian New Guinea*. Routledge & Sons, Limited, 1961.

_ Malmendier, Ulrike. "Law and Finance at the Origin." *Journal of Economic Literature* 47, No. 4 (2009).

_ Malmendier, Ulrike "Roman Shares", in William Goetzmann & Geert Rouwenhorst (eds), *The Origins of Value, the Financial Innovations that Created Modern Capital Markets*. New York: Oxford University Press(2005).

_ Mankiw, N. Gregory, David Romer, David N. Weil. "A Contribution to the Empirics of Economic Growth." *The Quarterly Journal of Economics* 107, No. 2 (1992).

_ Mariani, Fabio. "The Economic Value of Virtue." *Journal of Economic Growth* 17.4 (2012).

_ Markowitz, Harry. "Portfolio Selection." *The Journal of Finance* 7.1 (1952).

_ Marston, John M. "Archaeological Markers of Agricultural Risk Management." *Journal of Anthropological Archaeology* 30.2 (2011).

_ Martin Solich,, and Marcel Bradtmöller. "Socioeconomic Complexity and the Resilience of Hunter-gatherer Societies." *Quaternary International* 446 (2017).

_ Martin, Philippe, Thierry Mayer, and Mathias Thoenig. "Make Trade Not War?" *The Review of Economic Studies* 75, no. 3 (2008).

_ Marzano, Annalisa. Capital investment and agriculture. Multi-press facilities from Gaul, the Iberian Peninsula, and the Black Sea region. A. Bowman and Al Wilson (edd.), *The Roman Ogricultural Economy: Organization, Investment, and Production*, Oxford: Oxford University Press(2013).

_ Mason, Sarah LR, Jon G. Hather, and Gordon C. Hillman. "Preliminary Investigation of the Plant Macroremains From Dolní V ě stonice II, and Its Implications for the Role of Plant Foods in Palaeolithic and Mesolithic Europe." *Antiquity* 68.258 (1994).

_ Mathews, Andrew, and Colin MacLeod. "Cognitive Vulnerability to Emotional Disorders." *Annual Review of Clinical Psychology*.1 (2005).

_ Matranga, Andrea. "The Ant and the Grasshopper: Seasonality and the Invention of Agriculture." *New*

Economic School working paper (2017).

- Mayer, Wendy, and Pauline Allen, *John Chrysostom: The Early Church Fathers*, London: Routledge, 2000.
- Mayer, Wendy, Pauline Allen, and Joannes Chrysostomus. *John Chrysostom*. Psychology Press, 2000.
- Mayers, William Frederick. *The Treaty Ports of China and Japan: A Complete Guide to the Open Ports of Those Countries, Together with Peking, Yedo, Hongkong and Macao*. Edited by Nicholson Belfifield Dennys and Charles King. London: Trübner, 1867.
- Mayshar, Joram, Omer Moav, and Zvika Neeman. "Geography, Transparency, and Institutions." *American Political Science Review* 111.3 (2017).
- Mayshar, Joram. Omer Moav, Zvika Neeman & Luigi Pascali . "The Origin of the State: Land Productivity or Appropriability?" *Hebrew University of Jerusalem Working Paper* (2019).
- Mayshar,Joram. Omer Moav, Zvika Neeman, and Luigi Pascali. "Cereals, Appropriability and Hierarchy" . Forthcoming in *Journal of Political Economy* (2017).
- Mearns, Andrew and William C. Preston. *The Bitter Cry of Outcast London: An Inquiry Into the Condition of the Abject Poor.* London: James Clarke & Company (1883).
- McClintock, Elizabeth Aura. "Beauty and Status: The Illusion of Exchange in Partner Selection?" *American Sociological Review* 79.4 (2014).
- McCloskey, Deirdre N. *The Bourgeois Virtues: Ethics for an Age of Commerce*. Chicago: University of Chicago Press, 2010.
- McCormick, Michael., Ulf Büntgen, Mark A. Cane, Edward R. Cook, Kyle Harper, Peter Huybers, Thomas Litt et al. "Climate Change During and After the Roman Empire: Reconstructing the Past From Scientific and Historical Evidence." *Journal of Interdisciplinary History* 43, No. 2 (2012).
- McDermott, Josh H., Alan F. Schultz, Eduardo A. Undurraga, and Ricardo A. Godoy. "Indifference to Dissonance in Native Amazonians Reveals Cultural Variation in Music Perception." *Nature* 535, No. 7613 (2016).
- Mcdonald,James. *A Free Nation Deep in Debt: The Financial Roots of Democracy*. New York: Farrar, Straus and Giroux, 2003.
- McIntire, Mike. "Bailout Is a Windfall to Banks, if Not to Borrowers" . *The New York Times*, January 17, 2009.
- McMichael, Anthony J. "Insights From Past Millennia Into Climatic Impacts on Human Health and Survival." *Proceedings of the National Academy of Sciences* 109.13 (2012).
- McNeill, John Robert, William Hardy McNeill, and William McNeil. *The Human Web: A Bird's-eye View of World History*. WW Norton & Company, 2003.
- McNeill, William Hardy. *Plagues and Peoples*. Oxford: Blackwell, 1976.
- Mehrotra, Vikas, Randall Morck , Jungwook Shim, and Yupana Wiwattanakantang , " Adoptive

Expectations: Rising Sons in Japanese Family Firms." *Journal of Financial Economics* 108(3) (2013).

_ Meinzer,Nicholas, "Social Mobility in the Eraly Middle Ages." *Explorations in Economic History*, 2017.

_ Menefee, Samuel , *Wives for Sale: An Ethnographic Study of British Popular Divorce.*, New York: St. Martin's Press, 1981.

_ Merton, Robert . "Sociai Structure and Anomie." *American Sociological Review* 3 (1938).

_ Michalopoulos, Stelios, Alireza Naghavi, and Giovanni Prarolo. "Trade and Geography in the Spread of Islam." *The Economic Journal* 128, No. 616 (2018).

_ Micklethwait, John. and Adrian Wooldridge. *The Company: a Short History of a Revolutionary Idea*. New York: The Modern Library, 2003.

_ Miguel, Edward. "Poverty and Witch Killing." *The Review of Economic Studies* 72.4 (2005).

_ Mike, Davis. *Late Victorian Holocausts: El Niño Famines and the Making of the Third World.* London and New York: Verso, 2001.

_ Miller, Robert Moats . *American Protestantism and Social Issues, 1919–1939.* Santa Barbara: Greenwood Pub Group (1958).

_ Minc, Leah D., and Kevin P. Smith. "The Spirit of Survival: Cultural Responses to Resource Variability in North Alaska." in Halstead, Paul, and John O' Shea, eds. *Bad Year Economics: Cultural Responses to Risk and Uncertainty.* Cambridge University Press,2004.

_ Mintz Sydney W., and Eric R. Wolf, "An Analysis of Ritual Co-Parenthood." *Southwestern Journal of Anthropology* 6, No. 4 (1950).

_ Mocan, Naci H., and Han Yu. "Can Superstition Create a Self-fulling Prophecy? School Outcomes of Dragon Children of China." No. w23709. *National Bureau of Economic Research* working Paper, 2017.

_ Mokyr, Joel. *A Culture of Growth: The Origins of the Modern Economy*. New Jersey: Princeton University Press (2016).

_ Mokyr, Joel, and Cormac O'Grada. "New Developments in Irish Population History, 1700–1850." *The Economic History Review* 37.4 (1984).

_ *Montesquieu: The Spirit of the Laws.* Translated and edited by Anne M. Cohler, Basia Carolyn Miller and Harold Samuel Stone. Cambridge Texts in the History of Political Thought. Cambridge: Cambridge University Press, 1989.

_ Morse, Adair. "Payday Lenders: Heroes or Villains?" *Journal of Financial Economics* 102.1 (2011).

_ Moscona, Jacob, Nathan Nunn, and James A. Robinson. "Keeping It in the Family: Lineage Organization and the Scope of Trust in Sub-Saharan Africa." *American Economic Review* 107.5 (2017).

_ Mullainathan, Sendhil, and Eldar Shafifir. *Scarcity: Why Having Too Little Means so Much.* Macmillan, 2013.

_ Mulligan, Casey and Andrei Shleifer, "The Extent of the Market and the Supply of Regulation," *The Quarterly Journal of Economics* 120.4 (2005).

_ Mulville, Jacqui, and Alan K. Outram, eds. *The Zooarchaeology of Fats, Oils, Milk and Dairying*. Oxford: Oxbow Books, 2005.

_ Murdock, George P. *Atlas of World Cultures*. Pittsburgh: University of Pittsburgh Press, 1967.

_ Murdock, George P., and Caterina Provost. "Factors in the Division of Labor by Sex: A Cross-cultural Analysis." *Ethnology* 12, no. 2 (1973).

_ N.S. Jodha. "Role of Credit in Farmer's Adjustment Against Risk in Arid and Semi-arid Tropical Areas of India" , *ICRISAT Economics Program Occasional Paper* No. 20,Patancheru, Andhara Pradesh, India (1978).

_ National Bureau of Economic Research. *"US Business Cycle Expansions and Contractions"*. NBER (2020).

_ Neal,Larry . *The Rise of Financial Capitalism: International Capital Markets in the Age of Reason*. Cambridge:Cambridge University Press (December 1990).

_ Needham,Joseph. *Gunpowder as the Fourth Power, East and West*. Hong Kong: Hong Kong University Press, 1985.

_ Neil Bhutta, Jacob Goldin, and Tatiana Homono. "Consumer Borrowing After Payday Loan Bans" . *Federal Reserve Board working paper* (2014).

_ Nelson, Benjamin. *The Idea of Usury: From Tribal Brotherhood to Universal Otherhood*. 2nd ed. Chicago London: The University of Chicago Press, 1969.

_ Nerlich, Andreas G., Beatrice Bachmeier, Albert Zink, Stefan Thalhammer, and Eduard Egarter-Vigl. "Ötzi Had a Wound on His Right Hand." *The Lancet 362*, No. 9380 (2003).

_ Nerlich, Andreas G., Oliver Peschel, and Eduard Egarter-Vigl. "New Evidence for Ötzi's Final Trauma." *Intensive Care Medicine* 35, No. 6 (2009).

_ Newbery, David M. G., and Joseph E. Stiglitz. "Pareto Inferior Trade." *The Review of Economic Studies* 51, No. 1 (1984).

_ Nizamuddin,Sheikh., Amita Singh et al. "Dissecting the Influence of Neolithic Demic Diffusion on Indian Y-chromosome Pool Through J2-M172 Haplogroup." *Scientific Reports* 6, No. 1 (2016).

_ Norenzayan, Ara. *Big Gods: How Religion Transformed Cooperation and Conflict*. Princeton: Princeton University Press, 2013.

_ North, Douglass C., and Barry R. Weingast. "Constitutions and Commitment: the Evolution of Institutions Governing Public Choice in Seventeenth-century England." *The Journal of Economic History* 49, No. 4 (1989).

_ North, Douglas C., John Joseph Wallis, and Barry R. Weingast. *Violence and Social Orders : A Conceptual Framework for Interpreting Recorded Human History*. Cambridge: Cambridge University Press, 2009.

_ Nunn, Nathan, and Nancy Qian. "The Columbian Exchange: A History of Disease, Food, and Ideas." *Journal of Economic Perspectives* 24.2 (2010).

_ Nunn, Nathan, and Nancy Qian. "The Potato's Contribution to Population and Urbanization: Evidence

From a Historical Experiment." *The Quarterly Journal of Economics* 126.2 (2011).

_ Nunn, Nathan, and Raul Sanchez de la Sierra. "Why Being Wrong Can be Right: Magical Warfare Technologies and the Persistence of False Beliefs." *American Economic Review* 107.5 (2017).

_ Nydegger, William Frank, and Corinne Nydegger. *Tarong: An Ilocos Barrio in the Philippines*. Vol. 6. Wiley, 1966.

_ O'Grada, Cormac. "Famine in Ireland, 1300–1900." *University College Dublin Working Paper* (2015).

_ O'Grada, Cormac. "Markets and Famines in Pre-industrial Europe." *Journal of Interdisciplinary History* 36.2 (2005).

_ O'Grada, Cormac. *Black'47 and Beyond: The Great Irish Famine in History, Economy, and Memory*. Princeton University Press, 2000.

_ O'Grada, Cormac. *The Great Irish Famine*. Cambridge University Press, 1995.

_ Oliveira, Jaqueline. "The Value of Children: Inter-generational Support, Fertility, and Human Capital." *Journal of Development Economics* 120 (2016).

_ Olsson, Ola, and Christopher Paik. "Long-run Cultural Divergence: Evidence From the Neolithic Revolution." *Journal of Development Economics* 122 (2016).

_ Oscar, Gelderblom. and Joost Jonker. "Amsterdam as the Cradle of Modern Futures and Options Trading, 1550–1650" , in William Goetzmann & Geert Rouwenhorst (eds), *The Origins of Value, the Financial Innovations that Created Modern Capital Markets*. New York: Oxford University Press (2005).

_ Oscar, Gelderblom. and Joost Jonker. "Completing a Financial Revolution: The Finance of the Dutch East India Trade and the Rise of the Amsterdam Capital Market, 1595–1612." *Journal of Economic History* (2004).

_ Osmond, Marie W. "Toward Monogamy: A Cross-cultural Study of Correlates of Type of Marriage." *Social Forces* 44.1 (1965).

_ Oster, Emily. "Witchcraft, Weather and Economic Growth in Renaissance Europe" . *The Journal of Economic Perspectives* 18, no. 1 (2004).

_ Ottolini, Meghan. "Closed Churches Become Condos, Dollar Tree, Hockey Rinks" . *Boston Herald*. November 28, 2019.

_ Özcan, Berkay. "Only the Lonely? The Influence of the Spouse on the Transition to Selfemployment." *Small Business Economics* 37.4 (2011).

_ Ozment, Steven E. *The Reformation in the Cities: The Appeal of Protestantism to Sixteenth-Century Germany and Switzerland*. New Haven: Yale University Press, 1975.

_ Padgett, Vernon R., and Dale O. Jorgenson. "Superstition and Economic Threat: Germany, 1918–1940." *Personality and Social Psychology Bulletin* 8.4 (1982).

_ Paine, Thomas, *Rights of Man*. Edited by Claire Grogan. Peterborough: Broadview Press, 2011.

- Pan, Lynn. *When True Love Came to China*. Hong Kong: University of Hong Kong Press, 2015.
- Parks,Tim. *Medici Money: Banking, Metaphysics, and Art in Fifteenth-Century Florence*. New York: W. W. Norton & Company (2006).
- Parker,Kim. and Richard Fry. "More Than Half of U.S. Households Have Some Investment in the Stock Market" . *Pew Research Center Fact Tank report*, March 25, 2020.
- Parker,Geoffrey . *The Thirty Years' War*. New York: Routledge, 1997.
- Pascali, Luigi. "Banks and Development: Jewish Communities in the Italian Renaissance and Current Economic Performance." *Review of Economics and Statistics* 98, No. 1 (2016).
- Paul-Choudhury,Sumit. "Throughout history, people's faith and their attachments to religious institutions have transformed, argues Sumit Paul-Choudhury. So what's next?" *BBC Future*, August 2, 2019.
- Perkins, Dwight H. *Agricultural Development in China 1368–1968*. Edinburgh: Edinburgh University Press, 1969.
- Perri, Angela R. "Hunting dogs as environmental adaptations in Jōmon Japan." *Antiquity* 90.353 (2016).
- Persson, Petra. "Social insurance and the marriage market." *Journal of Political Economy* 128, No. 1 (2020).
- Peterson, Paul Silas. *The Decline of Established Christianity in the Western World: Interpretations and Responses*. London: Routledge (2017) .
- Pew Research Center. "The Future of World Religions: Population Growth Projections, 2010–2050: Why Muslims Are Rising Fastest and the Unaffilated Are Shrinking as a Share of the World's Population" . *Pew Research Center Report*. April 2, 2015.
- Pinhasi, Ron, Joaquim Fort, and Albert J. Ammerman. "Tracing the origin and spread of agriculture in Europe." *PLoS Biology* 3.12 (2005).
- Pinker, Steven. *Enlightenment Now: The Case for Reason, Science, Humanism, and Progress*. Penguin, 2008.
- Pinker, Steven. *The Better Angels of Our Nature: The Decline of Violence in History and Its Causes*. Penguin, 2011.
- Pinto, Fernão Mendes. *The Voyages and Adventures of Fernand Mendez Pinto*. Translated by Henry Cogan. London: TF Unwin, 1891.
- Pisa, Jehiel Nissim da. 1507–1574 and Gilbert S. Rosenthal. *Banking and Finance Among Jews in Renaissance Italy: a Critical Edition of The Eternal Life (Haye olam)* by Yehiel Nissim da Pisa; edited from manuscripts with an introd., translation and notes by Gilbert S. Rosenthal. New York: Bloch Publishing Company, 1962.
- Plato. *Theaetetus*. Alex Catalogue, 2001.
- Plautus, Titus Maccius, and John Henderson. *Asinaria: The One About the Asses*. University of Wisconsin Press, 2006.

- Poitras,Geoffrey . *The Early History of Financial Economics, 1478–1776: From Commercial Arithmetic to Life Annuities and Joint Stocks*. Cheltenham and Northampton: Edward Elgar (2000).
- Pomeranz,Kenneth. "'Traditional' Chinese Business Forms Revisited: Family, Firm, and Financing in the History of the Yutang Company of Jining, 1779–1956" . *Late Imperial China* 18.1 (1997).
- Pomeranz,Kenneth. *The Great Divergence: China, Europe, and the Making of the Modern World Economy*. Princeton University Press,2001
- Popova, Olga. "Can Religion Insure against Aggregate Shocks to Happiness? The Case of Transition Countries." *Journal of Comparative Economics* 42, No. 3 (2014).
- Posner, Gerald. *God's Bankers: A History of Money and Power at the Vatican*. New York: Simon & Schuster, 2015.
- Postan,M.M. *Medieval Trade and Finance*. Cambridge: Cambridge University Press (1973).
- Potts, Richard, et al. "Environmental Dynamics During the Onset of the Middle Stone Age in Eastern Africa." *Science* 360.6384 (2018).
- Pratkanis, Anthony R. "How to Sell a Pseudoscience." *Skeptical Inquirer* 19.4 (1995).
- Prendergast, Mary E., Jiarong Yuan, and Ofer Bar-Yosef. "Resource Intensification in the Late Upper Paleolithic: a View From Southern China." *Journal of Archaeological Science* 36.4 (2009).
- Puga, Diego and Daniel Treflfler. "International Trade and Institutional Change: Medieval Venice's Responses to Globalization." *The Quarterly Journal of Economics* (2014).
- Purugganan, Michael D., and Dorian Q. Fuller. "The Nature of Selection During Plant Domestication." *Nature* 457.7231 (2009).
- Purzycki, Benjamin Grant, Coren Apicella, Quentin D. Atkinson, Emma Cohen, Rita Anne McNamara, Aiyana K. Willard, Dimitris Xygalatas, Ara Norenzayan, and Joseph Henrich. "Moralistic Gods, Supernatural Punishment and the Expansion of Human Sociality." *Nature* 530, No. 7590 (2016).
- Purzycki, Benjamin Grant, et al. "Moralistic Gods, Supernatural Punishment and the Expansion of Human Sociality." *Nature* 530.7590 (2016).
- Putterman, Louis "Agriculture, Diffusion and Development: Ripple Effects of the Neolithic Revolution" ,*Economica* 5.300 (2008).
- Putterman, Louis, and Cary Anne Trainor. "Agricultural Transition Year Country Data Set." *Brown University Working Paper* (2006).
- Puttevils, Jeroen, and Marc Deloof. "Marketing and Pricing Risk in Marine Insurance in Sixteenth-century Antwerp." *The Journal of Economic History* 77.3 (2017).
- Qian, Nancy. "Missing Women and the Price of Tea in China: The Effect of Sex-specific Earnings on Sex Imbalance." *The Quarterly Journal of Economics* 123.3 (2008).
- Rajan,Raghuram G. and Luigi Zingales. "Financial Dependence and Growth" . *The American Economic*

Review 8.3(1998).

- Rajan, Raghuram G. and Luigi Zingales. "Which Capitalism? Lessons Form the East Asian Crisis" . *Journal of Applied Corporate Finance* 11.3 (1998).
- Rathbone, Dominic, and Sitta Von Reden. "Mediterranean Grain Prices in Classical Antiquity." in *A History of Market Performance: From Ancient Babylonia to the Modern World*.edited by R.J. Van der Spek,Jan Luiten van Zanden, and Bas van Leeuwen Routledge(2014).
- Ravesteijn, Wim . "Controlling Water, Controlling People: Irrigation Engineering and State Formation in the Dutch East Indies." *Itinerario* 31.1 (2007).
- Reda, Ayman. *Prophecy, Piety, and Profits: A Conceptual and Comparative History of Islamic Economic Thought.* New York: Palgrave Macmillan, 2017.
- Reed, Clyde G., and Cliff T. Bekar. "Religious Prohibitions against Usury." *Explorations in Economic History* 40, No. 4 (2003).
- Reinhart, Carmen and Kenneth Rogoff. *This Time is Different: Eight Centuries of Financial Folly*. Princeton: Princeton University Press, 2009.
- Reitz, Elizabeth J., and Elizabeth S. Wing. *Zooarchaeology*. Cambridge University Press, 2008.
- Rejda, George E. *Social Insurance and Economic Security*. Routledge, 2015.
- Religion News Service. "One Third Of New York Catholic Churches Will Merge Or Close As Fewer Attend Mass" . *HuffPost*. November 5, 2014.
- Renfrew, Colin, and Paul G. Bahn. *Archaeology Essentials: Theories, Methods, and Practice*. Thames & Hudson, 2007.
- Reyes-García, Victoria, Clarence C. Gravlee, Thomas W. McDade, Tomás Huanca, William R. Leonard, and Susan Tanner. "Cultural Consonance and Psychological Well-Being. Estimates Using Longitudinal Data from an Amazonian Society." *Culture, Medicine, and Psychiatry* 34, No. 1 (2010).
- Ricard, Samuel. *Traité général du Commerce*, Volume 1. Amsterdam: D. J. Changuion, 1781.
- Richard Potts, et al. "Environmental Dynamics During the Onset of the Middle Stone Age in Eastern Africa." *Science* 360.6384 (2018).
- Richard, Timothy. *Forty-five Years in China: Reminiscences*. London, TF Unwin, 1916.
- Rimlinger, Gaston V. Welfare Policy and Industrialization in Europe, America, and Russia. In H. Hauser, La Pensee et l'*Action Economiques du Cardinal de Richelieu*. Paris: Presses Universitaires (1944).
- Rist, Rebecca. *Popes and Jews, 1095–1291*. Oxford: Oxford University Press, 2016.
- Ritchie,Hannah and Max Roser. "Natural Disasters" . *Our World In Data, Global Change Data Lab* (November 2019).
- Rollefson, Gary O., and Ilse Köhler-Rollefson. "Early Neolithic Exploitation Patterns in the Levant: Cultural Impact on the Environment." *Population and Environment* 13.4 (1992).

_ Rosenthal, Gilbert. *Banking and Finance among Jews in Renaissance Italy*. New York: Bloch Publishing Company, 1962.

_ Rosenzweig, Mark R. "Women, Insurance Capital, and Economic Development in Rural India." *Journal of human resources* (1993).

_ Rosenzweig, Mark R., and Junsen Zhang. "Do Population Control Policies Induce More Human Capital Investment? Twins, Birth Weight and China's 'One-child' Policy." *The Review of Economic Studies* 76.3 (2009).

_ Rosenzweig, Mark R., and Oded Stark. "Consumption Smoothing, Migration, and Marriage: Evidence from Rural India." *Journal of Political Economy* 97, No. 4 (1989).

_ Rowe, William T. "Ancestral Rites and Political Authority in Late Imperial China: Chen Hongmou in Jiangxi." *Modern China* 24, no. 4 (1998).

_ Rubin, Jared. "Institutions, the Rise of Commerce and the Persistence of Laws: Interest Restrictions in Islam and Christianity." *The Economic Journal* 121, No. 557 (2011).

_ Rubin, Jared. "Printing and Protestants: An Empirical Test of the Role of Printing In the Reformation." *Review of Economics and Statistics* 96, No. 2 (2014).

_ Rubin, Jared. *Rulers, Religion, and Riches: Why the West Got Rich and the Middle East Did Not*. London: Cambridge University Press, 2017.

_ Sabra, Abdelhamid Ibrahim. "Situating Arabic science: Locality versus essence." *Isis* 87, No. 4 (1996).

_ Sachs，Jeffrey . "The Roots of America's Financial Crisis" . *Project Syndicate*, Mar 21, 2008.

_ Sahlins, Marshall. *Stone Age Economics*. Routledge (2017) .

_ Saleh, Joseph Homer. "Statistical Reliability Analysis for a Most Dangerous Occupation: Roman Emperor." *Palgrave Communications* 5, No. 1 (2019).

_ Sampson, Robert J., John H. Laub, and Christopher Wimer. "Does marriage reduce crime? A counterfactual approach to within - individual causal effects." *Criminology* 44, No. 3 (2006).

_ Scarre, Christopher, and Toby Wilkinson. *Chronicle of the Roman Emperors: The Reign-by-reign Record of the Rulers of Imperial Rome*. Thames and Hudson, 1995.

_ Scheidel, Walter. "From the'Great Convergence'to the'First Great Divergence': Roman and Qin-Han State Formation and its Aftermath." *Available at SSRN 1096433* (2007).

_ Scheidel, Walter. *Rome and China: Comparative Perspectives on Ancient World Empires*. Oxford University Press, 2009.

_ Scheidel, Walter . *The Great Leveler: Violence and the History of Inequality from the Stone Age to the Twenty First Century*. Princeton: Princeton University Press (2017).

_ Scheidel, Walter, Ian Morris, and Richard P. Saller, eds. *The Cambridge Economic History of the Greco-Roman world*. Cambridge University Press, 2007.

- Scheve, Kenneth, and David Stasavage. "Religion and Preferences for Social Insurance." *Quarterly Journal of Political Science* 1 (2006).
- Schmandt-Besserat, Denise. *Before Writing. From Counting to Cuneiform*. Austin: University of Texas Press, 1992.
- Schmelzing,Paul. "Eight Centuries of Global Real Interest Rates, R-G, and the 'Suprasecular' Decline, 1311–2018" . *Bank of England Staff Working Paper* No. 845 (2020).
- Schumpeter, Joseph . *The Theory of Economic Developments: An Inquiry into Profits, Capital, Credit, Interest, and the Business Cycle*. Harvard University Press, 1961.
- Scott, James C. *Against the Grain: A Deep History of the Earliest States*. Yale University Press, 2017.
- Scott, James C. *The Moral Economy of the Peasant: Rebellion and Subsistence in Southeast Asia*. Yale University Press, 1977.
- Scott, James C., *Seeing Like a State: How Certain Schemes to Improve the Human Condition Have Failed*. New Haven, Conn: Yale University Press, 1998.
- Seabourne, Gwen. "Controlling Commercial Morality in Late Medieval London: The Usury Trails of 1421." *Journal of Legal History* 19, No. 2 (1998).
- Seror, Avner. "A Theory on the Evolution of Religious Norms and Economic Prohibition." Forthcoming, *Journal of Development Economics*.
- Shaban, Hamza and Heather Long. "The Stock Market is Ending 2020 at Record Highs, Even as the Virus Surges and Millions go Hungry" . *Washington Post*. January 1, 2021.
- Shah, Manisha, and Bryce Millett Steinberg. "Drought of Opportunities: Contemporaneous and Long-term Impacts of Rainfall Shocks on Human Capital." *Journal of Political Economy* 125.2 (2017).
- Sharer, Robert J., and Loa P. Traxler. *The Ancient Maya* (6th ed.). Stanford University Press, 2006.
- Shariff, Azim F., Aiyana K. Willard, Teresa Andersen, and Ara Norenzayan. "Religious Priming: A Meta Analysis with a Focus on Prosociality." *Personality and Social Psychology Review* 20, No. 1 (2016).
- Shariff, Azim F., and Ara Norenzayan. "God is Watching you: Priming God Concepts Increases Prosocial Behavior in an Anonymous Economic Game." *Psychological Science* 18, No. 9 (2007).
- Shariff, Azim F., et al. "Religious Priming: A Meta-analysis With a Focus on Prosociality." *Personality and Social Psychology Review* 20.1 (2016).
- Shelley, Bruce L. *Church History in Plain Language*. 4th ed. Nasville, Tennessee: Thomas Nelson, 2013.
- Shiue, Carol H. "Human Capital and Fertility in Chinese Clans, 1300–1850." University of Colorado at Boulder, unpublished manuscript (2008).
- Shiue, Carol H. "Local Granaries and Central Government Disaster Relief: Moral Hazard and Intergovernmental Finance in Eighteenth- and Nineteenth-Century China." *Journal of Economic History* 64, no. 1 (2004).

- Sidky, Habib. "Irrigation and the Rise of the State in Hunza: A Case for the Hydraulic Hypothesis."*Modern Asian Studies* 31.4 (1997).
- Seligman, Edwin R.A. . *Economics of Installment Selling*, volume 1. New York: Harper & Brothers (1928).
- Sidner, Sara. "Farmers Sell Wives to Pay Debts in Rural India" , *CNN* (October 23, 2009).
- Sim, Nicholas. "Astronomics in Action: the Graduate Earnings Premium and the Dragon Effect in Singapore." *Economic Inquiry* 53.2 (2015).
- Singh, Hira. "The Real World of Caste in India." *The Journal of Peasant Studies* 35, No. 1 (2008).
- Singh, Indervir. "Social Norms and Occupational Choice: the Case of Caste System in India." *Indian Journal of Economics and Business* 11, No. 2 (2012).
- Singh, Sakshi, Ashish Singh, Raja Rajkumar, Katakam Sampath Kumar, Subburaj Kadarkarai Samy, Sheikh Nizamuddin, Amita Singh et al. "Dissecting the Influence of Neolithic Demic Diffusion on Indian Y-chromosome Pool Through J2-M172 Haplogroup." *Scientific Reports* 6, No. 1 (2016).
- Siu, Helen F., ed. *Merchants' Daughters: Women, Commerce, and Regional Culture in South China*. Vol. 1. Hong Kong University Press, 2010.
- Skinner,William . "Marketing and Social Structure in Rural China: Part I" . *The Journal of Asian Studies* 24.1(1964).
- Slovic, P., D. G. MacGregor, T. Malmfors, and I. F. H. Purchase. "Influence of Affective Processes on Toxicologists' Judgments of Risk." *Unpublished study*, Decision Research, Eugene, OR (1997).
- Slovic, Paul, et al. "Risk as Analysis and Risk as Feelings: Some Thoughts About Affect, Reason, Risk, and Rationality." *Risk Analysis* 24.2 (2004).
- Smith, Adam. *Lectures on Jurisprudence*, edited by R.L. Meek, D.D. Raphael and P.G. Stein. Oxford University Press, 1978.
- Smith, Bruce D. "Failure of Optimal Foraging Theory to Appeal to Researchers Working on the Origins of Agriculture Worldwide." *Proceedings of the National Academy of Sciences* 111.28 (2014).
- Smith, Rhea M. *Spain, A Modern History*. Ann Arbor: The University of Michigan Press, 1965.
- Solich, Martin, and Marcel Bradtmöller. "Socioeconomic Complexity and the Resilience of Hunter-gatherer Societies." *Quaternary International* 446 (2017).
- Sosis, Richard, and W. Penn Handwerker. "Psalms and Coping with Uncertainty: Religious Israeli Women's Responses to the 2006 Lebanon War." *American Anthropologist* 113, No. 1 (2011).
- St. Augustine, Bishop of Hippo, Treatises on Marriage and Other Subjects (*The Fathers of the Church*, Volume 27), Catholic University of America Press, 1st edition, 1955.
- Stark, Rodney . *One True God: Historical Consequences of Monotheism*. New Jersey: Princeton University Press, 2001.
- Stark, Rodney, and Roger Finke. *Acts of Faith: Explaining the Human Side of Religion*. Berkeley: University of

California Press, 2000.

_ Stark, Rodney. *The Rise of Christianity: A Sociologist Reconsiders History*. Princeton, N.J.: Princeton University Press, 1996.

_ Stark, Rodney. *Why God?: Explaining Religious Phenomena*. West Conshohocken: Templeton Press, 2017.

_ Steckel, Richard H. "Stature and the Standard of Living" . *Journal of Economic Literature* 33, No. 4 (1995).

_ Steckel, Richard. "Heights and Human Welfare: Recent Developments and New Directions" . *Explorations in Economic History*, 46, No. 1 (2009).

_ Steinhardt,Nancy . *China's Early Mosques*. Edinburgh: Edinburgh University Press, 2016.

_ Steinwender, Claudia. " Real Effects of Information Frictions: When the States and the Kingdom Became United." *American Economic Review* 108, No. 3 (2018).

_ Stengel, Richard "All in the Family." *TIME magazine* (November 18, 2010).

_ Stigler, George J. "Law or Economics?" *The Journal of Law and Economics* 35.2 (1992).

_ Stites, Sara H. *Economics of the Iroquois*. Berkeley: University of California Libraries, 1905.

_ Stock, James, and Mark Watson, *Introduction to Econometrics*, 4th Edition, New York: Pearson, 2009.

_ Stolleis, Michael . *Origins of the German Welfare State: Social Policy in Germany to 1945*. Berlin: Springer Verlag (2013).

_ Stott, John. *The Cross of Christ*. Downers Grove: InterVarsity Press, 2006.

_ Subrahmanyam, Sanjay. *The Portuguese Empire in Asia, 1500–1700: A Political and Economic History*. 2nd ed. Chichester, West Sussex: John Wiley & Sons, 2012.

_ Svolik, Milan W. *The Politics of Authoritarian Rule*. Cambridge University Press, 2012.

_ Tabellini, Guido. "Culture and Institutions: Economic Development in the Regions of Europe." *Journal of the European Economic Association* 8, No. 4 (2010).

_ Tackett, Nicolas. *The Destruction of the Medieval Chinese Aristocracy*. Cambridge: Harvard University Press, 2014.

_ Tanimoto,Masayuki. and R. Bin Wong. *Public Goods Provision in the Early Modern Economy: Comparative Perspectives from Japan, China, and Europe*. Berkeley: University of California Press (2019) .

_ Tawney, R. H. *Religion and the Rise of Capitalism: A Historical Study*. Henry Scott Holland Memorial Lectures. New York: Harcourt Brace & Co., 1926.

_ Teller，James T., et al. "Calcareous Dunes of the United Arab Emirates and Noah's Flood: the Postglacial Reflooding of the Persian (Arabian) Gulf." *Quaternary International* 68 (2000).

_ Temin, Peter. "Financial Intermediation in the Early Roman Empire." *Journal of Economic History* 64.3 (2004).

_ Temin, Peter. *The Roman Market Economy*. Princeton: Princeton University Press (2013).

_ Temin, Peter, and Hans-Joachim Voth. "Interest Rate Restrictions in a Natural Experiment: Loan

Allocation and the Change in the Usury Laws in 1714." *The Economic Journal* 118.528 (2008).

_ Tenney, Frank. "The Financial Crisis of 33 A. D." . *The American Journal of Philology* 56:4 (1935).

_ Ter Haar, Barend J. *Telling Stories: Witchcraft and Scapegoating in Chinese History.* Vol. 71. Brill, 2006.

_ *The Economist* "Hunter-gatherers: Noble or Savage?" December 19, 2007.

_ Thompson, Augustine *O.P. Francis of Assisi: The Life. Ithaca:* Cornell University Press (2013) .

_ Thompson, Victor D., and John A. Turck. "Adaptive Cycles of Coastal Hunter-gatherers." *American Antiquity* 74.2 (2009).

_ Thornhill, Randy, and Corey L. Fincher. *The Parasite-stress Theory of Values and Sociality: Infectious Disease, History and Human Values Worldwide.* Springer, 2014.

_ Thornton,Henry . *An Enquiry into the Nature and Effect of the Paper Credit of Great Britain.* London: Frank Cass (1962).

_ Thorton,M. K. and R. L. Thornton. "The Financial Crisis of A.D. 33: A Keynesian Depression?" *Journal of Economic History 12.3 (1990).*

_ Tian, Meng. "Children's Migration Decisions and Elderly Support in China: Evidences From CHARLS Pilot Data." *Frontiers of Economics in China* 7.1 (2012).

_ Tilly, Charles. "War-Making and State-Making as Organized Crime" . In Peter Evans, Dietrich Rueschemeyer, and Theda Skocpol (eds.). *Bringing the State Back in.* Cambridge: Cambridge University Press (1985).

_ Tilly,Charles. *Coercion, Capital and European States, A.D. 990—1992.* New Jersey: Wiley-Blackwell (1992).

_ Trenerry, C.F. *The Origin and Early History of Insurance Including the Contract of Bottomry.* New Jersey: The Lawbook Exchange LTD. (2010).

_ Trew, Alex William, and Stephan Heblich. "Banking and Industrialization." Forthcoming, *Journal of European Economic Association.*

_ Tuan, Yi-Fu. *Landscapes of Fear.* Pantheon, 2013.

_ Turchin, Peter, and Sergey A. Nefedov. *Secular Cycles.* Princeton University Press, 2009.

_ Turchin, Peter, and Walter Scheidel. "Coin Hoards Speak of Population Declines in Ancient Rome." *Proceedings of the National Academy of Sciences* 106, No. 41 (2009).

_ Turchin, Peter. *Ultrasociety: How 10,000 Years of War Made Humans the Greatest Cooperators on Earth.* Chaplin, Connecticut: Beresta Books, 2015.

_ Twitchett, Denis . "The Fan Clan's Charitable Estate, 1050–1760" . In David S. Nivison and Arthur F. Wright, eds. Confucianism in Action. Stanford: Stanford University Press, 1959.

_ Udovitch, Abraham L. "Credit as a Means of Investment in Medieval Islamic Trade." *Journal of the American Oriental Society* 87, No. 3 (1967).

_ Van Langenhoven, Paul. "Roland Auguet, Cruelty and Civilization: the Roman Games." *L'Antiquité*

Classique 64, No. 1 (1995).

_ Van Leeuwen, Marco H.D. "Logic of Charity: Poor Relief in Preindustrial Europe." *Journal of Interdisciplinary History* (1994).

_ van Leeuwen, Marco H.D. "Histories of Risk and Welfare in Europe during the 18th and 19th Centuries." *Europe* 24 (1994).

_ Van Leur,J.C. *Indonesian Trade and Society: Essays in Asian Social and Economic History.* The Hague: van Hoeve, 1955.

_ Van Rossem,Tina. Patrick Deboosere, and Isabelle Devos. "Death at Work? Mortality and Industrial Employment in Belgian Cities at the Turn of the Twentieth Century." *Explorations in Economic History* 66 (2017).

_ Van Zanden, Jan Luiten. *The Long Road to the Industrial Revolution: The European Economy in a Global Perspective, 1000–1800.* Brill, 2009.

_ van Zanden, Jan Luitan, Eltjo Buringh, Maarten Bosker. "The Rise and Decline of European Parliaments, 1188–1789." *Economic History Review* 65, No. 3 (2012).

_ Verweij, Johan., Peter Ester, and Rein Nauta. "Secularization as an Economic and Cultural Phenomenon: A Cross-National Analysis." *Journal for the Scientific Study of Religion* 36, No. 2 (1997).

_ Voigtländer, Nico and Hans-Joachim Voth. "Gifts of Mars: Warfare and Europe's Early Rise to Riches." *The Journal of Economic Perspectives* 27, No. 4 (2013).

_ Voigtländer, Nico and Hans-Joachim Voth. "Persecution Perpetuated: The Medieval Origins of Anti Semitic Violence in Nazi Germany." *The Quarterly Journal of Economics* 127, No. 3 (2012).

_ Von Glahn, Richard. *Fountain of Fortune: Money and Monetary Policy in China, 1000—1700.* University of California Press, 1996.

_ Vyse, Stuart A. *Believing in Magic: The Psychology of Superstition.* Oxford University Press, 2013.

_ Wahl,Asbjørn. and John Irons. *The Rise and Fall of the Welfare State.* London:Pluto Press (2011) .

_ Walsh,Joe. "Pfizer And Moderna Steer Clear Of White House Vaccine Summit" . *Forbes.* December 7, 2020.

_ Wang, Gungwu. "Merchants Without Empire: the Hokkien Sojourning Communities." in *The Rise of Merchant Empires: Long-distance Trade in the Early Modern World*: 1350–1750.Edited by James D. Tracy. Cambridge University Press ,1990.

_ Wang, Gungwu. *The Nanhai Trade: Early Chinese Trade in the South China Sea.* 2nd ed. Singapore: Eastern University Press (2003).

_ Wang Liu, Hui-Chen . "An Analysis of Chinese Clan Rules: Confucian Theories in Action." In David S. Nivison and Arthur F. Wright, eds. *Confucianism in Action.* Stanford: Stanford University Press, 1959.

_ Warman, Arturo. *Corn and Capitalism: How a Botanical Bastard Grew to Global Dominance.* Durham:

University of North Carolina Press, 2003.

- Warner, Carolyn M., Ramazan Kılınç, Christopher W. Hale, Adam B. Cohen, and Kathryn A. Johnson. "Religion and Public Goods Provision: Experimental and Interview Evidence from Catholicism and Islam in Europe." *Comparative Politics* 47, No. 2 (2015).
- Warwick,Funnell, and Jeffrey Robertson. *Accounting by the First Public Company: The Pursuit of Supremacy*. Routledge, 2013.
- Weber, Max. *The Protestant Ethic and the Spirit of Capitalism*. Translated by Talcott Parsons. New York: Routledge, 1930.
- Wengrow, David, and David Graeber. "Farewell to the 'Childhood of Man': Ritual, Seasonality, and the Origins of Inequality." *Journal of the Royal Anthropological Institute* 21.3 (2015).
- Weinstein，James . "Big Business and the Origins of Workmen's Compensation" . *Labor History* 8 (Spring 1967).
- Westen, Tracy A. "Usury in the Conflflict of Laws: The Doctrine of the Lex Debitoris." *California Law Review* 55, No. 1 (1967).
- Whitehouse, Harvey, Pieter Savage, Patrick E. Currie, Thomas E. Feeney, Kevin C. Cioni, Enrico Purcell, Rosalind Ross, Robert M. Larson, Jennifer Baines, John ter Haar, Barend Covey, and Peter Turchin. "Complex Societies Precede Moralizing Gods Throughout World History" . *Nature* 568.7751 (2019).
- Whitson, Jennifer A., and Adam D. Galinsky. "Lacking Control Increases Illusory Pattern Perception." *Science* 322.5898 (2008).
- Wikes, Michael, "Devaluing the Scholastics: Calvin's Ethics of Usury" , *Calvin Theological Journal* 38 (2003).
- Will, Pierre-Etienne, and Bin Wong. *Nourish the People: The State Civilian Granary System in China, 1650–1850*. University of Michigan Press, 1991.
- Will, Pierre-Etienne. *Bureaucracy and Famine in Eighteenth-Century China*. Stanford University Press, 1990.
- Williamson，Jeffrey G.. *Coping With City Growth During the British Industrial Revolution*. Cambridge: Cambridge University Press (2002).
- Wills,John E , Jr. "Relations with Maritime Europe, 1514–1662," in *The Cambridge History of China: Volume 8, The Ming Dynasty, 1368–1644:* Part 2, edited by Denis Twitchett, John King Fairbank, and Albert Feuerwerker. New York: Cambridge University Press, 1998.
- Winterhalder, Bruce "Open Field, Common Pot: Harvest Variability and Risk Avoidance in Agricultural and Foraging Societies," in Elizabeth Cashdan, ed., *Risk and Uncertainty in Tribal and Peasant Economies*, Boulder: Westview Press, 1990.
- Wisner, Ben, Piers Blaikie, Terry Cannon, and Ian Davis. *At risk: Natural Hazards, People's Vulnerability and Disasters*. 2nd ed. Abington: Routledge, 2004.
- Wittfogel, Karl August. *The Hydraulic Civilizations*. University of Chicago Press, 1956.

- Womack, Mari. "Why Athletes Need Ritual: A Study of magic Among Professional Athletes." *Sport and Religion* (1992).
- Wood, Diana. *Medieval Economic Thought*. London: Cambridge University Press, 2002.
- Wooding, Stephen, Christopher Ostler, BV Ravi Prasad, W. Scott Watkins, Sandy Sung, Mike Bamshad, and Lynn B. Jorde. "Directional Migration in the Hindu Castes: Inferences From Mitochondrial, Autosomal and Y-chromosomal Data." *Human genetics* 115, No. 3 (2004).
- World Bank. *World Development Report 2000/2001: Attacking Poverty*. Oxford: Oxford University Press (2001).
- Wright, Perry B., and Kristi J. Erdal. "Sport Superstition as a Function of Skill Level and Task Diffificulty." *Journal of Sport Behavior* 31.2 (2008).
- _Wuthnow,Robert. *Saving America?: Faith-based Services and the Future of Civil Society*. Princeton: Princeton University Press (2009).
- Wykes, Michael, "Devaluing the Scholastics: Calvin's Ethics of Usury." *Calvin Theological Journal* 38 (2003).
- Xie, Yu, and Haiyan Zhu. "Do Sons or Daughters Give More Money to Parents in Urban China?" *Journal of Marriage and Family* 71.1 (2009).
- Xue, Melanie Meng. "High-value Work and the Rise of Women: The Cotton Revolution and Gender Equality in China" ..Available at *SSRN 2389218* (2016).
- Yan, Yunxiang. *The Individualization of Chinese Society*. Oxford University Press, 2009.
- Yang,Lien-sheng. *Money and credit in China: A short history*. Cambridge:Harvard University Press (1971).
- Ying-Shi Yu. *Trade and Expansion in Han China: A Study in the Structure of Sino-Barbarian Economic Relations*. Berkeley: University of California Press, 2021.
- Young, Cristobal. Religion and Economic Growth in Western Europe: 1500–2000. *Stanford University Working Paper*, August 2009.
- Yue, Lori Qingyuan, Jue Wang, and Botao Yang. "Contesting Commercialization: Political Influence, Responsive Authoritarianism, and Cultural Resistance." *Administrative Science Quarterly* 64, No. 2 (2019).
- Zegarra, Luis Felipe. "Usury Laws and Private Credit in Lima, Peru: Evidence From Notarized Records." *Explorations in Economic History* 65 (2017).
- Zelin，Madeleine . *The Merchants of Zigong: Industrial Entrepreneurship in Early Modern China*. New York:Columbia University Press (2008).
- Zinsser, Hans. *Rats, Lice and History*. Boston: Little, Brown and Company, 1935.
- Zussman, Asaf. "The Effect of Political Violence on Religiosity." *Journal of Economic Behavior & Organization* 104(C) (2014).
- Zwankhuizen, Maarten J., Francine Govers, and Jan C. Zadoks. "Development of Potato Late Blight Epidemics: Disease foci, Disease Gradients, and Infection Sources." *Phytopathology* 88.8 (1998).

_ M. I. 芬利 . 古代经济 . 黄洋，译 . 北京：商务印书馆，2020.
_ O. 盖勒 . 统一增长理论 . 杨斌，译 . 北京：中国人民大学出版社，2017.
_ 阿尔伯特 · 赫希曼 . 欲望与利益：资本主义胜利之前的政治争论 . 冯克利，译 . 杭州：浙江大学出版社，2015.
_ 阿兰 · 佩雷菲特 . 信任社会 . 邱海婴，译 . 北京：商务印书馆，2005.
_ 阿图洛 · 瓦尔曼 . 玉米与资本主义：一个实现了全球霸权的植物杂种的故事 . 谷晓静，译 . 上海：华东师范大学出版社，2005.
_ 爱德华 · 韦斯特马克 . 人类婚姻史 . 李彬，译 . 北京：商务印书馆，2015.
_ 埃尔斯沃恩 · 亨廷顿 . 文明与气候 . 吴俊范，译 . 北京：商务印书馆，2020.
_ 爱弥尔 · 涂尔干 . 宗教生活的基本形式 . 渠敬东，汲喆，译 . 北京：商务印书馆，2011.
_ 安格斯 · 麦迪逊 . 世界经济千年史 . 伍晓鹰，等译 . 北京：北京大学出版社，2003.
_ 岸本美绪 . 妻可卖否？——明清时代的卖妻、典妻习俗 . 契约文书与社会生活（1600—1900），2001.
_ 白寿彝 . 中国通史 . 上海：上海人民出版社，1999.
_ 白寿彝 . 中国伊斯兰史存稿 . 银川：宁夏人民出版社，1982.
_ 柏拉图 . 理想国 . 郭斌，张竹明，译 . 北京：商务印书馆，1986.
_ 班固 . 汉书 · 董仲舒传 . 北京：中华书局，1997.
_ 包弼德 . 历史上的理学 . 王昌伟，译 . 杭州：浙江大学出版社，2010.
_ 彼得 · 贝尔伍德 . 最早的农人：农业社会的起源 . 陈洪波，谢光茂，等译 . 上海：上海古籍出版社，2020.
_ 彼得 · 伯格，格瑞斯 · 戴维，埃菲 · 霍卡斯，宗教美国，世俗欧洲？——主题与变奏 . 曹义昆，译 . 北京：商务印书馆，2015
_ 伯利，米恩斯 . 现代公司与私有财产 . 甘华鸣，罗锐韧，蔡如海，译 . 北京：商务印书馆，2005.
_ 波提切尼，埃克斯坦 . 被选中的少数：公元 70—1492 年，教育如何塑造犹太历史 . 杨阳，等译 . 上海，上海辞书出版社，2021.
_ 步德茂 . 过失杀人 · 市场与道德经济：18 世纪中国财产权的暴力纠纷 . 张世明，刘亚丛，陈兆肆，译 . 北京：社会科学文献出版社，2008.
_ 布洛尼斯拉夫 · 马林诺夫斯基 . 西太平洋上的航海者 . 万秀英，译 . 北京：商务印书馆，2017.
_ 布莱恩 · 费根 . 小冰河时代：气候如何改变历史（1300—1850）. 苏静涛，译 . 杭州：浙江大学出版社，2013.
_ 蔡洪滨，周黎安，吴意云 . 宗族制度、商人信仰与商帮治理：关于明清时期徽商与晋商的比较研究 . 管理世界，8，2008.
_ 曹南来 . 建设中国的耶路撒冷：基督教与城市现代性变 . 香港：香港大学出版社，2013.

_ 曹树基，陈意新．马尔萨斯理论和清代以来的中国人口．历史研究 1，2002.
_ 曹树基，李锦彰，王国晋．同一账，记两簿：清代丰盛泰号账本的复式簿记．上海交通大学历史系工作论文，2020.
_ 曹永洁．古代日本人的两性意识．北京社会科学 .No.5，2016.
_ 曾磊．自然灾害与新莽时期的社会动荡．河北学刊 30，No. 30.2，2010.
_ 查尔斯·P. 金德尔伯格，罗伯特 .Z. 阿利伯．疯狂、惊恐和崩溃：金融危机史（第七版）. 朱隽，叶翔，李伟杰，译．北京：中国金融出版社，2017.
_ 查尔斯·蒂利．强制、资本和欧洲国家（公元 990—1992 年）. 魏洪钟，译．上海：上海人民出版社，2012.
_ 常建华．明代宗族祠庙祭祖礼制及其演变．南开学报，2001.
_ 常建华．清代宗族“保甲乡约化”的开端：雍正朝族正制出现过程新考．河北学刊 28，No. 6，2008.
_ 晁中辰．明代海禁与海外贸易．北京：人民出版社，2005.
_ 陈纯菁．生老病死的生意：文化与中国人寿保险市场的形成．魏海涛，符隆文，译．上海：华东师范大学出版社，2020.
_ 陈冬华，李真，杨贤，俞俊利．诗歌，道德与治理——基于唐代科举的量化历史实证研究．文学评论丛刊 1，2017.
_ 陈独秀．本志罪案之答辩书．新青年，5 卷 1 号，1919.
_ 陈独秀．孔子之道与现代生活．新青年 2，No.4，1916.
_ 陈独秀．吾人最后之觉悟．青年杂志 1，No.6，1916.
_ 陈独秀．宪法与孔教．新青年 2，No.3，1916.
_ 陈独秀．新青年罪案之答辩书．新青年 6，No.1，1919.
_ 陈顾远．中国婚姻史．北京：商务印书馆，2014.
_ 陈宏谋．从政遗规．上海：中华书局，1936.
_ 陈桦．清代区域社会经济研究．北京：中国人民大学出版社，1996.
_ 陈进国．救劫：当代济度宗教的田野研究．北京：社会科学文献出版社，2017.
_ 陈静．被排斥的外来者：青州赈灾中的英国浸礼会与江南士绅．江苏社会科学，2017，4.
_ 陈良佐．再探战国到两汉的气候变迁．中央研究院历史语言研究所集刊，1996.
_ 陈岭．明清时期灾荒食人现象研究．南京师范大学历史系硕士论文，2012.
_ 陈璐．美国发薪日贷款监管状况．金融法苑，2017.
_ 陈懋恒．明代倭寇考略．北京：人民出版社，1957.
_ 陈梦家．殷墟卜辞综述．北京：中华书局，1988.
_ 陈鹏．中国婚姻史稿．北京：中华书局，1990.
_ 陈奇．古代食人探源．贵州师范大学学报：社会科学版 5，2004.

_ 陈树平．玉米和番薯在中国传播情况研究．中国社会科学 3，1980.

_ 陈彦良．两汉灾害高峰期天灾——人祸与治乱盛衰的关联性分析．台大历史学报 57，2016.

_ 陈寅恪．三国志曹冲华佗传与佛教故事．// 寒柳堂集．北京：三联书店，2001.

_ 陈永伟，黄英伟，周羿．“哥伦布大交换”终结了“气候—治乱循环”吗？——对玉米在中国引种和农民起义发生率的一项历史考察．经济学季刊 2，2014.

_ 陈振汉，熊正文．清实录经济史资料·农业编．北京：北京大学出版社，2012.

_ 陈志强．拜占廷皇帝继承制特点研究．中国社会科学 1，1999.

_ 陈志武，何石军，林展，彭凯翔．清代妻妾价格研究——传统社会里女性如何被用作避险资产？．经济学季刊 18.1，2018.

_ 陈志武，李玉，编．制度寻踪（公司制度卷）. 上海：上海财经大学出版社，2009.

_ 陈志武，林展，彭凯翔．民间借贷中的暴力冲突：清代债务命案研究．经济研究 49.9，2014.

_ 陈志武，林展．真命天子易丧命——中国古代皇帝非正常死亡的量化研究．中国人民大学清史研究所工作论文，2017.

_ 陈志武，彭凯翔，袁为鹏．清初至二十世纪前期中国利率史初探——基于中国利率史数据库（1660—2000）的考察．清史研究 4.2016.

_ 陈志武．反思高利贷与民间金融．新财富 8，2005.

_ 陈志武．金融的逻辑．北京：国际文化出版公司，2009.

_ 陈志武．金融的逻辑 2：通往自由之路．西安：西北大学出版社，2015.

_ 陈志武．量化历史研究的过去与未来．清史研究 .104，No.4，2016.

_ 陈子龙．明经世文编．北京：中华书局，1957.

_ 程春宇．士商类要：卷 2 买卖机关．南京：南京出版社，2019.

_ 川尻文彦．梁启超的政治学——以明治日本的国家学和伯伦知理的受容为中心．洛阳师范学院学报，30.1，2011.

_ 崔明德．中国古代和亲通史．北京：人民出版社，2007.

_ 崔瑞德，牟夏礼，编．剑桥中国明代史·下卷．杨品泉，等译．北京：中国社会科学出版社，2006.

_ 崔之久，宋长青．内蒙大青山全新世冰缘现象及环境演变．冰川冻土 14，No.4，1992.

_ 大卫·霍尔，马修·伯顿．加尔文与商业．石松，译．成都：四川人民出版社，2015.

_ 戴维·埃文斯，理查德·斯默兰．银行卡时代：消费支付的数字化革命．中国银联发展战略部，译．北京：中国金融出版社，2008.

_ 戴鞍钢．清代漕运兴废与山东运河沿线社会经济的变化．齐鲁学刊，4，1988.

_ 丹尼尔·卡尼曼．思考：快与慢．胡晓姣，李爱民，何梦莹，译．北京：中信出版社，2012.

_ 丹尼尔·卡尼曼，保罗·斯洛维奇，阿莫斯·特沃斯基．不确定状况下的判断：启发式和偏差．方文，吴新利，张擘，等译．北京：中国人民大学出版社，2013.

- 道格拉斯·诺思，约翰·约瑟夫·瓦利斯，巴里·温格斯特．暴力与社会秩序：诠释有文字记载的人类历史的一个概念性框架．杭行，王亮，译．上海：格致出版社，2013.
- 道格拉斯·诺思．制度、制度变迁与经济绩效．杭行，译．韦森，译审．上海：格致出版社，2014.
- 德·希·珀金斯．中国农业的发展 1368—1968 年．宋海文，等译．上海：上海译文出版社 .1984.
- 德隆·阿西莫格鲁，詹姆斯·罗宾逊．国家为什么会失败．李增刚，译．长沙：湖南科学技术出版社，2015.
- 邓云特．中国救荒史．北京：商务印书馆，2011.
- 冬烘刚．"丁戊奇荒"期间的京师赈济与治安，北京历史文化研究 16，2012.
- 董传岭．晚清自然灾害与乡村社会研究：以山东为例．北京：北京文史出版社，2014.
- 董家遵，卞恩才．中国古代婚姻史研究．广州：广东人民出版社，1995.
- 董家遵．历代妇女节烈的统计 // 鲍家麟．中国妇女史论集．台北：稻乡出版社，1992.
- 杜恂诚．北洋政府时期的经济 // 许纪霖，陈达凯，主编．中国现代化史·第一卷·1800—1949. 北京：学林出版社，2006.
- 段义孚．无边的恐惧．徐文宁，译．北京：北京大学出版社，2011.
- 恩格斯．家庭、私有制和国家的起源 // 马克思恩格斯全集·第 4 卷．北京：人民出版社，1995.
- 范小平．中国孔庙．成都：四川文艺出版社，2004.
- 范中义，仝晰纲．明代倭寇史略．北京：中华书局，2004.
- 方行．清代前期农村的高利贷资本．清史研究 3，1994.
- 菲利普·巴格比．文化：历史的投影．李天纲，陈江岚，夏克，译．上海：上海人民出版社，1987.
- 费维恺．中国早期工业化：盛宣怀（1844—1916）和官督商办企业．虞和平，译．北京：中国社会科学出版社，1990.
- 费孝通．江村经济．上海：上海人民出版社，2006.
- 费正清．费正清中国史．张沛，张源，顾思兼，译．长春：吉林出版社，2015.
- 冯尔康．中国古代的宗族和祠堂．北京：商务印书馆，2013.
- 冯贺军．北宋二十四孝砖雕（十）王武子妻割股与田真哭荆．紫禁城 11，2010.
- 福建省泉州海外交通史博物馆．泉州伊斯兰教石刻．福州：福建人民出版社，1984.
- 高万芹．民间宗教市场：一种现代社会的整合机制——以浙江农村地区的民间宗教为例．民俗研究 1，2015.
- 高炜，高天麟，张岱海．关于陶寺墓地的几个问题．考古 6，1983.
- 高元杰 .20 世纪 80 年代以来漕运史研究综述．中国社会经济史研究，1，2015.
- 高远．张作霖的十四位子女今何在．侨园 1，1995.
- 格里高利·克拉克．告别施舍：世界经济简史．洪世民，译．桂林：广西师范大学出版社，2020.

_ 葛剑雄 . 中国人口史第一卷 . 上海：复旦大学出版社，2000.

_ 葛全胜，方修琦，郑景云 . 中国过去 3ka 冷暖千年周期变化的自然证据及其集成分析 .2002.

_ 葛全胜 . 中国历朝气候变化 . 北京：科学出版社，2011.

_ 葛兆光 . 中国思想史 . 上海：复旦大学出版社，1998.

_ 龚义龙 . 试析清代巴蜀地区的人口压力及其缓解途径 . 中国经济史研究 1，2012.

_ 古兰经 . 马坚，译 . 北京：中国社会科学出版社，1981.

_ 故宫博物院编 . 康熙与罗马使节关系文书 . 影印本，第 11 通 .

_ 顾诚 . 明末农民战争史 . 北京：中国社会科学出版社，1994.

_ 顾卫民 . 基督教与近代中国社会 . 上海：上海人民出版社，1996.

_ 顾炎武 . 天下郡国利病书 . 上海：上海古籍出版社，2012.

_ 顾裕禄 . 中国天主教的过去与现在 . 上海：上海科学出版社，1987.

_ 郭浩 . 从家庭的收入与支出谈汉代农民的养老问题 . 农业考古 1，2007.

_ 郭松义 . 伦理与生活——清代的婚姻关系 . 上海：商务印书馆，2000.

_ 郭松义 . 清代的粮食贸易，平淮学刊第 1 辑 . 北京：中国商业出版社，1985.

_ 郭松义 . 清代妇女的守节和再嫁 . 浙江社会科学 1，2001.

_ 韩祥 . 晚清灾荒中的银钱比价变动及其影响——以“丁戊奇荒”中的山西为例 . 史学月刊 5，2014.

_ 汉斯 · 辛瑟尔 . 老鼠、虱子和历史：一部全新的人类命运史 . 谢桥，康睿超，译 . 重庆：重庆出版社，2019.

_ 汉斯 - 约雅金 · 克里木凯特 . 达 · 伽马以前中亚和东亚的基督教 . 林悟殊，译 . 台北：淑馨出版社，1995.

_ 郝平 . 丁戊奇荒：光绪初年山西灾荒与救济研究 . 北京：北京大学出版社，2012.

_ 何汉威 . 光绪初年（1876—1879）华北的大旱灾 . 香港：香港中文大学出版社 .1980.

_ 何石军、栾笑扬 . 气候冲击、边境互市与蒙汉冲突：来自明代隆庆和议的证据 . 武汉大学经济学院工作论文，2020.

_ 何炳棣 . 明初以降人口及其相关问题：1368—1953. 北京：中华书局，2017.

_ 贺长龄 . 皇朝经世文编 . 北京：中华书局，1992.

_ 赫尔南多 · 德 · 索托 . 资本的秘密，丁海生，译 . 北京：华夏出版社 ,2007.

_ 胡厚宣 . 中国奴隶社会的人殉和人祭（上篇）. 文物 7，1974.

_ 胡厚宣 . 中国奴隶社会的人殉和人祭（下篇）. 文物 8，1974.

_ 胡金明，崔海亭，李宜垠 . 西辽河流域全新世以来人地系统演变历史的重建 . 地理科学 22，No.5，2002.

_ 胡金焱，张博，范辰辰 . 气候冲击、民间金融与农民起义——典当的避险作用 . 金融研究 8，2016.

- 胡金焱，张博．民间金融，产业发展与经济增长——基于中国省际面板数据的实证分析．中国工业经济 8，2013.
- 黄鉴晖．山西票号史．太原：山西经济出版社，2002.
- 黄冕堂．中国历代粮食价格问题通考．文史哲，2019.
- 黄仁宇．赫逊河畔谈中国历史．北京：三联书店，1997.
- 黄文雄．中国食人史．台北：前卫出版社，2005.
- 黄炎培，林放，陈学昭，舒湮．延安归来．上海：上海书店，1996.
- 黄洋，赵立行，金寿福．世界古代中世纪史．上海：复旦大学出版社，2005.
- 黄一农．被忽略的声音——介绍中国天主教徒对“礼仪问题”态度的文献．清华学报，1995.
- 加里·斯坦利·贝克尔．家庭论．王献生，王宇，译．北京：商务印书馆，1998.
- 贾二强．唐宋民间信仰．福州：福建人民出版社，2002.
- 姜晓敏．中国古代死刑的文化透视 // 中国政法大学监狱史学研究中心编．中国监狱文化的传统与现代文明．北京：法律出版社，2006.
- 蒋栋元．利玛窦与中西文化交流．北京：中国矿业大学出版社，2008.
- 解缙，姚广孝．明太祖实录．台北：“中央研究院”历史语言研究所，1962.
- 金宜久，编．伊斯兰教史．南京：江苏人民出版社，2006.
- 井上彻，钱圣音．中国的宗族与国家礼制．上海：上海书店出版社，2008.
- 卡门·莱因哈特，肯尼斯·罗格夫．这次不一样：八百年金融危机史．綦相，刘晓锋，刘丽娜，译．北京：机械工业出版社，2020.
- 凯尔·哈珀．罗马的命运：气候、疾病和帝国的终结．李一帆，译．北京：北京联合出版公司，2020.
- 冷东．明代潮州海盗论析．中国社会经济史研究，2，2002.
- 李达南．漫谈印度的种姓制度．外交学院学报 3，2002.
- 李海燕．心灵革命：现代中国爱情的谱系．修佳明，译．北京：北京大学出版社，2018.
- 李金明．明代海外贸易史．北京：中国社会科学院出版社，1990.
- 李金铮．革命策略与传统制约：中共民间借贷政策新解．历史研究 3，2006.
- 李金铮．民国乡村借贷关系研究．北京：人民出版社，2003.
- 李军．灾害对古代中原王朝与游牧民族关系的影响：以唐代为中心．山西大学学报：哲学社会科学版 37，No.4，2014.
- 李零．中国方术考．北京：东方出版社，2000.
- 李明珠．华北的饥荒：国家、市场与环境退化（1690—1949）．石涛，李军，马国英，译．北京：人民出版社，2016.
- 李楠，林矗．太平天国战争对近代人口影响的再估计——基于历史自然实验的实证分析．经济学季刊 3，2015.

_ 李乔 . 行业神崇拜：中国民众造神运动研究 . 北京：中国文联出版社，2000.
_ 李秋红 . 印度种姓制度的再认识 . 社科纵横：新理论版 2，2011.
_ 李文海，程啸，刘仰东，夏明方 . 中国近代十大灾荒 . 上海：上海人民出版社，1994.
_ 李文海 . 民国时期社会调查丛编 . 福州：福建教育出版社，2005.
_ 李昕升，王思明 . 清至民国美洲作物生产指标估计 . 清史研究 3. 2017.
_ 李俨，杜石然 . 中国古代数学简史 . 北京：中华书局，1964.
_ 李玉 . 晚清公司制度建设研究 . 北京：人民出版社，2002.
_ 李泽厚 . 说巫史传统 . 上海：上海译文出版社，2011.
_ 李泽厚 . 由巫到礼 释礼归仁 . 北京：生活 · 读书 · 新知三联书店，2015.
_ 李泽厚 . 中国古代思想史论：试谈中国的智慧 . 北京：人民出版社，1985.
_ 李中清 . 中国西南边疆的社会经济（1250—1850）. 林文勋，秦树才，译 . 北京：人民出版社，2012.
_ 理查德 · H. 托尼 . 宗教与资本主义的兴起 . 沈汉，等译 . 北京：商务印书馆，2017.
_ 利玛窦 . 利玛窦书信集（下册）. 台北：光启出版社与辅仁大学出版社，1986.
_ 梁庚尧 . 中国社会史 . 上海：东方出版中心，2016.
_ 廖声丰 . 浅论清代前期运河地区的商品流通——以运河榷关税收考察为中心 . 中国经济史研究，1，2014.
_ 林聪舜 . 儒学与汉帝国意识形态 . 上海：上海人民出版社，2017.
_ 林建刚 . 胡适反对计划经济 . 经济观察报，2013 年 5 月 24 日 .
_ 林仁川 . 明代私人海上贸易商人与“倭寇”. 中国史研究，4，1980.
_ 林仁川 . 明清私人海上贸易的特点 . 中国社会经济史研究，3，1987.
_ 林沄 . 说“王”. 考古 6，1965.
_ 刘翠溶 . 明清时期家族人口与社会经济变迁 . 台北：中央研究院经济研究所，1992.
_ 刘德 . 青苗法之得失及其原因探略 . 广西民族学院学报（哲学社会科学版），1993：二期 .
_ 刘锦藻 . 清朝续文献通考，考 8325. 杭州：浙江出版社，2000.
_ 刘黎明 . 祠堂，灵牌，家谱 // 中国民俗文化系列：中国传统血缘亲族习俗 . 成都：四川人民出版社，1993.
_ 刘璐，苏筠，方修琦 . 中国西汉至清代北方农牧民族战争及其与温度变化的关联 . 北京师范大学学报（自然科学版），2016.
_ 刘平 . 被遗忘的战争咸丰同治年间——广东土客大械斗研究 . 北京：商务印书馆，2003.
_ 刘秋根 . 明清高利贷资本 . 北京：社会科学文献出版社，2000.
_ 刘文鹏 .1679 年京师大地震与康熙朝政权建设 // 国家清史纂修领导小组办公室编，清史镜鉴 . 北京：国家图书馆出版社，2011.
_ 刘昭瑞，霍志钊 . 蝶变 . 北京：商务印书馆，2017.

_ 卢作孚．中国的建设问题与人的训练．上海：生活书店，1923.

_ 鲁西奇．编户齐民：汉代农民的生活与社会．桂林：广西师范大学出版社，2015.

_ 鲁西奇．汉代买地券的实质，渊源与意义．中国史研究 1，2006.

_ 鲁迅．狂人日记．新青年，4 卷 5 号，1918.

_ 伦德尔·卡尔德．融资美国梦：消费信贷文化史．严忠志，译．上海：上海人民出版社，2010.

_ 罗尔纲．太平天国史料丛编简辑．北京：中华书局，1980.

_ 罗香林．客家研究导论．广州：广东人民出版社，2018.

_ 罗香林．蒲寿庚研究．香港：中国学社，1959.

_ 罗志欢，李龙潜．清代广东土地契约文书汇编．济南：齐鲁书社，2014.

_ 马德斌，袁为鹏．商业账簿与经济史研究：以统泰升号商业账簿为中心 (1798—1850). 中国经济史研究 2，2010.

_ 马建石，杨育棠，注．大清律例通考校注．北京：中国政法大学出版社，1992.

_ 马可·波罗．马可·波罗游记．北京：中国文史出版社，2008.

_ 马克斯·韦伯．经济与社会．阎克文，译．上海：上海人民出版社，2005.

_ 马克斯·韦伯．新教伦理与资本主义精神．于晓，陈维纲，译．上海：三联书店，1987.

_ 马西沙，韩秉方．中国民间宗教史．北京：中国社会科学出版社，2004.

_ 马歇尔·萨林斯．石器时代经济学．张经纬，郑少雄，张帆，译．北京：生活·读书·新知三联书店，2019.

_ 毛泽东．毛泽东农村调查文集．北京：人民出版社，1982.

_ 米尔顿·弗里德曼，安娜·J. 施瓦茨．美国货币史（1867—1960）．巴曙松，等译．北京：北京大学出版社，2009.

_ 米尔顿·弗里德曼、安娜·J. 施瓦茨．大衰退（1929—1933）．雨珂，译．北京：中信出版社，2008

_ 米寿江，尤佳．中国伊斯兰教简史．北京：宗教文化出版社，2000.

_ 尼尔·弗格森．罗斯柴尔德家族（上卷）．顾锦生，译．北京：中信出版社，2012.

_ 倪玉平．清代漕粮海运与社会变迁．上海：上海书店出版社，2005.

_ 倪玉平．陶澍与清代“东南三大政”．江苏社会科学，1，2008.

_ 诺贝特·埃利亚斯．文明的进程．王佩莉，袁志英，译．上海：上海译文出版社，2009.

_ 欧东明．印度教与印度种姓制度．南亚研究季刊 3，2002.

_ 帕克斯．美第奇金钱．王琴，译．北京：中信出版社，2007.

_ 潘光旦，全慰天．苏南土地改革访问记．上海：三联书店，1952.

_ 潘光旦．潘光旦文集．第 11 卷．北京：北京大学出版社，2010.

_ 潘镛．隋唐时期的运河和漕运．西安：三秦出版社，1987.

_ 彭凯翔，陈志武，袁为鹏．近代中国农村借贷市场的机制．经济研究 5，2008.

_ 彭慕兰．大分流：欧洲、中国及现代世界经济的发展．史建云，译．南京：江苏人民出版社，2004.
_ 彭卫．秦汉人身高考．文史哲，6，003，2015.
_ 钱大昕．潜研堂集，上海：上海古籍出版社，1989.
_ 钱德勒．规模与范围：工业资本主义的原动力．张逸人，等译．北京：华夏出版社，2006.
_ 钱穆．从中国历史来看中国民族性及其中国文化．香港：中文大学出版社，1979.
_ 钱穆．文化学大义．第 7 版．台湾：中正书局，1981.
_ 钱穆．中国历代政治得失．北京：三联书店，2001.
_ 乔尔·莫基尔．增长的文化：现代经济的起源．胡思捷，译．北京：中国人民大学出版社，2020.
_ 秦海滢．中国古代借贷研究述论．中国史研究动态 2，2014.
_ 邱澎生．"是官当敬，凡长宜尊"？明清商业书与 18、19 世纪重庆商人的风险问题．上海交通大学历史系工作论文，2020.
_ 邱澎生．当经济遇上法律：明清中国的市场演化．台北：联经出版公司，2018.
_ 屈大成．古印度吠陀时代之业论．南亚研究 3，2011.
_ 屈大均．广东新语．北京：中华书局，1985.
_ 全汉昇．唐宋帝国与运河．重庆：商务印书馆，1946.
_ 任剑涛．当经成为经典：现代儒学的型变．北京：社会科学文献出版社，2018.
_ 容闳．容闳自传：我在中国和美国的生活．石霓，译．上海：百家出版社，2003.
_ 阮荣平，刘力．中国农村非正式社会保障供给研究．管理世界，4，2011.
_ 阮荣平，郑风田，刘力．信仰的力量：宗教有利于创业吗？经济研究，49.3，2014.
_ 阮荣平，郑风田，刘力．宗教信仰，宗教参与与主观福利：信教会幸福吗？. 中国农村观察，2，2011.
_ 阮荣平，郑风田，刘力．宗教信仰对农村社会养老保险参与行为的影响分析．中国农村观察，1，2015.
_ 芮乐伟．韩森．丝绸之路新史．张湛，译．北京：北京联合出版公司，2015.
_ 塞德希尔·穆来纳森，埃尔德·沙菲尔．稀缺：我们是如何陷入贫穷与忙碌的．魏薇，龙志勇，译．杭州：浙江人民出版社，2018.
_ 桑贾伊·苏拉马尼亚姆．葡萄牙帝国在亚洲（第二版）．巫怀宇，译．桂林：广西师范大学出版社，2018.
_ 沈贾贾．浅析古印度法的种姓制度．法制与社会 31，2014.
_ 沈洁．"反迷信"话语及其现代起源．史林 2，2006.
_ 沈敏华，程栋．论欧洲十字军东征的文化背景．中国社会科学，12，2001.
_ 盛洪．论家庭主义．新政治经济学评论 4，No.2，2008.
_ 史念海．河山集（第一集）：石器时代人们的居地及其聚落分布．北京：三联书店，1963.

_ 史念海 . 石器时代人们的居地及其聚落分布 . 人文杂志 3，1959.
_ 史念海 . 隋唐时期运河和长江的水上交通及其沿岸的都会 . 中国历史地理论丛 4，1994.
_ 叔本华 . 人生的智慧 . 韦启昌，译 . 上海：上海人民出版社，2005.
_ 叔本华 . 叔本华思想随笔 . 韦启昌，译 . 上海：上海人民出版社 .2005.
_ 斯蒂芬 · 平克 . 人性中的善良天使：暴力为什么会减少 . 安雯，译 . 北京：中信出版社，2015.
_ 宋镇豪 . 夏商社会生活史 . 上海：上海文艺出版社，2001.
_ 苏基朗 . 刺桐梦华录 : 近世前期闽南的市场经济（946—1368），李润强，译 . 浙江：浙江大学出版社，2012.
_ 孙诗锦，龙秀清 . 试论中世纪天主教会高利贷观念的嬗变 . 学术研究，6，2007.
_ 太平天国历史博物馆 . 太平天国史料丛编简辑 . 北京：中华书局，1980.
_ 谈谭 . 郑和下西洋动因新探 . 世界宗教研究，2，2005.
_ 谭凯 . 中古中国门阀大族的消亡 . 胡耀飞，谢宇荣，译 . 北京：社会科学文献出版社，2017.
_ 谭琳，苏珊，萧特 . “双重外来者”的生活——女性婚姻移民的生活经历分析 . 社会学研究 2，410
_ 汤普森 . 共有的习惯，沈汉，王加丰，译 . 北京：商务印书馆，2002.
_ 唐大潮，等注 . 太上感应篇 . 北京：中国社会科学出版社，1996.
_ 田海 . 天地会的仪式与神话 . 李恭忠，译 . 北京：商务印书馆，2018.
_ 托德 . 欧洲的发明 . 巴黎：门槛出版社，1990.
_ 托马斯 · 皮凯蒂 .21 世纪资本论 . 巴曙松，陈剑，余江，周大昕，李清彬，汤铎铎，译 . 北京：中信出版社，2014.
_ 托马斯 · 潘恩 . 人的权利 . 戴炳然，译 . 上海：复旦大学出版社，2013.
_ 汪圣铎 . 两宋货币史 . 北京：社会科学文献出版社，2003.
_ 王德毅 . 朱熹的社仓法及其对元明的影响 . 国际社会科学 33，3，2016.
_ 王笛 . 袍哥：1940 年代川西乡村的暴力与秩序 . 北京：北京大学出版社，2018.
_ 王国维 . 殷周制度论，王国维文集 . 北京：中国文史出版社，1997.
_ 王海利 . 古埃及“只娶不嫁”的外交婚姻 . 历史研究 6，2002.
_ 王会昌 .2000 年来中国北方游牧民族南迁与气候变化 . 地理科学 16，No.3，1996.
_ 王利华 . 中国家庭史（第一卷）：先秦至南北朝时期 . 广州：广东人民出版社，2007.
_ 王明辉 . 中原地区古代居民的健康状况——以贾湖遗址和西坡墓地为例 . 第四纪研究 34.1，2014.
_ 王日根 . 明清民间社会的秩序 . 长沙：岳麓书社，2003.
_ 王顺兵，葛全胜，郑景云 . 中国 2 kaBP 前后的气候及其影响 . 海洋地质与第四纪地质，2006.
_ 王思明，沈志忠 . 中国农业发明创造对世界的影响——在 2011 年“农业考古与农业现代化”论坛上的演讲 . 农业考古 1，2012.

_ 王天有，高寿仙 . 明史：多重性格的时代 . 北京：中信出版社，2017.

_ 王文素 . 中国古代社会保障研究 . 北京：中国财政经济出版社，2009.

_ 王晓葵 . 灾害记忆图式与社会变迁谁的唐山大地震 . 新史学，2014.

_ 王亚军，常红萍 . “合法”的契约——以汉末三国长江中下游买地券为例 . 神州民俗 1，2008.

_ 王跃生 . 清代中期婚姻冲突透析 . 北京：社会科学文献出版社，2003.

_ 王跃生 . 十八世纪中国婚姻家庭研究：建立在 1781—1791 年个案基础上的分析 . 北京：法律出版社，2000.

_ 王子今 . 秦汉时期气候变迁的历史学考察 . 历史研究 2，No.3，1995：2.

_ 威廉 · N. 戈兹曼，K. 哥特 · 罗文霍斯特 . 价值起源 . 王宇，王文玉，译 . 北京：北京联合出版传媒，2010.

_ 威廉 · 戈兹曼 . 千年金融史：金融如何塑造文明，从 5000 年前到 21 世纪 . 张亚光，熊金武，译 . 北京：中信出版社，2017.

_ 威廉 · 麦克尼尔 . 瘟疫与人 . 余新忠，毕会成，译 . 北京：中信出版社，2017.

_ 维吉尔 . 埃涅阿斯纪 . 杨周翰，译 . 南京：译林出版社，2016.

_ 魏柱灯，方修琦，苏筠 . 气候变化对中国古代财政平衡的影响 . 地理科学，35（9），2015 .

_ 沃尔特 · 施德尔 . 罗马与中国：比较视野下的古代世界帝国 . 李平，译 . 南京：江苏人民出版社，2018.

_ 沃尔特 · 沙伊德尔 . 不平等社会：从石器时代到 21 世纪，人类如何应对不平等 . 颜鹏飞，等译 . 北京：中信出版社，2019.

_ 乌丙安 . 中国民间信仰 . 上海：上海人民出版社，1996.

_ 乌尔里希 · 贝克 . 风险社会：新的现代性之路 . 张文杰，何博闻，译 . 南京：译林出版社，2018.

_ 吴慧 . 中国历代粮食亩产研究 . 北京：农业出版社，1985.

_ 吴其昌 . 金文名象疏证 · 兵器篇，武汉大学文哲季刊，No 5.3，1936.

_ 吴松弟 . 中国移民史（第 4 卷）. 福州：福建人民出版社，1997.

_ 吴文祥，刘东生 . 4000a. BP 前后降温事件与中华文明的诞生 . 第四纪研究 21.5，2001.

_ 吴晓黎 . 如何认识印度“种姓社会”——概念、结构与历史过程 . 开放时代 5，2017.

_ 吴学昭 . 吴宓与陈寅格 . 北京：清华大学出版社，1992.

_ 希罗多德 . 历史 . 周永强，译 . 西安：陕西师范大学出版社，2008.

_ 夏明方 . “卖一口，救十口”——关于妇女买卖的比较研究 . 学习时报（2004 年 12 月 20 日）.

_ 夏明方 . 救荒活民：清末民初以前中国荒政书考论 . 清史研究 2，2010.

_ 夏明方 . 清季“丁戊奇荒”的赈济及善后问题初探 . 近代史研究 2，1993.

_ 谢桂华，李均明，朱国炤 . 居延汉简释文合校卷一 . 北京：文物出版社，1987.

_ 新山 . 婚嫁格局变动与乡村发展——以康村通婚圈为例 . 人口学刊 1，2000.

_ 邢铁 . 家产继承史论 . 昆明：云南大学出版社，2011.

_ 徐复观 . 徐复观全集：两汉思想史 . 北京：九州出版社，2013.
_ 徐光启 . 农政全书 . 长沙：岳麓书社，2002.
_ 许檀 . 明清时期运河的商品流通 . 历史档案，1，1992.
_ 雅克 · 勒高夫 . 钱袋与永生：中世纪的经济与宗教 . 周嫄，译 . 上海：上海人民出版社，2007.
_ 亚当 · 斯密 . 国富论 . 唐日松，译 . 北京：华夏出版社，2005.
_ 亚里士多德 . 政治学 . 吴寿彭，译 . 北京：商务印书馆，1997.
_ 严从简，余思黎 . 殊域周咨录 . 北京：中华书局，1993.
_ 阎云翔 . 礼物的流动 . 李放春，刘瑜，译 . 上海：上海人民出版社，1999.
_ 阎云翔，中国社会的个体化 . 陆洋，等译 . 上海：上海译文出版社，2016.
_ 颜鹏飞，主编 . 中国保险史 . 上海：上海社会科学院出版社，1989.
_ 杨伯峻 . 论语译注 . 北京：中华书局，1980.
_ 杨念群 . 五四前后“个人主义”兴衰史兼论其与“社会主义”“团体主义”的关系 . 近代史研究 2，2019.
_ 杨庆堃 . 中国社会中的宗教：宗教的现代社会功能与其历史因素之研究 . 范丽珠，等译 . 上海：上海人民出版社，2007.
_ 杨云彦 . 我国人口婚姻迁移的宏观流向初析 . 南方人口 4，1992.
_ 杨振红 . 汉代自然灾害初探 . 中国史研究 4，1999.
_ 叶美兰，张可辉 . 清代漕运兴废与江苏运河城镇经济的发展 . 南京社会科学 9，2012.
_ 叶坦 . 叶适经济思想研究 . 中国社会经济史研究，1991（3）.
_ 殷海光 . 中国文化的展望 . 上海：三联书店，2011.
_ 尤瓦尔，赫拉利 . 人类简史：从动物到上帝 . 林俊宏，译 . 北京：中信出版社，2014.
_ 游海华 . 市场 · 革命 · 战争 . 北京：中国社会科学出版社，2015.
_ 游子安 . 清代善书研究 . 天津：天津人民出版社，1999.
_ 袁璐坡 . 张作霖六个女儿的幸与不幸 . 名人传记月刊 12. 2015.
_ 苑书义，董丛林 . 近代中国小农经济的变迁 . 北京：人民出版社，2001.
_ 约翰 · R. 麦克尼尔，威廉 · H. 麦克尼尔 . 人类之网：鸟瞰世界历史 . 王晋新，译 . 北京：北京大学出版社，2011.
_ 约翰 · 梅纳德 · 凯恩斯 . 就业、利息和货币通论 . 辛怡，译 . 北京：商务印书馆，2005.
_ 约翰 · 米克勒斯维特，阿德里安 · 伍尔德里奇 . 公司的历史 . 夏荷立，译 . 合肥：安徽人民出版社，2012.
_ 约瑟夫 · 熊彼特 . 经济发展理论 . 何畏、易家详，等译 . 北京：商务印书馆，2020.
_ 詹姆斯 · C. 斯科特 . 国家的视角：那些试图改善人类状况的项目是如何失败的 . 王晓毅，译 . 北京：社会科学文献出版社，2004.
_ 詹姆斯 · C. 斯科特 . 农民的道义经济学：东南亚的反叛与生存 . 程立显，刘建等，译 . 南京：译林出版社，2013.
_ 詹姆斯·麦克唐纳．债务与国家的崛起：西方民主制度的金融起源．杨宇光，译．北京：社会科学文献出版社，2021
_ 张传玺．中国历代契约会编考释．北京：北京大学出版社，1995.
_ 张芳，王思明．中国农业科技史．北京：中国农业科学技术出版社，2011.
_ 张鸣．华北农村的巫觋风习与义和团运动．清史研究，4，1998：008.
_ 张廷玉，朱轼．清圣祖实录．中华书局，1985.
_ 张岩．试论清代的常平仓制度．清史研究 4，1993.
_ 张中复．从“蕃客”到“回族”：泉州地区穆斯林族群意识变迁的历史省察 // 洪丽完，主编．国家与原住民：亚太地区族群历史研究．台北：中央研究院台湾史研究所，2009.
_ 赵鼎新．东周战争与儒法国家的诞生．夏江旗，译．上海：华东师范大学出版社，2006.
_ 赵兰亮．近代中国金融法制演进与市场变迁研究——以保险法规的创制与政府对保险业的监管为中心 // 上海金融中心地位的变迁．上海：复旦大学出版社，2005.
_ 赵矢元．丁戊奇荒述略．学术月刊 2，1981.
_ 赵文林，谢淑君．中国人口史．北京：人民出版社，1988.
_ 赵晓华．晚清饥荒中的妇女买卖——以光绪初年华北大旱灾为中心，中国史研究 5，2008.
_ 赵晓军．古代仓窖储粮计量问题研究——以洛阳战国与隋唐官仓为例．中国国家博物馆馆刊．No.8，2016.
_ 郑炳林．晚唐五代敦煌占卜中的行为决定论．敦煌学辑刊 1，2003：1–11.
_ 郑风田，阮荣平，刘力．风险，社会保障与农村宗教信仰．经济学季刊，2010.9（3）.
_ 郑麒来．中国古代的食人：人吃人行为透视．北京：中国社会科学出版社，1994：117.
_ 郑若曾．筹海图编．北京：中华书局，2007.
_ 郑玄，贾公彦，赵伯雄．周礼注疏．北京：北京大学出版社，1999.
_ 中国科学院考古研究所．新中国的考古收获．北京，1961.
_ 中国社会科学院考古研究所．夏县东下冯．北京：文物出版社，1988.
_ 钟声宏，黄德权．中国大陆客家人居的空间分布及群体的特质．广西民族研究，2007，No. 4. 2007.
_ 周致元．明代徽州官府与宗族的救荒功能．安徽大学学报：哲学社会科学版 30. No.1，2006.
_ 朱浒．赈务对洋务的倾轧——“丁戊奇荒”与李鸿章之洋务事业的顿挫．近代史研究 4，2017.
_ 朱杰勤．东南亚华侨史．北京：高等教育出版社，1990.
_ 朱杰勤．华侨史．桂林：广西师范大学出版社，2011.
_ 朱宁．刚性泡沫：中国经济为何进退两难．北京：中信出版社，2016.
_ 朱熹．朱子全书（修订本）．朱杰人，严佐之，刘永翔，主编．上海：上海古籍出版社，2010.
_ 朱荫贵．抗战时期的上海华商证券市场 // 吴景平，主编．上海金融中心地位的变迁：中国金融史集刊．上海：复旦大学出版社，2005.

_ 朱彧．萍洲可谈．北京：中华书局，1995.

_ 庄锡昌，顾晓鸣，顾云深，编．多维视野中的文化理论．杭州：浙江人民出版社，1987.

_ 邹昌林．中国古礼研究．北京：文津出版社，1992.

_ 邹逸麟．试论我国运河的历史变迁．历史教学问题，3，1982.